世 界 文 明 大 系

总主编 汝 信

西欧文明（上）

CIVILIZATION OF WESTERN EUROPE

姚介厚 李鹏程 杨深 著

中国社会科学出版社

图书在版编目(CIP)数据

西欧文明/姚介厚等著. —北京:中国社会科学出版社,
2002.11

(世界文明大系/汝信主编)

ISBN 7-5004-3394-8

Ⅰ.西… Ⅱ.姚… Ⅲ.西欧—文化史 Ⅳ.K560.3

中国版本图书馆 CIP 数据核字（2002）第 033067 号

责任编辑　李树琦
责任校对　林福国
封面设计　毛国宣
版式设计　李　建

出版发行　中国社会科学出版社
社　　址　北京鼓楼西大街甲 158 号　　邮　编　100720
电　　话　010—84029453　　　　　　传　真　010—64030272
网　　址　http://www.csspw.com.cn
经　　销　新华书店
印刷装订　1201 印刷厂
版　　次　2002 年 11 月第 1 版　　印　次　2002 年 11 月第 1 次印刷
开　　本　850×1168 毫米　1/32
印　　张　39.125　　　　　　　　插　页　12
字　　数　958 千字　　　　　　　印　数　1—5000 册
定　　价　75.00 元

1　雅典娜神庙

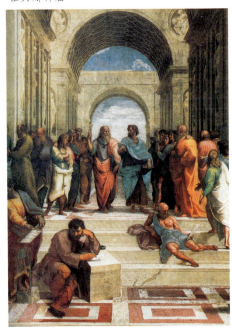

2　拉斐尔的名画《雅典学园》，居中
人物为柏拉图和亚里士多德

3　古希腊爱皮多拉斯大剧场

4　庞贝城遗址中的著名镶嵌画《亚历山大大帝与大流士之战》(局部)

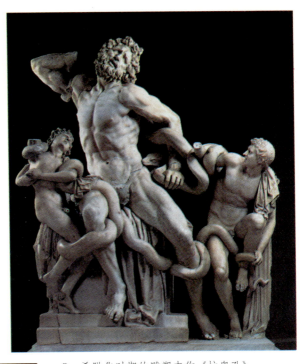

5 希腊化时期的雕塑杰作《拉奥孔》

6 希腊化时期的雕塑杰作《弥罗斯的维纳斯》

7 青铜母狼雕像——罗马城的象征

8 罗马城内的科罗西姆大剧场(斗兽场)

9　罗马时期公元 420 年左右的饰屏雕像《基督钉在十字架上》

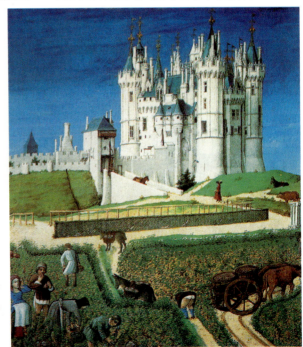

10　简·林布格、保罗·林布格兄弟的名画《贝利公爵的嘉华年》。描绘建于 12 世纪、在 15 世纪重修的索米尔城堡

11　中世纪一位阿拉伯哲学家在巴黎大学开设讲座

12　哥特式建筑的杰作——13世纪建造的巴黎圣母院

13　15世纪至16世纪葡萄牙人海外探险的大帆船

14　意大利文艺复兴中心佛罗伦萨市景

15 达·芬奇的名画《蒙娜丽莎》

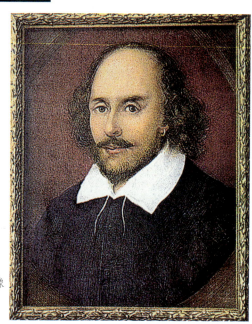

16 莎士比亚像

总　序

近一个时期以来，有关"文明"问题的研究越来越受到国内外学术界的关注。尤其是冷战结束之后，世界格局和国际形势发生了急剧变化，两大集团军事对峙的局面宣告终结，虽然世界仍不太平，但和平与发展已成为当前世界发展的主题。与此同时，尽管经济全球化的趋势在加速进行，世界政治却日益向多极化的方向发展，社会文化的多元化发展也呈现出丰富多彩的局面。正是在这种情况下，不少国家的学者开始更加重视文化战略的研究，他们认为文明和文化的因素将在 21 世纪的世界发展进程中发挥越来越重要的作用。

我国自改革开放以来，学术界也几度掀起"文化热"，特别是各个人文学科的学者都从不同的角度参与了有关文化问题的讨论。这说明文化问题及其在我国新时期发展战略中的地位和意义，已被人们所认识并日益受到重视。然而，总起来看，我们还缺乏对文明和文化问题的总体研究，没有把这种研究与世界格局和国际形势的变化结合起来，对国外有关文明问题研究状况和发展趋势也缺乏深入的分析。一般地说，我们对世界文明问题的研究还是比较薄弱的，迄今还没有我们中国人自己系统地、较全面地研究和论述世界文明的发生和发展的著作。我们认为，加强这方面的研究，用马克思主义的观点去探讨世界文明发展的规律和特点，在弘扬中华文明优秀传统的同时充分吸收和借鉴世界文明的一切积极成果，制定一套既能积极推动我国文明建设，又能有效地应付外来文明挑战的发展战略，已成为当前一项紧迫的任务。为此，中国社会科学院专门成立了"世界文明研究"课题组，组织院内外有关专家学者分专题进行研究，目前出版的这套多卷本著作便是这几年来辛勤劳作的成果。

这里需要说明一下本书中所使用的"文明"概念的内涵。"文明"（civilization）一词来源于拉丁文 civis，而 civis 不仅是指罗马的公民身份，而且也含有比当时外国人或蛮族的原始生活状态优越的意思，所以后来有人用"文明"一词来指与原始社会，即"野蛮"阶段相区别的较高的人类历史发展阶段。但这个术语到18世纪才在欧洲被用于正式文献中，直至20世纪方在人文学科各领域中被广泛使用，而且它不仅用来指历史发展阶段，也被用于一定的空间范围，即用以表明"地域性文明"。应该指出，人们对"文明"的理论也如同对"文化"的解释一样各不相同，有许多种定义，迄无共识。我们的研究课题的主要目的不在于探讨哪一种定义更加合适，而在于具体研究世界文明本身。在本书中我们基本上采取目前国际上比较通行的看法，即把"文明"理解为广泛意义上的"文化"，更具体地说，是指占有一定空间的（即地域性的）社会历史组合体，包括精神文明和物质文明两方面，即人们有目的的活动方式及其成果的总和。

我们认为，研究世界文明必须坚持以马克思主义唯物史观为指导。世界上各个文明都是特定的人群在不同的具体历史条件下的活动的产物，都有其自身发生和发展的演变过程，都有其自身的特点和优缺点，在不同的历史时期起着不同的历史作用。历史上的一切文明成就都是对全人类文明作出的宝贵贡献，都应得到充分承认和尊重。没有哪一种文明可以自诩为天生优越，高人一等，那种以自我为中心（如所谓"西欧中心论"的观点），总是以自己的文明的价值观和标准去衡量别的文明，甚至横加干涉，这显然是文化霸权的表现，而且也是不可能实现的幻想。我们也不能同意美国亨廷顿教授提出来的关于"文明的冲突"的理论。亨廷顿的理论以文明作为未来世界之间关系的基础和冲突的主要根源，而对政治、经济、思想等因素显然有所忽视，即使在谈到文明时，亨廷顿也过多地重视其"冲突"的一面，而对文明之间的交流、融合的倾向注意不够。从世界文明发展的整个过程来看，各个不同文明之间的矛盾和碰撞虽然是经常发生的现象，但并不一定会发展成不可调和的冲突。恰恰相反，各个不同文明之间的和平共存、相互影响、相互渗透乃至交融互变，才是世界文明发展的常态现象和主流。在世界即将进入 21 世纪的社会变革时代，我们更应致力于促进不同文明的和平共存、相互交流和共同发展，彼此取长补短，使我们这个世界更加绚丽多彩。

鉴于以上考虑，本课题组把世界文明分成以下这些专题进行研究，即：一、古代西亚北非文明；二、印度文明；三、伊斯兰文明；四、儒家文明；五、犹太文明；六、西欧文明；七、斯拉夫文明；八、非洲黑人文明；九、日本文明；十、美国文明；十一、拉丁美洲文明。应该说明，这样的划分只是相对的，而且并未把世界文明包举无遗，有许多问题尚待进一步研究。我们只是打算从探讨以上这些主要的文明入手，求得从总体上把握世界文明的发展过程，并对各个文明的主要特征有宏观的了解。

本课题得到国家社会科学基金和中国社会科学院重点研究课题基金的资助，全书在中国社会科学出版社的大力支持下得以出版，特此志谢。

有关世界文明的研究在我国还起步不久，本书中疏漏甚至错误之处，尚希学术界同仁和广大读者不吝指正。

目　录

上　卷

第二篇　西欧中世纪文明

第三篇 文艺复兴文明

CONTENTS

VOLUME ONE

PART I
CLASSICAL CIVILIZATION OF WESTERN EUROPE

PART II

MEDIEVAL CIVILIZATION OF WESTERN EUROPE

PART III
CIVILIZATION OF RENAISSANCE

1 特洛伊城遗址，德国考古学家海因里希·施黎曼于 19 世纪 80 年代发现

绪　论

一、西欧文明的涵义

本书论述的西欧文明，是西方文明中历史最为悠久的主干部分。西方文明涵盖的地域范围很为开阔，除了西欧之外，还包括北美、澳大利亚、新西兰等。西方文明起源于西欧，以西欧为重心而演进，而北美、澳大利亚和新西兰的文明是西欧文明进入近代以后所衍生出来的。如果不了解、不研究西欧文明，就无从理解、把握全部西方文明的历史与实质。

西欧文明是世界历史中既古老又得到持续发展的一种文明。从公元前两千多年最早产生爱琴文明起，它已历经四千余年，晚于苏美尔文明、埃及文明和巴比伦文明，和中华文明、印度文明有相近的久远历史传统。塞缪尔·亨廷顿认为西方文明（这里指西欧文明）的出现可追溯到大约公元700年到公元800年，[①]这种说法并不确切，因为公元8、9世纪法兰克的查理曼帝国与加洛林王朝的文化复兴，只能说是大体完成西欧封建化和形成西欧的基督教文明世界的格局，而且当时北欧斯堪的纳维亚人还是"蛮族"，尚未步入西欧文明的门槛，而将西欧古典文明（包括希腊古典文明、希腊化文明、罗马文明）和公元5世纪至公元7世纪的西欧早期中世纪文明都排除在外，西欧文明就成了无源之水，无

---

①　塞缪尔·亨廷顿：《文明的冲突与世界秩序的重建》，新华出版社1998年版，第30页。

本之木。西欧文明曾创造了巨大的历史成就，为人类的文明和进步作出过重大贡献。西欧文明也曾给西欧内部和世界带来奴役、压迫、战争、殖民侵略，留下值得深刻反思的历史教训。无论从正面或负面意义而言，西欧文明在世界文明的历史格局中，都居重要地位。

"西欧文明"是以西欧为主要地域生长起来的一种文明形态，但它的概念并不是简单地以地域来界定这种特殊的文明，而是指谓一种广义的文化共同体。这里所说的"西欧"，并不只是指欧洲西部，而是包括欧洲的北部、西部和南部，在整个欧洲中，除了以斯拉夫人为主要居民的欧洲东部之外，都是西欧文明的涵盖范围。从历史上看，西欧文明又不局限在西欧，小亚细亚半岛（以下简称小亚）也曾是西欧文明的摇篮，在希腊化时代、罗马帝国时代，西欧文明曾扩及北非、近东两河流域，这些地区的诸多民族都曾为西欧文明的形成与发展作出过重要贡献。进入中世纪后，西欧文明才形成在西欧全部本土发展文明的基本格局。"文明"不单纯是地理、种族、宗教、语言意义上的范畴，而是指人类在实践中实现自身的本质力量，所创造的物质文化、制度文化与精神文化的总和，是特定历史阶段的经济结构、政治结构和文化精神的综合形态。西欧文明历来是多民族、多国家的，说这些民族与国家都属于西欧文明，那是因为在社会历史发展中，虽然它们的经济、政治、文化自具特色，也不平衡，但它们都秉承共同的历史文化传统，都经历相似的阶段性文明的结构形态；在特定历史时期都具有相似的主流文化价值。"西欧文明"正是指谓西欧多民族、多国家而具有广义的文化同一性，它也并不掩盖西欧民族文化的多样性。

西欧文明构成一种特定的文明形态，不仅因为这种文化共同体明显有别于世界上其他的主要文明，而且也由于和一些同它地域邻近或有密切历史联系的其他文明相比较而言，它也是自具特征的。例如，自中世纪以来西欧文明和承袭东罗马帝国的拜占庭文明，都发展了基督教文明，但西欧建树的罗马公教（天主教）及后来产生的新教，同较多吸收小亚和希腊文化的东正教文明有较大的歧异，拜占庭文明则为斯拉夫文明所承续与发展；西欧文明和拜占庭文明、斯拉夫文明所经历的社会和文化历史形态，也是明显不同的。在北美的美国文明本来是从西欧文明衍生、发展起来的，美国的移民大多来自西欧，美国文明历来和西欧文明密切相关，息息相通，美国文化曾长期生长在西欧文化的边缘，现今美国文明和西欧文明结成西方文明的主导势力。然而，这两种文明在历史发展中也有明显区别，西欧文明更多地保留了历史文化传统并承受其历史负担，在向近、现代文明转型中，众多民族国家很不平衡，有痛苦、曲折的历程。美国文明则较少封建的历史负担，径直创造近代资本主义文明，而它融会众多移民种族的文化，逐渐形成自己的本土文化传统，美国和西欧的精神文化也有不同的气质与特色。

　　西欧文明为什么起源时就富有生命活力，且不曾中断、持续发展，自文艺复兴以来更跃居世界文明的前列，成为一种保持强势的文明呢？西方思想家对此有不同的立论。18世纪法国启蒙思想家孟德斯鸠提出"地理环境决定论"，认为西欧优越的地理与气候条件，为西欧种族提供了较大的自由空间来创造先进文明。20世纪英国历史学家阿诺德·汤因比否定环境与种族优越论，提出文明的"逆境生成"说，认为西欧文明所以富有活力，在于西欧人勇于应对逆境的挑战，包括克服恶劣自然条件，能将人为环境的打击、压力与不幸变成创造文明的动力。较多的西方学者则持"文化决定论"，单纯用精神文化的价值来解释西欧文明的动因，认为世界上惟独西欧文明最早形成并发展了一种理性与自由的精神，这种精神价值鼓舞了西欧人创造出最旺盛的文明形态。这些论说或则是表面的、片面的，将次因、必要条件看做文明的主要动因、充分条件；或则是用精神支配历史的唯心史观来论证一种西欧中心论的文明史观。

唯物史观是我们研究和剖析西欧文明的科学指导。西欧文明和世界上其他文明一样，也是人类社会历史发展的必然结果。地理环境、逆境挑战和精神文化是西欧文明的必要成因或表现形式，但它的真正的根本动因存在于西欧社会历史的内在构成和发展规律之中。特定的精神文化无疑是西欧文明的重要构成部分，但它根植于西欧社会各历史阶段的深层的经济与政治结构之中。西欧文明是西欧历史发展中经济结构、政治结构和精神文化交互作用、有机综合而形成的动态的文化共同体。西欧文明体现人类历史的普遍法则，经历了人类历史必经的各种社会形态。西欧文明之所以有深厚、持久的历史文化传统和创造性活力，其根本原因在于：西欧进入文明社会以来，在特定历史条件下，它经历了约两千五百年的奴隶制社会，一千多年的封建制社会，近四百年的资本主义社会，这些社会形态及其历史阶段都得到比较充分的发展，历经各历史阶段而臻于成熟形式。西欧诸多民族与国家集中在同一地区，它们既有文化同一性，又有创造的多样性，历来相互交往密切，易于相互传播、分享各自的文明成果，形成合力，凝聚共同智慧，推进西欧文明的进展。西欧文明在各历史阶段，又善于从周边的诸多外部文明中吸纳、摄取优秀文化成果，来充实、壮大自身。我们认为，用这种历史主义的观点，才能全面、深入地解释西欧文明的动因、本质和特色。

二、西欧的自然环境

欧洲是欧罗巴洲（Europe）的简称，它位于东半球西北部，东连亚洲，南临非洲，西濒大西洋，面积1016万平方公里，人口7.28亿，是人口最密集的大洲。西欧面积约377.37万平方公里，人口约 3.647 亿，分别占全欧洲面积和人口的 1/3 和 1/2。西、中、南部人口密集，北欧人口密度较低。英国、法国、意大利人口均在5000 万以上，德国人口近 8000 万。西欧现有 24 个独立国家，即希腊、意大利、西班牙、葡萄牙、英国、爱尔兰、法国、德国、奥地利、瑞士、荷兰、比利时、卢森堡、丹麦、瑞典、挪威、芬兰、冰岛、马耳他、安道尔、摩纳哥、列支敦士登、圣马力诺、梵蒂冈；此外，还有丹麦所属自治区法罗群岛和英属直布罗陀（英国和西班牙之间有主权争议）两个地区。

西欧地形以平原为主，在世界各大洲中不多见。中欧和西欧两大平原，地势平坦，仅在局部地区有丘陵，适于农耕、修筑道路与运河。只在欧洲南部耸立阿尔卑斯山系，绵延数千公里，平均高度达 3000 米，最高的勃朗峰海拔 4810 米，山系向东南伸出两条支脉亚平宁山脉和狄那里克阿尔卑斯山脉，向西延伸出比利牛斯山脉。在阿尔卑斯山系和西中欧大平原之间，分布一些海拔不超过 1000 米的山地和高原，如法国的中央高原、莱茵河中游高地和西班牙中部的梅塞塔高原，还有西北欧山地，它们是欧洲矿产的主要分布地带之一。北欧斯堪的纳维亚半岛纬度较高，在地质学上的第四纪时曾经历过几次冰河期，在大规模冰川磨砺下，形成冰积平原，土壤贫瘠，气候寒冷，不利于农业，但有丰富的森林、矿藏和水力资源。西欧的又一地形特点是海岸线曲折、绵长，它北临波罗的海、北海，西濒大西洋，南接地中海，东连黑海，曲折绵长的海岸线包容很多海湾和内海，并且将西欧大陆边缘分割成许多半岛与岛屿，北有斯堪的纳维亚半岛，南有巴尔干半岛、亚平宁半岛和伊比利亚半岛，大的岛屿有大西洋中的大不列颠岛、爱尔兰岛和冰岛，地中海的西西里岛和撒丁岛等。海岸线长，海湾、半岛、岛屿众多便于海上交通，航海开拓和交往在西欧文明的形成和发展中起着重要作用。西欧河流稠密，大多发源于阿尔卑斯山系和中欧高地，主要有多瑙河、莱茵河、维斯瓦河、奥德河、易北河、罗纳河、泰晤士河等，它们大多流经多国，是国际航道，沿河平原农业发达，南欧河流如波河蕴藏丰富的水力资源。

西欧大体位于北纬 35 度与 80 度之间，绝大部分属于北温带，气候深受海洋影响。大西洋的西风和全球最强大的北大西洋暖流给西欧带来热量和水汽，长驱深入内地，使西欧大部分地区气候温和湿润，夏天除南部外，没有酷暑，冬天除北部外，没有严寒，雨量充足。南欧有典型的地中海气候，冬半年雨季，夏半年干旱少雨。

西欧的自然资源丰富，煤、铁和水力资源蕴藏量尤其多。森林面积广阔。有许多优良的渔港，渔业资源丰富，沿海渔场占世界沿海渔场约 1/3。

西欧优越的自然环境是极为有利的生长文明的场所，为西欧人开拓文明提供了很好的用武之地。据地质学家考证，西欧南部碧波邻邻的地中海在最后一次冰河期时曾是一片陆地，大约在公元前 15000 年至公元前 10000 年之间，大西洋冲越西边山冈，将这个广大的地中区灌成世界上最大的内海，[①] 使它成为西欧文明的摇篮。南欧向地中海延伸的巴尔干半岛（含希腊半岛）、亚平宁半岛和伊比利亚半岛，气候温和宜人，适于农耕，便于航海交通；它们南和北非隔海相望，东连小亚并可深入两河流域腹地，是沟通欧亚的要扼，便于当地人和早已发展的埃及文明与巴比伦文明交往，吸收它们的先进文明成果。所以，西欧文明的演进是首先以地中海域为中心，逐渐由南向北扩展。它最早起源于地中海东域和小亚交接的爱琴海域，渐次向希腊半岛及地中海西部扩展，形成希腊古典文明；罗马帝国时代，罗马文明的范围东达中亚内陆，在西欧则已向西、北推进到不列颠和莱茵河流域；北欧的低地和斯堪的纳维亚半岛开化最晚，直到公元 9 世纪后，才逐渐纳入西

---

①　韦尔斯：《世界史纲》，人民出版社 1982 年版，第 122—123 页。

欧中世纪的文明范围。

三、西欧的文明史前概况和种族、语言

在恩格斯著《家庭、私有制和国家的起源》中，文明时代相对"蒙昧时代"（旧石器时代）和"野蛮时代"（新石器时代）而言。人类随着原始氏族社会解体、私有财产与奴隶制出现，才进入文明社会。西欧也是一样。西欧文明不是突然凭空发生的，它的产生是西欧文明史前社会演变的结果。

在远古人类起源之后，就有人在西欧广袤的大地上繁衍生息。最早的"能人"化石只在非洲肯尼亚和乍得发现，距今600万年和700万年。能人之后的直立人（中国惯称猿人）化石，就已在西欧发现，有希腊的彼特拉隆那人、法国的阿拉果人和德国的海德堡人，约在30万年至25万年前，比中国北京、元谋、蓝田的直立人（60万年至50万年前）要晚一些。1847年在法国发现的阿舍利文化（手斧文化）距今约40万年至30万年。直立人进化为接近现代人体质水平的智人，1856年在德国杜塞尔多夫附近发现大批尼安德特人化石，就属于西欧的早期智人，活动范围已较大，进入旧石器时代中期，已能人工取火，有墓葬和氏族生活的萌芽。体质上和现代人完全一样的晚期智人的化石，在西欧已发现很多，重要的有法国的克罗马人、库姆尔佩尔人，他们的体质形态都很像现代西欧人。他们约生活在4万年前，已处在旧石器时代晚期，能创作优美的洞穴壁画。旧石器时代以采集、狩猎为生，在尼安德特人阶段血族群婚的血缘家族这个"社会组织形式"已逐渐转化为对族外群婚的氏族，并构成更大的族群部落。

约公元前9000年左右，第四纪最后一次冰河期结束，全球气候转暖，北欧和阿尔卑斯山区的冰河融化，西欧的冰原地区被森林和草原取代，西欧进入新石器时代。西欧人的活动范围明显扩

大。西欧的过渡性的"中石器"时代较长，约从公元前9000年至公元前3000年，法国、西班牙的阿齐尔文化和北欧的马格尔莫斯文化为代表，分布的范围已从波罗的海跨西北欧到英国。西欧进入新石器时代，也发生作为人类伟大的"第一次浪潮"的农业革命，不过比西亚、中国和美洲要晚得多。从狩猎与采集经济转变为农业与畜牧业，大大提高了生产力，技术知识增长，制陶、纺织、航海和轮车开始出现。西欧人有了较稳定的生计，从迁徙转为定居，聚居的村落出现。希腊等地已开始养猪、牛。希腊和多瑙河中游都已使用陶器。在这个时代，西欧的母系氏族公社达到全盛，族外群婚转变为"从妇居"的对偶婚，但不甚稳定的家庭还未构成经济单位。

　　西欧在新石器时代末期，已知使用金属，多瑙河流域和爱琴海区都出现青铜器。希腊爱琴海区和中国、印度一样，在青铜时代就进入有阶级的文明社会。公元前1370年赫梯王国征服在人类中最早发明炼铁术的米坦尼王国，垄断当时极为珍贵的冶铁术，直到荷马时代冶铁术才传入希腊。罗马和世界大部分地区到铁器时代才进入奴隶制文明社会。在西欧的文明史前末期，南部地中海地区已先后完成三次社会大分工，即农业和畜牧业分工，手工业从农业中分离出来，商业出现。生产力的发展已能提供超过维持劳动力自身消费的剩余，氏族首领将经营的氏族财富攫为己有，出现了私有财产。他们为扩大剩余产品、自身摆脱劳动，就要吸收新劳动力，于是不再杀死俘虏，而把他们变为奴隶。这时，母权制被倾覆，实行父权制，对偶婚则转变为较稳定的一夫一妻制，作为经济单位的个体家庭出现，瓦解了血缘关系的氏族家长制。私有制产生，氏族内部财产分化，形成奴隶和自由民、氏族贵族和穷人平民的差别。氏族部落的军事民主制则转变成国家这种凌驾于社会之上、实行阶级统治和调节阶级利益的工具。奴隶制社会形成了。它看来充满残酷的剥削、压迫，然而，如恩格斯所说，

"尽管听起来是多么矛盾和离奇——在当时条件下,采用奴隶制是一个巨大进步",① 因为它标志着跨入文明时代。西欧自有人类活动起,历经了约 30 多万年的漫长时间,才开始步入文明社会。爱琴海域的克里特岛和希腊的小亚、本土,在西欧率先分别于公元前 2000 多年和公元前 1200 年左右,进入奴隶制社会,罗马则在公元前 8 世纪至前 7 世纪左右,才步入文明时代,西欧中部、北部的日耳曼人还长期滞留在氏族社会末期,直到公元 2 世纪后才逐渐先后完成这种过渡。

西欧的文明史前阶段,创造了独特的原始精神文化。多处尼安德特人的墓葬遗址,有伴葬的兽骨和燧石工具,表明原始人已有灵魂不死的原始宗教思想萌芽。许多洞穴壁画作于昏暗的洞穴深处或不易观赏的陡高岩壁,这些作品有巫术动机。西欧原始人的语言指谓具体事物,缺乏表达普遍概念的词汇。西欧的原始艺术已达到相当高的水平。已发现最早的动物雕刻是德国沃吉尔海德的野马雕像,它作成在 3 万年前,用猛犸象牙刻成,野马蜷首挺立,很有生气。以出土地点命名的"维伦多尔夫的维纳斯"雕像,突出生儿育女的部位,是母系社会的象征。造型艺术中最突出的是洞穴壁画,法国就有 70 余处,在西班牙等地也有发现。根据狩猎生活体验,描绘野牛、野马、驯鹿等栩栩如生,技艺甚精,难以相信它们是原始人所作;法国拉斯科洞中有一匹被研究者称为"中国马"的野马画像,色彩渲染酷似中国的水墨画。

西欧人在种族上属于遍布欧洲、地中海地区和西亚的白种人,通常称为高加索人,有别于蒙古利亚和尼格罗种族类型。西欧人又可分为三支:北欧金发白种人即诺迪克种族;南欧暗浅黑发白种人即暗白种人或称伊比利亚种族;两者之间有圆头种族即阿尔卑斯种族。最早开创西欧文明的克里特人是和伊比利亚人种、北

① 《马克思恩格斯选集》第 3 卷,人民出版社 1973 年版,第 220 页。

非暗白人种相近的一个种族。西欧的三支种族因语言与部族生活相异，又形成许多不同的分支，逐渐融合成不同的民族。古代西欧主要有三大族群：一是希腊民族，由北部的多立斯人南下而和土著民融合而成，内部又可按方言分为阿卡亚人、爱奥尼亚人、埃俄利亚人、多立斯人、马其顿人等等民族集团。二是罗马的拉丁民族，罗马还有伊达拉利亚人等族，后来都被拉丁人同化了。三是遍布西欧中、北部的日耳曼民族，它包括盎格鲁－撒克逊人、法兰克人、勃艮第人、东哥特人、西哥特人、汪达尔人、斯堪的纳维亚人等等各个支族。西欧进入中世纪后，这三大族群多有变迁、融合，到中世纪盛期以后，才逐渐形成近代意义的西欧民族国家的格局。

西欧人的语言属于印欧语系或称雅利安语系，包括希腊语、拉丁语、意大利语、英语、法语、德语、西班牙语、葡萄牙语以及荷兰语、瑞典语、丹麦语、挪威语等等。它们统称印欧语系，因为它们都有相近的词根和语法概念，遵循相似的变化法则即格里姆法则。公元前18世纪末，西欧克里特的米诺斯人有最早的文字，是线形文字，至今未能解读，之后迈锡尼文明时的线形文字已解读成功。古希腊的文字则是改造闪米特语系的古腓尼基文字而成，腓尼基文字只有辅音，没有母音，希腊人加上母音，使之更为清晰而能表达多重意义。西欧的其他文字都是后来逐渐形成的。中世纪时拉丁文成为基督教会官方推行的标准文字，到西欧中世纪盛期后，西欧各国倡导自身的民族语言与文字，它们才逐渐成为文化的主要载体。

四、西欧文明的历史发展和主要特征

西欧文明的发展和人类社会形态的普遍历史进程是相一致的。但是，西欧文明又有其特定的历史阶段性，各历史阶段的经济结构、政治结构和精神文化的有机综合，都有其特殊内涵，整个西欧文明史表现为一连串有变革和继承关系的阶段性文明。本书将它划分为五大阶段，分列五篇论述。

第一，西欧古典文明。它本质上是一种奴隶制社会的文明形态，又有不同于东方奴隶制文明的特色。从克里特文明兴起到罗马文明衰亡，它历经2500年左右，充分展开了从城邦奴隶制到帝国集权型奴隶制为基础的不同的文明形态。所以，它又依次由四个次阶段性文明所组成：爱琴文明、希腊古典文明、希腊化文明、罗马文明。西欧古典文明以爱琴海域为发源地，向西延展至希腊本土和南意大利，以至环地中海南北一些地区，达到城邦时代希腊古典文明的全盛。以大规模集权奴隶制为基础的希腊化文明，则将其涵盖范围和希腊文化扩展至整个地中海地域和小亚、近东。建立在更为成熟的帝国集权型奴隶制基础上的罗马文明，更建立起一个东起不列颠、北达中欧莱茵河流域、南纳北非、西及两河流域、巴勒斯坦的庞大文明圈。西欧古典文明所创造的璀璨文化成就及其广泛、深远的历史影响，在世界古代文明中是很突出的。

第二，西欧中世纪文明。它本质上是一种以西欧封建制为根据的文明形态。从公元5世纪日耳曼族灭亡西罗马帝国、建立起一些蛮族王国，至14世纪西欧中世纪封建社会鼎盛期结束，西欧中世纪文明经历了近一千年。西欧中世纪并不是一个停滞、野蛮的"黑暗时代"，而是有一个从封建制度确立到全面鼎盛的动态演进过程。从建立封建庄园制、采邑制发展为城市市民经济与政治的兴盛，从长期处于封建诸侯割据和小王国林立，至中世纪鼎盛期开始向君主集权的民族国家过渡。基督教文明确立其在全西欧的统治地位，对中世纪西欧的经济、政治和文化都有巨大影响，并且引起尖锐复杂的政治与思想斗争。这些都是西欧中世纪文明的显著特点。在西欧中世纪时代，整个西欧本土已逐渐都纳入封建化的文明，西欧中世纪文明已是"西欧"完整意义上的文明。西欧中世纪文明的精神文化并不是贫瘠、苍白的。特别是西欧进入中世纪鼎盛期后，学术文化繁荣，在许多方面取得重要成就，开始孕育人文主义精神和科学思想，为西欧经由文艺复兴向近代文明过渡，在文化上作了准备。

第三，文艺复兴文明。从14世纪至16世纪，西欧封建社会处于衰落、解体的后期，城市市民阶层、工商业主势力壮大，资本主义萌发已表现出勃勃生机，由此产生的文艺复兴运动创造了崭新的文化形态。所以，本书将它列为一种单独的阶段性文明来论述。文艺复兴文明是西欧中世纪文明向近代文明过渡的重要中介环节。经济上已有大规模的资本原始积累，资产阶级在政治上开始崭露头角，文艺复兴运动中的人文主义思想成熟，宗教改革兴起，科学思想已有突破性进展，社会政治理论已表达资产阶级的利益与要求，这些都表明文艺复兴文明有其独特的历史内涵。自哥伦布发现美洲新大陆后，西欧各主要国家开始向海外进行侵略性殖民，不仅残酷掠夺殖民地的资源与财富，以供资本原始积累，同时也将基督教文明向海外传播。文艺复兴文明创造了瑰丽多姿的精神文化，是西欧继希腊、罗马的古典文明之后达到的又一个高峰。

第四，西欧近代文明。它是自由资本主义时代的文明。西欧文明在近代阶段表现出加速发展的特征。资本曾创造了巨大文明。从17世纪至19世纪中、后叶，西欧各国先后完成了结束千年封建统治的资产阶级革命，资本主义经济走向成熟，通达工业革命。资产阶级在两个多世纪中所创造的生产力，比过去一切世代创造的全部生产力还要多，还要大，它建立了完整的资本主义经济结构和政治秩序，通过启蒙运动建树了以自由主义、个体主义和功利主义为轴心的西方主流文化价值，为西方的现代性奠定基石。西欧近代科学技术得到迅速发展，资产阶级启蒙运动所创造的思想文化蔚为壮观，西欧近代文明在精神文化上为世界文明作出重大贡献。然而，近代西欧资产阶级向亚洲、非洲、拉丁美洲进行了大规模的殖民侵略，给世界各地带来了战争、奴役和压迫。有所更新的基督教文明向全球扩展，西欧文化对世界各地造成了交织着激发启蒙思想和文化殖民的正负面双重效应。

第五，西欧现代文明。它本质上仍还属于资本主义文明范畴，但已构成又一个阶段性文明。从 19 世纪中、后叶到 20 世纪末的一百多年，西欧资本主义国家完成了工业革命，确立资本主义政治统治秩序，自由资本主义发展为垄断资本主义，经济结构、政治结构和精神文化都有重大变异，出现了许多新的特征。西欧现代文明内部也在复杂的社会斗争中演进，资本和劳动的矛盾日益激化，无产阶级力量从弱小到壮大，也逐渐形成反映他们理想追求的精神文化，和资本主义主流文化价值抗衡。社会主义思想经历了从空想到科学的发展，19 世纪中叶诞生的马克思主义，在某种意义上说，也是西欧现代文明的重要组成部分，它对人类进步和解放事业作出了巨大贡献。20 世纪前半叶西欧社会内外矛盾激化，经济和政治危机爆发，军国主义、法西斯主义抬头，以西欧为发源地酿成两次世界大战，给世界人民带来巨大、深重的灾难。第二次世界大战后，世界格局发生巨大变化，民族独立运动高涨，殖民统治结束。科技革命突飞猛进，新的产业革命为资本主义相对稳定发展注入了活力。在经济全球化趋向的背景下，西欧主要国家以"欧盟"等主权国家联合体的方式，实现经济一体化，取得可观的经济成就，"欧盟"在经济、政治上都已成为和超级大国美国既联手又抗衡的势力。在经济与政治体制方面，虽然强调自由放任的新保守主义在西欧也时而推行，但西欧国家更偏向注重调节社会利益的新自由主义，北欧更创造"福利国家"的发展模式。当代西欧的各种精神文化也有很多变异与进展，表现出复杂的多样性。如社会主义与西方马克思主义就产生多种形态，对当代西欧的社会进程有一定的影响；后现代主义文化在西欧兴起，美国新马克思主义者杰姆逊称之为晚期资本主义文化逻辑,它反映了值得研究的当代资本主义的新特征、新矛盾。当代西欧文化还比较重视反思现代西方文明中的危机和环境、生态等全球性问题,这方面的研究成果也是颇有参考价值的。

本书力图对西欧文明各历史阶段的经济与政治结构和精神文化作出概要的综合描述,着重于精神文化方面的论述。

历经四千余年的西欧文明,有多重历史特征值得研究。这里只从总体上概要举出以下四个方面的主要特征。

和世界其他诸多文明相比较,西欧文明独特地充分经历了奴隶制、封建制和资本主义等社会形态的各个历史阶段,这种深厚、成熟的社会历史基础,使西欧文明持续进展,积成悠久的历史文化传统,创造出瑰丽多姿的文化成就。

科学理性和人文精神,是贯穿西欧文明的优良传统,也是西欧文明的充沛文化活力所在。认为"自由"与"个体主义"的精神价值始终是西欧文明的原动力,这并不符合历史事实。基督教文明自中世纪以来对西欧文明具有正负面的重要影响,但不能将全部西欧文明归结为基督教文明,不能将两者等同起来。

西欧文明主要在西欧生长、发展,但它又是在同一密集地区多民族、多国家共同创造的文明。众多民族和国家的密切联系与交往,促成西欧文明的整体性持续发展。西欧历史上的伟大文化成就是西欧各民族集体智慧的结晶。西欧文明包容了西欧各国自具特殊性的民族文化,它是西欧文化同一性和多样性的统一。

西欧文明不是自身封闭、单独生成与发展起来的,它在各历史阶段,和世界上的一些主要文明,如埃及文明、巴比伦文明、犹太文明、伊斯兰阿拉伯文明、拜占庭文明等,都有多种形式的交往,从中获取文明成果,吸取思想文化营养,甚至获得文化推动力,才使自身得以发展、壮大,西欧文明中也凝聚着世界上其他地区许多民族贡献的智慧。西欧中心论的历史观和文化观,就西欧文明自身的发展而言，也是不能成立的。

五、了解和研究西欧文明的意义

西欧文明是西方文明的主干部分，有悠久的历史传统，曾深刻影响世界历史的进程，它创造的光辉灿烂的文化成就，是世界文化宝库的重要构成部分。理解和探究西欧文明史的整体，有助于我们更好地、有分析地吸取西方文明中的优秀成果。

当今世界日益密切全球性交往，又展现文化与发展的多样性。现代化不等于西化，西方的现代化只是在其特定历史条件下西方文明历史演进的结果。将西方的文化与发展模式当做惟一普遍的标准向全球推行，是不可取的。世界各民族国家应探索适合自身国情、社会制度和历史文化传统的发展道路，确立自具特色的文化与发展模式。然而，西方包括西欧，由于其深厚的文明历史的积累，特别是近代文明的加速进展，毕竟率先实现现代化，提供了许多历史经验和教训，值得我们借鉴和反思。如今我们在经济、政治、文化的各个领域，和西方包括西欧的交往不断增进、愈益频繁，了解西欧文明史，把握各种有关文明内容的历史由来及其文化价值的意义所在，这有助于我们在各种实际工作中开展合理的中西交往。

我们并不主张"文化决定论"的历史观，但确认文化在社会发展中起有非常重要的作用。从 20 世纪初至今，西方文化是冲击全球的精神势力，起有正负面的双重效应，西方文化和非西方民族国家本土文化的冲撞与融合，已成为当今世界的一大焦点问题。了解和研究西欧文明史，有助于我们吸取西方文化中的优良成果，弘扬与发展中华优秀文化传统；同时，面对西方文化较多地进入中国的情势，这也有助于我们作出历史的鉴别分析，形成与采取合适的具体文化对策。

　　了解和研究西欧文明，有助于我们正确观察、认识当今世界的国际政治格局。"文明"问题日益受到国际社会和国际学术界的关注和重视、研究，联合国教科文组织确定 2001 年是"世界文明对话年"。世界上的各种文明都曾为人类进步作出过重要贡献。当今世界文明多样化的格局，已是不可逆转的基本趋势。也要看到，文明中的文化要素，在当今世界局部地区由宗教、种族、语言等问题引发的冲突中，也起着重要作用，它们又有着深刻的经济与政治根源。20 世纪 90 年代美国学者塞缪尔·亨廷顿提出著名的"文明冲突论"，引起广泛的国际反响。他确认当今世界文明多样化的格局，重视研究文明中的文化要素在现今世界的局部冲突中所起的重要作用，这些是值得我们思索和探究的。但是，他主张在冷战结束后，不同文明的冲突已主宰全球政治，特别是西方文明和伊斯兰文明、儒家文明的冲突，将可能严重威胁西方的利益和西方国家在全球的优势地位。据此，他为西方的全球战略、文化战略献计献策。了解和研究西欧文明的历史与现实，就可使我们理解这种立论是不能成立的。各种文明只有在开放的合理交往和相互吸取有益成果中，才能充分发展。从历史上看，西方文明得以发展自身的一个基本条件与手段，是和其他文明开展和平的合理交往与融会沟通。西方文明也须纳入当今世界和平与发展的主流，才能持续进展。

　　最后，要说明一下，本书是三位作者集体讨论提纲、分工执笔写作而成的。绪论和第一篇西欧古典文明、第二篇西欧中世纪文明是姚介厚撰写的，第三篇文艺复兴文明和第四篇西欧近代文明是李鹏程撰写的，第五篇西欧现代文明是杨深撰写的。田时纲同志为撰写文艺复兴文明提供了许多很有价值的资料，在此深表谢意。本书的出版，得到中国社会科学出版社李树琦等同志的热诚帮助，谨此致谢。由于作者学识水平有限，书中恐有不当之处，敬请读者批评、指正。

第 一 篇

西欧古典文明

西欧古典文明的历史与特征

　　西欧古典文明指处于奴隶制时代的古希腊罗马文明。它发端于约公元前二千多年的克里特文明，终结于公元 476 年西罗马帝国灭亡，崛起在近东的古埃及文明和两河流域文明之后，和中华文明、印度文明有大体同样久远的历史。它的地域范围并不限于现今的希腊和意大利，而是发源于爱琴海与希腊半岛，渐次向地中海四方伸展、扩张。全盛时，东连小亚细亚西部，北抵黑海以至欧陆中西部腹地，西及比利牛斯半岛，南达非洲北部，有横跨欧亚非三洲开阔疆域之优势。当欧陆中北部的所谓蛮族还过着迁徙不定的游牧生活之时，古代希腊与罗马的民族已先后在地中海的历史舞台勃发生机与才智，创建了独特成形的社会制度，盛开了绚丽多彩的精神文化之花。这一古典文明在和两大近东文明相互辉映与交融中熠熠生辉，显示悠久生命力，为西欧文明奠定了深厚基础，成为全部西方文化的源泉。

　　这种古典文明的生成与发展，不是单一种族的贡献，也不是直线进化的，而是多种族创造了历史与文化的多样性。诸多种族的迁移、入侵以及殖民运动，才造就有文化同一性的希腊与罗马民族，而他们和亚非的一些种族又有不断的融合与同化。古希腊罗马比较充分地经历了奴隶制经济与政治形态的历史发展，因而先后产生了四种既有历史承续性，又各具特色的阶段性文明，它们串连成西欧古典文明的总体。第一种是爱琴文明，首先是约公元前 20 世纪至公元前 12 世纪产生的克里特文明和迈锡尼文明，从青铜文化向铁器文化过渡，是早期贵族奴隶制社会的文化形态；之后经过约三百年黑暗时代的历史曲折，至公元前 8、7 世纪的古朴时代复兴，展开殖民运动，从爱琴海域向外扩张，在希腊世界普建城邦。第二种是希腊古典文明，从公元前 6 世纪至公元前 4 世纪后半叶马其顿征服希腊，经历了城邦奴隶制的盛衰，从伊奥尼亚、南意大利的科学文化兴盛进展为以雅典为中心的古典文化高度繁荣，包括伯里克利黄金时代，这是西欧文明第一个鼎盛的高峰。第三种是希腊化文明，从亚历山大东征至公元前 30 年罗马帝国消灭托勒密王朝、征服希腊化世界为止，在从欧陆到亚非近东的辽阔疆域建立了三个大型集权奴隶制的王朝，希腊文化在这个广大的世界范围传播、扩散，并在和东方文明密切的交融中而有了新的内容特色。第四种是罗马文明，从公元前 7 世纪罗马逐渐崛起至公元 5 世纪日耳曼人陷落罗马城，罗马帝国经历了共和时代和帝制时代，庞大的版图从近东直至欧陆中西部、并染指不列颠，帝国型的奴隶制由盛极而衰亡，在调融希腊文化、东方文化与罗马本土文化中，产生了独特的、颇有综合性的拉丁文化，而基督教的兴起为西欧从古典文明转向中世纪文明在精神文化上作了准备。

西欧古典文明由上述阶段性文明组成，有三个基本特征：第一，它在奴隶制社会内外矛盾充分展开、迭经多种历史形态中演进，每个阶段性文明都是自有特定内涵的文化有机体，而其精神文化因社会变迁虽有衰落而不完全消亡，其传统总是伸展入后续文明，因而西欧古典文明是一种动态连续、富有历史多样性的整体。第二，就精神文化而言，由于古希腊罗马的特定历史条件，宗教虽是其重要基因，但没有和政权紧密结合而成为专制势力，科学文化发展则有较大的自由空间，有相继的全面繁荣，生发了体现民族创造性智慧的文化精神，如荷马时代的英雄主义，希腊古典文明中的民主、科学理性与人文精神，希腊化文明中的自然主义伦理与世界主义，罗马文明中的伦理与法的精神。第三，西欧古典文明具有开放性与兼容并包性。它既是由希腊罗马各族文化在频繁交往中生成与发展，更是在不断大量汲取东方文化中生成与发展。从埃及文化、巴比伦文化滋养早期希腊文化到罗马时代引进希伯来文化，这种东西方文明的交融不曾间断。古希腊罗马正是以"海纳百川"的气势，融合了东西方众多文明成果，才能创造出自身的繁盛文化。

　　西欧古典文明是全部西欧文明乃至全部西方文明的源头与根基，它对后世西欧文明与西方文明的影响是极为深远的，对世界的其他一些文明如伊斯兰阿拉伯文明与拜占庭文明等，也有一定的辐射性影响。西欧中世纪文明包括其封建的经济政治结构与基督教精神文化，是直接在西欧古典文明内部孕生、发展出来的；西欧的文艺复兴文明是在倡导复兴希腊罗马古典文化中形成与发展的，并完成向西欧近代文明的过渡；在西欧近代文明与现代文明的精神文化中，时时处处都可看到西欧古典文明的文化身影。西欧古典文明所奠基的科学理性与人文精神，贯穿于后世西欧与西方的优秀文化传统中，源远流长地深刻影响了后世西欧各历史阶段的精神文化；而西欧古典文明后期开始形成的基督教及其文化，也一直影响着后世西欧文明及其精神文化的演变，基督教传统成为西方文明的重要特征。所以，理解与研究西欧古典文明，是我们把握与探究全部西欧文明的首要出发点与基础。

2 约公元前 440 年制成的伯里克利肖像雕塑(罗马摹制品)

第 一 章

从爱琴文明到希腊古典文明

一、爱琴文明和希腊城邦的形成

希腊文明最早起源于爱琴海地区，它包括希腊半岛、爱琴海诸岛和小亚细亚半岛西岸，位扼欧亚非三洲交通之要冲，地理环境特色为地少山多、海岸曲折、岛屿密布，有温和的地中海气候，冬雨夏爽适于橄榄、葡萄生长，发达的航海业便于和东方先进文明建立联系。据考古发掘的遗址证实，远在公元前 7000 年至公元前 6000 年，这里就有旧石器时代、新石器时代的先民。而这远古历史以往并不清楚。19 世纪 70 年代格罗特等著名史学家认为爱琴文明始于荷马时代或公元前 776 年起的奥林匹克竞技纪年，之前只有模糊不清的传说。然而，荷马史诗曾吟述爱琴海南端的克里特岛土地富庶、人口众多，远古就有"城市 90 座"；古希腊史学家希罗多德、修昔底德都记载克里特王（米诺斯）最早组织海军，是征服许多土地的统治者；希腊古典哲学家亚里士多德也指出米诺斯"获得了爱琴海帝国"。还有，荷马史诗《伊利亚特》描写迈锡尼王阿伽门农率希腊大军攻陷爱琴海域的小亚西岸特洛伊城的故事，也曾被认为只是诗人的虚构，其实有着历史的根据。19 世纪 70 年代至 20 世纪前期，德国谢里曼、英国伊文思、希腊卡洛凯里洛斯等执著的考古学家，历经辛劳，终于发掘出克里特的克诺索斯王宫遗址、特洛伊的 9 层城垣遗址和迈锡尼的竖井状、圆顶状的王家墓。以后其他学者又结合埃及、赫梯及希腊的文物、文献细加研究，确证了爱琴文明的久远历史。它包括：克里特文明和迈锡尼文明时代（公元前 20 世纪—公元前 12 世纪）；荷马时代（公元前 11 世纪—公元前 9 世纪）；兴建希腊城邦的古朴时代（公元前 8 世纪—公元前 6 世纪）。

克里特岛横列在北非和希腊之间，公元前 3000 年已向青铜文化过渡，出现私有制，公元前 20 世纪已合并奴隶制小国，建立以克诺索斯为首都的统一王朝，国王称米诺斯，岛人亦称米诺斯人，祖先可能是来自小亚和埃及的混合民族。当时首都即有人口 10 万，农业、工商业和航海贸易也相当发达，同埃及、小亚、希腊半岛已有频繁的经济与文化交往。王朝拥有强大的造船业和舰队，获有海上霸权，其势力范围东自小亚、西至南意大利。所用语言非希腊语，文字已从象形文转变为线形文，王宫所存数千块属经济档案的泥版文书，即使用线形文 A，可惜至今尚未能解读。亚里士多德曾说过米诺斯是远古的立法者，斯巴达的法制从其遗制学来。米诺斯的文化已较繁荣。建筑术尤为高明。王宫面积达 22000 平方米，房屋 1500 间，构筑精致小巧，寝宫所附浴室、厕所使用自来水，西方人 19 世纪才有这种设施。金银、彩陶工艺品精巧秀丽，许多壁画表现渔民生活和航海活动，灵秀清逸或自由奔放，堪称得希腊古典时代艺术风格之先。米诺斯人的宗教是崇拜自然的一元神教，主宰天地、司善亦司恶的主神是女神。克里特岛的主要地区曾 3 次被毁，其原因可能是火山爆发或大地震，克里特文明逐渐衰落。公元前 1400 年左右，迈锡尼人征服克里特岛，取代并部分接续了它的文明。

迈锡尼在希腊半岛的伯罗奔尼撒东北部，居民是公元前 2000 年左右部落大迁移中从巴尔干北部南下的印欧语族阿卡亚人。公元前 15 世纪他们已使用希腊语（阿卡亚方言为主），已建立贵族奴隶制王朝。发现所存的许多泥版文书的线形文字 B 已被解读成功，它记录了大量使用奴隶和土地占有的情况，王朝的势力范围遍及希腊本土和爱琴海地区，现已发现的迈锡尼文明遗址遍布这些地区，有 1000 处以上。从线形文字、城堡建筑与工艺品看，都近似米诺斯文明。公元前 1250 年以后，迈锡尼和与之交往密切的埃及、赫梯，都处于盛极而衰。约在公元前 1200 年至前 1170 年间，爆发了荷马史诗《伊利亚特》所写的特洛伊战争。特洛伊别名伊利昂，处在小亚东北赫勒斯滂海峡和爱琴海连接之处，是逆流北入普罗朋提斯海和黑海的惟一通道，海峡水流遄猛、风急浪高，航行至此只能从陆上拖运船只、驮运货物，所收税金与运费就是重要财源，加之特洛伊土地肥沃，农牧工商业皆很发达，很是富裕。传说的战争起因是迈锡尼王阿伽门农，因其弟斯巴达王门涅劳斯之妻海伦被特洛伊王子帕里斯诱拐，遂率希腊诸部族联军围攻十年而陷落特洛伊城；其实，发动战争的真正目的是掠夺该地财富，占有扼据航运要冲的财源。这是迈锡尼文明衰落之际的最后挣扎。战争的历史后果是两败俱伤，特洛伊城毁灭了，残存居民沦为奴隶，希腊本土也元气大伤，迈锡尼宫廷陷入内乱的流血悲剧。希腊北部的多立斯人乘虚而入，征服除雅典之外的各国，希腊的文明进入一个历史曲折的时期。

从公元前 11 世纪初往后 300 年间，西方史学家称为黑暗时期。半农半牧原始部族的多立斯人摧毁希腊本土城镇，破坏手工业与商业，文化也凋零没落，已发掘的此时期的粗制陶器，只有原始几何形风格。这一时期又称荷马时代，因为传说中的盲诗人荷马在公元前 9 世纪融合历史与神话传说创作的史诗《伊利亚特》、《奥德修》中，描写迈锡尼文明末期的故事，其实也反映他所处时期的社会环境与生活方式。荷马时代的希腊已从奴隶制国家倒退为氏族部落组织的军事民主制阶段，但这种历史曲折中又孕育着一些向新文明进展的重要因素，对希腊古典文明实有深刻影响。第一，铁器使用。冶铁术最早于公元前 16 世纪在小亚北部的赫梯势力范围内发明，是秘而不宣的专利，铁价贵似黄金。多立斯人南下带来了冶铁术，铁器逐渐在希腊农业、手工业中推广使用，荷马史诗描写阿喀琉斯发给运动员的奖品就是一大块圆形生铁，说足够他耕用 5 年。如恩格斯所说，铁是在历史上起过革命作用的各种原料中最后的和最重要的一种原料，铁使大面积农耕成为可能，并提供当时其他金属不能抵挡的工具。[①]它使以后希腊城邦奴隶制得以在较高的生产力起点上充分发展。第二，军事民主制的部落组织已设立氏族贵族的议事会、全体成年男子参加的民众大会和军事首长（"巴赛勒斯"，Bassileus）等三个权力建制，这是以后希腊城邦国家由以形成政治建制的雏形。第三，结束了早期希腊部落经常大迁徙的动荡历史，从部落向民族过渡，形成了伊奥尼亚人、埃俄利亚人和多立斯人三个希腊民族群体；而稳定居住区内的人又融合成较稳固的地区共同体，后来就转变为城邦。当时也已开始发生有序的移民潮，如抵挡住多立斯人侵扰的雅典就接受了大量避难移民而实力大增，它并推动伊奥尼亚人在小亚与爱琴海岛屿的移民活动，建立米利都、爱菲斯、萨摩斯等名城，这是之后扩展希腊城邦的殖民运动的先驱。第四，精神文化的重要结晶是两部荷马史诗和公元前 8 世纪赫西俄德写的两部长诗《工作与时日》、《神谱》，它们以不同方式映现或梳理了早期希腊的社会生活、神话传说、经验知识、伦理道德，体现了希腊先民勤劳奋斗的英雄主义精神，这和以后的多类希腊古典文化有密切的源流关系。

　　公元前 8、7 世纪的古朴时期，实为兴建、扩张希腊城邦的重要时期。铁器生产力发展促成经济复兴、阶级分化，导致城邦形成。公元前 8 世纪中叶从小亚到希腊半岛已星罗棋布地建立了408 座城邦。城邦（polis）原由卫城（acropolis）发展而来，是以一个城市或大村镇为中心、有独立主权的奴隶制小国，最大的城

①《马克思恩格斯选集》第 4 卷，人民出版社 1973 年版，第 159 页。

邦斯巴达国势最盛时领土面积也不过8400平方公里,雅典城邦面积才有2556平方公里,普通城邦方圆数十里,居民万余人。多山隔绝、海陆地形分割的地理条件,荷马时代已有的铁器生产力和小型奴隶制经济稳定结合,军事民主制则演变为城邦政治建制,这些重要历史因素都使希腊城邦没有神授统一专制王权,而有别于一些东方文明的政体。诸城邦各自独立,是多中心的,但互相之间又有密切的经济联系和民族文化的同一性。那时,各城邦的人已经都自称"希腊人"(取自传说中伊奥尼亚、埃俄利亚和多立斯三族始祖的共同之父希伦 Hellen 之名),区别于"异族人"(barbarians,蛮族人)。当时已通过改造腓尼基文的字母形成统一使用的希腊文字;首届奥林匹克运动会于公元前776年举行,各城邦有共同的节庆和纪年;社会制度、风俗习惯、宗教信仰、文化传统也有一致性。这种统一的民族意识后来使希腊各城邦迅速团结抵御波斯帝国入侵。希腊城邦的奴隶制是小规模、分散型的,因而更需要加强各城邦之间、同外部世界之间的工商贸易,也有得天独厚的航海条件,因而发展商品经济比较充分;而希腊城邦虽有不同政制,公民皆可参加公民大会,有相对多的政治权利。这类经济政治条件使希腊人有较为开阔的视野、活跃的心智,并能较快较多地吸纳早已丰富的东方文明成果,来创造自身的新文化。所以此时希腊城邦制的兴建至为重要,它为继之而来的希腊古典文明奠立了社会基础。

希腊城邦建立后,普遍出现了大规模的殖民运动,就是城邦组织部分居民迁移到海外另立家园,建立新的殖民城邦。它不同于自发的部族迁移和移民,而是城邦为解决自身的发展问题有组织地进行扩张的方式;它也不同于近代资本主义的殖民侵略与统治,因为殖民城邦和母邦属于同一希腊民族,有共同的文化和相似的社会制度,在政治经济上基本平等,不是殖民地和宗主国的关系。从公元前8世纪初起经历了两百多年的殖民运动中,希腊

人扬帆远渡、开拓疆域，展开了希腊世界向四面八方扩展而趋于
丰满的壮观画面。据统计，先后参加殖民的城邦共有 44 个，在比
希腊本土远为广大的海岸地带共建殖民城邦 140 多座。^① 小亚早
有米利都、萨摩斯等殖民城邦，又东进叙利亚、埃及设立商站殖
民点；西向殖民最宏伟，在南意大利和西西里岛广建克罗顿、塔
壬同、爱利亚、叙拉古等众多名城，此地区后来被罗马人称为
"大希腊"，往西更远至如今法国南部建立马萨利亚（今之马赛），
又在西班牙建立埃姆波利艾城邦；北向殖民直达黑海广大地区，包
括后来的历史名城拜占庭；南向殖民则在北非利比亚建立居勒尼
等一些城邦。殖民的原因是希腊山多土薄、土地有限，人口增长
的压力突出。马克思指出：在古希腊和罗马，周期性殖民是社会
制度的一个固定环节，因为国家制度建立在人口的一定限度上，为
了保存自己的文明，不使自由民变为奴隶，"惟一的出路就是强迫
移民"。^② 如铁拉岛因 7 年旱荒，遂决定每家抽签出一名男丁去居
勒尼殖民。与土地问题相关的政治原因是城邦为了平息破产失地
农民反对贵族的斗争，向外输出"骚乱分子"。斯巴达男性公民在
外作战时，国内妇女生了一批私生子，他们因无公民权不能分得
土地而密谋起义，就将他们遣送意大利建立塔壬同城邦。^③殖民运
动之影响广泛、意义深远，古无先例。希腊城邦的巨大扩张，奠
定了希腊古典时代的广阔疆域，它们如雨后春笋苗长在地中海、黑
海地区，希腊人比喻它们像是围着地中海这个"大池塘"此呼彼
应的青蛙，母邦新邦密切联系、互惠互益，增强经济实力，巩固

① 《剑桥古代史》第 3 卷第 3 分册《希腊世界的扩张，公元前八至六世纪》，剑桥 1982 年版，第 160—162 页，详细记载 140 多个殖民城邦及可查的有关文献或考古资料。

② 《马克思恩格斯全集》第 8 卷，人民出版社 1961 年版，第 618—619 页。

③ 希罗多德：《历史》，商务印书馆 1959 年版，第 4 卷，第 151—159 章；亚里士多德：《政治学》1306b30.

了城邦制度。殖民运动造就一个海陆交错、东西方联结的古代地中海最大的贸易圈和经济圈，远超过爱琴文明的原有规模，这就大为促进工商业贸易，使希腊在古代世界中发展了独特充分的奴隶制商品经济，壮大工商奴隶主及平民的力量，有利于民主政治形成。东西方的文化交流更为扩大、频繁，给希腊带来更多的东方文明成果，并使希腊人得以在广阔天地的实践活动中，培育科学见识，发挥创造性智慧，希腊古典时代的科学文化就是首先兴起于东、西部的殖民城邦，而后才进入希腊本土，更有高度繁荣。

　　总之，爱琴文明历经 1500 年漫长之途，终于从经济、政治、社会生活与文化环境等方面准备了充分条件，迎接光辉灿烂的希腊古典文明来临。

二、希腊城邦时代和希腊古典文明的盛衰

　　从公元前 6 世纪初至公元前 4 世纪中叶的希腊古典文明，是西欧古典文化首次全面鼎盛、奠立根基的时代。科学启蒙思想的清风先在小亚和南意大利的殖民城邦生起，而后在以雅典为中心的希腊本土吹开文化领域的百花，文明的种子四处播撒，又使整个希腊世界形成辉煌灿烂的古典文明。这种古典文明，本质上表现了臻于成熟、处于全盛的希腊城邦奴隶制社会的时代特征和文化精神。正是当时希腊城邦奴隶制社会的历史和文化条件、内外矛盾的充分展开，决定了这种西方古典文明的特征和盛衰。

　　希腊城邦的发展是多中心、多样态、不平衡的。小亚诸城邦较少氏族血缘制的历史羁缚，工商贸易发达，又较多直面接触东方的埃及文明和巴比伦文明，它们在公元前 6 世纪初就已繁荣起来，孕生了伊奥尼亚的科学与哲学思想，吹拂起早期古典文学艺术的清风。西方第一位哲学家泰勒斯就是在繁盛之邦米利都建立学派，著名女诗人萨福则已在秀美的爱琴海岛，热情奔放地吟奏

了上万行令人心醉神驰的抒情诗曲。而当时希腊本土的城邦还处在破除氏族血缘关系、完成建立城邦社会制度的过程中，精神文化上尚无明显建树。希腊本土的各城邦，由于所处历史环境不同，它们建立起来的经济和政治体制也并不一样。

位于伯罗奔尼撒东南部拉哥尼亚地区的斯巴达，经过传说中的立法者莱喀古根据德尔斐神谕颁布"瑞特拉"(Rhetra，法令)的改革，已形成贵族寡头统治的国家制度。它按地区组成新的部落和选区，用按地区划分国民的户籍原则代替氏族组织的血缘原则，建立奴隶主贵族控制的 30 人议事会，民众大会形同虚设，名义上保留的多立斯传统的"双王制"已无王权之实，因为双王只是议事会成员，而 5 名贵族监察官愈益专权。斯巴达实行残酷的奴隶制，它先后征服邻邦希洛和麦西尼亚，将两地居民掠为奴隶，皆称之为希洛人，土地和奴隶均属国家所有，分给自称"平等人公社"的成员世袭占用，不得买卖，约 9000 户奴隶主公民残酷奴役并可任意虐杀希洛人。斯巴达公民不能从事工商业，全民皆兵空前绝后，从小至 60 岁经受严格的军事训练，过军营集体生活，以外出征战和镇压希洛人为天职。斯巴达拥有强大陆军而渐成霸主，控制周围各邦，组成军事性质的伯罗奔尼撒同盟。这种军事专制式的统治不会生发而只会窒息科学文化。但斯巴达握有实力，对希腊古典文明演变也有一定的影响。

从总体上看，当时希腊众多城邦是有独立主权、分散自治的，它们采取各种摆脱胞族血缘建制的不同制度，大多有议事会、民众大会和军事首长的建制，虽然也有相互之间的征伐称霸和军事同盟，但并不形成像东方地区已有的统一专制王权。雅典崛起，厉行改革，逐步建立、完善以工商奴隶主和自由民为开阔社会基础的民主制度，成为大力推进希腊古典文明的中心。

雅典位于希腊半岛南部的阿提卡地区，土壤贫瘠，先民引进橄榄、葡萄种植技术，农业才有发展，它还拥有矿藏和良港资源。

在迈锡尼文明时期雅典曾是小王国,多立斯人入侵后雅典被灭绝。传说中的英雄人物提修斯的改革,应当是在荷马时期重建雅典国家和立法,它以协议而非征服方式联合各村社,建立中央议事会("塞诺西辛"),跨出摧毁氏族制度的第一步;它又将公民分为贵族、农民和手工业者三个等级,他们都可参加公民大会,但只有贵族能当官掌权。雅典一度保留国王名义,王权实渐废黜,实权由贵族执政官垄断。他们酷施虐政,实行高利贷、土地兼并和债务奴隶制,使平民无以为生。德拉古立法更使债务奴隶合法化,而且用刑严酷,它是用血写成的。至公元前7世纪末叶,贵族和平民的斗争已很尖锐,发生基伦反叛事件并被镇压。亚里士多德描述:当时土地集中于少数人,贫民全家被称为被保护民和"六一汉"(按"六一"比率纳租者),如不能纳租还债就被捕,"成为富人的奴隶";当时雅典的宪法"完全是寡头政治的","在群众眼中,宪法上最残酷和苛虐的部分就是他们的奴隶地位"。[①] 雅典因有较大领土未曾参加殖民运动,陶器等手工业显著发展,并得益于地中海贸易圈形成而兴起工商业,新兴工商奴隶主已崭露头角而倾向平民。城邦社会的内在矛盾运动促成希腊古典文明的重要动因,就是雅典长达一个多世纪的崭新的民主政治改革。

被誉为"七贤"之一的杰出政治家梭伦是这场改革的创始人。他也是一位颇负盛名的学者、诗人。公元前594年他被选为执政官兼仲裁,握有全权进行了深有历史影响的民主改革。他主要采取了三大立法措施:一是发布"解负令",禁止人身担保的借贷,废除债务奴隶制,并规定个人占有土地的最高限度,使平民重新成为土地的主人。梭伦曾自豪地赋诗,称正是他为土地"拔掉了树立着的许多界标,以前它曾是一个奴隶,而现在已经自由"。[②]二

---

① 亚里士多德:《雅典政制》,商务印书馆1978年版,第4—5页。
② 同上书,第15页。

是按照每年财产收入（以麦斗估价），将公民分为五百斗者、骑士（300 斗）、双牛者（200 斗）和日佣（不足 200 斗），前三个等级可选任不同级别的官员，第四等级者只可参加公民大会与陪审法庭。以私有财产规定公民权利与义务，打击了氏族贵族势力，而有利于工商奴隶主得势。三是政治体制上以公民大会为最高立法机构，由四部落抽签选举而组成四百人议事会作为行政机构，并设立公民皆可参与和上诉的陪审法庭。这使雅典民主体制基本成形。梭伦还采取一系列措施保护公民的人身权利，鼓励工商业发展，引进外邦技术人才与技艺教育。亚里士多德说他"采取曾是最优秀的立法，拯救国家"；[①] 恩格斯指出他以"侵犯所有制"揭开了"政治革命"。[②]

政治改革在贵族寡头派和平民民主派的反复较量中进展。公元前 541 至公元前 527 年的庇西特拉图僭主统治，实际上是以温和宪政推行梭伦之立法，他并在雅典大兴城市建筑、雕刻艺术及泛雅典娜节庆等文艺事业。公元前 506 年选任首任执政官的克利斯提尼，又实行摧毁氏族贵族反抗的较为彻底的政制改革，其要义为：废除 4 个血缘部落，代之以 10 个新选区，消除氏族关系残余；由 10 选区抽签选举产生五百人议事会和十执政官，所有公民都可担任，扩大了民主；由各选区选举组成十将军委员会，军事执政官为首席将军，指挥由各选区征兵配备的强大武装力量；实行"贝壳流放法"，公民大会每年可以贝壳投票方式，决定将危害民主与国家安全的人流放国外 10 年。克利斯提尼被称为雅典民主制之父。亚里士多德说他的"宪法比梭伦的宪法要民主得多"。[③] 恩格斯评述：现在已经大体上形成的国家是多么适合雅典人的新的

---

① 亚里士多德：《雅典政制》，商务印书馆 1978 年版，第 13 页。
② 《马克思恩格斯选集》第 4 卷，第 110—111 页。
③ 亚里士多德：《雅典政制》，第 26 页。

社会状况，这可以从财富、商业和工业的迅速繁荣中得到证明。[①]
雅典及其代表的希腊古典文明从此蒸蒸日上。

希波战争是确立希腊古典文明的重要契机。公元前 6 世纪末期，最初崛起于伊朗高原的波斯帝国早已征服新巴比伦，消灭吕底亚、米底等王国而占领小亚，势力范围达及两河、埃及与印度三大文明地区。它实行行省制的君主专制统治，而又相对宽容地允许各民族文化多样发展，并吸收众多地区包括希腊的优秀文化成果，造就一种独特、强盛的文明。此时波斯帝国勃发野心西进，先是侵占爱琴海色雷斯地区，阻断希腊与黑海的通道，并陷落小亚米利都等希腊城邦；从公元前 492 年至公元前 449 年近 50 年间，大流士和薛西斯先后二帝迭次率 5 万以至 50—60 万海陆大军进犯希腊本土。已强盛的雅典修好斯巴达，会盟城邦 250 个，团结希腊民族英勇御敌，经过马拉松、温泉关和萨拉密海域等著名战役，终于彻底击败波斯帝国。希波战争有深远的历史意义。希腊民族捍卫了自由与独立，激发起高昂的爱国主义民族精神，巩固了希腊城邦制。雅典则以提洛同盟盟主称雄，获有主导希腊古典文明的实力。就世界文明的格局而言，如若希腊失败，那么西欧古典文明就会夭逝，波斯文明扩张至地中海地区，西欧历史就会重写；而希腊胜利则形成了之后贯穿总体格局的东西方文明并峙发展的基本态势。这种战争形式的文明冲突毕竟是暂时、有限的，不同文化的交流、融合并未阻断，反而增进。原子论者德谟克利特就在此时向波斯玛伽僧侣和迦勒底星相家学习天文知识；小亚的许多知识人士移居希腊本土，带来先进的科学文化，阿那克萨戈拉进入雅典传布启蒙思想，开创希腊本土哲学；希腊和波斯仍然互相吸取文化养分，一位在波斯宫廷的希腊医生首次将"丝国"（中国）之名传到西方，后来丝绸之路也是通过波斯连接

---

① 《马克思恩格斯选集》第 4 卷，第 115 页。

中国和西方。

马克思说"希腊的内部极盛时期是伯里克利时代"。① 克里斯提尼的外甥伯里克利是富有才智、清正廉明的杰出政治家,他击败贵族派政治家客蒙,从公元前 461 年至公元前 429 年执掌政权 32 年,雅典成为全希腊的政治、经济和文化中心,这是希腊古典文明达于鼎盛的黄金时代。提洛同盟已变成雅典帝国称霸的工具,三百多个盟邦被雅典勒索每年缴纳盟金,雅典年存款达 9700 塔兰同,雅典工商贸易遍及地中海域,这就拥有发展经济、扩充军事、繁荣城市建筑和文化事业的强盛实力。伯里克利进而推行民主政治革新:公民大会真正成为最高权力机构,所有公民都可以直接参政,参加投票、决策、选举;公民大会和五百人议事会、陪审法庭、十将军委员会之间有了严格的权力制衡;各级官吏向一切公民开放,都以抽签方式产生,并为任职和参与政治活动的公民发放工资和补贴,公民一生中总有能够在政治机构任职的机会,这就保证了民主政治的开放性。已臻完善的雅典政制在城邦奴隶制的历史条件下,初步体现了主权在民(当时雅典的公民)、以法治国和权力制衡的原则,堪称古典城邦民主政治的典范。伯里克利在演说中自豪地说:雅典民主政治制度"是别人的模范",因为"政权是在全体公民手中",人人"在法律上都是平等的",都能以"真正才能"而出任公职,都能"独立自主"并充分表现"多才多艺",所以雅典"是全希腊的学校"。②

这种古典民主政治建立在小规模城邦奴隶制经济的基础上,小农业主、小工商主为社会主力,奴隶都来自外邦和蛮族,雅典 40 万人口中奴隶有 20 万,一户能有奴隶只在 3 人至 25 人,而且它的经济构成和东方专制国家中以王室贵族和神庙经济占主导地

---

① 《马克思恩格斯全集》第 1 卷,人民出版社 1957 年版,第 113 页。

② 修昔底德:《伯罗奔尼撒战争史》,商务印书馆 1997 年版,第 130—133 页。

位的状况不同，如马克思所说，小农经济和独立的手工业生产构成了希腊的"古典社会全盛时期的经济基础"。[①] 希腊城邦奴隶制经济是小规模、分散自立的，大体有两种主要类型。第一种是斯巴达类型，以农业为主，工商业不发达，实行土地国有制，使用国有奴隶，奴隶来源是被征服的居民集体（如希洛人），在斯巴达奴隶数量为公民的 7 倍。这是有的城邦为避免公民分化和加强公民军事活动而强制推行的一种落后的经济统治形式，后逐渐走向衰落。第二种是雅典型的发达奴隶制经济，代表希腊奴隶制经济的主要方向。它有不同于东方古国奴隶制经济的四个特点：第一，使用奴隶以小规模为主。大奴隶主和小奴隶主的差别不是很大，雅典公民三个等级拥有奴隶数量，第一等级为 25 人左右，第二等级为 15 人左右，第三等级为 3 人左右。这不同于东方古国帝王将相、豪门显贵拥有成千上万甚至数十万奴隶。第二，国民经济中占优势的是小农和小作坊经济。第三等级占有重要地位，雅典公民 16.8 万人，第三等级占 10 万人。这不同于东方古国王室、贵族、神庙经济占主导地位。第三，奴隶劳动使用于商品生产的比重较大。商品经济十分活跃，其比重有超过自然经济之势，农业中也以生产用于商品交换的经济作物为主。以市场和商品经济为一切生产活动的杠杆，在社会生活中也起着重要作用，工商奴隶主的势力就比较强大，这对希腊城邦的民主政治和思想文化有深刻影响。第四，自梭伦废除债务奴隶制以来，一般不以本城邦公民为奴隶，奴隶都是通过战争或奴隶市场买卖获有的外邦人、蛮族人。奴隶占城邦人口的比例不算很高，雅典总人口 40 万人，奴隶 20 万，约占一半。总之，立足于小农与独立手工业经济、商品生产发达的希腊城邦奴隶制，是希腊古典文明的民主制政治和富有科学理性与人文精神的思想文化的深实的经济基础。

---

① 《马克思恩格斯全集》第 23 卷，人民出版社 1972 年版，第 371 页。

分散自立的希腊古典城邦奴隶制的政治也是多样式的。贵族奴隶主和工商奴隶主及小农、手工业者的矛盾突出，在各城邦中政治势力的较量就造成不同的政制形式。希腊本土没有君主制的政体形式。少数贵族专政的寡头制政治在一些城邦中存在。个人夺权执政的"僭主制"实际上有两种情况，一种是贵族僭主专权的暴政，另一种僭主实为从氏族贵族手里夺取政权而向民主制过渡的政治形式。民主制是希腊城邦奴隶制所创造的一种崭新的政治形式，代表工商奴隶主和小农、手工业者、自由民的利益。如前有所述，它能给众多公民带来较多的政治权利和较大的社会公共活动空间，极大地促进学术文化繁荣，明显比东方的一些君主专制政体优越。然而，雅典民主制只是人类民主制发展的较优越的初级形式，也存在严重缺陷。民主范围不包括奴隶与3.2万外邦人，16.8万公民中占一半的妇女则无参政权，因而这种民主的范围是有限的。直接民主和多数裁定的原则有进步性，但是缺乏辅之以有关法律，也没有言论与信仰自由原则和关于公职人员素质的规定，民众易受情绪支配而有随意性，所以后来会发生审判阿那克萨戈拉、苏格拉底等冤案，会有任用投机家阿尔基比亚德、政客克莱翁等错误决策，这种民主制也就会因"多数暴政"而蜕化变质。但是应当肯定，这种民主政治促成希腊古典文明的高度繁荣，对近代西方的民主政治发展也深有影响。

伯里克利有很高的文化修养，他采取许多卓有成效的措举大力发展文化，这是希腊古典文化繁荣的直接条件。他将国家收入的很大部分用于城市建筑和文化设施，庄美绝伦的雅典娜神殿耸立卫城之巅，有精美雕刻、绘画的神庙、剧场、画廊、竞技场等各种公共建筑物纷纷建立，给民众发放"观剧津贴"以鼓励文化活动。原本是半农村式的雅典在希波战争中几成废墟，现在奇迹般成为宏伟典雅、文化浓烈的大都市。民主政治提供较大的科学文化自由，希腊知识精英荟萃雅典，各路智者和各派哲学家、众多文学艺术大师焕发才智、竞献精品，真有百花齐放、百家争鸣之盛况。伯里克利尊重知识与人才，延揽各地文化名流，阿那克萨戈拉就是教给他清明理智的良师益友，当师长受审蒙难时他竭力营救。他和他的能干优雅的情妇兼助手阿丝帕希娅设有文化沙龙，哲学家普罗泰戈拉与苏格拉底、历史学家希罗多德、雕刻家菲狄亚斯、戏剧家索福克勒斯与欧里庇德斯等等一代名家，都是他们的座上客。总之，在这一辉煌时期，希腊古典文化从哲学、科学、人文社会知识到文学艺术达到整体性的繁荣，各领风骚的贤哲名家毕集，这真是世界文化史上一个群星灿烂的时代。

公元前 431 年至公元前 404 年的伯罗奔尼撒战争是希腊古典文明由盛趋衰的转折点。战争的起因是雅典和斯巴达争霸，雅典帝国剥掠外邦也造成提洛同盟内外部诸邦的反抗。开战不久，因公元前 431 年雅典发生大瘟疫，失掉病死的主帅伯里克利，于是雅典大伤经济与人力元气。长达 27 年的残酷战争遍及全希腊各邦，雅典远征西西里的海军全部覆灭，斯巴达不断蹂躏阿提卡地区，雅典城内两万奴隶大逃亡，农村破产、工商凋敝、国库空虚、兵力衰竭，羊河之役海军又遭全部歼灭，雅典只能屈膝求和，从此在政治与经济地位上一蹶不振。斯巴达也因穷兵黩武、奴隶起义而大伤实力，制度与文化的封闭性、保守性也使它不能有所作为。这场战争激化了希腊城邦奴隶制的各种内在矛盾，驱使它在以后半个多世纪因两极分化和不断的党派斗争、城邦之间的战争而衰落，最终要被大规模的帝国集权型奴隶制所取代。雅典经过短暂的寡头政制和三十僭主政制后，虽然恢复了民主政制形式，但它已丧失了原有的社会基础。原由国家供养的两万多自由民就已成为不屑劳动的穷光蛋，民主政治变质成为政客弄权的工具，对重振城邦已无回天之力。战争的后果又造成全希腊的政治秩序、精神生活与道德价值陷入极大混乱与危机，哲学家柏拉图就惊呼

"成文法和道德习惯以惊人的速度崩溃"。①但是，不能说这场战争就已标志希腊古典文明的终结，精神文化演进有其相对独立性。公元前4世纪希腊古典文化仍在发展，如科学知识的增长并进向系统化超过了战前，而哲学作为象征智慧的猫头鹰在黄昏才展翅高飞，它要反思希腊古典文明的全部成就并探究所暴露的种种问题，柏拉图和亚里士多德正是在这一时期以恢弘气势造就希腊古典哲学的鼎盛。亚历山大大帝征服希腊和公元前323年亚里士多德去世，才标志希腊古典文明终结并进向希腊化文明。

希腊古典文明是包纳物质生产、社会体制和精神生活的文化有机体。根据前述它盛衰的历史线索，可进而概括出它的四个总体特征。第一，它是古希腊在特定历史条件下城邦奴隶制充分发展而产生的一种文明形态，因而自有不同于一些古代东方文明的特色。第二，它在总体上表现了一种古代的民主和科学精神。虽然并非希腊各城邦都实行过民主政制，但以雅典为代表的民主体制与民主意识激发了科学文化的创造力与创新思维，而科学启蒙思想的力量又是这种古代民主的前提。第三，它在精神文化上已有从哲学、科学思想、人文社会知识到文学艺术的多样式的整体发展，贯穿其中的基本文化精神是弘扬理性和人自身的本质力量，表现为热爱智慧，发挥理智能力探求关于宇宙、社会与人生的知识，人的自我意识觉醒，科学理性与人文精神有所结合，希腊民族的理性思维能力也达到较高的程度。哲学是时代精神的精华，是一个时代的文化的理论内核和文明的活的灵魂，希腊古典哲学的长足发展尤其突出，希腊古典文明的文化精神集中表现在它的理论形态的进展中，并通过它的影响渗透在其他文化样式中。古希腊宗教由神话演变而来，它在社会生活中也有重要作用，但它没有和政权结合造成统治集团专制的精神力量；它自身有人神同形

----

① 柏拉图：《第七封信》，324B—326B。

同性的人性化特征，它同哲学有局部的交互影响，并在哲学的影响下演进，在哲学中它的人格神逐步被改造成理性神。第四，希腊古典文明的多源性与多元性。它是经过殖民运动、在广阔的地中海域生成，不同地区的城邦文化都自有特色，和不同的东方文化又有多种交融，所以从它的各种文化样式中都可以发现其多种渊源和多元的表现形式。希腊民族的杰出智慧在于它善于综合，实现多样性的和谐统一，创新出一种有丰硕内涵与悠久生命力的古典文化传统，使它得以在历史长河中不断绵伸进化，成为西方文明之源，并为世界文明作出重大贡献。

下面我们就要概述希腊古典文明的基本文化精神在主要文化样式中的表现。

三、古典哲学的理性传统与人文精神

公元前 6 世纪中叶哲学家毕泰戈拉最早使用"哲学"（philosophy）一词，其原意是"爱智"。古希腊哲学包纳当时的全部知识，直到亚里士多德对知识分类，才有各学科知识的分化。希腊古典哲学历经两个半世纪，发展出丰富多样的学说，成为以后西方各种哲学与文化的重要渊源。它洋溢希腊民族热爱智慧的求知精神，不仅发挥理智能力孜孜追求各种具体知识，更深入探究全体存在的本原，反思人的认知能力，探索人、社会与文化的本性，逐步确立人作为理性主体在哲学与文化中的中心地位。它最早在西欧奠立一种科学理性和人文精神的传统。这体现了希腊古典文明的基本文化精神，对后世西方的哲学与文化有深远影响。

古希腊的哲学与宗教的产生，都有神话的史前阶段。希腊先民崇拜作为自然与人格力量幻化的众多神灵，深受埃及的宗教神话的影响，希罗多德说希腊神话中的灵魂不灭与轮回观念以及

"几乎所有神的名字都从埃及传入的"。① 荷马史诗已整理、记载了许多原属口头传说的神话，赫西俄德的《神谱》更将生活于奥林匹斯山的诸神系统，梳理出一个有共同祖先、以宙斯为最高主神的谱系。马克思说希腊神话是借助想象"把自然力加以形象化"，是"通过人民的幻想用一种不自觉的艺术方式加工过的自然和社会形式本身"。② 希腊神话中已有以神的形象的方式解释世界本原的哲学思想萌芽，如以神的形象描述宇宙始源于黑夜的混沌（尼克斯 Nyx），因有时间之神（克罗诺斯，Chronus）才有运动而分天地，海洋之神俄刻阿诺（Oceanus）即水是万物产生并有序的根源，等等。公元前 7—6 世纪埃琉西斯教（以阿提卡地区一城之名命名）吸收希腊神话，成为相当盛行的民众宗教。此外，公元前 6 世纪出现的奥菲斯教（Orpheus）崇奉收获之神也是酒神狄奥尼修斯（Dionysus），主张人的肉体带有原始罪恶，要通过各种"净化"方式使灵魂在轮回转世中涤罪才能解脱它。这种宗教也很流行，后来对哲学与文化都深有影响。还有，当时锡罗斯（Syros）的斐瑞居德创立以他本人的名字命名的宗教，糅合上述两种宗教的成分，对宇宙起源、自然本原已有哲理性的说明。古希腊宗教有神人同形同性的特点，诸神过着相似于凡人的生活，只是更长寿，他们也有着与凡人一样的智慧、情爱、正义乃至欺诈、妒忌、淫乱等等品性，能和凡人生出半神半人的英雄，他们实际上是人自身的升华与神化。这种宗教在古代希腊社会生活中固然有重要地位，深刻影响希腊的古典文化，但它没有产生埃及的祭司、僧侣那样的统治集团，并不专制性地主宰精神文化，全希腊宗教中心德尔斐（Delphi）神庙的女祭司提供神谕，不过是收集各方信息作出深有寓意的预言或箴诫。古希腊的宗教和哲学有局部的相互渗

---

① 希罗多德：《历史》，第 299、331 页。

② 《马克思恩格斯选集》第 2 卷，人民出版社 1992 年版，第 113 页。

透与影响。如奥菲斯教的教义对毕泰戈拉、恩培多克勒、柏拉图的哲学都有一定影响，从爱利亚学派到亚里士多德的哲学则将宗教的多元人格神改造成一元的理性神。希腊古典哲学主要是在探究关于自然和人的知识中产生和发展的。

　　从公元前6世纪初至公元前5世纪前期的早期希腊哲学主要是自然哲学，哲学家们大多是最早杰出的科学思想家，他们凭借直观的观察，并且吸收与发展埃及、巴比伦的天文、数学思想，对自然现象作出许多科学的说明。希腊人所以成为"哲学"的民族，就因为他们是爱智者，他们并不满足于只说明自然的现象，而是穷根究底，进而深入探究哲学的最早主题即自然的"本原"（arche），就是深究宇宙万物的根源与普遍本性，这就开创了以科学理性探索自然奥秘的风气，并且他们也留下不少关于社会道德和审美文化的哲理性片断格言。他们的著作都已佚失，但19世纪末德国学者第尔斯和克兰茨已将他们留存、散落的许多残篇辑集成书《苏格拉底以前学派残篇》，从中可见他们的丰富多样的哲学思想。这种希腊早期哲学已有多源传统和多元性，最先有小亚的伊奥尼亚哲学传统和南意大利哲学传统，而后这两种不同的哲学传统在希腊本土得到综合和深化的发展。它们对于推进希腊早期科学思想，促成古典文明的科学理性启蒙起有十分重要的作用。

　　小亚的伊奥尼亚诸城邦欧亚民族杂居，工商贸易发达，同埃及、巴比伦有较多的经济与文化交流，经验观察的科学活动也最早兴起。伊奥尼亚自然哲学认为自然的本原是某种运动变化的具体物质。"七贤"之一泰勒斯（约公元前624—前542年）是希腊第一位哲学家，米利都学派的创始人，他认为自然的本原是水。学派的第二代传人阿那克西曼德（约公元前610—前546年）则主张自然的本原是"阿派朗"（apeiron）即无规定性的物质基质。第三代传人阿那克西美尼（约公元前586—前526年）主张自然的本原应是无限的气。他们认为，这些自然的本原固有冷热、干湿等对立，通过分离或稀散与凝聚的作用，就在运动变化中造成万物的生灭。爱菲斯的赫拉克利特（约公元前540—前480年）主张本原是一种永恒的活火，它按一定的尺度沿着上升和下降之路往复燃烧熄灭，转化为水、土、气而形成万物，他并且已经指出对立的斗争和统一这种"逻各斯"，是产生万物的根本动力，他被看做最早的辩证法奠基人之一。伊奥尼亚自然哲学家都有素朴唯物辩证法思想，已直观地认识到自然的无限多样性统一于某种具体物质，整个世界呈现为永恒运动变化、不断生灭的画面，赫拉克利特有名言"人不能两次踏进同一条河流"。① 但他们只用某种物质的物态变化说明宇宙万物的复杂生成，并且有不分辨物质和精神的物活论思想，如说磁石也有灵魂，灵魂即生命力、即气并包围着宇宙，这些表明早期希腊哲学的认识有直观性、表面性。

南意大利的哲学传统则较多受埃及与希腊的宗教文化影响，并注重形而上的抽象思辩，将万物的本原归结为某种原理。唯心论的思想也在这种哲学传统里萌发。杰出的数学家毕泰戈拉（约生于公元前570年，鼎盛于公元前532—前529年）曾从学埃及僧侣与斐瑞居德的宗教思想，他在克罗顿建立兼有宗教、科学、政治色彩的盟会。这一学派主张数是最高实在，自然万物由数的范型生成，最早从数量关系和空间形式探究自然的本质；他们并且提出有限与无限、奇与偶、善与恶等十种静止的对立来说明自然与社会现象。爱利亚学派则用思辩论证方式探讨自然的本原。游吟诗人塞诺芬尼（约公元前570—前470年）已批判传统的神人同形同性的人格化多神教，他主张宇宙和神都是无运动、不生灭的整体"一"，神只是无人形、有心智的理性神。巴门尼德（约公元前510—前440年）在《论自然》诗篇中认为：只靠感官经验的

---

① H. 第尔斯、W. 克兰茨：《苏格拉底以前学派残篇》，魏特曼出版社1974年版，DK22、B91。

"意见之路"只能认识生灭变动、并不真实的"非存在"即现象，靠理智的"真理之路"才能认识自然的本质是"存在"（Being），存在和被思维的东西同一，是永恒不动、不生不灭、连续为"一"、不可分割的球形整体。他最早强调应以理智思维透过现象把握本质，提出了"存在"这个重要的基本哲学范畴，虽然他的"存在"还是静止、空洞的抽象规定，在西方哲学史上却有深远的意义。他的学生芝诺为否定事物的"多"与运动，提出四个著名的悖论，所谓事物既无限大又无限小、健将阿喀琉斯追不上乌龟、飞箭不动、一粒谷坠地有声，其结论并不正确，像是诡辩，而其内容实为一种主观辩证法思想，深刻揭露了客观事物中连续性与间断性等种种矛盾。这些悖论后来吸引了许多哲学家和逻辑学家的研究。

　　公元前5世纪后半叶的自然哲学综合上述两种哲学传统，深入到物质结构层次探究自然的本原，主张间断、可动的物质基本粒子是生成万物的永恒存在。西西里岛的恩培多克勒（约公元前492—前432年）在其著作《论自然》诗篇中主张：水、火、气、土这四"根"即四种微粒子元素，由于"爱"与"恨"（吸引与排斥）的动力而按一定的数量比例结合和分离，从而造成自然万物的生灭变化。他受奥菲斯教义影响，在《净化篇》诗作中认为"爱"与"恨"也是主宰道德生活与灵魂轮回的精神原则。阿那克萨戈拉（约公元前500—前428年）在希波战争期间从小亚移居雅典，将伊奥尼亚哲学引进希腊本土并加以发展，雅典渐而成为古典哲学的中心。他提出种子论，主张极细微、不可见、可无限分割又相互渗透的无限多质的种子，是构成全部自然的永恒"存在"，万物的成分互相包含，只由占优势的成分决定一物之特性。他又提出"努斯"（nous）即心灵这个理性的精神实体本原，它精纯同质、能动自律，推动种子与万物在分离中形成合理秩序，并使"分有"它的人的灵魂有认知自然的本性。他提出"种子"与

"努斯"的二元论，开始明确区分物质和精神概念。阿那克萨戈拉的科学启蒙活动促成希腊本土发生复兴伊奥尼亚哲学的思潮，涌现了阿凯劳斯、阿波洛尼亚的第欧根尼、希波克拉底等一批自然哲学家。早期自然哲学的顶峰是学识渊博的百科全书式学者德谟克利特（约公元前460—前350年）所建立的原子论。它主张原子和虚空作为存在和非存在都是自然的本原，原子作为细微同质、坚实能动、不可分割的基本粒子，因形状大小无限多样，在虚空中组合又有次序和位置的差异，在无限的宇宙中造成一切自然物的运动和生灭。这种关于物质结构的深刻假说对西方近代道尔顿的原子论与机械唯物论深有影响。上述哲学家已注重从生理机制角度研究认知形式，区别感觉经验和理性思维，倡导主客体粒子相互作用的反映论，如四元素粒子同类相知的流射说、种子异类相知说、原子影像论等。德谟克利特已在小范围论及普遍定义的问题，但是从总体上说，他们对理性思维形式的研究都还薄弱。

伯里克利时代的民主政治和文化繁盛，促使希腊哲学关注研究人和社会、文化问题。当时兴起的智者（sophists）运动是西方最早的人文主义启蒙思潮。智者是一批收费授徒，甚或也参与政治活动的知识人士，如普罗泰戈拉、高尔吉亚与普罗狄科等都活跃于雅典和其他一些城邦，颇负盛名。适应公民参政的需要，智者们传授修辞学与语言知识，教人如何在公民大会、议事会和陪审法庭演说和论辩，这使修辞学和语言学大为发展。他们的哲学思想已破除神主宰人的传统观念，认识到人是社会生活的主人。如普罗泰戈拉已怀疑神"存在还是不存在"，[①] 普罗狄科更认为不是神创造人，而是人按照发明种植、住房和各种技艺的实用需要创

---

① 第欧根尼·拉尔修：《著名哲学家的生平和学说》第9卷第51—52节，洛布古典丛书，1972年重印本。

造了诸神的观念。①普罗泰戈拉已提出素朴的社会进化思想,认为人为了生存,最初凭借智慧学会耕作、建筑、语言等各种技艺,然后为了自保建立群居的城邦,"正义"和"相互尊重"是城邦秩序的原则,是人人分有的政治智慧。这是对民主制的一种哲学论证。但智者的哲学思想也有偏颇。普罗泰戈拉有著名命题:"人是万物的尺度,是存在者如何存在的尺度,也是非存在者如何非存在的尺度。"②这个智者的基本命题,固然突出了人是判断一切事物的中心主体,但智者认为人只是依据个人的感觉来判断所感知的现象,真理因人而异,这就陷入相对主义。在城邦争霸、利益纷争的社会背景中,一些智者还论证幸福就是实现自我欲望的快乐、强权即正义、弱肉强食为自然法则等霸权政治原则和极端情感主义的社会伦理原则,在希腊城邦由盛趋衰时期,这些理论被从事侵伐争霸的城邦统治者所奉行,败坏了社会道德风气。有些后期智者则将论辩术玩弄成为反逻辑的诡辩术。柏拉图的对话篇《高尔吉亚篇》、《欧绪德谟篇》、《国家篇》对他们的这些言论都有记载。后来苏格拉底、柏拉图、亚里士多德三代师生都以一种博大精深的理性主义哲学,从哲学、伦理道德和逻辑等方面,批判智者派否定知识与真理的确定性,扰乱与败坏道德价值。他们总结、反思希腊古典文明的科学文化,将希腊古典哲学推向鼎盛的高峰。柏拉图和亚里士多德的哲学体系,对后世西方哲学与文化的演进尤其有深远的影响。

苏格拉底(公元前 469—前 399 年)亲身经历了伯里克利时代和伯罗奔尼撒战争,体察雅典从极盛而趋衰,目睹世风日下。他聚集大批弟子论学,到处找人论辩、针砭时政,宣述他的理性主义伦理道德学说。他比喻自己是"牛虻",以蜇刺、惊醒雅典这匹

---

① M. 翁特斯泰纳:《智者》第 2 卷,牛津 1954 年版,第 191—197 页。

② 柏拉图:《泰阿泰德篇》,152A。

已趋怠懒的硕马为使命。他年届 70，竟被控告犯有"败坏青年"和不信城邦公认的神并引进新神这两条罪名，被处了死刑。这实在是雅典的时代悲剧。城邦奴隶制趋衰时期的雅典民主制已因战争、政变与政客弄权变得意乱神迷，不识"牛虻"的哲理与善意，已无力解救自己。苏格拉底述而不作，他的思想主要见诸他的弟子柏拉图的早期对话篇和色诺芬的《回忆录》。罗马时代的西塞罗说苏格拉底"第一个将哲学从天空召唤下来，使它立足于城邦"，"研究生活、善和恶"。[①] 他的哲学变革集中表现在他阐发德尔斐神庙中的一句名言"认识你自己"。这就是建立一种人的哲学，发挥人的理智能力和道德本性，确立合乎理性的道德价值体系。他的学说深化并融合了希腊古典文明中的科学理性和人文精神。他运用一种逻辑分析的对话辩证法，探讨勇敢、自制、虔诚、友爱、正义等道德概念的"普遍性定义"，这种定义就是一类事物的共同本质。亚里士多德说苏格拉底还没有使定义和具体事物分离而成为柏拉图的理念那样的精神实体，并且论评说有两件事应归功于他，"即归纳论证和普遍性定义，这二者都是科学的出发点"。[②] 运用归纳法所获得的定义和公理是建构一切证明的科学知识的基本前提，这是奠立西方分析理性传统的重要环节。苏格拉底认为灵魂的本质是理性，美德即知识，人应在追求绝对确定的知识中认识自己，培植完整的道德人格，以善为人生的最高目的。善是天地万物的秩序，也是人的本性与自由所在。他的理性主义道德哲学在当时是要拨乱反正，重建有客观确定性与普遍规范性的道德价值。他确实引进了"新神"，主张神就是理性，表现在以人为中心的宇宙万物的合目的的设计与合理秩序中，因此人应发挥理智本性自决世俗事务，自行规范伦理生活。他倡导一种伦理政治，鼓

---

① 　J. 弗格逊编：《苏格拉底史料》，开放大学出版社 1970 年版，第 193 页。

② 　亚里士多德：《形而上学》，1078b25—30。

吹以道德重振母邦。他说伯里克利晚年悲剧的根源在于只热衷于
建造军舰和各种城市设施，不懂政治家的首要任务是以道德教化
培植好公民。他对政客弄权的雅典民主制的蜕变及其用抽签占阄
选任官吏的方法确有激烈批评，但他并不根本反对民主制，而是
主张遴选德智兼备的政治专家来治理城邦，以贤人政治
（Aristocracy）来改善民主制。西方和前苏联有些学者说他被处死
是由于他成为民主制的敌人，这缺乏确实的证据。苏格拉底的哲
学变革以伦理道德为重点，更有深化、推进希腊古典文明中理性
传统的开阔意义。苏格拉底和稍早于他的中国古代孔子（公元前
551—前479年）的思想，在人道主义伦理原则、理性主义道德学
说及贤人政治理想等方面，都很有相似之处，也有价值取向和思
维方式的差异，两者都分别深刻影响了中、西文明的历史进程。

　　柏拉图（公元前427—前347年）曾从学苏格拉底近10年，老
师饮鸩后为避难游历埃及、小亚与南意大利12年，获得广博的知
识，包括赫拉克利特学派和毕泰戈拉学派的哲学。公元前387年
他在雅典建立学园（Academy，以其所在雅典城郊之地Academus
命名），它是欧洲历史上第一所进行综合性教学与研究、培养学者
与政治人才的学校，是希腊的学术研究中心，直到公元529年才
被东罗马帝国皇帝查士丁尼封闭，持续存在达900年之久。学园
的研究面很开阔，不仅有哲学、政治与各种人文社会知识，也包
括天文、数学、动物、植物、地理等自然科学，据说学园门前写
着"不懂几何学者不得入内"，弟子中有杰出的数学家、天文学家。
柏拉图才华横溢，留下的27篇对话不仅是深邃恢弘的哲理篇章，
也是文学史上的精品杰作。

　　柏拉图构建精致的理念论哲学体系，反思全部科学文化知识，
深化古典文明的理性传统与人文精神。苏格拉底主要研究伦理知
识，柏拉图则扩展研究全体存在的知识。他认为人感知的只是变
易无常的现象世界，理性知识所追求把握的绝对确定、永恒不变

的普遍本质才是真实存在，他称这种客观实在为"理念"（英文曾译 idea，现较多译为 form，中文或译型、相）。如床、数、美、正义等都有自身的理念。理念其实是苏格拉底的"普遍性定义"演变而来，但柏拉图已使它和具体事物分离，成为独立的精神实体，现实事物由于"分有"、"摹仿"它而存在。这就将世界二重化为现实世界和理念世界，善被置为有序的全体存在的最高理念。他有一个著名的"洞穴比喻"：被囚禁在洞穴中的人只见昏暗的现象，走出洞外才见善的理念阳光辉照的真实存在。他以客观唯心论的曲折方式，宣扬理性思维在获求知识中的根本作用，并意图用理念体系来梳理、概括全部知识。他考察人的认识能力与过程：相应于存在世界的影像、实物、数理（自然科学）的理念和伦理、审美、哲学的理念等四个层次，灵魂的认知也有四个层级即想象、信念、理智与理性，前两者只是关于现象的意见，后两者才是洞察本质的知识，辩证法则是洞悉善和普遍哲学真理的最高知识。

柏拉图根据理念论研究自然、社会和各种文化，在他的哲学体系中提出多种别具一格的学说。他的宇宙论描述了创造者（Demiurges，实为理性神）结合世界灵魂、数理理念和四元素（水、火、土、气）创生宇宙的过程，这对基督教神学有很大影响。他的国家学说构建了一个"理想国"的政治方案，它按照灵魂和伦理的等级，构成社会等级严格的集权型奴隶制社会，最高的"哲学王"依据善与正义原则进行统治，实行贤人集权政治，奴隶主统治集团公有财产，他们的子女从小由国家抚养，也是"共有"的，并且从小放在军营集体生活中成长。这种"理想国"往往被看做是按照斯巴达城邦原型设计的，其实，它们在形式上虽有一些相似之处，在内容与实质上并不相同，因为"理想国"是针对当时城邦奴隶制趋衰的乱世而旨在"拨乱反正"，依据确定的伦理原则设计的，实际上是以"乌托邦"的形式表现了以集权型奴隶制取代城邦奴隶制的理想。柏拉图的政治设计虽然不切实际，但他对历史发展的趋势也表现出敏锐的预见力。柏拉图还论述了理性制约情感的道德学说，拓展多课程知识的教育理论，关于艺术的创作、审美与社会功能的学说、修辞与语言理论，等等，几乎论及当时的全部精神文化。他和苏格拉底一样关注社会现实政治，有"帝王师"之抱负，力图振兴趋衰的希腊城邦。他本人三次往访西西里叙拉古僭主宫廷，要培植"哲学王"来实施他设计的集权奴隶制"理想国"方案，却在政治斗争的漩涡里连连碰壁，自己险被卖为奴隶。他晚年放弃了"哲学王"人治的主张，撰写了《法篇》这部欧洲最早的法理学名著，详致论述在城邦国家中制定种种法律，实行严格的法治。柏拉图是西方古代最重要的思想大师之一，他构建气势恢弘的理性主义哲学体系，审视希腊古典时代的全部文化，以理论形态升华古典文明的文化精神，他的思想对西方后世的基督教、哲学与文化都有深远的影响。

亚里士多德（公元前384—前322年）生活于希腊城邦奴隶制衰落时期。他出生于医生世家，父亲当过马其顿王宫的御医。他17岁入柏拉图学园从学20年之久，在自由的学术讨论中就表现出独立思考的才智，柏拉图说他"像小驹踢养育它的母马那样踢我"。老师去世后他赴小亚地区游历3年，后又应邀赴马其顿任亚历山大王子的教师达8年之久，在这期间他已作了大量动物学和其他科学的研究。公元前335—前334年间亚历山大大帝刚征服希腊并挥师东征之际，亚里士多德重返雅典，创立吕克昂（Luceum）学园，它建有大规模的博物图书馆（其藏书后成为亚历山大里亚图书馆的基础），会集众多学术俊才授业与研究，学园成为当时希腊的文化中心。他每天上午和学友、学生漫步探讨深奥的学问（称 akroterion），下午对外作通俗的公开讲演（称 exoterikos），他的许多成熟的著作都写于这个时期。公元前323年亚历山大大帝在东征中突然病死，他怕复起的雅典反马其顿党人重犯处死苏格拉底这种冒渎哲学的罪行，就移居他母亲的故乡优卑亚岛，次年病逝。他的遗稿（包括讲义、笔记）在地窖内埋藏150多年，公元前1世纪才由吕克昂学园第十一任主持人安德罗尼柯整理编纂并发表，现存47种。他是百科全书式的学术巨子。他将逻辑学视为研究一切知识的思想工具，将全部知识分为理论知识（哲学、数学和自然科学）、实践知识（伦理学、政治学、家政学即经济学）和创制知识（诗学、修辞学）三大类，他几乎系统研究了当时哲学和科学文化的各门知识，各有系统的理论建树，使它们初具学科形态。他的博大精深的知识体系是希腊古典文明的最高精神文化成就和全面总结。

亚里士多德批判地总结泰勒斯以来的各派希腊哲学，和柏拉图的理念论分道扬镳。他注重经验与理性结合，从科学知识与社会、文化的实际出发，建立严谨、深刻的哲学体系，体现了科学理性与人文精神的有机结合。在"工具论"的6篇著作中，他自觉反思人的理性思维形式，创立语义分析和三段论形式结构相结合的逻辑学（它至今仍是形式逻辑的主干内容和现代逻辑的起跳板），并且最早形成建构证明知识的科学方法论，这对西方奠立分析理性传统和发展科学有重要价值。他指明哲学的对象是"作为存在之存在全体"，有别于研究存在的某一方面的其他学科，他并且建构了以本体为中心以及表述存在的各方面普遍属性的哲学范畴体系。在《物理学》等著作中，他研究作为第二哲学的自然哲学，已提出宇宙万物生成变化的四种原因，就是质料因、形式因、动力因、目的因，这种"四因"说也是他研究宇宙天体、物理运动与动物学等科学知识的哲学原则。在《形而上学》中他研究第一哲学，更发展"四因"说，建立系统的本体论，认为一切本体都是形式与质料的复合体，一切事物的运动变化都表现为从潜能到现实的过程，而宇宙的最高形式是善，终极动因是"不动的动者"即理性神。在《论灵魂》等著作中他又研究人的心理和认识过程，指明一切知识起源于感知与经验，而后上升为理性知识，并且细致考察了努斯（nous，指理性的直观）、理智和实践智慧（phronesis）等不同的理性能力，它们在不同知识领域各有特定的功能。他开阔地研究社会与人文知识，突出"人是目的"的原则。他的伦理学主张城邦体制应以完善公民的品格为伦理原则，并且根据人的现实生活行为实践，详致阐发了一种以"中道"为道德标准的德性论。他曾派弟子赴希腊各地搜集、整理城邦政制。他在《政治学》中根据历史事实考察了希腊城邦国家的起源与演变，比较研究了君主制、僭主制、贤人制、民主制等各种政制，论述城邦统治应以公民的幸福生活、社会共同体与个人的善为目的，并且强调教育的重要功用。他的《诗学》是西方第一部研究文学艺术的美学著作，认为艺术的本性是以创制典型方式"摹仿"人的活动，以"净化"人的灵魂为其社会功能。亚里士多德的学说作为希腊古典文明最瑰伟的理论结晶，有精深博大的内涵和绵延发散的生命力，不仅深久地影响西方文化一直至今，而且也被犹太教、伊斯兰教、基督教的多种文化所融会、吸收。

希腊古典哲学流派众多，内容极为丰富，是在西欧文明中得到较为完整保存的理论奠基部分。我们以上只作择要勾勒，只为突出它们如何步步深化地体现希腊古典文明的基本文化精神，这种崇扬理性、知识、人性与文化的精神，通过城邦社会生活和哲学的直接或间接影响，也渗透、表现在其他精神文化形态之中。

四、科学知识和科学理性的进展

西方科学思想起源于希腊古典文明。希腊古典文化中科学的奇葩从萌芽到盛开，勃发科学理性精神，其智慧成果堪称古代文明中的奇迹。希腊的科学和自然哲学结合一起，互为影响，同步进展，哲学家往往也是杰出的科学思想家。希腊科学思想的发展表现为从对自然的零散的直观或猜测，到探究自然的结构、成因和发展规律，形成系统知识，这和希腊古典哲学所体现的理性与逻辑思维能力的逐步成熟，也是相应一致的。

希腊科学的发生并不是完全白手起家的，它继承、光大东方尼罗河流域、两河流域的科学成就，凭借理性自然观将它们发展到更新的高度。当时埃及的几何学和巴比伦的数学、天文学思想是先进的，希腊先哲们游学两地，最早发展起数学、天文学思想。而后来，他们更开阔地探究从宇宙、天体、大地、微观物质到动物与人的各种奥秘，在数学、宇宙论和天文学、物理学、动物学、生理与医学等领域都取得出色成就。当时雅典等城邦的手工业发达，从建造宏伟的卫城、神庙、剧场、竞技场、港口与船舰以及大规模开采铁、银矿来看，工程技术也相当发达，但未形成见诸文字的学问。希腊科学家注重对自然的基本原理研究，但并不是作纯思辩的冥想，而是在经验观察与理论思维相结合中，开创了我们如今所说的基础科学研究，不少知识也有应用价值，这对后世西方科学的发展有深远影响。

数学研究持续进展，成就显著，表明希腊人运用逻辑思维探索自然的数量关系和空间形式已达到较高水平。几何学在埃及还只是经验事实描述的测地术，数学史家 T.L. 希思说最早从埃及引进几何学的泰勒斯，使它"开始成为建立在普遍性命题之上的一门演绎科学"。[①]泰勒斯已提出 5 条几何定理：直径等分圆周，等腰三角形之两底角相等，两直线相交时对顶角相等，两角及其夹边相等的两个三角形全等，内接半圆之三角形为直角三角形。他还用相似三角形定理测海上船舶的距离。毕泰戈拉及其学派主张数是万物的本原，结合谐音学与天体的研究，更取得可观的数学成就。毕泰戈拉最早证明勾股定理，为庆祝这个重大发现，他的

---

① T.L. 希思：《希腊数学史》第 1 卷，牛津 1921 年版，第 128 页。

盟会举行百牛大祭.他们已发现正方形的边和对角线不能公约,开展了对根号2的无理数的研究,并且发现了质数、递进数列、平面几何与立体几何的一些定理。这一学派的阿尔基塔（曾救释在西西里被囚为奴隶的柏拉图,其数学思想对柏拉图很有影响）则已整理所发现的几何定理,并将它们运用于机械与仪器制作。公元前5世纪的德谟克利特、开奥斯的希波克拉底、菲罗劳斯和一些智者都不断解答难题,丰富、发展数学、平面几何学与立体几何学。柏拉图学园重视数学研究,其中欧多克索在推进数论与几何学方面很有贡献,他已引入"变量"概念,在完成计算曲边形面积和曲面体体积的方法中,已经有了微积分思想萌芽。亚里士多德在世时,数学知识已在汇集、整理,进向系统化,他的学生欧德谟斯已写了几何学史,已有莱昂或修底乌斯编的几何学教本。亚里士多德逝世不久,欧几里得的《几何学原本》问世,它已具有严整的公理化演绎系统。

天文学思想从零散的天象观测或猜想,发展成为有自然哲学或数理根据的关于宇宙起源和天体运行结构的假说。古希腊人为了航海与农耕,重视天象观测。泰勒斯成功地预言了公元前585年5月28日的日食,可能是由于他已获悉巴比伦人关于日食在223个朔望月周期中重复出现的知识;他指出太阳在冬至到夏至之间的运行并不一致,还发现了可据以更好导航的小熊星座。他专心孜孜研究天象,仰观星空失足落井,女奴笑他只热衷于天上之事而不见脚下之事。然而,早期伊奥尼亚哲人直观天象、地理,更多是猜测,他们认为大地是浮在水上或气中的扁平盘状物,太阳、月亮、星辰都是边缘喷火的大车轮。阿那克西曼德绘制了第一张世界地图,尽管他所知悉的"世界"还只包括地中海地区、小亚和埃及,他却可称是科学地理学之父。公元前5世纪至公元前4世纪的哲人们已能较为科学地探究天象的成因。恩培多克勒最早指出日食是不发光的月亮运行在太阳和地球之间,遮住阳光而在大地投下黑影。阿那克萨戈拉认为太阳、星辰是炽热的石头,裂开、掉落下来就是陨石,为此他被控告犯有渎神罪,几乎被处死。他们都用气与云层的流动、撞击解释发生风、雨、雷、电等现象的原因。

他们探究浩瀚宇宙,形成两种不同的宇宙论假说。第一种是漩涡运动起源说。阿那克萨戈拉论述宇宙最初是无限的种子绝对混合在一起的"混沌",其中气和以太(火)占优势,因"努斯"启动造成巨大分离力,按照自然法则形成无数事物,并造就宇宙秩序,这已有天体力学思想萌芽。德谟克利特论述无数原子在无限虚空中运动,造成巨大漩涡运动,它们按照同类相聚、运动方向轻重有别的必然法则,生成无数个世界,一切"世界"都会经历产生、鼎盛和衰亡的过程,所衰变的自由原子又会重新组合,生成新的世界,就像神话中的"火凤凰"不断自焚又新生,这就是宇宙生灭不息的演化总画面。近代西欧的科学思想家笛卡尔、拉普拉斯、康德分别论述了太阳系起源于以太或白热气体或微粒星云的漩涡运动,德谟克利特两千多年前就提出类似的假说,实属难能可贵。第二种是有限宇宙结构模型说,有数理天文学思想特色。毕泰戈拉学派最早认识到大地是圆球,并不处在宇宙的中心,整个宇宙是球体,中央是"中心火",由近及远依次有地球、月球、太阳、金星、水星、火星、木星、土星、恒星天群等 10 种天球,它们各自在 10 个同心圆轨道运行,构成和谐的动态宇宙整体,被称为"科斯摩斯"(cosmos)。它的最外层由无限的"嘘气"(普纽玛)包围并被吸入宇宙。柏拉图学园中的一些学者则形成了以地球为中心的天球层模型假说。数学家欧多克索也是杰出的天文学家,他在《现象》一书中构建 27 个同心天球层,它们各有球半径,按照特定旋转轴心与旋转速度作不同方向的匀速运动,这样可以比较准确地说明所观测到的天体运动,包括某些不规则的运行现象。他的学生卡利普斯进而提出 34 个天球层的模型,以求更精确地符合观测。亚里士多德则提出 56 个天球层的模型,最外层的原动天是第一推动者,所有天体由纯洁的"以太"构成,它们作为有物理联系的整体,永恒不朽地围绕地球作完美的匀速圆周运动。这已为希腊化时代托勒密的天体系统提供了雏形,虽然地心说流行了一千余年后被哥白尼否定,但它是最早在精细观测和数理论证基础上形成的宇宙论和天体运行的假说,是科学理性的重大进步。

物理学思想进展相对迟缓,但也在自然哲学躯壳内不断积累、深化。四元素论、种子论和原子论都是关于物质基本粒子结构的假说,很有科学价值。恩培多克勒已指出光线是发自星体光源的粒子流射体,它以高速运行,需经过传播时间到达大地,19 世纪哲学家、物理学家 E. 马赫高度评价这个为近代物理学证实的天才猜测。亚里士多德的《物理学》不仅是自然哲学著作,也已形成比较系统的运动学理论。他认为地球上的物体都由土、水、气、火等四元素组合与转化而生成变动,他并且将事物的运动区分为本体的生灭、性质的变化、数量的增减、位置的变动等四种。他否定虚空,认为空间是物体运动的处所或内限,时间是运动连续性的记数,时间、空间和运动不可分割,都是永恒的。这种时空观不像近代牛顿的"绝对空间"、"绝对时间"范畴,倒是有些接近现代爱因斯坦的相对论时空观。他还从动因的角度,区分了两种运动:出于物体本性的自然运动(如轻的气、火向上运动和重的水、土向下运动);出于外部推动的非自然运动。他论述了运动和时空的量度、静止、惯性、重力、速度等等,虽然其中有些观点并不正确(如认为重量不同的物体坠落速度不同,后来被伽利略在比萨斜塔所作的实验否定),但他毕竟已难能可贵地最早建立了物理学的基本范畴构架。有此基础,希腊化时代才有力学的重大发展。

动物学思想从素朴猜想到形成系统的学说,表明希腊人的科学理性逐步达到能整理分析大量观察与调查资料，使之上升到理论的高度，形成科学知识的体系。早期希腊哲人一般都认为动物从潮湿东西中自发生成。阿那克西曼德猜说人从鱼变来，劝大家别吃人类共同的祖先。恩培多克勒说最初有许多由不同肢体、器官结合而成的合适动物和怪异动物（如牛头人身、半雌半雄），后者不适合生存就灭亡了，适合生存的动物保存下来，成为自行繁殖生命的动物界。两位哲人已有生物自发变异或自然选择、适者生存的素朴进化思想。亚里士多德在此领域有卓越贡献，被称为"动物学之父"。他在游历考察中向渔夫、猎人广求报告，积累了大量动物学资料，传说亚历山大大帝赠他 800 塔壬同钱币，以资调查与征集资料。他对 540 种动物作出分类，对 50 种动物作了解剖，并且进而探究动物演进和生理构造的原因，写了多部著作，形成最早的动物学理论。其中有些观点并不正确，如动物构造与生理功能的目的论说明，关于某些动物现象的错误解释。但是，他已对动物作出从低等到高等列序的"级进分类"，认为从动物进向人类是积累变异而渐进的连续系列，他还用环境的作用解释动物器官的变异，并且有某种获得性遗传的见识。这些进化论思想雏形难能可贵。他能取得博厚的动物学研究成果，也由于他纯熟地运用分析、综合、归纳、演绎等逻辑方法，将经验资料上升到经过科学证明的理论。他在《动物史》中说：必须首先掌握各动物的种及其差异与共性，进而探究其原因，运用这种方法，"我们研究的主题和证明的前提都会变得相当明晰"。（491a5—14）

　　医学是人的科学，在古希腊被尊为崇高的技艺。在公元前 5 世纪后期，医疗已是有组织的活动，建立了以医神阿司克勒彼亚德（Asclepiadae）命名的医生同业公会，医学也从零散的治疗经验上升为自然哲学原则和人体生理病理研究相结合的医学理论。最早在小亚产生的克尼杜（Cnidos）学派的医学，只是用早期伊奥尼亚哲学的冷热、干湿等对立的平衡与失衡解释健康与疾病，这种素朴的直观缺乏对错综复杂的生理、病理事实作深入的科学说明。公元前5世纪中、后期产生了两大有不同理论建树的医学学派。

恩培多克勒创立的南意大利医学学派，以元素论哲学概括解剖与医疗经验，形成独特的、有整体论特色的医学理论，培育了众多医生，这一医学学派一直至罗马时代还很有影响。恩培多克勒这位西西里岛的民主派政治家、哲学家，医艺高超，他能使昏迷的妇女起死回生，净化河水消灭瘟疫，被民众膜拜为神；他受奥菲斯教影响深，其医艺也带有江湖奇术色彩。然而，他的医学实质上是一种严谨的整体性理论。他认为构成自然和人体的四元素都有冷热、干湿的对立性质，体内各元素及性质合比例和谐结合、达到平衡，才能保持健康，它们过多或匮乏的不平衡就会致病。他反对头痛医头、脚痛医脚，主张人和自然、人体本身都是有机联系的动态整体，应从整体性机制去诊断病因，提出合适的治疗措施。这种学说和中国古代医学讲究"阴阳五行"和辩证论治很为相似。

科斯的希波克拉底（公元前460—前379年）创建的科斯（Cos，伊奥尼亚小岛，希氏的故乡）医学学派更有深远影响，他被尊为"西方临床医学之父"。有的医学史家称他"代表了一切时代的医学的美、价值和尊严"。[①] 他知识广博，做过大量动物与人体解剖，吸取各地医学经验，在生理、医学理论与临床医疗方面都作出创造性贡献，为此被授予雅典公民的荣誉称号。留传下来的《希波克拉底文集》共计有70篇，是这一学派的著作合集，而以希波克拉底的著述为主。他批判地总结古代医学思想，主张吸取、光大其中有效的实际经验，反对只恪守冷热、干湿等对立原则的"空洞的假设"，强调医学应在解剖与临床医疗的基础上，使

---

① E. H. 阿克奈西特：《医学简史》，纽约1968年版，第58页。

经验与理性结合，形成"真实的假设"，达到正确的"理论化"。他高扬科学精神，猛烈抨击迷信与巫医活动，批评南意大利医派中的宗教巫术成分，但也有全盘否定对方医学理论的偏颇。他主张人受自然环境和生活方式制约，人是由多种自然要素构成的动态平衡的生命有机体，也深受人为要素作用的影响。他解剖、研究人体外部和内在器官的结构，又考察人体内在的"体液"（humours）及其能力（powers），提出著名的"四体液论"，认为血液、黄胆汁、黑胆汁、黏液（内分泌液）的平衡与破坏，是健康与疾病的主要原因。希波克拉底认为医学应研究人的全体，包括自然、社会与人为的因素，行医应调查各地自然环境与生活方式对人体的影响。他甚至研究了欧、亚、非洲一些地区的自然环境与政治体制如何影响民族的心理性格，如亚细亚地区因气候均衡、专制君主统治，人的性格温和纤弱，欧罗巴地区气候多变，人的性格较刚强，他是反对奴役灵魂的君主专制政治体制的。他为医生同业公会写的训诫医德的《誓词》，要求医生从业时宣誓以维护病人健康为崇高目的，坚持行医的纯洁性，履行神圣职责。这是西方第一篇经典性的医学伦理文献，是规范医德的不朽之作。希波克拉底的学说直到18世纪仍是西方医学的基本理论。

　　希腊古典文明的科学思想是开创性、基础性的，科学知识从生长、积累进向成熟，达到建构知识体系的能力，亚里士多德创建逻辑学说就是反思、升华这种理性能力，为推进知识系统化提供了坚实的思想工具。有的史家论评古典时代的科学成就，认为它远逊于希腊化文明中科学知识系统化的重大进展和丰富的创造发明。这种见解未必切实、公允，因为正是由于前者已在一些学科的基本理论原则、知识内容与研究方法方面完成了奠基性准备，才能有后者的继承与发扬光大，这也表现了两个阶段性文明的连续性。

五、实践知识和实践智慧

亚里士多德将研究人的社会活动与生活行为的知识，归类为凭借实践智慧（phronesis）获得的实践知识。在希腊古典时代，这类社会和人文学科知识也产生、发展了，历史学、伦理学与政治学的开创性研究成就尤其显著，体现了实践理性与人文精神的融合。它们实质上从不同角度反思希腊古典文明自身的盛衰，形成了以人和城邦社会为主旨的历史观念、伦理精神与政治理想。

古希腊历史学的产生经历了希腊人认识自身历史活动这种实践智慧逐步提升的过程。荷马史诗虽有反映希腊从氏族公社向国家转变的史料价值，但毕竟主要是渲染神话的文学作品；赫西俄德的《工作与时日》记录了贵族与平民尖锐矛盾的现象，认为历史是从黄金时代、白银时代、青铜时代到黑铁时代的倒退过程。公元前6世纪在伊奥尼亚科学思想启蒙中，已出现一批以散文形式根据见闻或文献记载事实的"纪事家"，留名可查的有30多位。米利都的两位纪事家最著名：赫卡泰厄斯所写《谱系志》、《大地巡游记》记载米利都城邦史和作者游历各地的见闻；戴奥尼修斯著有《波斯史》5卷（已佚失）。赫兰尼库斯则已注重以编年系统来描述波斯和希腊的历史。有以上史料与历史观念的积累，公元前5世纪中后期在雅典的民主与科学精神熏陶下，希罗多德和修昔底德作为严格意义的历史学家，开创了系统的希腊历史研究。

希罗多德（公元前484—前424年）被罗马的西塞罗称为"历史学之父"。他出生于伊奥尼亚城邦哈利卡纳苏斯（Halicarnasus），自幼熟习纪事家的著作，成年后参加反城邦僭主的政治斗争，被放逐后于公元前447年客居雅典，和伯里克利等名人交往甚为密切，感受春花怒放的文化氛围，领悟理性与人文精神。公元前443年他赴南意大利参与建立殖民城邦图里（Thurii），终老当地。他经历了希波战争,希腊民族的爱国热忱和他对近东文明的兴趣,促使他写成以这场伟大战争为主题的不朽之作《历史》。后来亚历山大里亚的注释家将它分为 9 卷,各以 9 位缪斯神命名,后世又沿称它为《缪斯书》。这是希腊第一部规模宏大、史实与研究相结合的通史著作。前 4 卷记述波斯帝国、小亚诸国以及埃及的历史、文化与政治斗争,后 5 卷详致叙述了战争起因于伊奥尼亚人反抗波斯统治的斗争,战争的过程包括马拉松、温泉关、萨拉密等可歌可泣的著名战役,以及希腊人决战的胜利。

此书开创了西方历史研究的基本准则,希罗多德开宗明义说他发表此研究成果的目的是为了"保存人类所取得的功业",包括希腊人和异邦人的"丰功伟绩",记载他们之间"战争的原因","以永垂后世"。[①]这部杰作表现了实事求是、公正述评人的历史创造活动这种实践理性精神。它有四个特点:第一,真实记载历史事实。书中搜集、整理丰富资料,务求核对、考证,并且注意不以民族成见妨碍作公正判断。虽然书中也有轻信传说之处,但是从总体上说,这部书是严谨治学的信史。第二,探究历史事件的原因。书中分析希腊诸城邦的弹丸小国所以能击败拥兵百万的庞大波斯帝国,根本原因在于后者是靠武力征服的专制国家,而雅典民主制使公民享有极好的自由和权利的平等,就会英勇盖世地为国争先效力。第三,尊重希腊和外部世界各民族的文明。此书记述了当时希腊人所知的整个"世界"的历史与文化,不仅盛赞希腊的文化创造,对所谓"蛮族"包括波斯的文明成果也给予尊重。希罗多德曾考察从小亚到意大利、从埃及到黑海北岸各地,向同胞展示二十多个民族的历史文化的生动画面,称赞东方有更古老、更高的文明。后世有史家竟为此贬损他,其实是出于西方中心论的偏见。第四,重视历史研究的训世教诲功用。他认为剖示

---

① 希罗多德:《历史》,第 1 页。

国家兴衰、人事成败及其原因，可为后世提供教训。他开创了西方直至 19 世纪 L. 兰克之前的"鉴诫史学"传统。

修昔底德（公元前 456—前 396 年）的历史研究更趋严密、成熟，深刻表现了对历史的理性批判精神。他是雅典富裕公民，青年时即参与雅典全盛中的政治与文化活动。伯罗奔尼撒战争刚爆发，他就敏锐地察识到这是一场希腊历史上最严重的大动乱，就着手记载事件，动手写书。公元前 424 年，他年方 30 岁，被选为雅典十将军之一，统帅一支舰队驻扎北部的塔索斯（Tasus）岛，因驰援被围的安菲波里（Anphipolis）未至而城已陷落，以贻误军机与通敌之嫌被革职放逐。这件冤案使他得以在色雷斯居住 20 年，并且去各地战场考察，不断记载、研究正在撼动全希腊的大战，直到战争结束时他才获特赦，重返已是满目疮痍的雅典。他倾毕生心血写成的《伯罗奔尼撒战争史》共 8 卷，他在写作中突然去世，记述止于公元前 414 年，尚缺 7 年史事，后来色诺芬等人有补续。

修昔底德的杰作以严谨的逻辑与理智的分析，按编年顺序，述评了战争的动因、各主要阶段的史实，描写雅典海军远征西西里全军覆灭的悲剧尤为精彩，刻画诸城邦之间的冲突和城邦内部的斗争也很细致。它奠定西方政治叙事史的基本模式，对后世两千多年的西方史学产生了更大、更深远的影响。这不仅是由于它更严格、求实地考证、使用历史资料，摈除一切神话、传说与宗教迷信因素，而且它已在理论上深入探究历史事件的因果关系。它对大战中各种复杂的历史现象缕析种种远因和近因，指出大战的根本原因是雅典在希波战争后扩展势力，和斯巴达争霸，雅典失败则是由于内部党派相互倾轧，奴隶逃亡，盟邦叛离，经济（特别是脆弱的农业）崩溃。至今看来，这些分析仍很精辟。修昔底德指出大战双方"都没有正义的动机"，党派领袖们事实上都是为了"谋求私利"，他们的酷虐杀伐造成全希腊政治秩序极度混乱。他刻画政治动乱又造成希腊精神世界的极大危机，更是入木三分：

人性普遍堕落，行为准则乖变，野心与贪欲成为判断美德的标准，弱肉强食就是"正义"与"公道"，肆无忌惮的侵略就是"勇敢"，"阴谋成功是智慧的表示"。总之，是非颠倒，黑白混淆。他更用人性论解释人性"傲慢地"表现为"不可控制的情欲，不受正义支配"，"只要人性不变，这种灾难现在发生了。将来还会发生"。①他不是从神意或天命出发，而是根据人自身的本性与活动，去探究希腊城邦由盛趋衰的根源。

就在这大战后的希腊社会转变时期，相互紧密联系的伦理学和政治学，研究城邦盛衰的时代主题，发展成为系统的理论。苏格拉底最早提出道德振邦与贤人政治的主张，柏拉图和亚里士多德进而根据不同的人性论哲学，以伦理为基础，探究城邦的政制、道德与教育，总结希腊城邦存亡兴衰的原由，都力图挽狂澜于既倒，各自提出重振城邦的理想社会设计。亚里士多德更使内在关联的伦理学与政治学成为两门比较严整的学科，他的学说也更贴近生活现实，更富有实践智慧。

柏拉图探究城邦国家的起源，从经济的视野，根据互助与分工导致商品生产与市场交换发展，来动态地说明城邦的产生与发展，这种见解在当时是独具慧眼、难能可贵的。恩格斯高度评价柏拉图把分工描述为城邦国家的自然基础，认为这"在当时说来是天才的描述"。②柏拉图认为正义是建树城邦的基本原则。他在《国家篇》中批判一些智者宣扬正义即强者的利益等邪说，认为伦理道德的堕落是当时城邦衰乱的根源。他论述人的灵魂有理性、激情、欲望三个部分，相应的德性是智慧、勇敢、节制，灵魂的正义与善是理性与智慧统摄、支配其余部分。城邦国家是这种人性模型的放大，相应地有统治者、军人与生产者三个等级，分别实

① 修昔底德：《伯罗奔尼撒战争史》，上册，商务印书馆1997年版，第3卷第5章。
② 《马克思恩格斯选集》第3卷，人民出版社1973年版，第269页。

行理性统治、追求荣誉的尚武激情和满足社会的物质欲望等三种功能，前两个等级是统治集团，生产者即务工、务农、务商的小奴隶主与自由民应服从统治集团，奴隶只是生产手段，不在柏拉图论及的国家成员之列。柏拉图认为国家的正义就是三个等级各自践履三种德性，各尽本分，城邦就有稳定秩序，不会乱套。当时希腊城邦的内乱与自毁性败坏，促使他注重研究政制与统治集团问题。实际上，他在西方最早研究了政治体制伦理问题。他论评已有的政制，认为斯巴达式军人统制的"荣誉政制"造成城邦贫富分裂、互斗的动荡，民主政制会产生极端自由、放纵欲望的无政府状态，僭主政制更是最恶劣的独裁者暴政。苏格拉底设想贤人政治可与民主制结合，柏拉图则主张一种集权式的"贤人政制"（Aristocracy），由富有智慧的"哲学王"按照道德原则治理国家。为防止私欲与钱财的腐蚀，他又设计统治等级成员公有一切财产，取消家庭，国家严格控制婚姻与生育，妇女有平等地位，却是"共有"的，按优生原则生子女，国家也应控制生产者等级的私有财产与经济活动。

柏拉图为了培育统治精英，大篇幅地论述国家控制教育的周密设计，18世纪的卢梭甚至认为《国家篇》主要是一部教育著作。他论述公共教育进程为：对幼儿的学前教育以讲故事、游戏等方式作道德熏陶；7岁至17岁的青少年接受体育与音乐（包括语文与艺术）的教育，对史诗、戏剧要严格审查，不得亵渎神灵与心智，荷马之类的诗人要驱逐出境；18岁至20岁的青年再学习算术、几何、天文，然后大多数人投身军营，少数优秀者则深造哲学（辩证法），并经过长期的基层从政实践锻炼，才能获得可执政的资格。柏拉图设计的"理想国"带有某些斯巴达色彩，但并不是斯巴达军事贵族制的翻版；它也并不是最早的"空想共产主义"，因为他只是为稳固统治集团而主张奴隶主中少部分的统治集团成员公有财产。他的伦理与政治方案是从"理念论"的道德原则出发，并不切合实际，不能付诸实行，难以消解城邦奴隶制的内在矛盾。柏拉图曾三次访问西西里的叙拉古王宫，着意培育一位"哲学王"来实现理想国，毕竟以失败告终。他晚年撰写《法篇》这部西方最早的法理巨作，主张从人治转变为统治集团的法治，但他制定的许多严格控制政治、经济、文化的法律，只是将"理想国"的原则变为具体的法律规范。

亚里士多德称政治学是最伟大的技艺，伦理学是它的组成部分。他写有 3 部著作《欧德谟伦理学》、《大伦理学》、《尼各马科伦理学》和 1 部《政治学》，是这两门学科的经典之作。和柏拉图从"理念"出发推演道德范畴与理想国不同，他以深刻的实践智慧，总结希腊人的生活行为实践和城邦政治的历史实际，细致比较分析，形成现实性强而又系统严整的理论。他的学说旨在改善、重振城邦而又有社会伦理与政治研究的普遍性涵义，当时虽难以用来挽救希腊城邦的衰颓之势，但是对西方后世却有深远的影响。

亚里士多德既研究个人生活行为的个体伦理，也研究用以建树良好社会体制的城邦伦理，他认为两者都以人为目的，旨在实现人的善与幸福。幸福既包括物质利益、财产、荣誉等外在的善，更来自以理性与道德情感培植德性这种内在的善。他详致分析希腊生活中各种传统的德性（arete，其原义指一切事物的优良品性）如正义、勇敢、自制、友爱、智慧等，提出以"中道"为基本的伦理标准，避免"过分与不足"，认为这样才能重建公民的道德人格与城邦的道德基础。这和中国儒家伦理所说"过犹不及"，主张"中庸"之道，有相似之处。希腊城邦尤其雅典民主制社会注重公共生活，包括政治、军事、宗教、文化活动和共餐制等，公民是从属城邦的成员。亚里士多德认为人是自然趋于过城邦生活的政治动物，城邦是最高的共同体，在本性上先于家庭和个人，所以他是以城邦的社群本位来研究德性与道德价值的。他虽然也研究父子、夫妻与主奴关系的家庭伦理，更注重研究城邦的公共伦理。希腊古典时代的伦理并没有形成西方近代才产生的个体主义价值观，也不同于中国儒家伦理以家族血缘与宗法关系为基础的群体本位价值观，而是一种以城邦社群为本位的价值观。亚里士多德强调正义与友爱是城邦社会体制的伦理基础。正义是一切德性的总汇，也是一种基本的"中道"，就是要以合适的比例安排城邦的一切权益，不致造成富人与穷人、各种利益集团之间的敌对、冲突。法律作为行为准则应以合乎德性方式表现城邦全体的共同利益，而并非只是统治者个人的利益。他还论述了关于公共资源（权力与财富）的分配正义，在经济活动中以货币为公约尺度的契约性、互惠性的交换正义，可谓最早涉及经济伦理研究。他以很大篇幅探讨了在人际交往、家政（经济）与政制中的各种"友爱"问题，认为"友爱"德性是维系城邦团结稳定的重要纽带。他论述的伦理主体只是奴隶主和自由民，他认为奴隶是自然造成的，他们体格刚健、欠缺理性，天性适合劳役，只能是自由人拥有的有生命的工具。不过他主张奴隶作为人，对他们也要施与某种友爱，温和善待，这样才有利于城邦的稳定。

亚里士多德的政治学以上述城邦伦理原则为理论根据，总结希腊城邦政治的经验。他曾派弟子们赴希腊各地考察了157种政制的历史和现状，可惜大都佚失，只在19世纪从埃及纸草中发现仅存的一部《雅典政制》，它是研究雅典民主史的重要文献。在《政治学》中他主张建立城邦政治共同体的目的是达到现实的善与幸福。他批判柏拉图空想的统治集团公有财产与妇女，认为这根本不切实际，违背人的自然本性，因为人的天性是关心自己的事务，在柏拉图的"理想国"中只会造成大家漠不关心公共事务。他着重研究了希腊城邦的各种政制即权力分配的方式，按是否有德性、为公民共同利益或执政者私利的标准，区分好政体和坏政体，前者有个人统治的君主制、少数人统治的贤人制、多数人统治的立宪民主制，由于德性败坏它们会分别蜕变为坏的僭主制、寡头制和政客弄权的平民制。他认为比较实际的最佳政体是贤人制和立宪民主制结合。这种政制根据"中道"原则,由中产阶级执掌政权,他们不会像富人、穷人那样互相算计、觊觎他人的财富,不会引起平民与贵族的党争;他们最安分守己,符合城邦实现共同利益的自然本性,会很好治理国家。如果他们超过富人或穷人的力量,就会防止蜕变为坏政体和城邦内乱。亚里士多德认为城邦建设的根本任务是培育有完善德性的好公民,只有教育才能节制人的贪欲这种罪恶天性。因此,他十分重视道德教化和公民教育。他主张教育应由当时的私学转为城邦统一规划的公学,教育方针是通过培植人的实践智慧(实践理性),来发展天然禀赋,养成后天的良好习惯,教化出公民的优良品德。他重视并设计儿童与青少年的教学课程,可惜写到音乐教学就戛然中止了。

亚里士多德的城邦伦理与政治学说,在当时只能被他的学生亚历山大大帝的铁骑声所淹没。然而,它们是希腊古典文明中的实践智慧的最高结晶,对后世西方的伦理学和政治学有深远的影响。

六、艺术的人性魅力与批判精神

希腊古典文学艺术取得的灿烂辉煌成就,在西方文艺复兴之前无与伦比。它体现古典文明的文化精神,既辉耀朝气蓬勃、乐观进取的人性美光彩,又表现以深沉理智反思社会现实的批判精神。

古典时代的希腊拥有珍贵的艺术遗产荷马史诗《伊利亚特》与《奥德修》,它们本是历代行吟诗人吟唱的神话与英雄传说,是先民生活经验与智慧的结晶。公元前 6 世纪雅典僭主庇西特拉图组织编定这两部史诗的文本,两部巨作各有 15693 行和 12105 行,后来亚历山大里亚的学者将它们各分为 24 卷。如前所述,它们是记述荷马时代社会实情的宝贵史料,其中的神话又是希腊民众宗教的来源。两部史诗有天真美丽的想象和清晰质朴的风格,以鲜明的神人个性、精妙的构思与纯真的语言,达到很高的艺术成就。它们一直是希腊人的基本文化教材,对希腊各门类文学艺术以至后世西方文学深有影响。大量艺术创作从中汲取题材,希腊古典文学的最高成就即诗作形式的戏剧,也是史诗的发展。马克思说希腊的神话和史诗是发展得最完美的人类童年的产物,"希腊神话不只是希腊艺术的武库,而且是它的土壤"。① 然而,希腊神话是人支配自然和社会的力量低下之时,描述人性化的神和半神化的英雄,表现对自然与社会的素朴认识和幻化的理想;希腊古典艺术不论以神话或现实生活为题材,则都是描述现实的人创造希腊古典文明的豪迈心志与本质力量,展示人性的真善美,而它面对古典文明衰微中的人性乖变、命运曲折,又表达了深刻的反思和憧憬美好生活的理想。

希腊艺术伴随城邦公共生活而产生与发展。除了公民大会等政治活动外,有对宙斯、阿波罗、雅典娜、波赛冬(海神)、狄奥尼修斯(酒神)等诸多神灵的献祭与节庆,有宏大壮观的各地体育竞技,有雅典每年倾城观看的戏剧比赛。音乐、舞蹈渗入城邦文化活动的每一方面,相当普遍,音乐更是青少年必修的课程。希腊各城邦大事兴建各种神庙、剧场等公共设施,经久不衰,刻画神、人的雕塑更是中心造型艺术,大量建筑与雕塑艺术杰作,在洋溢生命活力的形体中显示人的崇高、尊严和人性美。

希腊神庙最初是木造或砖造的,公元前 580 年后主要使用大理石建造。希腊神庙建筑是圆柱式的,自由空间豁达畅朗,有三种柱式风格,表现城邦文化的多元性:多立斯柱式雄浑精壮、单纯强健,显示阳刚风度;伊奥尼亚柱式细长典雅,顶呈涡卷螺旋,有轻柔之优美;公元前 4 世纪的科林斯柱式装饰华丽,后来盛行

---

① 《马克思恩格斯选集》第 2 卷,第 113、114 页。

于希腊化时代。特尔斐的阿波罗神庙、奥林匹亚的宙斯神殿，都是瑰伟庄严的杰作，它们屹立高峰，气壮山河，显示强盛中的希腊民族有会合天、地、神、人的豪迈胸怀。希波战争后重建沦为废墟的雅典，新的卫城、议事厅、圆形剧场、音乐厅、各座神庙、雅典英雄提修斯的神殿，还有著名城市设计家希波达摩设计的新庇雷埃夫港区，纷纷拔地而起，使雅典成为建筑艺术的精品园。伯里克利的好友、造型艺术天才菲迪亚斯负责建造的雅典卫城及其主体建筑帕特农（雅典娜）神殿，更是希腊建筑艺术的典范。这一建筑群体融会多立斯风格和伊奥尼亚风格，成为造型庄重、气度恢弘的和谐整体。雅典娜神殿矗立卫城最高点，君临群山远海，守护城邦子民，它表现当时雅典人的文明创造力与壮美情怀，真是达到尽善尽美的顶峰。人们将雅典卫城比作希腊艺术的王冠，雅典娜神殿则是王冠上的璀璨宝石。

雕塑是公认的希腊艺术的传世之绝，其珍品留存较多。雕刻材料主要有石灰石与大理石、青铜、陶土、木头、黄金、象牙等。最早有朴素的小铜像、陶塑和象牙雕刻，随着城邦趋盛，兴起大型的神庙浮雕与圆雕，竞技、军事、政治的纪念性雕塑，也有人物茔墓的纪念碑雕刻。公元前6世纪初的雕刻还明显受埃及的影响，人物线条僵直，衣饰图案化，尚无轻逸的褶条，但希腊雕刻很快另辟蹊径，体现自己的艺术精神即表达人的本质力量和理想。早期的特尔斐所存驷马车御者的青铜像，已是神采飞奕，显示驾御人生之路的内力。公元前5至公元前4世纪，希腊雕刻全盛，名家与杰作辈出，艺术性已臻精美成熟，无论神像或人像，无论健壮勇敢的男性或端庄秀慧的女性，都表现艺术家对人的力量、人性庄美的讴歌。普罗塔克称赞它们"具有永恒的生命"，在形体结构中蕴藏着"永生的活力和不朽的精神"。最杰出的艺术大师是菲狄亚斯，他用黄金与象牙雕刻帕特农神殿中的雅典娜，华美庄严，神情清逸，象征智慧与纯洁；因政敌诬控他盗用黄金，他又赴奥林帕斯神殿，用黄金与象牙创作 60 英尺高的宙斯巨像，表现最高主神统摄宇宙的威严。他的神像寄寓人性，他说再没有比人类形体更完美的了。观仰他的神像，人也会感到自己多么像神。著名的雕刻大师还有米农、波利克莱塔、波拉克西特列，他们分别创作的"掷铁饼者"、"获桂冠的运动员"和"抱婴孩的赫尔美斯"，都是表现人的健美、尊荣与圣洁的不朽名作。总之，希腊雕刻是流溢人性光彩的艺术瑰宝。古典时代还涌现波力格诺塔等一批杰出画家，创作了许多像描写"特洛伊城之劫"等神话、历史的壁画和一些人物肖像画，他们运用明暗对比、透视法达到很高的艺术成就，可惜这些作品都已荡然无存了，因为绘画毕竟不像雕刻那样易于保存。

希腊古典文学刻画人性、反思社会生活，内容开阔，更有思想深度。早期文学主要是哀歌（双管歌）和抒情诗。雅典政治家梭伦写有歌颂民主改革的政治诗；被柏拉图称为"第十位缪斯"的女诗人萨福写有 9 卷抒情诗，奔放抒唱爱情的美妙心理；职业诗人品达誉满全希腊，他的 17 卷诗有宫廷颂诗，也有讴歌萨拉密战役、繁盛城邦与奥林匹克竞技的诗作，表达爱国热忱、英雄豪情和道德教诲。散文则有绝顶聪明的奴隶伊索的寓言，反映下层平民反抗权贵的斗争经验（如《狼和小羊》、《农夫和蛇》）和人们的生活教训（如《龟兔赛跑》、《狐狸和葡萄》），留下许多至今脍炙人口的名篇。

戏剧是希腊古典文学的最高成就，是民主制的产物。悲剧（tragedia）的原意是"山羊之歌"，其前身是酒神祭典中的萨提尔（satur）剧，由半人半羊的森林之神叙述与领唱酒神的事迹。雅典僭主庇西特拉图于公元前 560 年将酒神祭典及剧目引进雅典，以对抗贵族的宗庙祭祀，至伯里克利时代悲剧已发展出艺术完美的本质性形式。悲剧的本义不在于"悲"，而是指表演宏大生活行为的严肃剧。喜剧（komodia）的原意是"狂欢歌舞剧"，起源于酒神祭典的滑稽剧，由麦加拉传入雅典，发展成为有深刻社会内容

的诗剧。雅典每年三个戏剧节是自由民的讲坛和中心文化生活,涌
现许多参与比赛的剧作家。悲剧的杰出成就后世只有莎士比亚可
比拟。最著名的三大悲剧家及喜剧家的作品,表现了他们在古典
文明由盛趋衰过程中,对人与历史命运的不同思索。

埃斯库罗斯(约公元前525—前456年)曾参加马拉松之役和
萨拉密之役,被誉为"悲剧之父"。悲剧的三部曲和布景、舞蹈、
高底靴都是他首先采用的。他一生写剧本70部,得奖13部,现
存7部。他的作品感受民主制方兴未艾时的昂扬精神,表现勇于
对严酷命运抗争、搏击的斗志,体现人性的悲壮与崇高。《波斯
人》写波斯海军在萨拉密覆灭,指出自由与独立的理想是希腊人
胜利之本,波斯的专制与奴役必遭惩罚。《被羁缚的普罗米修斯》
塑造一位为人类盗取天火被钉在高加索山上的神灵,他不畏宙斯
的残暴王权,为人类进步勇于斗争、不怕牺牲,马克思称赞他是
"哲学的日历中最高的圣者和殉道者"。[①] 这一杰作实质上以神话
寓意方式,将雅典的民主斗争提升到关系人类命运的高度。《俄瑞
斯特斯》三部曲表演这样一个故事:特洛亚战争的希腊统帅阿伽
门农曾杀女祭神,战胜归来被其妻和奸夫杀害,其子俄瑞斯特斯
靠其姐帮助杀了母亲和奸夫,因而遭复仇女神追逐,逃至雅典,在
雅典娜女神监护下被法庭判为无罪,复仇女神也就变为降福女神。
这一悲剧反映了父权制对母权制的胜利,也表现新的民主法治比
氏族血亲复仇和贵族、僧侣的专政都公正。埃斯库罗斯的悲剧回
荡一个主旋律:尽管命运与逆境不可避免,具有自由意志的人能
坚强自信地对自己所选择的行为负责。

索福克勒斯(公元前497—前406年)是伯里克利的好友,曾
任雅典十将军之一,他漫长的一生经历了民主制的盛世,又目睹
伯罗奔尼撒战争中雅典的衰败。这位民主派的维护者晚年处在惶

---

① 《马克思恩格斯选集》第1卷,人民出版社1973年版,第5页。

惑中,出于一种病急乱投医的心理,竟也曾投票赞成公元前411年寡头派的政变。他一生写了130部剧作,24次获奖,现存7部。他将悲剧发展得更为完美,主导雅典戏剧界30年,被誉为"悲剧创作的荷马"。雅典的历史命运使他的创作交织一种矛盾惶惑的情绪:既讴歌人的伟力与民主理想,又难以理解沦落民主自由的命运的捉弄。他的杰作《安提戈涅》叙述刚烈女性安提戈涅反抗暴君的命令,埋葬她的哥哥,因而被处死。其主旨仍是提倡民主、反对独裁。剧中热情洋溢地歌颂人是世间最惊奇的,他穿越波涛,改造大地,善于劳动,独有语言与思想,能战胜一切困苦,为自由而斗争。他最著名的杰作《俄狄浦斯王》是惊心动魄的悲剧:忒拜王子俄狄浦斯幼婴时,有人预言他将会弑父娶母,因此被抛弃,被科林斯王收养为子。他成人后为避免预言的命运逃往忒拜,途中动怒打死一老人,恰巧是他的生父;他为忒拜民众办好事,被拥立为王,娶的寡后又恰巧是他的生母。为平息瘟疫天谴,他查访杀害前王的凶手,结果发现凶手就是他自己。真相揭示后,生母自杀,他悲愤欲狂,刺瞎双眼,自我放逐他乡。聪明诚实、关怀民众的俄狄浦斯是民主派的理想君主,他的悲剧蕴涵着作者对时局的困惑:追求民主自由的城邦怎么会在命运逆转中变为民主自由的破坏者、失落者?亚里士多德在《诗学》中指出,这一悲剧令人思索命运逆转的原因是由于主人公虽然高尚,也有狂躁、猜疑、见事不明、盲信预言等错误。

欧里庇德斯(公元前485—前406年)深受阿那克萨戈拉的启蒙哲学影响,和苏格拉底及普罗狄科等智者交往甚密,是有理性精神的"剧场哲学家"。他一生写剧92部,获奖5次,悲剧现存18部。他终结了"英雄悲剧",直接描写现实的人和社会生活,索福克勒斯说他自己的人物是理想的,欧里庇德斯的人物是真实的。他是西方第一位"社会问题"作家,已以理智的批判精神,透析雅典城邦衰落中所暴露的种种弊端;抨击雅典对外侵略的不义战争，渴望美好的和平；指责民主制蜕变为政客弄权的工具，反映民众对真实民主的要求；揭露贫富悬殊，鞭挞富豪贪暴，同情穷人；批判奴隶制违背自然的人性，认为奴隶应有人的全部尊严。他批判宗教，说宙斯和众神并不比"飘渺的梦"真实，他们虚伪、奸淫、窃盗、人祭，无恶不作，道德败坏。实质上，这是借以批判崩析中的传统道德。在他看来，决定人的命运的不是神，而是理性的人自身。在主张理性道德方面，苏格拉底对他很有思想共鸣，说为了看他的戏，即使从外港长途步行到剧场也愿意。欧里庇德斯现存的悲剧中有一部关注妇女问题。当时妇女地位低下，近乎奴隶。他的名作《美狄亚》写科尔喀斯公主美狄亚热恋勇士伊阿宋，助其抢获她父亲的金羊毛，和他结婚、逃至科林斯，伊阿宋却贪图富贵，应国王之命要另娶当地的公主。刚烈的美狄亚送浸沾毒药的礼物毒死新娘和国王，并痛苦地杀死自己的两个儿子，乘龙车逃往雅典。作者表达了对男女不平等的愤慨，支持妇女的激烈抗争。另一名作《特洛伊妇女》假托写历史上特洛伊城被攻陷后，男子全被杀尽，妇女皆被掳掠为奴，幼子摔死城下，景象极为悲凄。实际上，这是托古喻今，意指公元前416年雅典攻陷守中立的弥罗斯岛、大肆杀戮的新近历史事实。作者强烈谴责这种反人道的罪恶，预言雅典帝国行将崩溃。他的剧作不见容于当局，两次被控不敬神和诈伪，晚年他只得避居马其顿，客死他乡。他和苏格拉底一样，死后因倡导理智的人文精神而声誉日隆。尼采在《悲剧的诞生》这部著作中，基于非理性主义，说希腊悲剧艺术毁于苏格拉底精神，贬斥欧里庇德斯悲剧所秉承的理性主义使艺术沦为瓦砾，这种论评并不符合希腊艺术的史实，而只是为了阐发他自己推崇的酒神精神。

阿里斯托芬（约公元前446—前385年）是富有人道理想和批判精神的古希腊最杰出的喜剧家。他写过44部喜剧，现存11部。他的作品开阔地展现当时希腊的政治、经济与思想文化各领域的生活画面，以戏谑怒骂之笔针砭时弊、剖视危机，表达社会理想。他在《阿卡奈人》中批判雅典和斯巴达争霸之伯罗奔尼撒战争，提倡诸城邦和平相处的泛希腊爱国主义。在《骑士》中他猛烈抨击当权政客克莱翁借"民主"之名煽动战争、玩弄权术、图谋私利，主张将"德谟斯"（人民）"重新煮一煮"，以求恢复从马拉松之战至伯里克利时代的温和民主政治。在战争末期和战后，他在《鸟》中以动物喜剧方式，提出建立一个无压迫、共劳动、平等生活的理想国；在《财神》中他深刻揭露了财富分配不均、贫富急剧分化的严峻社会矛盾，主张实行社会改革，废除私有财产，这是西方最早的"大同"思想。阿里斯托芬以讽刺谑评的笔锋，解剖现实社会生活相当深刻，据说柏拉图曾将他的剧本送给叙拉古王狄奥尼修，认为从中可了解雅典社会实情。他的喜剧既有对恶人、蠢材的嘲弄，也有对和平、劳动、善良人性与美好理想的抒情，海涅说他的喜剧像童话里的一棵树，树上有思想的奇花开放，有夜莺歌唱，也有猢狲爬闹喧笑。

希腊艺术以古典文明盛衰中人的活动为中心主题，有丰盈的人性内涵和深刻的批判精神，后期希腊悲喜剧更已触及希腊城邦衰变中的一些深层次的社会矛盾。亚里士多德写的《诗学》是西方第一部系统的美学著作，它从哲学高度概括了希腊古典艺术的辉煌成就，升华了希腊艺术体现的理性与人文精神。

"诗"的希腊文本来有"创制"的含义，诗包括全部艺术，属于亚里士多德所归类的"创制知识"。《诗学》论述希腊艺术的本原，总结艺术的发展规律和创作原则，肯定艺术的社会功用，内容很为丰富。它的要义有三点。第一，摹仿说。艺术的本性是摹仿，摹仿人的活动、性格、情感，表现人的生活。根据摹仿手段和方式的不同，可区分音乐、舞蹈、绘画、雕刻、抒情诗、史诗、悲剧与喜剧等不同的艺术形式。人是艺术的主体和主题，艺术摹仿现实人的交往活动和内在品性，它不是照样画葫芦，记录实事，而是以感性形象描写出于必然性，或然性而可能发生的事情，表现某种"类型"的普遍本性，它比历史"更富有哲理"。因此美来源于生活，又高于生活。艺术起源于人的双重本性：人天生有摹仿禀赋，实为求知能力，就是凭借实践智慧以艺术形象生成创制知识；人又天生有美感能力。希腊艺术的发展臻于完美，是希腊人不断提高认知能力和美感能力、不断深化自我认识的过程。摹仿说是西方最早的以人为本的现实主义美学观点。它同柏拉图主张艺术只是对"理念"的隔层摹仿的见解显然对立，它真正概括了希腊艺术的精神。第二，悲剧论。《诗学》着重论述作为希腊最高艺术形式的悲剧，结合著名悲剧家的创作经验，剖析这种综合性艺术的情节、性格、思想、台词、歌曲、扮相等六个要素及有关的创作规则。它深刻阐明悲剧的本质：悲剧摹仿接近普通人的那些高尚人物的严肃、重大的活动，他们的跌宕经历、事之成败都是人自身活动造成，错咎与责任也由人自己承担，并无外在神力支配人的命运。他们遭受不应遭受的厄运并非由于他们为非作歹，而是因为在不合理的处境中，他们也有缺陷和错误，这就使人们在观看惊心动魄的事件中推人及己，发生恐惧与怜悯，体会悲壮、崇高和借鉴性意义。亚里士多德论述希腊悲剧的艺术特征和审美价值，是相当精辟的。第三，净化说。柏拉图贬斥希腊多数艺术，说它们逢迎卑劣人性、败坏道德，主张实行严格的艺术检查制度，将荷马之类的诗人都逐出理想国。相反，亚里士多德卫护希腊全部艺术的辉煌成就，肯定悲剧以及其他艺术都有高尚目的与重要社会功用，那就是净化人的灵魂。艺术的社会功用包括：摒除愚昧、开化心智、领悟人性与人生哲理的认知功用，扬善祛恶、澄明世事、净化道德情感的伦理功用，陶冶审美情操的移情作用。净化说确切表达了希腊古典艺术追求真善美的价值。亚里士多德的《诗学》审察、提炼希腊古典艺术精粹，是建树西方美学的开山之作，它对西方文艺复兴和近代西方美学思想、文艺理论都很有影响。

3　公元前270年制成的伊壁鸠鲁肖像(罗马摹制品)

第 二 章

希腊化文明

一、希腊化文明的时代特征与文化精神

公元前 4 世纪希腊城邦奴隶制的危机愈益严重。在土地兼并与战乱频繁中,作为城邦经济基础的小农与手工业者严重破产,奴隶数量剧增,雅典奴隶即达 30 万人,拥有上千名奴隶的大作坊、大田庄纷纷出现。贫民和大奴隶主的矛盾日趋尖锐,许多城邦爆发贫民起义,如亚尔果斯的"棍棒党起义"剥夺富人财产、推翻民主派政府,这些武装斗争虽然都被镇压,但表明城邦的经济与政治体制已难以克服势不两立的内在阶级矛盾。危机又表现在城邦之间的混战愈演愈烈,自科林斯战争以后,雅典、斯巴达与底比斯各自结盟,不断相互讨伐,波斯帝国插手其间从中渔利,侵占小亚诸邦和塞浦路斯岛。底比斯在杰出军事家伊巴密浓达领导下曾中兴 10 年,最终这些同盟都在争霸中瓦解,各城邦都在精力枯竭中衰落下去。小国寡民、分散自治的城邦奴隶制已走到历史尽头,社会基本矛盾的运动必然走向帝国型统一集权的大规模奴隶制,而希腊本土的城邦已无力完成这一历史转变,只待外部征服力量将它们带入一个新时代。

希腊北部边陲的马其顿(Macedonia)原是文明起步较晚的多利亚人分支"蛮族",此时由国王腓力二世执政,崛起称雄。腓力年轻时曾在底比斯作人质,学习伊巴密浓达的军政才略与希腊文化,他执政后集中全国军政财权,实行适应国际金融流通的货币

改革，军事上创制很有威力的著名马其顿方阵，并且采用远交近攻、分化瓦解、各个击破的对外扩张策略，在掠取北部希腊城邦后，要挥师南下。面对这一严峻形势，雅典内部展开激烈争论。著名演说家德谟斯梯尼是反马其顿派的领袖，他慷慨陈词，力主捍卫城邦的独立自由；90 岁高龄的修辞学家伊索格拉底是亲马其顿派的代表，幻想依靠马其顿复兴希腊、侵掠东方财富，来摆脱城邦的困境，他在《致腓力书》中提出口号"把战争引向亚洲，把财富夺归希腊"。公元前 338 年腓力率大军在喀罗尼亚(Caeronea) 大战中彻底击败雅典的盟军，次年在科林斯召开全希腊会议，确立马其顿对全希腊的统治地位。98 岁高龄的伊索格拉底这才觉得幻想破灭，痛惜希腊丧失自由，绝食而亡。

　　腓力控制希腊后即整军拟向波斯开战，当时波斯帝国在昏庸国王大流士三世主政下已急剧衰败，犹如泥足巨人。不料公元前336 年腓力因王族内部仇隙遇刺身亡，局势顿乱。年仅 20 岁的腓力之子亚历山大被拥立为王，他果断镇压贵族谋叛，再度以软硬兼施的军事、外交手段巩固对全希腊的统治。亚历山大是有雄才大略的杰出军事家、政治家，他自幼受希腊文化熏陶，以亚里士多德为师，16 岁起在随父征战、治政、外交中积累了丰富的经验，并且胸怀征服天下的勃勃雄心。他于公元前 334 年率马其顿—希腊联军，进行历史上规模空前的 10 年远征，夺小亚、入埃及、灭波斯、进中亚，直打到印度西北部，远超出地中海文明的范围，建立了横跨欧、亚、非三洲的大帝国。公元前 323 年，年仅 33 岁的亚历山大帝在巴比伦突患疟疾病逝。而后，他的将领们为瓜分帝国争战 20 年，最终形成塞琉古 (Seleucus，占西亚、中亚)、托勒密 (Ptolemy，占埃及、小亚)、马其顿 (即安提柯王朝，占希腊本土) 三大王国长期鼎足而立的局面。

　　从亚历山大东征、建立帝国起至公元前 30 年罗马最终消灭残存的托勒密王国，在近 300 年期间，自地中海至中亚的广袤疆域经历了希腊化的（Hellenistic）时代。这个时代的根本特征是在东西方文明空前的大交流、大融合中，发展了帝国型大规模集权奴隶制的社会形态。"希腊化"一词本有欧洲中心论色彩，其原义指随着亚历山大东征，大批希腊人流向东方取得统治地位，并且将希腊文化播撒到广大的东方世界。其实，文明的交融总是双向的，东方文明也征服了亚历山大大帝及其后继者们，渗透入希腊统治者建立的新社会体制中，深刻影响了希腊文化的演变。所以，应当全面理解希腊化文明的时代特征。希腊化文明也不是希腊古典文明的衰落阶段或延伸扩展，而是一种融合希腊与东方文化的独特、新型的阶段性文明，有它自具特色的经济、政治结构和基本文化精神。它基本上抛弃了已传承四百多年的城邦体制，建立了适应大规模集权奴隶制的新社会体制，并且在继承、更新、兼容希腊古典文化与东方文化中，创造了一种多民族、多元性的文化，希腊化文明的文化既开阔丰富又斑驳错杂，在内容与精神气质上不同于希腊古典文化。总之，希腊化文明是一种独特类型的阶段性文明，是希腊古典文明和罗马文明的中间环节，对后世西方文明和近东、中东文明都有特殊的影响。我们可从政治、经济与文化方面简要剖析这种文明的总体特征。

希腊化文明在政治上结合马其顿与东方的王权制度，建立君主专制政体的帝国。亚历山大在东征中就醉心于东方君主的绝对权威，他自称是埃及天神"阿蒙"之子，头戴王冠、身着紫袍，勒令臣民行跪拜之礼。他采用波斯帝国的行省制，削弱地方权力，实行军事、财政、民政三权分离，由他独断乾坤。为了神化东方君主专制的政体形式，他甚至不惜诛杀战功卓著的老将近臣；为了和东方统治阶级联姻，他先后娶巴克特里亚（中国史书称大夏）王公之女罗克珊娜和大流士之女斯塔提拉为妻，还令1万希腊将士与波斯仕女举行集体婚礼，真算是匡古盛典。之后，托勒密王朝也沿袭埃及专制政权的体制，国王以神自居，建立中央集权制，地方设州（诺姆）、县，由国王委派希腊人总督治理。塞琉古王国统治区域最为辽阔，国都是叙利亚境内的安条克（Antioch）（中国史书遂称其国为条支），也推行、崇拜神授王权，承袭波斯帝国的行省制，因民族众多，文化传统各异，各地发展参差不齐，塞琉古王朝的控制相对松弛。马其顿的安提柯王朝也强化君主的个人专权，传统的公民大会等城邦政治形式不复存在。

希腊化时代采纳东方的君主集权政体形式，是"旧瓶装新酒"，为了发展帝国型、兼容希腊与东方特色的大规模奴隶制经济。当时在王朝与行省掌权的希腊将领、官吏，因封赏田产变成大奴隶主，三大王国发展了大型的农业与工商业，远超过原埃及法老王朝、波斯帝国及希腊城邦的经济。它们在文化上一般采取比较宽容的政策，支持希腊文化和东方多民族的传统文化并存与融和，削弱原有的僧侣文化专制。这种适应大型奴隶制的集权政治体制，为以后的罗马帝国的政制提供了蓝本。此外，希腊化文明中的社会政治结构也不是绝对齐一的，还保留了希腊因素的多样性。亚历山大东征的一大成就是沿途广建希腊式城市，从地中海滨到阿富汗、印度边陲，建立了七十余座以亚历山大里亚命名的新城，现经考证和发掘核实的近40座，它们有较多的自主权，可谓希腊殖民城邦的流风余韵。在三大王国纷争的间隙或中间地带，还存在一些独立的小王国，如小亚西北的帕加马（Pergamun）王国、爱琴海东域的罗得（Rode）岛、西西里的叙拉古等，它们在文化上卓有贡献。在希腊本土反马其顿的斗争中，则产生了超越城邦的埃陀利亚同盟和阿卡亚同盟这两个政治实体，它们可以说是历史上最早的联邦制国家形式。由上可知，希腊化时代的政治并不导致文化专制主义，却能为东西方文化的融和与发展保留较大的空间。

希腊化文明的经济特征是在国家集权控制下发展大型奴隶制经济，东西方的经济交流空前繁荣。经济重心在东方的两大王国，马其顿虽然也涌入大批从东方掠夺来的财富，国势却弱，这样就形成富裕的东方对着贫乏的西方的格局。托勒密和塞琉古两大王国的经济体制虽然有差异，但是都由国家占有全国土地作为"王田"，给官吏、大奴隶主分给"赐田"，由农奴或佃农耕种。国家占有和垄断作坊、采矿、运输、商店等主要工商业，部分商业留给私人经营。由于历年征战和佃农、小手工业者破产，奴隶数量增多，国内、国际奴隶市场兴旺，为发展大型农庄与工商业提供了充裕的劳动力，埃及已能建造可容 1000 人的大船，可见劳动规模之宏大。亚历山大远征消除了波斯帝国这一东西方贸易的障碍，沟通了希腊同埃及、西亚、中亚以至印度的商业贸易，形成贯通欧、亚、非三洲的国际贸易网络；而东方两大王国都改变以往东方宫廷贮藏巨额金银的陋习，将大量新铸金银货币投入流通，东西方的商贸交往频繁，使希腊化时代的奴隶制经济侧重商品生产，并使之得以持续繁荣。希腊化时代后期，当中国汉朝的张骞通西域之时，东西方的国际贸易通道更扩展成为著名的"陆上丝绸之路"和从亚历山大里亚至印度、中国的"海上丝绸之路"，从远东经中亚、西亚直达西欧、中欧，有更大范围的东西方经济、文化交往，它长久持续，对东西方文明的进程深有影响。中国的史书《史记》、《汉书》都有关于条支（塞琉古）、大夏（巴克特里亚）、安息（帕提亚）的记载，[①] 希腊人当时称中国为"丝国"，托勒密王朝末代艳后克娄奥帕特拉以身着中国丝袍而炫耀一时。经济繁荣也表现在兴建了众多大都会式的城市，如叙利亚的安条克、底格里斯河流域的塞琉西亚（Seleucia）、埃及的亚历山大里亚（Alexanderia）等城市，人口均达数十万乃至近百万，它们成为经济与文化中心，有些城市是丝绸之路的重镇。希腊化时代的前两个世纪经济兴旺，财政增长，除了用于王室的奢侈消费外，也有

---

① 见《史记—大宛列传》、《汉书—西域传》。

较大部分用于支持文化事业的较大发展。当然，这种繁盛富庶建立在大量奴隶困苦劳动的基础之上，大型集权奴隶制经济也必然导致贫富两极严重分化，而这正是希腊化文明后期衰落的重要原因之一。

希腊化时代的基本文化精神有三个特征。

第一，希腊文化和东方文化空前规模的交流融会。希腊文化在东方世界广为传播，深入西亚、中亚，直达印度与帕米尔高原，在亚洲腹地也传诵希腊悲剧和希腊哲学家的著作，20世纪60年代至70年代在阿富汗东北边境、临近帕米尔高原处发掘出公元前4世纪末的希腊式城市，城内希腊风格的神庙、广场、宫殿、体育馆布局井然有致，并且有希腊文手稿残篇，写着欧里庇得斯悲剧和亚里士多德著作的文句。这种希腊文化在近东、中东的播撒，不仅影响了当时东方各地的原有传统文化，也为后世伊斯兰阿拉伯文化吸纳希腊文化提供了历史准备。另一方面，在希腊文化和东方原有各种文化传统并存、交融的多元格局中，东方文化对希腊文化的深远影响也不可低估，犹太教的希伯来文化就在这个时期最初传向西方，并且和希腊哲学相结合，这为后来在罗马帝国时期产生基督教文明最早作了铺垫。雅典虽然也仍保持重要文化地位，但是文化的主要中心已经转移到东西文化交会的亚历山大里亚。托勒密王朝在此地建立了历史上第一所国立高等科研机构，就是"缪斯神宫"（或译博物馆），它广为搜集东西方文化典籍、稿本，藏书达70万册，集中众多东西方著名学者在这里开展研究。它持续存在达600年，取得巨大的科学文化研究成果，对后世西欧和东方的文化都有深远影响，它是世界文化史上一颗大放异彩的夺目明珠。此外，帕加马、罗得岛、萨摩斯岛和叙拉古也是融会希腊与东方文化的中心。

第二，知识的系统化与创新。亚历山大里亚的学者们系统地整理、编纂、校勘了大量希腊典籍，如荷马史诗、希罗多德和修昔底德的历史著作就在这里编定，卡利马霍斯编撰《文艺志》120卷，这是西方目录学著述之始。这类工作使希腊古典文化得以保存在希腊化文明中，并进入罗马文明，留传后世，功不可没。在希腊古典文明已有知识积累和理性方法的基础上，希腊化时代的学者广为研究从语言、文学到天文、数学、物理、医学等各门类的人文学科和自然科学知识，将它们发展成为比较严整的学科知识体系，欧几里得的《几何学原本》就是一个范例。在经济与社会发展中，希腊化时代的科学家们在自然科学与技术的各领域，更有很多伟大的发现与创造，其成就超过希腊古典文明时代的科学。这些表明，希腊古典文明的理性与人文精神，在一定范围内仍得到继承，并且有所光大、发展。

第三，精神文化与精神生活的变异。希腊古典城邦精神文化中的民主、理性与人文精神，从总体上看，已经随着时代变迁而在消退。而今，希腊人面对的是：庞大严酷的帝国世界秩序，王国之间经常的征战，统治贵族的奢靡生活，平民的困苦与命运的变幻莫测。在这种社会历史背景中，哲学、伦理、宗教、文学等精神文化表现出各走极端的矛盾特征，如世界主义和惟求个人内心宁静的消极个体主义，独断论、宿命论和怀疑论，神秘主义、享乐主义和禁欲主义，等等，这也是那个时代的社会心态与精神面貌的表现。当然，希腊化时代的人文文化也有重要成就。但是这种文化精神，在总体上随着希腊化文明的逐渐衰落而增强其折衷性、消沉性、神秘性，它自然不能同希腊古典文明中乐观进取又深有批判性的文化精神相比拟。

由于帝国型奴隶制走向严重的两极分化，三大王国的外战内乱消耗国力，王朝统治集团日趋昏庸腐败，公元前2世纪希腊化文明就趋向衰落。公元前168年、146年罗马先后灭亡马其顿、征服希腊本土，公元前64年罗马大将庞培灭亡塞琉古王国，托勒密王朝的末代女王克娄奥帕特拉先后投靠恺撒和安东尼，最后在公元前 30 年,女王依靠的罗马大将安东尼败亡于罗马帝国的屋大维之手,女王也自杀身亡。希腊化文明终结了,而希腊文化融入罗马文明,征服了罗马人。

二、科学知识的系统化与重大创新

希腊化文明中科学成就最为辉煌,科学史家誉之为西方近代之前科学发展达到的一个峰巅。伯恩斯与拉尔夫在《世界文明史》中称希腊化文明是"第一个伟大的科学时代",说若无希腊化世界科学家的发现,"现代的许多成就也将是不可能的"。[①]在这一时代,希腊古典文明中的理性精神在自然科学研究中继续得到弘扬,当时自然科学的一些基本学科如天文学、数学、地理、物理学、生理学与医学已呈现相对独立于哲学的趋向,专业科学家已不再是哲学家。他们将希腊古典时代已有长期积累的科学知识系统化,并且有许多重大的科学创新发现,形成较为深刻、精致的学科理论建构。而且,他们适应经济与社会发展的需要,已将一些科学理论运用于工程技术。科学理性与科学创新精神,在希腊化文明中放射出最为夺目的异彩。

希腊化时代科学得以昌盛,有三个原因:第一,大规模奴隶制经济的繁荣、发展需要科学技术,也能提供较雄厚的物质与财力支持,使科学由原来从属哲学家的私人研究,变为国家着力扶助的独立事业。托勒密一世、托勒密二世都重视科学研究,在亚历山大里亚的"缪斯神宫"这所皇家学院,建有精美的图书馆、博物馆、动物园、植物园、天文台、实验室、演讲厅等,收藏大量文物、标本与书籍;还下令所有到港口的船只都要交出所携带的

---

① 爱德华·伯恩斯、菲利普·拉尔夫:《世界文明史》第 1 卷,商务印书馆 1995 年版,第 278 页。

书，供抄录后只奉还复制本；更延请希腊化世界各地的众多杰出学者来这里从事研究，给予优厚待遇，鼓励自由研讨与交流，当时最著名的科学家大都出自这个学术中心。此外，塞琉古王国的安条克等希腊式城市、帕加马王国、萨摩斯岛及叙拉古王国，也都大力扶持科学研究。第二，在世界性的文化交往活动中，东西方科学大幅度融会、集大成，并有综合创新。亚历山大就曾用大队骆驼载运大量巴比伦的天文学板书至小亚的希腊城市，翻译成希腊文，亚历山大里亚收藏东方资料甚为丰富。希腊古典时代对东方文明的吸取，主要只靠学者在两大文明圈交界地区的有限游历，现在则成为国家扶持的东西方学者无障碍的大规模文化交往。希腊化时代的科学成就很得益于对巴比伦和埃及的科学知识的吸纳。第三，希腊古典时代已有近 300 年的科学知识的丰富积累，在亚里士多德时期科学知识已开始走向系统化，当时创建的逻辑学已提供了坚实的科学思维和科学方法的工具，它在希腊化时代斯多亚学派的逻辑学中得到充实与发展，这些都为系统建树学科理论提供了知识内容与理性能力的基础。而雅典的柏拉图学园和吕克昂学园也是积累知识、培育英才的基地，一些杰出的科学家往往是经历雅典和亚历山大里亚两地的科学思想熏陶的。希腊化时代的科学精神与科学成就，是西方科学史的重要环节，对后世深有影响，值得重视研究。[①]

　　数学是古典希腊最早产生的科学知识，凝炼高度的逻辑思维，带动其他自然科学理论的发展。它在希腊化时代也是最早取得突出成就，首先表现在欧几里得（约公元前 323—前 270 年）所写的杰作《几何学原本》。他年轻时曾在柏拉图学园研习数学，约公元前 300 年应托勒密王邀请到亚历山大里亚研究、讲学，并且创办

---

　　① 国内科学史著作中，吴国盛著《科学的历程》（湖南科学技术出版社 1995 年版）第五章"希腊化时期的科学"作了较为详细的论述。

学校,培养了大批数学人才。他致力于高尚的科学研究,不计个人私利,有个学生问他学几何学有何好处,他就命仆人赐给此人几个小钱,让此人走,愤愤然说:"他居然想从几何学中捞到实利!"他当时写成《几何学原本》13卷,几乎包括今日平面几何、立体几何的所有内容,并有4卷讨论数论。这部著作集希腊古典数学之大成,将从泰勒斯、毕泰戈拉学派到公元前4世纪雅典两大学园的数学家所证明的几何定理,汇集成一个严整完美的演绎系统,并对某些定理给出更为简捷的证明。这决非简单地编纂现存的知识,而是以高度的逻辑创造力建构宏大的公理化系统。而欧几里得有高尚的科学道德,在这部著作的各篇章记述了发现那些定理的原著、原作者。《几何学原本》是卓越的学术著作,又是广泛普及的出色教科书,对后世数学的教学与研究起有不可估量的作用。它原封不动地被使用两千多年,其抄本数、印刷数只有《圣经》可与之相比。此书也是最早传入中国的西方科学名著,明代杰出的科学家徐光启和传教士利玛窦于1607年合译了此书的前6卷,被国人誉为"字字精金美玉,为千古不朽之作"。欧几里得、阿波罗尼以及后文将论及的阿基米德,被称为希腊化时代的三大数学家。阿波罗尼约在公元前262年出生于小亚的帕加马,后赴亚历山大里亚成为欧几里得的再传弟子,他研究高难度的圆锥曲线所取得的成果,是古代希腊数学的登峰造极之作。这一时期数学发展还有一个特色,就是一些科学家将数学和天文学、地理学、物理学的研究紧密结合起来,在跨学科的研究中获得重要创新。

希腊化时代的天文学,综合希腊古典天文学长期积累的知识和埃及、巴比伦的大量天文观测资料,并得力于数学研究成果的运用,因而也有卓越的创新进展。有两位很杰出的数理天文学家。

阿里斯塔克约公元前310年生于小亚的萨摩斯岛,曾在雅典吕克昂学园研习,后赴亚历山大里亚从事天文学研究。他有两大成就。第一个成就是提出日心说的宇宙论。古希腊天文学者除毕

泰戈拉学派外，都主张地球和人类处于宇宙的中心，太阳和一切
星辰处于以地球为同心圆圆心的不同轨道上，这种地心说不断精致
化，一直主导西方的天体学说，直到 1543 年哥白尼临死前发表
《论天球的旋转》才被推翻。其实，早在哥白尼之前一千八百多年，
阿里斯塔克已独具慧眼，形成地球绕太阳转动的天才假说，其原
文已佚失，但阿基米德传存的著作《恒河沙数》（即《砂粒计算
者》）中记述了他的这一学说的要义。他将太阳置于毕泰戈拉学派
所述的"中心火"的位置，认为太阳和恒星都不动，地球和行星
绕太阳旋转，地球又每天绕轴自转一周，才使人有恒星周日转动
的错觉，恒星离地球极远，所以难以察觉地球绕动中相对恒星的
位置变化。这种假说在当时看来太激进，人们都不相信，甚至有
人扬言要指控它渎神，于是很可惜地湮没了。他的另一成就是用
几何学方法测算地球和太阳、地球和月亮的相对距离。他所传存
的《论日月的大小和距离》一书中记载：日、月、地球构成直角
三角形，日地和月地两边的夹角为 87 度（现知应为 89 度 52 秒），
故日地距离应是月地距离的 20 倍（现知应为 340 倍）。他测算的
结果虽然不甚准确，但他运用几何学开创数理天文学研究，有重
要意义。

　　希帕库斯（约公元前 190—前 120 年）也是希腊化时代伟大的
天文学家、数学家。他出生于小亚西北部的尼西亚（今土耳其的
伊兹尼克），曾在亚历山大里亚学习，后在罗得岛建立观象台，制
造天文观测仪器，综合巴比伦人和自己的观测资料，编制了一幅
空前详致的星图，其中已使用完善的经度，记载了一千多颗亮星，
并区分六级星等；他并且发现了由于北极的移动使回归年短于恒
星年的"岁差"现象。他的更为卓越的贡献是创立球面三角学这
门数学工具，使希腊天文学中融入精致的数学研究，用以建立新
的宇宙模型假说。他首次全面研究了三角函数的定理，制定了精
确的三角函数表，并将平面三角术推广于球面，用球面三角学的

新数学方法计算行星在天穹球面的运动。亚里士多德时代欧多克索等人提出同心球的宇宙模型，它只用天体在以地球为同心的圆形轨道上作匀速圆周运动，并不能解释复杂的天体现象。希帕库斯则抛弃这一模型，用数理方法创立本轮—均轮的天球体系。虽然他仍坚持地心说，但他已指出各天体既沿着自己的本轮作匀速圆周运动，而各本轮又沿着各自的均轮绕地球的偏心作匀速圆周运动。他构设这种较为精致的宇宙模型，较好地解释不规则的天体现象。他的这一假说后来成为托勒密建立天球体系学说的基础。托勒密是罗马时代亚历山大里亚的学者，是希腊天文学的集大成者。他撰写留传千古的《天文学大成》(即《至大论》Almagest) 13卷，依据现已失传的希帕库斯的著作，系统综合希腊天文学的优秀成果，运用球面几何学和球面三角学，形成更为精致的本轮—均轮的天球体系，并且探究了许多天体问题。历史地看，希帕库斯和托勒密的天文学体系，虽然主张地心说，但是它结合了天文观测和数理研究，在当时是难能可贵的最好假说。它主导西方天文学一千多年，至于它后来被基督教神学曲解和利用，这不能归咎于希帕库斯和托勒密。

希腊人最早相信地球是球体，希腊化世界的开拓也极大地开阔了希腊人的地理视野，他们要认识人类所处的地球家园有多大。埃拉托色尼 (约公元前 276—前 156 年) 生于北非塞里尼 (属今利比亚)，曾在柏拉图学园学习，并受业于斯多亚学派创立人芝诺等哲学家，后出任亚历山大里亚图书馆馆长。他是学识渊博的百科全书式学者，可惜他的著作皆已佚失。据记载，他在数学上发明确定素数的筛法，在天文学上测定黄道与赤道的交角，还编写了第一部希腊科学的编年史。他在《地理学》一书中，已建立自然地理的知识体系，并且把地球划分为五个地带，即围绕南北极的两个寒带，在寒带和南北回归线之间的两个温带，以及围绕赤道的热带。他绘制了当时最大的、有精确纬度的世界地图 (东到锡兰，西至英伦三岛，北到里海，南至埃塞俄比亚），在地理学上最早提到中国，还比哥伦布早一千多年，就已认为在大西洋循同一纬度可从西班牙航达印度。他最著名的成就是用几何学方法测定地球大小。他根据太阳光线在埃及的塞恩（即阿斯旺）和亚历山大里亚同地平面的夹角差以及两地的距离，计算出地球周长为252000希腊里，即39690公里，而现今测知赤道周长为40075.13公里，误差已很小，他在古代就有如此准确的测算，很了不起。

阿基米德（约公元前287—前212年）是希腊化时代最伟大的数学家和物理学家，作为"力学之父"，他开启用精确的数学方法研究力学定理。他生于西西里岛叙拉古的天文学世家，青年时代赴亚历山大里亚随欧几里得学派研习几何学，后应其表兄、叙拉古国王希龙二世邀请回故乡，一直从事科技研究。他所取得的多方面重大创新成果，古代无与伦比，他被后人誉为"古代的牛顿"。他的著作尚留存《方法论》、《圆的测量》、《浮体论》等10篇。他的数学贡献有多方面：他最早求得较精确的圆周率在3.11428571和3.11408451之间（实际值为3.1415927），从而最早精确计算圆面积与球体积，并发现球面积定理，促使算术与代数开始成为独立的学科。他开创用数学的穷竭法（类似极限法）计算曲面体的面积与体积，并在抛物面和旋转抛物体的求积方面卓有成就。在《恒河沙数》中，他还创造一套计大数方法，即按每1到10的8次方为一级数字的方法，将数字分为若干级，由此推测当时所理解的宇宙中的砂粒是第8级数字。在物理学方面，他用精确的数学公式发现杠杆的平衡原理，即平衡杠杆的支点两端的力与力臂长度的乘积相等，由此可以科学地解释杠杆的力学作用。他有一句名言："给我支点，我可以撬动地球。"他是流体静力学的开创者，他发现浮力定律的传说为人们所熟知：希龙国王要他鉴定金匠所打制的一个金王冠是否掺银，但不得破坏王冠本身。他苦思冥想不得其法，当坐进浴盆见溢出相等于他身体体积的水时，他顿然省悟浮力定律，可用以鉴定金王冠是否掺假，激动得光身跑到外面高喊"尤里卡（希腊语：发现了）！尤里卡！"当今世界最著名的发明博览会就以"尤里卡"命名。阿基米德更将物理学研究成果应用于机械工程，有不少创造发明。他发明阿基米德螺旋提水器。在布匿战争时期，当罗马军队进攻曾与迦太基结盟的叙拉古时，他运用杠杆原理造出投石机阻御敌军攻城，发明大吊车拽挡罗马军舰，他还召集众多人员手持镜子排成扇形，将阳光聚焦罗马军舰，将它们烧毁。他以新式武器抵御敌军围城三年，终于在城陷后被野蛮的罗马军士刺死。阿基米德最突出地用严密的定量数学方法和逻辑推理研究科学原理，并且使科学和技术的研究相结合，这是希腊科学精神的一大转变和飞跃，也是西方近代科技之先声。

希腊化时代的经济发展与繁庶的社会生活，要求科学在和技术结合中创造出物质力量。继阿基米德之后，亚历山大里亚尤其形成一种工程技术发明的传统。如公元前 3 世纪工程师克特西布斯发明压力泵，利用压缩空气作动力。后来罗马时代的赫伦在《机械术》中记载了这一时期的许多机械发明，包括杠杆、滑轮、轮子、斜面、尖劈等机械工具的组合使用。当时亚历山大里亚在建筑工程、军事工程方面都有很多高技术水平的建树。罗马地理学家斯特拉波描绘这座城市建筑之壮丽宏伟，"有如荷马史诗所咏：后浪前浪，连续相接，美不胜收"。[①] 被列为世界七大奇迹之一的法罗斯灯塔，更是融合东西方工程技术的结晶。它于公元前 300 年至公元前 280 年间建立在海港尽头的法罗斯岛上，全以石料砌筑，高 130 米，塔顶灯座燃木为炬，以玻璃镜面聚光四面远射，百里外可见其光。为送燃料及物品至灯塔顶部，装置了升降机械。此塔矗立在海边近两千年，至 14 世纪才因地震坍毁。我国

---

① 斯特拉波：《地理志》第 18 卷，第 1 章第 8 节。

南宋时赵汝适写的《诸蕃志》中，对这一世界奇迹已有描述。

生物学与生理学、医学也呈现知识系统化或突破人体自身认识的特点。亚里士多德已构建较系统的动物学理论，他的弟子塞奥弗拉斯特在《植物史》、《植物的本原》等著作中，已对植物作了分类，并剖析植物的基本构造，他的植物学理论一直沿用到16世纪。他还详致研究了500种植物的特性，包括某些植物的药性与治疗功用。托勒密王朝提供已判死刑的犯人供人体解剖，这就突破了以往人体解剖的禁区，促使生理学、医学有精确的新发展。赫罗菲拉解剖了人的眼、脑、神经及多种内脏器官，他认为思维器官是大脑，而不是亚里士多德主张的心脏；他还区分了多种神经，分辨了动脉和静脉，早在17世纪哈维发现血液循环之前，他已指出动脉的功用是将血液由心脏输往全身。埃拉西斯特拉塔是医生，他更为精细地解剖了人体的多种器官，他已放弃希波克拉底的体液说，形成人体系统新陈代谢的思想，主张根据人体各器官相互联通的原则，以自然原因解释生理现象，对症治疗。开创人体解剖研究，对后来西方医学很有影响。

希腊化文明中的科学成就是很突出的。它汇集科学知识并使之系统化的工作，它注重实用技术的风气，在罗马文明中仍然得到继续；它以严密的数学与逻辑思维追求科学创新的精神，在西方近代科学中得到继承与发扬。

三、哲学的嬗变

马克思说："希腊哲学在亚里士多德那里达到极盛之后，接着就衰落了"；他又将这种衰落比喻为"英雄之死与太阳落山相似"。[①] 晚期希腊哲学像日落时分奇异的晚霞，映现希腊化时代

---

① 《马克思恩格斯全集》第40卷，人民出版社1982年版，第194页。

的文化精神。总体看，它有三个特点：第一，希腊城邦社会瓦解了，希腊古典文明中生气勃勃的科学理性与人文精神在哲学中逐渐消退、嬗变，面对远为开阔而又相当严酷的帝国型奴隶制社会，晚期希腊哲学以自然理性、宇宙理性对世界作出新的哲学解释，注重于研究比城邦开阔的新社会形态的"自然秩序"、"世界秩序"。第二，希腊化时代自然科学有辉煌创造，但它们已从哲学中游离出去，哲学虽然也还为科学提供一些理性（包括逻辑）的准则，但是面对动荡不安的社会生活，哲学主要关注研究人生问题，有伦理化的倾向，以伦理为核心主旨与归宿。不同学派研究形而上学、自然哲学和知识论，但主要是借此以不同形式论证个体伦理生活如何达到心灵的安宁，哲学像是逃避人生痛苦的避难所。第三，哲学中的宗教成分渐趋浓重。怀疑主义动摇了希腊哲学的理性基础，希腊本土的神秘宗教和东方宗教思想汇合，渗入希腊哲学，使之呈现出同宗教合流的势头。在东西方文化交融中，希腊哲学和东方犹太教思想已有汇合，希伯来宗教文化最初被引进西方，并且开始对它作出希腊哲学的解释，这对罗马时代基督教的兴起及其和希腊哲学的融合，是重要的思想准备。

在希腊化时代，雅典和亚历山大里亚都是哲学的中心。柏拉图学园和吕克昂学园一直存在，但它们的哲学已失去创造力，渐而蜕变为怀疑论或折中主义。新的哲学思潮主要有三种：伊壁鸠鲁哲学、斯多亚主义和怀疑主义。它们长久存在达五六百年，绵伸入罗马时代，也是罗马哲学的主要内容。斯多亚主义是最有影响的主导性哲学，在罗马时代也是官方哲学。犹如希腊化文明和罗马文明既相衔接，又有区别，早中期斯多亚派哲学、怀疑论和罗马时代的后期斯多亚派哲学、怀疑论，也是既一脉相承，又在理论形态和体现文化精神上有所差异，不可概而等同视之。

（一）伊壁鸠鲁哲学

伊壁鸠鲁（公元前 342—前 270 年）出生于爱琴海的萨摩斯岛，曾随德谟克利特学派的瑙西芬尼学习原子论哲学，公元前 306年在自己的住宅"花园"创办学校，他的学派也称花园学派。他的"花园"有教无类，接收各种身份的众多弟子，包括妇女与奴隶。他学识渊博，生活俭约，享有崇高威望。他的著作有三百余卷，现只保存三封书信和一些残篇。马克思在《关于伊壁鸠鲁哲学的笔记》中辑入丰富的有关研究资料。① 马克思在他的博士论文《德谟克里特的自然哲学和伊壁鸠鲁的自然哲学的差别》中，高度评价伊壁鸠鲁是"最伟大的希腊启蒙思想家"，说在希腊化时代这个"哲学的狂欢节"中，犬儒学派装出"狗相"，亚历山大里亚的宗教哲学家穿上"祭司的法衣"，而伊壁鸠鲁学派则"披上芬芳的春装"。② 从伊壁鸠鲁的准则学（认识论）、物理学和伦理学可看出，他生活在从希腊古典文明刚转入希腊化时代的初期，还力图保留、弘扬一种科学启蒙精神，同时又用修正的原子论自然观论证一种不再从属城邦的个体伦理。文化史家 W. 塔恩说他和斯多亚派芝诺的新哲学，"都是亚历山大缔造的新世界的产物"。③

伊壁鸠鲁认为哲学的目的是达到个人的幸福生活，为此首先要获得认识真理的准则，并在正确理解自然中摆脱错误与恐惧。他论述人的感觉是感官和对象各自发出原子射流相互作用所产生的影像，它能真实反映外界事物，而在感觉基础上产生的"前定观念"即概念，能表现事物的普遍性，感觉与普遍观念的综合构成知识的基础。而"感情"准则指人的道德选择符合趋乐避苦的自

---

① 参见《马克思恩格斯全集》第 40 卷，第 105 页。
② 同上书，第 135—136 页。
③ W. 塔恩：《希腊化文明》，伦敦 1950 年版，第 327 页。

然感情，它以综合知识为前提，包含着理性要素。伊壁鸠鲁的流射影像说的准则学，继承、发展了早期希腊哲学中恩培多克勒的流射说和德谟克利特的影像说，强调感知是全部认识的基础和真理的标准，是一种感性主义的认识论。在他看来，"所有可感的东西都是真实的"，① 因为感觉的对象是真实的存在，感觉的内容是真实的影像；"前定观念"作为自明的"名称"并非天赋观念，只因它们是知识的先决条件才是"前定"的，它们是在重复感觉与记忆中获得的"观念蓄积的普遍性"，是"关于普遍东西的普遍感觉"；② 对真理的证明、对错误的辩驳都依赖于感觉自明的经验；人的思想和道德选择的自然感情，全都聚集在综合感性与理性的影像之中。伊壁鸠鲁坚持素朴的唯物主义反映论，不否定在感知的基础上确立理性认识的重要性，但他对理性思维的逻辑研究相对薄弱。

伊壁鸠鲁的物理学即自然观，继承、发展了德谟克利特的原子论，并为他的个体伦理提供哲学根据。他认为存在不会产生于无，也不会消失为无，这是自明的公理，人感觉物体和运动可自明地证明原子和虚空是真实存在，是构成宇宙万物的本原。原子是不可再被分割的最小粒子，虚空是原子运动的场所，原子、虚空及其构成的宇宙都是无限的。正确认识自然就是要察知原子的本性及其在虚空中运动的法则，这样才能获得意志自由与心灵的宁静和快乐。③ 他对德谟克利特的原子论有重要补充和修正。他认为原子除了有形状、次序和位置外，还有重量这一本性。原子运动的原因和方式有两种：一是由于原子自身的重量，原子在虚空中作速度相同的垂直下落运动；二是原子相互碰撞而可沿着任何

① 第欧根尼·拉尔修：《著名哲学家生平和学说》第 10 卷第 31—32 章。
② 伊壁鸠鲁：《致赫罗多德的信》，第 82 节。
③ 第欧根尼·拉尔修：《著名哲学家生平和学说》第 10 卷第 143 节。

方向运动。由于这两种运动相互作用、影响，原子运动不只是直线的，而有偏离直线、杂多偏斜的倾向，这样才能说明事物运动的复杂多样性，解释生成宇宙万物的漩涡运动，并承认并不排斥必然性与原因的偶然性存在。马克思指出：原子运动"偏斜所表现的规律贯穿于整个伊壁鸠鲁哲学"，而承认偶然"是伊壁鸠鲁占支配地位的范畴"。① 伊壁鸠鲁确认原子运动偏斜和偶然性，并认为人的灵魂由多样精细的原子构成，有多样的感觉功能，并随身体而生灭变动，这就克服了德谟克利特原子论中的机械命定论成分，承认人在认识事物的多样性、偶然性中，人的行为有个人选择的自主性，肯定人的理性和意志自由；这就能使心灵摆脱因迷信、宿命论所带来的痛苦和恐惧，达到他的学派所奉行的伦理宗旨："神不足惧，死不足忧；乐与行善，安于忍恶。"②

伊壁鸠鲁的原子论的自然观通达无神论。他揭露流行宗教崇拜的神不过是产生于"具有人的形式"的"相似影像"，是人们共同想象的结果。③ 他表面上不否定有神，但将他们排逐在人间世界之外，说他们无牵无挂地处在无生物、无人迹的飘渺空隙之中，不干预人世事物，对善恶无动于衷，对人类毫不关心。伊壁鸠鲁强调人有行为自主性，也就否定出于神意的天命观以及占卦、算命等迷信、巫术。罗马时代的西塞罗指责他"把宗教连根拔去了"，④ 基督教的使徒保罗要人们特别警惕这种否定"天意"的哲学。马克思、恩格斯则高度评价他"是古代真正激进的启蒙者，他公开攻击古代的宗教"，奠定一直延伸到罗马时代的"无神论"，不愧

---

① 《马克思恩格斯全集》第 40 卷，第 214、130 页。

② 菲洛丹：《反智者》，第 4 章第 9 节。转引自赵敦华《西方哲学通史》第 1 卷，北京大学出版社 1996 年版，第 266 页。

③ 伊壁鸠鲁：《学说要点》，第 1 条。

④ 转引自《费尔巴哈哲学著作选》下册，商务印书馆 1984 年版，第 558 页。

为"最先打倒众神和脚踹宗教的英雄"、"头号无神论哲学家"。①

伊壁鸠鲁的全部学说最终旨在建立一种使人获得心灵自由的个体伦理。个体的幸福是伦理的目的与最高的善。根据他的准则学和确认个体活动自主性的自然观，个体感觉、前定观念和感情都表明快乐是善与幸福，痛苦是不幸与恶，趋乐避苦是体现人的自然本性的基本伦理原则。快乐生活和人的德性不可分离。小苏格拉底学派中的居勒尼学派提倡的快乐论，流俗为追求满足个人本能欲望的享乐主义，伊壁鸠鲁则并不将快乐与幸福归结为惟求满足肉体欲望的享乐。他区分动态快乐和静态快乐，前者只是欲望的满足，后者则是"内心宁静和没有痛苦"，这种个人在理智生活中获得的"精神的快乐"与身体健康，才是主要的真正快乐。②他强调过俭朴生活，并身体力行，知足于面包加水的饮食，而更追求热爱智慧的精神自由。将他的快乐论说成是享乐主义、纵欲主义，实为后人的误解或罗马贵族的曲解妄行。"哲人"是他的理想人格。哲人不畏神、不畏死、不畏天命，能自主判断、解决重大事情，清除一切纷扰灵魂的过度欲望与错谬意见，达到心灵宁静的理想境界，因而总是生活在快乐与幸福之中。为求个体不动心，他甚至说"哲人不关心国家大事，除非发生什么特殊情况"。③希腊古典时代个人归属城邦的传统伦理瓦解了，伊壁鸠鲁另求建立一种基于个人自然本性的个体伦理，但它还不是西方近代的个体主义与功利主义。面对城邦崩析、政局动荡的多事之秋，伊壁鸠鲁要人们对政治纷争采取类似中国道家的"无为"态度，也是应付时势的一种举措，不能因此将他的伦理学说看做是消极遁

---

① 《马克思恩格斯全集》第40卷，第242页。

② 第欧根尼·拉尔修：《著名哲学家生平和学说》第10卷第136、137、131—132节。

③ 转引自《马克思恩格斯全集》第40卷，第154页。

世的。

伊壁鸠鲁的学说肯定人的主体性，其实是积极入世的。他以个体伦理为依据，又建立一种社会伦理，提出一种最早萌发社会契约思想的社会观与社会理想。他认为正义是对一切人相同、对社会关系有用的社会德性，是形成社会、建立国家的基础与基本伦理原则。正义不是抽象不变的绝对理念，它是人们为避免彼此伤害、保障安全互利而约定的一种社会契约。这种契约的正义可随着不同地区或时势而变迁。法律是体现契约性正义的制度，也是可变的，当它不再为国人带来好处时，就不再是正义的法律，而应另立新法。[①] 他理想的社会是建立在友谊与社会合作基础上的安定友爱的大社群。[②]伊壁鸠鲁的社会契约思想，认为社会与国家不是出于神意与天命，而是以自然个人为基础、在以契约协调人们的利益关系中自然形成的。这在当时是杰出的启蒙思想，是对希腊历史急剧演变的反思，也是对希腊化世界寄寓一种纯朴的理想。马克思、恩格斯指出，"国家起源于人们相互间的契约，起源于社会契约，这一观点就是伊壁鸠鲁最先提出来的"。[③] 这对西方近代启蒙思想的社会契约论有一定的影响。

伊壁鸠鲁学说通过传人梅特罗多洛、阿波罗多鲁、菲罗德谟等人，持续延伸入罗马时代，一直存在到公元 4 世纪。罗马共和时期的卢克莱修（公元前 95—前 44 年）用拉丁文所写哲学诗篇《物性论》6 卷，是惟一完整保留下来的伊壁鸠鲁学派的著作。他运用希腊化时代以来的科学成果，详细阐发了原子论的自然学说和社会进化、社会契约思想，捍卫、丰富了伊壁鸠鲁主义，并且

① 第欧根尼·拉尔修：《著名哲学家生平和学说》第 10 卷第 52—53、150—152 节。
② 《马克思恩格斯全集》第 3 卷，人民出版社 1960 年版，第 147 页。
③ 同上书，第 144 页。

有较高的文学价值。这部著作在文艺复兴时期被重新发现后,对当时复兴伊壁鸠鲁学说颇有影响。伊壁鸠鲁学说在希腊化与罗马时代虽非主导思想,但它持续长存,表明当时在盛行宗教、迷信和天意、宿命、专制神权的情况下,依然保留了继承希腊古典时代科学精神的学脉,并产生了关于人与社会的伦理启蒙思想,千年之后它融入西方近代启蒙思想,后来又获青年马克思重视研究和高度评价。

(二) 斯多亚学派

斯多亚派哲学在希腊化和罗马时代都是官方支持的主导思想,比较典型地体现了帝国型集权奴隶制时代的基本文化精神。它的创始人都来自东方小亚地区,所建立的学说有东西方文化交融或折中的特色。这一学派的代表人物历来和上层统治集团关系密切,他们的学说为取代城邦制的希腊化世界和罗马世界的帝国统治,提供理论支柱,对两个阶段性文明的文化都起有支配性的重要影响。它持续传播、演变长达六百余年,早期阶段公元前3世纪以雅典为中心,奠立基本学说;公元前2世纪至公元前1世纪的中期阶段,它处在希腊化末期和罗马文明交接处,带有浓重的折中色彩;罗马帝国时期的晚期斯多亚派学说更嬗变为宫廷哲学,下一章另论。

斯多亚派创始人芝诺(约公元前336—前264年)原是小亚塞浦路斯岛基底恩的闪族人,青年时来到雅典,曾在柏拉图学园就学,并受赫拉克利特、亚里士多德和小苏格拉底学派中的昔尼克学派、麦加拉学派的影响。约公元前300年,他在雅典市场北面的"画廊"(希腊文即"斯多亚")讲学,并举办了著名的学校,创立斯多亚派学说的基本内容。他是马其顿国王安提戈诺二世的顾问与朋友,并获得后者的财力支持。他死后,雅典人立碑赞扬他是言行一致、务求"恢复德性与节制"的"善人",并赠与金冠。

第二代传人克莱安塞（公元前331—前232年）来自小亚的阿索斯，缺乏创造性，只是使芝诺学说神学化，他和老师一样自杀而死。第三代领袖克律西普（公元前280—前206年）将芝诺学说系统发展，作精确的逻辑论证，著作多达705种，对斯多亚派哲学形成完整理论体系和广为传播，贡献甚大，被看做该学派的第二创始人。早期斯多亚派的著作都已佚失，只有辑存的残篇。早期斯多亚派哲学由逻辑学（包括认识论）、自然哲学和伦理学三部分构成，三者被比喻为动物的骨骼、肌肉与灵魂，伦理学是全部学说的重心与目的。这种哲学的总体特征是：对希腊古典理性主义有所承袭，又使它嬗变为一种天命论；倡导理性神，又受东西方流行宗教影响；适应希腊化大世界集权统制的需要，形成自然主义伦理和世界主义政治的学说。早期斯多亚派哲学集中表现了希腊化文明兴盛时期的主导性文化精神。

斯多亚学派在古代最早使用"逻辑"（Logike）一词，将它分为修辞学和辩证法两部分。他们认为逻辑不只是思想工具，也是哲学的组成部分。这种逻辑学包含认识论和关于存在的范畴学说，是认知世界与人生的基本准则。他们研究人的认知活动，含有某些唯物论思想。他们主张认识起源于知觉，它是外在事物作用于心灵所留下的印象；理性的"前定观念"则是事物的本性在心灵中留下的"理性印象"，认知印象的清晰性是真理的标准；在知觉基础上运用逻辑方法可构建有确定性的、可信的知识体系。他们的范畴学说是逻辑学与物理学的形而上学基础，将"存在"归结为"形体"，区分为实体、性质、品性、相对品位四种范畴，用以解释全部存在事物。他们强调现实存在与知识的确定性，批判柏拉图的理念论和怀疑论，对希腊的古典科学精神有所继承。马克思、恩格斯说："他们是形式逻辑和一般分类学的主要奠定人。"早期斯多亚派继承、发展麦加拉学派的逻辑思想，详致研究语言与语法，并开创一种命题逻辑。它不同于亚里士多德的以词项为变元单位的主谓逻辑，而是以命题为变元单位的逻辑体系。他们首次细致研究了条件句、合取、析取等命题形式。依据命题的意义与真值，克律西普还形成五个基本推理图式，用作知识的论证，并且在发展模态逻辑上也有独到的贡献。他们的命题逻辑突破亚里士多德的主谓逻辑，更接近现代符号逻辑，现代的逻辑史家很为重视它对逻辑学发展的重要贡献，威廉·涅尔等人评价这种命题逻辑比亚里士多德的词项逻辑"更为基本"，是后者的"先决条件"。①

　　早期斯多亚学派的物理学即自然哲学，将赫拉克利特关于火为万物本原的学说和亚里士多德的质料与形式学说加以糅合，改造成为一种天命论，并从泛神论走向目的论。他们认为宇宙万物有主动的本原和被动的本原。自然物体由四元素构成，火是终极本原，它向下运动生成气、水、土元素，造就宇宙外层由火构成的星球，内层是气和水，中央是大地。元素向上运动时一切复归为火。水与土含火少，是被动的，火与气构成主动性的热气"普纽玛"（Pneuma），它贯通宇宙万物，使它们有动因与生命力。在解释自然的物理构成与演化时，他们吸收了赫拉克利特的朴素唯物辩证法思想。而在论述自然"形体"的运动和宇宙秩序时，他们又认为质料是无规定性的被动本原，理性或"逻各斯"才赋予质料以形式，使存在的形体有运动能力，最普遍的"种子理性"弥渗在宇宙中，给质料以内聚力、生命力，形成无生命物、植物、动物、人和神的严整秩序，并演化出动物与人的灵魂、人的最高级理性即理智或"努斯"。他们将火、逻各斯、理性、神同义地使用，用以改造亚里士多德的"形式"说，有泛神论色彩。但是他们又认为，理性的"逻各斯"、火或神按照最严格的必然性即"命运"，

① 威廉·涅尔、玛莎·涅尔：《逻辑学的发展》，商务印书馆1995年版，第227页。

支配宇宙万物的秩序与活动，在"普纽玛"的驱动下由火生成万物，又在大焚烧中复归于火。这个长周期被称为"大年"，宇宙就这样秉持"神的天命"作大循环运动。这种"天命"论必然使斯多亚派哲学通向神学，也可以和希腊化时代存在的多种宗教相兼容。

　　早期斯多亚派开初解释自然现象时有泛神论色彩，但很快和宗教神学相融合。芝诺还否定人格神与流行宗教，认为建庙宇、塑神像、搞崇拜仪式都是无价值、不神圣的，他只承认理性神。克莱安塞就已赞美人格神是万物的主宰，并攻击当时的天文学家阿利斯塔克提出太阳中心说是亵渎神圣秩序。克律西普更将神学纳为哲学的重要内容，声称"哪里有祭坛，哪里就有神"，① 这就使斯多亚派以其神的天命论，向希腊化世界流行的东西方多元的宗教，都敞开了胸怀。克律西普等人还对当时盛行的巫术、占星术、见灵术等作哲学的论证，说既然"天命"的因果锁链必有征兆，人的灵魂有神性，占卜就是神赐给人类的尊贵礼物；人的小宇宙从属神的大宇宙，人、神之间可由交感巫术沟通。早期斯多亚派对各种神话和宗教的文献作哲学思辩的解释，形成一种"喻意解经法"，这种文本解释方法，对后来斐洛倡导犹太神学和希腊哲学会通，对基督教神学和希腊哲学融合，都深有影响。

　　在希腊化的帝国世界中，不再有城邦的普遍善作为伦理的基础与目的。早期斯多亚派提出"按照自然生活"的基本伦理原则，来规定个人行为应当遵奉帝国世界的社会道德秩序。所谓"自然"指"逻各斯"或"正确理性"这种世界的本性，是天命支配世界的一种精神力量，个人的本性应当体现、顺从这种普遍本性，也就是"不做人类共同体所禁止的事情"。② 这种"共同法"既有

---

① 转引自赵敦华：《西方哲学通史》第1卷，第286页。
② 第欧根尼·拉尔修：《著名哲学家生平和学说》第7卷第88节。

"自然法"思想萌芽，也指维系希腊化帝国社会秩序的伦理道德规范。就个体伦理而言，他们认为一切动物都有谋求自我保存的"驱动力"，人的特有的"驱动力"就是理性，它驱使人以德性为生活目的和最高的善，德性自足，足以使人幸福。它是灵魂的健康，使理性与情感谐和，避免非理性的忧伤、恐惧、欲求和快乐等激情，使人获得心灵安宁。他们的德性论，也吸收苏格拉底关于德性是知识的教义，论述智慧、正义、勇敢、自制等希腊传统的"四主德"，但将它们的内涵改变为遵从天命与共同法的权威。"哲人"是当时主要哲学流派都论述的理想人格。斯多亚派认为奴隶是注定不自由的人，哲人则能顺乎理性、"反求诸己"，有高超的道德修养；能扬善祛恶，积极参与政治，秉承神意，运用驾驭万物的"法"的权威，承担王权的统治。斯多亚派的伦理学在"顺应自然"的名义下，要众民做"顺民"，树立统治者的道德权威，因此它在希腊化文明和罗马文明中都受到统治阶级的青睐，成为一种官方支持的主流伦理学。

　　早期斯多亚派进而提出"世界主义"的社会伦理与国家学说。芝诺写下《国家篇》，认为世界上的居民不再根据各自的正义原则组成各自独立的城邦，而已成为"世界公民"，在"世界城邦"中遵照同一的政制与秩序共同生活。这种"世界城邦"显然就是亚历山大所开辟的希腊化帝国世界。芝诺描绘这种"完善国家"的蓝图：一方面，它的法律不再是各城邦人为约定、各自实施的法律，而已发展成为根据理性的自然律颁布的公共法，摒除原有诸城邦各有特权、偏见的法律、习俗，规定世界公民没有任何种族、等级差别，都是平等相处、互爱互助的兄弟。这是要求希腊化世界有普遍的法律秩序，并以某种宽容精神来沟通、融合各地区、各民族。另一方面，"世界城邦"要求全体公民依据自然律践履德性，负有忠于国家的道德责任。这种世界主义，体现帝国世界的统治要求，在长达 800 年的希腊化文明和罗马文明中，都是主导的政治伦理精神。斯多亚派最早提出依据自然律制定公共法律的思想，对以后罗马的法学研究有深远影响。

公元前2世纪中叶至前1世纪，处在希腊化文明晚期和罗马共和时期，以帕奈提乌和波西多尼为代表的中期斯多亚派，将他们的哲学传入罗马，受到罗马统治阶层的欢迎。这种哲学有进一步嬗变的特征：它糅合早期斯多亚派哲学和柏拉图思想、学园派中的怀疑论、毕泰戈拉派哲学，折中主义色彩浓重；它迎合希腊化世界和罗马的各种流行宗教，神学内容更为斑驳错杂；强化伦理的贵族化倾向，介入罗马的政治活动，渲染符合贵族生活方式的德性观。作为体现时代基本文化精神的哲学与伦理，斯多亚学派也就成为沟通、连接希腊化文明和罗马文明的一个重要环节。

（三）怀疑论哲学

这种哲学思潮产生于公元前3世纪初，一直延续发展到公元3世纪，贯通于希腊化文明和罗马文明，表现了希腊传统的理性主义哲学的又一种裂解式的嬗变，表明专制帝国时代失落乐观进取的文化理想。这种哲学的创始人，是曾随亚历山大大帝东征达印度的皮罗（约公元前365—前270年）及其学生、诗人蒂孟（约公元前320—前230年）；后来，它渗入柏拉图学园，先后有阿尔克西劳、卡尔内亚德、拉里萨的费洛和艾那西德谟、阿格里帕等人以思辩方式发展怀疑论；罗马时代的主要代表是医生塞克斯都·恩披里柯（约公元160—210年），他所著《皮罗学说纲要》、《驳数理学家》等书，较完整地保存了怀疑论哲学思想。怀疑论学派将希腊古典时代以来一切承认知识与真理确定性的哲学，包括当时的伊壁鸠鲁派哲学和斯多亚派哲学，都视为独断论加以批判，主张"悬置"一切关于事物的判断，以求个人内心宁静的伦理生活。这种哲学大体有两种理论形态。

第一种是以皮罗为代表的感觉怀疑论。他认为存在事物及其显现给人的感觉都是不确定的，同一事物在不同人的感觉中有不同显现，作为判断感觉的意见只是好像如此，不能作出肯定或否定的判断，逻辑规则也无强制性，他的口号是"不做任何决定，悬置判断"。① 艾那西德谟更将这种相对主义感觉怀疑论制定为十论式，否定一切因果性知识的可能。② 他们认为，只有对任何是非、善恶问题都"悬置"判断，才能进入随遇而安的不动心状态，才有合适的伦理生活方式。有一次皮罗等人乘船在海上遇到猛烈的风浪，别人都惊慌失措，他若无其事，指着正在安然吃食的猪说，这就是哲人应有的不动心状态。

第二种是以阿格里柏为代表的思辩怀疑论。他提出新的五个论式，论述一切理性认识、一切意见与知识的逻辑论证都是不可靠的，希腊哲学中关于本原、运动、时间、空间、神的正反面论题都可推演出来，因而也都不可信，都不能成立。这种"二律背反"的论述，是要消解希腊传统哲学的理性精神。不过，这种思辩揭露思维的矛盾，也有主观辩证法的思想因素，和十论式相比较，这五个"新的论式"已经高级得多，已包含着辩证法思想。

怀疑论思潮纵越两个阶段性文明，也深有影响。面对传统价值崩析和专制帝国纷扰动荡的生活，它从理论上集中表现了当时人们失落生活意义、无奈冷漠处世的伦理心态。它破坏希腊古典时代以来哲学传统的理性基础，为晚期希腊与罗马的哲学渐而趋向神秘主义、和宗教神学合流，也提供了理论条件。

希腊化文明中哲学的嬗变，特别是产生主导性的斯多亚派哲学，对这一时代的精神文化，尤其是宗教神学、文学艺术与史学，有深刻的影响。

---

① 第欧根尼·拉尔修：《著名哲学家生平和学说》第 9 卷第 76 节。
② 参见范明生：《晚期希腊哲学和基督教神学》，上海人民出版社 1993 年版，第 160—161 页。

四、希伯来文化西渐

在希腊化文明中，和哲学的嬗变相伴随的，是神秘宗教的盛行。这既是因为哲学中理性精神陨落，潜存的神秘宗教复兴抬头，也是由于在希腊化大世界动荡不安的社会生活中，东方神秘宗教给人们带来精神上的慰藉。在希腊本土，崇拜地母之神得墨忒耳、丰产之神帕耳塞福涅的埃琉西斯秘教，崇拜狄奥尼修斯、宣扬肉体带有原罪和灵魂轮回转世的奥菲斯教，这两种古老的神秘宗教吸引了更多的支持者，而原有崇拜奥林匹斯诸神的城邦公共宗教已相形见绌了。埃及母神埃西斯(Isis)、迦勒底人的星灵宗教及占星术，在希腊化世界中得到狂热信仰。琐罗亚斯德教的支派密特拉教（Mithras）也较有影响。这些宗教都只是兴盛一时，其教义比较浅显，只能博得民间的崇拜或信仰。而对西方文明有深远历史影响的，是东方的犹太教以其特有的一神教形态，因时顺势西渐，并与希腊哲学初步汇合，这是为希伯来文化和西方文化相融合作准备，也是之后基督教文明兴起的前奏。

希伯来民族原是起源于阿拉伯沙漠南部闪族的一支，约公元前2000年来到迦南地区（即今巴勒斯坦）这"流奶与蜜之地"，当地人叫他们"哈比鲁人"(Habiru)，意为从大河那边来的人，希伯来人（Hebrew）一词即由此转音而来。在一次特大灾荒中，雅各率家族到埃及尼罗河三角洲定居三四百年之久，约在公元前13世纪因埃及人的奴役与迫害，摩西率众出埃及，在沙漠苦战四十多年，重返迦南。他们参考腓尼基拼音文字创造了希伯来文字。公元前1000年左右，他们又传说其族祖雅各曾与天使摔跤直至天明，被神赐名为"以色列人"，其意义为"与神角力者"。扫罗为建立统一的王国战死，先后继位的大卫和所罗门（公元前1013—前933年）将以色列带入一个国势强盛、经济与文化繁荣的兴盛时代。所罗门死后，王国分成南国犹大、北国以色列，自相残杀、国势日衰，北国以色列被亚述人征服，南国犹大独存至公元前587年，也被尼布甲尼撒陷落，犹太人被放逐到巴比伦，这就是历史上著名的"巴比伦之囚"，直到公元前539年波斯国王居鲁士控制了美索不达米亚，次年允许犹太人返归耶路撒冷，并重建耶和华圣殿。在希腊化时代，以色列先后受托勒密王朝和塞琉古王朝统治，高等祭司耶孙曾获塞琉古国王恩准，将希腊的制度引进耶路撒冷。然而，安条克四世下令取消犹太法和强迫犹太人改变习俗，献祭奥林匹斯诸神，激起公元前164年犹大—马加比的起义，迫使塞琉古政府放弃了宗教迫害政策。之后，哈斯蒙尼王朝（Hasmonean Dynasty）的神权政体，在亚历山大—雅奈统治下曾达到鼎盛时期，直到公元1世纪60年代庞培征服耶路撒冷，后来虽有奋锐派的武装反抗，但惨遭镇压，犹太人从此受罗马的监督与统治。

希伯来人有悠久的文化传统。从犹大王国灭亡（公元前586年）到最后一次起义反抗罗马失败（公元前135年），先知们收集、整理史料，汇编成书有《旧约圣经》、《次经》、《伪经》、《古海死卷》。其中近世发现的《古海死卷》记述了晚期艾赛尼派避世集居的生活。《旧约圣经》是希伯来文化的总汇，也是犹太教的正典。全书共39卷，可分为四部分：律法部分即"摩西五经"，描述了上帝创世的神话和以色列人族祖的传说，以及摩西率众出埃及在西奈、迦南艰苦创业的宏大史诗，记载了希伯来律法的产生和发展，各种成文法典的形成。历史部分共10卷，讲述摩西的继承人从联合诸部族到建立王国，直至犹大国被巴比伦帝国灭亡的历史。先知书部分14卷，记载了公元前8世纪至公元前5世纪希伯来民族多难之秋，一批先知挺身而出，以宣讲"神谕"的形式表达对社会问题的见解。文集部分10卷，包括历代积累的抒情诗、哲理诗和散文作品，表达了希伯来人对生活经验的总结和日常伦理道德的归纳。《旧约圣经》不只是犹太教的主要典籍，也是希伯来这个多灾多难民族的智慧结晶。

犹太教是希伯来民族信奉的宗教。罗伯特·M. 塞尔茨指出，"在以多神教为准绳的时代，以色列是世界上第一个信奉一神教的民族"，彻底的一神教"是圣经时代以色列人对西方文明的贡献"；它又"以一种前所未达的程度强调了道德因素"，因而又被称为"伦理一神教"。①它的基本特征有三点：第一，信奉惟一的上帝。《旧约》开篇《创世纪》就用上帝创世、始祖获罪、洪水劫难、挪亚方舟等神话，树立了创造一切、统治一切、至高无上的耶和华（Jhwh）的形象。他不显示真相，只对摩西说"我是我所是"。他通过摩西颁布十诫，第一诫就是除了耶和华之外不可信仰别的神，违者一律处死。他全知、全能、全善，又充满同情、怜悯，对子民公正无私、赏罚分明，是真理、正义和道德的化身。崇拜偶像和异族的神都是罪恶的表现。第二，原罪、神选和救赎的观念。人类始祖亚当、夏娃偷吃智慧树上的善恶果被逐出伊甸园，亚当之子该隐杀死亲弟亚伯，开始了人类因原罪遭受上帝惩罚的苦难史，罪在自身是犹太教及后来基督教的基本观念。上帝通过拯救挪亚、向摩西颁布十诫，选择那些信奉、服从他的希伯来人为选民，多次和他们立约，在上帝面前选民都平等，违背契约与诫律都将受到惩罚。选民通过忏悔、祷告和行善积德，就能得到上帝的赦免和拯救；以赛亚等先知宣称，耶和华将派弥赛亚来拯救全人类，在地上建立起和上帝密切契合的天国。第三，契约与律法观念。上帝通过与挪亚、亚伯拉罕及其子孙、摩西三次立约，实际上是确立了希伯来民族的律法和道德诫律。这种契约的成文形式实际上最初受到赫梯族和亚述的统治者向其臣属约法的影响。"五经"所记述的律法是民法、刑法和祭法、道德准则的混合物，既有"以

---

① 罗伯特·M. 塞尔茨：《犹太的思想》，上海三联书店1995年版，第27页。

命偿命、以眼还眼、以牙还牙”等“复仇法”，有保护欠债者、穷人、寡妇、孤儿和规定奴隶在第七年被解放的民法，也有毁偶像、行割礼、守安息日等教律，更有禁谋杀、掠夺、通奸、乱伦和严守公正、尊敬父母等道德诫律。通过与上帝立约，增强了希伯来民族的特殊韧性和凝聚力。总之，犹太教作为彻底的一神教，具有严整的教义，是胜过当时偶像崇拜的多神教的。它赋有民族约束和团结的精神，使犹太人虽历经劫难、散落各地，而总是能保持本民族的向心力。基督教正是在《旧约圣经》的基础上产生的，吸取了它的基本宗教观念，但是将威严无比的上帝转换成了仁慈博爱的耶稣基督。

散居是希腊化世界的特征。亚历山大大帝东征后，希腊人和马其顿人在整个近东建立了广大的散居地，而各民族通过散居进行种族和文化的交融也很普遍。犹太人的散居（dispora，来自希腊词，意思为分散或散布）则更为突出。自摩西出埃及和巴比伦之囚以来，散居成为其民族的历史特性，在希腊化时代，以犹大王国为中心，犹太民族的散居更辐射至广阔、遥远的地区。在托勒密王朝统治犹大期间，由于托勒密将犹太士兵及其家庭带到埃及，而其他犹太人出于经济原因迁往埃及，犹太人开始大规模定居于埃及。那时犹太人并不是一个从事贸易的商业民族，大部分人口从事农业与畜牧业，也有在军事或行政部门任职的。当时亚历山大里亚作为希腊化文明的思想文化中心，人口总数达 50 万，其中 1/5 是犹太人，有着当时世界上最大的犹太社区，在整个埃及犹太人数高达 100 万，他们和希腊人、埃及人、波斯人、叙利亚人、阿拉伯人、黑人混杂居住，而始终能保持本民族的同一性。塞琉古王国于公元前 200 年后控制犹大地区后，在整个小亚地区都建立有犹太社区，并不断向西拓居，从塞浦路斯岛、克里特岛到希腊本土、马其顿以至巴尔干地区、克里米亚，都有犹太人的居住点。希腊化的帝国制度和对多元文化的宽容，为犹太人在异教城市定居提供了有利的法律、政治和文化保障。许多犹太个人在希腊化城市中获得公民权，犹太教是完全合法的宗教，犹太人因信奉犹太教而保留某些坚守宗教律法的权利。《圣经》的正典化是犹太散居区得以保持民族同一性的最重要的原因。在希腊化时代和罗马时代早期，《旧约圣经》已最后定型，并成为犹太人的大众教育的基础。通过《圣经》，犹太人作为一个与上帝签约并必须遵守其诫命的民族，保持了共同的信仰、价值观和民族特性。虽然越来越多的犹太人习用了希腊语，但信奉独特的犹太一神教，使犹太人避免了散居形势下被自然同化的压力，保持了和其他民族的严格界限。而犹太人对惟一的、不可见的上帝的崇拜和犹太教独特的道德与宗教仪式活动，也引起各社会层面的兴趣和钦佩，但他们难以彻底改宗成为以色列族的人员。在希腊化时期犹大仍是世界犹太教的领导中心和思想发源地，到公元5世纪犹太人不复生活在巴勒斯坦，犹太人才成为完全散居的民族。

伴随犹太人的散居，希腊文化和希伯来文化相遇，有所交融。当时一些希腊化的犹太人潜心研究希腊传统智慧和当时流行的希腊哲学。在《旧约圣经》的后期作品中，如《亚里斯提亚书信》、《马加比传》、《所罗门的智慧》等篇中，我们可以发现犹太作家已用希腊哲学为自己的宗教辩护，称希腊哲学家从摩西那里获得惟一上帝的一神观念，尽管用了宙斯或Dis（天帝）等别名，只是反对偶像崇拜将犹太人的上帝和希腊民众的神区分开来；他们还吸收了柏拉图论主要美德和斯多亚学派关于世界理性、神圣智慧和自制节欲的思想。[①]另一方面，希腊人对希伯来文化也不断加深了解，要求犹太学者将圣书译成希腊文。亚历山大里亚最早的重大成就是将《旧约圣经》译成希腊文。公元前250年左右，托勒密

---

① 罗伯特·M.塞尔茨：《犹太的思想》，上海三联书店1995年版，第198—205页。

二世从犹大境内延请了 70 名犹太学者，将他们每人分别安置在岛上一屋，不能相互接触，各自翻译《圣经》中的《摩西五经》，70 种译本完成后竟一字不差，这就是著名的《七十士五经》(*Septuagint Pentatcuch*)。这个译本是杰出成就，几个世纪里，它一直是神圣的经卷，被地中海地区讲希腊语的犹太人所广为使用和解释，同时也使希腊人首次得以理解希伯来文化的核心部分。公元前 2 世纪又翻译了"先知书"和"文学圣卷"部分，希腊人更得以获悉《旧约圣经》的全貌。由于希伯来文的正典仍处在局部变动中，"七十士译本"包含有某些最后并未纳入《旧约圣经》的资料，这些资料称为《次经》(*Apocrypha*)，因而这个译本也有重要的文献价值。

希伯来文化和希腊文化交融的深化，表现在一些犹太学者热衷于研究希腊哲学，用来解释《旧约圣经》，将它移植到犹太教的母体中去。早在公元前 2 世纪，亚历山大里亚的犹太学者阿里斯托布罗就已将五经故事看做寓有哲学的涵义，用希腊哲学特别是亚里士多德的哲学，来注释《摩西五经》。这种研究当时已很流行。而这一工作做得最深入的是罗马灭亡托勒密王国不久的犹太学者斐洛，他在用希腊哲学诠释《旧约圣经》中，创建一种犹太哲学·神学，深刻影响了罗马时代的新柏拉图主义和基督教神学。他虽然处在罗马帝国已占领埃及之时，但生活在希腊化环境的亚历山大里亚，他的思想是希腊化时期已开展的用希腊哲学解释希伯来经典的延伸，所以他的学说仍可归属于希腊化文明。

犹大的斐洛约公元前 20 年出生于亚历山大里亚一个富裕的名门望族，他本人在犹太社区享有崇高声望。他热心参与犹太人的公共事务，曾去耶路撒冷圣殿朝拜，经常公开宣讲宗教观点。他是犹大国王希律·亚基柏的知己和罗马皇帝克劳狄乌斯的朋友，公元 40 年曾参加亚历山大里亚的犹太人代表团，赴罗马劝阻尤斯·卡里古拉皇帝不要在圣殿中树立自己的雕像。出使后不几年

便逝世。他和耶稣大体是同时代人，处在亚历山大里亚这东西方
文化交汇的中心，他既是虔诚的犹太教教徒，对摩西怀有深切的
崇敬，又接受希腊教育，熟悉希腊的诗歌、历史、哲学，能纯熟
讲希腊语并用阿提卡希腊语写作。他潜心研读用亚历山大里亚的
希腊方言翻译的《七十士五经》，尤其崇拜柏拉图。黑格尔说"在
摩西身上他找到了柏拉图"，① 同时也受斯多亚学派和毕泰戈拉学
派的哲学的影响。他毕生致力于用希腊哲学来诠释《旧约圣经》所
寓有的深层意义，来开掘希伯来经典的哲学意义，他的哲学·神
学成为东西方文化交融的奇特产物，被看做犹太传统和希腊哲学
相结合的神秘主义。他一生用流畅、典雅的希腊语写了大量著作，
大多是在犹太会堂公开布道的讲稿，约 3/4 都保存下来。全部作
品可分为律法评注（Exposition of Laws）和喻意解释（The
Allegorical Interpretation）两部分，包括《论创世》、《〈出埃及
记〉问答》、《论亚伯拉罕》、《喻意解经法》、《论世界的永恒性》、
《论上帝的永恒性》、《论天命》、《论亚伯拉罕的移居》、《论专门的
律法》、《论美德》，等等。

　　喻意解经法是斯多亚派哲学已使用的方法，用来解释希腊早
期典籍包括希腊神话中寓有深刻的哲学意义。斐洛接过这种方法，
用希腊哲学解释《旧约圣经》尤其是摩西五经，创造性发挥独特
的见解。他说阅读《圣经》应从"先人的哲学中寻求智慧"，从字
面的象征中"研究其潜在的含义"，"通过外在的可见的东西探察
到内在隐含的东西"。② 斐洛正是凭借这种喻意解经法，建立了犹
太哲学·神学体系。他用柏拉图哲学调和斯多亚派、毕泰戈拉派
的哲学，来解释犹太经典。他主张人的心灵都是上帝按逻各斯、理
智的样相创造出来，和上帝血缘相通，上帝直接或间接地都是摩

　①　黑格尔：《哲学史讲演录》第 3 卷，商务印书馆 1995 年版，第 163 页。
　②　斐洛：《论冥思生活》，转引自罗伯特·M. 塞尔茨：《犹太的思想》，第 207 页。

西律法和希腊哲学的真理源泉，希腊哲学和犹太宗教本质上是讲述同一个真理，当然，犹太教的真理更完善、更纯粹，而希腊哲学中的理性的真理作为犹太教真理的表现形式，也是有参照价值的。他力图将东方的犹太教和西方的希腊哲学统一起来。他的喻意解经法，也是后来基督教"解经学"的先声。

　　上帝观念是斐洛全部理论的出发点和最终归宿。他用柏拉图和斯多亚派的哲学来解释犹太教的一神论思想，认为上帝是永恒、惟一、无限、原初、终极的"一"和"存在"，这就是《圣经》中所说"主是惟一"、"我是我所是"。上帝是不可见的、超越于现实世界的另一种存在，但他又是超越与内在的统一，显现在万物之中。就好像人们在观赏雕像和绘画时会想到雕塑家和画家，看到衣服、船只和房屋时会想到有裁缝、造船工和建筑师，在进入一个秩序井然的城市时会想到有个优秀的统治者，那么，当我们面对更加宏伟的宇宙和人类的最高艺术和知识时，必然会获得自然的创造者、造就完美卓越知识的上帝存在的观念。上帝就是最高的理念，是宇宙的心智。在他看来，"摩西达到了哲学的顶峰"，因为他由上帝启迪，看到宇宙由"积极原因"（Active Cause）和"被动客体"（Paassive Object）组成，而上帝使其运动，给其造型，造就了现实世界的"最完美的杰作"。显然，斐洛用柏拉图的理念论和斯多亚派哲学关于宇宙理性的思想，来论证不可见的上帝是惟一的存在。[①] 希腊哲学自柏拉图以来理性一神的思想已得到较充分的论证，但还限于哲学思辩的范围，未和日常宗教信仰结合起来，民间信仰的还是多神教。斐洛认为用这种希腊哲学来论证犹太教的一神论、超验上帝的存在，是顺理成章的，他使柏拉图和斯多亚派的哲学论证和犹太教的信仰得到统一，因为犹太教不同于多神教，只信奉超验和内在统一的、惟一的上帝。基督教的

---

　　① 斐洛：《论创世》，转引自罗伯特·M. 塞尔茨：《犹太的思想》，第209页。

上帝观念本由犹太教的上帝衍变而来，斐洛的论述对后来基督教
的上帝观念和新柏拉图主义结合，起有先导作用。

　　斐洛进而认为，上帝通过逻各斯与理念和现实人世保持深刻
联系。逻各斯是理念中的理念，是上帝的思想与智慧，是上帝的
长子、天使，是神创世界的模型和中介，也就是《圣经》中上帝
启示的真理。逻各斯体现在"托拉"中，也就是人们奉行的上帝
的律法。逻各斯又能流溢出各层次的理念和世界灵魂，将神的意
旨传达到各等级的存在，这就是神所赋予的宇宙秩序和自然规律。
关于人的创造，斐洛也有新的说法：耶和华用尘土造人，将生命
的气息吹在他里面，只是造就男女有别、有生与死、可感觉、可
朽的人；而神同时按照自己的形象造人，是理念、型相、思想，人
被造就为逻各斯的形象和摹本，人由此分有了永恒的、不朽的神
性，人的灵魂能以神为目标，与神合一。斐洛正是借助于柏拉图
的理念论和斯多亚派的理性神的思想，将犹太教的上帝和现实世
界联系起来。斐洛论述人的灵魂认识上帝、追求与神合一的过程，
表现了犹太教的伦理化的特点，最终通达一种神秘主义。他说以
色列的族祖、先知亚伯拉罕、以撒和雅各分别代表受教育的学习、
直觉的自学和实践的德行这三种灵魂认识上帝的方法，都能使人
真正追求上帝。在《论亚伯拉罕的迁徙》中，他喻意解释亚伯拉
罕的迁徙象征人追求与神合一的三阶段：从信仰天体、占星术转
向对上帝的信仰；从感性世界回归自我；从认识自我中洞见上帝。
他认为沉思的洞见应以日常生活的实践德性为基础，必须弃绝诸
如欲望、快感、痛苦、畏惧、罪恶和非正义等恶行，过严格控制
的俭朴生活而又不是过度的苦行、不与凡俗生活对立，这样才能
获得灵修，使灵魂升华，为沉思上帝作好准备。他描述人的灵魂
与上帝神秘相遇，是一种迷狂状态，是清醒的陶醉，上帝的恩惠
充溢灵魂，灵魂欢愉微笑，翩翩起舞，似醉似痴，忘乎所以，进
入极乐状态。斐洛将柏拉图在《宴饮篇》描绘的关于爱的迷狂，改

造成犹太教先知预言的迷狂,柏拉图说在迷狂中洞见美和善自身,
斐洛则说在迷狂的最高状态中人洞见上帝。斐洛最终宣扬一种神
秘主义的神人相遇论,但他没有宣扬弥赛亚降临的末世论。在伦
理化的犹太教背景下,他强调现世生活中应遵奉律法和实践德性,
并认为和希腊人、野蛮人信奉多神教不同,惟有以色列族真正选
择了侍奉惟一、永恒的上帝,成为惟一能和上帝沟通的选民。

　　在社会政治学说方面,斐洛受斯多亚派的影响,既确认希腊
化世界的统一性,又承认各地区民族政治的相对独立性。他认为
这个世界是"大城邦"(Megapolis),它有单一的政制和律法,这
是自然的逻各斯,命令人做应做的事,禁止人做不应做的事。但
不同民族有不同的习性和准则,又受多种多样的地方性政制和律
法的支配,它们附加到自然的逻各斯、统一的政制和律法上。两
者之间有亲缘关系,正如神圣的逻各斯把光照带给人间,君王对
全人类都一视同仁,可以将统一的君主政制和各地区、各民族的
政制和谐地结合起来。君王和政治家应多才多艺,善于像舵手那
样操纵船只的航向,关心人类未来的幸福,像人类生活的圆梦者,
审视同胞们的梦想,教育民众,讲明美丑、善恶、正义与不正义
等,培育公民的德性,建树一种伦理型的政治。斐洛的政治观并
无独特之处,但他借助《圣经》讨论现实政治问题,开启神学政
治的探讨,这对后世基督教包括奥古斯丁和托马斯·阿奎那的神
学政治思想,有一定的影响。

　　总之,基督教是在犹太教的基础上形成、发展起来的,所以
这一时期犹太教的希伯来文化西渐,被希腊人所理解,为以后西
方进一步接受希伯来文化,建树基督教文明,可以说是作了重要
准备。斐洛的学说虽然对犹太教并无直接的显著影响,但他将希
腊哲学和犹太神学这两股思潮、两种文明的理论内核融合起来,标
志着两大文明汇合的深化;斐洛的学说对早期基督教神学的兴起
及其和新柏拉图主义的结合,都有直接的影响。斐洛对《旧约圣

经》的诠释、对犹太教作希腊哲学的喻意解释，也为后来亚历山大里亚的基督教神学家克莱门特、奥立金所继续，成为基督教神学发展的重要因素之一。恩格斯说斐洛"是基督教的真正父亲，而罗马斯多亚学派塞涅卡可以说是基督教的叔父"，并指出斐洛运用喻意解经法的著作，是"犹太传统和希腊哲学即斯多亚派哲学的混合物。这种西方观点和东方观点的调和，已经包含着基督教全部的本质观念——原罪、逻各斯……不是用牺牲而是把自己的心奉献给神的忏悔"。①

五、文学、艺术和历史

希腊化时代的文学不再有希腊古典时代群星灿烂、杰作迭出的高峰，但在大量平庸作品问世的同时，也不乏见表现人世真情的佳作。希腊化时代的艺术以建筑和雕刻最具有代表性，继续和发展了希腊古典艺术的传统，并且有世俗化、多元化的新特点。在希腊化世界多民族的历史演变中，在和罗马文明并存而向其过渡中，历史作为散文作品，以远为开阔的视野，记述了从亚历山大东征到罗马文明崛起的世界变动画面。

（一）文学

希腊化时代的文学随着城邦制的衰落和君主专制的建立，已失去先前文学和城邦公民生活的密切关系，失落创造伟大杰作的源泉，转而成为向统治东方的希腊权贵富豪歌功颂德之作，或以狭窄的日常生活为题材的劝世教化之作。结果，文学作品在内容上脱离社会现实和群众，局限于狭小的宫廷生活和琐碎的日常生活圈中。在形式上则讲究辞藻华丽，充满浓厚的学究气息和感伤

---

① 《马克思恩格斯全集》第 19 卷，人民出版社 1963 年版，第 328—329 页。

情调，显示不出创造性特色和思想深度。作家虽然大量涌现，"发现作家的名字，至少有1100个，而且新的与年俱增，他们所写大部分为无用之物，就像我们今天的廉价小说那样"。[①] 希腊化时代的文学和古典时代灿烂辉煌的文学光彩相比，显然远为暗淡。但是，希腊化时代的戏剧和诗歌也有自己的特色，从其中留传后世的较好作品中，也可发现那个时代的文化精神。

欧里庇得斯已经给希腊古典悲剧画上句号，再不见有高雅杰出、激动人心的悲剧作品；阿里斯多芬的深刻反映社会矛盾、就重大历史事件与著名人物进行机智刻画的喜剧，也不复出现。剧场不再是群众性的政治文化活动中心，而成了富人的娱乐场所，失落言论自由，不能批评政治。代之而起的是所谓新喜剧，它以自然主义为特征，只描写日常生活题材，内容限于贵族家庭中才子佳人的爱情纠葛，虽有曲折情节、雅致风格，而缺乏深刻思想内容，剧中描写的多为中等社会阶层的典型人物：略带吝啬的家长，喜爱消遣、精神空虚、有迷恋对象的青年，爱吹嘘的军人，还有忠诚或倔强的奴隶。他们的个性不鲜明，只有一般化的性格。从某种意义上讲，新喜剧也表现了那个时代的特点，即帝王征战已和民众命运不相干，作家缺乏历史感受力，而只能囿于日常的琐碎生活。新喜剧作家中最有成就的是希腊化前期雅典的米南特。

米南特（公元前343—前291年）出身于贵族家庭，是多产戏剧家图里人亚历克雪的侄儿，亚里士多德的传人塞奥弗拉斯图的学生，伊壁鸠鲁的朋友。然而，他又接受了斯多亚学派的哲学，用斯多亚派的"自然"态度和伦理道德去默察人生，比较严肃地关注生活包括它的黑暗面。他的第一个剧本在亚历山大大帝逝世后次年出现，正是在一个新时代开始之时。他毕生创作了104部喜剧，8次获戏剧大奖。留存下来四千多行断简残篇，包括《评判》

---

① 爱德华·伯恩斯、菲利普·拉尔夫：《世界文明史》第1卷，第276页。

等剧的片断，20世纪50年代至60年代才发现他的两部全本的剧作《恨世者》、《萨摩斯女子》。在他看来，在一个已为帝王和军人所控制的希腊化世界里，只能以旷达出世的旁观者身份去欣赏人间万象，以自然的笔法去表现日常生活的悲欢离合。他的喜剧一般都以家庭生活和爱情故事为题材，最终以斯多亚派哲学家的口吻，宣扬劝善规过，并且贯穿着天命不可违、命运主宰一切的思想。这也表现了那个时代的道德生活的主要特点。他的笔下也有崇高的小人物，例如一部喜剧描写了一位有德性的妓女，类似近代法国作家小仲马笔下的茶花女，拒绝她所爱之人，使他能娶得贤妻。他曾说"我是人，对任何合乎人性的事情都不陌生"，他的剧作虽无重大题材，但仍闪耀平凡人物的人性光彩。他着力刻画人物的性格，认为性格是人们幸运与不幸的根源。他的戏剧中众多人物角色密切联系，都能推动情节向前发展，有戏剧冲突，内容生动有趣，语言又接近口语化。因此，他的新喜剧有艺术特色，在当时为民众所喜爱，在罗马时代还被罗马剧作家改编上演，对后来的西方喜剧尤其是风俗喜剧有重要影响。

当时，除了喜剧之外，在城市中描写有产者争吵、野心及其各种活动的滑稽剧也很流行。还出现了源于西西里和小亚的新戏剧形式——拟剧，它成为希腊化时期运动会、节日庆典的正式节目。

希腊化时代的诗体有多样化的形式，除了田园诗、讽刺短诗、颂歌、叙事诗、史诗之外，还有科普诗，即用诗的语言介绍科研的成果，表现了亚历山大里亚的学术研究对诗体的渗透。但这一时代的诗歌大多是讲究形式美妙，辞藻典雅，而缺乏纯真的情感和灵感。公元前260年移居亚历山大里亚并任图书馆馆长的卡利马科斯，就写有大量诗歌，自炫博学，浮词矫饰，往往是历史、地理、神话和民俗的堆砌，是典型的学究式的诗。他的颂诗《贝列尼卡的头发》是献给托勒密三世王后的，充满奉承之语。罗得岛的诗人阿波罗尼俄斯的叙事诗，则极力表现他的考古学知识。阿拉图和伊拉土斯森尼则用诗体描述天文学。在田园牧歌方面取得杰出成就的是叙拉古的抒情诗人狄奥克里塔（公元前310—前245年），他传存的32首诗，有对希龙二世、托勒密二世的歌功颂德之作，而真正有艺术价值的是他的牧歌，描写西西里优美的农村风光和农民、渔民、牧童、牧女的淳朴生活及真挚爱情。这位"牧歌之父"在诗中描绘了优美动人的农村生活画面，表达了他对返璞归真的生活体验，颇符合厌倦都市喧嚣生活的读者的口味。恩格斯高度评价他"曾经歌颂了他们同时代人——牧人奴隶的田园诗式的生活，毫无疑问，这是美丽的、富有诗意的幻想"。①

（二）艺术

希腊化时代的艺术尤其以雕塑见长。雕塑本是希腊古典艺术的瑰宝和精华所在，在大希腊化世界东西方文化交融中更得到播扬和发展；此外，绘画和建筑也表现了新时代的特色。总体来看，随着王国统治的确立和城邦民主政治的没落，这类艺术表现出两重性，一方面是一些艺术作品蒙上宫廷色彩，表现出贵族的奢华气派；另一方面是世俗化倾向，艺术走向民间，不再囿于神庙和神像，而较多地表现平民的普通生活，更富有人性和生活气息，有鲜明的现实主义特色。从公元前4世纪末至公元前2世纪上半叶，希腊化的艺术处于蓬勃发展中；公元前2世纪中叶之后，随着罗马帝国的侵入，艺术濒于衰落。随着希腊文化成功地向东方渗透，而希腊本土因马其顿国势衰颓，艺术创造力日渐枯竭，艺术的重心转移到东方。然而，希腊化时代的艺术有很高的历史价值，它被罗马文明大量吸收，并且深刻影响了拜占庭文明和文艺复兴文明的艺术。有些艺术精品的原作虽已不可见，但幸赖罗马时代以

---

① 《马克思恩格斯全集》第22卷，人民出版社1965年版，第557页。

精细的摹制保存了它们的许多复制品，使我们仍可领略原作的传神艺术手法。

和古典时代的雕塑相比，希腊化时代雕塑的变化主要表现在：由神话转向人世，取材范围扩大，更富有生活气息，写实表现技巧有所发展。个人肖像、群体雕塑、风俗雕塑和纪念性雕塑大量涌现。雕塑艺术的中心是亚历山大里亚、小亚的帕加马和爱琴海域的罗得岛三地。

亚历山大里亚的雕塑熔冶希腊古典雕塑与古代东方雕刻的风格于一炉。它既有为宫廷显贵炫美之作，如国王雕像、王宫浮雕等，也有突破古典雕刻题材范围、反映下层群众生活的作品。儿童老叟、畸形残废、外邦异族、酩酊醉人，皆得到个性化的表现。原件藏于纽约艺术博物馆的《老妇人像》是这类作品的代表作。它容貌神态逼真地塑造了一个贫苦老妇人形象，她手提筐篮，背负重袋，赶集归来，作者通过传神手笔，表现她的衰老、凄凉和不得归宿的悲苦情景。亚历山大里亚流派用渐隐法（stumato）表现静怡、典雅、柔和的风格。帕加马流派的雕塑则见强烈的动感和对内在感情的细腻刻画。帕加马王国在公元前3世纪最终打败了入侵的高卢人，反抗高卢人的斗争成为雕刻的重要题材。出自帕加马的宙斯与雅典娜祭坛的饰带浮雕《神明大战巨人》（约公元前180—前150年，柏林博物馆藏），就影射了帕加马人对高卢人的战斗。《高卢人及其妻》这件精心制作的著名代表作（约公元前240—前200年，罗马摹制品，罗马特尔姆博物馆藏），塑造一位在战斗中失败的高卢战士杀死妻子后毅然举刀自尽的坚毅形象，刻画了蛮勇的高卢人视死如归的壮烈气概。《垂死的高卢人》（约公元前240—前200年，罗马摹制品，罗马卡比托里尼博物馆藏），则细致逼真地刻画了一位高卢战士临终前痛苦中见沉执的情态。罗得岛雕塑流派的创作特点是善于塑造刚健的男性人体、长衣垂复的女像、结构复杂的人物群像和壮丽宏大的雕像，《在祈祷中的男童》、《胜利女神》、《拉奥孔群像》、《罗得岛巨人像》分别是这四种类型的代表作。《拉奥孔群像》(约公元前175—前150年,梵蒂冈博物馆藏)是雕刻大师阿格山大、波利多柔斯、阿提诺多柔斯的杰作,取材于特洛亚战争的神话故事,特洛亚祭司拉奥孔因识破天神帮助希腊人攻破特洛亚的计谋,他和两个儿子被海神派来的巨蟒缠死。雕像生动地表现了拉奥孔父子和巨蟒搏斗时痛苦挣扎的面部表情和全身筋肉的紧张状态,艺术技巧高超,对后世西方雕刻艺术有深远影响。近代德国著名美学家莱辛通过比较研究诗中和雕塑中的拉奥孔,写下《拉奥孔》这部美学名著。《罗得岛巨人像》是公元前3世纪卡瑞斯雕塑的太阳神像,高34公尺,费时12年用青铜铸成,被誉为古代世界的七大奇迹之一。此外,梵蒂冈眺望楼的"躯干像",约公元前150年阿波罗尼奥斯作,虽只是罗马复制品、只有部分男性身躯,而肌肉劲健饱满,姿态紧张不安,文艺复兴时期的艺术大师米凯朗基罗鉴赏时叹为观止。

《弥罗斯的维纳斯》(约公元前200年或更迟创作,巴黎卢浮宫藏)静躺在爱琴海南部的弥罗斯岛上约二千余年,19世纪才被发现,这尊表现女性人体美的杰作轰动了西方艺术界,并且很快成为世界上脍炙人口、最为流播的雕刻作品。女神像的右手已经失落,围绕它的作者及两只胳膊的原来姿态,西方艺术界争论不休。其实,"断臂女神"给人留下很大的想象空间。这一杰作风格独特新颖,融合了希腊各流派之长,达到古希腊艺术的至高境界,既有古典时代的神圣庄严,也见希腊化时代的自然情态。这个时代肖像作品盛行。除了帝王、贵族、显贵的肖像外,值得一提的是制作了不少哲学家的肖像,个性化中见其深沉的思想。伊壁鸠鲁坐像(约公元前270年作品,罗马摹制品,罗马巴拉克博物馆藏)达观开朗、远视前方;欧里布德制作的克律西普坐像(约公元前200年作品,罗马摹制品,巴黎卢浮宫藏),是这位斯多亚派哲学家公元前206年去世后不久创作,面容深沉、掐指而算,仿佛在向人诉说"天命"。和庞培城同时被维苏威火山灰埋没的爱珂拉诺镇（Ercolano），有恺撒岳父的豪宅，现已发掘出苏格拉底等希腊哲学家的青铜肖像约 10 尊（那不勒斯考古博物馆藏），也是希腊化时期雕塑的摹制品，神态各异，也很珍贵。

　　绘画是很难保存下来的。希腊化时期的陶器装饰画已摒弃了流行三个世纪的黑像风格和红像风格，而以浮雕画取代。它们表现人物和生活场景毕竟受到限制。所幸庞培城、爱珂拉诺镇的遗址的壁画保留了这一时期某些杰作的摹制品。从这些壁画可见当时画家已知运用透视、远近、光线、构图等技巧，而且题材多样，自然风景、理发匠、皮匠、妓女、畸形人、动物及水果、蔬菜、鱼、猎物等静物，皆可入画。《艾尔多布的婚礼》（梵蒂冈博物馆藏）用类似后世著名画家卢本斯的笔法，描绘出胆怯的新娘。长幅壁画《送葬的妇女》（那不勒斯考古博物馆藏）则可能是更早期的作品，摹制公元前 4 世纪或公元前 3 世纪希腊化时期妇女列队送葬的风情，甚为珍贵。镶嵌画原是埃及和美索不达米亚的古老艺术，在希腊化时代，希腊人已经学来，并且将它发展到颇高的艺术水平。在庞培城遗址发现的《伊索斯之战》，可能是摹制公元前 4 世纪菲罗克塞诺斯的名画，由 150 万块小石拼构而成，全图长 8 英尺，宽 16 英尺，描绘亚历山大大帝和波斯国王大流士的鏖战，各种人物神情复杂，真是举世无双的杰作。这时发展的镶嵌画传统，后来对拜占庭的镶嵌艺术深有影响。

　　希腊化的建筑艺术传播到东起大夏、西达西班牙的地域，希腊和东方的建筑形式也有交融：柱廊、额橡传入亚洲，拱门、圆顶传到西方。华丽的科林斯建筑风格取代了伊奥尼亚风格和多立斯风格。建筑也冲破神庙而趋于世俗化，拱廊、回廊、市场、法庭、会议厅、图书馆、剧场、竞技馆、浴室纷纷出现。公元前 2 世纪雅典的奥林匹亚神殿就由 16 根科林斯式圆柱竖立。城市建设有了总体规划，亚历山大里亚反映了希腊化时代城市建筑的先进水平，其建筑物中最负盛名的是"缪斯神宫"，它规模宏大又优美和谐。亚历山大里亚的灯塔高135公尺，雄伟壮丽，被列为世界七大奇观之一。希腊化的建筑艺术已突破希腊古典时代的以神庙为中心，交汇了东西方风格，华丽壮观，气势恢弘，并和实用的城市建筑结合。这些特点，也为罗马时代的建筑艺术所继承和发展。

（三）历史

希腊化时代有众多历史学家写了大量散文的历史著作，记述希腊与马其顿王国的历史，希腊化世界中各地区、各民族的历史，以至罗马崛起、从希腊化时代向罗马时代过渡的历史，这对我们了解希腊化文明的盛衰及其向罗马文明的转变，有重要的史料价值。

提奥庞培斯是马其顿国王腓力和亚历山大的好友，他所写的《腓力王传》对于了解马其顿崛起的历史非常重要，可惜大部分已佚失，仅存片断。加利色尼（约公元前360—前328年）是亚里士多德的侄儿和学生，曾随亚历山大东征，后因反对亚历山大的亚洲政策遭迫害，死于狱中。他写的《波斯志》真实记述亚历山大的用兵方略和波斯的政治概况、山川地形，可惜现也仅存片断。埃及祭司长曼尼绍用希腊文写成《埃及年表》，按埃及历代诸王朝纪事；塞琉古的拜鲁索根据楔形文字的记录写成《巴比伦史》。麦加斯色尼（约公元前4—前3世纪之交）是活跃的政治家和学术素养深厚的历史学家，他曾被塞琉古一世任命为驻旃陀罗笈多王朝的宫廷使节。旃陀罗笈多就是中国史书中所说的月护王，曾统一恒河流域，是印度摩揭陀王国孔雀王朝的开国之祖。麦加斯色尼出使四年，细心考察印度北部的自然地理、物产状况、政制沿革、风俗民情，著有《印度志》，记载颇详，大开了希腊人的眼界，激起他们对东方的向往。这部著作也已散佚，但从其他古典著作中可略见其梗概。出生于小亚本都地区的斯特拉波（约公元前63—24

年）所写《地理志》共 17 卷，总结了当时所知道的欧、亚、非洲各地区的地理知识、民族分布、商业往来、风俗民情、历史沿革，对了解希腊化世界的历史地理有重要价值，至今常被学者引用。

希腊化时代最杰出的历史学家是波里比阿（约公元前 204—前 122 年），史学家常把他和希罗多德、修昔底德并称为古希腊三大史学家，称他是"历史学家中的历史学家"。他出生于希腊中部美加罗波里（Megalopolis）的贵族之家，父亲吕科尔塔是阿哈伊亚同盟中反罗马派的领袖之一。波里比阿学识广博，才兼文武，曾任希腊联军的骑兵指挥官，抵御罗马人的侵略。公元前 168 年希腊联军败绩，罗马当局勒令希腊诸邦送 1000 名公民到罗马当人质，波里比阿亦在其中，被扣达 16 年之久。公元前 2 世纪罗马国势正盛，军事、政治上在征服希腊，文化上却被希腊征服，而流行着"希腊热"。波里比阿以其学术素养获得罗马统治集团宠信，和后来的罗马大将西庇阿·埃米利亚努斯（亦称小西庇阿）建立了深厚的友谊，在后者的庇护下，他位同客卿，得以周游各地，寻访古迹，实地调查，出入国家档案馆，获得丰富的第一手史料。公元前 150 年他获得自由后，还任罗马代表往返于罗马、希腊之间。他随同小西庇阿参加过许多战役，在第三次布匿战争期间亲眼目睹罗马军队于公元前 146 年攻陷、摧毁迦太基城。在那个兵戈扰攘的年代里，他目击罗马以一个小城邦崛起，先后征服欧、亚、非洲各地，将地中海变成了罗马的内湖，他看出整个希腊化世界都将置于罗马统治之下，感到有一种神秘的力量在支持罗马崛起。他立志写一部以罗马为焦点的通史。他所写的《历史》或称《罗马史》，共 40 卷，叙述罗马的武力扩张和政治制度，所述史事从公元前 218 年第二次布匿战争爆发到公元前 146 年第三次布匿战争结束，建立强大的罗马帝国，凡 70 年，实质上记述了他那个时代地中海各国的当代史，希腊化世界逐步沦丧的历史。这部宏大的著作今存只有前 5 卷是完整的，其他各卷均有不同程度的残缺，剩下长短不一的片断，但仍可窥见全书主题鲜明、条理清晰、气势恢弘的综合描述。可以说，波里比阿既是罗马史的开山祖，又是希腊化历史的总结人，记录了希腊化文明向罗马文明的历史转折。

波里比阿对古代希腊化时期以至整个西方的史学的贡献，在于他的历史著作已形成一套完整的史学理论和方法，总结了古代希腊的史学成就，论述了历史研究的领域、方法和目的。他认为历史科学应分为3个层次：掌握文献和档案的史料；地志学描述各城市、国家的自然和社会特征；政治事务的研究。他继承和发展了修昔底德的观点，坚持历史记载必须真实，诚信不欺，说"真实"之于历史，犹如"双目"之于人身，历史失去真实，即为无稽之谈。他主张历史学家必须抛弃个人成见和党同伐异情绪，使自己成为公正无私的法官，从大量事实证据中判断正确结论。为弄清事实真相，他注重实地调查，曾亲往西班牙、高卢、利比亚等地访问；为描述第二次布匿战争，他越过阿尔卑斯山到意大利，沿着汉尼拔走过的路线重走一遍。他又强调历史的垂训作用，指出历史是经世致用之学，是以事实为训的哲学，人们从前人的覆辙中，获得真知灼见，不仅得以广博心智，而且可以取得行动的指南，是政治生活的最好训练和教育。波里比阿从整体的观点来看待世界和历史，他的著作不只是写罗马的崛起，而且也是写当时所知的整个希腊化世界的历史，地中海沿岸及亚洲各国家、各民族在他的著作中都占有一定地位和比重；在他看来，当时各国的历史已成为相互联系和影响的整体，历史发展最终都要归于罗马的一统。因此，他重视历史事件的因果关系，认为这样才能鉴往知今，通古今之变；和修昔底德相比，他在进行因果关系的分析中，更加注意地理、社会、经济、政治、文化等因素的作用。然而，他的历史观深受斯多亚派哲学的天命论的影响，主张一种历史循环论。他认为全部历史总是君主制、王权制、暴君制、贵族制、寡头制、民主制这六种政体不断反复的循环过程，而罗马政治制度和军事组织所以优越，在于他们恰当地把君主制、贵族制和民主制有机融为一体，从而避免了滑向暴君制、寡头制和无政府状态或暴民政治，因此罗马必定会赢得整个世界。波里比阿比较罗马和希腊化各国政治制度的优劣确实独具慧眼，而他只从政体角度论述历史变迁和希腊化世界的没落，并不是全面、深刻的。然而，波里比阿的历史著作已经预示希腊化文明气数将尽，已在崛起的罗马文明在希腊文化的滋养下，将以雷霆万钧之势降临比希腊化时代更为辽阔的世界。

4　公元120年重建的罗马万神庙

第 三 章

罗 马 文 明

一、罗马帝国的盛衰

罗马文明从起源、鼎盛到衰落，历经一千多年。它在西方古代是时间跨度最长、疆域规模最大的一种世界帝国型奴隶制文明，也是西欧最后一种奴隶制高度发展形式造就的社会文明形态。它承接希腊化文明，保存、传播了希腊文化，同时又有更大的综合性与包容性，有自身的创造性特色。作为西欧文明发展的一个重要环节，它对后世的中世纪文明和文艺复兴文明、近代文明有重要影响。这一文明的发源地是意大利，是以罗马为中心展开的。

意大利位于地中海中部，是一个靴形半岛，亚平宁山脉纵贯全境，东濒亚得里亚海，南临爱奥尼亚海，西接第勒尼安海。意大利可分为三个部分：北部波河流域是富饶的冲积平原，其西、北面高耸阿尔卑斯山，既是和欧洲大陆隔离的天然屏障，又是历史上内陆民族向南迁移和入侵的门径。中意是伊达拉里亚、翁布里亚、拉丁姆平原，第伯河和亚诺河贯穿其间，罗马就位于第伯河畔。南意起于以维苏威火山为中心的坎佩尼亚平原，直至隔海相望的西西里岛，大部分沿海地区早建有希腊殖民城邦，故有大希腊之称。意大利气候温和，属地中海类型，雨水充沛，河流纵横，土地肥沃，南意更有火山灰层可充肥源，西西里岛则是有名的谷仓，山区草地也适于畜牧，所以以农立国历来是意大利的经济特色。意大利海岸线虽长，但较为平直，良港较少，沿海岛屿不多，航海条件不如希腊优越，不像希腊城邦一开始便以海洋联系来发展自身。然而，意大利占据控制整个地中海区域的战略地位，以海路南连非洲，西及如今的法国和西班牙，东通希腊、小亚和叙利亚，是通达欧亚非三洲的要冲之地，这也为罗马文明的崛起提供了优越的地理条件。

（一）罗马的起源

根据考古资料，早在旧石器时代和新石器时代，意大利半岛就有居民。公元前20世纪初，一支操印欧语的部落从东北方越过阿尔卑斯山进入意大利，创造了青铜文化—特拉玛文化，本土居民则创造了青铜时代的亚平宁文化。至公元前1000年起，则已发展了以维兰诺瓦文化和亚平宁文化为代表的铁器文化。印欧语部落中形成两支地方性语言：翁布里亚—萨比利安语和拉丁语，罗马人的祖先就是拉丁人的一支，后来拉丁语逐步成为主要语言。公元前8世纪起，在新的移民浪潮中伊达拉里亚人涌入意大利，在中意扩大势力范围，关于他们的起源有北来、东来和本土起源三说，由于其典籍已完全毁失，现存器物、墓壁上的数千款简短铭文未能释读，所以至今犹无定论。可以肯定这一民族不属于印欧语系，而他们又采用希腊字母，风俗习惯和古代东方民族相似，而且从墓葬中发现迦太基、希腊和埃及的产品，壁画风格明显有希腊影响，所以他们必定和东方（可能是吕底亚）有密切的历史联系。伊达拉里亚人已逐步过渡到阶级社会，又保留母系制残余，军事祭司贵族占有大量土地和奴隶，并在海盗活动中掠取财富。相传他们建立有12个大邦，没有建立统一的国家，各城邦国家各自为政，国王称卢库摩，拥有骑兵、重装步兵和战舰，12邦结成的联盟只有宗教的性质。伊达拉里亚人吸收古代东方和希腊的文化，已创造较高的文明，农业水利发达，工商业兴盛，精于冶金工艺，在海外贸易中有金银细工器物大量外销。伊达拉里亚文化直接融入早期罗马文明，在生产技术、工商业、城市建筑、城邦制度、宗教习俗等方面，对罗马文明的兴起有重要影响，诸如罗马的王和执政官的服饰、仪仗、凯旋仪式以及角斗等都源自伊达拉里亚。此外，公元前8至前6世纪希腊人在南意大利建立许多殖民城邦，如克罗顿、塔林顿和西西里岛诸邦，使希腊和意大利很早就发展了经济联系和贸易往来，将希腊的社会政治制度、工艺技术、精神文化传播于意大利，使罗马文明在起源上就成为希腊文明的后继。

　　罗马(Rome)在公元前7世纪原只是拉丁氏族部落聚居地，尚未形成城邦。传说罗马人的始祖伊尼阿斯是美神维纳斯所生的特洛伊城的王子，特洛伊城陷落后，他背负老父、携妻带子出逃，几经风险才渡海到达意大利，为拉维尼亚城之王，此后王位代代相传；后来阿穆略篡夺其兄王位，并将其兄所生的孪生兄弟投入第伯河，一母狼将冲到岸边的兄弟俩叼来喂乳成活，又有牧人夫妇将他们收养成人，取名为罗慕洛斯和勒摩斯的兄弟俩杀死阿穆略，复得王位，就在第伯河畔被弃之地建立新城；后来兄弟阋墙，兄杀其弟，新城就以兄长之名而命名为罗马。这个神话显系编造，只说明拉丁人总想和希腊人攀亲道故。公元前1世纪罗马作家瓦罗推算罗马建城于公元前753年，以此年作为罗马纪元。实际上，罗马建城当在公元前7世纪末大批伊达拉里亚人迁居此地以后，瑞典学者格尔斯塔将罗马建城定在公元前575年左右。正是在伊达拉里亚文化影响下，罗马建立塔克文王朝，农业、手工业、商业迅速发展，公元前6世纪大兴土木，挖水道、辟广场、铺街道、建神庙、筑城墙、造住房，面貌焕然一新，真正成为城市。当时罗马的范围包括巴拉丁、卡彼托林等七个山丘，故罗马的别名是"七丘之城"。

　　罗马从一个蕞尔小邦，逐步强盛，壮大到统一意大利，称霸地中海，继而又并吞希腊化世界、征服西欧诸地，建立起一个从西部不列颠、西班牙到南部北非、东部两河流域的古代世界最为庞大的帝国，发展出一种涵盖疆域最为广阔、自有特色的罗马文明，这在世界史中实在是一个奇迹。近代法国启蒙思想家孟德斯鸠说，罗马人成为世界霸主的一种情况，在于罗马"永远是处于战争状态，而且这些战争又永远是激烈的战争"。①确实，和世界上其他古代文明相比，罗马文明的崛起、兴盛更显突地贯穿着一系列的军事征服；然而，说罗马文明主要是靠战争造就的，那也失于片面、表面，没有根究其深层的历史原因。其实，罗马文明的演进贯穿着两条线索，一是内部的一系列改制即制度变革；二是对外的扩张和征服，两者相辅相成，都顺应发展帝国型大规模奴隶制的历史要求。希腊化文明虽然一度适应相似的历史进程，但它分裂的三大王国，在后期毕竟民族矛盾、阶级矛盾尖锐而又无内部改制的动力，于是各自败落下去，而被罗马帝国先后征服。依循内部改制和外部扩张两条线索，我们可将罗马文明的演进分为王政时代、共和时代与帝制时代三个阶段。当它内部不断实行改制、富有活力，对外扩张和内部统治也就成功，罗马文明逐步趋于鼎盛；当它内部专制、腐败，社会制度僵滞不前、失去活力，就不能抵御蛮族外侮，罗马文明也就衰落下去，罗马帝国衰亡的根本原因还在于它自身内部的败落。罗马文明的盛衰，经历了王政时代、共和时代和帝制时代。

（二）王政时代

王政时代（公元前 8 世纪至公元前 7 世纪—前 510 年）的罗马是处于从原始氏族社会末期至奴隶制小国的转变时期。它先后经历从罗慕洛斯到塔克文·苏佩布七代国王。前四王还实行氏族社会末期的军事民主制，相传罗马公社包括 3 个特里布斯（部落），每个部落分为 10 个库里亚（胞族），每个胞族又分为 10 个

---

① 孟德斯鸠：《罗马盛衰原因论》，商务印书馆 1983 年版，第 5 页。

氏族。当时土地公有，但家长制家庭已发展成为社会基本经济单位。当时有军事民主制的权力三要素：库里亚大会权力较大，可选举国王和决定重大问题；代表氏族贵族势力的元老院已形成决定日常大政乃至操纵选举国王的传统，后来对罗马帝国深有影响；国王（勒克斯）只是集军事首领和最高祭司于一身，尚无民政权力，也不是世袭的。随着大批伊达拉里亚人的贵族、商人、奴隶主、工匠移居罗马，伊达拉里亚人塔克文·普里斯库斯（老塔克文）等后三王的统治，标志完成向奴隶制国家的转变，王权真正建立，国王拥有军政、司法、财政、宗教等各方面的绝对权力。国王头戴金冠，身着紫袍，持鹰头权杖，坐象牙宝座，12 侍从手执棍棒，上插斧头，此即称为"法西斯"（fasces）之权标，"法西斯"作为专制独裁的代名词就是由此而来。

塔克文王朝时奴隶制经济发展，社会分化加深，贵族侵占大量公地，垄断元老院和其他公职，成为特权等级。由社会中下层成员因贫困破产依附贵族的"被保护人"、外来移民和被释放奴隶构成的平民数量激增，他们无权参加库里亚大会，和贵族的矛盾日趋尖锐。于是在公元前 6 世纪中叶发生第六代王塞维·图里乌斯的改革，其要点是：第一，建立地域部落代替原来按照血缘关系组成的氏族部落，凡地域部落登记入册的自由民都获得公民权，这就拆毁了种族和血缘关系的藩篱，壮大了罗马公民的集体力量。第二，按照财产多寡（10 万、7.5 万、5 万、2.5 万和 1.1 万阿司），将公民划分为 5 个等级，确定相应的权利和义务。低于第五等级的称为"普罗列塔里"（proletarii），这就是"无产阶级"一词的由来。各等级负担数目不同的"百人队"（森都利亚）兵力，第一等级负担最多，掌握 80 个百人队，无产者只象征性地有一个。第三，以百人队大会代替库里亚大会，作为新的公民大会。每个百人队有一票表决权，所以这一主要国家权力机构，实际上控制在属于第一等级的元老贵族之手。雅典的梭伦改革发生在公元前

594年，塞维改革很可能是通过大希腊的殖民城邦受梭伦改革的影响而发生的。塞维改革在以地域关系代替血缘关系、按财产划分社会等级方面，类似梭伦改革；它壮大了罗马公民数量，为进入共和时代作了准备。然而，这一改革缺乏梭伦改革的民主精神，它赋予元老、贵族绝对控制权，这就形成元老、贵族始终处于罗马帝国权力中心的根深蒂固的传统，缺乏希腊城邦一度具有的民主精神。

（三）共和时代

公元前510年罗马公民驱逐了暴君"高傲者"小塔克文，建立了共和国，从这时到公元前146年布匿战争结束，是罗马的前期共和时代。罗马统一了意大利，并称霸地中海。废除王政后，两位执政官拥有最高统治权，元老院成员增至300人，成为贵族势力的堡垒，所以罗马共和国实质上是贵族共和国。由于贵族垄断经济、政治特权，侵占大量地产，平民负债破产，沦为债务奴隶，平民和贵族的斗争日趋尖锐，延续两个多世纪。公元前494年以来，平民通过"撤离运动"（退居圣山不合作），迫使贵族妥协让步，得以设立保民官这一特殊制度，保护平民权益，罗马政制中渗入有限的民主因素。公元前451年至公元前450年曾公布了平民参与制定的"十二表法"，虽然它实质上仍然以严刑峻法维护贵族奴隶主的私有财产，对奴隶处置极为残酷，但它毕竟首次以成文法典限制了贵族的专横。公元前367年、公元前326年先后通过保民官李锡尼和绥克斯图法案和波提利阿法，确定两位执政官之一必须由平民担任，平民也得以进入其他权力机构，又废除了债务奴隶制。公元前287年的霍腾西阿法更规定平民大会的决议对全体公民都有法律效力。平民在同贵族的斗争中取得的成果，使贵族共和制中容纳了独特、有限的民主因素，但它毕竟不是希腊城邦奴隶制的民主政治，贵族仍是统治阶层，而且平民的中上层后来也变为新贵族,恩格斯说"氏族贵族和平民不久便完全融化在国家中了"。[①]然而,这一系列的变制,缓和了阶级矛盾,有利于奴隶制经济的发展,使罗马壮大实力,得以对外扩张。

首先是罗马由一个拉丁小邦,通过兼并统一、武力征服,发展成为统治意大利的奴隶制大国。擅长野战的罗马军团组织所向无敌,至公元前275年它已征服全意大利半岛诸邦,并采取分而治之的策略,依据对罗马的忠诚程度将诸邦分为:有罗马公民权的非拉丁自治市,享有部分罗马公民权的非拉丁自治市,仅有内部拉丁自治权的拉丁殖民地,主动屈服归顺的"同盟者"城市,坚决抵抗罗马后又投降的"臣属"城市。意大利人争取"罗马公民权"的斗争之后就持续不断。接着,罗马要征服整个地中海地区,位于北非、繁盛五百多年的迦太基是实行贵族寡头统治的奴隶制大国,此时已成为罗马称霸的最大障碍,于是发生了罗马和迦太基的达一百余年的三次布匿战争(拉丁语称迦太基的腓尼基人为布匿),三次战争分别发生在公元前264—前241年、公元前218—前201年、公元前149—前146年,战争的残酷、激烈、曲折是在历史上罕见的。特别是第二次布匿战争中,迦太基名将汉尼拔率军翻越阿尔卑斯雪山,攻入意大利,在特拉西美诺湖畔全歼罗马军队,顿使罗马成了悬巢之卵,十分危急。罗马实行独裁官费边的拖延消耗战略,避免决战、积蓄力量,转入反攻后陷落西西里的叙拉古(阿基米德于这次战役卫国而死),又派名将斯奇庇奥征服西班牙,进逼迦太基,迫使它交出一切海外属地,后来汉尼拔逃亡叙利亚,服毒自杀。第三次布匿战争是罗马借口迦太基破坏和约所挑起,罗马大军围困迦太基两年多,终于将它付之一炬、夷为废墟,被俘的5万居民卖为奴隶,从此迦太基成为罗马的阿非利加行省。控制西地中海区域的罗马又发动三次马其顿战争和叙

---

① 《马克思恩格斯选集》第4卷,第165页。

利亚战争，征服希腊，使塞琉古王国屈服，埃及的托勒密王朝只得表示归顺，实际上至公元前146年在布匿战争结束时，希腊化世界已全在罗马掌握之中，罗马已成为整个地中海的主人。通过掠夺大量财富、土地、奴隶，罗马已从家内奴隶制发展成为发达的帝国型大规模奴隶制，就是由"家长制的、以生产直接生活资料为目的的奴隶制度，转化为以生产剩余价值为目的的奴隶制度"。[①] 它在形成方式和内在本质上显然不同于希腊的城邦奴隶制。

从公元前146年至公元前27年，罗马处于后期共和时代。罗马在共和政制下成为西方古代史中最后一个有广土众民的帝国。奴隶和奴隶主、小农和大土地所有者、罗马和被征服地区、统治阶级内部元老贵族和控制工商金融的骑士阶层的矛盾错综复杂，日益尖锐。大规模的奴隶制庄园经济发展，产生严重的土地兼并和集中，维护小农利益的平民运动再度高涨，限地分地的口号遍布罗马的大街小巷。提比略·格拉古和盖约·格拉古兄弟先后任保民官，于公元前133年至公元前132年发动以土地改革为中心内容的运动，先后都被元老贵族反对派阴谋打死。这场改革的失败表明当时维护小土地所有制已不可能，但它在一定程度上减缓了土地集中，并通过反元老派斗争揭开了向帝制推进的罗马内战的序幕。后期罗马共和时代的危机更表现在奴隶不堪酷虐迫害，奴隶起义风起云涌。公元前2世纪就发生两次西西里奴隶起义，起义大军最多达20万之众。公元前73年至公元前71年更爆发大规模的斯巴达克起义，给元老统治阶级最沉重的打击。斯巴达克出身于色雷斯的王族，被俘为奴后作角斗士受尽残暴的非人待遇。他智勇双全，马克思称赞他"具有高贵的品格，为古代无产阶级的

---

① 《马克思恩格斯全集》第25卷，人民出版社1974年版，第371页。

真正代表"。①他的起义大军达 12 万人之众,南征北战驰骋于整个意大利半岛,震撼了奴隶制度的根基,最终因军事战略有误、兵力分散,被罗马大财阀、独裁司令官克拉苏追击至南意海边,壮烈牺牲。这一起义虽然失败,但它沉重打击了奴隶制,致使隶农制这种较为和缓的剥削形式增多,骑士和平民联合的反元老势力抬头,促成帝制取代共和制的历史转变。

(四)帝制时代

从公元前 29 年屋大维确立"奥古斯都"的统治至公元 2 世纪末安敦尼王朝结束,前期帝制处于鼎盛时期。从共和制向帝制的转变,经历了数十年的内部军事斗争,其动因是掌握工商金融实力的骑士阶层和中小奴隶主联合起来,反对以捍卫共和制为名、实为维护特权的元老贵族派守旧势力。他们主张维护骑士、中小奴隶主的利益,发展海外经济,照顾行省权益,扩大罗马公民权,所以最终确立帝制实质上是扩大罗马帝国奴隶制的社会基础,是时势之必然。首先是骑士和平民推举马略实行募兵制的军事改革,取得北非朱古达战争的胜利,从此罗马靠雇佣兵维护统治,老兵作为小奴隶主成为政权的重要社会基础,但是从此也开了"将可私兵"的风气,拥兵自重成为政治斗争的关键。马略派和代表元老贵族势力的苏拉派在血腥火并后都死去,之后有恺撒、庞培、克拉苏"前三头"的结盟与火并,最终确立恺撒的军事独裁统治。他改组元老院,改善行省管理,废除包税制,扩大罗马公民权,广设殖民地安置老兵和贫民,赢得公众拥护。他被元老贵族势力暗杀后,又有屋大维、安东尼、雷比达的"后三头"结盟与火并,最终屋大维于公元前 30 年在阿克兴海战中大败安东尼和其海外情侣、埃及艳后克娄奥帕特拉的军队,次年进军亚历山大里亚,迫

---

① 《马克思恩格斯全集》第 30 卷,人民出版社 1974 年版,第 159 页。

使两人自杀，至此希腊化世界仅存的埃及也被并入罗马版图。屋大维被授予"最高统帅"（imperator）和"奥古斯都"（神圣、庄严、伟大的意义）的尊号，他避开君主、帝王的名号，自称"元首"，元首制实质上标志罗马君主制政体即帝制确立，但"元首"称号保持达两百余年之久。

屋大维是颇有才干的统治者，他改组元老院并削弱其实权，创设中央集权的官僚制度，整顿军务，给骑士、平民和老兵各种恩惠，调整行省统治政策，限制释放奴隶并严厉镇压奴隶暴动，推行扩张政策，使版图扩张东至幼发拉底河、北达莱茵河日耳曼地区，并且大兴土木，使罗马城市面貌焕然一新。他曾说："我接受的是一座砖造的罗马城，却留下一座大理石的城市。"他执政41年，罗马帝国政治稳定、经济繁荣、文化昌盛，处于鼎盛之中。他的后几代皇帝都因孱弱或残暴被近卫军所杀，从此近卫军在宫廷政变中经常扮演废立皇帝的角色。弑母杀弟的尼禄是历史上著名的荒淫无耻的暴君，在全国揭竿而起的反抗烽火中众叛亲离，只得自杀。公元98年至公元192年有安敦尼王朝诸帝的昌盛的"黄金时代"，特别是图拉真在位时，内政善恤民情，免税减赋，救济穷苦民众，整饬吏治，大修公共设施，融和行省居民与罗马公民；在对外扩张上，他将罗马帝国的疆域扩大到最大版图，东起美索不达米亚，西至大西洋和不列颠岛，北抵达西亚（今罗马尼亚），南达北非。然而，这个"罗马和平"时代盛极而衰，第五代皇帝、哲学家马可·奥里略在位时已危机四伏，其子康茂德即位时罗马帝国走向衰落。总体来看，在前期罗马帝制时代，罗马文明发展到鼎盛高峰。屋大维、图拉真等帝注重扶持文化事业，这一时期群贤毕至，人才辈出，硕果丰盛，也是文化创造的黄金时代。

从安敦尼王朝末帝康茂德被近卫军所杀后，后期帝制时代的罗马帝国进入全面危机而终告衰亡阶段。所谓公元3世纪危机，表明帝国的奴隶制已穷途末路，专制政治腐败，隶农沦为奴隶，内外矛盾激化，农业萎缩，工商衰落，城市萧条，财源枯竭，政局混乱，奴隶起义此起彼伏，整个罗马帝国处于风雨飘摇和动荡之中。军队叛乱、军事政变频频发生，军队走马灯似扶植的皇帝大都不得好死，在公元253年至公元268年各地割据称帝的竟达30人。公元3世纪末至公元4世纪，戴克里先和君士坦丁二帝先后执政时，帝国虽有暂时的稳定，但他们强化君主专制和实行反动的改制，栽下更深重的危机。戴克里先将元首称号正式改为君主，一如东方专制君主，戴冕旒、着皇袍，臣民行跪拜礼，被奉为神明。他残酷镇压高卢、北非的起义，迫害基督教徒，实行新的苛税制使官吏更腐败、使劳动者不堪重负，又吸收蛮族补充边防军而遗患无穷。君士坦丁更以专制枷锁控制奴隶、隶农和其他劳动者，颁令准许出卖贫民子女为奴，隶农制本有封建生产关系萌芽而能调动生产者的积极性，他却将隶农降到奴隶地位，而强制他们人身依附于大奴隶主，并公然敕令宣称应给逃亡隶农"带上镣铐，就像对待奴隶一样"。君士坦丁做了两件对世界文明深有影响的事情：一是迁都拜占庭（君士坦丁堡），为之后公元395年东、西罗马帝国分立创造了条件。二是公元313年颁布米兰敕令，对基督教从镇压转为首次承认它的合法性，之后提奥多西一世于392年又颁令将基督教定为国教，基督教和传统多神教的斗争、内部各教派的斗争，也就和诡谲激烈的政治斗争紧密交织在一起。

公元5世纪罗马帝国已呈现一派末日景象，恩格斯说这时"罗马世界便陷入了绝境：奴隶制在经济上已经不可能了，而自由人的劳动却在道德上受鄙视。前者是已经不能成为社会生产力的基本形式，后者是还不能成为这种形式。只有一次彻底革命才能摆脱这种绝境"。[1]奴隶、隶农和其他劳动者的起义风起云涌，北

---

① 《马克思恩格斯选集》第4卷，第146—147页。

方日耳曼人、匈奴人等蛮族屡屡大举入侵，两次陷落罗马城，在大肆洗劫中使这个古代最繁华的大都市沦为废墟。蛮族人实际上早已控制了西罗马帝国。公元476年日耳曼将军奥多亚克废黜罗马末帝罗慕洛斯（和最初罗马建城者同名）而自立为王，正式宣告西罗马帝国灭亡。从此，西欧的奴隶制社会和西欧古典文明终结，开始进入封建社会和中世纪文明。东罗马帝国还存在近千年，它也走上封建化之路，建立了自具本质和特色的拜占庭文明，至公元1453年才被土耳其人灭亡。罗马帝国和罗马文明历经千年，其衰亡原因很复杂，也富有启示性，历来学者们重视探究，我们将在本章末尾第七节专门论述。

二、罗马文明的基本特征

我们前已简要描述了作为罗马文明的社会背景的罗马帝国兴衰的历程。接着，我们可以从经济与政治结构和基本文化精神方面，概述罗马文明的基本特征。

从经济上看，罗马文明建立在帝国集权型的大规模奴隶制经济基础之上。军事征服为罗马帝国提供大量奴隶来源，俘获的军民就变成奴隶，动辄以万千计，如第一次布匿战争获俘虏7.5万名卖为奴隶，公元前177年罗马占领撒丁尼亚，将8万名俘虏变卖为奴。当时奴隶市场兴盛，提洛岛就是奴隶贸易的中心之一。充裕的奴隶来源加之生产技术条件发展和贵族集权统治的传统，使大规模使用奴隶劳动成为可能。奴隶广泛使用于农业、采矿，手工业作坊和公共工程也大批使用奴隶，还有家庭奴隶（包括有文化知识和技能的奴隶用作教师、乐工、医师），乃至供观赏取乐的角斗士。罗马剥削奴隶至为精细，加图在《农业志》中讨论在200犹格的橄榄种植园中，只用11名奴隶即可。奴隶除空气和阳光外一无所有，生活条件极为恶劣。奴隶主对待奴隶残忍酷虐，皮鞭、烙铁、脚镣、十字架是常用的刑具。罗马文明中渗透着对奴隶的血腥统治。由于贵族大量侵占公地、兼并小农的土地，在罗马帝国的经济结构中，大土地所有制的庄园经济占主导地位，庄园占据数千、上万犹格土地，为市场生产农产品，有商品生产的特征。此外，对元老禁止从商，由骑士、中小奴隶主掌握的工商业、贸易、金融有相当大的规模。所以，罗马帝国中奴隶和奴隶主的斗争同元老贵族和骑士、中小奴隶主、平民的斗争总是交织在一起。

罗马的帝国集权型大规模奴隶制经济，显然不同于分散自立的希腊城邦奴隶制经济，在劳动组织规模和容纳生产力方面也远超过希腊化世界的大型奴隶制经济，因此它在后期共和时代和前期帝制时代，促成生产力迅速发展和经济高度繁荣，达到古代地中海文明三千余年来的最高水平。由于广大帝国世界的联系加强、生产经验交流和注重科技的实用，生产工具和技术水平显著提高，农业已有重型犁具、收割机械、水轮机，水磨已在农业、矿业、纺织业中推广，建筑业已用复滑车和起重机，矿山则用排水机械和提升机械，已能制造远航货船，水泥广泛使用于桥梁、引水道和城市建筑中。庞培城只是滨海小城，从遗址中可见街道两边作坊店铺密布，有呢绒、香料、玻璃、石工、铁器、磨粉、面包等行业。经济繁荣又表现在，罗马和各行省的新老城市建设星罗棋布、异常发达，达到古代世界空前的高度水平。罗马人口达120万，亚历山大里亚是繁盛的东方贸易大都市，今日欧洲的名都大邑如伦敦、维也纳、贝尔格莱德、里昂等等，那时都已兴建。整个地中海已成为罗马帝国的内湖，条条道路通罗马，畅通的交通组成无比庞大繁盛的商业贸易网络。而且，国外贸易也很发达，除了和欧洲中北部、非洲内陆的贸易外，已发展了通达安息、中亚、印度和中国的陆上和海上丝绸之路，在罗马丝绸价比黄金，显贵以拥有一片中国丝绸为荣。《后汉书》记载："桓帝延熹九年，大秦王安敦遣使自日南徼外献象牙、犀牛、玳瑁，始乃一通焉。"① 这是中国和罗马官方交往的历史记录。早在公元 97 年我国使节甘英带着和罗马建交的使命抵达安息，因安溪人阻扰渡海未成。托勒密在《地理志》中已记述罗马商人在中国经商开业。汉朝中国和罗马有当时辉映在东西方的两大古代文明，它们的交往很有历史意义。

在前期帝制时代，由于土地兼并与集中，小农经济受排挤而萎缩，奴隶来源逐渐减少和劳动生产率降低，加之奴隶起义的冲击，一种隶农（"科洛尼"）制已应运而生，就是大奴隶主将部分土地交给自由民、奴隶耕作，根据契约收取地租。隶农既非一般奴隶，又非独立小农，是封建农奴的前身。推广这种带有封建生产关系萌芽的制度，使隶农有生产积极性，曾缓和阶级矛盾，一度促使罗马帝国的经济稳定发展。然而至后期帝制时代，戴克里先和君士坦丁的改制，实质上将隶农制倒退为残酷羁缚人身的奴隶制，隶农丧失有限的自由权而完全人身依附于大奴隶主，和奴隶一样受迫害。帝国集权型大奴隶制经济本来必然造成严重的两极分化和阶级矛盾尖锐，现在又扼杀了这种封建生产关系的萌芽，于是后期罗马帝国的衰败是不可避免的。

罗马文明的政治特征是中央高度集权的贵族奴隶主专政。共和时代权力集中在执政官和元老院，帝制时代权力集中在元首和君主或军队将领之手，他们都是大奴隶主的代表，共和制和帝制的区别是贵族集权统治的程度与形式不同。这种统治是适合大规模奴隶制经济发展的要求的，在奴隶制条件下，这种中央高度集权的统治，才能维系庞大帝国的统一，保障规模经营的各种产业和各地区经济的网络式交往，因此它也是生产力发展的必然结果。

---

① 桓帝延熹九年为公元 166 年，大秦指罗马，安敦为安敦尼王朝皇帝马可·奥勒留，日南位于今越南中部。

显然，这种贵族奴隶主专政的政治形式不同于希腊的奴隶制城邦政治形式，公民大会渐而沦失，它没有民主制的全体公民都参与城邦政治的特征，也不像希腊有些城邦的贵族统治形式上还受公民大会的制约。由于平民和贵族的不断斗争，罗马共和时代设立保民官，这种独特的政治形式，在贵族奴隶主统治中有限地包容了某种民主因素，体现了平民的利益，对元老贵族势力起有一定的制约作用；而由于平民的中上层很快也变成新贵族，保民官变质，这种民主因素也就名存实亡了。有一种说法将罗马帝国的政治体制美化为君主制、贵族制和民主制的有机结合，以此解释庞大帝国所以能长治久安，这是不符合历史事实的。

然而，和希腊化时代诸王国的君主专制统治相比，罗马帝国的政治也有它的高明、灵活之处，能保障它维系世界规模的统治。一是建立中央集权的官僚制度，并在屡次改制中照顾到骑士阶层、中小奴隶主和自由民的利益，使帝国政权有较开阔的社会基础。二是设立行省制，既派驻总督保证中央集权，又不同程度地给予各行省以自治权，使它们能自主发展。由于各城市、行省的斗争，罗马公民权这种政治特权渐而扩大到全意大利，以至全罗马帝国，这也有利于缓和罗马和各城市、各民族地区的矛盾，保障了帝国的统一和众多民族的融和。三是有严密的法制建设，罗马帝国制定法律之完备，在古代文明世界中无与伦比，除大量民法、刑法之外，还有普遍适用于各地区、各民族的万民法，正是凭借这种比较切合实际的法制建设和法律统治，罗马帝国得以稳固社会秩序，调整各社会阶层的利益，协调各民族的关系，维系持久的统治。然而，贵族奴隶制专制终究必然导致腐败，一当后期帝制时代罗马皇帝袭用了东方君主专制的统治形式，就彻底腐败下去，而军事独裁又演变为皇权旁落于军队，酿成政局混乱，军不成军，无力抵御蛮族入侵，终究走向灭亡。

在精神文化方面，罗马文明也是自有特色的。认为罗马文明普遍比希腊古典文明低落、逊色,这种见解并不确切。在哲学、文学等方面,罗马文明没有取得希腊古典文明那样辉煌、精深的成果,在自然科学理论上也没有希腊化文明的丰富的创造性成果。然而,罗马文明在不少文化领域也焕发才智,表现出创造精神,留下对后世深有影响的精神文化遗产。总体来看,罗马帝国的基本文化精神有以下五个特征。

第一,继承希腊文化传统,而又在加以发展中自具特色。罗马立国之初,伊达拉里亚文化就深受希腊文化熏陶,南意"大希腊"的希腊城邦文化对北意、中意都有直接影响。罗马人的拉丁字母也是从希腊字母移植过来的,罗马的宗教神话也和希腊的宗教神话对应相似,如朱庇特即宙斯,朱诺即赫拉,密涅娃即雅典娜,维纳斯即阿芙洛提。公元前2世纪罗马征服了希腊,它自身却被希腊文化征服。大量希腊艺术珍品和文学、哲学、史学、科技和其他学科的著作传入罗马,许多希腊文化人士被当做奴隶和人质带到罗马,有些人后来成为罗马文化界的名流。在共和时代向帝制时代转变之际,罗马元老西塞罗更将传播、吸收希腊文化引向较大的广度和深度。可以说,罗马文明是在希腊古典文化和希腊化文化的熏陶下产生的,它在保存和留传希腊文化方面卓有功绩。然而,精神文化毕竟要反映时代精神。罗马帝国在经济、政治上都不同于希腊古典城邦和希腊化世界,罗马文化也决非简单抄袭或照搬希腊文化,而有自己的民族特色和创新。罗马文化在科技、文学、艺术、哲学、史学和宗教等领域,也是都有自己的特色,归结到一点,它们表现了罗马帝国众多民族的智慧和所处时代的社会特质。

第二,罗马文化较之希腊古典文化和希腊化文化,更具有民族的多样性。罗马帝国拥有更为广袤的疆域和更众多的民族,罗马政府在文化政策上比较宽容,允许保留和发展各民族的文化传统。所以罗马文化有较大的包容性。雅典和亚历山大里亚依然是

文化重镇，柏拉图学园一直存在到公元 6 世纪才被东罗马帝国的
皇帝查士丁尼关闭。直到公元 4 世纪末，罗马帝国允许各民族的
宗教（包括各多神教和犹太一神教）并存，罗马现存的万神庙气
势恢弘，是这种文化宽容和多样性的象征。就文学、艺术、哲学、
史学等而言，也都表现了不同地区诸民族多样化的流派和风格。罗
马文化是罗马帝国众多民族共同创造的。

　　第三，适应罗马帝国集权统治的需要，罗马文化注重法律文
化的建构和哲学的伦理化。出于维系庞大的帝国集权型奴隶制经
济和政治的需要，罗马帝国十分注重法学理论和大量法律的制定，
从公元前 450 年制定《十二表法》到公元 6 世纪查士丁尼皇帝编
成《国法大全》，罗马法历经千年积累，内容丰富、义理精深，形
成古代奴隶制社会最为发达、完备的法律体系，法律文化的发展
达到古代世界的最高峰。罗马法不仅有适应奴隶制政治统治的特
殊内容，也有在商品经济条件下规范各种社会关系的普遍性内容，
恩格斯誉之为"商品生产者社会的第一个世界性法律"，[①] 它对后
世的影响深远，它的许多内容被近代和当今世界各国所借鉴和沿
用。法律需要哲学根据和伦理基础，罗马帝国也需要建树相应的
伦理道德秩序。罗马哲学接受、发展了希腊化文明中的哲学，伊
壁鸠鲁派哲学和怀疑论哲学都长期并存而且有所演变，而斯多亚
主义已完全伦理化，体现罗马帝国的基本文化精神，成为统治阶
级的官方意识形态，它为罗马法提供理论根据，适应建立帝国的
伦理道德秩序的需要，并且渗透在文学、史学和宗教等各种文化
形式之中。而当后期帝国趋于衰亡之际，这种哲学也就嬗变为表
现统治阶级的悲观没落情绪。新柏拉图主义作为后期罗马哲学的
综合，最终也就和伦理化的基督教相融合了。

　　第四，基督教兴起并且经过长期激烈的斗争取得"国教"地

---

　　① 《马克思恩格斯全集》第 21 卷，人民出版社 1965 年版，第 346 页。

位，这是罗马进入帝制时代以后和政治斗争紧密交织的重大精神文化变革，它为西欧向封建社会转变作精神准备，对后世西方文明有巨大、深远的影响。罗马帝国长期盛行诸民族的多神教，罗马民族的传统多神教更被官方崇奉为国教并表现在政治活动中。基督教本是在东方希伯来文明中从犹太教脱胎而出的新生宗教，是伦理化的一神教，它得以在罗马帝国逐步传播并最终取胜，是因为它在复杂的阶级矛盾中拥有较宽厚的社会基础，也因为宗教演进的规律就是较粗俗的、偶像崇拜的多神教必然要被伦理性的一神教所取代。基督教直至公元 4 世纪末才被定为"国教"，当时它的统治地位并未巩固，其哲学根据和神学教义的完善需要经历一个过程，它内部的各教派的斗争又和动荡的政治斗争相交织，所以基督教定于一尊无助于挽救罗马帝国的灭亡，而只成为西欧向封建社会过渡的精神文化中介形式。罗马的斯多亚派和新柏拉图主义哲学最初对基督教都采取排斥、批判的态度，以后才逐渐和基督教融合，使后者有完备的哲学根据和理论形态。基督教从此成为 1500 年西方文明的重要内容，至今有广泛的世界影响。

第五，注重知识系统化和实用理性的科学精神。有些学者认为，罗马文明缺乏希腊古典文明和希腊化文明那样突出、显著的科学理论建树，那是因为罗马民族重军事征服和暴力统治而缺乏科学创造力。这种论断有片面性。其实，罗马帝国在发展出远超过希腊城邦时代和希腊化时代的生产力之中，对科技事业是很重视的。它的科技成就表现在两方面：一是将希腊古典时代以来的科学知识更加系统化，达到集大成的规模，有些学科更形成精深而有创新的理论体系，如托勒密的天文学体系。二是重视科学知识在各生产领域的实际应用，使之转变成为现实生产力，罗马帝国的农业、手工业、工程技术、城市建筑都达到古代世界的最高水平。对罗马民族的这种发扬实用理性的科学智慧，我们也应当予以充分肯定并重视研究。

三、罗马法

罗马法是罗马奴隶制国家整个历史时期的法律总称。它是罗马文明的突出成就，也是罗马留给后世的最宝贵的文化遗产。罗马人崇尚以法治国。认为法是至高无上的治国之本。西塞罗说："因为法律统治执政官，所以执政官统治人民，并且我们可以说，执政官乃是会说话的法律，而法律乃是不会说话的执政官。"① 罗马逐步发展成为古代世界最发达的奴隶制国家，面对错综复杂的社会矛盾与民族关系，历代统治者都十分重视制定法律，依靠建立法制秩序，维护庞大帝国的统治。罗马法的形成与发展就是罗马史的缩影。罗马帝国的简单商品生产已高度发达，从而形成复杂的经济关系和社会关系，顺应这种社会生活条件，罗马法特别是它的私法部分，又是调整财产关系、契约关系和家庭、婚姻等社会关系的法律规范，其精华部分本质上是一般商品经济社会关系的经典性法律规范，因此又有超越奴隶制社会的普遍性意义。

希腊早有梭伦立法和诸城邦的立法，它们作为城邦奴隶制社会的法律规范是零散不系统的，而且缺乏法学的根据。柏拉图晚年在《法篇》中虽然致力于法治理论研究，毕竟难以付诸法律实践；亚里士多德虽然有自然法思想萌芽，他的法学思想并不系统，是从属于他的政治学的。罗马法作为帝国集权型奴隶制社会的法律规范，已形成系统、完备的法典，而且在斯多亚派哲学影响下，提供了系统的法学理论，它在法制建设和法学理论上都达到古代西方文明的最高成就。恩格斯说："罗马法是纯粹私有制占统治的

---

① 西塞罗：《法律篇》第 3 卷，见《西方法律思想史资料选编》，北京大学出版社 1983 年版，第 79 页。

社会生活条件和冲突的十分经典性的法律表现,以致一切后来的法律,都不能对它作任何实质性的修改。"① 罗马法内容丰富,法理精深,为世界法制史所罕见,对后世各国有广泛、深远的影响。我们仅对它的发展、要义和影响作概要的述评。

(一)罗马法的历史发展

罗马王政时代的法律渊源主要是习惯法,即宗教方面和自然形成的道德习惯,由公共政治权力保障而上升为法律。它深藏在祭司团的神龛之中,被贵族祭司团所垄断,执掌法律就有任意性,遇有讼争,法官徇情枉法,祖护贵族,平民无成文法保护,备受欺凌。进入共和时代后,更有高利贷和债务奴隶制盛行,贵族专制激起平民反抗,纷纷要求制定成文法。自公元前460年起,历经8年激烈斗争,组成立法委员会,赴希腊研究梭伦法制并收集其他法律资料,历时3年,后根据罗马社会状况起草一部成文法律,经百人队大会和元老院批准,于公元前450年至公元前449年刻在12块大板上,公布于罗马广场,世称《十二表法》。十二表原物于公元前390年高卢人入侵罗马时已被焚毁,后世学者从各种文献中收集、整理了它的大体原文。这是罗马的第一部成文法典,十二表的内容包括:传唤,审理,执行,家长权,继承和监护,所有权和占有,土地和房屋,私法,公法,宗教法,前五表的补充,后五表的补充。

《十二表法》以维护奴隶主私有制为核心,保留了氏族父权家长制社会的某些野蛮行为,处置奴隶、平民的严刑峻法以及限制平民的条文。如规定:以眼还眼、以牙还牙的"同态复仇"法;家长有监禁、殴打、奴役、出卖乃至杀死家属的支配权,儿子3次被出卖后才可脱离家长权而获得解放;债权人可将不还债的债务

---

① 《马克思恩格斯选集》第3卷,第13页。

人用皮带、脚镣拘拴，乃至卖到外国或杀死；奴隶因盗窃被捕处
笞刑后投岩摔死；以文字诽谤他人者、夜间盗窃农畜物的适婚人
（成年人）、作伪证者、夜间举行扰乱治安的集会者，皆处以死刑；
平民和贵族不得通婚，等等。然而，《十二表法》毕竟是平民斗争
的胜利成果，它打破了贵族祭司团对法律的神秘垄断，总体看来
有重大进步意义。第一，它以成文法公诸于众，使公众有法可依，
限制了贵族官吏的专横，而且一些条款得以保障平民的权益，如
规定：平民有"取得时效"为两年的使用土地权；借贷利息不得
超过一分，限制了高利贷；任何人非经审判不得处死刑，等等。第
二，它的内容广泛，宗教法和世俗法、公法和私法、实体法和程
序法兼收并蓄，诸法合一，开阔地规范了罗马的经济和社会关系
以至诉讼程序，形成了罗马法日后由之分化、发展的雏形。第三，
它开启了罗马制定、完善成文法的传统，立法既成为统治者的主
要统治工具，也成为被统治者争取权益的重要斗争手段。《十二表
法》是罗马近千年的法律经典，历代统治者都没有明文废止它，它
深入人心，在西塞罗时代，青少年都把它作为教本来背诵。

　　在共和时代中、后期，随着平民和贵族、骑士和元老的斗争，
罗马法处于不断丰富、发展之中。当时的最高立法机构是元老院
和百人队大会，它们通过、颁布了各种罗马公民法，包括许多政
治性的公法。平民议会则通过了不少属于民事立法的私法，如公
元前 445 年通过的《卡利努斯法》取消了平民和贵族的通婚限制，
公元前 289 年至公元前 286 年公布的《霍尔腾西亚法》，更确定平
民议会通过的法律也对全体罗马人发生效力。格拉古兄弟的土地
改革法案当时虽然因为元老贵族的反扑而失败，其实质内容在奥
古斯都时代的立法中作为对平民的妥协、笼络而得以体现。随着
罗马帝国的扩张，建立了地区大会，它也通过不少次要的法律。此
外，罗马的高级官吏如执政官、大法官、监察官和总督等，在其
职权范围经常发布"长官谕令"，积累而形成的法规总称"长官

法"，有些属政治性的公法，更多则是罗马私法的重要内容。《十二表法》于共和国初期公布时，罗马尚基本上处于自给自足的农业社会，共和时代中后期罗马的商品经济空前发展，社会关系有较大变动，罗马法也就发展了许多反映这种社会变化的新内容；而当罗马忙于战争无暇顾及制定新的民事法律时，大法官的谕令得以补救这方面的不足。罗马帝国确立地中海的霸权地位后，罗马帝国便制定、颁布了"万民法"，适用于罗马人和外邦人之间、外邦人相互之间的关系，罗马和外邦之间的政治、军事、经济关系，它可被看做准国际法的最早形态，对于在庞大帝国维系、协调各地区的民族关系起有重要作用。直到公元 212 年卡拉卡拉皇帝把罗马公民权授给罗马帝国境内的全体居民，罗马公民法和万民法的区别才消失，两者融合为一。成文法总是概括、简要的，在具体实施中需要解释，并在解释中丰富其内容。过去这种解释权由祭司团所垄断，公元前 254 年科伦卡尼乌斯首任平民大祭司，公开传授、解答法律知识和问题，之后产生许多研究法律的法学家，从事口头解答、对外地的书面解答、为当事人诉讼办案和拟订契约、遗嘱等活动。这一时期罗马的法学家已比较活跃，他们已对罗马法的发展发生重要作用。

　　在罗马帝制时代特别是奥古斯都和安敦尼王朝的统治时期，罗马法的发展达到鼎盛的高峰。这一时期元老院和地区大会一度有立法权，但根据《皇权法》，立法权主要集中在皇帝之手，百人队大会和平民议会已不复存在。皇帝通过颁布敕谕、敕裁、敕答、敕训等四种"敕令"来立法，它们实际上主要是由皇帝的法律顾问会议制定的，其成员大多是精通法律的元老院议员或专家。这一时期法学的教学和研究已很发达，奥古斯都登台后，皇帝往往授予有名望的法学家以"公开解答权"，他们的法律解释可具有一定的法律效力。在这一个半世纪中，罗马法学家著书立说，展开法学研究，已形成以拉贝奥和卡彼托为首的两大流派，二者都受希腊斯多亚派自然法观点的影响,他们都有实事求是的良好学风,相互促进,推动了罗马法和罗马法学的发展。至哈德良皇帝以来的公元2世纪,更涌现了五大杰出法学家:盖尤斯、帕披尼亚努斯、乌尔披亚努斯、保路斯和莫德斯体努斯,他们留下了《盖氏法学纲要》、《乌氏法学规范》、《保氏案例》等精深著作,他们的学说被规定为全罗马法官应遵循的准绳,后来被查士丁尼皇帝的《学说汇编》大量沿用,对罗马法的发展起有重大影响。

在后期帝制时代,罗马法的制定虽然随着帝国的衰落而式微,然而,皇帝和法学家致力于《十二表法》以来各种法律的系统汇编,进入法典编纂时期,这不仅对于各种法律的系统整理、澄清混乱,而且对于罗马法得以留传后世,都作出重大贡献。西罗马帝国末期所汇编的《格莱哥里努斯法典》等多部法典现仅存残篇,《摩西法与罗马法合编》等少数法典尚有抄本存在。东罗马帝国的查士丁尼一世处在西罗马帝国灭亡不久的公元6世纪,他组织许多法学家进行大规模的、全面的法规和法学的编纂整理工作,可以说是全部罗马法的集大成,编成的《查士丁尼一世修正法典》、《查士丁尼一世学说汇编》、《查士丁法学纲要》,都是卷帙浩瀚、规模宏大,使罗马法的精华得以保存至今,成为法学的重要宝库,这种功绩自应肯定。

(二)罗马法的要义

在拉丁语中法律一词,又指权利,罗马法的目的就是规定和保护权利。罗马法学家对法有各种不同的定义,如称"法是善良和公平的技艺",乌尔披亚努斯说法的箴言就是"处世正直,不损害他人,各得其所"。其实,他们所说的善良、公平以及各得其所的权利规定,正是罗马奴隶制社会关系的法律规定,它又深受希腊斯多亚派哲学的影响,和伦理道德紧密相关,表明罗马法有其伦理基础。罗马法学家根据不同的标准对法律作了多种分类,其

中主要有三种：一是分为自然法、公民法和万民法。二是分为规定国家公务（政府组织、官吏选任、公共财产管理、宗教祭仪等）的公法和规定个人权益的私法。三是私法中又分为规定人格身份的人法，作为财产法的物法，以及规定私权保护的诉讼法。罗马法不同于其他古代法律，有两个进步的特征：第一，它是人定法而不是神意法。古代其他法律总是披上神的外衣，如巴比伦的《汉穆拉比法典》称其条文出于太阳神之意，印度的《摩奴法典》则称根据摩奴神的意旨制定。罗马法则早就从宗教中分离出来，强调法必须合乎自然与人事，是人（如立法委员会）自身制定的。第二，在古代法中，罗马法是以维护私有制为基础的法律的最完备的形式，又体现了商品经济的一般社会关系，所以罗马私法已独立于公法，高度发达，罗马法学家们的著述和活动也主要是致力于推动罗马私法的发展，这也是罗马法的精华所在。

　　自然法观念的形成是在罗马共和时代末期，希腊哲学特别是斯多亚派哲学传入并且发生广泛影响之时。当时罗马的哲学家和法学家认为：根据宇宙的本性有自然法，它是合乎人性和理性的法律，适用于全体人类（包括奴隶）甚至一切动物，是超越时空、永恒不变之法，最理想、最好的法律，因此一切人制定的法都应以自然法为终极根据。自然法观念渊源于亚里士多德的政治学，强调自然、天命有合理秩序的斯多亚派哲学发展了这种自然法观念，而罗马的西塞罗进一步提出自然法是一切法律的哲学根据。他宣称："真正的法律是广泛流传于一切人之中的、永恒不变的、与天性一致的正常理智。"① 他认为出于人的自然本性、体现自然秩序的法，代表理性和正义，是一切人制定法的理论根据。罗马哲学家和法学家偶尔也有主张希腊哲学中人生而自由的观点，抨击奴隶制违背自然、违反理性，但总体来看，由于阶级局限性，他们

---

① 西塞罗：《理想国》，III. 22。

主张现存的奴隶制是符合自然秩序的,奴隶因天性低下或因被俘、债务等原因受奴役,也是理所应当的。他们的自然法观念还是比较抽象的,并不像近代自然法观念那样从中演绎出自由、平等、博爱的思想。然而,自然法观念突破了法律神授的束缚,为罗马法学家从现实的人格和社会关系来制定法律提供了哲学根据,从而大大推动了罗马法的发展,这无疑有进步意义。这一时期的自然法观念也有自然人性论的思想萌芽,它对西方近代资产阶级启蒙思想家发展自然人性论和自然法理论,包括荷兰思想家格劳秀斯形成广为传播的理性自然法学派,也起有深刻影响。

罗马的人法首要是确立法律上的人格即权利与义务的主体,它规定了人的各种等级性的名分,鲜明地表达了奴隶制的社会关系。完全的权利与义务主体应具有自由权、公民权和家族权这三权。在罗马王政时代和共和时代,只有贵族家长才是完全的权利与义务主体,拥有对社会和家族的统治权,《十二表法》也只在私法上承认平民是权利与义务主体。至共和制末年和帝制初年,罗马人家长的男性子女(包括平民)开始普遍享有公权和财产权,之后逐渐扩大到拉丁人、外邦人及妇女,至公元 212 年将罗马公民权扩大到罗马帝国境内的所有居民,权利与义务主体的范围才扩展至全体自由人。根据享有不同程度的公私权利,罗马法区分不同的人格。罗马公民享有罗马公民权,即完整的公权和私权,包括选举权与被选举权等参与公共政治活动的权利和包括财产权、婚姻权、遗嘱能力与诉讼权的私权。不享有公民权而享有自由权的居民是自由民。拉丁人按其和罗马的亲疏关系享有部分公权和私权,低于罗马公民而高于外邦人。外邦人除敌国人外也属于不享有公民权的自由人,不享有公民权规定的公权和私权,社会地位较低,由万民法确定其法律关系。由上可见,罗马公民权标志着完全的公权和私权。所以公元 3 世纪之前,扩大罗马公民权成为社会斗争的一个焦点。

罗马有发达、典型的奴隶制度,罗马法严格规定了家主权即奴隶主对奴隶的支配权。奴隶来源于奴隶自然增殖、战俘,还有因债务、犯罪或作为家属被出卖到外邦为奴隶的。罗马法规定奴隶不是权利与义务的主体,而只是受人支配的客体,没有自由权,更谈不上公民权和家族权,他们没有人格乃至姓名,没有财产权,所得财物都归主人所有;也没有婚姻权,男女奴隶结合只是习惯承认的同居关系,法律不承认其亲属关系;奴隶无法律权利,不得作为原告和被告而有诉讼行为。奴隶只有随主人参加家祀和宗教活动的权利,因为罗马人认为不尊重亡灵会遭致灾祸,奴隶的墓葬倒是受法律保护的。奴隶不堪受残酷压迫、虐待乃至杀戮,不断发生起义,加之后来罗马法受自然法学和原始基督教的影响,统治阶级通过法律限制虐待奴隶,禁止任意杀害,那只是为了保存劳动力,并非承认奴隶享有独立人格。奴隶也有被解放而成为自由人的,但奴隶主对释放自由人享有恩主权,仍操生杀之权。奴隶主一度为示仁慈、图虚荣而释放较多奴隶;奥古斯都掌权后,为维护奴隶制社会的稳定和安全,制定法律限制释放奴隶。帝制前期已产生隶农制,标志奴隶社会内部已蕴育新的生产关系的萌芽,至帝制后期统治者倒行逆使,强化隶农对土地和主人的人身依附,隶农实际上降为准奴隶。

罗马法对家族权有严格的制定。它对法律的亲属关系(法亲),包括家族、族亲、宗亲和血亲、姻亲,都有细致的法律条文规定,习惯上并有亲属会议组织。家长权是家长对妻子、子女等家属的人身、财产行为的绝对支配权,乃至生杀予夺、出卖为奴的权力,公元 2 世纪初才明令禁止虐待子女,至公元 3 世纪卡拉卡拉帝时才宣布买卖子女为非法。随着商品经济的发展,家属的法律地位逐步提高,家长权才不断削弱,直至查士丁尼一世时才规定家长权消灭。罗马人历来坚持一夫一妻制,并细致规定婚姻不得有亲属关系和政治身份、社会风化、宗教等方面的种种障碍。

夫权是指罗马男性公民对其妻子的支配权,早期罗马妇女被监护,社会地位地下,处于家长权和夫权的双重拘束之下;《十二表法》颁布后,罗马逐渐通行无夫权婚姻,出嫁女子才不受夫家的家长权、夫权统制,而只处在其生父的家长权的支配之下。进入帝制时代后,由于希腊哲学的影响,妇女才取得一定的自由权,但没有公民权。罗马法对于亲属关系、家长权、收养、监护、保佐、婚约、婚姻成立的条件、离婚、再婚、婚姻的权利与义务等都作了严格规定,反映出罗马家庭制度的完备,家庭曾起有社会细胞的作用。早期罗马严格规定家族的法律关系,这和中国古代有相似之处;而后期罗马随着奴隶制商品经济的发展,家长权不断削弱,血缘家族关系并没有成为社会的伦理和法制统治的基础,这和中国古代的伦理与法制传统是有区别的。

罗马的物法实为财产法,包括规定物的所有权、继承权和债权,它在罗马法体系中占有极为重要的地位,是罗马私法的主体和核心。在罗马法中物的涵义很广泛,指除了自由人之外存在于自然界的一切东西,奴隶的名分虽在人法中规定,他们作为受家主支配的权利客体,实际上也作为财产被视为物。物权分为自物权和他物权。自物权即所有权,是权利主体所有的完整物权,完全受法律保护;他物权是对他人之物的权利,是受法律相对保护的不完整物权,如役权、永佃权、质权、抵押权等。罗马物法的核心是确立了私有财产神圣不可侵犯的权利,注释法学家对物的私人所有权概括出绝对性、排他性和永续性三大特征,以表明奴隶制私有财产权有至高无上的权能。罗马法学家认为占有是事实,不是权利,而占有作为对物的实际控制,是所有权的前提和根据,罗马进入奴隶制社会,公地蜕变为私人占有的土地,也就成为法定的事实。马克思说:"私有财产的真正基础即占有,是一个事实,是不可解释的事实,而不是权力。只是由于社会赋予实际占有以法律的规定,实际占有才具有合法占有的性质,即私有财产的性

西欧文明　155

质。"① 这也深刻揭示了罗马法保护私有财产占有的实质。罗马法
对各种自物权和他物权，对所有权的使用、收益、处分等权能，对
罗马公民、自由人和外邦人的不同所有权和行省土地所有权，对
所有权的取得（包括时效取得）、转让和保护，都作了详致的法律
规定。罗马物法在以法律形式维护私有财产权方面，在古代世界
确实是最细密完备的。罗马物法中的继承法，确定以遗嘱继承为
主、法定继承为辅的原则，对这两种继承的各种形式和遗产继承
的接受、效力、保护、拒绝以及遗赠、遗产的信托等，都作了细
致的法律条文规定。继承法有利于奴隶主私有财产的传承，但在
法律形式上对后世也有普遍性的参考意义。罗马物法中的债法更
是得到充分发展，它是直接调整商品流转关系的法，反映了商品
交换的一般法权关系，恩格斯高度评价罗马法，尤其是针对债法
而言的。罗马的债法对商品经济中的法律行为有详致界定，对债
的意义、分类和债的发生、保全、转移与消灭作了极为详尽的规
定，对商品经济中债的各种契约形式也有细密规定。罗马的物法
高度发达，适应当时发展商品经济的要求，对近代资产阶级立法
产生了广泛的影响。

　　诉讼法是罗马私法的重要内容之一，是实现实体法的保证，因
为权利必须有诉权来保障，否则形同虚设，诉讼法的严格确立是
一个国家法制完善的标志。马克思形象地指出：审判程序是"法
律的内部生命"，它和法律的关系"就像植物的外形和植物的联系，
动物的外形和血肉的联系一样"。② 罗马的诉讼法虽然还没有从实
体法中分立出来，但是已呈现独立完整的形态，罗马大法官并且
可以凭借诉讼法，利用他们在诉讼中的主导地位，创造新的诉讼
方式或诉权，从而在审判案例中改革旧的实体法，促成罗马法不

---

① 《马克思恩格斯全集》第 1 卷，人民出版社 1957 年版，第 382 页。
② 同上书，第 178 页。

断发展。罗马的诉讼法对诉讼程序和法院组织有严格规定，诉讼程序随时代变迁不断改进，愈益具有开放性和灵活性。法定诉讼盛行于共和时代前期，只适用于罗马公民，它拘泥于形式，程序繁多复杂；在共和时代后期，商品经济发展，国土扩张，民间交往大量增多，原有的诉讼程序渐不通行，奥古斯都执政时废止了它。共和时代后期已盛行程式诉讼，它的对象已扩展为一切自由人、外邦人，承审员应原告请求作出一定审理程序的书状，写明要点和审判原则，然后交法官判决，这就简化了诉讼手续，适应日益扩大、复杂的经济与社会生活。帝制时代更实行非常程序的诉讼程式，整个审判由法官全权主掌，诉讼程序不拘泥于旧的形式或程式，当事人可聘请律师，不服判决的可上诉，它是罗马商品经济愈益普遍、中央集权日益加强的产物，是比较完备、成熟的诉讼制度，为近现代的西方诉讼制度打下了基础。

万民法是罗马私法体系的重要组成部分，其意思是"各民族共有的法律"。它用来调整罗马公民和外邦人以及与异邦人之间的民事法律关系，是私法中比较成熟、发达的部分。它适应罗马对外扩张后社会政治与经济关系的巨大变化，如民事和商事活动主体成分日趋复杂，商品货币经济及国际贸易的内容和形式甚为丰富等。万民法并非由立法机关制定，而是由罗马的外事行政长官颁布，并且被罗马国家用强制力保证实行。它的规范渊源于其他民族的习惯法，有一定的宽容性，没有罗马公民法那种狭隘的民族性和形式主义，更多着眼于调整商业关系，具有灵活、方便等优点。行政长官按自然法原则、自己的公平与正义观念所作的裁决，就成为万民法中最有生气的部分。万民法对罗马帝国协调众多民族的关系、保障发展帝国的宏大经济，起有积极作用。至公元 3 世纪初，帝国境内全体自由民均获得罗马公民权，万民法才不再有实际意义。

（三）罗马法的历史影响

罗马法是罗马文明中的伟大成就，它表现了罗马人凭借法制统治幅员辽阔、风云多变的大帝国的成熟才智。当时被罗马征服的国家和地区，无不实施罗马法而改变其社会秩序。如恩格斯所指出的："罗马的占领，在所有被征服的国家，首先直接破坏过去的政治秩序；其次，也间接地破坏了旧有的社会生活条件……到处都由罗马法官根据罗马法进行判决，从而使地方上的社会秩序都被宣布无效。"① 而在罗马帝国辽阔版图的众多民族的优秀思想文化交流中，罗马法也吸收了许多非罗马固有的进步法律制度，如希腊的抵押制度，西西里的消费借贷制度，埃及的契约制度，万民法中地中海地区通行的商法，等等，这种善于吸纳外邦优秀法律文化的包容性，也是罗马法具有强大生命力的原因。

19 世纪德国的著名法学家耶林说："罗马帝国曾三次征服世界，第一次以武力，第二次以宗教（指基督教），第三次以法律……惟有法律征服世界是最为持久的征服。"② 这种说法尽管有些夸大，但确实反映了罗马法对后世的巨大影响。西罗马帝国灭亡后，罗马法在拜占庭一度集大成而持续有影响，而在西欧，基督教的寺院法压倒了罗马法，封建割据又阻碍了法律的统一与施行，罗马法的光彩一度被湮没。至中世纪鼎盛期后，工商业兴盛，私有制商品经济复又得到重大发展，集权君主要凭借新的法制来对付割据的封建诸侯和罗马教皇权，罗马法便得到复兴。12 世纪意大利法学家伊尔涅里乌斯在波伦那创办法学院，讲授罗马法，四方学子纷至沓来就学，各国法学家、立法者都重视研究和应用罗马

①《马克思恩格斯全集》第 19 卷，人民出版社 1963 年版，第 331 页。

② 耶林：《罗马法的精神》，转引自周楠：《罗马法原论》上册，商务印书馆 1996 年版，第 11 页。

法。自文艺复兴至近代，西方资产阶级日益强大起来。西欧各国出现研究和普遍采用罗马法的热潮。其原因在于罗马法是调整私有制条件下商品经济的各种关系的法律，能适应资本主义生产关系和新兴市民阶层的需要；也由于当时欧洲各国君主反对封建割据，要建立中央集权的统一民族国家，要打破罗马教皇、教会和教会法的统制，罗马法在这种斗争中也能起有重要作用。研究罗马法先后产生四大著名学派：12 世纪至 13 世纪意大利的注释法学派即波伦那学派；16 世纪至 17 世纪法国以多诺为代表的沿革法理学派；17 世纪荷兰格劳秀斯的理性自然法学派；19 世纪德国以萨维尼为代表的强调法是民族精神表现的历史法学派。近代西欧大陆资本主义国家都是以罗马法典为基础来立法的，英国的私法也参照罗马法的原则。恩格斯指出，资产阶级国家立法可以"把商品生产者社会的第一个世界性法律即罗马法以及它对简单商品所有者的一切本质的法律关系（如买主和卖主、债权人和债务人、契约、债务等等）所作的无比明确的规定作为基础"。[①] 拿破仑于 1803—1804 年颁行的《法国国民法典》，曾被用作为近代与现代西方各国编纂新法典的基础，可谓第二个世界性法典，它也是以罗马法典为蓝本而制定的。

　　世界历史上有中华法系、印度法系、阿拉伯法系、欧洲大陆法系和英美法系等五大法系，罗马法是欧洲大陆法系的基干。古代许多著名法律如巴比伦的《汉穆拉比法典》（公元前 18 世纪）、印度的《摩奴法典》（公元前 3 世纪）、中国李悝的《法经》（公元前 5 世纪），都已成为历史的陈迹，只有罗马法至今仍在发生现实的效力。当今欧洲大陆各国及其原殖民地的国家、拉丁美洲各国和南非，其立法均深受罗马法模式的影响。日本明治维新后研究罗马法也盛极一时，对罗马法也有较多吸收。通过日本，罗马法

---

　　① 《马克思恩格斯全集》第 21 卷，第 346 页。

也影响中国，旧中国的民法即沿袭罗马法模式，我国现行的《民法通则》、《继承法》等也在一定程度上受罗马法原则的影响。罗马法作为国外优秀文明成果，对中国当今的法制建设，仍有一定的参考价值。

四、斯多亚主义和新柏拉图主义

希腊化时代的伊壁鸠鲁派、斯多亚派、怀疑论派和雅典学园派的哲学，延伸成为罗马哲学的主要内容。罗马深受希腊文化熏陶，并使之有所嬗变以适应时代变化的需要，这在哲学上也有明显表现。罗马哲学中斯多亚主义起有重要的社会影响，体现罗马文明的基本文化精神，而其他哲学的流变主要在学术圈子中发生影响，构成哲学史演进的环节。罗马斯多亚主义的显著特征是高度伦理化，它不再重视研究物理学（自然哲学）和逻辑学、知识论，而成为一种适应罗马帝国统治需要的社会伦理学和道德哲学。斯多亚主义在罗马帝国持续长存六百多年，致力于建构罗马社会的伦理道德秩序，和罗马法造就的法律秩序相辅相成，对罗马帝国的长久统治起有双重保证作用，因而它成为罗马文明的理论核心内容。而在罗马文明趋于衰落之际产生的新柏拉图主义，可以说是斯多亚派、怀疑论派、学园派以至新毕泰戈拉派哲学的综合，表明斯多亚主义已无力疗救罗马社会的腐败，而怀疑论哲学已将希腊哲学传统中的理性主义摧毁殆尽，于是哲学归依神秘主义的宗教。如19世纪德国希腊哲学史家策勒尔所述，"在希腊哲学施行了这种自我阉割之后，它精疲力竭地倒入宗教的怀抱"。[1] 新柏拉图主义及其有所吸纳的斯多亚主义，对在罗马崛起的基督教这种外来的一神教，一度抵制，发生冲突，最终被后者融合，就此

---

① 策勒尔：《古希腊哲学史纲》，山东人民出版社1992年版，第337页。

意义而言，这两种哲学对中世纪和后世的基督教文明的影响，不可低估。

（一）斯多亚主义在罗马帝国

早在共和时代后期，斯多亚派哲学开始在罗马传播。中期斯多亚派的代表帕奈提乌（公元前189—前109年）出身于小亚罗得岛的显贵之家，在帕加马和雅典学习哲学，公元前144年他到罗马大力传播斯多亚派哲学，创立斯多亚派团体。他和希腊历史学家波利比阿同为罗马执政者西庇阿的密友和顾问，他曾随西庇阿出征东方和游历。他的朋友和学生中有多位各国政界的要人，这也促使斯多亚派哲学得以在罗马社会上层传播。他已将斯多亚派哲学的重心转移在责任和德性等伦理问题上。他的著作《论责任》已失传，从后来西塞罗的同名著作中仍可见其基本思想和重要影响。他的学生波西多尼（约公元前135—前51年）没有直接在罗马传布哲学，但他在罗得岛创办学校，他的学说深受罗马贵族欢迎，庞培等达官贵人都曾访问他，西塞罗于公元前78年向他就学，并根据他的著作编译了《论神》、《论神的本性》、《论占卜》等书。在哲学上，他是沟通希腊和罗马、东方和西方的中介人。他使斯多亚派哲学更适应流行宗教，消除了这种哲学和罗马传统多神教的隔阂，这也有利于斯多亚主义入主罗马文化。斯多亚派进入罗马初期，就已显示出和它在希腊化时期的理论形态有所不同的两个特征：一是在和学园派、逍遥派辩论、交流中吸收柏拉图和亚里士多德哲学的某些成分，具有折中主义色彩，这也是罗马对希腊哲学与文化广采博纳的结果。二是贵族化倾向，它倡导符合贵族生活方式的德性观，强调社会责任和政治参与，为罗马共和国的政治制度和对外扩张政策提供理论依据。

将斯多亚主义改造成为罗马帝国政治法律统治之伦理基础的主要代表是西塞罗。西塞罗（公元前106—前43年）出身于富有

的骑士之家，年轻时即成为著名的律师，为两件大案辩护胜诉而
赢得声望。公元前79年至公元前77年他赴雅典和罗得岛广泛学
习希腊哲学和文化，他自称"不仅仅是取得了很大的进步，而且
几乎是脱胎换骨了"。他返回罗马后很快在政治舞台上崭露头角，
进入元老院，并先后任大法官、执政官。他执政时，发生了喀提
林策动暴动的阴谋事件，他临危不惧，召集元老院通过戒严令，发
表四篇《声讨檄文》，果断粉碎了未遂政变，被授予"祖国之父"
尊称。西塞罗生活在从共和制向帝制转变时代，他作为元老院贵
族势力代表，固守共和政制，尖锐抨击军事独裁，反对帝制的政
体变革。公元前60年罗马的"前三头政治同盟"形成，他作为恺
撒的政敌曾被放逐，内战爆发后他又支持庞培反对恺撒，庞培败
逃埃及被杀后，恺撒并未加害于他，对他的学术声望仍表敬佩。公
元前44年恺撒遇刺身亡后，他反对安东尼，次年"后三头政治同
盟"形成，他被安东尼派遣的刽子手杀害，割下头颅和双手，钉
在罗马广场示众。西塞罗不仅是著名的政治家、法学家，也是颇
有影响的哲学家和散文作家，一生著述甚为丰富，留下《论国
家》、《论法律》、《论责任》、《学园派》等大量著作。希腊哲学、文
化包括斯多亚派哲学在罗马的传播，主要得力于西塞罗的介绍和
拉丁文翻译。作为罗马散文作家之冠，他的哲学著作和散文细腻
典雅、温和周详、深入浅出，有利于斯多亚派哲学的普及，并为
后世保存了许多斯多亚派的资料。西塞罗对柏拉图、亚里士多德
的政治哲学和伦理学兼收并蓄，他的斯多亚主义也有明显的折中
主义色彩，他并将斯多亚主义和罗马的政治、法制实际相结合，使
它们奠立在独立于宗教的社会伦理基础之上。他虽因反对帝制被
杀，罗马进入帝制时代后，统治者仍采纳他的许多学说，来建树
伦理道德秩序。他的重要贡献有两方面：一是发展政治伦理，主
张以斯多亚派的自然、理性、正义观为根据建立宪政理论，使罗
马帝国有稳固的政制。二是发展了斯多亚主义的自然法哲学，首

先系统地阐明了自然法理论及其伦理依据，对推进罗马法起有重要作用。

塞涅卡和爱比克泰德将斯多亚主义进一步演变为罗马帝制鼎盛时代调和社会矛盾、进行伦理道德统治的思想工具。塞涅卡（公元前4—公元65年）是暴君尼禄的老师、显要大臣和豪富，尼禄登位后五年中，他曾辅助君主将社会治理得井然有序，后来则未能抑制尼禄的荒淫残暴，又未能躲过宫廷的阴谋斗争，被尼禄赐予自尽。他是一个有矛盾性格的悲剧人物，既忠于职守、反对暴政，意图凭借斯多亚主义伦理学建立清明政治，又屈服于暴政；既反对贪婪和奢侈，宣扬生活简朴，又接受尼禄赏赐的大量金钱、田庄、花园。他留下10卷文集，除10部悲剧（改编希腊原作）外，大多是伦理著作，包括《论仁慈》、《论恩惠》、《论幸福生活》、《论神意》和道德书信集等。他使斯多亚主义更为适应罗马帝制的统治需要，表现在两点：一是对斯多亚派哲学所讲的自然和理性，渲染了较浓烈的天命和神意色彩，强调世界性罗马帝国的臣民服从帝王和法律就是服从天命和神，提倡克制情欲、修身养性、磨砺德性，在人世苦难中反省、忏悔灵魂的罪孽。这和基督教已有异曲同工之调，所以恩格斯说他是基督教的"叔父"。二是论证王权的合理性，认为由天命和神意授权的帝王是国家的生命、上帝的镜子、臣民的父亲；同时他又从斯多亚派哲学的自然人性论出发，主张帝王要以仁慈、宽容、普世之爱对待臣民，以德治政，才能求得四海太平。他甚至说"奴隶只有他的身体受主人支配，而他的心灵是自己的主人"，[①] 也有自然法则赋予的自由本性，他并非否定奴隶制，只是主张对奴隶也应施与较宽松的"仁政"，以求帝国长治久安。爱比克泰德（公元55—135年）原是释放奴隶，曾从学斯多亚派的穆索尼乌斯。罗马皇帝多米利安统治时，斯多亚

---

① 塞涅卡：《论仁慈》，III. 28. 1—2。

派哲学家因卷入反对派政治活动而被逐出罗马,他也于公元89年被驱逐到希腊西北部山区的尼科波利斯,在那里办学校讲学至死,罗马皇帝哈德良和马可·奥勒留都是他的学生。他生前述而不作,他的学生记录他的言行编成的《爱比克泰德道德论集》和《手册》,在罗马深有影响。他论述天命、神意、自然、理性、世界公民的责任及仁慈、宽容、博爱等德性,和塞涅卡的理论相似,而他的天命观更有宿命论色彩,在道德上他鼓吹严格的禁欲主义,接近于犬儒学派。公元2世纪罗马帝制处于鼎盛时期,安敦尼王朝的图拉真等历代皇帝大多奉行塞涅卡和爱比克泰德的伦理道德学说,斯多亚主义成为统治意识形态的核心部分,在稳定社会秩序上起有重要作用。

马可·奥勒留(公元121—180年)的斯多亚主义已散发出悲凉气息,表明它已无力发展自身以疗救江河日下的罗马帝国。他是安敦尼王朝的第五代皇帝,"御座上的哲学家"。但他并不是柏拉图设想的统治"理想国"的"哲学王"。他生不逢时,罗马帝国兵荒马乱、动荡不安,已呈衰败之势。北方强悍的日耳曼部族伺机入侵,东部帕提亚人不断骚乱,国内叛乱、起义频发,经济衰落,加之罗马军队带回的鼠疫使众多村庄、城市沦为废墟。这位皇帝很敬仰、信奉爱比克泰德的学说,在戎马倥偬之际,用希腊语写下格言式的《沉思录》。这部著作表明,他一方面力图继续用斯多亚派的天命观、神道论和伦理道德,维系罗马帝国这个"世界共同体";另一方面,他哀叹"人类只是可怜的蜉蝣",人生无常、万物流转、天道轮回,在变幻莫测的苦难中,人只能听从命运的安排,惟求内心宁静,他的伦理学中有悲观主义宿命论的基调。斯多亚主义自他之后,也就衰落了。在他所处的时代,宗教斗争和政治斗争的联系愈益紧密。他是传统罗马多神教的信奉者,对当时崛起的基督教进行过血腥迫害,将这种异教的教徒视为"叛民",早期基督教著名神学家查士丁教士在迫害中殉道,连里昂和维也纳的基督教教会也受摧残，可见他说的"宽容"也是虚伪的。然而，他已开始主张理性和自然是从神那里流溢出来的，已可见新柏拉图主义的先兆；他和塞涅卡等人一样渲染人世苦难、反省赎罪和仁慈、博爱等，这和基督教的教义又相一致，所以后世有的罗马教皇很推崇他的学说。

（二）斯多亚主义的文化精神

斯多亚主义在罗马文明中占有重要理论地位。罗马斯多亚派哲学在一定程度上保留了希腊哲学的理性主义，但它不像希腊哲学注重思辩，而是注重于社会实际的运用。它为罗马帝国的法制、政制提供了社会伦理根据，它的道德学说对于调和社会矛盾、维系帝国社会基础起有重要作用，它对罗马帝国各种文化形式的发展也有深刻的思想影响。

斯多亚主义建立了自然法哲学，为罗马帝国的法制和法学的发展提供了理论基础。西塞罗在这方面的贡献最为显著。顺应自然、服从天命和神，是斯多亚派哲学的基本原则。西塞罗认为伦理道德是法的前提，"只有当我们解释了主要的和普遍的道德原则后，才能发现法与权利的真正基础"。[①] 伦理的正义涉及人性。理性是人区别于其他动物的本质属性，正义存在于人类社会。他强调自然是正义的基础，正确理性即符合自然，它是神、人之间天然、合理的交流渠道，这种普遍、永恒、惟一的正确理性就是罗马精神，使上帝和人类得以通过"法"联结起来。上帝是自然法的制定者与解释者，这种符合自然、理性、正义的自然法，适用于所有的人，是永恒不变的，使人们"都服从于同一规则和权威"，使世界人类结成"巨大共同体"，使人类造就"最合法和最

---

① 西塞罗：《论法律》，伦敦1876年版，第405页。

有美德的生活方式"。① 因此，自然法是根本法、真正的法，它表明 "法不是别的，就是正确的理性，它规定什么是善与恶，禁止邪恶"。② 它将伦理上的正当（right）和法学上的权利（right）结合起来，使法体现德性，因此，这种植根于自然的最高理性、体现正义的自然法，是一切人定法的基础，各种法律的制定必须遵从自然法的理性和正义，才能成为联结政治社会的纽带，才能保障国家、人民的安全和社会的幸福。任何人定法都不能使自然法失效，违反自然法的人定法是无效的。西塞罗依据斯多亚主义的社会伦理学说首倡自然法哲学，以后罗马法学家大多将它奉为理论根据，他对罗马帝国的法制和法学的发展确实深有影响。

　　斯多亚派哲学根据自然伦理建立的世界主义国家学说，为罗马帝国的政制和长期稳定的政治统治，提供了理论根据。西塞罗的《论国家》提出了以德性为基础的宪政理论，认为国家是履行德性、根据有关法律与权利的协议而结合的多民族共同体。这种观点显然已超越了希腊城邦的含义，适合领土辽阔的罗马帝国政治统治的需要。西塞罗探讨罗马共和国的历史发展和结构特征，认为罗马共和制是集中君主制、贵族制与民主制三者的优点，成为完善的混合政体。这种说法是美化罗马共和制的溢美之词。然而，符合斯多亚派国家学说的罗马政制，特别是鼎盛时期的共和制与帝制，确实既不同于希腊城邦政制，也有别于东方专制君主制，它们经历奴隶起义与平民斗争的冲击，历经制度变革，无论是共和制或是元首制，都保留了以法治国的一定的宪政形式，注意调和公民各阶层的利益，扩大奴隶制的社会基础，在中央集权统治的前提下，赋予各行省一定的自治权，这就保证了帝国统治一度长期相对稳定。斯多亚派哲学又鼓吹人人皆是兄弟的世界大同主义

① 同上书，第408、423页。
② 西塞罗：《论法律》，伦敦1876年版，第413页。

（Cosmopolitanism），认为理性是人的共同本质属性，包括奴隶、外邦人的所有人都受同一宇宙理性支配，人都有自我保存的本能，它表现为自爱，理性又使自爱的本能提升、扩大为爱家庭、朋友、同胞以至全人类，因之人所生活的社会必定是有普遍性的"国际城邦"、"大同国家"，它由适合所有人的法律和普遍伦理道德秩序所维系，源于同一世界理性。人人皆有善良意志和理性赋予的自然权利，甚至奴隶也有其应得的权利，不能对他们过于酷虐。斯多亚派的这种政治伦理，表现了某种宽容精神，适应了维护集权型世界性大帝国统治的需要。

斯多亚主义的德性论又为罗马帝国的稳定统治提供了普遍的道德规范。他们认为，德性就是人的行为秉承、体现理性，以理性克制情欲是磨砺德性的根本途径。塞涅卡主张帝王和官吏也要以道德自律，不可纵欲无度，酿成荒淫暴虐之君和奢华腐败的政治。他还强调帝王要以德治政、广施仁政，自身要有仁慈、宽容和普遍爱人的德性，这样才能以博大胸怀造就清明政治。斯多亚派对统治者的道德要求，也是一种统治艺术，安敦尼王朝的几代贤明之主是有所实践的。爱比克泰德的道德说教，鼓吹宿命论和禁欲主义，宣扬顺应自然生活就是服从神和天命，号召被统治的人们要以理性克制邪念肉欲，追求善、脱离恶就要服从天命所降的好运和厄运，尤其要以"配合"方式对待厄运，坦然忍受折磨而不怨天尤人，忍耐苦难而能保持理性和"自然感情"，在疾病、痛苦、羞辱中磨砺德性就是幸福。斯多亚派的德性论包含着对被统治民众包括奴隶的道德规范，要求他们安于现状，在苦难中修炼灵魂，它实在是一种道德安魂剂。

斯多亚主义对罗马帝国全盛时代的各种文化都有支配性影响，就此而言，它也表现了时代精神。从托勒密的宇宙论、天体学说到罗马的文学、艺术、史学等等，都可以发现斯多亚主义的思想印记。这里值得提起的是罗马斯多亚派哲学和罗马多神教的关系。罗马帝国的政治和宗教紧密联系，执政者都凭借传统的罗马多神教鼓吹政治权力秉承神意，以统治民众。斯多亚派哲学就其本义而言，继承希腊哲学的理性一神思想，主张自然、理性即上帝。而罗马的斯多亚派哲学则将罗马多神教巧妙地融合进来，包容在它的哲学外衣之内。它说最高的上帝支配理性和自然，他就是罗马多神教中至高无上的神中之王朱庇特，而其他的众神也秉承上帝的理性，是安排宇宙秩序和人世命运的支配者。所以，罗马斯多亚派哲学家都是罗马多神教的坚定捍卫者，对基督教这种异教、外来的一神教都采取排斥态度，乃至参与迫害。有的基督教教徒回驳斯多亚派哲学时就说：你们本来实质上和我们一样也是信仰一神的，为什么对基督教要横加排逐！后来基督教汲取斯多亚派哲学的成分，主要是它的理性一神的本义，以及宣扬爱的伦理、人世苦难与赎罪的思想。

（三）罗马文明趋衰中的新柏拉图主义

　　罗马帝国经历了公元3世纪的危机，逐步走向衰落。伴随着政治、军事和经济危机，在思想领域宗教神秘主义和迷信活动盛行，巫术、星相和占卜猖獗。在哲学上，理性主义低迷殆竭。斯多亚主义的神秘宗教气息愈益浓厚。后期怀疑论派艾奈西德姆、阿格里帕以相对主义的思辩"十论式"，否定了全部感性认识和理性认识的可靠性；塞克斯都·恩披里可则集怀疑论之大成，将泰勒斯以来希腊全部有理性主义精神的哲学，都作为独断论加以否定。在东方宗教影响下，新毕泰戈拉学派将毕泰戈拉派的奥菲斯教教义、柏拉图和斯多亚派的世界灵魂说糅合起来，宣扬神秘的精灵崇拜和禁欲主义。柏拉图学园曾长期被怀疑论哲学占据，后来学园派将怀疑论哲学驱逐出去后，它自身的独断论也蜕变为折中主义，将柏拉图后期的宇宙创造论和晚期斯多亚派、新毕泰戈拉派的宗教神秘主义结合起来。理性主义沦丧和哲学宗教化，可以说是罗马文明趋衰时期哲学思潮的基本特征。新柏拉图主义正是将这些宗教化的哲学思想，结集成古希腊以来最后一个哲学体系。它用神人合一的宗教式迷狂，补救怀疑论所摧毁的对终极存在的理性认识，将当时的全部宗教信仰和迷信披上哲学论证的外衣。希腊罗马的理性主义哲学传统终于凋落，而以彻底宗教化的新柏拉图主义为终结。在公元 3 世纪至公元 5 世纪的政治和宗教动乱中，罗马多神教和崛起的基督教的斗争非常激烈，同政治斗争交织在一起。新柏拉图主义作为适合"多神论的政治和爱国主义需要的一种表述"，① 和恪守多神教的一些罗马皇帝结成联盟，对来自外邦的基督教一直相抗衡，予以抵制和挞伐，乃至参与迫害。只是在西罗马帝国临近灭亡之时，基督教已蔚然成势，确立宗教思想的主导地位，新柏拉图主义哲学才被基督教改造和吸收。

　　新柏拉图主义的创始人普罗提诺（公元 204—270 年）生于埃及，28 岁时到亚历山大里亚师从阿曼纽斯学习哲学，又深受斐洛的犹太·希腊哲学的影响。他抱着到波斯了解东方宗教和哲学的动机，曾参加罗马对波斯的军事征服，失败后逃亡到安条克。40 岁左右定居罗马，50 岁时在罗马开办学园，讲授哲学。他所建立的新柏拉图主义，汇聚了当时各种宗教神秘主义，来重新解释柏拉图哲学，建构上帝派生宇宙的超自然世界图式，将人神关系置于道德修养的核心，强化了哲学和宗教的同盟。他的学园定期集会纪念柏拉图，标榜"回到柏拉图"的口号，其实是神化柏拉图，吹胀柏拉图学说中的神秘主义成分。他的学说吸引许多达官贵人，包括加里安皇帝和皇后，他曾说服皇帝拟在康帕尼亚建立一座"柏拉图城"，实现"理想国"的蓝图，后因遭大臣反对而搁浅。他写有 54 篇哲学论文，交由他的学生波菲利（公元 233—305 年）整理成 6 集，每集 9 篇，故书名为《九章集》。普罗提诺的新柏拉图

------

　　① 《剑桥古代史》第 12 卷，剑桥 1981 年版，第 188 页。

主义在公元 3 世纪至公元 5 世纪广为传播、蔚然成势，取代斯多亚主义的主导思想地位。一些皇帝和权贵意图用这种宗教哲学维系人心，巩固罗马多神教的统治，挽救罗马精神的颓势；基督教取得合法地位并进而被确立为国教后，它仍作为与之抗衡的思想势力存在。继普罗提诺和波菲利的罗马学派后，还有公元 4 世纪以扬布里柯为代表的叙利亚学派，公元 5 世纪普罗克洛的雅典学派和以女哲学家希帕蒂娅为代表的亚历山大里亚学派，它们的学说各有不同的演变。新柏拉图主义随着罗马文明终结，最终被融化在已强大的基督教哲学之中。

新柏拉图主义的本义也包含着神秘主义一神论的成分。它深受斐洛的犹太·希腊哲学的影响，现代西方有的学者指出它"建立在犹太的思想模式上"，"斐洛学说看起来像是普罗提诺的蓝图"。① 普罗提诺主张世界的最高、能动的本体是"太一"，它是无所不包、不可分割的先验、完满的本体，是神和善本身。它依次流溢出努斯（理智）和世界灵魂，这三重本体是统一的。普罗提诺系统地阐发这种"三位一体"理论，后来对基督教神学的支柱"三位一体"学说深有影响，虽然它们的起初含义并不一样。他在哲学上持一神论，但又受宗教与政治环境影响，相信星辰日月都是神明，信奉罗马传统多神教的众神，说他们都是模仿"太一"而存在的。努斯包括理念和数，后期柏拉图在《智者篇》中提出的存在、运动、静止、同一和差异等范畴都可表述它。物质世界的"质料"只是无规定的"非存在"，本是漆黑混沌；可感世界的规定性包括性质、运动、空间和时间等都来自三大本体，可感现实世界由世界灵魂所创造，是对理念世界的摹本，因而是有理智、有秩序、形象美丽的映像，显现崇高、壮丽的美，也适合诸多神明和精灵居住。普罗提诺又论述人的灵魂由三大本体派生，而身体

---

① G.H. 特恩布尔编：《普罗提诺〈九章集〉精华》，牛津 1984 年版，第 1 页。

只是形体，个人的灵魂既可以通过思辩和观照得以上升、追求神，也可以下降耽于肉欲的恶而不能自拔。据此，他的道德学说主张人应培植逐级升华的三种德性：公德即"政治德性"或"公民德性"，指顺从律法，仁爱地和人类同伴交往，生活于世界共同体；净化又称"沉思德性"，指灵魂回归理智中获得自由与幸福，并与审美相伴而净化灵魂，而掌握哲学的"辩证法"能使灵魂在努斯世界中更高地飞升；观照是最高德性，就是人与"太一"即神合一，这是一种神圣之爱的迷狂，是超越自我、洞见太一的神秘体验，波菲利说他的老师一生只有 4 次进入这种迷狂入定状态。由于新柏拉图主义也带上斯多亚派哲学的泛神论色彩，并打破人神之间不可逾越的界限，主张个人和神可直接沟通，所以在西方文艺复兴时期库萨的尼古拉等进步思想家，曾接过这种学说并注入科学理性和人文精神的新内容，用作为反对经院神学的思想武器，这种哲学对新教的宗教改革也有影响。这也是思想史上一种很错综复杂的现象。

新柏拉图主义在罗马帝国广泛传播，形成各种不同特色的学派。罗马学派的波菲利大力促进他的老师的学说传播，他又是一位杰出的希腊古典学学者，所写的《〈范畴篇〉引论》被译成多种文字，对中世纪经院哲学有很大影响，其中论述亚里士多德和柏拉图关于共相问题的分歧，引发了中世纪的唯名论和实在论的重大论争。他还和基督教展开论战，站在希腊哲学的理神论立场否认耶稣基督的神性，所著 15 卷《反基督教》流传甚广，而终被灭绝。公元 4 世纪他的学生扬布里柯建立叙利亚学派，其支派帕加马学派也很有影响。扬布里柯使新柏拉图主义有更浓重的新毕泰戈拉主义色彩，宣扬宗教蒙昧主义，使罗马多神教更带上巫术成分，巫术成为人神感通的迷狂方式。罗马皇帝背教者朱利安（公元 331—363 年）就是扬布里柯的崇拜者，从属帕加马学派，他在位 3 年，改变君士坦丁帝承认基督教的政策，恢复独尊多神教。

至公元 5 世纪初，以普罗克洛为代表的雅典学派将新柏拉图主义按照"三位一体"原则，演绎成一个烦琐的体系，后来成为经院哲学的一种模式。亚历山大里亚学派不固守罗马多神教，对基督教持中立态度，注重对希腊科学和柏拉图、亚里士多德的学说作客观、严肃的研究，后来使东罗马帝国的基督教（东正教）采纳希腊的科学、哲学成为可能。这派的代表希帕蒂娅在当地开办学校，深孚众望，她精娴希腊科学和哲学，端庄秀丽，富有才华，公元 415 年却被尼特里教派的僧侣和基督教暴民在宗教狂热的骚乱中野蛮杀害，竟在教堂剥掉衣服用牡蛎壳刮肉后火焚，至为残忍。她的学生西尼修则力图将新柏拉图主义和基督教结合起来，他本人于公元 411 年成为基督教的主教。东罗马帝国皇帝查士丁尼于公元 529 年下令关闭雅典的一切哲学学校包括柏拉图学园，以利基督教神学的绝对统治，辛普里丘等新柏拉图主义者被迫流亡波斯。这一事件标志新柏拉图主义和全部古希腊罗马哲学的终结。

五、科学技术、文学艺术和史学

罗马的科学技术、文学艺术和史学，在共和时代后期和前期帝制时代，特别是奥古斯都和安敦尼王朝统治时期，逐步达到高度繁荣和发展。罗马文明的这些精神文化形式，接受、模仿希腊文化，而又赋予本民族的创造性特色，为后世西方文明留下了深有影响的遗产。

（一）科学技术

历来有一种看法，说罗马人在军事、政治和法律方面是天才，在科学方面是十足的低能儿，对希腊古典时代和希腊化时期留下的丰富科学遗产几乎没有增添新的贡献。这种见解并不确切。罗马人在理论自然科学方面确实较少创新的建树，远比希腊人逊色，这大约是由于罗马民族不像希腊民族那样很早形成自然哲学传统，希腊哲学进入罗马后，怀疑论哲学已在动摇、摧毁科学理性，斯多亚派和伊壁鸠鲁派的哲学专注于伦理道德问题，而后的哲学都趋向宗教化，这种哲学环境必定会造成罗马人的思辩科学理性不如希腊人。然而，罗马民族有较强的实用科学理性精神，它表现在两方面：一是将古希腊以来的科学知识加以综合，乃至集大成为知识体系，在保存希腊科学知识中又有所发展；二是注重于将科学知识运用于生产实践，技术科学相当发达，从而创造了古代西方世界最高度发展的生产力。在这些方面，罗马民族也有超越希腊民族之处。

罗马人综合、发展希腊科学，在天文学、医学、汇集全部自然知识和工程技术等方面，都有较大成就。

天文学研究的重镇在亚历山大里亚。罗马的历法原来和希腊人一样受希帕库斯影响，采用阴历，即用月亮周期作为记年标准，使用起来很不方便。恺撒征服埃及后，接受亚历山大里亚天文学家索西吉斯的建议，有所改造地采用埃及阳历，比较精确地符合节气变化，对农业生产有利，很受欢迎。此历法用朱利安·恺撒之名命名，我国取朱利安之名翻译为儒略历。它在西方一直沿用，至公元 1582 年，罗马教皇格里高利十三世又将它改进为至今我们所用的公历。罗马的历法改革表现了实用性和科学性结合。亚历山大里亚的著名科学家托勒密（约公元 85—168 年）则是古希腊以来天文学的集大成者。他生活在安敦尼王朝的升平年代，在希腊化时代希帕库斯工作的基础上，综合并发展了前人的研究成果，写了 13 卷《天文学大成》，后来阿拉伯人翻译时推崇备致，改名为《至大论》（*Almagest*）。此书详致讨论了地心说天文体系的基本模型及用来描述它的数学工具球面几何、球面三角，太阳、月球的运动，日月地之间的距离和月食、日食现象，恒星和岁差现象，五大行星的运动，等等，提供了 1022 个恒星的位置及亮度，这是古代最完备的星图。他设计天体系统的几何结构，是由80个圆形轨道构成的复杂的本轮、均轮偏心模式。他的许多计算和推测比较准确，如算定月地距离为地球半径的49倍，与现今计算接近。托勒密的天文体系接受希腊传统和斯多亚派哲学的地心说，而它由于较好地符合了望远镜发明之前的天文观测，所以在西方盛行一千多年，至于它被经院神学僵化、利用，不应由托勒密负责，托勒密体系在天文学史上有很高的历史地位。他还写过8卷《地理学》，描绘了罗马军团征服各地后所了解的世界地图，已包括马来半岛和中国。他推测的地球是偏小的，但这个错误的数值，后来使哥伦布有勇气从西班牙西航，意图到达印度，结果却发现了美洲新大陆。

罗马人重视医疗卫生事业，在各行省、城市都设有医疗中心、医院和医学院。生活于公元元年左右的塞尔苏斯用拉丁文写过多部著作介绍希腊科学知识，只有医学著作留传下来，被视为医学百科全书，人们称他是"医学上的西塞罗"。他的医学知识得自希腊人，但他在临床实践基础上又自成体系，对西方医学深有影响。在外科和解剖学方面尤其有贡献，书中已写到扁桃体摘除术、白内障和甲状腺手术及外科整形术。意大利文艺复兴时期他的著作被医学界很为推崇，当时著名化学家帕拉塞尔苏斯的取名，就是"超过塞尔苏斯"的意思。稍后于塞尔苏斯、生活于公元1世纪的第奥斯可里德著有5卷《药物百科全书》，记载600种药物及其特性，也是罗马医学的重要成果。最负盛名的医学家是稍后于托勒密的伽伦（公元129—199年），他是希腊罗马古典医学集大成者。他出生于小亚的帕加马，曾在亚历山大里亚学医，高超的医术使他声名远扬，马可·奥勒留皇帝曾召他为御医。据说他写有131部著作，迄今保存83部。他系统总结了希波克拉底以来希腊罗马医学的成就，又基于自己大量的解剖和临床实践，创立了自具特色的医学理论体系。罗马社会禁止人体解剖，他通过猕猴解剖推测人体构造。他指出肝脏造血，心脏在血液中注入生命灵气，动脉输送血液而给全身活力，大脑则将生命灵气变为灵魂灵气而有表象、记忆、思维功能，从中可见斯多亚派哲学的印记。他说血液流达全身就被吸收，这种错误见解至17世纪哈维建立血液循环学说才被纠正。他的病理学继承传统的四体液说，主张治病主要靠调节、排除过剩或腐败的体液。他受斯多亚派哲学影响，倾向泛神论与理性一神论，认为神透过自然法则起作用，尖锐抨击巫术和符咒。他的宗教哲学倾向易得到基督教教徒和后来伊斯兰教教徒认可，所以他的著作在日耳曼蛮族入侵时全都毁失，却被阿拉伯学者保存。他奠定了西方医学的基础，在一千多年间，他都是西方医学遵从的绝对权威。

综合古希腊以来全部自然知识的宏图，是博物学家老普林尼（公元23—79年）在毕生辛勤工作中实现的。他年轻时曾参军指挥作战，辗转欧洲各地，积累了大量自然知识。公元69年后他先后任西班牙行政长官和意大利西海岸海军司令。公元79年维苏威火山大爆发，庞培城被火山灰埋没，他率众抢救灾民，又亲赴火山区考察实情，不幸中毒气身亡，为探索自然的奥秘献出生命。他勤于治学，手不释卷，学识渊博，至公元77年积毕生心血发表37卷巨著《自然史》。这是一部百科全书，内容遍及天文、地理、动物、植物、医学、农工百业、语言文字、艺术等所有知识领域，以古代近500位作者的二千多本著作为基础，分列34707条目汇编而成，这为后人研究古代自然知识提供了珍贵依据。老普林尼受斯多亚派哲学影响，有泛神论倾向，主张惟一的神即自然，人是自然的中心，神不干预人世事务，这种一神论与人类中心论能被基督教认同，因而他的著作也能留传于世。由于当时宗教迷信的影响，他的著作缺乏批判的鉴别力，许多荒谬的传说如美人鱼、独角兽之类的东西，都良莠不分地搜集在内。

罗马人的实用科学理性又表现在，他们擅长于在应用技术中将科学知识变为现实的生产力。罗马的手工业技术如冶金、建筑工程、制革、纺织以及农业技术等相当发达，有许多运用物理和生物知识的农业、工程机械方面的发明创造。罗马帝国修筑大量公路和桥梁，总长达 8 万公里，"条条道路通罗马"。罗马帝国的市政建筑如广场、剧场、公共浴室、引水道、竞技场、图书馆等，由于广泛使用水泥和拱券结构，规模宏大，坚固牢实，被视为罗马文明的骄傲。许多城市的引水道逢山凿洞、遇水渡槽，堪称世界一绝，单是罗马城的引水道就有近 200 公里之长。

罗马帝国的技术科学家留下不少论著。农业技术最早发展，早在公元前 2 世纪中期，罗马著名监察官老加图就著有《农业论》，论述农庄经营和农学知识，这是西方最早的农作物种植与经营的著作。公元前 1 世纪瓦罗的《农业论》和公元 1 世纪科鲁美拉的《论农务》，更为全面地总结罗马的农业科技成果。公元前 1 世纪至公元 1 世纪罗马的工程技术科学家人才辈出，恺撒的军事工程师维特鲁维写有 10 卷《论建筑》，广泛论及建筑学原理、建筑史、神庙建筑、城市整体规划、民居和居室设计、供水技术等，是建筑学的百科全书，维特鲁维被称为西方建筑学的鼻祖。曾任罗马水道工程监察官的弗朗提努著有几部关于供水工程和大地测量的著作。亚历山大里亚的工程师赫伦在工程技术发明创造上最有名。他著有《测地术》，他的测地技术在几百年间一直被沿用。他所著《机械术》记载了许多机械工具的发明，他本人发明制造了滑轮系统、双缸单程鼓风机、照准仪等许多实用机械和仪器。他还发明了蒸汽反冲球，利用水蒸气冲击空心金属球转动，它虽只是精巧的玩具，却可看做蒸汽机的雏形。

（二）文学艺术

罗马的文学艺术以希腊为师，而渐具自己的民族特色。早期罗马只有一些宗教仪式的诗歌和笑剧式的对话，无文学创作。公

元前 3 世纪南意塔林敦的希腊释放奴隶安德罗尼库（公元前 284
年—前 204 年）将荷马史诗《奥德修》翻译成拉丁文，这是罗马
的第一部文学教本。南意坎佩尼亚人尼维乌斯翻译了多部希腊悲
剧和喜剧，写了 7 卷本史诗《布匿战争》，以希腊式诗体记述第一
次布匿战争，开启了罗马文学自身的创作。罗马名将西庇阿大力
引进希腊文化，属于他的集团的"罗马诗学之父"埃尼乌斯（公元
前 239—前 169 年），摹仿荷马史诗创作《年代记》，记述第二次
布匿战争。保守贵族老加图竭力抵制希腊文化包括斯多亚主义进
入罗马，惟恐销蚀罗马传统道德，但他未能阻挡在希腊文学广泛
影响下，罗马文学自身走向成熟。出身平民的喜剧作家普劳图斯
（公元前 254—前 184 年）创作喜剧 130 部，留传至今 21 部。他生
动刻画罗马社会中军官、商人、放高利贷者、妓女、吝啬鬼、浪
荡青年和机智风趣的奴隶等各阶层人物形象，嘲笑富人、贵族的
贪婪本性，对奴隶表示同情，深受下层民众喜爱。他的喜剧有现
实主义特色，对后世莎士比亚、莫里哀很有影响。之后，出身北
非奴隶的泰伦提乌斯（公元前 190—前 159 年）获小西庇阿文化集
团庇护，以高雅纯净的希腊文风创作《婆母》、《两兄弟》等喜剧，
传世 6 部，反映新老道德矛盾，而有希腊新喜剧特点。他的名言
"我是人，人所具有的我都具有"，标志罗马的人文精神。在共和
制向帝制转变时期，一代雄才恺撒曾学习希腊修辞学，其散文深
得阿提卡文风之精髓，所写传世的《高卢战记》、《内战记》，记载
他经营高卢、对高卢人和日耳曼人的战争、两次入侵不列颠的经
过，以及消灭庞培的战争，文风简明凝炼、朴实无华，成为罗马
家喻户晓之作，后世学习拉丁文的启蒙读本，连政敌西塞罗都称
赞它们"不事雕琢，直率而优美"。西塞罗的散文成就更高出一筹，
传世的 57 篇演说辞和 900 篇书信，融合阿提卡和罗马传统的文
风，形成结构匀称、句法严谨、词汇优美、精心雕琢而又自然流
畅的风格，被后世奉为"拉丁散文的泰斗"。

奥古斯都统治帝国四十余年，罗马文化达到全盛。奥古斯都针对内战后罗马公民颓废苟安的倾向，强调发扬传统宗教和道德精神，培养公民的责任感，宣传罗马的历史使命。他的亲信麦凯纳斯吸引当时杰出的作家，为元首的文化政策服务。罗马诗歌经过数百年历练，已臻顶峰，产生了深具罗马民族风格的三位伟大诗人。

维吉尔（公元前70—前19年）出生于北意富裕农民家庭，在罗马学过法律、哲学，后以写诗为业，是麦凯纳斯文学团体成员。他的早期作品《牧歌》摹仿希腊田园诗，而又吟歌意大利恬静优美的乡村生活和纯洁的爱情，融入哲理意趣，一问世即被广为传诵，受到奥古斯都重视，据说，他正好战胜埃及归来，在小镇听维吉尔吟诗长达4天。之后，维吉尔应麦凯纳斯之约，为吸引流散农民回农村，写下4卷《农事诗》，类似古希腊赫西俄德写田功农时的教谕诗，歌颂丰饶的自然、劳动者的辛勤与和平的生活，赞美斯多亚派哲学的神是主宰自然的伟力。在奥古斯都的授意下，维吉尔全力投入史诗《伊尼阿斯》的创作，历时11年，共12卷、近万行，逝世前未完全修改定稿。这是罗马的"荷马史诗"，描述罗马祖先维纳斯女神之子伊尼阿斯，在特洛伊城破后，负父携子经西西里逃至迦太基，和女王狄多相爱结婚，后因神命所遣他奔赴意大利，女王悲愤自杀。他终于来到拉丁姆，获国王拉丁努斯盛情款待，并以女儿相许，婚事遭鲁图利亚王图尔努斯嫉恨，伊尼阿斯在交战中杀死情敌而立罗马之国。显然，这部史诗取材于虚构的民间传说，但它歌颂罗马祖先的丰功伟绩，激发爱国精神，传说的伊尼阿斯又是恺撒和屋大维家族的远祖，表明奥古斯都统治也是天命所为。荷马史诗活泼明快，这部史诗则严肃、深沉、哀怨，故事跌宕起落，更有戏剧性，战斗场面惊心动魄，情爱缠绵催人泪下，显示作者博大精深的诗才和功力。这部史诗对文艺复兴和古典主义文学思潮有巨大影响。

　　贺拉斯（公元前65—公元8年）原是南意大利释放奴隶的儿子，年轻时赴希腊深造，内战时参加过共和派军队，后转而依附元首统治集团，受麦凯纳斯庇护。他的早期诗作《讽刺诗集》歌颂和平淳厚的生活，讥刺罗马奢靡败坏的世风。他后期所写的4卷《颂歌》和2卷《诗简》使他享有盛名。颂歌以优雅的抒情赞美屋大维及其提倡的淳朴道德。《诗简》中一封诗体信《诗艺》是文艺理论的问答，发挥亚里士多德的诗摹仿现实说，肯定诗有寓道德教诲于艺术美的教育作用，主张罗马新诗应继承希腊古典诗的形式，体现民族精神的内容。他所提出的古典主义创作原则对后世很有影响。

　　命运乖变不济的诗人奥维德（公元前43—公元18年）出身于富裕的骑士家庭，早期所写《爱情诗》、《古代名媛》和《爱的艺术》风格纤巧，使他确立了情诗奇才的声誉，但他触犯了奥古斯都倡导的澄清风俗、恢复古风之令，致使他晚期被放逐黑海之滨。在流放中他创作了15卷《变形记》，讲述了250个奇异的神话故事，从开天辟地一直讲到罗马恺撒等人化为日月星辰，其中不少故事是改造希腊神话而来，主人公最后变成飞禽走兽、奇花异木，极富想象力，创作手法狂放怪诞、不同凡响。这部作品在文艺复兴时期很流行，成为当时著名雕塑家的创作题材来源。

　　奥古斯都之后到安敦尼王朝的"白银时代"，罗马文学也有一定成就。如彼特隆纽斯曾是尼禄的亲信，畏谗自杀，他的小说《萨蒂里卡》是欧洲文学史上最早的一部流浪汉小说。公元1世纪末的朗吉努斯用书信体写的文艺理论作品《论崇高》，主张庄严伟大的思想和强烈激荡的情感才能造就艺术作品的崇高美，它在西方美学史上有一定地位。公元2世纪中叶的琉善被恩格斯称为"古希腊罗马时代的伏尔泰"，[①] 写了大量机智、深刻的讽刺散文，

----

　　① 《马克思恩格斯全集》第3卷，第148页。

将各种宗教、迷信包括基督教信仰都鞭挞得体无完肤，罗马富翁、官吏也是他嘲笑的对象。他的无神论思想在罗马哲学史上也是一颗闪射异彩之星。

罗马的建筑和雕刻艺术在伊达拉里亚和希腊艺术的影响下，表现了综合古典文化的大势，逐渐形成自己的民族风格。公元前2世纪以来水泥（火山灰搅拌沙石制成）和大理石的广泛应用，促进罗马建筑和雕刻的繁荣、发展。

罗马的建筑艺术气势恢弘，所建的神庙、广场、凯旋门、会堂、剧场等，是建筑艺术史上的辉煌成就。罗马人继承、发展了希腊建筑的柱式体系的精华，在壮实的多立斯柱式基础上，形成了简朴的托斯堪柱式；后又综合精致灵巧的伊奥尼亚柱式和雍容华贵的科林斯柱式，发展为集合柱式。这样，罗马人将古典柱式由三种发展成为五种，构成建筑艺术传统的主轴。罗马在古代建筑艺术史上的又一突破是广泛采用拱券技术，并将它和柱式结合，发展出半圆形拱顶、四方（交叉）拱顶和穹隆圆顶，使建筑物内部空间宽阔高敞、富有气韵。罗马的广场是在开阔空地配以各种重要公共建筑，是政治、经济和文化中心场所。从公元前7世纪末修筑罗马广场以来，历代兴建不绝，如恺撒广场、奥古斯都广场、和平广场、涅尔瓦广场、图拉真广场等，一个比一个豪华。神庙是罗马人的宗教活动中心。早在公元前509年就建有供奉罗马神灵朱庇特、朱诺和密涅瓦的卡彼托林大神庙，属木石结构的伊达拉里亚建筑风格。公元前4世纪中叶后，罗马神庙采用希腊柱式体系，但神庙主殿从正方形变为长方形，这也是后来西欧基督教罗马公教教堂和希腊教堂的区别所在。罗马帝国容纳各民族的传统多神教，为了表达这种兼容并包诸民族宗教的博大胸怀，奥古斯都的女婿阿格里巴兴建了最著名的万神庙，此神庙曾被毁，又由哈德良皇帝重建。殿堂为通体浑圆穹隆式，平面直径43米，圆顶端点距地面也为43米，圆顶中央直径9米的天窗供采光，圆顶之下除边墙外无支撑物，高大空敞、坚强牢固，应用拱券原理有巧夺天工、出神入化之妙。它巍然屹立至今，是西方建筑竞相仿效的对象。罗马剧场有半圆形、圆形两种，多建于平地，不同于建于山坡的希腊剧场。罗马的最为宏大、著名的科罗西姆大剧场于公元 69 年至公元 80 年为纪念镇压犹太人起义的成功而建，平面为椭圆形，长径 185 米，短径 156 米，外墙高 48.5 米，有多层级的观众席，可容纳 5 万人。整个剧场分层采用不同风格的柱式，配以拱券，坚实宏伟，达到力与美的高度统一。它用于表演角斗、斗兽和海战，当年曾有多少奴隶角斗士在此洒血丧身。古人说"科罗西姆倒塌，罗马就要灭亡"。如今它有较大破损，仍大体可见它当年恢弘的风貌，成为现代体育场建筑的摹本。

罗马的雕塑也达到很高的艺术成就。共和国初期的青铜母狼雕像（现存于卡彼托林博物馆）是伊达拉里亚匠师所作，反映母狼哺乳罗马建城者罗慕路斯兄弟的传说，后被选为罗马的城徽，是罗马民族精神的象征。罗马人热爱并复制了许多希腊雕像，使我们还能见到已失传的希腊珍品的复制品，这也是罗马人的一大功绩。罗马充分吸收希腊雕塑善于塑造人物形象、布局和谐有序的优点，以写求实为创作方向，发展了自具民族特色的雕塑艺术。它主要有叙事浮雕和肖像雕塑两类。叙事浮雕以反映重大公共事件和历史场景为主要内容，佳作迭出不穷，如和平祭坛上的浮雕表现奥古斯都巡视各省后举行和平大祭，大地女神形象健美丰盈、端庄典雅。图拉真纪功柱高达 38.7 米，纪念图拉真皇帝征服达西亚（今罗马尼亚），通体绕以宽 1.25 米的浮雕带，带长达 200 米，刻画人物 2500 个，表现情节场面 155 项，采用多视角表现手法，代表了古典浮雕的最高水平。肖像雕塑源于罗马人的祖先崇拜，后来为贵族、帝王、政治家、诗人、哲学家制作雕像成为时尚，有青铜或大理石制的全身像、胸像、头像、群像等多种形式。其中如庞培、恺撒、奥古斯都之像性格鲜明、神态逼真，至今立于卡彼托林广场的马可·奥勒留皇帝的青铜骑马像昂首稳步而行，皆是世界雕塑艺术中的杰作。

古代绘画能保存至今的很少。维苏威火山埋没的庞培等 3 座城镇，为今人保存了约 3500 幅壁画，比以往从古典世界发现的全部壁画还多。大部分珍品已移存那不勒斯考古博物馆。其中有一些是希腊绘画的复制品，相当珍贵。庞培城的壁画用于建筑物的装饰，大多表现希腊与罗马的神话，也有反映世俗生活、男女爱情、自然风光和典雅人士、市井人物的，还有静物画。题为"读书的少女"的壁画刻画妙龄少女倾神专注于书本，神态娴静，堪称绝品。题名为"春"的壁画抒写少女缓步行走在花园中采撷花朵，可与文艺复兴时期艺术大师波提切利的同题材绘画相媲美。

(三) 史学

罗马史学也是在希腊文化影响下诞生和发展的。最早的罗马史是希腊历史学家波里比阿撰写的。罗马到第二次布匿战争结束时才产生自己的历史著作。罗马第一位历史学家费边·皮克托（约生于公元前 254 年）曾任罗马执政官，他所写的《罗马编年史》记述神话时代至第二次布匿战争的史事，最早提出罗马起源于特洛伊人之说，可惜此书已散佚。恺撒时代的罗马史学有长足进步。恺撒的《高卢战记》、《内战记》既是散文杰作，也是史学名著。他的追随者萨鲁斯特（公元前 86—前 34 年）曾任保民官、努米底亚总督，恺撒被刺后归隐林园、潜心著述，所写《罗马史》已佚失，而传世的《喀提林叛乱记》、《朱古特战争史》，记述了平定罗马贵族喀提林叛乱事件和对努米底亚国王朱古特用兵史事，这两部书是了解罗马共和时代末期政事的重要著作。罗马史学的全盛也是在奥古斯都时期至公元 2 世纪的安敦尼王朝，涌现了李维、塔西陀等一批杰出的史学家，他们的历史观深受斯多亚派哲学的天命观和伦理道德观的影响。

李维（公元前 59—公元 17 年）出身于北意帕多瓦的富贵之家，后赴罗马定居，深得屋大维宠幸，曾任其继外孙、未来皇帝克劳狄之师。他倾毕生心血写成 142 卷通史巨著《罗马自建城以来的历史》，现仅存 35 卷。此书记述罗马建城至奥古斯都时代长达 800 年的政事，开创了西方史学中的通史体例。他写历史著作的目的是宣扬爱国主义和以道德教诲垂训后世。他生动地描绘先人创业之艰难，歌颂罗马是最伟大、高尚的国家，涌现无数英雄人物，社会风尚廉明，崇尚清廉和节俭，这些都符合屋大维的文化政策。他评价历史人物实事求是、客观公允，甚至表现了对共和时代的留恋和对庞培的颂扬，但因他努力激发爱国热忱、纠正世风时弊，屋大维只戏称他是"庞培党羽"，而仍尊重他的忠实叙事的史笔。他用天命观解释历史，认为罗马人是"天命所归"的民族，他们所以能统治地中海世界，是顺应自然和神的意旨，奥古斯都能开创元首政制、缔建伟大帝国，也是天命支配历史发展的必然结果。他主张史学的独特功用是从中引出道德教训，他的历史著作褒贬分明，意存劝戒，以斯多亚主义的道德标准扬善戒恶，使后世从政者获得借鉴。他的著作文词华美、辞章典雅、笔调生动、铺陈细致，在治史上虽疏于考证，不如修昔底德那样严谨，但他开创了修辞史学的古典传统，对西方史学的影响相当深远，他的拉丁散文的优美风格也被后世奉为楷模。

塔西陀（约公元 55—120 年）堪称为罗马史学中的修昔底德。他出身于小贵族之家，后以博学多才受元老院器重，他在成为执政官阿格里可拉的女婿后迅速升迁，历仕涅尔瓦、图拉真等三帝的王朝，曾任大法官、执政官和外省总督。他治史视野广阔，观察敏锐，写有 4 部史学名著。《阿格里可拉传》歌颂他的岳父出任不列颠总督时的政绩，但大量记述了早期不列颠岛民众的生活、习俗和制度，不仅为民俗学、人类学提供了宝贵资料，也是研究古代不列颠历史的重要依据。《日耳曼尼亚志》是他驻节北部边疆后所写，他熟悉日耳曼人从氏族向国家转变中的社会组织和生活习俗，此书是最早全面记载日耳曼人社会生活的珍贵文献，恩格斯曾引用它的材料来研究古代日耳曼人社会。16 卷《罗马编年史》（今仅存第 9 卷和一些残篇）记述屋大维逝世至尼禄覆亡的历史，12 卷《罗马史》（今仅存前 4 卷和第 5 卷片断）记述尼禄死后至图密善称帝时的史事，两部书相衔接，成为公元 1 世纪的罗马当代史，恰好是李维著罗马史的续篇。这两部著作是研究罗马前期帝制政事的史学名篇。由于受元老院影响，塔西陀留恋贵族共和制，对帝制深为不满，书中着力歌颂共和时代的自由、道义和英雄精神，批判帝制时代的专制压迫、文网密织、世风日下、立国精神沦丧，对专制帝王的凶残腐化和佞臣的阿谀弄权鞭辟入里。他主张天命支配人世的历史循环论，认为历史和道德一如万物经历循环更替，历史学家应有道德家的立意，要"善善恶恶，贤贤贱不肖"，赏善戒恶，以促进个人和公共道德水平。他又主张历史写作贵在纪实，史学家应"不怀怨毒之情，不存偏私之见"，秉笔直言，他的史书基本上是实录。但是由于他怀恋旧共和制、对帝制心存敌意，记叙历史难免也有偏颇。他是文章高手，落笔凝练，言简意远，有丰富的政治经验而敏于观察，在叙述罗马政治事件和人物时独具慧眼，对许多"神明"帝王褫其华衮，示其本相是阴谋家、野心家，是"戴着皇冠的恶棍"。他和西塞罗、李维被并称为拉丁散文三大家。

安敦尼王朝后期还有三位著名的历史学家，各以独具一格的成就丰富了罗马史学遗产。普卢塔克（约公元 46—120 年）出生于希腊中部的喀罗尼亚城，学识渊博，以硕学通才知名，曾任图拉真、哈德良两帝之师和执政官。他毕生勤于著述，作品有 227 篇之多，后人辑其存篇编为《传记集》（又名《希腊罗马名人合传》）和《道德论集》两书。他在哲学上受柏拉图学园派和斯多亚派的影响，信奉天命、神明、理性、世界灵魂和世界主义政治，认为历史传统应当表现"人物身上所体现的灵魂",其核心精神是伦理道德。《传记集》是西方流传甚广的名著,全书50篇中除4篇为一人一传外,46篇各以一位希腊名人配一位罗马名人,共23组合传,旨在说明希腊和罗马文明的相通与伟大。此书文笔行云流水,瑰丽多姿,生动有致,在西方开创了文学传记的传统。苏托尼厄斯(公元75—160年)曾任哈德良皇帝的侍从秘书,熟悉皇室档案文献,他所著、传世的《罗马十二帝王传》,史料确凿可信,叙事细致入微,开创了西方的历史传记学传统。阿庇安(公元95—160年)是罗马帝国最后一位卓杰的史学家。他原是亚历山大里亚的希腊人,曾任马可·奥勒留皇帝的修辞学教师,晚年出任埃及总督。他写的巨著24卷《罗马史》(今存11卷)是纪事本末体通史,按战争等重大事件编写自罗马立国至庞培称雄又灭亡、奥古斯都崛起取胜的历史,记述西班牙、布匿、伊里利亚、叙利亚、米特拉达梯等重大战争甚为细密,写向帝制过渡的内战史为后世提供了许多珍贵的史料。他处在盛世之末,斯多亚派哲学的宗教色彩浓重,他也相信天意、神兆等;但他的著作没有伦理道德的说教,也不用神意解释历史发展的原因,他重视社会经济在历史事件中的重大作用,这在古代罗马史学家中是惟一无二的。马克思称赞说"他极力要穷根究底地探索这些内战的物质基础";[①] 恩格斯说在关于罗马共和国内部斗争的史料中,只有阿庇安一人清楚明白地告诉我们这一斗争是"为土地所有权进行的"。[②] 他还揭露了罗马帝国对外征服、掠夺的暴行,记述了各族人民的反抗斗争,这在古代史家中亦不多见。他的文笔清新自然,在修辞史学中以质朴淡雅独树一帜。在他之后,随着基督教的崛起及其国教地位确立,基督教神学世界观逐步统治罗马文化,罗马的史学也就蜕

① 《马克思恩格斯全集》第3卷,第148页。
② 《马克思恩格斯全集》第30卷,第159页;第21卷,第47页。

变成为一种基督教史学了。

六、早期基督教

公元 1 世纪前叶产生而后逐渐壮大的早期基督教，是罗马文明中对后世西方最有巨大、深远影响的一个组成部分。西方的中世纪文明和近代文明，在很大程度上是围绕基督教的斗争而展开的，现今对世界社会生活起有重要影响的天主教、新教和东正教，都是由早期基督教演化而来的。这里所说的早期基督教，指基督教自产生、传播至国教地位和基本神学体系的确立，约四百余年，就是罗马帝制时代的基督教。

（一）基督教的产生和演变

基督教产生于罗马帝国统治下的巴勒斯坦犹太人中间，有深刻的社会背景。公元前 63 年罗马攻占耶路撒冷，屠杀 1200 名犹太人，巴勒斯坦成为罗马严格控制的领地。公元前 40 年罗马扶植当地贵族希律为国王，这个最残忍的暴君在 36 年间像野兽一样统治他的国家，几乎每天都血腥虐杀犹太民众。公元前 4 年他死后，罗马将巴勒斯坦分封给他的三个儿子亚基老、安提帕和腓力，各自称王，而犹太人因反抗暴君统治和苛捐重税发动大规模的暴动，罗马军团帮助亚基老残酷镇压，2000 人被钉在十字架上，而在军队屡次侵伐中犹太人被俘为奴的达 6 万人之多。深受压迫的犹太人特别是下层民众中的奋锐派不断反抗，公元 66 年爆发犹太人大起义，遭到罗马统治者血腥镇压和疯狂报复，圣殿被毁，大批犹太教徒被处死，或被卖为奴，或流亡异国他乡。基督教最初就是在下层民众反抗罗马帝国残酷统治中产生的犹太教的一个支派。

据圣经《新约》记载，基督教创始人耶稣（Jesus）约在公元前7年至公元7年间，①出生于耶路撒冷南约6英里的伯利恒的加利利或拿撒勒，母名玛利亚，父亲是木匠约瑟。说他是童贞女玛利亚受圣灵感动受孕而生，显然是后人为了将耶稣神化为"圣子"而编造的。耶稣自小生活在正统犹太教环境中，习得希伯来文经书的知识。当时在罗马残暴统治下，犹太人普遍流传"弥赛亚"（救世主）将会降临。耶稣30岁时在约旦河谷遇见一位先知施洗者约翰，他在传道中宣称上帝的统治临近了，将在审判中使罪人灭亡，敦促听众忏悔罪过，用约旦河水施洗是赦罪的必要条件。耶稣接受施洗，这成为他一生的重要转折。希律·安提帕很快逮捕并处死了约翰。之后三年间，耶稣在加利利的一些城镇布道，医治病人，斥责贪婪、放荡的生活，以拯救人类脱离罪孽为使命，他结集了约翰（不是那个施洗者约翰）、雅各等12位门徒，被人视为"弥赛亚"。他33岁时率信徒进入耶路撒冷，惊动全城。他怀着对圣殿的热爱，赶走了圣殿内一切买卖人、兑换银钱的人，抨击当地宗教领袖们的教导歪曲了律法。时值逾越节前夕，聚集的群众具有一触即发的爆炸性情绪。耶稣被其门徒之一犹大出卖，犹太教的祭司长抓获耶稣并送犹太教公会审判，罗织的罪名是"自立为犹太人君王"；又将他移交给罗马总督彼拉多，严刑拷打后，以谋叛罗马罪处死，钉在郊外各各他山冈的十字架上。门徒传说他3天后复活升天，许诺他将重新降世进行末日审判；说耶稣复活50天后又向11位门徒显现，要他们去世界各地传教，告诉人们耶稣以自己的死为人类赎罪，人们要信奉上帝和耶稣才能得救。在使徒们广泛、持续的传教活动中，基督教这种新宗教才

---

① 有天文学家和历史学家据《新约》有关记载考证，耶稣诞生的日期当在公元前7年至公元7年之间，日期也不是12月25日，而是冬季到来之前。公元533年修士狄奥尼修斯奉旨确定耶稣诞生年为公元元年，是计算有误。公元354年确定12月25日为圣诞，只因为此日和一个古老的罗马节日有关。参见维尔纳·克勒尔：《圣经：一部历史》，三联书店1998年版，第471—484页。

逐渐形成。耶稣及其 12 位门徒是否真实存在过，并没有当时目击者的可靠资料佐证。19 世纪的青年黑格尔派斯特劳斯和杜宾根学派认为，他们只是无意识的"精神"所产生的神话；布鲁诺·鲍威尔则认为他们只是福音书作者们出于"自我意识"所编造的。但当今一些考古学家、神学家如维尔纳·克勒尔在《圣经：一部历史》中记述的，认为考证表明耶稣遇难的故事有历史的真实性。

　　基督教的形成经历了一个历史过程。恩格斯在《论早期基督教的历史》中指出，"那种所谓基督教是一下子便体态完备地从犹太教里产生出来"，并"从巴勒斯坦征服了全世界"，只是一种奇谈。①耶稣并未意识到自己创立了新宗教，他接受犹太教的规则和教仪，只是注重用虔诚、道德和仁爱来补充犹太教的律法和先知的教训。最初他的门徒只在犹太人中传播福音，雅各的保守派仍坚持行割礼、立誓遵守律法，皈依犹太教。彼得派主张使这种宗教走向世界，但也受保守派的压力而有动摇。后来传播福音扩大至外邦人和希腊化的犹太人，称耶稣为"基督"（Christo），其希腊文原意是"涂过圣油的人"。耶稣亲传的门徒彼得本是一位贫贱的渔夫，后因遵循老师遗训进行传教活动，也被钉在十字架上处死。彼得派的原始基督教在其产生时，是奴隶、被释放奴隶、穷人和无权者、被罗马征服和驱散的人们的宗教，它号召信徒团结互助、平等公有，交出部分财产以作为公共基金，既用于宗教活动，亦可救济贫苦信众；它并有强烈的反抗意识，鼓动人民起来报仇伸冤，推翻罗马与犹太上层的黑暗统治，向往财富平均、共同消费的新耶路撒冷千年王国。它没有后世基督教的"三位一体"教义和教权制度，在抨击其他教派中表现出进行一场全世界斗争的胜利信心。恩格斯剖析《新约》中一篇最古老的文献《约翰启示录》，指出它在公元 67 年 6 月至 68 年 1 月或 4 月写成，托

---

　　① 《马克思恩格斯全集》第 22 卷，人民出版社 1965 年版，第 531—532 页。

名为约翰（不是施洗者约翰）的作者，以展示幻景的极为激切奔放的语言，抨击其他教派吃祭偶像之物、行奸淫之事，违背犹太教的教训，并且用"巴比伦大淫妇"影射罗马，宣讲毫不隐讳的复仇，说从奥古斯都到尼禄这 5 个王都已倾倒了，之后第六、七、八个王也必将沉沦，预言基督会重新降临人世，在和黑暗势力大决战中建立新的千年王国。①

使基督教发生重大转变的是保罗（Paul，约生于公元 7 年）。保罗原名扫罗，是小亚塔尔苏斯的希腊化犹太人，获罗马公民权，曾以制帐幕工匠为业，受过犹太律法教育，在犹太教公会当过差，参与过迫害基督教徒的活动。后来据说基督向他空中显现，一下子使他皈依基督教。他及其门徒马可等人大力开展希腊语传教活动，三次赴塞浦路斯、马其顿、雅典、科林斯等地进行传教旅行，宣传自己的不同于原始基督教的教义，大量吸收小亚、希腊、罗马等地的非犹太人入教，广为发展教会组织，众多奴隶主、有产者都加入进来，保罗派终于占据教会的正统地位。保罗本人约 60 岁时在耶路撒冷被捕，后转送罗马囚禁 2 年，于公元 67 年被暴君尼禄处死。

在公元 1 世纪末至公元 2 世纪编定《新约全书》，它是基督教的圣经，用希腊文而非希伯来文写成，包括记载耶稣传道活动的福音书 4 篇，使徒行传、使徒书信 21 篇，以及约翰启示录，共 27 篇。除启示录如前所述属彼得派的作品外，新约主要反映了保罗派的教义。它有两个特点：一是宣扬忍耐服从、精神忏悔、禁欲修身和宿命思想，鼓吹顺从罗马统治。它将以斗争求实现的现实世界的千年王国，变为死后寻求安慰、解脱的彼岸世界王国，于是逐渐变为统治阶级可以接受的宗教。二是吸收斐洛的犹太·希

---

① 恩格斯：《论早期基督教的历史》第三节，《马克思恩格斯全集》第 22 卷，第541—552 页。

腊哲学和柏拉图学派、斯多亚派的哲学思想，开始形成早期基督教神学，使基督教有了较确定的理论根基，但还没有之后的"三位一体"的中心内容。如恩格斯所指出，这种"新的世界宗教"，"已经从普遍化了的东方神学、特别是犹太神学和庸俗化了的希腊哲学、特别是斯多亚学派的混合中悄悄地产生了"。① 布鲁诺·鲍威尔认为基督教只是在保罗派活动时期才形成，其诞生地在亚历山大里亚和罗马，完全否定原始基督教存在，这种看法并不确切；但恩格斯也肯定他的功绩在于证明了正统的基督教作为世界宗教，"不是从外面、从犹太输入而强加给希腊罗马的"，它"是这个世界的最地道的产物"。② 这也就是说，它是希伯来文化和希腊罗马文化相结合的产物。

基督教最初是借着罗马实行对多民族宗教的宽容政策而得以生存、发展的。随着奴隶制危机的加深，不仅大量群众百姓，甚至帝国统治集团和知识界的部分人士，也为寻求宗教慰藉而加入基督教，基督教逐渐在罗马帝国盛为传播。至3世纪，帝国境内已有基督教徒600万，教会达550个，在罗马、米兰、亚历山大里亚、里昂、迦太基、拜占庭等城市都建立地区教会中心，罗马的最高教会头领已类似日后的教皇。各地主教、大主教及阐释教义的教父掌管大量教会财产，已颇有势力。基督教坚持一神论，反对罗马王权的宗教基础罗马传统的多神教，罗马皇帝们曾长期猜忌、仇视它，指控基督教徒是无神论者，甚至是吃人肉、倡淫乱的异教之徒、邪恶败类。继尼禄皇帝残杀基督教徒后，在公元2、3世纪图密善、马可·奥勒留、戴克里先等皇帝在位时，都实行大规模的迫害基督教徒的政策，许多主教、信徒被残杀，甚或一次死难者达2000人，基督教一直处于非法地位。亚历山大里亚的克

---

① 《马克思恩格斯选集》第4卷，第251页。
② 《马克思恩格斯全集》第22卷，第532页。

莱门特等希腊教父以及德尔图良等拉丁教父在护教运动中,一方面抨击基督教内部的异端教派,另一方面写了不少护教篇向皇帝请愿,表示基督教徒会像侍奉神那样侍奉君主,教人敬畏上帝、克制欲望会有助于维护统治,极力表明帝国与基督教的利益一致。君士坦丁皇帝在位期间,于公元313年会同共治者李锡尼发布了米兰敕令,宣布帝国境内有信仰基督教的自由,前此没收的教会财产一律发还,他并于公元325年在小亚的尼西亚城主持有三百多位主教参加的尼西亚会议,制定了"尼西亚信经",这是至今天主教、新教和东正教惟一共同承认的信仰宣言。君士坦丁本人在临死前也受洗入教。基督教终于得到罗马帝国承认,这在基督教发展史上具有划时代的意义。之后,背教者朱利安皇帝实行短暂的取缔、镇压基督教的政策,重新尊奉罗马多神教,但基督教毕竟已渗入罗马社会机体各部分,势不可扼。公元392年提奥多西一世皇帝颁布法令,关闭一切异教(包括罗马传统的多神教)的神庙,禁止一切向偶像献祭的活动,正式确立基督教为举国独尊的国教。从此,基督教成为罗马文明和西欧中世纪文明中和统治政权紧密结合的主流文化。

(二) 从基督教的主要特征看它胜利的原因

基督教为什么能战胜罗马帝国存在的各民族多神教,包括作为国教的罗马传统多神教?为什么它能独立于犹太教而蓬勃发展,其影响远超过犹太一神教,而成为一种世界性宗教呢? 从基督教的基本教义剖示它的主要特征,就可看出,它取胜的根本原因就在于:它适合当时的社会需要,综合了希伯来文明与希腊古典文明、希腊化文明、罗马文明中的宗教和哲学的成果,建立了一种具有完备形态的、伦理型的一神论宗教神学体系。

基督教的基本教义适应了罗马帝国统治者更有效地实行精神统治、被统治民众寻求精神慰藉的双重社会需要。基督教承袭了犹太一神教的上帝创世、原罪与赎罪、灵魂拯救和天国来临等主要观念，但基督教的上帝已不只是犹太民族的上帝，而是各民族皆可尊奉的上帝，上帝的选民已不局限于犹太民族，不排斥其他众多民族，而有很大的包容性，包括了全人类。就是说，基督教的上帝观念本身具有世界性，有超越于犹太一神和各民族多神的绝对权威；和较粗俗的罗马传统多神教相比较而言，基督教无疑更适合罗马帝国凭借神意维护专制王权的需要，实行对庞大帝国多民族专制统治的需要。基督教宣扬人类的现世苦难皆由人类始祖的原罪造成，要人们克制欲望、遵守戒律、忍让服从、逆来顺受，以求救赎灵魂而得永生，这又有利于统治者对广大民众进行有效的心灵控制。基督教树立一个"道成肉身"的人性化的耶稣形象，以基督复活、末日审判和天国降临为基本信仰，这就将现实世界的善恶价值转化为彼岸世界的善恶价值，将民众摆脱社会苦难、追求美好生活的理想，转移到在彼岸世界的千年王国寻求对奴役与困苦的解脱。在奴隶制危机日益深重的情势下，这也为广大被压迫民众提供了一种很有吸引力的精神慰藉，所以当时社会下层民众不顾一切迫害，将自己的理想追求寄托于基督教。

基督教的一神观念更为精致而且有人文内容，是宗教本身从低级形态向高级形态演进的产物，具有现实的感召力。从民族原始的多神教演变为理性一神教，是宗教自身进化的规律。古希腊爱利亚学派的哲学早就抨击神人同形同性的传统多神教观念，提出理性一神的主张；之后，柏拉图和亚里士多德更以精致的哲学论证确立了理性神；斯多亚主义和新柏拉图主义也承袭了理性神的观念。但是，他们的理性一神抽象又玄深，并没有排绝、替代了社会现实生活中对传统多神教的崇拜，罗马的斯多亚派和新柏拉图主义哲学出于维护"国教"的统治需要，甚至也长期敌视、排斥基督教，虽然基督教的上帝观念和它们的理性神是相一致的。犹太教反对神人同形同性和偶像崇拜，只尊奉非人格化的耶和华，它是古代世界惟一的理智性的一神教，显然比原始多神教的诸神带有人间争斗、嫉妒乃至通奸等恶习，要远为高明，这也是当时犹太民族在宗教上引为自豪的。然而，犹太教的上帝在冥冥中对犹太民族立约，规定严格的律法，他是威武、严酷的立法者、裁判者，是犹太民族只能敬畏、服从而不可亲近的最高主宰，他缺乏人情味和现实人性的魅力，崇拜他又须履行烦琐的戒律和教仪。基督教承袭了犹太教的一神上帝观念，也反对粗俗的神人同形同性和偶像崇拜，但它树立了为人类受苦受难的耶稣的崇高形象，强调圣父、圣子、圣灵"三位一体"，说耶稣是上帝的化身，耶稣不是带有凡人恶习的拟人化的神明，而是逻各斯即理性和道德人格的体现，他又像是广施恩泽和庇护的慈父，关爱人类，为了将人类从罪孽和痛苦中拯救出来不惜牺牲自己的血肉之躯，为了引导人们进入美好的天国，他通过自身经受磨难来激发人们的神圣情感。基督教结合了犹太教的耶和华、希腊哲学的理性神，又使之体现为耶稣的崇高、丰满形象，这就使它富有现实的感召力。它又强调"因信称义"，宣扬信仰上帝和基督是得救的根本之途，任何人不分民族、贫富贵贱，甚至包括罪人，只要凭其对上帝和基督的坚定信仰，都能洗涤罪孽，净化灵魂，领得天国的入门券。这比犹太教的严格戒律、繁琐教仪要简便易行，易为各阶层的人们所接受。

基督教是高度伦理化的宗教，具有较强的规范、调节社会与个人行为的道德功能。伦理规范内容的增强和充实，也是宗教本身向高级形态进化的一个重要特点。原始多神教的伦理规范内容是简陋、散漫的，它只是表现了氏族社会末期或奴隶制社会不发达形态下的道德习俗，在建树社会伦理和道德秩序方面只起有相当薄弱的功能。犹太教有较为深刻的伦理内涵，但它过于严峻，而且是和律法混淆在一起，又只适用于犹太民族，缺乏普适性。基督教则在指引人们如何使灵魂得救和进入天国的永恒生活中，提出了一整套有普适性的伦理道德要求。《新约》将"爱"看做基督教伦理的总纲，它统摄、包容了所有其他的道德要求，以至律法和摩西十诫。信、望、爱是基督教的三种主要神学美德，其中爱是最重要的，信仰上帝、仰望上帝之情都出于对上帝的热爱，从而派生出世俗美德。上帝规范世俗生活的基本道德要求是"爱人如己"，因为所有的人都是上帝的选民，人人皆兄弟，所以耶稣告诫众人要爱邻居、爱他人"像爱你们自己"一样，甚至要以德报怨，"要爱你的仇敌"。从"爱"出发，就能自觉遵守不可杀人、不可奸淫、不可偷盗等十戒，就能树立希腊人的四主德即智慧、勇敢、节制、正义，就能培植信实、虔敬、仁慈、谦卑、忍耐、宽容等个人美德，人们就能在积德行善中使灵魂净化，获得上帝的恩典。宣扬"博爱"精神正是基督教有别于犹太教的显著伦理特色。在阶级社会中，这种普遍性的"博爱"具有某种虚假性，是不可能完全真正实现的。然而，基督教强调"爱人如己"，类似孔子所说的"己所不欲，勿施于人"，或"己欲立而立人，己欲达而达人"，都是所谓有某种普适性的"道德黄金规则"。对统治者而言，它吸纳了塞涅卡的"仁慈"、"宽容"等伦理道德观念，要他们施行仁政，以求缓和社会矛盾，巩固世界主义的帝国统治；对民众而言，它主张相亲相爱、团结互助，使教会内部有较大的凝聚力，在社会生活的局部范围内，它确实也能发挥协调人际关系的作用。所以，基督教作为伦理化的宗教，有较强的道德吸引力和协调社会生活的功能，比犹太教和多神教都有高明之处。

早期基督教综合希伯来文化和希腊罗马哲学，逐渐建立了比较系统的神学体系，有较深厚的哲学理论根基。《新约》承袭了犹太教的一些基本观念，本质上是希伯来文化的产物。但它已吸收了流行的希腊哲学思想，《约翰福音》所说的"道成肉身"中的"道"，就是希腊哲学中的"逻各斯"。基督教在反异教斗争中，经历了和希腊罗马哲学既冲撞又融合的奇特过程，它受维护罗马多神教的斯多亚主义者、新柏拉图主义者攻击，它内部也有一些反希腊罗马哲学的神学家，但它的主流势力却是在斐洛的犹太·希腊哲学神学的基础上，吸收、融合希腊罗马哲学，来构建哲学神学体系，壮大基督教的根基。这表现在护教运动中的教父哲学之中。被马可·奥勒留皇帝处死的希腊教父查士丁（约公元100—165年），最早提出"基督教哲学"观念，在哲学外衣下宣扬上帝之道，他在两篇《辩护词》中声称苏格拉底已看出希腊传统多神教之神的虚假，认识了真正的上帝，柏拉图的创世说是从摩西那里学来的，他们都是耶稣诞生之前的基督徒。他阐发基督即内在于理性的逻各斯，将《新约》的创世说和柏拉图的理念论、宇宙创生论结合起来。希腊护教士塔提安（约公元110—172年）等人和北非的拉丁教父德尔图良（公元145—220年）则固守希伯来圣经传统，敌视、排斥希腊罗马哲学，称之为"野蛮人的哲学"，主张哲学家应当被送去喂野兽，大声疾呼"让斯多亚派、柏拉图、辩证法与基督教相混合的杂种滚开吧！"然而，当时东西方文明的融合毕竟是主流，亚历山大里亚教理问答学校在公元3世纪成为基督教神学的重要中心之一。克莱门特（约公元153—217年）在《规劝异教徒》等神学著作中，剖示东方宗教、希腊哲学和基督教之间源远流长的密切关系，大量吸收柏拉图和斯多亚派的哲学，调和理性与启示、知识与信仰，强调智慧（即神学）是哲学的女王，这是中世纪所谓哲学是神学的婢女之先声。曾与普罗提诺同学、献身基督教而自阉的奥立金（公元185—254年），在《第一原则》、《反塞尔修斯》等著作中，运用斐洛的"喻意解经法"，用希腊哲学解释上帝、三位一体、世界与人、自由意志等问题，主张上帝是最高的纯粹精神实体，批判塞尔修斯以柏拉图的"真逻各斯"反基督教的思想，而他自己则在将柏拉图哲学改造、纳入基督教神学体系方面大为推进，建立了较为完整的神学体系。他虽因主张圣子地位低于圣父，在公元533年君士坦丁堡公教会议上被定为异端，但他在基督教神学史上是很有地位的。至公元5世纪，北非迦太基的主教奥古斯丁集教父哲学之大成，写了大量哲学、神学和经文注释、布道著作，将柏拉图哲学、新柏拉图主义和基督教教义紧密结合，建立庞大的"基督教学说"，提出上帝启示知识与真理的"光照论"、"恩典论"、"爱的伦理学"以及用"上帝之城"和"世俗之城"表达的神学历史观等等，他所完成的系统的基督教哲学神学体系，在公元13世纪之前支配了西欧中世纪的思想进程，至今仍被梵蒂冈教会奉为权威。本书在论述西欧中世纪文明时还要剖析他的思想。总之，在基督教和日趋宗教化的希腊罗马哲学合流中形成的神学体系，构成罗马帝国末期和后来中世纪的主要社会意识形态，影响遍及政治和各种文化形式，其社会功能是犹太教和罗马多神教都望尘莫及的。

（三）罗马帝国末期的基督教

基督教的胜利并没有挽救罗马帝国的危亡，因为它不可能克服罗马帝国末期深重的经济与政治危机，而基督教自身又陷入尖锐复杂的、与政治斗争紧密交织在一起的宗教斗争，为确立正统神学地位进行的内部教派斗争，更使基督教处于长期分裂、精疲力竭的状态。

首先是长期作为"国教"的罗马多神教有根深蒂固的势力，消灭这种"异教"并禁绝各民族多神教的斗争，经历了反复曲折的过程。基督教于公元313年取得合法地位后，罗马多神教并未被取缔，其势力仍很强大，特别是所谓"背教者"朱利安皇帝上台后，逆反君士坦丁的宗教政策，大力推崇罗马和小亚的各种多神教乃至占卜、巫术等，再次迫害基督教徒。基督教重新合法化并取得国教地位后，凭借提奥多西一世等皇帝的取缔一切"异教"的敕令，为巩固自己的精神统治地位，将它所说的仁慈、宽容、"爱你的敌人"等都抛在一边，也以和它的对手同样的宗教狂热扑灭对手,捣毁多神教崇拜的偶像,将各地多神教的神庙夷为平地。公元391年在亚历山大里亚,崇拜埃及神明的教徒和基督教徒狂热地对立,提奥多西皇帝关于拆除该城的一切偶像的命令一到,大主教提奥菲卢斯立即发动教徒拆毁了埃及古老、雄伟的塞拉皮斯大神庙,并抢劫、破坏了亚历山大里亚图书馆。罗马帝国曾有所实行的宗教宽容政策已荡然无存。

其次,为确立正统神学的地位,基督教内部进行了长期、激烈的反"异端"的教派斗争。基督教自形成之后,就有这种斗争。如诺斯替教派于公元1世纪产生,流行于2、3世纪,其代表是2世纪的瓦伦提诺,该教派受东方宗教和希腊哲学的影响,主张上帝通过神秘的理智和知识支配世界,贬低了耶稣的神性。里昂主教伊里奈乌(约公元120—202年)写了5卷《驳异端》,捍卫公教会与保罗神学的统一性,批驳诺斯替教派,此书倒为后世保存了许多值得研究的诺替斯教派的资料。基督教取得合法地位前后,斗争的焦点问题是如何理解与解释基本教义"三位一体"。《新约》对此本来没有明确论述,而基督教神学的中心问题,始终是基督作为有人格的神,如何与一神论观点相调和。亚历山大里亚的学识渊博的主教阿里乌斯(约公元280—336年)建立的教派,在亚洲地区相当有势力,他主张圣子由圣父派生,耶稣兼有人性和神性,其位格低于圣父。和他对立的阿塔那修斯(公元291—373年)也是出生于亚历山大里亚的很有威望和坚韧斗志的主教,他建立的教派主张圣父、圣子、圣灵三者本体同一,耶稣就是上帝的神性。他写了《反异教》等多部著作驳斥阿里乌斯教派。这两派的激烈斗争牵动整个基督教和罗马帝国政治全局,经历了近百年。君士坦丁在尼西亚会议上最初确立了符合阿塔那修斯教义的信经,宣布阿里乌斯派为异端,并且将阿里乌斯流放到伊利里亚(今南斯拉夫)的边缘省份,通令凡私藏其书者处以极刑。君世坦提乌斯皇帝执政后却扶持阿里乌斯派而镇压阿塔那修斯派,甚至进军亚历山大里亚，屠杀该派的主教、信徒，奸淫修女。阿塔那修斯在 20 年的流放、逃亡中，屡次机智地逃脱被捕杀的厄运，而曾救护他的米兰大主教安布罗斯，后来正是规劝奥古斯丁放弃摩尼教信仰、皈依基督教的导师。直至约维安皇帝上台后，阿塔那修斯才重见天日，以 70 高龄重新登上大主教宝座。继之，提奥多西皇帝在君士坦丁堡召开宗教大会，最终确定阿塔那修斯派的三位一体神学体系为正统，将有背于它的教义的教派、学说一概定为异端邪说而明令禁绝。基督教为确立正统神学进行的尖锐的教派斗争，几乎贯穿在气数将尽的整个罗马帝国末期，它同政治斗争紧密相关，造成社会秩序动乱，以致英国近代历史学家吉本（公元 1737—1793 年）将基督教教会的这种残酷斗争，也看做罗马帝国衰亡的重要原因之一。

再次，提奥多西皇帝死后，两个儿子分立东、西罗马帝国，教会也随之逐渐分裂，君士坦丁堡成为基督教的又一个中心，东罗马帝国发展了长达千年的拜占庭文明，在其影响下产生了同罗马天主教相异的东正教，它在小亚、希腊以及后来的斯拉夫民族地区成为主导性的宗教。

此外，罗马帝国末期还产生了和下层人民包括奴隶、隶农反抗罗马统治者暴政相关的基督教异端教派。公元 4 世纪北非主教多那图斯的教派主张教产公有，反对教会与罗马政权同流合污，这一教派在北非下层群众中拥有众多信徒，因官方的迦太基大教区的迫害转入地下活动。公元 5 世纪 30 年代，他的许多基层教徒参加了奴隶、隶农起义的阿哥尼斯特运动；公元 405 年、公元 412 年罗马皇帝就宣布该派非法、有罪，残酷镇压，被屠杀和自杀殉教的教徒不计其数。

公元 410 年西哥特人国王阿拉里克率军侵陷、洗劫了罗马这座千年古城，使整个罗马帝国世界包括身在北非的奥古斯丁极受震惊；公元 430 年汪达尔人又南下入侵北非，围困病危将临终的奥古斯丁主教座下的希波城。他在晚年历经 13 年写成《上帝之城》，对气息奄奄的罗马帝国已感到绝望，不再将它看做上帝拯救人类的工具，而将它划出圣史范围。他说罗马帝国是"另一个巴比伦"，只是兴衰无常的"世俗之城"，他期望未来再造教会高于国家的人间"上帝之城"。奥古斯丁最终奠定的基督教神学体系并没有真正成为罗马帝国的统治意识形态，而是为西欧中世纪文明准备了一种在西欧世界占统治地位的宗教文化。

七、罗马文明衰落的原因

西罗马帝国于公元 476 年灭亡，标志西欧古代奴隶制社会的终结；东罗马帝国艰难地步入中世纪封建社会，转型成为另一种拜占庭文明。为什么长期显赫、横跨欧亚非三洲的庞大帝国会土崩瓦解呢？为什么历经千年的悠久罗马文明会走向衰落呢？近代以来西方一些学者探究这个令人感兴趣的问题，意图从中获得有益的历史教训。

18 世纪法国的启蒙思想家孟德斯鸠（1689—1755 年）写了名著《罗马盛衰原因论》。他认为：罗马的兴起是靠战争征服各民族，把全体的利益结合成为一体，罗马共和国强盛的原因是罗马人民怀着对祖国的热爱和荣誉感，培育了自由的精神和完善的法律制度；罗马贵族的腐败倾覆了共和制，而罗马建立君主专制制度后以各种方式对人民实行暴君的持久奴役，日益腐化堕落，于是造成人民自由精神的丧失，法纪败坏，军队腐化，帝国分裂为两部分互相勾心斗角而不互相救助，基督教的传播和精神统治又颠覆了罗马传统多神教的精神支柱，这就招致蛮族入侵，毁坏了帝国。孟德斯鸠强调自由和法的精神对罗马的盛衰起有决定性作用，他当时旨在反对封建专制制度和教权统治，有振聋发聩的启蒙意义；但是他并未能深入揭示罗马盛衰的根本原因，他对罗马政制变革、前期帝制成就、罗马文化和基督教的评价，也不够客观，没有体现历史主义的态度。

18 世纪英国的著名历史学家吉本毕生致力于罗马史研究，写了巨著《罗马帝国衰亡史》，详致论述了马可·奥勒留之子康茂德皇帝执政后罗马帝国走向衰亡的历史，也包括东罗马帝国。他认为：罗马帝国吸取、发展了希腊文化的自由精神，建立了体现民主、自由精神的坚实政治制度，因而经济繁荣、文化昌盛，长久强盛不衰。从康茂德皇帝起，在公元 3 世纪就陷入危机，帝王们大多残暴腐败又孱弱无能，近卫军操纵权柄，军事败坏，在这种情况下，基督教的胜利窒息了罗马民族的民主、自由精神和文化活力，尖锐的宗教斗争和基督教内部的教派斗争更使罗马社会分裂，形成新的暴政压迫；在民族大迁移中多种蛮族乘机入侵，野蛮人的洪流淹没了整个罗马世界。他强调近卫军暴乱是罗马帝国衰落的始因，基督教胜利和蛮族渗透、入侵是其两大直接的主因。吉本是皈依新教的资产阶级思想家，他对正统基督教（天主教）和多神教的宗教斗争、基督教的教派斗争在罗马帝国衰亡过程中的负面作用，对蛮族如何渗入以至颠覆罗马帝国，论述极为详致，展示了罗马帝国衰亡的细致画面，颇有史学研究价值。但他过分夸大了罗马帝国衰亡中基督教教派斗争的次因和蛮族入侵的外因，并未揭示罗马文明衰落的内在根本原因，也未肯定基督教是罗马文明中产生的有生命力的新宗教文化形态，所以他的论述也有欠客观、深入之处。

汤因比（1889—1975 年）是 20 世纪英国研究世界文明的著名历史学家和历史哲学家。他在《历史研究》这部名著中探讨了文明的起源、生长和解体、衰亡的普遍规律，古希腊文明（他认为包括罗马帝国）是他论述的重要例证，在他看来，罗马帝国只是古希腊文明衰老阶段的巨大标志。他认为各种文明起源的动因并非种族的生物天赋或使人安适的有利地理环境，而是逆境的挑战，

包括艰苦自然环境和人为打击与压力的刺激，希腊罗马民族正是
在成功地应对这类逆境的挑战中，才创造了辉煌悠久的古希腊文
明。他又认为，文明的衰落并非由于所谓"宇宙老化"、"社会有
机体衰老"的自然法则，也不是出于人性的退化，更不能用历史
循环的宿命论来解释。文明的衰落都有"自杀身死"的内因，即
丧失自决能力。罗马帝国衰亡体现了文明衰落的普遍法则：罗马
进入帝制时代后，曾靠自己的创造性天才使群众归附的"少数创
造者"，蜕变成为凭借武力和暴政维持特权地位的、毫无创造性的
孤家寡人，军事集团的镇压随之产生，内部群众和外部原始人民
对之失去吸引力而感到憎恶，于是社会体分裂成为少数统治者和
内部无产者、外部无产者三部分，后两者就是基督教徒和蛮族。随
着社会解体，社会灵魂即社会文化比经济、政治更早失去活力，也
处于分裂和解体状态，如滋生期待救世主的各种复古主义和未来
主义，哲学放弃追求理智而宗教化，禁欲主义的自暴自弃，人的
灵魂的罪恶感和流离感，文学艺术和社会风气的鄙俗化，等等。正
是社会体的崩析和精神文化的没落使罗马帝国走向衰亡。汤因比
批评吉本用蛮族入侵和基督教胜利来解释罗马帝国衰亡的原因是
表面的，是倒果为因，没有深究其社会与文化解体的内在原因。而
且，对当时基督教的胜利也不能简单否定，因为它得到了人民的
归心，它既是垂死社会的遗物，又是孕育后来诞生的新社会的子
宫；而阿里乌斯派的基督教在蛮族中得到较普遍的信奉，也减缓
了蛮族对罗马人的蹂躏，它对中世纪初期条顿民族的立国都深有
影响，直到公元6世纪末教皇格列高利才重新确立了正统天主教。
汤因比论述罗马帝国作为古希腊文明最后阶段的衰亡的原因，是
比较深入的，给人一定的启迪。然而，他的文明史观毕竟还是少
数英雄天才创造历史的唯心史观，他主要是用文化精神来解释文
明的起源、生长和衰落的。此外，他将整个罗马文明都看做希腊
文明的衰老阶段，也并不符合历史事实。

上述西方学者关于罗马文明衰落的探讨，都只涉及部分的真理。其实，罗马文明的衰落有深刻而互相关联的经济、政治和文化的内在原因，应综合地加以解释。蛮族入侵也是重要的外因，而外因是通过内因起作用的，如果当时罗马帝国还持续强盛，或通过改革平和地过渡到封建社会，蛮族就难以侵入，西欧中古史也就会是另一种面貌。罗马文明走向衰落始自公元3世纪逐渐陷入社会全面危机，吉本从安敦尼王朝末帝康茂德开始写罗马帝国衰亡史是比较确切的。在这之前的奥古斯都时期和安敦尼王朝前四帝实行的元首制，是中央高度集权的君主制，有自我改革能力，出现过经济繁荣、政治稳定、文化昌盛的两个高峰，它同后来的腐败专制的君主制有所不同。汤因比认为罗马全部帝制时代只是古希腊文明的衰老阶段，从奥古斯都就开始走向衰亡，并说安敦尼王朝的中兴只是衰亡中的回光返照，这些说法都比较牵强，难以解释前期帝制时代两百多年的繁盛业绩。罗马文明衰落的原因有以下四方面，它们相互关联，汇合成毁灭罗马帝国的力量。

首先是帝国型奴隶制经济陷入深重危机，罗马帝国统治者又未能通过变革经济制度向新的生产方式过渡，而是倒行逆施，强化奴隶制统治，两极分化严重，激化阶级矛盾，奴隶、隶农和下层民众的起义摧毁了罗马文明的社会基础。罗马帝国的繁荣本来建立在大规模奴隶劳动的基础上，靠在征服其他民族中供给源源不断的奴隶。公元3世纪起，帝国无力继续进行大规模的对外扩展，奴隶来源锐减，奴隶价格不断提高，奴隶主利用奴隶劳动已无利可图；而奴隶主对奴隶的残酷压迫和剥削又造成奴隶大量死亡和逃亡。奴隶制生产关系已完全枯竭了容纳与发展生产力的能量。农业经济日益衰落，大农庄萎缩成不再供应市场的自给自足的小规模耕作，商品生产率锐减，不再能满足城市供给和帝国政权庞大开支的需要。城市经济也普遍衰败，为供给庞大官僚机构、军队和挥霍无度的宫廷所需的巨大开支，帝国政府竭泽而渔，采取向各城市强征高额税收的政策，许多市议员本来把自身职位看做肥缺与荣誉，现在却视为畏途，纷纷逃位而去；几代帝王又采取发行减少含金量的劣质货币的办法，应付所需开支，造成通货膨胀，民不聊生。在前期帝制时期已萌生的隶农制将土地分给自由民和奴隶租种，能提高他们的生产积极性，这本来是向封建农奴制生产方式过渡的一种契机，而君士坦丁等历代帝王却颁布各种法令，强化隶农对大奴隶主的人身依附，剥夺隶农的人身自由、财产权利和法律权利，强使隶农重新沦为奴隶，这就扼杀了新生产方式的萌芽，丧失了通过自行变革向新社会形态过渡的可能性。公元 4 世纪后，处于水深火热中的奴隶、隶农和其他劳动者的反抗斗争不断，汇成起义的洪流，在蛮族侵入前就已将帝国政权冲击得摇摇欲坠。发生在高卢的巴高达（意义为战士）运动起义军在公元 2 世纪末就已揭竿而起，后因失败转入低潮，公元 5 世纪复又兴起起义高潮，一度在高卢西北部夺取了政权，公元 447 年才因寡不敌众而失败。公元 4 世纪 30 年代至 70 年代北非则爆发了规模巨大的阿哥尼斯特（意义为"争取正当信仰的战士"）运动，基督教的多纳图斯派基层信徒甚至许多罗马士兵都加入了这支起义军，它终因罗马政府两次派大军镇压才告失败。奴隶、隶农和下层民众的起义实已屡次打击了罗马政权的元气，这就为蛮族入侵提供了有利条件。

　　君主专制的权力必然导致腐败，酿成政治混乱和分裂，腐蚀了罗马文明的政治支柱。奥古斯都和安敦尼王朝实行元首制，政治相对清明，文化也昌盛。戴克里先正式称帝，实行绝对专制的君主制，剥夺了和共和制多少有历史联系的元老院、执政官、监察官、保民官的一切权力，成了毫无制约力的皇帝独裁。专制与腐败从来是孪生子。许多帝王荒淫豪奢、腐化之极；官吏贪污成风，吏治败坏；大奴隶主挥金如土，醉生梦死。腐败了的无能皇帝只靠军队扶持其统治，塞维鲁皇帝说"让士兵发财，其余的人皆可不管",笼络军队的后果是造成军队坐大而主宰政权的混乱局面。近卫军可以随意杀旧帝、立新帝,军队将领频频篡位夺权,内战不断爆发,帝国政治经常处于瘫痪、动乱状态。东、西罗马帝国分裂就是在这种情势下分封割据的结果,大为削弱统一帝国的实力。政治腐败也表现在军队腐败中,罗马军队已不复有往昔的尚武精神,而是耽于享乐,军纪松弛,丧失战斗力,后来甚至主要靠招募蛮族雇佣军,这样自然无力抵御蛮族的大举入侵。政治腐败确实是罗马帝国灭亡、罗马文明衰落的重要原因,历代治政者足可引以为戒。

伴随经济危机和政治腐败的是文化没落,丧失创造性活力和维系健盛社会精神的活力,罗马文明在精神文化上也凋落了。哲学是文明的灵魂,精神文化的理论核心。晚期罗马哲学是消沉的,怀疑论已摧毁了希腊哲学的理性传统,没落的斯多亚派哲学和新产生的新柏拉图主义都失落了理性精神,趋于宗教化,同神秘宗教合流,哲学不再能为社会进程和各种精神文化提供理性指导和理智的价值取向,而只成为个人追求神性的神秘体验。因之,公元 3 世纪后文学、艺术、史学、科学等各种文化也僵滞、退化了,不再有奥古斯都和安敦尼王朝时期的杰出成就,而是流于平庸和鄙俗化了。社会伦理道德也颓废没落了,曾用以建树社会道德秩序的斯多亚主义伦理,在马可·奥勒留之后完全变成一种消极悲沉的人生道德观,罗马贵族还将伊壁鸠鲁派的伦理学曲解为一种享乐主义道德,以辩护他们穷奢极侈生活的正当性。往昔罗马民族高昂、进取的道德精神已丧失殆尽,社会道德风气极为败坏,同要求被统治民众禁欲成为鲜明对照,统治阶级竞尚奢华、狂欢纵欲。罗马全年娱乐假日公元 1 世纪时为 66 天,4 世纪时竟达 175 天,近半年时日沉湎于观看奴隶角斗、斗兽、海战、戏剧等表演;而罗马城颓废堕落的城市流氓无产者在公元 3、4 世纪已达 80 万,成为寄生并毒害社会肌体的赘瘤。基督教直到公元 4 世纪末才最终取得胜利，它并未成为罗马帝国有效的统治意识形态，未能开出疗救病入膏肓的罗马奴隶制社会的灵丹妙药，反而在两个多世纪尖锐反复的同罗马传统多神教的斗争和内部教派斗争中，牵动了全国性的政治斗争，加深了社会的分裂、解体。基督教胜利的历史作用是复杂的，它是罗马文明的重要成果，又是罗马文明衰落、罗马帝国衰亡的重要因素。完成基督教神学体系的奥古斯丁，在罗马城被蛮族将领阿拉里克洗劫后所写的《上帝之城》，为濒于灭亡的罗马帝国提前奏了挽歌。深刻影响西方文明1500年的基督教是属于未来的，它综合了希伯来文明和希腊、罗马文明的成果，传给中世纪和后世，就此而言，它可算是罗马文明衰落中的一个文化硕果。

蛮族入侵无疑是致使西罗马帝国灭亡的重要直接外因，使罗马文明终结，并使西欧从罗马文明向中世纪文明的转型经历了巨大的痛苦过程。

罗马前期帝制强盛时，图拉真皇帝征服达西亚（罗马尼亚）和亚洲的帕提亚（安息），将罗马帝国版图扩大到最大范围，而北部行省设置仍以莱茵河为界，莱茵河以北是蛮族日耳曼人的天下。日耳曼人最早居住在波罗的海西岸和斯堪的纳维亚半岛南部，至公元1世纪已在多瑙河、莱茵河和维斯瓦河之间广大地区定居，过亦农亦牧的生活而繁衍生息。日耳曼人至公元前4世纪已包括：盎格鲁·撒克逊人、法兰克人、勃艮第人、汪达尔人活动在莱茵河与易北河之间，北达丹麦；西哥特人在多瑙河下游，东哥特人在黑海沿岸至伏尔加河，阿兰人部落联盟在乌拉尔至黑海欧亚交界的草原。马可·奥勒留和康茂德称帝时，罗马国力已趋衰，北方蛮族乘虚而入，他们允许一支日耳曼部族定居多瑙河南的帝国境内，企图以蛮制蛮，未见成功，却为之后蛮族大举入侵留下隐患。罗马3世纪危机时，蛮族入侵与外患已趋严重，公元251年哥特人击毙狄西皇帝，曾袭取拜占庭，攻入小亚和爱琴海区；法兰克人进入高卢、西班牙，建有据点；更有东方波斯的萨珊王朝向西进攻叙利亚，罗马皇帝瓦勒良率兵反击，战败被俘，沦为波斯王的奴隶，这是罗马帝国历史上首次奇耻大辱。

公元4世纪后半叶促使蛮族汹涌侵入罗马帝国的动因，是匈奴西迁所带动的"民族大迁徙"。匈奴原本是中国北方蒙古草原上的古老游牧民族，东汉时分裂为南北两部，南部匈奴归附东汉南迁，和汉族融合为一，北部匈奴在汉和帝永元元年至永元三年（公元89—91年）受汉军重创而被迫向西迁徙，东汉政权这一巩固边疆的胜利，其长远后果却是改变了西欧文明的格局，这是当时中国的封建王朝万没有料想到的。北匈奴万里发轫，驰骋亚欧，至公元3世纪已到达里海以北，征服阿兰部族联盟并使之成为同盟者；公元375年匈奴国王巴兰姆伯尔又率军征服东哥特人，并大举进攻西哥特人；次年，以匈奴人进逼为理由，包括20万武装士兵的百万西哥特人南渡多瑙河，罗马帝国边境藩篱荡然无存，只得允许他们在美西亚省（今保加利亚）安置。不久他们就因不堪忍受罗马帝国的勒索捐税等沉重负担和掠奴等暴行，起义占领色雷斯，皇帝瓦伦斯御驾亲征，在公元378年亚德里雅堡决战中大败而丧命，至此，罗马边防完全崩溃。

公元400年匈奴人在乌尔丁率领下，占据整个多瑙河盆地，迫使日耳曼人进一步南迁。于是在公元5世纪，罗马帝国遭受了三次蛮族大规模侵入的毁灭性打击：第一次是阿拉里克率西哥特人横扫希腊，远征意大利，于公元410年攻陷罗马这座"永恒之城"，并屠城洗劫，后北上高卢南部建立土鲁斯王国。第二次是汪达尔人侵占西班牙南部后转攻入北非，联合当地的阿哥尼斯运动，攻克希波城、占领迦太基，公元422年罗马只得割让北非大部分领土，听任建立汪达尔王国。公元455年汪达尔国王盖塞里克率强大海军攻克罗马城，大肆洗劫破坏，使这座古代最大的文化繁盛之都沦为人烟稀少、凄凉破败的废墟，所以西方将"汪达尔主义"作为毁灭文化的同义词。第三次是匈奴人也成为打击罗马帝国的主要力量，公元445年后阿提拉为匈奴国王，向东欧、北欧扩张，使匈奴在蛮族各国中版图最大、军事实力最强，阿提拉多谋善战，所向无敌，被称为"上帝之鞭"。他于公元451年率大军攻入西欧（今法国巴黎、奥尔良地区），在特鲁伊和西罗马帝国与其他蛮族的联军大战，双方死伤达数十万人，是5世纪规模最大之战。阿提拉次年横扫意大利，兵临罗马城，因军内发生瘟疫才勒索大量财物退兵。"上帝之鞭"对罗马帝国甩下致命一击。公元453年阿提拉在新婚之夜被威逼成亲的新娘伊尔狄科刺杀，阿提拉王国土崩瓦解，酋长纷纷自立为王，在相互火并和流窜中被其他蛮族消灭。要不然，在西欧中世纪初期诸蛮族立国中，匈奴会是最强大的一个。匈奴族也有余众定居在多瑙河中游，今匈牙利之名就是渊源于匈奴。

至公元5世纪50年代，西罗马帝国实际上已是蛮族的天下：除北非汪达尔王国外，高卢南部和西班牙建立西哥特王国，今南斯拉夫一带建立东哥特王国，法兰克人在今法国西、北部建国，勃艮第人在今法国东部立国，盎格鲁·撒克逊人渡海进入不列颠消灭当地罗马政权而建国。奄奄一息的西罗马帝国只剩下意大利半岛还存在的一个仰承蛮族将领鼻息的皇宫了。公元476年，日耳曼人统帅奥多亚克废黜罗马末帝罗慕洛斯而自立为王，正式标志罗马帝国灭亡和罗马文明终结。

西罗马帝国灭于蛮族之手，主要是因为它自身已完全腐败了，已无抵御强敌之力；罗马文明向中世纪文明的转变也得靠蛮族的外部力量，因为衰落的罗马文明已完全失去自我革新的机制与活力。西欧的这种阶段性文明的转变是极为痛苦、曲折的。罗马文明的辉煌成就惨遭毁灭性破坏，希腊罗马的精神文化濒于灭绝，只在基督教内部以神学形式有所传承，又靠阿拉伯民族保存其文化遗产，直到中世纪盛期和至文艺复兴时期才得以重放光彩。西欧文明受严重挫折，它走上封建化道路经历了漫长的所谓"黑暗时期"，文明的转型艰难地经历了几个世纪。与之相比较，古代中国从奴隶制向封建制的社会转型，虽然从战国至秦汉也经历了内战，但主要是通过中华文明（文化上主要是儒家、法家、道家等）自身内部的变革机制实现的，并非在外部蛮族力量毁灭性打击后才完成自身的阶段性文明转型，古代中华文明的这种转型相对平和而有连续性。中世纪千余年中华文明比西欧中世纪文明更为优越、繁盛，其重要原因之一，是它有自身变革的机制与活力，保持了文明传统的延续性。

第 二 篇

西欧中世纪文明

引　言

如何认识西欧中世纪文明

　　西欧中世纪文明指西欧各国作为历史整体，进入封建社会所逐步发展起来的一种阶段性文明形态。它开始于西罗马帝国在公元 476 年灭亡后西欧建立一系列日耳曼国家，在公元 11 世纪至公元 14 世纪达到鼎盛时期，公元 15 世纪至公元 16 世纪西欧兴起文艺复兴之时，它逐渐走向衰落。它的下限是和文艺复兴交叉重叠的。美国历史学家汤普逊在其名著《中世纪经济社会史》中，将公元 3 世纪作为中世纪的开端，有的西方学者则认为 18 世纪启蒙运动才是中世纪结束，这些见解都只是按照一定的政治现象或精神文化现象来界定中世纪，不是根据社会发展的整体形态来界定一种阶段性文明。

　　近代以来西方一些学者往往认为西欧中世纪，只是一个横亘在光灿的古代希腊罗马文明和近代西方文明之间的一个"黑暗时代"，一个野蛮、专制、愚昧的"宗教时代"或"信仰时代"，欧洲人仿佛经历了长达千余年漫漫长夜的噩梦，一觉醒来就顿时进入光明、科学的新世界。这种非历史主义的观念其实是对中世纪文明的误解，是将早期中世纪的某种暂时的曲折、倒退或局部的精神文化现象，夸大为中世纪全部历史的本质，并且完全割断了古希腊罗马文明和文艺复兴文明、西欧近代文明之间的历史联系，从而否认了西欧中世纪文明作为一种特定的、富有生命力的文明形态，也体现着历史进步的合理性。恩格斯早就深刻指出：这种"非历史的观点"是由于"反对中世纪残余的斗争限制了人们的视野。中世纪被看做是由千年来普遍野蛮状态所引起的历史的简单中断；中世纪的巨大进步，欧洲文化领域的扩大，在那里一个挨着一个形成的富有生命力的大民族，以及 14 世纪和 15 世纪的巨大的技术进步，这一切都没有被人看到"。① 现代西方的一些史学家也已改变往昔流行的偏见，以客观、历史的观点肯定中世纪文明的重大成就。如美国著名历史学家霍莱斯特在《欧洲中世纪简史》中指出："经年累代的研究业已表明，中世纪社会仍在持续发生变化，而且变化甚大，乃至公元 1300 年的欧洲已大大不同于公元 600 年的欧洲了。史学家们现在认识到中世纪欧洲具有巨大的创造力，约在公元 1500 年左右，中世纪时代临近结束时，欧洲的技术与政治的和经济的结构，已在世界上所有其他文明当中占有决定性的优势。"②

总体来看，我们应当如何评估西欧中世纪文明及其体现的历史进步的合理性呢？

西欧早期中世纪的文化低落是特殊历史条件所造成的暂时的历史曲折，是西欧奴隶制社会向封建社会转折中的特殊"阵痛"现象。从西罗马帝国灭亡到约公元 1000 年的 500 余年间，西欧由于日耳曼蛮族入侵和公元 9 世纪斯堪的纳维亚半岛蛮族南侵，确实两番出现了战乱频仍、经济衰败、政局混乱、古希腊罗马文化传统惨遭破坏殆尽的满目疮痍景象，看来是一种文明的大倒退，所谓中世纪是"黑暗时代"，主要是就此而言。西欧必然会经历这种痛苦的曲折，有两个原因：一是如前文所述，罗马帝国已绝对的腐败、没落，自身完全丧失了改革的动力来完成从奴隶制向封建

---

① 《马克思恩格斯选集》第 4 卷，第 225 页。

② C. 沃伦·霍莱斯特：《欧洲中世纪简史》，商务印书馆 1988 年版，第 2 页。

制的转变，只得靠外部的力量来摧毁旧社会的根基，并通过漫长的历程实现向封建社会的过渡。二是由于世界文明的不平衡，不同文明的冲撞会造成这种暂时的破坏性效应。从当时世界文明的格局看，古希腊罗马文明属于上古晚期亚欧大陆偏南的高度发达的农耕与工商文明地带，它东起中国，经中亚、南亚、地中海，直抵直布罗陀海峡；西欧北部的蛮族则属于亚欧大陆偏北的落后的游牧渔猎文明地带，它东起西伯利亚，经蒙古、黑海以北、高加索、南俄，直至莱茵河、多瑙河以北的欧洲，这一地带的民族还处于原始社会末期的部落联盟或初期奴隶制时代。蛮族入侵是两种文明的特殊冲撞和融合。当时以汉族为主的中国两汉、魏晋南北朝也经历匈奴等游牧民族的入侵，由于中国已完成向封建制度的转变，能较快地从文化上融合少数民族，继续前进，文化传统并未中断；处于奴隶制社会末期的腐朽的西罗马帝国，则缺乏经济、政治与文化上融合蛮族的力量，使古希腊罗马文化备受浩劫，经历较长的衰败期，靠基督教文明逐渐艰难地融合日耳曼文化和一缕残存的希腊罗马文化，使罗马民族和蛮族共同缓慢地通向封建时代的文明。在这社会"分娩"的痛苦中，历史仍在曲折地前进，西欧的封建制度和封建文化，到公元8世纪的法兰克帝国加洛林王朝的所谓"文艺复兴"之时，已基本确立。因此，公元9世纪斯堪的纳维亚蛮族南侵时，已有较快、较强的对蛮族的文化融合力，遭受的破坏也较为短暂。

长达千余年的中世纪文明不是死水一潭、黑暗深渊，而是一个动态的、上升演进的历史发展过程。早期中世纪的西欧分裂成许多诸侯王国，各自分散、缓慢地向封建庄园制过渡，而基督教在西欧的广为传播，成为融和、沟通西欧各民族的经济、政治和精神力量，使西欧作为文明整体已表现出文化的同一性。公元8世纪法兰克帝国建立和加洛林王朝的中兴，表明和确立封建制度相应，西欧的一种基督教文明的整体已形成，学术文化也已出现复兴现象。然而，在公元10世纪之前，和东方繁荣的拜占庭文明、伊斯兰阿拉伯文明相比较，西欧文明远为落后，并且处于相当闭塞的状态。而11世纪至14世纪的西欧，由于不再有蛮族入侵而获安定局面，由于封建经济自身的成熟发展，也由于和外部的拜占庭文明、伊斯兰阿拉伯文明有了较多的交往，使得鼎盛期的中世纪文明较快地大步发展：工商业繁荣，城市普遍兴起，市民阶级涌现，封建庄园制逐渐瓦解，封建割据的政治已在向君主集权的民族国家转变，众多大学的建立带动了学术文化的振兴，而已经出现的希腊罗马文化的复兴和意义更新，促使各种精神文化都有很大的繁荣发展。鼎盛期的西欧中世纪文明是富有创造力的。14世纪至16世纪晚期封建社会的西欧，由于社会内部资本主义工商业萌发，作为封建经济、政治和文化形态的中世纪文明则趋于衰落。而同时孕生勃发的作为向资本主义过渡文明形态的文艺复兴，正是鼎盛期中世纪文明的直接后果。至中世纪后期，西欧文明已经超越了趋于衰落中的拜占庭文明和伊斯兰阿拉伯文明，它所引生的文艺复兴文明已促使西欧走在世界文明的前沿地位。

西欧的中世纪文明开始形成了一种在全西欧的真正完整意义上的、相对统一的一种阶段性文明。罗马帝国虽然疆域辽阔，但它在西欧的文明播及范围限于莱茵河以南，它在小亚、巴尔干、希腊、北非和两河流域栽发的文明之花，之后都被拜占庭文明或伊斯兰阿拉伯文明所取代。西欧的中世纪文明则首次将全部西欧连成整体文明同步发展，中欧、北欧的蛮荒之邦也超越历史阶段地被纳入进来，跨入封建社会而得到逐步繁荣发展。虽然有封建割据状态，但西欧已大体呈现了后来民族国家的格局。基督教文明的普遍传播，又使西欧各国既有民族文化传统的多样性，又有相对的文化同一性。西欧中世纪文明所欠缺的东正教希腊与巴尔干某些地区一角，本质上也没有超出基督教文明的范围，但后者是自有特质的。西欧整体文明的形成，有深远的历史影响。此后，西欧各国的历史发展虽然也有不平衡性，但大体归属于同一的阶段性文明形态。也正因此，西欧文明成为我们如今所说的西方文明的主干内容。

西欧中世纪文明是联结古希腊罗马文明和西欧近代文明的重要历史环节。西欧中世纪绝非文明的完全倒退或中断。早期中世纪西欧的经济和社会文化的衰败，只是西欧在特殊历史条件下为实现社会形态的转型所付出的历史代价，而封建制度的生长、成熟，就生产力、生产关系的进展而言，毕竟比奴隶制是一大进步。古希腊罗马文化传统也并未完全断绝，而是有限度地保存在基督教神学和基督教会之中；而中世纪文明鼎盛期已从拜占庭、西西里和西班牙三条渠道，大量传入古希腊罗马的文化遗产，西欧学术文化界已对它们做了许多开掘、整理和汲取工作，使其融入中世纪的精神文化之中，这已为文艺复兴作了文化准备。西欧文艺复兴和近代文明是中世纪文明发展的后果，它们所壮大发展的不少新生事物，如市民社会、宪章和君主立宪、两院制或三级会议的代议制、作为学术文化中心的大学和教育制度的改革，等等，其实在中世纪文明中都已孕生。因此，我们可以说，不正确、深入地了解西欧的中世纪文明，也就难以深入理解近、现代的西欧文明。

文艺复兴从社会形态的历史进程而言，属于西欧中世纪的后期，但西欧这一历史时期又已在萌发资本主义经济，它的基本文化精神与文化形态也自有独特内容。我们着眼于文明形态的演进，将文艺复兴看做西欧中世纪文明向近代文明转折时期所产生的一种特殊的过渡性文明形态，它内容丰富，自具特质，发生在西欧文明整体之中，精神文化上更有明显不同于中世纪文明的特定内涵。所以，我们将西欧的文艺复兴文明看做又一个阶段性文明，另辟专篇论述。

5 1063年建造的威尼斯圣马可大教堂，融会哥特式与拜占庭、
   希腊、东方风格

第 一 章

西欧中世纪的社会变迁和基督教

一、从日耳曼蛮族王国到查理曼帝国

中世纪西欧社会经历了封建制度逐步生长、成熟和衰落的漫长过程。长达千余年的中世纪文明进程,使西欧社会从罗马帝国灭亡时的劫后废墟和中、北欧的蛮荒之邦,变为各民族国家都有繁盛发展的景象,整个西欧都纳入封建化的文明进程,并产生了资本主义的萌芽,西欧的社会确实有了巨大变迁。在西欧中世纪文明中,基督教不仅是主宰性的精神统治力量,而且深深介入经济、政治的世俗事务,对西欧社会的演变起有显著重要的作用。中世纪西欧的社会变迁,可分为早期、鼎盛期和晚期三个阶段。从日耳曼蛮族立国到建立查理曼帝国,是早期形成封建制度的阶段。

从罗马帝国灭亡至公元 10 世纪的早期中世纪的西欧,封建制度在战乱中缓慢地生长,直至基本确立。同时,日耳曼诸族和原罗马帝国的各族在基督教文明纽带的联结下,逐步融合,整个西欧在封建化的社会进程中,大体重新形成了后来西欧各国的民族以及他们所领有的文明疆域。

罗马帝国灭亡前后,西欧建立了一系列日耳曼族国家。西哥特人早在公元 419 年就建立了以土鲁斯为中心的西哥特蛮族王国,之后向比利牛斯以南推进,占有南高卢和西班牙的广阔地区,直至公元 711 年被阿拉伯人征服。汪达尔王国在北非进行野蛮的毁灭文化的统治。勃艮第人侵占罗纳河和索恩河流域,在现今的里昂周围建立勃艮第小王国。渡海侵入英伦三岛的盎格鲁·撒克逊人，则在海岛一隅建立一些小王国，其中爱尔兰的文明在早期西欧曾处于前列。而在意大利，军队统帅日耳曼人奥多亚克废黜西罗马帝国末帝罗慕洛斯后，立国未久，在东罗马帝国唆使下，东哥特人首领狄奥多里克就于公元489年攻入意大利，杀死奥多亚克，建立以拉文那为首都的东哥特王国。狄奥多里克曾在东罗马帝国宫廷中当人质，受罗马文化熏陶，他执政后注意保留罗马帝国的行政制度，安抚罗马贵族，复苏经济和罗马的传统文化，著名哲学家波埃修曾是他的得力的高级官员。然而，罗马贵族、天主教和只占人口1/10、信奉阿里乌斯教派的东哥特人之间的仇恨难以消除，波埃修因狄奥多里克猜忌而被下狱处死就是一个表征。罗马贵族时有反叛而遭镇压，拜占庭的东罗马帝国更对这个东哥特王国的稳固嫉恨在册，因此这个王国不可能持久存在、再造一种罗马—日耳曼文明。拜占庭的查士丁尼皇帝上台后，雄心勃勃意图恢复往昔罗马帝国的统一，先后以贝利撒留、纳尔苏斯为将帅，率大军于公元539年消灭了北非的汪达尔王国，并占领了西哥特王国的南高卢地区，又历经了20年的残酷战争，才灭亡了东哥特王国，一度地中海又成为罗马的内湖，罗马帝国似乎复活了。然而，查士丁尼颁布法令支持罗马贵族反攻倒算，复辟奴隶制，这种逆历史潮流的统治不可能稳固，他的复辟战争只是对西欧造成了比蛮族入侵更大的破坏。查士丁尼死后不久，日耳曼族的一支伦巴第人侵入意大利北部建立伦巴第王国；拜占庭一度维系对南意的统治也是脆弱的，崛起的伊斯兰阿拉伯人先后占领了近东、北非、西西里和西班牙。至公元7世纪，东罗马帝国已经只是占据小亚和巴尔干部分地区的东正教君主国，只能自行以独特的拜占庭文明走上封建化之路。

西欧大部分往昔罗马文明繁盛的地区，经历了两个多世纪战乱的灾祸，经济和文化备受摧残。人口锐减，土地荒芜，到处发生疫疬、饥馑，饿殍遍野，甚至有人吃人的现象。罗马城的神庙、宫殿、学校、图书馆、剧场成为颓垣残壁，猫头鹰、蝙蝠和毒蛇的栖息所，优美的雕像被打碎充作战争中的投弹品，罗马的引水道破裂成为"罗马疟疾"的滋生地，悠久丰美的罗马文化遗产惨遭浩劫。这实在是人类历史上极为悲惨的一幕"文明大倒退"。这表明，早期中世纪日耳曼民族和罗马帝国原有民族的融合，从奴隶制转变为封建制，是极为痛苦和曲折的。

日耳曼人原是莱茵河以北的游牧民族。恺撒在公元前49年写的《高卢战记》中记述，当时的日耳曼人主要从事狩猎和畜牧，对农业"并不热心"，土地为公社所有，在不定居的生活中农业经营有原始的流动性，还处于氏族社会时期。再过一个半世纪，罗马史学家塔西陀于公元98年所写的《日耳曼尼亚志》记述：身材魁梧、金发碧眼的日耳曼人住简陋小木屋，穿兽皮衣或亚麻织物，男子以征战和狩猎、饮宴为能事，生计家务都委给妇女和老弱掌管。他们已在村庄定居，有不多的铁器，通行以物易物的交换方法。已出现阶级分化，属于村社即"马尔克"的土地已在变为私人占有，出现了贵族和自由民、奴隶，但奴隶有自己的家室和较为宽松的劳动、生活条件，只向主人缴纳一定数量的生产品。当时的部落联盟还带有军事民主制性质，国王由推举产生，权力有限而且主要在作战方面，政务由酋帅们或全部落公民大会议决，刑事执法由祭司们掌管。日耳曼人有"亲兵"传统，即侍从兵有忠诚军事首领的密切关系，这后来发展成为中世纪西欧封君与封臣的关系。日耳曼法律通行部落祖先留传下来的粗俗的习惯法，裁决往往根据神判法，如被告被扔进河里而沉入水中，或被告能从沸滚大锅中取出石头并且手伤能痊愈，就是无罪的神意证明，反之，就表明神意裁决被告有罪。日耳曼人的婚姻制度是相当纯洁、神圣的，严格实行一夫一妻制。日耳曼族入侵罗马帝国前后，无疑已受罗马文化的影响，如他们多数已信奉基督教的阿里乌斯派，但这种文化影响还是微弱的，日耳曼人保持着早期奴隶制社会的原始传统，没有被罗马文明同化。

在罗马帝国灭亡后新建立的日耳曼族王国中，日耳曼贵族成为统治主体，他们贪婪、野蛮地剥夺罗马贵族 1/3 或 2/3 甚至全部的土地，攫夺金银财宝，将大量"战俘"变为奴隶和隶农，激起民族仇恨和社会动荡；他们又不善于经济管理，仅依凭原始、粗俗的立法统治国家，如西哥特的《阿拉里克法典》、勃艮第的《贡多巴德法典》、伦巴第的《洛塔列法典》，都是草率粗陋，甚至语法也不通顺，主要包含着所谓部族正义的习惯法观念。这些日耳曼国家难以担当建树封建秩序的历史重任，它们昙花一现而夭折是必然的。

在日耳曼族国家中，惟有法兰克王国版图最大，建成了融合日耳曼与罗马传统的新型国家，完成了向封建制度的转变，孕育了以基督教为重心的西欧封建文明。法兰克人原本生活在莱茵河中下游，公元 3 世纪时就进入高卢北部，以"同盟者"身份定居，较多地接受了罗马文化的影响。公元 5 世纪后半叶，他们在军事首长克洛维率领下向南推进，夺取了塞纳河和卢瓦尔河之间的土地，克洛维成为法兰克王国的墨洛温王朝的首任国王。至 6 世纪中叶，克洛维又先后征服西哥特王国的北部和勃艮第、图林根、萨克森和巴伐利亚等地，成为将现今德意志和原罗马行省联结起来的强国。罗马和日耳曼两大种族大体相当也是法兰克王国独有的特点。克洛维将新占区无主的土地分给法兰克人公社支配，将罗马皇庄的大量土地奖赏给贵族和亲兵，王族也占有部分土地建立王室庄园，但他对罗马大地主和基督教会的地产很少侵犯。他于公元 496 年圣诞节时，率 3000 名亲兵在兰斯大教堂接受了罗马派基督教的洗礼，密切了法兰克统治集团和罗马教会、大地主的关系。克洛维死后编定的《萨利克法典》表明了法兰克王国已是西欧封建社会的起点。土地所有制有公社所有和贵族私有两种，而普天之下莫非王土，国王有权处理、奖赐一切"公地"；罗马贵族地主、教会地主和日耳曼统治者融为一体；除少量奴隶外，农奴、小土地私有的自由民和王室贵族、教俗地主之间的封建关系已形成，而自由人不堪承受国家强加的种种负担，作为亲兵、家丁委身于教俗地主门下，这种人身依附关系后来演变为封臣制的滥觞。这部法典也还保留了蛮族习惯法的成分，如神判法、决斗法，还有赎杀金制，即损伤他人的手、脚、眼等甚至杀人，缴付不同额度的罚金就可赎罪。法兰克的封建制度从 6 世纪开始形成，至 8 世纪加洛林王朝时臻于成熟，基本确立。

基督教会在早期中世纪西欧的封建化进程中起着重要作用，主要表现在两方面。一方面，基督教会自身变为拥有大量地产的教区、寺院地主集团。在罗马帝国末期，基督教取得合法地位后，就拥有许多特权，财富像潮水般涌进教会，有帝王丰厚的土地与财物赠与，接受众多教徒的遗产，还有没收而获得一切异教的财产，教会不再只是一种精神力量，而是愈益成为一种壮大的世俗利益集团，奥古斯丁就曾抱怨当时许多人入教是为了可望获得世俗利益。公元 5 世纪以后，基督教又从已根除了异教的城市向尚有较多异教徒的乡村地区扩展，将原来罗马奴隶主贵族的庄园废墟，逐渐变为实行农奴庇护制的教会领主庄园，并通过所谓"田野福音宣传"运动，以"谁统治，谁决定信仰"的原则，强制农奴信奉正宗基督教。在法兰克王国，教会更因墨洛温王朝诸王的慷慨恩赐获得大量土地和财富，在 7 世纪的高卢，许多教区往往拥有 7000 处或 8000 处庄园。这时的教会，不再有原始基督教的"平等"理想，也不再是卷入罗马帝国奴隶主政权斗争的政治力量，而已成为封建农奴制的支持者、推进者。另一方面，基督教通过普遍的传教活动，逐步、缓慢地整合四分五裂的日耳曼族和原罗马帝国的诸族，逐渐建立封建制的政治和经济，使西欧社会具有基督教文明的文化同一性。

　　早期中世纪西欧"是从粗野的原始状态发展起来的。它把古代文明、古代哲学、政治和法律一扫而光,以便一切都从头做起。它从没落了的古代世界承受下来的惟一事物就是基督教和一些残破不全而且失掉文明的城市"。[①] 罗马的主教因使徒彼得和保罗在罗马传教和殉道而高于其他主教,渐而成为教皇;在蛮族国家陷入混乱、无力运转国家行政机器的罗马和其他地区,基督教会承担了部分政治职责和社会公共事务管理职能。阿里乌斯教派在罗马帝国遭贬斥后,向日耳曼地区成功地渗透,大部分日耳曼族起初都皈依了这个非正统的教派,法兰克族则是例外。基督教正统派(即罗马公教,中国译为天主教)成为墨洛温王朝的国教,以此为据点,广泛开展传教活动,6世纪已使西欧大陆的勃艮第、西哥特、伦巴第诸族皈依罗马教会,8世纪通过英格兰人博尼法斯的传教,使中欧德意志诸侯改宗罗马基督教;5世纪中叶帕特里克早已在爱尔兰传教,并设置教区体制,发展了有爱尔兰特色的基督教文明,后来随着坎特伯雷大主教的确立,英格兰成为西欧颇有活力的基督教社会。基督教的普遍传布对日耳曼族是一种文化启蒙和精神教化,促进了日耳曼各族和原罗马帝国诸族大融合,共同发展封建化的西欧中世纪文明。

　　公元8世纪法兰克王国的加洛林王朝兴起,标志西欧封建制度基本确立。墨洛温王朝的几代"懒王"孱弱无能,实权早已落入代表大地主贵族势力的"宫相"之手。丕平家族的查理·马特任宫相时,推行采邑改革,没收叛乱贵族的土地作为采邑分封给军事贵族,并令其对王室承担严格义务,使封建土地所有制巩固,得以在公元732年粉碎了阿拉伯人的入侵。其子矮子丕平任宫相时,强化了封君与封臣、领主与附庸的封建等级制度,并于751年获教皇支持,废黜了墨洛温王朝的末帝"笨人"希尔贤德里克三

[①]《马克思恩格斯全集》第7卷,人民出版社1959年版,第400页。

世,令其进修道院为僧。丕平就被推选为加洛林王朝的开国君主。他又应罗马教皇请求,出兵征服 6 世纪就盘踞北意、近又攻占中意的伦巴第王国,将拉文那总督区和潘培波利斯地区送给教皇,这就是著名的"丕平献土",它奠定了教皇国的基础,使法兰克王国与罗马教会结成更加紧密的关系。

丕平的儿子查理是一位精明强悍的君主,一生南征北战,开拓疆土,历经五十余次战争,先后征服伦巴第王国、大西洋沿岸的不列颠人、巴伐利亚人、西斯拉夫人、萨克森人、匈奴人乃至北欧的丹麦人,使法兰克王国的版图几乎扩充了一倍:西至大西洋和西班牙的比利牛斯山脉,南达北意,东至多瑙河,北临北欧,在西欧大陆绝大部分土地上建立了罗马帝国之后又一个幅员广阔、最为强盛的查理曼帝国。799 年新教皇利奥三世被罗马贵族逮捕、囚禁,并挖眼割舌,他被法兰克王国的使臣救出,次年,查理进军罗马,护送利奥复位,利奥为报答查理,于圣诞节在圣彼得大教堂做弥撒时,突然将一顶金冠戴在查理头上,称他为"罗马人的皇帝",确认了查理曼帝国的神圣权威。查理大帝的秘书艾因哈德记述,查理大帝最初并不喜欢皇帝和奥古斯都的称号,他说过当初他如能"预见到教皇的意图,他那天是不会进教堂的"。[①]这种教皇给世俗君主授冠,实际上种下了中世纪君权和神权(教皇权)之争的隐患。查理大帝在西欧普遍推行、强化封建采邑制度和封建庄园制,加强中央对地方的行政管理,对外缓和、交好同波斯、拜占庭、苏格兰的关系,使西欧大陆的经济得到较大复兴和发展。西方有些历史学家将中世纪鼎盛期西欧的工商业兴盛和深刻的政治变革都归功于查理大帝,这有些言过其实,因为加洛林王朝和外部的拜占庭文明、阿拉伯文明还极少经贸交往,内部所发展的还只是一种相当闭塞、自给自足的农业自然经济,也

---

① 艾因哈德:《查理大帝传》,商务印书馆 1996 年版,第 30 页。

没有稳固建立中央集权的封建政治。然而，查理曼帝国使西欧大陆的绝大部分都归于封建化文明的统一进程，使此后的西欧大陆都在封建经济与政治的基本轨道上运进，这有划时代的意义。

历史学家常称道加洛林王朝的"文艺复兴"，查理曼帝国确实开启了程度有限的希腊罗马文化的复苏。查理大帝本是文化水平不高的蛮族人员，但他很重视文化建设，靠本人刻苦学习，能流利地说拉丁语和希腊语，并向来自不列颠的辅佐者、著名学者阿尔琴学得天文、算术、修辞术、辩论术知识，还下功夫练习书写，但因开始已晚，不能写出漂亮的字来。他依靠阿尔琴，延揽欧洲各地的知识人士如诗人、史学家保罗和艾因哈德等人，开展承袭希腊罗马文化的复兴工作。主要内容有：颁令促使教堂和修道院普遍开办学校，传承古典希腊罗马和基督教的基本文化知识，提高臣民的文化水平；推进各修道院搜集、抄写古典文本工作，使希腊罗马文化遗产在惨遭浩劫后有一定的保存。阿尔琴撰写了逻辑教科书《论辩证法》，校订了较正确的新版《圣经》，小书写体的标准《圣经》版本也是在那时产生的。然而，加洛林王朝的"文艺复兴"和后来西欧的文艺复兴文明是不能比拟的，它只是使几乎灭绝的希腊罗马文化初步得到重视和整理，使文盲遍地的西欧复苏了文教事业，并在少数修道院形成了学术中心。查理曼帝国时代还缺少创新的哲学与神学体系，也没有广泛、深刻的知识进展。只有来自爱尔兰的学者爱留根纳所写的《论自然的区分》，已注重将理性纳入神学之中，黑格尔说中世纪的真正哲学是从他开始的。这一时期也整理出了一些民族英雄史诗，兴建了亚琛、兰斯等地的罗马式大教堂，这些也是加洛林文化复兴的突出成就。当然，在希腊罗马文化传统存亡继绝、西欧几乎倒退至野蛮状态的时代，加洛林文化复兴使西欧文明重新获得一个良好的起点，逐步进向鼎盛期的文化繁荣，这是有重要意义的。

查理大帝于814年去世后，因庞大帝国内民族众多，地方封建领主势力坐大，未形成稳固的中央王权，帝国迅即瓦解。他的三个儿子为争夺领土和附庸大打内战28年，最终于843年签订凡尔登条约，三分帝国：秃头查理的西法兰克王国，虔诚者路易的东法兰克王国，罗退尔承袭"皇帝"名号，取得夹在前两者之间的中部王国，它们后来就逐渐发展成为法兰西、德意志和意大利三个国家。

公元9世纪至公元10世纪，北欧斯堪的纳维亚以渔猎和海盗为生的丹麦人、挪威人和瑞典人，大举向南入侵和移民，阿拉伯的萨拉森人和匈牙利（马扎尔）人也大肆劫掠侵扰，整个西欧再次遭受蛮族的劫难，受到很大的破坏。然而，西欧毕竟已基本确立封建制度，拥有抵御、同化异族的实力，抵御蛮族的入侵起到强化封建王权的作用，封建制度依然得到巩固、发展，并且将北欧蛮族逐步融合、同化，纳入西欧封建化文明的历史进程。丹麦人入侵、摧毁英伦诸小王国，促使阿尔弗烈德大帝在反侵略斗争中统一了英格兰地区；法兰西地区因诺曼人入侵造成封建诸侯割据状态，但卡佩王朝兴起，促成军事封建制度高度发展，后来通向中央集权政治；德意志地区分裂为五个公国，而最强盛的萨克森公国的奥托大帝战胜匈牙利人后，又吞并意大利的中部王国，使德、意的封建城市经济开始兴盛。显然，第二次蛮族入侵虽也使中世纪西欧文明又遭受挫折，但已不同于前次5世纪时日耳曼蛮族入侵，结果是北欧蛮族较快地被封建的西欧诸国所同化，使西欧文明扩大到更广阔的北欧疆界，这对西欧中世纪文明走向鼎盛和之后的文明进程，有深远的历史影响。

二、鼎盛期的中世纪西欧社会

从公元11世纪至公元14世纪约300年间，西欧不再遭受蛮族侵犯，各国之间虽有局部战争，但大体保持了相对稳定与发展的局面。封建经济臻于巩固、成熟,生产力迅速发展。城市兴起,工商业繁盛;封建王权得到加强,民族国家开始形成,市民阶级出现,孕育了近代国家制度的萌芽;学术文化也有较大的创新和高涨,在对基督教精神文化革新中,重新发扬希腊罗马文明中的理性主义探索精神。中世纪鼎盛期的西欧和早期西欧相比,确实经历了深刻、巨大的变化,可以说在这一时期,西欧才发展出典型、成熟、完整的中世纪文明。西欧的疆域大体上不再有外部文明势力侵占而呈犬牙交错状态,中世纪文明已覆盖几乎整个西欧的版图(除了巴尔干的希腊一角在拜占庭文明的势力范围),并且在同东方文明的密切交往和对外扩张中,使西欧文明对外伸展,发生辐射性的影响。

　　经济复苏和封建生产关系的向前进展,首先表现在农村地区,农业因采用先进的耕作制度和生产工具,生产力有很大的提高。普遍实行了三圃轮种制,就是把土地分为三块,一块春耕,一块秋播,一块休耕恢复地力,并施用农家肥和泥灰石提高土壤肥力,精耕细作大大增加了农业产量。重型带轮铧犁、马、牛、水磨与风磨的普遍采用和推广,大为提高生产效率。基督教修道院在推广先进耕作技术和开荒上起了积极作用。西欧的人口到公元8世纪曾一直锐减,这一时期大幅度增加,尤其在伦巴第、摩塞尔河流域和佛兰德尔地区,更显出了人口高密度,据统计,德意志的摩塞尔河流域公元800年仅有2万人,公元1237年则已达25万人。[①] 人口增长促成大量劳动力转移,去开垦众多的新农田,高卢和法兰克的移民开发了莱茵河与易北河之间的荒地,西斯拉夫移民开垦了黑森林和图林根地区;原来覆盖北欧的广大原始森林,也被辟出块块农田,沼泽被排干,还筑修堤坝,向海洋要土地,直至9世纪还属蛮荒的北欧地区面貌大变,农业经济得到繁荣。适

---

① 汤普逊:《中世纪经济社会史》下册,商务印书馆1997年版,第446页。

应这种拓展农业生产的需要，封建领主为了转移农奴去耕作新土地以增加财富，只得解除对他们的人身羁束，将劳役义务改为实物地租，后又以征收货币地租为主，至1300年西欧数百万农奴变为有自由人身份的佃农，封建农奴制解体，演变为封建佃农制，这种生产关系的变革提高了农民的劳动积极性，促成农业生产的更快发展。

随着经济复兴，手工业从庄园制农业中分离、独立出来，工商业得到发展，城市普遍兴起是西欧鼎盛期中世纪文明的显著特征。当时西欧城市的兴建有两类：一类是原有罗马帝国末期凋败的城市得到复兴、改建，如巴黎、马赛、伦敦、罗马、米兰等；另一类更多的是原为领主的城堡，因工商贸易发展逐步演变为新兴的城市，如佛罗伦萨、布鲁日、根特、阿拉斯等，威尼斯这时已成为和拜占庭、伊斯兰阿拉伯地区通商并垄断地中海贸易的重要城市，北方佛兰德尔新建许多城市，成为北欧毛纺工业中心。西欧城市数量在1100年至1300年间增加了10倍。城市的兴起是西欧中世纪社会的重大变革，对西欧中世纪文明演进有巨大、深远的影响。主要表现在四个方面：第一，促成了工商贸易的繁盛发展，西欧不再停滞于自给自足的封闭型农业自然经济，开放的城市逐渐成为西欧经济的重心所在。第二，城市非常需要劳动力，以各种方式和封建领主争夺农民，甚至供给农奴赎金来吸引他们流入城市，而农奴或佃农因谚语所说"城市空气使人自由"，也乐于改变生活方式，这就进一步造成封建农奴制和庄园制的瓦解，至1300年西欧的旧庄园制已变为有名无实、苟延残喘的空虚骨架。第三，城市涌现了新兴市民阶级，他们是西方近代资产阶级的前身，在西欧中世纪封建领主的土地所有权和政治统治权结为一体的条件下，他们以赎买或武力方式从封建领主那里获得不同程度的自治权，建立了有不同程度自治权的城市共和国或自治市，成立由工商寡头、新贵族控制的独立政府，制定自己的宪章和行政管理制度，甚至将宪章镌刻在市政厅或教堂的墙壁上，以标志神圣的自治权。市民阶级突破封建等级制度，在建立立宪代议制的政治制度方面已作了许多有益的尝试，后来成为意大利文艺复兴中心的佛罗伦萨就历经政制变迁，马基雅弗利在《佛罗伦萨史》中就有详致记述。封建君主为发展经济、增加财富和反对封建割据，也支持城市市民势力，往往和他们结成政治联盟，所以城市兴起对从封建割据向中央集权君主制过渡，也起有重要作用。第四，城市成为学术文化的重心所在，一变早期中世纪西欧文化闭塞、滞涩的局面，发展出有新社会内涵、和东方文明有所沟通的新文化来。

行会制是西欧中世纪城市所新生的重要经济制度，对于排除封建领主垄断特权，对于手工业和商业发展，起有积极的保障作用。行会控制资本、管理劳动并支配生产与分配，有的行会甚至有自己的武装。它对内防止成员之间的竞争，对外追求本行业的垄断地位，并抵御封建领主的干预、破坏。这种组织有手工业行会和同业公会两种形式。只有作坊主（匠师）或其他握有资本的业主才能作为行东参加行会，学徒和帮工只有长期苦练、待技术熟练并有资金积累后，才能成为匠师，获准开作坊并参加行会。佛罗伦萨的大行会就有公证、进口布商、银行家、呢绒商、医生与药剂师、丝商、皮货商等 7 个，还有十余个小行会。行会是支配中世纪西欧城市的主要经济组织与制度，它在中世纪盛期起有凝集市民力量、促进工商业发展的进步作用。但是，它内部结成的行东和学徒、帮工的关系本质上仍是封建性的，在市场中又有很强的垄断性、封闭性和排他性，所以到中世纪晚期，行会内部贫富分化，学徒、帮工不堪压迫，往往组织"兄弟会"、"伙伴社"等展开斗争，甚至罢工或起义；它墨守陈规的种种限制和禁令，更成为社会生产发展和资本主义进展的障碍。

国内外贸易的繁盛是西欧中世纪文明臻于鼎盛的重要动因。

随着分工扩大、为交换生产的产品增多，西欧的市场贸易勃兴。当时在意大利、德意志、法兰西、英国、西班牙以及北欧的许多市镇，涌现了许多著名的、每年定期举办的大型市集，届时从四面八方赶来的商人云集，在市场法规保障下进行安全的正常贸易，促进了西欧经济繁荣。最古老的巴黎的圣得尼斯市集在630年就建立，至12世纪已成为北法商人的会合地；地处塞纳河流域肥沃平原的香槟市集最为著名、声誉远播，从11世纪起香槟伯爵制定完善精细的管理制度，这个市集成为沟通南、北欧的国际市场。在西欧形成了两大贸易区：一是地中海贸易区，意大利和南法的商人起主要作用；二是北海波罗的海贸易区，德意志北部70个至80个城市结成的汉萨同盟起主导作用。这个壮大的同盟甚至结集武装力量，在德意志地区长期陷于封建割据局面中，也起有一定的团结政治势力的作用。当时西欧商人远赴拜占庭帝国、伊斯兰阿拉伯地区的贸易交往也已兴起，甚至经丝绸之路远达中国，从西欧销往东方呢绒、金属、建材、树脂等，从东方运回丝绸、香料、棉布、地毯、药材及金银首饰等各种奢侈品，这使西欧黄金大量外流，当时东方来的丝绸就价抵同等分量的黄金。直到一名修士偷偷从东方带回蚕蛹，西欧人才栽种桑树，产生丝织业。在连接东西方贸易中，拜占庭是"金桥"，意大利的威尼斯是中心枢纽，威尼斯人马可·波罗远游中国并在元朝为官，他归国后写的《游记》，报道了胜于西欧的中华文明繁盛景象，使西欧人大开眼界，知道远东还别有一种文明胜地。随着商业贸易兴盛，信贷业和银行业也开始发展起来，大量资金转化为商业资本和高利贷资本，北意的伦巴第人最早开拓这种专门行业，对后世深有影响的金融手段和制度也建立起来，汇票就最早产生于当时的意大利。长期操纵佛罗伦萨政治的梅第奇家族就是银行世家。商业贸易的壮大，对西欧中世纪文明的进程有很大影响。它使自给自足的封建庄园制自然经济逐步瓦解，形成了反对障碍工商贸易的封建割据、建立君主集权制的民族国家的政治要求；它沟通了东西方文明，打破了西欧早期中世纪文明的封闭状态，拜占庭帝国和伊斯兰阿拉伯地区的先进文明成果得以进入西欧，对西欧文化革新有重大影响。

西欧中世纪的封建领主集经济权与政治权、私权与公权为一体，长期处于四分五裂的封建割据状态向君主集权的民族国家过渡，经历了漫长的时间；这和中国早就有君主集权的封建王朝、保持民族国家的统一，有所不同。封建割据和君主集权、王权和教皇权之间有错综复杂的矛盾与斗争，教皇为维护其至上的神权，往往反对君主集权而和封建割据势力结盟。于是，中世纪鼎盛期西欧的政治局面出现了两种不同类型的状况。

第一种类型是消灭封建割据，基本上建立君主集权的民族国家。较早实现这种政治统一的国家是英国和法国。

公元 9 世纪威塞克斯王阿尔弗烈德曾结成英格兰统一体，粉碎丹麦人入侵，使在英的丹麦人融合为英格兰移民。10 世纪末丹麦王卡纽特再次入侵，将英格兰纳入他的帝国的版图，他死后帝国即告瓦解。1066 年法兰西的诺曼底"征服者"威廉以他是英王亲属为由，在教皇支持下进军英格兰，在伦敦加冕称王。他镇压盎格鲁·撒克逊贵族反抗，大规模没收大贵族和公社的土地，归王室所有或分赐王亲国戚、功臣宿将。为此，1086 年他对全国土地、人口和赋役进行大规模调查，制成的《土地赋役调查簿》被称为对贵族的"末日审判书"。他封赐最大的封建主 180 人（包括 12 个大教会的主教）的土地占全国土地面积的一半，并建立起了强大的王权。其子亨利一世在 12 世纪前叶统治时，进而强化中央统治机构，设中央枢密院和王室法庭，王室法官巡回地方，加强中央对地方的控制。他的外孙亨利二世开始金雀花王朝统治，又夷平三百多处封建堡垒，解散大贵族的家兵，并实行司法改革，建立陪审团制度，以"誓证法"（宣誓作证）取代日耳曼遗俗的"神判法"。至 13 世纪英国工商业和城市已迅速兴起，城市已达 166

座，比 12 世纪增加一倍多，城市人口已有 100 万左右，经营工商贸易的市民阶级和骑士阶层壮大起来，采取联合政治行动。"无地王"约翰残暴无能，任意没收封臣土地，增加城市捐税，在 1215 年市民、骑士和一些大封建主联盟举行暴动，迫使国王签署"自由大宪章"，规定国王不得任意没收封建主和自由人的土地、财产，不得剥夺他们的人身自由权，首次确认法律高于国君，这份宪章后来成为近代英国宪法的基础。"自由大宪章"虽然也有封建贵族反国王侵夺其利益的含义，更主要的是市民和骑士首次显示政治力量、为捍卫自由权益进行斗争的成果。至 1264 年，市民和骑士势力的代表孟福尔伯爵在内战中打败在教皇支持下违背"自由大宪章"的亨利三世和保守派贵族，并于次年首次召开有市民、骑士代表参加的议会。1274 年爱德华一世即位后，合并了威尔士，基本确立议会制度，分设贵族院和主要代表市民、骑士的平民院，这上、下两院，奠定了英国议会"两院制"的基础。至 14、15 世纪，英国在和法国的百年战争中失去在法兰西的领地，30 年的红白玫瑰战争又使贵族集团势力两败俱伤，1485 年亨利七世开创都铎王朝，从此结束内战，建立起稳固的君主集权统治，英吉利的民族国家最终形成。

　　法国因为除了原有的高卢罗马人为主体外，还有法兰克人、克勒特人、巴斯克人等众多民族成分，加洛林王朝趋于衰微后不再有统一的力量，10 世纪末建立卡佩王朝（987—1328 年）时，法国实际上处于分裂为许多公国的封建割据状态。封建诸侯之间战争连绵不断，以致 1027 年罗马教会提出"上帝休战"的号召，要求在星期五至星期日以及宗教、世俗节日不动干戈，但是并未能禁绝私战。封建割据和内战障碍了城市工商业发展和市场统一、贸易自由，在 12、13 世纪国王和城市结盟展开反封建割据的斗争。路易六世统治时期（1108—1137 年），胖子路易首先出兵制服一些不驯服的臣属，并开创设置王权行政管理的"御前会议"。腓力二世统治时期（1180—1223 年）是加强王权的关键阶段，腓力征服了阿图瓦、香槟伯爵国后院属地，又在对英作战中夺取诺曼底等地，王室领地扩大 3 倍，他获得"奥古斯都"尊号。他又加强"御前会议"制度，吸收精通罗马法的学者帮助强化中央政权机构，并掌握地方行政、司法、财政和军事大权，为中央集权统治奠定了基础。腓力四世在位时期（1285—1314 年）法国王权扩张达到议会君主制阶段。君主集权的社会基础有所扩大，并控制了国家教会，征收教会的财产捐税，战胜了教皇的对抗，甚至将教皇逮捕、监禁，使教廷沦为历时七十余年的"阿维农之囚"。也正是在谋求全国各阶层势力共商对抗教皇之策中，腓力四世于 1302 年首次召开有高级僧侣、贵族和市民 3 个等级代表参加的三级会议；虽然它还只是协商性质的会议，其职能是商讨征税和司法、行政改革事宜，但它标志市民势力已登上政治舞台。在 14 世纪至 15 世纪为争夺佛兰德尔这毛纺业要地而爆发的英法百年战争中，法国基本上收复了英国在法兰西的领地，法国已克服封建割据状态，完成统一大业，各民族也渐而融合成为单一的法兰西民族。

第二种类型是由于种种原因长期陷入封建割据状态，但民族地区的城市工商业也得到较大进展，形成统一民族国家也将是大势所趋，只是进展滞缓。属于这种类型最突出的是德意志和意大利。

早在查理曼帝国分裂时，日耳曼人路易领有的东法兰克王国，后来成为现代德国的核心。德意志地区原本不属于罗马帝国的版图，其封建制的形成不是罗马和日耳曼两种因素的结合，而是在日耳曼人原始公社制瓦解的基础上过渡到封建社会，因此封建关系产生较晚、进展较慢。从 10 世纪初萨克森王朝起到 15 世纪初的五百多年间，德意志征服西斯拉夫人，向东扩张，领土增加一倍，在新土地上建立许多小国，它们后来最终归并为普鲁士王国和奥地利国家。德意志曾两次出现王权强大的格局，但因为同教皇权冲突和热衷于对外征服，不去抑制内部诸侯势力坐大，所以未能建立统一的民族国家。一次是 10 世纪萨克森王朝的奥托一世于 951 年、962 年两次征服北意大利，并强迫他扶持的教皇约翰十二世为他加冕，称为"罗马帝国"的"奥古斯都"。他雄心勃勃要重建查理曼帝国，并控制神职册封权，干预教皇废立和选举。11世纪中叶至 12 世纪初法兰尼亚王朝的亨利四世和教皇进行了尖锐复杂的斗争，在教皇唆使下内部诸侯扩张势力，使王权削弱，诸侯确定"弱者为王"的原则，建立霍亨斯陶芬王朝，康德拉三世只顾参加教皇策动的十字军东征，德、意内部陷入封建家族斗争的混乱。第二次是 12 世纪中叶腓特烈大帝（即"巴巴罗萨"，红胡子）在位时，他重新夺取意大利，制服教皇，并于 1155 年 6 月强迫教皇为他加冕，称为"神圣罗马帝国"的皇帝，这个历史上存在七百多年的"帝国"其实徒有虚名，如伏尔泰所说，它"既非神圣，又非罗马，更非帝国"。意大利的城市反抗起义不断，腓特烈在位 38 年曾六次远征意大利，而教皇也联合城市势力对抗。腓特烈在参加第三次十字军东征中溺死于小亚。由于德王热衷于对外征服，陷入意大利的政治斗争，又不敌和城市势力、诸侯结盟的教皇，13 世纪中叶后中央王权明显衰落。在教皇唆使下，规定皇帝必须由 7 个诸侯选举产生，诸侯拥有完全自主的特权，这种分裂割据状态一直延续至 19 世纪中叶。在这种政治不统一的情况下，民族工商业仍在发展，主要依靠南、北方的一些城市同盟来保障，最大的有汉萨同盟、莱茵同盟和士瓦本同盟，由此也不断增强民族意识。在奥托一世和腓特烈大帝时代，德意志的学术文化也比较繁荣。

意大利则因长期被征服和教皇盘踞而处于分裂状态。北意屡次被德意志侵占，教皇直接控制中意，南意及西西里曾被拜占庭征服，11 世纪诺曼底人侵入，建立西西里诺曼底王国，在这片富庶的国土上曾产生了融合罗马、拜占庭、伊斯兰阿拉伯文明的繁盛文化，成为闭塞的西欧和东方文明最早沟通的渠道。意大利直至 19 世纪中叶才形成统一的民族国家。意大利的许多城市国家如威尼斯、比萨、热那亚、佛罗伦萨等在发展工商贸易中兴起，利用错综复杂的政治矛盾取得自主权，削弱封建贵族势力。威尼斯在 5 世纪中叶只是个渔村，9 世纪脱离拜占庭成立独立的城市共和国，此后成为地中海贸易的中心，发展成为包括克里特、塞浦路斯和爱琴海域许多岛屿的小帝国，在东西方文化沟通中据有重要地位。至 15 世纪末新航路发现后，商业重心转移至大西洋沿岸，它才衰落。毛纺业极为发达的佛罗伦萨较早出现资本主义萌芽，学术文化繁盛，后来成为意大利文艺复兴的中心。

　　西欧其他地区也在从分裂割据逐步走向民族统一。伊斯兰阿拉伯人占领的西班牙，11 世纪时陷入内部争战，西欧基督徒骑士协助本地人收复伊比利亚半岛，建立卡斯提尔、阿拉贡等基督教王国，其中 1085 年卡斯提尔攻克的穆斯林城市托莱多，之后成为伊斯兰文化和基督教文化的重要熔接点。至 12、13 世纪，十字军进攻西班牙穆斯林地区，对摩尔人取得决定性胜利，偏安一隅的摩尔人小王国格拉纳达至 15 世纪末灭亡。中世纪盛期伊比利亚半岛已组成卡斯提尔、阿拉贡及葡萄牙三大基督教王国，前两者不久合并成西班牙王国。西班牙在基督教文明方面深受罗马教会的主导性影响，它长期成为西欧天主教势力的顽固堡垒。由于工商经济较快发展，西班牙在中世纪后期迅速崛起，成为西欧的强国，最早向海外拓展殖民地的先锋，成为英国海上争霸的劲敌。在北欧，斯堪的纳维亚人已被西欧文化同化，在中世纪盛期那里的城市工商业也有较大发展。尼德兰已是西北欧的工业重心地带，并且崛起了布鲁日、根特、布鲁塞尔、伊普尔、安特卫普等群集的城市；至 16 世纪末，在摆脱西班牙统治的革命中建立联省共和国的荷兰，成为东方贸易霸主、欧洲金融中心和世界性的"海上马车夫"（海运强国）。丹麦、挪威、瑞典的渔村、海港或城堡此时也都发展成为沿海商业城市或造船、铸造业中心,它们和英国有密切的贸易和文化联系,受英国文化传统影响较多,后来也都各自形成统一的民族国家。

中世纪鼎盛期西欧经济、政治和社会的深刻变化,促成学术文化繁荣的高峰,各地区、国家的文化交流和联系紧密起来,文化覆盖面扩展到前所未有的西欧全境。中世纪盛期西欧文化已有三个新特点:第一,突破修道院作为主要知识活动的狭隘范围,城市的大学纷纷建立,成为开阔、活跃的知识传播和研究的所在地,如巴黎大学、牛津大学和意大利的波伦那大学等都是学术文化中心,而且形成较为开放、自由的文化气氛。第二,学术文化反思社会生活的剧烈变动,内容有较多的创新,如各民族传统文学的整理和创作,出现反映市民生活的作品,哥特式建筑艺术大量涌现,在基督教哲学和神学内部也出现了阿伯拉尔的异端学说和托马斯·阿奎那的理论变革。第三,改变了早期中世纪的封闭自守状态,西欧文明和东方的两大文明即拜占庭文明和伊斯兰阿拉伯文明的交往得到开通,中世纪盛期西欧文明是在密切和东方文明交流、汲取其优秀成果中得到较大发展的。通过拜占庭、西西里和西班牙三个主要渠道,两大东方文明所保存的大量希腊罗马古典文本此时已重新引进西欧,希腊罗马的理性主义和人文精神传统已受重视研究,出现了学习罗马法并将它运用于现实经济与社会生活的热潮。可以说,中世纪盛期西欧学术文化的高涨,已为文艺复兴做了准备。

15世纪至16世纪西欧社会处于中世纪晚期,西欧中世纪文明走向衰落。封建生产关系趋于瓦解,资本主义工商业得到较大发展,由于资本原始积累迅速扩展和掠夺海外殖民地,市民或资产阶级的力量逐步壮大,在一些国家他们和君主专制集权政治既相互利用,又发生冲突。基督教统制的中世纪西欧的精神文化在人文主义思潮的冲击下动摇、没落。然而,西欧中世纪文明向近代文明的转变，不像罗马文明向中世纪文明转折那样，经历漫长的曲折和精神文化的断层乃至"倒退"，而是经由"文艺复兴"这个过渡性的阶段性文明。文艺复兴对西欧中世纪文化有激烈的否定、批判，但也有继承性和连续性。中世纪晚期西欧的社会与文化，本书在"文艺复兴文明"篇中另论。

三、西欧中世纪文明的基本特征

西欧中世纪文明本质上是有西欧特色的一种封建社会的阶段性文明。它从罗马文明艰难地转折而来，又有日耳曼诸民族共同参与创造；它由希腊罗马传统和日耳曼传统这两重因素逐步融合而生成，基督教在形成和发展这种文明中起有十分重要的作用。希腊罗马传统、日耳曼传统和调融两者的基督教这三重结构性要素，体现在西欧中世纪文明的经济、政治制度和精神文化之中。在基督教神光笼罩下，它看来没有希腊、罗马文明那样光灿夺目的文化成就，但是，从人类社会历史的进化而言，和希腊、罗马文明的社会根据是残酷的奴隶制相比较，它使大部分地区本来处于蛮荒状态的整个西欧，都跃入封建化的文明轨道，确实是一种巨大的历史进步，而且它的盛期与晚期已孕生了许多新的社会和文化要素，因而它又是通向西欧近代文明的重要历史环节。

西欧中世纪文明的经济结构首要的是封建庄园制和自给自足的农村自然经济。庄园制是融合罗马和日耳曼两种社会因素、破除奴隶制而形成的，是带有西欧特色的封建生产关系。它有双重起源：一方面，在罗马奴隶制衰落、严重障碍生产力的情况下，罗马奴隶主所占有的大农庄，因奴隶与隶农大量逃亡，不能再墨守原有的经济关系维系下去，罗马贵族和剥夺罗马贵族土地所有权的日耳曼贵族只得大量释放奴隶，解除对奴隶与隶农的人身占有权，使他们变为有相对宽松权益的农奴，至少能获有自己租种的份地和部分劳动成果,从而提高了生产积极性。这些农庄的奴隶主贵族也就变为封建庄园的领主。另一方面,日耳曼族原来实行的农村公社(马尔克)的土地制度,只有数量不多的家务奴隶,后来在土地私人占有加剧的情况下,经营方式逐渐向罗马式庄园制靠拢,奴隶和破产的大量自由人也都变为农奴,日耳曼贵族变为庄园领主。这两种有不同起源的庄园形式,后来逐渐融合为单一性的封建经济基本结构。基督教会在促成奴隶制转变为封建庄园制、促成罗马式和日耳曼式庄园融合方面,起过积极的作用。

庄园制本质上是封建农奴制。它取代奴隶制经历了漫长的时间,西欧直到 10 世纪奴隶制才完全绝迹。由于西欧奴隶制曾得到充分、完善的发展,有悠久传统,从奴隶制脱胎出来的庄园农奴制有两个鲜明的特点:第一,有很强的人身依附关系。庄园内的劳动者主要是农奴和维兰(villein),后者是自由农迫于生计和安全需要,将拥有的小片土地委交给庄园领主以求保护,实际上是处境稍好的农奴。领主将小块土地分给农奴租种,自己保留约占 1/3 或 1/4 的大片沃土,要农奴无偿服劳役优先耕种,劳役地租是领主剥取农奴剩余价值的一种主要形式。此外,领主还要农奴服各种公私劳役,缴纳名目繁多的赋税,如农奴人头税、家庭税、教会什一税、专利税等等,一本中世纪拉丁文《词典》解释这些赋税的条目长达 27 页。农奴和奴隶相比,人身不再作为动产被他人直接占有,然而繁重的劳役和赋税是还不尽的债,农奴终身在"强迫劳动"中被牢牢地羁缚在庄园领主的土地上,如庄园出售,农奴也随土地而被出售,他们的后代也不能摆脱这种依附处境,所以农奴制也是个世袭制度。第二,庄园作为中世纪西欧建立封建制度的基本单元,是综合经济、政治、司法、军事、宗教功能为一体的封闭性社会组织。庄园是独立城堡,领主对农奴行使政治统治权、司法审判权、征税权,拥有自己的武装力量和控制灵魂的教堂。领主实际上牢牢地握有全面支配、管辖农奴人身的权力。

庄园的这种公权和私权紧密结为一体的特点，不同于东方中国封建社会土地占有的私权和国家公共权力较早分离的状况，正因此，中世纪西欧封建领主的独立势力很强，经历了漫长的封建割据局面。中世纪西欧的一个庄园大小不等，少则十多家农户，大则有 50 家至 60 家农户，拥有土地大都在几百、上千英亩。大领主可拥有成千上万个庄园。除了世俗领主的庄园外，基督教会和修道院的庄园也占有很大比例，在查理曼帝国时代教会和修道院的经济实力迅速膨胀，到 10 世纪它们已成为西欧最大的庄园主，寺院经济已控制了西欧经济的命脉。汤普逊记载：当时萨克逊的干得斯亥谟女修道院开创时就获得 11000 处庄园的捐赠，巴伐利亚的德哲尼西修道院领有 11860 处庄园，佛尔达修道院领有 15000 处庄园。① 基督教会不仅以自身成为领主的方式促进封建庄园制的形成，而且以上帝意志的名义论证"人类之中一些人必须是领主，而另一些人必须是农奴"，以求稳固这种封建经济制度。基督教握有雄厚的庄园实力，所以它在中世纪西欧的经济和政治中有举足轻重的地位。

　　庄园经济是封闭的领地经济，自给自足的农村自然经济。在中世纪早期，农奴通常使用简单的铁制农具，如简陋的耕犁、锄、铲、鹤嘴锄、镰刀、连枷、大锤、手斧等，劳动强度大，生产效率不高。庄园以农业生产为主，主要种植大麦、小麦、元麦等谷物以及亚麻和普通蔬菜、水果，饲养家禽和家畜。庄园建有铁工房、榨油房、磨粉或酿酒的作坊、烤面包房等主要为领主服务的小手工作坊。庄园产品只供领主享受和维系农奴最低的生活需要，很少有和外部的市场贸易，为交换生产的商品经济没有发展。庄园往往修筑成设防的城堡，11 世纪前城堡都是木材筑成的，后来才有石头城堡，为的是防止外来劫掠和内部农奴暴动。城堡内的

---

① 汤普逊：《中世纪经济社会史》下册，商务印书馆 1997 年版，第 210 页。

生活并非像一些骑士小说所描写的那样豪奢而浪漫，住房是简陋单调又沉闷，就是查理大帝的庄园除丰富的粮食和牲口外，家具、房屋设施也是贫乏、简陋的；贵族只住阴暗、潮湿的房间，铺蒲席或稻草，吃并不可口的鱼肉、蔬菜，水果只有苹果和梨，穿粗织的羊毛制品和亚麻布，挂毯与地毯、咖啡与茶、棉织品与丝织品、香料与糖都是十字军东征后才从东方输入的。农户往往人畜共居，谈不上卫生条件。又常遭受瘟疫、战乱和饥荒，中世纪西欧人的平常寿命只有42岁。如一位编年史家说："上帝禁止农民耽溺于懒惰并浪费时间……他的正当命运是天天做工。"农民从早到晚从事强制性的艰苦劳动，甚至赤身露体在田野耕作，住茅草泥屋，往往受领主虐待，生活尤为困苦。从9世纪至11世纪，在萨克森、诺曼底、法里西安、布勒通等地就爆发过农民暴动。然而，总体来说，这种庄园经济适合早期中世纪西欧生产力低下的水平和复苏经济的要求，使领有份地的农奴毕竟获得胜过奴隶的处境，并且在领主庇护下能过相对安定的生活，可以说，它为中世纪西欧的封建社会和西欧中世纪文明奠定了物质基础。

庄园制并不是西欧中世纪文明惟一的经济结构特征，庄园制自身经历了产生、发展和消亡的过程。如前一节所述，随着生产力发展，为交换的产品增多，手工业从农业中独立、分化出来，城市工商业兴起，市场贸易扩大，商品经济的发展冲击着庄园制的自然经济。庄园领主为适应新的经济情势要求，不得不解除对农奴的人身羁缚，大量农奴解脱出来变为有较多人身自由的佃农。从11世纪起西欧的庄园制就逐步瓦解，至13世纪已基本解体。当时西欧的城市工商业虽已潜生着通向资本主义萌芽的可能，但本质上还属于封建生产关系性质的简单商品经济。所以应当说，封建佃农制和日益发展的城市工商业、城乡简单商品生产的经济制度，是鼎盛期西欧中世纪文明的显著特征。到中世纪晚期，随着资本主义工商业的迅速发展，佃农制、行会制等全部封建生产关系才成为生产力的严重障碍，逐步走向解体。

西欧中世纪文明的政治结构特征是采邑制、封臣制和封建等级制。这种政治结构也有双重起源：一是古罗马的庇护制，即罗马公民因战乱或不幸寻求大贵族的庇护，成为其保护下的平民附庸，在罗马帝国后期这种庇护关系尤为普遍。二是日耳曼的"亲兵制"传统，即亲兵对首领绝对忠诚和依附。而在中世纪的西欧，这种封建政治关系的建立，又是和封建土地占有关系紧密结为一体的。西欧封建政治制度是以赏赐和持有采邑为基础的一种封主和封臣的等级制度。采邑主要是庄园的封地，也包括征收地区通行税、铸造钱币等公共权力的行使；赏赐采邑者都叫做封主，接受与占有采邑者都叫封臣。5世纪法兰克墨洛温王朝建立后，国王成为最大的地主，就把部分土地无条件地赏赐给他的侍从、亲兵，开启了采邑制。查理·马特任宫相时于715年实行采邑制改革，实为土地与政治关系变革，规定获赐采邑的军事贵族必须有条件地对国王承担一定的义务，违背义务得以收回采邑，并且采邑不能世袭。到加洛林王朝时这种采邑和封臣的封建等级制严格地确立起来。国王作为最高的封君将采邑赐予大贵族封臣，这些封臣又可作为次级封主再分割采邑封给自己的附庸封臣，逐次而行，就形成大贵族公爵、伯爵、侯爵和小贵族子爵、男爵的等级秩序。各国等级情况不一，法国后来较为松懈，低级和高级贵族的分封甚至交错混乱。德意志的封建等级严格细致，分为：国王，教会公侯，大公、侯和享有王权的伯爵，保有教会封邑的世俗公、侯、伯，作为王公附庸的伯爵和男爵、自由骑士、半自由骑士。基督教会的大主教、主教也作为封臣和封主拥有大量封赐的采邑，内部形成教阶制，成为这种封建等级制的构成部分。

封臣在自己的采邑握有独立的政治特权，经济、政治统治权和军事、司法权集于一身。世俗贵族和教会贵族的领地实际上并不受国王或其代理人管辖，君主权力反而很有限，往往不超出王室领地范围。封臣对国王要订立誓言式的、明确权利与义务的"契约",表示效忠国王并承担军事防卫或征战等义务,否则得收回采邑。其实他们握有领地的主权,势力坐大,并不都能兑现诺言,而且9世纪后采邑实际上都成为世袭的了。西方有些学者将这种封臣和国王的"契约"说成是中世纪西欧已强调法治高于人治,是近代意义的契约关系或政治契约论的建制,或者附会成继承了罗马法中的市场经济性质的"契约"关系,是土地租借的契约。这些见解都是不确切的。这种"契约"本质上是封建等级制的权力分配和再分配,国王和封臣在其领地范围内实行人治,有生杀予夺大权;当时也不可能有近代资产阶级才提出的政府契约论思想;而罗马法中的"契约"是限于简单商品生产中的经济关系的法权表现,而且在13世纪之前的西欧,罗马法尚未复兴,对封建统治阶级几乎不起影响。此外,11世纪起,西欧封建贵族的文化水平提高,产生了作为大贵族附庸的骑士阶层。他们获有封地,能配备坐骑、武装,履行源自日耳曼与基督教传统并受阿拉伯撒拉逊人习俗影响的封建道德准则,如勇敢、忠诚、慷慨、诚实、仁慈、文雅以及对妇女的崇高爱情等。相应地出现了中世纪独特的骑士文学。至中世纪盛期,骑士阶层也有所变化,也介入工商、金融活动,在英国成为一种重要的政治势力。至文艺复兴时西班牙著名作家塞万提斯刻画的堂·吉诃德、骑士制度和骑士文学,已成为过时的陈迹,固守它们就成为笑柄了。

由于采邑制和封臣制本质上是一种封建社会权力层层分切的制度,大封臣拥权自重,王权削弱,因而长期形成诸侯割据、私战不已的局面。基督教会也自成封建等级的教阶制,在这种权力结构中据有突出的地位,握有支配、号令整个西欧的经济与政治特权。所以,到11世纪至14世纪西欧中世纪盛期,随着庄园制瓦解,城市工商业发展,建立统一民族国家的意识增强,这种政治权力结构势必要变革与更新。因此,这一时期中央君主集权和封建诸侯割据的斗争、君主权和教皇权的斗争持续不断，分外尖锐复杂，成为西欧政治生活的焦点内容。在这种斗争中，教皇往往和封建诸侯势力结盟，阻止君主集权的实现，以维护自己的特殊政治权益，这种意图在德意志和意大利得逞，而在英、法等国家以失败告终。

西欧中世纪的精神文化不是漆黑一团、始终倒退停滞，而是呈现为自有时代特色的演进过程。早期中世纪西欧曾经历了两次蛮族入侵和战乱对文化的摧残，文化的复苏比较缓慢；进入中世纪盛期以后，精神文明之花已栽遍整个西欧，学术文化迅速繁荣，内容上也有较大演变与更新。总体看，西欧中世纪文明在精神文化方面，表现出以下五个特征。

第一，日耳曼文化传统和希腊罗马文化传统的融合。中世纪西欧社会的建立表现为原罗马帝国境内诸民族和日耳曼诸民族（包括斯堪的纳维亚诸族）的逐渐融合的过程，在精神文化上也必然表现出两重文化传统融合的特征。日耳曼诸族的文化传统虽然本来较为原始，但他们的习惯法、民族精神品格乃至神话与英雄传说，深刻影响了中世纪西欧的法典文化、宗教精神与文史创作。而希腊罗马文化传统虽因蛮族入侵遭到极大摧残，但罗马帝国后期已在精神上占统治地位的基督教，却在有限范围保存了这种文化传统，它后来在新的历史条件下得到较大发展。基督教本来是希腊罗马文化和犹太文化相结合的产物，在中世纪的西欧，它成为连接希腊罗马文明和中世纪文明的主要精神纽带，在促成日耳曼文化传统和希腊罗马文化传统逐步融合、整理与保存残存的希腊罗马文化典籍方面，起有积极的重要作用。而到中世纪盛期，已出现了大幅度复兴希腊罗马古典文化包括其中的理性与人文精神的迹象。所以，西欧中世纪文明并不是西欧古典文明的彻底中断，而是经历了严重曲折后，通过两大文化传统融合，在新的社会形态与历史条件中，发展出新的全西欧的文化共同体。

　　第二，基督教的精神主宰地位。在中世纪西欧，基督教拥有极大的经济、政治特权，建立教阶等级制度，严密的教会组织遍布西欧各国，它是有巨大统治力量的社会制度和社会组织。它又是占绝对统治地位的意识形态，基督教的神光笼罩着整个中世纪西欧的精神文化。王权与封建等级制度神授的政治思想，取代罗马法的教会法，救赎原罪的神学，禁欲主义的道德，为西欧确立封建的政治、法律和伦理道德的秩序，提供了理论根据和精神支柱。基督教神学据有至高无上的思想主宰地位，支配着哲学、伦理学、文学、艺术、史学等各种精神文化形式；它作为普遍惟一的精神信仰，又牢牢地控制着西欧人的心灵，起着精神枷锁的作用。然而，基督教在中世纪西欧也并不是固滞不变的铁板一块，总是使中世纪西欧的学术文化处于长期窒息之中；它自身也因社会历史的变迁而在变动之中，中世纪西欧学术文化的新因素、新进展，大都发生在基督教文化的庞大外壳之内，表现为基督教文化自身的变革与突破，这在西欧中世纪盛期理性的觉醒所引起的基督教文化内部的变革中，表现得尤其明显。

　　第三，西欧文化的同一性和民族文化传统的多样性。中世纪西欧文化都由日耳曼文化与希腊罗马文化传统融合而成，而罗马的正宗基督教又在其中起着主导性作用，整个西欧首次逐渐成为一个文化共同体，各国、各地区的文化呈现出某些本质的同一性，如罗马公教（天主教）精神，相似的法典文化和伦理道德精神，等等，这种文化同一性明显不同于往昔罗马文明包含着小亚、东方的众多文化因素，也不同于以兼容小亚、东方文化的东正教精神为基本特征的拜占庭文化，以及在拜占庭文化影响下的斯拉夫文化。中世纪西欧在地缘政治上虽然各国分立、甚至诸侯割据，但它们有共同的文化基因，每有精神文化的新变动、新因素，往往较快地传播至整个西欧，成为共同的精神文化财富，这从修道会的变革、经院哲学的演变和文学艺术思潮的流变中都可明显看出。

另一方面，由于西欧各族包括日耳曼诸支族的文化有差异，各民族融合成分不同，历史经历不同，西欧形成统一的民族国家或早或晚不平衡，中世纪西欧文化共同体内民族文化传统的多样性早已显示出来。他们的文字与语言虽然都属于拉丁语系，但很不一样。英国的文化传统交织着盎格鲁·撒克逊人、丹麦人和诺曼底人的文化因素；从法兰克帝国分裂出来的法兰西、德意志和意大利也各自发展了不同的文化传统；北欧的斯堪的纳维亚人诸族形成自己的民族文化起步较晚，和英格兰文化有密切的联系，也深受中欧文化的影响；西班牙和葡萄牙原是罗马帝国的领地，后经日耳曼蛮族王国、伊斯兰阿拉伯文化统治，后又基督教化，其民族文化传统的构成也就很为复杂。这种民族文化传统的多样性，也体现在各国的各种精神文化形式之中，甚至普遍盛极一时的哥特式建筑艺术，在各民族地区的风格也不相同。中世纪西欧已经形成的这种文化同一性和民族文化的多样性，对以后西欧文明的演进是深有影响的。

第四，东、西方文明的会通。西欧中世纪文明是在和东方拜占庭文明与伊斯兰阿拉伯（撒拉逊）文明既冲撞又融通中发展的。拜占庭文化本来渊源于希腊罗马文明，而东罗马帝国分立后，拜占庭的基督教和罗马正统公教的歧异不断加深，屡有冲突，至9世纪已正式分裂为东正教和天主教；拜占庭帝国以东正教为思想主轴，综合小亚、希腊、斯拉夫的文化因素，发展出自有特色的封建化文明，在11世纪之前处于稳定繁荣的局面。伊斯兰阿拉伯文明则崛起于7世纪，迅速扼据从近东、北非、西西里到西班牙的广阔地域，伸入西欧西南边缘部位，伊斯兰教文化广采博纳，对各种异己文化包括希腊传统文化，有较大的包纳性、兼容性，创造了繁盛卓越的学术文化。早期西欧中世纪文化处在这两大东方文明的包围中，比较闭塞、发展缓慢，在当时世界文明格局中，处于滞后地位，远不如两大东方文明经济繁荣、文化昌盛，更不如当时领先的中华文明。然而，西欧中世纪学术文化的复苏与高涨，很大程度上得益于开通了和拜占庭文明、伊斯兰阿拉伯文明的交流。正是后两大文明的先进成就使西欧人从闭塞、蒙眬中惊醒，张开了文化视野，正是它们所保存的大量希腊罗马文化典籍重新传入西欧，像文化触媒那样催开了中世纪盛期西欧的学术文化之花。拜占庭和伊斯兰阿拉伯的优秀文化成果对西欧学术文化的进展也深有影响，甚至中国的造纸术也是经由阿拉伯人传入西欧，使西欧的文化传播起了革命性的变化。所以，西欧中世纪文明和西欧古典文明一样，它们的形成与发展，都不能离开东方文明的贡献。

第五，从神学统治到孕育理性主义与人文精神。早期中世纪西欧基督教神学主宰各种精神文化，哲学成为神学的侍婢，其他各种文化也很难摆脱神光的笼罩。希腊罗马文明中的理性主义与人文精神长期受压制、扼杀，人完全屈服于神，很难有人的自我意识觉醒。自然科学几乎没有什么重要发展，突出的科学成就是西欧境内的阿拉伯学者所创造的，实际上是属于伊斯兰阿拉伯文明的科学成果。西欧进入中世纪盛期后，由于城市工商业和学术文化繁荣，并且已较大程度上接续了希腊罗马的文化精神，在经院哲学内部和文学艺术等文化形式中，已经孕生着理性主义和人文精神，这种突破神学专制的新文化要素不断积累，正是西欧文艺复兴的前奏。

四、基督教会

西欧进入中世纪，基督教从罗马帝国末期只在地中海地区流传的国教，跃变成为在整个西欧占绝对统治地位的宗教，它超越国界，对中世纪西欧的经济、政治和精神文化都起有支配性作用。基督教的这种历史作用是通过它的社会组织形式即基督教会的势力急剧扩张、取得"世界统治地位"而实现的。对基督教会在西

欧中世纪文明进程中的作用如何评价,有两种截然不同的见解:一
种观点认为"罗马天主教乃是历史上最伟大的杰作之一",它在黑
暗混乱的中世纪西欧存亡继绝,担当起挽救文明、重建文明的历
史重任,是"新文明的养育之母";[①] 另一种观点认为中世纪西欧
的基督教会只是封建统治阶级的政治工具、暴力统治的补充,它
推行愚民政策,实际上毁灭了古代希腊罗马文化的精华。其实,基
督教会在西欧中世纪也有演变过程,它的历史作用较为复杂,有
两重性。一方面,它通过传播基督教文明、实行自身机制变革,渗
透入西欧各国的经济、政治权力结构,在促成封建制度确立、延
续西欧古典文明和保存希腊罗马文化中和其教义相通的部分,起
有一定的积极作用;另一方面,它实行神权统治和精神专制,排
斥、镇压一切异端,阻挡君主集权的民族国家形成,甚至挑起文
明冲突,去征服、奴役外部民族,它自身又日益趋于腐败,在尖
锐、激烈的政治权力斗争中势力削弱,沦为一种顽固保守的封建
势力。

(一) 西欧的基督教化

在罗马帝国末期,基督教会已拥有巨大经济实力,取得许多
政治特权,并且在和希腊哲学与文化的冲撞中取得胜利,有所取
舍地将希腊思想文化容纳成为基督教神学体系的构成部分,使基
督教具有深实的理论基础。三位拉丁教父融会希腊罗马文化的神
学思想,使之成为进入中世纪的基督教的理论支柱。米兰主教圣
安布罗斯(340—397年)曾是使奥古斯都从信仰摩尼教转变为皈
依基督教的导师,他还以开除教籍迫使屠杀塞洛尼卡人的罗马皇
帝提奥多西一世认罪求恕,宣称皇帝只是教会的一员,首倡教权

---

① 威尔·杜兰:《世界文明史——信仰的时代》下册,东方出版社1999年版,第
62页。

高于世俗王权。圣哲罗姆（约 340—420 年）曾任教皇秘书，在巴勒斯坦的伯利恒建立修道院，抄录、保存希腊罗马文献，翻译了官方认可的《圣经》拉丁文版本。奥古斯都则集教父神学大成，建立了柏拉图主义的庞大神学体系，它在 13 世纪前一直是基督教的主要理论基础。当时，基督教会的组织和教阶等级制度已普遍发展，形成遍布帝国广袤地域的教会网络结构，设有管辖相当行省的大主教，掌管基层教区的主教，主教下设执事、副执事、助手、读经者，各司其职。由于使徒彼得和保罗首创罗马主教的管辖权，彼得和保罗都在罗马殉道，罗马大主教的地位又高于其他地区的大主教，渐而成为教皇。

罗马帝国灭亡后，西欧四分五裂，战乱不已，民不聊生；学校关闭，罗马法废止，希腊罗马文化惨遭摧残，除少数教士外，几乎无人能读写拉丁文，两百多年间西欧文化大倒退，陷入蒙昧野蛮状态。基督教会作为惟一保存下来的社会政治与文化实体，在社会混乱与文化真空中却扩大势力，发挥独特有效的社会功能。它承担了一些执掌公共权力的职能，如救济难民、移民垦荒、维修公共设施乃至提供军饷等，在一定程度上缓和了平民的苦难。它更介入政治与军事，在和蛮族王国多方周旋中壮大了权力和实力。精明强干的教皇格列高利一世（590—604 年在位）利用在 6 世纪末伦巴底人侵入北意之机，摆脱东罗马皇帝的控制，取得罗马城的全面统治权，并将管辖范围扩大到中意、西西里、撒丁尼亚和科西嘉地区。他本人又是精明的大地主和理财家，采取种种财政金融措施，扩大教产；他改革教会，严格教规，整顿教会组织，推行对扩大基督教势力很有作用的修道院制度。现代英国哲学家罗素说他"成功地创始了许多终于驯服了蛮族的制度"。[①] 他的建树

---

① 罗素：《西方哲学史》上卷，商务印书馆 1963 年版，第 475 页。

为罗马公教会和教皇制的确立，为基督教向全西欧的扩展，奠定了基础. 罗马教会的战略目标是将基督教文明传播至整个西欧,确立西欧的基督教世界秩序，它和西欧确立封建制度的进程是紧密结合的。基督教的传播对蛮族起有一定的文化启蒙作用，促进了蛮族传统和罗马传统的融合，基督教自身成为统一两者的文化有机体。

西欧中世纪早期基督教会向蛮族王国伸展、取得基督教文明的主导地位，是从三个方位展开的。

首先是墨洛温王朝的法兰克王国在蛮族中最为强大，其高卢居民本来就信奉正统的罗马基督教，公元 496 年国王克洛维皈依罗马教会，并下令全体将士受洗入教,511 年他下令召开奥尔良宗教会议，确认会上制定的宗教法规具有国家法律性质，基督教自然成为国教.罗马教会与法兰克王国的结盟对西欧的封建化进程、西欧的基督教化，有深远影响。教会在向封建庄园制过渡中取得许多经济特权，成为封建政权的构成部分；法兰克统治者则在罗马教会的全力支持下，取得对其他蛮族王国战争的胜利，并强迫被征服地区的居民改信正统基督教。

其次，通过战争和传教两手，在法兰克王国带动下，信奉基督教异端阿里乌斯派的其他蛮族王国，如中欧的勃艮第、西班牙的西哥特、多瑙河流域的东哥特、北意的伦巴第，在 6 世纪都先后皈依了罗马教会。北非曾是阿里乌斯教派的据点，亚历山大里亚又是希腊教父哲学的发源地，拜占庭皇帝查士丁尼灭亡汪达尔王国后，北非教会仍以希腊化的教义精神和拉丁化的罗马教会相抗衡，7 世纪阿拉伯人征服了北非，北非纳入伊斯兰文明圈，退出基督教世界，这使罗马教会摆脱了与其教理相争的北非对手，得以成为西欧的精神霸主。

第三个方位是越海西进英伦三岛。早在公元 432 年罗马教会就任命出身南威尔士的帕特里克（389—461 年）为传教主教，向还处于氏族社会状态的爱尔兰人传播福音，逐渐建立起一种有爱尔兰文化特色的基督教信仰，之后又促使苏格兰人改奉基督教，并形成一种以严峻的修道院为主体的、和罗马教会隔绝的教会组织与制度。爱尔兰的修道院也是学术、教育的中心，早在欧洲大陆尚未摆脱蒙昧野蛮状态之时，6世纪至7世纪精熟希腊与拉丁文献的爱尔兰学者已发展了很有创造力的凯尔特式基督教文化。日耳曼族朱特人、盎格鲁·撒克逊人侵入不列颠后，形成7个小王国，苏格兰教士科伦已将爱尔兰式的教会组织形式传到英格兰，教皇格列高利一世又于596年派修道院长奥古斯丁率40名修道士远征英格兰，次年他们成功地使最强大的肯特王国国王埃塞尔伯特皈依基督教，并在降灵节令万余名臣民接受洗礼，"肯特城"即坎特伯雷从此成为英格兰的基督教中心，奥古斯都是首任坎特伯雷大主教。7世纪中叶政治重心转移到不列颠北部的诺森伯利亚，爱尔兰·凯尔特基督教南移，英格兰的基督教北渐，两种文化冲撞与交融，又造就了富有生气的诺森伯利亚文化复兴，如彩饰手抄本、方言史诗、建筑艺术都自具特色，比德的《英吉利教会史》在当时的西欧文化中，堪称凤毛麟角之作。公元664年召开惠特比宗教会议，两种教会势力经过激烈争论，承认了罗马教会的最高权威。668年罗马教会任命博学的狄奥多尔为坎特伯雷大主教，他改组英格兰教会，使爱尔兰修道院制及学术传统和罗马教会逐渐融合，罗马教会的统治终于伸及遥远的英伦三岛。而英格兰的基督教很有民族特色、富有活力，后来也最早对罗马教会表现出独立性。

公元8世纪至10世纪，除了伊斯兰阿拉伯文明还占据西班牙一角外，基督教的传播几乎遍及整个西欧，和封建政权更紧密结合，取得绝对统治地位。矮子丕平建立加洛林王朝就是受罗马教皇的册封支持的，丕平"献土"则帮助建立中意的教皇国，它的地盘持续了1100多年（757—1870年）。查理大帝靠武力征服形成西欧庞大帝国，他颁令被征服地区凡不信奉基督教、拒绝受洗的一律处死；782年他镇压起义反抗帝国统治和基督教的萨克森人，屠杀了5000名人质示众，可见基督教的传播并不只是所谓"文明的教化"，也伴随着血腥的暴力。在查理曼帝国时代，基督教会已成为封建统治集团的核心部分，在确立封建经济与政治制度方面发挥重要作用。教会自身就是占有广大地产的大庄园领主，并取得独立司法审判的特权、知识教育的垄断权。8世纪教皇又在法兰克帝国支持下，派遣来自英格兰的诺森伯里亚布教团和博尼法斯深入"处女地"德意志和荷兰沿海地区布道，改变了当地日耳曼部族的宗教信仰，建立了组织严密、教规严格的德意志教会与修道院，732年教皇任命博尼法斯为德意志大主教。查理大帝在向西班牙穆斯林的征战中，打进阿拉贡王国和卡斯提尔两个基督教王国的楔子。9世纪斯堪的纳维亚蛮族大举南下入侵，最终也被基督教文化同化。10世纪德意志的萨克森王朝崛起，奥托一世向东扩张，在和拜占庭帝国争夺西斯拉夫人、匈牙利人和波希米亚人的皈依中取得胜利，由教士率领日耳曼移民去这些占领区建立政权与教权体制；他并且利用宫廷政治斗争，又使北日耳曼部落的诺曼人（北方人）包括丹麦、瑞典、挪威的国人，先后都改信基督教。至此，中欧、北欧也都基督教化了。以教皇为首的教会已将全西欧联合成为一个庞大的政治体系，成为西欧封建制度的国际中心，拥有和王权抗衡的实力。9世纪中叶教廷就已伪造了《艾西多尔文献》，说7世纪西班牙总主教艾西多尔已考证出后被称为"君士坦丁赠礼"的一个古代教会文献，捏造君士坦丁大帝已在宗教会议上将统治全教会和罗马帝国西部的大权授予罗马主教，借此表明罗马教皇有高于国王的至上权力。贯穿西欧中世纪盛期的王权和教皇权的斗争，由此已开启端倪。1439年意大利人文主义学者洛伦德·瓦拉已考证清楚这个文献是伪造的。

　　拜占庭帝国的基督教会属皇帝控制，它所发展的东正教传统

和罗马教会在教义、教规、教仪方面多有歧异。罗马教会提出
"彼得优越论",自认为有优越的领袖地位,不承认东方教会有同
等的地位与权威;拜占庭教会也不承认罗马的教皇权与教阶制,在
争夺势力范围方面和罗马教会一直屡有冲突。基督教本来在同异
教冲突中最敏感的一个问题是反偶像崇拜,但后来基督教推行愚
民的迷信手段,东、西方教会都盛行圣像崇拜,制造圣像和圣徒
遗物的种种奇迹。本来教会只崇拜上帝和耶稣,后来扩大到对圣
徒的崇拜,对圣母玛利亚的崇拜尤其达到狂热的程度。8世纪拜占
庭帝国从利奥(717—740年在位)起几个皇帝掀起了大规模的废
除圣像崇拜运动,在754年的宗教会议上宣布圣像崇拜就是偶像
崇拜,违背《圣经》与教义的教导,他们将圣像崇拜的维护者都
开除出教,其中包括东正教经院神学的创始人大马士革的约翰,斩
去了他的右手。当时东方教会几乎拥有帝国的一半土地,利奥等
人发动这场运动的真实目的是为了夺取教会与修道院的土地和财
富,将它们分给新军事贵族,而他们在镇压、屠杀数十万要求获
得土地的保罗派农民起义军上,又是和教会联手的。废除圣像崇
拜的政治斗争几经反复,延续一百多年,最终以恢复圣像崇拜告
终,至今东正教节就是纪念这一胜利的。在整个斗争中,罗马教
会始终反对废除圣像崇拜,支持拜占庭的圣像崇拜派,9世纪后,
罗马教会推行的圣像崇拜的迷信已盛行全西欧。罗马教会和拜占
庭教会在对外传教扩张中的矛盾日益尖锐,在争夺斯拉夫人中,德
意志封建主与传教士占领摩拉维亚,将拜占庭传教士关入监狱、驱
逐出境;拜占庭教会在保加利亚和基辅公国却取得成功。至1054
年,东、西方两个教会为争夺南意的教会权力发生冲突,罗马教
皇和君士坦丁堡大主教各把对方革除教籍,判处"绝罚",从此罗
马天主教会和东正教会正式决裂。中世纪西欧文明和拜占庭文明
也就长期处于对峙局面。

（二）修道院制度的衍变

罗马教会作为封建神权统治的巨大国际中心，通过两种建制对西欧中世纪文明起着主宰作用，一是教区，二是修道院。两者都拥有庞大地产，介入西欧政治，具有精神统治的功能。罗马教会的修道院其实并不是完全隐闭自修、与世隔绝的修身养性场所，它作为一种特殊的建制，在传播基督教、学术文化教育乃至社会政治生活中，都异常活跃，具有特殊重要的作用。因应中世纪西欧社会的演变，也由于整顿基督教会自身腐败的需要，西欧中世纪的修道院制度经历了多次变革。

修道院本来发源于东方埃及早期基督教的隐修生活。为了摆脱俗世的腐败堕落，通过极端的禁欲、苦修以求与上帝精神交流，埃及的"沙漠圣者"安东尼（约250—356年）最早赴荒漠隐修，成群的苦行潜修者围绕他周围汲取神圣灵感。在北非基督教一性论甚有影响，隐修生活延续盛行，隐修士不惜与蛇虫为伍，"柱头修士"圣西门·斯提米特住在十英尺的高柱顶端，与世隔绝达30年。约315年至320年间，埃及圣徒帕克米乌斯创建第一座修道院，将分散的个人隐修组织成团体修道。公元4世纪中叶后巴勒斯坦的圣巴西勒建立"巴西勒修道院制度"，对东方修道院制深有影响。苦行修道之风传到西方，由于安布罗斯、哲罗姆、奥古斯丁的倡导，修道院也普遍建立起来。早期修道院以单纯隐修为目的，缺乏明确的理念和严格的修道制度。

在西欧早期中世纪，本尼狄克修道院制度的创立，表明修道院已从极端的禁欲苦行的隐修，转变为规范有序、面向社会现实的开放性文化实体，它对基督教文化在西欧的传播并取得精神统治地位，起有重要作用。本尼狄克（480—547年）出身于罗马贵族之家，具有罗马人的实干和组织才能，他于公元529年在罗马与那不勒斯之间的一座山上，建立了著名的蒙特卡西诺（卡西诺山）修道院，对修道院制度进行重大改革，制定了严格的《本尼狄克教规》。它的宗旨是将修道院办成"为上帝服务的学校"，规定修道士不敛个人私产，以纯洁、安贫和服从为天职，但不再以自我折磨为修道之法，而保证有较充分的饮食和睡眠；修道院除集体祈祷、虔诚诵读外，还从事耕种田地等各种劳动，抄录经典文籍，培育求知精神，并以传播福音为使命，面向世俗社会。在教皇格列高利一世的大力扶持和推动下，这个修道院成为西欧宗教生活的中心和样板。两个世纪内，它的制度在西欧普遍推广，并促成修道院大为兴盛发展，仅在法兰克新建修道院就达542所，修道院成为基督教会中和教区建制并列的基本机构。本尼狄克修道院制度在西欧早期中世纪文明中起有三方面重要历史作用。第一，修道院本身是拥有大地产的庄园领主，它吸收、组织农民开垦荒地，向日耳曼族传授罗马的耕作技术，建立、推广良好的农业经营管理制度，对西欧劫后恢复农业经济、确立封建庄园制度，起有积极作用。第二，作为传教的一支主力军，修士被派赴各蛮族王国布道，教化他们皈依罗马教会，8世纪起他们又带头去德意志森林地带，后又进入斯堪的纳维亚、波兰及匈牙利，深入传播基督教。西欧的基督教化，相当得力于他们。第三，它发展成为古典·基督教·日耳曼文化综合体的精神中心与学术中心，对早期中世纪基督教文化产生巨大影响。修道院实为当时仅有的学校，形成"七艺"教学制度，培育了大量欧洲知识分子。在修道院的图书馆和缮写室，修士们青灯黄卷、皓首穷经，孜孜不倦地手抄、整理了许多古希腊罗马和早期基督教的文本，保存、延续了古典文化，并作了一定的研究。在加洛林文艺复兴中，本尼狄克修士也起着主要作用。本尼狄克修道院对西欧早期中世纪文明起有奠基性作用。

公元10世纪至公元11世纪，教会与修道院的财富日益膨胀，本尼狄克修道制度涣散松弛，修士与教士腐化堕落，圣职买卖、神职人员结婚纳妾与淫乱层出不穷，主教及其后嗣占据、分割教产，修道院缺乏宗教虔诚与道德精神，沦为藏垢纳污之地。而教皇权势趋于鼎盛，已开始和世俗王权争夺西欧的政治领导权。在此背景下，发生了克吕尼派的改革运动。公元 910 年，法兰西勃艮第阿奎丹公国的威廉公爵在克吕尼建立大修道院，改革修道体制，严格教规，要求修士不再从事农耕劳动，专心致志于严谨、圣洁的修道生活，以避免贪婪腐化风气的熏染。同时，它又以宗教与政治狂热介入世俗事务，维护教皇绝对权威，认为教会的腐败是由世俗王权侵蚀教会造成的，支持教皇限制、打击王权的举措。10 世纪中叶克吕尼派修道院已从法兰西迅速扩展至意大利、英国、德意志、西班牙，自成直属罗马教皇的体制，成为教皇在与王权斗争中依靠的强大宗教与政治势力。克吕尼修会的权势与财势盛极一时，修建了西欧当时最富丽堂皇的教堂。克吕尼派极力反对教会世俗化，反对世俗封建主控制教会，鼓吹教皇权至高无上。有些意图加强统一王权的君主，因克吕尼派也反对封建领主的割据和控制教会，也曾支持它。1049 年德意志皇帝亨利三世任命克吕尼派的一位神职人员为教皇利奥三世，他即位后对罗马教会的领导核心枢机主教团进行重大改组，委任克吕尼派亲信为其成员，包括后来在教皇权和王权之争中起重要作用的霍姆伯特、希尔德尔兰等人，撤掉罗马贵族派系人员，使教廷摆脱他们的控制。克吕尼派的纲领完全成为教廷的官方政策。亨利三世去世后，年仅 4 岁的亨利四世即位，克吕尼派又乘机使教廷摆脱了王权控制，并且拉开了以神职人员叙任权为焦点的教皇权与王权激烈斗争的帷幕。

至 12 世纪克吕尼派有 1 万名修士、314 座修道院，修会会规渐而废弛，修士讲究精美服饰饮食，生活趋于奢侈腐化。于是又有西多修道院制的变革，西多派修士重新倡导效法本尼狄克修士垦荒造田活动，并从事工商实务，以求革除腐败风气，而在支持教皇权威、协助组织十字军东征方面，和克吕尼修会仍属一致。西多修道院至13世纪时已拥有6万名修士、700多座修道院，声势也很强大。随着中世纪盛期城市工商业发展，克吕尼派和西多派的修道院经济不再限于自给自足的农业生产，而且扩展到经营工业和商业，甚至打入国际贸易，垄断谷物、葡萄酒的贸易，并仿效世俗贵族将修道院建成强固豪奢的城堡群。修道院的财富滚滚而来，这和安贫乐道的教规显然矛盾，克吕尼派和西多派的修道院走向腐败、没落是必然的。

13世纪西欧城市兴起，一些平民结成多种基督教异端派别，尖锐抨击罗马教会的专制腐败，对教权提出挑战，形成对教会统治的严重威胁。如1170年里昂富商彼得·韦尔多将个人财产分给贫苦平民，结成韦尔多派，谴责正统教会腐化堕落、滥用特权，倡导恢复早期基督教精神，并且独立于教会之外自行布道，他们被判为异端而遭迫害。著名哲学家阿伯拉尔的学生阿诺德（约1100—1155年）建立教派，猛烈攻击教会腐化和神甫、修士的恶行，并在罗马鼓动群众摆脱教皇统治，痛打红衣主教，后被德皇腓特烈一世处以绞刑，焚尸投入第伯河。声势最大的是法国南部图鲁兹地区的阿尔比派（也称洁行派），它吸收巴尔干地区保罗派和东方摩尼派思想，主张宇宙有善恶二神，指出教产、教权使人堕落，将教皇斥为恶魔，主张真正遵循基督教导过纯洁自律的生活。12世纪末它在法国南部的势力已超过罗马教会。1209年教皇英诺森三世借口当地谋杀教皇使节事件，组织十字军大肆屠杀、残酷镇压了阿尔比派。另一方面，当时城市学术文化已兴盛起来，思想渐趋活跃，产生一些异端思想如阿伯拉尔的反教权理论，撼动了基督教正统神学。教皇洪诺留三世1220年就已通令建立宗教裁判所，对一切异端进行血与火的镇压。同时，为了和异端教派争夺平民群众，加强对学术文化的控制，修道院团体也必须革新面貌，赋予新的职能，于是，多米尼克（旧译"多明我"）修会和弗兰西斯修会（旧译"圣方济会"）这两个此后 500 年间深有影响的"托钵修会"应运而生。

多米尼克（1170—1221 年）原是出身贵族的西班牙神甫，1206年他配合十字军讨伐阿尔比派，在图鲁兹附近建立女修道院，他深感异端之所以获得群众共鸣，是他们以"卑微姿态"过严谨圣洁的生活。1216 年他在教皇支持下，建立多米尼克修会（也称"布道兄弟会"），制定安守清贫的严格会规，采取托钵行乞修道的制度，致力慈善救济事业，注重在城镇地区布道，争取信奉异端的平民转变信仰。1221 年多米尼克去世时，此修会已遍布西欧，之后又东进巴勒斯坦、中亚和中国传教，成为罗马教会维系神权统治的得力助手。弗兰西斯（约 1182—1226 年）原是中意阿西西的富有布商之子，青年时受过阿尔比教派的影响，后舍弃放荡生活，以乞食为生，传播耶稣救世、安贫乐道的福音。1210 年他获得教皇英诺森三世的批准，建立弗兰西斯修会（自称"小兄弟会"）。后配合十字军，修士被派赴法国南部传教，救济贫民，救治麻风病人，和阿尔比派争夺信徒。在历任教皇支持下，修会获大规模发展，至 1280 年修士达 20 万人，设立 8000 座修道院，成为教皇征服异端、和王权斗争的实力军。多米尼克修会和弗兰西斯修会的大部分人后来都放弃了乞食修道方式，恢复罗马教会传统的修道院制度，并以神学研究、布道与忏悔为主要活动。两个修会都重视向学术文化领域渗透，在各大学相当活跃。而他们的理论取向并不一样，多米尼克修会倾向当时复兴的亚里士多德主义，如阿尔伯特、托马斯·阿奎那都是该修会的成员；弗兰西斯修会则倾向反亚里士多德主义，如托马斯·阿奎那的劲敌、恪守柏拉图主义与奥古斯丁传统的波纳文图拉，曾是该修会的总会长。

多米尼克修会和弗兰西斯修会后来愈益沦为罗马教会以恐怖手段镇压异端的帮凶。教皇直属的宗教裁判所就是交由这两个修会掌管的。它们的修道院内设有宗教法庭和监狱，凡指认为异端

者可任意抓来，秘密审讯，严刑拷打，或处绝罚，或终身监禁，或
火刑处死。从13世纪至16世纪初，宗教裁判所多次开展大规模
镇压异端的恐怖行动，无数教俗人士在此死于非命，布鲁诺等杰
出的思想家被当众活活烧死。宗教裁判所还进行大规模的捉拿
"巫师"、"女巫"的行动，处死的人约在5万至10万之间。西班
牙的异端裁判所尤为酷烈，它的宗教法庭庭长照例由多米尼克修
士担任，他们以能博得"主的猎狗"之名为荣。多米尼克修会在
文艺复兴运动中也是压制人文主义思想的顽固堡垒。宗教裁判所
在西欧横行500年，两个"托钵修会"实际上都成了"火剑修
会"。

(三) 教皇权与王权之争

　　教皇与世俗君主的权力斗争，是贯穿西欧中世纪文明盛期的
突出历史现象。其原因是握有经济、政治特权的基督教会已壮大
成为封建西欧的国际中心，教皇权势显赫，要树立、维系对世俗
社会的至高无上的统治权，就联络割据诸侯势力，打击王权。而
西欧的君主在抑制或消除封建割据中也增强了统治实力，他们借
助新兴市民阶层的势力，要建立君主集权的统一民族国家，要使
教会民族化，归属于世俗统治。这场斗争从11世纪起，历经两百
多年，几经曲折反复，互有胜负，总的趋势是罗马教会难以抗拒
历史运进的大势，教皇权势日益削弱，罗马教会不断减弱对西欧
的国际控制力，这有利于西欧中世纪文明的进展。教皇与英、德、
法三国君主的较量，是这场斗争的三个戏剧性高潮。争夺神职人
员的叙任权是斗争的导火线，斗争的实质是权力和财富的争夺。

　　英国较早建立中央王权和统一的民族国家，也较早表现出民
族教会摆脱罗马教会控制的独立倾向。早在12世纪前半叶，亨利
一世下令由皇家叙任主教，忠于罗马教皇的坎特伯雷大主教、著
名哲学家安瑟尔谟曾被驱逐出境。金雀花王朝的亨利二世是一位

刚强之主，更推行教会民族化，颁令取消神职人员的豁免特权，强调教会也要服从世俗法律的审判。坎特伯雷大主教贝克特对罗马教皇忠心耿耿，拒绝在文件上盖印，皇家法庭传唤他受审，他化装潜逃到法兰西，上诉教皇亚历山大三世，教皇迫使亨利二世恢复他的大主教之职，贝克特返回坎特伯雷时扬言要对所有反对他的民族教会分子处以绝罚，1170 年 12 月 30 日他在大教堂的圣坛上被人杀死。教皇发动西欧基督教世界对抗亨利二世，处以绝罚，并封贝克特为圣徒。亨利二世无奈以悔罪之身步行三里，在贝克特墓前任人鞭笞。他不久死于他的儿子篡位的叛乱中。但他之后的几代王朝却巩固了君主王权，较早使英格兰的法律摆脱罗马教会的束缚，英国教会也愈益民族化。14 世纪前期，英国著名的宗教改革思想家约翰·威克利夫被国王委派和教皇代表谈判英国教会自决神职叙任权，未成功，就在国王支持下撰文宣称王权来自上帝而非教皇，主张没收教产分给贵族，鼓动英国国会公开谴责罗马教廷。他猛烈抨击教皇格列高利一世是"可怕的魔鬼"，教廷是"毒泉的源头"，谴责修会镇压异端、残杀无辜，鼓吹英国教会仿效希腊教会脱离罗马教廷，成立国王统治的廉俭的民族教会。罗马教廷对他恨之入骨，教皇连发 5 个通谕谴责他，命令坎特布雷大主教逮捕他，交教皇法庭审讯他的"异端罪行"，英王却下令保护，伦敦市民集会支持他，使他免遭逮捕。威克利夫的活动实为王权和教皇权斗争激化的表征。他被誉为"宗教改革运动的辰星"，对此后文还要论述。他的激进思想促进了英国教会的民族化，使英国后来在资产阶级民主革命前较早接受了清教，对此后 200 年的西欧教会改革运动产生了重大影响。

德意志君王与教皇的争权斗争漫长、激烈而曲折，结局也不同于英国。11 世纪中叶，克吕尼派教皇利奥三世大力推行教会改革，已否认世俗君主有神职叙任权；继任者尼古拉二世更召开宗教会议，将选举教皇的权力只归属于红衣主教团，终止了神圣罗

马帝国皇帝与罗马贵族对教皇选举的干预。1073 年克吕尼派狂热
分子希尔德布兰德被拥立为教皇（格列高利七世）后，他和德皇
亨利四世围绕主教叙任权展开激烈冲突。1075 年格列高利七世颁
发禁止世俗授权的文告，并宣称教皇有权废黜君主，他还撤免一
批德皇任命的德意志主教的职务。亨利四世去信强烈抗议，强调
王权神授，应领导德意志教会，并直呼"希尔德布兰德，不是教
皇，而是假教士"，要他"下台吧! 下台吧! 在时代洪流中毁灭吧!"
次年，他召开沃姆斯宗教会议，通过决议废黜教皇。格列高利七
世也在罗马拉特兰大教堂召开宗教会议，宣布开除亨利的教籍，废
其帝位，并煽动德意志的贵族和教士教徒反抗被处绝罚的帝王，另
立新主。亨利在不利形势下，为保全皇位，于隆冬季节越过阿尔
卑斯山进入北意，1077 年 1 月，他身披罪衣，跣足立于教皇驻地
卡诺萨城堡外的雪地里，请求教皇宽恕，等候三日教皇才见他，他
屈辱地吻教皇的靴子，才获得教皇的赦免。王权蒙屈辱只是权宜
之计，亨利回国后即镇压诸侯叛乱，稳定政局，并扑灭了贵族另
选出、获教皇承认的新皇卢道夫。1080 年格列高利七世再次废了
亨利四世的教籍与帝位，已拥兵称强的亨利针锋相对，在德意志、
北意的高级教士会议上也废黜了格列高利，另选教皇克里门特三
世，次年进军意大利，1083 年攻陷罗马，由新教皇为他举行皇帝
加冕典礼。格列高利则在随来救援的诺曼军队南撤中，客死他乡。
之后，德皇和教皇的较量又经历了 150 多年，斗争形势又有逆转。
12 世纪中叶德皇腓特烈·巴巴罗萨（红胡子）和罗马教皇联手镇
压阿诺德异端教派后，欲染指、控制北意伦巴第，教皇亚历山大
三世开除他的教籍，经历长期战争后伦巴第军队取胜，巴巴罗萨
只得手牵教皇的毛驴以示效忠，他后来在十字军东征中溺水而死。
法学家出身的教皇英诺森三世（1198—1216 年在位）主管教廷时
纵横捭阖，用尽外交权术，教皇权势极盛，他拉拢德意志诸侯势
力，控制德皇。他和之后的几代教皇几番废立德皇，使德意志常

陷入内战的混乱，长期处于割据、涣散状态，从 14 世纪至 19 世纪的 600 年间不得形成统一的民族国家。

　　法国从 10 世纪建立卡佩王朝起，就逐渐加强中央王权，形成统一的民族国家。13 世纪末美男子腓力四世（1285—1314 年在位）是一位强悍君主，他以武力占领许多伯爵领地，并入王室领地，起用一批市民出身、精通罗马法的法学家控制司法权，排斥把持司法机构的神职人员，强化了君主集权政治。教皇在和法国君主较量中一败涂地。腓力四世为英法战争的财政需要，曾向富有的教皇所属的圣殿骑士团发动攻击，没收其财产，并将其中的 50 人处以火刑；他还下令法国的教会向世俗政权纳税，不得交给教皇。而教皇为维系其庞大机构的开支和豪奢的生活，也需要大量增加税收，当时就有人抱怨说：基督教世界的牧羊人应该带领基督的羊群，而不是去剪羊毛。当时法学家教皇博尼法斯八世（1294—1303 年在位）年迈、傲慢又固执，他宣称教皇是"上帝派遣的皇帝"，"能做一切上帝能做的事"。他在 1296 年发布通谕，称世俗君主无权对教产和神职人员行使任何权力，不得向教会人员征税。腓力针锋相对，禁止法国教会向教皇解送一应税收，并与教皇的政敌联合，攻击博尼法斯传播异端、出卖神职、阴谋篡权，要求另立教皇。博尼法斯慌了手脚，只得暂时屈服。1300 年正值"大赦年"，大批人向罗马朝圣，博尼法斯认为他的政治处境好转。次年腓力以叛国罪逮捕法国大主教并亲自审讯，博尼法斯认为这是对教皇权力的挑战，连发数道通谕令腓力释放大主教，撤销同意国王向教会征税的让步，并宣称任何人"要获得拯救就必须绝对顺从罗马教皇"。腓力将教皇通谕扔入火中，并于 1300 年召开法国首次三级会议，取得其支持，反对教皇充当法国的太上皇。次年他派军队进入意大利，在阿纳尼宅邸拘捕了博尼法斯，将他凌辱殴打一通，原拟押送法国审讯，后在当地市民要求下释放了他，这位老教皇愤激抑郁，不久就去世。1305 年在腓力施加压力下，红衣主教团选出法国人教皇克里门特五世，他谨小慎微，惟法王之命是从，说腓力对老教皇的攻击都是"值得赞扬的"，并将教廷迁至法国控制的北意边境之城阿维农，世称"阿维农之囚"，凡70年，七任教皇都是法国人，完全处于法国君主的控制下。当时有人评论博尼法斯："他爬上宝座像只狐狸，他统治时像一头狮子，而最后死时像一条狗。"教皇在和法国君主的利益与权力之争中惨败，标志着教皇权势已由盛极而转为衰落。

教皇权和王权之争中以前者失败为结局，这对西欧中世纪文明的进展是有很大影响的。一是它暴露了罗马教会自身的腐败，改革基督教会的呼声日增，14世纪德意志神秘主义者艾克哈特、陶勒等人反罗马教会的宗教社团运动，传布到法、意、尼得兰和捷克，捷克的胡司受威克利夫思想的影响，掀起声势浩大的反教权的宗教改革运动，并因胡司被教会阴谋逮捕焚死，爆发了平民大起义，终被镇压。这些活动的思想影响导致16世纪德国马丁·路德在宗教改革中创立和罗马天主教分裂的新教。二是它标志建立君主集权的民族国家是当时的大势所趋，罗马教会对封建西欧的国际控制力削弱，教会日益趋于民族化，民族文化也得以突破基督教的精神专制而趋于活跃，获得发展；而在这场斗争中市民已表现出是一种重要力量，中世纪后期有些教皇也拉拢他们，支持意大利的人文主义运动。这些都为西欧文艺复兴的产生创造了条件。

五、十字军东征

从11世纪末至13世纪近200年间，罗马基督教会结集西欧封建统治势力，进行8次十字军东征，这是世界文明史上的重大事件。它的实质是权势极盛的罗马基督教会实行对外扩张，打着宗教圣战的旗号，以军事征服手段挑起基督教文明和伊斯兰文明、拜占庭文明的冲突，企图在欧、亚、非建立罗马基督教的世界统治。十字军东征的失败表明，凭借以武力的文明冲突方式谋求建立某种单一文明的世界霸权，总是背逆历史法则，事与愿违，只落得损害自身，使罗马基督教会声誉陡减、走向衰落。而十字军东征的某些客观影响，并不是它的目的性后果，恰恰表明，不同文明之间的合理交融，才有利于社会历史与文化的进步。

（一）社会背景

十字军东征有深刻的社会背景，并非如有些西方史学家所说，单纯起因于西欧人要从穆斯林手中夺回圣地耶路撒冷的宗教激情，于是爆发了"十字和新月"（基督教和伊斯兰教）的战争。11世纪西欧农奴所受的封建压迫剥削愈益沉重，地租、苛捐杂税加上战争、瘟疫和饥荒，使农奴大批死亡或逃亡，当时编年史作者拉杜厄夫·格拉伯记述法国 1032 年连续三年饥荒中，"吃人肉已经像家常便饭，甚至有人拿人肉煮熟了在图尔纽斯的市场上当牛肉卖"。[1] 基督教会为了平定农奴的反抗情绪，就宣扬这些现世的苦难是上帝所降的惩罚"世俗罪孽"的天谴，参加圣战、建立英勇功德来赎罪是摆脱苦难的捷径。这无疑是向外疏解西欧封建社会内在矛盾之法。封建主的内部矛盾也在激化。大封建领主兼并了中小地主，加之当时西欧实行长子继承制，造成大量无地无产的破落骑士，他们渴求土地与财富而不可得，便打家劫舍，横行西欧，罗马基督教会要将这股使社会动荡不安的势力向外排解，而这些破落骑士也满怀希望要去东方寻求冒险家的乐园。当时西欧各国的君主集权政治已在发展，他们意图在侵伐东方中，控制地中海贸易通道，壮大自己的实力；在城市经济与国际贸易日趋繁荣的情况下，威尼斯、热那亚、比萨等一些自治城市则想在取得

---

① 转引自扎波罗夫：《十字军东征》，三联书店 1959 年版，第 12 页。

地中海贸易的垄断权中获取极大利益。

在这场战争中起主导作用的是权势极盛的罗马教会，它要借此显示它对西欧各国的国际支配力，并且早就有向东方扩张势力、建立罗马基督教世界统治的野心。狂热的克吕尼派教皇格列高利七世在位（1073—1085年）时，就已拟订了一套建立罗马教皇世界统治权的纲领，他以严厉手段迫令所有西欧的基督教国王臣服罗马教廷的神权统治，并且和与之正式分裂的拜占庭教会谈判东、西基督教会的"复合"，他提出东正教会完全受罗马教廷支配的条件，遭到拜占庭方面反对后，就以抵御穆斯林、保卫基督教为名，制定了由教皇亲自率领，有德、法贵族组军远征拜占庭的具体计划。从11世纪60年代至80年代，法国贵族、骑士不断进攻西班牙的阿拉伯人，增强卡斯提尔和阿拉贡两个基督教王国的势力。80年代诺曼人侵入西西里和南意，逐出控制那里的伊斯兰阿拉伯势力，对这两种军事行动，教皇都全力支持，为它们祝福祈胜，宣称为十字架战死者可获赦免一切罪孽。这两场远征实为十字军东征的前奏。格列高利七世在和德皇亨利四世的权力斗争中失败，落魄抑郁而亡，他的世界统治计划便由他的继任者、克吕尼派的乌尔班二世（1088—1099年在位）狂热地付诸实现。由上可见，参与十字军东征的各种社会势力抱着很不相同的动机，同床异梦，内部矛盾丛生。而这场"宗教战争"浩劫的主要动因，是罗马教廷为着扩张势力，蓄意挑起欧、亚、非有史以来最为惨烈的"文明冲突"。

西欧的周边形势发生变化，为罗马教廷远征东方提供了导火线。7世纪以来阿拉伯的穆斯林帝国崛起，繁盛的伊斯兰文明覆盖着从近东、北非至西西里、西班牙的广大地域。11世纪中叶塞尔柱突厥人兴起，1055年占领巴格达，推翻了阿拉伯帝国伍拔斯王朝的统治，继而征服小亚、叙利亚、巴勒斯坦和安条克，拜占庭丧失了地中海东岸的贸易和战略要地。塞尔柱人处于早期封建社会状态，未曾建立中央集权国家。所谓国家只是许多独立"封邑"的松散联合体。塞尔柱人以距拜占庭仅 100 公里的尼西亚为首都立国，1071 年在曼西克特战役中又重创拜占庭军队，俘虏其皇帝，1088 年巴尔干的游牧部落佩彻尼格人又大败拜占庭君主阿历克塞一世的军队，并拟和突厥人联合，水陆夹击拜占庭。国势本已颓衰的拜占庭危在旦夕，1090 年以来阿历克塞一世不断遣使、致书罗马教皇和西欧各国君主乞援，甚至表面上让步同意和罗马教廷谈判教会复合问题，但又警惕后者并吞的野心。罗马教皇乌尔班二世（1081—1099 年在位）利用拜占庭的困难处境，也看到 90 年代塞尔柱突厥人因内讧已四分五裂，就决定实施早有蓄谋的东征计划。罗马教廷大事编造穆斯林和塞尔柱突厥人"异教徒"在耶路撒冷如何亵渎圣物、迫害东方基督教徒与西欧朝圣者的舆论，后世的一些西方史学家就根据这些有意杜撰的传说，主张这场远征是不可避免的宗教冲突。其实，当时伊斯兰文明圈内对基督教信仰一直是宽容的，塞尔柱突厥人也无宗教的狂热褊狭，仍执行阿拉伯人统治时的宗教宽容政策，安条克仍保留东正教大主教驻节地，他们和阿拉伯人对 11 世纪西欧兴盛的大规模赴耶路撒冷朝圣活动并未阻碍、伤害。制造谎言的目的，是为了煽动西欧人的宗教情绪，以保卫基督教的神圣战争之名，掩盖罗马教廷远征东方、谋求世界霸权之实。

（二）东征过程

1095 年 9 月，教皇乌尔班二世在法国南部克勒芒召开宗教会议，与会者有来自西欧各国的 14 名大主教、200 多名主教和 400 多名修道院院长。在这次远征东方的动员会上，乌尔班二世发表蛊惑人心的演说，并不掩饰其真正的侵略意图。他竭力渲染东方伊斯兰教徒的"残暴"，号召各国君主、领主和一切臣民拿起武器去夺回"主的陵墓"，说西欧"狭小的土地无法容纳众多人口"，这才有"人吃人，进行战争，彼此杀伤"，而西欧人只要"共同踏上去圣陵的征途"，就可把"流奶与蜜的大地从邪恶民族手里夺过来"，成为自己的"产业"，而且征战者"不仅罪得赦免，更将享有去天国永不朽坏的荣耀"。[①] 他还宣布凡出征者可免纳赋税、免付债息。教皇的演说达到目的，与会者狂热高呼"上帝所愿！上帝所愿！"教皇的号令传遍西欧。他还派出使者游说，犯谋杀、强盗、奸淫等各种罪行的罪犯，只要出征都可获赦罪。西欧封建统治势力大联合的十字军迅速组织起来，史所罕见的以武力征伐异己文明的"壮举"就此开始。

第一次十字军东征是由一批轻信诱惑的贫苦农民队伍打头的，他们狂信出征可脱离封建压迫的囚笼和连年饥荒的死亡威胁，去东方寻求乐土。1096年春，从法国中北部、德意志莱茵地区和斯堪的纳维亚、英国、西班牙、意大利匆忙结成的贫民队伍，夹杂一些骑士和亡命徒，在法国亚眠隐修士彼得和破产骑士华脱率领下，几路人马共计六七万人，以农具代刀枪，逃荒般沿朝圣路线进发，沿途以乞讨和抢劫为生，受当地居民袭击已死亡过半，到小亚就被突厥人歼灭，仅3000余人逃回君士坦丁堡。1096年秋至1097年春，法、德、意、英等封建主派出骑士正规军队伍约10万人，向君士坦丁堡集结。拜占庭政府震惊、畏惧，以军事袭击对他们施压，同时要他们向拜占庭皇帝宣誓称臣，统领诺曼人的将领兰多的鲍埃蒙德等人佯装同意。这支十字军攻占尼西亚、叙利亚，拜占庭也乘机收复小亚西部失地。1099年十字军又一路烧杀抢掠，攻陷耶路撒冷，城中居民7万人惨遭杀戮，一个十字军武士描述："在所罗门圣殿里屠杀了将近万人，……如果您站在那里，死人的鲜血能从脚面直染上大腿"，十字军剖开死人肚皮，堆积尸体烧成灰烬，为的是找到金币与黄金。十字军在地中海东岸狭长

① 转引自杨真：《基督教史纲》上卷，三联书店1979年版，第22页。

地带建立了四个由十字军将领哥德夫利、鲍埃蒙德等称王的基督
教国家：耶路撒冷王国和名义上宗属它、实际上独立的的黎波里
伯爵辖区，安条克公国和以得撒伯爵辖区。它们建立西欧式的封
建制度，十字军的破落骑士顿时成了城市的领主与富豪，当地的
阿拉伯穆斯林甚至东正教徒沦为农奴。12 世纪教皇为了保卫、扩
大十字军领地，又再建立宗教性军事组织：法国圣殿骑士团、意
大利圣约翰骑士团和德意志条顿骑士团。它们在西欧和近东都拥
有大量地产，圣殿骑士团利用从东方掠夺来的财富从事工商贸易、
放高利贷，后来成为西欧很有势力的早期银行家。靠军事征服建
立、由罗马教廷强制扶持的四个基督教国家和当地的本土文明传
统格格不入，和拜占庭帝国也不断摩擦，难以长久维系。各伊斯
兰王国在摩苏尔统领下团结起来，1144 年塞尔柱突厥人攻陷十字
军在叙利亚的最重要的据点以得撒，十字军已失去在东方所侵占
的大部分领土。罗马教廷曾大事欢庆十字军东征的辉煌胜利，其
实，这第一回合的宗教文明冲突不到 50 年就以十字军的败亡告
终。

　　紧接着，教皇尤金尼乌三世又派他的密友、西多修会首领伯
尔纳（此人攻击赞扬理性、反教权的异端哲学家阿伯拉尔及其学
生、反叛者阿诺德不遗余力）到处游说，组成法王路易七世和德
皇康拉德三世参加的 7 万人骑士军，于 1147 年至 1149 年进行第
二次十字军远征，在小亚和叙利亚被突厥人击败。教皇将失败的
罪责推给伯尔纳，骂他是笨蛋，又归罪于拜占庭帝国不协力，叫
嚣要讨伐它。这次东征完全失败，严重削弱了教廷的威信和西多
修会的势力。12 世纪后叶，埃及的伊斯兰国家强盛起来，1187 年
埃及苏丹萨拉丁在哈特丁地区大败十字军，攻陷耶路撒冷并俘虏
其国王，教皇乌尔班三世得知此讯，震惊而死。1189 年至 1192 年，
在教皇格列高利八世、克里门特三世号召下，德皇腓特烈（红胡
子）、英王狮心理查一世、法王腓力奥古斯都亲自参加，组成 3 万

人的十字军，进行第三次东征。3个王国都想借此控制地中海贸易通道，相互矛盾重重，3位集权君主和罗马教皇有诡谲的权力斗争，心存戒心的拜占庭皇帝与埃及苏丹结盟，英王也与埃及苏丹萨拉丁修好，并将自己的妹妹嫁给萨拉丁，后者仅允诺3年内开放进入耶路撒冷的通道。德皇腓特烈在小亚溺水淹死后，法、英军队先后仓促回师。这次东征失败，尤其暴露了集权君主和教皇的矛盾。

第四次十字军东征（1202—1204年）有特殊重要性，因为它撕破了"宗教战争"的假面具，鲜明地暴露了罗马教廷侵略扩张的真实目的。英诺森三世是以精明强干、使教廷权势达于最盛著称的教皇，他早就通谕拜占庭皇帝要求实现东、西教会合一，被拒绝。参加十字军的德、法封建主和因商业利益矛盾同拜占庭素有积怨的威尼斯，也都有侵略拜占庭的蓄谋。这次远征原说要主攻埃及，结果却去侵陷同样是基督教国家的拜占庭。当时君士坦丁堡已发生宫廷政变，废帝伊萨克二世被囚禁并弄瞎双目，其子阿历克塞逃往西方请求教皇助其父复位，许诺将东方教会置于罗马教皇控制之下，其女婿德皇斯瓦比亚的腓力和狱中的岳父也有秘密联系。德、法十字军首领和威尼斯总督丹多洛就密谋，决定利用这一有利形势，经威尼斯取海道攻取拜占庭。威尼斯总督承担航运军队，勒索拜占庭阿历克塞方交付20万银马克，十字军方面并应允威尼斯的先决条件，竟先攻陷基督教国家匈牙利的商业战略要地萨拉海城，劫掠财物由威尼斯和十字军平分。教皇批准过十字军和威尼斯的协定，可见他事先明知这是为合伙方威尼斯的利益而侵略。1206年十字军航队开进金角湾，篡位皇帝阿历克塞三世潜逃，老皇帝伊萨克二世复位，为了向十字军缴付巨款，父子对居民大肆搜刮，激起君士坦丁堡民众迅速爆发怒潮澎湃的起义，废黜伊萨克，绞死其子阿列克塞。

十字军借机竟于1204年攻陷君士坦丁堡，在城内奸淫烧杀了三昼夜，抢掠无数金银、宝石和财物，将圣索菲亚教堂镶满宝石的圣坛砸成碎块瓜分，藏书丰富的君士坦丁堡图书馆被烧成灰烬，许多耶稣与圣徒的遗骸或遗物被抢走，大量精美的艺术珍品被破坏或掠走，至今装饰在威尼斯圣马可教堂的青铜饰金四马雕像，就是那时抢来的希腊化时代的珍品。这座东方古代名城满目疮痍，这是对古代文明成果的一次大毁灭，和蛮族陷落罗马时的作为如出一辙。英诺森三世装腔作势，表面上责备抢劫者"越出正规"，却又将君士坦丁堡的陷落说成是"上帝的奇迹"，是拜占庭人因背叛天主教而受天谴，实际上容忍了十字军的兽行和丑事。十字军在巴尔干半岛南部建立佛德尔伯爵鲍尔温为皇帝的"拉丁帝国"，并占领希腊和小亚诸地，将当地教会置属罗马教皇管辖，强迫希腊东正教徒改信罗马公教，希腊人不断坚决反抗，并建立尼西亚王国。1261 年 8 月尼西亚皇帝米凯尔八世夺回君士坦丁堡，推翻拉丁帝国，建立拜占庭的巴列奥略王朝，一直维持到 1453 年拜占庭的东罗马帝国被土耳其奥斯曼帝国消灭。西方有些史学家将这次东征矛头直指拜占庭，说成是迫于时势，或归咎于威尼斯的狡猾和德皇的阴谋干预。其实，拜占庭的劫难只是暂时实现了罗马教廷早有蓄谋的东、西方教会归于一统的战略意图。

十字军运动的宗教狂热，还演出了一幕荒唐而惨绝人寰的悲剧。1212 年西欧流传一种说法：有罪的成人不能解放"主的陵墓"，纯真的儿童能凭虔诚信仰感动上帝，收复耶路撒冷。在教会的煽动下，法国组织三万人的"儿童十字军"，骗到马赛港，分乘七艘船出海就"征"，两艘船在暴风中沉没，五艘船上的儿童到埃及全被在奴隶市场出卖。另一支德意志的"儿童十字军"两万人，翻越阿尔卑斯山时饥寒病困交迫，死亡殆尽。十字军运动泛滥着的宗教狂热、愚昧迷信，酿成了这人间绝无仅有的惨剧。

后 4 次十字军东征，因罗马教廷威信已失，不再能煽动起宗教狂热，动员西欧参加的人数不多，以埃及为主攻目标。由于埃及的伊斯兰王国强盛,而十字军已成为君主和教皇争权的工具,四次东征都流产、失败了。十字军在欧洲则用于镇压异端阿尔比教派。教皇将第五次东征失败归咎于德皇腓特烈二世未践约参加远征,将他革除教籍;教皇又禁止他组织第六次十字军东征,腓特烈不予理睬,他利用埃及和叙利亚的矛盾,和埃及苏丹缔结和约,暂时取得对耶路撒冷等城市的支配权,教皇格列高利九世却出兵攻其在南意许多领地,迫使他回师。1244年埃及重新占领耶路撒冷,从此"圣地"一直在穆斯林掌握之中。1248年法王路易九世为了向地中海东部扩张势力,率第七次东征的十字军进发,遭到惨败,他本人作了俘虏,以巨款赎身才被释放回国。1270年他又率军作最后一次东征,在突尼斯死于瘟疫,残师败归。至1291年,十字军在东方最后一个据点阿克被埃及攻克,十字军东征就以彻底失败告终。

(三) 后果与教训

十字军东征是罗马教廷和西欧封建主挑起的西欧基督教文明和伊斯兰文明、拜占庭文明的武力冲突,它主要造成灾难性的后果。这场侵略性的"宗教战争"使地中海东部各国大批生灵涂炭,经济与文化受到严重破坏,严重阻碍了它们的社会发展进程。这场战争给西欧各国人民带来的也是巨大苦难,几十万人踏上征途死于非命,社会生产力受到破坏,在宗教狂热下对各种"异端"的镇压、专制变本加厉,在西欧的犹太人也受到野蛮迫害,他们到处被鞭打、驱逐或袭杀。十字军东征给后世留下一个深刻的历史教训:任何企图以"文明冲突"的方式强制建立某种单一文明的世界霸权,都是注定要失败的;世界不同文明只有通过合理的交往与融通,才能实现共同的繁荣与发展。

西方有些史学家强调十字军东征促成西欧中世纪盛期的发展,将城市兴起、工商业繁荣、君主集权政治与民族国家的形成、东西文化的沟通等等,统统归功于这场"宗教战争"。这种论评缺乏具体分析,是站不住脚的。西欧中世纪盛期的社会演变,主要是西欧社会内在矛盾运进的结果。十字军东征给西欧社会带来的某些客观影响,恰恰事与愿违,并非这场宗教战争的目的性后果。而且,这些次要的客观影响是付出了太大的历史代价才造成的;那种结果本来可以通过东西方文明的合理、和平的交融更好地达成。

从政治上看,西欧原本势力强大的割据地方的封建领主和破产骑士纷纷随十字军东征而消失,罗马教皇与教廷的势力在东征前期虽有所扩张,后期教皇的东征计划彻底破产,威势骤减,国际支配力大为削弱,这些客观上有利于君主集权政治的加强。在战争中,经济拮据的封建贵族迫不得已将特权赎卖给城市市民,并让他们赎买农奴的人身自由,农奴也趁贵族出征逃离土地,这些也有助于城市兴起和农奴解放。

从经济上说,中世纪西欧和东方的经贸交往其实早已发展起来,不是靠十字军才打通的。当时东方的伊斯兰和拜占庭文明水平优于西欧。西欧在12、13世纪从东方学会种植稻米、荞麦和西瓜、柠檬、胡椒等各种经济作物,开始食用蔗糖,并学会织造丝绒、锦缎、棉布、地毯以至制造"威尼斯玻璃"等,中国发明的罗盘、火药和印刷术也经由阿拉伯地区传到西欧,这些无疑促进了西欧农业和城市手工业的发展。东方的繁华景象使西欧人大开眼界,对西欧人生活方式特别是封建主追求豪奢的生活也有潜移默化的影响。而这些都不是十字军战争的直接后果,而是东征期间东西方文明自发和平交融的结果。战争只是削弱了拜占庭、阿拉伯商人在东西方贸易中的地位,加强了威尼斯、热那亚、比萨等城市对地中海东部的商业垄断,这种局部利益是以损害其他民族的利益为代价的。

从文化上看,十字军东征只是从拜占庭和阿拉伯地区劫掠来一批古代文化艺术珍品,对西欧文化的影响是非常有限的。拜占庭文化在西欧早有传输，如罗马法的复兴得益于拜占庭保存的大量罗马法典籍。伊斯兰文明的哲学、科学及其保存的希腊罗马文化成果大量传入西欧，主要不是靠十字军，因为十字军参加者的文化素质很低，并不能理解和择取伊斯兰的学术文化，而且也只有极少数人抵达当时撒拉逊文明的中心巴格达、大马士革、西班牙的托莱多与科尔多瓦。西班牙和西西里的学者将大量伊斯兰文明所保存的希腊罗马典籍和阿拉伯学者的有关研究成果翻译成西欧文字，才对西欧中世纪盛期的知识进步和学术文化繁荣起了重大的作用。

6　499—1504年路卡·西纽雷利画的但丁肖像

第 二 章

中世纪西欧的学术文化

一、从教会学校到大学兴建

教育保证一个时代文化知识传承、人才的培养，和学术文化研究也密切相关。它体现一个时代的文化精神的变迁。罗马帝国曾在斯多亚主义精神主导下，建立了一个比较完整的教育体制。7岁至 12 岁的儿童入小学 (Ludus)，接受初等教育，识文习字做算术，还学习道德格言及"十二表法"，富贵之家则聘请家庭教师教其子弟学习初级文化知识。中等教育设有文法学校，教学文法和语言，共和时代后期只有教授希腊语言与希腊文学的希腊文法学校，帝制时代它逐渐被教授拉丁语言和拉丁文学的拉丁文法学校所取代。修辞学校是当时的高等教育，培养任公职的贵族子弟，要求他们有修辞演说和雄辩的技艺，有开阔的知识，教学科目有修辞学、辩证法、法律、数学、天文学、几何学和音乐。拉丁修辞学校后来也取代了希腊修辞学校。由于重视罗马法的人才培养和学术研究，帝制时代还设有许多私立法律学校。帝制鼎盛时期由国家支付文法、修辞教师的薪金，设两种学科的帝国讲座，并授予主讲者们不少特权。从西塞罗到普罗塔克的一些主要思想家，都有关于教育、教学理论的论述，特别是斯多亚主义注重道德教育的论述。帝制时代初期的昆体良（35—100 年）是修辞学帝国讲座的首任教师、最著名的教育家，写有巨著《雄辩术原理》，总结他20 年的教学经验，对于德性培育、教育与天赋、各级教育与教学组织都有系统论述，甚至已有班级授课制的思想萌芽。基督教兴起后，为普及基础教义和教仪知识，开设教堂音乐学校和初级教义问答学校，以教授《圣经》和教堂音乐为主。在亚历山大里亚、安条克、巴勒斯坦、叙利亚等地还建立了一些高级教义问答学校，除基督教神学外，也研习形而上学、伦理学、逻辑学和物理、几何、天文学等，它们是基督教的高等学府和学术文化中心，培养神学家和神职人员，克莱门特、奥立金等著名希腊教父就曾是亚历山大里亚高级教义问答学校的主持人。

罗马帝国崩溃后，在蛮族王国中原先兴盛的文法学校、修辞学校等世俗教育机构都被摧毁，文化教育成为荒漠，早期中世纪西欧的知识水平也倒退至贫瘠低下状态。修道院成为文化教育和延续古典文化的主要机构。东哥特国王狄奥多里克的秘书、修士卡西奥多鲁斯（约 490—575 年）编出一部知识总汇《神圣与人类学识概览》，包括必读神学著作概要和 7 门必修学科概要，规划了七艺教育和神学教育的蓝图，之后一直被中世纪西欧的教会学校所沿用。哲学家波埃修将七艺分为前三艺和后四艺，前者指作为知识钥匙的文法、修辞和逻辑，后者指作为实用学科的算术、几何、天文和音乐。公元 6 世纪至公元 8 世纪，当欧陆文化教育处于停滞、颓落之际，英伦三岛上的爱尔兰文明、诺森布里亚文明处于领先地位，它们的修道院学校保存、恢复了希腊、拉丁的语言与知识，对古代文本进行整理、研究，并在传教活动中将它们传播到西欧大陆，也为西欧大陆输送和培育了大批知识人才。

在公元 8 世纪加洛林文化复兴时期，查理大帝极为重视文化教育，用以提高文盲或半文盲状态的教士与官吏的知识水平。他发布一系列教育敕令，要求修道院与教区"对于上帝赋予学习才能的人，按照每个人的才能大小，热心地教他们读书识字"，声称他"对于推动教会的学习，更是全力以赴"，他并敦促订正《圣经》和各种典籍在传抄中的错误，以免以讹传讹。① 他还延揽了西欧许多优秀学者来大力兴办学校及图书馆，推进基督教文化，他的主要助手阿尔琴（735—804 年）就是来自英格兰约克修道院的著名学者。在他们倡导、支持下，教区和修道院的学校遍布法兰克帝国。当时的学校有三类：一是最高级的宫廷学校，是全国教育与学术文化中心，培养高级官吏；二是主教座堂学校，讲授神学，培养神甫与教士；三是修道院学校，除培养修士以外，也向世俗子弟普及知识。当时奥尔良主教狄奥多夫在所辖地区教会也已设立免收学费、向普通居民子弟普及教育的学校，后来发展成为较普遍的基层教区学校。学校的课程有两类，一类是所有学生必修的"七艺"，第二类是少数学生深造的神学。"七艺"的内容有扩展，文法"包括语言与文学，逻辑涉及哲学问题论辩，修辞包括散文、诗歌与法律知识，几何包括地理与自然历史，代数涉及历法，音乐包括声学，天文学包括物理与化学。它们实际上是当时人们所知的世俗知识的总汇"。② 查理大帝以身作则，带动教学蔚为成风，他和妻子、儿女、高级贵族都在首都亚琛的宫廷学校从学，他习七艺，狂习拉丁文，编辑日耳曼语文法和诗歌杰作，宫廷学校成了学术研究中心。阿尔琴写了《论辩证法》，推动了逻辑学研究。主教座堂学校、修道院学校和教区学校，是 12 世纪以前中世纪西欧的主要教育机构。

从 12 世纪起，西欧城市兴起刺激了对世俗实用人才的需求，经由西西里、西班牙传入的伊斯兰阿拉伯文明所保存的希腊罗马文化典籍，促使西欧的学术文化渐趋活跃，而权势鼎盛的罗马教廷也要针对世俗社会的巨大变动，加强神学研究和对学术文化的

---

① 周一良、吴于廑主编：《世界通史资料选辑》（中古部分），商务印书馆 1974 年版，第 40—42 页。

② 赵敦华：《基督教 1500 年》，人民出版社 1994 年版，第 206—207 页。

控制。在这种社会背景下，原有封闭式的、以基督教神学为教学轴心内容的教会学校体制被突破，西欧的城市纷纷建立世俗性的大学。它们之中有些是由原来已经设立的专门学校提升为大学，如中世纪最早的大学是位于意大利那不勒斯附近的萨莱诺大学，它原本是一所医学专门学校，以编译古希腊罗马及阿拉伯的医学著作著称，1137 年发展成为大学；意大利的波伦那法律学校素以传播、研究罗马法驰名西欧，1158 年德皇红胡子腓特烈下谕确认它升格为大学。另一类大学则是由主教座堂学校转化过来，如巴黎大学从巴黎圣母院的教堂学校演变而来，1174 年罗马教皇就予以承认并授予特权，1200 年法王腓特烈二世又颁发特许状确认，它在西欧有特殊重要地位，著名哲学家阿伯拉尔是巴黎大学创始人之一。从 12 世纪后期到 13 世纪起，西欧兴建大学如雨后春笋，著名的有英国的牛津大学（1168 年）和剑桥大学（1224 年），法国的蒙彼利埃大学（1181 年）、图鲁兹大学（1224 年），意大利的帕多瓦大学、那不勒斯大学（1224 年），西班牙的帕伦西大学（1212年）和葡萄牙的里斯本大学（1290 年）等。至 1500 年，西欧大学共有 79 所。大学兴建是西欧教育开始突破教会垄断专制、面向世俗化的重大变革，也为西欧学术文化趋于繁荣，使僵滞的思想活跃起来，提供了重要契机。

"大学"一词源于拉丁文 universitas，本义指会社、社团、协会、行会。中世纪西欧兴建的大学，实际上是教师和学生仿照当时的城市行会，为着教育的目的和保护自身的利益建立的教学同业公会。然而，作为一种教育体制的创新，它又有不同于传统教会学校的某种"广学院"的特点：它向世俗社会开放，招收各地乃至来自各国的学生；它采取大型的教学组织形式，拥有较多专业的教师，实行集体授课；它除传授基础学科课程外，展开高深的专业学科的教学与研究，因而它是教育兼学术研究的中心。14世纪中叶后，"大学"的涵义才专指高等学府。大学的财务来源靠教会基金和国家拨给部分经费，学生支付学费，富有的捐助者也为部分穷苦学生提供学费或免费的住宿。起初，大学的学生主要来自城市市民或穷家子弟，高门贵族还看不起"大学"，后来大学声誉日隆后，他们的子弟才入学。当时没有女学生，直到近代，妇女还被摒绝于牛津大学、剑桥大学校门之外。当时大学一般已按专业设有人文学院、神学学院、法学学院、医学学院。学生首先得学完基本人文学科"七艺"，掌握基础文化知识，约需 4 年至 7 年，被授予学士学位；然后分科深造神学、法学或医学的专业，也需 4 年至 7 年或更多时间，才能获得硕士和博士学位。取得硕士学位以上者，才能在学院获得教席。至今被各国广为采用的学位制度及毕业典礼上获得学位者身着方帽、黑袍（教士服装），就是从那里传承下来的。

　　当时的大学有两种类型：一种类型以巴黎大学为代表，它们经由罗马教廷批准建立，教会和托钵修会对它们有较大的控制力，一些著名的教授大多是多米尼克修会或弗兰西斯修会的成员，对神学、哲学的教学尤为注重。在中世纪巴黎大学尤负盛名，著名的经院哲学家如大阿尔伯特、托马斯·阿奎那、波纳文图拉、罗吉尔·培根、邓斯·斯各脱、威廉·奥卡姆都出自这里，巴黎大学成为当时西欧基督教世界的神学—哲学国际学术中心。这类学校的"同业公会"是以教师为主体的，教师握有掌管大学的全权，他们选举校长、制定教学计划、实施行政管理、负责学位授予，建立以教师为权威的严格制度。牛津大学、剑桥大学和中、北欧如英国、德意志、丹麦、瑞典等国以及南欧的西班牙的大学，都采用巴黎大学的模式。

　　另一种类型的大学是以波伦那大学为代表的模式，他们较少受罗马教廷控制，是比较自由开放的世俗大学，注重实用专业学科，学生是学校管理的主体。南欧特别是意大利的一些自治城市兴建的大学，大多属于这种类型。波伦那大学早在 11 世纪末建立时，以传播、研究罗马法并将它运用于社会现实闻名于世。1088年著名法学家伊尔涅里乌斯在该大学任教，编著《查士丁尼法典》，大力推动民法研究，并主张世俗君主之权应高于宗教权力。1139年他的学生格拉提安又运用罗马法精神研究宗教法，出版第一部《宗教法典》，他和后继弟子的宗教法著述富有世俗化理性精神，成为世俗君主与自治城市打击教皇权力的理论根据。当时西欧人纷至沓来波伦那大学就学，它成为西欧法学研究的国际中心，对罗马法在西欧的复兴尤其有重大贡献。波伦那大学的全部管理工作是由"学生会社"掌管的，校长是学生团体的领袖。学生会社总揽学校的全部行政管理，包括制定学校规章、教师聘免、对外交涉、确定学费金额乃至教学与作息的时间。学生会社的能量很大，曾以要向其他城市搬迁为要挟，取得降低当地城市高昂食宿费用的胜利，而当时的城市都以建立大学而称雄的，使本地的大学迁走是很丢面子的。教师如讲课不当，学生会社可处以罚金。当时意大利建立的著名大学，如以医学著称的塞莱诺大学，以及帕多瓦大学、那不勒斯大学等，都采取波伦那大学的模式。帕多瓦大学在14世纪时成为西欧的重要学术中心。波伦那大学的模式在13世纪中叶后，由于市政当局干预力度增大，逐渐衰落，至18世纪末，学生会社的管理权力才被最终废除。

创立大学是人类教育体制的重大变革，它突破了原来由基督教会垄断的教会学校的封闭性、狭隘性，开创了一种规范的世俗化、专业化的高等教育。教育内容不再像教会学校那样局限于"七艺"和传授《圣经》与神学知识，不仅哲学与神学的教学引进了新的内容，有深化与变革，而且大量地输入了世俗实用学科。知识领域不断扩展，求知的视野日益开阔，这标志着西欧中世纪盛期的知识水平大为提高，已开始进入一个新的飞跃。大学为城市的经济、政治和文化的发展培育了大批知识人才；特别是罗马法的复兴、传播和紧密结合社会现实的法学研究，有力地促进了自治城市的立法政治和中央集权君主政治的加强。当时英、法等国的君主都起用了精熟罗马法的知识人士，来确立强化王权的政治管理体制，削弱罗马教皇与教廷的权势。当时建立的这种高等教育体制，后来几经演变、不断完善，现已被世界各国采用，大学依然标志着一个国家的知识水平，是国家的文化教育与科学研究的重心所在。就此意义而言，这是中世纪盛期的西欧对世界文明作出的重要贡献。

大学取代局限于神学解释和宗教典籍整理的修道院的地位，成为中世纪西欧拓进知识研究、思想比较活跃的学术文化研究中心。大学不再像修道院那样，修士在青灯黄卷中皓首穷经，孜孜于神学文本的寻章摘句，而是一变为致力于各种新专业领域的开拓。大学教学除程式化的授课外，又形成自由论辩的风气，学术思想活跃起来。教廷和修会虽然下大力要控制这一思想文化阵地，却不能扼杀"异端"思想的萌生。唯名论哲学家阿伯拉尔在巴黎大学发表了用逻辑三段论推翻校长威廉的著名讲演，学生纷至沓来听他的讲课。深受伊斯兰阿拉伯哲学影响的阿伯拉尔、恪守柏拉图主义传统的波纳文图拉和用亚里士多德哲学改造基督教神学的托马斯·阿奎那，在巴黎大学进行激烈的思想交锋，经院哲学中的唯名论和实在论之争也在这里展开。巴黎大学是西欧的第一学术重镇，从亚里士多德的吕克昂学园之后，没有一个教育机构能和巴黎大学所造成的学术文化影响相比拟。14 世纪以前，牛津大学的学术文化研究中心地位仅次于巴黎大学，1209 年已有 3000 名师生，拥有众多的学者名流，而且在拓进知识领域方面更为活跃。毕业于该校、后任该校校长的罗伯特·格罗斯泰特（约 1175—1253 年）曾是大学知识集团的领袖，他对亚里士多德哲学、基督教神学和物理学、天文、地理、法律、医学都有开阔的研究，著有《科学概论》，对罗吉尔·培根的科学思想有直接启发。总之，当时西欧的大学已成为学术文化研究的前沿阵地，对中世纪盛期西欧的学术文化繁荣有重大作用。

当时西欧的大学已开展对希腊罗马文化及伊斯兰阿拉伯文明中有关研究成果的吸收、传播与研究，这已在为以后西欧的文艺复兴做思想准备。7世纪起伊斯兰阿拉伯文明覆盖着从耶路撒冷到西班牙的地中海地区，融合了阿拉伯文化、犹太文化和希腊罗马文化，在西欧基督教世界丧失的大部分希腊罗马文化遗产，靠伊斯兰阿拉伯文明才得以保存和研究。从11世纪起，这些流落异地的西方珍贵的传统文化，通过阿拉伯文、希伯来文译成拉丁文的翻译运动，重返西欧、进入大学。当时翻译、传播主要有两个通道：一是西西里经由南意大利传入西欧。卡西诺山修道院的非洲籍修士康斯坦丁，在11世纪后叶就翻译、介绍了希波克拉底和伽伦的医学著作，萨莱诺大学则是翻译古希腊罗马和阿拉伯的医学理论的一个基地。熟悉阿拉伯文、希腊文的德皇腓特烈二世，延揽了不少伊斯兰和犹太的学者，翻译了亚里士多德、托勒密和西班牙阿拉伯学者阿威罗伊的科学著作。二是曾是西欧伊斯兰文化中心的西班牙，特别是托莱多这一以翻译与传播享誉西欧的学术文化中心。12世纪起，托莱多的大主教萨维塔的雷蒙已建立了一所培养翻译人员的学校，也是翻译中心。托莱多的学者们翻译了亚里士多德的全部著作和欧几里得、阿基米德等人的科学著作，并且译介了深受亚里士多德影响的阿拉伯学者阿维森那（伊本·西那）、阿威罗伊（伊本·路西德）和犹太学者迈蒙尼德等人的大量哲学、科学著作。古希腊罗马文化和阿拉伯文化进入西欧，首先是在大学里得到传扬，有些著作转译有误，十字军攻陷君士坦丁堡后一些希腊原典流入西欧，学者们又直接根据希腊文原本校正。当时的翻译运动，为长期封闭于基督教正统神学的西欧学者，展示了一个新的知识天地，刺激了他们对希腊罗马文化传统和东方伊斯兰文明及犹太文明的研究旨趣，去探究原先基督教会列为"禁区"的学术领域，"异端"思想和基督教神学的改造都由此引发。中世纪盛期的学术复兴与繁荣，很大程度上得益于同伊斯兰阿拉伯文明的接触与交流。而这种东、西方文明的交融，也正是孕育以后西欧文艺复兴运动的重要条件。

二、前期基督教神学与哲学

在中世纪西欧，基督教神学是拥有绝对权威的统治意识形态，神学支配哲学，哲学只为神学做论证，两者融为一体，密不可分。在前期中世纪，西欧基督教在制定繁琐的教规、教仪，大力发展以教皇、教廷为中心的教会组织方面，所做的工作远超过往昔；而在神学理论方面很少新的建树，直到 13 世纪之前，基督教的正统官方学说一直是在罗马帝国末期形成的奥古斯丁神学与哲学。

奥古斯丁（354—420 年）生于北非努米底亚的塔加斯特镇（现位于阿尔及利亚），幼年时曾从母加入基督教，在家乡文法学校和修辞学校习得希腊罗马古典文化修养，但 19 岁时转而信奉摩尼教，后来又生活放荡不羁，和两名情妇姘居，并生一子。在米兰大主教安布罗斯影响下，他脱离摩尼教，醉心于研究新柏拉图主义。他在自传《忏悔录》里记述，是“花园里的奇迹”使他又最终重新皈依基督教：某日他在花园里为信仰而作剧烈的思想斗争时，耳边响起清脆童声：“拿着，读吧！拿着，读吧！”他随手拿起《圣经》翻开一页，圣保罗的教诲扑入眼中：“不可耽于酒食，不可溺于淫荡，不可趋于竞争嫉妒，应该披戴主耶稣，勿使纵姿于肉体的嗜欲。”于是他“顿觉有一道恬静的光射到心中，溃散了阴霾笼罩的疑阵”。[①] 387 年他接受安布罗斯洗礼，正式加入基督教。他后来任北非家乡省城希波的主教，殚精竭虑从事神学著述、

---

① 奥古斯丁：《忏悔录》，商务印书馆 1997 年版，第 158 页。个别词的翻译作者根据《圣经》的《罗马书》修正。

讲经布道和反对异教、异端的斗争，声誉日隆，他所建立的神学堂和修会成为北非教会的中心。他目睹罗马帝国濒于灭亡，死在汪达尔人兵临希波城之际。他毕生著述甚丰，包括自传、哲学、神学、反异端、圣文注释和布道等类，卷帙浩繁，堪称基督教学说的百科全书。《忏悔录》、《论幸福生活》、《论自由意志》、《基督教学说》、《论灵魂不朽》、《反学园派》等都是融会神学与哲学的代表作，他临终之前写下的《上帝之城》包含着他对罗马帝国濒于灭亡的反思，阐发他的神学历史观。奥古斯都的神学是罗马帝国后期一直在探讨、论争的各种希腊与罗马教父哲学的集大成，它终于克服了基督教神学和希腊罗马古典哲学的冲突，将后者的一切对基督教"有用"的成分都吸收过来，构建出一种以柏拉图主义为轴心的严整庞大的神学体系。他的学说真正发挥作用却是在前期中世纪的西欧。罗马教会敕令奥古斯丁等"四大博士"的著作是神俗人员的主要教材，而奥古斯丁的神学由于融合了希腊罗马古典哲学，比早期基督教神学远为深化，又切合建立基督教世界秩序的罗马教会的需要，更成为罗马教廷的官方神学与哲学。在前期中世纪西欧，它一直是基督教的理论核心，主导着神学教育和研究。13世纪托马斯·阿奎那的亚里士多德神学取得官方统治地位后，奥古斯丁的学说对后世仍有多种影响，新教改革吸取了他的部分思想，至今梵蒂冈教廷仍高度评价它，甚至一些存在主义哲学家将他的学说奉为存在哲学的思想先驱。奥古斯丁的神学与哲学的要义，可概述为以下几点。

基督教学说是统一信仰和理性的真正哲学。奥古斯丁主张基督教学说是"真正的哲学"，它以追求永恒幸福为主题，世俗的"现世哲学"只探究现世的短暂幸福。上帝的智慧与真理显示在《圣经》中，《圣经》的作者们是真正的哲学家与先知。"现世哲学"本来也是上帝恩赐给人类的精神财富，但往往被异教的"恶魔"不正当地利用。他所建立的"基督教学说"就是按《圣经》的价值标准,"取回"现世哲学中一切可与基督教信仰相一致的"有用"的内容,如人文学科教育、希腊罗马古典哲学中的理念论、道德学说和一神论思想等等,将它们改造成为基督教神学的有机内容。显然,奥古斯丁旨在吸收、采纳古代文化遗产,重建能包纳古代文化的基督教理论。基督教才是最高的"真正的哲学",世俗的现世哲学只是为它所用的思想成分。与此相关,他并不把信仰和理性绝对对立起来,认为理性是上帝给予人的天赋,在获取宗教真理与世俗真理中都有重要功能,但理性未必都是信仰,而一切信仰都是涵有理性的思想。他强调两者统一的方式是坚持"先信仰、后理解"的原则,因为理性只是为信仰作准备,而信仰才为理解开辟道路,使之获得真正的智慧,并且使个人进入单凭理性无由进入的和上帝沟通的最高神秘境界。总之,奥古斯丁的基督教学说有两重性,它既压制了古典哲学中早已衰落的理性与批判精神,使哲学成为从属神学的侍婢,但又有所改造地保存、吸取了古典哲学中的某些理性的思维形式与方法。它是根据以神为本而不是以人为本的价值取向,来融会所传承下来的古代学科知识的。在罗马文化凋败之际,它以神学形式摄取、保存了较多对基督教有用的古代知识成果。

光照说。奥古斯丁学说的一个根本特征,是运用柏拉图的理念论来论证基督教神学的,光照说就是用理念论来作认识论的上帝存在的论证。柏拉图有一个著名的"洞穴比喻",说人所感知的现象世界,就如一个囚在洞穴里的人只见到事物的朦胧阴暗的烛影,只有走出洞外,才能见到最高的理念"善"的阳光普照大地,凭借理性发现真实的理念世界。奥古斯丁说这个真理的"光源"就是作为最高理念"善"的上帝,《圣经》中已指明"道"是"普照一切生在世上的人的'真光'"。[①]他分析人的认识过程,并不是直

---

① 《圣经》中的《约翰福音》第1章第9节。

接断言上帝全知全能，而是以缜密的推理，论证人依赖上帝才能认识真理。他像柏拉图那样把人的认识能力分为感性和理性两种。他认为感官获得的外感觉和心灵获得的内感觉，只是搜集、整理关涉事物外形、现象的材料，虽也有确定性，但不能洞察事物的本质的真理，也不能提供判断真假的标准。理性依照其本性自然地趋向光照，能综摄感性材料，洞烛事物的理型和确定的规则，这广义的知识就是柏拉图的一般理念。但理性作为人的心灵状态也还变动不居，它也不能解释自身的来源与本性。高于理性的狭义"真理"就是上帝。一切真理都存在于创造世界的上帝之中，那就是"道"或理型，上帝的真理之光镌刻在人心的感觉经验和理性知识之中，只有信仰、热爱上帝的人，才能在心中将这些真理之光的印记集合起来，认识到上帝就是至善的最高存在、永恒的真理之光，从而强化对上帝的信仰和热爱。奥古斯丁的光照说也包含着对人的认知过程的有价值的细致分析，如论述语言与知识、行为及心理活动的关系，当代日常语言学派的分析哲学家注意探讨他论述的有关内容。然而，这种学说的主旨是要论证人的理性、知识和获得的全部真理，都来自上帝之光，并以信仰上帝为归宿。

质型说和种质说。这是奥古斯丁结合上帝创世说和希腊罗马古典哲学，论述自然世界的秩序。《圣经·创世记》说"上帝最初创造天地"。奥古斯丁解释最初"空虚混沌、黑暗深渊"的"地"，是已有接受形相之潜在能力的无定形质料，"天"则是精神性的"形相"，上帝使两者有机结合而生成赋有"质型"的万物，形成合乎"度、数、衡"的等级系统与和谐秩序。这种"质型"说并不是亚里士多德的质料和形式说，而是吸收了柏拉图的以理念和数为中介的宇宙创生论。奥古斯丁没有采用《创世记》中上帝花六天时间创世的说法，而是采用《德训篇》中的说法，即上帝瞬间创造出一切事物的"种质"（rationes seminales）。他吸取了斯多亚派哲学的"种子理性"说，认为种质即事物的内在原因和本质属性，是一切事物生成变化的自然律，上帝正是通过种质控制了自然的秩序和进程。他还为基督教经常渲染的尸身复活之类的宗教"奇迹"辩护，说上帝创造、支配自然的方式是人所不可思议之谜，"奇迹"根据上帝意志发生，并不违反自然。奥古斯丁的质型说、种质说，实质上是将从毕泰戈拉、柏拉图到斯多亚派哲学的宇宙论、物理学思想糅合一起，纳入基督教神学世界观的理论框架。

恩典说和爱的伦理。奥古斯丁论述人的自然本性，认为人是肉体和灵魂不相混的结合体，肉体也是人不可或缺、相对对立的有用实体，而灵魂占有、管辖肉体，结合为统一的人，两者处于主人和奴隶的关系。毕泰戈拉和柏拉图学派将肉体看做灵魂临时居留的坟墓，是恶的渊薮，并主张灵魂转世说，奥古斯丁并不赞同这种说法，因为基督教是主张个人灵魂不朽的。爱与恶是他的伦理观的主题。世间恶的本性和根源，是奥古斯丁长期思索的问题，他曾信奉摩尼教，就因为摩尼教的二元论能用善的光明之神和恶的黑暗之神的斗争，说明恶的普遍性及克制恶之道。基督教的核心教义之一是救赎罪恶，奥古斯丁从哲学与伦理角度深究恶的本源。新柏拉图主义者普罗提诺将恶定义为存在的"缺失"。奥古斯丁接受这一解释，认为恶就是背离本体、趋向非存在而造成存在的中断，也就是存在因自身的缺陷、堕落，造成事物秩序的混乱和放弃对高尚事物的追求。恶的现象有三类：事物的自然属性受损伤是"物理的恶"，理智的缺失和认知的谬误是"认识的恶"，这两种恶都较易纠正，而意志因自身缺陷只屈服于低于灵魂的肉体欲望，便产生"伦理的恶"，这是真正的罪恶。人类的意志自由既然是恶的根源，至善全能的上帝为什么要赋予人类可能作恶的意志自由呢？奥古斯丁曾解释说，只有这样，才能显示上帝惩恶扬善以求符合善的秩序的公正性。后来异端佩拉纠教派坚持性善论，否认原恶说，认为人只要依据固有的善良本性自由选择，就可以自行得救，无须上帝的恩典。奥古斯丁在反佩拉纠派的著作中又修正意志自由说，认为伦理的恶的根源在于人类的原罪，亚当在伊甸园受诱惑时就已丧失意志自由，上帝的恩典就是为人类赎罪，只有依靠上帝的恩典，人类才能摆脱原罪，恢复意志自由。这种恩典作为救赎罪恶之道，就是上帝为人类规范的爱的伦理秩序。基督教的信、望、爱三大善德中最大的是爱，爱的道德法则是铭刻在人心的"自然律"、"神律"、"永恒律"，人遵从它就能培育德性而获救。爱的基本道德原则是正确对待"正当"这种高级价值和"有用"这种低级价值，以"爱心"克服"贪心"，履行对上帝的热忱爱戴和基督徒的兄弟之爱。奥古斯丁的人性论和伦理观，说到底，是对基督教的核心教义赎罪说和爱的伦理的论证和阐发。

神学历史观。奥古斯丁在 413 年至 417 年罗马帝国危亡之际写下名著《上帝之城》，阐发了他对人类社会历史发展的神学说明，表达了他的基督教国家理想。他认为人类历史中有圣史和俗史之分，古代史家记载的世俗历史事件均属俗史，《旧约》、《新约》记述的上帝创造人以来以色列人的历史和耶稣活动史则属圣史，耶稣为救赎人类殉难，标志圣史终结，而俗史仍在延续。罗马帝国行将灭亡，基督教徒普遍悲观沮丧，基督教今后何去何从，前景茫然。在这历史转折关头，奥古斯丁一反基督教徒往昔依附罗马帝国世俗政权的态度，将两者分割开来，前瞻基督教未来的政治理想。他说罗马民族有优越禀性，曾创造了光辉业绩，值得称颂；但他抨击罗马世俗政权曾长期崇奉多神异教，迫害基督教徒，骄奢淫逸腐化之风日盛，社会道德风气败坏，认为这正是罗马帝国濒亡的原因，表明这种世俗政权不能担负上帝赋予的神圣使命。他将国家与社会区分为"上帝之城"和"世俗之城"，也就是根据不同的社会伦理原则建立起来的两种迥然有别的社会模式。世俗之城奉行只爱自己、藐视上帝、惟求满足物欲的伦理原则，必然走向败落，巴比伦王国和罗马帝国就是例证。上帝之城则恪守热爱上帝、藐视自己、追求崇高道德与精神生活的伦理原则，它能造就社会秩序和谐完善，秉获上帝恩典而使人类得到拯救。在他看来，这两种"城"即两种社会建构模式，在现世中仍然交织、混合着，而基督教的未来政治理想，是在尘世间普遍建立起"上帝之城"。奥古斯丁已看出当时奴隶制在崩落，他批评奴役他人的奴隶制违背自然本性、伦理秩序和上帝意志，但他主张基督徒对奴隶制可以内心非议，却还得服从有关法律，他并不主张以强力手段推翻奴隶制。奥古斯丁主张"上帝之城"高于、优于"世俗之城"，只是两种社会模式的优劣之分，还不是鼓吹教权居于王权之上，当时也谈不到有教皇权和君主权之争。但他设计的"上帝之城"范型，确实已表达了基督教要渗透与统摄世俗政权、建立基督教世界秩序的意向，这为之后中世纪基督教和世俗政权紧密结为一体，为罗马教廷向西欧世俗国家以至对外部地区扩张势力，提供了理论根据。

前期中世纪基督教会将奥古斯丁学说奉为正统权威，与此相应，还推崇新柏拉图主义的神秘主义神学。《新约》记载雅典法官狄奥尼修斯是保罗在雅典所收的弟子。公元 6 世纪初一些伪托的圣狄奥尼修斯的神学著作（包括《神秘神学》、《神圣名称》、《天国等级》、《教会等级》、《信件十札》等）在拜占庭帝国流行，拜占庭皇帝给罗马教皇马丁一世送来这些著作后，649 年它们被钦定为正统神学著作，在西欧滥觞。文艺复兴时期人文主义哲学家爱拉斯谟就已提出它们可能是伪作，19 世纪德国两位学者考证出它们是 5 世纪末以后匿名的新柏拉图主义者所写的伪托之作。伪狄奥尼修斯论述天国、自然、社会、知识等等的秩序，都采用新柏拉图主义者普罗克洛的烦琐的"三元结构"。他将神学也分为三部分，也是人类理解上帝的三阶段："肯定神学"用各种范畴、名称陈述上帝的属性，研究理念世界，但不能揭示其"超越的意义";"否定神学"逐次研究上帝按照理念原型创造的世界,并逐次排除人类思想不能理解上帝本性的局限性因素,使神秘因素不断积累、明显;"神秘神学"则通过专注的爱和坚韧的苦修,使人们达到和上帝融通的神秘体验,洞见上帝的超越本质。这种神秘主义神学,成为前期中世纪西欧盛行的修道院的精神指南。

在中世纪初期的黑暗年代,波埃修的学说闪亮了一道理性之光。波埃修(480—525年)出身于罗马贵族之家,早年在雅典学习哲学,后任东哥特国王狄奥多里克的大臣,因被猜忌与东罗马帝国私通而被冤屈下狱处死。他学识渊博,热爱古代哲学,翻译了亚里士多德的《工具论》、波菲利的《范畴篇导论》,并注释了《范畴篇》、《解释篇》。这些在中世纪西欧被广泛用作逻辑学教材,后人称之为"旧逻辑"。他基本上承袭并有所修正亚里士多德的逻辑学,又吸纳了斯多亚派的命题逻辑理论,对建立中世纪传统逻辑卓有贡献。他所译的亚里士多德的《论题篇》、《前分析篇》、《后分析篇》到12世纪才被发现,被称为"新逻辑"。他著有保存古典科学文化的算术、几何、音乐的教科书,也被广泛用作教材。他还写了5篇讨论"三位一体"的神学论文,被中世纪盛期托马斯·阿奎那等经院哲学家重视。他在狱中以对话与诗的形式写就的5卷《哲学的慰藉》,大量介绍了古代哲学,广泛流传。波菲利提出了"种和属"的共相是否独立存在的问题,并未解决。波埃修从认识论入手予以答解,认为种和属不仅是存在于心灵中的抽象概念,也是存在于事物中的性质,但不是独立的实体,这种温和的实在论调和柏拉图与亚里士多德的学说,后来引发了中世纪盛期唯名论和实在论的争论。与此相关,他论述作为"是这个"的个体存在者分有"存在"的普遍形式,上帝既然是"存在"的普遍形式,也属于"存在者",因此有3个位格,这是对"三位一体"的别具一格的正统神学解释。他在生命临终关头写下文情并茂的《哲学的慰藉》,更多地将信仰寄托于柏拉图和斯多亚派哲学,宣述人生命运和自然秩序同一,人应追求德性以实现自身的本性,天命只是神对必然性的预知,必然秩序要通过人对善与恶的自由选择来实现。他的主张对神学宿命论已有所突破,偏离了正统基督教的教义,在伦理道德上表现了对理性与自由的追求。

在加洛林文化复兴时期,爱留根纳的学说是一朵绽开的理性奇葩。爱留根纳(810—877年)原是爱尔兰人,在秃头查理的宫廷任语法教师。他博学多才,对希腊古典哲学与文化尤为爱慕。在神学论争中,他写有《论命运》等著作,批驳主张遭劫难和被拯救的"双重前定论",强调善恶是人的意志的自由选择,神虽预知,但并不干预。他的论说被教会谴责为异端,罗马教皇要求将他逐出法兰克宫廷学校并审判,但他受到赏识他的才智的国王查理的保护。他的重要著作《论自然的区分》,建立了中世纪第一个完整的哲学体系,黑格尔说中世纪的真正哲学是从他开始的。他强调权威来自理性,理性并不来自权威,理性和启示都是真理,真正的哲学才是真正的宗教。这是最早的"双重真理论",对基督教宣扬理性服从信仰的蒙昧主义是大胆的否定。他在承认上帝创造自然的前提下,对自然存在的诸层次以及对自然的认识,作了深入细致的探讨。有两点最有价值。一是辩证法思想。他认为自然存在的最初始原因、原型理念和可感事物中,有上行和下行的相反相成的运动,相应地人的认识也有上升和下降的运动序列,自然的循环运动和认识它的方法,就是辩证法。这里已有辩证法、逻辑学和认识论相一致的思想萌芽。二是泛神论思想。他主张上帝内在于万物之中,万物也内在于上帝之中,上帝的本性体现在自然之中。他又认为恶只是非存在,罪恶的根源在于误导的自由意志,人只要恢复原有的本性,就可回归造物主,甚至恶魔也可以得救。恩格斯说"他的学说在当时来说是特别大胆的,他否定'永恒的诅咒',甚至对于魔鬼也如此主张,因而十分接近泛神论"。①

三、经院哲学

　　经院哲学是中世纪盛期西欧基督教神学的理论形态。"经院哲学"（Scholasticism）一词，来自拉丁文"Scholasticus"，原义为"学院中人的思想"，也译作"士林哲学"。它是在教会、修道院的学校和大学中生存的哲学神学，亚里士多德所说的"辩证法"即论辩逻辑和神学结合，是它的主要形式特征。11世纪以来，西欧文化教育复苏，大学兴起，学术研究日盛，大量希腊哲学典籍特别是亚里士多德的著作，被译成拉丁文传入西欧，中世纪传统逻辑成为主课并得到发展。在这种学术文化背景中，原有的教父语录式的神学课程已不能满足需要，神学教育中兴盛论辩之风，也促使理智的逻辑思维进入神学。早在11世纪，神学家中就有辩证法和反辩证法之争，焦点是理性、逻辑能否和神学结合。法国沙特尔学派的图尔的贝伦加尔（1010—1088年），主张辩证法是理性的杰作，适用于一切事物，包括神圣事物神学。曾有名言"哲学是神学的婢女"的达米安（1007—1072年）则贬斥辩证法，说它连"婢女"的资格都没有，甚至说辩证法教师的始作俑者是引诱夏娃堕落的"蛇"。支持辩证法和神学结合的势力渐占上风，促成了经院哲学的产生与发展。人们常说经院哲学是烦琐哲学，如用大量逻辑推理去论辩一个针尖上可站立多少个天使，这固然也足见当时经院神学的流弊。但从思想史进程而言，经院哲学并不是死气沉沉、僵滞一团的学说，而是围绕着理性与信仰、哲学与神学的关系这个根本问题，并关涉伦理与社会政治的现实，一直激荡着不同思潮的斗争。它是理智的思辩渗入神学，对中世纪前期

---

　　① 《马克思恩格斯全集》第16卷，人民出版社1964年版，第563页。

的教父哲学有所更新；它在 13 世纪西欧全盛时，实现了对基督教神学理论的重大改造，而它在 14 世纪趋于衰落、解体中，又孕育着经验论的哲学与科学思想，因而是向近代哲学与科学思想过渡的必要环节。

经院哲学中交织着两种论争。一是唯名论与实在论之争。波菲利和波埃修早已提出的种和属是否独立实在的问题，诱发这场论争，焦点问题是"共相"只是声音、名词或心中的概念，还是独立的实体。一般说，唯名论偏离、动摇了基督教正统神学。二是亚里士多德主义和柏拉图主义之争，也就是基督教神学的理论根基是恪守奥古斯丁学说的柏拉图哲学传统，还是用当时复兴的亚里士多德哲学来加以改造。这两种论争表现了经院哲学与神学中的基本理论分歧，和教皇权与君主权之争等现实问题也往往相关。

（一）唯名论和实在论的论争

安瑟尔谟（1033—1109 年）被称为"最后一个教父和第一个经院哲学家"，也是最早的极端实在论者。他原是意大利人，后任法国贝克修道院院长，加入本尼狄克修会，1093 年被任命为英国坎特伯雷大主教，因维护教皇权和英王威廉二世多次发生冲突而遭贬斥，逃亡欧陆。他写有《论真理》、《论选择自由》、《论三位一体的信仰》、《上帝为何化身为人》等多种著作。他坚持奥古斯丁的"信仰寻求理解"的口号，主张先有信仰才能理解，而引入辩证法也是必要的，理性应当用于增强信仰，而不是损害信仰。黑格尔说他是"经院神学的奠基人"。他认为共相是上帝赋予的实体，就是柏拉图哲学中的理念，它是先于、独立于个体事物的客观实在，个体事物分有共相才得以存在。从这种极端实在论出发，他提出了著名的关于上帝存在的"本体论"证明。他运用了许多逻辑推理来论证，简言之就是说，人心中既然有至高完善的上帝观念，就可以先验地推断至高完善的上帝不会只存在于人心中，他必然是现实地存在的。当时法国的隐修士高尼罗就在《为愚人辩》中指出这种证明的荒谬性，因为理解和观念的内容并不一定是实际存在的。安瑟尔谟又认为，上帝的恩典赋予人意志自由，而人在发生"原罪"后丧失了自由意志趋善的倾向，要恢复它，既需要上帝的恩典，也要通过赏善罚恶，使人对自己的选择承担道德责任。他提出"补赎"说，说上帝化身为人，用基督肉身的牺牲来补偿人类的罪过，基督就是普遍人性的实在，只有皈依基督的人，才可望恢复人的自由意志趋善的本性而获得拯救。

　　法国的教师、神甫洛色林（约 1050—1125 年）是早期极端唯名论的代表。他认为辩证法和逻辑是关于语词的精巧艺术。根据亚里士多德的《范畴篇》，他主张个体事物才是真正的本体，有客观实在性，"共相"（普遍概念）只是表示一类个体事物的名词，甚至只有声音的实在，而不是实在的本体。如果从这种极端唯名论来推论，上帝只是一个名词，圣父、圣子、圣灵是三个个体神的名词，"三位一体"不复成立，而可得出"三神论"的结论。所以，安瑟尔谟攻击他是"使用辩证法的异端"，1092 年索松主教会议谴责他犯有"三神论"的错误。

　　阿伯拉尔（1079—1142 年）是对基督教正统神学很有叛逆精神的唯名论者，他的经历富有传奇色彩，也相当悲惨。他生于法国南部的一个骑士家庭，为参加"辩证法的比武大赛"，放弃了骑士继承权。他曾遍访洛色林等名师，老师们的学说都不能使他满意。他以大胆创新的理性精神，发表演说驳斥他的老师香浦的威廉的实在论，迫使后者辞去巴黎圣母院主教堂学校校长之职，而他在该学校受到学生们热烈拥戴。1115 年他和一位管堂神甫的外甥女海洛伊斯热恋并生一子，竟惨遭阉割私刑，这对情侣被迫劳燕分飞，被送入不同的修道院，从此永远分离，到 1877 年他俩的遗骸才在巴黎拉雪尔兹神甫公墓合葬，后世并有许多文艺作品歌颂他们坚贞的爱情。他一生颠沛流离，曾在多所学校和修道院任教，所写《我的苦难史》记述他在布列塔尼甚至险遭僧侣谋杀。他著书立说总是标新立异，受到教会精神领袖、十字军狂热煽动者伯纳尔的敌意攻击，罗马教皇英诺森二世和多次主教会议谴责他的学说是异端，他的著作被焚毁。他死后的墓志铭称他是"高卢的苏格拉底"、"敏锐的天才"。他著述宏富，《是与否》、《论辩证法》、《认识你自己》等都是著名的代表作。

阿伯拉尔已从亚里士多德的哲学与逻辑学中吸取大量思想营养，建立一种辩证神学，有力地推进了经院哲学。他主张治学要唤起"怀疑精神"，通过理解和验证，才能求得真理。和安瑟尔谟的"信仰寻求理解"的口号针锋相对，他强调"理解导致信仰"，主张只有运用辩证法的理性考察各种词语，包括基督教的经典文本，才能确定信仰。在《是与否》中，他列举156个神学论题，发现教会所认可的使徒和教父著作中，对每个论题都有肯定和否定的两种意见，他用这种"二律背反"式的剖析，贬低了教会经典的权威。而这种包含着论题与论辩的"辩证神学"的标准形式，之后被托马斯·阿奎那等经院哲学家所承袭。在"共相"问题的争论中，他发挥亚里士多德前期著作《工具论》中的思想，主张个体事物才是独立存在的本体，是产生共相的原因，共相作为名词是有形的，作为名词的意义是无形的，它表述事物的共同性质、状态，人通过印象和理智去把握它。有的哲学史家说他的观点是"温和的唯名论"，只是同洛色林的极端唯名论相比较而言的，他的观点更合理，并无与实在论妥协之意。他在理性的基础上探讨伦理学，提出一种"意图决定"说，否定正统神学的"原罪"、"恩典"、"自由意志"等教义。他认为灵魂不完善只是"缺陷"，而不是罪恶，人不应当为无法自主的自然禀赋承担道德责任，只有有犯罪意图的行为才是作恶。人的自然倾向不是罪恶的主观意图，人的自然欲望包括性欲、食欲和各种对快乐的追求，并不是邪恶，

而是合理正常的。阿伯拉尔肯定人自决行为的理性伦理学，对正
统基督教伦理和禁锢人性的禁欲主义是有力的挑战。他还说，希
腊哲学家已经懂得幸福、高雅的生活，能首先得救，一些犹太人、
异教徒也能获得上帝的恩典，因为他们都有"认识你自己"的智
慧。这更是离经叛道之说。阿伯拉尔是经院哲学中的激进理性派，
罗马教会并不能扑灭他的巨大思想影响。

（二）亚里士多德主义和奥古斯丁主义的论争

至 13 世纪，亚里士多德的学说已在西欧的大学、修道院得到
广为传播与研究，围绕着能否以亚里士多德的理性传统改造基督
教神学的哲学基础问题，斗争异常激烈。产生了三种持不同态度
的理论。

当时弗兰西斯修会是维护奥古斯丁神学的堡垒。该修会的总
会长波那文图拉（1221—1274 年）曾任红衣主教，参加罗马教廷
枢密院，写了《论辩问题集》等论著和各种学术讲演，激烈批判
托马斯·阿奎那学说和激进的拉丁阿威罗伊主义，他的全集共有
10 卷。他的学说固守奥古斯丁主义，是保守派的代表。他敏感到
亚里士多德哲学的理性精神对传统神学的威胁，说最大的危险是
从《圣经》和教义下降到虚假的哲学。他表面上也吸纳了亚里士
多德哲学的某些概念，却将它们在奥古斯丁神学的框架中加以改
造，反对亚里士多德哲学的精神实质，指责亚里士多德的形而上
学抛弃了柏拉图的理念论，特别攻击拉丁阿威罗伊主义的世界永
恒说、自然决定论和统一理智论。他坚持实在论，认为共相即理
念，是上帝赋予的独立实体。他采用了亚里士多德的"形式"与
"质料"的名词来说明一切被造的东西的结合方式，但坚持上帝按
照理念原型从无中创造世界，质料与形式的结合是以理念为原本
的；他并将本质、形式附会成奥古斯丁所说的种质，种质使具体
事物循环生灭，自身永恒不灭，以此来论证人死后在"最后审

判"时"尸身复活"的教义。他表面上承认亚里士多德说的认识起源于感觉、从感觉到理智的认识序列,但将这些论述都纳入"光照说",提出神秘主义的认识论,认为人的全部知识出自上帝的恩典与光照,人的认识进程经历由自然之光(外部之光)、感觉之光(低级之光)、哲学之光(与理智的真理相关的内在之光),最后达到圣典之光(与救赎的真理相关的高级之光),通过神秘直观得以观照上帝创造世界的原型即理念世界。波那文图拉的学说曾得到罗马教廷的支持,被用作压制新生思想的理论工具。

当时巴黎大学盛行激进的拉丁阿威罗伊主义思潮,形成对正统神学的猛烈冲击。阿拉伯学者早在 11 世纪就将大部分亚里士多德著作从叙利亚文翻译成阿拉伯文,并在研究中形成以阿维森那为代表的东部亚里士多德主义和在西班牙以阿威罗伊为代表的西部亚里士多德主义。1250 年译成拉丁文的阿威罗伊全集出版,巴黎大学的许多教授、学者成为阿威罗伊主义的追随者,主要代表是来自尼德兰的神学教授西格尔(1240—1284 年)。他写有《论世界的永恒性》、《论理性灵魂》等多部著作,主张像阿威罗伊那样忠实于亚里士多德的思想。他提出一系列违背正统教义的理论:否认上帝创世说,认为上帝只是目的因,世界的存在是永恒的;否认个体灵魂不朽,认为只有作为普遍理性的人类统一理智才是永恒不灭的;主张哲学与神学的"双重真理"说,强调理性真理和天启真理具有同等的权威;主张一切事物和行为都有必然原因的自然决定论,认为人也有避免某些原因的能动性,但不应为无法控制、不可避免的行为后果承担道德责任,反对用"自由意志"来解释恶的原因,这实际上是否定基督教关于原罪与救赎的基本教义。西格尔的激进学说遭到波那文图拉的攻击和托马斯·阿奎那的驳斥,巴黎主教唐比埃于 1270 年 1 月颁布了谴责拉丁阿威罗伊主义的禁令,1276 年法国宗教裁判所传讯西格尔。教皇尼古拉三世则将他软禁起来,他后来被精神失常的秘书所杀。但丁在《神曲》中将西格尔位列在哲人的天堂中。

托马斯·阿奎那(1225—1274 年)是力主用亚里士多德学说改造神学理论的多米尼克修会的代表。他采取温和的立场,使亚里士多德学说和基督教的正统神学相结合,并且糅合奥古斯丁的教义,创建出一种新的、庞大的基督教哲学与神学体系,后来被奉为基督教的官方学说,一直延续至今。他出身于意大利一个和罗马教廷有密切关系的伦巴第望族,5 岁时就被送入卡西诺修道院当修童,14 岁进入那不勒斯大学学习,在那里加入多米尼克修会。1295 年他被修会派往巴黎深造,他师从的大阿尔伯特(1193—1250 年)向西欧人全面系统地介绍了亚里士多德的思想,这对阿奎那深有影响。他在教廷结识的莫尔伯克的威廉,直接从希腊文翻译成大量拉丁文亚里士多德的著作,为阿奎那提供了丰富、准确的第一手资料。阿奎那在巴黎大学任教期间,在两条战线展开激烈论战,既批驳激进的拉丁阿威罗伊主义,又反对弗兰西斯修会的奥古斯丁主义保守派。他毕生执教、研究和参加教会活动,曾领导建立多米尼克修会的学术中心"总学馆",最终病死在奉教皇诏谕赴里昂参加主教会议途中。他的著述卷帙浩繁,总字数在1500 万以上,他对亚里士多德的许多著作作了评注,代表作是《反异教大全》、《神学大全》。完成基督教神学和亚里士多德哲学的嫁接,是他对基督教的重大贡献。

托马斯·阿奎那建立的基督教哲学与神学体系相当庞大,简述其学说的要义,贯穿其中的是一种综合、调和的精神。他调和信仰与理性,既重申哲学是神学的婢女,又注重将理性知识纳入神学体系,主张哲学和神学的"双重真理"可以互补,殊途同归,都通达上帝的终极真理。他用哲学论证神学信仰,关于上帝存在的论证,他舍弃安瑟尔谟的牵强附会的"本体论证明",运用亚里士多德哲学提出"宇宙论的证明":从事物变化运动的第一推动者、事物的终极动力因、事物必然存在的终极因、事物完善性等级序列的终极因、安排世界秩序的目的性设计等五个方面，后天地证明上帝是最高的存在。他对亚里士多德的形而上学包括存在论、四因说、质料与形式说、潜能与现实说等，都有系统的阐发。他认为形而上学作为最普遍、最高的科学，也可最终被归结为神学，因为它最终说明"自有的存在"、"存在的自因"是上帝，上帝是存在与本质的统一，是最高的实体。他既肯定人的灵魂在和肉体结合中，也执行着动物灵魂、植物灵魂的生命功能，又强调理性灵魂是人的惟一的实质性形式。他认为认识始源于感觉，而理智活动也是知识的来源。他对认识过程作了细致研究，包括外感觉、内感觉、感觉中内涵的消极理智和抽象思维的能动理智等，他认为科学理智部分来自外在感觉对象的印象中包含的事物的本质，部分来自心灵内的理智能力对纯粹形式的把握。在共相问题的争论中，他以一种温和的实在论调和各种观点，认为就物质世界独立存在的只是可感个体、共相只存在于人的思想中而言，唯名论是正确的，就共相是和普遍概念对应的普遍实在而言，实在论是正确的。总之，阿奎那将亚里士多德哲学和基督教神学调和为一体，使神学获得一个比奥古斯丁主义显得理性化的哲学基础，使基督教神学适合西欧中世纪盛期知识与文化的进展；他又认为亚里士多德学说中的形式论和柏拉图的理念论是一致的，他并不排斥奥古斯丁学说，也肯定了它的重要价值。所以，他的综合调和性的基督教哲学容易被罗马教廷接受。

托马斯·阿奎那的伦理与政治思想，体现了较强的实践理性和世俗化精神。他的伦理思想接受亚里士多德的幸福论，认为道德的终极目的是至善的上帝，而人类追求的共有善却是幸福，而不是上帝。作为终极之善的仁爱之心出于上帝的恩典，而属于人类幸福的其他善和上帝并无必然联系。恶是缺乏善的目的，或将次级的善颠倒为高级的善。他认为人有自然意欲和意志性行为，符

合人性、理性的意志活动才是自由选择，它不是恶的原因。他主
张德性是良好的习惯，对科学、智慧、理解和艺术等四种基本德
性，对道德德性中谨慎、正义、节制和坚韧等四种基本德性，对
信、望、爱的神学德性，都细致阐发，建立了一种兼容世俗和神
学道德的德性论。他又认为，伦理学的核心是体现理性与人性的
"自然律"。它是一切道德准则、宗教戒律、教会与国家法律的来
源与根据。他肯定社会与国家根据人是社会政治动物的自然本性
而建立的，君主对于国家，犹如理智之于灵魂、上帝之于创世，所
以君主制是符合自然秩序的最好政体，最坏的政体是暴君制，为
避免君主制蜕变为暴君制，君主的权力应受民选官吏制衡。他认
为，教会的目的高于国家的目的，神律高于人法，但他没有坚持
极端的教权主义，而是分清教会和国家的权限，在教皇权和世俗
君主权的激烈斗争中，他也采取了调和立场。他的伦理与政治思
想，既维护了基督教的教义、教权的神圣性，又体现了适合当时
社会进程的世俗化精神。

　　托马斯·阿奎那为基督教建树了一种百科全书式的哲学与神
学体系，但由于波纳文图拉的保守派竭力抵制，基督教教会接受
它也经历了激烈争论的过程。1323 年教皇约翰二十二世册封阿奎
那为"圣徒"，并授予他"共有博士"、"天使博士"称号，托马斯
主义成为后期经院哲学中教廷官方支持的学说，16 世纪中期召开
的特兰托主教会议确定它为天主教官方正统学说。托马斯·阿奎
那的哲学与神学建立时，确有取代奥古斯丁主义的革新意义，但
它实质上也将亚里士多德学说神学化、教条化，后来愈益僵化，所
以在文艺复兴时期经院哲学中的亚里士多德主义成为压制新生思
想的教会官方意识形态，一些进步思想家往往用实质上纳入科学
理性与人文精神的所谓"新柏拉图主义"来对抗它，展开激烈的批
判。

　　13 世纪后期经院哲学中上述三种思潮斗争异常激烈，理论斗

争演变为思想迫害。在教皇授意下，巴黎主教唐比埃指定16位神学家组团调查所谓流行错误，于1277年3月7日颁布谴责219条命题的"七七禁令"，主要针对拉丁阿威罗伊主义，也有20条涉及阿奎那。它借教会行政命令，干预理论论争，实行思想专制，可谓登峰造极。然而，"七七禁令"的后果并未能定思想于一尊，反而促使经院哲学由盛趋衰，走向分裂、解体。

（三）经院哲学的衰落

英国的集权君主制较早表现出对抗教皇权的独立性，城市工商业较快领先发展，学术研究也较为自由、活跃。13、14世纪在英国以牛津大学为中心，涌现了不少富有科学理性精神的著名学者，他们在促使经院哲学解体、形成英国经验论传统方面，起有重要的作用。

早在13世纪初，牛津大学首任校长格罗斯特就开科学研究风气之先。他翻译、评注亚里士多德著作，特别注重研究逻辑与自然哲学著作。在《光论》中，他提出一种"光的自然哲学"，将世界的物质基础归结为光，根据这种哲学原则，他倡导数学与物理学研究。他研究科学认识的进程，强调理性的推演与经验直观对于确立科学的初始普遍原则，都是必要的。

他的学生罗吉尔·培根（1214—1292年）是经院哲学内部最早的叛逆者，富有创新精神。他曾赴巴黎大学任教，宣讲当时还被禁的亚里士多德的《物理学》和《形而上学》，提出用"实用科学"精神来改造经院哲学的科学研究计划，因此被判为异端，两次被长期囚禁在修道院，最终抑郁而死，被称为"悲惨博士"。后来牛津大学将这位有超前思想的不幸天才引为骄傲。他在倡导学术革新的纲领性论著《大著作》、《小著作》、《第三著作》和《哲学纲要》中认为，哲学应包括数学、语言学、透视学、实验科学和伦理学五部分，强调哲学是世俗学问，应体现科学理性精神。他指出人类求知识有四大障碍：无价值的权威、长期的习俗、流行的偏见、虚夸的智慧。他猛烈抨击经院神学的教条和烦琐空洞的论辩。他认为知识有权威、理性和经验三个来源，权威要以理性和经验为基础。他指出推理和经验是获得知识的两种途径，而经验更重要，它是充分认识和验证知识的基础。他在思想史上最早提出"实验科学"概念，认为自然的经验高于思辩知识，实验科学是科学之王，因为实验科学是获取确定知识的充分条件，能打开自然的奥秘，并有服务于人的实用价值。他本人做过不少物理、化学、光学方面的实验，并根据光的本性和感官结构，用透视学分析出 29 个感觉的要素。他还提出了道德改革的纲领，主张将希腊罗马的古典伦理融入基督教的教义，用以纯洁教会。他抨击教会普遍道德堕落，主张使公正的王权和教权结合，物质的剑和精神的剑并用，这样才能建立廉洁的教会。罗吉尔·培根最早倡导用科学理性精神改造经院哲学，他和 17 世纪英国近代的经验论与实验科学的开创者弗兰西斯·培根，有许多思想相似之处。

参加英国弗兰西斯修会的邓·司各脱（1265—1308 年）提出了以完全世俗化的哲学来有力地削弱、限制神学的学说。他曾在牛津大学、巴黎大学学习和任教，写有《牛津评注》、《巴黎记录》等 26 卷著作，年仅 43 岁就逝世。他以才思敏捷、论证细密著称，被称为"精细博士"。他宣称"上帝不是形而上学的主题"，形而上学的对象是存在，人们只能原则上说上帝是无限永恒的存在，理性不能论证基督教有关上帝的信条和教义，它们只是信仰和爱的对象。他主张研究现实存在的哲学应从神学中分离出来，只为神学保留了精神信仰的狭小地盘。他认为世界上一切有限的存在都是质料与形式的结合体，灵魂也有物质的基质，不是纯形式，甚至提出问题："假如上帝是万能的，他能否赋予物质以思维的能力？"马克思对此赞赏地评说："唯物主义是大不列颠的天生产儿。"①他批判奥古斯丁主义关于知识来源于"光照"的天赋真理论，认为知识是事物与思想共同作用的结果。他对抽象知识与直观知识、演绎知识与归纳知识作了细致研究。他突破了认为只有演绎的证明推理才能建构科学知识的传统见解，认为以经验为证据的归纳方法也合乎逻辑，能形成有确定性的科学知识。司各脱主义在14、15世纪拥有和托马斯主义抗衡的声势，它的信众甚至超过托马斯主义的追随者。

　　威廉·奥卡姆（约1285—1349年）提出"现代路线"的唯名论，从内部彻底动摇、瓦解了经院哲学。他也在牛津大学就学、任教，论辩机智敏捷，人称"不可战胜的博士"。他因讲课中有异端思想，被召至阿维农教廷软禁审查，1328年他和因主张教会守贫以恢复福音书理想的弗兰西斯总会长米切尔一起，潜逃到意大利的比萨，获得驻扎在此地的教皇的政敌德皇路德维希庇护，他和米切尔都被教皇以宣扬"使徒贫困论"为由革除教籍。相传奥卡姆对路德维希说："你用剑保护我，我用笔保护你。"奥卡姆维护世俗王权，对三代教皇都猛烈轰击。他写有《箴言书注》、《逻辑大全》、《物理学论题集》、《自由论辩集》等多种著作和政论文章。

　　和老辈的唯名论不同，奥卡姆的"现代派"唯名论有严格的逻辑涵义，建立在对词项逻辑的精深研究的基础上。他认为词项是符号，自身有指称功能，在命题中则有指代功能。世界的事物都是个体存在，指称它们的词项是殊相，科学命题中的普遍概念又以共相指代殊相，共相归根到底是指称个体事物的自然符号。他的认识论思想也是他的唯名论的主要支柱。他区别经验的直观认识和具有逻辑必然性的抽象认识，认为一切知识可归结为两类：靠直观认识所获得的、以经验证实的证据知识；靠抽象认识获得的、依据逻辑必然关系可判断为真的自明知识。由此，他提出：一切

---

① 《马克思恩格斯全集》第2卷，人民出版社1957年版，第163页。

既无逻辑自明性又缺乏经验证据的命题与概念，都必须从知识领域剔除出去。这就是哲学史上著名的"奥卡姆的剃刀"，它的锋芒所向，实在论的普遍实体、烦琐的经院哲学、基督教神学的教义，都不过是虚假知识，统统全都得剃去，才能使真实的科学知识得到发展。至于"上帝存在"和多种神学命题，只是信仰的对象。他认为上帝意志是自由、偶然的，人类道德活动应奉行符合理性的"自然律"，神学并不关涉世俗伦理。他的社会政治思想也是激进的，反对教会拥有财产权，强调应恢复早期基督教放弃世俗占有、追求精神平等的理想。他主张教区神职人员应由宗教会议选举产生，否定"君权神授"，反对教皇专制，指出教权只能管精神生活，不应干预世俗王权。他甚至已有君主立宪主义的思想萌芽，认为国家是靠社会的共同契约建立的，国王如果违背人民的共同福利，人民有权废黜他。奥卡姆的现代派唯名论在14、15世纪虽然屡遭禁令，仍深入人心，在英国与欧陆广泛传播。在罗吉尔·培根、邓斯·司各脱和威廉·奥卡姆的学说从内部连续冲击下，经院哲学也就衰落了。

四、基督教精神和民族文化

基督教精神主宰中世纪西欧的精神文化，不仅表现在神学与哲学的理论核心中，也表现在文学、艺术和史学等文化样式中。基督教精神要求的普世性，使中世纪西欧的精神文化具有某种同一性。然而，就西欧本土范围而言，从中世纪初建立各蛮族王国起，中世纪西欧的民族多元性的幅度就远超过古希腊和罗马帝国时代，至中世纪盛期西欧的民族国家逐渐形成，已大体可见近、现代西欧民族国家的格局。因此，中世纪西欧各民族也在逐渐形成、发展自身固有的民族文化传统，它们并不完全受基督教精神所支配，而是也反映各民族的历史传统和生活现实。中世纪盛期城市兴起，促使西欧精神文化开始走向世俗化，摆脱基督教的精神束缚，它同西欧文化的民族化进程也是相结合的。在各种文化样式中，基督教精神的同一性和民族文化的多元性，较早也尤其鲜明地表现在文学、艺术和史学之中。

（一）文学

奥古斯丁宣扬上帝是至高、至善、至美的本体，上帝借有形体的美彰现自己，人只能在上帝的光照中观照美。托马斯·阿奎那认为美应表现上帝的目的性的善，艺术应体现基督教的伦理道德精神。他们的审美原则，支配着基督教神光笼罩着的中世纪西欧的文学艺术。但是，西欧各国的民族文学也在突破基督教的审美原则，产生反映民族历史传统和现实生活的作品。中世纪西欧的文学有教会文学、英雄史诗、骑士文学和市民文学等四类。

教会文学是中世纪西欧的正统官方文学，它使文学沦为宗教的宣传品，大量的圣经故事、基督故事、圣徒传、赞美诗、祈祷文、圣者言行录、奇迹故事、梦幻故事以及宗教剧，旨在宣扬、普及基督教的教义与道德，使人敬畏上帝、禁欲苦行、寄托来世。这类作品在艺术价值上乏善可陈。和中世纪西欧盛行修道院相应，教会文学中出现了一种灵修文学，记述修士传播福音的故事和他们的宗教生活的内心体验，在中世纪盛期尤为盛行。如波那文图拉的《心路的历程》、坎培斯的托马斯的《效法基督》，都是通过袒露作者灵修的神秘内心体验，劝导人们弃恶从善，皈依上帝。灵修文学中较有文学特色、影响最大的是《灵花》，它由多人汇编、加工而成，是记述圣弗兰西斯及其修会宣传福音、领受圣恩的故事集，描写圣弗兰西斯忍辱苦行、救治病人，感化俗人和异教徒，甚至向禽兽讲道，生动有致；对地狱和天堂的描写多有奇异神来之笔；各章故事可独自成篇，又巧妙地串成一体，其结构方式已相似于文艺复兴时期薄伽丘的《十日谈》和乔叟的《坎特伯雷故事集》。教会文学中也有出自下层民众的作品,具有民间文学的特色。如比德在《英吉利教会史》中记述:7世纪时惠比德修道院雇佣一位平素羞于开口的牧羊人凯特蒙,他在梦中受天使感召,竟连连唱起上帝造物的赞美歌,修女们得知此奇迹,就将圣经故事讲给牧羊人听,他便用盎格鲁——撒克逊语一一编成押韵的歌,这《凯特蒙组诗》成了最早的英格兰诗歌。它也表现了异教徒和早期日耳曼民族的生活,其中《创世纪》的诗歌则将魔鬼撒旦刻画成大胆、热情的叛徒。可惜这部组诗未能传存下来。此外,8世纪后叶英国游吟诗人琴涅武普写的关于圣经故事与圣徒传的诗篇《基督》、《桑利安那》、《使徒们的命运》、《爱伦那》,以及一些佚名的《十字架之梦》等教会诗歌、叙事诗《朱迪思》,都是古英语中的出色诗篇。

英雄史诗富有西欧各民族的文化特色和较高的艺术价值。文化启蒙较早的英国,在7世纪末8世纪初就产生了早期中世纪最古老、完整的英雄史诗《贝奥武甫》,它以西撒克逊方言写成,长达3182行,反映6世纪盎格鲁·撒克逊人部族在欧洲大陆的生活。这部英格兰民族的第一部史诗,描写瑞典南部的王子贝奥武甫渡海去丹麦,为解救国王罗斯加,途经英勇搏斗,替丹麦人消灭了危害民众的巨妖和巨妖之母,回国执政50年公正廉明,国泰民安,深受民众爱戴。国内出现火龙作孽,他又老当益壮、为民除害,经激烈交战,终于制服妖魔,他也负重伤壮烈牺牲,临终前还将火龙的洞中宝物分给民众。这部史诗塑造了部族民众理想的忘我无私、品德高尚的英雄人物,气势恢弘,已有较高的艺术性。表现相似的早期日耳曼蛮族部落生活的英雄史诗,还有9世纪德意志产生的、用日耳曼语创作的《希尔德布兰之歌》。

至中世纪盛期,已有以民间传说和历史人物为基础、反映西欧完成封建化后的社会现实的英雄史诗。它们的内容多为歌颂抵御外侮、要求统一民族国家、维护民族独立的爱国英雄，涌现了不少堪称文学杰作的名篇。法国的《罗兰之歌》是在12世纪用罗曼语写成，全长9002行，描写严明君主查理大帝在西班牙对阿拉伯人作战，他的重臣罗兰因其继父、叛臣加纳隆卖国，他所率的2万后卫部队遭敌军重重围困，他和部队英勇搏杀，全部壮烈牺牲。罗兰是封建社会上升时期爱国忠君、不惜牺牲的理想英雄。史诗表现了法兰西民族的爱国主义精神，在形象塑造、心理刻画、艺术手法等方面，富有浪漫色彩。1145年左右成诗的西班牙史诗《熙德》长达3700行，描写西班牙人民反抗占领者阿拉伯人的斗争，英雄主角熙德的原型是民族英雄罗德利戈，史诗寄托了西班牙人民渴求独立的爱国理想，采用的现实描写手法已接近近代艺术风格。德意志的英雄史诗《尼伯龙根之歌》被称为"德意志的伊利亚特"，其内容在民族大迁徙时代就有口头流传，迭经加工，1202年左右才定型。全长9516行，分上下两部，共39歌，由北欧神话、英雄传说和民族历史混合而成。它的主要情节是：尼德兰王子西格夫里特早年杀死巨龙，得到尼伯龙根族的宝物，后帮助勃艮第国王巩特尔打败撒克逊人，并帮助他娶得冰岛女王布仑西尔特为妻，巩特尔为表示谢意，将妹妹克里姆希尔特嫁给他。10年后冰岛女王觉得自己的婚姻是"侍从撮合而成"，迁怒西格夫里特，唆使人杀死他，并将宝物沉入莱茵河。克里姆希尔德立志为夫报仇，寡居13年后嫁给势力强大的匈奴国王，又过13年，借故约请巩特尔等亲族来匈奴相聚，将他们和许多勃艮第人全部杀戮，她的部下因她的行为过于残酷，又将她杀死。这部悲剧性的史诗，实际上也反映了西欧中世纪封建诸侯割据时代尔虞我诈、虚伪丑恶的世相。恩格斯在《家庭、私有制和国家的起源》中，用《尼伯龙根之歌》中的克里姆希尔德对待婚姻的态度，生动说明在中世纪的婚姻缔结，"起决定作用的是家世的利益，而决不是个人的意愿"。① 尼伯龙根诗体对后世德国的诗歌创作产生了较大影响。

北欧的斯堪的纳维亚人长期处于原始氏族公社解体并向奴隶制社会过渡时期，至 12 世纪初封建关系才逐渐形成。他们在特定的历史环境中，也形成了独特的史诗文学传统。其中，以冰岛文学最为绮丽。10 世纪挪威人进入笼罩在神奇雾气中的冰岛，带来了北欧古老的神话故事和史诗传说，12 世纪根据长期口头传说写成包含 35 篇的诗歌总集《埃特》，有记录北欧关于天地与人类起源的神话诗，海盗时期的英雄史诗，和表现北欧早期氏族伦理与基督教道德的教谕诗。代表作是《佛卢斯泡》（又名《女法师的预言》），恩格斯指出这篇诗写成于海盗时代，氏族社会已趋瓦解，它写诸神没落、世界毁灭与大灾难到来以前的普遍堕落和道德败坏。② 它描述：弟兄们、姊妹们的儿子"相互残杀"，"世界在痛苦中，淫乱风靡"，"风暴的时代，饿狼的时代，世界将要覆灭"。但诗人并未悲观、绝望，也表达了对理想社会的向往和追求：在"比太阳还美丽"的"殿堂"里，"许多有道德的人将住在这里，永远享受着无上的幸福"。冰岛 12 世纪至 14 世纪形成散文叙事文学，称为"萨伽"（意为"话语"），包括英雄传说、王朝史话、家族史话等，影响最大的是《佛尔松萨伽》，写佛尔松家族和纠奇家族并交织匈奴王争夺宝物与情爱复仇的故事，情节相似于《尼伯龙根之歌》。芬兰史诗《卡勒瓦松》（又名《英雄国》）具有芬兰民族的特点。它原是 7 世纪末至 12 世纪芬兰流传的歌谣体史诗，19 世纪芬兰医生艾里阿斯·隆洛特编定出版。它描写卡勒瓦松的英雄们和北方黑暗国赫尤拉争夺能制造谷物、盐和金币的神奇宝物的故事，反映了芬兰氏族制度瓦解时期的社会斗争、思想意识、多

---

① 《马克思恩格斯选集》第 4 卷，第 76—77 页。
② 同上书，第 134—135 页。

神教信仰和生活风貌，歌颂了创造性劳动和英雄们为人民幸福进行的斗争。

12世纪后，随着西欧盛行封建贵族的骑士制度、骑士教育和骑士参加十字军东征，骑士文学风靡一时。它的内容主要表现骑士阶层的文化观念、精神个性和生活理想，既描述骑士对君主或领主的忠诚，也抒写骑士对贵族妇女的情人的爱慕、效忠之心，并记述他们在西欧本土或异邦征战的冒险经历。骑士文学虽也体现基督教精神，但并不奉行禁欲主义，而是追求现实生活的幸福，属于世俗文学。骑士文学可分为两种类型：第一种是骑士抒情诗，中心是法国南部的普罗旺斯，当地工商业发达，贵族文化繁荣，产生大量深受民间诗歌影响的抒情诗，表现骑士对贵妇的爱情和遵从，形式多样，有夜歌、情歌、怨歌、牧歌，尤其以破晓歌最为著名，描写偷情痴心的骑士和贵妇在破晓时分情意缠绵、难舍难分的心境，其中也不乏表达他们追求自由爱情的佳作。如一位女子大胆对骑士情人倾吐热烈爱恋的心声："我爱你，直到生命的最后，我内心充满情热之火"，"占有我，代替我丈夫的地位，对我热情向往之事尽力而为"。① 恩格斯指出：在中世纪统治阶级中婚姻是包办的政治行为，骑士的爱是历史上首次出现个人之爱，其作用是破坏了封建主夫妇之间的忠诚。他还说普罗旺斯爱情诗的精华是"破晓歌"。② 这种抒情诗既保留民间诗歌特色，又格律严谨、技巧复杂，从而形成特定的诗学理论。恩格斯评价："它在近代的一切民族中第一个创造了标准语言。它的诗当时对拉丁语系各民族甚至对德国人和英国人都是望尘莫及的范例。"③ 13世纪初教皇和法国北方封建主镇压南方"异端"，南方容纳"异端"的贵

---

① 转引自霍莱斯特：《欧洲中世纪简史》，第277—278页。
② 《马克思恩格斯选集》第4卷，第66页。
③ 《马克思恩格斯全集》第5卷，人民出版社1958年版，第420页。

族遭到覆灭，许多普罗旺斯的抒情诗人逃亡国外，抒情诗传统传入意大利，形成西西里派抒情诗，更注重以特定的创作手法表现男女的高尚情操和圣洁灵性。之后又传入德意志，14世纪有著名的《海德堡诗歌集》，破落骑士出身的诗人瓦尔特·封·弗格尔德在各地漫游20多年，热衷于考察民间疾苦，他以简练的民歌风格，抒写普通青年男女的淳朴爱情，并以政治诗、格言诗揭露教皇分裂德意志的虚伪阴谋，维护王权，表达爱国精神。

第二类骑士文学是以叙事诗或散文表现的骑士传奇，大都描写骑士为爱情、荣誉或宗教而冒险游侠的故事。它兴起于法国北方，后扩向西欧各地。骑士传奇按题材分为三个系统：1. 古代系统。写古希腊罗马的故事，如《特洛伊传奇》、《亚历山大传奇》、《伊尼阿斯传奇》等，它们刻画的英雄，实际上具有中世纪骑士的爱情观与荣誉观。2. 不列颠系统。它写不列颠古凯尔特人国王亚瑟及其12名圆桌骑士（曾领导凯尔特人抵御盎格鲁·撒克逊人入侵）的爱情和冒险故事，这成为西欧多国共同创作的题材，构成亚瑟王故事系列。其中，法国诗人克雷蒂安·德·洛亚创作的《朗斯洛》最负盛名，它写亚瑟王的骑士朗斯洛和王后耶尼爱佛的恋情，郎斯洛为情人不惜牺牲骑士荣誉，屡履艰险，表达了他的忠诚爱情。3. 拜占庭系统。这种骑士传奇是十字军东征的产物，富有异域情调。《奥伽生和尼哥雷特》写贵族子弟奥伽生爱上女奴尼哥雷特，遭严父阻拦，他为爱情可舍弃忠君报国的骑士责任。骑士的爱情对象已不是贵妇人，而是社会下层女性，从中也可见，骑士精神已趋衰落。骑士传奇在塑造有独立人格的人物和细致描写内心活动、生活细节等方面，都有艺术特点，对文艺复兴和近代的文学，特别是长篇小说，有一定的影响。后来骑士制度衰落，骑士文学千篇一律地程式化，在文艺复兴时期西班牙著名作家塞万提斯的小说《堂·吉诃德》中，骑士与骑士传奇就成为被嘲讽的对象了。

市民文学随着城市与市民阶层兴起而逐步形成、发展，反映市民的世俗生活和他们关心的社会问题，往往有明显的反封建、反教会倾向，揭露封建主和僧侣的愚蠢和贪婪，歌颂市民与农民的机智和聪敏，洋溢现实的乐观精神，表现了新兴市民阶层的精神特征。它的体裁形式多样，有韵文故事、讽刺叙事诗、寓言故事、抒情诗、散文、戏剧等，艺术特点是采用讽刺、象征、隐喻等手法，风格清新活泼，语言生动鲜明而又通俗。它对文艺复兴的文学有直接影响。

市民文学在法国最发达。现已保留不多的"韵文故事"，较多反映和城市斗争相关的农民机敏的反封建斗争。如《驴的遗嘱》谴责教会巧立"遗赠"之名，强夺农民财产；《以辩论征服天堂的农民》则写一个农民死后驳倒阻拦他的圣彼得、圣保罗而进入天堂。《农民医生》写一个女农奴被丈夫殴打，就故意捏造说她的丈夫会治病，但必须打他一顿，他才会承认自己是医生，这农民挨打后，被迫行医，又凭着自己的机智摆脱了困境。故事赞美了农民的机敏，下层妇女首次在中世纪文学作品中崭露头角。17世纪法国喜剧作家莫里哀加工此情节，写成喜剧《屈打成医》。讽刺故事诗中最突出的杰作是《列那狐传奇》，这个以动物为角色的故事在西欧各国流传甚广，12、13世纪法国多位民间诗人以此题材创作，保留下来的有27组诗共3万多行。这部作品以兽寓人，揭露封建统治集团的腐败、丑恶，歌颂新兴市民和下层人物的机智斗争。国王诺布勒狮横行霸道、独断专行，贵族廷臣依桑格兰狼和布伦熊强取豪夺、为非作歹，教皇的代表是颟顸的骆驼，贝那尔主教则是一头笨驴。列那狐是封建制的逆臣、新贵族市民，以市民的智慧战胜封建暴力，而他也欺压下层弱小人物，又在和弱小者斗智中受谴责。《列那狐的审判》是最精彩的组诗，写依桑格兰狼屡屡遭列那狐戏弄、暗算，便向国王诺布勒狮控告，列那狐被判有罪，但他凭着狡猾智慧终于胜利逃脱。18世纪末德意志的歌德曾根据

这个系列故事写成叙事诗《列那狐》。法国洛利斯和墨恩创作的
《玫瑰传奇》，将玫瑰拟人化写成爱情故事，抨击禁欲主义，讴歌
理智、自然的爱情，也是有广泛影响的名作。

市民文学中抒情诗方面成就最高的是流浪诗人弗朗索瓦·维
庸，他生活于巴黎下层社会，生活放荡不羁，曾遭监禁、流放，几
乎死于绞刑。他写有两部诗集《小遗嘱》、《大遗嘱》，大胆暴露他
内心的复杂感情，揭示穷人和富人的社会地位不平等，讽喻受人
崇敬的帝王、英雄和美妇，终究要躺在坟墓里长眠不起。农民运
动在市民文学中也有反映。英国下级僧侣威廉·兰格伦的长诗
《农夫皮尔斯》揭露封建统治的罪恶，写农民皮尔斯追求真理和善
的历程，体现农民运动的改革要求，肯定劳动才是社会存在的基
础，反对剥削，倡导平等，期盼在民族统一教会的旗帜下实现自
己的理想。马克思在谈到14世纪英国农民起义领袖约翰·鲍尔的
平等思想时，曾提到兰格尔的这部作品，建议人们把它同"高雅
的乔叟的《坎特伯雷故事集》对比一下"。[①] 当时反映农民绿林好
汉劫富济贫、仗义救弱的"谣曲"故事在西欧也很流行，如英国
的《罗宾汉谣曲》，叙述挪威神箭手艾吉尔、瑞士神箭手威廉·退
尔的谣曲。当时喜剧也以笑剧形式开始复兴，最著名的一部是
《巴特兰律师的笑剧》，写律师以机智高超的骗术胜过布商、法官，
在按不同职业、身份描绘人物心理状态方面，较有艺术成就，近
代西欧一些作家采用它的情节来创作喜剧。

（二）艺术

中世纪西欧的艺术的主题主要是表现基督教精神，服务于宗
教信仰。绘画缺乏创造性，千篇一律、单调呆板的耶稣像和圣母

---

① 马克思：《编年史稿》，见《马克思恩格斯论艺术》第2卷，人民文学出版社
1963年版，第138页。

像充斥圣坛，乏善可陈。教堂建筑是中世纪西欧最为辉煌的艺术
成就，西欧各国大事兴建的无数教堂，表现了艺术家在建筑和雕
塑方面的创造性才华。有人说，单是中世纪盛期法国为兴建教堂
所采掘的石料，就超过古埃及三千年用于建筑金字塔及庙宇的石
料的数量。①罗马式建筑和哥特式建筑，分别表现了西欧中世纪早
期和盛期的教堂建筑艺术风格，它们既体现了西欧中世纪两个时
期的基督教精神及其建筑艺术风格的同一性，又表现了各民族建
筑艺术风格的多样性。

　　9世纪至12世纪西欧盛行罗马式教堂建筑。它脱胎于罗马长
方形会堂建筑，加上两翼，构成罗马十字形，被基督教会奉为正
统的教堂建筑形式。它采用古罗马拱顶和梁柱相结合的建筑体系，
古希腊罗马的"纪念碑式"的雕刻用来装饰教堂，后来又将罗马
和加洛林时代的精工镶嵌的木制屋顶，改造为石制拱顶，使柱子
和圆顶的雕刻融合一体，也减少了发生火灾的可能。罗马式建筑
的特征是坚实、庄严和肃穆，坚厚的石墙，狭小的窗户，半圆的
拱门，灰暗的厅室，粗矮的柱子和圆矮的屋顶，教堂前后配置碉
堡形的塔楼，教堂内光线微弱、幽深阴暗，和外面的阳光灿烂形
成强烈对比。它象征基督教精神控制现世负罪的心灵，使人们在
沉重压抑感中进入神秘、超世的意境。罗马式建筑在各国又有不
同的民族表现形式。法国南部图鲁兹的圣塞南教堂和西部勃艮第
的克吕尼教堂，是融合法兰西韵味的朝圣教堂。英国的达勒姆教
堂颇具创新风格，融合诺曼底、盎格鲁·撒克逊和法国勃艮第的
建筑风格，使用梭状肋拱顶和有英格兰特色的教堂装饰。而西班
牙的著名朝圣教堂圣地亚哥大教堂，则可见融和阿拉伯文化和法
国文化的特色。德意志萨克森的教堂则承续加洛林文化传统，取
半圆平面，设两个圣坛、两条袖廊和两个十字形交叉中心。意大

---

　　① 霍莱斯特：《欧洲中世纪简史》，第286页。

利的教堂更接近古希腊罗马建筑传统，南部和东北部的教堂建筑
又分别受伊斯兰阿拉伯文化和拜占庭文化的影响；比萨主教堂群
自 1063 年开始建造，历经一百多年才全部完成，1174 年始建的钟
塔，就是举世闻名的比萨斜塔。那里其实有纯白色的主教堂、钟
楼（斜塔）和洗礼堂三大建筑物，它们构成一组和谐完美的罗马
式教堂建筑群。文艺复兴后期物理学家伽利略曾在比萨斜塔上作
著名的重物落体运动实验，更增加了比萨斜塔的知名度。

　　哥特式建筑在 12 世纪兴起于法国北部，之后在三个世纪中成
为盛行西欧的教堂建筑风格，它取代罗马式，在建筑史上是巨大
的创新。西欧中世纪盛期城市兴盛、财富增长，城市教堂取代修
道院成为公共生活的文化中心，各城市竞相建立哥特式教堂，这
成为市民炫耀财力、表达自豪感的方式，体现宗教热诚与浪漫情
感的奇妙结合。后来意大利文艺复兴时期有的学者认为这种建筑
风格源自蛮族哥特人的建筑，其实两者并无关系，名为哥特式，只
是托古创新。哥特式建筑的突出风格是高直峭尖，尖形的拱门、高
塔、屋脊、房顶和望楼，使教堂有飞跃腾升、直插云霄之势，仿
佛要摆脱俗世束缚，升往天国；这种教堂又配以 12 世纪西欧发明
的宽大明敞的彩色玻璃，人物雕刻不再堆积于柱顶，而是排立在
教堂内外部，彩窗上描绘的和教堂周围雕刻的基督、圣母、圣徒、
先知及世俗王公，神志安详温和，与建筑物融为一体，使人感受
一种神圣的宁静、自信和壮美。哥特式建筑表现了西欧中世纪盛
期基督教精神的演变，体现一种浪漫的唯灵主义。德国诗人海涅
说进入这种教堂，"精神逐渐飞升，肉身遭到践踏"，它"宏伟无
比"，"造得那样的空灵、优美、精致、透明"，连最顽固的石头
"也宣扬基督教的唯灵主义"。[①]

　　哥特式建筑在西欧各国纷纷拔地而起，但并非样式一律，而

---

　　① 亨利希·海涅：《论浪漫派》，人民出版社 1979 年版，第 16—17 页。

是也有不同的民族文化特色，异彩纷呈。著名的巴黎圣母院1163年开始建造，13世纪上半叶完工，是法国前期哥特式建筑的杰作，它规模宏大，宽47米、长125米，中厅高32米，可容纳近万人，使用巨形拱顶和宽大明敞的彩窗，表现当时法兰西趋盛和文化领先地位。之后法国成熟期的哥特式建筑有更加高挺的垂直线条造型风格，沙特尔教堂、兰斯大教堂和亚眠大教堂都是典型的杰作。英国的哥特式建筑则既高耸入云，又宽宏壮阔，体现英国最早趋向民族国家和民族教会的自信心，1174年重建的坎特伯雷大教堂是第一个具有这种风格的杰作。14世纪英国又创造有复杂变化的"装饰式"风格，直接影响法国和德意志。后期发展出"火焰式"的哥特式建筑，代表作是埃克塞特大教堂和韦尔斯大教堂。德意志在13世纪中期才出现哥特式建筑，著名的科隆大教堂1248年兴建，历经六百多年改进、完善，它受法国哥特式的影响，又体现德意志宗教文化的特色。意大利的哥特式教堂内部构造则较多地保持着古罗马的建筑风格，建立于14世纪后期的米兰大教堂，有135个直刺天宇的小尖塔，是罕见的建筑绝品。

（三）史学

中世纪西欧的历史学也是由基督教精神主导的，历史学家主要是教士和修道院的修士，神权主义原则支配着史学研究，历史叙述往往从上帝创世说起，神话、奇迹和传说充斥在历史著作之中，宗教史和世俗史的界限往往不分明，加之古代建立的许多图书馆毁于战火，古典文献大批散失，给史学研究造成巨大困难。总体来说，中世纪史学研究的水平有所低落。但是，教士和修士努力搜集、整理大量历史资料，并使它们得以流传下来，奥古斯丁主张"异教"史学对弘扬基督教也是一门有用的学问，这对于保留古希腊罗马的史学传统起有重要作用。西欧中世纪史学仍丰富地记载了西欧从蛮族立国前后以来的各民族的历史与文化，特别是进入中世纪盛期后，对世俗性的经济、政治与文化的研究有所展开，所以从西欧中世纪史学中，尤其可见民族历史与文化传统的多样性。

早期西欧中世纪涌现了一批优秀的记述蛮族立国历史或地区教会史的史学家。第一位是东哥特王国的卡西奥多鲁斯（480—570年），他出身于罗马名门望族，也是政治活动家，曾获国王狄奥多里恩宠，被擢拔为首相，任职数十年后，退休进入修道院潜心著述。他写成的《哥特史》12卷，提出哥特民族的罗马起源论；《文牍汇编》则是他从政时所写的文件和信札，对研究东哥特王国的经济、政治和文化史很有价值；他续写和改编的尤西比厄斯著《教会史》3卷，被奉为正统的教会史经典。生活在墨洛温王朝战乱时期的法兰克王国的图尔城主教格雷戈里（约538—594年），曾游历整个高卢，和许多世俗领主有交往，他用不纯熟的拉丁文写的《法兰克人史》，用丰富的第一手资料，叙述法兰克人向高卢地区扩张、将高卢文化和罗马文化融合，开创墨洛温王朝的历史过程，也写了基督教信仰在中世纪初如何逐渐统治法兰克人的精神世界。他说写此书的目的是要在"文章之道日衰的时期"，记载"非常纷纭复杂"的善、恶史事，"以垂后世"。[①] 这部实录使法兰克人及其王国的历史得以流传下来，有较高的史学价值。西班牙西哥特王国的著名史学家伊西多尔（约560—636年）是塞维利亚城的主教，所著《西哥特、汪达尔、苏埃汇诸王历史》，虽然是根据前人第二手资料编写的较简要的大事记，但从中可见西哥特人等蛮族迁徙和建国的事迹，是研究早期中世纪西班牙文明的重要资料。最有才气的史学家是英国的比德（637—735年），他是文化中心诺森伯利的著名教士，学识渊博，懂拉丁文、希腊文和希伯

---

① 参见格雷戈里：《法兰克人史》，商务印书馆1996年版，第1页。译法有所变动。

来文，是英国史学的奠基人。他实地赴英国各地寻访教会组织和重要人物，研究档案材料，参考欧陆的有关记载，详细考证大量文献和口碑传说，写成名著《英吉利教会史》。它记述了自公元597年罗马教廷派主教奥古斯丁来不列颠传教至731年基督教在英国广为传播的过程，并涉及英国当时的政治、经济、文化的情况，详细讨论了盎格鲁·撒克逊文化和不列颠的土著文化融合的过程，对研究英国早期的历史有很高的价值。他以耶稣基督诞生之年为基准确定纪年方法，以前的年代称为"B.C."（基督诞生之前），以后的年代称为"A.D."（我主纪年），这种纪年方法被后世广泛采用。伦巴特王国的教士保罗（约730—802年）所著《伦巴特人史》，记述神话时代至744年伦巴特的历史，也是研究中世纪早期意大利的重要典籍。

自加洛林王朝起，中世纪西欧的正史主要是记录每年重大事件的年代记和综合多部年代记所写的编年史，也有人物传记。随着城市兴起和东、西方交往增多，也已经出现城市共和国史和东方异域的见闻录。这些出自不同民族、国家和地方的史学著作，也是纷呈异彩。

法兰克的加洛林王朝最早开创年代史，有《洛施大年代记》、《王家年代记》、《傅尔达年代记》等多部著作，记载王朝史实。查理大帝的侍从艾因哈德（约770—840年）有深厚的古典文学修养，参与政事，熟悉国家文件、档案，查理大帝逝世后，艾因哈德为追念他的"丰功伟绩"，以"非我莫属"的责任感慷慨命笔，写了《查理大帝传》，全书近3万字，叙事明快，文情并茂，传诵甚广。查理的外孙尼泰德（约795—844年）著有《历史》4卷，写查理曼帝国分裂为三部分的战争，至843年《凡尔登条约》签订，形成法兰西、意大利和德意志三国的雏形，文笔明畅，评价公允，有重要的史料价值。统一英国的阿尔弗烈德大帝于公元871年至899年，组织一批学者删订、增补7世纪以来各地积累的编年史，汇编成《盎格鲁·撒克逊编年史》，后人又续写到 1154 年，有很高的史料与文学价值，可惜在诺曼人征服时已散佚。12 世纪前叶亨廷顿的亨利是一位政治活动家，博闻强记，学识宏富，所著《英国史》是第一部英国通史，追溯英国历史传统直至恺撒时代，他说探究历史，多识前言往行，"可以预见未来"。德意志 10 世纪以来也出现多部编年史，11 世纪中叶兰伯特模仿李维的华丽文笔，写了《编年史》，描写亨利四世和教皇格列高利七世斗争与"卡诺萨事件"尤为生动。意大利除了也有编年史外，又以两方面见长：一是教会史和修道院史，有记载历届教皇公务活动的教皇传，11 世纪卡蒂诺的格列高利历经 15 年整理、汇编《法尔伐修道院史集成》，列奥·奥斯廷西撰写的卡西诺修道院正史，都是对研究宗教史、文化史很有价值的成果。二是记述城市共和国纷繁复杂斗争的成长史，丹多拉（1309—1354 年）所著《威尼斯史》提供了中世纪威尼斯政治演变的珍贵史料；乔万尼·维拉尼所著《佛罗伦萨编年史》，叙述详致并有独到的评述，已有浓重的人文主义思想色彩。此外，10 世纪主教克雷莫那的留特普朗德（约923—972 年）所写《君士坦丁堡传教记》，记载他在异域亲身见闻的趣事，嘲讽地描绘了拜占庭帝国的宫廷生活。

　　著名的马可·波罗东行和他写的游记，是中世纪中西文化交往的佳话和杰作。虽然 12 世纪之前阿拉伯人开始将中国的指南针、造纸术、印刷术和火药等四大发明逐渐传入西欧，但西欧对中国的了解仍然很少。13 世纪第四次十字军东征后，威尼斯成为控制地中海东部航运和贸易的中心，蒙古帝国武力扩张，建立地跨欧亚的诸汗国，和威尼斯的势力范围相衔接，威尼斯成为沟通中西的要地。马可·波罗（约 1254—1324 年）出身于威尼斯的商业贵族，父亲、叔父已是来过中国的富商大贾。1271 年他随父亲、叔父越过千山万水抵达中国，获元世祖忽必烈宠信，他学会蒙古语和汉语，成为在元朝供职的客卿。他曾任扬州总管，又奉命巡视各省或出使外国，足迹遍及大江南北与南洋各地。1292年他受命由海道护送公主阔阔真远嫁宗王波斯汗，1295年他完成使命后西归，返抵威尼斯，带回大量奇珍异宝，成为豪门巨富。1298年他因参加威尼斯对夙敌热那亚的海战被俘，囚禁在热那亚的监狱。他的旅行家名望早已蜚声意大利，许多人要求他讲述东方见闻，他便口授给同狱的文章高手卢蒂西亚诺，用法语写成《东方见闻录》即《马可·波罗游记》，它被称为"世界第一大奇书"。它描述了马可·波罗东行经过的从波斯到天山南北的国家和地区，记载了元朝初年的政事和中国南北诸地物阜民丰的繁华景象，描述、介绍了东南亚从日本到印度尼西亚、斯里兰卡等许多国家、地区的情况，以及中国和它们的交往，还讲述了成吉思汗逝世后蒙古诸汗国的战争和俄罗斯的情况。这部奇书给西欧人打开新视野，了解远东竟还别有繁盛的中华文明，因而此书不胫而走，很快译成欧洲的各种文字，人们争相阅读，在传抄、翻译中有五六十种版本。后来哥伦布曾细心阅读过这本书，据说他1492年航行时，本来带着西班牙女王致中国皇帝的国书，他到达古巴时还以为是到了马可·波罗的书中所说的日本。西欧近代启蒙运动对中国的文化交往和对中华文明的向往，和这部奇书的深远影响也很有关系。

五、人文主义和科学思想的孕育

14世纪起，西欧中世纪文明由鼎盛趋向衰落之际，西欧的学术文化已在裂变，孕育着人文主义和科学思想，为向中世纪后期出现崭新的文艺复兴文明作准备。这种精神变革的孕育，有多种深刻的社会文化背景。基督教会严重腐败，世俗君主在和教皇的权力斗争中已占上风，建立统一民族国家的呼声高涨，神权统治原则已经动摇，人们更关心世俗国家和现世人的利益。随着城市工商业的较大发展，市民阶层力量壮大，他们作为新生先进社会势力的代表，要求摆脱一切封建羁缚，形成新的价值观念，追求个人的解放和实现人的价值，并着手科学探索，谋求工商业发展和人的现实幸福。大量希腊罗马文化典籍的传入，燃起了西欧学术文化界发掘、研究古典文化的热情，希腊罗马的古典人文精神和科学理性传统成为孕育精神变革的温床。经院哲学衰落中分化出来的经验论科学思想，伊斯兰阿拉伯文明中丰富的科学成果被引进西欧，也刺激西欧学术文化界去探索新的科学天地，理性的科学精神已在萌发。总之，西欧的文艺复兴文明不是凭空突然产生的，西欧中世纪盛期行将结束之际，已为它准备了思想文化条件，显露出新文明时代的曙光。

"人文主义"（Humanism）一词，源于拉丁文 "humanus"（人类的）、"Humantas"（人性）和 "Studia humanitatic"（人文学科）。人文主义思想的实质是确立人的中心地位、人的尊严和价值，宏扬人的理性和科学精神，反对中世纪神学以上帝为至尊，神主宰有原罪的、无独立价值的人；它以人性、人权对抗神性、神权，主张人有追求自由、发扬理性和获得现世幸福的权利，反对宗教专制、禁欲主义和蒙昧主义。而当时形成这种新的价值观念，又是同复兴古希腊罗马的"人文学科"，以对抗基督教会用以钳制学术文化的"神学学科"，紧密结合在一起的。西欧中世纪盛期的学术文化，其实早已零散、隐晦地萌生了这种人文主义思想因素，而在即将向文艺复兴时代转变之际，人文主义思想的孕育最集中、鲜明地表现在意大利著名学者、诗人但丁的杰出文化成就上。恩格斯在《共产党宣言》的意大利文版序言中说："意大利是第一个资本主义的国家。封建中世纪的完结，现代资本主义纪元的开端，是以一位大人物为标志的。这位人物就是意大利人但丁，他是中世纪的最后一位诗人，同时又是新时代的最初一位诗人。"①

---

① 《马克思恩格斯选集》第 1 卷，人民出版社 1972 年版，第 249 页。

但丁（1265—1321年）出生于意大利佛罗伦萨的一个古老的贵族之家。他年少时受业于著名学者柏吕奈多·拉丁尼，培植了广博的学术素养，年长时对神学、哲学、政治、历史、文学、美术、音乐、天文、地理都有深入研究。当时博洛尼亚的圭多（约1230—1275年）建立新诗学派，将法国普罗旺斯抒情诗的清新风格引入北意，对但丁用意大利方言进行诗歌创作深有影响，但丁尊称圭多是他的文学之父。但丁的一生具有纯情的浪漫色彩，他又是复杂政治斗争的悲剧人物。他在9岁时在一次嬉春宴会上，结识银行家之女温柔秀丽的贝亚特丽齐，一见倾心，心中纯真的爱情毕生未磨灭。后来他的"心上人"嫁给一位银行家，在但丁24岁时她就夭逝了。他的处女作《新生》就是为纪念她而写的，这部附散文解释的抒情诗集，已具有崭新的文学风格，以民歌形式直抒对意中人的赞美和爱意，大胆否定禁欲主义，刻画情爱心理尤为真挚感人。在他心目中，贝亚特丽齐是真、善、美的化身，激励他一生的事业，后来在《神曲》中她也是领他进入天堂的引路人。但丁又是一位积极的政治活动家，介入佛罗伦萨尖锐复杂的党派斗争。他倾向后来并加入由富商、贵族组成的归尔党，曾参与1289年的冈巴丁诺战役，击溃并逐出拥护德皇的基伯林党人。1300年他被选为六执政之一，廉明正直，颇有政绩。但归尔党又分裂为白党和黑党，但丁所属的白党代表进步的市民阶层，坚决要求脱离封建贵族的统治，黑党则为旧贵族特权分子，反对共和秩序和革新的宪政，两党发生流血冲突，黑党请来教皇博尼法斯八世和法军入城，大肆劫杀，白党的党人被处死或放逐，但丁于1302年1月也以阴谋反对教皇的罪名被终生放逐。之后20年间，但丁一直转徙于意大利和法国之间，过着颠沛的流亡生活。1311年德皇亨利在和教皇斗争中率军进入意大利，他的政治主张似乎较开明，但丁上书陈情亨利，幻想借助他来结束党派斗争，重建统一的意大利，然而，亨利之军围攻佛罗伦萨6周无功而返，亨

利也暴病死于军中。但丁的希望落空。他怀着满腔愤郁,反思现
实的社会政治和全部文化,潜心于学术研究和文学创作,他的注
入人文主义思想的大量作品,都是在流亡生活中呕心沥血写成的。
1321 年他落寞地客死于古都拉文纳。

　　但丁不仅是才华超绝的诗人,也是知识渊博的学者,写有多
部论著。他用意大利文撰写的《飨宴》(1304—1307 年),借诠释
自己的一些诗歌,将当时各方面的人文知识,作为启蒙的精神食
粮,通俗地介绍给读者,盛赞人文主义的道德理想,这部书是意
大利语学术散文的奠基之作。用拉丁文写的《论俗语》(1304—1308
年),论述俗语的优越性和形成标准意大利语的必要性,认为俗语
不仅有助于意大利民族国家的统一,并可促使意大利文学贴近社
会和人民。文艺复兴时期人文主义思潮的一个重要主张,就是用
民族语言取代教会推行的拉丁语,它和民族国家的命运联系在一
起,但丁的主张和实践便是先声。意大利文艺复兴时期的著名作
家薄伽丘,赞扬但丁是第一人在诗和语言方面“使方言升华,并
取得意大利人民的尊重,就像荷马之于希腊,维吉尔之于拉丁
语”。[①] 他的政论著作《帝制论》(约 1310 年)则以经院哲学的推
理论证方式,系统阐发他的政治观点,认为人和社会的目的在于
使人充分发挥潜能,这一目的只有在世俗君主建立起统一民族国
家的和平、自由的环境中,才能实现。他强调政教分离,坚决反
对教皇干涉世俗政治。这部符合时势的政治论著,较之后来马基
雅弗利的《君主论》,更具有人民性,而不带权术气息。

　　但丁集中倾注人文主义思想的不朽杰作,是他的宏篇长诗
《神曲》。他在放逐初年(约 1307 年)就着手撰写,直到逝世前不
久才完成,这是他流放生活的呕心沥血之作。《神曲》原名为《喜
剧》,后人为表示对他的尊敬,给书名冠以“神圣”二字,中文译

---

　　① 转引自伍蠡甫:《欧洲文论简史》,人民文学出版社 1994 年版,第 67 页。

为《神曲》。这部用意大利方言写成的巨著，全长 14233 行，分地狱篇、炼狱篇和天堂篇三部分，采用中世纪梦幻文学体裁。它的主要情节是写历史进入 1300 年之际，但丁在黑暗的森林（象征罪恶）里迷了路，被 3 只野兽即豹子（象征淫欲）、狮子（象征强暴）和母狼（象征贪婪）挡住去路，危急之际，受贝亚特丽齐嘱托，古罗马伟大诗人维吉尔来救但丁，引导他游历地狱和炼狱，接着贝亚特丽齐又引导他游历天堂，直至九重天，觐见上帝，大彻大悟，悟得"最高真理"。但丁在游历中，和上至苏格拉底等古代文化名人，下至中世纪的教会、政界和市民的各类鬼魂人物，频频交谈，讨论重大问题，充满政论与哲理内容。这部长诗在西欧文学史上是划时代的里程碑杰作，它借托梦幻深刻反映现实，在人物刻画、情节结构和民族语言运用等方面，都达到高超的艺术成就。然而，这部诗作所以伟大，更在于它气势恢弘的思想成就。这部作品在思想内容和艺术手法上还是属于中世纪的，但在基督教神学的思想框架中表达新思想。这部中世纪百科全书式的作品，深入剖析中世纪西欧的社会现实，高度综合、概括了中世纪的社会文化，就社会政治、宗教、哲学、伦理道德等方面的重要问题，阐发了他的人文主义理想，为西欧人指出政治与文化复兴之路，展示了即将来临的文艺复兴新时代的曙光。

《神曲》深刻揭示西欧封建社会已在败落，特别是抨击教会的腐化与思想专制，鼓励人们面向世俗现实，为争取建立美好的人间"天堂"而奋斗。但丁对于处在地狱中的王室贵族、贪官污吏、放高利贷者、伪君子、教廷人物、买卖圣职者等等，都作了入木三分的刻画和鞭挞，指出正是他们的恶行，使人民饱受迫害和痛苦，使社会沦落为地狱。对于他深恶痛绝的教皇博尼西斯八世，诗作更是痛斥他勾结法军，屠杀佛罗伦萨人民，在他未死之时，就给他在地狱预先留了一个位置，让他倒栽葱在一个地穴之中。但丁否定神权统治、教会至上和禁欲主义的信条，肯定现实人生，激励世人投身现实斗争，掌握自己的命运。地狱实为现世，他深信通过"炼狱"的必经苦难历程，人们必能通达没有黑暗和罪恶的光明"天堂"。

《神曲》总结中世纪的思想文化，肯定并主张复兴古典文化传统中的人文精神，表达了他的崭新的人文主义价值观。诗中苏格拉底、维吉尔和古希腊罗马的许多思想家、艺术家，都是理性与人文精神的化身，作者对他们的文化创造力倍加赞扬。但丁在诗中对中世纪哲学、科学、伦理和神学的许多重要理论问题深入作了探讨，强调反对蒙昧主义，要通过发扬古典文化，来追求美德和知识，实现文化革新。他赞美人的潜能与智慧，高度肯定人的价值。他认为人最可贵的是有理性、自由意志和个性，人并不背负原罪，不是上帝的奴隶，人的功过只是人本身"自由意志"的选择的结果，人对自己的命运负有责任，能在现世生活中实现个性自由发展，创造美好的未来。开始展示现实生活中人的中心地位和崇高价值，正是当时孕育人文主义思想的集中表现。

但丁的《神曲》，标志着西欧中世纪文化的终结，已在迎接文艺复兴新时代的到来。

中世纪西欧由于基督教神学的思想统制，科学理性遭扼杀，愚昧迷信盛行，科学技术长期停滞不前。在早期中世纪的"黑暗时期"，科学发展几近于零，恩格斯在谈到这个时期的科学状况现实说，"基督教的中世纪什么也没留下"。[①] 然而，在黑暗时期的朦胧阴影中，仍可见科学知识的小草挣扎在修道院的石缝中，不绝如缕地保存着古希腊罗马的科学智慧，主要是托勒密系统的天文学和算术、医学知识。7 世纪在西哥特王国，前已有所述的史学家、西班牙塞维利亚主教伊西多尔编纂了一部 20 卷的百科全书《词源》，收入一切可搜集到的从罗马时代到早期中世纪的庞杂资料，

---

① 《马克思恩格斯选集》第 3 卷，人民出版社 1972 年版，第 447 页。

从上帝、教会到不同种族、风俗和动物、地理、日用生活等知识，虽不辨真假、统统纳入，其中毕竟使一些科学知识得以传承，在当时还是很可贵的。医学直接关涉人的生存，圣徒靠法术治病救人的奇迹毕竟难得遇见，本尼狄克修道院早在6世纪时就开始研究希波克拉底和伽仑医学著作的纲要，在西欧传播有关医学知识。至9世纪，意大利萨勒诺的学校已成为医学中心，形成、传播了许多根据希波克拉底和伽仑的著作编纂的书籍。

西欧中世纪盛期，科学研究已开始苏醒。城市工商业特别是手工业技术的发展，产生了推进技术科学知识的客观需要。而对西欧科学复苏的推动力，来自阿拉伯科学文明的刺激。从7世纪至12世纪的阿拉伯文明中，在天文学、数学和应用性科学方面，涌现了丰富、杰出的研究成果，其科学创造力在当时世界诸多文明中，可与封建社会盛期的中华文明媲美。阿拉伯的天文学在大量天文观测的基础上，致力于修正、完善托勒密的天文体系学说。巴塔尼及后来的多位阿拉伯天文学家所制定的天文表，订正托勒密的不少错误；苏菲的《恒星图系》已确定现今世界上通用的许多星名；宰尔嘎里对托勒密的宇宙模型作了关于均轮为椭圆的重要修改，比鲁尼更批评托勒密的本轮与均轮地心说体系，甚至提出过地球绕太阳旋转的想法，并认为行星轨道可能是椭圆形，这对后来哥白尼创立日心说的天体运行学说有一定的影响。花拉子模吸收印度人和希腊人的数学成就，开创了自具特色的阿拉伯数学，他建立的代数学和用阿拉伯记数法的算术，成为至今全人类的共同精神财富。阿尔哈曾是继阿基米德之后的杰出物理学家，他在光学原理和透镜成像方面有重要成就。贾尔比的"炼金术"（化学前身）已用定量分析方法从事硫化物和提取金属化合物的化学实验，并将它用于工艺技术。阿拉伯人广泛吸取、融合希腊、印度、中国、波斯的医学知识，他们的医学成就很为显著，哲学家阿维森纳所著《医典》是阿拉伯的医学百科全书，后被西欧作为医学经典著作沿用；曾任埃及阿拉伯王朝御医的犹太人哲学家迈蒙尼德（1135—1204 年），已对长期主导欧洲医学的伽仑学说提出一些批评和纠正。阿拉伯的科学成果传入西欧，打开了西欧人的科学眼界，提高了他们的知识水平，成为西欧于 13、14 世纪开始复苏科学的启动力。同时，它也促成了经院哲学分化，开始从哲学的角度孕生科学思想和科学理性的精神。

当时，西欧知识界对数学、天文学和物理学的基础理论开始探索。意大利比萨的菲伯纳西曾受教于穆斯林教师，游历埃及、叙利亚、希腊、西西里等地，精通欧几里得、阿基米德、希洛等人和印度、阿拉伯的数学，他写的《论算盘》一书注释、阐发了印度与阿拉伯的数学及十进位制，首次在西欧介绍阿拉伯的代数学。在 1220 年发表的《实用几何》中，他又最早应用代数来处理几何定理，提出一次和二次方程式的新解法。天文学方面的一大贡献是两位西班牙的犹太人制作出《阿方索表》。巴黎大学的奥雷斯姆（约 1325—1382 年）已提出地球自转的设想，认为没有经验能够证明天体每日周转，而不是地球在每日周转。在力学方面，牛津大学的哲学家威廉·奥卡姆已通过观察磁力作用，批评亚里士多德的物理学，认为物体运动不一定来自外部物体的推动，在虚空中磁力就能发生超距作用。巴黎大学校长布里丹更根据这一原理，形成冲力学派，研究天体和地上的物体运动，并将几何学引进力学研究，认为上帝只提供第一冲力，后来的运动就不用劳驾上帝了。这已为伽利略和牛顿的经典力学，作了一些理论与方法的准备。

在经验观察和实用科学研究方面，当时西欧知识界也取得较多进展。德意志的皇帝腓特烈二世是鸟类动物学家，他根据观察和实验写的《猎鹰术》，附有数百幅鸟类插图，对多种鸟类动物的习性细致剖析，有不少创新发现。大阿尔伯特是中世纪富有科学思想的人，他通过对自然现象的具体细致的观察，写出一系列关于地质、植物、动物和化学的著作，现代著名科学史家丹皮尔称赞他通过观察、研究所积累的开阔知识，"把亚里士多德、阿拉伯和犹太要素组成一个整体"。①在实用科学方面，医学较早兴盛，进展最快。南意大利萨勒诺学校的医学中心，直到 12 世纪都在西欧处于执牛耳地位，13 世纪后，那不勒斯大学取代它的地位。西欧各地兴建了许多颇负盛名的医学院如波伦那、帕多瓦、罗马、蒙彼利爱、巴黎、牛津等大学的医学院。在它们的医学研究与教育中，希腊、阿拉伯和犹太三大医学传统得到融合，重新系统阐发整个医学遗产，并在临床实践中多有创新，为后来近代西方医学打下基础。著名意大利医师维拉多瓦的阿诺德所写的《外科实务》，波伦那的医学教授威廉写的《外科》，都是医学史上的经典名篇。

实验科学思想已有萌发，表明当时的思想家已力图超越古典科学理性的传统，运用新的科学方法去探索自然的奥秘，以造福人类，适应社会进步的需要。这尤其突出地表现在牛津大学校长罗伯特·格罗斯泰特和他的弟子经院哲学内部的"异端"罗吉尔·培根的科学思想之中。

格罗斯泰特对柏拉图学派的数学思想、亚里士多德的物理学和阿拉伯的科学遗产都有深入研究，又力图综合创新。他指出数学是打开物理世界奥秘的钥匙，观察与实验则是探索物理奥秘的基础。他将阿拉伯的三角学引进英国，编写了天文学的《计算表》，并作了光的折射实验。他将科学抽象与观察实验融为一体，制定出一套较为严密的科学实验的程序与方法，对当时西欧科学思想的进展起有重要作用，某些方法被后世近、现代物理学家所沿用。罗吉尔·培根的科学实验思想更是超越了同时代的学者。他也认识到数学是探索自然的基础学科，同时又强调只有实验方法才能给科学以确实性，单靠理性不能证实种种科学乃至形而上学

---

① 丹皮尔：《科学史及其与哲学和宗教的关系》，商务印书馆 1975 年版，第 139 页。

的问题，必须通过实验，运用必要的方法和工具进行大规模的实验，才能推进全部知识。他本人在光学、动物视神经解剖、机械方面作过许多实验，尤其在研究光的反射与折射、凹面镜的焦点和球面像差等方面，取得了较多成果，他还提出可用透镜组成望远镜和显微镜的想法，并已指出光的速度远超过声音的速度。他有超前的科学想象力，最早预言应用实验科学会给人类带来前所未有的福祉，设想可以制造出"航运机器"，只需一人管理，其速度可超过充满划桨水手的船只，可制作出"飞行机器"，人造的机翼会如鸟的翅膀那样拍动空气飞行。他已提出一种融和逻辑推理和证明的科学实验的方法，认为经验材料必须用数学方法加以整理与论证，这种实验方法和数学方法的结合，正是建立近代自然科学的支柱。罗吉尔·培根是近代实验科学的先驱，他已预言："实验科学左右着其他一切科学的最后结论，它能揭示用一般原则永不能发现的真理，它最终将指引我们走向创造奇迹之路，从而改变世界面貌。"[1]

　　西欧中世纪盛期孕育的科学思想，在文艺复兴文明中被发扬成为开阔探索宇宙和自然的科学理性精神，导致近代自然科学诞生的伟大变革。

---

① 转引自霍莱斯特：《欧洲中世纪简史》，第 325 页。

第 三 篇

文艺复兴文明

文艺复兴文明概论

从 13 世纪到 16 世纪中叶，在西方历史学上被称为中世纪末期。在这几个世纪中，西欧社会发生了巨大的变化：封建社会内部在经济、社会、政治、文化各个领域内，都酝酿并生成着新的、与中世纪文明的基本特征不同的因素与事物，它们逐渐地产生、促成资本主义制度的萌芽，而且这种萌芽日益发展、成长起来。

这个变化的总进程，就是西欧封建社会逐渐瓦解，资本主义制度逐渐产生。可以看出，西欧文明的"历史类型"在这时发生了一个根本的变化：中世纪的封建文明，逐步被新的资本主义文明所取代。恩格斯在《自然辩证法》一书中谈到文艺复兴这一历史时期时写道："这是一次人类从来没有经历过的最伟大的、进步的变革。"①

"文艺复兴"作为西欧文明的一个历史时期，它是西欧从封建社会向资本主义社会过渡的"一整个历史时期"。这个时期长达三百多年。正因为它是一个"过渡时期"，所以，在其几百年的发展进程中，一直存在着新旧社会的各种因素，存在着它们之间的错综复杂的关系：或者共生，或者彼此消长，甚至反复。各种新旧因素之间的激烈斗争，促成着社会整体面貌的逐步转变。

---

① 《马克思恩格斯选集》第 3 卷，人民出版社 1972 年版，第 445 页。

这一时代之所以被称为"文艺复兴",是由于这一时期的思想文化的发展中,具有这样一种有代表意义的特点,那就是力图"复兴"中世纪以前的西欧古代文化。它非常强调西欧古代文化思想即古希腊罗马思想文化的价值。从话语形式来看,它是古代文化思想的重新被发掘与重视;而实际上,它是当时新兴的资产阶级借宣扬古代文化思想之名,建立自己的思想文化的运动。它标志着西方资产阶级新文化的兴起。

文艺复兴的这种以"复兴"为表层描述话语的巨大社会思想转变,实际上代表的是社会思想和文化领域内大量具有新质的思想文化的产生和成长。因而,这一时期表现为西欧文明史上极富有创新意义的历史时期。从其历史文化的延续性以及传承性来看,近代、现代以至当代西欧资本主义文明的许多思想文化精神,无论其形式和内容,是对那个时期的某些具有遗传能力的思想文化的继承,也就是说,其根源就在那个时期,是当时就已经萌芽和生长起来的思想文化。因而,认识"文艺复兴"这一阶段性文明的历史,对于认识西欧资本主义制度的历史与现实,把握其"来龙去脉",具有十分重要的意义。

西欧的文艺复兴文明,是西欧历史上一次整体的社会文明转型过程。这个转型的基础和动力,当然首要的是在社会经济领域。

在中世纪,欧洲文明以地中海北岸和东岸为核心区域。罗马和君士坦丁堡是两个有关联的中心。它们分别促成了西欧的中世纪文明和东欧的拜占庭文明。支持这两个地区的文明得以保持并有所发展的动力,是以这两个地区为中心的广大东西方地区,从11世纪起就开始繁荣起来的贸易交往所形成的经济互动。东西双方各自对对方的贸易货物的需求,促成地区间贸易的不断发展,而贸易的发展,必然要求各自地区提供产品的能力不断提高,这就要求物质生产的技术手段不断提高,生产规模不断扩大。西欧作为基督教普遍统治的单一经济文化区域,从11世纪起,其经济在客观上就开始形成"生产以市场为原则，国内市场以国际贸易为原则"的动力结构系统。因而，东西方贸易的状况对于文艺复兴时期西欧文明的发展，具有基本的决定作用。实际上从11世纪起，西欧各地尤其地中海沿岸地区，同撒拉逊帝国和拜占庭帝国的贸易已经十分繁荣。商业交往中不仅包括物质产品，而且也有重要的文化内容：西欧与阿拉伯人的贸易交往以及十字军东征的某些客观后果，把西亚和马格里布非洲的文化和文明带到了欧洲。其中包括古希腊罗马文献的手抄本和艺术作品，被西欧人在同阿拉伯人的贸易中重新发现。同时，中东阿拉伯人的、有希腊传统的哲学包括唯物主义思想，也对当时的西欧人产生了影响。于是，在欧洲人面前，西欧古代世界的思想文化被展现开来，这是一个同中世纪的西欧神学文化截然不同的文化。它极大地激起了西欧人的新的思想激情。这种新的思想激情，同时也是一种"复古"的思想情绪。西欧人从东西方贸易所包含的文化交流中，"重新发现"了"欧洲自己的"古代文化源头——古希腊罗马文化。也正是由于这种"重新发现"，才使得古典文化的"复兴"成为可能。

从西欧自身来看，14世纪是西欧对希腊罗马的古代文化兴趣最高的时期。实际上，在此之前的几百年中，人们对古代文化一直就有所关注。10世纪以来，在西欧各地的许多主教座堂的学校和修道院的学校里，古代的著作家西塞罗、维吉尔、塞涅卡和亚里士多德等受到人们的崇拜。例如索尔兹伯里的约翰、但丁、哥利亚特诗人、14世纪的一些作家等等，都对古代希腊和罗马的文化很有造诣。应该说，这是在西欧自身一直成长着的文艺复兴的文化史根源。

从寻求文明发展的经济基础的视角来看，当时的西欧人，为支持东西方贸易交往活动的顺利进行，在自身内部的社会经济结构和经济设施上有重大的体制方面的创新。这首先表现在：商业的发展给原来生活在贵族采邑中的佃农和农奴，提供了离开土地而在新兴起的城镇获得新的生活方式与工作机会，这就促成了中世纪传统的自给自足的采邑制度的衰落。历史数据表明，从 11 世纪到 13 世纪，西欧的商业活动逐渐占据了经济活动的很大比重，商人阶层逐渐成为社会上最活跃的阶层；手工业行会逐步兴起，以商业交往活动为中心内容的城市开始形成。到 13 世纪，西欧城镇商人和工匠的社会影响已经上升到几乎可以与贵族相提并论、甚至分庭抗礼的地步；作为商业结算中心的银行开始出现；大型的地区经济联盟（例如伦巴底地区的商业组织和汉萨同盟等等）也已经形成。商业的发展，产生了城市。

城市的新的生产方式产生了新的生活方式。人们在新的生产方式所决定的生活方式中，在对新的生产实践形成的物质产品的使用中，发现了许多新的人生乐趣。于是中世纪的苦行主义也就逐渐过时了。为了解释世俗生活的各种现象，各地的人们，例如法国南部等地的人们，都要求扩大自己对世间事物的知识面，因而，追求世俗知识而鄙视愚昧之风日兴，观察、描述、思考和研究就逐渐成为当时的社会风气。

同时，由于市场化的交往模式是以个体拥有的产品资源的相互承认为基本前提的，个人的"财产主权"成为市场中个人的基本规定，所以，市场对于人的基本规定就是拥有财产主权的"个体的人"。正是这种新的交往方式的需要，"个人"的概念逐步被强调，并且变得越来越重要。

在此同时，教会打着"神圣"旗帜对世俗社会的统治，即罗马教廷实行集权的、自上而下的政治控制方式，越来越成为市场经济的社会政治障碍，而且随着教廷自身的日益腐败，随着整个教会系统的全面腐败，以及它们对西欧各地教区中的民众的层层盘剥压榨日益加剧，世俗人的物质生活权利越来越成为问题。在经院神学的外衣内也越来越显露出人的真实世俗生活内容的重要性。"人的本质"日益从"神圣教徒"转变为具有现实物质生活需要的"世俗的人"。

　　萌发中的资本主义商业经济作为一种新的生产方式，必然产生新的人际关系和社会交往方式，从而影响人们的社会生活。处于由崭新经济决定着的生产方式和生活方式中的人们，需要从思想和文化理论上对旧有的而急需抛弃的以及新形成的交往方式和社会生活，都有所解释和说明，需要"推陈出新"和"破旧立新"，这就促成了新的文化话语系统和新的思想理论的出现。所谓"文艺复兴"的思想文化思潮，就是这样产生的。

　　当我们把研究的视角从经济的生产方式和物质的生活方式领域转向思想和精神文化领域、转向社会文化生活领域，我们就会看到，所谓"文艺复兴"，就是指14世纪至16世纪在西欧许多国家发生的一种属于过渡性转型的阶段性文明，也是一场持续了大约三百年之久的思想文化运动。这个运动具有十分明显的思想解放性质。其"解放"的意义，在于它开始否定和反对中世纪的"以上帝为中心"的神学政治文化和宗教政治制度。这种文化以经院神学与哲学为理论核心，以对上帝的膜拜和对教会权力的绝对服从为根本的伦理和政治信条。在文艺复兴运动中，人们力图从古代文化中寻找反对教会专制和腐败的思想武器，而开始强调，人作为个人应该具有自己独立的"世俗生活"的自由。当然，这样的世俗生活的主张，在文艺复兴初期，尚不明确地否定中世纪传统所强调的人的"神性生活"，而认为二者都应该受到重视。这种二元价值观的出现，表明了人的思想开始从中世纪固有的、一统天下的宗教思想体系中求解放。同时，人们开始把宗教信仰问题和对教会的服从问题加以区分，当时人们的不满和思想批判，主要是针对着教会的神权对世俗社会的绝对统治和压迫，而并不一定是直接针对宗教教义和信仰体系本身。即使是对宗教教义和信仰体系的批判在当时已经发生，但也并非"世俗化"的思想运动的主流方向。这种批判只经历了几百年的发展过程，到16世纪，才作为"宗教改革"的社会运动大规模地表现出来。在文艺复兴初期，人把自己看作正当的世俗存在这种自我意识的觉醒，对世俗观念的强调，在最早的阶段，甚至是通过把上帝和神话故事中的神性角色进行"人化"（使它有血有肉和具有人间情感）的方式来进行的。但是，对教会制度和教士的仇恨、讽刺和调侃，则是普遍直接、辛辣尖刻而十分激烈的。总之，一种新的价值开始逐步地主宰人们的思想和观念：凡人和凡人的世俗生活，应该真正开始成为人们普遍关注和思考的对象，也就是说，人们的思想观念开始"人间化"、"世俗化"了。从而，以"人"为中心的"世俗"文化开始被提倡，开始被展开：人的世俗的而有物质内容的生活，人的物质形体和形象，人的有现实对象性的七情六欲，都开始成为思想和文化的内容。

世俗化的过程首先是"人"本身逐步被重视的过程。随此而来的是作为人的彼岸世界的"天国"图像开始被世俗化，人对神圣天国的迷信开始被打破；这个彼岸的、存在于人们幻想中的神性世界及其规范开始被抛弃，而一个与其相对立的实实在在的"人间"、世俗的现实世界，开始被人们重视和思考。这时，西欧人把在此前一千年历史中一直投注于自己身外的神秘客体（上帝）的眼光，开始反转过来，关切和注视人自身，关切和注视人的现实社会生活，以及与人有密切联系的所有人世间的现实事物和现实情景。正是由于世俗的人被重视，从而，人所生活的现实世界也就随之被重视，从而，现实的"人间交往"、现实"社会"、现实"自然"等一些新的话语和概念才随之形成，或者随之被赋予新的时代内容。

考察文艺复兴的整个过程，我们可以看到，随着人的自我意识的觉醒和自我能力的提升，近代工程技术和各种发明创造才成为可能。造船工业为海外航行提供了可能的技术基础，而15世纪新航路的开通和地理大发现，开阔了欧洲人的眼界，为资产阶级向全球扩张提供了无比广大的空间。中国的印刷术通过西亚传入欧洲，也促进了欧洲资产阶级新文化的传播。直到1454年，在德意志的美茵茨，才出现了活字印刷技术。对于这个技术，一些早期人文主义者甚至抱敌视的态度，认为它是野蛮的日耳曼技巧。实际上，印刷术促进了西欧的出版事业，促进了新思想的传播和发展。虽然早期出版商对于出版宗教书籍和民间话本十分感兴趣，但是，新思想利用印刷术以书籍的方式进行传播，具有巨大的吸引群众的效果。文艺复兴后期的发展，在许多方面得益于印刷术，尤其是对于北欧的文艺复兴，印刷术起到了很大的作用。

考察文艺复兴的整个过程，我们还可以看到，随着人的自我意识的觉醒，神圣对象之外的人间对象——人和他周围的大自然，才开始成为人的思想对象，于是，才真正有了近代意义上的人文科学和自然科学。所以，文艺复兴时代，是近代人文科学和自然科学形成的时代。从人文科学方面来说，主要是文学、艺术和历史学十分繁荣，而哲学开始为自然科学的形成奠定理论基础。从自然科学方面来说，技术的发展和实验手段的发展，使得中世纪的经院哲学已经不能继续满足人们日益增加的对自然科学的兴趣。近代天文学、物理学、人体生理学、医学等，也是在这个时期通过观察和实验的科学手段，奠定了其"精确科学"的理论基础的。

从总体上概而言之，文艺复兴作为西欧文明史中的一个阶段性文明，一个历史时代，除了前已有所述它具有经济、政治结构的转型特征外，它在精神文化方面大致上具有以下几个特点：

第一，文艺复兴非常强调西欧古代文化思想即古希腊罗马思想文化的价值。实际上它是从10世纪已开始的对古代文化热爱所达到的高潮。总的特点是对古代作家的景仰。文艺复兴强调古希腊和罗马人的著作中所推崇的人的价值，即被称作"古典人文主义"的精神。"人文主义"这个词来自西塞罗的著作。他用这个词表示对各种人文学科知识的热爱，他认为这些学科最能够表达人的尊严。人文主义强调希腊罗马古典著作中所体现的人的价值，摈弃经院哲学，因为后者强调神学和对神学教条作烦琐逻辑论证的内容。

第二，文艺复兴是在古典文化基础上发展起来的，它打着复兴古代的旗帜，但实际上它的许多成就与古代文化的关系并不十分直接。它并不满足于古典文化，而是超越了古典文化。从话语形式来看，它是对古代文化思想的重新重视，而实际上，它是当时新兴的资产阶级借宣扬古代文化思想之名，建立自己的精神文化和文化理想的思想运动。它标志着西方资产阶级新文化的兴起。文艺复兴的文化理想和观念概括起来说就是：世俗主义、个体主义和乐观主义。

第三，文艺复兴具有十分明显的思想解放性质。其"解放"的意义，在于它全面地否定和反对中世纪的"以上帝为中心"的神学文化，而提倡以"人"为中心的"世俗"文化。人文主义摈弃强调神学和为之作烦琐逻辑论证的经院哲学。但是基督教并不被所有人文主义者都看做是反动的东西，有些人仍旧把基督教看做道德哲学。

第四，文艺复兴的文明成果，主要地在文学、艺术和自然科学方面。注重感情的抒发表达，追求流畅而优美的风格，它着力吸引人的美感和唤起人的世俗生活激情。同时，它开启了把自然界作为观察和理解对象的自然科学。虽然在长期的文艺复兴中成长着世俗理性的因素，但它作为一个文化运动，与宗教改革和后来的启蒙运动相比，当时西欧人的"思想"还没有成熟到注重开启人的理性智慧的程度。但无论如何，它是西欧文明发展过程中独具特色的精彩篇章。

文艺复兴所开拓的"从人本身来理解人自己和人所生活的世界"的思路，在16世纪初期开始的西欧宗教改革的风起云涌的历史浪潮中，得到了进一步的强烈表现。宗教改革把文艺复兴所提倡的否定教会统制世俗社会的权力的斗争，大大地推进了，并且强调了人本身的理性思想的自然合法性。但是，由于宗教改革仍然属于有神论的世界观，所以它和文艺复兴的文化运动一样，也只是在为西欧近代思想提供产生的条件。据此，在本书中我们把宗教改革列入文艺复兴文明中加以论述。

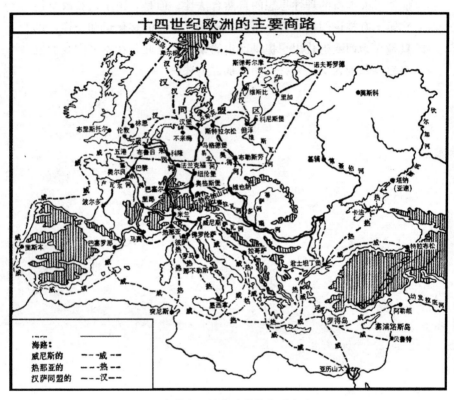

十四世纪欧洲的主要商路

海路：
威尼斯的   —威—
热那亚的   —热—
汉萨同盟的 —汉—

·7 文艺复兴早期欧洲的主要商路

第 一 章

文艺复兴时代的社会状况

一、新的近代社会结构和制度的萌芽

（一）新的社会组织形式——城市的出现

最早从 10 世纪至 11 世纪起，随着西欧封建庄园内手工业生产与农业生产分工日益明显，随着手工业生产规模扩大，随着手工业产品在产品交换中的比例增大，个体小商品生产和农业生产开始分离，当然这是一个十分漫长的过程。在这个过程中，封建庄园内部已经专业化了的手工业农奴，为了摆脱封建领主的剥削和压迫，开始逃离庄园，到那些能够较多地销售自己产品的地方进行生产和生活，这些地方主要的是人口经常集散的地点，例如城堡附近，教区行政办公设施附近，修道院附近，以及交通要道、枢纽、码头和关卡等地。逃离庄园的手工业者逐渐在这些地点集聚起来，这些地方成为他们生产和生活的固定空间，都以手工业生产集中为特征，并且进行手工业产品同农产品之间的商品交换活动，这就是近代城市的雏形。由于这种发展趋势，手工业者聚居地的社会作用逐步加强，城市明显地成为与庄园不同的社会区域。随着城市和农村共存的二元社会结构形成，城市作为新生的社会部分，给人们提供与农村很不相同的生活条件。例如，在 12 世纪 60 年代，西欧的一些城市就规定：逃入城中的农奴免受庄园主的追捕；到 13 世纪 20 年代，英国的一些城市得到国王亨利三世授予的特许证，规定农奴在城市居住满一年零一天，就自动成为城市中的自由民。这种规定，对于庄园中希望得到人身自由的农奴来说，当然具有极大的吸引力。所以，农奴逃离庄园进入城市，成为当时的普遍社会现象。随着城市人口的增加，城市规模不断扩大，城市功能也在不断完善。真正的近代化的西欧城市，就这样一步一步地发展起来。

城市的发展动力一方面在于农奴逃离庄园的人口大流动，另一方面也在于其发展初期封建领主在客观上的推动作用。由于城市的工商业能够给所在地区的封建领主带来税收，所以，封建领主纷纷在自己的统治区域内条件比较适宜的地方建立城市，或者支持已经初建的城市的扩大。他们有意识地招徕从其他地方逃亡的农奴来到自己领地的城市中，力图把越来越多的工商业者置于自己的统治之下。领主对自己领地内的城市居民实行乱加摊派、重收税费等等盘剥和压迫。这是西欧城市形成初期的历史景象。可以看出，封建领主同作为当时的新生社会事物的城市之间的关系，是十分矛盾的。一方面，在城市出现初期，封建主从扩张统治权力的主观愿望出发，支持城市的发展，但同时，他们加强对城市的盘剥，又阻碍城市的发展。

为了抵制封建领主对城市的盘剥，从 12 世纪起，西欧各地的城市纷纷开展了反对封建领主的斗争。"公社"就是当时城市居民反对封建领主的组织。城市反对封建领主的斗争通常采用的方式有两种：一种是武装斗争，用武装起义的办法打击封建势力，迫使封建领主承认城市的"自治"权利；另外一种是金钱赎买，即利用封建领主的贪欲本性，支付给他们一定量的金钱，"买得"他们对城市"自治"的承认。许多城市经历了用两种方式反反复复斗争的漫长历史，有的获得了不完全的自治权，有的获得了比较完全的自治权。所谓完全自治的城市，也是必须定期向国王或者领主缴纳定量税赋的，在大环境中还是处于国家和领主的统治之下。

（二）城市的内部自治和内部结构

城市要处理好同国家以及领主的这种外部关系，城市内部则建立了"自治"制度。这是完全不同于封建庄园制旧式社会关系的新社会体制。从历史发展的观点来评价，这是一种比封建庄园进步的社会结构。

所谓城市"自治"，包括以下社会结构内容：

城市的最高权力机构是"议会"。它以政策、法令对城市进行统治。它有铸造货币的权力。它设置有法庭，拥有武装部队。它有一套选举办法，产生行政长官"市长"和法官，安排行使行政权力、司法权力和财政权力的官员和辅助的行政人员。

在同时，也有一些并没有完全自治的城市，这种城市有两种情况。一种是由国王派出的代表与城市自己的代表共同管理城市，另一种是城市仍然处于封建领主的政治权力的统治之下。

城市中的经济生活组织叫做"行会"。行会的作用大体有三点：第一，它是城市手工业者以集体力量来对付封建领主侵犯的联合体；第二，它是手工业者保护自己既有社会处境并对付竞争对手的排他性组织；第三，它是协调城市中的手工业者之间的关系的组织。城市中的大多数手工业者都参加行会，成为行会的"行东"。一个城市中根据行业生产产品的专业性质不同，可以有不同的行会。随着分工的发展，有的城市中的行会多达几十个甚至上百个。行会实行选举制度，选出"行头"和"监督"，并建立严格的"行规"，对本行业生产的各种具体事宜，例如劳动日的长短、工场应该具备的生产条件和设备的数量、原料的规格、产品的质量和售价等等，都有具体的规定。同时对本行业学徒的期限、出师标准、帮工的待遇、新作坊主开设的条件等等，都有严格的具体规定。行会形成一种敬业精神，对于手工业和商业中的"欺诈"，具有抵制作用。同时，它对于保证行会成员的机会均等，对于行业技术的传授和提高，当时都有积极的促进作用。

关于城市内部的社会结构情况，我们可以看到，"手工业作坊"是城市中生产组织的基本细胞。在最初的时候，作坊基本上都是"家庭作坊"。一般的家庭作坊是以作坊主为中心的。他们是作坊中的工艺师傅，同时也是工作和生活的总管理人。围绕这个中心的是帮工、学徒和作坊主的家属。每一个作坊都有属于作坊主所有的生产资料。作坊主和学徒、帮工的关系，基本上还是封建宗法性的雇佣关系或者师徒关系。一个学徒要成长为一个作坊主，首先必须当3年至7年的学徒，这是一个没有工资的学习期，期满后就成为师傅作坊中的帮工，帮工可以得到作坊师傅发给的微薄的工资，当几年帮工后，要有一定的工艺业绩，向行会提出申请，经过行会审查通过后，才能有资格自己开作坊，成为作坊主。

与手工业者的情况相类似，城市中的商人也有自己的组织——商人公会。一般的城市中都有根据经营商品的分类而设置的食品商人公会、木材商人公会、呢绒商人公会、矿业商人公会等等。这些行业性的公会在一个城市中往往联合为一个"总公会"。由于商人的交往范围比手工业者要大得多，所以，在一些地方，也有数个以至十几个城市的商业公会，联合成为一个更大的地区性的以至跨国家的组织——商人联合公会。

商人公会的联合性，往往促成公会头领与城市中较大的行会头领的主动联合，形成城市中的新霸头——"城市新贵族"。行会和商人公会同城市新贵族之间既有合作的一面，也有斗争的一面。但是总的趋势有两种，一种是城市新贵族打败行会和商人公会的挑战，而成为城市的权力占有者（例如在威尼斯、热那亚和汉堡）；另一种是行会和商人公会同城市贵族妥协，形成二者各占"市议会"半数名额的联合统治（例如在斯特拉斯堡）。

随着市场经济的生产水平和生产规模的继续发展，到14世纪，行会组织已经成为城市手工业生产和活动的束缚和障碍，大多数手工业者在自己的作坊内采取了新技术，增加学徒和帮工的数量，延长劳动时间，并且形成大作坊以"加工定货"方式对小作坊进行剥削、以至鲸吞小作坊的关系。经过这样的发展，城市中开始出现了"阶级分化"。大作坊主越来越富裕，逐步转化为"资本家"。他们和城市中的富裕商人，共同构成了近代初期的"市民阶级"。在激烈的竞争中，作坊主同学徒与帮工的关系发生了巨大的变化：学徒期被延长，有的地方或者行业甚至超过了 10 年；徒工的人身主权受到师傅作坊主的控制，师傅作坊主可以把他们"转让"给其他作坊主，收取"转让费"，这实际上等于买卖学徒去作劳动力；帮工要成为作坊主，要求的条件也比以前更加苛刻，例如规定新建作坊必须有一定的财产资格，新作坊主要成为行会成员，要缴纳较高的"会费"，而且行会会员的数额不能随意增加，有的城市甚至规定只有老会员中有人去世，才能吸收补缺的新会员。这些规定使得帮工很难成为作坊主。有的帮工由于各种条件的限制，只能终身作帮工，成为作坊主的雇佣。对于这种情况，越来越庞大的帮工队伍当然十分不满，他们私下组织"兄弟会"等民间组织，展开了同行会的斗争。从 14、15 世纪起，在各地的城市中，形成了一个在政治上无权并承受压迫、在经济上遭受剥削、收入微薄甚至没有保障的阶层，这个阶层以帮工和徒工为主体，还包括在城市中居无定所、靠临时寻找工作馉口的流民（短工），以及破产后不得不加入帮工和流民行列的作坊主。他们共同构成城市中的"无产阶级"。从 14 世纪起，市民阶级与"无产阶级"的对立和斗争已经开始。

从以上情况我们可以看出，文艺复兴时代的新文化，是以城市的形成为其实际社会基础的。这时，社会的经济生活已经不是农业占优势，社会和经济生活的重心已经不再是封建贵族的城堡和采邑，而是逐步富裕起来的城市，例如意大利的威尼斯、佛罗

伦萨、米兰和热那亚就是这样。文艺复兴的文化，就发生在这样
的城市里。

（三）资本主义商业的雏形——金融业和信用制度

从 12 世纪起，西欧商业规模的扩大，已经使得商人不必常年
劳顿于旅途，到处奔跑，流动的"行商"渐而转变为拥有店铺的
"坐商"。商业同运输业最终分离开来。

同时，商业经营的规模已经超出了地方性的狭小范围，形成
了当时的两大贸易区域。

一个是以威尼斯等地为中心的"地中海沿岸贸易区"。这个贸
易区具有从古希腊到东罗马帝国的漫长历史时期一直存在的东西
方贸易传统。它是东西方货物的集散地。向西欧提供东方的丝绸、
棉布、金银宝石、香料等等，同时从西欧向东方出口矿石、木材
和呢绒等等。

另一个是以北方的佛兰德尔地区的几个城市为中心的"北海
和波罗的海沿岸贸易区"。这里最大的城市是布鲁日。呢绒是这里
的主要出口产品，此外还有毛皮、木材、粮食及其加工产品、金
属及金属制品、羊毛和亚麻等等。这个贸易区通过商业活动把德
意志、瑞典、挪威、佛兰德尔和英国等地联结在一起。在 13 世纪，
德意志北部以吕贝克、汉堡、不莱梅为核心，形成了一个彼此关
系比较紧密的商业共同体——"汉萨同盟"，它在 13 世纪至 15 世
纪的北方贸易中起到了重要的作用。

把西欧的这两个贸易区联系在一起的是两条商业通道。在 12
世纪和 13 世纪，西欧南北方的商业交往主要依靠一条陆上通道，
它从亚平宁半岛越过高耸的阿尔卑斯山，然后沿中欧的几大河流
域到英吉利海峡、北海和波罗的海沿岸各港口。其中法国香槟伯
爵的领地是这条通道的枢纽地区，在这里形成了国际著名的"香
槟市场"，它是当时西欧南北贸易通道上的主要集散地之一。香槟

市场在 12 世纪处于鼎盛时期,这里有五十多个专业市场,形成了常年的不断季交易。但是到 1300 年前后,香槟市场开始衰落。这主要是由于各地"坐商"的大批出现,使贸易集散地的需要降低了,同时也由于法国发生了政治事件和战争。法王并吞了香槟伯爵领地,对这里实行重税。

一条是海上通道,从地中海经过直布罗陀海峡到英吉利海峡,再到北海和波罗的海。这一条商业通道在香槟市场衰落之后得到了迅速的发展,南北欧海上交通频繁,促进了北海和波罗的海地区商业的进一步繁荣。从地中海绕直布罗陀北行的商船,穿过加莱海峡以后进入北海,就到达了佛兰德尔地区,这里的布鲁日(今称布吕赫)就是海峡旁边的第一个大深水港。它成了北欧商业的中心城市,当时享有"北方威尼斯"的美誉。这里货物的吞吐量和市场的繁荣程度,一度甚至超过南方的威尼斯。

商业的发展作为一种新的生产方式和交往方式,使得西欧经济获得了前所未有的活力。各个国家的君主看到从商业和手工业的发展中可以获得比农业和庄园经济中更多的税收,他们也就都对商业和手工业的发展采取了鼓励和许可的政策。

近代商业与古代商业的根本不同,在于"近代信用制度"——即民间"金融业"的建立和发展。在古代社会的经济生活中,早已有货币作为流通手段存在,但是,古代的货币是受政府统制的。西欧近代民间金融业的发生,并不是由于政府的命令,而是在民间贸易过程中,为解决货币流通所产生的问题所形成的体制性的技术手段。它逐步形成为一个主要的产业——金融业。

近代金融业的机构是银行。银行所要解决的问题是:

——由于贸易规模越来越大,许多商业活动都是跨国性的,因而需要有一种机构能够负责地方货币方便地相互兑换;

——货币体系的繁多造成对货币真假识别的困难,需要有机构能够鉴别货币,并保证货币的信用等级和信用程度;

——解决货币载体物质磨损所造成的与货币功能相悖的、不该有的价值损失；

——解决货币在流通中携带和运输的麻烦。

根据以上的实际需要，就产生了银行。西欧银行最早出现在意大利，1346年在热那亚成立。但是伦巴底是银行业发展最普遍的地区，佛罗伦萨的梅迪奇家族所创办的"梅第奇商行"是当时最大的银行。他的总部设在佛罗伦萨，在意大利全境和西欧各地都有它的分行，它的势力遍及法兰西和德意志各地，最远达到佛兰德尔的布鲁日。在阿尔卑斯山以北，德意志的奥格斯堡的"富杰尔商行"是中欧最大的银行。

银行是经营货币的机构。实际上，银行通过自己的信用保障，管理的是交换价值的实现。它的运作是对货币的符号意义的运作。

这种运作以货币"兑换"、信用"委托"、价值"转账"、"结算"等方式，来代替货币在商业流通中所发挥的传统中介功能。银行以自己的信用声誉来担保这些交换活动的顺利实现。而银行信用的物化形式，就是银行的"票据"，或者叫信用"单据"。也就是说，在商业活动中，持有银行票据比持有货币更为简易、便捷。利用银行信用制度，一个布鲁日的商人同一个威尼斯商人的交易，就变得十分简便。布鲁日的商人在当地发出自己的货物，通过银行就可以在布鲁日当地得到从威尼斯"汇来"的货款。而且这一笔货款马上可以在当地银行兑换为佛兰德尔货币的现金；而他根本不必像以前那样亲自押送自己的货物长途跋涉到威尼斯去，在那里获得自己货物所换得的威尼斯货币，小心翼翼地把它包裹好，一路提心吊胆地再长途跋涉回到布鲁日，再费尽周折与那些需要威尼斯货币的人打交道，把它们兑换为佛兰德尔货币，然后才能重新开始自己的下一笔业务。银行之所以愿意为商人提供如此方便的业务，是因为通过这些业务形式，银行可以从每一笔业务中收取一定的手续费。这些手续费减去银行的经营费用，就是银行的利润。

　　随着西欧信用制度的兴起，银行创造了另外一种获得利润的新办法，即银行以自己的信用可靠而逐渐取代了民间货币放债人和货币贷款人的职能，并把这种职能普遍化为社会信用制度——银行储蓄和银行贷款业务。这样，银行就不再只是一个消极的结算机构，它开始发挥另外两个方面的职能：社会货币财富的"聚集者"和社会商业活动的"投资者"。银行可以以自己的"信用可靠"的声誉，吸收商人和民间的多余资金，把社会财富聚敛起来，再把这些资金作为"投资"贷给自己认为有信用的商人，来支配商业活动的具体进行。在一定条件下，银行起到了对货币进行社会分配的职能，银行通过存款利息低于贷款利息的原则，利用它们二者的利息差，在这种活动的交替进行中，来获取可观的利润。银行的商业贷款利润最初高达 60% 至 100%。这是由于银行从它刚刚兴起开始，就继承了中世纪高利贷者的角色，它和当时世俗国王以及教会主教向民间借款以支付战争和行政管理费用的习惯，仍然紧紧联系在一起。这种给国王和主教提供借款而获得 15% 以至更高的利息的做法，一直被认为是天经地义的事。在此传统下，商业活动对货币的急需使得利息率提高到如前所说的程度，也就可以理解了。银行信用发展起来以后，国王和主教成为银行业务的大主顾。这样一来，银行就成为整个社会政治活动的资金支持者。它在一定程度上，可以以自己的贷款左右政治局势的发展。例如富杰尔商行借款给查理五世，促成他能够以金钱左右选举登上"神圣罗马帝国"皇帝的宝座。同时，富杰尔商行成为罗马教会在德意志以至整个北方发售"赎罪券"的中间商，成为教皇盘剥世俗民众的帮凶。可以看出，西欧近代文明的发端，其政治经济基础都和新的商业运作规则及其新产生的机构设施联系在一起。

二、生产力的发展和海外航行的原因

(一) 生产力的发展和资本主义生产关系的萌芽

从 15 世纪到 16 世纪初，西欧各国的社会生产力都已经发展到了比较高的水平。由于新技术的出现，各个工业行业的生产工具和技术设备都有了很大的改善。

在纺织业中，技术进步尤其突出。在 15 世纪晚期已经出现了"自动纺车"，卧式织布机也得到了普遍应用。纺织业在整个西欧尤其在意大利、法国、西班牙和德国都得到了长足的发展。

采矿业在当时已经开始使用由畜力或者水力驱动的抽水机，绞车被普遍使用，不少矿井中已经安装了通风设备。工业技术的发展，促进了矿产品产量较大幅度的提高。银、铁、铜、锡和矾石的市场供给源源不断。

冶金技术从 14 世纪起就有很大进展。高炉和水力风箱、风力风箱在当时已经普遍使用。金属加工业中已经使用一吨左右的"水力重锤"进行锻压。拉延金属的拉丝机也已经出现。因而，空前高级的金属质量和制造技术，预示了新的生产工具、生活用具和武器出现的可能性。例如在 15 世纪就出现了发条钟表。

在这一时期，中国的四大发明中的火药、印刷术和指南针已经传入西欧，西欧人应用这些技术制造出了各种火器（例如毛瑟枪等等），用纸张印刷代替了用羊皮书写文稿的习惯。

在农业方面，到 16 世纪，英国和尼德兰已经实行多圃轮作制，并开始普遍使用肥料。农用水车和风车也得到了改良。畜牧业方面，已经开始人工播种牧草。所有这些进步，使得农产品的产量有了大幅度的提高。

社会生产技术的进步，促进原有的手工业生产分工进一步细化，行业数目明显增加。到 15 世纪时，海德堡的手工业行业超过了 100 种，美茵河畔法兰克福将近 200 种，巴黎达到 350 种。分工更加专业化，促成了新的生产部门出现，例如酿酒业、农具制造业、食品烘烤业等等。

社会分工日益多样化的过程，也就是生产专业化日益加强的过程。专业化的加强有利于把先进技术应用到生产中去。这又促进了生产率的提高。随着生产率的提高，在商人中逐渐出现了一个分工类型，那就是"包买主"。包买主熟悉市场对某种商品的需求情况，他的职能就是向小手工业者"定货"，定期定量地从个体小手工业者那里以比市场低廉得多的价格收购这种商品，然后拿到市场上销售。包买主与小手工业者的关系不断发展，前者逐渐担负起了为后者提供原料、工具和设备等等的职能，简单的"定货"关系演变成为"来料加工"的关系。包买主从这些提供中获得更多的盘剥费用，并对产品质量有检查权和否定权。这进一步加强了对小手工业者的剥削。后者的生产独立性逐渐丧失，而越来越紧密地依附于包买主，最终沦落为包买主的雇佣工人。这是近代雇佣劳动制度产生的一种方式。它所形成的是"分散式的手工工场"。

另一种方式是如前所述的那样，少数手工业主突破当地行会的各种限制，以各种办法加重对帮工和徒工的剥削，并逐步扩大自己的雇工数量和生产规模，而且在新的条件下对手工作坊进行新的技术改造，使得他们的作坊演进为"手工工场"。这是"集中式的手工工场"的形成过程。

到 16 世纪，西欧各地的许多作坊，都通过以上两种方式，把自己的简单协作关系转变成为"手工工场"的生产关系。手工工场的出现，使得资本主义的生产关系日益明确化：社会上出现了划分明显的雇主阶层和被雇佣阶层，他们分别逐步形成企业主和雇佣劳动者。处于这种新的生产关系中的这两个新的阶层，在财富占有上和劳动付出上是对立的。这种对立是新兴起的资本主义文明的经济基础的内在核心矛盾。雇主阶层和被雇佣阶层是后来机器大工业时代的资本家阶级和雇佣工人阶级的前身。

资本主义生产关系发展最为典型的西欧国家是英国。

14世纪晚期，英国的封建庄园经济就已经基本衰落，出现了大批的自耕农。雇佣劳动开始在富裕农民和贵族的农业、手工业经营中出现。到15世纪30年代，由于农村手工业的发展，促使原有的收取地租的剥削方式逐步被雇佣劳动的方式所取代。在此情况下，雇佣劳动方式逐步成为英国农业经营中新的生产关系。从自耕农中上升为富裕农民的人，以及一部分中小贵族，成为雇主阶层，他们被称为"新贵族"；而大部分自耕农则逐步沦落为雇工。

英国生产关系中最显著的变革，就是"圈地运动"。英国在15世纪以前是羊毛输出国。到15世纪30年代以后，随着农村乡镇出现分散式的手工工场，羊毛的加工就开始被重视。由于纺织业对羊毛的需求量越来越大，羊毛价格不断上涨，养羊业成为最有经济效益的生产部门。随之，牧羊草场的价格也不断上涨，因为牧场的收益在当时是农耕地的3倍。为了获得高收益，许多封建贵族对农民进行暴力剥夺，把农民赶出自己的土地，把农田用篱笆"圈"起来，变成牧场。这就是英国历史上著名的"圈地运动"。这个运动前后进行了三百多年。最初所圈的土地，是农民公用的土地，例如林地、草地和沼泽地等等，后来逐步扩张到圈农民的耕地。从1485年起的32年间，英国共圈地十万多英亩。到16世纪末，被圈土地达到六十多万英亩。圈地运动形成了最初的农业资本主义经营。大批农民被赶出了农村家园，流落到城镇，农民成为流民，过着流离失所的悲惨生活。从客观上来说，农民被迫离开土地，为城镇雇佣劳动的发展创造了巨大的劳动力市场，为工场手工业规模的扩大提供了大批人力资源。

从16世纪开始，英国的手工工场得到了蓬勃发展，在原有分散式手工工场的基础上，形成了许多集中式的手工工场，新的手工业城市开始蓬勃出现，随之，羊毛的加工更为深入和精细，英国成为一个以呢绒为"民族工业"的国家，呢绒出口占据了西欧的大部分市场。在此同时，雇佣劳动关系在采矿业和冶金业中也被广泛采用，促进了生产的发展。煤炭产量在 16 世纪中叶到 17 世纪中叶的 100 年间增长了 8 倍，占到西欧总产量的 80%，形成了以纽卡斯尔为中心的煤炭生产和集散体系。随着工场手工业的发展，城市也逐步发展起来。到 16 世纪，英国全国已经有成千的小城镇发展起来，大城市有 26 个。伦敦逐步发展成为全国的经济中心，16 世纪末期，这里的人口已经达到 15 万以上。

和英国相比，法国在 15 世纪末才实现了政治上的完全统一。到 16 世纪前期，巴黎成为西欧最大的城市，当时人口有 30 万之多。在巴黎、里昂和波尔多这些法国较大城市中，化妆品、珠宝业、纺织业和印刷业都很发达。法国当时的手工工场，发展水平仍然是分散的同集中的相结合的方式。工场主对工人和帮工的剥削十分残酷，国家对于工人的管理法令充满了监禁、惩罚和苦役的条款，这些情况都使得工人的生活处境日益恶劣。在农村，"分成制地租"开始实行。这种地租是按照土地主人和佃农在生产资料上的投入比例，对于农牧产品进行按比例分配。这是向资本主义地租过渡的一种地租形态。

法国手工工场的发展产生了最初的资产阶级，他们在国家的经济生活中逐步越来越多地发挥自己的作用。他们成为国家公债的主要购买者，并且是对国王的最大贷款人。他们还利用金钱从事"包税"、买官等等活动，并用这些方式加强了对人民的剥削。他们还被允许可以购买破产贵族的爵位和地产，成为"穿袍贵族"，成为旧体制中的一员。这是法国资产阶级形成初期的活动特点。

西班牙在 15 世纪末形成为统一的国家。在 16 世纪 30 年代达到了海外殖民侵略的高峰，它成为当时西欧最为强大的国家。此时是西班牙最兴盛的时期。随着政治经济上的强大,在16世纪的前半期,西班牙出现了手工业工场,纺织业是西班牙的主要产业。塞维利亚城中的16000家呢绒作坊中的工人多达13万人。

到16世纪,西班牙的生产方式基本上还是封建主义的,有的地方还保存着农奴制。但是,西班牙的社会结构出现了一些变化。由于王权不够集中,封建贵族的权力比较大。由于城市的发展,在一些地方普遍出现了大批的"城市公社"。例如在卡斯提尔地区,这样的公社特别多。在城市中,有等级议会,它由该地区贵族、教士、城中的大商人和大作坊主组成,具有制定城市法规的权力。西班牙城市"公社"具有普遍的反王权思想,甚至在1519年的卡斯提尔议会上,国王被称为"人民用薪金雇佣的仆人"。由于城市公社力量的强大,国王在一定情况下也不得不在一些事上听从议会的决定。国王与议会的矛盾,形成为西班牙当时社会矛盾的焦点。随着城市在16世纪20年代反对国王的起义被镇压,西班牙的封建专制延缓了社会的发展进程,城市手工业遭到了致命的打击,西班牙的经济就这样衰落了。

(二) 海外航行的原因

14世纪和15世纪,在意大利、法国南部和尼德兰地区的一些大城市中,已经出现了资本主义的萌芽。

西欧的资本主义在15世纪末和16世纪初能够得到继续地上升发展,是和新航路的发现以及随之而来的全球殖民的帝国主义政策密不可分的。

资本主义商品经济逐步扩大着西欧各国的海外贸易,而继续扩大这种贸易的愿望,引起了寻找和开辟新航路的需要。

实际上,在中世纪,尤其在13世纪,东西方贸易关系已经有了一个巨大的、飞跃式的发展。同200年前的12世纪初相比,到13世纪末,西欧从东方输入的商品增加了10倍。这些货物经由阿拉伯、波斯和拜占庭的商人贩卖到小亚细亚和东欧，然后再经由意大利和法国、西班牙的地中海沿岸地区进入西欧其他地方。东方的丝绸、茶叶、香料、宝石、化妆品以及许多有特色的贵重物品，都在西欧的中上阶层中成为流行的消费品。对这些消费品的使用逐渐形成了西欧的一种新生活方式。也就是说，这些消费品对于西欧人来说，逐渐成为日常生活中的必需品。

到15世纪中叶以前，东方同西欧的主要贸易通道有三条：第一条是从中国和印度途经里海和黑海到小亚细亚，这是一条陆地商路；第二条是从中国和印度搭乘海船到波斯湾和两河流域地区，然后经过叙利亚到小亚细亚，再到意大利和西欧的地中海北岸的其他地区；第三条是从中国和印度搭乘海船进红海，到埃及的亚历山大里亚，然后到地中海北岸西欧地区。

当时对于西欧经济生活影响最大的红海以东的地中海贸易，主要由阿拉伯人和意大利人垄断。这种形势对于西欧各国，尤其对于在地理上同样处于地中海沿岸的法国和西班牙来说，就是一种经济威胁。因而，力图改变这种贸易形势，已经是法国和西班牙的潜在的向世界扩张的意图。

更为严重的是，15世纪中叶，土耳其人的奥斯曼帝国攻入君士坦丁堡，拜占庭帝国于1453年灭亡。从此，小亚细亚、巴尔干和克里米亚等地都被土耳其人所占领。这样，东西方之间的商业交通就完全处于土耳其人的控制之下。土耳其人一方面对过往商旅课以重税，另一方面，还对经过地中海东部的往来商船进行海上暴力掠夺。贸易交通的困难使得从东方运往欧洲的商品的数量大大减少，东西方贸易额大大下降，同时，东方物品在欧洲市场上的价格比15世纪中叶以前上涨了8倍至10倍。何况此前二百多年来欧洲社会的中上层已经养成了使用东方消费品的习惯，所以，土耳其人阻隔东西方贸易的这种状况，引起了西欧对东方出现了大量的贸易逆差，西欧人就必需向东方支付大量的金银，于是金银外流便成为当时西欧最为棘手的大问题。为了改变这种局面，西欧各个国家和地方，尤其是意大利、西班牙和大西洋沿岸各国，都开始积极地在土耳其人霸占的地中海东部和小亚细亚以外，寻找通往东方的贸易之路。

其次，从13世纪开始，东西方贸易的发展，促进了西欧商品经济（即当时的市场经济）的发展，市场交往需要货币，而当时的货币是"金本位制"，贵金属（金、银）是市场交换活动的必然中介，是国际贸易的基本支付手段。由于商品交易量不断增加，支付能力就必需相应地提高，因而对作为铸币材料的贵金属的需要就越来越大。在此情况下，金银成为商人、封建主和贵族都希望大量得到的东西。恰在此时，有一本关于东方的书籍——《马可·波罗游记》在西欧十分流行。这本书把东方——主要指中国和印度——说成很富裕的地方，似乎那里有取之不尽的黄金、财宝和香料。这大大鼓舞了西欧人对东方的追求和迷恋。东方被美化为世界上的财富之源，因而也就是最值得谋求通达的地方。

再次，由于商业促使一种不同于封建主义的新的生产和生活方式正在形成，社会矛盾日益加剧，西欧一些国家的统治者或者有势力的人物，力图通过海外航行寻找新的领土，掠夺财富，以海外扩张来缓和国内的社会矛盾。

最后，从11世纪末期开始进行的"十字军东征"，到1291年失去最后一个据点为止，已经明显地失败了。这失败对于西欧的基督徒来说，毋宁说是十分严重的宗教耻辱。前后进行了8次"东征"并未从异教徒手中夺回耶稣的诞生圣地和基督陵墓所在地。这种失败使得西欧的基督徒形成了一种逆反心理：一定要使基督"福音"连同基督教一起占领东方。这种强烈的宗教情绪，激发当时的西欧人制定出了联合蒙古帝国打击土耳其奥斯曼帝国的国际政治军事战略。因而，向东方宣讲基督福音和说服蒙古联合打击奥斯曼帝国，成为西欧人寻找新的海上战略通道的两个促进性要素。

正是上述这些原因，促使西欧各国，尤其是葡萄牙、西班牙、尼德兰和英国，开始了千方百计进行海外探险活动的努力。

同时，社会知识和科技的发展，到此时也具备了支持海外航行的条件。首先是航海技术和造船业在15世纪已经达到了一个较高的水平：早在14世纪，中国人的指南针就经过阿拉伯传入欧洲，15世纪已经在欧洲普遍使用；新兴的多桅多帆的海船在当时已经出现；船只的巨大、轻便和快速水平，使得越洋远航完全成为可能。另一方面，当时欧洲人对"大地"的认识已经摆脱了古代的"平面"概念，达到了比较科学的水平。例如15世纪初，法国主教皮埃尔·达里伊出版了他的《世界面貌》一书，提出了大地是"球形"的观点，认为从西班牙往西越大西洋航行，就可以到达印度；在佛罗伦萨的地理学家托斯堪内里绘制的世界地图上，中国和印度被画在大西洋的西岸，也就是说，认为从欧洲西行可以到达东方。上述情况说明，实现西欧人寻找通往东方的新道路的现实物质技术基础和知识基础，都已经具备了。

三、新大陆的发现及其历史后果

（一）海外航行和发现新大陆

15世纪初年，葡萄牙人由于对摩尔人战争和商业的需要，已经历练成为西地中海地区中具有强大实力的航海大国。葡萄牙此前几个世纪的"收复失地战争"，不但使这个国家完成了政治统一，建立了集权统治，而且培养了葡萄牙人以战争向外扩张、进行殖民活动的热情。当时的国王、贵族、武士和传教士是这种扩张情绪的集中代表。同时由于葡萄牙处于意大利和尼德兰航路的中间站位置，它的造船业十分发达，频繁的航海造就了许多杰出的水手。因而，葡萄牙当时有能力组织"海上远征队"，集合起本国的

武士、商人和传教士出征海外。葡萄牙人的各种"远征队"最早
在大西洋东岸海域频繁出没，他们发现了马德拉群岛和亚速尔群
岛。在西非沿海和这些群岛上，他们寻找黄金和象牙，贩卖黑人
奴隶，进行着罪恶的海盗和强盗勾当。例如亨利亲王就组织过几
次"远征"活动。由于这种远征活动给"探险者"本人和葡萄牙
国家带来丰厚得惊人的物质财富，所以，在半个多世纪内，葡萄
牙人从事远航活动十分积极，他们的势力陆续达到了马德拉群岛、
亚速尔群岛、佛得角、几内亚和西非黄金海岸等地方。此后，在
1488 年，他们的航船到达非洲南端的好望角。1497 年 7 月初，达·
伽马率领 4 艘帆船从里斯本出发，绕过好望角，于 1498 年 5 月下
旬到达印度西海岸的卡利库特（今称"泽科特"）。葡萄牙人从这
里以廉价交易的方式获得了大量的香料、宝石、丝绸以及象牙制
品，喜出望外地返回了欧洲。葡萄牙人成为西欧人侵入亚洲的始
作俑者。更重要的是，达·伽马的这次远航使得葡萄牙人第一次
尝到了海外扩张的甜头：达·伽马带回西欧的东方财富的价值超
过了此次航行费用的 60 倍。如此低廉的成本"创造"如此高额的
"利润"，使西欧各国有海盗野心的人大受鼓舞，他们步达·伽马
的后尘，也分别远航亚洲，西班牙人、荷兰人、法国人和英国人
等等，都先后闯入亚洲的许多不同国家和地区，开始在那里实行
自己的殖民统治。

在开辟了通达印度的航线之后，葡萄牙人又开始探索从大西
洋向西远航。1500 年 3 月，一支由 13 艘大船组成的葡萄牙船队在
大西洋上因遇到风暴而迷失方向。经过一个半月的航行后，船员
们发现了一片大陆地，这陆地就是现在被称做"巴西"的地方。该
船队的这次航行是西欧人第一次到达南美洲。船队首领、葡萄牙
人卡伯拉尔宣称，这块土地是他发现的，它应该归葡萄牙所有。这
个事件是西欧殖民者对南美洲进行野蛮殖民侵略的开始。此后，葡
萄牙很快在巴西建立了殖民地，对当地印第安人开始进行了屠杀

与掠夺。

正在葡萄牙沿非洲海岸远航并极力独占该地区的航线的时候，一位意大利热那亚的远航水手哥伦布(1451—1506 年)于 1486 年来到了西班牙，力图说服西班牙国王支持他向西航行去寻找中国、日本和印度。哥伦布早在意大利生活时，就读过马可·波罗关于东方的游记，在 23 岁时，他就下定决心要远航到东方去获得财富。为了实现自己的梦想，十几年间，他曾先后多次向英国和葡萄牙的国王陈述过这个宏大的远航计划，但是并没有引起这两个有权势的大人物的兴趣。当哥伦布到西班牙后，他又用了五六年的时间，最后终于说服了西班牙国王。1492 年，哥伦布被封为海军大将，并许诺如果他在海上发现了新的陆地，他就是这陆地的"世袭总督"，可把那里的财富和收入的 1/10 据为己有。1492 年 8 月 3 日，哥伦布率领载有 88 名水手的 3 艘大船从西班牙的巴罗斯出发，向西航行 69 天后，到达了巴哈马群岛中的一个小岛，命名该岛为"圣萨尔瓦多"，认为该地区就已经是印度了，因而也就把那里的土著居民称为"印第安人"。继续航行半个月后，哥伦布的船队到达了古巴，再航行一个多月后，于 12 月 6 日到达海地，在这个岛上建立了美洲的第一个西班牙殖民地。这也是西班牙殖民主义者在西半球建立的第一个殖民地。这里是哥伦布第一次航行大西洋的最远点。在往后的另外三次向西航行中，哥伦布又到达牙买加、波多黎各、多米尼加和洪都拉斯以及巴拿马地区。哥伦布在其几次航行中，在每次发现了新陆地之后，不但驱赶、屠杀土著居民，强占他们世世代代生活的土地，而且把那里的土著居民作为奴隶贩运到欧洲去当奴隶。欧洲文明在海外"开拓"时期的野蛮性，首先在哥伦布航海中明显地表现了出来。哥伦布几次航海发现了美洲，始终未能到达亚洲，也就谈不上到达中国了。但是哥伦布至死一直认为他到达的是亚洲的某个地方。

纠正哥伦布以及当时欧洲人的这种普遍认识错误的人，不是当时航行美洲最频繁的西班牙人或者葡萄牙人，而是哥伦布的一位同国人，意大利佛罗伦萨的亚美利哥·维斯普奇（1451—1512年）。他从 1499 年开始，用了 5 年的时间多次到南美洲进行考察，在研究了许多地理和天文现象后，他得出了和当时流行的关于巴西等地就是东方的看法不同的结论，认为美洲并不是东方，而是一块位于西方和东方之间的"新大陆"，并认为绕过南美洲的南端，一定可以到达东方出产香料的地方。根据亚美利哥在 1507 年所表述的这种观点，当时的德国探险者、地理学家和地图绘制专家瓦尔泽缪勒建议，这块新大陆应该根据"真正"确定它为新大陆的亚美利哥的名字，命名为"亚美利加"。这个名字最初在瓦尔泽缪勒绘制的南美洲地图上使用，后来，这个名字逐渐地被用来称呼大西洋以西的所有新发现的陆地，包括现在的北美洲。

哥伦布发现新大陆的探险以及随之而来的巨大的财富，激起了西欧沿海各国的新的探险热潮。同时，亚美利哥关于从美洲继续向西航行可以到达东方的地理观点，支持着西欧探险者继续向西航行的大胆计划。1513 年，西班牙政府支持的巴尔博亚探险队在巴拿马登陆后，往南穿过巴拿马海峡，发现了"南海"即现在的"太平洋"，说明继续向西航行在实践上完全是可能的。

1519 年 9 月，葡萄牙籍的探险家麦哲伦（1480—1521 年）在西班牙政府的支持下，率领 5 艘船只和 265 名水手，从西班牙南部的圣卢卡尔港出发，向西航行，到达美洲后沿海岸向南，距从西班牙出发时间 13 个月后，于 1520 年 10 月 21 日，到达美洲南端的海峡（此海峡后来即被命名为"麦哲伦海峡"），从这里继续向西航行，船队进入了一片风平浪静的海洋，麦哲伦船队的人称它为"太平洋"。这就是太平洋名字的由来。再经过 4 个半月的航行，于 1521 年 3 月 6 日到达菲律宾群岛，在要把菲律宾变为西班牙殖民地的侵略野心驱使下，麦哲伦和他的船队参与了菲律宾群岛诸部族之间的战争，麦哲伦本人在战争中被土著武装杀死。此后，麦哲伦船队的剩余人员从菲律宾向南航行到摩鹿加群岛，再从这里西行好望角，沿着达·伽马航行印度的航线顺非洲西岸，于1522年9月6日回到了船队的出发港圣卢卡尔。在环球航行的全部航程中，船队的两条船和147人遇难，回到出发港口的只剩下了一条船和18名水手。

麦哲伦船队的环球航海事件，在人类的科学认识史上具有重要意义：它充分说明了地球是圆形的天体，以人类活动的事实，推进了人类对宇宙和自然的科学认识。

当然，上述葡萄牙和西班牙船队的航海探险活动，并不是西欧人向海外扩张活动的全部。在达·伽马、哥伦布和麦哲伦之前，北欧的斯堪的纳维亚人在10世纪至11世纪就已经穿过北极圈到达过美洲。而在麦哲伦环球航行之后，在16世纪，意大利人、英国人和荷兰人也都开辟了其他的新航路。

（二）新航路开通的世界文化历史后果

15世纪至16世纪西欧人进行全球范围内的航海探险扩张活动，对于人类历史的发展产生了重要的后果。

西欧人的航海探险，发现了东西方贸易交通的多条新路线，从总体上解决了新航路开辟前迫切需要解决的问题，达到了预想目的。它结束了土耳其奥斯曼帝国垄断东地中海东西方商路的历史，使得一度衰落了的东西方贸易和民族间的文化交流，在新的形势下又开始回升，并且突破了原来的水平。欧洲、亚洲和非洲三大洲"旧大陆"之间传统贸易的商品数额，由于航路的增加而大量增加。例如在16世纪中叶，东方的香料和调味品在西欧的销售量达到了一个世纪前的3倍多；当时中国的茶叶、丝绸、瓷器、手工艺品和药材向欧洲的出口也大大增加，这些产品成为东西方贸易的主要内容。中国的茶和非洲的咖啡，逐渐成为欧洲人餐桌上的主要饮料。

　　海外航行和新航线的开辟,不但加强了旧大陆之间的贸易,更重要的是形成了"新大陆"和旧大陆之间的商品流通,主要的是美洲的物产——矿产品和农产品——进入了欧洲,随后也进入了世界的其他地方。西欧人在美洲发现了金银矿产,把那里的金子和银子源源不断地运回西欧。美洲的许多农产品,例如玉米、红薯、马铃薯、烟草、甜酒、可可、奎宁,以及当时欧洲人和亚洲人都不认识的花生、西红柿、南瓜、菠萝等瓜果蔬菜开始逐步成为全世界到处都有的东西。非洲的象牙、鸵鸟羽毛,也都被输送到世界各地。新航路的开辟和新大陆的发现,可以说是世界上第一次大规模的"全球化"浪潮。洲际的文化圈界限第一次开始被打破,多条新航路开始把亚洲和欧洲比以前更紧密地联系在一起。人类从这时才真正开始了普遍的"全球交往"的"世界史"。"东半球"和"西半球"的对比概念开始形成。从而,人类活动的规模和范围比 15 世纪以前迅速扩大。各个地区之间的物品的交流和融通,文化精神上的碰撞、冲突和融会,成为世界历史发展的必然趋势。

　　新航路的开辟和新大陆的发现,大大地改变了西欧人社会生活空间的文化位势:从传统上来说,东地中海是古代欧洲文明的发源地,也一直是东西方交通和贸易的中心,而新航路和新大陆的发现,改变了自古几千年以来欧洲文明位势的空间分布,地中海不再是东西方交往的中心地区和交会点,而大西洋东岸的欧洲沿海,成为欧洲一个新的对外贸易中心,从而也成为西欧政治和文化的聚焦地区。从 13 世纪至 15 世纪发展起来的意大利的世界商业中心区域的地位,逐渐被葡萄牙、西班牙、尼德兰和英国所代替;昔日的君士坦丁堡、热那亚、比萨和威尼斯等城市的繁荣和辉煌,很快就被葡萄牙的里斯本、西班牙南部的港口城市、法国的波尔多、英国的利物浦、布里斯托尔和尼德兰的阿姆斯特丹以及安特卫普所取代。到 16 世纪中叶,尼德兰的安特卫普成为西欧最繁荣的、规模最大的国际贸易中心。从13世纪就在意大利萌芽的资本主义商业制度,由于大西洋沿岸新的文明中心的崛起,世界贸易规模的进一步扩大,而在安特卫普等新的文明中心得到了进一步的发展,在这里,资本主义的新事物例如金融业、信贷业、商业中企业(交易所)以及股份公司等,都在新的形势下得到了改进和完善。应该说,这个变化对于西欧文明的发展具有"开启近代史"的意义。

新航路的开辟和新大陆的发现,引发了西欧近代史上著名的"价格革命"。由于新的全球交往的扩大,过去以欧洲为中心的经济资源地图中所没有的新大陆和东方的物质资源,现在被纳入了以欧洲为中心的世界经济体系的范围内。于是全球物质资源的分布图和物质资源的流向,发生了很大的改变,因而从根本上改变了欧洲经济运行的价格体系。在16世纪中期以前,在欧洲市场上,日耳曼矿山所出产的白银的价格比黄金还要贵。但是在1540年以后,墨西哥、玻利维亚和秘鲁的银矿产品大量输入欧洲,白银急剧贬值,黄金才从此占据了贵金属的第一尊贵地位。美洲廉价白银的大量输入,也迫使日耳曼的银矿企业倒闭,日耳曼的经济实力大大下降,白银输入国家例如西班牙、英国和尼德兰的经济地位相对上升。同时西班牙和葡萄牙等国在新大陆野蛮驱使和剥削当地原居民印第安人,为他们开采黄金和白银,把美洲的贵金属大量掠夺到欧洲。这种资源的世界性转移,极大地影响了欧洲贵金属的价格和普遍的价格体系。例如,在16世纪的100年间,欧洲的黄金存有量从55万公斤增加到119万多公斤;白银从700万公斤增加到2140万公斤。由于贵金属在欧洲市场上流通量的急剧增加,作为流通手段的金银大幅度贬值,因而物价相对猛升。在输入金银最多的西班牙,物价上涨了4.5倍,其中谷物上涨5倍。价格的变动,给新兴的资本家阶级带来了巨大的好处,因为涨价是资本家掠夺大众、集中财富的手段,这也是资本主义原始积累的主要方式之一。

新航路的开辟和新大陆的发现，还引发了第一次全球人口的大转移。在中世纪，欧洲和世界各地大部分都是封建农业经济占统治地位，自然经济的封闭性形成了民族活动区域基本固定的特点。但是，随着新航路的开辟和新大陆的发现，商业活动的跨地区和跨疆界特点，打破了地域的传统封闭性，参加到商业交往行列中的人越来越多，同时，人为追逐商业利益而流动居住的观念和拓展自由生活空间的观念,逐步取代农耕生活的固定居住观念，这是形成当时人口大流动的重要原因。同时，尤其值得注意的是，入侵非洲的欧洲人贩卖非洲黑人去美洲作奴隶，作为具有当时历史特征的事件，也是其时世界人口大流动的重要内容。所有这些现象构成了 15 世纪末和 16 世纪初欧洲白人和非洲黑人都向新大陆迁徙的热潮。其中的人共有三种不同情况：第一种人是欧洲帝国主义政府委派或者"加封"的掠夺者和殖民统治者；第二种人是在殖民主义政策庇护下的欧洲经商者和产业开拓者；第三种人就是被贩卖的非洲黑人奴隶。据统计，在 16 世纪到 18 世纪的三个世纪中，被贩卖到美洲的黑人总共有 1100 万人之多。欧洲白人和非洲黑人向美洲的迁徙，使得美洲大陆出现了白人、黑人和原有的印第安人共同生活的局面。他们之间的通婚，在美洲形成了一种混合型的新人种,从而为人类形成了一种新的民族文化类型。从西欧文明的角度看，可以说这种由于全球人口第一次大流动所进展的拉丁美洲文明，具有西欧文明的部分渊源。

四、西欧文明最初的全球扩张

（一）葡萄牙和西班牙两次划分势力范围

新航路的发现，使得西欧人可以到达亚洲东方以及西半球的美洲。西欧殖民者对发现的这些"新世界"地区的民族和人民，并不是采取友好交往的政策，而是屠杀和掠夺的政策。他们力图把新发现的东西方地区，都变为自己国家的殖民地或者附属国。这就是西欧近代历史上殖民主义的起源。

西欧国家借助新航路的开辟和新大陆的发现，对海外航行所到之处，都实行野蛮的占领政策，根本无视当地土著居民的领土主权。这种殖民主义政策，一方面以武力强迫西欧以外的世界广大地区人民向西欧文明"归附"，形成了世界广大地区的殖民化趋势；另一方面，西欧各殖民主义国家都想凭借各自的实力在海外占领更多土地，因而这些国家之间必然发生抢占殖民空间的冲突。这种冲突从海外航行和发现新大陆一开始就存在着。这就形成西欧国家之间的"欧洲争端"演化为"世界争端"的新历史现象。

由于西班牙和葡萄牙是在海外航行和发现新大陆事件中的主要角色，这两个国家首先在美洲发生了争夺属地的冲突。教皇成为解决这个冲突的裁判人。1494年，两国签订了"托尔德斯里亚斯"条约，规定在西经46度附近画一条经线，作为这两个国家划分势力范围的分界线。该线以东"发现"的所有土地都归葡萄牙领有；而该线以西"发现"的土地都归西班牙领有。这就是历史上有名的"教皇子午线"。这是西欧殖民主义在西半球第一次划分势力范围。在东方的情况是：由于西班牙和葡萄牙在远东的"海外活动"也十分频繁，累累发生冲突，1529年，两国又签订萨拉哥萨新条约，规定了两国在东方的殖民利益范围：以摩鹿加群岛以东的17度经线为界，以西属葡萄牙势力范围，以东属西班牙势力范围。这是西欧殖民主义国家在东方第一次划分势力范围。

（二）葡萄牙的海外殖民活动

经过这两次划分势力范围，葡萄牙获得了在广大的亚洲和非洲进行殖民扩张的条件。

早在15世纪中叶，从1442年起，葡萄牙人通过在西非海岸的航行，在那里建立了许多殖民地区。尤其在盛产黄金的几内亚湾频繁活动，他们从非洲掠夺大量的黄金运回欧洲。他们把非洲黑人当成动物，随意猎捕，强迫非洲黑人当奴隶，在殖民者开办的金矿和种植园劳动。从 1502 年起，葡萄牙殖民者从非洲劫掠黑人，给他们戴上锁链、打上烙印，把他们贩卖到美洲，当时主要是贩卖到葡萄牙在南美的殖民地巴西，以及中美洲和西印度群岛，也有一些被贩卖到欧洲。

1498 年达·伽马航行到达印度后，东方广大土地就成为葡萄牙的掠夺对象。葡萄牙殖民者以强盗的面貌出现在东方，以野蛮的军事武力对待他们"发现"的东方各地。他们炮击印度城市卡利库特，占领莫桑比克，并在印度洋上掠夺来往于埃及、印度和阿拉伯之间的商船，杀人越货，无恶不作。1506 年葡萄牙殖民者占领了亚丁湾入口处，1508 年占领了波斯湾入口处，并占领了印度西北部的港口第乌，形成了对东方与阿拉伯之间海上贸易的控制与垄断。1510 年和 1511 年，葡萄牙占领了印度的果阿和东南亚的咽喉之地马六甲，从而控制了东南亚与阿拉伯之间的海上贸易。在 16 世纪，葡萄牙建立了一个广大的、从直布罗陀到马六甲海峡的殖民帝国。这个海外殖民帝国以果阿为据点，葡萄牙的印度总督管辖五个省督，这五个省督分别管理着莫桑比克、奥马兹、马斯喀特、斯里兰卡和马六甲等五个殖民地区的事务。葡萄牙殖民者对亚非各个殖民地人民的压迫和掠夺十分野蛮和残酷，强征的税赋有的高达全部财产的 1/3。

葡萄牙人在非洲和东方的殖民活动，完全是以海盗的野蛮方式进行的。他们经常在海上出没，拦截航路，抢劫船只，在掠夺货物后，把船只连同船上的人一起沉入海中。经常对俘获的商人和乘客进行恐怖残害，割去他们的鼻子和耳朵。葡萄牙殖民者在 15 世纪至 16 世纪把从非洲到东南亚的广大海域变成了恐怖的海洋。

同时，葡萄牙殖民者在他们占领的广大殖民区域进行欺骗"贸易"，以欧洲的各种廉价工艺品，"换取"亚非各地的珍贵宝石、金银和象牙。东方的大量特产例如中国的丝绸、茶叶和瓷器，摩鹿加等地的香料和调味品，都成为葡萄牙首都里斯本市场上的特色商品。葡萄牙商人以掠夺式贸易在东方获取巨大的利润。当时胡椒在里斯本的价格比在印度高出12倍多，就是一个明显的例证。

葡萄牙人在东亚对中国和日本也发动了殖民侵略攻势。他们先是以"通商"为借口，然后借机侵占土地。葡萄牙与中国"通商"始于1517年。它在1533年以恳求在这里晾晒货物为名，要赖占据澳门，1557年在澳门擅自设立行政设施，建立武装组织，把澳门变为殖民地。1548年，葡萄牙在日本九州开设了贸易点。这是欧洲殖民主义者入侵东亚地区的开始。

（三）西班牙的海外殖民活动

与葡萄牙殖民主义者施虐亚洲和非洲的情况相比照，从哥伦布"发现"美洲新大陆的时候起，西班牙在15世纪和16世纪的200年间，在西半球对拉丁美洲进行了野蛮的殖民扩张。这种扩张活动，一直进行到19世纪中叶。哥伦布于1493年为西班牙侵占海地，1496年侵占多米尼加。1511年西班牙殖民者在塞维利亚设立"印度事务部"统辖美洲殖民事务。

1513年西班牙殖民者巴尔波亚从巴拿马海峡的北端穿过大陆到达海峡的南端，"发现"了太平洋，宣称太平洋中的一切岛屿都归西班牙"所有"。1514年西班牙占领了巴拿马和古巴，并以古巴为据点，从1517年开始向墨西哥和中美洲各地发动占领攻势，1519年西班牙殖民者科泰斯从古巴入侵墨西哥，1521年8月攻下墨西哥城，至1524年，中美洲的危地马拉、洪都拉斯、尼加拉瓜和萨尔瓦多各地均被西班牙占领，墨西哥城成为西班牙殖民者统治中美洲的首府，科泰斯被任命为"总督"。

1531年西班牙殖民者毕萨罗侵入秘鲁，1533年灭掉秘鲁印加人的国家。1535年，西班牙殖民者阿尔马格罗从秘鲁入侵智利北部地区，1538年他征服了玻利维亚，1541年霸占了智利的沿海地带。

1535年，西班牙殖民者门多萨侵占了乌拉圭和巴拉圭。1536年西班牙殖民者奎沙达从马格达莱纳河口入侵哥伦比亚，1538年占领哥伦比亚和委内瑞拉。

至1549年阿根廷被西班牙殖民者征服，西班牙实现了它在美洲的殖民扩张。除了巴西被葡萄牙占领外，中美洲和南美洲全部处于西班牙的殖民统治之下。

西班牙殖民者在美洲实行残酷的殖民统治。他们把印第安人视为"食人生番"，到今天仍然在流行的"加勒比人"一词就是这个意思。1503年，西班牙殖民者在美洲实行"分地"制和"监护"制，把侵占的大片土地分给西班牙贵族和强盗"开发者"，施与他们奴役当地印第安人的权力。1554年，西班牙颁布法令，把分地世袭化，从而印第安奴隶也被世袭化。西班牙殖民者强迫印第安人开矿、开发种植园，繁重的劳动把大批印第安人折磨致死。印第安人一旦反抗，西班牙殖民者就严酷镇压，处以火刑、犬裂或者活埋。据当时殖民者行政当局的不完全统计，仅16世纪上半叶，被西班牙殖民者屠杀的印第安人多达1200万，甚至是1500万。例如海地的印第安人在西班牙入侵前有6万多，到1548年仅剩下500人；牙买加岛上原有印第安人30万，到1548年已经一人不剩。西班牙殖民者大肆掠夺中南美洲的黄金。16世纪末世界贸易体系中的贵金属有78%出自西班牙统治下的美洲。

在西班牙侵占美洲的过程中，天主教的"耶稣会士"起到了十分重要的"助手"作用。从1502年起，耶稣会士开始在美洲传教。他们把殖民主义制度"神圣"化。经过一百三十多年的经营，到 1632 年，耶稣会士在美洲建立起了 7 万多座天主教堂，向印第安人和黑人"宣示教化"，强迫他们入教，并把天主教定为西班牙属美洲各地的"国教"。教会不但在美洲建立起了自己的"归属地"，进行直接的殖民统治，而且在美洲各地，它还经营矿山、种植园和各种作坊，放高利贷，并设立"审判异端法庭"，进行野蛮黑暗的宗教裁判活动。在中南美洲的早期开发中，天主教会发挥了特殊的历史作用。

（四）荷兰和英国、法国的海外殖民活动

跟随葡萄牙和西班牙的海外殖民侵略活动之后，从 16 世纪末年开始，西欧的荷兰、英国和法国也先后开始了自己的早期海外殖民活动。

荷兰殖民者霍特曼在 1595 年率领船队绕过好望角航行印度洋。1598 年另一个荷兰殖民者范尼克从印度洋东航，到达爪哇岛和摩鹿加群岛，对这里开始进行殖民侵略和统治。荷兰人把海外殖民活动"公司化"，成立了各种大大小小的进行殖民侵略活动的公司，荷兰政府积极支持这些公司的海外殖民侵略活动，并赋予它们进行全球侵略和在海外抢占别国殖民地的特权。

从 17 世纪初年开始，荷兰以强大的军事实力向葡萄牙在亚洲的殖民霸权挑战，1602 年，荷兰殖民者建立了"东印度公司"，并于 1603 年在爪哇建立起贸易据点。它在 17 世纪初年曾经两度侵占中国的澎湖列岛，1605 年荷兰舰队在摩鹿加群岛打败葡萄牙舰队，随后在此地区取代葡萄牙人的殖民活动。1619 年荷兰殖民者在爪哇岛上建立城市巴达维亚（即今雅加达）。1624 年侵占中国台湾岛（1662 年由郑成功领导中国人民收复）。1656 年至 1658 年，荷兰殖民者占领了锡兰（今斯里兰卡）岛。在 17 世纪，荷兰殖民者在荷兰政府的支持下，在亚洲广大地区取代了葡萄牙的殖民势力。

1621 年，荷兰成立了"西印度公司"。这个公司以军事实力打败了葡萄牙和西班牙，逐步取代它们在美洲和非洲一些地方的殖民活动。荷兰的公司仍然以海盗式抢掠、贩卖奴隶为主要活动内容，它不久即控制了大西洋上欧美、欧非、非美之间的各条贸易航线。它在西印度群岛打败西班牙，夺取了那里的一些岛屿；1622 年占领北美东岸哈德逊河口一带地方，把那里命名为"新荷兰"；将哈德逊河口的贸易市镇命名为"新阿姆斯特丹"（这就是今日的纽约城最早的历史起源）。1623 年，荷兰从葡萄牙手中夺得了巴西；1648 年，它在南非的开普敦赶走了葡萄牙人，把这里变为殖民地，把好望角建成了它统治东方印度尼西亚的中间航站。

17 世纪中叶是荷兰全球海上霸权的最盛时期。在此以后，它的殖民霸主地位逐步被英国和法国所取代。

当英国开始进行海外殖民侵略活动的时候，第一次全球殖民势力范围的瓜分已经基本完成，就剩下了北美还有待"开发"。因而，英国最早在海外进行殖民活动的事件，是 1584 年在北美建立弗吉尼亚殖民地。1588 年，英国成立"几内亚公司"，专营从非洲向美洲贩卖黑奴的勾当。1600 年，英国东印度公司成立，英国企图以此公司的殖民活动把老牌殖民主义国家（主要是葡萄牙和荷兰）的海外实力从印度洋和东亚排除出去。英国在部署这个海外"开发"战略时，把印度作为重点殖民目标。1609 年英国在印度的西北部海岸城市苏拉特开设了第一个商业站点，1613 年占领这个城市，然后把自己的殖民计划向印度内陆逐步实施。英国的海外殖民活动，伴随着野蛮的海盗行径。在 16 世纪的最后 20 年间，是英国海盗活动最为猖狂的时期。伊丽莎白女王任命著名的海盗霍金斯和德雷克为"海军将领"，鼓励他们在海外进行抢掠活动。有一次一船就从美洲抢来价值 150 万英镑的珍宝。在伊丽莎白女王统治的 45 年期间，海外掠得的财富分给政府的部分就有 1200 多万英镑。

　　法国国内在 16 世纪后半叶进行了 32 年胡格诺战争，战争结束后，17 世纪初年开始向海外扩张。1604 年法国东印度公司成立，企图在非洲及其以东的广大地区分得殖民利益的一杯羹。法国殖民者以传教和贸易为名，入侵东南亚。其活动主要是以越南海岸为依托的北部湾西岸的中印半岛地区。同时，法国继英国之后，力图在西半球的"后开发区"——北美进行大规模的殖民地领土开拓。为此，法国殖民者成立了"诺曼底商人公司"，在北美的圣劳伦斯河口地区修建了魁北克城，把魁北克地区据为己有。法国还从 1644 年起开始在南美的圭亚那进行殖民活动。17 世纪，它还在非洲侵占了马达加斯加和塞内加尔。

　　总之，从 15 世纪末起，随着新航路的开通和新大陆的发现，西欧各殖民主义国家对以非洲西海岸、东南亚和中南美洲为重点的全球各地发动了野蛮的侵略。由于这些殖民国家的经济和军事实力的变化，海外殖民霸权的态势在 200 年间发生着明显的变化。16 世纪瓜分世界的主要是葡萄牙和西班牙两个国家。而 17 世纪初，荷兰成为西欧国家进行海外殖民开拓的霸主。但是从 17 世纪中叶开始，西欧殖民主义国家之间发生了激烈的海外殖民地争夺战争。17 世纪后半叶，荷兰在同英国的三次海外殖民战争中失去了大片领地，英国取得了海上霸权，开始建立"日不落"的"大英帝国"。

　　可以看出，从 15 世纪新航路开通和新大陆发现以来，西欧历史的发展就同它的海外侵略和殖民活动紧密地联系在一起。西欧的"文明史"已经打破了地理上的"西欧"界限，以殖民侵略的方式开始向世界范围扩张。

8 彼特拉克像

第 二 章

意大利文艺复兴

一、文艺复兴为什么最早发生在意大利

意大利是古代罗马帝国的发源地，也是中世纪西欧基督教文明的中心区域。这里最大的城市——罗马从中世纪以来一直是基督教教皇的宫廷所在地。从 13 世纪后半叶开始，伟大而波澜壮阔的文艺复兴运动就在罗马周围（主要是在其以北的）广大地区兴起，在三百多年的时间中，这里出现了一大批人文主义的学者、文学艺术家和科学家，为西欧文明书写了绚丽的篇章。同时，它以其光灿杰出的文化成就，影响了西欧各国，使西欧各地、各民族都追随其后，或早或晚地也发生了轰轰烈烈的文艺复兴运动，这运动推动了整个西欧在 14 世纪至 16 世纪的前后 300 多年时间中，实现了巨大的思想解放和文化创新，促成了社会体制的根本重构，掀起了全社会在政治、经济等各个领域的全面转型，使得西欧从中世纪的封建社会，逐步转变为资本主义社会。所以，作为文艺复兴的发源地，意大利的文艺复兴运动对西欧文明发展的历史贡献是无可比拟的，其卓越丰硕的文化成就是值得西欧人民和全球人类永远珍怀和景仰的。

那么，西欧的文艺复兴为什么会首先发生在意大利，而不是其他别的什么地方呢？

根据文化史学家们一般认为，有如下的原因。

第一，从文化史的渊源来看，意大利具有古罗马遗留下来的

古典文化传统。意大利的古典文化传统比欧洲其他任何地方都要强烈。在整个中世纪，意大利人有一种强大的思想信念，他们把自己看成古代罗马人的后裔，虽然在实际上他们的血统中除了罗马人的传承之外，很大部分都有伦巴底人、拜占庭人、撒拉逊人和诺曼人的因素。但是意大利人从文化上愿意把自己作为罗马人的"正统"后裔。而且，在意大利一些城市的学校中，一直保持着古罗马的教育制度。因此，意大利的世俗文化比其他拉丁基督教国家更为浓烈。在中世纪晚期，意大利的大学主要是学习法律和医学，大学是世俗的。除了罗马大学外，只有少数意大利大学同宗教有联系。

第二，商业和海外贸易发达，使得经济的富裕和古代文化的本土回归成为可能。

在中世纪晚期的许多年代中，意大利的威尼斯、那不勒斯、热那亚和比萨实际上控制着地中海的贸易。而佛罗伦萨、波伦那、皮亚琴察和伦巴底平原地区的其他城市的商人，是南欧同北欧贸易的主要中间商。意大利的商业城市都是东方贸易的最大受益者。到14世纪，它们正是由于和亚洲以及非洲的贸易，才成为世界上最富裕的地方。在贸易的带动下，意大利受东方文化特别是拜占庭文化和撒拉逊文化的影响很大。通过这两种文化，意大利人是间接地知道远东文化最早的西欧人。中国的四大发明正是通过意大利人与东方的贸易传入欧洲的。特别重要的是，欧洲古代希腊罗马文化，在经历了中世纪漫长的宗教统治岁月后，在欧洲本土早已遗留很少，而古代的经典书籍却在拜占庭文化和阿拉伯文化中得到了一定的保存。通过意大利人同东方的贸易，这些古代经典书籍、手稿首先回到了欧洲本土的意大利。意大利人是最早见到并注意这些古典文化的内容的欧洲人。

第三，商业摧毁封建经济制度，使城市兴起，为新文化的发展创造了合适的条件。

意大利的商业发展给原来生活在贵族采邑中的佃农和农奴,提供了离开土地而获得新工作的机会,使得欧洲中世纪自给自足的采邑制度首先在意大利开始衰落。同时,商业城市在商业发达的地区不断兴起。城市的发展和数量的不断增加,加速了社会结构的变化,封建贵族的权力逐渐落入市民阶级的手里。而意大利城市能够发展起来,一个重要的原因是由于十字军东征的劳民伤财和屡次失败,使得教皇的权威和声望大大降低,因而教会对人们的控制权力大大减弱。这使得一些意大利城市垄断了地中海上的贸易成为可能。城市成为中世纪晚期社会结构大变动的最显著的标志。城市的成长不但使得手工工场的发展得到了比较顺利的条件,而且使得新的市民文化的发生和发展得到了合适的环境。

第四,中世纪晚期的罗马教廷和意大利的一些特别富裕的大商人,都有对文化事业的爱好,他们附庸风雅,乐于充当“文化赞助人”。这在一定程度上也促成了文艺复兴文化在一些大城市中得以蓬勃发展。中世纪晚期,教廷首脑和各级教会机构的头面人物,都逐步背弃了中世纪正统的“禁欲”和“苦行”传统,而普遍对世俗事物发生了浓厚兴趣。在追求物质生活奢华的同时,教会也积极鼓励以世俗的方式发展宗教文化。教皇尼古拉五世、庇护二世、朱利乌斯二世、利奥十世,他们都是教会中反对中世纪教条和教规传统的人。例如尼古拉五世让洛伦佐韦拉做他的秘书,而此人是很有名的反禁欲主义者。在商业城市中,世俗的文化赞助人大多数都是富有的商人,例如佛罗伦萨的梅第奇家族、米兰的斯福尔札家族等等。他们拿出大量的钱财收集艺术作品,聘请著名的艺术人才进入他们的府第,充当他们家族的艺术家。这也就推动和鼓励社会上艺术人才的产生。

第五,意大利的文艺复兴产生于政治动乱之中。文艺复兴开始的时候,意大利并不是一个统一的国家。在整个文艺复兴时期,意大利的社会形势一直是动荡的。意大利被认为是神圣罗马帝国的一部分。但是 1254 年康拉德四世死后，皇位空了 19 年，而他的几个继承人又都十分软弱，一直不能使意大利归于统一。教皇也丧失了作为意大利半岛政治领袖的权力。教皇博尼法斯八世同法国国王腓力四世的冲突结果，是 1308 年罗马教廷被迁到了法国的阿维农，教廷屈从法国国王达 70 年之久。虽然 1378 年新的教皇终于重新在罗马加冕，但教会的权威已经衰落。意大利分裂为十几个小国，各行其是。教皇对世俗国家与城市的控制力已大为减弱。世俗国家间进行激烈的竞争，而且国家内部也都出现了内乱，意大利的一些地方倒相对地保持自己的局部和平。政治上的分裂使得思想钳制有所放松，而有利于各种新思想的产生和发展。在这种情况下，近代意义的国家制度开始在米兰、佛罗伦萨和威尼斯等地兴起。这些城市国家否认国家为宗教的目的而存在，而强调国家的世俗性质。世俗国家强调公民的责任，强调公民对国家的忠诚和关心公共福利，认为国家的目的是促进它自身的利益。虽然这些城市国家间实际上存在着许多激烈的斗争，但是在它们内部，都程度不同地为新思想的发展提供着一定的条件。

从上述情况我们可以看出，西欧历史发展的客观进程，使得意大利能够成为文艺复兴的发源地。

二、新文学

意大利文艺复兴运动的主要表现之一，是具有人文主义特征的新文学的出现。

虽然在 12 世纪和 13 世纪的意大利文学中就已经存在着后来的人文主义的某些因素和征兆，但是直到 14 世纪，人文主义思想才在意大利文学中突现出来，后来在 15 世纪和 16 世纪又有发展。

14 世纪初年出生的彼特拉克和薄伽丘，是这种新文学思潮的最初的两位代表人物。他们也是整个文艺复兴时期人文主义精神的杰出代表。

（一）第一位人文主义者彼特拉克

弗朗切斯科·彼特拉克（1304—1374 年）是佛罗伦萨人。其父是当地的一个公证人，曾经和但丁同时被流放过。彼得拉克早年曾经在法国普罗旺斯居住，从 1316 年起，彼特拉克先后进入法国蒙特波利大学和意大利波伦那大学学习法律。10 年后，由于父亲去世，他放弃学业回到阿维农，在这个当时教皇的驻地当上了一名教士。但是，他十分爱好古典文化，经常收集和研读古希腊罗马古籍抄本，并曾为收集古籍而在法国、佛兰德尔和莱茵河流域等地漫游。他十分喜欢古罗马大作家的著作，他把西塞罗和维吉尔称做古代文学的"两只眼睛"。1341 年，他因杰出的诗歌创作，获得"加冕诗人"的桂冠。彼得拉克在政治上反对封建贵族的专制统治，1347 年罗马发生市民起义，他曾经写信给起义领导人表示热情支持。1374 年彼特拉克在意大利帕多瓦附近的一个小镇去世。

彼特拉克被称为文艺复兴的"第一位人文主义者"。他在他所处的时代，第一个把思想和眼光投向"人"。在此之前，人们按照中世纪的传统，思想和眼光永远是投向神的。彼特拉克写道："根之力量，草之汁液，花之美丽多彩，声、色、嗅、味在对立中组成之和谐，天上地下和大海中众多的生命之物……被创造出来，只是为了服务于人。"① 在当时神的观念和为神生活的观念十分浓厚的情况下，彼特拉克强调人和人间生活的重要性。他说："我自己是凡人，我只要求凡人的幸福。""凡人先要关心凡间的事情。"

据史家记载，彼特拉克的人格气质十分接近中世纪，他还深

---

① 转引自张椿年著：《从信仰到理性——意大利人文主义研究》，浙江人民出版社 1993 年版，第 48 页。

信基督教能够使人们的灵魂得救。他也迷恋于僧侣式的苦行主义。然而,他虽然也用教会官方通用的拉丁文作为自己的书写语言,但他主要用被但丁选为意大利文学语言基础的托斯卡纳方言写作。他用拉丁文写作叙事诗《阿非利加》(1342 年),此诗的内容是记叙古罗马将领在战争中英勇打败汉尼拔的故事,歌颂了古罗马人的智慧和英雄气概。他还用拉丁语写过一部名为《秘密》的著作,该书是对话集,他虚拟自己与奥古斯丁进行了三天的交谈,讨论宗教与世俗、生与死、幸福以及爱情等等问题。这部著作表达了彼特拉克对人世生活的探索和思考,他细致地揭示了人的感情和人的思想矛盾,反映出人在宗教禁欲主义道德束缚下的痛苦。

彼特拉克用意大利语写作了他的最优秀的作品《歌集》。

《歌集》是彼特拉克写给他心爱的恋人劳拉的十四行诗。该诗在形式上具有 13 世纪行吟诗人所写的骑士爱情诗的某些传统色彩。但是,它克服了中世纪诗歌的抽象性和隐晦寓意,大胆地讴歌爱情、讴歌人间的世俗生活和美好的大自然,表现了正在形成的一种新的时代精神——人文主义。诗中把爱情和世俗生活紧紧联系在一起,把生活和大自然联系在一起,把书写人的内心活动过程和爱情的实际经验结合在一起,其艺术成就远超过中世纪的诗人。同时,彼特拉克重视视觉的审美体验,他既擅长表现他所爱之人的精神品质之美,也特别擅长表现她的身体外形之美。这是人文主义的重要特色。收入彼特拉克《歌集》中的诗还表现了作者对祖国的热爱和对和平统一的政治理想的追求,以及他对腐败的教会及其掌权人物的贪婪和残暴的揭露和鞭笞。然而,他的诗同时也反映了他的精神矛盾:一方面,他热爱世俗生活和美好的大自然,积极追求人间的爱情幸福,重视个人的情感和荣誉,热爱祖国和民族,尤其他突出了世俗爱情的价值和个人幸福的价值;但另一方面,他仍然没有摆脱中世纪的宗教传统和禁欲主义。这反映了文艺复兴初期人文主义代表人物的普遍的不成熟的思想状况。

　　彼特拉克的《歌集》是当时正在处于形成初期的西欧资产阶级文学的早期作品。它无论在形式上还是在内容上，都为资产阶级抒情诗的创作开辟了道路。彼特拉克的十四行诗是西欧文学史上的"传世之作"，是十四行诗的高峰。

（二）伟大的人文主义文学家薄伽丘

　　乔万尼·薄伽丘（1313—1375年）是佛罗伦萨一个富商的私生子。他年轻时随父亲居住在那不勒斯，跟父亲做生意。后来父亲把他送到那不勒斯的一个大银行的分行中当学徒，希望他以后能子承父业。但是青年薄伽丘的兴趣在于古典作品，西塞罗、维吉尔和奥维德的著作被他经常拿在手中。同时，由于他经常参加那不勒斯宫廷中的社交活动，他结交了这个城市中的许多人文主义者，并开始钻研罗马古典文学作品，他几乎日日手不释卷地阅读这些典籍，加之那不勒斯有撒拉逊文化的影响和行吟诗人的文学传统，在这种环境中，他形成了高雅的文学气质。他热爱诗歌胜过他做借贷事务和计算利息的本职工作。而且，他爱上了那不勒斯的一位美丽女人。他在这里的生活充满了诗情画意。在那不勒斯城邦的政治斗争中，薄伽丘是共和政治的拥护者，他鄙视贵族的专制行为，但他又看不起人民群众。他的思想充分表现了上升时期的资产阶级的阶级特点。1340年，薄伽丘回到佛罗伦萨，他参加了共和政府的财政和外交工作，曾经作为共和政府的代表出使其他城邦。1350年，薄伽丘同彼特拉克见面，对古代典籍文献的热爱，使得他同彼特拉克有许多共同语言，他们俩有着比较密切的交往。薄伽丘对古代典籍的研究有深厚的功力，他的拉丁文作品深受当时人们的欢迎。他是当时第一位通晓古希腊语文的人文主义者。

　　在其生活的早期，薄伽丘写了大量的文学作品，几乎所有的作品都是以爱情为题材。他的长篇小说《菲罗哥罗》被誉为欧洲的第一部长篇小说。该书叙述了一个基督教姑娘同两个异教徒青年之间的缠绵爱情故事。他的长诗《爱萨依德》写两个骑士和一位美女的爱情。而长诗《爱情的幻影》则描写诗人在梦幻中与古代爱情人物相见的故事。薄伽丘还写有一部小说《菲索拉的女神》，由于对人物心理有细致的描写和探索，被称为欧洲第一部"心理小说"。

在薄伽丘写作的许多歌颂爱情胜利和爱情痛苦的诗歌和传奇中，最享有盛名的著作是他的散文故事集《十日谈》。这是他在经过一场战乱于1348年回到佛罗伦萨以后，在5年间写成的。《十日谈》包括100篇故事。全书的基本框架是：10个青年人为了躲避城市里流行的黑死病，在佛罗伦萨乡间别墅中赋闲，这7个年轻女子和3个男青年互相讲述故事。通过这个框架，薄伽丘把100个故事巧妙地连接为一个系列。由于讲故事的时间一共是10天，故名《十日谈》。这100个故事中，虽然有薄伽丘自己构思的，但大多数均取材于中古行吟诗人作品中的传说，以及从东方传入的故事，如阿拉伯的《一千零一夜》和《七哲人书》等。薄伽丘把这些故事完全本土化和世俗化了，主要用来反映意大利当时社会生活的广阔现实场景。作者以其深厚的现实生活功底，塑造了许多当时社会中的人物形象，涉及到不同的职业和不同的社会阶层。所以，通过这部书，人们可以对文艺复兴时期意大利社会生活以及人们的思想，有一个开阔的了解。

《十日谈》的主题是对中世纪封建社会的阶级不平等和性别不平等的激烈批判，对美好的新生活的向往。这新生活就是美好的现实世俗生活，它虽然有精神和物质的两个方面，但物质方面的意义似乎更为重要。生活的意义就是对个人幸福的追求，这是当时新生的资产阶级用来反对中世纪教会和封建贵族的宗法统治的价值观念，是用人的生活自然需求来反神权、反封建的社会生活态度。

薄伽丘的这部作品的基本内容，一方面是着力揭露和讽刺教会神职人员和封建贵族思想腐朽和道德败坏，揭露并鞭笞教士、僧侣的胡作非为；另一方面他热情歌颂和称赞商人和手工业者等市民阶层人们的聪明、机智和勇敢，赞赏市民男女青年大胆而真诚地追求爱情的生活态度。薄伽丘在书中以粗犷的笔调宣扬个人主义和利己主义，公开主张男女情欲是合法的人性，因而对人的情欲放纵进行了大胆的（甚至过分夸张的）描写，当然也进行某些道德说教。他以此对中世纪教会提倡的禁欲主义和苦行主义进行强烈抗议和抨击。这在当时是十分大胆的写作。因而这部作品具有强烈的反封建意义，它是资产阶级的社会自由和民主思想在文艺复兴初期的粗浅表达。

《十日谈》突破了中古时期短篇故事文学的写作手法，它不仅叙述故事，而且擅长于对生活进行概括，对人物进行塑造，还十分注重刻画人物心理和描绘自然景象。作者有意识地运用写作技巧，把许多小故事镶嵌在一个大的生活框架内，讲述得有条有理。薄伽丘还是一位善于进行讽刺写作的能手。他运用讽刺的手法对教士和贵族的贪婪和愚蠢进行揭露和抨击，十分巧妙，常常让读者忍俊不禁。

《十日谈》是以优美的拉丁文写成的散文。它笔法凝炼，语言丰富生动，且善于使用对比。它奠定了意大利近代散文写作的基础，正如但丁的《神曲》为意大利的诗歌写作奠定了基础一样。

《十日谈》于1469年在佛罗伦萨出版后，立即引起了轰动。它很快就被西欧各国翻译成本国文字，对整个西欧文艺复兴运动中人文主义新思想的形成和发展，发生了很大影响。从文学领域来说，它是16世纪和17世纪西欧短篇小说和现实主义文学的根源。在薄伽丘这部著作的影响下，意大利人写作短篇小说成风，这些作品所叙述的新故事，都从不同视觉、在不同程度上反映了意大利文艺复兴运动的社会面貌。

薄伽丘于 1375 年在佛罗伦萨近郊的一个小镇去世。这标志着意大利文艺复兴第一阶段——文学阶段的结束。

(三) 15 世纪和 16 世纪的意大利文学

从薄伽丘去世以后的几乎 100 年间，意大利文艺复兴的主要特点是对拉丁古文的热衷和崇拜。到 15 世纪中叶以后，虽然也出现了众多的作家和诗人，他们也写出了许多脍炙人口的抒情作品，但从内容的意义和文字形式来说，都没有超过彼特拉克和薄伽丘。在 15 世纪，意大利文艺复兴的主要创新工作已经转移到艺术和科学方面。同时，在文学方面，由于社会普通大众中新思想的觉醒，民间文学得到了长足的发展。在这个背景下，人文主义的民间文学在 15 世纪末达到了发展的高潮。

卢多维科·阿里奥斯托 (1474—1533 年) 的作品，就是这种具有人文主义精神的新民间文学的代表作。阿里奥斯托出身于一个贵族家庭。他的主要作品是著名的传奇叙事诗《疯狂的奥尔兰多》(1516—1532 年)。

这是一部与意大利民间流传的英雄故事和历史故事有关的情节复杂的长诗，它有三个相互交错的情节线索：第一条是爱情的线索，即奥尔兰多（罗兰）和安杰丽嘉的爱情故事；第二条是政治线索，即查理大帝和他的骑士们讨伐回教徒的战争；第三条也是一条爱情线索，即鲁杰罗和勃拉达曼提的爱情故事。作者围绕上述三条线索，使各种故事穿插交错，把叙事、抒情和对田园风光的描绘配合展现，使悲剧的因素和喜剧的因素巧妙结合，让严肃的风格和诙谐的风格相映互衬。通过这些手法，全诗不但塑造了传统的英雄和美人的形象，而且还塑造了形形色色、神通广大的魔术师、仙人和妖精。在如此丰富的内容中，罗兰对安杰丽嘉的爱情故事是全书的主线。罗兰一心一意地爱上了安杰丽嘉，为寻找她而走遍天涯，但是他的寻找结果是他得知了安杰丽嘉已经和梅多罗结婚的消息。这消息使得罗兰从气愤发展到了疯狂。作者以细腻的笔法，深入地刻画和描写了罗兰在疯狂后的绝望和各种丰富的情感心理，使全诗达到了抒情的高潮。这部作品因此而被命名为《疯狂的奥尔兰多》。

这部叙事诗的特色在于，它的题材虽然继承了许多来源于民间的传说，但是它摆脱了中世纪作品对骑士进行歌颂的传统风格，而对于冒险离奇的骑士故事都采取了嘲笑和讽刺的态度；诗中主要突出了对世俗爱情、友谊、勇敢、忠贞和大无畏的牺牲精神的歌颂和明确肯定，也表现了对和平和国家的政治统一的向往。全诗处处洋溢着对大自然、人体美和艺术美的热爱；诗中还表达了作者对中世纪式的宗教偏见和禁欲主义的批判，表达了对割据各地的意大利专制独裁统治者和外国侵略者的谴责。该诗的语言生动鲜明，音韵优美，读起来朗朗上口。无论从其内容还是从其写作风格上看，阿里奥斯托的《疯狂的奥尔兰多》都是一部充满人文主义新思想的作品。它以对世俗的人的情感和生活要求的歌颂作为主题。这部诗的伟大思想成就和文学成就，使得它对西欧近代叙事诗的写作发生了巨大的影响。

16 世纪晚期，意大利文学史上出现了另一位伟大的诗人托夸多·塔索（1544—1594 年）。他曾经是菲拉拉公爵艾斯提家族的宫廷诗人，后因精神失常被监禁 7 年多。塔索是一位人文主义者，他对于世俗的爱情、自然之美和感官快乐的追求十分强烈。但是，16 世纪当时的社会情势已经发生了变化，在意大利仍然占思想统治地位的天主教，为了反对西欧大陆普遍发生的宗教改革运动，加强了对人的思想控制和宗教信仰的宣传和说教，加强了宗教裁判所对社会大众世俗生活要求的迫害。在这种情况下，塔索的心里表现出了宗教信仰和世俗激情的强烈的矛盾。他的著名叙事诗《被解放的耶路撒冷》（1575 年）就是在心情如此矛盾的情况下写成的。这部作品叙述的是第一次十字军东征的故事。在布留尼的统帅下，十字军的将士们出生入死，冲锋陷阵，经过千难万险，最后战胜了回教徒，攻克了神圣之城耶路撒冷。塔索之所以以歌颂的态度对此进行描述，是因为当时土耳其以其强大实力垄断了东方贸易，并对意大利本身形成了明显的威胁。塔索力图通过这样的歌颂，召唤一种新的英雄主义精神，起来同土耳其的扩张主义进行斗争。同时，塔索主观上想通过对基督教与异教的文化冲突，来宣扬基督教的信仰力量的伟大。但是，通过对塔索的这部诗进行文本分析可以看到，塔索的叙述在客观上却起到了歌颂异教、歌颂世俗生活的作用。例如书中的许多故事表达了世俗爱情力量的无限伟大，它甚至于可以战胜基督教信仰的力量。当为基督教的信仰而战的战士里那尔多迷恋于魔女阿尔米达时，他显然忘记了自己的信仰身份和战斗责任。塔索主观上要表现的反对宗教改革的天主教信仰力量，实际上是教会强加给世俗人们的，它并不能使人信服；相反，塔索对于非基督教人物和事件的描述，十分自然和生动，在客观上张扬了世俗的力量，展示了世俗生活的真实和美好。这是意大利文艺复兴晚期在文学上所出现的人文主义精神的最后成就。

三、14 世纪和 15 世纪的绘画艺术

意大利文艺复兴的伟大成就，在文学之外更令人瞩目的就是让后人赞叹不绝的艺术。这是一个艺术空前繁荣的时代。在前后三百多年的历史中，产生了一批以自己的艺术作品弘扬人文主义精神的艺术家。主要是一批绘画大师，同时也有雕塑家和建筑艺术家。由他们所创作的大量优秀艺术作品，在人类文化史上具有隽永长存的价值。

在文艺复兴以前的中世纪时期，艺术和文学一样，都是为宗

教服务的。为宣扬宗教理想的神圣彼岸性，艺术作品充满了蒙昧、神秘和禁欲的气氛。宗教艺术作品给人的视觉感受普遍是呆板、偶像化、丑陋怪诞、虚幻和不合情理的夸张等等。但是文艺复兴运动开始以后，由于思想的转变，世俗的人和人的各种表现、情感，以及人周围的具体的现实自然界，不但逐步成为文学叙述的对象，而且也成为艺术描绘的对象。意大利文艺复兴时期的艺术，正是充满了"描绘人和自然"的热情和创造性的现实风格。

（一）欧洲绘画之父焦托

早在13世纪末叶，在意大利的佛罗伦萨就有一位使得绘画艺术走向世俗化的大师，他的名字叫作奇马布埃（1240—1300年）。他的作品虽然仍和中世纪传统的艺术一样，大量取材于宗教人物和故事，但是作品中的人物形象已经在很大程度上脱去了神圣的宗教色彩，人物的形象充满了生命的活力和激情，故事的场景中也表现了美好的自然事物。奇马布埃的作品表明，他是处于从中世纪神圣观念支配的宗教绘画向文艺复兴人文精神主导的艺术过渡中的艺术家。

第一位在作品中明确地表达人文主义思想的意大利绘画艺术家，就是奇马布埃的弟子焦托（1266［67?］—1337年）。艺术史家普遍认为，从焦托开始，西欧的绘画才成为一门独立的艺术。焦托被称为"文艺复兴的种子"和"欧洲绘画之父"，是近代欧洲艺术的奠基人。他的艺术作品虽然仍旧带有中世纪风格影响的痕迹，但从总体上说，他已经注重绘画表现人间情感，他的作品充满了自然的现实感和人情味，可以说宗教人物和宗教故事在他笔下净成了人间故事和凡人。由于他的作品画实际上是充当宗教故事角色的人，因而，作品能十分感人。他表现悲哀的作品可以使人辛酸；他表现快乐的作品则使人激动欢腾。在绘画技法方面，焦托坚持以人间生活为模本的写实风格，同时，他善于运用光的明暗，在平面上创造深度空间。在 1305 年至 1308 年的三年时间中，焦托给帕多瓦地方的阿里纳礼拜堂绘制了 36 幅《圣经传奇故事》的连环壁画。画的题材虽然都与宗教有关，但他笔下的神圣人物，包括圣母、圣子和神圣家族等等，每个人物的表情都是世俗人物，有血有肉，形象生动。《哀悼基督》是最出名的画幅。中世纪有许多人曾以此题材作画，但是没有任何一幅能像焦托的这幅画，把悲剧气氛渲染得如此浓烈。在这幅画中，悲痛的圣母怀抱着被害儿子耶稣的头，深情地端详着他已经紧闭的眼睛，许多圣徒环绕在四周，他们把目光都投向这生离死别的母子，以各不相同的姿态表达他们对耶稣被害的悲哀。焦托以这些圣徒的不同姿态，把人间的种种悲痛描绘得淋漓尽致。焦托的另外一幅画《犹大之吻》也是以《圣经》为题材。画中惟妙惟肖地刻画了处在危机来临时刻的耶稣和出卖他的犹大的迥然不同的心态。他们的眉、眼和嘴，以及脸上的肌肉，都充满了典型的人间表情。这表情脱却了中世纪神学式描绘的简单罗列、枯燥和呆板，呈现出来的完全是人类生活中生动逼真的善恶反差对照。耶稣的坦荡、严肃、镇静和庄重，犹大的心怀鬼胎、虚伪做作和奸佞胆怯，被焦托以反差的对照方式，表现得入骨三分。人世生活的图景和人类普遍追求的道德理想，就这样被焦托藉宗教故事而艺术化地表现出来。焦托的名画还有《约清与牧人》、《圣方济向众鸟布道》和《金门相会》等。这些画也都是取材于基督教的宗教传说。但它们把人与人的感情、人与动物的感情，以及人与大自然的感情，都描绘得细致入微，栩栩如生，体现了人文精神。

（二）新时代画风的创始人马萨乔

焦托在 14 世纪上半叶去世，64 年后，在佛罗伦萨诞生了一位 15 世纪的人文主义新艺术的天才——马萨乔（1401—1428 年）。马萨乔是一位名叫马佐·狄·焦日尼的画家的外号，"马萨乔"的意大利语含义是"不拘小节的人"。这位不拘小节的人在贫苦的童年时期十分刻苦好学。他 16 岁时只身从外乡来到佛罗伦萨，师从画家马佐利诺学画。但是，老师的严格模仿前人的工作方式并不能满足马萨乔的开拓进取的要求。他大胆地冲破束缚，在继承文艺复兴早期艺术风格的基础上，对诸如透视技法、解剖原理和光线明暗的运用等，进行了探索和创新。他在 26 岁时，为佛罗伦萨圣玛利亚教堂内的布兰卡齐小教堂创作的一组壁画，被称为文艺复兴艺术中的名作。其中《纳税钱》和《亚当夏娃被逐出伊甸园》两幅，尤为人们所称道。《纳税钱》一画取材于《圣经》中耶稣和门徒进伽百农城门前，向守门的罗马税务官缴纳税金的故事。画中以对三个相互联系的情节的生动描绘，表现了耶稣的大度，奇迹的恩惠和从容处事的暗示。所画耶稣制止发怒门徒彼得欲打税官、彼得到水池中从鱼嘴中掏钱、彼得向税官缴税等三个小故事，通过对光线的运用，对人物和景物的明暗处理，层次感的设置，把故事表现得惟妙惟肖、活灵活现。《亚当夏娃被逐出伊甸园》是以人所共知的"偷吃禁果"的故事为题材的。马萨乔没有描绘偷吃禁果的欢乐，而是选取亚当和夏娃在偷吃禁果之后被愤怒的上帝逐出伊甸园的情节，以这两个人物的裸体形象，强调了人物"在世"的现实性，突出了浓厚的世俗现实气氛。马萨乔的这幅名画的意义在于：第一，他以形体解剖学为基础，表现出现实人物形象，大胆地打破了中世纪禁欲主义绘画风格的束缚，突出了人的自然形体的健康和美好；第二，更重要的是，马萨乔着力于人物痛苦表情的细致刻画，描绘亚当以手掩面的羞耻不安和夏娃哭泣着向前上方茫然张望的姿态，准确地揭示了被世俗化了的人本身既有痛苦又有对欢乐的期望的复杂"在世"心理。在文艺复兴艺术中，这是对人的在世生活之复杂性的第一次集中表露。马萨乔不仅是壁画大师，还有木版画的佳作。他为比萨城一个教堂的祭坛所创作的《圣母登宝座》，也体现了他的人文主义风格。在这幅

画中，他把神圣人物都生活化了：目光慈祥的圣母似乎就是一位
人间母亲；中世纪神秘的圣子形象，在马萨乔的这幅画中，变成
了偎依在母亲身边的可爱小孩，他无忧无虑，有滋有味地吃着鲜
美的葡萄；而那些在过去的圣母画中只是对圣母下跪膜拜的天使，
在这里的画面中，也具有了人间世俗的"生活者"的禀赋，他们
正在悠悠弹琴，拨动的琴弦好似在为生活和温馨的母子之爱而歌
唱。加之这幅画运用了马萨乔拿手的光线衬托画法，整个画面显
得就像是一幅幽静而甜美的人伦生活图景。正当年轻的马萨乔才
华横溢的时候，他因遭到嫉妒而在罗马突然被人暗杀，时年仅 27
岁。他短暂的一生为意大利文艺复兴留下了一条艺术真理：模仿
自然和追随自然而创新。

（三）艺术美的使者波提切利

到 15 世纪下半叶文艺复兴思潮已经成熟的年代，佛罗伦萨出
现了又一位伟大的画家波提切利（1446—1510 年）。波提切利出身
于一个小手工业者家庭，他的父亲是一位皮匠。他曾经在首饰店
作银匠手艺的学徒，但热爱绘画。由于学习绘画十分努力，他初
期的作品很快就受到人们的喜爱。在得到佛罗伦萨的统治者梅第
奇赏识后，他年方 28 岁，就于 1474 年进入梅第奇的宫廷，和经
常出入宫廷的众多诗人、学者接触与交往，于是他不但熟悉了但
丁、彼特拉克以来的新思想，而且对古代思想和艺术中蕴含的人
文精神有所理解，陶冶了他高尚的人文主义情操，这使他得以在
作品中凝聚深厚的人文精神内涵。他很快就成为宫廷的著名画师。
但当时佛罗伦萨的政治形势动荡，也颇影响他的艺术创作情绪，作
品中往往表露出他对和平和安宁的世俗生活的向往。从艺术风格
来看，波提切利并未沿袭马萨乔的传统，而是独辟蹊径，对中世
纪传统的哥特风格和平面创作技巧进行了刻意创新。他以修长的
艺术形象、优美的线条和雅致的平面布局，开创了一代新画风。这

种风格同他擅长表现哀愁和伤感情绪相结合，使得他的作品具有别致而深远的艺术价值。波提切利最著名的画是《春》和《维纳斯的诞生》。与马萨乔不同，波提切利的名画绝大部分均取材于古希腊神话，而不是基督教的宗教故事。

《春》的创意来自文艺复兴时期的诗人波利齐亚诺对古希腊美丽女神维纳斯的长篇颂诗。波提切利以他的高超创意和绘画技巧，把那首诗的意境如此描绘了出来：郁郁葱葱的橘树林，繁盛的金黄橘果，这背景的明暗色彩对比，就已经使画面具有一种清新沁人的审美吸引力；在画面中央稍后位置，维纳斯以一个美丽的姿态伫立着，她好像是在向人们宣示春天来临的好消息，同时也在祝福人们享受如此美好的明媚春光；画面右边是法力强大的风神，在一棵被刮斜了的树后，用力把嘴衔鲜花的春天之神向画面中间推出；而在春神之前，身着花簇锦绣轻纱的花神，迈着轻盈的步伐，已经在把色彩绚丽的花瓣撒向大地；在画面的稍左边，身材修长而美丽的美惠三女神身着薄纱，在草地上翩翩起舞，她们自由地尽情舒展着自己美丽的身体，又好像在相互倾诉着什么；她们微微感伤的愁容，似乎告诉人们，在如此美好的春天，她们的内心还有着些微莫名的缺憾；而自由飞翔在维纳斯头顶上的小爱神天使，好像最明白她们的心事，他蒙上眼睛也知道把爱情之箭射向她们，好使她们的青春更加充实；在她们的左边，消息神墨丘利使者正在用法杖拨开天空还未完全退去的冬云，向画面外无限扩展着的广大世界空间传播着春天和爱情的好消息：春天和爱情同时来到人间，万物复苏，青春美好，万象更新。这是一个多么美好的世界啊！波提切利画给人们的是一幅春天的自然美景，但更确切地说，他画给人们的是整个文艺复兴时代，在这人文复苏的春天，如此美好的大自然和如此美好的人间爱情，多么值得热切向往和衷心赞颂啊！这幅画所独具的鲜明线条和轮廓，它轻度呈现的明暗光亮对比，使得整个画幅显得清新鲜丽而和谐恬静。它以隽永的审美价值教化着每一个时代的人们热爱生活和爱情的人文气质。

画于1486年的《维纳斯的诞生》是波提切利的另外一幅著名作品。它的题材与《春》的题材来源文本相似。古代希腊罗马神话传说中的维纳斯，在文艺复兴以前的千百年中，一直被人们以口头或者文字的方式表述着，"弥罗斯的维纳斯"雕像尚未被发现。在文艺复兴时代，波提切利以他的绘画作品，第一次把艺术形象赋予维纳斯。这是西欧艺术史上第一次以裸体的形式描绘古代神话人物的作品，具有大胆开拓创新的解放意义。波提切利运用文艺复兴早期的写实画法，同时也有自己的创新，他着重以优美的线条和柔和的人体姿态，来表现美的形象。画中的维纳斯身材修长，以微具"S"型的典雅方式，站立在古代绘画中经常出现的贝壳上。她体态丰盈而略显娇弱，皮肤洁白，金发飘逸，表情庄重而和善，眼神中似乎含有一丝感伤的迷茫。画的左边，展翅翱翔在天空的男女风神，鼓起轻轻的微风，吹拂着天空中正在散落的玫瑰花雨，把维纳斯从浩瀚而微波粼粼的大海中送到岸边来。维纳斯的身体中心稍微前倾，具有一种柔美的动感。在画的右边，迎候在陆地上的山林女神张开早就准备好的美丽花斗篷，要将它披在刚刚从洁净的海水中脱颖而出的美丽女神的胴体上。这幅画具有"美丽来到人世"的诗一般的抒情意境。波提切利所创造的这一维纳斯形象，成为西欧艺术史上美神的妩媚典型。维纳斯作为美的形象代表始见于文化话语之中。

波提切利还是一位"圣母画家"。他以圣母为题材的作品有许多幅。例如《庄严圣母》、《宝座上的圣母》、《拿着石榴的圣母》等等。这些被画家世俗化了的圣母，各个都是善良、慈悲和充满养育美德的形象。它们以艺术的方式，给当时的人间生活增加了世俗伦理道德的关怀，画家所强调的这种人文关怀，表明了当时社会情感的普遍变化情况：处于如此巨大的思想转型期的人们，正在以他们新发现的社会本身就具有的交往情感来代替外在的、由教会以神秘方式所宣示的宗教情感,但是表达新社会情感的题材与外在形式在这时还是"宗教的"。

如果谈到佛罗伦萨政局和现实事件对波提切利艺术创作的影响,就应该重视他的作品《诽谤》的意义。这幅属于波提切利较晚时期的作品,构思十分别致:他以具有古罗马特色的建筑物为背景,画面左边的裸体女神是真理的象征,而她旁边的黑衣老妇则代表邪恶。画面中央被一组象征各种谗言的人物群像所占据,讥讽虚伪、谎言、诽谤和欺诈等等丑行正在泛滥,肆意伤害着善良的人。那位倒在地上的无辜者,就是他们施展恶行的对象。而占据画面右边的是一位法官,他被这些进谗言者所包围,由于滥听谗言,他的耳朵已经变成了长长的驴耳,人世间的真理他怎么能够听得进呢?于是,法律丧失了应有的公正,社会生活变得佞妄当道,正义难行。这幅画以强烈的讽喻形式,反映了当时佛罗伦萨激烈的社会斗争形势。

四、绘画艺术三大师(上)

至15世纪末和16世纪上半叶,意大利文艺复兴的中心已经转移到威尼斯和罗马等城市。此时,文艺复兴的早期中心佛罗伦萨在政治和经济上已经逐渐衰落,但是,这里数百年的艺术传统不衰,孕育了在西欧文化史上占有重要地位的三位艺术大师。他们是达·芬奇、米凯朗基罗和拉斐尔。他们以自己的伟大创作为人类文化宝库作出了不可磨灭的贡献,对后来西欧艺术的发展具有里程碑式的极大影响。

(一)达·芬奇的人生道路

文艺复兴全盛时期的第一位艺术大师是达·芬奇(1452—

1519 年)。

达·芬奇出生于佛罗伦萨附近的一个小镇。他是作公证人的
父亲与一位酒馆女侍的非婚生子,从小在继母和祖父母的照料中
长大。后来他家迁入佛罗伦萨城居住。由于 14 岁的达·芬奇就表
现出了超常的绘画艺术才能,他的父亲把他送到画家维罗基奥的
绘画作坊当学徒。他在这里很快就对与绘画有关的自然科学实验
大感兴趣。在他绘画知识不断长进的同时,他培养了自己对自然
科学知识以及科学实验的热爱和执著。在 20 岁时,他就被权威的
佛罗伦萨画家行会破例吸收为会员。这个行会的成员都是佛罗伦
萨有名的绘画艺术家。达·芬奇的卓越才能得到了老师的赏识。老
师邀他一起合作画了一幅《基督受洗》图,后代的艺术史家和艺
术评论家普遍认为,这幅画中达·芬奇所画的小天使,在绘画技
法上已经超过了老师所画的基督。经过 6 年的学徒期后,达·芬
奇在佛罗伦萨开办了独立的绘画工作室,但是他的才华并没有被
人们认识。为寻求事业的发展,达·芬奇在 30 岁时离开佛罗伦萨
去米兰,在米兰公爵的宫廷绘画,从 1482 年起在米兰工作了 18
年。他首先创作了一幅大型木版油画《三王朝圣图》,但没有完成。
他于 1485 年又创作了木版油画《岩间圣母》。1495 年至 1498 年他
为米兰圣玛利亚·德拉·格拉齐耶修道院创作了大型壁画《最后
的晚餐》。在旅居米兰期间,达·芬奇除创作了艺术上的传世之作
外,他在自然科学和工程技术方面,也有重要的研究成果。在 1500
年,他返回佛罗伦萨。在这一段故乡生活期间,他创作了举世闻
名的《蒙娜丽莎》。6 年后他再去米兰又居住了 7 年,1513 年又经
过佛罗伦萨辗转到罗马。此时正是拉斐尔和米凯朗基罗的绘画艺
术在罗马当红时期,达·芬奇受到冷落的待遇,于是年已 64 岁的
他应法国国王的邀请,于 1516 年到巴黎,成为宫廷的首席画师。
国王为他提供了丰厚的待遇,但是封闭而缺乏社会活力的宫廷生
活在一定程度上窒息了达·芬奇的艺术灵感。他在那里主要从事

自然科学研究,只留下了一幅素描自画像。67岁时他在法国去世。

达·芬奇多才多艺,既是绘画艺术大师,又是数学家、自然科学家和机械工程师,他在物理学的各种不同部门中都有重要的发现。他是文艺复兴时期最有创新能力的天才。在艺术领域,他既是伟大的绘画艺术家,又是现实主义绘画理论的伟大奠基人。

(二)达·芬奇的艺术思想

达·芬奇是具有很强的人文禀赋的艺术家和科学家。他之所以能画出惊世之作,一个重要的原因是他有很高的思想理论素养。他是当时人文主义思想的伟大代表之一。他推崇人道和科学知识,热爱古典艺术。他认为,人是最神圣的东西,人体是自然物体中最值得研究的对象。他把艺术的根本功能确定为表现人、赞美人的美和人的思想情感。他说:"谁不尊重生命,谁就不配有生命。"这句话成为文艺复兴的名言。他十分重视理论对于实践的指导作用。他说:"理论是舰长,实践是士兵。"因而他十分重视进行理论研究。他还用了几年的工夫,专门研究鸟类和昆虫的飞行机制,设计了一个对于后来人类航空事业颇有启发意义的"飞行器"。他一生留下了八千多页科学研究手稿,还有大量的笔记、书摘、论文和画稿。他对知识与情感的关系有自己独到的见解。他认为,爱是知识的产物;知道得少,爱也就少;知识愈深厚,爱就愈热烈。而知识来自大自然,因而,他把艺术研究同对自然的探索紧密地结合在一起。而在研究中,他重视个人亲历经验的重要性。他认为观察才能求实,而求实才能创作出好的艺术作品。这个思想贯穿于达·芬奇的一生。在他论艺术的思想手稿(被后人整理为一本《绘画论》的书)中,他提出了"镜子说",认为艺术家的心就像一面镜子,能够、也应该真实、毫不扭曲地反映自然真实、再现自然,在这个基础上,才能对美的理想进行创造。由于他很下工夫研究人体解剖学(亲手解剖过30多具尸体)、透视法和光学,在继承前人理论和技法的基础上,他在艺术创作上探索出一条自己的独特道路。他发展了前人的金字塔型的构图技法,创造出一种更能表现立体感的新方法;他巧妙地运用山水景物来衬托人物,讲究人物与背景的和谐与统一;他创造了表现人物周围具有空气质感空间的"薄雾法";他在马萨乔的明暗画法的基础上,创造了可以渲染画面层次的"明暗转移法";他注意应用色阶的变化,尤其是善于运用晕染来表现对象。所有这些,都是达·芬奇对西方绘画艺术的重大革新和突破。

(三)达·芬奇的著名作品

达·芬奇的作品有《持花圣母》、《岩间圣母》、《最后的晚餐》、《蒙娜丽莎》、《丽达与天鹅》、《安加利之战》和《圣母与圣安娜》等等。其中最为人们称道的是《岩间圣母》、《最后的晚餐》和《蒙娜丽莎》。

取材于《圣经》的《岩间圣母》,是达·芬奇绘画创作成熟的标志。这幅画描绘了圣母带领圣子耶稣在约旦河边遇到施洗者约翰的情景。圣母居于画中央,画面左边是被画为幼儿的约翰,画面右边是被画为幼儿的耶稣和其身后的一位美丽天使。画中的情景是:圣母正把施洗者约翰介绍给耶稣,天使在旁帮助,耶稣给约翰以友好的回应。达·芬奇通过对四个人物的表情和他们之间的手指的相互对应关系的描绘,体现了一种沟通的和谐。该画在技法上有三个特点:其一是对四个人手指的描绘十分细致,手指间形成的对人与人关系的表现,可以说独具匠心;其二是该画运用"薄雾法"来表现空气的质感,以及人物衣着的潮湿;其三是表现地上花草的绘画功夫,于细微处可见达·芬奇对自然的细致观察,而岩洞和岩石的大背景,由于明暗和色彩的运用,显得幽暗、空旷而神秘。整个画面洋溢着纯真、静穆、温柔、和谐的人文情调。

　　1495 年，生活在米兰的达·芬奇接受了圣玛利亚·德拉·格拉齐耶修道院的邀请，为修道院的教堂餐厅绘制一幅大壁画，壁画的内容是《圣经》中的宗教故事"最后的晚餐"。故事的梗概是：在官府迫害和追捕耶稣的情况下，耶稣的 12 门徒之一的犹大，为了获得悬赏的 30 块金币而向官府告密，出卖了自己的老师。耶稣对犹大的卑鄙作为一清二楚。当天与 12 门徒共进晚餐时，耶稣向众门徒宣布："你们中有人出卖了我。"当场引起大哗。到底是谁出卖了耶稣？耶稣和犹大都心里清楚，而众门徒惊恐不已。壁画要表现的就是这个故事情景。达·芬奇接受了这个任务后，面临着许多困难。首先，在他之前，在中世纪和文艺复兴时期，已经有人以绘画的方式表现过同样的题材。怎样才能超越前人，创造新的艺术成就呢？这是第一个难题；一个画面要画 13 个人，如何才能不显得混乱？这是第二个难题；第三，这是一个悲剧故事，故事的核心是卑鄙的出卖，在这样的故事背景下，如何让正义压倒邪恶，体现人类道德的崇高？这又是一个难题。达·芬奇经过苦思冥想和精心设计，终于找到了解决方案。他在画面上把 13 个人物一字排开，他们的面前是一张长条大餐桌。耶稣居于画面的中央位置，他的 12 门徒分列两边。为了表现人的情感的丰富性而避免呆板，12 门徒在画面上被划分为四组，每三个之间有一个相互对应的关系，但 12 门徒都必须与居于中心的耶稣有一个共同的对应关系。达·芬奇对这种设计的具体表现是：众门徒听到耶稣宣告的坏消息之后，个人根据自己的性格，表情各不相同。紧挨耶稣左边的三个人中，善良的约翰表现得十分丧气和十分痛苦；而约翰旁边的彼得则勃然大怒，火冒三丈，右手紧握一把餐刀，好像马上就要去把叛徒杀死；彼得前面的犹大身体后仰，不自然地想远避老师的锐利目光，他的手中还紧握装着出卖老师所得来的 30 块金币的钱袋，在神情慌乱之中，臂肘不小心碰倒了餐桌上的盐钵。其他的门徒或咒骂，或表白，或询问，或探究；有的惊慌，有的怀疑，有的愤怒，有的失望。对这个突然事件作出的是形形色色的不同反应。画面上的这一片骚动气氛，恰好对耶稣表现出的自然而平静的心态是鲜明的反衬。达·芬奇还运用屋顶、侧墙和长桌的纵横线条的透视效果，使画面的视觉中心集中到耶稣的头上，在运用严格的透视法的平直几何框架中，表达了以耶稣形象为代表的思想主题永恒和稳固。这永恒和稳固在画面上方，覆盖着餐桌一线的骚动和混乱。加之画家在耶稣头和肩的后部还设计了一组明亮的窗户，使得耶稣的中心位置更为突出。画面以光亮区域来处理耶稣所代表的正义和崇高，而以反差中的黑暗区域来处理犹大所代表的卑鄙，以相对的昏暗区域来处理众门徒所表现的情绪骚动，很明显地突出了正义和崇高压倒邪恶的主题，把一个悲剧故事处理为一场对邪恶的强烈谴责和对正义与崇高的维护和赞颂。这幅画由于人文主义主题明确，技法精到，思想性和艺术性都十分高超，故而在画成之后的五百多年至今，一直备受推崇，被视为举世无双的杰作。

达·芬奇的另外一幅杰作《蒙娜丽莎》是给佛罗伦萨一位贵妇人画的肖像画。为了画好这幅肖像，达·芬奇从1503年到1506年先后用了四年的时间，才完成了它。这幅画的创新之处在于如下几点：第一，在此之前，西欧的肖像画都是只画头部和胸部，但这幅画突破了这个定规，画了人物的双臂和双手，一直画到腰部，使头、颈、手、臂、身浑然一体，把人体表现得栩栩如生，使得肖像显得结实健康，给人以立体的美感。尤其对于人物的双手如此突出的表现，是西欧绘画史上的第一次。蒙娜丽莎的右手被艺术史家称为人类最美的一只手。手是人类活动的集中体现，达·芬奇对手的美感的揭示，表明他找到了表现人的生命力的新方法。第二，画中人体的各个部分都具有十分匀称的解剖学的比例，画家从现实主义的自然观出发，以"写真"的"精确"方式，用这种比例表现了人物生命的真实的和谐。第三，画中把人物和作为背景的自然景色连贯为一，以起伏山峦和悠长河流的自然性质，表现人物心境的高远和思绪的深长，富有抒情诗的韵味；近处的阳台扶栏则又提醒人们，这并不是梦幻境地，而是真正现实的人生。第四，画中最值得注意的是人物的眼神和嘴部的表情。明亮的大眼睛注视着观众，似乎要倾诉什么，而又有难于倾诉之隐；它显得既渴望交流，又那么神秘莫测。蒙娜丽莎的嘴角的微笑是历代画评都必然要提到的表情。它似笑非笑，若隐若现，又略带哀愁，很难具有明确的意味。它可以被解释为或是微笑，或是沉思，或是发问，或是祝愿，或是体验，不一而足。这便形成了一个无限开放的审美解释空间。正因为画家在"凝固不变"的画布上，以线条和色彩显现了人类表情中"瞬间即逝"的某种东西，达到了审美表现中的暂时与永恒的对立与统一，正是这种表现技法，揭示了人的生命活动的"无限"本质，因而具有高超而永恒的审美价值。正因如此，《蒙娜丽莎》才成为艺术史上的永恒话题。

五、绘画艺术三大师（下）

（一）米凯朗基罗的绘画

比达·芬奇年幼23岁的米凯朗基罗（1475—1564年），是意大利文艺复兴盛期的又一位艺术天才。他也是佛罗伦萨人，也是一位多面手。他无疑属于文艺复兴的卓杰绘画艺术家之列，而他的雕刻艺术也尤为突出。我们在雕塑艺术一节中再重点介绍后者，在此先对他的绘画成就作一简要评介。

米凯朗基罗的绘画艺术成就主要表现在他的两件作品。一件是1508年到1512年绘制的罗马梵蒂冈西斯廷教堂的天顶画《创世纪》，另外一件是他在1536年至1541年为罗马西斯廷教堂绘制的祭坛后大壁画。

西斯廷教堂天顶画，以《圣经》中《创世纪》传说故事为主要内容，配有先知圣像和耶稣祖先画像。该画由三个部分组成。

　　第一部分是教堂的拱顶画。在这里，米凯朗基罗以"创世纪"题材为内容，形象地表现上帝创造世界和人类的过程和情景。根据《圣经》故事，这里画了九幅主体大画。它们分别表现《神分明暗》、《创造日月授福大地》、《授福海洋》、《创造亚当》、《创造夏娃》、《失伊甸园》、《诺亚祝祭》、《大洪水》和《诺亚醉酒》等创世纪的情节。这些画都分别独立成幅，同时又相互有故事上的前后联系，也可视为一个整体。所有九幅画中的人物，虽然从《圣经》故事的传统内容来说，他们都应该是神圣形象，但在米凯朗基罗笔下，他们个个都展现着人的禀赋和能力，洋溢着人的情感。他们的肌肉和体形充满了生命活力，个个表情热切而激动，他们的行动完全是朴实的人间劳作，而不是什么神圣"奇迹"，很难从中看出宗教的神秘色彩。米凯朗基罗的这些画，充分表达了他的人文主义情怀。九幅画中最有气魄的是《创造亚当》。这幅画正好处于天顶的中心位置。画中的上帝是一位身披世俗的简易服装——猩红斗篷的刚强壮美的男子，他满脸的大胡子，以及他那被风鼓起的斗篷的潇洒飘逸，足以表明他是米凯朗基罗心中的世俗英雄，而不是神学传统中的神圣上帝。这"上帝"被一群自由飞翔的无翼天使簇拥着，他们共同构成人间创造活动的宏大场面，洋溢着一种英雄气势。这图景表明，画家在这里把神着意地人间化了。在画面上与此对应的位置，亚当的形象完全是一个肌肉丰满而暂时缺乏体能的世俗之人。他躺在地上，满脸求助的表情，他那似乎十分虚弱的手臂被膝盖顶托着，无力的手指伸向上帝，眼睛热切地盯着那位可以给自己以生命力量的强壮大汉，盼望着手指与手指之间接触时刻马上到来。与亚当相比，对应于他的上帝的手指是那么有力，这些手指肯定会立即把亚当拉起。米凯朗基罗在这里借《圣经》故事，表现的完全是人间社会的强者救助弱者的故事。世俗人文的寓意在这里十分清楚。米凯朗基罗笔下上帝和亚当之间的强壮与虚弱的力量反差对比，实际上提供给观众的是活生生的"生命力"等级区分的审美感受。

天顶画的第二部分，是拱顶左右两侧立体三角形穹隆内的圣像画，画的是12位男女先知。他们或是哲人，或是沉思者，或是预言者，或是观察者，个个自然自在，表情丰富，形象逼真。通过这些形象，米凯朗基罗为观众展现了人类生活和个性复杂丰富的内容。为了使得这一部分的布局均衡，米凯朗基罗还在12位先知的旁边，画了20个青年男子的裸体形象，他们的表情和动作分别与近旁的先知相呼应，分别给人以强壮、完美和善良的审美感受。天顶画的第三部分，是在拱顶与上述第二部分的交接部位画上的耶稣祖先的形象。这一部分的人物也是形态各异，栩栩如生。

米凯朗基罗在上述500平方米的广阔空间中，共画了343个人物，并在人物之间都画上了装饰性的图案。如此浩大的工程是他一个人用了近四年半的时间完成的。他执著的创造精神累坏了他的身体，在这幅巨画完成时，37岁的他已经形如老人。他为世界贡献了艺术精品，他的作品和创造精神同是人类的文化珍宝。

1536年，61岁的米凯朗基罗接受了教皇的一个新任务，承担起为西斯廷小教堂创作祭坛后壁画的工作。他花了近六年的时间，在这200平方米的墙上，依据《圣经》中的"世界末日来临后的最终审判"的故事，绘制了形形色色的裸体和半裸体人物，表现了众多人物的大量丰富多姿的生动形态。这幅壁画被称为世界艺术史上的"人体百科全书"。在画中，居于中心位置的耶稣基督的形象，既非传统的慈善者，又非珠光宝气的权势人物，而被画家塑造为一个英俊的巨人。他面色沉着而坚定，举在头顶的右手好像马上就要挥下，宣告这最后审判就要开始。这个耶稣被米凯朗基罗赋予了人间绝对正义的符号意义。圣母玛利亚由于惊骇一贯仁慈的儿子此时必须担当铁面无情的审判者角色，她既有心支持这正义之举，又因这重大事件必然对邪恶进行残酷惩罚而为儿子担心，因而她心绪不宁地偎依在儿子的身后。耶稣的左边是一群在宗教史上为信仰而殉难的圣徒，他们以手中当年受迫害时被使用的刑具为证，要向耶稣诉苦喊冤，讨一个最终的千年公道。尤其值得注意的是，在圣徒巴托罗缪手拿的从自己身上被剥下的人皮上，米凯朗基罗画的是他自己的脸。可见画家力图把自己设计到这历史上的冤案行列中去，倾诉他在人世也受到不公待遇。在这幅画中，他将意大利历史上的众多著名人物画了进去，画家让那些有德行、主持正义的善良人物向天堂飞升；而让历史上那些邪恶、卑鄙和残害人民的人物，都在堕入地狱，其中包括向人民兜售"赎罪券"的贪婪教皇尼古拉三世。米凯朗基罗还把几个在他当时的现实生活中迫害他、诽谤他的坏人，画进堕入地狱者之列。由此足见他的爱憎分明的正义感十分强烈。《最后的审判》整个画面充满一种阴暗的恐怖气氛，这正是米凯朗基罗对他生活于其中的社会的复杂斗争形势的写照，以此表明画家自己对这个世界的黑暗的揭露和控诉。这幅画借"最后的审判"的题材抑恶扬善，讨伐奸佞，歌颂德行和善良，伸张人间正义，而且画技高超，既具有深刻的道德警示价值，又具有深厚的审美意蕴。

（二）拉斐尔的绘画成就

在文艺复兴巨人达·芬奇第一次离开佛罗伦萨到米兰后的第二年，也就是在米凯朗基罗 8 岁的那一年，在意大利中部东海岸安布里亚地方的乌尔比诺小公国，出生了意大利文艺复兴的第三位艺术大师，他就是拉斐尔（1483—1520 年）。拉斐尔的父亲是依附于当地公爵的一位宫廷诗人和画家。在他的影响下，拉斐尔从小就受到人文主义文化和贵族传统文化的双重熏陶。乌尔比诺这个地方的文艺复兴，并不像北部那样轰轰烈烈，在这里，新兴的资产者和地方贵族还处于相互依赖、彼此力量相当的社会态势中。因而，这里的文化思想具有一种"妥协"的气质。从另外一个意义上来说，这种妥协给艺术带来了兼容和综合的可能性。正是在这个特定的人文环境中，形成了乌尔比诺的安布里亚画派。在这个画派的画坊中，作为学徒的拉斐尔逐渐把这种善于表达恬静、温柔和典雅的画风学到手，能娴熟地表现它。拉斐尔将它作为自己一生绘画的基础风格。由于思维敏捷和学习勤奋，拉斐尔在17岁时就获得了绘画"师傅"的称号，成为可以独立开业的画家。1508年，25岁的拉斐尔来到当时文艺复兴的中心罗马，在这里为教皇朱利二世作画。他工作努力，性格温良平和，深受罗马艺术界的欢迎。他接受了为教廷装饰梵蒂冈签字大厅的任务后，经过苦思冥想，终于决定把表现欧洲学术传统作为这个大厅中的壁画的主题。他带领几名画师在这里画了四幅分别表现"神学"、"哲学"、"法学"以及"诗学"学术传统的学派和人物的壁画。其中表现哲学的壁画《雅典学园》，被人们公认为是最出色的。拉斐尔还在罗马创作了著名的《西斯廷圣母》。他的其他名作还有《伽拉特亚的凯旋》（描绘古希腊神话中水神伽拉特亚凯旋归来的场面，气氛热烈，充满动感）、《草地上的圣母》、《大公圣母》、《椅中圣母》以及肖像画《教皇利奥十世和两位主教》、《教皇朱利二世像》等。1520年，37岁的拉斐尔在罗马去世。他的生命虽然短暂，但他给人类留下了丰富卓杰的思想和文化硕果。

拉斐尔是一位善于学习的艺术家。他从幼年时代起，就深得安布里亚画派的理念精义，把创新和普遍吸收的综合密切联系在一起。在他的一生中，他谦虚地从同时代的达·芬奇、米凯朗基罗以及其他画家那里孜孜不倦地吸收他们的艺术长处，因而他能"青出于蓝而胜于蓝"，形成自己的独特思想、风格和技法。与达·芬奇相比，拉斐尔并未执著于科学，但他也不乏尊崇自然和客观生活的现实主义创作态度。在技巧方面，他吸收了达·芬奇表现细腻微妙景象的明暗转移法；与米凯朗基罗相比，拉斐尔并没有那么激昂地陶醉于理想和意志自由的浪漫，但他也不乏对

"纯美"的追求。他还吸收了米凯朗基罗善于描绘健壮肌肉的绘画特色。应该说，在拉斐尔身上，比较合乎"中道"地综合了达·芬奇和米凯朗基罗二人各自的长处。后代艺术批评家普遍认为，拉斐尔所创作的艺术典型，都表现了现实美与理想美相结合的不同形式，形成了一种可以被称为"秀美"的独特风格。在艺术思想上，拉斐尔尊重 15 世纪艺术家对自然忠实摹写的态度，他认为这是艺术创作的基础。然而，拉斐尔又认为，艺术创造应该高于自然，艺术家应该通过对自然的大量摹写，在心中形成比现实之美更美的"美的理念"，即"理想美"。这理念一旦形成，便会指导艺术家的创作。他笔下的自然之美便可能成为理想美的艺术典型，更具审美价值。

作品《雅典学园》的画面以古希腊"雅典学派"的建筑物为背景空间。这是典型的古代建筑，高大的石柱，平直耸立的墙壁，线条规则的台阶和地面，给人以高雅、庄重和肃穆的气氛；画面正中的三道圆形拱门，显示着建筑物内部的广阔和深远，大理石的质料体现着坚固和庄严。所有这些，都预示着学术事业的意义。画面的建筑背景部分，占去整个构图的 3/5 上部空间，以几何线条的排列方式，充分渲染着画家的创作理念所要告示观众的意义，那就是学术的高雅和庄严。拉斐尔在画面下部其余 2/5 的空间里，把从古希腊以来的许多著名哲学家都画入其中，共有五十多位。画面正中央并排向观众走来的，是古希腊最伟大的两位哲学家——柏拉图和亚里士多德。他们二人正在激烈地争论着。气宇轩昂的白胡子长者柏拉图右手指天，似乎在解释着理念的奥秘；而满脸智慧的亚里士多德则左手指地，似乎在论述着现实世界的重要性。以他们二人为中心，周围历史上著名的哲学家、科学家和艺术家们，包括毕泰戈拉、赫拉克利特、苏格拉底、欧几里得、第欧根尼、托勒密等等，他们或者以不同的方式呼应着这二位圣哲，倾听着他们的辩论，或者三五成堆地相互交谈着，或者以各种姿势独自观望着、沉思着、研究着。拉斐尔力图以不同的服饰、动作、姿态和随身物件，表现出历史上这些伟大学者的思想个性。这幅画的背景部分的肃穆和人物部分的热烈形成鲜明的对比，揭示人类学术思想的永恒性和个人生命的暂时性之间的张力，发人深思。同时，画家以诸人物熙熙攘攘一起出场的宏大叙事方式，表现一个"百家争鸣"的局面，显示了画家赞美学术、歌颂智慧、崇尚真理的宽阔宏大的创作理念；同时，他力图以这样宏大的场景向人们提示：人类每个时代的每个学派和每种学术思想，都是有其历史价值的，是值得尊重和怀念的。在这幅画中，拉斐尔也让自己在画的右边缘后部露出了多半张脸，表达了自己对哲学学术的热爱和景仰。

在拉斐尔一生的作品中，有许多是以圣母为主题人物的。这些画有一个总的特点，那就是：他画的圣母都是以现实生活中的普通妇女作为模特的。他把圣母还原为日常生活中的平民女性，圣母的服装完全是平民衣裳，圣母的表情显示出来的完全是人世间普通母亲的慈善、温柔、淳朴和宽容的品性。而且他画的几乎所有的圣母画，都以美丽、静谧的世俗田园风光作为背景，这更衬托出圣母的世俗慈母本质。在拉斐尔所画的多幅圣母画中，《西斯廷圣母》最能表现他的创作艺术特色。

祭坛画《西斯廷圣母》是拉斐尔为比亚森查的西斯廷教堂而作的。画面以深色帷幕和空中流动的云气为背景。在徐徐拉开的帷幕下，赤着脚的圣母，身穿宽大而飘逸的普通斗篷，怀抱赤裸的圣子踏云而来。徐风轻拂，云层慢流，表现了一种温和、静谧的动感。圣母的表情温柔而庄重，因为即将降临人间而稍微有点紧张。圣子的体形健美，但表情中并没有儿童的幼稚和天真，透露出的却是已经成熟了的神圣和严肃。在画面的左边是身着宽大的金黄色锦袍的教皇西斯廷二世。他恭敬地微俯身躯，仰头看着圣母，右手臂作出一个"请"的姿势为圣母和圣子指引道路，表

达着他对圣母和圣子的崇敬和迎候之意。在画面的右下方，女圣
徒巴巴拉因圣母圣子的到来而显得十分高兴和激动，她美丽的面
部同时又流露出掩遮不住的女性特有的羞怯。她身子向着圣母，显
然也是在迎候。但她的脸转向画面底部两个活泼顽皮的快乐小天
使，似乎在提醒他们"庄严的时刻已经来临，别再贪玩了"。由于
帷幕和云气的渲染，光彩的明暗对比，众多小天使在云气中若隐
若现，使得整个画面显得美丽、庄严而圣洁，似乎还略略弥漫着
一种神秘的气氛。这些都衬托出圣母向人间献出自己儿子的牺牲
精神的崇高和伟大，表达着画家对圣母精神的赞颂和对人间美好
前景的期望。在这幅画中，画家充分地把动感构图与金字塔构图
方法结合起来，一方面给人以圣母降临、步步向着我们走来的动
态视觉，另一方面也使画面的主体内容显得稳定，衬托了气氛的
安详；而且画中运用了多点透视的方法，使得画面内容获得了虚
感实感兼而可得的审美效果。艺术史家们高度评价《西斯廷圣
母》，认为它可以与《蒙娜丽莎》相提并论。

六、威尼斯画派的后续和晚期样式主义

（一）威尼斯画派的后续

在提香之后，威尼斯画派后继有人。著名画家有两位，他们
是廷托莱托和威罗奈塞。同时，在意大利北部的巴马城，有一位
虽然不属于威尼斯画派，但是受到这个画派影响的画家柯莱乔。

廷托莱托（1518—1594 年）比提香小四十多岁，原名雅可布·
罗布斯蒂，因他出身于染匠之家，因而改取此名（意大利文为
"染匠之子"的意思）。廷托莱托是一位有远大志向的画家，他从
小立志要将提香在色彩方面的创造学到手，并将它和米凯朗基罗
画形体的本领结合起来。他有意识地进行绘画技法的创新，独具
匠心。在色彩方面，他继承了提香的"金色体系"，并在这种色彩

的基础上，加入了银色和水白色，使得他作品的画面色彩比提香的更为深沉、厚实。同时，廷托莱托选取前人很少采用的一种透视角度和构图技巧，着力于光线的运用，追求画面的宏大气派和强烈的色彩吸引力。这些努力使得廷托莱托将提香的色彩技法向前发展了一步。为了学到米凯朗基罗塑造人物的技法，他仿照米凯朗基罗创造的人物形象制成缩小模型，并把这些人物放置在一定的光线下，观察人物的形象，进行写生，体悟到了米凯朗基罗技法的奥秘。对提香和米凯朗基罗的仔细研究与学习，使得廷托莱托的作品获得了自己的艺术特色：他善于安排画中内容方面的力量对比，并巧妙地用构图空间和光的明暗反差对比来表达这种力量对比；同时，廷托莱托的绘画具有突出的世俗的大众内容。这些特点，使他被称誉为威尼斯画派晚期最著名的艺术家而当之无愧。

廷托莱托的著名作品有《圣马可的奇迹》、《天国》、《苏珊娜出浴》、《受胎告知》和《银河的起源》等等。《圣马可的奇迹》是廷托莱托较早期的作品，在他30岁的时候完成，使他声誉一举大震。这幅画是他为威尼斯的一个半宗教半民间的道德社团组织"圣马可同信公会"画的一幅壁画。画的内容是基督教的圣徒马可救苦救难的宗教故事：一群野蛮的暴徒以其人多势众而有恃无恐，要将一个孤立无援的奴隶活活打死。正在可怜而善良的奴隶万分危急的时刻，圣马可（威尼斯的守护神）犹如霹雳一般，勇猛地从天而降，制服了暴徒的蠢动，挽救了奴隶的性命。画面表现的是圣马可从天而降的瞬间情景。画家描绘的圣马可头朝下倒冲而来，显得十分勇猛，动感强烈，代表了天地正义的力量。他有一种强大的"神力"，他的到来似乎对整个世界形成了一股冲压力的气浪场，画面上的建筑物和人物在他的威慑性冲力下都出现了不同程度的扭曲和变形，加之人物表情的惊愕与恐慌反应，都衬托出圣马可的强大无比。画面背景是高大建筑和众多人物，场面宏大，也对圣马可的形象有烘托作用。画家以一种宏大气势与强烈动感，显示正义力量的强劲和不可战胜。廷托莱托的另一幅名画是《天国》，画在威尼斯总督府的大会议厅中。它的画幅规模宏大，被称为世界上最大的壁画之一。画中有七百多个人物，按照内容被分在五个空间层次上：第一层是基督、圣母玛利亚和12门徒；第二层是众天使；第三层是众圣徒；第四层是众先知；第五层是众僧侣。画的是天国，但是画上的人物都具有浓厚的人间生活气息，各个形象栩栩如生，充分表现了画家对生活的感受和对生活的理想。

维罗奈塞（1528—1588年）因出生于威尼斯共和国治理的维罗奈而有此名（意思为"维罗奈人"）。他从小跟随雕刻家的父亲学艺，25岁时来到威尼斯，广泛学习各家绘画特色，提香对他产生了巨大影响。他经过艰苦探索，终于形成了自己的艺术风格。他的艺术特长是善于运用鲜丽的色彩和宏大的场面构图，以古代神话故事、基督教宗教故事和著名的历史事件为主题，来描绘宴饮、节日和婚礼的景象。他的作品中人物众多，气氛热烈，实际上表现的是威尼斯共和国繁盛时期人们活跃、富裕、奢侈和豪华的世俗生活的现实。他的绘画的装饰性质突出，对后来西欧艺术史上的浪漫派和印象派的影响都较大。维罗奈塞的著名作品有《利未家的晚宴》、《迦拿的婚宴》、《哥利高里宴会》等。《利未家的晚宴》原名《西蒙家的晚餐》，其题材就是耶稣及其门徒在西蒙家中举行"最后的晚餐"的情景。这个题材作为传统的宗教故事，应该是肃穆与悲剧性的。但是，在维罗奈塞笔下，却被描绘为盛大的寻欢作乐的场面。背景是一所豪华的府第，在三座装饰典雅的大拱门下，餐桌排列整齐；耶稣及其门徒和教士、士兵、酒鬼以及莫名其妙的一些小丑都在狂饮，似乎在体验着狂放和享乐的爽意；一个红衣主教兴致勃勃地在欣赏着一条狗；两个侏儒在争夺着一只鸟……画面上五光十色，充满了世俗的欢乐，而耶稣的崇高和犹大的卑鄙之间的尖锐对立这个主题并不突出。此画画成后，教会的"宗教裁判所"传讯了维罗奈塞，指控他亵渎宗教神圣。维罗奈塞在宗教法庭上进行了激烈的争辩，声明自己坚持了达·芬奇所树立的"画家创作自由"的原则。但这些申辩都无济于事。在教会的压力下，他不得不自费对这幅画进行了一些修改，并改名为《利未家的晚宴》，才避免了宗教刑罚。

（二）文艺复兴盛期的北方画家

在提香出生的次年，柯莱乔（1489—1534年）在意大利北部城市巴马诞生。他是文艺复兴盛期意大利北方的著名画家。柯莱乔虽然不属于威尼斯画派，但是他在构图处理和色彩运用方面，很受威尼斯画派风格的影响，同时又注重学习达·芬奇的明暗处理法。柯莱乔的画都是色彩明快，对光线的运用技巧甚至超过了同时代的大师提香。他的作品总是以光线来突出主要人物与景物，来显示主题；他的人物画法也独具特色，人物形体（尤其女性形体）富有审美吸引力。柯莱乔的主要作品有《圣夜》、《圣母升天图》、《利达和鹅》等。《圣夜》描绘耶稣在马厩中降生，着力表现耶稣降生的场面。在光线昏暗的马厩中，新生的婴儿耶稣遍体光辉；圣母玛利亚怀抱耶稣，她的脸在耶稣光辉的照耀下，显得幸福而慈祥；飞来的天使们体态轻盈、面容欢乐，仿佛要争先恐后地向玛利亚表示祝贺；一位使女凝视遍体光辉的耶稣，另一位使女仰视飞来的天使；而赶来观看奇迹的牧羊人表现出极大的惊异；耶稣之父约翰则在马厩外面忙碌。刚刚诞生的耶稣是画面上其他所有人物注视的中心，画家又以光线和色彩把这个中心突现出来，可见柯莱乔运用光线和色彩的技法之高超。柯莱乔的另一幅名画是《圣母升天图》，它是画在巴马城大教堂的天顶画。这幅画的特点是运用了焦点透视原理，在画中，圣母在众天使的簇拥下逐渐向天国飞去，画上的人物从近到远，由大而小。从教堂的大门向穹顶望去，这幅画似乎为人们展现了一条通向天国之途。画家又出色地运用光线技法，把天国画得分外明亮，使人感觉它的光辉普照人间。柯莱乔的这种天顶画法，为后世模仿，使教堂通过美感形成一种虚拟的神圣境界。

（三）晚期"样式主义"绘画艺术

16世纪的后70年，处于意大利文艺复兴的晚期。在这个时期，产生了一个新的艺术流派即"样式主义"。作为一种艺术风格，它是从文艺复兴盛期的风格向17世纪的"巴洛克"风格过渡的形态。对于样式主义在艺术史上的地位，在20世纪仍然有较大的争论。有人认为它是对文艺复兴盛期艺术的反动；也有人认为，样式主义产生的原因比较复杂，重要原因之一是对文艺复兴盛期艺术向古典回归的倾向不满，因而是一种"纠偏"。样式主义的突出特点是敢于突破文艺复兴盛期的艺术大师们所创造的艺术规范，为寻求新的表现手法和表现风格进行了大胆的探索。但是，样式主义的艺术家中，也有人"为创新而创新"，出现了追求浮夸、奢华和光怪陆离的倾向。当然，对这个画派的成败得失，还需要仔细研究。样式主义的艺术家并未形成统一的风格，他们各有特长，有的采用夸张的变形描绘手法，有的强调突出细节的真实，也有的注重表现人物的个性。总之，他们的风格同文艺复兴盛期的艺术已经有了很大的差别，可以说是对理性、典雅和优美原则的一种逆反。样式主义艺术在当时不仅流行于意大利，而且波及法国、西班牙国王的宫廷和德国的一些诸侯的宫廷，成为西欧的跨国艺术现象。

意大利样式主义艺术的主要代表人物是帕米基亚尼诺、布伦齐诺和切利尼。

帕米基亚尼诺（1503—1540年）是北方著名画家柯莱乔的同乡，他受到柯莱乔画风的较大影响。后来帕米基亚尼诺来到罗马

城，在那里仔细研究过拉斐尔的作品。帕米基亚尼诺擅长画变形
人物，其作品有不同于古典风格的审美效果。他的名画《长颈圣
母》对圣母的脖子作了夸张的拉长处理，宛如天鹅一般；圣母的
身材修长，双肩瘦削，手指和脚趾都很纤细；画中的圣子耶稣的
身躯也被拉长，众天使也都被画得格外修长，站在画面最前面的
那个天使的腿更显得修长绮丽，像是一位芭蕾舞演员。作为对圣
母形象的陪衬，画的背景中一个石柱笔直高耸，石柱下站立一位
体形小而消瘦的先知。整个画面的人物形象"被拉长"的痕迹十
分突出。而且，分析画的透视方法，可以看出画家对视角的扭转：
画面左部分的视角是仰视，而右部分的视角则是俯视。帕米基亚
尼诺有意创造一种新的"非规范"的画风，追求突破传统模式的
美，挑战传统的写实风格和优美风格，开创了一种以"主观情
感"来理解与表现绘画对象的新画风。就此意义而言，他仿佛是
现代派画家们的先师。他的著名作品还有《凸镜中的自画像》，它
以"凸镜"镜面为特殊的视觉对象，圆形画面中央是画家俊美的
头像，而在画面的前端底部，是一只被凸镜放大了的特大无比的
手，画面边缘的窗户和墙也都被处理为凸镜中的曲面形象。帕米
基亚尼诺在绘画形式方面也有新建树，他是意大利最早的蚀刻版
画家。他在37岁就逝世，他的绘画作了突破规范的探索，对后人
却有深久的启迪。

　　布伦齐诺（1503—1572年）是佛罗伦萨宫廷画师。他的画风
和帕米基亚尼诺不同，其主要特点是奢华和艳丽，他的作品往往
是富丽堂皇，珠光宝气，可以说映现了佛罗伦萨繁荣时期奢豪的
生活方式。布伦齐诺的著名作品主要有《欲望的寓意》与《埃诺
拉与其子的肖像》等。《欲望的寓意》又名《维纳斯、丘比特和时
间老人》。在画面上，愤怒的时间老人掀开了深紫色的人生帷幕，
正中央是秀美多姿的维纳斯，她下垂的左手拿着金苹果，右手高
举金箭，演绎着美好而奇特的人生爱情故事。爱神丘比特偎依在

她身旁，拥抱并亲吻和抚摩她，透露情欲的放肆，维纳斯则在开
怀地接受。画面主角的周围有几个同主题有反差也有关联的人物：
小天使天真无邪地要把玫瑰花瓣撒向维纳斯和爱神；他身后那个
代表"欺诈"的蛇女，注视着维纳斯和爱神之间的爱（还是游戏？）；
左侧的抱头男人表现了对这种爱的游戏的不可忍受的嫉妒；他身
后的女巫正在帮助时间老人揭开帷幔，似乎不赞成这人间游戏。这
幅画包含了作者复杂的创作思想，他是在炫耀佛罗伦萨的生活方
式呢？还是要对它作出一种批判？作者在画中充分表现了自己的
绘画技巧，人体画法、个性的描绘和色彩的运用，都达到了逼真
传神的地步，而且在朦胧中所透出的批判思想，也值得重视。

七、雕塑和建筑艺术

意大利文艺复兴时期的艺术在建筑和雕塑方面也有辉煌成
就。实际上当时一些画家同时也是杰出的建筑艺术家或雕塑艺术
家。

（一）早期的建筑和雕塑艺术家

出生于 14 世纪后期、活跃于 15 世纪上半叶的布鲁涅列斯奇
（1377—1446 年），因在透视画法和绘画数学方面有独特的建树而
被人们称为意大利文艺复兴艺术的开拓者。西方绘画史上的"林
阴道"焦点透视画法，是他创造的。他还用数学计算的方法解决
了在画面上用透视画法处理景深的科学问题。他的焦点透视法影
响了文艺复兴时期的一大批画家的绘画风格。在建筑艺术领域内，
布鲁涅列斯奇是文艺复兴时代最早的有成就的人物。作为佛罗伦
萨最著名的建筑师，他曾经潜心研究古罗马建筑的穹顶构造，并
把它们精心绘制成大量的古代建筑的设计图片。布鲁涅列斯奇是
当时最有古代建筑艺术知识修养的专家。但是，布鲁涅列斯奇对

古代建筑艺术并不采取保守态度,而是主张在继承其精华的同时,对它进行大胆的创新。他对于哥特式建筑的艺术风格也很熟悉。1420 年,布鲁涅列斯奇开始设计和建造佛罗伦萨大教堂的拱顶,将古罗马建筑艺术和哥特式建筑艺术相结合,建造了一个独特的教堂穹顶。它的底部是一个八角形的鼓座,高 12 米,在其上覆盖了一个三十多米高的穹顶,整个拱顶由八块面板构成,总体上呈矢菊状,并应用了骨架券的承力结构。它的跨度有 42 米长。这个高达 107 米的教堂,由于在圆顶的顶部中央独创性地设计了一个古色古香的采光小亭,使得它显得十分宏伟壮丽,又很优美庄重,展示了文艺复兴时代的人的进取精神,以及追求和谐与宁静、庄重与优雅的审美理想。佛罗伦萨大教堂的这个新的拱顶成为佛罗伦萨处于文艺复兴文明的象征和标志。布鲁涅列斯奇还为佛罗伦萨设计了许多其他的建筑物,包括育婴堂和著名家族的府邸。它们在对空间和结构形式的处理上,都各具特色,表现了勇于革新和积极进取的时代精神。

多纳泰洛(1386—1466 年)是意大利文艺复兴时期的第一位著名雕刻艺术大师。他年轻时在佛罗伦萨的一个石刻坊当过学徒,受到严格的中世纪哥特风格的艺术训练。但是,“回归古典”的新思想潮流促使多纳泰洛走上了艺术创新之路。他并不把中世纪的人体画法视为圭臬,而十分注重研究现实的人体结构。为此,他大胆解剖尸体,被称为佛罗伦萨城中为探求艺术真理而解剖人体的第一人。多纳泰洛把他对人体的实际研究和对古代希腊罗马的写实型雕像的研究结合起来,作为自己进行艺术创作的基础资料,同时,吸收了古代雕刻在人物造型方面的生动的“形象独立”的风格,一改人物都靠墙站立的传统技法,克服哥特式雕刻形象呆板的缺陷。因而,多纳泰洛创作的人物雕像和现实生活中的人更为相近。他形成了自己的人文主义艺术风格。多纳泰洛早期的著名雕刻作品有《圣乔治》。圣乔治是古罗马传说中的一位民间英雄。

利比亚的西里内有一条恶龙,逼迫当地人民献出山羊供它食用,它吃光山羊又天天吃人,最后要吃国王的女儿时,圣乔治到了此地,经过激烈战斗,杀死恶龙,救出公主,也拯救了当地的城市和人民。后来,圣乔治被迫参加罗马军队,成为军官,当罗马皇帝戴克里先对基督教进行残酷镇压之时,他却声明拥护基督教、信仰上帝,因此被罗马皇帝杀害,而被基督教封为圣徒。中世纪有许多表现圣乔治人物形象的艺术作品,但大都只是着意表现他外形的威武雄壮;而多纳泰洛将圣乔治雕刻成一位具有活生生的精神世界的民间人物,着力描绘人物的神情和姿势,以身体语言和表情语言刻画人物的内心世界。因而,雕像圣乔治不仅英俊潇洒、健壮威武,而且神态机智,富有人情,充满坚毅的斗争精神、饱满的生命活力和必胜的信心,表现了人的尊严和伟大。多纳泰洛的著名作品还有浮雕《希律王的宴会》、《圣安东尼的生平》和青铜雕《圣马可》等。它们大多以宗教故事为题材,但所表达的人物的内心世界和个性具有浓郁的世俗人性。多纳泰洛最出名的作品是铜雕《少年大卫像》,雕像同真实的人体一样大小,在当时是一个创举。在传统艺术中大卫总是被塑造为一个成年男人,多纳泰洛却把他雕塑为一个翩翩美少年,他头戴牧羊帽,足蹬长统靴,身体赤裸;他取歇站姿势,手持长剑,脚踩被打败的敌人的头颅,作为一位胜利者在悠闲自得地欣赏自己健美的裸体。他似乎在向人们诉说:人不是神的消极工具和顺从奴婢,而是自身具有高尚美德和美好个性的自然存在。

　　波拉尤罗(1429—1498年)是铸铜雕塑家与画家,在佛罗伦萨也是最先为艺术创新而从事尸体解剖之人,因而他的雕塑能够生动、灵现地表现人体形象。他的著名作品有《搏斗》和《十个裸体男人的战争》等,都以古代的神话传说为题材。维洛奇奥(1435—1488年)是达·芬奇的老师,后因学生的绘画水平超过他而改行从事雕刻。他的青铜雕像《大卫》和《克列奥尼骑马像》是当时很著名的作品。

（二）雕塑大师米凯朗基罗

米凯朗基罗既是绘画大师，又是著名的雕刻家、建筑师和诗人。他的父亲是一位行政官员，母亲早逝。他自小因乳母是石匠之妻而受雕刻工艺的陶冶，13岁时，父亲送他到绘画作坊当学徒，他难于接受死板的教学程序，一年后即离开，进入美第奇家族在圣马可修道院设立的附属艺术学校学习雕塑。他经常出入美第奇家族的宫廷，结识佛罗伦萨的许多人文主义者，很受他们的思想影响，尤其是新柏拉图主义哲学，使他的创作富有浪漫主义特色。他才学早熟，在17岁（1492年）就创作了两件出色的浮雕。由于佛罗伦萨的政治动乱和他的艺术保护人去世，他于1496年来到正在成为文艺复兴新中心的罗马。他接受为圣彼得大教堂制作基督和圣母雕像的任务。两年后，23岁的他完成了《圣母哀悼基督》的杰出雕塑，在罗马引起轰动。1501年他回到佛罗伦萨，用3年时间创作了5米高的大理石雕像《大卫》，它被作为佛罗伦萨共和国的象征竖立于市政厅前的广场。此时他还不到30岁，却已经成为意大利著名的杰出艺术家。随后，他应罗马教皇朱利二世之召又去罗马，为教皇修建陵墓进行装饰性雕刻工作。这项巨大工程，直到他逝世没有完成，原因之一是教皇给他下达新任务即为梵蒂冈的西斯廷教堂画天顶画，历时4年，完成了五百多平方米的驰名世界的宏伟杰作《创世纪》。数年后他回到佛罗伦萨，为美第奇家族的罗伦佐教堂进行雕刻设计和制作。他创作了名为《四时》四组件石雕。他在故乡居住了14年后，又重返罗马，定居下来。从1536年起，他用了5年时间为教廷创作了西斯廷小教堂的壁画杰作《最后的审判》，时年66岁。他在73岁时还为圣彼得大教堂设计了一个大圆顶。他在垂暮之年仍然工作不息，直到89岁去世。

米凯朗基罗和达·芬奇具有不同的思想禀赋。后者有自然主

义风格，他则因受当时流行的新柏拉图主义的影响而有浪漫主义
气质。他可为艺术放弃生活中的其他一切，包括财富和世俗享受，
终身未娶。他才华横溢、思想深邃，常遭人嫉妒，因而性格孤僻，
不善交往，独来独往，被视为"怪才"。他专注于以艺术手段表现
人的精神世界和美好的心灵，把艺术表现所依赖的物质材料开拓
为表现完美的人性和人的生命力的手段。

　　米凯朗基罗的著名石雕《大卫像》把这位《旧约》中的英雄
表现为一位战斗中的强壮男性裸体，没有承袭 15 世纪的传统造型
将大卫表现为流露着胜利喜悦的美少年。他塑造的大卫采取古典
石雕的站立姿势，头部略微下俯以示其高大，轻蔑地怒视入侵之
敌，左手紧扣肩上甩石机的机弦，右手则紧张收缩要和左手相合
甩出石头。他全身肌肉表现出正在战斗的紧张。大卫临战时的男
性美，沉着中充满战斗的激情，洋溢刚强的英雄气概。米凯朗基
罗的另一座石雕《摩西像》创作于 1515 年至 1516 年，是为教皇
朱立二世陵墓所雕的装饰作品之一。他把古代犹太领袖摩西塑造
为一位头上长角的智慧老人，美髯飘洒，手持"十诫板"，在听说
有人违背戒律、受恶人引诱而出卖了犹太民族利益时，怒视前方，
左腿向后弯曲，脚面抬起，仿佛将随时因嗔怒而起立，去斥责背
叛民族的败类，这正是把握"触而未发"瞬间的艺术表现特色。作
品中的摩西体现智慧和正义，威严坚强，给人以"崇高美"的艺
术震慑力。

（三）中后期的建筑和雕刻艺术家

　　布拉曼特（1444—1514 年）出生于意大利中部的乌尔比诺，他
和拉斐尔是同乡。布拉曼特曾经在罗马为教皇服务，是当时新建
筑样式的热烈倡导者，当时最著名的建筑师。1506 年，他承担了
教皇朱利二世下达的重建圣彼得大教堂的任务，勇于创新，打破
建筑史上基督教教堂从来是长方形建筑的传统，将圣彼得大教堂

设计为正方形，在其上加盖一个大圆顶。他的设计方案遭到许多人的反对，被指责为"反对传统"，未能付诸实施。但是，坦比托圆形小教堂是他的建筑艺术杰作，至今保存着，表现了他突破传统的艺术思想。

切利尼（1500—1571年）是佛罗伦萨著名的金银工艺大师和雕刻艺术家，他为美第奇家族的宫廷服务，艺术风格别出心裁，多有骇世惊俗之作。他曾经到法国巴黎参与装饰枫丹白露王宫。其著名作品有雕刻《柏修斯与美杜萨》和为法国国王制作的《金盐盒》。金盐盒是用黄金和珐琅做成的一件实用餐具，用于盛装盐和胡椒，又是一件珍贵的艺术品。盒上有两个精美的人体雕像，男性海神和女性地神。海神手持三叉戟，神采飞扬，手持一条装载着盐的小船；地神拥有一座装着胡椒的小庙，神态优美典雅。周围还镶有表现一年四季和一天四时的象征性人物。这件作品表现了人文精神象征的美妙构思。

八、人文主义的哲学思想

（一）彼特拉克和瓦拉的哲学思想

在文艺复兴时代，和其他各文化领域相似，哲学思想具有新旧交替的性质。

在这一时期，从西欧的大环境来看，中世纪经院哲学的学术传统仍然有很大的思想势力，一直持续到16世纪宗教改革以后。1545年至1564年特兰托公会议上，托马斯·阿奎那的哲学被教会坚定不移地重申为"真理"。1567年，教皇庇护五世宣布托马斯·阿奎那为"普世教会博士"。甚至到了16世纪末至17世纪初叶，西班牙哲学家、耶稣会士弗兰茨·苏阿列茨还编撰了经院哲学的教科书《圣托马斯〈大全〉注释与研究》（1592—1630年），坚持中世纪经院哲学的传统。在欧洲文化史上，苏阿列茨的这部教科书，被称为"第二经院哲学"著作，它不仅对其后各地天主教学校的哲学教学，而且对一些新教学校的哲学教学，都发生持续的影响。当然，苏阿列茨的教科书不同于托马斯·阿奎那的原著，它力图适应时代的变化，因而也吸纳了一些于传统无碍的新思想，把阿奎那的哲学思想通俗化了。苏阿列茨的书使人们消除一个错觉：似乎在文艺复兴时代，中世纪的一切旧思想都已经销声匿迹了；而实际上，旧思想作为传统的一部分，在时代发生变化以后的很长历史时期中，还要继续"顽固"地存在。

与旧思想迟迟不肯退出历史舞台的现象相伴随，在文艺复兴时代，新的哲学思想如雨后春笋般地成长起来。由于意大利是文艺复兴的发源地，所以，西欧的新哲学思想也最早在意大利产生。

意大利文艺复兴初期的人文主义哲学思想的代表，主要是彼特拉克和瓦拉。

彼特拉克（1304—1374年）不仅是杰出的文学家，也有哲学思想成就，主要表现在两个方面。一个方面是他对中世纪以亚里士多德主义为基础的经院哲学的批判；另一个方面是他对罗马晚期斯多亚主义的提倡。经过对欧洲古代文化的研究，彼特拉克认为，经院哲学并不像中世纪的思想权威所说的那样，已经穷尽了一切知识，实际上人类的知识及其发展是不可能穷尽的。所以，经院哲学并不是什么绝对权威。从经院哲学本身来看，它脱离人的现实生活，语言模棱两可，烦琐拉杂，空洞抽象，因而很难具有普遍的真理性。彼特拉克号召，抛弃无用的经院哲学，回到古代富有生命活力的哲学思考中去。彼特拉克提倡罗马晚期斯多亚主义的道德学说。他指出，在人的生活中，至少有两个问题，一个是：人有生命的活力和各种生活的欲念，人应该如何看待自己的欲念呢？另一个是：人必须同周围的大自然进行艰苦不懈的斗争，在这种斗争中人应该如何看待自己和大自然的关系呢？彼特拉克认为，在处理这两个问题上，人都应该使自己独立自主，泰然自若，心平气和，而不应该焦急浮躁、追求一时的狂热和刺激，使自己处于被动应付的境地。人怎样才能达到这种境界呢？彼特拉克认为，人只有追求道德、学术和审美的生活，放弃追逐名利、权势与财富的庸俗生活，才能不断有所长进，逐步达到自身完善。

　　生活于15世纪的洛伦佐·瓦拉（1407—1457年）是当时意大利最有影响的思想家。他博学多才，对古罗马文化有很深的造诣，对拉丁语文有独到的研究。瓦拉通过自己的语文学的文本研究，揭穿了天主教神学的文献根据。例如，有一部历来被称为《狄奥尼修斯著作》的天主教经典，是为天主教教义作论证的文献，据罗马教会称，它是由圣保罗的门徒、雅典的第一个主教狄奥尼修斯法官写成的。瓦拉根据他对希腊文献和语文的一系列考证，认为它是一部假冒狄奥尼修斯之名的伪作，是借古人之名为天主教会的利益制造理由。瓦拉还证明了所谓《君士坦丁的赠与》是虚假的。罗马天主教历来声称，根据《君士坦丁的赠与》，罗马教廷得以拥有领地和立国，罗马天主教不但在意大利、而且在整个欧洲都具有最高的统治权力。瓦拉经过考证，说明了这个文件和这个事件都是虚假的：在4世纪上半叶，罗马帝国皇帝君士坦丁并没有签署过这个所谓"赠与"的文件。这样，教皇对整个西欧的统治权的合法性就被动摇了。他宣布这是罗马教廷的最狡猾的欺骗行为。他得出结论说：世界上没有一个教皇是诚实的。他甚至嘲讽教会说：妓女比僧侣对社会更有用。

　　瓦拉的著名哲学著作是《论快乐》（1431年）。这是一部以对话体裁写的书。它的中心思想是宣扬希腊化时期的哲学家伊壁鸠鲁的伦理道德思想。瓦拉是西欧文艺复兴时期力图"复兴"伊壁鸠鲁哲学思想的第一批学者之一。他认为，伊壁鸠鲁的快乐理论，优越于彼特拉克所信仰的斯多亚主义的哲学。根据伊壁鸠鲁的理论，瓦拉批评斯多亚主义的道德学说。这种学说所提倡的义务论和严格的禁欲主义，是常人根本做不到的，它不符合人的实际需

要，人在现实中是有欲望的，人追求现世的生活幸福，希望自己
的生活是快乐的。瓦拉用伊壁鸠鲁的快乐理论，实际上更是批判
当时弥漫的禁欲主义和苦行主义。瓦拉公开宣称：神学家号召人
们追求死亡，而他则号召人们追求生活。在这部书中，瓦拉还强
调个人主义的幸福观。他写道："同整个宇宙的生命相比，我的生
命对于我来说是更大的幸福。"瓦拉"复兴"伊壁鸠鲁关于"追求
生活幸福"的思想，为当时新兴的资产阶级提供了反对宗教禁欲
主义、主张个人自由的根据，宣扬乐观向上的世俗生活的根据。被
瓦拉重新发现了的伊壁鸠鲁主义，从文艺复兴到启蒙运动，影响
了西欧众多追求思想进步的人。

　　当然，瓦拉的道德理论中也包含了偏激的个人主义观点，他
认为个人的存在优先于国家的存在。他写道："我永远不能理解，
一个人怎么会希望自己为祖国而死。你死，是因为你不想你的祖
国死，这好像是由于你的死，祖国才不致为你而死。"这种思想，
反映了当时意大利人对于个体同国家共同体关系的肤浅理解。意
大利的一些城市共和国在 15 世纪衰落，此后意大利长期处于分裂
和战乱之中，瓦拉的这种思想和当时国家共同体的意识淡漠也有
关。

　　瓦拉激烈地反对中世纪经院哲学。他的著作《对亚里士多德
派的辩证驳斥》，就是他从方法论的维度深刻批判经院哲学的力
作。瓦拉提倡建立一门新的"逻辑学"，以对抗经院哲学的"三段
论"方法。他尖锐地指出，中世纪经院哲学的三段论是荒谬、矫
揉造作和无意义的；他抨击经院哲学以含混的思想构造含混的哲
学术语，反对随意制造"新"术语的学风，认为这些术语根本无
助于人对客观世界的认识。他指出，科学研究不应该把自己的重
点放在词上，而应该放在实际事物上，应该具体地研究事物本身。
他提倡将新的逻辑建立在一种语言修辞方式上，他崇尚的是古代
拉丁语的简约、明快和清晰的风格，主张用这样的语言来改造干

瘪、缺乏活力的经院哲学语言。

瓦拉的思想对同时代的和后来的许多人文主义者产生了巨大影响。例如罗马的无神论者的学术团体"罗马学园"就深受他的影响。西班牙哲学家璜·路易斯·斐威斯、尼德兰思想家爱拉斯谟和法国思想家比埃尔·拉穆斯，在反对经院哲学的斗争中，都受到瓦拉思想的启发。

（二）新柏拉图主义

随着古希腊著作从拜占庭和阿拉伯世界传入西欧，在15世纪初意大利佛罗伦萨等城市中，形成阅读和研究古典希腊文著作的高潮。到15世纪50年代，在意大利的希腊人和希腊学者已经很多，在1453年君士坦丁堡陷落后，人数更多。在所有旅居意大利的希腊学者中，最杰出的是拜占庭神学家、哲学家乔治·格米斯托·普莱托内（1355—1450年）。

因经院哲学中亚里士多德主义占主导地位，柏拉图哲学遗产在西欧相对遭冷落。普莱托内曾经对亚里士多德的《范畴篇》撰写过注释，并研究过波菲利的《〈范畴篇〉导论》，还对亚里士多德的《分析篇》作过注释。他对亚里士多德的研究并没有使他成为经院哲学的亚里士多德主义者，而成为其反对者。他用来反对的思想资源就是柏拉图的理念论哲学。他在用希腊文写的著作《论柏拉图和亚里士多德的区别》中，表明了他倾向于柏拉图的思想。他认为，亚里士多德的缺陷在于，他把柏拉图的能动创世的上帝转换为缺乏能动性的"第一推动力"，并且没有明确承认个人灵魂不朽。普莱托内还反对阿威罗伊对亚里士多德的解释，尽管阿威罗伊的解释在当时的意大利具有很大的影响。他指出，从托马斯·阿奎那开始，亚里士多德的学说就被用作经院哲学的理论基石，但是，教会思想的真正基石应该是柏拉图的学说。

普莱托内复活柏拉图思想的真实意图，在于提出一种同经院哲学对立的新的、充满主体能动性的思想，以便改造现实宗教生活的教条。由于普莱托内的积极活动，在佛罗伦萨的最高统治者美第奇的支持下，1459年在佛罗伦萨建立了柏拉图学园。这个学园不是一个教育机构或研究机构，而是一个有共同思想的学者进行自由交流和思想传播的团体。柏拉图学园具有明显的反对经院哲学的性质。例如有的学园成员在著作中提出，他们现有的信仰也是基督教真理的组成部分，是认识真理的道路上的具体阶段。这种思想把宗教真理看做一个发展过程，驳斥了经院哲学关于基督教"真理"绝对固定不变的观念。

柏拉图学园的学者重视柏拉图的艺术思想和审美观念，这更切近当时意大利人文主义的艺术活动，尤其是绘画活动。柏拉图写的关于有关审美和艺术的对话篇，生动鲜明，比亚里士多德的高度抽象的论文更能吸引人文主义者，何况经院哲学又把亚里士多德的思想教条化了。柏拉图著作和新柏拉图主义在当时流行的原因，也在于柏拉图主义对心灵的注重和人文主义者们对人与生活的情感性思考之间，有许多相通之处。

柏拉图学园反对经院哲学的成就，对于佛罗伦萨人的思想解放起着巨大作用。佛罗伦萨在一个时期能成为意大利文艺复兴的中心，和柏拉图学园的思想运动有密切关系。当然，柏拉图学园也有负面作用：一些成员力图在柏拉图哲学的基础上完善基督教，产生了新的神秘主义和绝对唯心主义。

佛罗伦萨柏拉图学园的又一位著名学者是马尔西略·费奇诺（1433—1499年）。作为一位具有比较开明的神学思想的哲学家，他抛弃了中世纪关于"哲学是神学的婢女"的说法，认为哲学与神学是相互补充和相互支持的。他力图调和基督教神学与柏拉图哲学，改变当时基督教神学的亚里士多德主义哲学基础，使基督教神学转为以柏拉图哲学为基础。费奇诺从他担任神职开始，就在教堂中宣讲被他神学化了的柏拉图哲学。

　　费奇诺把柏拉图哲学看做更加纯粹、完备地理解人类精神之神圣本源的一种思想方式。他认为，在中世纪后期，由于经院哲学对亚里士多德哲学的解释和推崇，导致了整个基督教世界对神圣理念的忘却，从而导致了教义的庸俗化和物欲主义，导致了教会机构和神职人员因追求物质享受和世俗欲念而产生的普遍腐败。在这样的情况下，需要重新为基督教进行新的思想奠基，那就是恢复基督教的纯粹、完备的神圣理念。为此，就应该回到柏拉图的理念论和新柏拉图主义的宗教哲学那里去。

　　费奇诺的哲学思想，主要表现在他于1474年出版的著作《柏拉图的神学》中。它以柏拉图哲学论述"灵魂不朽"问题，强调尘世善恶必然在阴间遭到评判和赏罚。费奇诺从一种乐观主义的立场出发，强调世界的美好和自然的和谐，以此为基调来建立世界结构的等级秩序。他根据理念论，把世界划分为三个等级：最低的第一等级是有形体的"实物"；第二等级是"品质"，它和形式有关，是一种积极的规定性；第三等级是理性灵魂，它是最高的、不变的精神实体和形式，已经超越了时空关系。他又将理性灵魂分为三个等级，初级是灵魂，其上是天使，最高就是上帝，它包含着其前的一切等级，并且是它们的绝对统一。费奇诺论述的灵魂，作为人的思想与精神生活，一方面能够支配物质世界，另一方面又能够和天使、上帝相沟通。这种观点为佛罗伦萨的人文主义发展，提供了一种理论基础。

　　上述关于灵魂的思想，在15世纪意大利的人文主义哲学家乔万尼·皮科（1463—1494年）那里有更深刻的反映。皮科出生在意大利的一个大封建主家庭，从小就聪明过人，据说在10岁时，他就能够作诗、讲演，语惊四座。皮科曾经在波伦那、费拉拉和帕多瓦三地上过大学，他进入佛罗伦萨柏拉图学园的思想圈之后，在语言学方面和知识素养方面深有造诣，很有思想成就。他娴熟希腊语和拉丁语，还懂得大部分欧洲语言，并且懂得一系列东方

语言，例如古犹太语、迦勒底语和阿拉伯语等等。皮科虽然一生
短暂，但他代表了柏拉图学园的最高学术水平。

　　皮科从柏拉图的理念论哲学出发，对现存的事物和终极的存
在作逻辑的区分。他指出，终极的存在是神性的，也存在于人们
心中；现实中的事物是不完备的，是终极存在的世间"形态"。皮
科致力于对现实事物的研究，在24岁的时候，就提出了九百多条
论证说明。为了宣扬现实主义原则，皮科曾经试图自己出钱，邀
请欧洲的著名哲学家到罗马来进行哲学辩论，但由于教会的阻挠，
这场盛大的哲学家聚会未能举行。但是，皮科为这场聚会所写的
演说论文《论人的尊严》却广为流传。在这篇论文中，皮科阐明
了一种人文主义思想：在可见的具体物质世界和不可见的神圣精
神世界之间，存在着一个必不可少的"中介"，那就是人。他认为，
人既体现了神圣理想，也体现了现实生活；因而，人是一个小宇
宙，在他身上体现了世界的三个部分的连接。这三个部分就是：
"地本原"（也叫"初级本原"，即水、土、气、火四种元素）、"动
物本原"和"天本原"。皮科以人本主义态度解释《圣经》，说上
帝把亚当放在了宇宙的中心，为的是让他能够比较容易地看到周
围的世界。他更借上帝的口说，既不把亚当造成为天上的永生者，
也不把亚当造成为地上即生即死之物，而是把他造成为一个具有
自由禀赋的"人"，人按照自己的意志生活，保持自己的尊严，他
是创造者，按照自己的意志和愿望塑造自身，并安排整个世界。他
既可以使自己下降为动物，也可以使自己上升为和上帝相似的通
神性者。皮科指出，动物（如兽类）出生前的胚胎就决定了它们
出生后的一切；即使高级的动物，也是在它们出生后不久就成为
它们一生所是的那种样子。而只有人，在自己的一生中，随时都
具有发展自己的可能性，人是按照自己的自由意志成长的，人身
上蕴涵着丰富的生命胚芽，他们可以根据自己的自由选择来造就
自身。皮科以宏伟的气派，赋予人以极大的主体能动性，从理论

11

上将人从中世纪传统神学的束缚中解放出来。

（三）"真正的亚里士多德"和彭波那齐

从 15 世纪初开始，亚里士多德的希腊文著作也重新被意大利人翻译出来。最初从事这种翻译工作的学者是著名的人文主义者莱奥拉多·布鲁尼。当时的学者对布鲁尼的译作质量评价很高，认为译作精确、严谨，它所表达的思想才是真正的亚里士多德的思想。15 世纪 30 年代以后，亚里士多德的自然哲学著作也被移居意大利的拜占庭学者西奥多·加扎翻译出来。另外，还陆续出版了亚历山大对亚里士多德著作的注释书，亚历山大是 2 世纪末至 3 世纪生活在阿弗罗吉城的学者，是著名的研究亚里士多德的注释家，他彻底否定柏拉图主义的"灵魂不朽"说。教会的经院哲学家们持顽固立场，对于从希腊文翻译出来的这些著作不予承认，坚持将教会神化、僵化了的"亚里士多德"作为他们信仰的对象。

早在 14 世纪上半叶，阿威罗伊主义已经在帕多瓦大学的哲学家和医生中流传。阿威罗伊是 12 世纪西班牙的阿拉伯思想家，他在亚里士多德学说的基础上，形成了自有特色的理论。它有两个显著的思想特点：第一，"人类集体理性不朽"学说。他认为，应该具体地研究"灵魂不朽"说，区分具体的个人灵魂和普遍的集体灵魂；他指出，个人的具体灵魂是必死的，而不朽的只是灵魂中最高的理性部分，它不再是个人的具体灵魂，而是集体的人类理性。第二，"二重真理论"。阿威罗伊说：信仰（宗教）和理性（哲学）并不对立，也不是同一的，而是互相有别的两种不同的真理。宗教的真理是信仰启示的，哲学的真理则是通过理性思考获得的；宗教的真理是为广大社会群众的，哲学的真理是为少数哲学家和科学家进行思考所用。所以，神学和哲学并不互相反对和冲突，而是各有其职、其能，各有界限；如果把神学用在哲学的领域或者把哲学用在神学的领域，就会造成不恰当的干扰。以阿威罗伊的上述两个思想要义为核心，在西欧形成著名的"阿威罗伊主义"或曰"阿威罗伊学派"。帕多瓦大学在 14 世纪至 16 世纪是阿威罗伊主义的一个重要中心。它那里复兴"真正的亚里士多德哲学"的局面，和佛罗伦萨的新柏拉图主义相对映。

在复兴"真正的亚里士多德哲学"的思潮中，涌现了一位杰出的学者皮耶特罗·彭波那齐（1462—1524 年）。他在 26 岁时到帕多瓦大学跟随阿基里尼学习物理学、逻辑学和医学，在大学的浓烈的人文主义学术气氛影响下，养成了独立思考的习惯。他声言，哲学不是对教条的信奉，而是对未知事物与问题进行艰苦探索，有如不断啄食被锁住的普罗米修斯的肝脏的兀鹫；进行哲学反思的过程，就是同自己的思想进行不断讨论和争辩的过程；而且，只有进入创造性的"异端"境界，才能发现和把握真理。他激烈攻击经院哲学家们墨守成规、简单抄袭、烦琐注释、人云亦云的学风，称他们是"传声筒"，嘲笑他们一事无成。

1516 年，54 岁的彭波那齐出版了他的重要著作《论灵魂不死》，引起巨大社会反响，罗马教会很恐慌，下令把这本书在威尼斯当众销毁，并组织编撰了一批捍卫传统神学与经院哲学、攻击与反驳彭波那齐的小册子，其中一些是在罗马教皇列奥十世的直接授意下炮制的。但是，彭波那齐的观点毫不动摇，他写了两本小册子《辩护》和《捍卫》（1519 年），批驳对他的攻击。次年，他写了《论魔法》和《论命运、自由、定数和天意》，表达了自己思考问题的基本方法；1521 年，他又写了《论营养与成长》一书，为自己的观点提出了更有说服力的论据。

彭波那齐作为一位亚里士多德主义者，是灵魂死灭论者。他明确反对新柏拉图主义的灵魂不死的观点，也反对阿威罗伊主义关于集体灵魂不死的观点。他认为阿威罗伊主义者实际上偏离了亚里士多德的真实思想，把本来只是"概念"的"集体灵魂"当成了特殊、独立的实体。彭波那齐认为，人的灵魂、人的思维活动依附于人的身体与实际的器官，离开感官的灵魂与思维是不存在的；任何思维在形成过程中都需要感性的表象，而意志的表现也需要有形体的对象。他根据亚里士多德的学说，把灵魂看作身体的形式，断言身体死亡，灵魂也就消失。

罗马教会激烈反对彭波那齐的学说，攻击彭波那齐的灵魂死灭论必然导致人们放弃最高的神圣使命，导致人的道德沦丧。彭波那齐回答说，人的道德是在此岸世界的道德，而不是神的天堂道德；人类本身就是一个道德有机体，不断地完善人间的道德，也是一种神圣的事业，是人类的每一个成员都应该担负的永恒责任。人间的道德才是符合人性的道德，人只有把自己的精力集中到确立现实的人间道德事业中，人才能真正成为道德的确立者和承担者。

彭波那齐指出，在灵魂问题上，三位宗教导师——摩西、耶稣基督和穆罕默德的说法是相互矛盾的；宗教神圣仪式中的触摸干尸治病，在哲学家看来，和触摸死狗骨头的效果一样。他主张当时流行的"二重真理论"，认为能够认识哲学真理的，只是人数很少的有智慧的哲学家，而对于广大民众来说，宗教的真理是教化他们所必需的东西。

彭波那齐不否认上帝的存在，但他有"自然神论"的思想萌芽，认为上帝不直接干预自然界和人间世界的任何事情。彭波那齐论述了自然必然性的思想，把命运看做自然必然性对于人的生活的影响。他否认自然界中有任何神圣"奇迹"，反对魔法与巫术，反对星象迷信。他认为一切自然物和人的存在，都不是什么神秘力量决定的，而是自然界本身的现象。彭波那齐还大胆地预言了基督教的衰败和没落。

彭波那齐的思想对当时意大利的自然科学家和哲学家有很大的影响。他强调知识的世俗性和感性经验，对于文艺复兴时期自然哲学的繁荣，有重要的促进作用。

九、意大利文艺复兴时期的
政治学说和历史学

在意大利文艺复兴时期，一些思想家以人文主义精神探讨政治和社会历史问题，提出了新兴市民阶层的政治思想和世俗历史观，以及早期无产者的空想共产主义思想，开启了西欧近代政治学和历史学的端倪。

（一）意大利文艺复兴时期的政治学说

在整个文艺复兴时期，意大利出现了共和国、君主国、公国等政治实体多样纷呈、不断变化和相互斗争的局面，同时，各个地方的政治实体也都面临着反抗西欧强国侵略的共同任务。在这种情况下，人文主义思想家提出了各种政治主张和政治理想。但丁曾经写了《论世界帝国》的著作，表达了类似中国古人的"大同"思想的看法；彼得拉克则根据当时"共和国"体制在意大利的蓬勃发展，认为这是对古罗马时代光荣政治传统的继承，主张发扬这种政治体制（见其著作《论帕多瓦的政治》、《1350 年致查理四世的信》和《恺撒史》）；史学家布鲁尼（1370—1444 年）等人主张实行民主制；而公开主张在当时实行开明君主制的，有政治家萨留塔蒂（1331—1406 年）和马基雅维利。

尼可洛·马基雅维利（1469—1527 年）是著名的政治思想家，他发展了"开明君主专制"的政治思想。马基雅维利出生在佛罗伦萨的一个衰落了的贵族家庭。他的父亲是一位清贫的律师，很重视对儿子的人文教育，在家境并不富裕的情况下，花费大量开支使儿子受到良好教育。少年时期的马基雅维利深明父亲的苦心，立志成为一位杰出的人才。他学习十分努力，善于思考，勤奋地阅读了大量书籍，尤其对古籍相当熟悉。他在少年时期就被人称

为有学问的人。

马基雅维利 23 岁时，佛罗伦萨爆发了浩大的人民起义，推翻了美第奇家族的统治，建立了共和国。马基雅维利在 27 岁时担任了佛罗伦萨共和国政府（最高执行委员会）的国务秘书，负责外交和军事事务。他担任行政职务长达 14 年，其间他曾经多次出使国外，处理国家间政治关系，还具体领导组建民兵的工作。这些政治、军事实践活动为他进行政治学研究积累了丰富的实际经验。1512 年，美第奇家族的专制统治在佛罗伦萨复辟，43 岁的马基雅维利被免职，后因涉嫌参与推翻美第奇家族的政治案件而被捕入狱。他出狱后隐居乡间，靠一笔很少的遗产过贫穷的生活，专心于政治学研究。面对当时意大利国家分裂、外患严峻的局势，马基雅维利力图在政治研究中探索出一条能够使意大利统一、强大的发展道路。他用半年时间写成了名著《君主论》。后来，他又研究历史、军事、文艺，写了许多著作，著名的有《论李维》、《佛罗伦萨史》、《论战争艺术》、《兵法》、《曼伦罗华》等。他多才多艺，被后人称为意大利文艺复兴时期的政治学家、历史学家、军事学家和诗人。

在《君主论》中，马基雅维利论述了"开明的君主专制"的政治主张。他为实行开明君主专制设计了一整套政治制度与统治技术，特别强调法律和军队的政治职能。马基雅维利提出，为了达到一个"善"的政治目的，君主采取的政治技术可以不受日常道德观念的限制。

马基雅维利的政治学说的哲学基础是他的"人性论"。他认为，人的本性是邪恶的，这种本性使得人的性格表现为凶恶和怯弱两个方面。因而，人在没有受到迫害时就总想去迫害别人，而在自己受到迫害时则恐惧统治者。马基雅维利指出：正是由于这种情况，人总是有一种对于他人的积怨情绪和报复心理，并以媚强凌弱为能事；同时，人的另外一种本性是欲望无限和能力有限的矛盾。这种矛盾使人总是觉得"不满足",总是要无休止地为实现自己的欲望而进行各种活动。这就使人们之间必然发生斗争,同时人又总是因为自己的目标不能全部实现而对现实产生厌倦的情绪。人的这种贪得无厌和好斗,就使得国家内部和国家之间总是要出现各种混乱。马基雅维利认为,人的这种本性又主要地表现在对待权力和财富上,那就是对权力和财富贪得无厌。但是,人间的权力和财富又总是有限的,所以争夺权力和财富使人逐渐学会了各种斗争手段,这就形成了人与人之间的"虚假"、"伪善"。马基雅维利认为,这就是国家政治的现实基础,因而,政治家必须从中世纪的神学政治观念中解放出来,从人间的世俗事实出发来进行自己的政治运作。

就意大利当时的政治发展道路,马基雅维利提出了一个"两步走"的方案。他从根本上主张政治上的"共和制",他认为共和制是最好的政体,因为共和制可以废除封建特权,保障公民拥有平等、自由的政治权利。但是他又认为:在意大利当时的具体条件下,首先要解决的问题是克服政治上分裂割据和内部冲突的混乱局面,实现国家的统一。所以,意大利的现实政治目标应该是建立强大的中央集权的民族国家。而要实现这个任务,就必须首先在意大利实行开明、专制的君主制,形成强大的中央集权。只有这样,才能对付外敌入侵,解决地方分裂和互相冲突问题。马基雅维利强调,他所说的专制,只是指权力的集中,而并不以人民为对立面,这种专制应该以保护公民的私有财产权利和政治权利为目的。同时,这种专制有两项重要职能:一是强调自身的世俗权利,反对罗马教皇对世俗国家事务的干涉;二是强调自身是意大利全民族的政治代表,反对各地的封建割据势力。

在马基雅维利之前,在西欧的政治思想领域,占统治地位的是中世纪的"神学国家观"。它认为,必须以基督教的神学理论来看待国家政治问题,国家的政权是"神授"的,世俗国家应该服从罗马教会的指令，罗马教会的教条和神学理论是国家政治的根本基础。马基雅维利则以世俗人的视角考察国家政治，否定了国家政治的神学基础，否定了罗马教会对世俗国家政治的至高无上性，他把国家政治的理论基础移置于"人性论"学说之上，这在当时是一个重大的思想进步。他主张世俗的人应是国家政治的主体，应是国家政治的掌握者和决定者。这样，依靠人的理性和经验，从现实的国家政治生活中总结政治规律，而不是靠神学来论证国家政治的合法性，就成为一件不言而喻的事。就此而言，他的政治学说成为西欧近代政治学的先声。

马基雅维利大量地阐述他的"政治权术论"。他认为不应该从上帝的意志出发来规定政治的具体操作，不应该以神学教导的"道德"和"善"作为政治学的起点，而应该从政治权力的具体运作来现实地规定政治的艺术和技巧。他指出，如果君王惟求祈祷上帝和依从教会，不可能有所作为，达到自己的政治目的，推进政治事业。他认为，现实的政治权力运作即国家治理，主要依靠三个方面的工作：第一，要建立完备的法律制度，按照一定的制度运行权力，人民只有在法律的管理下才能有秩序地为国家效力。第二，要建立一支忠于国家的军队。如果没有军队，赤手空拳的政治家必然是要失败的。军队不能由老式的"雇佣兵"组成，必须由市民阶级组成有良好纪律的"国民军"，才能为新兴市民服务。第三，君主必须超越常人的道德规范，不受习俗的道德舆论和道德评价约束，不择手段地对待那些妨碍和阻挠自己实现正确政治意图的人。他提出这种主张，并不是要君主成为肆意作恶之人，而是基于"人性恶"的哲学思想，在政治行动上采取"以恶治恶"手段。他认为，既然普遍的人性是对于权力的贪欲，人在政治斗争中都不讲道德，就不能以善良和仁慈去对待恶，为了捍卫国家的利益即政治的善，可以不惜运用暴力和施行恶的手段。他也认为，君主的本性应该是善的、仁慈的，但是不要为了这种美名而束缚自己的政治斗争。他还认为君主必须有好的品行，如不能以自己的权势侵吞公共财产，不得横征暴敛、随意挥霍，不得以权势欺辱妇女，等等。

马基雅维利的政治思想对后世有较大的影响。他的重要功绩是把政治学从传统的神学中分离了出来，使它成为一门独立的社会科学，把人的理性和政治经验作为政治思想研究的基础。

（二）历史学

意大利文艺复兴时期，也预示了西欧近代历史科学的产生。在中世纪，历史研究为神学服务，为了证明神学关于社会历史的逻辑，文艺复兴时期的人文主义学者认为，神学的历史逻辑根本不符合社会发展的事实，罗马时代之后的一千年历史，根本没有被教会明确研究和说明过。彼特拉克认为，历史应该分为两个时期，一个是基督教成为国教以前的"古代"历史时期；另一个是基督教成为国教之后至今的"近代"历史时期，而近代是黑暗和野蛮的时代。意大利著名的历史学家佛拉维奥·彼昂多（1388—1463年）在其著名的历史著作《罗马衰亡以来的千年史》中，提出了"中世纪"的历史学概念。他指出，在哥特人攻占罗马城之前，罗马帝国的历史是辉煌的；而在此后，欧洲的历史衰落了，漫长的"中世纪"的特点是愚昧和黑暗，文艺复兴则使新的繁荣开始成为可能。该书是一部浩大的历史研究著作，共有 31 卷，记述公元 5 世纪至 15 世纪的西欧历史，这样详致研究中世纪的专著是空前的；彼昂多对中世纪的历史评价对后世研究中世纪的历史学家有较大影响。

在意大利文艺复兴时期历史学家研究历史的目的，是为解释现实时代人文主义发展服务的，用历史来论证当时现实的合理性。佛罗伦萨的人文主义学者布鲁尼，为了论证佛罗伦萨的共和国制度的优越性，写了《佛罗伦萨史》。在这部名著中，他追溯佛罗伦萨的历史至罗马共和国时代，认为佛罗伦萨是古代共和国制度的继承者，因而，佛罗伦萨人热爱自由，反对专制。马基雅维利研究李维的《罗马史》，写了《论李维》，从古代历史中寻求启发人们进行政治革新的思想动力。为了抵御外部势力对佛罗伦萨的攻击和侵略，他还研究罗马历史中的战争事件，写了《用兵之道》一书；而他的 8 卷本《佛罗伦萨史》，是一部以人文主义的世俗理性研究历史的名著。

意大利的人文主义学者认为，学习与研究历史能够提高对"今天"和未来的认识和预见能力；能够为政治家的行动和市民的生活提供理性的指南；历史学的思想功用，远远大于神学。基于这种认识，当时意大利的各个大学都开设了历史学系、科，它们成为培养历史研究者的基地。

16 世纪意大利最著名的历史学家是弗朗西斯可·癸卡狄尼（1483—1540 年）。他写的《意大利历史》这部名著，实际上包含了对当时发生的现实事件的分析和总结，其中有一些事件是他本人亲身经历的。这本历史著作的突出特点是具有宏大的历史视野，注重对总体形势的描述和分析。它运用理性分析的方法，剖视了当时的迫切问题：意大利人民必须团结起来，形成统一的民族力量，反对外来侵略，这是意大利复兴强大的惟一之路。这部历史著作出版后，很快被翻译为欧洲多国文字在多国出版，流行一时。

历史学之所以在意大利很发达，主要是由于人文主义者建立世俗知识系统的需要。事实而非神学教条，被看做真实的、惟一可信的东西。历史学突出人在现实世界中的惟一真实的活动，人被看做历史的主体。布鲁尼明确宣布：历史是人自己的历史，人性和人的心理是历史发展的原因所在，必须排除上帝决定人类历史的观点。意大利历史学从一开始就重视对人的现实生活的具体事实的研究，如布鲁尼在他的 12 卷本的《佛罗伦萨史》中，就详细地描述了佛罗伦萨羊毛纺织工人在 14 世纪的起义的具体情节，并对其进行了理性的评价。总之，意大利文艺复兴时期的历史学是人文主义思想的一个重要组成部分，对于西欧在 15、16 世纪确立人文主义的世界观和社会历史观，起着较大的作用。

（三）意大利的早期空想共产主义思想

在 16 世纪由于西欧城市的发展，城市中产生了早期的无产者。在资本主义制度形成的过程中，无产者身受资产者的严重剥削和压迫，受到极不公正、极不平等的对待；他们的社会处境，也受到有平等和博爱理想的人文主义思想家所关注。一些杰出的思想家开始设想解决这种社会难题的未来图景，他们是早期的空想共产主义者。意大利最著名的早期空想共产主义者是康帕内拉。

康帕内拉（1568—1639 年）出生于意大利南部卡拉布利亚的斯蒂洛城郊的一个农村。他的父亲是鞋匠。由于家庭生活贫苦，他在 14 岁时就被送进修道院。在 7 年多时间中，他研读了大量的哲学和自然科学著作，逐渐形成了自己对社会问题的看法。他反对财产私有制，认为柏拉图主张的公共占有社会物质财富和平均分配生活资料，是消除人类不平等的途径。其实，柏拉图只是主张在统治阶层范围实行财产公有制，他则将这种公有制扩大到全社会。他于 1582 年加入多米尼克修会。因为写了反对罗马天主教会的著作，康帕内拉于 1591 年至 1597 年的 6 年间，三次被捕入狱，被释放后回到家乡，因参加故乡人民反对西班牙侵略的斗争而于 1599 年又被捕，被判坐牢 27 年。他于 1622 年在狱中写成《太阳城》、《论最好的国家》、《捍卫伽利略》等书。刑满释放后，他又继续进行反对西班牙侵略者的斗争，1634 年被迫流亡法国，寄寓于巴黎多米尼克修道院，隐居 5 年后逝世。

康帕内拉考察了当时西欧资本主义发生初期的社会状况，认为西欧当时的社会弊病和罪恶，都是由于私有制和利己主义所造成的，因此，消灭私有制是人类建立美好社会的根本目标。他在

《太阳城》这部名著中表达消灭私有制的社会政治理想。这部著作以对话体裁，通过一个热那亚航海家叙述环球航海的"镜花缘"式的经历，向人们描绘了一个乌托邦之国"太阳城"，因为它处处充满了光明和温暖，人人安居乐业，生活幸福，所以被称做"太阳城"。康帕内拉在这个虚构的国度中，寄托了自己的崇高政治理想。

在《太阳城》中，康帕内拉表达了强烈的抨击私有制的思想。他认为，正是私有制使人们产生了自私自利的坏思想，由此又产生了社会上的懒惰、贪婪、残暴和虚伪。一切恶习都来源于私有制，私有制是社会一切灾祸之源。由于私有制，社会才划分为劳动的人和不劳而食的人，劳动者处于被剥削和被压迫的境地。例如在那不勒斯有7万居民，劳动者只有1万至1万5千人，其余的人都无所事事，饱食终日，这造成了极大的不公正和社会犯罪。他认为，贫富不均是一种畸形社会现象，是人类理智的极度混乱所造成的后果。由于私有制的魔魇，人类已经陷入极度混乱，必然出现一个新的变革，它将产生一个新世界，而太阳城就是这样一个新世界。太阳城是一个消灭了私有制和剥削、压迫的人间乐园。在这个理想的国度中，生产资料和生活资料都实行公有制，实行各尽所能、按需分配的制度；这里实行普遍的义务劳动制，消灭了一部分人过度劳累而另一部分人游手好闲的不公正状态；在太阳城中，劳动被认为是最大的光荣，而不被认为只是谋生的手段。在这里消灭了体力劳动与脑力劳动的对立，消灭了城市与乡村的对立；实现合理的劳动分工；社会分工照顾到了男女的体力和生理差别；残疾人被尊重，也被合理地安排到一定的社会劳动组织中；在这里，人人都是平等的，无论从事什么工作，无论在什么岗位，每个人都受到他人的尊敬和爱戴，人人都是社会的主人。劳动已是解放人的手段，不再是为剥削者牟利的手段。在太阳城中，国家的职能已经不再是阶级统治的工具，而是社会公共事务管理的机构。康帕内拉还探讨了培养太阳城新人的教育方法，提出要重视科学技术对于社会发展的作用。

　　康帕内拉在《太阳城》一书中表达的理想，是西欧 16 世纪最宝贵的精神财富之一。它表达了在资本主义制度形成的初期，西欧就有消灭私有制、建立公正社会的美好理想。由于康帕内拉所处的时代刚从中世纪脱胎出来，他的社会理想中不免夹杂一些宗教迷信的说教。康帕内拉的社会政治理想对于西欧后世的空想共产主义思想有重要的启迪作用。

9 爱拉斯谟像

第 三 章

文艺复兴在西欧的扩展和传播

一、德意志的思想和艺术

（一）德意志文艺复兴的特点

1273年，哈布斯堡家族的鲁道夫一世开始了在德意志的统治，结束了从1254年到1273年20年间的王朝空位时期，但这并未结束德国长期形成的政治割据局面。虽然16世纪初哈布斯堡家族声势显赫，查理五世还兼领西班牙和尼德兰，但因国内诸侯势力的强大以及长期战争的纠缠，中央集权制和民族统一难以实现，国内关卡林立，币制繁杂，冲突不断，严重影响农业、手工业和商业的发展。从15世纪中叶起，受意大利文艺复兴思潮的影响，代表新兴资产阶级的德意志知识分子开始了反对教权，呼吁国家统一的人文主义运动。

德意志文艺复兴开始得较早。15世纪60年代至70年代，纽伦堡等地的一些大学已出现了人文主义小组。16世纪上半叶，文艺复兴运动出现高潮。

德意志文艺复兴运动的主要特点是：

第一，对宗教、道德和哲学问题很敏感，他们以对《圣经》和《教父》作品的翻译、研究和注释而闻名，以发表"讽刺文集"和造型艺术（彩饰画、木刻或铜刻版画等）而著称。

第二，人文主义活动的中心在大学，大学的年轻教师中，多数人到意大利学习和访问过，许多学者通晓欧洲各国语言，他们的作品中强烈反映出反对民族分裂、要求国家实现统一和摆脱罗马教皇统治的思想。

第三，在一部分艺术作品中，反映社会矛盾和下层人民生活的内容亦陆续增多。

第四，各地文艺复兴的思想活动很不平衡。南部受意大利影响大，活动早，成果多；西部科伦等地，因天主教会势力大，保守气氛较浓；北部与尼德兰人文主义者关系密切，重视宗教改革与教会改革。

由于德国长期处于政治分裂状态，经济力量分散，资本主义发展缓慢。15 世纪德国思想还缺乏民族个性内容，这反映了德国的落后性。直到 16 世纪初，由于罗马教廷加剧搜刮，激起德国人民对教会的痛恨，爆发了大规模宗教改革运动。宗教改革促使德国民族意识空前觉醒，也促进了德国人文主义的发展，使它赋有强烈的民族精神和高昂的革命激情。

(二) 德意志人文主义思想家

约翰·赖希林和胡滕是当时人文主义思想家的代表，他们的作品以讽刺为主要表达手段，其中心内容是反对中世纪的经院哲学和蒙昧主义，在一定程度上提倡自由。

约翰·赖希林 (1454—1522 年) 首先是一位语言学家，他广泛地进行语言学和法学的研究。这位语言天才在这个时期的真正功绩是他出于哲学方面的动机而从事的希伯来语研究，他的《希伯来语原理》(1506 年) 为这一研究创造了基础，也使他卷入了同经院哲学家的争论。约翰内斯·普菲弗尔科恩——一个受过基督教洗礼的犹太人——以盲目的宗教热情，根据皇帝的谕旨，主张焚毁《圣经》以外的一切犹太书籍，并且得到了科隆的多米尼克会教士的支持。只有赖希林出于对流传下来的作品的尊重，认为焚书是十分不当的。他认为宗教思想方面应该平心静气地劝导，而不赞成使用暴力。宗教裁判官雅柯布·冯·霍赫施特拉滕在科隆大学和爱尔福特大学等大学支持下，宣布赖希林的辩护书《目镜》为异端。在对赖希林的审讯中，赖希林向教皇利奥十世上诉，最初使得审判延期，后于1520年在对路德的审讯的影响下，对赖希林也作出了严厉的判决，宣布他为"异端"。但是，在教会同赖希林的冲突期间，人文主义者们逐渐联合起来反对经院哲学。早在1514年，赖希林就发表了一批书信，即《聪明人书简》，接着在1519年发表了《名人书简》，同教会进行斗争。在赖希林同宗教法庭的争论中，进步的德国知识界人士支持他。在文学上，赖希林写过喜剧，模仿泰伦茨的作品。在哲学上，他是经院哲学的激烈反对者。

为了支持赖希林同宗教法庭的斗争，克罗图斯·鲁贝阿努斯、胡滕同赖希林一起写作并出版了《蒙昧人书简》。这是作者假托一些经院哲学家、僧侣的名义，写信给当时某一位真实的神学教授，用信件向这位神学家报告他们在各地所看见的事物，如人们如何不敬重上帝和神学家，宗教裁判所如何仗势压人，人文主义者如何受学生尊重等等，这些信件是以对这些现象十分不满的口气写的，但写信人被作者称为蒙昧主义者，说明写信人所不满的，却正是作者所赞成的。《书简》分上下两部，共有三个作者，下部的主要作者是胡滕，《书简》的出版者和编纂者是罗伊希林。《书简》有意用很蹩脚的拉丁文写作，以讽刺"蒙昧主义者"是不学无术的人。

后来胡滕又开始用德文写作，以便扩大影响。其代表作是《罗马的三位一体》(1520年)，以及讽刺性很强的《对话录》。在《罗马的三位一体》中胡滕写道："……罗马靠三种东西使一切人都服从：强力、狡猾和伪善。……有三件事不能说出真相：关于教皇、赎罪券和无神论。有三种事物成为罗马的特点：教皇、古老的建筑和贪婪。有三种不同的东西供养着罗马富翁：穷人的血汗、暴利和对基督徒的掠夺。"胡滕还是一位爱国主义的诗人。他为德国统一献出了生命。

（三）政论作品和民间文学

宗教改革和农民起义中富有战斗性的政论文，如托马斯·闵采尔的《致阿尔斯特德人民书》，抨击了天主教和封建统治者，公开号召人民起义。德国宗教改革运动的领袖马丁·路德于1520年写成《致德意志民族的基督教贵族书》，反对教皇干涉王权，提出一系列反对天主教教义的主张，要求组织新教。他还参考人文主义学者对古代语言研究的成果，将《圣经》译成德语，他的《圣经》译本使平民和农民能够援引《圣经》中的语句为自己的利益辩护。他还写了许多赞美诗、论争性散文和寓言，最流行的一首赞美诗是《我们的上帝是一座坚固的堡垒》。马丁·路德的翻译和写作对德国民族语言的统一和民族意识的觉醒产生了重大影响。恩格斯称誉道："路德不但扫清了教会这个奥吉亚斯的牛圈，而且也扫清了德国语言这个奥吉亚斯的牛圈。"

16、17世纪德国民间文学成果丰富。其主要内容是民间故事书和民歌，民歌分为抒情民歌和政治民歌。民间故事书是用散文写的小说或短篇小说集，实际上是后世德国小说的先驱。这些民间故事并非真正由"民间"创作，而是不知名作家的作品，取材广泛，流传很广。较有代表性的有：《梯尔·欧伦施皮格尔》、《希尔德的市民们》和《约翰·浮士德博士的故事》。《约翰·浮士德博士的故事》主要叙述浮士德（一个农民的儿子）与魔鬼订约，魔鬼许诺给他种种好处并帮他完成许多大事，而其条件是：浮士德必须首先放弃宗教信仰（基督教），24年期满后，浮士德必须死去，死后的灵魂应属于魔鬼。故事书最重要的内容是关于浮士德与魔鬼对科学和天堂、地狱等的讨论，并且叙述了浮士德在魔鬼协助下所完成的种种奇迹和浮士德死亡时的惨景。故事书的副标题称它的目的是给有好奇心而不信神的人展示一个可怕的例子，给他们以诚意的警告。但是，它别有一番客观效果，因为书中浮士德尽情享受当时基督教所不容许的人间乐趣，实质上反对了中世纪的禁欲主义；而魔鬼与浮士德探讨天堂、地狱、宇宙形成等奥秘，实质上反对中世纪教会宣扬的蒙昧主义和愚民政策，反映了当时人们对科学的探求和对知识的渴望。正因为这部故事书适合于文艺复兴时代人们反对禁欲主义、追求生活快乐、反对蒙昧主义和追求科学知识的需要，所以它广为流传，并被译成多种欧洲语言。英国戏剧家马洛在这部民间故事书出版的次年（1588 年）就写了《浮士德博士的悲剧故事》，他依据的素材就是 1587 年译成英语的这部德国民间故事书。此后，从 17 世纪至 19 世纪的一些德国作家如莱辛、克林格、海涅等，直至 20 世纪的托马斯·曼，都一再取材于浮士德的传说。其中歌德的《浮士德》更使浮士德成为一个永无止境的追求者的象征，成为文学宝库中的一个令人难忘的富有哲理的形象。

总的说来，文艺复兴时期德国文学的成就主要在民间文学方面，和德国的一些邻国相比，德国在当时没有产生对欧洲影响突出的大作家。从 13 世纪末起的德国文学闭塞落后局面，一直到 18 世纪下半叶才开始改变。

（四）德意志人文主义艺术

文艺复兴时期德国的杰出画家中，有四个光辉的名字，他们是格伦奈瓦尔德（1455—1528 年）、克拉纳赫（1472—1553 年）、丢勒（1471—1528 年）和贺尔拜因（1497—1542 年）。格伦奈瓦尔德是德国宗教改革时一位面向现实、取得重大成就的色彩画家。克拉纳赫是一位人文主义者，马丁·路德的好朋友，成功的油画家和版画家。这里我们主要介绍丢勒和贺尔拜因。

丢勒是一位油画家、版画家、雕塑家和建筑家，自幼对素描艺术感兴趣，颇有绘画天才。他曾向马尔丁·盛交厄学习过铜版画，1486年入纽伦堡名画家哈埃尔·沃尔海默画坊学艺3年。1490年后，开始漫游德国，了解风土人情。1494年回到纽伦堡，次年以画家和版画家的资格成立自己的画坊，这期间的代表作有《父亲的肖像》和《自画像》等，但这些作品还不够成熟，显示出欠缺柔和的稚气，但另一方面也表现了作者的写实精神。为了继续学习，1495年他访问了意大利。意大利艺术对他产生了不小的影响，在意大利，他临摹、创作了一些优秀作品。1494年回国后，丢勒在汲取意大利艺术成就的基础上，创作了许多有独特风格的作品，主要是版画。其中最有名的是木版组画《启示录》，共18幅。《启示录》是《圣经》中一篇早期基督教文献，控诉罗马暴君的统治。丢勒借古讽今，向人们暗示教会统治是德国灾难的根源，影射德国的社会现实，表达他本人对祖国和人民的深厚关切，意图唤起人民的觉醒。这一组作品显示了画家思想的进步和技术的高超，在版画艺术史上具有里程碑的性质。这一组作品中，尤以《四骑士》和《天使斗恶龙》最杰出、最有趣。美术史上认为丢勒的《天使斗恶龙》可与拉斐尔的《圣乔治斗恶龙》相媲美。这一组画为丢勒赢得了巨大声誉，他从此成为享誉欧洲的知名画家。1500年以后，丢勒为了提高技艺，进而研究人体结构和解剖学，还从事过建筑设计工作，同时他还与纽伦堡人文主义者保持着密切的联系。1505年至1506年，丢勒第二次游历意大利，和拉斐尔建立了亲密的友谊，也更详细地了解和学习达·芬奇。在威尼斯期间，他为了表示自己不仅擅长版画也会画色彩画，他创作了《念珠节》，表现反对教权高于皇权的罗马教廷的主张，体现了他的人文主义思想。1507年至1520年，是丢勒创作的鼎盛期，在这一时期，他创作了不少杰作。1513年至1514年，丢勒创作了一批铜版画，艺术水平达到了炉火纯青的程度，轰动了整个欧洲艺坛，他获得了"版画名手"的美称，这批作品在美术史上被称为"绝妙佳作"。丢勒以其作品确立了自己在世界美术史上最伟大的版画家之一的地位。他于 1514 年创作的《忧郁》最为有名。此画显示一位城市妇女正在思索一系列的难题而找不到答案,因此忧郁、深沉、失望,画中人的这种心理状态,象征着他那个时代人们在混乱黑暗的社会生活中对和平、光明、祖国统一的渴望,体现了画家本人忧国忧民的心情。1520 年以后,晚年的丢勒仍在孜孜追求,创作了不少杰出的作品,如《母亲肖像》和《四使徒》(1526 年)。丢勒是一位多才多艺的艺术巨匠,是德国版画的创始人,正是他把西欧版画艺术推向成熟。恩格斯曾经将丢勒和达·芬奇这样的巨匠相提并论。大文豪歌德也说过:"当我们明白地知道丢勒的时候,我们就在真实、高贵、丰富之中,认识到只有最伟大的意大利人可以和他的价值等量齐观。"

贺尔拜因是德国宗教改革时期的肖像画家、版画家与水粉画家。他尤其以出色的肖像画而闻名于世。贺尔拜因之父老贺尔拜因也是一位出色的画家。小贺尔拜因自幼随父学画,1515 年离家到巴塞尔,拜当地画家都尔比斯托为师。结业后,他开设了独立画坊。由于工作出色,他逐渐成名。当时的巴塞尔是一座文化名城,也是瑞士的出版业中心,聚集着许多著名学者,贺尔拜因同他们关系密切,特别是与来自鹿特丹的爱拉斯谟有莫逆之交,这对他的艺术创作产生了很大影响。巴塞尔是贺尔拜因的第二故乡,他的艺术生涯主要是在这里度过的。1526 年至 1528 年,他经爱拉斯谟介绍,去英国拜访托马斯·莫尔,在那里,他为英国知识界的重要人物画了不少肖像。1532 年他再次访问英国,在那里度过了他生命中的最后 10 年。所以也有人称贺尔拜因是拥有三重国籍的伟大画家。贺尔拜因的作品综合了前人求真与求实的经验,将德意志艺术和意大利艺术的表现手法融为一体,形成了独特的绘画风格。他非常重视人物性格的塑造,他的画中人物形象都生动逼真,别具一格,将德意志民族刚毅、严肃、坚强与缜密的性格表现得十分传神。贺尔拜因的名作有《巴塞尔市长迈耶尔像》和《巴塞尔市长夫人像》等。他为爱拉斯谟画了三幅像，生动地刻画出这位人文主义学者的风度和意志，其中一幅保存在巴黎的卢浮宫中。贺尔拜因的晚年作品《僵死的基督》一反常例，没有把基督画成理想中的形象，而是对死者进行了精确的描绘：头发蓬乱，眼睛微张呆滞，伤痕遍体，基督的形象似乎是一具正在腐烂的僵尸，没有任何肃穆、神圣、崇敬可言。这幅画充分表现了贺尔拜因对宗教信仰的挑战。难怪妥斯妥也夫斯基在小说《白痴》中借梅什金之口说："是呀，任何人都会因这幅画而失掉信仰的。"这正是贺尔拜因的庄严而凝重的现实主义艺术力量之所在。

二、尼德兰的文艺复兴

"尼德兰"，意思为"低地"，这里特指欧洲西北部莱茵河、谢耳德河下游及北海沿岸一带低洼地区，按照习惯理解包括今日之荷兰、比利时、卢森堡以及法国北部广大地区。由于该地区为西欧沿海，地处海陆交通要道，因此国际贸易发展较早，手工业和商业发达。这里的资本主义生产关系发生较早，资产阶级也较早地成长起来。因而，反映新兴资产阶级利益与要求的意大利文艺复兴运动，在这里得到了热烈响应，这里的人文主义运动的蓬勃形势，仅次于意大利。佛兰德尔是尼德兰毛纺织业最发达的地区，尼德兰文艺复兴的帷幕就从这里揭开。

（一）伟大的人文主义者爱拉斯谟

15 世纪至 16 世纪尼德兰文艺复兴中最伟大的人文主义思想家是德西得利乌斯·爱拉斯谟（1466—1536 年）。他生于鹿特丹，因而被称为"鹿特丹的爱拉斯谟"。爱拉斯谟是精通希腊文和拉丁文的语言学家，又是人文主义的思想家。他先后到过法、英、德、

意和瑞士等各国，传播人文主义思想，他的思想在当时对全欧洲
都有影响。从 1514 年开始，爱拉斯谟定居于德意志的巴塞尔城，
在这里生活 22 年。因此，德意志人把他和勒克林称为文艺复兴时
代"德意志的两只眼睛"。

爱拉斯谟是个私生子，其父是精通希腊语的祭司。爱拉斯谟
从 4 岁起入学读书，及至 18 岁时父亲去世，他与其兄被监护人送
到教会学校学习，两年之后到修道院当修士。1493 年，康布雷地
方的主教聘爱拉斯谟为拉丁文秘书。在康布雷的工作，使爱拉斯
谟接受了人文主义者罗伦佐·瓦拉的思想。瓦拉认为："快乐是最
高的幸福，我的生命对我来说是最大的幸福。"这种崭新的资产阶
级人生观具有摧枯拉朽作用，使爱拉斯谟深受影响。他以对话体
形式写成了《非蛮论》一书，流露出他对僧侣生活的鄙视。之后，
爱拉斯谟到巴黎大学学习。为了生活，也为了沟通语言，他编写
了拉丁文教材《家常谈》。1499 年爱拉斯谟应邀到伦敦。在伦敦市
长举行的宴会上，他同托马斯·莫尔陌路相逢，两人进行了一场
激烈的辩论：一位妙语横生，一位雄辩善谈；一位博学，一位睿
智。从此二人结为终生莫逆之交。1500 年，爱拉斯谟一边学习希
腊语，一边编写拉丁文《格言集》，它出版后，多次再版。后来爱
拉斯谟在其中又增添了不少希腊语格言，总共收录格言三千多条，
成为一部内容丰富的《格言总汇》。1505 年爱拉斯谟同莫尔共同整
理出版古代自由思想家和作家卢契奴斯的著作。1506 年爱拉斯谟
在意大利都灵获得博士学位。1509 年他开始构思写作他一生最重
要的代表作《愚人颂》。该书一经问世，即轰动欧洲，并且不断再
版。爱拉斯谟在世时就重印过 27 次，几乎译成欧洲各国文字。由
于托马斯·莫尔给爱拉斯谟的巨大支持和帮助，二人友谊笃厚，
《愚人颂》就是爱拉斯谟题赠莫尔的。1516 年以后，爱拉斯谟继续
著述。1525 年同马丁·路德论战，爱拉斯谟发表《论自由意志》一
文。1536 年 7 月 12 日，爱拉斯谟病逝，享年 70 岁。

　　爱拉斯谟重要的历史功绩之一，是他将许多古希腊文献译成拉丁文，使当时的欧洲人有机会读到古希腊作家的作品。他更重要的功绩是他以清新的文笔写出了人文主义精神的作品，开阔了人们的眼界，为宗教改革运动作了思想准备。在其著作中，爱拉斯谟以犀利的笔锋、辛辣的语言，抨击僧侣和神学家的"疯狂和愚蠢"。他通过"愚人"登台演说，来讽刺和嘲笑僧侣们鼓吹禁欲主义实属伪善，他们要求别人远离肉欲和享乐去追求来世的幸福，而他们自己却过着放荡淫乱的生活。爱拉斯谟写道：明明是一个淫荡之徒，却一味夸口说以鱼为食，净灭了肉欲；明明是一个贪婪者，却表白自己六十年中（除了隔着手套去摸索以外）没碰过一文钱。当时的迂腐而无真才实学的神学家们注重烦琐论证，他们可以用"六百个三段论式"去证明别人是"异端"，而"实际上他们是一无所知，但却强不知以为知，甚至连自己也不认识"；他们关心鞋带打多少结、腰带的长短、服装的款式与颜色，"目光短浅，漫不经心，常常连自己脚下的土坑和石头都不能发现"。爱拉斯谟称教会和僧侣都是"精神错乱的蠢物"。他的思想斗争矛头，直指主教、枢机主教乃至罗马教皇。在爱拉斯谟的笔下，罗马教皇就是个"惯用刀剑、毒药和其他一切方法"保护自己的阴谋家。爱拉斯谟的思想及其影响使罗马教廷十分恐慌。为了限制爱拉斯谟思想在人们中传播，教皇保罗四世在1588年宣布，爱拉斯谟著作是"第一类异端"，被列为禁书。

　　爱拉斯谟的著作明显地表达和宣传人文主义思想。他赞美市民的现世生活，提倡个性自由和个性解放，注重尘世快乐与幸福。爱拉斯谟认为：人必须顺从自然的规律，遵循人自己的本性生活，追求快乐，享受情欲；要放弃对被教会奉为神圣的"圣像"、"圣物"的崇拜；应该废除一贯被教会奉为圭臬的一切形式主义。这些思想和主张，都反映了当时新兴资产阶级的世界观和人生观。在爱拉斯谟看来，愚昧无知是社会罪恶的根源，只要在大众中普及教育、传播知识，就可以消除社会的各种弊端。在他同马丁·路德进行争论时，他反对路德的宗教狂热，认为理性和自由意志不只属于神，也属于人；认为人的自由、快乐、知识或理性，是构成道德和良心的最重要的条件。

爱拉斯谟是文艺复兴时期宗教改革运动的思想先驱，他对欧洲各国，尤其是德国的人文主义运动有很大的影响。由于受历史的局限，爱拉斯谟不是一个无神论者，不否定上帝存在，他对天主教持宽容态度。他说："当我没有看到更好的教会之前，我容忍这个教会。"在德国宗教改革中，爱拉斯谟同路德的思想和做法有重大矛盾，于是他倒向了保守的旧教方面。为了回避宗教改革运动，爱拉斯谟渐渐隐迹匿名，直至去世。

（二）佛莱芒艺术

如前所言，佛兰德尔是尼德兰毛纺织业最发达的地区，尼德兰的文艺复兴在这里发展如火如荼，尤其人文主义的艺术在这里发展十分蓬勃。因此，历史上一般把尼德兰这一时期的人文主义艺术创新，称做佛莱芒艺术（Flemish art）。

"佛莱芒艺术"的生存年代，一般指 15 世纪至 18 世纪这一漫长历史时期。作为一个三百多年的艺术运动，它对整个欧洲的绘画艺术的发展，有着重要影响。佛莱芒艺术中成就最高的是绘画，其次为建筑和雕塑。

伟大的画家凡·艾克兄弟是佛莱芒绘画艺术的奠基人。凡·艾克兄弟的名字是哥哥胡伯特·凡·艾克（1370—1426 年）和弟弟杨·凡·艾克（1385—1441 年）。他们是油画艺术的革新者。兄弟俩人合作的《根特教堂祭坛画》被认为是欧洲油画史上的第一件重要作品。1426 年，胡伯特·凡·艾克没有完成这个绘画任务就离开了人世，作品的大部分是由杨·凡·艾克于 1432 年完成。这组画包括 12 幅作品，《羊的崇拜》是主体画，堪称世界杰作。画面以优美的风景为衬，一只雪白的羊羔在祭坛上，鲜血流入酒杯中；四周或站或跪着预言家、哲学家和耶稣的众门徒，正在等待耶稣归来。画家发挥了尼德兰画派追求细节描绘的传统手法，真实生动地体现了尼德兰的人文主义思想。胡伯特·凡·艾克的作品不多，弟弟杨·凡·艾克的作品留下不少。后者有名的代表是《拿石竹花的男子》。杨·凡·艾克的功绩不但在创作，而且他热心改进油画颜料，他使用松脂和乳剂作为新涂料，从而形成了完善的油画技法。同时，他是最先用快干油作画的画家。这种颜料可以多次敷色，易于涂改，能使绘画色彩丰富，这一方法不久就传入意大利，在那里被广泛使用。

16世纪意大利主义绘画影响佛莱芒绘画，许多画家前往意大利深造，回国后，力求把意大利的技法与风格同本土的尼德兰传统融合起来，可成功的人不多，他们大多显得生硬，艺术成就不高。

彼得·勃吕盖尔（1525—1569年）是16世纪尼德兰最杰出的画家，他始终保持着民族绘画的精华部分，并加以发展，从而在艺术成就上跟凡·艾克兄弟衔接起来。勃吕盖尔先后向画家、木刻家彼得·库克·凡·阿尔斯特和版画家考克学习，1551年学习期满后，为了开阔眼界，他到法国和意大利各地漫游。意大利绘画没有对他产生多大的影响，倒是奇特的阿尔卑斯山区自然风光吸引了他。他画了很多以阿尔卑斯山为题材的作品。这形成了勃吕盖尔最早的传世作品。游历结束之后，他回到了故乡，在这里生活、创作直到逝世。勃吕盖尔是一位具有尼德兰民族民主思想的艺术大师。他不像文艺复兴时期多数艺术家那样画宗教画或为社会上层人物画肖像画。他独树一帜，画农民形象、农民生活和农村自然景色。他的作品反映了农村生活和社会风俗，充满对下层劳动人民的敬意和同情，乡土气息浓郁。这些画同提香的华贵风格相比，有天壤之别。因此，勃吕盖尔获得了"庄稼汉"画家之美称。勃吕盖尔的作品有素描、铜版画和油画,题材广泛。其作品《农民的舞蹈》和《农民的婚礼》散发着浓郁的泥土芳香。作品《冬猎》是风景画的杰作。而《虐杀婴儿》和《绞刑下的舞蹈》则是画家对西班牙侵略者凶残面貌的揭露,对人民乐观主义精神的歌颂。这些画都显示了勃吕盖尔和民族、劳动人民血肉相连的爱国主义思想。勃吕盖尔画风朴实,平易近人。他的画虽然在形式的丰繁和表现的优美方面,有逊于意大利的绘画成就,但在反映现实生活方面,却比意大利的所有作品向前迈了一大步,并且它是以其民族特色表现出来。这是勃吕盖尔对西欧文艺复兴艺术的独特贡献。

17世纪是佛莱芒艺术的又一个黄金时代。这时的著名代表人物是宣扬巴罗克风格的绘画大师彼得·保罗·鲁本斯(1557—1640年),他被称为"美术界的荷马"。他不仅画宗教画,还画肖像画、风景画、风俗画和狩猎图等。鲁本斯继承并发扬了文艺复兴的反禁欲主义精神,作品以高昂的激情表达对人生和自然的歌颂。一方面,他善于表现激烈的冲突和动感;另一方面,他注重表现和谐的抒情色彩,善于通过大型而又饱满的人体、有力的光和影对比、丰富的色彩以及戏剧性手法表现思想感情。这是他的艺术风格的突出特点。鲁本斯的代表作品有:《希林纳斯醉酒》、《抢劫吕西普的女儿》、《水与地的联合》、《玛丽·美第奇的一生》、《加尔凡山》、《三美神》、《婴儿的屠杀》、《抢劫萨平妇女》等。鲁本斯对佛兰德尔和欧洲其他地区的许多画家产生过重大影响。为了怀念这位大师,联合国曾于1997年纪念他诞生400周年。

19世纪以后,佛莱芒画派又产生了一些画家,他们画风俗画、风景画、静物画和动物画等。这些画家有约尔丹斯、布鲁威尔、特尼尔斯、博萨尔特、斯尼得斯、海姆等人。在建筑、雕塑等方面,佛莱芒艺术也有很大的成就与影响,代表人物有斯吕特和麦尼埃等,他们创建了勃艮第雕刻学派,为佛莱芒艺术续写了辉煌。

三、法国的人文主义思想

1337 年爆发的英法"百年战争",从表面上看起因是关于法国王位继承的争端,而事实上,争端双方的斗争目的是夺取法国的领地和佛兰德尔城市。在战争第一阶段,由于英国方面备战充分,1360 年以法国战败而暂停。1369 年战争开始第二阶段后,法国取得了不少胜利,但国内连连爆发起义,这大大地削弱了法国的力量。1415 年,英军在诺曼底登陆,法国北部和巴黎地区大部分领地沦陷。但是到了 1428 年,战争出现了转机。奥尔良城姑娘贞德率兵抗英,胜利击退英军围攻,保卫了南部领土。在贞德爱国精神的带领下,法国人民继续战斗。到 1435 年,勃艮第大公和查理七世的军事力量一致对外,共同抗英。到 1453 年,百年战争以法国胜利而告终。

百年战争胜利后,法国经济开始复兴。到了 16 世纪,资本原始积累的过程已经开始,其标志是手工工场开始形成,尤其在呢绒纺织业中,手工工场有较快的发展。法国当时的对外贸易也开始活跃,它同西班牙、意大利、非洲、西亚等国家和地区进行频繁的商业交往。1534 年至 1541 年,法国的海外殖民开拓也已经初获成效,法国水手到达北美加拿大的魁北克、蒙特利尔等地,为在北美建立殖民地开创了道路。

这一时期法国的社会阶级关系和阶级斗争情况复杂。封建主义生产关系和资本主义生产关系并存,冲突不断。至 16 世纪,在德国宗教改革影响下,法国国内进步力量也迫切要求进行宗教改革。加尔文新教得以在法国传播,并导致爆发了胡格诺战争。这场战争的烈火把法国烧得残破不堪。震荡的局势一直持续到 17 世纪前半叶。1635 年在波尔多发生了平民起义,接着在 1636 年又发生了克洛堪起义。这两次起义均因政府的镇压以失败告终。

　　在文艺复兴大潮席卷欧洲的情况下，法国也深受意大利人文主义精神的影响。由于当时法国本土贵族与新兴资产阶级的具体社会关系和力量对比情况，法国人文主义运动具有自己的特色，即既在市民阶层的广大领域具有资产阶级的民主因素，又在贵族社会圈内形成某种带有贵族色彩的世俗人文精神。

（一）贵族人文主义——"七星诗社"

　　法国贵族人文主义运动的一个具有代表性的组织是"七星诗社"。它代表了一种强烈的、世俗的民族主义情绪。它提倡使用法兰西民族语言，写作法兰西文学，而反对用拉丁语写作。这反映了世俗的民族意识的觉醒。

　　1549年，由杜·贝雷执笔的宣言《保卫和弘扬法兰西语言》的发表，标志着法国文艺复兴时期的一个人文主义团体即"七星诗社"的形成。这个诗社是由古希腊语文学家多拉和他的六个学生共七人组成的。它的目的是要建设统一的法兰西语言，要为形成一个可以同古希腊和罗马的诗歌相媲美的法国诗坛而斗争。入社的诗人们抵制拉丁语以及用拉丁语创作的各种作品。他们以高昂的法兰西民族主义精神，断言法语也可以像拉丁语一样，表达任何学术知识和人类的思想。但是，他们也承认，法兰西本土的世俗语言需要努力开发和不断丰富，因而，他们也提出了应该向古希腊和罗马的语言借用一些词汇和表达方式，例如主张采用古希腊和罗马的十四行诗的文体；同时也要对旧词进行改造，使它们成为符合时代发展需要的新词；还应该依据现实的社会生活，创造新的词汇。他们认为，只有这样，法兰西语言才能够得到弘扬。但是，七星诗社的诗人们鄙视法国民间语言和民间诗歌传统，要求抛弃民歌所使用的文体。这说明他们的人文主义是脱离社会大众的贵族的思想潮流。

　　当然，七星诗社为法兰西语言的规范形成所起的作用是不可抹杀的。以他们的努力作为开端，法语的近代规范化的工作，后来在 17 世纪的古典主义思潮那里才被完成。

七星诗社的最著名诗人是彼埃尔·德·龙沙。他出身于贵族家庭。他的老师期望他成为"法兰西的荷马"。1550 年，龙沙出版了他的第一部诗集《颂歌集》。从这部诗集可以看出，他精心地模仿古希腊诗人品达。此后，他又对古希腊诗人阿那克瑞翁进行模仿，也模仿过意大利文艺复兴的开创者彼得拉克。龙沙是一位多产的诗人，他大胆地运用各种诗体进行写作。他的诗歌的主要内容是反对宗教战争，抒发他对世俗的社会生活的热爱，对爱情的执著追求是其作品的重要主题。龙沙的抒情诗风格亲切、轻松，能够自然而然地把抒发感情和描写美丽的自然景色结合起来，给读者以美的享受。但是，龙沙的一部分诗歌作品由于过于刻意模仿而显得做作。在他生活的时代，他的声望达到了高峰。到 19 世纪，还有一些法国的浪漫主义诗人把他看做是自己的先导。

除了龙沙外，七星诗社中被人们称道的还有抒情诗人卓阿金·杜·贝雷。虽然他在创作初期所写的一些作品比较造作，但是他后来居住在意大利的罗马，可能由于文化环境的原因，他的诗风发生了较大的变化，1558 年出版的《悔恨集》代表了他创作的高峰。收入该集中的诗歌大多反映了作者对于世俗人生意义的反思，其中爱情、友谊和对故乡的思恋是最常见的题材。卓·贝雷的婉约与悲伤的情调，对后世法国诗歌有一定的影响。

爱缔安·若岱勒是七星诗社中的戏剧作家。1552 年，他发表了悲剧作品《克娄奥帕特拉》。他的这部代表作取材于古代罗马的历史故事，从风格上说，它已经具有了后来法国古典主义悲剧的一些特点。

（二）拉伯雷和他的《巨人传》

法国文艺复兴运动中资产阶级民主思想的突出代表是弗朗索

瓦·拉伯雷（1494—1553 年）。他是法国文艺复兴运动的著名代表
人物之一，是继薄伽丘之后又一位具有全欧影响的人文主义文学
家。

　　拉伯雷出生于法国中部一个富裕的地主律师家庭，在父亲的
庄园里度过了他的童年，学会了当地农村的方言俚语。如此自由
自在的田园生活好景不长，他就被送进修道院学习拉丁文，接受
经院哲学教育。大约在 1520 年，他进入弗兰西斯修会当修士，在
那里他和许多人文主义者建立友谊并保持着联系。例如同吉约
姆·比代有着较密切的思想来往。修道院谴责他触犯了教规。在
逼迫之下，他离开弗兰西斯修会，后转入德马伊修道院。在这里，
他认识了不少著名学者，并随修道院院长出访欧洲的几个国家，大
大丰富了他的生活阅历，使他的人文主义思想得到了自由发展。
1527 年后，他遨游了大半个法国，对法国社会有了深入的了解。他
发现封建法律制度的腐败和经院教育制度对人才的摧残，这为他
后来创作《巨人传》积累了素材。1530 年，他开始学习医学，次
年就在里昂行医。在里昂他如鱼得水，和很多著名的人文主义者
过往甚密，包括当时在法国讲学的爱拉斯谟。在这些人的影响下，
更坚定了他的人文主义思想。于是，拉伯雷拿起笔来，开始了他
持续长达近二十年的写作生涯。两年以后，从 1532 年起，拉伯雷
开始陆续出版自己的传世之作《巨人传》。

　　《巨人传》的内容并非全部新创，而是有着丰厚的法国民间文
学传统。该书中的"巨人"形象，在法国中世纪民间故事中就早
已有之：国王格朗古杰源于 15 世纪一个民间笑剧；卡冈都亚也是
法国民间熟悉的中世纪英雄人物；而庞大固埃来自中世纪的一个
神秘剧。拉伯雷把他们串写为三代人。同时，《巨人传》中的许多
故事，都源于中世纪的法国民间传说。这些传说都表现法国普通
劳动人民的勤劳和善良。拉伯雷依托于这些素材，进行自己的人
文主义思想创新，巧妙地处理了继承传统与开启近代精神的关系。

《巨人传》在当时能受到广大进步知识分子与人民的欢迎，这和它重视利用民间素材，并且在人文主义思想的指导下把这些素材转换为反对教会和封建主义的世俗题材，有很大关系。

《巨人传》的出版，像地震一样震撼了整个法国社会。该书受到了城市资产阶级和社会下层民众的热烈欢迎，据拉伯雷说，小说在两个月内销出的数量比《圣经》9年卖的还多。法国教会和贵族极端仇视《巨人传》，巴黎法院宣布其为禁书。拉伯雷并没有向黑暗势力屈服，他进行了长期巧妙的斗争，克服了种种困难。拉伯雷既要忍受贫困的生活，又要面对教会的屡次迫害和政府的查禁，困难重重。但他宣扬人文主义的坚定信念，并不因时世坎坷而减退。他终于完成了这一历史巨著。1545年，《巨人传》第三卷以"拉伯雷"的真名出版，1550年在法国国王特许下，出版了第四卷。1562年（也就是在拉伯雷死后9年），《巨人传》第五卷面世。

《巨人传》是一部长篇讽刺小说，广泛地反映了16世纪上半叶的法国社会，是为新兴资产阶级登上历史舞台而摇旗呐喊的一部小说。以格朗古杰·高康大和庞大固埃祖孙三代巨人国王的神奇故事为线索，以民间故事为蓝本，采用夸张的艺术手法，讽刺的文风，创造了理想君主巨人父子的形象。第一卷写高康大因先受经院哲学教育而愚蠢，后受人文主义教育而获得身心健康的发展，从而粉碎敌人进攻的故事。对经院哲学、教会与法官的反动愚昧和贪婪等恶行进行了大胆的揭露和抨击；第二卷从高康大之子庞大固埃的44天也讲不完的家谱说起，叙述他到巴黎学习科学，在朋友巴奴日帮助下消灭了入侵敌人的故事；第三卷写庞大固埃和巴奴日为解决婚姻问题而遍访女巫、诗人、疯子等，引出了无尽笑料，反映了当时在妇女问题上的混乱思想；第四、五卷叙述庞大固埃和巴奴日遍访各岛，阅尽了人间罪恶现象，借以讽刺天主教、法庭、经院哲学家。最后，庞大固埃和巴奴日终于找到了"智慧源泉"和象征真理的神瓶。

《巨人传》尖锐讽刺了封建制度和教会的黑暗腐朽，揭露了贵族和高级僧侣过的荒淫奢侈生活。在拉伯雷笔下，当时的社会现象栩栩如生：官府苛捐杂税多如牛毛，貌似公正的法官是"穿皮袍的猫"，封建法律是欺压百姓的"蜘蛛网"，只敢捕捉小苍蝇，不敢惹那些大"牛虻"。作者旗帜鲜明地反对穷兵黩武，无情地批判了德皇查理五世和法兰西斯一世，借毕克罗寿与开明君主高康大的对比宣传自己反对非正义战争的思想，这事实上包含了对法兰西斯一世的劝谏因素。《巨人传》还反映了新兴资产阶级的思想意识，巴奴日就是一个代表人物，在全书中占有重要的地位。他认为人们可自由发财，财神应受到尊重；没有钱是无比痛苦的，可以用各种方法去挣钱，甚至包括欺骗和偷窃。同时他又乐观、自信，精明能干，在同封建势力的斗争中总是获得胜利。这些情节都反映出拉伯雷既看到了新兴资产阶级人物在当时代表历史进步力量，也看到了他们贪婪、欺骗和掠夺的本性。最重要的是，在《巨人传》中，拉伯雷极力宣扬和歌颂了人文主义理想。书中的特莱美修道院就是一个符合人文主义理想的乌托邦，在那里人人平等，进退自由，没有繁琐的宗教仪式和各种清规戒律，谁也不把自己的意志强加于人，实现了完全的个性解放和个性自由。"随行所欲，各行其是"这一口号，在当时具有反封建等级和宗教压迫的进步意义，符合新兴资产阶级的愿望。

《巨人传》既是一部现实主义的作品，同时具有浓厚的浪漫主义色彩。小说语言生动、活泼、幽默、流畅，富有表现力和风格的变化。这表明，拉伯雷是一位讽刺大师，讽刺手法多样，《巨人传》无疑是西欧文学史上一部经典的讽刺小说。

拉伯雷和他的《巨人传》在法国文学史上占有重要地位，现实主义浪漫主义相结合的讽刺艺术对以后的莫里哀、伏尔泰等大作家都产生过不同程度的影响。

（三）人文主义的思想家蒙田

米歇尔·埃康·德·蒙田（1533—1592 年）是文艺复兴晚期法国著名的人文主义文学家和哲学家。

蒙田出生于波尔多城的名门望族，祖父是商人，父亲是军官与法官，并担任过波尔多市的市长（蒙田后来也担任过这一职务）。蒙田从小受过良好的教育，精通拉丁语和希腊语，曾经担任过 15 年的法律顾问，颇有法学才华。但蒙田在长期法律生涯中看到法官的贪赃枉法、天主教法官对新教徒的迫害等劣迹，活生生的社会现实教育了他，启发了他的思想。面对使他十分厌恶的官场现实，他曾说："我生来不是干法律这一行的。"他在 38 岁时就退职还乡，过起了悠闲平静的乡绅生活，埋头阅读古希腊罗马作品，辛勤写作。他的代表作有《随笔集》。1580 年《随笔集》出版了第一、二卷；1588 年出版了第三卷；在蒙田去世后，经过修订的《随笔集》全集于 1595 年出版。

蒙田的《随笔集》（*Essais*，1580—1595 年）是人文主义的散文作品集。这也是具有深刻哲学思想和社会政治思想的巨作。全书分三卷，共 107 章，所涉及到的内容驳杂纷繁。每篇都有一个题目，讨论一个独立的问题，往往又可能是从一个主题跳到另一个主题，也可能文与标题不太符合。这些都表现了随笔的文体特色。

在这部著作中，蒙田尽情表述了自己对现实世界的理解，表达了他对"自我"的感觉和对人类生活方式以及人类的思想感情的体会。对人性的探讨和宣扬人文主义思想的内容贯穿全书。而无穷追问式的"怀疑论"，是蒙田思想的基本特征。

蒙田人文主义思想的发展，可分为三个时期。

在前期，蒙田主要关心痛苦和死亡问题，探讨死亡对生命的重要意义。他认为，学会死亡就是抛弃了奴性和一切限制，就获得了自由。

1576 年蒙田思想进入怀疑论阶段。例如当时所写的《为雷蒙·德·塞蓬德辩护》一文，就集中体现了怀疑论的思想特色。蒙田针对经院哲学家和神学家僵死的教条，强调感觉经验是一切认识的起点、源泉和终点。他甚至认为科学也能还原为感觉。但他又认为，由于世界的无限性和主体的有限性，人的感觉认识充满了不确定性和谬误性，因此人们不可能达到绝对真理和形而上学的真理。蒙田指出，宗教教义也不可能达到和穷尽永恒真理。蒙田的这种主张为科学知识的不断向前发展开辟了道路。这也是对宗教教权统治提出的激烈挑战。

晚年的蒙田推崇伊壁鸠鲁的"幸福论"伦理学，并以此反对中世纪基督教的"禁欲主义"道德。蒙田说，蔑视自己的现实存在是人的最大弱点；而如果能够懂得如何有意义地幸福生活，则是最高的善。

蒙田以博学著称，在《随笔集》中，他涉及到了多方面的学科和知识。

蒙田是一位和平主义者。他严厉地谴责国内的宗教战争和法国王权对胡格诺教徒的迫害；他鼓吹并劝导国内统治者要和解与节制，要维护和平。

蒙田站在人文主义者的立场，揭露了资本主义原始积累的罪恶，抨击西班牙在美洲的血腥殖民掠夺；在教育方面，他不赞成单纯进行书本教育和强行灌输的教育方法，主张要让学生充分发挥学习的积极主动性，要学生多与社会实践相结合。他认为，除了理论知识外，体育、音乐、打猎、骑马等有用的知识，学生都应该学习。这一主张同中世纪的蒙昧主义、禁欲主义相比，具有重要的时代进步意义，很切合当时新兴的资产阶级对人才培养的需要。

《随笔集》这本上至天文地理，下至草木虫鱼的哲理文学，是

16世纪各种思潮和各种知识的汇总，故有"生活的哲学"之称。它体现了文艺复兴时代要求全面发展，培养"全知全能的人"的人文精神。

《随笔集》用散文形式写出，深入浅出，善于比喻，形象生动。蒙田有这样一个闻名的比喻："真正有学问的人就像麦穗一样，只要它们还是空的，他们就茁壮挺立，昂首直视；但当他们长成为臻于成熟、饱满鼓胀的麦粒时，他们便谦逊地低垂着头，不露锋芒。"《随笔集》开创了法国散文史上随笔体写作的先例，使散文从此成为法国文学领域的一种重要体裁，为18、19世纪西欧资产阶级个性解放的文学形式起到了重要的启迪作用。

四、西班牙的文学与艺术

15世纪末期至16世纪中叶，西班牙的经济由于海外掠夺得到了迅速的发展。但是到了16世纪中叶以后，西班牙的经济和国际地位逐渐衰落。例如，纺织业产量减少了4/5，丝织业产品也只能供给本国使用；制造业几乎是一落千丈。在农业方面，地主和教会对农民剥削残酷，致使粮食生产量也日益减少。到17世纪初，甚至不得不从国外进口粮食。在政治上，1556年即王位的腓力二世狂妄暴躁，实行了许多不得民心的政策，致使农民起义连年不断。同时，他又穷兵黩武，对外实行扩张政策，发动侵略战争。1588年，西班牙的"无敌舰队"被英国海军击败。1589年，他又自不量力地出兵干涉法国胡格诺战争，被法国军队完全逐出；他还力图以军事力量来镇压尼德兰各地对殖民政策的反抗，但是适得其反，革命的烈火越烧越旺。无休止的战争耗尽了西班牙的国家财力，腓力二世虽一再采取野蛮措施聚敛民间钱财，增加人民的赋税负担，但仍然不能解决问题。

同西班牙国运的衰落相反，这个时期西班牙的文学和艺术却进入了自己的黄金时代，出现了一些闻名全欧的文豪和画家。他们用文艺反对西班牙专制主义的反动统治，揭露贵族和富绅贪得无厌的腐化生活。许多作品的内容，反映了人民群众的愿望，具有鲜明的现实主义特色和人文主义思想。

在文学领域，出现了小说家阿列曼，戏剧家洛·维加，最著名的则是塞万提斯，他的小说《堂·吉诃德》是世界文学宝库中的珍品。

在绘画艺术领域，出现了埃尔·格雷科和莫拉莱斯两位大画家。格雷科的绘画以宗教画、肖像画和风景画为主，他以自己独特的画风，描绘了 16 世纪没落动荡的西班牙社会，表现了没落贵族的矛盾苦闷心情，为后世留下了一笔宝贵的艺术财富。人称格雷科是具有哲学家聪明才智的艺术巨匠。

（一）塞万提斯及其名著《堂·吉诃德》

米盖尔·德·塞万提斯·萨阿维德拉（1547—1616 年）是西欧文艺复兴时期最重要的现实主义的文学家之一。他出生于西班牙中部的一个没落贵族家庭，他的父亲是医师。塞万提斯在 22 岁时（1569 年）到达意大利，接受到了意大利文艺复兴运动的影响。后来他参加了西班牙军队，又驻扎在意大利。他对意大利文艺复兴时期的文化有了更为深刻的了解。在一次同土耳其军队的作战中，塞万提斯作战英勇，身负重伤，并且遗留下了终生的左手残废。1575 年他在回国途中，遭到土耳其海盗的袭击，被劫持到阿尔及利亚，被强迫做了 5 年苦工，1580 年才被亲友赎回西班牙。塞万提斯在后半生虽然身负"英雄"美名，但是生活贫苦。然而，他在社会的底层作过军需官和小税吏的经历，使得他熟悉西班牙农村的生活。他曾经因为工作不力，没有按时收缴税款而被捕入狱。这些生活经历，使得塞万提斯对于劳动人民的苦难和统治阶级的残暴有了深切的认识。因而，他用自己的写作来表达对人民的同情和对人民智慧的赞扬，同时谴责统治阶级的暴虐和愚蠢。

塞万提斯是一位十分勤奋的作家，写了许多各种体裁的文学作品。例如抒情诗、讽刺诗、田园诗、叙事长诗以及许多剧本，还有短篇小说和长篇小说。他的主要作品有传奇《伽拉苔亚》（1585年）、《佩尔希莱斯和西吉斯蒙达历险记》（1616年），长诗《巴尔那斯游记》（1614年），剧本《喜剧和幕间短剧各八种》（1615年），悲剧《奴曼西亚》，短篇小说集《训诫小说》（1613年），长篇小说《堂·吉诃德》。塞万提斯的作品中，最有意义的是悲剧和小说。

悲剧《奴曼西亚》是历史剧，反映的是古代西班牙奴曼西亚地区的人民和军队齐心协力抵抗罗马人入侵的故事。奴曼西亚人坚持抗战14年，英勇不屈，遭受了巨大的痛苦和磨难，但是最终沦陷，全体人民悲壮地自杀殉国。作品以极大的热情，表现了西班牙人民的爱国英雄主义精神。

《训诫小说》中的13篇作品，有情节曲折、语言优美的爱情故事，有对社会众生界的世俗生活的展现，也有一些包含着哲理的谈论。由于塞万提斯曾经在意大利生活过，从这些小说的构思，可以看出它们受到意大利小说的一定影响，但是从它们所表现的生活的角度看，它们充满了西班牙的特色。在这些作品中，塞万提斯反对并嘲讽贵族的腐朽偏见，抗议封建剥削制度对农民的压迫，他站在同情劳动人民的立场上，呼吁人的个性解放和思想自由。从这些著作人们就已经可以看出，塞万提斯是一位热情的人文主义者。

塞万提斯最著名的文学作品是《堂·吉诃德》。它已经被公认为全世界宝贵的文学遗产之一。《堂·吉诃德》的全名为《奇情异想的绅士堂·吉诃德·台·拉·曼却》。全书分为两部，分别出版于1605年和1615年。第一部出版后，立即就受到了大众读者的热烈欢迎。但它却引起了反动贵族及其代表人物的反感，他们谋划着扼杀它。到1614年，一部冒牌的《堂·吉诃德》的假续篇出世，力图用歪曲的手法来诋毁和改变在广大读者中已经形成的该书主人公的形象，为贵族的反动统治张目。在这种情况下，塞万提斯以惊人的写作速度，完成了第二部书稿，并于1615年出版，真品的问世抵制了伪书的扩散，使贵族反动派的阴谋很快破产。

　　小说《堂·吉诃德》出版的时代，正是西班牙封建王权在经历了一个暴发的跃升而又迅速地走向没落的时代。面对全球地理大发现所形成的新的世界历史局面，西班牙的封建统治者并不理解其中所孕育的新的社会阶级的力量和新的社会关系的萌芽，而仍然力图用昔日的贵族观念，来解释新的政治、经济和文化现象，美化封建贵族的"威力"，错误地把当时具有世界历史意义的事件看做骑士的英雄传奇行为。正是因为这种思想趋向，西班牙的贵族一直把骑士的英雄传奇作为当时文学作品的惟一合法内容，在其中寄托他们力图永恒维护封建制度的社会理想。而塞万提斯以其敏锐的眼光，看到了封建制度正在日益崩溃，看到了作为这种制度在文学中的理想化身——即其英雄人物——骑士，已经走到了穷途末路和不合时宜的地步。因而，塞万提斯是这种"正统"骑士文学的反对者。他以其锋利的笔触，揭露了封建贵族那一套为其失去的时代唱挽歌的虚假文化精神，以其善于洞察新事物的能力，描绘了这一场历史的悲喜剧。塞万提斯公开宣称，他要"攻击"骑士小说，要把封建骑士文学"扫除干净"。但是，塞万提斯采用了"以子之矛攻子之盾"的方法，在写作《堂·吉诃德》的时候，他仍然模仿"骑士文学"的写作手法；他塑造的小说主人公堂·吉诃德，就是一个想当游侠骑士的穷乡绅；小说的情节，就是堂·吉诃德的三次游侠经历故事。所以，也可以说这部小说采取了"旧瓶装新酒"的演绎传统体裁的路子。

　　《堂·吉诃德》是作者模拟骑士传奇的笔法，描写堂·吉诃德和他的侍从桑丘的"游侠史"。堂·吉诃德是西班牙拉·曼却地方的穷乡绅吉哈达，因读骑士传奇着了迷，决心复活古老的游侠骑士制度，于是拼凑了一副破盔烂甲，一匹瘦马，找了邻居桑丘作随从，化名堂·吉诃德周游天下，以锄强扶弱、济世救人为己任，力图建立骑士功勋。但他脱离实际，耽于幻想，不分青红皂白，乱砍乱杀，闹了许多笑话，最后被人送回家去，临终时方觉悟过来，对骑士小说表示深恶痛绝。《堂·吉诃德》的本意是讽刺和抨击社会上十分流行的骑士小说和骑士制度。自《堂·吉诃德》问世后，西班牙的骑士制度确实烟消云散了。不过在作者笔下，堂·吉诃德又是一个意图维护正义、拯救世人的无私人物。他心地善良，学识渊博，使作者暗生敬佩，堂·吉诃德既是作者嘲笑的对象，又是作者深表同情的对象。

《堂·吉诃德》这部现实主义杰作的社会意义，远远超过作者创作的原始意图。作品通过堂·吉诃德的游侠经历，记录了16世纪至17世纪初叶西班牙封建社会的政治、经济、宗教和文化现状，揭露了西班牙社会的矛盾，反映了劳动人民的困苦生活，谴责了贵族的荒淫、封建帝王的专制、天主教会的黑暗，表达了对建立一个自由平等、幸福美好的社会的向往，充分体现了作者反封建、反教会的人文主义精神。作者采用了幽默、滑稽、夸张的艺术表现手法，塑造了近700个人物，为读者展现了一幅广阔的生活画面。堂·吉诃德和桑丘这两个人物已成为世界上许多国家家喻户晓的艺术形象。堂·吉诃德一方面是狂妄痴迷的复古主义者，妄图复活日薄西山的骑士制度，另一方面他又不乏社会责任感，以改造社会为己任。这种性格同桑丘的淳朴、乐观、务实又胆小、自私的性格互为补充，相映成趣。当然，桑丘在任海岛总督之职10天的时间中，办事公正，为人民做了许多好事，体现了西班牙民间存在的民主精神。

《堂·吉诃德》问世以来受到世界人民的热爱，作为世界文学

宝库里的一颗明珠而备受珍视。现在西班牙国立图书馆存有数百
种语言的《堂·吉诃德》版本。作者塞万提斯一生勤奋却一直挣
扎于贫困之中，终年 70 岁，死时连一块墓碑都没有。1855 年，西
班牙人民在首都马德里建立了他的纪念碑，纪念碑上雕塑的是
堂·吉诃德和桑丘两个人的文学形象。

（二）莫拉莱斯和埃尔·格雷科的绘画

16 世纪下半叶，西班牙的艺术除宫廷的罗马古典艺术外，由
于意大利文艺复兴的影响，同时也出现一种矫饰主义的艺术。西
班牙的矫饰主义艺术和意大利的矫饰主义相比，显然带有更浓厚
的宗教色彩。这是因为西班牙基督教在与异教的摩尔人的长期激
烈的社会文化斗争中，形成了强烈宗教情结所致。

路易斯·莫拉莱斯（1517—1586 年）是西班牙最早的一位矫
饰主义的艺术家。可能正是由于他的作品有着神秘主义的色彩，所
以人们送给他一个绰号，叫他为"神人"。他画了一系列圣母像。
在这些作品中，人物的比例稍有夸张，在苍白的、被拉长了的圣
母玛利亚的脸上，总是带着中世纪禁欲主义的表情。不仅圣母是
这样，连她怀中的圣婴也经常是表现出郁郁寡欢的样子。

和 16 世纪下半期矫饰主义有着密切关系的另一位著名的画
家就是埃尔·格雷科（1541—1614 年）。他出生在希腊的克里特岛
的芳旦里村。埃尔·格雷科的西班牙语意思是"希腊人"。格雷科
长期住在西班牙，在此终其一生，被称为西班牙画家。

格雷科虽然在故乡曾经受到意大利人文主义思想的影响，但
是在他成长的年代，在那里占统治地位的仍然是中世纪的拜占庭
艺术风格。这种艺术所具有的禁欲主义感情以及在这种情感支配
下创作的圣像和壁画，对格雷科的艺术道路起到了根深蒂固的奠
基作用。即使在格雷科后期的作品中，也仍然可以清楚地看到这
一点。

1565年，格雷科从家乡来到威尼斯，向大画家提香、丁托列托和委罗奈塞学习。据说他是提香的学生。他模仿提香的作品惟妙惟肖，难辨真伪。也就是在这个时期，他开始接受人文主义思想。1570年格雷科来到罗马，并试图把拉斐尔和米凯朗基罗的艺术同威尼斯画派的风格结合起来，同时，他也受到了"样式主义"的影响。格雷科后来创作的作品中常见的变形、怪异的风格，就是他受样式主义影响的表现。在这一时期，格雷科的画除了宗教题材外，还有一些风俗画，例如《瞎子复明》、《吹火的小孩》和《小孩看月亮》等。这些作品都有极高的艺术价值，它们为画家在罗马赢得了声誉。但格雷科的高傲和狂放，使罗马大多数画家都疏远了他。1577年，离群索居的格雷科被迫来到西班牙，几经周折后定居在托莱多。1579年，腓力二世来到托莱多拜访他。格雷科画了《腓力二世的梦》这幅歌功颂德的作品，得到国王的赞扬。其后，格雷科还创作了《圣英里斯的殉教》、《奥尔加斯伯爵的下葬》、《忧伤》、《十字架》等画。格雷科的这些作品虽然都选取宗教题材，他本人虽然处在贵族人物和宗教思想包围中，但他早期受到的人文主义思想洗礼仍然时时流露于作品中。他通过对神的赞扬来描绘世俗人的感情变化，他笔下的圣母色彩鲜明，风度典雅，有着青春魅力，富有人情味，给人的感觉是：她是人，是母亲，是情人，是少女，是贵妇人，而惟独不是神。格雷科的代表作品有《圣家族》、《童贞女》、《基督诞生》等。除了宗教画之外，格雷科在肖像画上也有很高的成就，他创作了许多这类题材的珍品。他善于通过传神的眼睛表达心灵，以人的手的形象，生动地表现人的内心世界。这一类代表作有《宁尼奥·德·海瓦尔》、《巴拉维西诺》、《穿皮衣的妇女》等。进入创作晚期后，格雷科的性格越发古怪、狂放、孤独，作品中的变形风格和神秘主义成分更为突出，表现个人主观情感的成分也更为浓厚。例如，他特意使得画面失去鲜艳色彩，甚至画成单色。他在这一时期的代表作有《揭开第五部》和《托莱多风景》等。《托莱多风景》（1610—1614 年）的画面描述暴风雨之前的托莱多，显示大自然风云变幻的威力和人在它面前的渺小，充满强烈的悲剧气氛。这幅画既是画家心灵的幻象，也是西班牙社会衰落的真实写照。

格雷科是西班牙社会的一面镜子。他的作品并不粉饰太平，而是以独特的艺术思维与艺术风格描画出了 16 世纪动荡不安的西班牙社会及没落贵族的苦闷心情。因而，有人称他为"西班牙的心灵"。

（三）西班牙戏剧之父——洛卜·维加

洛卜·费力克斯·德·维加·卡尔皮奥（1562—1635 年）是文艺复兴时期西班牙伟大的戏剧家、诗人和小说家。西班牙人民热爱他，以他为自豪，称他为"西班牙的凤凰"、"天上人间的诗人"。塞万提斯称他为"天生怪杰"。

维加一生经历坎坷，4 岁丧父，家境贫寒，1578 年加入军队。二十余岁被判刑流放到瓦伦西亚，1588 年结婚后不久参加西班牙远征英国的"无敌舰队"。在这次海战中，西班牙全军覆没。维加在海上漂流数月，几乎葬身鱼腹。在惊险的生涯中他不忘创作，构思了抒情长诗《安赫利卡的美丽》。维加后半生家庭屡遭变故，他的妻子、儿子相继去世，使他对人生日益绝望，宣誓当了修士。但他虽入空门而凡心不死，又不断堕入情网，先后与数位女演员恋爱。在他 54 岁（1616 年）时，爱上了一位 24 岁的漂亮女演员玛尔塔，她后来双目失明，40 岁就去世了。这最后一次恋爱的失败，对维加打击很大。几年后，1635 年 8 月 27 日，已经年迈体弱的维加离开人世，享年 73 岁。

维加是一位多产作家，据说他一生创作了一千五百多部剧本，其他文学体裁如小说、诗歌，他都尝试过。他才思敏捷，创作速度惊人，平均每年写三四十个剧本，他有一百多个剧本都是在 24

小时内完成的。流传下来的他的剧本被汇编为 25 卷，其中包括 462 种剧本和 48 种宗教短剧，其余的均已失传。

维加生活在西班牙封建主义没落而资本主义产生的转折时代，当时文艺复兴思潮在西班牙国内传播。他是人文主义思想哺育成长起来的文豪。维加创作的特点是将反封建的人民运动和民族意识的传统相结合。维加的戏剧具有强烈的现实主义倾向，主要是反映西班牙封建社会的种种矛盾，揭露显赫的僧俗贵族，歌颂人民反封建反压迫的英勇斗争。他在写作剧本时，利用了西班牙的编年通史、各种历史作品以及民间歌谣、意大利小说等素材，尤其善于观察和发现人民群众的爱好和心愿，因而他能够把他所处时代整个西班牙民族的精神面貌和思想感情真实地反映在他的作品中。因此，他的作品所包含的社会生活内容异常丰富。

维加的作品，重要的一般可分为五大类：(1) 以基督教故事为题材的宗教剧。著名的有《美丽的伊撒》和《非洲圣人》等。(2) 历史剧。其中杰出的作品有《亚历山大的功绩》、《烧毁的罗马》、《莫斯科大公》、《贝里瓦涅斯或奥卡尼亚统领》、《最好的法官是国王》、《羊泉村》等。(3) 神话剧。代表作有《克里特的迷宫》和《热恋的爱情》等。(4) 牧歌剧。著名的有《真正的爱人》。(5) 描写曲折离奇爱情的故事剧。如《谨慎的情人》、《托莱多之夜》和《罗达蒙特的嫉妒》等。

在上述戏剧作品中，《羊泉村》最为出名，流传最广，它是维加的杰出代表作。这部戏剧的内容，类似我国的著名歌剧《刘三姐》的故事。它依据羊泉村农民起义事件而创作。不畏强暴的广大农民团结战斗，反抗以骑士队长为代表的封建势力。维加在该剧中塑造了劳伦霞这样一位巾帼英雄形象。作品充满了歌颂农民争取自由的民主精神。羊泉村人民抗争的胜利，成了爱好自由的西班牙民族的战斗号角。直到第二次世界大战期间，西班牙人民还常用它来鼓舞自己所进行的反法西斯侵略的斗争。

　　和文艺复兴时代许多杰出的人物一样，维加的思想也表现出一种"双重性"。他既受到先进的人文主义思想影响，又受到传统的神权思想和贵族思想的束缚；他一方面向往幸福美好的世俗生活，追求爱情，但另一方面又不能打破宗教神学的沉重枷锁，出家当修士、不断进行忏悔；他一方面向往自由民主，另一方面又对君主制恋恋不舍。但是维加毕竟以自己的才华为西班牙和全人类贡献出了许多有意义的、推动社会文化进步的作品。在这个意义上讲，他是伟大的。

五、英国的哲学和文学

　　英国是欧洲西北部的海上国家。自 1485 年，以亨利·都铎即位算起，截至 1603 年伊丽莎白一世女王去世，在都铎王朝统治时期，是英国社会经济发展十分迅速的时期。在这一时期，毛纺织业成为英国的"民族工业"，英国呢绒业逐渐占居欧洲市场的首要地位，出现了上千人的手工工场。采矿业发展也很快。其余如造纸、酿酒、火药业，也有很大发展。同时，英国的海外贸易在这一时期也逐渐扩大。在印度、北美等地纷纷建立海外殖民地，掠夺了大量的财富，为资本主义发展积累原始资本。东印度公司在 1600 年成立，标志着英国对亚洲殖民统治的巩固。在英国国内，新兴的资产者通过圈地运动，把农民从土地上赶走，又用法律严格限制破产农民的流浪，使他们不得不向资本家出卖劳动力。由此，资产阶级和无产阶级两大阶级之间的对立初步形成。在政治上，英国国家主权空前加强，通过宗教改革限制了罗马教权在英国的影响；通过 1588 年在海战中击败西班牙"无敌舰队"，英国开始建立海上霸权。总之，都铎王朝时期是英国向资本主义过渡的时期，建立在新的阶级剥削关系基础上的经济繁荣，为社会发展、文化进步创造了客观条件。这时欧洲的文艺复兴已进入高潮，人文主义思想流行于英国。在英国的人文主义思潮中，出现了一批人文主义的哲学家和文学家。

当时英国的政治家和法学家托马斯·莫尔，是一位伟大的空想社会主义者，他那充满人文主义精神的名著《乌托邦》，批判了资本主义私有制的弊病，描绘了一个人人自由平等的公有制理想社会。

当时英国古典的人文主义文学也十分繁荣。举世闻名的威廉·莎士比亚是当时英国文学界最著名的人文主义作家。他的作品成为英国文化的永恒"国粹"。此外，还有卓越的"英国悲剧之父"马洛，诗人兼剧作家本·琼斯。

都铎王朝时期的哲学家弗兰西斯·培根，是欧洲近代经验主义哲学的奠基人。他反对中世纪的神学唯心主义，宣扬以经验为基础的唯物主义世界观，强调感觉经验对认识的基础作用；他还创立了归纳逻辑。所有这些，都对西欧近代自然科学和哲学认识论的发展，为英国和西欧的科学技术革命，为新兴资产阶级世界观的形成，起到了重要的作用。

（一）托马斯·莫尔和他的空想社会主义《乌托邦》

托马斯·莫尔（1478—1535年）是英国伟大的人文主义者和空想的社会主义者。他为欧洲空想社会主义思想的诞生铺垫了预先的思想资料基础。

莫尔出生于富裕的英国贵族官僚家庭，1492年入牛津大学学习古典文学，两年后改修法律。1504年当上国会议员，开始了他的政治生涯。从此他成为英国著名的政治家与社会活动家。他先后担任过财政副大臣、下议院议长、皇家大法官等职。他经历并参与了当时英国社会十分复杂的思想变革和政治斗争。例如他曾经带头反对亨利七世的增税政策。他一度曾经是国王的宠臣。由于他在国家与教会的复杂斗争中，坚持自己的立场，和国王意见不一，被迫辞职。因拒绝承认英王是教会首领，莫尔于1534年遭到监禁，并于1535年以此被判罪并处以绞刑，时年57岁。

莫尔对欧洲思想史的最大贡献，是于1518年出版的他的著作《乌托邦》。该书被同时代人和后世公认为空想社会主义学说的杰作。该书出版后，很快就传遍了欧洲。它为莫尔赢得了极高的学术和政治声誉。

《乌托邦》以对话的形式反映了资本主义原始积累时期资产者对社会大众、尤其对无产者进行残酷剥削的事实，并对此提出了抗议。莫尔怀着对劳动人民的深切同情，强烈谴责当时在英国兴起的贵族和资产者为了养羊而进行的掠夺式的圈地运动，认为这是对农民的生存权利的公然侵犯。书中指出，私有制是一切社会灾难的根源。在批判残酷的现实的同时，莫尔为英国人民设计了一个美好的（然而是空想的）社会前景。这就是理想社会——乌托邦岛国。在那里，废除了私有制，人人都参加劳动，大家共同享有劳动成果；这个国家中没有商品货币关系，公民在政治上一律平等，国家管理人员由选举产生，并可随时更换，国家管理人员不能享受任何特权，等等。莫尔在资本主义社会制度刚刚出现的时期，就尖锐地揭露和批判了资本主义的罪恶，在尚未具备建设社会主义前提的历史条件下，预言了社会主义的未来。在人类社会主义思想史上，他勾勒出了一幅未来理想社会的蓝图。他的设计虽然是空想，但是，其中包含了许多天才构想的内容。尽管莫尔由于时代的局限，他不可能正确地认识资本主义的历史道路及其剥削实质，因而他的学说带有明显不切实际的空想性质，但是，他在英国人民的大多数面临苦难的时刻，提出了摈弃这个不合理的社会、建立一个美好社会的伟大理想，这在一定程度上鼓舞受剥削、受压迫的人们为争取解放的斗争。为探索人类解放，托马斯·莫尔所进行的刻苦钻研和思考的精神，他探讨理想社会时所特有的顽强信心和勇气，他那"突破幻想的外壳而显露出来的天才的思想萌芽"在人类思想史上将永放光彩。

（二）经验主义哲学家弗兰西斯·培根

弗兰西斯·培根（1561—1626 年）是英国文艺复兴时期伟大的人文主义哲学家。他被尊称为哲学史和科学史上的划时代人物。马克思把他称为"英国唯物主义和整个现代实验科学的真正始祖"。

弗兰西斯·培根 1561 年 1 月 22 日出生在伦敦。其父尼古拉是伊丽莎白一世的掌玺大臣，其母是一位才女，精通欧洲数国语言，翻译过不少拉丁文经典作品。这对夫妇经常在家中谈古论今，切磋学问，培根就是在这样的家庭文化环境中成长起来的。培根善于思考，酷爱学习，12 岁时就进入剑桥大学读书。当时英国正处在资本主义兴起时代，社会的剧变使培根对传统观念和信仰发生了怀疑。他常常独自在校园徘徊，思考社会和人生的真谛。三年后，他作为英国驻法大使的随员到了巴黎，两年间，他几乎走遍了法国，接触了不少新事物、新思想，这对他的世界观产生了很大的影响。1579 年其父突然病逝，使培根的事业受到一定影响。1584 年他成为下院议员。1603 年，重视学识的詹姆士一世继位，自此至 1621 年培根仕途亨通，一帆风顺。1617 年培根获得父亲曾任的国玺大臣职位，1618 年被封为男爵，并成为大法官。至此培根声名显赫。但是他在这个职位仅仅两年后，就被指控接受诉讼人的贿赂而被审理。培根承认告发事实，被判处罚金 4 万英镑并且监禁于伦敦塔中。其后，他被终生逐出朝廷，不能任官职。1626 年培根因招受风寒，引发支气管炎而一病不起，当年 4 月 9 日病逝。他的墓上写着：男爵如用更显赫的头衔，应称为"科学之光"、"法律之舌"。

1597 年培根出版了他的处女作《论说随笔文集》。1620 年他的代表作《新工具》问世，这一书名表示，这部著作中的思想是革新亚里士多德的"工具论"的传统思想。1622 年，贫困中的培根又完成了《亨利七世本纪》一书，后来被史学界誉为"近代史学的里程碑"。

培根的世界观适应了 17 世纪初新兴资产阶级的政治要求，他主张发展工商业，提倡改革，要求政府考虑人民的意见，限制封建贵族的怠懒和奢侈，提倡保护和支持资产阶级。为此，在思想领域，他旗帜鲜明地反对经院神学。他从根本上攻击经院哲学家的思想和方法。他指责说："你们的哲学……只能产生令人厌烦的无止无休的争论；不能让人获得半点知识，只能使人变得像驴一样蠢笨。"培根还敢于向权威挑战，把理论矛头指向经院哲学家所神化了的亚里士多德主义，他郑重地指出："真理是时间的女儿，而不是权威的女儿。"这在当时无疑起到了振聋发聩、解放思想的作用。

在《新工具》一书中，培根集中阐述了自己的哲学思想。他继承并发展了古代原子论的唯物主义思想，认为世界是由客观的物质分子组成的，分子是有规律地运动着的，科学的任务在于认识物质世界及其规律。因此哲学史上把培根看做是从古代唯物论向近代唯物论转变的先驱。培根是近代经验论哲学的创始人，他非常重视感觉经验和经验归纳法在人类认识中的作用。他认为，人类要客观地研究自然，实践经验是主要的认识手段。但培根并没有停留在狭隘的经验上，他指出，经验必须同思想、理论相结合。他有一个比喻，认为单纯的经验论者是只知收集食物的蚂蚁，单纯的理性论者是结网自缚的蜘蛛；而真正的学者应该像蜜蜂那样从花蕊中吸取养料，然后把它加工酿成蜂蜜。这个比喻生动揭示了狭隘的经验主义和唯理主义的缺陷，表达了培根关于经验与理性辩证统一的思想。培根在哲学上的伟大功绩在于他确定了唯物论的世界观，提出经验这个认识手段在人类认识过程中的重要作用。他创立了归纳逻辑，这对推动自然科学的发展起了重要的方法作用。当然，由于受到他所生活的时代的社会思想传统的限制，培根的唯物论还是不彻底的。例如，他还为上帝的存在保留了地盘。培根还提出"两重真理论"，他既承认来自感觉经验的真理，又承认有神启的真理。他的哲学虽然承认物质的多样性和运动，但基本上仍是从孤立的、静止的观点去把握世界，因而属于机械唯物论。这种世界观虽然推动了近代自然科学的发展，但同时也造成了近代的形而上学思想方法。如达兰贝尔所指出的那样，这位挣断许多铁索的伟人，仍然被一些无法粉碎的锁链束缚着。

培根在晚年写出了近六十篇论文，很多都是治学和求知的格言。例如"知识就是力量"这句脍炙人口的名言，虽然它并不是培根的原话，是从简化培根的言论而来，但它恰当地表达了培根的思想，即对知识的尊崇，把知识视为人们征服自然、获取自由的革命力量。这句格言反映了上升时期的英国资产阶级对文化的重视，以及他们在生活实践中推动历史进步的勃勃生机。这种思想适应了当时资产阶级反封建贵族与教会斗争的需要，产生了巨大的激励作用。

总之，培根是一位伟大的哲学家和人文主义者，他冲破了经院哲学中蒙昧主义的罗网，以实验和归纳方法为欧洲近代哲学和自然科学的发展开辟了新途径。

（三）欧洲戏剧之父——莎士比亚

威廉·莎士比亚（1564—1616年）是文艺复兴时期英国的著名戏剧家、诗人，是伟大的人文主义者。

莎士比亚出生在英国中部沃里克郡斯拉特福镇的一个富裕商人家庭，六七岁时进入当地有名的圣十字文法学校读书。这所学校师资很强，教师多毕业于牛津、剑桥等名牌大学，这使莎士比亚受到了良好的教育，打下了坚实的文化和文学基础。15岁时莎士比亚家道中落，被迫辍学在家，开始谋生生涯，据说他当过乡村教师、屠宰场的学徒、书童和律师、小吏，参加过远征军，去过荷兰、意大利。1587年莎士比亚由于得罪当地的一位公爵被迫离家，随一个跑江湖的戏班逃入伦敦。经一位同乡介绍他进入剧院工作，从做马夫开始，逐渐到舞台上跑龙套、做主要演员、担任导演。莎士比亚的戏演得非常好，在一份保存下来的演员表里，莎士比亚排首位，而当时著名的演员理查·倍伯奇林排在第二位。后来，剧团把编剧本的任务交给了他。开始时他对旧剧本进行加工，后来逐渐由加工而改写，最后发展为自己创作。由于莎士比亚的辛勤工作，到三十多岁时，他就成为英国著名的剧作家了，并以此为自己和父亲获取了低级贵族的封号。1613年莎士比亚回到家乡，同女儿苏姗娜与朱迪斯住在一起，安度舒适的晚年。三年后（1616年）由于酒后染病逝世。

当时的英国是伊丽莎白一世统治下的都铎王朝，资本主义经济迅速发展、繁荣，政治稳定，戏剧事业也正在蓬勃发展。时势造英雄，莎士比亚以资产阶级人文主义思想为基础，对英国社会作了广泛而深刻的描绘，塑造了有血有肉、活龙活现的人物形象。

莎士比亚一生勤奋，自1519年至1612年为止的二十多年中，共撰写了包括悲剧、喜剧、历史剧在内的37部戏剧，另外还有154首十四行诗，两部叙事长诗和其他诗歌。在有生之年，莎士比亚并未曾看到自己的剧本出版，他的第一个戏剧集的问世是在他去世七年之后。莎士比亚是欧洲文学史上最杰出的作家之一，其作品的艺术性、思想性都居文艺复兴时的首位，因此他同荷马、但丁和歌德被誉为划时代的四位伟大作家，在英国人民的心目中占有崇高的地位。正如托马斯·卡莱尔所说："想想看，如果他们问我们，你们英国人，是愿意抛弃你们的印度帝国呢，还是你们的莎士比亚；是愿意从没有过任何印度帝国呢，还是从没有过任何莎士比亚呢？这的确是一个难题，不过我们只能这样回答：有印度帝国也好，没印度帝国也好，我们却不能没有莎士比亚！"

莎士比亚的创作历程大体可分为三个时期。第一个时期（1590—1600年）：这是他人文主义世界观和独特的创作风格形成时期。这时的英国是伊丽莎白极盛时代，政治经济稳定，社会矛盾还没有激化。年轻的莎士比亚初入具有高度文明的首都，认识比较单纯，相信人文思想能够在现实中实现，因此这个时期他的创作基调是欢乐、明朗、和谐的，洋溢着浪漫色彩。他热情地赞美现实生活，肯定人，歌颂爱情和友谊，宣扬个性解放、男女平等、恋爱自由和个人争取幸福的权利，适应了新兴资产阶级力求摆脱宗教禁欲主义和封建伦理道德束缚的要求。他在这个时期主要创作了9部历史剧：《亨利六世》、《查理二世》、《亨利四世》、《亨利五世》等，10部喜剧如《仲夏夜之梦》、《第十二夜》、《威尼斯商人》、《温莎的风流娘儿们》等，1部著名的悲剧《罗密欧与朱丽叶》。第二个时期（1601—1607年）：莎士比亚的创作以悲剧为主，其作品在思想和艺术上有很大成就。当时处于伊丽莎白统治的末期，资产阶级同王权的矛盾日趋尖锐化，这使他对现实社会的认识深刻了，他的人文主义理想同残酷的现实之间有着不可解决的矛盾，所以他写出了不少抑郁愤懑的悲剧，如《哈姆雷特》、《奥赛罗》、《李尔王》、《麦克佩斯》等，其中《哈姆雷特》和《奥赛罗》最有代表性。第三个时期（1608—1612年）：此时他的创作主要是传奇浪漫剧，在这些剧作中莎士比亚的批判锋芒有所消退，英国这时进入了詹姆士一世当政的时代，政治统治腐朽堕落，舞台上充斥着贵族绮丽浮华之风，缺乏现实内容。莎士比亚这个时期的创作逐渐走向衰退，主要作品有《辛白林》（1609年）、《冬天的故事》（1610年）、《暴风雨》（1610年），虽然这些作品人文主义精神仍在，但在其内容和技巧上都比以往逊色。

莎士比亚的戏剧作品，表现了作家所支持的欧洲新兴资产阶级和封建反动势力、腐朽宗教黑暗势力作斗争的革命朝气。作为这一阶级的思想家和代言人,莎士比亚以人道主义的思想武器,猛烈批判中世纪的封建神学世界观,起到了直接为资产阶级思想传扬的作用。在当时,这种思想也代表了劳动人民反对封建压迫的呼声,具有重要的历史进步作用。

莎士比亚的戏剧内容充满人文主义的思想。他的喜剧抨击中世纪封建禁欲主义,歌颂世俗爱情,塑造了许多栩栩如生的资产阶级新女性形象。在历史剧和悲剧中,他又刻画了许多封建暴君的形象,无情地揭露和批判封建暴政。他还在戏剧中提倡弘扬人道,以反对中世纪的神道。他把人比作天神,强调世俗之人的伟大和力量。他说人是"宇宙的精华,万物的灵长"。他也常常在剧中揭露当时宗教的伪善,例如在《威尼斯商人》中,他借剧中人之口揭露说:"在宗教上,哪一桩罪大恶极的过失,不是引经据典,文过饰非,证明它的确上合天心?"

在戏剧创作的第二阶段,莎士比亚的美好人文理想和资本主义原始积累初期的残酷现实之间发生激烈的冲突。这时,他着力抒写现实生活在自己思想中激发起的强烈爱憎感受,对当时现实社会制度进行了激烈的批判。例如在《雅典的泰门》一剧中,莎士比亚激烈抨击了资本主义的金钱拜物教。主人公泰门独白说:"金子!黄黄的、发光的、宝贵的金子!……这东西,只这一点点儿,就可以使黑的变成白的,丑的变成美的,错的变成对的,卑贱变成尊贵,老人变成少年,懦夫变成勇士。"马克思认为,用这一段话,"莎士比亚绝妙地描绘了货币的本质"。在当时的历史情况下,莎士比亚就认识到资产阶级在经济领域以"发展个性"和"事业心"为口号所实行的商业竞争的反社会本质,他对此进行了无情的揭露。例如福斯塔夫说:"既然大鱼可以吞食小鱼,按照自然界的法则,我想不出为什么我不应该抽他几分油水。"就一语道破了资产阶级弱肉强食的心理。在后期悲喜剧《泰尔亲王配力克里斯》中，莎士比亚又进一步斥责这种竞争。他写道："嘿，它们也正像人们在陆地上一样，大的拣着小的吃……在陆地上我也听到过这一类的鲸鱼，他们非把整个的教区、礼拜堂、尖塔、钟楼和一切全都吞下，是决不肯闭上嘴的。"

莎士比亚的戏剧故事，在客观上也表现了人道主义思想武器的局限性。资产阶级人道主义用来抨击封建主义和反动宗教世界观时虽很有威力，然而并不能解决资本主义社会自身中在孕育着的激烈矛盾和斗争。虽然他也企图用这个思想武器来解决社会矛盾，却显得软弱无力。例如他笔下的理想人物哈姆雷特，空有"重整乾坤"的人文主义雄心壮志，但在这"颠倒混乱的时代"，却无法依靠个人主义的力量扫荡社会罪恶、改造现实。在新兴资产阶级崛起时期无情无义的社会关系中，他只能遭受个人悲剧的后果。

莎士比亚作为资产阶级的戏剧家，他自觉不自觉地维护资本主义私有制度。他把自己的社会理想的实现寄托在所谓"开明君主"身上，希望最高统治者实行"自上而下"的改革。他蔑视普通人民群众，更反对他们为反抗剥削和压迫所进行的暴力革命。在新的阶级关系紧张、矛盾激化之时，他天真地把理想和现实的冲突解释为善与恶的斗争，希望通过"道德改善"来终止社会矛盾。这种空虚无力的说教并不能解决现实的社会问题。莎士比亚的一系列重要悲剧，也是在这个意义上，深刻反映了当时社会现实，反映了作者思想上无法克服的矛盾。这些矛盾在某种程度上也是文艺复兴时期主张人文主义的资产阶级知识分子往往共有的社会思想矛盾。

总之，莎士比亚作为文艺复兴时代的杰出作家，他的戏剧作品广泛而深刻地反映了16世纪至17世纪资本主义原始积累时代英国社会生活的真实状况。他在大量悲剧与喜剧中，把现实主义与浪漫主义结合起来，善于吸取古代语言和利用当时文学语言的艺术表现力，借古喻今，推陈出新，塑造出了众多栩栩如生的人物形象，成为整个西欧文艺复兴时期文学的最高成就，具有世界性的影响。他的杰出戏剧创作成就在世界文学史上占有光辉地位，在西欧文明史上，是继古希腊戏剧后的又一个峰巅。

10 哥白尼立于十字架和他的日心体系之间

第四章

文艺复兴的普遍成就、
衰落和影响

文艺复兴以"巨人的时代"而闻名于世,这是一个群星璀璨的时代。在"复兴古代文明"的旗帜下,汇聚了一大批富有创造精神、才华横溢的自然科学家、哲学家、文学家、艺术家、思想家,他们在自然科学、人文科学和文学艺术领域中,都创造了前所未有的伟大成就,推动15世纪和16世纪的欧洲发生了深刻的社会变革,取得了重大的历史进步。我们在以前的章节已经陈述了其多方面的成就;在这里,我们对这一时期文化的情感标志即音乐和文化的理性标志即科学,再作一个概要评介。

同时,为了展现历史的过程性,我们也要在这里叙述西欧文艺复兴的衰落、西欧文艺复兴对后来欧洲历史和人类历史的影响及其深远意义。

一、文艺复兴时代的音乐

伴随着文艺复兴运动在各个领域的伸展和世俗化精神逐渐深入人心,欧洲近代音乐也在"复兴"的形式中悄然萌芽。在意大利、法国和欧洲各国,人们不再满足于以格利高里圣歌(Gregorian chant）为主的宗教音乐，也不再满足于以流浪音乐和骑士音乐为代表的世俗音乐。崭新的时代召唤崭新的音乐，崭新的作曲技法、乐器种类和音乐体裁纷纷应运而生。在这种情况下，宗教音乐的形式被大大改进，内容方面也有许多革新；在人民的日常生活中，世俗音乐开始与宗教音乐分庭抗礼，并展现出前所未有的勃勃生机和迷人的魅力。

（一）新艺术运动

新时代的音乐肇始于文艺复兴发源地意大利的"新艺术"（Arts Nova）运动。这个运动是以法籍意大利音乐理论家维特力（1291—1361年）的著作《新艺术》命名的。它以新的旋律格式、韵律节奏和歌曲体裁的大量涌现为突出特点，反映文艺复兴时期世俗化的、人文主义的新时代精神。

维特力在《新艺术》中提出应该使用新的音乐技巧，形成新的音乐风格，以适应新时代要求。他的主张引起了音乐界的普遍关注和争论，并且最终在争论中赢得了多数音乐家的赞同，音乐家们开始尝试各具特色的新音乐形式。

法国音乐家、作曲家古劳麦德·麦肖（约1300—1377年）就是其中颇有成就的代表人物。他身为神职人员，创作了大量的颂歌和弥撒曲，其中的"圣母弥撒曲"，以四声部合唱曲为形式，是西方音乐史上第一首形式完整的弥撒曲，成为流传后世的经典乐曲。和以往音乐家过于简单的创作风格不同，他的赞美诗多数带有装饰成分。同时，麦肖还创作了多种形式的世俗乐曲，如单声部的流浪音乐、游吟曲调，以及多声部的叙事曲（Ballade）、复调曲（Virelai）等等，他所创作的叙事曲，兼具复调音乐和轮奏曲的特征。

意大利新艺术运动的音乐成就主要表现为各种形式的世俗音乐的崛起。如复调的叙事诗、牧歌（Madrigale）、舞曲、轮奏曲；如对声部和多声部的乐曲形式，具有取代单声部乐曲的趋势；优美的主旋律以及多声部的和谐演奏，使得音乐更富有表现力和感染力。此时意大利音乐的显著特征是：对节奏多样化形式的自由运用，和声组织意识的提高以及调性区域中对位原则的广泛使用。

意大利著名的音乐家、作曲家、器乐演奏家弗兰西斯科·兰第尼（1325－1397 年）就是运用复调音乐，尤其是二声部对位法的大师；他的三声部"巴拉塔"，深受叙事曲的影响，具有程式化的形式，但又富有新意，同时风格优美雅致；他还创立了以他的名字命名的新的终止式（Cadence）——兰第尼终止式，这种终止式的旋律为 si—la—do。

最早在意大利和法国兴起的新艺术运动，开创了许多崭新的创作技法、音乐形式，成为中世纪音乐向近代音乐过渡的重要时期。它标志着文艺复兴时代音乐历史的开端。此后，这场运动在欧洲各国相继展开，成为声势浩大、席卷整个欧洲的音乐改革运动。除了意大利和法国音乐领域的辉煌成就之外，其他国家的音乐家也都创造了富于本民族特色的新音乐形式，音乐的各种体裁大多诞生在这个充满创造性灵感的时代。

（二）各国音乐运动和音乐形式的多样性

15、16 世纪的欧洲音乐界到处可以听到呼吁音乐"世俗化"、"民间化"的声音。由这种呼声所引导，具有以下几个特色的曲式和风格应运而生：音乐织体以对位人声声部为主；节奏的运用注意到谐和音和不谐和音的同时使用；歌词多采用当时著名诗人的作品，极富外部表现力；出现了专门表达人们的情感和精神状态的"专用音乐"。

法国的歌谣曲（Chanson），意大利的牧歌和狩猎歌，都得到进一步的发展。

法国歌谣曲主要以克莱蒙德·约内勘（1485—1558 年）为代表。歌谣曲多采用本国诗歌为歌词，这些歌词广泛描写世俗社会生活的丰富面貌，而音乐形式是一种无伴奏的合唱。

意大利牧歌是一种抒情的合唱曲，大量使用模仿、半音、和弦、转调、花唱经过句等等多种表现手法，内容广泛，形式自由。牧歌创作的主要代表人物是卢卡·马伦吉奥和卡罗·杰苏阿托（1561—1613年）；意大利狩猎歌多为双声部乐曲。在演奏它们时，往往辅以慢速而自由的伴奏音乐，从内容上看，这些歌曲大多以人文主义的现实主义原则，描绘生机盎然、欢腾庆贺的狩猎场面。上述这几种乐曲形式是对新艺术音乐风格的更为大胆的发挥和创新。

此外，欧洲其他各国的音乐也都普遍发生了明显的变化，形成了近代音乐史上的众多早期流派。在音乐的基本表现手段（旋律、节奏、和声、复调、曲式和管弦乐法等）方面，都开始形成具有鲜明的特色风格。在这一时期，也出现了众多曲式。例如合唱曲、序曲、叙事曲、协奏曲等世俗乐曲，以及弥撒曲、颂歌、奉献曲、哀歌、圣歌等宗教乐曲，它们在音乐园地中各吐芳菲，争奇斗艳。这里主要介绍如下几个有代表性的乐派和作家。

荷兰的尼德兰乐派，从创始时期，就拥有众多非凡的音乐大师：作曲家杜费（1400—1474年）以多部宗教音乐和世俗音乐作品而著称于世，他大胆改革了颂歌的固定节奏，推动了新音乐形式的出现；奥克海姆（1430—1495年）是模仿大师，他善于运用复调手法创作宫廷乐曲；约斯勘·德思普瑞兹（1440—1521年）所作的曲子，以旋律清新、充满活力的风格和高超的技巧而闻名遐迩。他的乐曲作品极富感染力，他的宗教音乐常常能带给人们崇高至纯的神圣感受；奥兰多·德·拉索（1532—1594年）爵士善于运用复调，他的作品中的主调音乐给人的印象深刻，他的作品还具有从容的终止和声部的叠加。这些都达到了当时音乐创作的顶峰水平。

然而，标志尼德兰乐派最高成就的音乐家，当数拉苏思（？—

1594 年)。他在少年时代就已经成为米兰的宫廷歌手,成年后长期担任巴伐利亚公爵的宫廷乐师。他的音乐中融入了优雅、激情、温柔和神秘等多种乐风,既绚烂而又不失淳朴,往往充满炽烈的感情色彩。他经常运用动机曲、小段模仿和花唱进行乐曲的装饰。拉苏思一生创作了二千多首音乐作品,其中最著名的是"忏悔圣歌"和"回声"。前者是长篇组曲,由七个乐章组成,表现了深沉真挚的宗教情感;后者则是表现力极强的通俗乐曲,利用四个声部的呼应转接,包括运用回声,生动地描绘出空谷中的寂静和空旷。

就在世俗音乐不断发展繁荣的同时,宗教音乐也并非止步不前。在世俗化潮流的冲击下,宗教音乐家也在试图改革乐曲的形式,迎接世俗音乐的挑战。罗马乐派就是文艺复兴时期宗教音乐的杰出团体。这个乐派中的音乐家们以流畅的乐曲风格,表现虔敬的宗教情感,赋予了宗教音乐以新的活力。

罗马乐派的核心人物是吉奥范尼·帕勒斯特瑞那(1525—1594 年)。他是作为教堂唱诗班的指挥进入音乐界的,他曾担任过教皇合唱团的歌手,这是当时的宗教音乐家所能获得的最高荣誉。帕勒斯特瑞那毕生以创作教会音乐为主,他所独具的纯正宗教风格,使他获得"真正的教会音乐家"、"宗教音乐的救主"等称号。他的音乐大胆地运用了许多技巧,如块状和声及对位的复调,突破了"除格利高里圣歌外,禁用其他运用形式"的清规戒律,使宗教音乐既拥有完美的形式,又具有纯正的内容。他的作品较为典型的有"马采路思教皇弥撒曲"。该曲以深沉流畅的曲风,清晰明快的结构,以及乐曲的整体性,带给人们严肃圣洁的情感,征服了最顽固的主教,被推崇为当时教会音乐的经典。此外,帕勒斯特瑞那还创作了一批与虔诚的教会音乐风格截然不同的世俗音乐。这些曲子曲调清新、活泼、自然,很能起到愉悦人的情感的作用。人们不能不敬佩这位天才音乐家,似乎在他身上同时具备两种风格迥异的音乐天赋。

欧洲的商业中心威尼斯，也是文艺复兴的文化中心，它以人文思想活跃、自由风气浓厚而闻名于世。在文艺复兴时期，此地是大批艺术家汇聚生活的地方。15世纪中期，在这里诞生了一个新的音乐流派：威尼斯乐派。这个乐派的成员、比利时籍音乐家阿德里昂·维拉尔特当时担任这里的圣马可教堂的乐师长，他巧妙地利用教堂长廊，用两个唱诗班和两组管风琴同时进行演出，取得异常奇特的和谐效果，从而开创了"双重合唱"的演出形式。那个时代的音乐家称这种新的音乐形式为"奏鸣曲"。其后的音乐家安德拉·伽布力里（1510—1586年）又在此基础上安排了多声部的歌手，并融入了柔和的器乐演奏，使得声乐和器乐完全结合为一体，增强了合唱的立体效果，进一步强化了威尼斯乐派的独特风格。到了安德拉·伽布力里的侄子乔万尼·伽布力里执掌乐事的时候，威尼斯乐派对于多声部的运用，已经达到了炉火纯青的地步。小伽布力里甚至能在一首乐曲中同时运用32个声部进行演奏，并且不破坏乐曲的整体轮廓，乐曲呈现出变化多端、色彩绚丽的整体面貌，这一成就标志着威尼斯乐派的发展达到了巅峰。

在此同时，德国的宗教音乐与教会内部的宗教改革相适应，打破了圣歌被格利高里式垄断的局面，从而出现了新的格式。伟大的宗教改革家马丁·路德（1483—1546年）简化了圣歌的繁复范式，亲自创立了"圣歌合唱"（Chorale）的形式，形成了曲调简洁、节奏重复的四声部合唱。这种曲调易于学唱，大多数乐曲都在德国的宗教信徒中广为传唱，其中的《上帝是坚固的城》一歌，被恩格斯誉为16世纪的"马赛曲"。自此，宗教音乐中出现了明显的戏剧化趋势。

文艺复兴时期的英国音乐也为西欧音乐史做出了自己的贡献。当时出现了"富布尔东"曲调。它以双声部为主要形式，演奏时加入灵活的第三声部，主旋律一般出现在高声部。同时，圣公会音乐大量采用了变奏曲式和华丽的高声部。在英国，还出现了很有时代特色和民族特色的节奏型经文歌、圣歌、借用曲等，这些都是文艺复兴时代英国音乐的重要成就。

在声乐改革的同时，文艺复兴时代的器乐也逐渐拥有自己的独立演奏地位。在当时，即兴表演和装饰性的器乐曲广为流行；琉特琴曲和管风琴曲成为器乐的主要种类。独立的器乐体裁，如"帕梵那"（Pavana）、"加里亚德"（Gaillarde）、"即兴曲"、"幻想曲"、"康佐涅"（Canzona），等等，都已初步形成。而声乐中的多声部演唱也成为当时最为流行的形式。另外如当时回音、颤音等装饰音的交替使用，使和声的音效超越了以往时代的音乐。

文艺复兴时期的各种音乐曲式，富有活力和新意，反映了正在形成的市民社会的文化需要，音乐因为贯彻世俗化精神和人文主义精神而发生重大变革；而世俗化精神和人文主义精神也借助音乐的形式得到了广泛的传播。

二、文艺复兴时代的自然科学和世界观变革

在文艺复兴时代，由于人们把考察世界的目光由"天国"逐渐转向"尘世"，因而，广大自然界成为人们越来越关注的对象。思考自然、研究自然开始成为人们的重要文化活动。近代自然科学也就应运而生。

这一时期自然科学研究领域的最主要的贡献，就在于确立了近代自然科学研究的方法。包括：分析方法、归纳方法、实验方法和定量表述方法等等。同时近代自然科学的几个主要门类开始逐步建立，而且自然科学的成就逐步深入到哲学、甚至艺术的领域之中。此时，自然哲学的重点就是为自然科学的新成就作出合理性论证，而定量方法则被开始应用于音乐、绘画、建筑、雕塑等具体艺术门类。

（一）天文学：哥白尼、布鲁诺和开普勒

天文学新成果的取得，是促进自然科学各学科门类获取丰硕成果的先决条件。在中世纪，基督教倡导的"地心说"是为基督教的教义进行辩护的工具，也是阻碍人们合理认识宏观宇宙、获取科学进步的主要因素。而天文学从实际的观察和研究入手，以客观事实证实基督教神学关于天体的传统观点是不符合实际的。关于天体运行事实的真理，把人们的思想从中世纪传统的神学宇宙观的束缚下解放了出来，世界观的解放，是促使自然科学取得突破性进展的思想前提。

波兰籍天文学家尼科劳斯·哥白尼（1473—1543 年）在当时对批驳神学宇宙观、树立科学的天文学观念，作出了不朽的贡献。

1491 年，18 岁的哥白尼进入克拉科夫大学，在学习期间，他逐渐培养起对天文学的浓厚兴趣。其后他在意大利波洛尼亚大学学习教会法规，当时就对在天文学界占统治地位的托勒密的地心学说产生了怀疑。接着哥白尼在帕多瓦大学①和弗兰拉大学学习医学等自然科学，这些知识更增强了他探索宇宙的真实秘密、创立科学的天文学理论的信心。具有自然科学广博知识素养的哥白尼，打算以数学方法探索宇宙规律，他认真思考了"行星应该有怎样的运动，才会产生最简单而最协和的天体几何学"的问题。哥白尼所提出的"日心说"，以新的行星运行理论，代替了不符合科学计算实际的托勒密学说中非常繁琐的"本轮和均轮"的理论，而科学地表现了天体和谐运动形式。"日心说"巨大的思想突破在于：它否定了托勒密的"地心说"，把教会历来认为宇宙中最神圣的地球，说成是广大宇宙中围绕太阳运行的一个普通星球。这个结论

---

① 帕多瓦大学是当时欧洲的文化中心，以自由的学术氛围闻名于世，这里培育了众多成绩斐然的科学家。

对教会统治的所谓"神圣性"的宇宙观基础，是一个摧毁性的打击。

哥白尼所处的时代，欧洲天主教会垄断着知识领域，决定着知识体系的创立和知识的传播。如果没有教会的许可和承认，想在任何知识领域作出新的论断和阐述，都是不可能的。然而，当时在资产阶级思想解放的鼓舞下，自然科学研究不断向教会权威提出越来越多的激烈挑战。面对这种形势，教廷当局惊慌失措，却又无法继续长期禁锢人们的思想，于是采用残酷的手段，对新思想和新知识进行镇压。文艺复兴时期的许多优秀自然科学家都受到了严酷的迫害。

哥白尼曾经担任过教会的神职。在他的家乡弗罗恩堡，他一面履行神职，一面坚持进行天文学研究。为避免教会的迫害，他的著作《天体运行论》仅仅以纲要的通俗形式于1530年发表。在他去世后，这部具有伟大意义的著作的全文，才被整理出版。

书的内容是将行星运动的参照坐标系从地球转移到太阳，并对宇宙运动形式作出了崭新的推测。这一切，都沉重打击了中世纪流行的"亚里士多德主义"的物理学和数学体系，同时摧毁了经院天文学的核心——托勒密体系。哥白尼的新学说刚刚发表，就引起了教会的巨大不安。哥白尼对近代科学所作的贡献，已超越了纯粹知识的范畴，深刻地影响了人们的宇宙观、世界观和思考自然界问题的根本方式。

对此，教会在开始时表现了有限度的容忍，但后来连新教也不能容忍它。[①] 而当哥白尼的后继者伽利略公开宣布这一学说时，教会更看到了它所具有的危险：它是摧毁中世纪思想的巨大的理性力量。

---

① 马丁·路德是德国宗教改革家，新教路德教派创始人。他从一开始就意识到哥白尼学说的划时代意义，因而表示了强烈的反对，指责哥白尼的学说是异教邪说。

　　1616 年，罗马的红衣主教博拉米尼代表教会进行宣判，宣布哥白尼的学说是荒谬的，是完全违背《圣经》宗旨的异端邪说。此后经过将近 300 年的漫长时间，直到 1822 年，罗马教廷才正式承认地球是围绕太阳转动的，太阳是九大行星的中心。

　　齐尔丹诺·布鲁诺（1548—1600 年）是意大利伟大的哲学家，是哥白尼学说的杰出继承人与捍卫者，为捍卫科学理性而壮烈牺牲。布鲁诺出生在那不勒斯。他于 1565 年加入那不勒斯的多米尼克修会，在教会中学习神学。在大学学习期间，他广泛阅读了古代的哲学经典和神学异端的学说，成为不肯循规蹈矩、有个人独立思想见解的修士。因为布鲁诺坚持自己的异端思想，他受到宗教裁判所的斥责乃至悬赏缉捕。在这种野蛮的迫害下，他不得不长期过着流亡生活。然而，艰苦的生活并没有改变他坚定的自然科学信念。每到一处，他都散发小册子，宣扬哥白尼的"日心说"和自己的泛神论自然观。布鲁诺的活动与学说触怒了天主教会。1591 年，由于意大利贵族乔万尼·莫森尼的出卖，布鲁诺落入了臭名昭著的宗教裁判所的魔掌之中，从此他被囚禁长达 10 年之久。1600 年，布鲁诺被烧死在罗马鲜花广场的火刑柱上。布鲁诺为坚持科学真理，维护科学的尊严，献出了自己的生命。他的伟大的科学精神永垂青史。

　　布鲁诺的主要著作有《论原因、本原和太一》、《论无限、宇宙和众多世界》等。布鲁诺开拓与倡导科学理性，主要表现在三个方面。

　　第一，创造性地阐发哥白尼学说的哲学与科学意义。哥白尼本人未能说出他的学说所内蕴的深刻哲学涵义。布鲁诺则敏锐洞察哥白尼学说的革命性意义，在西欧各国到处从哲学高度论述它的科学价值，剖视经院神学宇宙论的反科学、荒谬性。他还以自己更为深刻、开阔的新宇宙论丰富、发展了哥白尼学说。哥白尼的宇宙图景是有限的，并保留了作为宇宙最外层的不动的恒星域。

他则认为，宇宙是无限空间中的无限物体，其中有无数世界，任何一点都是宇宙中心；所有天体都同质，由同样元素构成，有运动变化的统一物理规律，宇宙中的各个世界都经历产生、发展和衰亡过程。这种理论严重打击了"上帝创世"的宗教神话。他展示的新宇宙图景，确认宇宙的物质统一性和运动变化的客观规律，扫除经院神学的容身之地，为科学探索打开了广阔的视域，对哲学与科学的发展有深远历史影响。

第二，建立本质上倾向科学唯物论的自然学说。布鲁诺借用古希腊新柏拉图主义的一些范畴，来批判经院哲学所神化、僵化的亚里士多德主义。新柏拉图主义主张"太一"（Uno）即上帝依次流溢出理念与存在事物，这种哲学曾和基督教神学合流。布鲁诺只是从中借取、并改造了"太一"之类的个别术语，来构建他的泛神论自然哲学。"太一"已不是神或最高理念，而是指无限宇宙中自然物质的全体，表现为自然物质的力量、运动规律与永恒秩序。布鲁诺还吸取、发展古希腊赫拉克利特的辩证法思想，指出对立面的统一是自然界运动变化的普遍本质，也是认识自然、发现科学真理的基本方法。他的泛神论自然哲学实为通达科学唯物论与无神论的过渡形式，闪耀科学理性的光辉。

第三，研究科学的认识能力与辩证进程。他主张要认识科学真理，首先应有怀疑精神，强调思想家的首要任务是怀疑神学传统中的教条与偏见，完善人类理智，使人们能以科学理性去判明大自然的规律，认识符合自然的真理。布鲁诺将人的科学认知过程理解为，从感性认识至逻辑的理性认识直至最高的哲学智慧，是不断上升的辩证过程。他又认为，无限的宇宙在无限地发展变化，人类的认识进程也是无限的，"真理是时代的女儿"，每代人都会比前代人获得更丰富、更深化的新知识。布鲁诺对人类理性力量深信不疑，乐观地展望科学有无限的发展前景，指出任何专制神学教条、迷信巫术邪说，终究不能钳制人的理性，不可能阻碍科学与哲学的进展。

科学理性本来就是意大利人文主义的有机构成部分。布鲁诺倡导以科学理性研究自然，目的是改造社会，将"颠倒了的世界再颠倒过来"，使科学服务于建立符合人文精神的公正社会。在他的理想社会中，消灭一切无人道、反人性的现象，无产者不受有产者权势的欺凌，弱者不受强者压迫，富人帮助穷人，人性健全展开，人的美德完善，科学技术致力于工业文明和发展一切对全社会有益的事业。

德国天文学家、物理学家约翰·开普勒（1571—1630年）以严谨的治学态度而闻名。他发现了行星运动的三大规律。他因杰出的天文学成就而确立在人类科学史上的地位。

青年时代的开普勒曾在图宾根大学学习数学和神学。1596年，25岁的他写出了《宇宙的秘密》一书。书中力图用几何学方法描述行星数目、行星运动规律和行星运动的轨道。1600年，开普勒开始担任丹麦天文学家第谷（1546—1601年）的助手，并在第谷积累的观测资料的基础上，开始系统研究行星运动。在当时的条件下，开普勒仍然受神学的影响，例如他认为经验的作用还需要借助于上帝的力量。所以他认为，宇宙的"数的和谐"原则，是上帝"心中的和谐"的摹本。

开普勒对后世影响最大的成就，是他的《宇宙协和论》（1619年）等著作中论述的行星运动三大规律。这三个规律是：

第一，行星运动的轨道是椭圆形的，而不是圆形的。太阳处于这个椭圆的一个焦点上；

第二，太阳与行星之间的连线在轨道上扫过的面积与行星围绕太阳旋转运动的时间成正比；

第三，行星在轨道上运行一周的时间的平方与其到太阳的平均距离的立方成正比。

行星运动的三大规律，为哥白尼的"日心说"作出了科学的数学证明，捍卫并进一步发展了由哥白尼、布鲁诺奠基的近代天文学，使之形成有理论、有证明、有数据的科学学说系统，它为牛顿天文学的出现创造了条件。

哥白尼、布鲁诺和开普勒的天文学思想和科学成就，不但为近代天文学，而且也为其他科学开辟了道路，奠定了重要的思想基础和方法论基础；它也引起了世界观的变革，大大拓宽了人们观察自然和改造自然的眼界，它有力地动摇了经院神学的思想支柱。

（二）化学：帕拉赛尔苏斯及其后继者

帕拉赛尔苏斯（1490—1541 年）是瑞士著名医学家、化学家。他在巴赛尔城获得了"赛尔苏斯"的称号，"赛尔苏斯"是古罗马的名医并有广博知识，他更名为帕拉赛尔苏斯，有超越赛尔苏斯的志向。他注重考察研究岩石和矿物，主张把科学研究建立在观察和实验的基础上，认为人们仅靠苦思冥想，是得不出科学结论的。和他以前的炼金术士不同，帕拉赛尔苏斯已经接近对物质分子结构层次的说明。他称空气为"混沌"（chaos），认为它是由多种成分组成的；他首先发现了"醚"——被他称之为"矾精"——以及它可以用来作为麻醉剂的特性；他把对化学物品的研究成就运用到医学上，取得了一定的治疗效果。帕拉赛尔苏斯的后继者主要有两位：

一位是范·荷尔蒙特（1577—?），是出生于布鲁塞尔的神秘主义者。他继承和发展了帕拉赛尔苏斯对于空气的看法，并且首次以"gas"命名空气。通过实验的方法，荷尔蒙特研究了许多气态物质；他还主张水是万物的营养来源。瓦勒瑞斯·科达斯（1515—1544 年）对被称做"矾精"的这种特殊物质非常感兴趣，经过多次实验，终于发现并明确阐述了利用硫酸和酒精合成醚的具体过程。

另一位是范诺希奥·比林格希奥(1514—1563年),他对当时正在形成的近代矿物学和地质学,都做出了杰出的贡献,他的著作《论火焰》于1540年在威尼斯出版,书中比较详细地描述了许多矿物、金属和盐类的外观和特性。

帕拉赛尔苏斯及其后继者奠定了近代化学和地质学、矿物学的基础,丰富了人们对物质的客观规律的科学认识,尽管当时这种认识由于时代条件的限制,还带有很大的模糊性,并包含着许多猜测。

(三)物理学:达·芬奇和伽利略

在文艺复兴的璀璨星空中,意大利的列奥那多·达·芬奇(1452—1519年)是其中最为耀眼的一颗明星。他不但是才华横溢的画家、雕塑家、建筑师,同时还是严谨认真的工程师、机械制造师、物理学家、生物学家和哲学家。他在所涉猎的每个学科中,都取得了后人难以比拟的突出成就。这些伟大成就,表现了他的开拓和创新精神,以及对世界的敏锐的观察能力和深刻把握。他的思想、品格与才学在当时都受到广泛赞誉。达·芬奇先后在佛罗伦萨、米兰和罗马的宫廷中任职。他是教皇弗朗西斯一世的至交好友,同时他与当时欧洲的许多天文学家、数学家、几何学家、解剖学家过从甚密。

达·芬奇秉承了经院哲学的异端罗吉尔·培根已有开创的实验科学的研究方法和治学精神,他将数学原理应用到科学的众多领域,相信"实验是确实性之母",强调要将科学理论建立在观察和严格推理的基础之上。作为工程师,他一直设想能够建造在空中飞行和水中遨游的机械。作为出色的生物学家,他所绘制的解剖图,已深入到血管和心脏瓣膜的层次;他还提出了关于血液循环的假设。在物理学方面,他的才智集中表现在动力学、静力学和流体力学领域;他完善了杠杆原理;完善了阿基米德发现的液体压力原理，证明连通器中液面高度相同；他还研究波浪在水面的传播，将波的理论扩展到空气动力学、声学和光学之中。

伽里雷奥·伽利略（1564—1642 年）是文艺复兴时期著名的物理学家、天文学家。他出生在意大利的比萨，这里距离达·芬奇的故乡不远。达·芬奇等前辈科学家创造的浓郁的研究气氛，使伽利略得到了有益的滋养。他先后在比萨大学和帕多瓦大学学习和教授哲学、数学和神学，后来担任托斯卡那大公府中的首席哲学家与数学家。伽利略较其前辈更为彻底地抛弃了中世纪的"亚里士多德主义"，近代科学的基本精神在他那里比较集中地展现出来。他把实验方法、归纳方法和数学演绎方法结合起来，形成了较完备的科学研究方法论。他发明了带有空气泡的温度计，制成了第一台天文望远镜。通过他的望远镜，月球、木星、金星甚至银河系的恒星，都被揭开了以往的神秘，太阳系行星上的山脉和坑谷，都一一展现在人们眼前。但是，科学新发明的冲击力，在其开始往往超越人们的接受能力。当时思想保守的人很难接受望远镜，认为它是"巫术的符咒之物"。

伽利略在物理学的许多领域都表现了杰出的创新精神。他在实验观测的基础上，发现了物体的"自由落体定律"、"惯性定律"、"钟摆定律"和"被抛物体的抛物线运动轨迹"；他改造了古代以来的"原子论"，等等。所有这些，都为近代经典力学的发展打下了基础。自由落体定律推翻了认为不同重量的自由落体速度不等的假设（这一假设由古希腊思想家亚里士多德提出，在伽利略之前从未受到怀疑和挑战），建立起落体速度与时间的比例公式，即物体降落所经过的空间依照降落所用的时间的平方递增。为了验证自己的观点，伽利略进行了著名的"比萨斜塔实验"，他把两个重量不同的铁球同时从斜塔顶端扔下，结果两球同时着地，盛行两千多年的亚里士多德的观点被推翻了。惯性定律是指，当摩擦力小到可以忽略时，物体将沿着现有方向，以现有速度永恒运动；钟摆定律的内容是，钟摆的振荡周期与摆幅无关，在等时间内重力以等量增加摆的速度；抛体的运动可以分为水平运动和垂直运动，它的轨迹同时受到两个方向上的力的影响，水平方向抛体以恒速运动，垂直方向抛体作落体运动，综合分析这两个量，抛体的运动轨迹应为一个特殊的曲线——抛物线。

伽利略的科学成就，引起了天主教会的新的惊恐，教会曾经两次把伽利略囚禁起来。宗教裁判所强加给伽利略的罪名是：信仰并坚持错误的、和圣经相矛盾的学说，因此应受到由"神圣的"宗教法规和其他法典规定的一切惩戒和处罚（即由世俗政权处死）。[①] 伽利略备受宗教裁判所迫害，幸免于处死。他是近代科学进步道路上的又一座里程碑。从伽利略之后，真正意义上的近代实验科学阔步向前，最终摧毁了经院神学对人们思想的束缚。

（四）医学：维萨里、赛尔维特和哈维

中世纪天主教会对于人的禁锢是双重的，它既禁止人们把目光投向天空和外部自然界，也不允许人们探索人自身的奥秘。一般来说，尸体解剖是被严厉禁止的。但是医学的发展，却需要解剖学知识的验证，而教会统治下的大学虽然也开设解剖学，但解剖必须严格按照古罗马伽伦、中世纪阿维森纳等医学家的教材进行，而且，教师在讲授课程时照本宣科，并不亲自动手，只是指挥仆役进行解剖。解剖课执行固定的程式，成为只是验证教材的正确性的手段，并不能增加学生对人体的实际了解。直到16世纪中叶，经过让·费尔内（1497—1558年）、维萨里（1515—1564年）等人的努力，解剖学的这种务虚不务实的状况才有了改观。

安德里亚斯·维萨里是佛兰德尔（现比利时）人，曾经在卢

---

① 郭守田主编：《世界通史资料选集中古部分》，商务印书馆1981年版，第329页。

汶和巴黎接受科学教育，并先后在意大利的帕多瓦大学、波伦那大学和比萨大学授课。在大量的动物和人体解剖实验研究的基础上，他于 1538 年发表了较为详尽的《人体解剖学挂图》，详尽地介绍了人体的生理结构，纠正了在他之前的解剖学中存在的许多错误。1543 年，他的代表作《人体结构论》面世，引起了医学界的巨大震动。他在书中绘制了处于运动状态的人体详图，显示了部分器官的机能状况。书中有对人体骨骼、肌肉、韧带、血管、神经和各个器官的大量详尽描述。该书修正了伽伦提出的对人体结构的许多错误看法，例如：根据伽伦的观点，由于血液、"生命元气"（vital spirits）和"自然元气"（natural spirits）混合，才供给人体以养分；血液由静脉、动脉输送到全身，经心脏内部隔膜中的不可见的细管进行交换，由心脏右半部分流入左半部分。而维萨里则通过观察被解剖的人体，认识到心脏瓣膜的存在，使人们对心脏的结构有了突破性的认识。

《人体结构论》中的所有解剖图，都是维萨里亲手解剖人的尸体后，依照解剖结果而绘制的，这种做法与传统的蔑视观察实验的中世纪医学风尚是背道而驰的。也正是由于他的创新，他作为近代西方医学、生理学和解剖学的奠基人是当之无愧的。

维萨里的解剖学成就，向人们展示了人体的真实结构，因而推动了对人体的更为细致入微的研究。麦科尔·赛尔维特（1511—1553 年）是西班牙的著名医生，也是一位有近代思想的神学家。1553 年，赛尔维特在他的《基督教的复兴》一书中提出了关于人体结构的又一创新学说："肺循环说。"该理论认为，进入肺部的血液与"灵气"混合后，通过肺静脉返回心脏，而不是通过心脏内部隔膜中的细管返回。肺循环说正确地说明了心脏和肺在血液流动方面的不同机制，为完全发现血液循环系统各部分的结构和功能打下了基础。赛尔维特因此被神学家视为不能容忍的"异端"。正如恩格斯在《自然辩证法》中所说："赛尔维特正要发现血液循环时，加尔文①就烧死了他。"他为科学而英勇地壮烈牺牲。赛尔维特成为人类科学进步当中步履维艰的又一证明。

　　赛尔维特未竟的事业，最终由英国医学家威廉姆·哈维（1578—1657 年）完成了。哈维出生于肯特郡的一个绅士家庭，先后在贡维尔（Gonville）和剑桥大学加以斯学院学习医学，师从名医法布里兹②，学成后他独立行医，与当时的英国王室也有良好关系。英王詹姆斯一世和查理一世都是他的朋友。哈维在 1616 年发现，人体中的血液是从动脉流到静脉的，心脏的不停搏动促使血液从动脉到静脉、从静脉到心脏、从心脏到动脉的往返循环运动。哈维指出，血液循环的过程是：依靠左心室的作用血液流入动脉，从主动脉到支动脉，再到更小的动脉，渗入人的机体的各个部分，以及各个器官，经过和机体及器官的交换活动，血液然后再通过静脉系统流回心脏，回到左心室。1628 年，哈维发表了《心血运动论》（或称《论动物的心脏与血液运动的解剖学研究》），首次向世人展示了他多年积累的观察和实验成果，书中详细论述了心脏及动脉、静脉的形态和功能，并且推论出肌肉中可能存在动脉静脉的"毛细血管"。其后不久，哈维发现了为血液提供养分的乳糜管和淋巴管，有力地佐证和补充了前一发现。哈维的所有成果，都是根据反复的活体解剖而创立的，"血液循环说"奠定了近代人体生理学的基础，从此人体生理学成为一门科学。哈维还是胚胎学研究专家。他于 1651 年出版了《动物的生殖》一书，这是自亚里士多德以来最有成就的胚胎学著作。

　　维萨里、赛尔维特和哈维的发现，不仅是医学、解剖学和生理学上的重大进步，更为重要的是，他们所确立的原则，即把结

─────────────

　　① 加尔文（1509—1564 年）是 16 世纪法国著名的宗教改革家，新教加尔文教派的创始人。

　　② 法布里兹（G. Fabrizzi，1537—1619 年），1574 年在意大利发现了心脏的动脉瓣。

论建立在实验研究基础上的科学原则，成为后世科学家的普遍研究道路和方法。

文艺复兴时代的自然科学家的共同特点，就是他们都遵循实证的原则，实行观察和分析相结合的研究方法，他们都以严格的实验研究作为科学思考的基础。同时，他们都相信人类进步，具有前所未有的创新精神和义无反顾的反抗神学束缚和压制的精神。在当时自由、活跃的人文主义精神的鼓舞下，他们以严肃认真的学术态度，创造了大量的自然科学成就，革新了人们对宇宙与自然的基本观念，使得自然科学摆脱了经院神学的枷锁，并从哲学中分离出来，形成了一些独立的学科门类和研究领域。近代自然科学史就从此开始。

三、文艺复兴的衰落及其历史影响

从总体上回顾文艺复兴，我们可以看到，在以"复兴古代文明"为名的新思想阳光的照耀下，西欧大地上，一大片嫩绿新芽已经在中世纪遗留下来的枯木老丛中苗壮成长，它们的枝叶逐渐茂盛起来；它们的日益繁荣，预示着西欧已经生长出了与中世纪文化根本不同的近代文化的葱葱绿野。

（一）意大利文艺复兴的总体回顾

意大利是文艺复兴的发祥地，文艺复兴的主导精神人文主义就诞生在这里。佛罗伦萨、威尼斯、罗马和米兰，这些曾经繁荣的城市都曾孕育着许多伟大的人文主义者。他们或者以复兴古希腊、罗马文化的方式，或者以将古典文化与意大利当时的本土文化结合起来的方式，进行研究和创作活动。他们不但继承和弘扬古典文化，更重要的是以人文主义精神推进了近代欧洲的"世俗化"进程。正如我们前面介绍的，意大利的文艺复兴运动，在文学、艺术、政治学、伦理学、宗教、哲学、历史学等领域，都创造了光辉灿烂的文明成果。

意大利的文艺复兴大致可分为两个阶段：早期阶段上起14世纪，下至15世纪中叶，在宗教领域，它主要把斗争的矛头指向教会的腐朽统治，倡导新的以人为中心的价值观念，以人性反对神性，以人权反对神权，以人道反对神道；在文学艺术领域表现为古典主义和现实主义的创作风格；在伦理道德方面，反对禁欲主义，歌颂个体主义、快乐主义和自然主义；在社会政治领域，表现为民族意识的觉醒，世俗权力和教会权力的冲突。文艺复兴后一阶段的历史，指15世纪中叶至16世纪中叶。在这一时期，意大利的艺术，尤其是绘画和雕刻艺术继续繁荣；同时，以马基雅维利为代表的资产阶级政治学家开始为世俗权力的利益向教会发起挑战，马基雅维利的《君主论》成为政治学的经典之作。

(二) 意大利文艺复兴的衰落

意大利文艺复兴于16世纪中期达到巅峰，接着就开始了它的衰落进程；此时，欧洲其他地区的文艺复兴运动方兴未艾，刚刚开始执行它们的历史使命。

人才的凋零是意大利文艺复兴衰落的第一个原因：到了16世纪中叶，人文主义者和天才的艺术家们相继去世。而且，经济文化的繁荣也引发了一些意想不到的负面结果：意大利各个公国之间的矛盾日益激化，各国的统治者都怀有称霸意大利的野心，政局不断发生动荡，这迫使许多学者离开了意大利故乡，盛极一时的意大利文明逐渐寂寞。

不过，导致文艺复兴衰落的最根本原因是：1494年至1559年间，在意大利的各个公国范围内，爆发了大规模的战争（史称"意大利战争"），文明程度较高的佛罗伦萨和罗马首当其冲，社会、经济、文化等各方面都受到严重的冲击。这一方面是因为意大利还不是一个统一的国家，诸侯割据的局面所引发的矛盾，这时集中爆发了。意大利战争就是由于米兰和佛罗伦萨的冲突而引发的。另一方面，意大利的文明和富庶，早就引起了强邻法国、德意志和西班牙的不安和觊觎之心，法王查理六世抓住米兰和佛罗伦萨冲突的大好时机，派兵遣将，越过阿尔卑斯山脉侵入意大利境内。这场长达六十多年的战乱，使得意大利的文明进程受阻，社会经济遭到严重破坏，文艺复兴运动在意大利一蹶不振。

16 世纪初，由哥伦布、达·伽马和麦哲伦开辟的新航线，沟通了太平洋和大西洋的水陆运输，把欧洲、亚洲、非洲和美洲联结起来，大西洋沿岸逐渐形成了许多商业港口，意大利不再继续是欧洲航运和贸易的中心了，过去的得天独厚的地理优势消失了，它不再继续为意大利创造财富。同时，欧洲各国的工商业逐渐发展，奥斯曼土耳其帝国势力的扩张等，也造成了意大利国力的相对衰微，它的文化失去强大物质基础的支持，其衰落就是必然的了。

另外，1517 年马丁·路德发表的《九十五条论纲》，标志着新教改革运动的开端。天主教会极端仇视这场"异端的"运动，开始更加严厉地打击一切与天主教罗马教廷有意见分歧者。缔造了意大利文艺复兴的伟大人物如但丁、薄伽丘、彼特拉克等人的著作，也纷纷被列入教会颁布的"禁书目录"中，教会完全放弃了曾经表现出来的有限的宽容态度，这对于已处在衰落阶段的意大利文艺复兴，无疑是雪上加霜。当然，文艺复兴运动不是这场教会迫害运动的最大受害者，教会与它之间的激烈争端，这时已让位给天主教与新教的更为激烈的冲突。欧洲历史舞台上，已经开始演出另一幕惊心动魄的宗教斗争正剧。

（三）其他各国文艺复兴的衰落

虽然 16 世纪是意大利文艺复兴由盛转衰的时期，但此时却是欧洲其他国家（瑞士、法国、德意志、西班牙、英国、荷兰等国）文艺复兴的鼎盛时期，意大利的许多学者在离开故土后，分散到欧洲各地，为所到之处传播了新的人文主义思想和自然科学知识。同时，由于西欧各国工商业的发展带动国与国之间交流的增加，各国资本主义的发展要求清除旧的制度，建立新的制度和观念，这些国家的有识之士都开始独立探索使本国独立、富强的不同道路，人文和科学精神在各国滋生繁衍。印刷术的进步，使得知识获得了便捷的载体——书籍，从而有力地推动了知识的扩散、传承和普及。这些有利条件都促进了欧洲各国文艺复兴运动的蓬勃开展，人文主义和科学精神是所有西欧国家文艺复兴的重点。

然而，由于不同国家有不同的历史和文化传统，有不同的现实状况，所以各国文艺复兴的持续时间、思想的侧重点以及在各国的震动和影响，都不尽相同。例如，同样是人文主义的代表作，德意志的胡登写作的《罗马的三位一体》的著作，充满了辛辣的讽刺。其中写道："有三件事不能说出真相：教皇、赎罪券和无神论"；"有三种事物成为罗马的象征：教皇、古老的建筑和贪婪"。类似的脍炙人口的语句，将斗争的矛头直指教会的核心人物——罗马教皇。这真是有力的鞭笞。而法国的拉伯雷所写的《巨人传》，则诙谐幽默，令人在笑声中对教会的顽固不化和愚蠢无知心领神会。

16 世纪末期，西欧各国资本主义更加发展壮大，它已经不再满足于仅仅用语言、文字的形式来反抗教会的束缚和压迫。新教诸派以较为简单的仪式、较为合理的理论和基本符合资本主义要求的道德伦理观念，赢得了大多数新生的资产阶级的信仰和支持。这时的文艺复兴运动在许多国家里，都逐渐与声势浩大的新教改革运动合流（出于历史的局限性，那个时代的最激进的人文主义者，也往往不是彻底的无神论者），呈现出不同于意大利文艺复兴运动的新的思想文化面貌。

总之，由于时代的发展，社会经济状况的改变，以及基督教内部斗争的复杂化，文艺复兴在欧洲各国充分展开以后，基本上完成了它的历史使命，开始由高潮走向衰落。但它的成果灿如明灯，照亮着西欧历史进步的道路。

（四）文艺复兴的历史意义及其影响

文艺复兴作为近代世界历史的曙光而被载入史册，这是一个巨人辈出的时代，是一个人文思想成果卓绝的时代，是一个思想解放的时代，也是一个深刻影响以后的所有时代的特殊历史时代。

文艺复兴的历史意义主要表现为以下几个方面：

第一，正如我们已经说过的那样，文艺复兴作为一场席卷西欧的文化运动，尽管最初是以复兴古代文明的面貌出现的，但它很快就超越了仅仅复兴古代文明的涵义。我们当然不否认文艺复兴时期的学者为整理、保存和研究古代文献资料所作的卓越贡献；但是这丝毫不能改变文艺复兴内在具有的特殊历史进步性质。它所起到的历史作用中，更为关键的还是，它预言并准备了一个新的时代的到来，为迎接这个新时代，它作出了思想和知识方面的巨大准备。

第二，文艺复兴的时代产生了许多文化巨匠。他们创造的诸多文学、艺术、哲学、自然科学成就，是其后的西欧民族和全人类的宝贵历史文化财富。其中许多文学艺术作品，成为至今难以超越的里程碑；而那时确立的自然科学研究的基本方法，大部分直到今天仍被广泛应用；在人文知识和哲学领域，人文主义者倡导的人本主义精神，也成为人类的永久精神财富。

第三，从反对教会的愚昧统治和野蛮压迫的意义上说，文艺复兴具有强大的冲击力和摧毁性。文艺复兴之后，欧洲的封建制度、封建精神和教会的愚民政策，再不能辖制广大民众的思想和行为了。过去总是在上帝面前瑟缩忏悔和自惭形秽的人，从此获得了从未有过的尊严和思想自由。人们不再轻视此生此世的现实生活，也不再对虚无缥缈的"来世"和"天堂"寄予莫大的期望。拉伯雷的响亮号召"做自己愿意做的事情"，回荡在整个西欧大地上空。自此之后，教会的权威扫地，封建势力也从此一蹶不振。资产阶级开始了它的"自由"创造。

最后，也是最关键的，文艺复兴开拓了人们的视野，增长了人们的知识，解放了人们的头脑。自由的精神，科学的精神，乐观的精神，成为西欧人的基本精神面貌。

文艺复兴的历史影响，主要表现在它对于后来的启蒙运动以及整个资产阶级文化的启迪作用。在其后的几个世纪里，它一直是资产阶级的核心观念"自由"、"平等"、"博爱"必然要回溯的精神源泉。

文艺复兴所倡导的科学精神，也渗透到了自然科学的各个学科。在当时的科学家看来，人们的知识有三个来源：权威、理性和经验。但是，权威如果失去了理性基础，就不能保证它的知识可靠性，只能以信仰为依据，从而成为可能引起误解的"意见"；而理性如果不经过经验的验证，就可能滑向诡辩的误区。根据这个逻辑，经验被尊崇为知识的最终来源。而坚持经验主义立场，就要反对崇拜无根据、无价值的权威，反对固守于通行的含糊意见，反对公众的无根据的臆想和学者的强不知以为知的主观猜测。所有这些尊重事实、尊重科学原则的精神，成为近代以来科学家公认的应该遵守的行为准则。

当然，从历史发展的眼光看，我们应该清醒认识到，文艺复兴毕竟是发生在五六个世纪之前的事件。当时的社会状况、生产力发展水平、社会制度，相对来说，都还处于较低的层次；商业贸易所采取的方式还比较低级，世界各国之间的关系也还不很发达，还没有形成大规模的全球交换体系。这一切都制约着人们对于外部世界和人类自身的认识。人文精神与宗教信仰还发生着激烈的冲突，这使得最伟大的思想家的思想内部，也充满了自相矛盾的地方：科学精神与迷信或神秘主义共存，新时代的观念与旧时代的残余共存。

面对上述情况，我们就会理解到，文艺复兴的具体历史定位，是十分复杂的。目前存在着几种看法：有人认为文艺复兴是中世纪历史的尾部；有人认为它是世界近代历史的开端。现在越来越多的学者在对此进行讨论。它虽然只有短短的三百多年，它是否应该是一个既不同于古代也不同于近代的独立的(或者过渡的)历史时期，一种独特的文明形态（本书就基本上采用了这个思路）？文艺复兴文明既包含了晚期中世纪的社会历史要素，同时又孕育了西欧近代经济政治要素和文化精神的萌芽，是一个过渡性的社会历史进步过程和自有特色的文明形态。

11　马丁·路德像

第 五 章

宗 教 改 革

一、宗教改革的起因

（一）教会当权者的腐败

15世纪后半期，随着欧洲资本主义的产生和发展，封建主义走向没落，作为中世纪封建统治精神支柱的罗马教廷也在衰败。十字军东征长达200年，早已给社会大众带来了深重的苦难；而"宗教裁判所"对异端的疯狂镇压令人发指。在这种情况下，以教皇为核心的教会统治集团及其在整个西欧的统治体系，政治行为荒谬、残暴，使其社会权威角色发生了严重的合法性危机。为了支付教廷庞大的经济挥霍，维持众多高级教士奢侈糜烂的生活，教会巧立名目，征敛繁多的税收，除"赎罪券"外，还有"什一捐"、"特别捐"、"特赦捐"等等。如此残酷的剥削使得教会声名狼藉。

教会威信的丧失，其最根本的原因，在于教会的腐败。

首先，教会上层生活腐化，作风败坏。据资料记载，罗马教会在罗马开办妓院，每年从妓院中获得2万杜卡的收入。到教皇英诺森八世（Innocent Ⅷ，1484—1492年在位）统治时期，罗马城中有6万居民，其中妓女人数就高达6800人，占总人口的10％以上。英诺森八世以后的几任教皇更加腐败。教皇卡立克特斯的一个侄子依靠贿赂枢机主教团登上教皇宝座，称亚历山大六世（Alexandaer Ⅵ，1492—1503年在位）。他即位后，生活十分糜烂，荒淫无度。他公开承认的儿子就有 8 个，其中一个儿子 6 岁即当神父，16 岁当大主教，18 岁担任枢机主教时，曾把 50 名妓女召入教皇宫廷，举行裸体舞会。

其次，教会统治系统本身也十分腐败。许多神职人员和修道士谋教产为私产，所作所为使一些修道院凋零瓦解。很多主教和修道院长是由贵族担任的，其中许多人不学无术，大部分人根本不管教务。如当时马格德堡的一位大主教在任 35 年后，才主持了第一次弥撒；而斯特拉斯堡的大主教在任期间竟从来没有主持过一次弥撒。在 14 世纪，由于战争、鼠疫等原因，西欧许多地方社会大众家破人亡，许多妇女被迫进入修道院做修女，但结果不少女修道院却成为贵族和神职人员的妓院。例如 1512 年弗兰西斯修会修士托马斯·慕纳在讲道中就揭露了这种丑事。

第三，搜刮钱财，欺诈蒙骗。一些教区的主教为了聚财，谎称某些“圣物”有“赎罪”的功效，欺骗大众购买。他们大批制造“圣物”，于是，很多荒谬的事发生了。美茵茨大主教自称收藏了 42 具完整的圣徒遗体和九千件圣徒遗物；有人自称拥有耶稣被钉上十字架时滴落的汗珠，拥有童贞女玛利亚的奶汁，更有人宣称自己收藏了上帝造人类始祖亚当时用剩的泥块。这些荒谬之事发生的根源在于教会的无比贪婪。

教会的衰败和教会当权者的腐败引起了人们的普遍不满。在这种背景之下，宗教改革的暗流汹涌澎湃，即将爆发成冲毁一切污秽的大洪水。历史在等待一个机遇，一个洪水爆发的机遇。

（二）出售赎罪券问题

为了兴建罗马圣彼得大教堂，为了保证教会高层统治者的穷奢极侈的生活，为了对“背教者”、土耳其人、鞑靼人和俄国人进行讨伐，也为了教廷在意大利进行争夺更多领土的战争，教皇利奥十世需要大量金钱。但这些钱从哪里能搜刮够呢？已有的名目已不少了，还有什么名目可立呢？利奥十世想到了"赎罪券"。

赎罪券的销售并不是由利奥十世发明的，这种赎罪方式在他之前已经存在，只是由他重新实行，并加大了力度。关于买卖赎罪券的"合理性"，在中世纪就曾经被经院哲学家托马斯·阿奎那论证过。阿奎那说，如果有罪之人不想被上帝惩罚，甚至避免遭遇不测的死亡，那他就必须给上帝付出金钱。1517年，利奥十世把美茵茨大主教的职位卖给了勃兰登堡的阿尔贝特。为此，阿尔贝特付出了两万四千杜加特：一万给教皇换取主教位置，一万四千给罗马教廷大官员作酬金。为了帮助阿尔贝特偿付此项债款，利奥十世派台彻尔到德国兜售赎罪券。教皇宣布，这次出售赎罪券所得的金钱，一半将归教皇，一半将归阿尔贝特。

多米尼克修会修士台彻尔按照教皇和美茵茨大主教的指示，将赎罪券分为4档，每一种的功效虽然在形式上有所不同，但实质是相同的，那就是通过金钱来换取"灵魂进入天堂"。其中一种大赦赎罪券，被说成可以免除拥有者在炼狱所受的痛苦。要想得到这种恩赦的人，必须忏悔认罪，有生之年至少要到教皇所指定的7座饰有教皇纹章的教堂去，除念经祷告外，最关键的是要按自己的社会地位、职业和收入，捐献1枚至25枚弗罗林金币。按照教会的这种宣传，不仅活着的人可以用金钱赎罪，而且死去的人也可以通过活着的人交钱免罪。有一种针对正在炼狱中的灵魂的救赎所设的大赦赎罪券。为了得到这种赎罪券，活着的人必须把一笔与其能力相称的捐款，投入教堂里的奉献箱之中。然后教会或者教区的首脑就可以为其祈祷，使正在炼狱中受罪的死人得到恩赦。

然而，许多人、即使有虔诚的宗教情感的人，也都在不同程度上反对教会以卖赎罪券的方式搜刮民间财富。当时不少国家的君主和诸侯，就采取了坚决抵制的态度，这是因为教会在他们的领土范围内卖赎罪券，使其国家的财富流入了教会的金库，而不是国王和诸侯的金库，国家的经济利益受到了损害。如德意志的萨克森选帝侯，就不允许罗马教皇的使者在自己的领土上推销赎罪券。还有一些虔诚而有良心的教徒，对教会推销赎罪券的敛财丑行感到羞辱。因为在拉丁文中，"赎罪"也表示"允许"，实际上"赎罪"就变成了"允许"犯罪。从奥古斯丁时代起，教义中就明确规定，有原罪的人，其人生意义就在于赎罪，而救赎的方式只在于进行忏悔，进行深刻的灵魂检讨。推销"赎罪券"的行为等于以金钱交换的形式"允许"有钱人可以犯罪。这一点很难为真正虔诚的基督教徒所接受。来自众多教徒的反抗成为不可阻挡的力量，预示着教会内部的一场不可避免的思想冲突的暴风雨即将来临。

从实际社会效应来看，"赎罪券"的买卖，导致了西欧社会道德水准的不断下降，人们头脑中原有的宗教道德观念，逐渐为这种可以用金钱购买的东西的赎罪价值所冲淡。一种并不虔诚的思想在增长：有罪并不可怕，只要你有钱，就可以犯罪，甚至不断犯罪。这种观点大大降低了基督教会在世俗社会生活中的威信，使得不信教的情绪在蔓延。这种负面影响，关系到教会的存亡，就成为宗教改革的原因之一。

（三）奥古斯丁主义

奥古斯丁是古代罗马帝国末期的基督教神学家和哲学家。他的神学思想为西欧基督教在中世纪的发展提供了丰富的思想财富。奥古斯丁的思想中，含有"新柏拉图主义"和希伯来神秘主义的特点。而在托马斯·阿奎那的神学占主导地位之时，赋予新涵义的奥古斯丁主义，在宗教改革中发挥了独特的作用。

奥古斯丁认为，上帝及其意志不是人的理性所能认识的，只有依赖上帝的启示才能有所领悟。在中世纪晚期德意志的奥古斯丁主义神秘思想运动中，代表人物是艾克哈特（约1260—1372

年），他的核心思想是"存在即神性"。他认为上帝的神性即在万物之中，万物"领有"上帝的神性，万物之中皆有神性；人是万物之灵，人与神是相通的，人的灵魂中有神的火花，它可以使人直接进入神的世界，与上帝合而为一。艾克哈特的神秘主义思想使人们认识到，真正的信仰实际上并不是按照教会的信条、甚至十分庸俗的信条（例如购买赎罪券）行事，而是一种严肃的心灵活动，心灵的救赎才是真正的得救之道。艾克哈特的讲道受到一般教士和广大信徒的欢迎，但他被天主教视为"异端"，因为艾克哈特的思想有导致消解教会存在的必要性的危险。在艾克哈特的神秘主义思想中，人同上帝心灵相通的直接关系，使得教会及其神职人员在宗教活动中成为一种并不十分必要的"累赘"，这就对教会的外在性权威的存在产生了巨大的威胁。可以说，神秘主义为宗教改革家提供了思想的源泉。

奥古斯丁主义对宗教改革的影响，我们可以从当时的一个基督教社团——"奥古斯丁修会"的活动以及其中包含的神秘主义色彩这两个角度来考察。

奥古斯丁修会的成员的共同特点是信奉奥古斯丁主义，遵从奥古斯丁的学说，虔诚地侍奉圣母玛利亚。他们的生活十分节俭，潜心于宗教理论的思辩和研究，因此他们有广博的神学知识。当时在德意志的各个大学中，几乎都有奥古斯丁修士负责讲授神学课。奥古斯丁修会还十分重视对普通教徒的影响，热心对大众进行教化。例如在德意志的奥古斯丁大修道院中，都有专职的教士负责民间普通教徒做礼拜。由于奥古斯丁修会成员生活简朴，有学问，还有深受大众欢迎的传道才能，这些都使得他们成为德意志广大地区最受人们欢迎和尊重的人士。对于教会出售赎罪券的这种胡作非为，奥古斯丁修会的修士们都感到痛心疾首。他们希望改变这种局面。这使得奥古斯丁修会成员有可能成为宗教改革的领导力量。

奥古斯丁修会的神秘主义倾向，来源于奥古斯丁的学说。到14世纪，同基督教教会人员行为的日益败坏相应，教会内部的神秘主义思想重新抬头，这实际上是以怀疑主义态度对当时教会神职人员的普遍腐化的一种抵制和反抗。

（四）威克利夫和胡斯

实际上，在西欧主张对基督教会进行改革的思想运动，早在14世纪英格兰王室同罗马教廷发生剧烈冲突时期，就已经存在。当时的宗教改革思想家是威克利夫。

威克利夫（1324—1384年）是英格兰神学家，出生于约克郡，他曾在牛津大学研读并教授哲学和神学。在14世纪英格兰王室和教会的争权事件中，威克利夫站在王室一边，反对教皇从英格兰征收贡赋，主张在英格兰建立摆脱教廷控制的国家教会。从1377年起，威克利夫写了不少著作，并多次发表讲演，不断揭露罗马教会与修道院制度的各种弊端。他否认教士拥有赦罪权，并指责教会占有公共财产；他认为国家是上帝在世间的管家，有权没收教会的土地和财产。他在所著《三人对话录》中，主张《圣经》权威高于教皇，应恢复早期基督教安贫乐道精神。威克利夫的思想，促进了英格兰民族国家和民族教会的形成和发展。

1380年以后，威克利夫反对"圣餐变体"说，表现了激进的"异端派"思想。威克利夫认为，即使念了"神圣"的祷词后，面包仍然是面包。尽管基督降临在圣餐席上，但并不能够证明他的肉体就已经存在于面包之中。实际上，面包对于圣体来说，只不过是一种比喻的说法而已，并不包含神圣的内容。

威克利夫最重要的文化贡献，就是他组织英格兰的学者把整部《圣经》从拉丁文翻译成英文。这使得《圣经》越过了教会的中介环节，而得以直接呈现在英格兰人民大众面前。这是对教会的思想垄断权的冲击。威克利夫大力提倡在举行宗教仪式时使用英格兰民族语言，这对英国民族语言和文学的发展起了积极的推动作用。

威克利夫的改革思想和主张，得到了英格兰下层教士和平民的积极支持和拥护。反对教会的"罗拉德派"（喃喃祈祷者）运动，就是以威克利夫的激进信徒们（主张清贫的"贫穷教士"）为主组织起来的。

威克利夫的思想还间接影响了英格兰社会的阶级斗争。1381年，瓦特·泰勒领导武装起义，攻入伦敦，处死坎特伯雷大主教，英王和教会联手镇压，同情起义军的威克利夫才被迫幽居。牧师约翰·保尔和"罗拉德派"的许多教士也参加了起义。这次起义的主要矛头所指是封建教会和贵族地主，要求实现原始基督教的平等信条，这是《圣经》中的早期观念直接在英格兰大众中传播的后果，应该说这和威克利夫的宗教改革主张不无关系。

威克利夫的思想和作为，被代表罗马教会反动势力的教皇格利高里十一世和英格兰的坎特伯雷大主教恨之入骨。威克利夫被作为教会的"异端"而受到激烈谴责和通缉，他屡遭迫害而不妥协。1384年威克利夫病逝。在他死后，罗马教会也不放过对他继续迫害。1414年罗马教廷在康斯坦丁宗教会议上咒骂他是异端首脑，下令烧毁其著作。1428年，教皇马丁五世下令掘墓焚尸，将威克利夫的骨灰撒入斯维夫特河。但是威克利夫的思想影响，并不是教会的迫害所能阻止的。

早在15世纪初，威克利夫的思想就在欧洲大陆逐渐传播开来。捷克神学家胡斯（1369—1415年）就是威克利夫异端思想的主要阐发者和实践者。

胡斯在任捷克布拉格城的伯利恒教堂神父和布拉格大学文学院院长期间，就大力宣传威克利夫的学说，抨击罗马教会，要求恢复教会的纯洁性。他认为教徒在上帝面前人人平等，世俗信徒在圣餐礼中也可领受圣杯，并提倡用捷克语讲道。他的这些思想，意味着必须取消罗马教会和各级主教、僧侣的特殊地位，建立有纯洁思想的平民教会。布拉格大学中拥护胡斯的改革思想的人，组成了"胡斯派"。胡斯还提出将教会占领的土地收归国有的主张，也得到了捷克农民和贵族的支持；他还反对罗马教廷在捷克出售赎罪券，这一号召同样得到了本国人民的拥护。

1409 年，胡斯派在布拉格大学取得了反对德意志保守派斗争的胜利，德意志人撤离布拉格大学，胡斯派取得了斗争的胜利，胡斯出任该大学校长。胡斯派的胜利使得罗马教廷大为震惊，1410 年，教皇亚历山大五世指使布拉格大主教开除了胡斯的教籍，并在城市广场焚烧了威克利夫的著作。1412 年教皇派人到捷克兜售赎罪券，在胡斯派的影响下，布拉格居民举行游行，烧毁了罗马教皇的圣谕，反对销售赎罪券。

胡斯的学说和行为激怒了教皇，胡斯被迫隐居。在隐居的两年期间，他用捷克文翻译了《圣经》，并完成了他的主要著作《教会论》。1414 年，教廷的康斯坦茨会议传审胡斯，胡斯为了申述自己思想的正确性，到达康斯坦茨。教会公然违反原先保证胡斯人身安全的许诺，立即囚禁了胡斯，逼迫他改变思想和立场，但遭到了胡斯的严词拒绝。1415 年 7 月罗马教皇下令对胡斯以"异端"罪处以火刑。1416 年 5 月，胡斯的门生耶罗米又在康斯坦茨被烧死。胡斯派其他成员也陆续遭到迫害。面对教会的残暴，捷克人民群情激昂，进行了坚决的斗争。1419 年，面对罗马教会和波希米亚统治者的镇压，胡斯派举行了声势浩大的起义，他们在波希米亚进行宗教改革，同时开展了反对罗马教会的民族解放战争，经过了一百多年的曲折斗争，直到 16 世纪初德国宗教改革大规模开展，胡斯派在波希米亚已拥有五百多座教堂和三十多万信徒。

虽然威克利夫和胡斯都受到了罗马教会的残酷迫害，但他们的学说却并没有因"迫害"而消失。改革的要求反而逐渐发展成为实际的社会运动，而且势不可挡。"异端"思想逐渐发展为社会大众的强烈呼声，这明显地反映了中世纪教会制度没落的必然命运。

二、马丁·路德的宗教改革

宗教改革的实际社会背景，不但在于教会制度的腐败，而且更重要的在于西欧新兴的资产阶级的出现和发展。资产阶级的反封建的斗争，日益要求取消教会在思想领域中的垄断统治地位。而教会的腐败从其性质来说，已经使教会自己远离原初基督教的传统理论和教义，因而对原初的教义进行重新反思，重新解释，进行"拨乱反正"，就成为历史的必然。在各种力量的综合作用下，宗教改革首先在德意志开始了。

（一）德意志的宗教状况

改革发端于德意志，这是由当时德国的社会和宗教状况决定的。

首先，罗马教会当时在德国的权力很大，德国成为罗马教会剥削的主要对象。因为德意志帝国王权弱小，教会和世俗封建势力以及发展起来的自治城市，各有自己的地盘，各自独立称雄，德意志皇帝形同虚设，根本无法号令天下。德国教会由于历史传承的原因，历来权力很大，不受王权的限制。因而教会在这里可以为所欲为，作恶不断，成为社会各界所痛恨的目标。虚弱的王权无能力对国家利益进行有效保护，德国成了罗马教皇的"肥肉"和"奶牛"。教廷在这里横征暴敛，大肆搜刮。据统计，16世纪初，罗马教会每年从德国征敛的财富多达30万金币。与这个数字相比，德意志帝国的年税收只有一万四千金币！

其次，德意志教会体制内部也发生了重大的利益分化。以教皇为首的高级神职人员和僧侣构成了教会内部的特权阶层,他们中有些人本身就是帝国的诸侯。这些人利用宗教特权,以各种手段搜刮民财,如买卖神职、出售赎罪券、出售圣像和圣徒遗物等。他们还用开除教籍、绝罚、宗教裁判等手段残酷压制人民的反抗活动。而广大的低级教士收入微薄,地位卑微,生活清苦,而许多人信仰虔诚。他们对特权阶层的腐化也心存不满,与社会大众有比较密切的联系,他们看到教会的腐败,认为自己责任重大,因而要求改革。他们的呼声得到了教会中上层一些有眼光的洁身自好的教士的同情和支持。他们是教会内部的要求改革的派别,并且逐步成为教会内部一种强大的改革势力。

最后,由于德意志王权的不强大,各种反罗马教会的思想和活动在这里不会被政权所镇压,甚至能够得到一些诸侯和自治城市的保护,因而德意志的思想比较自由活跃。这为德国的宗教改革提供了土壤。

随着人们对教会的不满日益加剧,以买卖赎罪券为导火线,引发了德国的宗教改革运动。

(二) 德国宗教改革的发动者——马丁·路德

马丁·路德(1483—1546年)是16世纪德国宗教改革运动的倡导者,是基督教中路德新教的创始人。

路德出生于德意志的埃斯勒本,他曾经在马格德堡和爱森那赫等地学习,1501年进入莱比锡大学,1505年获得硕士学位后,他按照父亲的意愿进入埃尔福特大学法学院学习,准备将来做一名律师。同年7月,他却突然改变了主意,进入埃尔福特的奥古斯丁修会的修道院当了隐士。对于路德的这种人生转折,历史上有许多解释。有一种说法认为,路德有一次在行路中遇雨被雷电击倒,大自然的突发现象被他理解为上帝对他的某种暗示,他由此发誓进入修道院,寻求上帝的宽恕和恩宠。1508年他进入维滕堡大学，次年在这里获《圣经》学士学位。1510年，他有机会跟随奥古斯丁修会领导人出差到罗马，一睹罗马教会的糜烂和腐败情景。1512年他在维滕堡大学获得神学博士学位后，在这里开设"《圣经学》常设课程"，并且兼管教会事务。在这里，路德进行深入的神学和经院哲学研究，他研究的一个主要问题是：如何解除人生的苦闷。通过对罗马教会所规定的各种宗教礼仪和"神功"的考察研究，路德认为，所有这些外在的宗教活动，大都是与人的心灵无关的，它们都无法解决人的心灵苦闷问题。而经院神学，以其在教会行政系统中所流行的说教方式，到此时已经成为一种十分僵化的思想禁锢，它只能使人们变得呆滞麻木。路德认为：宗教的本质在于对上帝的笃信，也就是在思想上和上帝达到沟通，因此，不应把重点放在教会所主张的事功的外在行为上。如果在思想上达不到笃信，外在的行为就可能是虚假的和被迫的。这就是路德的著名教理"因信称义"的萌芽。在他看来，教会贩卖"赎罪券"的活动，就是一种外在的虚假"事功"，它不但无益于人们的宗教信仰，而且简直就是在破坏和瓦解人们的宗教信仰。因而路德认为，这从根本上是无益于基督教的。

利奥十世在德意志贩卖赎罪券的活动，促使马丁·路德放弃了自己多年来的隐修生活。对于美茵茨大主教和罗马教皇狼狈为奸、勾结起来出售赎罪券的行为，路德深为不满。他认为，这种肮脏的交易，严重威胁到德意志的社会道德风尚和人们虔诚的宗教生活。经过反复思考和内心极度痛苦的思想斗争之后，在好友的积极鼓励之下，路德几经犹豫，终于在1517年10月31日（一说11月1日）在维滕堡城的大教堂门口，以学术争论的方式张贴出了自己书写的《九十五条论纲》，并宣称"欢迎辩论"。

（三）《九十五条论纲》

马丁·路德的《九十五条论纲》以神学辩论的笔调写成。它语气平和舒缓，但其中包含着十分严峻的内容。它并不采取当时一般神学论文具有的思辩的学术风格，而是平实无华，通俗易懂。它反映的是教徒最普通、最简单的情感和思想，内容几近老生常谈。但就是以如此普通的文字，所讲的道理掷地有声，等于铸造了95个铁锤，锤锤都有力地击中罗马教会的弊端。

在《论纲》中路德指出："赎罪"的核心应该是教徒自己进行思想的悔过和行为的悔改，而不是向神父认罪；人若无内心的忏悔，只进行肉身的苦修和禁欲，对于信仰的真正实现和提升，是毫无意义的。路德同时认为，靠所谓"积累功德"来赎罪，也是达不到目的的，因为只有基督的功德才有助于赎罪，而基督的功德具有启示人们信仰的意义。至于教会的"功德"，从本来意义上说，其作用也应该只在于传达上帝通过基督施行救赎恩典的福音。显而易见，马丁·路德的《论纲》严厉驳斥了"教会拥有超额功德"的论调。同时，以这个驳斥为基本思想，路德批判了罗马教会用出售赎罪券来纵容犯罪的做法。在《论纲》中，路德并没有提出新的学说，在有关教皇权力和特权的问题上，其言论也是十分谨慎的。但是，它的内容显然是在攻击罗马教会贩卖赎罪券的恶劣行为。

《论纲》似乎只是在就事论事，并无意攻击教会制度，而似乎仅仅是指出教会的一些弊端，帮助教会改正。在这个意义上，路德好像是个"护教"派。实际上按照路德的本意，他只是想同维护教会弊端的那些神学家进行论战，而无意与教皇决裂。但《论纲》内容的批判性的影响如此之大，却出乎路德的意料。在《论纲》贴出后，教会的赎罪券在德意志的发行量很快减少，甚至在一些地方已经再无人购买。《论纲》的传播速度也在路德的意料之外：两个星期的时间它就传遍全德意志，四个星期的时间就已经传遍整个西欧。这是因为《论纲》说出了整个西欧社会大众都想说的心里话。人们这时对教会的残酷盘剥确实已经到了忍无可忍的地步。

《九十五条论纲》使路德个人在德意志和整个西欧成为一位有巨大影响力的人物。他引起了教会的注意。1518年，教皇下令，要他到罗马接受教会的审判，由于德意志几个诸侯对路德的同情而出面从中斡旋，使路德免于此行。1519年7月，路德接受了保守的神学家约翰·艾克的挑战，到亲罗马教会势力十分强大的莱比锡，同约翰·艾克进行辩论。在这场论战中，艾克迫使路德不得不明确表达出自己的思想立场。路德认为《圣经》至高无上。这就无异于路德公开否认罗马教皇权威，而赞同被教会的康斯坦茨会议所否定的胡斯派观点，从而否定了此会议的权威。1520年，路德发表了几篇声讨教会的论文，公开表明了自己同罗马教会势不两立的激进立场。路德申明：教皇无权干涉世俗政权的事务；教会已经腐败透顶，必须对其进行改革；如果教会本身没有能力进行改革，世俗国家就应该干预教会，帮助它进行改革。这种主张显然把世俗政权置于罗马教会的权力之上。这是中世纪近千年来从未有过的观点。路德还宣称，教皇并不是《圣经》的最后解释者，实际上人人都有能力与上帝直接沟通，并不需要神父做中介。这些观点表明，路德显然已经把自己置于罗马教会的对立面。

当年10月，罗马教皇派艾克执"教皇通谕"到德意志，宣布开除马丁·路德的教籍。路德得知这一消息后，立即写了抗议论文，称罗马教皇是反对上帝和基督的有罪之人。当年12月，在德意志诸侯和市民的热烈支持下，路德在维滕堡城市的广场上当众烧毁了这份"教皇通谕"，同时烧毁了罗马教会的一些教义文本。在此形势下，罗马教皇恼羞成怒，企图发动世俗政权的力量来迫害路德，但由于德意志众多诸侯反对罗马教廷的迫害政策，并有意保护路德，使路德能够逃脱教会的制裁，在瓦特堡隐居下来。

而这时，宗教改革运动在德意志各地如火如荼地开展着。1522年3月，路德冒险从瓦特堡回到维滕堡，他对发展起来的改革运

动的态度发生了变化，他责备那些积极行动起来的拥护改革者
"过分"。从此，路德开始在神学和哲学方面渐趋保守，主要表现
在他主持制定的礼仪改革中仍保留了一些古老的传统。1529年，
路德在马堡和茨温格利等人会谈，拒绝改革派内部和解，和瑞士
宗教改革派分裂。1546年路德病逝，结束了他有重要历史贡献的
一生。

路德是新教在信仰和制度等方面的主要奠基人之一。他一生
写过很多圣诗，其中以1524年写成的维滕堡赞美诗最为有名。由
他主持和参加编写的《教理问答》（1524年）和《奥格斯堡信纲》
有很高的宗教史研究价值。路德一生著述很多，除将《圣经》翻
译成德文外，还有论文、讲道稿、圣诗、书信、笔记等。

（四）路德新教

路德的新教学说影响了德意志的千千万万人。在路德死后，其
追随者在教义问题上存在很大的争议。为了取得共识，1580年编
成了《协同书》，得到了路德新教的86个邦立教会代表和大约
8000名路德新教牧师的赞同和接受，教义之争告一段落。《协同
书》主要包括《奥格斯堡信纲》、《使徒信经》、《尼西亚信经》、
《亚大纳西信经》和路德的《教理问答》，以及一些相关文献。

但是，路德新教在德意志仍然受到天主教会的排挤和迫害，双
方的冲突逐步升级。1531年，各地路德派订立军事同盟，即"施
马尔卡尔登同盟"。天主教集团和新教集团冲突不断，施马尔卡尔
登大战就进行过两次，1555年，多年的战争有了成果：在奥格斯
堡签署宗教和约，从而在帝国确立了宗教信仰自由的地位。但和
约不能保证永久的和平，1618年终于爆发了三十年战争，战争迅
速波及到整个西欧中欧和北欧大部分地区。最终于1648年签订了
《威斯特伐利亚和约》，确立了路德新教与天主教的平等地位，由
此，路德新教正式确立。

　　新教最重要的教义，就是确认《圣经》的最高权威。天主教虽然不否认《圣经》的权威，但坚持认为《圣经》的解释权在教会，在罗马教廷。这样一来，拥有解释权的教会就代替了《圣经》的权威。路德新教反对罗马教廷对《圣经》解释的垄断权，认为《圣经》本身的权威是至高无上的，每个信徒都应该直接从《圣经》中领悟上帝的启示和真理，教会的中介作用是毫无必要的。所以，不是《圣经》因为有了教会的解释而令人信服，相反，教会所作的一切解释，只有在《圣经》中能够找到根据，才算是符合真理的。

　　路德新教是主张"因信称义"的宗教，它把信仰作为接受《圣经》启示的惟一标准。信仰是首要的、必需的，并且信仰的对象是不可舍弃的，任何一个信仰的对象都是应该被教徒接受的。路德曾经说过："或者干脆笃信一切，毫无例外，或者什么都不信——二者必择其一。……圣灵不可分为若干份，不可说此份是真理，彼份是谬误。"因此，对于有信仰的路德教徒来说，不可能"什么都不信"，所以，应该信仰上帝的一切。

　　这里的"一切"是指什么呢？路德是反对天主教会的，因而这"一切"中自然不包括天主教的教条。路德新教基本的观点在于：信徒要得到上帝的拯救，最重要的做法不在于遵守教会的教规，而在于对上帝本身的信仰；不在于人的功德，而在于上帝的恩赐。但宗教是不可能没有信条的，于是，路德新教信仰的"一切"就是路德认为值得信仰的东西。

　　新教在宗教礼仪方面做了很大的改革，改革的基本方向是简易而廉价，很显然，这一方向是在和天主教的斗争中确定的。路德的宗教改革就是从反对赎罪券开始的。新教强调信仰的根本对象是《圣经》。必须严守《圣经》，而应该改革掉的是罗马教会规定的那些荒谬的宗教仪式，例如天主教的那些拜物教礼仪——包括拜圣物、拜十字架、拜木雕泥塑的圣像等等。从信仰至上的观点看，这些礼仪都是荒谬的。但是，正因为这些礼仪在欧洲各地普遍被执行，才给罗马教会带来了源源不断、滚滚而来的财富。

简化仪式是改革的重点。路德新教只保留了7种传统圣礼中的两种——洗礼和圣餐。"在圣餐礼上的面包和酒是否会转化为救世主的肉和血"的问题上，路德新教采取了中间的立场。礼拜礼仪也更为简化，只着重于讲道和唱赞美诗。

新教认为，信徒皆可成祭司。既然只要信就可获救，那么信徒人人可以成祭司，信徒通过祈祷与上帝可以直接相通，无需各级神职人员作为中介，这一点具有深远的意义。因为这样一来，社会就不再有僧侣和俗人的区分，也就意味着结束了僧侣的特殊社会地位和权力。而对于俗人而言，只要宗教团体认可，俗人可以通过选举成为牧师，这受到广大下层人民的欢迎。

另外，在教会的组织形式上，新教认为组织形式与个人得救无关，所以无论是公理制、长老制还是主教制都可以，这由各地教会自己决定。

路德新教的影响遍及西欧。在英格兰、法国、苏格兰、荷兰和斯堪的维纳亚都能感受到这种影响。但英格兰走的是有自己的特色的道路，法国、荷兰和苏格兰接受的是加尔文的观点，路德新教在德国境外实际仅在斯堪的维纳亚取得了成功。尽管如此，上述地区仍有一些路德新教的成员活动。可以说，路德新教曾在整个西欧产生过影响。

（五）骑士起义和农民战争

随着德国宗教改革的进一步推进，社会各阶层都有所反应，其中反应最强烈的是中下层人民。斗争声势浩大地开展着，最令人瞩目的是1524年至1525年的农民战争。在此之前，即1522年至1523年爆发了骑士起义。

骑士起义是低级贵族反抗世俗诸侯和高级教士的战争，起义始于 1522 年 9 月。弗兰茨·封·西肯根和乌利赫·封·胡登发动莱茵区骑士，并领导了这次起义。

这次起义的目的是限制世俗诸侯和高级教士的权力，企图建立强有力的、以骑士为支柱的王权，从而建立起一种以皇帝为首的贵族政治制度。但这次起义并没有得到支持，孤立无援的骑士注定要失败。他们原定进攻特里尔大主教区的计划未能成功，反而遭到临近诸侯的联合镇压。1523 年 5 月，西肯根战死疆场，胡登逃亡瑞士，起义以失败而告终。

这次起义因得不到支持而遭到失败，因为他们想建立的政治制度除了自己无益于任何人。对市民阶层而言，虽然他们要求有一个强有力的政权保护自己的利益，但对封建骑士持否定态度，他们并不愿意看到骑士力量增强；农民渴望的是摆脱封建依附地位，而骑士起义的目的与此正相对立，农民当然也不会支持骑士起义。而次年爆发的农民战争和此次起义的景象就大不一样了。

这次农民战争声势浩大，波澜壮阔。据史料记载，德国大部分地区、全国 2/3 的农民投入了战争。战争起于 1524 年 6 月的卢普芬。

西吉斯蒙德伯爵卢普芬领地上的上千农民反抗领主，拒绝为领主服劳役。在汉斯·米勒的率领下，三千多人来到小城瓦尔茨胡特，与城里的民众一起坚持斗争。消息很快传遍康斯坦茨湖周围地区，土瓦本地区成为 1524 年至 1525 年农民战争的中心之一。1525 年 3 月，起义军在门明根城通过了著名的"十二条款"。但条款并没有把战争带向胜利，1525 年 4 月，这支起义军战败，被迫签订《威加顿条约》。

农民战争的另一个中心是法兰克尼亚，萨克森和图林根是第三个中心。法兰克尼亚地区的起义于 1525 年 3 月爆发，5 月起草了《海尔布朗纲领》，又称《帝国改革纲领》，7 月起义失败。

只有萨克森和图林根地区的斗争最为坚决。托马斯·闵采尔

(Thomas Münzer) 1525 年 2 月来到该地区，直接领导农民战争。3 月，他在缪尔豪斯城领导平民推翻了城市贵族的统治，成立了"永久议会"。由于各种原因，虽然农民起义军有八千多人，最终还是失败了。在 5 月 16 日弗兰肯豪斯战役中起义军被诸侯联军打败，闵采尔受伤被俘。25 日，缪尔豪斯城陷落，27 日闵采尔英勇就义。

这次农民战争失败有很多原因，其中最重要的就是没有一个强有力的领导阶级。战争失败后，农民重新陷入领主的奴役之中，教士也遭受了很大损失，低级贵族逐渐丧失独立的政治地位，惟一得到好处的是诸侯。

恩格斯指出，德国的宗教改革和农民战争是一次资产阶级反对封建制度的斗争。但是由于农民战争的失败，资本主义在德国的发展道路仍然困难重重。

三、加尔文的宗教改革

（一）瑞士的社会状况

16 世纪初，瑞士在名义上隶属神圣罗马帝国，但实际上是由许多独立州组成的松散联盟，独立于德国诸侯乃至皇帝。其版图包括 6 个乡村州和 7 个城市州，共 13 个州；另有 10 个联盟领辖地以及一些属于联盟的地区。

此时，瑞士的经济有了很大的发展。这一方面是由于它当时一直是南欧与北欧之间的商业通道之一，临近的城市如苏黎世、巴塞尔、日内瓦、伯尔尼等地，商业非常发达，手工业工场也很发达。另一方面，它在勃艮第和意大利战争中发了财，并且去外国服兵役给国家带来了大量的意外之财。当时在弗朗索瓦一世军队中就有 16.3 万瑞士士兵，这种兵役每年给国家带来数以百万计的钱财；1594 年到 1605 年，仅仅在法国服役的瑞士士兵就收入 1.36

亿法国古币。经济的发展带来了社会生活的改变,享受取代了贫穷的生活,社会出现差别,阶层分化明显。

城乡的差别很大。这使得瑞士的宗教改革集中在城市,乡村成为改革的难点。这一方面是因为乡村的教士是土生土长的农民的儿子,他们的恶习比城市神职人员要少得多,人们对教会的恶感不是特别强烈;另一方面由于乡村经济单一,生活贫穷,还没有资产阶级力量的领导,新的思想很难深入到人们的生活之中。所以,改革首先在工商业比较发达的城市开始。最有影响的代表人物是苏黎世的茨温格利和日内瓦的加尔文。

经济的发展产生了新的阶级、新的利益,产生了革命的要求,再加上教会的腐化,成为宗教改革的共同背景。瑞士的改革有自身的特点,很大一部分源自当时政府与教会的关系。瑞士各独立州都有自己选出的议会,议会可以以比较民主的方式管理本地的日常事务,同时也经常行使权力管理本州的宗教事务。市议会和市政机构享有充分的自治权,各行业公会的上层市民等新兴的资产阶级控制了议会。他们强烈地反对教皇干预瑞士事务,要求取消教会政治特权,他们抨击教会腐败,否认教会有赦罪权。如当时的苏黎世政府反对将该市作为大主教的大采邑,不缴纳什一税,相反,市政府设立了监督教会的机构,并向教产征税。而日内瓦市政府从1510年起接管本市各修道院。"赎罪券"在瑞士受到普遍的抵制,使得这种非法买卖很快被政府禁止。人们对此并没有感到吃惊,因为国家干预教会的事情已不是什么稀罕事儿了。在这里,教会和民政的问题在事实和思想上都是紧密联系在一起的。

在教会和宗教事务的管辖方面,各个州分别隶属于不同的天主教辖区(奥地利、德国、意大利等),行政上统一的国家受到不同国家宗教组织的管理,因此宗教改革的任务与民族、国家统一的任务结合在了一起。

（二）茨温格利的改革

由于瑞士人文主义思想有广泛的群众基础,人们渴望改革,要求政治上有更大的独立性,经济上摆脱罗马教廷的剥削,在这种历史背景之下,茨温格利的宗教改革受到欢迎。

茨温格利（1484—1531年）出生于圣加伦州塔根堡山区威尔德豪斯村。他在巴尔塞大学学习时,开始树立以《圣经》为最高权威的思想,反对天主教出售赎罪券的行为。1506年获硕士学位后,在格拉鲁斯教堂担任神父。1518年担任苏黎世大教堂的"民众神父",直至1531年10月在卡匹尔战役中阵亡。

茨温格利的思想深受威克利夫和胡斯的影响,他抨击教会的腐化堕落,反对出售赎罪券,谴责雇佣兵制度,反对教士斋戒和独身。苏黎世市议会受其影响,于1519年通过了禁止在该州出售赎罪券的决定。1520年他放弃了教廷的俸金,和罗马教廷彻底决裂。1522年至1525年在苏黎世进行政治和宗教改革活动,得到了广泛的支持。

1523年,茨温格利提出了《六十七条论纲》,用一整套新观点同天主教对抗,甚至比路德更为激进。《论纲》强调一切都应以《圣经》为依据,否认罗马教会的权威;主张拯救要靠信,否定炼狱;要求解散隐修院并没收其财产,等等。苏黎世当局接受了茨温格利的思想,正式宣布了一系列的改革措施,把改革推向深入。这些措施包括:终止教会对康斯坦茨主教的隶属关系,教会团体由市议会领导;废除对僧侣的禁婚,封闭寺院,没收其土地和财产;教堂内的干尸、祭坛、钟鼓、圣像以及其他各种泥塑木雕一律销毁;废除天主教的弥撒,实行新教礼拜——做布道演说、唱赞美诗、进行简易祷告,等等。

茨温格利在苏黎世建立的新教得到其他地方的支持。几年之内,巴塞尔、伯尔尼、圣加伦等许多州都进行了宗教改革,并且这种改革始终得到了各市、州议会和群众的支持和拥护。但保守的力量仍然存在。这促使茨温格利努力与路德新教联合,由于观点差异,合作未果。

而来自瑞士新教的挑战同样影响着茨温格利的改革,激进派不满意茨温格利的保守方案而与之决裂。两派1529年马尔堡会谈没有达成一致意见,导致分裂加剧,也使得改革的力量大为削弱。1531年10月忠于天主教的瑞士西南5个"林业州"结成同盟,向新教州发动进攻。卡匹尔战役以改革派的失败而告终,茨温格利阵亡,被天主教军分尸焚毁。从此,瑞士分为新教州与旧教州。

约20年后,茨温格利的信徒与加尔文达成协议,茨温格利学说作为独立的教派不再存在,但由茨温格利开始的瑞士宗教改革由加尔文继续下来。

(三)加尔文的新教

约翰·加尔文(1509—1564年),1509年7月10日出生于法国北部皮卡迪的努瓦营,12岁即开始领取教会俸禄。1523年到巴黎就学,1528年到奥尔良和布尔日学习法律,1531年回到巴黎,专攻神学。很快他就由有着人文主义思想的天主教徒转变为宗教改革的积极倡导者。1533年他为尼古拉·科布草拟的巴黎大学校长就职演说词中,强调宗教改革势在必行,因而被法国王室认为是"异端",他被迫离开巴黎。次年他宣布放弃教会俸禄,来到瑞士巴塞尔。1536年他发表《基督教原理》,对新教原理进行了基本的阐述。当时日内瓦市民积极要求宗教改革,日内瓦宗教改革领袖法雷尔又邀请加尔文领导日内瓦的宗教改革,加尔文由此成为日内瓦市议会的实际领导者。1538年7月他一度被自由派赶出日内瓦。1540年改革派重掌政权,加尔文又回到日内瓦正式开始了宗教改革。

加尔文在教会组织上的改革很有特色。他采取民主与共和的政教组织形式：教会是由选民选出的，既不隶属于教皇，也不隶属于诸侯；教职也由选举产生，在教徒中选出长老和牧师管理教会，长老一般都是财产最富有的市民；信奉加尔文派的组织实行政教合一，结成联盟，由定期召开的高级宗教会议领导。他废除了天主教会的主教制，建立长老制，教会圣职只包括牧师、长老和执事，教会设立宗教法庭，在加尔文的指导下处理案件。市议会也作相应的变革：将日内瓦分为几个教区，各区有长老和各区的牧师团体处理政务，日内瓦市议会由长老、牧师和上层市民组成，是最高的行政机构，拥有司法权。

此外，加尔文还简化宗教仪式，在圣事中只实行《圣经》中有记载的洗礼和圣餐礼；提倡节俭，反对奢侈，取消一切浮华享乐的行为；鼓励经商致富，宣称做官执政、蓄有私产、贷钱取利都是为上帝所授命的。

加尔文新教的教规很严，惩罚也很严厉。加尔文把日内瓦建成一种新的宗教社团，实行最严峻的清规戒律。在所有人生乐趣中，只许过家庭生活，不得唱世俗歌曲，不得饱食，不得饮酒，等等，全体公民的生活受到严密的监督。如果有人敢怀疑加尔文对基督教教理的解释，等待他的是火刑。如西班牙生物学家塞尔维特因为反对"三一"论，再加上与德国的再洗礼教派有联系，1553年被加尔文授意以火刑处死。加尔文的严刑峻法一直延续到他死去为止。加尔文死后，新教的风气和规约才有所缓和。

从1555年始，归正教会在日内瓦处于绝对统治地位。

这里我们有必要弄清归正教与加尔文新教的关系。其实归正教在茨温格利时就存在并发展着，"归正"意为经过改革而复归正确，它是瑞士宗教改革派的组织。后来，茨温格利信徒与加尔文新教合为一派，归正教就成为以加尔文的宗教改革思想为依据，以加尔文的《基督教原理》为指导读本的新教。可见，其实归正教此后也就是加尔文新教了。

　　总结起来，加尔文新教的教义有以下几点：强调"因信称义"，"信"的本质是相信通过基督而获得恩典，教会的职责是传播福音，《圣经》即是福音的见证；强调《圣经》权威至上，是评价的标准；认为人的得救和被弃，都是由上帝预定的；教规需要严格执行，长老有权监督教规的实施情况，如有违反，必受严厉惩罚；在崇拜礼仪中使用方言，摈弃祭台、圣像和祭礼，不承认圣餐中存在基督的血和肉。

　　加尔文的新教教义具有很强的改革特色。它支持创造财富，拥有私有财产；它认为人不应该被赋予无限的权利，这对现代法制有一定的影响；它的组织形式以选举作为基础，带有更多的民主色彩。因而加尔文新教受到了资产阶级的欢迎，在资本主义比较发达、新兴中产阶级开始夺权的国家，加尔文新教得到特别广泛的传播。英国、法国、德国西部和南部经济发达的地区，加尔文新教受到人们的赞同，在传入法国后，加尔文新教以胡格诺派的名称发挥着更大的作用。

（四）加尔文新教与路德新教的异同

　　要比较加尔文新教与路德新教的异同，我们首先不能忽视二者形成的社会背景和条件。同是面对天主教威望的衰落和教士生活的腐化，同样禀受了早先反天主教思想的启发，几乎同时打起反天主教的大旗，同被认为是与天主教相对立的新教教派，因此二者在改革的内容上必有相通甚至相同之处。这些相似之处有以下几点。

　　首先，二者都提高了《圣经》的地位，把《圣经》作为最高的权威。这样一来，任何信徒只要通过自己的祈祷就可以直接得到上帝的旨意，得到上帝的宽恕，无需通过神职人员做中介。这样就大大削弱了教会的作用。《圣经》高于教会的权威成为新教反对天主教的一大武器。

其次，加尔文新教赞同路德新教"以信称义"的教义。基督教的基本教义之一是原罪论，人类始祖亚当的过错使得他的后代一出生就有罪在身，人不能自救，只能靠上帝的恩典和救赎。但新教坚持，获救不在于人的功德，而在于上帝的恩赐；不在于遵守教会的教规，而在于对上帝的信仰。

第三，有了信仰就可得救，因此，宗教仪式的作用大大减小了。简化仪式也是两教派共同的举措之一。天主教的7项仪式，两教派都只保留了两种：洗礼和圣餐，因为这两种圣事是圣经中明确记载由基督亲自设立的礼仪。

第四，反对偶像崇拜。因为承认偶像崇拜，天主教教徒利用圣物来骗取钱财，很大程度上造成了教会的腐败。新教反对偶像崇拜和圣物，要求信徒信仰上帝，进行祈祷，与上帝达到心灵的接触。

第五，推广教义。他们取消了弥撒，因为弥撒是一套用拉丁文作祷告的固定的宗教仪式；他们注重《圣经》的翻译工作，路德亲自把《圣经》译成德文；祷告开始用各种民族语言和方言，这些措施有利于新教思想深入到社会的各个阶层。

当然，作为两个不同的教派，二者也有很多不同的地方。在与世俗政权的关系上，加尔文尽管实行的是政教合一的形式，但骨子里是捍卫教会的权威，这不同于路德教会依仗国家支持的主张。在对《圣经》的解释上，二者有多处不同。一个突出的例子是对圣餐的解释。路德新教认为圣餐中的面包和酒虽然不能变成基督的肉和血，但已有基督之肉和血的同在（"体同在论"）；而加尔文新教则认为存在的是基督的德能，如果用信来领受，得到的是一种真实的、属灵的身体（"灵性的真实存在论"）。对"预定说"，加尔文派坚持极端的双预定说，认为人的得救与被弃绝对都是由上帝决定的；而路德派没有完全放弃功德，认为在信仰的前提下人的功德是有益的。在宗教组织上，加尔文派纪律严格，采取长老制，而路德派则没有严格的规定，长老制、公理制、主教制都可以。

宗教改革后，两教派都逐步获得了自己的独立地位，沿着各自的轨道发展至今。

四、英国新教的改革

（一）英国教会的特点

英国 16 世纪初在经济、社会和政治领域同西欧大陆一样发生了很大的变化，对教会也产生了很大的影响，只是这种影响带有英国特色。英国宗教改革之所以与众不同，原因可追溯到改革前英国的宗教状况。

英国教会是罗马教会的一个组成部分，坎特伯雷大主教是教皇的使者，是英国教会的最高首领。同大陆教会一样，英国教会不只是一股精神势力，而且具有强大的经济实力，不断介入和干预世俗事务。16 世纪初的英国教会与尘世的结合尤为紧密。高级教士们一般都是在政治、外交、司法等领域取得成就后被授予圣职，所以，英国教会的重要人物大多是朝廷的重臣。在这些人眼里，圣职只是一种荣誉和一份薪俸而已，他们的精力多放在国家事务而非宗教。英国教会的这种特点决定了其必然对王权有很强的依附性。

虽然英国教会处在王权的控制之下，对国王有深厚的感情，但它毕竟还是罗马教会的一部分，它在某种程度上仍听从教皇的指示。因此，英国教会的观念、结构、形态以及对财产的占有、对世俗的干涉等，仍落后于英国社会和经济发展的要求。可以说，此时英国经济社会与政治的变化对英国教会构成了威胁，迫使它不得不进行改革。只是这场改革不同于路德与加尔文新教那种由下而上的改革，而是由国王亲自领导的自上而下的改革。改革的导火线是教皇拒绝批准亨利八世与王后凯瑟琳的离婚案。

（二）亨利八世的婚姻

至于亨利八世与教廷分裂的原因，有多种说法。一种说法认为，亨利八世要娶妻生子，保卫王位的安全。因为西班牙公主凯瑟琳与亨利婚后无子，到16世纪20年代，王后已年过半百，生子无望，亨利担心死后王位会被大贵族篡夺，决定离婚再娶，以求子嗣。但当时国王的婚姻是由教皇批准的，而教皇是凯瑟琳的侄子查理五世。查理五世迟迟不批准亨利离婚，亨利八世与教廷决裂。

但有学者认为，以上只是表面现象，实际上亨利八世对教皇早就积怨在心。当时亨利八世被封为天主教会"信仰的维护者"，这使得他必须容忍教皇对英国的干涉；而这种容忍却没有带来相应的好处。亨利是一个把个人利益和王室利益看得高于一切的人，容忍到一定的程度必然要爆发。离婚案只是一个由头而已。

这两种说法都可以帮我们了解事情的起因。总之，不管何种原因，1533年1月，亨利八世在教皇没有批准的情况下与安妮·博林结婚。其时博林已有身孕，为确保即将出世的孩子拥有合法的王位继承权，亨利急于使他与博林的婚姻合法化。在教皇迟迟不批准的情况下，亨利采纳了托马斯·克伦威尔的建议，用议会法案的形式断绝同罗马教廷的关系，而由英国教会自行决定国王的婚姻。5月，由亨利选定的坎特伯雷大主教兰克姆召集宗教会议，宣布国王与凯瑟琳的婚配不合法，而与博林的婚姻才是合法的。而次年召开的议会会议将此进一步合法化。克伦威尔提出了两个提案，均为两院通过，这两个提案是：一、宣布亨利八世与前妻的婚姻不符合《圣经》，因而无效；二、批准亨利与博林的婚姻，并规定，凡反对这一婚姻的言行均属叛国罪。

由于亨利无视教皇的命令擅自离婚、结婚、并且自行任命大主教，激起当时罗马教皇克雷门特七世的恼怒，他针锋相对，将亨利开除教籍。

亨利通过宗教改革议会解决了自己的婚姻问题，也开始亲自领导英国的宗教改革。通过一系列的法案，确定英国教会不再附属于罗马教廷，取消了教皇在英国的司法裁判权、宗教授职权、经济收益权、信条规定权等权力，英国教会断绝与罗马教廷的一切联系，实行宗教独立。国王成为教会的最高首脑。

亨利八世宗教改革的目的主要是为了加强都铎王朝的权力，确立自己的"至尊"地位。所以他在前期摆出友好的姿态同路德新教交往，并通过了十条信纲，允许《圣经》英文版本的出版和传阅。但当他即将取得对罗马教廷斗争的胜利时，就抛开了路德新教，于1538年颁布《取缔分歧意见的六条信仰法案》，该法案被路德派教徒称为"血腥法令"。有不少人因反对法案而被处死，更多的人逃往瑞士，在那里接受了加尔文的影响。英国未来宗教思想的进一步发展得助于此。

（三）爱德华六世和玛利女王时代的宗教斗争

爱德华六世（1547—1553年在位）时，摄政王爱德华·西摩公爵对宗教改革派持同情态度，授意国会取消《取缔分歧意见的六条信仰法案》，当时的流亡者纷纷回国。这些人带回的神学思想对英国的历史进程发生了重大的影响。爱德华六世也继承了亨利八世的宗教政策，但态度较为宽容，因而加尔文新教和路德新教都能在英国传布，并影响国教。

1549年英国国会通过的《教会统一法案》规定，英国国教会同用一本《公祷书》，但这本公祷书的教义却是天主教模式的。于是，1552年，诺森伯兰主持对《公祷书》做出删改。删改后的《公祷书》带有浓厚的新教色彩，突现了反天主教的意味，这与诺森伯兰的宗教思想有关。1553 年，坎特伯雷大主教托马斯·兰克姆主持制定的《四十二条信纲》获得国会通过。由此，英国宗教改革呈现勃勃生机。

1553 年，爱德华六世突死，玛利一世（1553—1558 年在位）即位，英国宗教的发展进入了一个转折期。

玛利一世倾向于天主教，反对亨利八世和爱德华六世的宗教政策。她即位后，立即下令处死托马斯·兰克姆，恢复与罗马教廷的联系，对反对者判处火刑。玛利启用天主教的主教，承认教会的权力，对新教教徒进行迫害。新教教徒被她以异端罪名烧死的有三百余人，为此，女王被称为"血腥的玛利"。有必要提一下，玛利是亨利八世与第一个妻子凯瑟琳的女儿，而爱德华是亨利与其第三个妻子的儿子。

（四）伊丽莎白与英国国教的确立

英国的宗教改革在亨利八世和爱德华六世那里兴起，在玛利一世那里却走了相反的道路，而在伊丽莎白这里，宗教改革又继续下来。

伊丽莎白（1558—1603 年在位）是亨利与博林的女儿，她继承了父亲的宗教改革法案，并采取了一系列的措施。1559 年，她恢复了被玛利一世废止的《至尊法案》，只是将国王的最高教会元首称谓改为长官；宣布恢复 1549 年的《教会统一法案》；修订《公祷书》，保留新教思想。

伊丽莎白宗教改革的另一大举措是制定《三十九条信纲》。该信纲是在托马斯·兰克姆《四十二条信纲》的基础上，参照路德新教教士布伦茨的《符腾堡信纲》制定的。该信纲明显采取妥协的办法，既有部分新教的观点，如在教义上采纳了路德新教和加尔文新教的部分学说，又保留了大量天主教的规定，如在组织形式、教会制度和圣事方面保持了天主教的很多规矩。1571 年，伊丽莎白亲自主持信纲的定稿会议，并将定稿本交国会通过，正式定为英国国教会的信纲，并编入《公祷书》。

《三十九条信纲》就若干教义要点，针对当时各派间的争议，来规定国教会的观点，信纲既与争论的双方划清界限，又避免在文词上作过于精细或僵硬的划分，在有分歧的双方间持中间立场，允许在一定限度内根据《圣经》对教义做较灵活的解释。

《三十九条信纲》基本内容为：强调传统"三位一体论"和"基督论"的正确性，肯定基督教前7次主教公会议所定信条；强调《圣经》的地位；阐明"因信称义"，不同意加尔文的"预定论"；在圣餐问题上明确反对天主教的"变质说"，也不赞同路德和茨温格利的观点；论述了神职人员结婚的合理性；教会的传统礼仪在不同的历史时期和地区可以有所不同，但对已规定的礼仪不得擅自更改；国家元首对教会拥有权力；反对财产公有；基督徒必须诚实，不得做假证。

改革后的英国教会称安立甘教会，通常称为国教教会。国教教会通常以坎特伯雷大主教为名义上的首领，把《圣经》作为教义的基础，在崇拜中使用《公祷书》，在天主教和其他新教之间采取中间立场。它保留了主教制，也让平信徒参加教会的管理，要求在传统和改革间维持平衡。它承认国家的权威，但不从属于国家。对广大基督徒，并不强行规定按《三十九条信纲》行事，只有国教会的神职人员以及牛津大学和剑桥大学的成员必须遵守。

伊丽莎白的宗教改革，不仅从宗教的角度看待问题，而且也从当时英国的国内和国际环境上考虑问题。她认为《三十九条信纲》可以避免在法国和德国发生的那种宗教战争。但对很多教士而言，伊丽莎白的改革太不彻底了，他们要求推进改革。几年后，"清教徒运动"爆发了。

五、天主教内部的改革

发生在16世纪前后的天主教改革是针对宗教改革而进行的改革运动，其目的在于应付宗教改革后出现的新局面，故又称反宗教改革、对立的宗教改革。

（一）改革的开始

"反宗教改革"运动始于16世纪前后，但罗马教会的自救运动其实早在"宗教改革"运动之前就开始了。

15世纪的上半叶，罗马教会内有一股提倡"公会议至上"的改革势力。所谓"公会议"，即基督教世界性主教会议的普世会议，而"公会议至上"主张的是用公会议制取代已经腐朽的教皇的权力，以集体的意志统治和管理教会，以挽救天主教，恢复教会的生机与活力。天主教在此时还不想对教义进行修改，只是把希望寄托在道德和行政管理上。这一建议最早是1324年在帕多瓦的马尔西利奥发表的《和平保卫者》中提出的，后来，在巴黎的康拉德与亨利希撰文进一步阐述了召开公会议的必要。但直到1409年，比萨公会议才得以召开，但教皇并没有参加会议。

1414年至1418年，康士坦茨公会议召开，会议坚持了在教会中公议会高于一切的主张，废除了两位教皇。但道德和行政改革没有任何进展。康士坦茨公会议的最大成就在于它把教廷的专制制度转变为一种君主立宪制，教皇拥有教会的最高行政权，但要受到教会立法机构的限制。1428年帕维亚公会议参加的人不多，也没有什么进展。1431年至1449年召开了巴塞尔公会议，结果以失败而告终。尽管公会议高于教皇的思想还在，但使教廷由专制制度转为立宪制度的希望完全破灭。

(二) 从阿德里安六世到西克塔斯五世

从阿德里安六世（1522—1523 年在位）到西克塔斯五世（1585—1590 年在位），前后有近 70 年的时间。在这段时间里，天主教进行了一系列的改革。

可以说，从阿德里安六世起，真正意义上的天主教改革才开始缓慢地进行。阿德里安六世表现出的宗教热忱是值得称道的，只是他在位时间太短，而天主教积重难返，他只能带着失败的遗憾而去。在其后，克雷门特七世（1523—1534 年在位）个人政治野心很大，社会大众十分反感，助长了新教势力的扩张。保罗三世（1534—1549 年在位）和保罗四世（1555—1559 年在位）时期大体定下了改革的方向，此后几个教皇大体沿此方向走下去。

这里有必要提一下"神爱祈祷会"。这是意大利的一批渴望改革的人士组成的，该组织成立于 1517 年前后，它的领袖之一是季安·皮埃特罗·卡拉法，也就是后来的保罗四世。卡拉法坚定信仰中世纪的教义，这与一部分人如孔塔里尼主张信仰即可称义的思想有冲突。教内的这种争论引起了保罗三世的重视，他在登位初期就任命卡拉法等人为枢机主教，并成立委员会研究改良的事宜。1537 年秋的报告真实披露了天主教内部的大量弊端，腐化堕落严重，强调了改革的迫切性。

在此形势下，天主教内部的两派意见——孔塔里尼的妥协主义和卡拉法的严厉压制主张，让保罗三世犹豫不决，但最后还是采纳了后者的意见。于是，对外压制教义上有不同意见者，对内改革行政管理和道德状况，成为以后几任教皇的政策。

随后的改革大致有以下几个方面的内容。

一、改组宗教裁判所。1542 年 6 月 21 日，保罗三世诏令普遍改革宗教裁判所，改革的模板是西班牙。改革后的宗教裁判由教皇亲任领袖，从红衣主教中选任副首领，把领导权集中在教廷。同时扩大了惩治的范围，加重了惩罚的手段。同天主教教义稍有不同的人就被列入异端的名单加以迫害，宗教裁判所的火刑柱遍及欧洲许多国家，火焰吞噬了无数新教信仰者的生命。应该承认，西班牙和葡萄牙之所以能完整地保存天主教的信仰，与宗教裁判所的严酷镇压大有关系。

二、整顿教会组织。保罗三世勒令闲住在罗马城的主教和大主教约 80 人返回各自的教区，而保罗四世也采取强制手段，于 1558 年 8 月下令关闭罗马城，清查闲居的教士，再次勒令他们返回自己的教区，否则不发薪俸。这样就在一定程度上净化了教会的风气。

三、恢复和创建修会。这一时期最有名的修会就是耶稣会，耶稣会会员抱着传教的热忱，为维护与扩展天主教的信仰而战斗。

四、举行宗教会议。这一时期最有名的宗教会议是特兰托会议。特兰托会议最后做出的决议可以看成天主教宗教改革的一个成果。

宗教本就是一种精神的力量，在上述措施实行后，人们对天主教的热忱逐渐得以恢复。它强烈反对新教，固守中世纪的神学思想，准备为信仰战斗甚至牺牲。这种热忱与改革前的面貌相比大不相同，这是否预示着天主教有了复兴的希望呢？

（三）罗耀拉与耶稣会

新教发起进攻几年后，天主教开始反攻。罗耀拉及其创建的耶稣会在这一过程中发挥了巨大的作用。

伊纳爵·罗耀拉（约 1491—1556 年）出生于西班牙吉普斯夸省的罗耀拉城，未成年即受教会剪发礼，并学习预备成为教士。1521 年在潘普洛纳的围城战，被法国炮弹炸伤右腿，造成残废，不得不退伍。退伍后，罗耀拉把精力完全转向了宗教。

在养伤期间，他读了《耶稣传》和《圣徒言行》，遂离家出走，在蒙塞拉特的本尼狄克修会隐修院进行了三天的忏悔。随后，他按骑士守夜方式彻夜守卫在圣母像前，这就是罗耀拉一生中的"神秘之夜"。"神秘之夜"成为罗耀拉一生的转折点。很多名人会在其一生中有这种决定其命运的神秘点，例如路德被电击，还有中国王阳明的"龙场悟道"。其实，这并不奇妙。这种转折点或飞跃点只是在人生发展方向上的一个时刻，而不会完全脱离人生轨道。罗耀拉的"神秘之夜"后所发生的转变其实完全可以从他童年、少年的经历中寻找到眉目。

1523 年，罗耀拉到罗马和耶路撒冷朝圣，在这期间，他立志学好神学，成为上帝的优秀子民。1524—1535 年间，是罗耀拉勤奋学习的阶段。1924 年他来到巴塞罗那学习文学，后又在亚尔卡拉大学学习哲学和神学。1528 年他进入巴黎大学深造，完成了《神操》一书的写作，并于 1534 年创立了耶稣会。1537 年，一个与以往不同的罗耀拉回到了罗马。1540 年，耶稣会经罗马教皇保罗三世批准，正式成立。罗耀拉担任第一任总会长。

以罗耀拉的《神操》为指导的耶稣会有很多奇特的规定。耶稣会仿照军队的组织形式和纪律要求建立起来。它制定了严格的军事化会规，强调对会长的绝对服从，无条件地执行教皇委托的一切任务。在宗教生活中，要求人们通过对罪、义和末日审判的内心沉思和反省，产生对罪的痛恨，达到灵魂的净化；此外还要通过对天国的默想，献身于上帝的事业。耶稣会会规还规定，会士每年应仿照《圣经》所载耶稣在旷野里 40 天的事迹独自潜修，此为"大避静"；一般教徒则行"小避静"，时间为 3 天或 7 天至 8 天不等；每月反复例行者称"月省"。

为了耶稣会的传播，扩大耶稣会的影响，耶稣会进行了多方面的活动。首先，耶稣会士应当是狂热且能言善辩者，因为需要斥责新教和其他异端。哪个国家的地方天主教僧侣无法对付新教的宣传，哪里就有被派往助威的耶稣会救援队，耶稣会士们以狂热的劲头投身于讨伐敌人的战斗。1561年在普阿西城举行的天主教和加尔文教的辩论中，耶稣会士大显身手，帮助天主教友获得辩论的胜利。

其次，耶稣会大力举办文化教育事业，把学校控制在自己手中，特别注意培养来自各阶层的子弟。他们为所辖学校制定了一系列精致巧妙且能奏效的天主教式的教育方法，培养绝对忠于天主教的一代人才。

第三，积极从事政治交往活动。他们与达官贵人交结，深入社会各界，充当统治者的忏悔神父和宗教顾问；在宫廷内部，在国王和诸侯的家里策动阴谋，进行间谍活动，清除异端，完成外交使命。其目的在于维护教皇和天主教的利益，其手段却过于卑鄙。耶稣会士的"才干"，一方面在其机敏过人，平时训练有素；更关键的一方面在于他们在行动上不讲道德。耶稣会的伪善与缺德在当时被编为俗语大加讽刺。

从耶稣会的教义和活动中，我们明白为什么保罗三世会热切欢迎这个组织。当时，教会的威望一落千丈，受到各方的攻击。教皇威望的衰落结果造成教皇的命令无人执行，严厉的训令，革除教籍的惩罚等等措施，不管是对百姓还是对王公贵族都是无效的。在这种情况下，耶稣会要求绝对的服从，不问动机，不管条件的特点，这自然讨得了教皇的欢心。教皇把耶稣会作为反宗教改革的棋子，确实用得很顺手。

（四）特兰托会议

宗教改革运动爆发后不久，天主教会就准备开一次主教会议，解决同宗教改革中的路德派在教义上的分歧，消除天主教会内部出现的分裂。但由于西班牙同土耳其之间的战争以及天主教会内部的矛盾，致使会议一拖再拖。直到1545年12月，在教皇保罗三世的倡议下，得到神圣罗马帝国皇帝查理五世（1515—1556年在位）的同意，在阿尔卑斯山的南麓特兰托城（Trento）召开天主教第十九次主教会议，史称特兰托会议。会议经两次休会，于1563年12月闭幕，历时18年，实际集会时间约为4年3个月。

在这18年中，很多事情都发生了改变，最后，特兰托会议的议题不再是调节天主教与抗议宗等新教宗派之间的分歧，而是采取一系列措施，整顿教会内部，反对宗教改革。尽管其主要内容是重申天主教会旧的原则和戒律，一些积弊短时间内不可能扭转，但在天主教会内外矛盾重重、意见分歧很大的情况下，会议确实起到了集结反改革势力，稳定天主教阵营的作用。

这场马拉松式的宗教会议，在18年的会议中间，可以分为三个阶段。

第一阶段从1545年2月13日在特兰托城召开起，到1548年初止；从1551年5月至1552年查理五世军队被反查理五世的同盟军战败止，为第二阶段；1555年，《奥格斯堡和约》签订，这标志着天主教会的分裂和路德新教的产生，因此，1562年1月继续召开的特兰托宗教会议第三阶段已是名副其实的天主教内部的宗教会议了，会议的议题完全是天主教自身的生存和应变的各种问题了。

长达18年的会议，最终成为天主教内部的调整。最终的会议结果是：无论在教义问题还是礼仪问题上，天主教都坚持原来的立场。在教义上，针对宗教改革派提出的《圣经》是惟一的权威的思想，天主教认为，口传教义是基督亲自教给使徒，或由使徒亲自根据圣灵的口述传达的，因此"口传教义"同《圣经》一样是天主教信仰的权威。6世纪圣哲罗姆翻译的拉丁文本《圣经》同古希伯来文和希腊文原版《圣经》一样传达上帝的旨意，天主教会有权判断并解释《圣经》的真正意义和意向。会议坚持"七项圣事"，即洗礼、坚振、圣体、告解、终傅、神品和婚配，这七项一项也不能缺省。会议还宣布教阶制是上帝的意旨，教皇是教会的最高权威，主教领导各级教士；神甫不得结婚。

罗马教廷在特兰托会议取得的胜利在于其自身的改变。它不再争取世俗的统治权，而是局限在教会的范围内挖掘潜力，庇护四世与皇帝弗尔南德的妥协，也证明了罗马教廷把自己的地位放在了精神世界。从另一角度看，这未尝不是新教的胜利。

六、宗教改革的后果

（一）宗教改革的社会作用

宗教改革的社会背景之一在于资本主义经济关系的发展，宗教改革也就成为欧洲从封建的中世纪迈向资本主义近代的转折。新教所倡导的用于反对天主教的基本原则，体现的正是资本主义的精神。因此，可以说宗教改革在社会上引起了全面深刻的变化，其影响涉及到政治、经济、文化、教育、语言、艺术、哲学、科学等等方面。

在政治上，宗教改革严重削弱了天主教会的势力，改变了罗马教廷统治的局面，推进了近代民族国家的形成与加强。各国改革的结果是断绝了与罗马教廷的联系，由世俗权力统领教会。即便是没有发生宗教改革、依然信仰天主教的国家，教皇也失去了干涉他国教俗事务的权力。一批主权国家摆脱教皇的控制而形成，如瑞士、荷兰等。

经济上的影响更为显著。各国宗教改革都经历了剥夺教会财产的过程，并改变了一部分封建财产关系，有利于资本主义生产关系的发展。

宗教改革在人们思想观念上的影响最为重要。信仰自由成为最大的胜利，怀疑与批判精神得到发扬。人们不再在神学的桎梏下只能服从，人开始有了靠个人努力以实现理想的信心和进取精神。而否定教会对《圣经》解释的特权，也就意味着人人都是平等的，从而慢慢确立起民主平等的现代精神。

新教非常重视兴办学校，推进教育，用新的方法教育学生，促进了教育事业的发展。如路德主张设立公费学校，强制儿童接受义务教育，不但学习宗教，还要学习文化。这一时期的学校教育打破以宗教经典为主的拉丁学校传统，引进自然科学和其他学科，注意改进教学方法，对提高人的素质，起到很大的作用。

新教传播的过程也是文化交流的过程。如爱德华六世时很多加尔文派和路德派的信徒来到英国，在促进英国宗教改革的同时，也带去了人文主义的精神和文化。

由于新教提倡用通俗的民族语言讲道，宣传品形式多样，文字浅显易懂，促进了方言文学的发展。不仅《圣经》是经典，新教领导人物的书籍也成了经典，这在一定程度上推动了语言的革命。而宗教文学的发展又促进了民族文化的发展，出现了拉伯雷、莎士比亚、塞万提斯、弥尔顿等伟大作家。

艺术方面因为新教强调信徒直接和上帝交往，会众唱诗在礼拜仪式上占很大比重，因此圣诗创作大量涌现，路德就亲自做了不少赞美诗。

宗教改革把新的思想广播于社会，掀起社会上上下下的全面运动。正是有了社会各界人士的广泛参与，这次改革才会有如此重大的社会影响。从上面我们可以看到，他不仅造成了财产权和政治权力的再分配，也导致人们文化信仰、价值观念的大变换，这就为欧洲全面走进近代社会做好了充分的准备。

（二）宗教战争

宗教改革是在各种战争和斗争中展开的，有德国的骑士起义、农民战争，瑞士卡匹尔战役等等。宗教改革完成后，新教与天主教之间的宗教战争仍然时有发生，有法国的胡格诺战争，最为残酷的是发生在德国土地上的"三十年战争"，有人将其称为"宗教改革的余响"。

胡格诺战争。1562—1598 年，法国各派势力以天主教与新教胡格诺派之间的对抗为契机而引起的长期内战。战争继续了三十多年，分成 3 个阶段，共经历 10 场战役。战争第一阶段从 1562 年到 1572 年。其间胡格诺派曾得到有限的信仰自由，但 1572 年的"圣巴托罗缪之夜"触发了第二阶段的战争（1572—1585 年）。法国四分五裂，胡格诺派占优势的南部和西部地区与北部分离，组成联邦共和国；北方的天主教贵族随后成立了天主教同盟，国王亨利三世改为支持新教。因为王位之争，1585 年爆发了"三亨利战争"，开始了胡格诺战争的第三阶段。1589 年，亨利四世继承王位，但地位并不稳固。为摆脱困境，1593 年 7 月他宣布放弃新教信仰，改信天主教，次年 3 月，进驻巴黎，成为全国公认的国王。胡格诺战争到此结束。战后国王颁布南特敕令，承认了新教的信仰自由。

"三十年战争"。1555 年"奥格斯堡和约"实施后，德国新旧两派营垒分明，旗鼓相当，和约并没有保证和平。由于新旧教都从属于诸侯，二者的矛盾就表现为诸侯之间的斗争。1608 年"新教同盟"成立，次年"天主教同盟"建成，1618 年，三十年战争在两个同盟之间展开。战争开始不久，一些国家就参入了，西班牙支持"天主教同盟"，而法国、英国、荷兰、瑞典、丹麦与"新教同盟"站在一起。由于这些国家的参与，宗教动机相对减弱，掠夺德国领土并阻碍德意志帝国的统一成为主要动机。战争大致分四个阶段，即捷克—普法尔茨时期（1618—1624 年）、丹麦时期（1625—1629 年）、瑞典时期（1630—1635 年）和法兰西—瑞典时期（1635—1648 年）。1648 年交战各方签署《威斯特伐利亚和约》。和约规定了交战各方的势力范围，承认德意志区新旧教地位的平等。三十年战争和《威斯特伐利亚和约》使罗马教会的势力大受影响，罗马教廷不再是欧洲主要的政治力量，哈布斯堡王朝地位下降，德意志境内分裂割据的局面进一步深化，西班牙国力下降。但法国力量大增，准备称霸；瑞典趁机发展，成为北欧强国。此时，荷兰已确立了资本主义制度，英国政治进行着资产阶级革命。欧洲正向新的时代迈进。

（三）尼德兰革命

尼德兰（Netherlands）是"低地"的意思，是指中世纪欧洲西北部的地区，大约包括莱茵河、缪司河、西尔德河下游及北海沿岸一带。该地区由 17 个省组成，其中北部著名的省有：荷兰、泽兰、弗里斯兰等，南部著名的省有：佛兰德尔、卢森堡、阿图瓦等。1556 年后该地区为西班牙哈布斯堡所统治。

自 16 世纪以来，尼德兰城乡资本主义经济有了长足的发展，17 个省中有三百多个城市，因此被称为多城市的国家。尼德兰北部各省，以荷兰、泽兰的工商业最为发达。毛、麻织业和造船业极负盛名，航海业和渔业也达到相当高的水平。在 16 世纪，阿姆斯特丹、密得尔堡等城出现了较大规模的手工工场。北方诸省以阿姆斯特丹为中心，与英、俄等国进行贸易。在农村，封建势力本来就弱，因为土地一般掌握在大富商和资产阶级手里。

在南方各省中，佛兰德尔早在 14 世纪就开始出现手工工场。到 16 世纪，纺织、冶金、制糖、制皂、印刷业的手工工场比较发达，与西班牙有着密切的经济联系。佛兰德尔等地的农业生产关系发生变革，资本主义农场出现，封建农奴制瓦解。

经济关系的发展引起了阶级关系的发展。北方的贵族阶级逐渐与资产阶级靠近，成为新贵族。旧贵族力图保持现有利益，没收了教会的土地和财产，加强自己的经济地位。他们多数倾向于路德派或加尔文派。资产阶级手工工场主和一般商人比较激进，在宗教上接受加尔文派。富裕商人一般采取妥协态度，在宗教上属于加尔文派右翼。广大的农民和雇佣工人、城市贫民生活困顿，多数参加了革命的再洗礼派或加尔文派。

西班牙国王在尼德兰推行专制统治，一方面加强财政搜刮和司法控制，一方面设立宗教裁判所，残酷迫害新教徒，引起了人们的不满。革命的形势日趋明朗。

1566年8月，在佛兰德尔的一些工业城市爆发了大规模的破坏圣像运动。10月，荷兰等12个省区卷入了起义。他们捣毁教堂和寺院，没收教会财产。由于资产阶级和贵族同盟的妥协，1657年春起义遭到镇压。同年8月，西班牙阿尔发血腥镇压尼德兰革命者。尼德兰人民在南方密林和北方沿海组成游击队，英勇反抗西班牙暴政。

1572年4月，一支海上游击队打退了阿尔发的军队，这次胜利为革命带来了转机。很多游击队都取得了胜利。到1572年，几乎荷兰和泽兰两省都从西班牙的统治下解放出来。此时资产阶级组成的革命军，带领人们起义。革命军开始捣毁教堂和贵族庄园，停止缴纳什一税，拒绝履行封建义务。1572年7月，奥兰治亲王被北方各省议会推为总督，北方各省实际上已成为一个独立的国家。

北方的胜利激励了南方人民的反抗运动。1576年9月4日，布鲁塞尔爆发起义，推翻了西班牙在尼德兰的统治机构，11月8日南北缔结《根特协定》，恢复南北统一，共同反对西班牙的统治。

但是，有人害怕继续革命会损害自己的利益，1579年1月，西南几省贵族结成阿拉斯联盟，宣布接受西班牙的统治，天主教神圣不可侵犯。北方7省和南方部分省也结成了乌得勒支同盟，对抗西南贵族的反叛。同盟宣布永不分裂，以各省代表组成三级会议为最高权力机关，制定共同的军事、外交政策，同时统一了币值和度量衡。1581年，三级会议宣布成立"联省共和国"。

联省共和国与西班牙继续斗争，取得了军事和外交上的一系列胜利，获得了英、法等国的支持。随着1588年西班牙与英国的海上战争受挫，1589—1598年对法国胡格诺战争的干涉的失败，至此西班牙已无力扑灭尼德兰革命的烈火。1609年签订《十二年休战协定》，事实上承认了联省共和国的独立。尼德兰革命在北方取得了完全的胜利。

尼德兰革命以加尔文新教为旗帜，以城市平民为主力，推翻了西班牙在尼德兰的专制统治，在欧洲建立了第一个资产阶级共和国。尼德兰革命的胜利不仅为资本主义在尼德兰北部的发展开辟了道路，而且对以后西欧的、特别是英国的资产阶级革命，产生了很大的影响。

（四）迷信、巫术和迫害运动

宗教改革派与反宗教改革派其实都是对天主教的宗教改革，改革的结果，重新确立了天主教与新教各自的地位。宗教毕竟是宗教，它有着残酷的一面，这主要表现在宗教裁判所上。

宗教改革后，无论是天主教还是新教，都加强了宗教裁判所的作用。宗教裁判所的惨无人道是人所共知的，不仅打击的范围很大，手段也是残忍无比的。除了对异教徒的迫害之外，他们还把目光投到巫士和科学家的身上。

对巫士的迫害。16世纪至17世纪，西欧所谓的巫术活动遭受的打击，较以前更厉害。究其原因，并非是巫术活动这种异端活动激烈，有人认为，因为宗教裁判所已很难找到迫害对象，因而无法完成"工作量"所致。这种说法很像奇谈怪论，但也说明宗教裁判所迫害的残忍性和无理性。宗教裁判所打着保护居民的旗子（因为据说巫士是魔鬼撒旦的代理人），编写了成千上万妇女的名单，控告她们进行巫术活动。这份名单所列人数之多，使得宗教裁判所也只能追究其中的一部分，否则其监狱将容纳不了。有很多无辜的妇女被害。镇压"巫术"的活动异常酷烈，消灭了成百万的无辜妇女，这是基督教会史上不能否认的一笔罪恶。

　　对科学家的迫害。这里有一系列的名字为我们所熟悉，他们是：哥白尼、布鲁诺、伽利略、塞尔维特、开普勒、让·巴里伦、维萨里、瓦尼尼，等等。他们都是伟大的、对人类有突出贡献的科学家，但也是这一时期宗教裁判所的迫害对象。如果说占星术和炼丹术士带有巫术的色彩，自然科学家们的研究则通常被当成妖术。天主教就地心说与日心说问题对哥白尼、布鲁诺、伽利略等人进行了迫害，而塞尔维特、开普勒、让·巴里伦等人和新教裁判所的斗争也是异常艰苦、严酷的。他们用生命捍卫科学的精神，给后人留下了宝贵的知识财富。基督教会之所以把科学家当做迫害的对象，在于他们自己的宗教学说经不起科学的检验。科学对宗教迷信的杀伤力是无限的，宗教裁判所对科学家的迫害也是无所不用其极的。企图用迫害的手段掩盖自己的心虚，毕竟只是权宜之计。科学的进步和发展必然会冲破宗教的壁垒，推动人类的进步。

世 界 文 明 大 系

总主编 汝 信

西欧文明 （下）

CIVILIZATION OF WESTERN EUROPE

姚介厚 李鹏程 杨深 著

中国社会科学出版社

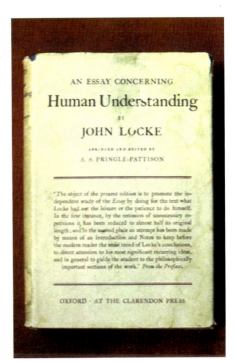

17 约翰·洛克的《人类理解论》封面

18 16世纪爱德华一世主持英国议会

19 法国启蒙运动中的百科全书派群像

20 法国大革命中巴黎人民攻占巴士底狱(油画)

21 利物浦与曼彻斯特之间的客运和货运火车

22 1894年的奔驰汽车

23　德拉克洛瓦的名画:《自由引导人民》。描绘1830年推翻
　　复辟的波旁王朝的法国七月革命

24　1871年1月18日,德意志帝国在凡尔赛的镜宫宣告成立

25　凡·高的名画:《繁星灿烂的夜晚》

26　罗丹的雕塑:《思想者》

27 1945年2月英、美、苏三国首脑丘吉尔、罗斯福、斯大林
举行雅尔塔会议，协调反法西斯大国的作战行动，并商讨
战后世界的安排

28 1945年4月30日苏军攻克柏林，
把红旗插上德国国会大厦屋顶

29 1989年11月德国人在柏林墙顶上跳舞，此举象征着冷战的结束

30 达利的油画：《记忆的持续》

31 由 4 个英国青年组成的"甲壳虫"摇滚乐队成为 60 年代西欧年轻人的偶像。他们崇尚和平主义、性解放和东方神秘主义

32 1993 年 11 月 1 日欧洲联盟正式成立, 2002 年 1 月 1 日欧元正式开始流通, 这是当代西欧文明进程中的重大事件

目　录

下　卷

第四篇　西欧近代文明

第五篇 西欧现代文明

CONTENTS

VOLUME TWO

PART IV
MODERN CIVILIZATION OF WESTERN EUROPE

第 四 篇

西欧近代文明

理性的启蒙和现代性的奠基

从 16 世纪中叶至 19 世纪上半叶的西欧近代文明，是西欧文明史的重要篇章。在这约 300 年间，西欧的历史发生了巨大的变化。这是西欧农业文明走向工业文明的社会变革时代，是近代西方国家的政治制度兴起的时代，是理性启蒙和现代性奠基的时代，也是西欧资产阶级革命的时代。

在这个时代中，推动社会发展的基本动力是经济的发展。在这一时期，西欧资本主义经济制度从萌发向成熟发展，工场手工业向机器大工业生产转变。其间经历了商业革命、价格革命和圈地运动。公司制度的建立和发展，标志着资本主义经济制度的创新。资产阶级经济学说的发展起到了为资本主义经济发展作思想引导和理论论证的积极作用。从重商主义到重农主义，再到古典政治经济学说的确立，这就是资本主义经济逐步走向成熟的生动写照。

西欧民族国家的政治体制的确立，是文艺复兴以后西欧政治世俗化的最终结果。过去教会的实际社会政治统治，在世俗化的压力下，大为削弱。而世俗国家的政治制度建构，包含了"主权"、"法制"的要素。君主专制是当时西欧世俗国家的基本统治形式，而"开明的君主专制"，则是这一时代的体现启蒙理性要求的政制。与此相适应，近代国家主义的政治学说强调自然法、法律程序、主权意识和公正等。而随着强大的资产阶级和封建统治势力的矛盾日益尖锐，在启蒙思想的激发与导引下，资产阶级政治革命已经展开，以暴力革命或君主立宪的方式确立资本主义政治统治的秩序。法国大革命是这种政治革命的最猛烈、最彻底的形式。

西欧近代文明的最重要的思想成果是启蒙运动所创造的。启蒙运动的哲学是人性论。这一时期的人性论与文艺复兴时期的人性论已有较大的差别。文艺复兴时期，提倡人性主要是为了和神性对立，伸张人在世俗世界中的生存权利，人性概念具有同神性概念相对立的意义；而这一时期的人性论，则已经将人看做绝对主体，对这个主体的内在本性展开探讨，表现了资产阶级的自信和建设一个新社会的积极理想。法国大革命所倡导的"自由"、"平等"、"博爱"等口号，从人类精神文明发展史来说，具有推动社会进步和社会解放的积极价值。以人性论为基础，提倡理性、弘扬经验，是近代西欧人的基本思想价值。这种启蒙精神推动了近代哲学、数学、逻辑和自然科学、社会科学的发展，表明西方文化传统中的科学理性与人文精神有新的升华，有更新的涵义，体现了西欧近代文明的时代精神。

正是启蒙理性和与它相应的走向成熟的资本主义经济、政治结构，为西欧的现代性奠立了基石，使西欧得以通向现代的工业文明。这种现代性的奠基有历史的进步性，也潜伏着后来显露的种种矛盾与弊端。至今，西方的现代性问题成为探究与争论的一个焦点。

西欧近代文明并不是光灿的平顺之途，而是充满血与火的曲折斗争历程。资产阶级是在和反动封建势力反复较量、殊死搏斗中确立自己的统治地位的。而随着资本主义制度的建立，资产者与无产者之间的斗争在逐步显露、展开，西欧文明的舞台已交织着新的阶级斗争。揭秘资本主义经济规律的英国古典政治经济学，法国启蒙运动和法国大革命中的空想社会主义，德国古典哲学的智慧，都是西欧近代文明的优秀文化成果，它们将为 19 世纪中叶西欧文明的升华做出贡献。

12　让·博丹像

第 一 章

近代国家制度的确立

一、西欧民族国家的确立

(一) 近代世俗国家制度的形成

中世纪后期，西欧居民的政治管理和社会组织结构，较之前代稳定性逐步提高，国家的存在不再是单纯军事征服的结果，它愈来愈靠聚居于该区域内的居民在经济、政治、文化等方面的交往与合作而获得完善和巩固，国家遂开始以民族作为存在的基础，近代民族在西欧开始形成。中世纪后期民族观念发展的原因主要在于 11 世纪以后西欧经济的普遍恢复，道路和桥梁修建使国王和贵族能够把自己的统治有效地扩展到更为广阔的区域，城市和市场的发展把更大范围的居民纳入了共同的经济生活之中，而印刷技术的发明和使用使更多的人能够接受良好的教育，并直接有效地促进了信息的广泛传播，交往手段的发展和交往范围的扩大，相应地促进了人们的思维、文化和群体观念的发展，正是这种经济和社会的交往最终导致了近代民族观念的形成。

14、15 世纪，经过长期的混战，西欧近代各国的雏形已经出现，伴随这一过程的是民族感和民族国家的发展和加强。民族感与民族国家发展的结果，使西欧在 15 世纪末出现了一系列互相争雄的国家。它们具有共同的文化（基督教文化）、类似的政治制度和经济发展水平。统治阶级内部的斗争、阶级斗争尖锐化和形成中的民族国家的残酷战争，造成了这一时期的政治动荡，呼唤着国家权力的集中。

近代早期，实行中央集权遇到各种巨大障碍。许多臣民说着不同于官方语言的方言，官方政令在许多"穷乡僻壤"难以传达，以致无法实行有效治理；某些"团体"、特别是教会，拥有保护自己不受国家干预的特权；那些新近被国王兼并的省份又都受到确保其传统生活方式的特赦状的保护。每当国家试图侵犯或改变这些特权时，就会发生极为严重的政治动乱。1566 年、1572 年和1576 年的荷兰人起义，很大程度上就是因为他们认为由西班牙控制的中央政府威胁了他们的传统自由，他们的反抗终于在 1609 年使西班牙承认了这 7 个起事省份的独立，由此而诞生了荷兰共和国。在英国，"大叛乱"导致了真正的近代国家的建立，由代表商人与地主的国会和国王分享国家权力，国家权力仍是专制主义的。法国的反抗虽未达到荷、英两国这样的程度，但路易十四的马扎兰红衣主教（1602—1661 年）的专制政策和苛税征收也大大触怒了国家官吏、贵族和巴黎民众，他们在 1649 年将国王逐出首都，并迫使他作了重大让步。直到 1655 年，国王的控制才完全恢复。不过，在这三国中，国家机构都保存下来了，造反者当中没有人怀疑需要一个强有力的政府，问题只是在于这种权力机构归谁所有。独立的民族国家确立之后，现代世俗国家制度开始确立。

（二）近代国家制度的要素

在中世纪中期以前的大部分时间里，国王只能靠分封土地来换取贵族的义务，并与世袭的贵族分享权力。这时的国王与其说是国家的君主，不如说是他封臣的宗主。从大约 12 世纪起，正规官僚性质的官员便产生了。随着这种不以授予土地而以薪俸相酬劳的、必须每年报告管理工作情况的、可以撤换的人物的出现，一种新型的政府出现了。这种官吏处于封建等级制度之外，其性质完全不同于旧的世袭的推事、总管或城堡主。除了官僚制之外,国家还发展了非封建的军事制度。从12世纪起,英国的骑士以交纳"盾牌钱"代替以往给国王的军事服役。不久这种方式也传入法国和其他地区。国王用招募和雇佣的方法组织新的军队。

由此可见,欧洲近代民族国家的确立已经蕴涵了现代国家制度的要素。现代国家制度的要素之一即主权观念。主权是国家的本质属性,欧洲近代世俗民族国家的纷纷建立表明了这一观念的增强。法治也是现代国家制度的要素之一,就是在国家政权中,以法律制约权力,以保障国家公民得以享有平等权利;在国家机构中,每一个部门或个人行使权力时,都受到其他部门的监督和制约,承担相应的责任。欧洲近代的民族国家,在资产阶级革命之前均为专制君主制,但也不乏属于现代国家制度的要素的萌芽。欧洲近代巴黎高等法院已发展成为重大案件的第一审级和普通案件的最高审级。随着人们的经济生活、社会生活日益复杂化,法律诉讼日趋复杂。以法国为例,巴黎高等法院内部机构增加为5个院:一是最高审判庭;二是两个调查法庭,负责听取下级司法官向法院提交的司法审理意见,并由顾问们作出最后裁判;三是债权法庭;四是刑事法庭;五是宗教事务法庭,亨利二世时设立,专门负责审理新教徒与天主教徒之间的纠纷。巴黎高等法院的全部成员由60名世俗和僧界人士组成。地方法院的设立是在15世纪,它们是从各自治省自己发展起来的,分别有:鲁斯法院、多菲内省的格勒诺布尔法院、波尔多法院、第戎法院、鲁昂法院、普罗旺斯省的艾克斯法院和不列坦尼法院,加上巴黎高等法院,它们共同组成了法国君主专制统治时代八大法院。随着专制主义的发展,国王竭力将全国的司法机构纳入中央政府的控制之下,国王的敕令所涉及的范围相当广泛,不仅包括加强王权的行政法规,而且涉及到民法、刑法、诉讼法和对各级法院组织的管理等内容。国王的大量立法文件成为法律的重要依据。

（三）新专制主义国家的兴起

君主专制制度，顾名思义就是国王把全国各种权力集中在自己手中。在整个封建时期，西欧封建国家的政治制度几经变换，或迟或早地都经历了三种政治形式：早期君主制，分封等级君主制和君主专制。由分封等级君主制演变为君主专制制，形成了一批新专制主义国家。16 世纪至 18 世纪，专制君主政治的广泛确立是西欧各主要国家政治发展的普遍趋势。

中世纪后期和近代早期，西欧多数主要国家都先后建立起集权的君主制度。这种集权君主制首先是在 15 世纪后期到 16 世纪初出现于法国、英国和西班牙，接着出现于瑞典和奥地利，最后在 17 世纪出现于普鲁士。15 世纪末、16 世纪初，法国路易十一、英国亨利七世、西班牙菲迪南二世和奥地利马克西米连一世群雄并起，开辟了君主专制制的时代。

英国君主制的行政权力集权化在中世纪发展得比较早。长达 30 年的玫瑰战争则决定性地为君主专制制铺平了道路。许多名门望族在战争中毁灭。亨利七世（1457—1509 年）凭借武力取得王位后，获得了征收关税的永久权力，奠定了中央集权的财政基础。中央政府的权力集中于国王和少数私人顾问。国王设立了王室法庭，强化了对付贵族的最高司法权力，坚决镇压了北部和西部地区的贵族叛乱。私人武装遭到严厉禁止，私人军事城堡均被拆除。

君主专制制度的典型是法国，它在路易十四时代臻于鼎盛。路易十四使军队正规化，建立了军队的指挥系统，取消过于独立的军职，固定军队编制，设计并制造统一的军服。他还改进军备，在各地建设军用仓库，打击军队中腐化渎职行为，极大地提高了部队战斗力。他重视法制建设，先后颁布刑法、水地法、森林法、商业法、海运法等，法国历史上第一次出现了较完整的法律体系，被称为"路易法典"。路易十四强化官僚制度，恢复一度中断的向各省派出巡按吏的做法，架空由大贵族担任的省总督，并通过建立国务委员会、财务委员会等机构限制和打击各级三级会议。

总体分析起来，西欧君主专制制度的形成还有以下特点：战争及其引起的财政需要成为专制制度强化的直接原因。军备竞赛的另一个重要结果是刺激了经济竞争，使军事扩张与经济扩张结合起来。国王们都知道经济状况对战争的意义，他们为了战争必须改进经济基础。他们不断加强已有的与工商业者的关系，军事扩张与经济扩张结合起来，成为 15 世纪以来西欧发展的一大特色。

二、英国从君主专制向君主立宪的革命变革

（一）都铎王朝

都铎王朝（1485—1603 年）是里士满伯爵亨利·都铎（史称亨利七世）于 1485 年 8 月夺取英国王位而建立的，前后有 4 位国王，即亨利七世（1485—1509 年在位）、亨利八世（1509—1547 年在位）、爱德华六世（1547—1553 年在位）、玛利一世（1553—1558 年在位）和伊丽莎白一世（1558—1603 年在位）。1603 年，伊丽莎白一世去世，苏格兰国王詹姆士一世（1603—1625 年在位）即位，都铎王朝结束，斯图亚特王朝开始统治英国。

经过了红白玫瑰战争，英国旧的封建贵族力量被削弱。亨利七世排斥旧贵族参与政事，新贵族成为王朝的依靠力量。1540 年，英国成立枢密院。枢密院、议会和地方的治安法官组成了国家管理机构。枢密院由大臣组成，听命于国王，是真正的行政中枢。但国王不一定征求或采纳枢密院的意见。地方的治安法官有司法、行政、征税和管理商业的权力，受枢密院的指导和监督。议会通常只是国王的御用工具，但在某种程度上加强了自身的作用。

都铎王朝时期国王与议会的关系，体现了此时英国专制制度的特点。在整个都铎王朝时期，尽管王权的威望有所提高，并且王权的独断性不时显露，但英国的议会仍然在整个16世纪继续活动，巩固了它的地位，扩大了它的影响。

与前几个王朝相比，都铎王朝的专制王权是空前强大的，但同西欧其他国家如法国、西班牙等的君主专制制度相比，都铎王朝并未达到绝对的专制主义。都铎王朝的王权加强不是以牺牲议会为代价，而是通过利用议会达成合作。这样就形成了"国王在议会中"的局面，国王只能利用议会，不能甩开议会。所以有人认为，都铎王朝的政治体制不是专制君主制，而是一种"混合君主制"，或称"有限君主制"，这是有道理的。

(二) 詹姆士一世的"君权神授"论

詹姆士·斯图亚特是玛利·斯图亚特和亨利·达恩利之子，一岁多就被立为苏格兰王。在《关于自由君主制的正确法律》(1598年) 和《国王的馈赠》(1599年) 里，他表达了自己的君主专制理论：君权神授论。1603年，他来到英格兰，继承王位，成为英王詹姆士一世，开始了他的君主专制统治。詹姆士一世的理论包括以下内容：

君主代表上帝。詹姆士认为，君主不应在臣民面前而应在上帝面前对自己的行为负责，因为君主代表上帝管理国家事务。君主的崇高地位接近于神权，并且"国王的权利是自由的，王权同神权一样有升有降"。君主是从上帝那里接受委任而进行统治的，他自然知道如何为国家和人民谋福利。并且，他的权威来自上帝，只对上帝负责，因此，议会和教会不应有监督政府的权力。

君主独裁。詹姆士认为，君主专制是最好的制度。因为王权与神权相似，君主就近似于具有神性。因此它比其他政府形式都能更好地实现和谐。并且，只有在惟一的首脑指挥下，才能达到最高的统一，只有在惟一权力的控制下，才能避免国家分裂。因此，为了整个国家的利益，英国人民应选择君主专制制。

君权高于法律。君主既然受命于上帝，人世间的法律对君主就没有制约力了，因此君主凌驾于法律之上，可以只凭借自己的理由来拒绝议会制定的法律。詹姆士从历史的角度证明该理论的正确性，他写道：在等级产生、国会建立和法律颁布以前，君主就已经存在，是君主设置了等级，建立了政府。"是君主创制了法律，而不是法律创制了君主。"因此，君权是至上的。

由于詹姆士的君权神授论既否定了教会的干预，又排斥了议会的监督，不可避免地引起了人民的担心和反抗。在素有自由传统的英格兰，这种绝对专制主义的政策是行不通的。很快，议会作出了反应。

（三）高压政策和议会反抗

詹姆士一世的专制统治，引起了议会的不满，王权和议会的关系紧张起来。

冲突首先来自财政问题。由于国债高垒，詹姆士一世于1604年召开第一届议会，要求征税，遭到拒绝。1610年，国王任意提高关税的行为又受到议会的批判，而议会提出的"大契约"也没有得到国王的同意。随后，议会被解散。1610年后，詹姆士一世的财政更加困难，被迫于1614年召开第二届议会。这届议会明确宣布，未经议会同意一切税收均不合法，国王必须答应议会提出的改革要求，否则，决不考虑征税事宜。詹姆士一世恼羞成怒，又解散了这届议会。

此外，议会还就自己的合法权利和詹姆士一世进行了斗争，并反对国王的对外政策和宗教政策；利用弹劾权反对王权；强烈反对工商业专卖制。议会的这些斗争都是充分利用法的力量来反对王权的专制统治的。如1624年，议会通过了《反专卖制法案》，规定将根据普通法准则对专卖行为审查，违者罚款。该法律对国王也是有效的，它的通过是议会反王权斗争的一次胜利。

到查理一世（1625—1649年在位）时期，议会与王权的斗争进入新的阶段。双方立场不可调和，斗争异常尖锐。白金汉弹劾案清楚地反映了这种对立。尽管弹劾案以国王强行解散议会而告终，但斗争过程中产生的宪法思想对以后事件的发展具有重大的意义。

1628年，议会与王权的斗争进入白热化阶段。这年3月议会提出《权利请愿书》，其根本动机在于剥夺国王高于法律的权力，将国王的行为限定在法律和议会许可的范围内。由于查理不理睬议会的不满，议会在吨税和磅税征收问题上抛开国王，通过了埃里奥特议案。一周后，国王下令解散议会，逮捕了9名下院反对派领袖，此后连续11年未召开议会。议会与王权决裂。

在这一系列的斗争中，议会用法律的手段来反抗王权的专制统治，并在此过程中发展了宪法的精神。但真要建立君主立宪制，还需要血与火的洗礼。

（四）宗教问题

政权与宗教问题是当时西欧各国的普遍问题，英国也不例外。由于天主教会有自己的土地和财产，教士的生活腐化又促使他们大肆搜刮钱财，这对王权无疑是一个很大的威胁。英王亨利八世对教廷的特权忍无可忍，遂借离婚案之机和罗马教廷彻底分裂，开始了宗教改革的步伐。他禁止英国国会向教廷纳贡，封闭大小寺院几百所，没收教会的财产。1534年议会通过"至尊法案"，宣布国王为英国教会的最高首领，英国教会不再承认罗马教廷的最高权力。

爱德华六世继承亨利的改革方案，吸收了新教的一些教义，宗教改革有了不小的推进。但在女王玛利即位后，天主教一度复辟，新教徒受到迫害。到伊丽莎白时期，亨利的宗教法案得以恢复。
1563 年，国会制定了"三十九条信条"，重申了英国国教的教义，
确定圣经为惟一信仰，否认教皇对教会的至高无上的权力。英国
议会以一个世俗机关的身份行使了决定宗教事务的权利。

改革后的国教教会，隶属于国王，不再受罗马教皇的控制。没
收的教会财产和禁止英国教会向教廷纳贡两项措施，加强了国王
的财政大权。教士会议仍允许召开，但只能根据国王的命令行事。
宗教法庭必须遵守国家的法律，而国王有权修改教会法。主教也
保留下来，但要根据国王的提名选举产生。国王统治教会，教会
服从于王权，这就结束了英国神权与王权、教会与国王对峙的状
态。国王的势力随之大为扩展。可以看到，宗教改革为专制君主
制的建立和巩固扫除了一个障碍。

到 16 世纪 70、80 年代，英国反天主教的清教徒人数大增，建
立了自己的宗教团体。资产阶级和新贵族利用他们同支持专制主
义的国教教会抗衡，1640 年资产阶级借用清教徒的旗帜，掀起反
对专制制度的革命。

（五）清教革命和光荣革命

英国是在西欧最早进行并以君主立宪制方式完成资产阶级政
治革命的国家。17 世纪 40 年代以后，英国资产阶级发动了两次革
命：一次是 1641 年开始的"清教革命"，这是一次流血的革命，另
一次是 1688 年的不流血的"光荣革命"。前者使查理一世和国会
陷入一系列的战争，最终把这位专制国王送上了断头台，建立了
长达 10 年的共和政体。后者对国王没有伤害，但剥夺了他的特权，
确立了君主立宪政制。

查理一世在经历了 11 年无国会的专断和 1640 年的"短期国
会"后，于 1640 年 11 月召开议会。这届议会存在 13 年之久故称
"长期国会"。英国的清教革命实际开始于这次长期国会的召开。之

所以称为"清教革命"。由于在同国王对峙的长期议会中,清教徒占绝对优势。

革命一开始,议会就与国王针锋相对。1642年8月22日,查理一世在诺丁汉堡誓师,内战开始。1642年10月23日,议会军与国王军在埃吉山开战。至1645年的纳斯比战役,查理一世逃亡苏格兰,第一次内战结束。但国王军不甘心失败,又发起了反扑,结果第二次内战仍以议会军胜利而告终。1649年1月20日议会经过辩论,判决国王死刑,1月30日,查理一世被送上断头台,清教革命结束。5月19日,英吉利共和国宣告成立。

但共和国并没有给人民带来他们想要的东西,复辟的詹姆士二世竭力要恢复专制主义和天主教的地位。在这种情况下,英国资产阶级和新贵族发动了1688年至1689年的革命,目的在于推翻国王的统治,防止天主教复辟。辉格党和托利党出面邀请奥兰治的威廉二世和他的妻子玛利到英国,詹姆士二世听到威廉带兵前来的消息,就出逃了。威廉和玛利登上王位,共同统治英国。这就是英国历史上的"光荣革命"。

1689年10月,英国议会通过《权利法案》,规定国王未经议会同意不得终止任何法律,不经议会批准不得征税,天主教徒不能担任国王,国王不能与天主教徒通婚等。威廉接受该法案。英国自此成为君主立宪制的资产阶级国家。

三、法国和西班牙的专制主义

(一) 法国专制主义的起源

法国是西欧各国君主专制政治发展最具典型性的代表,近代早期法兰西民族的民族意识呼唤一个集中的、强有力的王权统治,这是法国专制主义的根源。和英国一样,法国也经历了早期专制和分封等级君主制阶段,到1515年法兰西斯一世继承王位,进入君主专制政体形成的新阶段，主要表现为：第一，中央和地方两大行政机构与官僚机构的设置；第二，全国性法律的公布和司法机构的建立；第三，财政税收制度的形成；第四，官职的出售与官僚队伍的膨胀。

法国的新专制主义初步确立于 16 世纪初法王路易十一时期，1594 年波旁王朝的第一代国王亨利四世继承王位，法国君主专制政体进入发展阶段；在路易十三时代高度集权制建立，在路易十四时代（1643—1715 年）专制王权最终取得彻底胜利，君主专制政体最终确立。总体而言，经过了 150 余年的逐步发展，法国终于成为当时西欧"最强大"的中央集权专制国家，18 世纪后期逐渐趋于衰落。近代法国君主专制政治确立和发展的根本原因在于，这一时期法国封建主义母体内资本主义经济因素不断成长，日趋没落的封建贵族和力量日趋强大的新兴资产阶级为了维护与扩展各自阶级的既得利益和特权，在相互对抗中逐渐形成了一种政治上的均势，即依靠君主对两大阶级的相对独立性来调整彼此间的利益和特权分配。

（二）波旁王朝

在法国历史乃至西欧历史上，波旁（Bourbon）家族是最有权势的家族之一。波旁王朝是波旁家族在法国、西班牙和那不勒斯等国所建立的王朝。这个家族因 9 世纪末其祖先主教艾马男爵封地在法国波旁纳斯的法旁堡而得名。

1572 年波旁家族的亨利与瓦罗亚王朝公主至格丽结婚，于 1589 年瓦罗亚王朝无嗣后继承王位，称亨利四世（1589—1610 年在位），开始了波旁王朝在法国的统治。它在法国实行封建专制主义。路易十四统治期间，法国封建专制达到鼎盛阶段。路易十四末年，封建君主专制已开始成为生产力发展的主要障碍，开始走向瓦解和衰落。波旁王朝对西班牙的统治始于 1700 年，法王路易

十四的孙子腓力继承西班牙王位，称腓力五世，波旁王朝开始对
西班牙进行统治，并延至 1931 年。在 1735 年和 1748 年，腓力五
世的幼子分别领有那不勒斯王国和帕尔马公国，从而开创了波旁
王朝在意大利的统治。这两个国家在意大利的统一运动中，于
1859 年至 1860 年并入撒丁王国，波旁王朝在意大利的统治亦随
之结束。到路易十六时，法国大革命爆发。1792 年 9 月 21 日，国
民议会宣布废除君主制，次日又宣布实行共和制，波旁王朝的统
治中断。拿破仑失败后，波旁王朝一度复辟后又被推翻。以后在
历史上著名的七月王朝、第二共和国和第二帝国期间，以及第三
共和国初期，拥护波旁王朝的王党分子"正统派"，曾不断图谋复
辟，均以失败告终，波旁王朝的专制统治也告终结。

（三）路易十四

1661 年 3 月摄政的红衣主教马扎然去世，成年的路易十四亲
政。路易十四亲政时期，法国专制主义进入鼎盛时期。路易十四
一改路易十三时期权力主要由首相控制的状况，把国家权力集中
于自己手中。他宣称"朕即国家"，"法出于我"，声明不再需要首
相，自己单独行使王权。

在中央，路易十四亲自组建四个中央理事会：即内政外交理
事会、财务理事会、行政法院、陆军理事会。每天他都亲临主持
其中一个理事会的会议，各理事会由路易十四亲自挑选的 17 名大
臣负责。他们只起咨询作用，没有执行权，非经国王同意不得下
达任何命令。他的主要谋臣先后有财政监督官柯尔伯(1619—1683
年)，负责战争的国务大臣勒·泰得埃、负责外交事务的国务大臣
利奥尼。四位大臣两周举行一次联席会议，相互通报和确认王命，
首相被废除，实现了国王直接统领财务、外交、军事、司法四位
大臣的绝对专制统治。路易十四宣布教士会议必须听命于国王，各
大臣未经国王同意不得发出任何政令。1665 年宣布巴黎高等法院

和地方高等法院不得讨论和表决国王的敕令。在地方，路易十四继续推行监察官制度，向新近吞并的地区增派监察官，增设了"海军监察官"，监察官成为代表中央政府常驻各省的行政官员。每届监察官的任职由 3 年延长到 5 年甚至 10 年。而且每位监察官还配备了监察官助理、专业助手和秘书，组成幕僚机构，凌驾于地方各级官僚体制之上，成为绝对君主制的得心应手的工具。路易十四还抑制省一级的三级会议，只允许它在需要征税时召集会议。

路易十四在 1672 年组建 18 万人的正规军队，后来扩展到 45 万人（包括海军）。1663 年法国只有 20 艘军用帆船，1677 年增加到 270 艘，大炮由 1000 门增加到 6000 门，在地中海上布置了随时可以进入战斗的 40 艘大型轻帆船。

至此，经过 150 余年到路易十四时代，法国君主专制统治取得彻底胜利，最终完善了行政、司法、财政三大统治系统和国家常备军指挥机构，造就了绝对集权的君主专制政体。

（四）西班牙专制主义的兴起

西班牙的君主专制制建立在两个基础上：首先，1469 年伊莎贝拉一世与斐迪南二世联姻，通过这种方式在西欧获得了广大的领土；而且，通过这一联姻，阿拉贡和卡斯蒂利亚两个王国得以合并，从而奠定了近代西班牙专制王国的基础。在新王国成立之后，两位君主都坚决地确立王权对封建贵族的权威。伊莎贝拉一世经过 4 年的西班牙内战，击败了国内反对派贵族和葡萄牙国王，维护了自己的权力。与此同时，伊莎贝拉还支持斐迪南进行了 1482 年至 1492 年长达 10 年的征服格拉纳达的战争，进一步加强了王权。在治国方面，两位君主实行了一系列集权化措施，如废除军事骑士团；将贵族城堡夷为平地；给城市任命行政长官；改组了政务院；清除大贵族，补充进出身于小乡绅的官员，等等。

其次，西班牙在美洲占有最广大的殖民地，从而获得最丰富的贵金属来源。西班牙的绝对君主制的实力来自国内的封建体制和海外的财富，海外财富给西班牙王室以雄厚的财力基础。由于自身的实力，西班牙王室和国内资产阶级的关系同英、法等国有很大的区别，它对本国和西欧的资产阶级毫不放在眼里。这个特点带来了两方面的结果，一方面由于西班牙大量输入美洲殖民地的贵金属，加速了西欧资本主义的原始积累，但另一方面，西班牙的绝对君主制反而成为打击欧洲资本主义发展的一个主要堡垒。西班牙专制帝国对16世纪两个最有资本主义活力的地区意大利和荷兰，都采取了毁灭政策，西班牙本国的资本主义也长期受到压制。

（五）查理五世和腓力二世的帝国

　　1516年斐迪南死后无嗣，其外孙查理继承西班牙王位，称查理一世（1516—1556年在位）。查理一世出生于根特的哈布斯堡家族中，6岁时继其父业成为尼德兰统治者。16岁时继承其外祖父的西班牙王位及全部领域地。19岁靠贿赂收买德国的7个选侯，当选为"日耳曼民族神圣罗马帝国"的皇帝，称查理五世（1519—1556年在位），一时成为头戴多顶王冠、声名显赫的封建帝王，他施展灵活多变的外交手腕，凭借连绵不断的征服战争，终于建立了一个横跨大西洋，纵越地中海，囊括西欧大部分（德、西、尼、意）、北非一部分以及中南美绝大部分地区这样一个大帝国。1522年7月他亲率4000名德国雇佣军残酷镇压西班牙城市公社起义（1519年），并在西班牙建立起反动的君主专制；又与教皇勾结，共同反对宗教改革，镇压异端；他还联合德国诸侯，残酷镇压1524年至1525年的德国农民战争，杀害农民达十万之众。1552年德国新、旧教诸侯联合反抗其统治，法王也趁机出兵占领洛林。查理五世惨败并被俘获。1555年双方缔结奥格斯堡和约，从此德国诸侯称雄割据愈甚。1555年10月25日查理五世退位，将神圣罗马

帝国的帝位让与其弟斐迪南，将西班牙王位让与其子腓力二世
（1556—1598 年在位），查理五世大帝国遂告破裂。

腓力二世的帝国领土包括了西班牙本土、尼德兰、意大利境
内属地和非洲殖民地，腓力二世自命为西欧封建秩序的保护人和
正统天主教的卫道者。他在帝国内部强化封建专制统治，对外和
英、法争夺霸权，妄图依靠武力和天主教称霸欧洲。1581 年，他
兼并了葡萄牙及其全部殖民地，1588 年，腓力二世派无敌舰队远
征英国，在英吉利海峡几乎全军覆没，在对法、尼的战争中也屡
遭失败。连年战争耗尽了国家财力，殖民地财物大都由统治者消
耗掉，资本主义受到限制，此外，专制统治、民族压迫、宗教压
迫使人民起义不断，至 17 世纪中期，腓力二世帝国由于内外交困
而瓦解，殖民优势被英、荷取代，失去了在欧洲的重要地位。

四、德国和奥地利的专制主义

近代德意志仍是中世纪时沿袭下来的"神圣罗马帝国"，它由
300 多个大大小小的邦、51 个自由市、1000 多个小骑士领地组成，
帝国皇帝仍为哈布斯堡家族所把持，但有名无实，形同虚设。其
君主专制主要是各小邦的专制制度，以帝国最大的国家奥地利和
普鲁士为代表。

（一）普鲁士：弗里德里希大帝

普鲁士绝对君主制诞生于三十年战争之中。在此之前，条顿
骑士团早已解散，骑士已融入世俗地主之中。但是，三十年战争
期间，瑞典军队驻扎在勃兰登堡和普鲁士，强行征收捐税，任意
勒索，这刺激了勃兰登堡选帝侯弗里德里希·威廉一世。他以军
事紧急状况为由，不经等级议会同意，强行征税，效仿瑞典军队
模式，建立起一支两万人的军队。以后，普鲁士不断地卷入各种

国际战争,以军队为核心,建立了一个为战争服务的官僚机构,形成了该国专制主义的一大特征。

普鲁士专制主义的另一个特征是大力进行国家中央行政机构的建设。1723年弗里德里希·威廉把旧有的国务委员会改造成为初具内阁型的"最高财政、军事和领土委员会",简称"总委员会",由它负责管理国内政策、财政和军事。总委员会以下设立若干部,每个部设一名大臣和若干协助其工作的顾问官。各部分分别负责管理若干国家事务如司法、造币、征税等。后来又建立负责国家日常事务的机构"战争和国内事务枢密院"。普鲁士还加强了国家财政机构。18世纪初以前,国家财政由彼此分离的三个机构管理。1713年建立了财政总委员会,取代以前的财政机构,实行统一管理。18世纪普鲁土国家机构的建设有利于中央集权,但在这一过程中也出现了机构重叠庞大的弊病。

普鲁士的专制主义与西欧其他国家的专制主义相比,有其自身的特征,即在一定程度上保留着农奴制和优先发展军事力量。普鲁士政治生活中存在着浓重的封建残余,这一特征严重地影响了19世纪普鲁士以至统一后的德国的政治,使德国最终发展成军事化的、容克贵族较有势力的帝国主义国家。

1740年普鲁士王弗里德里希二世(1740—1786年在位)即位,后世称他为弗里德里希大帝。在对外政策方面,弗里德里希二世时期,普鲁士的军阀统治和对外扩张空前加强,他把军队扩充到20余万人,占欧洲第四位,但普鲁士王国的人口却占欧洲第13位,从而使普鲁士成为欧洲的一个强国,登上了欧洲的国际舞台;普鲁士作为在德国内部出现的一个新强国,频频和奥地利互为争雄。普、奥这两大强国之间的最初冲突是奥地利帝位继承战争(1740—1748年)。弗里德里希二世参加了奥地利帝位继承战争和七年战争(1756—1763年),并在战争中取得胜利,获得一些土地。1772年又参加了对波兰的第一次瓜分。其后弗里德里希·威廉二

世（1786—1797 年）又同俄、奥两次共同瓜分波兰（1793—1795
年），此时普鲁士领土增至 35 万余平方公里，人口 860 万。

在对内政策方面，弗里德里希二世提倡以"开明专制"的精
神进行改革，自命为伏尔泰的朋友和庇护者，标榜"哲学家和君
主"的联盟，自称"国王是国家的第一个仆人"。实际上，他的政
策的中心是军队的强化和推行专制主义的统治。普鲁士的专制制
度是容克、官僚和军国主义的混合物。为了保持农户的数量，1763
年弗里德里希二世颁布法令，取消皇室领地波美拉尼亚的农奴依
附关系，禁止地主从土地赶走农民。1777 年，又颁布法令保证农
民的财产权和土地继承权。可是这些法令只是一纸空文。在工商
方面，他实行了重商主义的政策，即全面奖励出口制成品，限制
工业品进口制成品，也禁止出口工业原料（羊毛等）。国家禁止输
入约 500 种物品，取消国内关卡，限制行会垄断，奖励资本家兴
建各种手工工场，限制工人自由，严禁一切罢工。他的经济政策
和目的是保证容克国家的需要和贵族对工业品、货币的要求。弗
里德里希二世的"开明专制"使得普鲁士在中欧的地位举足轻重。

（二）奥地利：玛利亚·特利萨的时代

哈布斯堡王族统治下的奥地利帝国是一个封建专制的多民族
国家。奥皇查理六世在位时，为防止各国分裂帝国领土，于 1713
年颁发"国本诏书"，宣布帝国所有世袭领地不可分割，若无男嗣，
由其长女继承。1740 年，长女玛利亚·特利萨即位（1740—1780
年在位）。法、普等国想分裂奥地利帝国，发动了奥地利帝位继承
战争，战争的结果是玛利亚·特利萨的继承权得到了承认。奥地
利专制主义时期国家制度的改革经过了两个阶段。其中，玛利亚·
特利萨的改进是第一阶段，这个时期所推行的"开明专制"奠定
了新型国家的基础。

玛利亚·特利萨为了对付法国和普鲁士随时可能发动的入

侵,首先进行军事改革。虽然奥地利从 1649 年起已有由招募的士兵组成的常备军,但其数量不大,大部分兵力是战时国王与各领主协同征集的,这种军队的组织方式不能确保奥地利在战争中获胜。为了维持一支较大的常备军,奥地利从 1748 年开始征收"军税",每个领地每年应向国家交纳一定数额的款项,国王用这些资金来装备和训练军队。1749 年玛利亚·特利萨成立执政部来管理内政和财政,并规定 10 年的税额。中央拥有征税权,即每年征税无须受封建主控制的地方会议批准的限制。政府大量征召新兵,经过军事训练遣散复员,一旦需要时重新应招入伍。军队最初为 10 万余人,到 80 年代初增至 27 万余人。由于实行买赎免军役和代服军役的办法,贫民和小手工业者成为军队的主要社会成分。当时玛利亚·特利萨还创办了军事学院,即"陆军大学"。此后军官都必须经过正式训练才能任职。1761 年,她改组中央机构,成立了国务会议。

玛利亚·特利萨还改革税收制度,国家普遍征收所得税,即依照纳税人的财产和等级来征税。大封建主每年应缴纳 600 盾,一般贵族为 200 至 400 盾,农民为 48 克莱茨,雇农为 4 克莱茨。政府对大部分新办工厂的厂主免税 10 年。后来又开征间接税和遗产税,并从遗产税中提取用于开办学校的基金。政府还统一了国境关税和国内关税,只规定了两种国境关税,即输入税和输出税,对奢侈品输入规定了很高的税率,而对国内短缺的原料的输入则规定了很低的税率。奥地利废除了大部分国内关税,并确定只有国家才能征收国内关税的原则。同时建立较完善的国内交通网,使商品的运转迅速而且价格低廉。这些措施使政府收入在很短时间内从 3600 万盾上升到 5600 万盾。政府还调查了地主与农民之间的关系,颁布限制贵族地权利和部分减轻农民对地主从属地位的法律。根据 1770 年的劳役特许令,农民服劳役日数每周不得多于三天,每天为 10 小时。宫廷领地的农奴制则予以取消。

由于国家技术落后，发展经济需要各种人才，1749年政府颁布命令进行改革，允许外国人自由迁居奥地利，给予免税和宗教自由，并修改了防止外籍工厂主发展的市政法规。国家设立奖学金。奖励新生产方法的发明和新企业的开办，并悬赏征集技术发明。国家以官费派遣人员到国外深造，并禁止熟练工人外流。国家还统一了币制，从1762年起发行纸币。

玛利亚·特利萨的最重要的改革措施是制定了新的刑法典和民法典。1776年废除了刑讯，并显著减少了死刑，在大监狱内设立工厂，用教育与惩罚相结合的手段来改造犯人。政府拨给学校巨额补助金，使大学和部分中学脱离教会，并开设了一批培养专门人才的技术学院和女子师范学校。这些改革是在1753年起任首相的考尼茨公爵的帮助下进行的。

奥地利专制主义改革的第二阶段由约瑟夫二世（1780—1790年在位）开始，他继续推行玛利亚·特利萨时代的"开明专制"，进一步强化王权。玛利亚·特利萨和约瑟夫二世的改革，受到了封建贵族的敌视，1790年约瑟夫二世死后，这些改革措施被取消，奥地利专制主义逐渐衰微下去了。

五、17世纪和18世纪的战争

16世纪至18世纪，西欧大地发生了接连不断的战争，几乎所有的国家和地区都经历过战火的考验。分析这些战争的起因，我们可以发现，16世纪的战争多与宗教改革有关，穿插的是不同教派的斗争，而到了17、18世纪，王权之间的斗争成为主要的特点，各王权开始在欧洲争夺势力范围，寻找机会确立自己的霸主地位。

（一）哈布斯堡王朝和波旁王朝称霸企图的破灭

哈布斯堡王朝和波旁王朝在当时都是实力比较强、而且野心很大的王朝。

从 16 世纪到 17 世纪初，欧洲各主权国家面临的主要威胁来自哈布斯堡王朝。野心勃勃的哈布斯堡王朝一心想统占整个欧洲。当时哈布斯堡王朝的势力范围很大，这种扩张很大程度上是由西班牙王室的野心造成的。胡安娜和哈布斯堡家的美男子腓力成亲，他们的儿子查理继承了西班牙的王位。西班牙在美洲和意大利的殖民地、哈布斯堡王朝在中欧的世袭领地与勃艮第领地都归到查理一世的手中。接着，查理不顾英、法等国的反对，于 1519 年当选为神圣罗马帝国的皇帝。1526 年匈牙利和波希米亚王国为抵抗土耳其，选举查理一世的弟弟斐迪南作了它们的国王，从而进一步巩固了哈布斯堡王朝的地位。由此，欧洲笼罩在哈布斯堡王朝的阴影下，其势力之强大引起了当时很多国家的恐慌，尤其是在哈布斯堡王朝包围之下的法国。

当时法国在波旁王朝的统治之下。为抵抗哈布斯堡王朝的强势，法国首先支持德国的“新教同盟”，参与了三十年战争，最后迫使神圣罗马帝国皇帝斐迪南三世签署《威斯特伐利亚和约》。通过这份条约，法国扩大了自己的势力范围，得到了洛林的 3 个主教区和除斯特拉斯堡外的整个阿尔萨斯，成为欧陆的头号强国。随着法国势力的扩大，路易十四野心大长，企图称霸欧洲与世界，于是接过西班牙的王权，宣布其孙为西班牙国王，称腓力五世。这样法国波旁王朝就取代了哈布斯堡王朝成为欧洲各国的威胁。

各国联合起来反对波旁王朝称霸，于是爆发了西班牙王位继承战争，战争彻底挫败了路易十四的称霸迷梦。

从哈布斯堡王朝和波旁王朝称霸迷梦的破灭过程，我们可以看出此时西欧各国并不希望有一个无比强大的势力统治自己，于是纷纷通过战争限制强势力的扩展，以维护自己的地位和利益。除了前面已说过的三十年战争外，我们再简述两场战争和各大国势力消长变迁的过程。

（二）西班牙王位继承战争

西班牙哈布斯堡王朝国王查理二世（1665—1700 年在位）没有儿子，立遗嘱把王位传给法王路易十四的孙子腓力，但要保证法兰西和西班牙不能合并，否则，就要将王位传给奥地利皇帝奥波德一世的儿子。1700 年，查理二世去世。次年，法国宣布腓力为西班牙国王，称腓力五世，同时侵犯西班牙领土尼德兰。奥波德一世想让他的次子查理大公继承西班牙王位，此时，他立即和英国、荷兰及普鲁士结成反法联盟，后又有葡萄牙和萨伏依公国加入。西班牙人忠于国王的遗嘱，支持法国，巴伐利亚因为和奥地利敌对，也成为法国的盟友。1701 年 3 月，战争打响，历时 12 年，主要战场在意大利、尼德兰和德意志，还蔓延到了美洲。

战争波折不断。1703 年，反法同盟在奥克斯塔特大败西、法军队。1706 年发生的都灵战役、拉米伊战役和 1708 年的奥得纳尔战役，法国均告失利。1710 年，在利亚维西奥战役中，西法联军挫败查理大公，1711 年的战局转为有利于法国。

战争的转折比较有戏剧性。1711 年，查理大公因其兄身亡继承了奥地利王位和神圣罗马帝国皇位，史称查理六世（1711—1740 年在位）。这样，英国和荷兰害怕查理势力过大，就改变态度，不再支持查理争得西班牙王位。1713 年 4 月交战双方在荷兰的乌得勒支签订《乌得勒支条约》，次年又签署《拉施塔特和约》。腓力五世被承认为西班牙国王。战后，法国失去欧洲霸主地位，英国则加强了在海上和殖民地的势力。

（三）七年战争

1756 年至 1763 年，在欧洲、美洲、印度等广大地区和海域，欧洲主要的国家组成两大集团，进行争夺殖民地和领土的战争，历史上称为"七年战争"。

奥地利为了夺回在奥地利王位继承战（1740—1748年）中被普鲁士夺占的土地，准备发动对普战争，于是组成了奥法联盟，俄国、萨克森、瑞典和西班牙也加入进来，组成了交战的一方。英国为牵制法国，支持普鲁士，结成交战的另一方。1756年8月，普、英7万大军进攻萨克森，旋胜。次年5月，俄军攻入东普鲁士，普军败北。1757年、1758年英军与法军在法国海岸交战，普军趁机打败法奥联军。但在1759年，俄奥联军重创普军，次年再占柏林。至此普军困难重重，战局的转机在1762年，这年俄国彼得三世即位，退出战争，使得战局转变。1763年2月15日普鲁士、奥地利和萨克森签订《胡贝图斯堡条约》，欧洲战事结束。

与此同时，英、法在美洲和印度等地争夺殖民地。在印度，普拉西战役（1757年）英国取得胜利，到1761年，英国完全取代了法国在印度的优势地位。在美洲，英、法两国展开了争夺战。1759年英国占领魁北克，1760年法国占领蒙特利尔。另外，在西非、西印度群岛等地的战事均以英国胜利而告终。1763年2月10日，法国被迫与英国签署《巴黎和约》，欧洲以外的战事结束。

七年战争是英国和普鲁士走向强盛的契机。对其他国家和地区而言，七年战争成为世界历史上一系列重大事变进程的动力源之一。此后，法国一步步走上革命的道路；而美国的崛起也与此有关。

六、近代国家主义政治学说

随着资本主义生产关系的发展，一些思想家们对这种新的社会关系做出了反映。他们一方面反对教会和封建专制的统治，为新生事物作论证，另一方面又受到时代的限制，不能摆脱君主专制思想的影响。他们从自然法和人性论出发，反对君权神授，摧毁了封建专制制度的理论根基，论证新兴资产阶级掌握政权的合理性，体现了新兴阶级的利益；但他们也持有一种情结，希望国家能强有力地保证这一阶级的利益，因此在国家主权问题上大多主张君主专制的制度，反对人民主权；他们已摆脱了从宗教与道德视角看待国家的观点，而是从法律的视角看待国家政权，法律成了新兴阶级的武器，法治也成为近代社会不同于传统社会的特点之一。

下面我们将从让·博丹、托马斯·霍布斯和雨果·格劳修斯的思想中，认识这种导向思想变革的政治学说。

（一）让·博丹

让·博丹（1530—1596 年）生于法国翁热地区的一个贵族家庭。在图卢兹学完法律后，他来到巴黎从事律师职业。由于他对政治的浓厚兴趣，不久，他就进入行政管理机构，并成为国王的检查官。在天主教徒与胡格诺教派信徒之间的激烈斗争中，他站在了"政治家们"一边。1576 年他作为第三等级的代表参加了布卢瓦的三级会议，反对削减王室财产的建议。1566 年发表的《历史研究的简便方法》和 1576 年发表的《国家论六卷》，是他的重要政治学著作，表达了他对宗教、国家等方面的观点。

博丹生活于 16 世纪的法国。16 世纪初的法国虽然封建生产关系仍占统治地位，但资本的原始积累已经开始，资本主义的手工工场已经出现，对外贸易活跃，这些因素促进了新兴资产阶级的成长。当时，法国还是君主专制的国家，但由于推行了一系列有利于资本主义发展的措施，资产阶级与王权的联盟有所巩固，但占统治地位的仍是封建贵族和教会，因此，矛盾仍然存在。博丹的思想就是针对这种历史背景而展开的，其要点如下：

国家的本质不是宗教。博丹的国家观念是在坚决抛弃宗教的基础上建立的。同马基雅弗利一样，博丹赋予国家浓厚的世俗色彩。他没有完全否定宗教，而是认为用世俗的观点认识人和人类社会是接近上帝的惟一途径。在《历史研究的简便方法》中，博丹承认上帝是世界的起点，认识上帝也是必要的。但要认识上帝只有通过世俗的生活而不是来世的生活。所以人要认识自然与社会、社会组织的特性和国家的生活。君主作为上帝的代理人治理人类，但君主是为了人而进行统治活动。博丹的国家观念虽然没有完全抛开宗教，但他的立足点是人而不是神，其目的是为新兴资产阶级的利益作论证而非为教会论证，在当时有进步意义。

国家的基础是家庭。国家的本质不在于上帝，那么，国家是怎样产生的呢？博丹是从家庭入手解决这一问题的。他认为，家庭是人类社会联系的首要的和关键的形式，国家就是从家庭产生的。家庭是最符合人类自然本性的社会组织形式。家庭有两个特点：一是以私有财产为基础，财产像家庭一样，是符合自然的制度。二是家庭体现了合法权威和政府的完美原型。男人因为富有理性成为家庭的统治者，女人和儿童接受夫权的统治是天经地义的。随着时间的流逝，家庭之间因为利益结合成松散的联合体，联合体的范围和功能逐渐扩大，最终形成了国家。而国家的形式和特点也就类似于家庭，这也是自然而然的。国家有三个特点：第一，国家以不平等为基本原则。因为家庭中的成员是不平等的，国家中如果人人平等就违反了人的本性。第二，承认私有财产的权利。第三，家庭需要家长的统治、管理，国家必须靠君主的权威。这就为君主制及个人私有财产的合理性作了论证，体现了时代的烙印。

国家的核心是主权。"主权"是国家的核心，这也是博丹国家思想的核心。博丹认为，国家的根本特征就是主权。主权是绝对的，因为它是最高的权力；主权是不可分割的；但主权并不是不受限制的，要受到神法、自然法以及关系到国家结构的那些法律的约束。主权不属于政府而是属于国家，主权是国家永恒的属性，只要国家在，主权就在，而统治的职能可以从一个政府转移到另一个政府。主权不是上帝的产物,他产生于人的本性,人类的需要和期望,他是人自身利益的体现。国家的管理作用体现为制定法律,法律体现了国家的主权。

在博丹的思想中,我们看到了亚里士多德的影子。博丹恢复了系统阐述国家论的亚里士多德的传统,从此,国家论在西方政治思想中不断得到研究,逐渐完善理论构架。博丹继承了亚里士多德的观点,把国家看做是自然的制度,认为国家产生于人类的需要,国家有至上的权威。但博丹又超越了亚里士多德,他不再用道德而是用法律论证国家权威,他不用"好的生活"而是用主权来界定国家的属性,这表明博丹的思想属于新的时代。

(二) 托马斯·霍布斯

托马斯·霍布斯(1588—1679年)出生于英国南部威尔特州的马尔麦斯堡,15岁进入牛津大学攻读古典哲学和经院传统的逻辑学,毕业后留校讲授逻辑学。22岁在大贵族卡文迪希家做家庭教师。卡文迪希成为德芬郡的伯爵后,霍布斯通过这一家族结识了英、法、意等国的学术名流。他结识了伽利略、弗兰西斯·培根、笛卡儿等人,他们对他影响很大。在理性主义和人文主义的熏陶下,他写了多部哲学与政治学著作。而体系最完备、内容最充实、论证最严密、学术价值最高、影响最大的,要数《利维坦》(成书于1651年),他的国家思想也体现在这本书里。

霍布斯继承了马基雅弗利和博丹的思想。马基雅弗利以资产阶级的视角来看待国家,但没有提供适当的内容;博丹试图弥补这一缺陷,他系统地阐述了自己的国家思想,重视了主权的作用,但国家主权的建立基础尚显薄弱,不能有力地说明服从的问题,这是博丹的弱点,也是霍布斯的起点。霍布斯对国家的产生与国家统治的根据作了说明,构成其富有特色和影响力的国家观点。

"人对人像狼。"霍布斯假设了一种自然状态来建立自己的学说。自然状态是人类社会的起始状态，在这种状态中，自然法是支配法则，人在体力和智能方面都是天生平等的。但人性是凶残多疑、完全利己的，人是好斗的、富有侵略性的和自私自利的动物，不获得自己想要的东西决不善罢甘休，并且人的欲望是无限的。拥有平等体力和智力的人按照自己所愿意的方式运用自己的天性——也就是保全自己的生命的自由，由于没有任何约束，再加上如果没有足够的东西，不损害他人很难满足自己的欲望，这样，人们就在各自无休止的欲望的支配下处于相互斗争的景况，这就是"人对人像狼"的状态。

契约国家。自然状态是如此悲惨可怕，由于人的理性的驱使，人们就要求摆脱自然状态中互相争斗、如狼似虎的可怕社会，寻求有组织的和平生活。摆脱自然状态也是在自然法的指导下完成的。按照自然法，人要寻求和平，保守和平，必须在相互平等的权利下，为了和平与自卫的目的自愿放弃权利。于是，一群人走到一起，相互订立"契约"，大家都同意把自己原来享有的自然权利转让出来，交付给作为第三者的某个人或一些人，由他或他们进行统治。由此建立了国家。国家不是神意授权的，而是人们通过社会契约创造的；君权不是神授的，而是人民转让的。这样，霍布斯就彻底推翻了君权神授之说，摧毁了封建专制制度的这一理论基础。

君主与权力。霍布斯强调君主的权力，主张专制主义与集权主义，这也是其学说逻辑发展的必然结果。因为社会中的人放弃了自己的自然权利，将其归属于某个人或一些人，这个人或这些人就拥有了巨大的权力。按霍布斯的判断，政府形式会从契约式的原始民主制过渡到贵族制，并最终达到君主制。因此，君主代表国家的权力是完全合理的。君主以契约权利的名义行使自己的权力，这种权力是不可分割的。君主的意志代表的是大家的意志。人民在让渡权利后，就只能服从和接受，而无权抱怨。

霍布斯的学说摧毁了封建专制制度的理论根基，他主张的君主专制制，以资产阶级的自然法理论和社会契约论为根据，反映了资产阶级的利益和要求；他害怕革命与社会动荡，主张以君主制的形式来实现资产阶级和新贵族的统治，认为只有实现全面控制的强大的政治权威才能给资产阶级带来秩序。他是资产阶级的政治代言人。

（三）雨果·格劳修斯

格劳修斯（1583—1645 年）是 17 世纪荷兰著名的政治思想家，资产阶级自然法理论的创始人之一，近代资产阶级国际法的奠基者。格劳修斯出生于荷兰的商业城市代尔夫特，17 岁就获得法学博士学位。他从青年时代起就投身于政界，一生担任过很多官职，这些政治活动为他的国家学说提供了丰富的现实材料。他在政治法律方面的著作有：《捕获法》（1604 年）、《论海上自由》（1609 年）和《战争与和平法》（1625 年）。

同霍布斯一样，格劳修斯的政治思想以人性论为基础，以自然法为出发点。格劳修斯是世界上第一次明确提出近代资产阶级自然法概念的学者，他适应资产阶级利益的需要，对自古以来的自然法观念作了梳理和探讨，并加上了自己的思考，对自然法理论做了系统和完整的论述。在自然法理论的基础上，格劳修斯建立了一整套国际法理论，用于调节国与国之间的关系。因此，格劳修斯也被称为"近代国际法之父"。格劳修斯的国家政治学说有以下要点：

自然法学说。格劳修斯恢复和发展了古希腊罗马的自然法思想，对中世纪基督教神学的一系列自然法则加以世俗化改造，并赋予自然法以新的内容，实现了自然法理论的近代化、神圣化和权威化。

在格劳修斯看来，自然法来源于自然和人的理性。自然给予任何动物以生存与自卫的能力，这是动物的一种自然本性，人也具有这种本性。但除此之外，人还有不同于动物的地方，这就是人的理性。人生而具有社会性，有交往的愿望，有合作的需要，人就在理性的指导下按自然的规定行动。人的自然本性和理性是自然法的第一源泉。而神祇法是自然法的第二源泉。格劳修斯承认神的存在，但他认为神也不能改变自然法，而只能以自然法为依据。

不仅是神祇法，人类社会的各种法律也是以自然法为基础的。格劳修斯给自然法下了一个定义："自然法是理性的命令，他指明任何与我们理性和社会本性相合的行为就是道义上公正的行为，反之就是道义上罪恶的行为。"自然法是"公正"和"正义"的体现，而二者是社会普遍适用的原则，因此，自然法是普遍适用的，是一切法的依据。

国家主权论。格劳修斯从虚构的故事开始讲国家的起源。在国家产生之前，人类过着"自然状态"的生活，受自然法的支配，享受自然的权利，过着和平、安定、自由的生活。人们为了防止外来侵袭，保护自己安定的生活，本能地要求联合起来，通过契约，"彼此同意"建立国家。国家为人们的生活带来了安全和福利，保障了人们的自由和平等。主权作为国家的统治权，是至高无上的，只能由君主来掌握。

国际法理论。在自然法理论的基础上，格劳修斯提出了他的国际法理论，把战争纳入法律的范围之中。当时流行"战时无法律"的观点，在格劳修斯看来，在战争中，自然法也是存在的，这就要求交战各国要讲正义和信义。他对战争作了分类：从性质上讲，战争就可以分为正义战争和非正义战争；从形式上讲，战争可以分为公战、私战和混合性战争三种。他认为解决国家之间的争端不一定诉诸于武力，和平是国际法的基本准则；如果战争不可避免，则交战各国要遵守国际法和国际惯例，维护正义，坚持人道主义，尽可能减少战争的破坏。

　　格劳修斯同博丹一样主张君主主权论，但在国家主权问题上他和博丹有不同之处。在格劳修斯看来，国家不是为了"统治者"的利益，而是为了"被统治者"的利益而建立的，主权是暂时的、可以分割的。可见，在格劳修斯的主权论中存在着矛盾：一方面他主张主权是至高无上的，一方面又承认要有限制；一方面认为主权只能由君主来掌握，一方面又说主权可以分有的。

　　我们再来比较一下格劳修斯和霍布斯的观点。二者都是从假设的自然状态开始论证国家的起源的，但对自然状态的描画不同：格劳修斯认为自然状态是和平、安定的，而霍布斯认为那里充满了战争。订立契约的目的也不同，格劳修斯认为契约是为了保护现有的利益，而霍布斯认为订立契约是为了结束战争状态，追求利益的合理化。

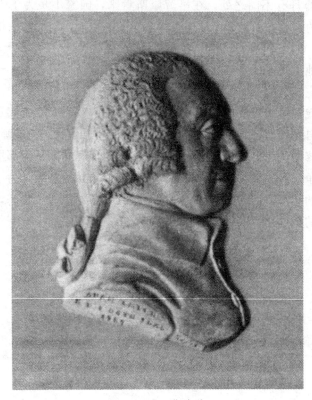

13　亚当·斯密像

第 二 章

资本主义经济走向成熟
及其理论表现

一、西欧近代资本主义经济的发展

在文艺复兴时期，从 14 至 15 世纪开始，在西欧就出现了资本主义的萌芽，即城市中的工场手工业所实行的雇佣劳动制度开始发端并流行。同时，随着海外航行和地理大发现，西欧国家的海外扩张活动日益频繁，海外殖民掠夺和贩卖奴隶，使得西欧各国获得了大量的财富。这就极大地刺激了西欧本土经济的发展和资本主义生产关系的逐步形成。

早期的资本主义形态，在意大利最为明显；在西欧的其他地方，开始是稀疏的点状布局，后来也逐步有了扩展。尼德兰的一些城市、伦敦、巴黎和科伦逐步成为工场手工业比较发达的地方。当时的资本主义手工业工场，主要是进行纺织业和采矿业的生产。在手工工场中还保留着较多的封建主义的宗法关系；工场大部分被商人控制；由于商业在经济领域的重要地位，工场的生产还被纳为贸易的一个组成部分。

工场手工业的发展最终引起了产业革命，机器大工业的出现，才标志着资本主义生产方式的正式确立。在这个漫长的过程中，西欧经历了经济发展的几个大的阶段，那就是 16 世纪的"商业革命"、"价格革命"；荷兰在 17 世纪的异军突起；英国从 16 世纪到

18世纪的"圈地运动"。

（一）"商业革命"和公司制度的崛起

西欧的商业革命，是由空前发展起来的海外殖民贸易所造成的。由于海外贸易的需要，欧洲本身的资本的流通范围、流通速度和流通周期都有了很大的增加。贸易货物的种类和数量也有了很大的发展。商业改变了过去它只为国王和贵族服务的性质，而成为越来越多的人与生产相关的流通与交换活动，商业的社会功用也发生了改变，市场交易越来越成为社会中人们获得日常生活物品的手段。

这种情况必然促使商业本身的结构和组织方式也发生变化。中世纪的封建性的家庭手工业作坊和商人公会，以及在此基础上发展起来的手工业工场，逐步被资本主义的"公司制"所代替。最初的组织是"协调公司"，它是同一行业的商人联合起来组成的"协会"式的机构，这种机构是最初的商业活动的信用本质的起源。它制定一定的制度，反对行业垄断，根据一定的规则，确定成员获得交通运输、码头、仓库、市场便利的程度。"契约"作为资本主义信用制度的基础，已经成为处理交往关系的基本社会规则和信条。

到了17世纪，一种新的公司制度代替了"协调公司"，而成为资本主义商业制度的基本形式，它就是"股份公司"。"有限"股份公司通过给一定数量的投资人发行"股票"来组织自己的"股东"团体，形成对公司的领导。公司股票以其抽象的纸面形式，确定股东在公司管理和利益分配方面的权益，从而改变了以前商业组织中个人权力起绝对作用的情况，也防止公司管理上个人的随意活动，并防止由此使得经营可能遭受到个人自然状况的影响的弊端，使得公司成为不以个别人的主体意志、生理条件和心理条件等方面的变化为转移的永久性的经营实体。股份公司在其早期大多是商业性质的，是为了进行贸易的方便，提高贸易的效率。当然，股份公司制度也逐步在工场和工厂的生产领域建立起来。这是其后几百年发展的总趋势。在公司的发展过程中，也出现了政府权力被运用于公司经营上的情况，那就是有"特许经营"权利的股份公司。这种公司尤其在西欧帝国主义的殖民贸易活动中，发挥了重要作用。例如英国的"东印度公司"，其早期（18世纪80年代中期以前）在印度和东亚的势力很大，几乎起着英国国家总代理的作用。英国利用经营特许进行海外殖民贸易的公司，有北美的哈德逊湾公司、普利茅斯公司和伦敦公司等等。另外，荷兰的东印度公司也是特许经营的股份公司，它很有经营的能力。

　　商业革命的另外一个特点是货币和市场的逐步成熟。实际上，市场的成熟，就是货币交往规则的成熟。西欧古代在一些地方也有货币，但是在中世纪以前，人们的物质交往活动，较多是"以物易物"，货币经济并不发达。西欧资本主义产生和发展的过程，就是货币和市场日益发挥其重大作用的过程。更重要的是，由于贸易的频繁和市场范围的扩大，在各国形成本国货币的基础上，一些城市国家因为商业的发达和经济实力的强大，它的货币就被其他各个城市或者地区、国家认可为"国际货币"。例如早在14世纪，威尼斯和佛罗伦萨的城市货币就被整个意大利和其北部的欧洲各国承认为国际"通货"。但是，早先的各国货币制度并不是统一的，货币的流行比较杂乱，对于某种货币的认可或者不认可，是当时贸易中的大事。所以，形成统一的国家货币和形成各国、各地都认可的国际通货，成为提高贸易效率、扩大商业信用的社会作用的关键。但是这个理念的实现，经历了从14世纪到17世纪大约300年时间的努力过程，到了17世纪后期，各国的货币体系才逐步建立起来。最早建立起国家货币体系的是英国。法国直到19世纪初才有了真正的统一货币。

　　总之，商业革命为西欧的资本主义原始积累带来了最初的社会财富，创造了市场经济所需要的一系列制度基础。

（二）"价格革命"浪涛及其社会后果

从 15 世纪末开始的环球航行和地理大发现,促成了西欧的海外殖民贸易和疯狂掠夺。而掠夺的后果,就是西欧本地财富的急剧增加。据统计,在 16 世纪,由于金银从海外流入,西欧的黄金总量就达到了 119 万多公斤,比上一个世纪翻了一番;而白银则达到 2140 万公斤,增加了两倍。

西欧市场上贵金属的增加,使得一般商品和货币的数量关系发生了巨大的变化。货币增加而物质用品相对减少,就出现了物品价格大幅度上涨的情况。这一现象首先发生在那些海外殖民侵略范围与程度最大、从而从海外获得贵金属最多的国家,例如西班牙和葡萄牙。在 16 世纪早期,这两个国家就出现了农产品价格大幅上涨的情况,这一情况到 16 世纪中期普遍覆盖了西欧的各个主要国家,而到 16 世纪末,西欧的物品价格比世纪初上涨了两倍以上。西班牙的物价则上涨了四倍多。这种物价飞涨的现象,使得一般手工业者和贫苦农民的实际收入大大减少,生活无着,纷纷破产,处于饥饿和赤贫的痛苦之中,他们成为在买卖劳动力的"自由"市场上最廉价的被动因素,使得劳动力市场更为扩大;而有资本实力的资本家、富裕手工业者和以资本主义方式经营农业的大地主,则从价格的上涨中得到了巨大的利益,他们趁机扩大经营,以更为廉价的工资雇佣那些因为破产而成为早期"无产者"的农民和手工业者,对他们进行资本主义的剥削。这就形成了资本主义初期的阶级结构:有产者和无产者的明显对立。而这种所谓"价格革命",对于封建贵族和地主来说,无疑也是一场巨大的灾难。由于他们的收入来源是货币地租,而货币的贬值也使他们收取的地租的实际价值大大减少,他们的经济地位也大大下降。他们中那些坚持原来的封建经营方式的人,就必然成为新时代的牺牲品;而只有把经营转变为资本主义的方式,进入资本主义的市场，即成为资本主义的农业主，才能保住自己的社会地位，这也就等于他们以新的社会身份加入了资本主义的洪流。封建地主的破产和农民、小手工业者的破产一起，标志着西欧封建社会中阶级结构的解体和封建主义经济制度的衰落，这为资本主义制度的崛起创造了社会条件。同时，"价格革命"导致了那些本土资本主义因素较少、主要凭借海外掠夺发财的国家如葡萄牙和西班牙的衰落。

（三）荷兰资本主义在 17 世纪的发展

荷兰是尼德兰（西欧大陆低地）地区北部的几个省，它的地理特点使得它处于交通中心的位置。早在文艺复兴时期，荷兰就有了自己当地的手工业，这一有利的基础和 16 世纪西欧市场普遍发展的机遇，使得它在 16 世纪中期就开始成为西欧北部的主要商业中心，它人口稠密，城市众多，工场手工业十分发达。在以阿姆斯特丹为代表的一批城市中，毛纺业、麻纺业、捕鱼业、渔产品加工业和造船业在当时西欧规模最大、生产水平最高。阿姆斯特丹的远洋航运船队和捕捞船队非常有名，在西欧整个的世界贸易中占有很大的份额。每年从阿姆斯特丹和北方各城市出海捕鱼的船只就有 1000 多条。这里的商船同波罗的海各国有着其他航海国家没有的独特联系，而且交往频繁。

在尼德兰南部，以佛兰德尔地区的安特卫普为中心，有一批航海业、纺织业、冶金业、制糖业和印刷业都很发达的城市。安特卫普的商业和金融业十分发达，当时西欧和世界各地的大公司和商行都在这里设有代办处，共计有千余家之多。平日就有五六千外国商人在市面上奔忙。而港口停泊的船只，一般时候有 2000 多艘。

由于商业和手工业的发展，尼德兰最早形成了西欧资产者人数最多的富人集聚地。这里的商人有宏大的世界主义气魄，称他们是在全世界采蜜的蜜蜂；同时，他们怀着把世界据为己有的野心。例如他们把北欧称为他们的森林，把莱茵河畔称为他们的葡萄园，把西班牙、爱尔兰和德国称为他们的羊圈，把普鲁士和波兰称为他们的谷仓。

16世纪60年代，荷兰爆发了反对西班牙殖民统治的斗争，到70年代末期，争取独立的革命取得了胜利，成立了西欧以至世界上第一个资产阶级共和国。这为资本主义经济的发展开辟了广阔的政治道路。

17世纪前半叶，荷兰的经济得到了更为迅速的发展。成为西欧最大的经济强国。它的手工工场成为西欧最具有近代技术水平的产业。它生产的呢绒、丝织品和麻织品在欧洲和全世界都享有盛誉。英国的呢绒业要靠它来完成最后工序。它的造船业更为发达，西班牙和英国用的大船，要荷兰制造；荷兰的海上运输业也很强大，它的远洋船只的吨位占到西欧总量的3/4。它得到了"海上马车夫"的美称。在当时又被称为"渔业共和国"的荷兰，有10万人从事渔业生产，渔产品大量出口。此外，在造纸、冶金、奶制品业、印刷、木材加工业等方面，技术先进程度是欧洲最高的。到17世纪中叶，荷兰的农业基本上实现了资本主义的经营方式，商品化的程度在欧洲是最高的。

由于经济实力的迅速增强，荷兰在海外贸易和海外殖民方面也逐步取代了老牌殖民帝国葡萄牙的地位；它占有了原来葡萄牙和西班牙所霸占的许多殖民地。从印度尼西亚到非洲西海岸，再到美洲东海岸，还有太平洋上的许多岛屿，都成为荷兰的殖民地。荷兰被海外各地人民以憎恨的态度称之为"荷兰鬼"，他们到处进行屠杀和抢掠，在殖民地实行残酷血腥的奴隶制统治。就这样，荷兰成为全球最大的殖民帝国。在西欧本土，荷兰不但成为英国、葡萄牙和西班牙诸国中的"老大"，而且取代了中世纪晚期以来德意志"汉萨同盟"对于波罗的海沿岸贸易的垄断，操有了和斯堪的纳维亚、俄罗斯进行贸易的独占权。

荷兰真正成为17世纪的典型资本主义国家。但是，在17世纪末，荷兰逐步走向衰落，它作为一个商业大国，不得不在工业逐渐发展起来的英国面前甘拜下风。

（四）英国的"圈地运动"和资本主义工业化的开端

从17世纪末叶开始，英国资本主义经济的发展，逐步压倒了荷兰。这主要是因为英国具有比荷兰更为优越的产业资本的基础，它比商业资本占经济主导地位的荷兰更适于发展资本主义工业化。

英国的封建农奴制实际上在14世纪末叶就开始瓦解。在15世纪，英国农民就大部分转变为"自耕农"。农民根据各地的情况，实行不同方式的独自耕种，但同时也根据英国的传统习惯，在每年的庄稼收割以后，拆除围栏，各家的耕地都连成一片，成为人们可以自由放牧的公共牧场。而且，可耕作田地以外的树林、沼泽、荒山、草地等等，虽然名义上归其领主——贵族或者地主所有，实际上是供广大农民长年使用。

当时英国工业领域的情况也发生了巨大的变化。主要是羊毛纺织业发展得十分迅速。在15世纪，英国本身由于没有足够的纺织业，它的放牧业所产的羊毛，要大批出口到荷兰的佛兰德尔等地的纺织工场。但是到16世纪，英国由于自身的纺织业发展了，羊毛出口大减，而呢绒出口量大增。到了16世纪60年代，英国呢绒的产量已经在欧洲占第一位。这样的经济进步，完全是由于英国采用资本主义生产方式所取得的。

在15世纪中叶，英国农村已经开始形成"分散型的"手工纺织工场；到16世纪，规模较大的"集中型的"手工纺织工场已经普遍形成，而且遍地开花，有的呢绒纺织业工场的工人人数多达上千，内部分工也十分细致。随着纺织业的急剧发展，英国本国对羊毛的需求量越来越大，供不应求，羊毛成为短缺商品。因而，16世纪中叶的羊毛价钱比15世纪中叶上涨了两倍，牧羊业成为热门的产业。正因此，牧场地的价格高出农业耕地的一倍，而草地价格高出耕地两倍。这是因为一英亩地如果用作放牧羊群的牧场，比这一亩地种庄稼的收益要高出两至三倍。

为了追求高收益，许多领主首先占据了原来习惯上被作为公共土地的林地、草地和沼泽地等等，把这些土地加以改造，尽可能地变为牧场，剥夺了农民利用这些土地进行自己传统的自然生活的权利。进而，领主还明目张胆地以增加收益为理由，把耕地改为牧场。这样一来，原来在这些土地上耕作劳动的农民，就不再被领主需要，许多农民被赶出了他们祖祖辈辈赖以生存的土地，成为流浪者或者雇工。15世纪末叶到16世纪前17年间，英国全国总共圈地10万英亩多，到16世纪末，被圈的土地就已经达到68万英亩。其中有教会和1000多个修道院的土地，被国王以实行宗教改革的名义没收，而后分给一些亲信大臣，或者变卖给新教的土地经营者。这些地大多也被圈为牧场。当然，地主和王室进行圈地的不义行为，引起了广大农民的激烈的"反圈地斗争"。但是，封建土地所有制消亡和资本集中于工业化的经济趋势，在客观上是不可阻挡的。

1688年英国资产阶级革命胜利后，城市工业进一步发展，工业人口进一步增加，对农产品的需求进一步扩大。从而，圈地运动的进程也更加迅速。如果说16世纪的圈地运动是新兴资产者的私人行为的话，那么，18世纪的圈地运动则成为被资产阶级议会法令所肯定的合法举动。18世纪的前60年被圈土地为34万英亩，而在60年代至80年代的三十年中，被圈土地为298万英亩，19世纪前二十年更达330多万英亩。

英国圈地运动的进程从16世纪到18世纪，长达三百多年。它促成了农村原有阶级结构的变化。原来是地主和农民的对立，而圈地运动的过程，就是促使 15 世纪形成的英国自耕农逐步解体的过程，也就是形成农业的资本主义经营者和从贫苦农民转化而来的雇佣工人（无产者）之间的对立的过程。同时，更重要的是，被迫离开土地的农民，成为劳动力市场的强大后备力量，为城市的资本提供了廉价的雇佣劳动力，为资本主义生产的扩大和发展——开始于 18 世纪 60 年代的产业革命——创造了充分的劳动力条件。

二、重商主义和威廉·配第

英国作为西欧近代经济发展的最典型的国家，其资本主义原始积累也大约开始于 15 世纪和 16 世纪初期。和更早发展商业的国家一样，英国的资本主义经济首先是在商业领域产生和发展起来的，随后才在生产领域形成了原始积累的规模。这是因为商品流通是资本的出发点，商品生产和发达的商品流通（也就是商业）是资本得以形成的历史前提。而商业资本的兴起，是以新大陆的发现、海外殖民掠夺和殖民贸易为契机的。英国商业资本兴起的最初阶段，大体是在 15 世纪最后三十年和 16 世纪最初十年之间。作为商业发展的理论反映和理论支持，当时在英国和法国出现了"重商主义"的经济政策和经济理论。

（一）商业资本的发展和货币崇拜

西欧近代"商人"作为西欧本土的一种普遍社会经济角色，在中世纪后期才逐渐产生。在西欧社会结构中，他们最早的身份是"马车夫"，担当着运送货物的任务，后来才与市场的形成相伴随，成为有别于运输者的"买卖人"角色。他们用于进行买卖活动的资金，就形成为商业资本。应该指出，在重商主义的早期阶段，在商业资本占优势的地方，仍然是陈旧的封建关系占社会经济文化的优势。当时的商业城市与旧文化的联系远比后来的工业城市要多得多。

商业资本的历史大体可划分为两个阶段：

第一，早期阶段。这时商业资本用于市场的规模仍然是小区域性的，因而小商品生产者只是在当地的（地方性的）市场上出卖自己的大部分产品。这也就是手工业行会和城市执政制支配时期，即城市和地方的闭关自守时期。

第二，后期阶段。在这一阶段，大规模市场开始形成，以至世界市场也逐步产生了。此时小生产者已经受到比较发达的商业资本的支配，手工作坊也已经出现。商业资本的势力在此时发展到最高点。此时的经济有三个特点：较大规模的商业公司；丰厚的商业利润；对广大殖民地的掠夺。产业资本在此时虽然也有所发展，但仍然处于从属地位。例如商人控制着大部分手工作坊主的生产活动。

重商主义是对资本主义生产方式的最初的理论论述，是早期资本主义即作为前产业资本的商业资本的意识形态，而不是发达的资本主义（在产业资本的基础上发展了商业资本）的意识形态。实际上，重商主义所反映的商业资本生长史，是资本主义的"前期历史"。在资本未支配生产本身以前很久，"商人资本"就已经成为资本的历史形态。商人资本的整个发展对于生产发生的影响，就是使生产日益成为以"交换价值"为目的的生产。使"产品"日益成为"商品"。

重商主义作为经济政策，是发展起来的商业城市的经济政策，是在较大范围内推行的一种普遍的经济原则。这一原则的文化宗旨，在根本上区别于中世纪的以"神圣"教会体系和上帝为中心的原则，而把城市利益（根本上也就是商人的利益）看做天地万物的中心。

重商主义具有自己的社会政治特点：虽然当时社会上的经济活动仍然在政治权力的控制之下，但是情况在早期和后期有所不同。在早期，封建领主把自己看做附属于他的一切臣民的一切经济行为的当然支配者；而到晚期，随着商业关系的发展，商业资本和高利贷资本成为经济关系中的最活跃因素。因而商业资本家和高利贷资本家居于第三等级的首领地位。

高利贷者是随着社会对货币的需求量的增大而形成的一个特殊的经济活动阶层。他们以自己的资金向社会上需要资金的人提供贷款，收取高额利息。高利贷在当时的贷款取向主要的是两种：一是向仍然处于旧社会体制内部的土地所有者和社会显贵提供货币贷款；二是向商人和小生产者提供急需的贷款。高利贷资本的意义在于：以形成较大笔货币数量的集聚形式，来积累货币形态的财富。它的意义不只在于自身直接地就是资本的产生过程，更重要的在于它造成把大笔资金转化为商业资本的可能性，促进商业资本的积聚。而且，高利贷资本促使小生产和封建领地制的崩溃，而它在当时的政治体制下，对于国王的集中权力是有益的。那时的货币资本家是王侯们的银行家。

因为近代商业运作是以货币为其进行交换的实际符号的，所以，货币就成为商业资本的"实体表达"。商业资本的有无多寡，完全以货币来表现，由于商业的逐步发展，货币和货币量日益成为商人们在经济活动所关注的中心和追求的目标，从而也逐步成为社会大众在日常生活中追求的目标。由于商业资本日益强大，货币的作用也就越来越强大，人们对货币就产生了一种"迷信"，认为货币本身在社会经济生活中、以至在社会的各个方面，都具有强大的功能，认为货币就是一种巨大的"无所不能"的"神圣"力量，似乎货币就像神那样。在这种情况下，就形成了对货币的崇拜。

（二）重商主义者的理论

"重商主义"作为近代商业发展和商业资本运作的理论,在16世纪末期的英国就产生了。

英国早期的重商主义者是威廉·斯塔福德（1554—1612年）。他主要研究贵金属与价格的关系。他认为:如果一个国家缺乏贵金属,这个国家的货币就贬值,物价就上涨。所以,国家应该尽量限制贵金属的出口;同时,出口商品的价格应该提得尽可能地高,这有利于换回更多的贵金属。主张国家应以保守的货币政策干预经济生活,这是早期重商主义的特点。

英国晚期的重商主义的代表人物是托马斯·曼（1571—1641年）。他出生于伦敦的商人家庭,继承家庭传统经商,成为英国著名的大商人。1615年他担任英国的东印度公司的董事,后来负责英国政府的对外贸易工作,是贸易委员会的常务委员。和早期重商主义者的理论不同,托马斯·曼的经济思想主要有以下几点:第一,他认为早期重商主义主张绝对禁止贵金属出口的保守主义理论是很有局限性的。东印度公司用出口的金银买了海外的东西,作为商品卖到第三国,可以为英国换回更多的金银。"货币产生贸易,贸易增加货币",这是他最重要的理论信条之一。他在1664年出版了一部名为《英国在对外贸易中的宝库或对外贸易的平衡》的著作。如他的书名表明的那样,他是"贸易平衡"理论的创始人。他并不反对货币输出,认为出超的对外贸易是增加国家财富和宝库的普通手段,并提出在一年的外贸中,"卖给外国人的货物总额应当多于我们消费的外国货物"。托马斯·曼还通过东印度公司的例子来说明,拿出一定量的货币进行贸易投资,做转口贸易,在买中赚钱,也在卖中赚钱,这对英国本国财富的增加是很有好处的。他说:"货币建立贸易,而贸易能够增殖货币。因此,投入流通的货币愈多,事情就愈好。"因此,托马斯·曼要求废除禁止货币输出的狭隘政策。他举例说,如果单看农夫把好谷粒撒在地上的行为，似乎可以对此行为作出谴责，但是播种正是为了在秋天收获更多的粮食。第二，托马斯·曼时代英国商品在当时的世界市场上并没有占据垄断的地位，根据这种情况，他认为，绝对的高价出口政策对于在国际市场上的竞争并不是有利的；为了尽可能多地占领国际市场，应适当调低英国出口商品的价格。他反对早期重商主义者的提高物价的政策，而主张降低物价，使得本国商品在世界市场上更具有竞争能力。托马斯·曼以自己比较开阔的关于世界贸易的思维，批判了早期重商主义理论的狭隘性，推进了近代经济思想。第三，托马斯·曼主张在英国建立牢固的商品生产基地，他认为只有建立强大的工业生产基地，才能为出口提供源源不断的大量商品。托马斯·曼的上述观点为英国当时制定新的海外贸易法提供了新的思想根据，同时也为促使英国发展自己的海外贸易、跃居世界最大的贸易强国的地位，提供了重要的理论支持。

在托马斯·曼之后，重商主义的思想在法国得到了发展。法国重商主义的代表人物是柯尔贝尔（1619—1683 年）。他出生于一个商人家庭，在 40 多岁时得宠于路易十四，担任了法国的财政大臣，并兼任海军大臣。他在任 20 多年一直推行重商主义的经济与财政政策，这极大地影响了 17 世纪下半叶法国的经济发展。柯尔贝尔十分重视对外贸易，认为只有对外贸易才能增加国家的财富。他说，要在本国增加金银，就必须减少别国同样数量的金银。同时，柯尔贝尔很重视本国的工业发展，法国的奢侈品（例如化妆品和酒类）的生产传统，就是在柯尔贝尔当政时期奠定基础的，因为当时法国特别鼓励奢侈品的生产与出口。为此，柯尔贝尔还专门开办了皇家手工业工场。从此时开始，法国成为欧洲各国上层权贵需要的奢侈品的供应基地，大量的贵金属源源不断地流入法国。柯尔贝尔还统一了国内的税率，领导建立了统一的国内贸易市场，为此，法国进行了大量的商品生产和流通的基础设施建设。

同时，他力主进行海外扩张，建立了法国的东印度公司和西印度公司，在海外推行殖民政策，使得法国在这一时期上升为强大的殖民国家之一。但是，柯尔贝尔采取了错误的抑制本国农业发展的政策，导致了法国经济的危机，使得路易十四政权和柯尔贝尔的重商主义政策同时崩落。

重商主义作为近代西欧的经济思潮，其影响一直延续到18世纪。英国的詹姆斯·斯图亚特（1712—1780年）是18世纪重商主义的代表人物。他在1767年出版了其代表著作《政治经济学原理研究》，该书集中表达了货币主义和重商主义的经济思想。他十分重视货币在经济活动中的功能和作用，强调对"有效需求"的满足，把流通看做经济活动的主要形态，并以流通为大框架，阐明了资本主义经济的基本原理，分析了其结构和可能发生的危机，提出国家对贸易和市场经济进行干预的重要性。詹姆斯·斯图亚特还猜测到了"实在价值"是由劳动时间决定的，并提出了"积极的利润"和"让渡利润"等概念，开始对财富的生产过程进行理论分析。

（三）英国古典政治经济学的产生：威廉·配第

17世纪中叶以后，首先在英国，然后在法国，工场手工业逐渐发展成为工业生产的主要形式，重商主义已经不适应日益壮大的产业资本的利益和要求。资产阶级在对封建势力做斗争中，要求从理论上说明资本主义生产方式怎样使财富迅速增长，探讨财富生产和分配的规律，论证资本主义生产的优越性。由此，经济理论的研究对象发生了转变，由原来研究流通过程转变为研究生产过程。这就萌生了英国古典政治经济学。

英国古典政治经济学发生于17世纪后半叶英国资产阶级革命时期，一直延续到19世纪初，即英国产业革命完成之后。这一百多年是英国资本主义制度上升和确立时期。在这一时期，英国资产阶级的政治经济作为和英国古典政治经济学说，都有其历史的进步性。英国古典政治经济学已对资本主义生产方式的内在联系和矛盾进行较为客观的探索，具有较多的科学成分。它的主要贡献是奠定了劳动价值论的基础，后来成为马克思的经济学说的一个重要来源。由于阶级和历史的局限性，这种理论不可避免地也包含一些庸俗因素。

英国古典政治经济学的先驱是威廉·配第（1623—1687年）。配第出身于小手工业者家庭，从小就从事商业活动，有这方面的经验。他也学习过医学，1649年获得牛津大学医学博士学位，成为皇家医学院教授，后来成为克伦威尔的儿子的医生。他曾经做过爱尔兰总督的秘书，担任过爱尔兰土地分配总监，因而获得5万英亩土地，成为那里的大地主。他又曾经积极参与资产阶级革命，1658年被选为国会议员。但在查理二世复辟时，他马上倒向国王一边，被国王封为男爵，并被任命为爱尔兰土地测量总监。

配第是重商主义经济思想崩溃、古典政治经济学产生时期带有过渡性的经济思想家。他的理论中仍然有较多的重商主义思想痕迹。例如在《政治算术》中，配第的重商主义思想很明显，他甚至认为海员的劳动比农民的劳动更有价值三倍。

配第的经济学研究，主要是在1640年英国资产阶级革命后进行的。当时英国的工场手工业正在迅速发展，产业资本日益代替商业资本成为左右经济发展的主导因素。配第受弗兰西斯·培根和霍布斯的经验主义哲学思想的影响，力图从复杂的经济现象中，寻找社会经济运动的自然基础。因而，他重视对工业产业运动过程的研究，将政治经济学的重点研究对象从商业领域转移到了工业生产领域。

配第的主要理论贡献在于：他最早提出了劳动决定价值的基本原理。他认为劳动是价值的源泉，商品的价值与开采金银的劳动生产率成正比，而与开采金银所消耗的劳动量成反比。也就是说，价值与生产商品的劳动生产率成反比，而与生产商品时所消耗的劳动量成正比。同时，劳动生产率的高低，又是与分工的情况相联系的，因此，他把价值、劳动消耗时间、分工等联系起来进行考察，并力图说明它们之间的关系。

在此基础上，配第研究了工资、地租和利息等经济学范畴。配第在研究工资中指出，社会财富的源泉是工人的劳动。为了能够使社会增加财富，就必须使工人的劳动超过自己所获得的工资的数额，也就是说，工人的劳动应该比他得到的工资更高。这个比率越高，社会财富的增加就越多。配第认为应该把工人的工资维持在工人所必需的生活资料费用的水平上，如果再降低，工人的生活不能维持，社会的生产就不能正常进行。

配第注重研究地租，他的地租理论已经猜想到了剩余价值的存在，并对其进行了粗略的阐述。配第认为，商品的价值由生产它的劳动时间来决定，而工资等于最低限度的工人的生活资料的价值。他还认为，农产品的生产费用是由工资和种子的价值构成的，如果在农产品的价值中扣除生产费用，其余的部分就是地租了。所以，根据配第的理论，地租实际上就是农产品价值中超过农民工资和种子价值的那一部分余额。这实际上就是农民的劳动剩余，是后来被马克思称为剩余价值的那部分。

配第作为英国古典政治经济学的先驱，在资产阶级政治经济学的诸多方面都有自己的理论创新。他为古典政治经济学的建立，做出了重要贡献。

三、斯密的前驱和重农主义

（一）亚当·斯密的英国前驱

英国古典政治经济学说从威廉·配第开始，在亚当·斯密那里形成为一个严整的理论系统。这一从配第到斯密的发展过程,大约经过了一百多年的时间。其间有几位思想家和经济学家对这一进展做出了贡献。

一切经济理论都是当时经济情况的反映,是为了解决当时的经济问题而形成的。当时英国的经济情况是:从17世纪中期到18世纪中叶的一百多年,经历了从传统的农业经济向工业经济的转型过程。英国的小农经济转变为资本主义的大农业,资本主义的原始积累在这一时期内基本完成。自由贸易的观念转变为"自由经营"的观念。而在工业本身,则出现了从工场手工业向机器大生产过渡的局面。所以,可以说斯密的学说是机器大工业前夜的政治经济学。

从配第到斯密的思想过渡时期,在英国本身就出现了三位著名的经济思想家。他们是约翰·洛克、诺芝和大卫·休谟。

约翰·洛克(1632—1704年)是著名的英国哲学家,也是一位有影响的经济思想家。在1691年,他出版了名为《减低利息和增加货币的考察》的著作。这部著作集中反映了他的关于利息的学说。洛克善于接受新事物,他在晚年从事过具有重大意义的经济实践活动。他62岁(1694年)时,和人一起创办了著名的英格兰银行,并且是它的大股东之一。洛克在利息理论方面继承和发展了配第的思想:第一,关于利息的来源。配第依靠他的地租理论推导出利息理论。配第认为,出租土地应该收取地租,同样,出借货币就应该收取利息。但是,人们租入土地是为了收取谷物,从收取的谷物中拿出地租;而借入的货币能够生产什么呢?从什么收益中拿出利息呢?这对于配第来说是一个难题。洛克对此作出了自己的解释。他认为,借贷的货币,并不是睡在借贷人的钱袋里,而是要进行一定的经营活动的,这种经营活动必然给作为经营人的借贷人带来新的收入,而利息就是从这新的收益中提取出来的。利息就是借贷人作为经营人所获得的剩余价值的一部分。第二，关于利息的理由。配第认为出借货币、获得利息和出租土地、获得地租一样是应该的，但是为什么租地农民要付出地租，借入货币的经营者要付出利息，配第无法回答，因为配第认为农民耕种自己的土地也会形成地租。所以这个问题在配第那里很混乱。但是洛克比较明确地解释了这个问题。他认为地租和利息的现象之所以能够产生，都是因为人们占有土地和货币的不平等所引起的。没有土地的人，为了获得收成，就要租种土地；没有货币的人，为了经营，就必须借贷。在这里，洛克已经认为，地租和利息同土地与货币的所有权相关，是所有权不平等造成的一种后果。

理论经济学家诺芝（1641—1692 年）是继洛克之后对英国古典政治经济学的形成做出贡献的人物。在洛克出版《减低利息和增加货币的考察》的同一年，诺芝出版了他的主要著作《贸易论》。在诺芝的时代，重商主义还有很大的思想势力。但是诺芝坚决反对重商主义，主张自由贸易。在许多观点上诺芝和重商主义进行了斗争。例如早期重商主义者主张在国内保存大量货币，禁止货币出口，以免财富流入它国。诺芝反对这种做法。他认为，货币如果不加入国际流通领域，放在国内金库中，并不能使国家增加新的财富；死藏着的货币并不能产生利润，与能够有产生利润机会的货币相比，它实际上是造成损失的死东西。因此，只有把货币当作资本来使用，使货币成为国际贸易中的活跃因素，多买多卖，不断获得利润，国家的货币量才能不断增加。可以说，诺芝已经区分了货币的两种职能：作为储藏手段的货币与作为流通手段即价值增殖手段的货币。

在贸易理论方面，诺芝提出了著名的"自由贸易"的观念，反对"出超贸易"的观念。诺芝认为：国家的货币流通量是由商品流通量决定的。如果一个国家的货币不足，必然会有别国的货币流入，而如果一个国家的货币供应充分，也必然会有一部分货币退出流通。因此，货币流通量与商品贸易量有关，只要国家有充分的商品供应，采取自由的贸易政策，就不必担心货币的流入和流出，也就不必一定要通过对外贸易来换取更多的贵金属，以增加国家的货币量。在诺芝看来，国家与世界之间的贸易关系，和城市与国家间的关系、家庭与城市间的关系一样，都应该是自由的，既然一个家庭必须通过和城市的其他家庭（居民）的买卖关系才能获得自己所需要的生活日用品，那么，对于一个国家来说，和别国的经济贸易也就是一件很自然的事情了。诺芝的这种理论，反映了英国资产阶级已经具有海外扩张的强大能力，对于通过国际贸易获得丰厚的利润充满了信心。

诺芝还发展了配第和洛克的利息学说。在配第和洛克那里，利息理论和地租理论之间有一种平行论证关系；而诺芝的思路与他们不同，他把利息和地租对立起来，对利息理论进行了新的探讨。诺芝认为，贷出自己的货币的资本家"出租"了自己的资本。他们拥有经营所必需的资本，但是他们或者是没有经营的能力，或者是不愿经受经营的烦劳，或者是有其他经营忙不过来，因此他们愿意把资本"出租"，他获得的利息，就是资本的"租金"。所以，利息和地租根本不是一回事，它们甚至在一定意义上来说是对立的。关于利息率，诺芝比配第和洛克有更高明的见解。配第把利率紧紧地同贷出货币的购买土地功能相联系，认为用这些货币所购买的土地能够收取地租的量，就是利率的依据；洛克则认为利率是由进入流通的货币量的多少来决定的，他显然没有区分货币与资本在本质上的不同，因而是不正确的。诺芝已能对二者进行明确的区分，他认为，决定利率的并不是货币或者货币量的多寡，而是经过借贷用作资本的货币的供应和需求关系。也就是说，虽然货币供应量很大，但是没有转化为资本的可能性或者这种可能性很小，没有多少人借钱，利率当然不会高。或者说，虽然货币转化为资本的可能性很大，但是货币的供应量也很大，利率也不会高，只有在可以转化为资本的货币的需求量和供应量发生紧张和矛盾时，利率的变化才会很明显。马克思认为诺芝是英国古典经济学家中懂得利率的第一个人。

大卫·休谟（1711—1776年）和洛克一样是英国的哲学家，也是一位颇有建树的经济理论家。他是受配第思想影响较大的最后一位英国古典经济学家，也是亚当·斯密的老师和朋友，对斯密的思想影响很大，在英国古典政治经济学的发展史上有重要地位。

在1752年，休谟出版了他的《经济论文集》，论及货币、贸易和贸易平衡等问题，这部论文集反映了休谟的主要经济思想。在英国资本主义的工业生产已经比较发展的情况下，产业的利润和借贷资本的利息的关系成为经济学家关注和研究的对象。当时的争论是：到底是借贷资本的利息决定工业资本的利润呢，还是相反？休谟根据资本主义生产的情况指出，在工业资本占据生产的主要地位的情况下，借贷资本的利息是由工业资本的利润的情况所决定的。休谟还以自己的著名的"货币数量理论"批评了重商主义，宣扬了贸易自由的观点。他认为，商品的价格是由货币流通量来决定的。货币投入很多，商品的价格就上涨，货币供应不足，商品的价格就下降。他指出，在一个国家内部，货币数量的增加或者减少，并不能给这个国家增加或者减少财富。但是在国际贸易中，一个国家的货币数量太多，则其商品价格较高，其出口就比较困难；而货币较少的国家的商品价格低，其出口也就比较容易。货币较多的国家在国际贸易中必然承受"入超"的不利局面，它的货币也就会外流。休谟以此来批评重商主义要求国内保持较多货币的观点。当然，休谟的货币数量理论是不正确的，因为他过分地强调了货币的符号意义，而忽视了货币本身具有价值的属性。

（二）重农主义

重农主义作为一种政治经济学思潮，主要产生于17世纪的法国。这一思潮在17、18世纪主导法国的经济政策。同时，它对英国古典政治经济学的形成，也产生了重要的影响。

17世纪下半叶，法国经济还处于封建主义制度的束缚之中，同时受到重商主义的弊端的危害。在这种情况下，法国急需挽救国民经济的危机。正是在这种背景下，产生了法国古典政治经济学，其主要学说就是法国的重农主义或称重农学派。

法国古典政治经济学的创始人、法国重农主义的先驱人物是布阿吉尔贝尔（1646—1714年）。他出身于法国的鲁昂，青年时代曾学习和研究法学，当过鲁昂地方议会的法官，并担任过国王路易十四的经理官。

布阿吉尔贝尔生活的时代，在法国，封建主义的经济制度仍然占有统治地位，但必然的衰败之势已经显露。尤其在16世纪以后，法国王室奢侈浪费，大肆挥霍，加之战争费用，造成国库空虚。为了应付危机局面，王室一方面拉拢有钱的工商资产者，另一方面实行重商主义的经济政策。推行重商主义虽然促进了法国工商业的发展，但它是以牺牲农民的利益为代价的，王室也有意把经济危机转嫁在农民身上。作为法国经济基础的农业萧条和没落，反过来阻碍了工商业的正常发展，导致新的经济危机。布阿吉尔贝尔面对当时法国农业凋敝、农民遭受残酷的封建剥削和压迫，勇敢地抨击当时法国封建王朝的苛刻而腐败的税收制度和经济政策，提出了许多同情农民和减轻农民负担的主张。

布阿吉尔贝尔激烈反对柯尔贝尔的重商主义理论和政策。他强调货币作为流通手段的职能，认为不应该把货币看做财富。他指出，在商品价格稳定的情况下，货币不一定要用贵金属来铸造，也可以用纸币来担负流通中介的任务。布阿吉尔贝尔在一定程度上对货币采取否定的态度，他认为货币并不利于商品的生产和交换，甚至主张可以废除货币，进行产品间的直接交换。他认为由货币支持的流通过程并不创造财富，这就针锋相对地反对了重商主义的财富观。与重商主义相反,他认为真正的财富只有土地,只有扎根于土地的农业和畜牧业,才是财富的源泉。因而,在他看来,农业是任何一个社会的物质基础,是国民经济各个部门的财富的根本基础。布阿吉尔贝尔把生产领域作为经济研究的主要对象,这就导致法国古典政治经济学的形成。

布阿吉尔贝尔还是劳动价值论的最初表述者之一。他把价值归结于个人的劳动时间。他认为,商业交换是人类必要的经济活动,但是交换要遵循一定的法则,那就是:各种交换的商品的价格,必须保持一定的比例。这个比例决不是可以人为地制造出来的,而是由转化入商品的劳动价值的不同量所表现的。劳动价值不是别的什么,而是劳动者生产商品的必要劳动时间。各个不同的生产部门生产不同的商品,所需要的必要劳动时间不同,就决定了各种商品的价值和价格不同。

布阿吉尔贝尔还主张重视自然秩序和客观的经济规律,反对国家对经济的干预。他认为国家干预是对经济规律的阻碍和破坏。

在布阿吉尔贝尔之后,18世纪50年代至70年代初出现的以魁奈和杜尔哥为主要代表的重农学派理论,是对资本主义生产的第一个系统解释。他们提出自然秩序的概念,用按资本主义方式经营的农业来概括资本主义经济,用农业的生产经营活动来分析资本的流通和再生产过程。

魁奈(1694—1774年)是法国18世纪后半叶的重要经济学家。他出身于巴黎附近的一个地主家庭,16岁开始学医,50岁时获得医学博士学位,55岁时成为国王路易十五的宫廷医生。他的职业和工作环境,使他得以结识许多社会名流,并经常和他们一起谈论国家大事。这促使魁奈产生了研究经济问题的兴趣。在60多岁时,他才真正进行经济学研究,主要是研究农业和国家的税赋问题,由于当时法国的粮食问题是社会公众关注的热点。1757

年，魁奈在《百科全书》杂志上发表了《论农民》和《论谷物》两篇经济学论文，具体陈述了农民负担过重的问题，分析了造成问题的原因，认为国家应该减轻农民的税赋，提高农产品的价格。魁奈的经济学理论的主要著作是他写于1758年的《经济表·略论公民每年收入分配的变化情况》。此后两年，魁奈所发表的著作，都是对上述《经济表》的发挥和解释。在1766年和1767年，魁奈还写了《第一个经济问题》和《第二个经济问题》。

　　魁奈创立了重农主义的基本理论。在《经济表》中，他提出了自然秩序、自由主义、"纯产品"等经济概念。魁奈的主要理论功绩在于他对剩余价值起源的研究从流通领域转移到直接的生产领域，由此建立了对资本主义生产进行理论分析的基础。魁奈认为，只有农业生产才具有使财富增加的能力，因为农业生产有自然力的参与，具有特别的生产力，而在工业生产中没有这种能力。他认为，工业的材料都是由农业供应的，工业只能够使材料变形，不能使材料增加。所以，只有农业才能产生价值，使财富扩大。财富扩大的这一部分，就是"纯产品"。实际上，"纯产品"就是"产出"比"投入"多出来的部分，是价值的剩余，它就是产品包含的总价值减去生产费用的余额。可见，魁奈所说的"纯产品"实际上就是剩余价值。

　　魁奈认为资本主义的农业生产是资本主义生产的主要形态，他所说的农业是以资本主义方式经营的大农业。由于只有农业才能够生产剩余价值，所以，只有农业劳动才是"生产性"的，是惟一的生产部门。魁奈还把农业上的生产资本划分为"原垫支"和"年垫支"。这种将生产资本进行分类的思路，启发了后来亚当·斯密把资本划分为"固定资本"和"流动资本"。

　　魁奈对古典政治经济学的又一重要贡献，是他对社会总资本再生产和流通的分析。这种分析在当时只是尝试，但为后来的政治经济学家进行类似的分析提供了一个思考的范式。

　　在魁奈以后,法国重农主义的代表人物是杜尔哥(1727—1781
年)。出身于贵族家庭的杜尔哥在年轻时学习过神学。24 岁改而从
政 10 年。30 多岁时和魁奈及其经济学研究小组有交往。从 1761
年（34 岁）开始，他担任利摩日地方长官长达 13 年之久，在这里
进行了整顿税赋和财政的改革，减轻了农民的负担。38 岁时他在
巴黎和亚当·斯密相识。他担任国王路易十六的财政大臣(1774—
1776 年）期间，力主经济改革，起草了 6 个改革法案。由于这些
法案要求削减特权阶级的既得利益，引起王室和贵族的不满，法
案终未在议会获得通过，杜尔哥也被免职。马克思把杜尔哥的改
革举措称为预先进行的法国革命措施。杜尔哥的主要政治经济学
著作是《财富的形成与分配的考察》，出版于 1766 年。

　　杜尔哥发展了魁奈的重农主义学说。在工资理论方面，杜尔
哥认为，所谓劳动者就是只有劳动能力而无其他所有的人，即没
有生产资料的人，其本质就是出卖劳动力，除此之外再没有其他
谋生办法。同时，杜尔哥认为，由于劳动者们为了获得工作岗位，
必然进行相互之间的竞争，竞相降低自己的工资标准，以便以比
其他人更为使雇主优惠的条件得到雇主的雇佣，而最优惠的条件
就是劳动者自己维持生活的最低工资水平。杜尔哥这种理论解释
了魁奈所说工资只是劳动者维持最低生活水平所需要的费用的原
因。

　　杜尔哥还发展了魁奈关于阶级的理论。他用"利润"这个经
济学范畴界定雇主和劳动者的区别:雇主就是可以获得利润的人，
而劳动者则是不能获得利润的人。魁奈把当时的社会构成分为三
个阶级，杜尔哥则认为当时的社会存在着五个阶级：土地所有者，
农业企业家，农业劳动者，工业企业家，工业劳动者。这为后来
亚当·斯密的阶级划分理论提供了最直接的思想资料。所以，从
经济学说发展史的逻辑来看，杜尔哥具有从魁奈向斯密过渡的中
介作用。

四、亚当·斯密和大卫·李嘉图的学说

(一)亚当·斯密

　　亚当·斯密(1723—1790年)是英国古典政治经济学的主要代表人物。他出身于苏格兰的克尔卡第,家庭富裕,父亲有律师头衔,是海关官员。斯密尚未出生,父亲就去世了。家庭环境使斯密受到良好的教育。在故乡中学毕业后,年仅14岁的斯密就以聪明的天资考入格拉斯哥大学,学习数学和自然哲学,17岁获得硕士学位,遂被推荐到牛津大学继续深造。斯密在牛津学习了7年,他在这里深受休谟的《人性论》的影响,他后来和休谟有着长期、深厚的友谊。1748年斯密离开牛津到爱丁堡大学任教,讲授修辞学和文学。1751年(28岁)到格拉斯哥大学任教,讲授了一段逻辑学之后,主要讲授道德哲学,这门课程虽名曰道德哲学,但包括广泛的学科领域,例如在第四部分政治学中,就有关于经济理论和国家财政政策的内容。8年后,斯密的道德哲学讲稿经过修改后以《道德情操论》的书名出版,他因此书在英国学术界获得了很高的声望。斯密在格拉斯哥大学工作13年间,涉猎广泛,有多方面旨趣,尚未专门研究政治经济学。1764年,斯密辞去格拉斯哥大学教授职务,担任柏克莱西公爵的私人教师,陪同公爵赴欧洲大陆旅游。在法国巴黎期间,正是法国百科全书派活动兴盛时期,斯密拜会了爱尔维修,并与魁奈、杜尔哥等法国著名的经济学家密切交往,受到法国经济学家的深刻影响,这使后来斯密的经济学理论含有较多的重农主义痕迹。在欧洲旅行两年后,斯密于1766年(43岁)回到英国。此后他辞去私人教师的职务,在故乡闭门研究经济学,1773年(50岁)时成为英国皇家学会会员。斯密在乡间10年研究,终于写成《国民财富的性质和原因之研究》一书,于1776年出版,时年53岁。1777年,斯密被任命为苏格兰的海关税务官，住在爱丁堡，1790 年逝世。斯密写了多种人文和社会科学的著作，但他只保留了两部，就是《道德情操论》和《国民财富的性质和原因之研究》，其余都被他亲手焚毁。

《国民财富的性质和原因之研究》（简称《国富论》）一书出版后，立即轰动英国，不但受到经济学家们的青睐，而且也广泛地影响了英国政治家和社会大众。据说在当时的国会议员辩论时，各方都以斯密的这部书作为理论依据，争相引证。斯密的经济思想从根本上影响了当时正处于资本主义上升时期的英国的经济政策。

斯密在《国富论》中所表达的思想，总体上是资产阶级自由主义的经济思想。其哲学基础是资产阶级的人性论和"自然秩序"论。斯密认为人性是利己的，每个人都追求自己的个人利益，经济活动也都是具有个人利益的目的。这种追求合起来，自然就是社会的人们共同追求社会的利益，因为利己的人们之间也必须在互利的基础上帮助别人。人们互利的方法，在经济领域就是"交换"。斯密认为资本主义制度是自然的、合理的社会制度，它通过自由竞争来促进社会利益的增加。而实行自由竞争原则的市场，是"一只看不见的手"，它自发地调节、支配着社会生产和一切经济活动的进行。由此，斯密进而认为，国家对私人经济生活的干预，只能给经济的发展制造障碍，因而提倡经济"自由放任"的原则。可以看出，斯密是资产阶级自由主义经济思想的较早倡导者。

斯密认为，一个国家的财富的源泉，只能是这个国家的生产劳动。他批评重商主义只把对外贸易看做财富源泉的错误见解，也批评重农主义只把土地和农业劳动看做财富源泉的偏见。斯密指出，一切生产劳动的部门都创造财富。他考察了资本主义生产制度所支持的国民财富增长的条件和组成原因，认为增加国民财富的最重要的条件就是提高劳动生产率，而分工是提高劳动生产率的重要方法。

他系统地论述了劳动决定价值的原理，认为劳动是衡量商品的交换价值的尺度。他提出了价值由耗费的劳动所决定、价值由被购买的劳动所决定等命题。在他看来，工资是劳动的自然价格，而劳动的市场价格，则是由劳动的供给与生产部门对劳动的需求之间的关系所决定的。斯密从总体上阐明了自然价格和市场价格的关系，分析了价值规律及其作用形态。

他明确划分了资本主义社会的三大阶级（资本家、劳动者和地主），揭示了三大阶级的三种收入，以及它们之间的关系。他指出了地租和利润都是对劳动创造的价值的克扣，这在一定程度上接近了对剩余价值的认识。

斯密还考察了资本主义制度下的生产性劳动和非生产性劳动。他对自由贸易学说和税赋原理也进行了研究，还研究了资本主义的再生产理论。

斯密的经济学说有其科学真理的意义。例如在价值论中，他正确地指出了价值是由劳动决定的；在分配论中，他认为利润是对劳动的克扣。这些思想直接地启发了马克思创立剩余价值理论。但是，斯密的学说中也有不科学的成分，例如在价值论中他认为交换价值是由三种收入决定的；在分配论中认为利润是资本的自然报酬，等等。可以看出，斯密的经济思想中存在着正确和错误的两重性，这是因为他代表资产阶级要求，一方面对上升中的资本主义生产方式有着敏锐、深刻的见识，另一方面又不能客观地看待劳动的本质和当时资产者和无产者对立的基本事实，不免为资本的剥削辩护。

（二）大卫·李嘉图

大卫·李嘉图（1772—1823 年）是著名的经济学家，英国古典政治经济学的完成者。他是犹太人，出身于一个经纪人之家，父亲在伦敦证券交易所工作。李嘉图 12 岁时就去荷兰的商业学校学习经营，14 岁回国跟随父亲在交易所工作，后因恋爱问题和家庭发生分歧，就脱离家庭，自己独立进行证券交易活动。由于勤奋和富有天资，他很快就获得了巨大的成功，在 25 岁时，就成为拥有 200 万英镑财产的大富翁。此后他感到自己知识不足，努力自学，在 27 岁（1799 年）时读亚当·斯密的《国富论》，对政治经济学发生了极大兴趣，从此他进行研究活动，并参加了当时英国经济学界和社会上关于"黄金价格"和"谷物法"的讨论。

在关于黄金价格的讨论中，李嘉图于 1809 年 8 月匿名发表了《黄金价格》一文，旋即成为"金属派"的首领，同"反金属派"展开了激烈的论战。在这篇论文中，李嘉图批评了英格兰银行的政策。他认为，金价上涨的原因是由于银行券发行过多。他提出，必须维持货币价值的稳定，才能保证公平的市场交易和工商业者的利益。这场此后延续多年的争论，在理论上是关于货币流通的问题。对此，李嘉图在 1817 年以前的理论，大致可以概述如下：货币流通必须有稳定的形态，这是一个国家的国民经济得以正常运行的基本条件，也是国民财富得以不断增长的重要条件。但是，应该如何呢？只有实行金本位制，才会有稳定货币流通的牢固基础；而在金本位制的基础上，即在以金币流通为实际尺度计算和描述流通过程的前提下，为节约非生产性的流通费用，完全可以用纸币来代替金币，把纸币作为金币的符号，使其发挥流通的职能。

"谷物法"的讨论以 19 世纪初英国严重的粮食问题为背景。拿破仑战争以后，战胜国英国的经济处于危机之中，国债大幅增加，各种税赋使得国民生活十分困难，只有金融大亨和地主们利用战争发了财。在地主阶级的鼓动下，1815 年英国议会通过了"谷物法"，对进口谷物征收高额关税。由于没有国外谷物进口的竞争，英国国内的谷物价格就一直保持很高的水平，这当然损害谷物消费者——社会大众的日常利益，而只有利于地主。同时，谷物的高价位使得劳动者的必要生活资料的价格水平也居高不下，因而劳动力价格也居高不下，这使工商业雇主为购买劳动力要付出很高的工资，也就引起了他们对"谷物法"的反对。1815年，李嘉图发表了一部题目很长的著作，题目的前两句是《论谷物低价格对于资本利润的影响。证明限制进口的不恰当……》。这部著作的批判对象是当时的另一位英国经济学家马尔萨斯。马尔萨斯站在地主阶级的立场上极力为"谷物法"辩护，认为地主应该有对于土地的垄断权，谷物的高价格是合理的，由此引起的地租的高价格也是合理的。李嘉图在他的这部著作中以当时的社会事实证明，"谷物法"所维护的地主阶级的利益，不但和广大工商业者的利益相冲突，也和社会大众的日常利益相冲突。李嘉图指出，如果一个国家的粮食不足、谷物价格高涨，工资会随着谷物价格高涨，这必然引起工业利润下降和工业消费品价格上涨，所以企业主和广大消费者都要蒙受危机。李嘉图进一步指出：在资本主义经济制度下，促进一个国家的经济发展和财富增加的根本动力，是工业生产利润率的不断提高；要提高利润率，必然要求减低生产费用和工资，而这一切都与降低物价有关，降低物价的关键是降低谷物价格。所以，反对"谷物法"就是解决英国社会问题、发展生产的当务之急。

1817年，大卫·李嘉图的最重要的政治经济学著作《政治经济学及赋税之原理》出版。全书共计32章，第一章是价值论，第二章是地租论，第三章是矿山地租论，第四章是自然价格与市场价格，第五章是工资论，第六章是利润论。第七章和第十九章及其后的各章都是对第一章至第六章的附录或这些章所阐明的原理的应用性解释，第八章至第十八章讨论租税问题。这部著作的重点是前六章，而李嘉图的政治经济学的理论内容，在第一章和第二章中已经基本上进行了全面的表述。

这部著作奠定了李嘉图作为英国古典经济学的完成者的历史地位。他在这部著作中的主要的理论成就是：提出了以劳动价值论为基础、以分配论为中心的严谨的理论体系。他强调经济学的主要任务是阐明财富在社会各阶级间分配的规律，认为全部价值都是由劳动生产的。工资由工人的必要生活资料的价值决定，而利润是对工资的克扣，地租又是对工资和利润的克扣。由此，他阐明了工资和利润的对立，工资、利润和地租的对立。此外，李嘉图还论述了货币流通量的规律、对外贸易的比较成本学说等等。英国古典政治经济学到李嘉图的这部著作达到了其顶峰。这部著作对欧洲后来的政治经济学和国民经济学的发展，有着深远的影响。

李嘉图在第一章中，开门见山地批判了亚当·斯密将"消耗的劳动"和"购买得到的劳动"混为一谈的错误。李嘉图指出，决定商品价值的劳动，只能是在生产这种商品过程中消耗的劳动，而不是购买得到的劳动。他说，商品的价值，取决于生产它所需要的劳动量，而并不取决于劳动报酬的多少。很显然，商品的价值是大于劳动报酬的。

李嘉图和斯密一样，主张政治经济学应该研究的是商品的交换价值，而不应该是商品的使用价值。他认为：商品的交换价值是由商品的稀缺性和生产它的劳动时间决定的。那些特殊的、数量十分有限的商品，一般劳动并不能增加它们的数量，例如稀有的艺术品、珍贵的葡萄酒、古币等等，这一类商品的价值是由其稀缺性所决定的。另外一类可以通过劳动增加其数量的商品，是市场上常见的那些商品，李嘉图着重研究的就是这第二类商品。他明确认为，商品的价值是由劳动时间决定的。

既然商品的价值是由劳动时间决定的，那么，决定商品价值的到底是什么样的劳动呢？是必要劳动呢？还是实际直接消耗在商品上的劳动呢？为了解决这个问题，李嘉图提出了简单劳动和复杂劳动这两个相对的概念。他认为，这两种劳动在同样的时间内所创造的价值是不一样的。如果说它们在同样的劳动时间内创造的价值是一样的话，那么，人们就都愿意从事简单劳动而拒绝复杂劳动。所以，在同样的时间内，复杂劳动所生产的价值，必然比简单劳动所生产的价值大。

李嘉图还研究了直接劳动和间接劳动的区别。所谓直接劳动，就是指在某个商品生产时直接投入的劳动；而间接劳动则是指消耗为生产某种商品所需要的生产资料上的劳动。例如要盖房子，消耗在直接盖房上的劳动是直接劳动，而为生产盖房子的各种材料和工具的劳动，就是间接劳动。李嘉图认为，影响商品的价值的不但有直接劳动，而且有间接劳动。这是李嘉图对劳动价值论的重要贡献。

在研究劳动的实际差异的时候，李嘉图注意到，生产同样的商品，不同的劳动者所需要的劳动时间并不一定都是相同的。那么，商品的价值应该以哪个劳动者的劳动时间为决定标准呢？为此，李嘉图提出了"必要劳动"的概念。它的涵义是：在最不好的条件下，生产某一商品所需要的最大的劳动量。他还没有形成"社会必要劳动时间"的概念。

李嘉图的分配论着重研究工资、利润和地租的分配情况，力图阐明三者之间的关系。他认为，工资是维持工人及其家属的生活所必须的生活资料的价值，利润是工人生产的商品的价值在支付工资之后的剩余，而地租则是农产品价值中超过工资和利润的余额。关于这三者的关系，李嘉图指出：工资的增加或者减少，都不会影响商品的价值，但是能够引起利润的变化，就是说，工资和利润的多少恰好是对立的；而地租的变化一般不会影响到工资和利润。但是，在一定情况下，地租增加后，如果实际工资不变，由于农产品价格的上涨，货币工资必然要增加，这就必然影响到利润，使其降低。可见，地主和资本家之间存在着实际的利益矛盾。

　　李嘉图的《政治经济学及赋税之原理》出版之后，他在英国获得了巨大的荣誉。在 1819 年，李嘉图被选为英国议会议员。他在议会中继续为新兴的资产阶级获得更多的经济利益作理论辩护。1820 年，他针对马尔萨斯对他的批判进行答辩，驳斥了马尔萨斯维护地主利益的理论。1822 年，他出版《保护农业论》，继续反对"谷物法"。1823 年李嘉图逝世后，于 1824 年发表了他写的《关于建设国家银行的计划》一文，文中认为应该将英格兰银行发行纸币的特权交给国家，表明李嘉图终生坚决反对地主和金融资本家的特权、维护新兴的工业资产阶级利益。

　　在李嘉图逝世前后，资产阶级经济学家将英国古典政治经济学说庸俗化的趋势已经很明显，让·巴蒂斯特·萨伊、马尔萨斯和詹姆士·穆勒 3 人是这种经济学趋向的著名代表。他们的理论表明资产阶级的政治经济学已经逐步蜕变，为资产阶级对无产阶级的经济剥削和压迫辩护，但也探讨了资本主义经济在 19 世纪上半叶的发展中面临的一些新问题。

14 笛卡尔像

第 三 章

启蒙运动和法国大革命

一、17 世纪的理性主义

（一）笛卡尔

笛卡尔（1596—1650 年）是 17 世纪法国哲学家，西方近代哲学的创始人之一，二元论者、唯理论者。1596 年 3 月 31 日生于都仑省拉爱城的一个贵族家庭。他 1604 年入拉·弗雷士的耶稣会公学，接受传统教育，除神学和经院哲学外，还学了数学和一些自然科学。1612 年他深感闭门读书无用，决心走出校门，用自己的理性来解决科学问题。1618 年他离开法国到荷兰参加军队。退伍后定居巴黎，专门从事科学研究，企图建立起新的科学体系。他曾想把自己的研究成果写成《世界》一书，但当时教会反动势力很大，笛卡尔打消写作这部著作的计划。1628 年写成《指导心智的规则》。1629 年他迁居资产阶级已经取得政权的荷兰，在那里隐居了 20 年。

1637 年他发表了用法文写的哲学著作《论方法》，产生了很大影响。1641 年他又用拉丁文发表了《形而上学的沉思》。1644 年，笛卡尔发表了他的系统著作《哲学原理》，这部书不仅包括他已经发表的思想，而且论述了他的物理学理论，还包括过去未发表的《世界》一书的内容。1649 年，他最后发表了心理学著作《论心灵的感情》。1649 年他应瑞典女王克里斯丁娜邀请赴宫廷讲学，由于不适应北方的寒冷气候而患病，1650 年 2 月 11 日在斯德哥尔摩逝世。

笛卡尔认为，经院哲学是一派空谈，只能引导人们陷入根本性错误，不会带来真实可靠的知识，必须用新的正确方法，建立起新的哲学原理。于是，哲学研究开始重视科学认识的方法论和认识论。笛卡尔指出，我们不能盲从已有的观念和论断，其中有很多是极其可疑的，这些观念有的来自感官，但是感官会欺骗我们。我们处在真假难分的状态中是不可能确定真理的，为了追求真理，必须对一切都尽可能地怀疑，甚至像"上帝存在"这样的教条，怀疑它也不会产生思想矛盾。只有这样才能破旧立新，就是"笛卡尔式怀疑"。这种怀疑不同于否定一切知识的不可知论，而是以怀疑为手段，达到去伪存真的目的，所以被称为"方法论的怀疑"。他认为理性是世间分配得最均匀的东西，人人都有一份，不多不少。要把一切放到理性的尺度上校正，这样，权威就不再在上帝那里、教会那里，而到了每个人的心里了。这是对经院哲学的严重打击。

笛卡尔把他的体系分为三个部分：一是"形而上学"即认识论和本体论；二是"物理学"即自然哲学；三是各门具体科学，主要是医学、力学和伦理学。笛卡尔认为我可以怀疑一切，但有一件事却是无可怀疑的，即"我怀疑"。我怀疑也就是我思想。既然我思想，那就必定有一个在思想的我，即"思想者"。"我思故我在"的论题，是笛卡尔全部哲学的第一原理。"我"的本质是思想，又称为"灵魂"，是认识的主体，是精神实体。他提出：我会怀疑，而怀疑不如认识那样完满，因此我的存在是不完满的、有限的，但是心中有一个最完满的上帝的观念，不完满的我不能是这一观念的原因，它只能来自最完满的上帝本身，所以说上帝存在。笛卡尔从经院哲学家安瑟尔谟那里取来的"上帝存在的本体论证明"，却用来论证物质世界及其可知性。他说我心里清楚明白地有"形体"的观念，这观念不可能是我自己造成的，只能是上帝创造了

"形体"，又把"形体"的观念放到我心中。既然最完满的上帝不可能欺骗我们，那么"形体"也就是真实可靠的实体。

笛卡尔肯定了两种实体：灵魂和形体。他认为这两个实体是彼此独立存在的。灵魂的属性是思想，形体的属性是广延。这是典型的二元论。为了沟通这两个并无共同之处的实体，以说明科学知识的客观性，他又把上帝作为桥梁，说灵魂和形体只是相对的实体，两者都是绝对实体上帝所创造的。

在认识论方面，笛卡尔认为有 3 种观念：一是通过感官从外面得来的，常常是混乱的错觉；二是理性本身固有的，即"天赋观念"；三是我们自己任意制造的。他完全否定第三种观念，对第一种观念持怀疑态度，认为第二种观念必然正确。他认为科学不能只是感性现象，必须是必然的理性认识，这一主张对发展理论科学有积极意义。但是他把理性认识说成"天赋的"、非外来的，是唯心主义的先验论。笛卡尔的"物理学"是他的哲学中的重要部分，是唯物主义的。他明确指出：在自然界，物质是惟一的实体，天和地是由同一物质构成的。整个物质世界的广延是无定限的，物质的可分性是无定限的，不可能有什么不可分的原子存在，也不可能有任何"虚空"，因为"虚空"意味着没有物质的广延，而广延是不能离开物质的。笛卡尔认为空间就是广延，他反对绝对空间论。这样的物质理论比古代的原子唯物论前进了一大步。但是他把物质本质属性说成只是广延，把物质的多种形态都归结为位置的移动，这是机械论。

笛卡尔的学说有广泛的影响。他的"我思故我在"强调认识中的主观能动性，直接启发了康德，成为从康德到黑格尔的德国古典哲学的重要思想，推动了辩证法的发展。

（二）斯宾诺莎

斯宾诺莎（1632—1677 年）是 117 世纪荷兰哲学家，西方近代唯物论、无神论和唯理论的主要代表。斯宾诺莎于 1632 年 11 月 24 日生于阿姆斯特丹的一个犹太商人家庭里。

斯宾诺莎通过对宗教典籍、犹太思想家和笛卡尔著作的研究，逐渐和正统神学发生分歧，对正统神学关于神没有形体、存在天使和灵魂不死等教条表示怀疑。这些情况使犹太人公会起初暂时革除他的教籍，并企图暗杀他，但没有使他屈服。最后，犹太人公会永远革除了他的教籍。斯宾诺莎只得搬到村庄暂住，靠磨制光学镜片维持生活。1660 年，斯宾诺莎迁到莱因斯堡村。在这里，他写了《简论神·人和人的幸福》、《理智改进论》、《笛卡尔哲学原理》的大部分和《伦理学》的第 1 卷。1663 年 6 月，斯宾诺莎移居靠近海牙的伏尔堡。在这里，除了继续撰写《伦理学》，还撰写了《神学政治论》，于 1670 年化名出版，在社会上引起极大的震动。1670 年 5 月，斯宾诺莎移居海牙。他开始写《希伯来语法》，并于 1675 年完成《伦理学》。他又开始写《政治论》，因肺病于 1677 年逝世。斯宾诺莎探讨了当时哲学的各种问题，建立了一个完整的哲学体系，其中包括实体、属性和样式的学说，唯理论的认识论和方法论、无神论，政治学说和伦理学等。在这些方面，他都为人类认识的发展和社会的进步作出了杰出的贡献。

斯宾诺莎在实体、属性和样式的学说中，论述了他在宇宙本体问题上的唯物主义观点。他把实体定义为"存在于自身内并通过自身而被认识的东西"，它按照自己本性的必然性而行动，因而是自由的。实体是惟一的、绝对无限的，对它不能有任何限制，因为限制就是否定。斯宾诺莎把实体称为神。他所说的神不是宗教所信奉的神，他把神等同于自然，是一位泛神论者。

斯宾诺莎认为实体有无限多样的属性。他把属性理解为由知性看来是构成实体的本质的东西，认为在无限多的属性中，人们只知道两个即思维和广延。他指出，通过它们所认识的是惟一的和不可分的实体，二者是同一的。但他又认为，一个属性不能产生另一个属性，每一个属性必须通过自身来认识。

实体和属性要通过具体事物来表现。斯宾诺莎把具体事物称为样式。他把样式定义为：实体的特殊状态，亦即在别的事物内并通过别的事物而被认识的东西。样式有两样：无限样式和有限样式。他认为，每一个有形体的事物的观念就是它的灵魂，因此一切个体事物都是有生命的。这是斯宾诺莎的物活论思想倾向。他认为，人并不特殊，也是遵守自然的共同规律的自然物。人的心灵主要是由人的身体的观念构成的，人是身体和心灵的统一体。

斯宾诺莎认为，万物的存在和动作都在一定的方式下为神的本性的必然性所规定，只能在一种确定的方式或秩序中产生和动作。因此，他认为一切都是必然的。

斯宾诺莎哲学中含有较丰富的辩证法思想。他关于"实体即是自因"的基本原理，要求从自然界事物自身的相互作用去说明自然界，反对孤立地观察事物，反对在自然界之外去寻求原因。他还指出，对任何一件事物的规定，即是指出此物不是他物，也就是指出"此物的非存在"，因而规定或肯定即是否定。

斯宾诺莎给认识规定的任务和目的是取得真观念，最后达到使心灵与整个自然联系起来的统一知识。他把知识分为三类：第一类是通过感官和记号得来的，被称为意见或想象；第二类是通过推理得来的，被称为理性；第三类是直接从认识到一个事物的本质得来的，被称为直观知识。他认为，第一类知识是错误的原因，第二类和第三类知识必然是真的。他把感性认识和理性认识割裂开来，对感性认识基本上是否定的，认为理性不通过感性就可以认识真理。这突出地反映了他的唯理论特点。

斯宾诺莎认为真理的标准就是真理自身。他把真观念必定符合它的对象只当成真理的外在标志，他更重视内在标志，即清楚、明白和确定性。这是他的唯理论的又一突出表现。

斯宾诺莎的无神论在西方无神论史上占有突出的地位。他根本否认有人格神、超自然神的存在，集中批判了神学目的论、拟人观和天意说，要求从自然界本身来说明自然。他开创了用理性主义观点和历史的方法系统地批判《圣经》的历史，考察了宗教的起源、本质和历史作用，从而建立了近代西方无神论史上一个较早和较系统的体系。

斯宾诺莎的政治学说也是从资产阶级的人性论出发，用"自然权利"和"社会契约"的观点说明国家的产生和本质。他认为，依据自然的最高权利，人人都应该生存。但是，处在自然状态中的人，为激情所驱使，各自根据自己的利益判断善恶，进行报复。因此，那时人们互相敌对，几乎不能拥有自己的权利。为了和平相处，得以生存，人们必须把进行报复和判断善恶的权利交给社会来执行。建立在法律和自我保存的力量上面的社会就是国家。他认为，国家的职能是竭力使人抑制不合理的欲求而受理性的指导，以达到安全和舒适的目的。因此，他和霍布斯一样，也主张建立强有力的国家政权。

斯宾诺莎考察了三种类型的国家，即民主制的、贵族制的和君主制的。他不主张君主专制，而是民主政体的拥护者。

（三）霍布斯的机械唯物主义

我们前面简要评述过霍布斯的名著《利维坦》，它系统地阐述了关于社会契约与专制主义的国家学说。在启蒙哲学方面，他又是一位著名的机械唯物主义哲学家。1655 年和 1658 年，霍布斯相继发表了《论物体》和《论人》，从而实现了他运用机械力学的观点和几何学的方法构造一个包括论物体、论人和论国家三部分的哲学体系的愿望。1660 年斯图亚特王朝复辟后，霍布斯一方面受到国王查理二世的礼遇，同时又遭到教会和贵族方面的攻击和迫害。1679 年 12 月 4 日去世。他的著作还有《论公民》、《论社会》、《对笛卡尔形而上学的沉思的第三组诘难》等。

"物体"是霍布斯哲学体系的基本范畴。霍布斯指出,"物体是不依赖于我们思想的东西,与空间的某个部分相合或具有同样的广延"。他认为宇宙是物体的总和,它的每一部分都是具有长、宽、高的有形物体。霍布斯从机械唯物主义一元论出发批评了二元论、唯心论和神学。他认为,运动是一切事物的最一般的原因,一切变化都在于运动。运动就是物体"不断地放弃一个位置,又取得另一个位置"。霍布斯运用17世纪力学中将一切事物均用机械运动的原理加以解释的方法,把运动仅仅归结为机械运动形式。

霍布斯认为,哲学是关于物体的原因与结果的关系的科学.整个世界就是原因与结果必然联系的链条。一切均受因果性的制约。既然一切事物都是有原因的,那么一切事物就都是必然地发生的。人们通常把那些还没有知道其发生原因的东西叫做偶然的。事实上,一切所谓偶然发生的东西都有其必然的原因,不存在什么偶然的东西。霍布斯的因果学说是机械决定论。

他力图运用他的机械唯物主义自然观来解释人。人似钟表,心脏即发条,神经乃游丝,关节似齿轮,生命不过是肢体各部分的和谐运动。

霍布斯继承了培根的经验主义路线,认为"我们所有的一切知识都是从感觉获得的",不存在什么天赋观念。人们通过感觉获得关于对象的性质的种种知识,但感觉只是人们认识物体性质的方式。

霍布斯把机械论贯彻于认识论的研究。他认为,知识发端于感觉和想象,但探明事物的原因则是推理的工作。所谓推理实际上就是观念的加或减的计算,或者是把一些观念加在一起组合成一个新的观念,或者是从一个观念中减去其中包含的另一些观念,把它们分离出来。霍布斯把人类的理性活动统统归结为机械性的活动,这就忽略了它的社会性和能动的创造性的本质。

霍布斯还以机械运动原理解释人的情感、欲望,认为人的本性就是无休止地追求个人利益和权力。采取一切手段去占有一切，乃是每个人都具有的天赋的自然权利。他把那种人们完全按照自己的本性而生活的状态叫做"自然状态"。在这种状态中，每个人都力图实现占有一切的自然权利，于是彼此争夺不已。然而，要求自我保存和对死亡恐惧的本能，必然使人产生摆脱普遍战争状态、追求和平的意念。于是，理性便出来教导人们，不能单凭自己的情欲去生活，应当接受那些大家必须遵守的共同的生活规则或公约，即所谓"自然法"。"自然法"是理性颁布的道德律令，头一条就是："寻求和平，信守和平"。霍布斯竭力摆脱神学，企图从人的情欲和理性中寻找社会动乱和安宁的根源，从人的理性中引出道德原则。这在当时的历史条件下具有反封建的积极意义。但这也表明，他在观察、处理社会历史问题时已经远远地离开了唯物主义。

国家学说是霍布斯哲学的中心课题。从他的机械论哲学的观点看来，国家也是一种人工物体，是一部人造的机器人：主权为灵魂，官吏为骨骼，财富为体力，赏罚为神经，民和为健康，民怨为疾病，内乱为死亡。

霍布斯认为，"自然法"只具有道德上的约束力，如果没有强有力的公共权力，它就不能贯彻执行。为了使"自然法"得到切实的遵守，人们便订立契约，把他们的自然权利（除"自我保存"这一点）转让、交付给君主或一些人组成的议会，这就是"国家"。国家凭借被赋予的最高权力，按照"自然法"制定国家法律，强迫人们遵守，以保证国内和平，抵御外敌。如前文所述，霍布斯的社会契约说的特色在于他用这种学说论证君主专制主义的合理性。他认为，人民一旦交出了权力，统治权一经契约建立，便永远不可转让。图谋废除君主，转让统治权，就是破坏契约，必受惩罚。如果统治者一旦不能尽到这个职责时，臣民可以解除服从原统治者的义务，寻求新的保护者。他摒弃君权神授论，坚持用人的眼光观察国家，这在当时具有反封建的意义。

霍布斯是欧洲近代哲学史上的第一个机械唯物主义者。他的机械唯物论在 18 世纪法国的启蒙运动中得到发展，他的人性论和社会契约论对后来西欧社会政治学说也有很大影响。

（四）莱布尼茨

莱布尼茨（1646—1716 年）是德国近代哲学家，客观唯心主义者、唯理论者，杰出的数学家，数理逻辑的创始人。他出生于莱比锡，15 岁时进入莱比锡大学学法律，接受了经院哲学的训练。1663 年曾到耶拿大学学习数学和逻辑学等。他在莱比锡大学的毕业论文题为《论个体性原则》，是维护经院哲学中的唯名论观点的。莱布尼茨在选帝侯梅因茨大主教属下担任了外交官职务。1672 年被派往巴黎，留居了 4 年，接触到哲学和科学界的许多重要人物，对他哲学思想的发展和科学成就产生了巨大影响。他于 1673 年初曾到伦敦作短期访问，在此结识了英国皇家学会著名科学家波义耳等，并被选为英国皇家学会会员。1676 年完成了微积分的发明。1676 年他担任公爵府参议职务，后来还兼任图书馆长。此后定居汉诺威。他除了自己从事哲学和各门科学的研究之外，还特别热心于推动科学研究事业的发展。普鲁士国王于 1700 年在柏林建立起科学院，莱布尼茨被举为第一任院长。1716 年 11 月 14 日，他在汉诺威逝世。

他的哲学著作主要有《形而上学论》、《神正论》、《人类理智新论》等。莱布尼茨哲学著作已译成中文的有《单子论》、《人类理智新论》、《莱布尼茨与克拉克论战书信集》等。

莱布尼茨的哲学思想是一种客观唯心主义，通常称为“单子论”。它是在扬弃和反机械唯物主义观点的斗争过程中逐渐形成的。他主张构成万物最后单元的实体不应具有广延或量的规定性，而应具有各自不同的质，并应具有“力”作为推动自身变化发展的内在原则。这样的实体是与灵魂类似的某种东西。他起初称之为"实体的形式"或"实体的原子"等等，最后称之为"单子"。他认为：单子无广延，真正不可分，也没有"部分"，是真正"单纯"的实体。单子既无部分，就不能由各部分的组合或分离而自然地产生或消灭，其生、灭只能出于上帝奇迹式的"创造"和"毁灭"；单子既无部分，因而无物能进出其内部，故每一单子都"没有可供事物出入的窗子"，是各自彻底孤立的。单子既与灵魂相类似，因而也具有"知觉"与"欲望"；每一单子凭其知觉"反映"全宇宙，如同镜子映照事物一样，在此意义下，每一单子就是反映万物的一个不同"观点"。同一宇宙，由于所处"观点"不同，就反映出不同的面貌，形成每一单子独特的质。世上没有两个单子在质上完全相同，也就没有完全相同的两个事物。单子由于知觉的清楚程度不同而有高低等级之分，由构成无机物的、具有模糊的"微知觉"的单子，到动物的具有感觉的"灵魂"，再到具有清楚的自我意识或理性的"心灵"，以至比人的心灵更高的"天使"之类，最后达到全知、全能、全善、创造了其他一切单子的最高的单子即上帝。每两个相邻等级的单子之间，有无数中介的单子，从而构成一个连续的系列，其间并无间隙或"飞跃"。他明确肯定"自然从来不飞跃"。单子与单子之间是彼此独立的，但单子所构成的事物却又是彼此互相作用、互相影响的，从而构成一个和谐的整体。莱布尼茨认为这是由于上帝在创造每一单子时就已预先确定其本性，使它在以后的全部发展过程中自然地与其他单子的发展过程相一致，这就是所谓"前定和谐"。从这个观点出发，莱布尼茨又认为，世界是上帝所创造的一切可能世界中最好的世界，这就是他的所谓"乐观主义"。

在认识论上，莱布尼茨站在唯理论的立场，主张有潜在的"天赋观念"，肯定根据"矛盾律"或"同一律"所得到的"推理的真理"才是必然真理，而根据"充足理由律"所得的"事实的真理”则是偶然的。他的哲学中具有相当丰富的辩证法因素和合理成分，如肯定万物的自己运动和普遍联系等，特别是他在数学和科学上的卓越成就对人类思想文化的发展有巨大贡献。

莱布尼茨是数理逻辑的创始人。他明确提出了数理逻辑的两点指导思想：一是希望建立一种“普遍的符号语言”，这种语言的符号应该是表意的而不是拼音的，每一符号表达一个概念，如同数学的符号一样；二是一个完善的符号语言同时应该是一个“思维的演算”。他认为，演算就是用符号作运算，对思维形式可以量化、可以演算。他设想，根据这种演算，推理可用计算来解决，遇到争论，双方只要把笔拿在手里说，“让我们来计算一下吧”，就可以把问题解决了。莱布尼茨提出的这两点重要思想正是现代数理逻辑的特征。他在数理逻辑领域的其他主要贡献是：成功地将命题形式表达为符号公式；构成了一种关于两个概念相结合的演算。他用“＋”表示两个概念的结合，提出和证明了一些重要命题。

二、启蒙运动在英国

（一）洛克

约翰·洛克（1632—1704 年）是英国唯物主义经验论哲学家。他是在宗教、政治学、经济学、教育学等方面有巨大影响的思想家。1632 年，洛克生于英国萨莫塞特郡的林格通。1647 年洛克被送到著名的威斯敏斯特学校学习。1652 年秋，他进入牛津大学基督教会学院。1658 年，获硕士学位。1660 年留校任教。1668 年，他被选为英国皇家学会会员。1675 年，获医学学士学位。1667 年洛克就步入英国政界。洛克从政之余，除仍从事医学和科学研究之外，开始探索哲学问题。1671 年他开始写作《人类理智论》。1679年他陷入复杂的党派斗争之中，1683 年洛克逃亡荷兰。洛克的重要理论著作大多是在荷兰完成的。主要有《关于教育的一些意见》、

《论宗教宽容》、《人类理智论》、《论降低利息和提高货币价值的后果》、《基督教的合理性》。他在宗教问题上的观点，受到教会人士的攻击，后期生活集中精力研究宗教宽容问题和圣经，不断著文答辩。他晚年退隐到艾塞克斯郡的奥提斯，1704年10月28日逝世。

洛克对哲学的目的和任务作了新的规定，认为传统哲学在用理智从事哲学研究的时候，往往不考察理智本身的能力，不知道人类知识的起源、本性和范围，结果便妄谈天赋观念的存在和作用，被意义不清的术语引入迷途，鲁莽地闯进不能找到知识的领域，对不可知的事物妄发议论，兴起没有意义的争辩，产生否定知识的怀疑论。洛克提出，要把对人类理智本身性质和能力的考察作为哲学研究的第一步，通过这种考察，"探讨人类知识的起源、确定性和范围，以及信仰、意见和同意的各种根据和程度"。这个新的提法后来成为康德的"批判哲学"的先声。

洛克认为无论在思辨领域，还是在道德实践领域，都不存在作为知识源泉和基础的天赋观念，必须把天赋观念作为知识的主要障碍进行批判。他认为人生之初，心灵犹如一张白纸，没有任何标记。只有后得的经验才在这张白纸上写上观念的文字，这就是他的著名的"白板说"。他说，我们的全部知识是建立在经验上面的；知识归根到底都导源于经验。洛克认为经验有两类，即对外物作用的感觉和对内心作用的反省。

洛克认为观念起源于外物的性质或能力对我们的感官的作用。因此，由不同性质的经验产生的感觉观念和反省观念就有简单和复杂之分。简单观念是原始的观念，是构成一切知识的基本材料。人心凭它自身的能力，把这些简单观念加以组合、比较和抽象，构成一切复杂观念。一切崇高的思想，都来自经验的简单观念。这就是洛克对于知识来源于经验的原理所作的论证。这个原理，过去的唯物主义者早已提出，但作系统的论证，则是洛克的独特贡献。他对天赋观念论的批判和对知识来源于经验的论证，适应了近代实验科学的要求。

洛克是"光荣革命"时期资产阶级主要的政治思想家。他的主要政治理论著作《政府论》的基本精神，就是保护公民的自然权利，论证资产阶级民主制度的合理性。据近年来的研究，此书初稿写于辉格党反对查理二世的斗争高潮之际。洛克写作这本书显然是为这一斗争作舆论准备的。"光荣革命"的胜利，使英国实现了从封建君主制到资产阶级和新贵族的立宪民主制的转变，同时也给洛克提出了为这种转变提供理论辩护的任务。《政府论》批判了英国保王派政治家 R. 费尔默关于君权神授的理论，论证君主和政府的权力来源于人民，来源于通过民主协议而达成的社会契约。人们建立政府的全部目的只是为了保护人民根据自然法而享有的自然权利。为了防止专制暴政，洛克提出把立法权、执行权和对外权分属不同部门掌握，这种三权分立说，对资产阶级国家制度的发展产生了巨大影响。

洛克还主张在政府与人民的争执中，人民是最高的裁判官，如果政府侵犯人民的自然权利，人民就拥有反抗政府的权利。这是洛克政治学说中一个重要部分，它为 17 世纪英国资产阶级革命提供理论辩护，对其他国家反对封建专制暴政的斗争也有广泛影响。洛克被公认为资产阶级民主主义政治理论的主要奠基人之一。

洛克思想的影响是深远和多方面的。他的唯物主义经验论成为 18 世纪法国唯物主义哲学的理论源泉。他对人类理智的性质和能力、知识范围和界限的考察，影响了休谟的不可知论和康德的批判哲学，也影响了巴克莱的主观唯心主义。他的宗教观促进了 18 世纪的自由思想和自然神论运动。他的政治学说被孟德斯鸠和卢梭继承和发展，构成资产阶级民主主义或自由主义理论的基础。

（二）休谟

大卫·休谟（1711—1776 年）是 18 世纪英国经验派哲学家和

历史学家。休谟出生在苏格兰爱丁堡。11 岁进爱丁堡大学，14 岁或 15 岁时离校，以后在家自修。1729 年起专攻哲学。1732 年休谟刚满 21 岁，就开始撰写他的主要哲学著作《人性论》。1734 年去法国自修，继续哲学著述。1736 年此书基本完成。1748 年出使维也纳和都灵。1749 年回家乡，潜心著述。1751 年移居爱丁堡市。次年，休谟被选为苏格兰律师协会图书馆管理人，于是利用馆藏资料，撰写英国史。1763 年应英国驻法国大使海尔特福德伯爵邀请，任使馆秘书；1765 年升任使馆代办。1766 年初休谟回国，一年后，经国务大臣康威将军推荐，任副国务大臣。1769 年 8 月退休返爱丁堡。1776 年 8 月病逝。休谟的主要哲学著作有《人性论》、《道德和政治论说文集》、《人类理解研究》、《道德原理探究》、《宗教的自然史》、《自然宗教对话录》等。

作为英国资产阶级思想的代表人物的休谟，贯彻经验论观点，建立了以动摇于唯物主义 和唯心主义之间的怀疑论为特色的哲学体系。

休谟在概述自己的哲学时指出，全部哲学可以区分为自然哲学和精神哲学两大部分，而科学的哲学研究方法是实验和观察的方法。自从培根以来，哲学家和自然科学家已经运用这种方法建立起自然哲学的体系。但是，在精神哲学方面，尽管英国的洛克、沙夫茨伯里等哲学家作了一些努力，但由于没有抓住"人性"这个根本，仍然没有建立起一个新的体系。休谟给自己提出任务：应用实验推理的方法，直接剖析人性本身，以便建立一个精神哲学的体系。而作为这个体系的基础的"人性"本身，他认为主要由两个部分构成，即理智和情感。他对"理智"的研究是关于认识论问题的论述，对"情感 "的研究是关于社会伦理和政治问题的考察，对宗教问题的探讨同理智原理和情感原理都有联系。休谟的精神哲学体系，大致包括认识论学说、社会伦理、政治学说以及宗教哲学学说等几个部分。

　　休谟对人的认识能力"理智"和认识的构成要素"知觉"进行剖析，形成了怀疑论的认识论学说。休谟把"知觉"作为知识的基本要素，并把知觉分为两类，即印象和观念。他认为印象是指人们在听、看、触、爱、憎的时候所产生的较活跃的知觉；观念则是在反省上述感觉时人们所意识到的一些较不活跃的知觉，这样的观念也就是思想。休谟进一步把印象也分为两类，即感觉和反省，他认为反省印象在相应的观念之前产生，但出现在感觉印象之后，而且是从感觉印象得来的。这样，休谟把感性认识和思维都归在知觉之下，并且把反省和观念都归结为感觉印象。

　　对于"感觉印象从何而来"这一认识论的根本问题，休谟持"存疑"态度。这种既不用物质对象的作用来说明感觉印象，也不用心灵或上帝的作用来说明感觉印象，是休谟的怀疑论即不可知论的基本观点。

　　尽管休谟极力回避回答物质或精神本原的问题，但是，他的怀疑论哲学并未超脱唯物主义和唯心主义两条路线，而只是动摇于两者之间。当休谟承认全部知觉依赖于身体的器官，承认感觉的产生有其自然的物理的原因的时候，他是在向唯物主义方面靠拢。当他把感性知觉同物质世界割裂开来，断言"确实知道的惟一存在物就是知觉"，"永远不能由知觉的存在或其任何性质，形成关于对象的存在的任何结论"时，他就陷入了主观唯心主义。

　　休谟认为建立在经验基础上的因果性知识构成了大部分的人类知识，是一切人类行为的源泉。因此，他着重地探讨了因果性问题。他按照怀疑论观点，不承认对于客观规律性的任何断定，而局限于对各个现象间、各个观念间因果联系的考察。他指出，因果之间有一种前后相承的关系，可是"后此"并不就是"因此"。因果联系观念的基本条件在于必然的联系，就是说，有果必有因，有因必有果。这种因果联系的发现不是凭借于理性，而是凭借于经验。不过，单独一次经验并不足以形成因果观念，只有当类似的现象多次重复或经常集合在一起，并从而在人的心灵上产生习惯性的影响时，才能形成这种观念。他在对因果联系的解释上，认为因果联系只存在于心中，而不在对象中，陷入了主观唯心主义。

休谟在上帝观念和宗教的问题上，做了详细的考察和专门的论述。主要是批驳上帝存在的证明。休谟认为，以往对上帝存在的证明是缺乏根据的。与此同时，休谟也反对无神论的观点，认为这种观点涣散人们的道德联系，有害于社会生活的安宁，因而也应予排斥。休谟按经验论观点解释上帝观念的来源。他指出，人们把关于自身的智慧、善良和力量的特殊观念无限地加以扩大，最后就形成全知全能、尽善尽美的上帝观念了。他也揭露宗教的危害作用。休谟指出，民众宗教的基本特征是野蛮和怪诞。教会和僧侣对于狂热的暴行加以利用，因此，基督教成了闹分裂和宗教战争的舞台。休谟虽然批判宗教，但并不完全否定宗教。他认为，证明上帝存在或不存在都是不可能的，但信仰上帝，却是可以的，而且是必要的，宗教信仰是社会的最坚固的支柱。对普通群众需要借助宗教来加以控制，而学术界人士则需要通过怀疑论哲学使自己成为健全的、虔诚的基督教徒。

休谟的哲学在哲学史上起过很重要的作用。他的不可知论观点为实证主义者、马赫主义者和新实证主义者所继承，对现代西方资产阶级哲学产生了广泛的影响。

三、启蒙运动在法国

（一）伏尔泰

伏尔泰（1694—1778 年）是法国资产阶级启蒙思想家，18 世纪法国启蒙运动的领袖和导师。伏尔泰原名 F. M. 阿鲁埃，1694 年 11 月 21 日生于巴黎一个富裕的资产阶级家庭。伏尔泰在求学时期受到自由主义思潮、特别是 P. 培里反对宗教狂热著作的影响，中学毕业后致力于文学创作，发表揭露宫廷腐败和教会专横的讽刺诗，于 1717 年和 1725 年两次被投入巴士底狱，并于 1726 年起被迫流亡英国。在英国，伏尔泰努力学习英国资产阶级的先进思想，成为牛顿和洛克的信徒。

伏尔泰于 1729 年回到法国，积极开展启蒙宣传活动。他在 1730 年至 1732 年，连续发表了悲剧《布鲁杜斯》、历史著作《查理十二史》，对宗教偏执和封建专制主义作了尖锐的揭露和抨击。1734 年伏尔泰发表了《哲学通信》，全面论述了他的哲学和政治思想。这一重要著作出版后，立即遭到查禁，伏尔泰被迫逃亡到洛兰省边境的西雷城堡。在这里，伏尔泰住了 15 年，完成了大量著述 。主要哲学专著有：《形而上学论》、《牛顿哲学原理》等。1750 年，伏尔泰应弗里德里希二世之邀，怀着劝说这位普鲁士王推行开明政治的幻想来到柏林，在德国逗留了四五年。这期间他出版了重要史学专著《路易十四朝纪事》，系统地论述了他关于实行开明君主制度的政治主张。伏尔泰后来在法国和瑞士边境的一个偏僻地方凡尔那购置地产定居下来。从此，伏尔泰开始了反封建战斗生活的新阶段。他加强了和国内外著名学者的联系，热情支持百科全书派的狄德罗等新一代启蒙学者，利用各种斗争形式抨击宗教狂热和封建王朝的罪行，推动了为民主自由而进行的斗争。这一时期他除继续创作一系列戏剧作品外，还完成了历史著作《彼得大帝治下的俄罗斯》、《议会史》，哲理诗《里斯本的灾难》，哲理小说《老实人》、《天真汉》等。

随着启蒙运动的深入发展，伏尔泰的声望愈来愈高。1778 年初，84 岁高龄的伏尔泰重返巴黎，受到人民群众的盛大欢迎，最终确立了他在 18 世纪法国启蒙运动中的崇高地位。同年 5 月 30 日逝世。

哲学思想与对教会的批判。伏尔泰所坚持的哲学观点，是自然神论形态的唯物主义与经验论。自然神论主张上帝完成宇宙设计后，就听任自然界自行运作，这在当时是从宗教神学通向唯物主义的一种过渡性理论形态。他从洛克那里接受经验论，承认外部世界的客观存在，承认外物作用于感官所产生的经验是认识的来源。伏尔泰虽然对于洛克的学说没有多少推进，但是，他在克服洛克"内省经验"的唯物主义不彻底性的同时，却发挥了这个学说的战斗性。一方面，他批判了莱布尼茨为宗教神学张目的"前定和谐"论和笛卡尔的"天赋观念"论，又反对巴克莱的"存在即被感知"的主观唯心论。另一方面，他从唯物主义经验论出发，否定了宗教神学关于灵魂不灭并可脱离肉体而存在的教义。他在接受牛顿关于自然界都受引力定律统一支配时，没有陷入宿命论，反而批评宿命论和绝对机械决定论，从而为政治上争取个人自由确立了理论根据。根据这种哲学观点，伏尔泰无情地揭露和抨击了教会的黑暗和反动。

伏尔泰认为宗教迷误和教会统治是人类理性的主要敌人，一切社会罪恶都源于教会散布的蒙昧主义，是它造成了社会上普遍的愚昧和宗教狂热。虽然他没有真正弄清宗教产生的社会历史根源和阶级根源，只是比较肤浅地把宗教产生的原因归结为人们的无知和僧侣的欺骗，但是，他从人类理性和历史事实两个方面对宗教教义的荒诞不经和教权主义罪恶的揭露和批判，还是相当深刻的。他指出，基督耶稣不过是一个凡人，《圣经》不过是一些荒诞透顶的神话故事，而一部教会史就是充满迫害、抢劫、谋杀的罪恶史。因而，他针对教会提出了著名的战斗口号："打倒丑类"，在团结反宗教力量方面起了重要作用。

伏尔泰主要活动于法国启蒙运动的前期，当时封建势力很强大，法国资产阶级处于相对劣势，这决定了他的思想的时代局限性。在哲学上，他始终没有摆脱神，还没有达到公开的唯物论和无神论；在历史观方面，他宣传抽象的民主、自由、平等，以救

世主自居，蔑视群众，没有摆脱历史唯心论；在政治方面，他在
揭露封建专制制度时，对共和思想持暧昧态度，长期幻想依靠开
明君主实行自上而下的改革。他的哲学与政治倾向，和同时的另
一位重要的启蒙思想家孟德斯鸠有相似之处。孟德斯鸠也主张自
然神论形态的唯物主义；他主张君主立宪制，他在《论法的精
神》这部名著中，设计君主立宪政体，提出比洛克完善的三权分
立理论，对于后来的资产阶级国家设计的政治蓝图，有深远影响。

（二）卢梭

卢梭（1712—1778 年）是法国 18 世纪启蒙运动中杰出的思想
家、哲学家、教育学家、文学家。他原籍巴黎，生于日内瓦。6 岁
时便和父亲一起阅读 17 世纪法国爱情小说以及普鲁塔克的《希腊
罗马名人传》。12 岁学习雕刻，因不堪其师打罚，出走巴黎、里昂
等地。1741 年他到巴黎去，结识了年轻一代的启蒙思想家狄德罗、
格里姆等。他的启蒙思想逐渐形成了。他为《百科全书》撰稿，论
述音乐问题。1749 年第戎科学院征文《科学艺术发展是否有助于
改善风俗?》，卢梭在狄德罗鼓励下写出《论科学和艺术》，提出科
学发展并不给人类带来幸福，反而带来灾难的观点。他指出文化
是为腐朽贵族阶级服务的，他们的豪华生活建筑在大多数人的贫
困上面。后在侯爵府邸服役，曾以演奏音乐为生，也作过法国驻
威尼斯公使的随员。他在流浪中读洛克、莱布尼茨、笛卡儿等英、
德、法著名哲学家的著作，自学了数学、史地、天文、生理、解
剖等科学知识，还掌握了拉丁语。他旅居巴黎时，又结识了哲学
家狄德罗、孔狄亚克，受到进步思想的启发。

卢梭痛恨封建社会。1749 年，第戎学院征文，题为《科学和
艺术的进步对于道德的影响》。卢梭撰写论文应征，痛斥了封建社
会及其文化。该文列为首选获奖。1753 年，该学院又行征文，卢
梭以《论人类不平等的起源和基础》应征，文中揭穿了社会不平

等根源在于私有制度，指出私有观念与私有制度产生了社会不平等，使富人夺了统治权力，使千千万万穷人沦为奴隶。他说"人与人之间生来就是平等的"，后来有一个人把一块土地圈起来，说"这是我的"，私有观念于是产生了，私有社会形成了，随之而来的是战争、贫困和灾难。他谴责专制暴政，宣称杀死和推翻暴君的人民起义是合法行动。此后卢梭又写了一系列很有崭新启蒙思想的著述。1761 年出版《新爱洛绮丝》，1762 年出版《社会契约论》和《爱弥儿》，后又撰成《忏悔录》（1782 年），都有很大影响。因《爱弥儿》揭露教会罪行，政府当局立即下令焚毁，并要逮捕作者。卢梭被迫奔赴瑞士、普鲁士和英国，1770 年返回巴黎，1778年逝世。

卢梭作为法国启蒙思想家，反映当时"第三等级"中的小资产阶级的激进愿望和要求。他的社会政治思想虽然最终是唯心主义的，但是非常深刻，对文明以来私有制社会做了深入批判。他认为人皆禀赋善性，如果顺应天性发展，罪恶就可消灭，社会就可得救。他认为在原始社会的自然状态中，人性自由发展，人人得享自由、平等。后来人类不平等的起源与基础在于私有制度产生，于是压迫现象出现，善良天性无从保持，邪恶便笼罩人间。他呼吁社会和个人都"归于自然"。他也有小资产阶级的局限性。他虽知私有制是人类不平等的起源，却不主张废除私有制。

卢梭富于革命激情，他的社会契约论深刻论述了"主权在民"的民主思想，描绘了资产阶级共和国政制的具体蓝图，成为法国资产阶级大革命的直接思想先导，也直接影响了美国的政治启蒙、独立战争和政治制度的建立。他的启蒙学说，成为资产阶级民主革命的一面思想旗帜。卢梭的《社会契约论》是一部资产阶级政治革命纲领性著作，阐明国家的建立是人民之间协议的结果。人们结合为国家，同意放弃"天然自由"，换取"公民自由"。国家的最高权利属于人民。"服从法律的人民"同时也是"创造这些法律的人民"。卢梭提出公民选举领袖的共和制度，他向往的国家实质上是保障资产阶级民主权利的共和国家。他的政治思想比伏尔泰和狄德罗都激进进步，后来成为资产阶级民主派中最革命的雅各宾派的政治纲领的基础。

卢梭的教育理论同样以"归于自然"为依据。他的教育代表作《爱弥儿》开宗明义便说："上帝创造的一切都是善的，而人滥于作为，便变为丑恶的。"他痛斥当时的教育戕害人性，使人成为"文明"的牺牲品。他说："我们且以天性的最初的冲动永远是正当的，作为颠扑不破的原则。"他又说，"要以天性为师，而不以人为师"，要成为"天性所造成的人，而非人所造成的人"。这就形成教育史上的自然主义。《爱弥儿》论证教育的目的是培养自然人，抨击造就王公贵族和达官显宦的封建教育，对于当时以培养公民为教育理想的观点，也予以抨击。他认为自然不制造王侯和士绅，培养贵族和显宦是违反天性的；人人应该按天性而生活，而公民的一切却是由社会决定的。在卢梭心目中，自然人是身心调和发达的人，既有农夫或运动员的身手，又有哲学家的头脑，因而身体健康，感觉灵敏，理性发达，良心畅旺，还具有从事劳动以维持生计的本领。卢梭设想的爱弥儿就是自然人，是自然主义教育培养的新型人物，这实质上是资本主义教育培养的模特儿。

自然主义要求教育要适应受教育者的身心发育。因为"在万物中，人类有人类的地位，在人生中，儿童有儿童的地位。必须把人当人看待，把儿童当儿童看待"。卢梭将受教育者的身心成长分为4期：第一期，由初生到两岁半是婴儿期，身体软弱，教育应以养护身体为主。第二期，两岁半到12岁是儿童期，感觉发达，教育应以身体锻炼和感官训练为主。第三期，12岁至15岁是青年期，理性开始发达，教育以知识教育为主。第四期，15岁至20岁是青春期，已意识到社会关系，是实施性教育、道德教育和宗教教育时期。卢梭认为教育既须适应受教育者身心成熟的阶段，还须适应众多受教育者的个性差异和两性差异，这一主张对教育心理学的发展起了推动作用。

卢梭对教育内容和方法，也提出了改革方案。在身体养护锻炼方面，卢梭既反对把身心对立起来，把身体当做心灵的桎梏，以致流为禁欲主义；又反对娇生惯养，以致流为溺爱放纵。在感觉训练方面，他强调感觉是知识的门户，强调通过训练而使之发达。在智育方面，卢梭反对古典主义的教学内容和教条主义的教学方法。他主张让儿童通过实际活动及接触事物，从观察与探索中受到启发诱导，获得真实的知识。他反对教师把儿童当学者看待，一味注入灌输和强迫呆读死记。在德育方面，他反对教师把儿童当道德家看待，空洞地进行道德说教；反对把儿童当神学家看待，讲求礼仪和教义传诵。他要求通过培养善良习行来培养善良品德；利用自然惩戒来改正儿童的过失；从正义行动中，锻炼对罪恶社会进行斗争的意志；还要养成儿童对神的内心虔信，不流为盲目信从。

卢梭在《爱弥儿》一书中对妇女教育的看法过于偏颇，他认为女子的天赋低于男子，女子教育应以培养贤妻良母为目标。妇女不能妄想做学者或社会活动家，而应擅长治家之道和讲求贞洁的妇德。

卢梭批判封建教育的功绩是巨大的。以后裴斯泰洛齐、康德、巴泽多、杜威等瑞士、德国、美国的教育家、哲学家，都深受卢梭理论的启发；近世的教育改革和教育科学的发展，也受到卢梭思想的影响。

（三）百科全书派

18世纪法国资产阶级革命准备时期哲学的巨大进展与成就，是以"百科全书派"为代表的唯物主义哲学。其主要代表人物，有拉美特利、狄德罗、爱尔维修、霍尔巴赫等人。他们代表当时法国资产阶级中的先进阶层，一般说来，这个阶层历来受封建王室及僧侣、贵族政治上压迫和经济上勒索，和这些封建反动统治势力处于尖锐对立的状态，因而也就具有较激进的反封建的革命性。百科全书派的哲学能与宗教观念彻底决裂而与战斗无神论相结合，在资产阶级哲学范围内，达到最彻底的唯物主义水平。他们的哲学成为唯物主义发展史上的第二种形态——机械唯物主义的典型表现。由于他们的唯物主义与战斗的无神论思想相结合，这种启蒙思想导致法国大革命第一次完全抛开了宗教外衣，并在毫不掩饰的政治战线上作战这一特点。18世纪法国唯物主义者之所以被称为"百科全书派"，是因为以他们为中心，编纂出版了一部《科学、艺术和工艺百科全书》，勇敢地力图把他们的观点贯彻于人类知识的一切领域。伏尔泰、孟德斯鸠、卢梭等人也都参加了《百科全书》条目的撰写等工作，但他们自有不同的学说。百科全书派通常是指狄德罗等坚持公开的无神论思想的唯物主义哲学家，也包括虽未参加《百科全书》工作，但观点一致的拉美特利。

　　他们在哲学上坚持唯物主义和无神论；在政治思想方面，接受了洛克的学说，丰富和推进了伏尔泰、孟德斯鸠的理论；政治倾向上主要反映了中等资产阶级的要求。他们为资产阶级的政治主张提供了新的更全面、深入的理论基础，主要表现在：第一，依据唯物主义与无神论，深入批判天主教神学以及它所维护的政治专制主义。他们认为应该用物质和运动、时间与空间的关系来解释宇宙的本质，上帝是没有的；神这个字眼只表明对于秩序和运动的原因的无知。宗教是奴役人民的，它让人们把希望寄托于来世幸福，这只会有利于专制制度无限地扩张权力。他们认为宗教神学与君主专制相结合是暴政的基础。主张要培养有道德的公民，只能通过教育。第二，用功利学说解释国家与法律的本质和目的。

爱尔维修认为，在人类社会生活的各个领域里，利益起着支配一切的作用。利益不仅是人们行为价值的惟一的、普遍的鉴定者，也是一切法律的基础。狄德罗认为，国家和法律正是基于人们要维持彼此的权益和共同的需要而产生的。百科全书派功利学说的核心是个人利益的满足，它尖锐地批判了禁欲主义和封建特权，在启蒙运动中发挥了特殊的作用，并影响了19世纪的英国功利主义以及20世纪的福利国家论。第三，他们提出"人是环境的产物"的观点，认为人的行为、思想、性格是由环境即主要由政治制度和立法所决定的。他们由此得出结论，要改善人的行为，提高人们的道德水平，必须推翻封建统治，建立良好的政治制度和法律。

百科全书派的政治主张基本上沿袭了洛克的自然法学说与社会契约论，认为在自然状态里，人人享有与生俱来的自然权利，包括财产、生命和自由权；由于私有制的产生以及对和平与秩序的向往，人们通过社会契约组成国家，有了法律；人们把部分权利，如裁决是非、惩处犯罪的权利，交给国家，以便保障财产权等自然权利。人民是主权者，理想的国家形式是君主立宪制（爱尔维修则主张共和政体），君主的权力受法律制约；人民有权反抗暴君，但是首先应该信赖理性的进步、立法的改革或教育的作用，会把君主引向真理之途。

这一派思想家都反对封建专制的不平等，主张人人生而平等以及法律面前人人平等。但他们又认为，人们在财富和权利方面是不可能平等的；私有制和社会不平等是人类社会的必然现象。对不平等的原因，他们的理解也有所不同。狄德罗认为社会不平等的原因在于人的天生禀赋不平等，而爱尔维修认为人的天赋能力平等，可以通过教育纠正社会上的不平等。百科全书派体现了科学与民主的时代精神，成为法国启蒙运动的中坚力量，为法国大革命做了有力的思想准备。

四、启蒙运动在德国

德国启蒙运动的出现有深刻的社会历史原因，也有自身的特点。18世纪初，德国政治经济都远较英法两国落后。全国在政治上四分五裂，有大小300个左右的封建小邦，只有普鲁士王国比较强大。政治经济实力掌握在容克贵族地主手里。德国的资产阶级依附于封建贵族，他们所处的政治经济地位，决定了他们思想上的软弱性和政治上的妥协性，造成"庸俗市民"气质。然而，德国的资本主义经济还是在逐步发展，促使资产阶级的成长和觉醒，滋长了民族爱国思想，增强了反对封建割据、争取民族统一的情绪和要求。当时英法两国已展开的启蒙运动给德国资产阶级先进知识人士树立了榜样，激发了他们进行社会改革的愿望和决心，并给以巨大思想影响。德国启蒙运动的特点是它不像法国启蒙运动那样直接、鲜明地表露政治内涵，而是文化思想领域曲折地表现反封建、反教会统治的倾向，传达资产阶级的政治要求。

（一）歌德与席勒

德国的启蒙运动首先表现在具有浪漫主义倾向的狂飙突进运动中。歌德和席勒是其杰出的代表。

约翰·沃尔夫风·歌德（1749—1832年）出生于德国法兰克福。1765年他到莱比锡大学学习法律，开始文学创作，写过一些洛可可风格的抒情诗。他对自然科学和艺术发生兴趣，读过温克尔曼的《古代艺术史》（1764）。1770年他到斯特拉斯堡大学学习，成为狂飙突进运动的主要参加者。狂飙突进时期，歌德的主要作品是《铁手骑士葛兹·冯·伯利欣根》（1773）、书信体小说《少年维特之烦恼》（1774）和一些优秀的抒情诗。

歌德在1775年接受萨克森—魏玛公爵卡尔·奥古斯特的邀

请，到了魏玛，任枢密顾问，担任军事、交通、财务等行政工作。除少数几次旅行外他都居住在魏玛，直至逝世。歌德一生从未停止过诗歌创作。从青年时期情感的抒发到晚年对于事物的观察，用歌德自己的话来说，他的诗歌是"一部巨大的自白的断片"。尽管他的思想有保守性和妥协性，可是他的诗歌在思想情感的深度和广度上超过了他同时代的作家。他的诗歌的形式是多种多样的，影响了德国整个 19 世纪的诗歌。歌德的优秀作品还有悲剧《哀格蒙特》、诗剧《伊菲革涅亚在陶洛斯》、小说《维廉·麦斯特的学习时代》等。

《浮士德》是歌德的创作顶峰。歌德写作《浮士德》，从狂飙突进的 1773 年起到 1831 年全部完成，将及 60 年之久。从 1806 年第一部脱稿到晚年集中力量写第二部，中间也有 20 年的时间。《浮士德》悲剧取材于 16 世纪关于浮士德的传说，描述浮士德一生发展的道路，与一切困难和障碍搏斗，克服了内在的和外在的矛盾，最后得到了"智能的最后的断案"。歌德描述浮士德经历了 5 个阶段的悲剧，第一部主要是知识悲剧和爱情悲剧；第二部包含了政治悲剧、美的悲剧和事业悲剧。

歌德通过浮士德一生的发展，概括了从文艺复兴到 19 世纪西欧资产阶级上升时期进步人士不断追求知识、探索真理、热爱生活的过程，描述了他们的精神面貌、内心和外界的矛盾，以及他们对于人类远景的向往。《浮士德》的语言风格也是变化多端，严肃与诙谐、壮丽与轻松、明朗与隐晦，互相交替，和内容同样丰富多彩。这部悲剧是古典主义和浪漫主义风格的完美结合。

约翰·克里斯托弗·弗里德里希·席勒（1759—1805 年）出生于军医家庭。在狂飙突进运动中，他热情地读着卢梭、莱辛、歌德的作品，受到鼓舞，创作了著名的剧本《强盗》和《阴谋与爱情》，确立了他反抗封建专制、争取自由解放和唤起民族觉醒的创作道路。后又完成著名颂歌《欢乐颂》和剧本《堂卡洛斯》，并撰成《审美教育书简》、《论素朴的诗和感伤的诗》等重要美学著作。

他的《强盗》(1780 年)是一部反封建专制暴政的作品。卡尔·穆尔放荡不羁,曾请求父亲穆尔伯爵宽恕自己,但弟弟佛朗茨为了独吞家产,唆使父亲与卡尔断绝关系。卡尔啸聚绿林,劫富济贫。佛朗茨这时还想霸占卡尔的未婚妻,卡尔率群盗救出父亲和未婚妻,佛朗茨自杀身亡。未婚妻要求卡尔放弃强盗生活,但群盗们都反对。最后卡尔杀死未婚妻,自己也不愿再做强盗,便去官府自首。作品的扉页上写着:"打倒暴虐者!"作品还引用希腊名医的箴言:"药不能治者,以铁治之;铁不能治者,以火治之。"这表明了作者鲜明的战斗精神。

席勒的《阴谋与爱情》(1784 年)是一部悲剧作品,叙述了宰相瓦尔特的儿子斐迪南爱上了平民姑娘露伊斯,这时瓦尔特出于政治的需要,要斐迪南与他遗弃的情妇结婚,他自己则要与一个贵族女子结婚。最后悲剧以斐迪南误信谣言毒死露伊斯、自己也自杀身亡而告终。这部悲剧是启蒙运动的时代精神的产品。席勒在作品中宣扬了自由、平等思想,展现了市民阶层为此而进行的斗争。然而这一斗争却遭到了残暴的封建专制、阴险的宫廷政治的摧残,作品痛斥了封建政治的恶行。《阴谋与爱情》作为悲剧,不仅是肯定启蒙主义世界观的价值,而且通过善与恶的共同毁灭,提出了超越于启蒙主义价值观的形而上学问题:人生存本身的善恶意义究竟在哪里。作者提出了事实上的回答:就在启蒙主义价值观与封建思想意识之间的激烈的冲突中。

席勒在《审美教育书简》里,批判了封建统治的腐败,也不满资产阶级革命的"粗暴"。他从唯心主义出发,主张通过审美教育实现所谓"自由王国"。他认为,人只有在审美的艺术活动中,也就是在游戏活动中,感性和理性、主体和客体、个人和社会、本能要求和伦理要求这些对立才能得到统一,达到真正的自由。这种自由意味着精神的解放和所谓的人格完美,它将为政治上与经济上的自由准备条件。

《论素朴的诗和感伤的诗》对诗歌作了历史的观察和分析，探讨了文艺创作中某些根本性的问题。作者指出诗人有两种类型：一种诗人和自然现实是协调统一的，他们的诗是素朴的；另一种诗人和自然现实相对立，而又追求和自然现实的协调统一，他们的诗是感伤的。前者多半是古人，后者多半是近代人；但是古人中也有后者，如贺拉斯；近代的人中也有前者，如莎士比亚和歌德。前者是现实主义的，直接反映现实；后者是理想主义的，反映由现实提升的理想。他又说，这两种创作方法可以互相结合："有一种更高的概念可以统摄这两种方式。"

《威廉·退尔》是席勒逝世前一年完成的一部五幕诗剧。时值拿破仑大军压境，他借用 14 世纪瑞士人民反抗奥地利统治者的故事，号召人民为祖国的自由而战。剧中主人公威廉·退尔是瑞士的著名神箭手，由于拒绝向奥地利总督挂在高杆上的帽子行礼，受到迫害。他在暴风雨中逃脱，把总督射死。于是爆发了瑞士人民的起义，终于驱逐了异族侵略者。这是一部具有高度现实意义的爱国主义作品，全剧结构完整紧凑，紧张的戏剧冲突和浓郁的抒情场面交替出现，表现席勒的创作已经达到炉火纯青的程度。

（二）莱辛

莱辛（1729—1781 年）是德国戏剧家、戏剧理论家。1729 年 1 月 22 日生于劳西茨地区的卡门茨。1741 年到迈森贵族学校上学，同时从事文学创作。喜剧《年轻的学者》就是在这时开始动笔的。1746 年莱辛进入莱比锡大学学神学。他违背父母的意愿放弃神学，决心献身戏剧事业。1748 年著名的诺伊贝尔夫人剧团演出他写的喜剧，很受欢迎。他接着又写了几部喜剧。1748 年诺伊贝尔夫人剧团解散，莱辛到维滕贝格上学，但学业未完，就于同年来到柏林。

在 1748 年至 1760 年,莱辛最初在一些报刊当编辑和撰稿人,不久,独立主编《柏林特许报》文学副刊。以后,他又结识了哲学家门德尔松和出版家尼科莱,三人共同编辑出版了《关于当代文学的通信》。莱辛还自己主办了《戏剧文库》,介绍和评论外国戏剧,特别是英国戏剧。在柏林期间,莱辛完成了剧本《萨拉·萨姆逊小姐》(1755 年)。该剧的出版和演出坚定了莱辛从事戏剧事业的决心。1756 年 5 月他曾到荷兰、英国等地旅行,返回莱比锡后翻译出版了《狄德罗先生的戏剧》。

1760 年 10 月他从柏林来到布雷斯劳,当了普鲁士将军陶恩钦的秘书。1765 年 5 月又回到柏林,完成了反普鲁士的喜剧《明娜·封·巴尔赫姆或军人之福》。不久,汉堡民族剧院建立,莱辛任戏剧艺术顾问。1767 年 4 月他来到汉堡,对演出的剧本和演员的表演进行评论。这些评论最后汇集成《汉堡剧评》,于 1769 年出版。1770 年他到布林·斯韦克公爵的沃尔芬比特尔图书馆当了图书管理员。在此期间,他完成了一系列重要著作,其中包括著名悲剧《爱米丽雅·迦洛蒂》和《智者纳旦》等。1781 年 2 月 15 日莱辛在不伦瑞克逝世。

莱辛的剧作从一开始就具有鲜明的社会批判倾向。喜剧《年轻的学者》(1747 年)嘲笑了那种只知死啃书本、对现实生活一无所知的书呆子。接着莱辛又写了喜剧《老处女》(1748 年)、《达蒙或真正的友谊》(1747 年)等。《犹太人》(1748 年)驳斥了人们对犹太人的偏见;《怀疑论者》(1749 年)写对宗教持怀疑态度的人与虔诚的教徒之间如何彼此理解、和睦相处。这两部作品所表现的思想是莱辛毕生为之奋斗的理想。《财宝》(1750 年)是根据普劳图斯的《三角钱戏剧》改写的,剧中嘲讽了市民家庭对嫁妆的追求。莱辛的这些早期戏剧基本上是按照法国古典主义格式创作的,还没有形成自己的独特风格。

他写的悲剧《萨拉·萨姆逊小姐》在德国戏剧发展史上具有

重大意义，它标志着德国戏剧进入了一个新阶段，是德国的第一部市民悲剧。

1755 年至 1758 年，莱辛研究了古希腊戏剧，尤其是索福克勒斯的作品，并写了一部仿古独幕剧《菲罗塔斯》（1759 年）。他还研究了关于浮士德的传说，写成剧本《浮士德博士》（1759 年）。

《明娜·封·巴尔赫姆》是莱辛的三大名剧之一，也是第一部具有浓烈民族特色的德国戏剧。它在德国戏剧史上第一次克服了人物塑造类型化的毛病，把自然和真实作为喜剧创作的基本原则，为喜剧发展开创了新阶段。该剧同克莱斯特的《破瓮记》和豪普特曼的《獭皮》一起被誉为德国的三大喜剧。

《爱米丽雅·迦洛蒂》是借用古罗马历史事件写成的著名反封建悲剧。与《爱米丽雅·迦洛蒂》差不多同时开始写作的还有《斯巴达克斯》（1770 年），但没有写完，只留下片断。这两部剧作在内容和形式上都有密切关系。莱辛把奴隶起义的首领当作剧中主人公，表现了作者反封建反专制的战斗精神。两部剧作都克服了法国古典主义模式，但又没有抛掉古典戏剧的基本原则。

莱辛一生既反对世俗的封建统治，也反对基督教的正统派。《智者纳旦》是他同正统派斗争的产物。剧本描写"圣殿骑士"在十字军东征中被伊斯兰教的苏丹萨拉丁俘虏，因他长得像萨拉丁的哥哥才予以释放。"圣殿骑士"救出了犹太商人纳旦的养女蕾霞，并爱上了她。经过一番曲折，最后弄清，"圣殿骑士"与蕾霞本是兄妹，都是萨拉丁哥哥的孩子。它说明三个大宗教同出一源。这一主题是启蒙运动时期的"宽容论"的主要内容，反映人类的大同理想。

莱辛没有系统的戏剧理论专著，他写的都是评论，但在评论中包含了重要的理论观点，《新文学通信》和《汉堡剧评》都是这样的作品。

《新文学通信》的名义主编是尼科莱，实际负责人是莱辛。莱辛在这个刊物上以书信体的形式发表了一系列评论当代文学的文章，其中最重要的是第17封信，它的内容基本上包括了莱辛戏剧理论的主要观点：创立与本民族历史和现实紧密结合的民族文学、民族戏剧是当务之急；德国的民族戏剧不应以法国古典主义戏剧为模式，而应以莎士比亚和英国戏剧为榜样，同时还须吸收自己的民族传统。

莱辛将其在《汉堡剧评》上发表的104篇评论，编辑成书出版。提出的理论观点有三点：第一，戏剧应当通过情节的安排和人物的塑造起教育作用。悲剧的作用是引起观众对主人公命运的怜悯和恐惧，从而促使观众得到"净化"，避免遭受同样的命运，不犯类似的过错。观众可以而且应当与剧中人物相通，因而戏剧必须真实，剧中人物要像生活中的人一样，既不是绝对的好人，也不是彻头彻尾的坏蛋。第二，法国古典主义者歪曲了亚里士多德的诗学。亚里士多德从来没有主张过"三一律"，而只是强调情节必须统一。因为情节是戏剧的生命，时间和地点从属于情节。悲剧与喜剧不能按照剧中人物的社会地位划分，所有的人都可以成为悲剧或喜剧的主人公。第三，不同意狄德罗关于剧中人的性格只要表现他所属等级的特征就够了的观点，认为人物必须有个性，人物的性格必须是一般与个别的统一。

莱辛的戏剧理论以亚里士多德的诗学学说为依据。他批评拉辛、高乃依，认为他们误解和曲解了亚里士多德；他称颂莎士比亚，认为莎士比亚从本质上实现了亚里士多德的主张。莱辛已经看到古典主义戏剧不再适合新时代的要求，并已认识到莎士比亚对现代戏剧的巨大意义。

（三）美学的启蒙

德国的美学启蒙思想在西欧启蒙运动的美学中占有重要地位，尽管在美学理论建树上，如审美趣味的研究，不超过英、法启蒙运动美学，但是至少在以下三个方面取得了突出的成就：第一，在西方美学史上第一次把美学视为一门独立的学科，确定了美学研究的领域；第二，结合古代艺术史探讨美的概念，增强了艺术的历史感；第三，对艺术不同门类作了美学研究。这些成就具有承上启下的意义，对德国古典美学产生了直接的影响。

当时德国哲学中，理性主义占主导地位，但也受经验主义的影响。这情况波及到美学，也产生了不同的理论。除席勒与莱辛的美学思想外，以莱比锡大学教授高特雪特为代表的一派，主张效法法国古典主义美学，把布瓦洛的《论诗艺》规定的信条搬到德国来，高特雪特写的《批判的诗学》宣称文艺要根据理性，掌握一套规则，便可如法创作。而以瑞士苏黎世大学教授波特玛和布莱丁格为代表的另一派在德国也较有影响，他们反对高特雪特的观点，主张效法英国文学，提倡民间文学，注重表现民间生活和有浪漫意境。

五、法国大革命及其政治影响

启蒙运动的思想解放是西欧资产阶级政治革命的思想先导，它促使西欧各国先后通过暴力革命或君主立宪的改良方式确立资本主义秩序。其中，法国大革命是最猛烈、最彻底的一场资产阶级政治革命，具有全局性的深远政治影响。

（一）贵族与资产者

18 世纪末的法国资产阶级革命，是世界近代史上最为重要的历史事件。它不仅首次在欧洲大陆的一个大国内彻底摧毁封建专制制度，建立起资产阶级的统治，而且有力地推动了欧美资产阶级革命运动的发展。

资本主义的发展与封建专制的矛盾日益尖锐，表现在政治上乃是阶级矛盾的尖锐化。革命前夕，法国仍保留着森严的社会等级制度。法律上公开把社会成员分为三个等级，第一等级是僧侣，第二等级是贵族，第三等级是资产阶级，其中还包括农民、工人、城市贫民和为数众多的小生产者。第一与第二等级又称特权等级。他们有政治特权，不交纳任何捐税，僧侣只自愿交纳贡物。第三等级在政治上没有特权，并要交纳一切国税。国王是特权等级在政治上的总代表。无限君权论仍然是法国封建专制制度的官方理论。封建思想家继续散布：国王的权力是直接从上帝那里得到的，人间的君权类似天上的神权，国王是上帝在人间的代表，国王除了天生的责任感以外，他的意志没有任何限制，作为臣民的个人必须服从。为了维护封建专制特权，统治者任意扩充军队，加重赋税，在国外进行侵略战争，在国内过着豪华糜烂的腐朽生活。宫廷中贪污腐化成风，支出无度，中央和地方的行政机构极度混乱，监狱制度非常黑暗。皇室与贵族、教会和僧侣沆瀣一气、互相勾结，成为反动思想的堡垒。他们垄断知识，并以神权、宿命论和种种迷信思想束缚、奴役人民。总之，18世纪末期，法国社会各阶级之间的矛盾已经发展到了异常尖锐的程度，在第三等级内部也存在着矛盾，但在反对封建制度这一问题上，则是一致的。因此，第三等级同以国王为首的僧侣和贵族之间的矛盾是不可调和的，只能通过暴力革命才能得到解决。

（二）启蒙运动的思想与政治影响

适应资产阶级反对封建专制的需要，18世纪法国启蒙运动为行将到来的革命提供了科学理性与自由民主思想。法国大革命前夕，资产阶级的启蒙学说得到了充分发展，已在呼唤一场政治革命。启蒙思想从法国以最大的幅度与深度传播、影响到欧洲各国，成为席卷欧美大陆的广泛的国际思潮。其思想内涵极其广博，涉及宗教、哲学、美学等文化领域。启蒙运动的思想家们勇于为真理和正义而斗争。他们甘冒身陷囹圄、逃亡异国的危险，不畏遭受种种苦难，给"天国"的神灵和世上的王权以沉重打击。他们的著述描绘了未来"理想王国"的蓝图，启发并培养了一代革命者。启蒙运动为摧毁腐朽的封建制度、确立资本主义制度做了思想上和理论上的准备。启蒙思想家宣传的自由、平等、民主和法制的思想，对 1789 年的法国大革命，以及 19 世纪欧洲爆发的一系列资产阶级革命，都产生了极大的影响。

（三）革命时期与专政

法国大革命开始之前的导火线是 1787 年的贵族对国王的反抗，之后大革命爆发，通过资产阶级的君主立宪阶段和大、小资产阶级斗争激烈的共和国阶段，历经曲折，直到发生一个使拿破仑执掌政权的转折为止。

贵族反抗，是因为他们希望恢复自己在 16 世纪和 17 世纪期间丧失给皇室的政治权力。当国王路易十六不顾占有者的社会地位，向所有地产者征收一种统一税时，特权阶层谴责这种新的税为非法的，宣称惟有集合于三级会议的全体国民才能制定如此重大变动的新税制。贵族以为他们能控制这一会议，从而重新获得在政治上的统治地位。但是，三级会议的召开所导致的不是贵族的胜利，而是一个巨大的革命浪潮的掀起；这一浪潮将扫除法国和欧洲大部分地区已确立的专制制度和封建统治阶级。

三级会议并不代表全体法国人民，而是代表以往所划分的三个等级。从一开始，第三等级就证明是最有生气、最具决定性的。这个平民等级迫使国王路易十六把三级会议改变成国民议会，从而赢得他们的第一个胜利。这是一个极其重要的转变，之后，国民议会中的第三等级因巴黎平民的起义而得救。民众进行了决定性的干预，发动了群众性的革命。1789 年 7 月 14 日攻占巴士底狱，标志着民众登上了历史舞台。民众革命不仅发生在巴黎，而且也发生在农村。法国大革命采取了一系列的激进措施，较突出的是没收教会土地、改革司法制度和行政制度，并且通过了《人权和公民权宣言》。宣言提到的"自由、平等、博爱"的革命口号传播到整个欧洲。制宪会议上1791年宪法的颁布，系统、完整地阐明了资产阶级君主立宪制度的各个方面，是法国大革命取得的带有妥协性的重要成果。1792年8月10日，巴黎革命群众起义推翻了君主专制制度，结束了君主立宪政体，立宪派内阁也垮台了，革命进入到了一个新的阶段。9月22日国民公会宣布成立共和国，这就是法兰西第一共和国。在人民群众和激进的雅各宾派的坚持下，路易十六被判处死刑，1793年1月21日他被送上断头台。同年10月王后也被处死。

8月10日巴黎起义后，法国政权中出现了两大派别并存与激烈斗争的局面，一个是代表上层工商业资产阶级的吉伦特派，另一个是代表小资产阶级的雅各宾派，他们掌握着巴黎市政府。在代表中等工商资产阶级的平原派的支持下，吉伦特派在国民公会执行委员会的选举中占据优势，从而执掌了国民公会的大权。吉伦特派不是积极领导抵抗国外干涉势力的侵犯和组织防御工作，而是不断迫害和镇压雅各宾派及下层群众的活动。这些做法使吉伦特派日益孤立。在雅各宾派的领导下，巴黎各区联合成了起义委员会，发动起义，于1793年5月31日至6月2日包围国民公会，结束了吉伦特派的统治，革命进入高峰。雅各宾派执政初期，以政治民主的原则改造和治理国家，这些政策在完成资产阶级预定革命目标方面可以说是已经走到了极点。国民公会6月24日通过的新宪法即1793年宪法，是近代最民主的资产阶级宪法之一，它所宣布的资产阶级民主原则，对西欧其他各国的资产阶级运动都发生了深刻影响。法国革命所面临的形势，要求雅各宾派必须进一步突破这一极点。1793年，共和国的经济形势仍没能从根本上得到改变，激起了群众的不满，在这个关键时刻，以罗伯斯比尔(1758—1794年)为首的雅各宾派决定顺应人民群众的要求,用打击资产阶级自身利益的措施以保障资产阶级革命的最终胜利。这些措施的实施标志着雅各宾派专政的恐怖统治的建立。这种"恐怖统治"方式是一种资产阶级革命中出现的"非资产阶级方式"或"平民方式",使雅各宾派建立起了和群众的联盟,对保证革命的胜利起到了一定的作用。但是,后来恐怖统治失去了控制,革命开始吞灭它自己的子女。对于资产阶级来说担忧革命的社会激进主义不断增长,无套裤汉派正在迫切要求建立一个平均主义的国家。1794年7月27日(革命历法为热月9日)反对革命政府的阴谋集团发动政变,雅各宾派专政崩溃;1795年,热月党的督政府控制了法国政权,却使政治危机更加严重。1799年11月9日(雾月18日)拿破仑·波拿巴发动雾月政变,解散督政府,建立起大资产阶级的军事独裁统治,法国转入拿破仑帝国时期。

法国大革命是西欧近代资产阶级革命中最为深刻和彻底的革命。革命经历了君主立宪派、吉伦特派和雅各宾派分别统治的三个阶段,一直沿上升路线发展。它彻底消灭了封建制度并用民主的方式解决了农民的土地问题,从而为法国资本主义的发展开辟了广阔的道路。同时,这次革命也沉重地打击了欧洲的封建势力,有力地推动了欧洲的资产阶级革命运动。

(四)《拿破仑法典》

1799年11月9日雾月政变,拿破仑·波拿巴推翻了督政府的统治,建立起以拿破仑为首的三人执政府,从此,开始了军事独裁的统治,在这个阶段,拿破仑为满足大资产阶级的要求,极力加强中央集权。拿破仑取消了在革命时期建立的地方自治机构,在全国实行郡、县、市的行政建制。为了加强控制,他建立了一套组织严密的警察系统,把警察从行政机构里分离出来,而置于中央机构的直接控制之下,他们随时随地把人们的言行秘密上报给中央。在暴力镇压的同时，拿破仑也有意采取了缓和矛盾的政策。只要逃亡者归附新政权，政府就不再对其采取敌对政策。这样的政策，有利于实现稳定。在经济上，拿破仑下令取消督政府时期强制购买公债、征发军需品等措施。这种做法调动了金融资产阶级的积极性，期票的信用大力提高，政府的财政状况较快地得到好转。拿破仑还利用教会进行统治，这样，就使教会由封建统治的工具变成了替资产阶级统治服务的精神支柱了。在军事上，拿破仑发布文告，抛弃了革命时期的口号，提出为争取法国的和平荣誉而战，调动了士兵的积极性，使法军在战场上获得了全面的胜利。拿破仑利用休战的时机，于1802年颁布了共和十年宪法。以后，拿破仑修改了宪法，改法兰西共和国为帝国，拿破仑为帝国皇帝并在巴黎圣母院举行加冕仪式，称拿破仑一世，建立法兰西第一帝国。其政权实质仍然是资产阶级帝国。

拿破仑帝国建立后，很快便拟定了一套帝国制度，册封官吏，控制附庸国。为了镇压人民民主运动和王党分子的复辟活动，为了维护资产阶级和富裕农民的利益，为了保证对外战争的胜利，除强化中央集权外，他还非常重视法治。1800年起，经第二执政康巴塞雷斯及四人法典编撰委员会草拟，并由拿破仑亲自主持审议，于1804年通过，后略加修订补充，1807年正式命名为《拿破仑法典》。1816年恢复民法典旧称。这部法典是法国大革命胜利成果和法国启蒙思想结合的产物。它综采罗马法、传统法及革命新法编成，包括3篇35章2281条。

《拿破仑法典》的主要内容包括：第一，明确规定私有财产不可侵犯，保证个人得以自由支配属其所有的财产，这是法典的核心。第二，否认封建等级制度及特权，否认人身依附关系，肯定法律面前人人平等。第三，确认了资产阶级革命时期对封建贵族及教会土地的剥夺，不准封建势力反攻倒算。第四，把大革命中形成的小土地所有制用法律形式固定下来。最后，法典对于交易、婚姻、继承等社会生活的其他方面，也都做了明文规定。

《拿破仑法典》是一部典型的资产阶级的法典，它以法国大革命的社会成果为依据，否定了封建等级制度及其特权，肯定了革命时期对封建贵族和教会的财产的剥夺，对于稳定法国的资本主义社会秩序，起到了极大的作用。法典公布后即在欧洲大陆被广泛采用，成为其他资本主义国家制定法典时的范本，至今仍有影响。

拿破仑的政权是和对外战争相始终的。拿破仑的对外战争是法国大革命时期的对外战争的继续。从 1800 年开始，拿破仑指挥下的法国军队所向无敌，接连粉碎 4 次反法联盟的进攻，几乎占领和控制了除英、俄以外的整个欧洲，使法国成为欧洲大陆的霸主，从根本上动摇了欧洲大陆的封建秩序。这时，拿破仑帝国已达到全盛时期。法国的土地面积和人口大大增加。但是，这个大帝国在强盛的外表之下，却掩藏着深刻的危机。被占领国的人民反侵略、争取民族解放的斗争十分激烈；拿破仑战争也受到法国人民的反对。拿破仑帝国晚期，警察官僚机器已远不如早年那样有效率了。内外交困，攻打俄国的失败，对西欧控制的瓦解，终于使拿破仑在 1813 年的莱比锡决战中大败，1814 年 3 月反法联军进入巴黎，拿破仑退位，路易十八（路易十六之弟普罗温斯）即位，波旁王朝复辟。拿破仑被囚于地中海上的厄尔巴岛。1815 年 3 月 1 日他率一千人登陆法国、重返巴黎、再登帝位，即所谓"百日政变"。同年 6 月 16 日至 18 日在滑铁卢和反法联军激战时惨败。拿破仑只得再次退位，被送到大西洋的圣赫勒拿岛，至此，拿破仑彻底垮台，后来死于该岛。

（五）革命后欧洲的社会秩序

1815 年拿破仑帝国崩溃后，在欧洲出现了新的国际政治格局和形势。在反法斗争中，俄国沙皇亚历山大一世进入法国首都巴黎，表明俄国在军事上处于绝对优势地位，在整个欧洲局势中具有举足轻重的影响和作用。亚历山大企图扮演拿破仑的角色，摆出了"欧洲和平仲裁人"的架势。英国早已拥有海上和殖民地霸权的优势，它在欧洲大陆的新的政治目标是：保持势力均衡，防止法国东山再起，并防止任何大陆国家取代拿破仑帝国的地位，首先要阻止俄国取代法国。两个德意志世敌国家奥地利和普鲁士曾为共同反法缓和过彼此之间的矛盾，拿破仑帝国垮台后，双方又都瞄准了争夺德意志霸权的目标。曾被拿破仑推翻和征服过的欧洲各国大小王室都企图恢复昔日的统治。

反对拿破仑的战争曾使欧洲英、俄、普、奥四大国暂时联结在一起，战争一结束，盟国之间的矛盾就突出出来。然而，它们不可能立即通过一场新的战争来解决问题，就产生了维也纳体系。维也纳会议所形成的国际政治关系和势力范围一直维持到19世纪中期。它为国际间所规定的一些基本原则使欧洲在一个世纪内免受大规模战争的洗劫。尽管1853年发生了克里米亚战争和1870年发生了普法战争，尚都属于局部性战争。所以，有学者认为，维也纳会议在整个欧洲历史上的影响超过1648年的威斯特发里亚条约，可与1919年的凡尔赛和约相提并论。

19世纪30年代到40年代末期，欧洲局势动荡不安，各国普遍要求改革现状，发生了法国1830年革命、波兰1830年起义、比利时1830年革命，签订了温加尔·伊斯克列西俄土条约（1830年7月8日），召开了1833年俄、奥、普三国君主会议，1840年英、奥、普签订伦敦协定。之后又爆发了席卷整个欧洲的1848年革命。

15　康德像

第 四 章

近代西欧的自然科学
与人文文化的奠立

一、科学新发现和科学思想新进展

（一）力学：牛顿和万有引力定律

　　萨克·牛顿（1642—1727 年）生于英国林肯郡的格兰姆镇。1661 年，牛顿进入剑桥大学的三一学院。1664 年，又被选拔为三一学院的研究生。1667 年获得硕士学位，旋被选拔为三一学院的研究员。并从 1669 年起担任剑桥卢卡斯讲座的第二任首席数学教授。

　　牛顿 1666 年初回到故乡逃避瘟疫，在研究开普勒的行星运动三定律的基础上，着重研究过开普勒的天体引力思想，使牛顿产生了万有引力思想的最初萌芽。

　　在试图从开普勒的天体力学与伽利略的地面力学中寻求世界的统一的力学原因时，牛顿曾设想了这样一个理想实验，站在一个很高的塔顶上，向与地面平行的方向抛射出一块石子，那么这块石子必然呈抛物线下落，而下落的原因，正是出于地球的引力。如果塔顶无限高，石子被抛射的速度愈快，它就射得愈远。当抛射速度达到一定的速度，石子就会像月球那样环绕地球运行。牛顿着手进行力学计算，并积极吸取当时最新的天文观测成果，终于经过 17 年的努力，牛顿发现了万有引力定律。

万有引力定律的发现，给经过开普勒修正了哥白尼的日心学说，特别是给开普勒的行星运动定律，提供了天体力学的理论基础。近代天文学革命从哥白尼开始后经历 140 年的发展，由于牛顿的万有引力定律的发现和论证，也就达到完成。

万有引力定律的发现，还给从地面到天体的所有物体运动提供了统一的力学图景，揭示了统一的力学原因。从苹果落地到潮汐现象，从抛物运动到行星运动，原来都遵从统一的力学规律，出于统一的力学原因。特别是以前开普勒无法解释的行星的椭圆轨道、行星在椭圆轨道上的不匀速现象，运用万有引力定律都可进行成功的解释。

直至今天，从人造卫星到宇宙飞船的运行轨道研究与设计，牛顿的万有引力定律仍然是主要的天体力学基础。

（二）电物理学

近代电物理学的进步是从电实验技术的进步开始的。曾经任过德国马德堡市市长的物理学家格里凯（1602—1686 年），是一位具有杰出的实验仪器研制才能的实验物理学家。他发现，有可能制作根据摩擦起电的机械。1660 年，他研制出了一个可以在支架的铁轴上连续转动的硫磺球装置，当在人力操纵下飞快转动的硫磺球与布片摩擦时，即可比手工摩擦产生更多的电荷，第一台摩擦起电机就这样发明了。

1729 年，伦敦的格雷（1670—1736 年）和他的助手在运用格里凯起电机进行一次静电传输实验时发现，只要用丝线把金属线悬挂得当，静电可沿金属线传输。当时格雷已把格里凯的起电机上产生微弱的电荷，成功地送到 765 英尺（约 233.172 米）远的距离。他的静电传输实验，也许是在近代科学技术史上最早架设输电线路的实验，格雷因此成为第一个用铜线作导线的人。在格雷实验的基础上，法国工程师杜菲在 1734 年进行了新的实验研究，他发现，摩擦后两根琥珀棒相互排斥，摩擦后的两根玻璃棒也相互排斥；但摩擦后的琥珀棒与摩擦后的玻璃棒却相互吸引。杜菲因此认识到，电有两种，而两种电的关系是：同电相斥，异电相吸。杜菲的发现，是继格雷之后早期实验静电学发展史上又一显著的进步。

1745 年，德国学者克莱斯特（1700—1748 年）最先发明了一种可以使电流储存起来的装置，但并未用于电学研究。同年，荷兰电学家马森布罗克（1692—1761 年）也独立发明了一个同样可用来储存电流的装置，因他在荷兰莱顿大学任教，所以这种蓄电器后来被称为莱顿瓶。

有了莱顿瓶之后，人们不但能在起电机上产生出较多的电荷，而且可以在莱顿瓶中储蓄起少量的电荷了。有了这两种电学实验仪器，近代电学的发展才逐渐加快了步伐。这两大仪器的发明，不仅直接奠定了近代电学的实验基础，更重要的是，它们使人们进一步认识到，科学的发展与进步，不仅有赖于理论思维的发展，更有赖于实验技术的发展。没有实验技术本身的发展与进步，科学技术的发展与进步是不可能的。

近代电物理学的伟大奠基者之一是美国科学家本杰明·富兰克林（1706—1790 年）。当时人们对雷电有两种不同的观念：一种认为雷电是上帝在发怒；另一种认为雷电是气体爆炸。因此他决定从理论上探讨雷电的实质。

1749 年 8 月，富兰克林在一则日记中把起电机上产生的电流与闪电进行了多方面的比较，发现两者有许多相似之处。如两者都是瞬时的，都产生了同样的放电现象，都在放电时发出同样的声音，都能毁灭动物等。他由此推想，人工产生的电与闪电可能是一种东西。他又进而推想，既然人工产生的电可以被尖端吸引，闪电也应可以被尖端吸引。这种推测，为他后来发明避雷针奠定了基础。要用实验证实天上与人间的电是同一种东西，首要的条件是要把雷电从天上捕捉下来。富兰克林经过半年的反复思考和琢磨，终于设计出了一个可以捕捉到雷电的实验，这就是后来以风筝实验著称的捕捉雷电的实验。

富兰克林的捕捉雷电的实验，对早期的近代电学发展产生了深远的影响，因为风筝实验不仅使人们认识到天上与人间的电是同一种东西，更重要的是，它使人们认识到开发和利用电的伟大前景。风筝实验的结果告诉人们，既然天上与人间的电是同一种东西，雷电有如此巨大的威力，而人类已能在摩擦起电机上产生电，一旦人类能找到更有效的生产电的途径，也就会获得如同雷电一样威力无比的能量。从这个意义上来说，风筝实验是近代电学史上的一场思想上和观念上的革命。如果说，在富兰克林以前，人们多少还把电学实验作为一种魔术活动的话，那么，自富兰克林以后，人们开始把电学作为一门真正的科学，并由此开始了人类征服电的伟大进军。

（三）化学

16世纪在欧洲产生了一个医药化学学派，他们试图应用化学方法制造药物和用化学观点解释生物体内发生的过程。虽然这个学派的创立者帕拉塞尔苏斯本人还是个炼金术的热衷者，但医药化学的发展却标志着化学已开始脱离炼金术的神秘传统。

继帕拉塞尔苏斯之后的主要医学化学研究者是范·赫耳蒙特（1579—1644年）。他虽然是一位神秘主义者，但已经开始应用天平进行定量的化学实验了。通过大量的实验，他已经以朴素的形式认识了物质不灭的基本原理。

在医学化学的基础上，罗伯特·波义耳（1627—1691年）最终完成了化学脱离炼金术而独立的历史使命。波义耳做了大量的燃烧实验、焙烧实验和其他各种各样的实验，实验的方法是比较严格的。他不仅在实验中进行了定量的测量和分析，而且总结和描述了一些检验法，这就为化学定性分析奠定了最初的基础。他还认为化学的一个重要任务就在于把复杂的物质分解为它的组成元素，并通过这样的分析认识物质的本性。在这里，波义耳不仅定义了元素这个对化学来说最为基本的概念，也朦胧地涉及了元素的化合与分解这一化学过程的本质。由于波义耳确立了化学学科的独立性，把比较严格的实验方法引入了化学，又给出了比较清楚的关于化学元素的定义，所以成为了近代化学的奠基者。恩格斯在《自然辩证法》中说"波义耳把化学确立为科学"。

但是"燃素说"统治了当时的化学界。燃素说认为在一切可燃物中都包含一种有重无形的特殊物质——"燃素"，燃烧过程就是燃素从燃烧物中释放出来的过程。如果给燃烧产物提供它所失去的燃素，那么它就可以还原为燃烧前的原物。

1774 年英国化学家普列斯特利（1733—1804 年）通过实验发现了后来被称之为氧气的气体。与此同时，瑞典药剂师舍勒（1742—1786 年）也独立发现了同一气体。氧气的发现本来为科学地解释燃烧现象发现提供了一把钥匙，使化学有可能彻底打破燃素说的统治。但是，普列斯特利和舍勒都被紧紧地束缚着头脑，将燃素说奉为不可怀疑的真理，不仅没有把看到他们的新发现同这个旧学说相对立，反而极力把自己发现的东西塞到这个错误的理论框架中去,试图用燃素说对自己的发现加以牵强附会的解释。就在这一年，当法国科学家拉瓦锡（1743—1794 年）得知普列斯特利的实验以后，他在 1774 年 11 月至 1775 年 3 月间一再重复了这个实验，并且立即看到了这个实验的真正价值。他指出：这种新发现的气体就是"空气本身"。在物体燃烧或在空气中焙烧的过程中，实际进行的就是与它化合的过程。

1783 年拉瓦锡再次正式提出"反燃素学说"（即用同氧化合代替失去燃素），以取代燃素说；1787 年他与莫尔渥（1737—1816 年）、弗尔构拉（1755—1809 年）、贝尔托莱（1748—1822 年）一起发表《化学命名法》；1789 年他再次给出与波义耳类似的关于元素的定义即"分析所能达到的终点"，并发表了包括 33 种元素的元素表；1789 年他出版《初等化学概论》，系统地阐述了他的新理论，并对"物质不灭定律"以公理的形式作出了正式的陈述："由于人工的或天然的操作不能无中生有地创造任何东西，所以每一次操作中，操作前后存在的物质总量相等，且其要素的质与量保持不变，只是发生更换和变形。"这样近代化学建立在更加科学的基础之上了。

（四）生物学

在科学迅速发展的同时，随着贸易和航海事业的进展，西欧人活动的地域越来越大了。他们把从各地迁移来的动物和植物在英国各地饲养和栽培起来，逐步出现了动物园和植物园。早期的植物园于 16 世纪中期在帕多瓦、比萨、莱登创建起来了。

欧洲早期的药品有许多来自动植物，所以医学界也把探险家和冒险家带回的珍奇动物和植物，饲养和栽培在自己的药圃中。1676 年，伦敦药剂师协会在切尔西（Chelsea）设立的药圃，一直到现在还存在着。

在新物种的广泛引进中，一些有关动植物学的著作也出现了。例如，科达斯（1515—1544 年）著有《本草》，威廉·特内尔、约翰·热拉尔也都著有内容相近的书。

另外，意大利的马尔比基（1628—1694 年）、荷兰的列文虎克（1632—1723 年）还从微观上对生物进行了研究。马尔比基发现了蛙肺的毛细血管，还发现了节肢动物（如蜈蚣、蜘蛛等）的排泄器官为丝状的盲管，它们生在中肠和后肠之间，有一对或多达一二百对，这种管与肾管相通，这种管后来被命名为"马尔比基管"。马尔比基对解剖学、胚胎学都做了研究，对植物还做了显微研究。列文虎克自己首先做成了简单的显微镜，他于 1675 年发现了原生动物，1677 年对动物的精子做了认真研究，证实了精子对胚胎发育的重要性，1633 年发现了细菌。列文虎克对植物的显微研究，开创了一个生物学的新时代。

另一位对生物进行显微研究的是罗伯特·胡克（1635—1702年），他是传教士的儿子、波义耳的助手、皇家学会的干事长，是给科学"提供眼镜的人"，著有《生物图谱》。伽利略的望远镜和罗伯特·胡克的显微镜研究，为自然科学向宏观和微观的展开提供了强有力的研究手段。

二、德国古典哲学

18 世纪末至 19 世纪初的德国古典哲学，主要是指由康德所创立、以费希特和谢林为中介、发展为黑格尔集大成的唯心主义哲学和费尔巴哈以人本主义为特征的唯物主义哲学。

一方面，由于受到英法资产阶级革命、英国工业革命和拿破仑战争等历史事件的冲击和启示；另一方面，由于本国资本主义生产关系的发展，德国思想界的代表人物充分认识到面对的历史课题，积极汲取 17 世纪至 18 世纪哲学思想的营养和自然科学的最新成果，从而产生了德国古典哲学。这是在法国发生政治革命的同时，德国所发生的哲学革命。这场革命是由康德开始的。他推翻了前世纪末西欧各大学所采用的陈旧的莱布尼茨的形而上学体系。费希特和谢林开始了哲学的改造工作，黑格尔完成了新的体系。而在黑格尔哲学体系解体过程中，又出现了费尔巴哈的唯物论。

（一）康德

伊曼努尔·康德（1724—1804 年）生于东普鲁士的哥尼斯堡，从未远离乡土，生于斯，长于斯，终于斯。1740 年康德考入哥尼斯堡大学哲学系。从此以后他的思想基本上是在启蒙运动的熏陶下形成的。在大学期间，康德熟悉了英国自然科学、牛顿的力学成就和西欧的历代哲学家的著作。1746 年，康德的第一部著作《论对活力的正确评价》问世，这本书表明，他要求用理性来批判一切偏见，而不管这些偏见来自哪里。在担任了 9 年的家庭教师后，他积累了教学经验，打下了进一步从事学术研究的基础。这时，他关注研究了当时学术界的一个根本性的问题——宇宙的形成和演化问题，1755 年他在《宇宙发展史概论》中提出的星云假说和潮汐延缓地球自转的假说，获得了人们的高度赞扬。后在哥尼斯堡大学又任教了 40 年。他教授的课程包括哲学、逻辑学、数学、物理学、自然地理学和人类学。1770 年康德发表了他的教授求职论文《论感觉界和理智界的形式和原则》，这篇论文的发表，标志着他的思想进入一个新的阶段。哲学史一般以此为界，把康德的哲学思想划分为"前批判时期"和"批判时期"。在第一个时期，他主要从事理论自然科学研究，基本上是莱布尼茨与沃尔夫的形而上学的信徒。在第二个时期，他开始专门研究哲学问题，系统阐发了先验唯心主义的认识论、伦理学和美学思想，建立了"批判哲学"。1797 年，康德因年迈退出讲坛，但他仍然关心科学、道德和人类和平等问题，也没有停止过对人类的尊严、价值的思考，直至 1804 年逝世。他的代表作是《纯粹理性批判》（1781 年），《实践理性批判》（1788 年）和《判断力批判》（1790 年）。

要了解康德的哲学思想必须要了解欧洲经验论和唯理论这两大哲学传统。经验论哲学由弗兰西斯·培根创立，经霍布斯、洛克和贝克莱发展到休谟哲学。唯理论哲学从笛卡尔开始，经斯宾诺莎，演进到莱布尼茨的哲学。唯理论和经验论的争论最终落实到知识的客观性问题。莱布尼茨主张，人类理性拥有不受个人影响的关于世界的客观知识；而休谟则认为，人类不可能拥有任何客观知识。但康德指出，二者的共同错误在于，在考察知识的来

源或客观性问题时，对于知识的本性和人类的认识能力都采取了
一种非批判的态度。因此康德认为在进行认识之前，首先要对人
类的认识能力进行批判性考察，以确定关于知识的界限、来源和
有效范围。

康德哲学的核心问题是：一切科学知识是如何可能的。康德
指出，知识是通过逻辑判断形式表现出来的，但并非所有的判断
都是科学知识。要成为科学知识，必须具备两个条件：一是普遍
的必然有效，二是内容的扩大更新。而只有"先天综合判断"才
满足了科学知识的两个要求，它作为综合判断意味着扩大了主要
知识的范围，它作为先天知识意味着具有普遍的必然有效性，真
正的知识应由这种判断所构成。这样，"一切科学知识是如何可
能"就转换为"构成一切科学知识的先天综合命题是怎样可能
的"。

康德认为整个世界是由"物自体"（"自在之物"）和"现象
界"所构成。对于"物自体"人类无法认识，人类能认识的只能
是"现象界"。在认识"现象界"时，人类具有三种认识能力：感
性、知性和理性，认识论的首要任务就是考察这三种不同认识能
力的先天知识形式和知识原理，由此构成其先验感性论、先验分
析论和先验辩证论的宏大体系。

先验感性论研究感性认识的形式、可能条件和界限，它解决
的是数学知识如何可能。康德把感性规定为通过我们被对象所刺
激的方式来接受表象的能力。一切对象只有通过感性才能被主体
接受，对象与主体感受能力处于一种直接的关系中。这就叫做
"感性直观"。它分为"经验直观"和"纯直观"。"经验直观"是
外物作用而产生的那些表象，它满足了数学先天综合判断中综合
这个条件。"纯直观"是整理质料的形式，它满足了数学先天综合
命题的先天条件方面，保证了数学知识的普遍必然性。

数学是与感性直观相关的科学。空间和时间是数学对象的本

质要素。而空间和时间一方面具有经验的实在性，另一方面，空间和时间有先验的观念性。空间和时间的性质决定了数学基本原理能够成为先天综合判断。

先验分析论研究知性的形式、可能条件和界限，解决的是自然科学如何可能。知性是认识的第二个阶段。在这一阶段，心灵从自身产生一些范畴，把感性材料结合起来。这就是通过各种判断形式展现出来起着综合统一功能的"知性纯粹概念"。作为经验概念的先天条件的范畴，既是构建经验对象的必然条件，又是建构经验知识的必然条件。范畴演化的顶点是人为自然立法，即人以范畴作为规律去规定作为现象总和的自然。

先验辩证论研究理性认识的形式和可能条件，解决的是形而上学是否可能。康德所称的理性是指根据知性获得的知识，再加以综合统一，概括为最高最完整的系统知识，以把握无条件的绝对知识的能力。他系统批判了"理性心理学"、"理性宇宙论"和"理性神学"，否认了它们的研究对象的存在，指出灵魂和上帝属于"物自体"，而我们不可能获得关于它们的任何知识内容，我们只有在现象中获得对象的真正认识。

(二) 费希特

约翰·哥特利勃·费希特 (1762—1814 年) 生于德国萨克森的拉美诺。1771 年，他进入耶拿大学神学系读书，大学毕业后担任家庭教师。1794 年，任耶拿大学哲学教授。后因被人控告宣传无神论而被解除职务，被迫离开耶拿去柏林。几经周折担任了柏林大学教授，后又任哲学系主任和第一任校长。著有《全部知识学的基础》(1794 年)、《略论知识学的特征》(1795 年)、《知识学原理下的自然基础》(1796 年)、《知识学原理下的道德体系》(1798 年)。

费希特继承并发展了康德哲学。他认为哲学应是一个命题的体系。在这个体系中，命题形成一个系统化的总体，并且每一命题都在体系中占据一个恰当的位置。为此，他否定了康德的"物自体"。他认为康德所说的"物自体"乃是一种纯粹的虚构，完全没有实在性。知识不是根源于"物自体"，而是根源于"自我"。如果设定一个"物自体"，那么知识就是关于对象本身的知识，这就取消了"自我"。只有费希特的"自我"才能代替康德的"物自体"，康德的"物自体"只能信仰不能认识，但费希特的"自我"却是可以认识的。这样，费希特就把康德的不可知论转化为唯心主义的可知论。

费希特认为，哲学必须从"自我"这一前提出发，其他一切都由这里推演出来，"自我"就是哲学的开端。"自我"也是康德哲学中吸取的概念，在康德看来，"自我"就是"自我意识"、"我思"、"先验统觉"等。而费希特认为，康德的"自我"还是一种消极的表现。费希特从自我意识出发，以说明一切经验的根据，为一切知识确立基本原理。

费希特确立了三条原理：

第一条原理是：自我设定自身。在进行认识之前要先设定一个绝对的纯粹自我。这种纯粹自我区别于经验的自我，绝对的自我通过"理知的直觉"获得了对自我存在的认识，从而设定了自身。

第二条原理是：自我设定非我。自我设定自身是无条件的自发行动，自我设定非我也是无条件的。自我在认识自我时，由于自我成为一个对象，必然产生一个把握对象的意识，从而设定了与自我相对立的非我。非我是自我能动创造的产物，通过自我的这种能动的创造行动，既产生非我，又加深了对自身的认识。

第三条原理是：自我与非我的统一。既然非我并不独立于自我之外，而是自我设定的，当然非我不可能在自我之外，绝对自我是无限的，它所设定的自我和非我则是有限的。自我作为绝对的自我意识保持其自身的统一性和完整性，有限的自我和有限的非我从属于绝对自我，是在绝对自我之中，这样，二者彼此扬弃，最终在绝对自我中获得了统一。虽然自由只有在与必然性的关系中才是可能的，但是我们的自由仍然是我们的世界的理论原则，而且自由最终应当是绝对的，一个有限的自由主体必须努力克服自身的限制，这就是知识学发展的最后阶段。

在伦理和社会政治领域，费希特指出，主体自身本质上具有主观际的性质，一个主体为了设置自身的自由就必须同时设置其他人的自由，因而每一个人的自由必然受到限制，这是自由个体组成的社会共同体得以存在的条件，而权利或正义的观念所要解决的就是许多自由的理性存在物如何共存的问题。在19世纪初的法国占领时期，费希特公开发表了《告德意志国民》（1908年）的演讲，他以爱国主义的激情提倡普及国民教育，鼓动德意志人民抵抗拿破仑的侵略，为民族复兴而奋斗，因而成为德意志民族主义的先驱。

（三）谢林

弗里德里希·威廉·约瑟夫·谢林（1775—1854年）生于德国符滕堡莱昂贝克。1790年至1795年，谢林在图宾根大学学习哲学和神学，与黑格尔、荷尔德林等先后同学。当时正值法国资产阶级革命高潮时期，谢林等人为法国革命的胜利所鼓舞，曾携友人到郊外种植了一棵"自由之树"，按照这种方式纪念大革命的胜利。1795年大学毕业后，做了几年家庭教师，1798年担任耶拿大学自然哲学教授，1803年至1806年，任维尔茨堡大学教授，1806年迁到慕尼黑，担任巴伐利亚科学院院士和造型艺术科学院秘书长，1820年至1826年任爱尔朗根大学教授，1827年担任巴伐利亚国家科学中心总监、科学院院长和慕尼黑大学教授，1841年应普鲁士国王威廉四世诏命，主持柏林大学的哲学讲座，随后任柏林科学院院士和普鲁士政府枢密顾问，1854 年死于赴瑞士途中。他的主要著作有《一种自然哲学的观念》(1797 年)，《自然哲学体系草案》(1799 年)、《自然哲学体系导论》(1799 年)、《先验唯心论体系》(1800 年)。

谢林的哲学活动包括 3 个时期，在这 3 个时期又分别产生了3 种哲学理论形态。

第一，自然哲学。谢林认为费希特关于自然仅是客体，并且只有施加主体印迹才可以理解的看法是错误的，恰恰相反，要想揭开精神世界的秘密，只有理解自然并将其不再视为异在力量时才能实现。他力图揭示自然在它的每一阶段、每种力量中包含的矛盾或两极化环节，这种两极化在意识中就表现为主体与客体或自我与非我这种形式。由此他建构了自己的自然哲学体系。正如黑格尔所说："谢林在近代成了自然哲学的创始人。谢林的功绩并不在于他用思想去把握自然，而在于他改变了关于自然的思维的范畴；运用概念、理性的形式来说明自然。他不仅揭示出这些形式，而且企图构造自然，根据原则来发挥出自然。"

第二，同一哲学。他认为自然与人、物质与心灵都是"绝对"的产物。绝对是物我的"同一"。在绝对之中主体与客体、意识与存在、理想与现实都统一起来了。"同一"先于矛盾又是矛盾的结果，既是起点又是终点。绝对表现为实在的系列和观念的系列。正由于"观念世界"和"实在世界"之间有一种预定的和谐，所以实在世界中的变化与观念世界中的变化是一致的，从而客体的变化与主体观念的变化也就是完全同一的了。

第三，天启哲学。从《哲学与宗教》的写作开始，谢林越来越感到他所构造的和谐同一并消除了一切差别对立的世界，和充满冲突斗争的真实世界是如何的不一致，难以推论永恒静止的绝对同一如何引申出实在的世界，假、恶、丑以及一切有限性事物如何从作为世界本原的神圣本质中产生出来。谢林乞助神的启示，提出上帝是一切存在的基础，上帝是永恒的无，同时又是永恒的对立，在上帝的异化过程中产生了万物。天启哲学成为谢林哲学思想发展的最终归宿。

（四）黑格尔

格奥尔格·威廉·弗里德里希·黑格尔（1770—1831 年）生于德国符腾堡省斯图加特城。7 岁上文科中学，18 岁到图宾根大学学习神学和哲学。1790 年获哲学硕士学位。大学毕业后，先后在瑞士和本国的一些贵族家庭当私人教师。1800 年至 1806 年，任耶拿大学讲师。这一时期，他在政治上欢迎拿破仑的胜利，在哲学上依附于谢林。1807 年，完成奠基性著作《精神现象学》，该书既批判了康德和费希特，也批判了谢林的非理性主义，从此走上独立发展的道路。1808 年至 1816 年，他在纽伦堡当文科中学校长，出版了《逻辑学》（又称《大逻辑》），书中系统地阐发了精神运动的辩证法，它标志着德国古典唯心主义达到了一个新的高峰。1816 年至 1817 年，他担任海德堡大学的哲学教授。1817 年，发表《哲学全书纲要》，该书分为《逻辑学》（又称《小逻辑》）、《自然哲学》、《精神哲学》三部分，是全面论述其哲学思想体系的最重要的著作。1818 年，他应普鲁士国王威廉三世诏命，主持德国学术中心柏林大学的哲学讲座。1830 年，被任命为柏林大学校长，后被国王授予三级红鹰勋章。1831 年他因病去世。他的其他主要著作有《法哲学原理》、《美学讲演录》、《宗教哲学讲演录》、《哲学史讲演录》等。

黑格尔是德国古典哲学的集大成者。他以德国人特有的思辩精神建构了一个博大精深的哲学体系，体现出严密的逻辑性和深广的历史感。黑格尔认为，绝对精神是现实世界的灵魂，一切事物都是在绝对精神的运动、变化、发展中产生出来的，包括自然界的变迁与发展，人类社会的演化与进步，都是绝对精神自我运动、展开和回归历程的表现。绝对精神的自我运动构成了黑格尔客观唯心论体系的全部内容。绝对精神有三个发展阶段：逻辑阶段、自然阶段和精神阶段。黑格尔哲学既然是对绝对精神三个发展阶段的描述，因而也相应地由逻辑学、自然哲学和精神哲学三个部分构成。

逻辑学是研究绝对精神自在自为的科学，它所阐述的绝对精神运动的规律和法则是自然界、人类社会及其历史的存在和变化发展的依据。黑格尔的逻辑学按照正、反、合的公式组织起来，分为存在论、本质论和概念论。在各论之下又分为较小的正、反、合的三段式。黑格尔以概念的同一排除了思维中的康德不可知的"物自体"，将范畴推广以说明整个世界。由于黑格尔熟悉当时各类科学的成就，并试图从矛盾发展的辩证法来描述范畴的运动，在他看来，逻辑学所研究的范畴及其运动展开，乃是对于自然界和人类社会出现以前的永恒观念的描述。然而，在他看来，世界上的一切有限事物都处在不断的运动、变化和发展的过程中，事物的内在矛盾是其发展的动力和源泉，事物的发展经历着由量变到质变、由肯定到否定再到否定之否定的上升过程。这些卓越的辩证法思想集中体现在其逻辑学中，构成了黑格尔哲学中的合理内核，也是德国古典哲学的优秀成果。

自然哲学是研究绝对精神的异化或外在化的科学，它是对逻辑学中的规律和法则体现于自然现象所进行的研究。自然界是绝对精神的"异化"或"外在化"，意味着自然界不是永恒实在的，而只是从神圣思想和神圣命令的圆满性里产生出来的。自然哲学作为逻辑学的具体运用，完全按照逻辑学中存在、本质和概念三个阶段的特征来安排阶段性的进展。黑格尔把自然过程划分为三阶段：力学、物理学和有机学。具体而言，绝对精神的外在化过程首先从最初的直接性（力学）开始，经过反思的间接性（物理学），达到二者的统一即具体总体（有机学）并从而返回精神本身。

他在论述自然哲学中仍然不时透露出一些天才的思想，比如他提出了物质和运动的统一性、化学元素的可变性和可转化性等合理思想。

精神哲学是研究绝对精神由其异在而返回自身的科学，主要是对逻辑学中的规律和法则体现于人类社会的典章制度、意识形态及历史的研究。逻辑的理念是抽象的，因为它还没有实现它自身；而自然则是无理性的、不自觉的、僵死的；但精神既不是抽象的，也不是僵死的，而是最具体的、最实在的。精神哲学就是描述绝对精神扬弃了自然而回复自身、并展开精神的全部具体内容的历程。它同样经历了正、反、合三个发展阶段。主观精神、客观精神和二者之统一的绝对精神。他论述绝对精神贯穿在伦理、法律、政治、文化等社会历史各方面中的发展线索，也包含着丰富的辩证法思想。

虽然黑格尔在其早期著作中曾提出过著名的主人－奴隶易位的辩证法，并对法国革命的自由、平等和民主理想表示过极大的同情和向往，但是由于其晚年日趋保守的政治立场和唯心主义体系的需要，黑格尔终于为他的哲学体系和历史发展设置了一个终结，甚至承认普鲁士专制国家是绝对精神的最高体现，因而他最终未能将其辩证法的革命精神贯彻到底。

黑格尔哲学宣告了自康德开始的近代德国唯心主义哲学的终结。黑格尔哲学对后世的影响是巨大和多方面的。虽然黑格尔的辩证法在注重逻辑的严密性和自然科学的实证性的英美经验主义哲学家看来，不过是思辩的玄说，但是在强调人的存在的社会历史性的欧洲大陆人文传统中却产生了极其深远的影响。黑格尔去世后，首先对其哲学的保守倾向发起冲击的是青年黑格尔派，其中第一个从唯物主义立场批判他的是费尔巴哈，然而对人类思想和历史影响最大的马克思，不仅批判了黑格尔哲学的唯心主义，而且将其合理内核辩证法重新置于唯物主义的基础上，创立了唯物辩证法和历史唯物主义的学说，使之成为无产阶级革命的思想武器。进入 20 世纪以后，黑格尔哲学还成为西方马克思主义包括倡导社会批判理论的法兰克福学派，以及法国存在主义的重要思想来源之一。

（五）费尔巴哈

路德维希·安德里亚·费尔巴哈（1804—1872 年）生于德国兰休特。在当地读完中学后，于 1823 年进入海德堡大学学习神学。不久，他对神学失去了兴趣，次年转入柏林大学哲学系。1828 年费尔巴哈获哲学博士学位。此后，他在爱尔朗根大学任哲学讲师。1830 年，他匿名发表论文《论死与不死》，讲人类精神的永生和个人灵魂的短暂，具有鲜明的否定"灵魂不死"教条的意义。当他的名字被揭发后，费尔巴哈受到了当局的迫害，并被永远逐出了大学讲坛。这一不幸事件是费尔巴哈摆脱了唯心主义体系的束缚、转向英法唯物主义的开端。此后，他专门研究近代哲学史，受斯宾诺莎的启发，从理论上逐渐转向唯物主义。他反对宗教的禁欲主义和德国传统的思辩唯心主义，强调人的感性存在和人的现世幸福。费尔巴哈因此屡遭迫害，不得已于 1837 年隐居于偏僻的布鲁克堡，在那里度过了 25 年。其主要著作有：《黑格尔哲学批判》、《基督教的本质》、《未来哲学原理》、《宗教的本质》等。

费尔巴哈哲学建立在对黑格尔的哲学和宗教的批判上。由于对黑格尔哲学的批判，费尔巴哈抛弃了黑格尔关于自然界和人类社会只是绝对精神自我展开的结果的说法，从而确立了自然界第一性、精神第二性的唯物主义原则。由于对宗教神学的批判，费尔巴哈破除了神的权威和对神的绝对崇拜，从而把构成神的本质的一切属性还给了人，指出对神的崇拜只不过是人对自身本质的崇拜。

由此，费尔巴哈构建了他的人本主义的唯物论。他指出，人

是现实存在的感性实体，人作为有生命的实体，他的一切活动都
是感性活动。他进一步说明，作为感性实体的人，同时是灵魂与
肉体、思维与存在相统一的实体。他强调感觉、思维与存在的统
一，只有将人理解为这个统一的基础和主体的时候，才有意义，才
有真理。他把理性、意志和爱规定为人的绝对本质，这个本质只
有在人际的社会交往中才能获得实现。

在此之前，还没有任何一位唯物主义者像费尔巴哈那样，如
此清晰地提出思维与存在的哲学基本问题。他对人及人的本质的
关注为后世的人本主义做了一定的理论准备。从近代西方哲学的
历史来看，正是由于费尔巴哈把人的问题当作自己学说的主题，从
而使文艺复兴以来资产阶级思想家的关于人的思想系统化，并以
人本学的形态确立了历史地位，他本人也因此成为近代西方哲学
史上人本主义哲学的杰出代表之一。

但是，费尔巴哈的唯物主义仍然属于"旧唯物主义"之列。它
没有把批判宗教的立场贯彻到底。在社会历史领域，他用唯心主
义的伦理观念来看待人类的社会生活，力图建构一种"爱的宗
教"，来解决社会矛盾，这显然是不切实际的，也是错误的。

三、法国和英国的古典主义文艺

（一）路易十四时代的诗和戏剧

法国的 17 世纪被称为路易十四时代，这位称霸欧洲的君主不
忘建立统一的官方艺坛。为国王及其统治集团服务的艺术，把古
代和当时的思想、天主教和世俗的思想兼收并蓄，并让现实描写
带上神话的外表。它崇尚古典精神，表现出严整、高贵、酷爱秩
序的特点，其主要画家大多到意大利观摩学习，甚至长期居住。他
们以希腊、罗马为典范，受到卡拉奇的折衷主义、卡拉瓦乔强烈
对比的手法及威尼斯色彩的影响。

　　语言和文学艺术的规范化首先在诗歌领域体现出来。宫廷诗
人弗朗索斯·德·马雷伯（1555—1628 年）把语言规范化和建立
古典主义诗法作为毕生的事业，反对七星诗社不加限制地引进不
同来源的大批词汇，以便纯洁法语。他要求建立严格的诗歌格律，
为亚历山大诗体制定了基本的规则。这些主张由于适应了君主专
制政治的需要，因此逐渐成为正统的诗歌理论。到 30 年代，随着
法兰西学院的建立，语言和文学形式的规范化得到进一步的发展。
在路易十四时期，经过布瓦洛的总结，形成了一套系统的古典主
义诗歌理论。这一时期的诗歌代表作有斯卡龙的《大风歌》、《化
装的维吉尔》，达苏西的《好脾气的奥维德》等。

　　古典主义作家在各种文学体裁上作出了优秀的成绩，但以戏
剧最为突出。17 世纪初期，法国戏剧逐渐繁荣，剧作家辈出，作
品累累。不少作家如阿狄（1570？—1631 年）等采用古希腊、罗
马的故事写悲剧，但情节结构松散，舞台场景杂乱，戏剧冲突不
突出，不能集中反映生活。在这种情况下，三一律问题的争论就
更为激烈了。到了 30 年代，首相黎塞留通过法国学士院攻击高乃
依的《熙德》，三一律便成为古典主义悲剧家共同遵守的规律。

　　彼埃尔·高乃依（1606—1684 年）是法国古典主义的重要剧
作家之一。

　　高乃依一共写了 30 多个剧本，大部分是悲剧，也有喜剧。1643
年后，他继续写了 20 余部剧本，但都不是成功的作品。他在政治
思想上逐渐追随黎塞留的政策，在创作上追求离奇复杂的情节，这
就导致了他的艺术的衰落。

　　若望·拉辛（1639—1699 年）是最有代表性的古典主义悲剧
作家。从 1664 年到 1691 年他写了 11 部悲剧和 1 部喜剧。《安德
洛玛刻》和《弗德尔》是他的代表作。

　　拉辛的悲剧不同于高乃依的悲剧。高乃依塑造了一系列理想
的悲剧英雄形象，其目的是引起人们的钦佩、赞赏；拉辛却着重

揭露封建统治阶级的黑暗和罪恶，激起人们的恐惧和愤怒，他的作品具有更重要的现实意义。

（二）莫里哀

莫里哀（1622—1673年）是西欧最杰出的喜剧家之一。他是古典主义作家，但并不拘泥于古典主义法则，他的喜剧具有鲜明的反封建、反教会的特色，但也带有宫廷色彩。

莫里哀童年时代常随外祖父观看民间戏剧的演出。他的父亲要他学法律，继承他的商业。莫里哀既不想当律师，也不愿意当装饰商，决心以戏剧为终身事业。1643年，他和一些青年戏剧爱好者一起组织"光耀剧团"。1652年，他成为"光耀剧团"的领导人。1658年在卢浮宫演出他在外省编写的《多情的医生》，非常成功，路易十四要"光耀剧团"留在巴黎。

《丈夫学堂》（1661年）和《太太学堂》（1662年）标志莫里哀创作的一个新阶段。他从情节喜剧转向风俗喜剧。他从人文主义观点出发讲述了爱情、婚姻、教育以及其他社会问题。他明确表示他的喜剧主要是为广大观众服务，而不是为那些坐在舞台前面指手画脚的贵族看客服务的。他反对把文学体裁分成等级，说喜剧不比悲剧低，写喜剧要比悲剧困难。他不赞成用清规戒律束缚诗人、作家的才能。剧本写得好坏不在于是否服从这些规则，要看是否合乎常识和理性，是否能感动观众、教育观众。

1664年至1669年是莫里哀创作的全盛时期。他的艺术走上了另一个新阶段，把风俗喜剧和性格喜剧结合起来。他一连写了几部思想性和艺术性都很高的作品，有的揭穿宗教欺骗和伪善行为，有的讽刺贵族的荒淫无耻和庸俗无聊，有的鞭挞市民阶级，揭露他们的吝啬和虚荣的本质。

莫里哀虽然有时在题材上走出古典主义的框子，但他的喜剧具有古典主义的优点，结构形式严谨，戏剧冲突鲜明。他没有受到三一律的束缚，反而以高度的技巧掌握了这个规则。他在人物形象塑造方面显示出了卓越的艺术才能。他的人物特点是集中、夸张，概括性强，他们的一言一行都突出地表现了他们的主导性格。

（三）约翰·弥尔顿

约翰·弥尔顿（1608—1674 年）生于伦敦。青年时代他钻研过古代和文艺复兴时期的文学，深受人文主义思想熏陶。在 1641 年到 1645 年间发表过许多政论小册子，1649 年克伦威尔时期共和国成立后，新政府任命他为拉丁文秘书。他写了不少文章捍卫共和国，因积劳过度，双目失明，但仍坚持斗争。王朝复辟后，他受到迫害，著作被焚毁，生活贫困。这一时期，他完成了三部杰作：《失乐园》、《复乐园》和《力士参孙》。

弥尔顿早年的创作主要是短诗，其中较为著名的有《快乐的人》和《幽思的人》（1632 年）。这两首诗描写了诗人的轻松愉快心情和沉思的乐趣，体现了人文主义者对生活享受的追求。他的十四行诗歌颂自由，斥责教会，或抒写个人的情怀，艺术上有较高的成就。

《失乐园》（1667 年）长约一万行，分 12 卷，故事取自《旧约》。夏娃和亚当因受撒旦引诱，偷吃知识树上的禁果，违背了上帝旨令，被逐出乐园。诗人写这首诗的目的在于说明人类的不幸的根源。他认为人类由于理性不强，意志薄弱，经不起外界的影响和引诱，因而感情冲动，走错道路，丧失了乐园。在《失乐园》里，弥尔顿表现出高超的艺术。诗人的革命热情和高远的想象使他塑造了十分雄伟的人物形象，描绘了壮阔的背景。他的诗歌风格是高昂的。诗中运用了富有抒情气氛的比喻，独特的拉丁语的句法和雄浑、洪亮的音调等。在结构上，《失乐园》承继古希腊、罗马史诗的传统，成为英国文学中一部杰出的史诗。《复乐园》（1671 年）4 卷，根据《新约·路加福音》叙述耶稣被诱的故

事。撒旦不断引诱、威逼耶稣，但耶稣不为所动，最后耶稣开始
布道，替人类恢复乐园。《复乐园》和《失乐园》都在于说明生活
的引诱问题，但《失乐园》所强调的是理性控制情欲，是人文主
义对生活的肯定和清教的道德观之间的相互协调；而《复乐园》则
强调信仰消除情欲，体现宗教思想的胜利。《力士参孙》（1671
年）是一出悲剧，取材于《旧约·士师记》。参孙是以色列的民族
英雄，被妻子大利拉出卖给非利士敌人，眼珠被挖掉，每日给敌
人推磨。在非利士人庆祝打败参孙并威逼他表演武艺时，他撼倒
演武大厦的支柱，整个大厦坍毁，他和敌人同归于尽。《力士参
孙》采用了崇高严肃的题材，具有汹涌澎湃的感情，质朴有力的
语言，活泼有节的音律。这一悲剧是弥尔顿艺术的新发展。它运
用希腊悲剧形式，实际是一部宏伟的剧体诗。

（四）英国的散文大师们

　　当法国文艺在路易十四时代日益繁荣时，英国的古典主义文
艺也出现了具有民族特点的兴旺气象，尤其是出现了风格鲜明、丰
富多彩的散文作品，产生了一批足以鼎立世界文坛的散文大师。如
李利（1554？—1606年）的《尤弗伊斯》、锡德尼的《阿刻底亚》
（1590年）、纳什（1567—1606年）的《不幸的旅人》（1594年）、
培根的《论说文集》（1597—1625年）、德罗尼的《高贵的行业》
（1600年）等。其中一些作品已接近后来的现实主义小说。与此同
时，在大规模的翻译活动中也产生了许多优秀的译作，其中最主
要的是1611年由国王詹姆士一世下令出版的英文《圣经》。它吸
收了以前英文译本的优点，对后来英国散文产生深远的影响。

　　弗兰西斯·培根（1561—1626年）是著名哲学家，也是这一
时期优秀的散文大家。他出身贵族家庭，在剑桥大学毕业，曾任大
法院院长，因受贿罢职。作为哲学家，培根在反对经院哲学的斗
争中，建立了自己的唯物主义经验论，开辟了近代实验科学的道

路。他认为知识来源于经验，强调通过实验去揭示自然的奥秘，提出了"知识就是力量"的著名口号。这些思想体现在他的哲学著作《学术的进展》（1605 年）和《新工具》（1602 年）中。作为文学家，他的《论说文集》（1597—1625 年）在英国文学史上享有重要地位。《论说文集》共收入 50 篇短文，内容涉及哲学、伦理的探讨和处世、修身等问题。这些文章以思路缜密、说理透彻、文笔简练、警句迭出为特色，表现了培根熟谙世故、富于智慧的特点。例如："才德有如宝石，最好是用素净的东西镶嵌。"（《说美》）"名誉好像一条河，能载轻浮中空之物而淹没沉重坚实之物。"（《论名誉》）"心思中的猜疑有如鸟中的蝙蝠，它们永远是在黄昏里飞的。"（《论嫉妒》）这些话都充满成熟的人生智慧，一些比喻也富于诗意，十分贴切。

四、新绘画

（一）鲁本斯

彼得·保尔·鲁本斯（1557—1640 年）从小才华横溢，21 岁已成为安特卫普圣卢克艺术家行会的会员，并且设画室独立创作。他从小聪明伶俐，受到宫廷恩宠，曾做过公主的小随从，成年后即被聘为宫廷画师。他学识渊博，精通德、法、拉丁等多种语言。

鲁本斯曾遍游意大利达 8 年之久，并担任意大利曼图亚公爵的宫廷画师。他精心研究了意大利文艺复兴大师们的美术作品，学习了佛罗伦萨画派的素描和对人体的强有力的表现方法，以及威尼斯画派描绘急剧的运动旋律和富丽的色彩。同时，他还受到当时的正流行于意大利的罗马巴洛克艺术风格的影响，并注意到卡拉瓦乔画派的世俗倾向及其绘画上的明暗技巧。

鲁本斯笔下的人物都有其鲜明的特点，同时散发着贵族和人文主义的气息。尤其他所画的女性形象，几乎取自同一类型的健美贵妇，体现出女性的丰腴之美。而鲁本斯在力士题材的作品中，用最激动人心的色彩来描绘这人类不可征服的力量化身。他塑造了、刻画了那种飞腾在人类的苦难之上，追逐着人生的欢乐、幸福和荣誉的光辉，精力充沛、情绪乐观，在享乐中不知疲倦、也不知思想和感情的牢笼为何物的人。他们的健美形象更为世俗化，有时甚至出现过分狂放而丑陋的形态。

历来为评论家所称道的《劫夺吕西普女儿》一画，堪称大师最为出色的作品之一。它的题材来自希腊神话两个英勇矫健的孪生兄弟，看中了两个娇艳美丽的孪生姐妹，并把她们抢来为妻。它反映了远古时代的一种所谓"抢婚"风俗。所以看来是一场"暴行"，其实画家却是在歌颂勇士那青春的热情和不羁的性格，歌颂他们对爱情的大胆追求。

鲁本斯很讲究构图，并追求巴洛克风格的构图效果，强调动势，用视觉的旋律和节奏形式造成了不稳定的运动感，但同时还要使整个画面保持相应的平衡。在《西林纳斯醉酒中》，西林纳斯和舞蹈着的宁芙的身体，重复着向前倾斜，加强了画面的运动感，但这又使整个构图产生了向前倾倒而不稳定的效果。然而画家在这两个人的脚跟前，巧妙地安排了数个裸体儿童的形象，在深色草地上，他们突出的白皮肤所构成的明亮块，以及他们矮小的身体所构成的一个有力的团块，使画面从色彩到构图，又都达到了平衡。

鲁本斯在色彩上有着尼德兰油画技法的深厚传统。他的色彩不仅从艺术的构成上有其特别响亮富丽的效果，而且其色彩油光鲜亮，历经数百年，仍灿然如新。

除神话和宗教题材外，他也画肖像画、风俗画和风景画。在后期，他的风景画占有越来越重要的地位，负有盛名的是《有虹的风景》和《田野归来》等。

鲁本斯的绘画风格，对欧洲近代绘画具有深远的影响。几代大师都曾从他的艺术中，汲取极其丰富的营养。

（二）安东·凡·代克和雅可布·约丹斯

安东·凡·代克（1599—1641年）生于安特卫普。14岁时所绘的《自画像》已表明他是一位早熟的天才，16岁时就开始在自己的绘画工作室独立工作。他青年时代跟画家亨得利克·凡·巴林学画。出师后，曾在鲁本斯的工作室里做过他的助手，与其合作完成过重要的创作任务。因此，他早期的绘画风格接近鲁本斯。例如他在1662年所画鲁本斯的前妻伊丽莎白·布兰特的肖像，就和鲁本斯的风格十分相近。尤其人物的那两只神采奕奕的眼睛和略感紧张的双手，显出内心的悸动，令人几疑是鲁本斯之作。后来他独立工作，旅居国外，尤其是被聘为英国宫廷画家以后，常为宫廷贵族做肖像画，形成了一种独特风格，使自己摆脱了师承影响，自成一家。

1632年，他移居伦敦，成为查理一世宠爱的画家，代表作有《英王查理一世行猎图》和《詹姆士·斯达埃特像》等，他一直是英国宫廷与贵族的桂冠肖像画家。虽然凡·代克画过不少宗教画，但他的主要艺术成就还是表现在肖像画方面，其早期肖像画体现出16世纪尼德兰肖像画的传统，比较朴实。后来到意大利、英国，画的大批肖像画的主要对象为宫廷贵族，形成了典雅华丽的风格，人物含蓄的内心活动被真实而深刻地传达出来，对英国肖像画的发展有深远的影响。

雅各布·约尔丹斯（1593—1678年）在1615年就成为安特卫普画家公会的会员，此后开始了一系列独立的艺术活动，后来接受鲁本斯的邀请，共同进行创作活动。如在1634年至1635年间，他曾应邀参加了装饰布置佛兰德尔继任执政斐迪南主教亲王入城式的工作；于1637年至1638年间，他还参加了为西班牙国王腓力四世狩猎绘制油画的工作。此后，他也曾独自创作过许多作品，直到晚年仍精力充沛。他主要的成就表现在继承并发扬了佛兰德尔绘画风格的传统。他较多地像卡拉瓦乔那样，深入普通群众生活，以农民为题材；做法上有如伦勃朗，题目取自神话或圣经，素材却来自佛兰德尔的下层群众。《"国王"宴饮》的几幅变体《萨提尔在农家做客》、《丰收》、《四福音书的作者》等都是他最杰出的作品，描写了佛兰德尔的市民生活，洋溢着生活情趣和乐观主义精神。

（三）伦勃朗

伦勃朗·哈门斯·凡·兰（1606—1669年）生于荷兰莱顿城。14岁就进入著名的莱顿大学学习，由于对艺术的酷爱而转学绘画，他通过自己的老师而深受意大利艺术的熏陶，在现实生活中又深受着本国新的绘画潮流的影响，汲取营养，进而形成了自己特有的风格。1632年，他迁居阿姆斯特丹，创作了《杜普教授的解剖学课》，迈出了创作历程中重要的一步，显示了伦勃朗的非凡才能，获得社会的普遍赞誉。

伦勃朗是一位多才多艺的画家，他画油画，还创作铜版画，素描也十分出色。他的绘画题材十分广泛，有取自圣经或古典文学，更有取自身边发生的普通生活。他充分继承了尼德兰绘画的现实主义传统，即使是画那些传说中的圣者和美人，也不像意大利画家那样，去追求一种理想美的模式，一种矫饰的、精雕细琢的美。他笔下人物，都是生活中普通的实实在在的形象。他像卡拉瓦乔那样，把神话传说描写成纯粹是在自己祖国和人民当中发生的事情。

伦勃朗是一位真正的肖像画大师。人类的内心世界是随着年龄和经历的增长而日益丰富的。从伦勃朗创作的肖像画上可看到，越是年纪老迈、饱经沧桑、皱纹纵横的人，似乎越焕发出一种难言的魅力，似乎那苍老的面容和深邃的眼神里，蕴藏着你所企图追寻的人类的各种思想、情感和生活的哲理。这就是伦勃朗的肖像画所独具的艺术魅力。

伦勃朗还创作了近百幅的自画像,这些画像构成了一位伟大画家的人生画卷。它们展示了一个人从年轻到年老,在生理上逐渐变化着,同时产生了与之相关联的变化。画家对自己的性格、品质毫无掩饰,更谈不上美化。他严格地审视着自己逐渐衰老的容颜和逐渐成熟的思想。他仿佛不是审视着个人,而是在审视着一个浓缩了的宇宙。那里反照出整个人类的欢乐和痛苦,反照出人世的炎凉。伦勃朗的女性肖像画有其独特风采,那就是真实、自然、亲切。他不注重用性感和美去诱惑观众,而是用来自女性的内在魅力打动观众。

伦勃朗的铜版画与油画同享盛誉。它的特色是用笔精细,变化微妙。如《基督为穷人治病》一画,那精确的素描,细腻微妙多层次的笔触,那强烈的明暗对比,使画面上的光仿佛从基督身上放射出来,整个画面呈现出令人倾倒的魅力。尤其出色的是风景画《三棵树》,从结构简朴的画面上,通过细微精确的笔触刻画,仿佛可以看到光的闪烁和空气的流动。那三棵苗壮的树,突出挺立在一望无际的平原上,暴风雨过后,骄傲地迎风摇曳着,更加浓郁、清新、生机勃勃。它仿佛表现了画家本人高贵的精神品质。

1669 年,伦勃朗在极端孤独与贫困中逝世。他作为肖像画、风格画、历史画与风景画的现实主义绘画大师,作为杰出的版画家,为荷兰绘画赢得了世界声誉;他以惊人的才智与勤奋创作了大量的作品,为人类留下了极其丰富的艺术遗产。

(四)哈尔斯和戈雅

弗朗斯·哈尔斯(约 1581—1666 年)是荷兰现实主义画派的奠基人。当他作为画家开始独立工作时,正是荷兰人民革命斗争获得胜利之初,荷兰共和国正处于蓬勃向上、繁荣发展时期。在其早期和盛期的作品中，充分表现了荷兰市民健康、愉快、充满生命力的形象。从 17 世纪 20 年代到 30 年代，他广泛描绘了各阶层的人物，如军官、市民、音乐师、酒徒、少女、孩子等各色人物，代表作品有《微笑的骑士》、《弹曼陀林的小丑》、《吉卜赛女郎》、《扬克兰普和他的情人》等。他刻画人物，特别注意面部表情，善于表现人物的性格特征和心理状态，使画面生动活泼，决不矫揉造作。虽然多为单人半身肖像，却常常使人联想到画面之外还有其他人物，构成一个情节，洋溢着浓郁的生活气息，有如一幅风俗画。

除了单幅肖像之外，哈尔斯还创作了一系列团体肖像画，在构图上突破了呆板、平整的布局，人物安排错落有致，善于把众多的人物按照一定的情节组合为一个有机整体。哈尔斯创作的肖像画充满着一种乐观向上的情绪，他以流畅奔放的笔触表现了豪爽自信、形神兼备、栩栩如生的人物形象，构成哈尔斯的肖像画艺术的独特风格。

弗朗西科·戈雅（1746—1828 年）自小就喜欢绘画，年轻时已在意大利学习文艺杰作，1775 年到马德里后经介绍进入皇家织造厂，1785 年担任皇家画院副院长，1789 年成为宫廷首席画家。

对戈雅影响最大的是 1762 年至 1767 年间乔凡尼、巴蒂斯塔、提埃坡罗在马德里王宫天顶装饰画中所作的不朽的人物形象，提埃坡罗是威尼斯的最后一位绘画大师；此外还有委拉斯开兹的肖像画中永恒的现实主义和伦勃朗的肖像画中表现的他对人物心理的洞察力，对他也有较多影响。

戈雅善于以下层群众作为题材，在给皇家织造厂绘制的 63 件作品中，许多都充满了普通劳动者的生动形象，其中《陶器市场》、《葡萄熟了》、《农村的婚礼》和《受伤的泥水匠》等等，论其艺术价值都远远超过通常的织物草稿的水平，是优秀的风俗画。

他既善于反映群体活动，也善于突出主要人物。有时画面上在主要人物的背后是有许多农民辛勤劳作的田园，仿佛为了说明生活的享受要以人们的劳动为代价。织物上的绘画具有装饰性，趋向于洛可可风格，给人以快感，不过戈雅已赋予它们现实主义的新气息，避免了贵族式的浅薄与轻浮。

在西欧普遍的启蒙思潮的影响下，他强调想象应当与理性结合在一起而成为艺术的泉源。当时西班牙的现实是宗教和世俗封建势力的统治，十分黑暗，戈雅以手中的画笔对之进行无情的、巧妙的鞭挞。如1794年，他创作了一幅名为《疯人院》的画作，把西班牙喻为疯人院；又如他的铜版组画《加普里乔斯》饱含了愤怒般的激情，把统治者比作巫婆、恶魔和驴子，控诉这些兽类正在蹂躏西班牙，而人民和正义却受着屈辱和不幸，组画题材涉及的范围极广，不但揭露了宗教的专横、贵族的腐朽，同时也痛斥了社会上几千年的一切恶俗和病态。

第二次革命失败后，戈雅为了躲避可能到来的迫害，1824年5月离开马德里去了法国。1828年4月26日戈雅死于法国。死后当局不允许他的灵柩回国，直到1900年灵柩才运回祖国举行了国葬，葬于他曾作过壁画的尼·德·拉·弗洛里达教堂。

戈雅虽然死了，但他的艺术却是永存的，曾给后人以巨大的影响。德拉克洛瓦、米勒、杜米埃、珂勒惠支等人都从他的艺术中得到鼓舞和启迪。他不仅是西欧19世纪浪漫主义的先驱，也是批判现实主义艺术的伟大先驱。

五、建筑艺术

（一）巴洛克风格

巴洛克（barogue）一词源于意大利语barocco，有奇形怪状、矫揉造作之意。又说出自葡萄牙语或西班牙语，意为不规则形状的珍珠。在 18 世纪，一些古典主义理论家借用这个词来嘲弄具有奇特风格的艺术。巴洛克艺术具有以下特点：无论是建筑、雕刻、绘画都强调运动感、空间感、豪华感、激情感，甚至神秘感。

巴洛克建筑是最能显示巴洛克艺术风格的特点的一个艺术种类。曾被誉为"巴洛克建筑之父"的弗·波罗米尼（1599—1667年）的作品以奇特著称。其代表作是"圣·卡罗教堂"。他在设计这座位于罗马的教堂时，充分运用了正弦弧和反弦弧构成的多变状曲线，其殿堂的平面近似橢榄形，周围是规则的小祈祷室，立面山花断开，墙面凹凸度很大，椭圆状的穹顶布满十字形、八字形、圆形、四方形和弧形图案，确实寄托了"畸形的珍珠"的寓意。圣·卡罗教堂设计于 1636 年至 1640 年间，始建于 1638 年。他的另一个重要作品是萨边察的圣伊沃教堂，其平面图呈六角星状，是基督教所称的圣父、圣子和圣灵三位一体的基本教义的象征。整座建筑物结构复杂，形态奇特，穹顶上有独特的螺旋状阶梯，六个采光的窗户像六朵花瓣，给人神奇高超的感觉。波罗米尼的建筑作品在 17 世纪的罗马显示了最新奇的个人风格。

巴洛克建筑艺术的另一位代表人物是乔·洛·贝尼尼（1598—1680 年）。他生于那不勒斯，从小就展示了不平凡的天才。

他在 1623 年创作的雕塑《大卫》完全不同于米开朗基罗的《大卫》。米开朗基罗塑造的是英雄，而他表现的却是一个平常人。艺术家在这里最大的兴趣是表现人体旋风般的运动和人物狂暴的热情。运动是巴洛克艺术的生命。大理石在雕刻家的手中好像失去了重量，人物的衣服随风轻轻飘起，给人以轻快、活泼和不安的感觉。

标志着贝尼尼雕刻顶峰的是他为加尔内罗礼拜堂所作的祭坛雕刻。这个组雕创作于 1645 年至 1647 年间。祭坛的灯光吸引着

人们，在灯光照耀下有一组白色大理石的雕刻，人物栩栩如生。这
一组雕刻由两个人物组成，一个是女圣徒德列萨，另一个是小天
使。艺术家在这里很细致地表达了人物矛盾复杂的心理状态。除
了室内的作品，贝尼尼的雕刻还被大量运用在装饰园林和喷水池
等建筑物上。在这方面最为著名的作品是在他的领导下建造的
"四河喷水池"（1648—1651年）和由他独立制作的"特列同喷水
池"（1637年）。

（二）洛可可风格

在18世纪，艺术上的自由精神开始取代旧有的教条，以至在
绘画、建筑、工艺、音乐、戏剧和文学等人文文化上，形成雅致、
精细、轻盈、活泼、结构巧妙的风格特点。

这种风格的艺术，初起时像巴洛克艺术出现时一样，并无自
己的名称。1755年版画家科尚（1715—1790年）用洛可可
（Rococo）一词指称它，是带着嘲笑的口气的，意思是说它奇形怪
状。Rococo一词由Rocaille（罗卡尔）派生而来，后者的原意是指
贝壳状或人工岩洞状弯弯曲曲般的作品。后来，正像巴洛克那样，
洛可可从被贬谪的命运，也获得了肯定的评价并被发扬。人们肯
定了它代表了一种新艺术潮流，而这种潮流就以它为名称。洛可
可艺术从主流方面看，起源于室内装饰。法国贵族和豪富们在建
筑新的宫殿和府第时，除要求外貌豪华美观以外，还希望其内部
结构能随心所欲，装饰得轻巧灵活。在路易十五登基前后，由皇
家建筑师柯特（1656—1735年）设计的巴黎德图鲁兹公馆的"黄
金大厅"（现法兰西银行），就是贯彻这一原则的典范。它的长方
形厅堂的墙面布满金饰，由连续的拱窗分开，四角以悠缓的曲面
包围，天顶也是自由面构成，精巧的雕刻掩盖了柱子的重量和强
力感。巴黎苏比兹公馆内由博弗朗（1667—1745年）设计的椭圆
形客厅是另一范例，其中上层客厅尤具特色，它的以木镶板构成

的壁面、拱门上方的半环状浮雕图案、生动活泼的儿童雕像，都显示了柔和的曲线和轻快的气氛。

在较一般的建筑中，洛可可式大多省去了裸柱和壁柱，装上室内和庭院间的落地长窗，厅堂里特别注意有足够的光线投入，墙上大多挂着油画，其主题多是谈情说爱或表现乡村风光，家具和各种工艺品摆设协调，形成轻松愉快的气氛。

（三）乔治风格

17世纪初，西班牙已出现了崇尚巴洛克式的建筑艺术家，如莫拉和包蒂斯塔等。经过近一百年的发展，逐渐形成了富有西班牙风格的巴洛克艺术，称为乔治艺术。其得名于西班牙著名建筑艺术家何塞·乔治（1655—1725年），他巧妙利用多姿多彩的涡形装饰，使各种花卉形状和各种线面互相搭配，组合成复杂的建筑物。他的作品有萨拉曼卡圣埃斯特万教堂的巨型祭坛和马耶尔广场牧师堂钟楼等。同代和后来的建筑师纷纷模仿。里贝拉（1722—1790年）是其中之一，他曾负责重新规划马德里城，给它兴建了以豪华著称的养老院和普洛温旅馆。另一位追随者托梅（生卒年代不详）在追求装饰的丰富性方面较有节制，避免了造成过分缭乱的印象。他设计的巴利亚多利德大学和托莱多教堂，结构简洁而高雅，教堂中用了染色玻璃，显得绚丽明亮，受到广泛的好评。

乔治风格建筑及其装饰样式持续了50年，一直到18世纪中期。它力图和正统的巴洛克风格拉开距离，又吸收了洛可可风格的某些特点，形成了具有西班牙本土特色的艺术传统。后来，由柯斯塔（1693—1761年）改建的赫洛纳教堂，在外立面有一座中古式墙壁，墙上的轮状大圆窗和巨型门式结构等，进一步强化了建筑物的装饰风格，较为鲜明地体现了乔治风格特色。

六、西欧歌剧和古典音乐

（一）歌剧在意大利的产生

新兴歌剧是从 16 世纪的田园剧、牧歌喜剧和幕间歌舞等世俗音乐戏剧形式发展而成的，最初只是用做贵族喜庆宴会中的文娱节目，17 世纪 30 年代以后才在剧院里公开演出。

1600 年 10 月，美第奇公爵的妹妹玛丽雅和法国的亨利四世在佛罗伦萨结婚时演出的《欧律狄刻》，是至今还完整地保存着乐谱的第一部歌剧。脚本由里努契尼根据古罗马诗人奥维德的《变形记》写成，叙述奥菲士和欧律狄刻的神话故事。后由佩里和卡契尼改编为歌剧。音乐以宣叙调为主，中间穿插着合唱和舞蹈。宣叙调的单声部旋律服从于语言的音调和节奏，力图表达歌词的声情，因而被称为"表现体式"。

威尼斯歌剧乐派的创立者蒙泰韦尔迪，对早期意大利歌剧的发展起着重要作用。佩里和卡契尼式的单调的宣叙调，经过他的提炼，音乐语言变得较为丰富，并获得了匀称的形式。乐队的规模也扩大了，提琴等的弓弦乐器开始占有主要地位。他还首创震音和拨弦等奏法，以增强戏剧效果。他所创作的《奥菲欧》（1607 年）、《阿里安娜》（1608 年）、《波佩阿的加冕》（1642 年）等标志着歌剧题材的进一步扩展。

1637 年，威尼斯建立了第一座歌剧院，开公开演出歌剧的风气之先。从此歌剧从王公贵族的娱乐品，逐渐变为平民社会的艺术。在这种形势下，剧作家们根据听众的艺术趣味，创作了许多规模宏大、情节复杂、人物众多、并伴有富丽堂皇的舞台设计的歌剧，音乐开始以华丽的演唱技巧取胜，咏叹调逐渐摆脱了宣叙调的风格，形成独具特色、精雕细镂的样式。

那不勒斯歌剧乐派的创始者普罗文查勒师法威尼斯派，发展了形式灵活多变的抒情风格。这一乐派的代表人物是亚历山德罗·斯卡拉蒂，他在前人的创作基础上，确立了"快—慢—快"形式的意大利歌剧序曲和"a—b—a"形式的咏叹调，从而诞生了重视优美的音质和华丽的演唱技巧的"美声唱法"。他还创造性地运用了乐队伴奏的宣叙调，以增强音乐的戏剧性。

通过这一时期众多剧作家们的天才创造和勤奋实践，歌剧在17世纪的意大利终于诞生和发展起来了。

（二）巴赫

18世纪初，德国无论在宗教音乐领域或歌剧领域中都未出现过像意大利的巴莱斯特里纳或法国的吕里那样伟大的艺术家，直到巴赫的出现，才使德国在欧洲国家的乐坛上名列前茅。西欧的前辈们已经在宗教音乐艺术上显示出了如此卓越的才能，而巴赫更使之达到了完美的境地。

约翰·塞巴斯蒂安·巴赫（1685—1750年）生于爱森纳赫。幼时，他的父亲约翰·昂布鲁瓦兹·巴赫亲自为他上启蒙音乐课，并教他小提琴。但到10岁时，巴赫失去了双亲，成了孤儿，由他哥哥抚养，并到奥尔德鲁夫公学学习，他仍继续热烈地醉心于音乐。1700年，巴赫离开哥哥，当了隆堡的圣—米歇尔学校的童声合唱团歌手。1703年，巴赫离开隆堡的中学进入魏玛的约翰—恩奈斯特亲王的礼拜堂任小提琴师。四个月后，他为谋求管风琴师的职位离职去阿恩施塔特。虽然他很年轻，但第一次试奏时就被录用了，每年的薪俸为275法郎。此时，他创作出自己的首批作品。

1707年，他获得了图林根的穆尔豪尔豪逊的圣—勃莱斯教堂管风琴师的职位，就在那里，他发表了他第一部重要的作品《市政选举清唱剧》。

1708年，他在魏玛宫廷担任管风琴师，同时又在乐队中拉小提琴。1723 年,巴赫被任命为莱比锡圣－托马斯圣咏学校的乐长,接替约翰·库瑙之职。就在那里,他创作了一些气势宏伟的大合唱曲,并度过了自己的一生。

巴赫作为管风琴师的盛名传遍了整个德国。当时音乐界人士这样热烈地颂扬他:"这是一位炉火纯青的乐器演奏能手,是一位出类拔萃的拨弦、钢琴、管风琴艺术家,世上还没有一位音乐家能与他相媲美。我已多次聆听过这位大师的演奏。他那灵巧娴熟的技巧使人为之惊叹,几乎难以想象他能够如此独特、如此敏捷地将双手和双脚这样交叉、分开,并能达到极其宽阔的音程而不混进一个错音。而且,即使这样剧烈地四肢摇动,他却毫不挪动他的身躯。"

但是,作为作曲家的巴赫,并没有受到人们的重视,并在以后的 50 年中几乎被人们淡忘。后来,门德尔松、舒曼发起了一场深入的运动,促使同时代的人来欣赏巴赫的清唱剧。1850 年成立了"巴赫学会",其重要任务是组织规模巨大的巴赫全集出版工作。

巴赫的器乐包括管风琴音乐、钢琴音乐和用于各种乐器的奏鸣曲和协奏曲。

在管风琴音乐中,巴赫在宽广、舒缓的圣咏旋律上创造了各种各样的变奏,这种变奏并非是单纯的装饰,而是用来表达和阐明《圣咏曲》在教徒心灵上所产生的虔诚思想:这既是一种描绘景物,又是一种抒发内心感情的风格,正如《圣咏曲》中所唱道的:"啊!人生多么瞬息易逝,虚无缥缈!"巴赫创作了一种音乐,它唤起人们产生流逸飘忽、扑朔迷离的幻想,在如梦的意境中游移,同时又使人的内心充满了深切的悲哀。巴赫通过音乐将经文作了阐释,而且往往得到罕有的强烈效果。这些变奏《圣咏曲》都是宏伟壮丽的宗教诗篇。

巴赫的小提琴与钢琴奏鸣曲和意大利的奏鸣曲迥然不同。在巴赫的奏鸣曲中,小提琴不是主要的声部,它与钢琴配合默契。钢琴的声部并非一种标数字的低音,而全由作曲家一手创作,而且,它显然是专为钢琴而不是为其他乐器演奏而写的。这些奏鸣曲的风格不是朗诵性的风格,不是意大利式歌剧的风格,也不是英国人和法国人出自舞曲的文雅风格,而是一种严肃的风格,多声部的风格。这些奏鸣曲通常被写成模拟式的三个声部:小提琴演奏其中一个声部,钢琴上的两手各奏一个声部。这种布局完全是巴赫特有的,并且运用得最为巧妙。

巴赫在他的《小提琴独奏奏鸣曲》中,竭力使一个独奏乐器发挥出一切效果,甚至在一个乐器上作多声部,这样的构思乍一看似乎自相矛盾,但他竟达到了目的,此后无人能与之相比。

相反,在那些协奏曲中,他似乎已用尽了当时所有乐器手法中一切可能的结合。他写了用弦乐四重奏伴奏的二架、三架、四架钢琴协奏的作品,和用四重奏伴奏的小提琴、长笛、双簧管、小号或小提琴及两只长笛的协奏曲;还有三个小提琴、三个中提琴、三个大提琴和低音提琴等乐器的协奏曲。在他看来,作曲从来不是什么复杂的问题。

正是在巴赫的清唱剧中,他的那种变化万千的才华、非凡惊人的"技巧"和丰富多彩的灵感 得到了人们的最高赞赏。除了那些世俗的清唱剧外,巴赫还写了约 250 首宗教清唱剧,以及 5 个清唱剧曲集。

巴赫是一个异乎寻常的人物:在他身上贯穿着几个世纪来相对立的种种倾向,他予以总结、发扬、承上而启下。他通过他的复调及对描述风格的爱好,与中世纪和文艺复兴时期的音乐相联系;通过运用戏剧性的朗诵手法和咏叹调的形式与 17 世纪的意大利音乐相贯通;通过他那优雅和讲究的装饰音手法又与 17 世纪的法国音乐相串连。他已为成熟时期的贝多芬和瓦格纳的音乐艺术做了准备。

（三）亨德尔

乔治·弗里德里希·亨德尔（1685—1759年）生于萨克斯的
哈勒，比巴赫早诞生26天，他的父亲曾是理发师，以后在萨克斯
亲王和勃兰登堡选侯那里获得了皇室侍从和外科医生的头衔。亨
德尔早就在音乐上显露出惊人的才华，但他的父亲却指定年轻的
亨德尔从事法学，并让他开始学习法律。1697年父亲去世，亨德
尔为了尊重父亲的意愿，继续进行了一段时间的法律学习，同时
却越来越热心地沉浸于音乐之中。1703年，他来到汉堡。汉堡是
当时德国音乐活动最频繁的一个城市，自1678年以来，拥有一个
常设的歌剧院。他在那儿听到了凯塞尔的作品，受到了马特森的
教益。

亨德尔曾为汉堡歌剧院写了4部带有意大利式幕间插曲的德
国歌剧：《阿丽米拉》（1705年）、《内罗》（1705年）、《达弗内》
（1708年）和《弗洛林多》（1708年）。1706年至1709年的意大利
之行，是他走向世界的第一步。他亲临歌剧的故乡，领会了意大
利歌剧、清唱剧和器乐的风格，于是心慕手追，在罗马和威尼斯
演出了自己的新作——意大利模式的清唱剧和歌剧。

1719年起，由国王资助的"皇家歌剧院"的建立，为这位音
乐大师的一生定下了新的方向。他负责为剧院招聘欧洲最杰出的
艺术家。从此，他投身于剧院，先后创作了《拉达米斯多》（1720
年），《穆祖奥·斯契弗拉》（1721年），《福罗里唐特》（1721年），
《奥托纳》（1723年），《基乌里奥·契萨尔》（1724年），《达麦尔
拉诺》（1724年），《希比渥纳》（1726）年，《阿莱桑德罗》（1726
年），《阿德麦多》（1727年），《李加尔多一世》（1727年），《西洛
埃》（1728年），《多里麦奥》（1728年）。所有这些歌剧不仅在伦
敦，而且在欧洲的主要舞台上都获得了成功。

1740这一年标志着亨德尔一生中一个新时期的开端。他毅然

放弃了歌剧，而专门致力于神剧的创作。如《索罗》（1739年），《以色列》（1739年）《快乐者、沉思者和谦虚者》（1740年），《弥赛亚》（1742年），《参孙》（1742年），《约瑟》（1743年），《赫拉克里斯》（1747年），《伯沙撒》（1740年），为庆祝乌得勒支的胜利而作的《应时神剧》（1746年），《犹大·麦加贝》（1746年），《约瑟夫》（1746年），《约苏埃》（1747年），《亚历山大·巴鲁斯》（1747年），《所罗门》（1748年），《苏萨那》（1748年），《泰奥多拉》（1749年），《耶弗达》（1751年）。尤其是以《赫拉克里斯》为标志的那种"戏剧性史诗"，亨德尔自己把它称为"乐剧"，罗曼·罗兰明确地把它看做是"18世纪艺术的顶峰之一"。

亨德尔为上流社会、为宫廷和剧院而创作，他的音乐当然是华丽灿烂的；他特别擅长创作音色嘹亮、节奏强烈的音乐，这就给听众产生一种感官的印象，使人激奋、着迷。布局的宏大、明朗使作品清晰恢弘。他的作品给我们鲜明地展示出感情上的巨大起伏，而这种起伏总是受到一个坚强意志的节制和引导；他的艺术始终无懈可击，曲体总是正确严密，比例关系十分匀称，即使是在感情最冲动、几乎汹涌澎湃时，也是如此。他的作品具有气势磅礴的特点，这只有在以后格鲁克、贝多芬的作品中才能重见；而且后两位作曲家也承认他们的天才与亨德尔的作品有着渊源关系。亨德尔预示了另一个时代的来临。

（四）维也纳传统：莫扎特

从18世纪中叶到19世纪初，德国和奥地利产生了格鲁克、莫扎特、海顿、贝多芬等对音乐形式和内容的革新有杰出成就的大作曲家。他们都在维也纳度过创作的成熟时期，而他们的作品又都成为后世音乐的典范，所以，以他们代表的作曲家被称为"维也纳古典乐派"。

沃匀夫冈·阿马德乌斯·莫扎特（1756—1791年）生于萨尔

斯堡的一个音乐世家，从小就表现出音乐神童的天赋。他 4 岁学习音乐，6 岁就娴熟古钢琴、管风琴和小提琴的演奏，并创作了第一首相当悦耳的小步舞曲，8 岁创作第一部交响曲。

莫扎特对世态人情和社会生活能体察入微，对欧洲各国的音乐文化能够博采众长，熔汇一炉；在演奏协奏曲、视谱即奏、即兴表演和小交响曲创作等方面，表现出极高的音乐素养和精湛技艺。天才出自勤奋。莫扎特曾对一位朋友语重心长地说："以为我的艺术得来全不费功夫的人是错误的。我确切地告诉你，亲爱的朋友，没有人会像我一样花这么多时间和思考来从事作曲。没有一位名家的作品我不是辛勤地研究了许多次。"莫扎特的歌剧 有三种类型：第一类是按照意大利正歌剧体裁写作的，如《伊多美内奥》（1781 年）和《梯托的仁慈》（1791 年）；第二类是按照意大利趣歌剧体裁写作的，如《费加罗的婚礼》（1786 年）和《唐·璜》（1787 年）；第三类走的是德国歌唱剧的路子，如《后宫诱逃》（1782 年）和《魔笛》（1791 年）。莫扎特写歌剧咏叹调和重唱曲，是在了解演员的嗓音、技艺和表现特色之后有的放矢地下笔的，但目的不在于让演员炫耀技艺，而是为了发挥演员的特长，恰如其分地刻画人物的性格和思想感情。

他的奏鸣曲、四重奏具有海顿作品所有的稳固结实和精巧独创的特性，而且给人以一种在表情上更富于变化的魅力，在心理上更为丰富多彩，在运用新的创作手法上更轻松自如，这些都使莫扎特成为历来首屈一指的即兴创作家。

他写过 50 部左右交响曲，最重要的 3 部（E 大调、g 小调和 G 大调），是在 1788 年夏季的一个半月里写出来的。3 部交响曲表现了 3 种不同的性格：天真无邪的欢乐情绪、真挚动人的抒情气质和刚毅豪迈的英雄气概。

莫扎特是近代协奏曲的重要作家，除了 27 部钢琴协奏曲和 5 部小提琴协奏曲以外，还为各种木管乐器（长笛、双簧管、单簧管、大管）和铜管乐器（圆号、小号）写作协奏曲，以充分发挥各种乐器的演奏特色。

德国诗人歌德说，在莫扎特的作品里"蕴藏着一种生育力，一代接着一代地发挥作用，取之不尽，用之不竭"。莫扎特的音乐精神在贝多芬、舒伯特、瓦格纳等后代作曲家身上得到了延续和发展。

（五）海顿

约瑟夫·海顿（1732—1809 年）生于奥地利的鲁劳镇。父亲是一位修理工和教堂圣器管理人，母亲当过厨娘。海顿的音乐启蒙教师是约翰·马蒂亚斯·弗朗克，担任鲁劳天主教学校的教师兼教堂乐长。他 8 岁时，进入维也纳的圣·埃蒂安大教堂儿童唱诗班。

他充分利用业余时间研究前辈大师的作品，并积极投身作曲实践。后来，他投靠安乐尼·埃斯特哈兹亲王，成为亲王府里的乐长，在那里，他指挥着五个小提琴，一个大提琴，一个低音提琴，一个长笛，两个双簧管，两个圆号，两个法国号，一个管风琴，两位女高音，一位女中音，两位男高音，一位男中音。

海顿虽然长期居住、工作在埃斯特哈兹家族的爱森斯塔特府，但其声名却伴随着作品的传播而鹊起。巴黎、阿姆斯特丹和维也纳等地相继出版了他的作品集。

海顿被后世尊称为"交响曲之父"和"弦乐四重奏之父"。尽管他并不是首创者，在巴赫和亨德尔时期，就有一批人为此做了一定的准备，但正是海顿，才使交响曲和四重奏由草创发展为成熟的形态，并真正显露了他卓越的天才和细腻的感觉。所有的旋律都被巧妙地交织成一种纯粹的天籁之音，他的音乐并不侧重所抒发的思想感情的内容，而只在于音响的自然发展之中，或模仿夜莺与杜鹃的啼鸣，或描绘黎明的晨曦，这种音乐式的风景使人心旷神怡，备感舒畅。

　　海顿生性风趣，逗人喜爱，因而被他的同时代人称为"海顿爸爸"。他的作品时时流露出幽默的笔触。1772 年，海顿和乐队队员们伴着埃斯特哈兹亲王长期滞留在维也纳郊外的夏宫里，久久不能回到维也纳家中和家人团聚，大家想家心切，一时怨声载道。于是他就在《#f 小调交响曲》中巧妙地向亲王表达队员们要求离去的意思。演奏到末乐章时，第一双簧管和第二圆号首先结束，演员们吹灭了蜡烛离席而去；不久，大管、第二双簧管、第一圆号和各种弦乐器又依次提前结束，先后离席而去；最后只剩第一和第二小提琴孤零零地演奏最后一个乐句。亲王领悟了海顿所暗示的意思，马上准许队员们回到维也纳去。后来，大家都称这部交响曲为《告别交响曲》。

　　海顿的作品是精心创作的美巧乐句，具有各种节奏的创造性，发展部分的宽广性和生动活力的连贯性。它们有不朽的价值和永久的声誉。

第 五 篇

西欧现代文明

引　言

辉煌而动荡的西欧现代文明

西欧现代文明肇始于 18 世纪后期的英国工业革命和法国资产阶级革命。波澜壮阔的工业革命彻底革新了西欧的生产方式,以现代机器大生产取代了传统的手工业生产,创造出人类历史上前所未有的巨大生产力,从而为西欧和北美的现代资本主义社会奠定了强大的物质基础,并且确立了西方在世界经济中长达两个多世纪的优势地位。从人类文明发展史的角度来看,工业革命使西欧告别了延续数千年的农业文明,率先跨入了风云激荡的现代工业文明。

综观西欧各国工业革命的发展进程可以看出,现代工业的产生和发展必须具备一系列必要的经济、科技、社会、政治和精神条件。从经济和科技方面来说,为发展现代工业首先必须拥有一定数量的资本和自由劳动力,还要有足够的原材料和广大的国内外商品市场。此外,建立在现代自然科学基础之上的现代工业技术是发展现代工业的一个至关重要的前提,其中包括新能源的利用,新型机器的发明和制造,新式生产工艺和生产方法的创造和改进,而这一切科学技术的发展和运用又都依赖于现代教育的普及和科技工程人员的培养。从社会和政治方面来说,国家的统一和相对稳定的国内社会政治秩序有助于保证统一的国内市场的建立和国民经济运作的连续性,设置完备和执行有力的法律制度能够有效地维护正常的市场秩序、保护公民人身和财产权利的安全，而健全的社会经济保障制度则可以满足低收入阶层的基本生活需要，从而保证社会秩序的稳定。从促进现代工业发展的精神条件来说，既要有获取个人利益的经济动机，也要有促进经济发展的精神动机和价值取向，比如新教伦理、企业家精神、爱国主义等。这些条件和运作规则是西欧所有国家进行工业革命时必须遵循的普遍规律。除此之外，西欧的工业革命还有两条重要的成功经验，其一是政府对民间工商业发展的积极鼓励，以及对幼稚民族产业的保护和扶持，它们在推动后起的工业化国家加速实现现代化的过程中发挥了重要作用。其二是技术发明家与企业家的紧密结合在创立新兴产业方面表现出巨大的优势，阿克莱特、瓦特、西门子、本茨等人都既是杰出的发明家，又是成功的企业家。

工业革命不仅创造出巨大的生产力，而且深刻地改变了西欧的社会结构，产生了现代资本主义社会的两大阶级——资产阶级和无产阶级，无产阶级反对资产阶级的斗争最终导致了社会主义运动的兴起。欧洲1848年革命和1871年的巴黎公社即是当时的阶级矛盾和其他社会矛盾激化所产生的结果。如果说作为19世纪西欧主流思潮的自由主义是对自由资本主义合理性的理想化论证，那么与之对立的社会主义思潮及其影响下的工人运动就是对自由主义和资本主义制度的批判与反抗，社会主义从其诞生之日起直到现在一直深刻地影响着西欧现代文明的社会模式和发展方向。

空想社会主义思想家在改造资本主义和建立理想社会的问题上，从实现社会公平的角度提出了许多激进的改革措施和社会主义的原则。然而他们当初设想的某些原则确实包含了过多的空想成分，因而在相当长的历史阶段内是很难实现的。马克思主义的诞生使社会主义从空想发展到科学，它不再迷恋于描绘和许诺一个未来的理想世界，而是在批判和改造资本主义旧世界的同时创造一个社会主义的新世界。马克思主义与工人运动的结合使社会主义成为影响西欧及世界历史的重要力量，极大地促进了西欧无产阶级和劳动群众争取平等的政治权利和社会经济权利的斗争，推动了西欧政治改革和社会改革的进程。西欧各国政府从19世纪80年代开始推行的社会保险和劳工立法，就是在工人运动和社会主义运动的强大压力下被迫实行的让步政策，也是政府为了避免革命再次发生所采取的改良主义措施。此后西欧的社会主义运动虽然几经反复，但最终逐渐走上了民主社会主义的改良道路。

社会改革的实施是西欧现代文明发展过程中的一个重要的转折点，正是这种釜底抽薪的改良主义措施缓和了西欧各国的阶级矛盾和社会矛盾，挽救了岌岌可危的资本主义制度，同时也在不触动生产资料私有制的基础上，将残酷剥削加野蛮压迫的早期资本主义社会逐步改变为相对温和的现代福利国家。与社会改革同时，西欧各国也分别通过英国式的渐进改良和法国式的剧烈斗争的不同道路，逐步实现了民主改革的目标，最终使现代资本主义民主制度在西欧各国普遍建立和完善起来。到20世纪初，西欧所有国家都建立了议会，选举权逐步扩大为成年男子普选权，二战结束后西欧各国妇女也普遍获得了选举权。西欧最具特色的民主形式是起源于瑞士的全民公决制度，一些国家以宪法的形式规定全体公民有权对国家政治制度、批准或修改宪法和法律、加入国际组织以及重大行政措施进行投票表决。这种先进的直接民主形式扩大了人民的民主权利和政治参与的范围，削弱了议会和政党的传统权力，使普通公民得以分享立法权力和行政权力。

现代民族主义在其发展的初期是一种渴望摆脱外国压迫、争取民族独立和自由、追求国家统一和强盛的积极力量，但从19世纪末叶开始，随着自由资本主义被垄断资本主义所取代，欧洲各强国的民族主义逐渐演变成沙文主义和军国主义，最终发展为民族主义的极端形式——对外侵略和压迫的帝国主义。为了攫取原料产地、商品市场、资本输出市场和战略要地，帝国主义列强展开了争夺殖民地的疯狂角逐。到第一次世界大战前夕，西欧列强（以及美国和日本）依仗其政治、经济和军事优势建立起遍及全球的殖民体系和世界霸权，广大落后国家和民族相继沦为帝国主义的殖民地、半殖民地和保护国，人类文明史上第一次由少数帝国主义国家支配了全世界大部分国家和人民。同时，帝国主义列强之间为了重新瓜分世界和争夺世界霸权展开了你死我活的斗争，终于将欧洲和整个世界拖入了两次世界大战的灾难深渊。

两次世界大战是欧洲乃至世界文明史上最黑暗的时期，曾在世界上泛滥一时的法西斯主义严重摧残了人类文明的成果，使欧洲和世界几乎倒退回野蛮时代。然而，世界反法西斯战争的最后胜利终于摧毁了法西斯战争策源地，挽救了人类文明。两次世界大战的空前浩劫导致了西欧世界霸权的衰落，西欧各国从此变为次于美国和苏联的二等国家。随着世界上各被压迫民族的民族意识的普遍觉醒，席卷全球的争取国家独立和民族解放的历史潮流终于冲垮了几百年的西欧殖民主义体系，亚非拉民族国家的兴起和殖民主义时代的结束堪称人类文明史上的沧桑巨变。

第二次世界大战后，西欧各国普遍进行了政治和经济方面的改革，促进了政治、经济和社会的发展。除了短暂的中间派政府之外，西欧各国在大部分时期内都是由右翼保守党派和左翼社会党（包括工党）轮流执政，前者大多采取新保守主义的措施，后者则推行社会改良主义政策。这种左右交替的政局有利于西欧各国对国有化与私有化、国家干预与市场调节、社会公正与生产效率的矛盾进行及时适度的调整，从而避免了社会的极端振荡，在动态平衡中获得了相对平稳的发展。随着第三次产业革命的进展，一种新的信息文明正在西欧和全世界兴起。为了加强自身的实力以便应对来自美国和东亚新兴经济体的竞争，西欧各国捐弃前嫌，采取了经济和政治联合的积极步骤。欧洲联盟的建立为西欧各国带来了新的发展机遇，尽管面临着恐怖主义和环境恶化等全球性问题的挑战，然而西欧文明仍有可能在21世纪进入一个新的持续发展时期。如果说19世纪和20世纪是一个极端主义的时代，那么我们真诚地祝愿21世纪能够成为人类文明史上一个和平与发展的时代。

19世纪到20世纪是西欧精神文明飞跃发展和异彩纷呈的时代，不同学科之间的相互借鉴和交叉影响的趋势日益加强，学科内部的竞争所导致的创新和流派更迭的速度也开始加快。自然科学理论的重大突破日益成为技术革命的先导，自然科学对哲学和社会科学也发生了巨大的影响。例如电磁学的发展为电动机和发电机的发明以及无线电和电视广播时代的来临奠定了理论基础，微生物学的突破为人类防治疾病带来了福音；而能量守恒和转化定律、细胞学说和生物进化论三大发现则成为马克思主义哲学的科学基础。目前人类已经将科学研究的触角伸向了宏观宇宙、微观粒子、地球结构和生命机制，相对论、量子力学、宇宙大爆炸理论、地球板块构造学说的建立，各种基本粒子的发现和人类基因组的破译，革新了人类的宇宙观。当代西方哲学的两大主流，即主要依据数学、逻辑学和自然科学的分析哲学以及关注人的存在和自由的人文哲学，都起源于西欧，它们深刻地反映出现代科学革命对哲学的影响，以及两次世界大战给西欧文明带来的灾难和危机。西方马克思主义对当代资本主义社会的独到剖析，体现出当代左派知识分子深切的社会责任感和清醒的批判意识；而后现代主义则对西方传统哲学和文化发起了更加激进的攻击，其解构的锋芒甚至指向了微观社会权力、现代性本身、人类中心论和西方中心论。西欧的社会科学家们在社会学、心理学、人类学、经济学和历史学等领域也都有所开拓，各种社会科学的理论和方法已经成为各国政府和民间机构研究社会情况和制定政策的科学依据和有力工具。历史证明，自然科学的确是提高社会生产力、造福人类生活、推动历史前进的革命性力量，而社会科学在解决当代人类所面临的生存、发展和其他问题时同样发挥着巨大的积极作用，这一点我们必须予以充分的肯定。然而，在发展和应用科学的同时，我们仍要保持哲学反思和批判精神所特有的清醒和冷静，这样我们才有能力引导人类文明沿着和平、公正、健全及可持续发展的道路走向一个更加光明的未来。

现代西欧的文学艺术可以说是流派迭起、名家辈出。19世纪的现实主义文学艺术真实地再现了西欧的社会生活，深刻地揭示了当时的社会矛盾，无情地暴露出资本主义社会中的丑恶现象；而浪漫主义则企图通过对想象世界或理想王国的憧憬来逃避或反抗资本主义的罪恶现实。进入20世纪以后，在越来越激进的反传统的声浪中，现代主义和后现代主义的众多流派竞相标新立异、出奇制胜。先锋派艺术家们对西方传统美学和艺术成规发起了猛烈的攻击，他们在文学、绘画、雕塑、建筑、音乐和影视等各个领域中进行了广泛的实验和大胆的革新，创作了许多具有强烈的时代感和新颖的原创性的杰出作品，极大地拓展了文学艺术的题材和内容，丰富了艺术表现的手法和技巧，确实取得了令人瞩目的成就。然而，这种激进的反传统倾向也不可避免地带有一定程度的虚无主义和形式主义的色彩，有些流派和艺术家甚至流于片面追求新奇和怪异的极端。值得我们关注的是，当前西欧精神文明的发展中有两个重要的趋势：一个是随着第三次产业革命的发展和信息社会的来临，以电脑为代表的高新技术将越来越多地渗透进文学艺术领域，从而给艺术品的创作和欣赏过程带来深刻的变革；另一个则是异军突起的后现代主义已经成为弥漫整个西方世界精神文明所有领域的广泛的文化思潮，它必将深刻地影响西方精神文明发展的未来走向。

纵观19世纪至20世纪的西欧历史发展趋势可以看出，西欧现代文明依靠工业革命的成功而崛起，在20世纪初达到鼎盛，此后由于两次世界大战的破坏而相对衰落，然而信息产业革命的进展又为当代西欧文明展现了新的前景。两次世界大战前，西欧现代文明曾经是世界上最先进的文明，在很长一段时期中代表着人类文明发展的方向。自由主义、民主主义、社会主义和民族主义是影响西欧现代文明发展进程的最为重要的四大思潮，注重实证的科学精神和高扬批判的人文精神则堪称现代西欧精神文明的内在精髓，这四大思潮和两种精神贯穿于西欧现代文明发展的全过程之中，构成了西欧现代文明的基本特征和时代精神。不过，随着欧洲联合的进展和欧盟的建立，西欧的民族主义开始逐渐淡化和消退。相反，后现代主义思潮却在西方世界方兴未艾，它已超越单纯的精神文化范畴，逐步渗透到经济、政治和其他社会领域，并与环境保护、女权主义和多元文化等社会运动相结合，因而有可能成为影响西欧文明乃至整个人类文明未来发展方向的主流思潮之一，在今后的世界中发挥越来越重要的作用。

16　瓦特和蒸汽机

第 一 章

西欧的工业革命

工业革命是西欧社会现代化过程的重要组成部分,它将西欧和北美的生产力提高到史无前例的水平,奠定了西方在现代世界经济中长达两个多世纪的优势地位。同时它深刻地改变了西欧的生产方式和社会结构,并且产生了一系列严重的社会后果。从人类文明发展史的角度来看,工业革命使西欧告别了延续数千年的农业文明,从此大踏步地跨入了辉煌而动荡的现代工业文明。

一、第一次工业革命

18 世纪中叶,欧洲大陆的大多数国家仍然笼罩在君主专制统治的黑幕之下,而在英吉利海峡对岸,一场具有深远的世界历史意义的经济和社会变革首先在英国勃然兴起,继而逐渐波及到欧洲大陆西北部和北美洲。这场伟大的变革就是西方历史上著名的"工业革命"(或称"产业革命"),它大致开始于 1760 年,结束于 1914 年。历史学上通常将工业革命分为两个阶段,1760 年到 1860 年的阶段称为"第一次工业革命",以蒸汽机和煤为其重要标志;而 1860 年到 1914 年的阶段则称为"第二次工业革命",其显著标志是内燃机和电。然而,工业革命的历史内涵并不局限于生产技术方面的根本变革,它还包括社会结构方面的深刻变化。

英国在中世纪长期的社会经济进化过程中逐步发展出一系列有利于工业革命产生的历史条件，其中有些社会经济条件是当时欧洲大陆其他国家所无法比拟的。正是这些得天独厚的优势使得英国率先实现了工业革命。

开始于 16 世纪的"圈地运动"到 1760 年以后在英国更加猛烈地展开。在大土地所有者的要求下，国会通过立法程序允许他们将原来的大片公共土地圈占起来变成私有土地。仅在 1760 年至 1815 年期间，国会就通过了 3600 项圈地法令，使 700 多万英亩的土地被圈占，面积超过英国全部农田的 1/4。大规模圈地的后果是，小农丧失了土地以及在公共土地上拾柴、采集野果和放牧的传统权利，从此变成了资本主义农场的雇佣劳动者或者城市中的自由工业劳动力。同时，随着几乎所有公共土地逐步被圈占，资本主义大农场制度在英国建立起来，地主把土地长期（一般长达 99 年）租给农业资本家即农场主经营。从经济效率的观点来看，农场主摒弃了原来效率低下的小块土地经营方式，开始引进先进的经营管理办法，增加资本投入，雇用农业工人耕作，采用新式农具和先进技术，从而大幅度提高了农业生产率，引起了一场农业革命。17 世纪中叶以后，英国开始采用新的耕作方法，除了增加自然肥料和人工肥料的施用量并在农田中建立排水系统以外，还把以前每隔一年或两年就将土地闲置一年的休耕制改为轮作制，在以前休耕的土地上种植苜蓿和萝卜等作物。这样不仅有利于改善土地肥力，而且给牲畜和人增加了食物。从美洲引种的马铃薯等高产作物也为饥饿的穷人们开辟了新的食物来源。畜牧业的扩大和改进为农业提供了更多的畜力和肥料，为人们提供了更多的肉类和奶制品，也为工业生产提供了更多的羊毛原料。到 1750 年，英国的农业产品已有 15％可以用于出口。而到 18 世纪末，英国平均每英亩的产量已经高于法国 2.5 倍。这场农业革命为英国的工业革命创造了一些重要的前提条件。一方面，农业生产率的大幅度提高为城市和工业提供了大量的商品粮和原料，另一方面，农业利润的增加不仅给农业本身追加了投资，而且也为工业积累了资本。此后，农业变革在欧洲大陆逐步展开，但其开始的时间要晚得多，而且主要局限于欧洲西北部，包括法国北部、佛兰德地区、荷兰共和国、意大利北部等自然条件和社会条件较好的地区。

自耕农的消失和工资劳动者的增加扩大了英国的国内市场，而殖民帝国的建立则为英国的工业制成品开辟了更加广阔的海外市场。18世纪，英国和法国为争夺殖民地霸权展开了激烈的斗争。在西班牙王位继承战争（1701—1714年）、奥地利帝位继承战争（1740—1748年）和七年战争（1756—1763年）中，英国击败了主要对手法国，先后夺取了法国领地加拿大和北美大陆上的全部法国殖民地，并在南亚次大陆彻底击败了法国，同时夺得了西班牙的佛罗里达，取得了西属美洲殖民地黑奴专卖权等贸易特权。英国利用这种特权，通过一种罪恶的"三角贸易"——先把曼彻斯特的廉价棉布和杂货运往非洲，再将非洲黑奴贩运到西印度群岛，然后把美洲的糖浆和原棉装运回国——攫取到巨额的财富。仅在1783年至1793年的10年间，利物浦的贩奴商人就贩运了30多万黑奴，牟取的暴利高达1500万英镑。英国还通过东印度公司等海外贸易公司垄断殖民地贸易并增加商品输出，1697年英国出口总额为350万英镑，1770年则达到1420万英镑。18世纪80年代，英国又宣布澳大利亚为英国殖民地。这样，英国建立起一个遍及全世界的殖民大帝国，并且成为拥有强大海军和巨大商船队的海洋霸主。这使它能够扩大海外市场和原料来源，加快资本原始积累，从而为工业革命创造出重要的经济前提。

在18世纪，法国和西班牙等西欧大陆国家的商业和手工业都受到各行各业的行会的控制，而且城市里生产的产品要缴纳较多的税收。而在英格兰，受到农村低廉工资的吸引，一些商人和制造商至少从16世纪就已开始绕开行会的控制，依靠农村劳动力生产各种商品，从而形成一种农村家庭手工业制度。在英国许多农村地区，制造商的房子周围散布着无数小农舍，里面住着被雇佣的手工织工和他们的家庭。制造商给家庭织工提供羊毛或棉花等原料，织工和他的妻子儿女在家里梳理棉、毛纤维，在手摇纺车上纺纱，或者用手工织布机织布，然后制造商来取走制成品并付给工钱。这种家庭手工业的规模在 18 世纪的英国迅速扩大，其生产过程中各工序的技术分工也获得了相当程度的发展，从而使在每一工序上采用机器来代替人手成为可能。英国的工业革命正是在这种手工业的基础上产生出来的。

　　欧洲近代自然科学也为工业革命奠定了科学理论的基础。1662 年，英国在欧洲率先成立了国家科学研究机构——皇家学会，并于 1664 年开始出版学会机关刊物《哲学会刊》，有力地推动了自然科学的发展。1687 年，艾萨克·牛顿（1642—1727 年）的划时代科学巨著《自然哲学的数学原理》出版，标志着经典力学体系的创立。该书对机械运动规律做出了当时最为精确的概括，因而成为工业革命的条件之一。18 世纪，格拉斯哥大学教授约瑟夫·布莱克（1728—1799 年）建立了一种热力学理论，其中的"比热"和"潜热"概念被瓦特用来计算出各种引擎的蒸汽消耗量，从而找到改进蒸汽机的途径。

　　与为了维护政治特权宁肯牺牲经济效率的法国专制政权相比，18 世纪英国的政治和经济制度更有利于工业革命的产生。1688—1689 年的"光荣革命"在英国确立了君主立宪制，对王权进行了限制，同时扩大了国会的权力。英国国会源自中世纪，分设贵族院和众议院两院。17 世纪 70 年代，国会内形成了托利党和辉格党两个政党，光荣革命之后国会开始实行两党轮流执政的制度。18 世纪 10—40 年代，英国进一步确立了内阁制。不过，当时英国的政治制度远不是现代意义上的普选制和民主制。贵族院的议员是世袭的大土地贵族，众议院的议员则是由有产者选举产生的，选举人和被选举人都有财产资格限制，妇女根本没有选举权。然而，英国政府在国内经济上采取了自由主义的政策。国家除了保护私有财产和维持社会秩序之外，逐渐放松了对国内经济的限制，国会撤销了涉及垄断权授予和妨碍自由竞争的法律法规，本来就不发达的行会制度也基本上被扫除。在对外贸易方面，英国政府对进口丝绸和棉布课以保护性关税，强大的皇家海军保护着英国的商船队，使商船队的规模在 18 世纪的前 70 多年内扩大了三倍。在新的经济制度方面，投资者只负有限责任的股份公司早在 17 世纪末就已开始在英国出现，到 1698 年伦敦证券交易所被授予特许状之后，股票交易变成了合法的生意。英国还拥有当时欧洲最有效的银行信用制度，1694 年建立的英格兰银行在控制通货膨胀、稳定政府财政方面发挥了重要作用。此外，与德国和意大利的内部分裂不同，英国享有政治上的统一和相对稳定的国内环境。而且，自从 1707 年英格兰和苏格兰合并以来，英国取消了国内关税，其度量衡制度也大体上实现了标准化，这使其国内贸易渠道更加通畅并降低了商品流通成本。所有这些优越的社会经济条件为英国的工业革命铺平了道路。

英国工业革命的直接动因首先出于国内外市场对纺织品日益增长的需求，低效的旧式手工纺纱机和织布机既不能满足市场需求，也无法与廉价的印度棉纺织品竞争。因此，提高效率、降低成本成为纺织业迫在眉睫的课题。在当时的技术条件下，英国传统的羊毛和亚麻原料的加工方法比较难于改造，而新兴的棉纺织则比较容易采用先进技术。

1733 年，一个名叫约翰·凯伊（1704—1764 年）的机械师发明了飞梭，织工只要脚踩踏板，飞梭就可以穿梭织布。因此，原来需要两个人操作的织布机现在只要一个人就可以胜任了。新的织布技术增加了对纱线的需求，纺纱机的技术革新提上日程。经过一代人的多次实验，在 1765 年前后，一个有才能的木匠兼织工詹姆斯·哈格里夫斯（1720—1778年）终于发明出一种手摇纺纱机——珍妮纺纱机。以前的纺纱机只能纺一根纱线，而珍妮机能够同时带动8个到80个纱锭，从而解决了纱线供应长期不足的问题。不过珍妮机仍然使用人手作为动力，纺出的纱线也较细而且易断。1769年，理发师理查德·阿克莱特（1732—1792年）剽窃别人的思想，发明出一种最初用畜力后来改用水力的纺纱机。这种机器依靠水力同时转动许多纱锭，纺出的纱线既粗又结实，可以代替过去的亚麻经线。从此，英国开始生产纯棉织品。在1779年前后，工人塞缪尔·克朗普顿（1753—1827年）综合珍妮机和水力机两者的优点然后加以改进，发明出缪尔纺纱机（或译骡机）。这种机器可以同时转动数百甚至数千个纱锭，纺出的纱线不仅精细而且结实。新型纺纱机的发明和不断改进带来了棉纱产量的惊人增长，1790年英国的棉纱产量达到1770年产量的十倍。

棉纱产量的提高造成了织布效率滞后的局面，甚至引起手工织布工人工资的上涨。为了提高织布效率同时降低工资成本，纺织业迫切需要一种新型的非人工动力织布机。1785年，一位名叫埃德蒙·卡特莱特（1743—1823年）的牧师终于在一个木匠和一个铁匠的协助下发明制造出一种水力织布机，从而使织布效率提高了四十倍。

棉纺织机械的发明引起了一系列相关机械的发明和改进。美国的一位棉花农场教师埃利·惠特尼（1765—1825年）于1792年发明了轧棉机。这种将棉籽与棉花分离的机器极大地提高了皮棉产量，并迅速在美国南部推广。它不仅挽救了衰落的美国农场经济，而且推动了英国的工业革命。从1789年到1850年，英国每年的棉花原料进口量增加了五十多倍。其他与纺织有关的机器，如梳棉机、漂白机、整染机也陆续问世，组成了较为完备的纺织机械系列。棉纺机械的革新使英国的棉纺织品产量从1789年的4000万码增长到1850年的20多亿码，产值从原来居国民经济各部门的第九位一跃上升为第一位。在 19 世纪前 50 年内，棉织品构成英国全部出口产品的一半左右。在纺织机械革新的带动下，其他工业部门也都开始技术革新，逐步采用了机器生产。

新型纺织机械被采用之后，动力机问题成了工业生产进一步发展的障碍。只要纺织机械仍然依靠水力作为动力，生产场所就只能设立在有河流的农村，而在水少或结冰的季节生产不得不停止。若要使工业生产突破时空限制获得广泛的发展，就必须发明一种在各种情况下都能提供动力的万能发动机。詹姆斯·瓦特（1736—1819 年）在前人发明的基础上经过改进，终于制造出了能够用于各种工作机的蒸汽机。在瓦特之前，托马斯·萨维里（约 1650—1715 年）于 1698 年已经制成蒸汽推动的抽水机，此后，托马斯·纽可门（1663—1729 年）于 1705 年将其改进成用于矿井的抽水机。1769 年，瓦特在苏格兰的格拉斯哥大学当一名科学仪器制作员，他在纽可门的蒸汽机上附加了一个冷凝器，从而极大地提高了蒸汽机的效率。不过，经过这次改进的蒸汽机仍然是单动式发动机，其用途非常有限。到 1782 年，瓦特试制成功了新一代蒸汽机。他在这种蒸汽机上安装了联动装置，把单动式运动转化为旋转运动，使新式蒸汽机可以应用于各种各样的工作机。他还设计出双向汽缸，使蒸汽从活塞的两端交替进入汽缸，从而进一步提高了热效率。为了改进和大量生产新式蒸汽机，瓦特与一个玩具制造商马修·鲍尔顿（1728—1809 年）合伙成立了一家公司，后者为瓦特提供了风险资金和生产工厂。到 80 年代末，他们的公司获得了显著的成功，生产的蒸汽机不仅在英国国内使用，而且远销国外市场。瓦特蒸汽机的问世是人类动力利用史上的重大突破，它为新生的现代工业提供了强大的动力和无穷的可能性，因而成为第一次工业革命的标志，具有极为深远的历史意义。

瓦特的蒸汽机不久就被应用到棉纺织工业。80 年代，理查德·阿克莱特开始用新式蒸汽机取代水力来驱动他的纺纱机，并且建立起大型的棉纺织工厂。整个棉纺织工业从此进入高速发展阶段。随后，蒸汽机被迅速推广到面粉、酿酒、瓷器、榨糖等其他轻工业部门，更为重要的是，它极大地推动了英国的采煤、冶金、机器制造和交通运输等重工业的发展。英国使用的蒸汽动力从 1800 年的 62 万匹马力上升到 1850 年的 129 万匹马力。

　　工业革命以前，英国的炼铁工业都是用木炭作燃料，以致森林资源被砍伐殆尽，炼铁工业难以发展，严重阻碍工业革命的进程。1709 年，亚伯拉罕·达尔比（1678—1717 年）用焦炭代替木炭炼铁获得成功，但是这项新技术并没有获得推广。直到后来在炼铁炉上使用了强大的蒸汽动力鼓风设备，才使焦炭炼铁取代了木炭炼铁。英国冶金技术的最重要的革新是工程师亨利·柯尔特（1740—1800 年）于 1784 年发明的"搅炼和滚轧法"。搅炼法也是用焦炭作燃料，这种方法可以去除生铁中的碳和其他杂质，生产出比生铁坚韧的熟铁。滚轧法是用重型蒸汽动力滚轧机轧制出各种形状的成品铁材，用以制造机器和其他产品。英国是煤铁资源较为丰富的国家，新制铁技术的采用使英国的铁产量迅速增长。工业革命前的 1740 年英国铁产量只有 1.7 万吨，1788 年达到 6.8 万吨，1806 年则达到 26 万吨，到 1844 年英国甚至生产出 300 万吨铁。18 世纪内，英国从铁进口国一跃成为铁出口大国，铁的出口量增加了九倍。炼铁对焦炭的需求刺激了煤炭的生产，1700 年英国的煤产量为 500 万吨，1790 年增长到 760 万吨，1795 年又增长到 1000 万吨，到 1800 年英国的采煤量约占世界采煤量的 90%。制铁工业的发展又推动了机器制造业的发展。以前机器主要是用手工制造的，19 世纪上半叶，先后创制出刨床、铣床、车床和磨床等机床，开始了以机器制造机器的时代。至此，英国不仅生产蒸汽机，而且制造各种工作机、机床和农业机械，为英国成为"世界工厂"奠定了坚实的基础。

　　随着蒸汽机的广泛应用，人们很自然地会想到把它用于陆地运输和水上运输。19世纪初，美国人和英国人都曾试验过在城市街道上驾驶蒸汽机驱动的汽车，但由于这种汽车过大的噪音和足以压坏路面的自重等缺陷而放弃了继续的尝试。英国很早就把木板制成的轨道用于煤矿井下和地面的煤炭运输，1765年以后开始采用铁质轨道，但仍然使用马匹拖拉货车。直到1825年，英国建成世界上第一条铁路，工程师乔治·斯蒂芬森（1781—1848年）经过10多年试验制成的火车头牵引着一长列车厢行驶其上，时速达到15英里。1830年，英国又建成曼彻斯特与利物浦之间的铁路并投入旅客列车运营，采用斯蒂芬森最新设计制造的"火箭号"机车，时速提高到16英里。从此，人类进入了突飞猛进的铁路时代。在20年内，英国仅靠私人投资就完成了主要铁路干线的建设工作。其他西欧国家和美国都紧随其后，掀起了铺设铁路的狂热。铁路运输极大地降低了运输成本，因而使市场突破地区限制，扩大到全国的规模。铁路建设有力地带动了冶金工业和煤炭工业的发展，也为更多的工人提供了就业机会。

将蒸汽机用于水陆运输的试验从18世纪后期就已开始，当时曾有一个美国工程师约翰·菲奇（1743—1798年）建造出第一代蒸汽动力船只，在特拉华河上运载过乘客，但是不久就失败了。真正成功的蒸汽轮船是由另一个美国人罗伯特·富尔顿（1765—1815年）使用一台从英国进口的瓦特蒸汽机制造出来的，这艘轮船于1807年在纽约哈得逊河上试航成功。1814年，富尔顿为美国海军建造了第一艘蒸汽军舰，使海上战争由此改观。不甘落后的英国人也于1811年造出了自己的轮船，并且首先制造出蒸汽驱动的铁制海轮，用于远洋航运。1838年，"天狼星号"和"大西部号"蒸汽轮船成功地横渡了大西洋。此时，蒸汽轮船已经普遍用于欧洲的水陆运输。汽轮时代开始了。

第一次工业革命时期通讯方面的一项重大突破是电报的发明，但首创的荣誉并不属于英国人。1820年，法国物理学家安德烈·安培（1775—1836年）发现可以利用电磁在电线两端传递信息。此后，一个美国人塞缪尔·莫尔斯（1791—1872年）发明了电磁式电报机和莫尔斯电码，并于1844年在巴尔的摩和华盛顿之间架起了世界上第一条商用电报线。1866年，美国人成功地铺设了第一条横越大西洋的海底电缆。在很短的时间内，欧美的主要城市之间都可以通过电报互通信息了。

经过100年突飞猛进的发展，工业革命将英国变成了世界上第一个工业化的国家。1750年，英国的工业产量仅占世界总产量的2％左右，而在1840年已经达到45％，对外贸易占世界贸易总额的21％。到1860年，全世界2/3的煤、1/2以上的铁和棉布都是由英国生产的，英国还垄断了世界的机器制造业，英国商品处于其他国家无法与之竞争的地位。这个小小的大不列颠岛——英格兰、苏格兰和威尔士——成了名副其实的"世界工厂"。

随着工业革命的进展，英国的人口开始迅速增加。据统计，1750年大不列颠和爱尔兰的总人口约为1050万，1800年达到1650万人，到1850年则增加到将近3000万人。其他欧洲国家的人口也有较大的增长。人口增长是出生率提高和死亡率下降的结果，其根本原因和经济基础是劳动生产率的提高和实际收入的增加。1820年以后，尤其是1840年以后，英国工人的实际工资有了较为明显的增加，据估计，1850年普通工人的实际工资和消费量大约比1770年增加了50％。此外，食物种类和数量的增加、医学的发展和卫生条件的改善、婴儿死亡率的降低、传染病和其他疾病的减少等因素也发挥了积极作用。人口的迅速增长为工业生产提供了广大的商品市场和更多的劳动力，工业生产的发展反过来又极大地促进了人口的增长。

工业革命不仅创造出大机器生产，而且创造出大机器生产的社会组织形式——工厂制度。与可以放在家里的小型手工纺织机不同，新型水力纺纱机和织布机，尤其是蒸汽机，都是些庞大笨重的机器，而且价格昂贵，因此，它们只能由资本家购买并且必须安装在高大的厂房里。操作机器的工人因而也必须集中在工厂里，由资本家或工头来监督管理。这就是工厂制度的起因。最初的工厂是由发明水力纺纱机的理查德·阿克莱特于1771年建立的水力纺织工厂。在仅仅20年里，这些工厂就给他带来了50多万英镑的利润，使他从一个默默无闻的理发师一跃变为成功的工业资本家。随着工业革命的深入发展，各种工厂不断建立起来，规模也不断扩大。起初，阿克莱特的一个工厂大约雇用200名工人，10年以后则雇用了800人。1774年，瓦特和鲍尔顿在伯明翰郊区建立的制造蒸汽机和机器零件的工厂由许多车间组成，总共雇用了大约2万名男人、妇女和儿童，是当时世界上最大的工厂。

　　工厂制度的确立和发展产生了两个重要的社会后果，一个是人口分布上的城市化，另一个是工业资产阶级和工业无产阶级的形成。工业革命以前，英国人口主要集中在农业发达的东南部；工业革命以后，由于煤、铁资源和新兴的工业城市如曼彻斯特、伯明翰等大都集中在中部和西北部，因此人口逐渐向中部和西北部地区转移。据估计，1785年，在英格兰和苏格兰，除了伦敦以外，人口超过5万的城市只有3个。到1850年前后，这样规模的城市已经达到31个之多。1851年，英国的城市人口已达到总人口的1/3以上。1850年，英国劳动力中有将近325万人从事制造业，而从事农业的人只有200多万，而且1851年英格兰和威尔士的农业劳动力中有3/4以上是工资劳动者。然而，过于迅速的人口膨胀和城市化带来了一系列的社会问题，比如新兴城市的法律地位和在国会里的代表权问题，城市立法、税收、政府官员配备和警察保安问题，上下水和垃圾处理问题，以及更为严重的工人住房简陋拥挤的问题，等等。这些社会问题在工业革命带给人们的乐观主义上面投下了一层阴影。同时，无产阶级和资产阶级的矛盾和

斗争逐渐显现出来，成为欧洲近代资本主义社会动荡不安的内在
根源。

二、第二次工业革命

　　在第一次工业革命所取得的成就的基础上，1860 年至 1914
年的第二次工业革命进一步改变了西欧和美国的经济和社会生
活。层出不穷的新发明和新技术引起了炼钢、电气、化学、能源、
交通、通讯等工业部门的飞跃发展。

　　早在中世纪，欧洲人就已经知道如何生产钢了。但用那时的
方法生产的钢制品批量小、质量不稳定，而且价格昂贵。1856 年，
英国人亨利·贝西默（1813—1898 年）发明了一种新方法，通过
把空气吹进熔化的生铁，降低其中的含碳量，从而将生铁炼成钢。
经过 20 年的不断改进，人们不仅可以生产出质量稳定的钢，而且
钢的价格也下降了 2/3。此后，欧美的钢产量迅速增长。如果按照
每 5 年时间为一段计算各国的平均每年钢产量，那么从 1880 年到
1913 年，英国的年钢产量从 182 万吨增长到 693 万吨，德国从 99
万吨增长到 1624 万吨，法国从 46 万吨增长到 409 万吨，而新兴
的工业巨人美国则从 1880 年的 160 万吨增长到 1914 年的 2800
万吨以上。钢的强度、耐久性、韧性和加工精度远远超过铁，因
此钢很快取代了铁成为铺设钢轨、架设桥梁、建筑高楼，尤其是
制造机器的新型材料。仅在贝西默发明新炼钢法 3 年之后，英国
第一艘钢甲轮船就建成下水。更大、更坚固、更快的钢甲舰船甚
至改变了海战的性质。在大批生产钢材的同时，铝和其他合金材
料也开始投入生产。

　　电的发现不仅创造了一种新能源，而且引起了一系列惊人的
发明。英国科学家迈克尔·法拉第（1791—1867 年）于 1831 年发
现了电磁感应现象，为人类利用电能开辟了道路。根据这个原理，

人们在 19 世纪 30 至 60 年代陆续发明并改进了直流电动机和发电机。前者将电能转变成机械能，而后者则将机械能转变成电能。到 19 世纪 80 年代末，随着交流发电机和变压器的发明，以及输电线和绝缘技术的改进，电能变成了一种可以随时生产并且可以传输到远离发电厂的任何地方的方便能源。电动机从此逐渐取代蒸汽机成为主要的动力机，蒸汽机和水力则被用来带动发电机。电气化的时代到来了。此后，电力很快就应用到炼钢、建筑、纺织、制鞋等生产行业，以及有轨电车、地下铁路等城市公共交通部门。电力的使用不仅加快了欧美原有工业国的经济发展，而且使那些缺少自然资源的国家也可以实现工业化。1914 年，电力占英国工业所需能源的一半以上，在德国所占的比重更大。作为世界上第一台自激式直流发电机（1866 年）的发明者，恩斯特·维尔纳·冯·西门子（1816—1892 年）所创建的电器公司逐步发展为欧洲最成功的企业之一。新生的德国电器制造工业甚至使德国有能力向英国在欧洲制造业中的霸主地位发起挑战。

电力的使用也改变了城市公共交通和大城市的居住模式。19 世纪末，有轨电车在西欧大城市已经司空见惯。1863 年，伦敦第一条地下铁路建成通车，这使工人和雇员可以居住在远离工作地点的地方。不过，最初的地铁列车仍旧使用蒸汽机车牵引，1890 年以后电力机车开始用于地铁。1900 年 7 月 14 日，巴黎第一条地铁在塞纳河右岸建成开通。4 年后，纽约第一期地铁线路开始运营。

第二次工业革命时期，除了对原有的电报技术进行改进和完善之外，通讯技术的第一项突破是 1876 年亚历山大·格雷厄姆·贝尔（1847—1922 年）发明的电话。此后不久，电话开始进入家庭。1880 年，美国的电话用户达到 5 万家。德国人在 1883 年共打了 800 万次电话，而在 1900 年竟增加到 7 亿次电话。19 世纪 90 年代，意大利人哥格里尔摩·马可尼（1874—1937 年）根据亨利希·赫兹（1857—1894 年）等人的电磁波传播理论，发明了无线电报。1899 年，马可尼发了一个飞越英吉利海峡的无线电报，两年后又发了横越大西洋的无线电报。无线电报技术为日后的无线电广播开辟了道路。1906 年，美国物理学家雷金纳德·奥布里·费森登（1866—1932 年）发明了无线电广播。到 1913 年，布鲁塞尔的居民已经可以通过无线电收听每周的音乐会了。

电力革命还为人们的日常生活带来了许多神奇的发明。美国的大发明家托马斯·爱迪生（1847—1931 年）于 1876 年发明了留声机，这种"会说话的机器"引起了极大的轰动。1879 年，他又发明了白炽灯泡。此后，电灯光开始将夜晚的繁华街道、高级饭店、百货商店照耀得金碧辉煌，而电灯进入大多数家庭则是第一次世界大战以后的事。这一时期中最神奇的发明莫过于电影了。早在 19 世纪 30 至 40 年代照相术就已问世，但要使胶片上的影像动起来还有待于电影机械的改进。1895 年，无声电影第一次上映就立刻引起了轰动。不久以后又制作出带有情节和动作的较长的电影，并且开始用钢琴为默片配音。光怪陆离的电影成为电气化时代的艺术象征。

继电能的发现之后，能源工业的另一项革命性突破是将石油用作新的能源。历史上，在很长时间内石油只用于治疗或作为润滑油使用。1859 年，埃德温·德雷克（1819—1880 年）在美国宾夕法尼亚州钻了第一口油井，但石油的用途仍限于提炼照明用的煤油。1876 年，尼古劳斯·奥托（1832—1891 年）研制成功第一台四冲程循环煤气内燃机。1883 年，德国发明家哥特利布·戴姆勒（1834—1900 年）又研制成第一台以汽油为燃料的内燃机，这才使石油产品真正成为新的能源，并且为汽车时代的来临开辟了道路。工业家和政治家们也开始逐渐认识到石油所具有的重大的经济和战略意义。

1885 年，德国工程师卡尔·本茨（1844—1929 年）在他制造的汽油内燃机上增加了一个原始的汽化器，从而制造出历史上第一辆以汽油内燃机作引擎的汽车。此后，人们又陆续发明出用狄赛尔内燃机和四汽缸内燃机驱动的汽车。最初生产的汽车价格昂贵，只有上层社会的富人才能买得起。美国企业家亨利·福特（1863—1947 年）于 1903 年在底特律创立了他的汽车制造公司，并于 1908 年采纳并改进了别人创造的装配流水线的生产方法，终于将组装一辆汽车的时间从 12 小时降低到 1 小时 33 分钟。依靠这种高效率的方法，他的公司共生产了 1500 多万辆 T 型福特汽车，其价格降低到甚至他的工人都能买得起的程度。这种被称为"泰勒制"的装配线生产方法很快就推广到所有的汽车工厂和其他工业部门，为全世界生产出数量空前的大批商品，使许多过去富人才买得起的奢侈品进入了寻常百姓家。汽车工业也因而成为美国最大的制造业，它的繁荣带动了玻璃、钢铁、铝、橡胶、工具和石油等一系列工业部门的发展。

　　自古以来，人类就梦想能像鸟儿一样飞上天空。13 世纪的罗吉尔·培根早已提出人类借助飞行器飞行的思想，文艺复兴时期伟大的艺术家和科学家莱奥纳多·达·芬奇（1452—1519 年）甚至绘制出飞行机器的设计图。到 1900 年，首先出现的是由一位德国退休将军斐迪南·冯·策佩林伯爵（1838—1917 年）制造的可驾驶的飞艇。经过多年的试验，两个美国自行车制造者威尔伯·莱特（1867—1912 年）和奥维尔·莱特（1871—1948 年）兄弟于 1903 年第一次驾驶一架用汽油内燃机和螺旋桨推动的飞机进行了成功的飞行。人类终于实现了飞行的梦想。此后，飞行事业迅速发展。1909 年，路易·波莱里奥（1872—1936 年）驾驶他发明的单翼飞机飞越了英吉利海峡。第一次世界大战期间，飞机被用做实施空中打击的利器，从而带来了飞机制造业的迅猛发展。

　　早在第一次工业革命时期，新兴的化学工业就已取得了长足的进步，特别是生产硫酸、盐酸、硝酸和制造玻璃、炸药、医药和化学肥料等基本化学工业部门的发展尤为显著。在化学工业方面，工业化起步较晚的德国后来居上，处于领先地位。德国化学家尤斯图斯·李比希（1803—1873年）用化学方法分析了植物灰的无机盐含量，并且制造出钾盐和磷酸盐等几种与植物灰成分相同的人造化学肥料。1837年他的成果公布后，引起了农业化学的革命。

第二次工业革命带来了化学工业的空前繁荣。1856年，英国化学家威廉·亨利·珀金（1838—1907年）以煤焦油为原料制成最初的合成苯胺染料，合成化学从此开始了迅猛的发展。人们逐渐从煤焦油里提炼出数百种染料，以及阿司匹林、糖精、香精、石炭酸和烈性炸药等一大批产品。使用这种烈性炸药，人们开凿了阿尔卑斯山的大隧道，以及苏伊士运河（1869年）、基尔运河（1895年）和巴拿马运河（1914年）。人们还从粮食作物中提取葡萄糖，用棉籽制造赛璐珞、化妆品和色拉油。用化学方法生产的人造丝等合成纤维织物使纺织工业发生了革命性的变化。石油分馏工艺的改进极大地增加了石油化工产品的数量。然而，随着化学工业规模的不断扩大，不能进行生物降解的化学产品导致了日后越来越严重的环境污染问题。

在第二次工业革命期间，欧洲和美国的工业生产取得了前所未有的成就。根据各种不同的统计，从1870年到1913年，德国每年的工业生产增长率为2.9％，英国为2.2％，法国为1.6％，同时期的美国则达到4.3％。在19世纪最后30年中，世界工业总产值增长了两倍多，钢产量猛增五十五倍，铁路线长度增长将近四倍。欧洲的铁路线（包括俄罗斯）从1890年的14万英里增加到1914年的21.3万英里。

随着工业生产规模的急剧扩大，西欧资本主义生产的社会组织形式也发生了重大变化。在19世纪中叶以前，小型的合伙公司和合股公司构成工业资本主义的主要组织形式。但是，在第二次工业革命时期，特别是1890年以后，迅速兴起的金融资本主义逐渐取代工业资本主义获得了统治地位，合伙和合股公司逐渐让位给托拉斯等大型垄断组织，工业企业被投资银行、保险公司和控股公司所控制。标榜自由竞争、自由贸易和自由签订合同的经济自由主义也开始衰落，国家干预经济和贸易保护主义逐渐盛行起来，自由资本主义逐步发展成为垄断资本主义。

从第一次工业革命时期就已经开始的人口增长和城市化的趋势到第二次工业革命时期变得更加迅猛。从1815年到1914年，英格兰和威尔士的人口几乎增加了三倍，德国人口则从2500万上升到7000万。1800年的欧洲总人口大约为1.9亿，到第一次世界大战前夕的1914年则达到4.6亿以上。城市化的进程已从英国扩展到整个欧洲，在德国，1840年只有2个城市的人口达到10万左右，到了1910年已经增加到48个。欧洲各大都市的人口也增加了好几倍。从1850年到1900年，伦敦的人口从268.1万增长到658.1万，巴黎人口从142.2万增长到367万，柏林人口则从50万增长到271.2万。1901年，英国从事农业的人口仅占工业雇佣人数的20%左右。

工业革命创造了历史上前所未有的巨量财富，为现代欧洲社会提供了大批物美价廉的商品。但是，资产阶级却从经济增长中获得了最大的利益，而无产阶级则经受着相对贫困化的折磨，在工业革命早期和经济危机时期甚至经受着绝对贫困化的打击。诚然，不可否认的是，由于就业机会的增加和消费品价格的下降，工人的实际工资在这一时期中确实增加了。据估计，1913年一个普通英国人的收入所能购买的物品比1801年提高了三倍。不过，同样应当看到，这也是欧洲工人阶级经过长期英勇的合法与非法斗争才赢得的胜利果实。

三、西欧各国的工业革命进程

18 世纪后半叶，正当英国的工业革命高歌猛进的时候，欧洲大陆特别是西欧各国的手工制造业开始迅速扩展，欧洲内部贸易和海外殖民地贸易也发展到很大的规模。这些经济活动为西欧各国带来了财富，积累了资金，为工业革命准备了一定的条件。

但是，西欧各国仍在不同程度上存在着一系列阻碍工业革命发生的不利因素。比如，货币、度量衡甚至历法的不统一，政府对纸币周期性的贬值和民间对纸币的不信任，获得信贷和筹措资金的困难，等等。当时，大部分资金都掌握在富裕的家族或小型的合伙经济组织手里，他们只肯把钱借给国家。在制造业方面，大陆欧洲的生产形式仍以家庭手工业为主，生产规模也比较小，生产工艺上很少利用技术革新和机械化的成果，水力、风力、人力和畜力仍然充当主要的动力。行会对某些产品的生产和交易的垄断，一些国家（德国和意大利）政治上的不统一，以及国内名目繁多的关税和通行费构成了工业高速发展的严重障碍。

只是到了 19 世纪上半叶，工业革命的冲击才开始波及到西欧各国，特别是欧洲西北部地区。西欧各国逐步采用了蒸汽机作为动力，从 1800 年到 1850 年，各国使用的蒸汽机总功率迅速增加，德意志各邦从 4 万匹马力上升到 26 万匹马力，法国从 9 万匹上升到 27 万匹，奥地利从 2 万匹上升到 10 万匹，比利时从 4 万匹上升到 7 万匹，意大利和西班牙从 1 万匹上升到 2 万匹。如果加上英国、俄国和其他国家，整个欧洲使用的蒸汽动力在这 50 年内从 86 万匹马力上升到了 224 万匹马力。

在这一时期里，西欧各国中工业化成就最为突出的是比利时。这个刚刚获得独立（1830 年）的小国发展成为欧洲大陆上最早的工业基地，它拥有欧洲大陆上最发达的机械化生产和大型工厂。比利时密集的人口和高度的城市化为工业生产提供了充足的劳动力和商品市场。佛兰德地区在过去几个世纪里一直是精细纺织品生产和贸易的中心，与北海相连的安特卫普依旧是欧洲的主要港口之一，它积累的资本成为工业投资的源泉。这些有利条件推动了比利时制造业的繁荣，1816年，根特的纺织工业雇用的工人就已达到1.2万名之多。由于拥有丰富的煤炭资源，比利时的铁路建设也获得了迅速的发展。通过这些铁路，北海港口的货物被运送到欧洲中部地区，比利时也因此取得了巨大的收益。此后，比利时进入了工业生产持续增长的时期。

法国的工业革命开始于18世纪末至19世纪初。虽然法国革命和拿破仑统治时期的连年战争打断了法国的经济发展，但是革命政府确实为经济发展扫除了一些障碍，比如妨碍经济自由的行会制度、繁杂的地方关税壁垒和混乱的税收制度。就工业革命的条件来说，法国是西欧的大国，但它的自然资源和社会经济条件却比不上英国。法国的煤炭资源相对贫乏而且分散，距离铁矿和运河也较远，因此运输费用使原料的价格居高不下。在19世纪上半叶，法国的人口仅仅增加了30%，城市化进程也相对缓慢，造成社会对工业制成品的需求不旺。法国农业生产的发展也比英国缓慢，小农经济仍然非常普遍，高额农产品关税和相当多的公共土地的持续存在使得农业生产效率难以提高。法国银行业的发展也比英国落后，拿破仑于1800年建立的法兰西银行和其他私人银行只肯贷款给政府，而且银行和其他投资者在破产时都要承担无限责任。储蓄银行除了可以对享有国家特许权的铁路建设公司进行投资以外，禁止向其他私人工业投资。政府对任何公司都持一种怀疑态度，因而对成立合股公司的数量采取了限制政策。许多公司都是谨小慎微的家族公司，它们宁愿将利润投资于土地也不愿用来扩大公司业务。更有甚者，许多农民仍然把他们的钱财藏在床垫里或者埋在菜园里。因此，在当时的法国为工业筹集资本相当困难。

即使存在这些不利条件,在 1815 年拿破仑战争结束后到 1847 年经济危机爆发前的时期里,法国的工业生产还是获得了稳步的增长。同英国一样,纺织业的繁荣刺激了整个工业的发展。煤炭产量从 1830 年的 180 万吨增长到 1847 年的 510 万吨,钢产量从 1831 年的 6000 吨增长到 1847 年的 1.3 万吨。不过,纺织业使用的手工织布机仍然比机器动力织布机多出一倍。法国工业尤其是巴黎工业仍然以生产手套、雨伞、靴鞋、家具等高档日用消费品著称,低资本投入的劳动力密集型农村工业依旧是法国经济增长的主要因素。不过,随着波旁王朝复辟时期的结束,法国政府为工商业提供了越来越多的帮助和支持。七月王朝(1830—1848年)时期,法国政府采取了鼓励工商业盈利的政策,将国内工商业税收控制在非常低的水平,并利用高额关税率保护本国纺织业等行业的利益。政府还在发起法国铁路建设运动的过程中扮演了决定性的角色:政府出钱购买铁路必经线路上的土地和桥梁,并保证铁路投资获得最低的回报率。在路易·菲利普(1830—1848年在位)的统治下,取消了破产法里以监禁作为一种惩罚手段的条款。新的法律使得投资者们很容易合伙成立新公司,即使他们之间没有亲戚关系甚至相互不认识也可以成立公司。在政府的支持下,法国铁路从 1831 年的 38 公里增加到 1847 年的 1800 多公里,工商业投资总额从 1830 年的 300 亿法郎增长到 1848 年的 450 亿法郎,对外贸易总额从 1830 年的 11.31 亿法郎增加到 1847 年的 24.37 亿法郎。

在法兰西第二帝国时期(1852—1870 年)和普法战争(1870—1871 年)结束后的时期里,法国的工业生产又有很大的发展。从 1852 年到 1869 年,法国的铁产量从 52 万吨增至 138 万吨,钢产量从 1.8 万吨增至 11 万吨。1871 年至 1900 年间,生铁产量进一步增长到 420 万吨,原煤产量由 1300 万吨增长到 3300 万吨,蒸汽机总功率增加了五倍多。到 1913 年，钢产量猛增到 400 万吨以上。但是，比起英国、德国和美国来，法国的工业生产仍然相当落后。其主要原因在于同时存在于法国的二元经济结构拖了工业发展的后腿：一方面是第二次工业革命带来的现代化工业部门，另一方面则是传统的手工业和落后的农业生产。除了法国北部出现了一些使用农业机器和化学肥料的高效大型农场以外，落后的小农经济仍然大量存在。19 世纪末，拥有 10 公顷以下土地的小农户占总农户的 84%，农业人口仍占总人口的 61%。农民的贫困和分散的经营方式造成农业生产技术的落后和国内市场的狭小，普法战争的失败又招致割地赔款的损失。这些不利条件都阻碍了法国工业的发展，重工业发展尤其缓慢，大部分机器设备依靠外国进口。消费品特别是高档奢侈品的生产仍然是法国工业的主要部门，轻工业雇用的工人占全部工人的一半以上，时装、化妆品和葡萄酒等成为法国主要的出口商品。直到第一次世界大战前夕，中小企业仍然在法国工业中占优势，绝大多数企业雇用的工人不超过 100 名。因此，曾在 19 世纪上半叶一度居世界第二位的法国工业生产，此时已经被后起的德国和美国远远甩在后面，退居世界第四位。

　　19 世纪上半叶，德国的工业化相对落后于英国和法国。分散独立的德意志邦国及其各自为政的关税壁垒和通行费对商品流通构成莫大的障碍。行会对某些产品的生产和销售的垄断也限制了制造业的发展。此时的德国，从整体上说依然是一个农业国，从 1816 年到 1872 年，农村人口占全部人口的比例几乎没有降低。然而，德国的工业革命在 19 世纪 30 年代中期开始起步。纺织业首先在 3 个人口增长最快的地区——莱茵兰、萨克森、西里西亚——发展起来，柏林逐渐成为机器制造业的中心，煤炭工业和钢铁工业则在普鲁士西部煤炭蕴藏量丰富的鲁尔盆地繁荣起来。在普鲁士，国家在经济发展中发挥了重要作用。它任命私人公司董事会的董事,从英国聘请技术专家来协助发展工业,推动技术教育,成立各种促进工业化的协会。40年代,普鲁士银行开始营业,它为工商业提供了投资,其他各邦国由于缺少这类银行,其工业发展受到限制。1834年,由普鲁士领导的"德意志关税同盟"宣告成立,这是德意志各邦为降低内部关税、保护自身工商业发展所采取的重要步骤。关税同盟囊括了全德意志4/5的领土,对德国统一的民族市场的形成和经济的增长起了一定的推动作用。

到19世纪下半叶,德国工业进入了一个迅速发展的阶段。从1850年到1870年,德国的生铁产量从21万吨增加到139万吨,钢产量从5900吨猛增到17万吨,煤产量从670万吨增加到3400万吨,铁路线长度从6000公里增加到将近1.9万公里,机器制造厂仅在1846年到1861年期间就从130多家增加到300多家。1870年,德国工业生产在全世界所占的比重已达13%,超过法国,位居世界第三位。同一时期内,德国农业也由农奴制的封建庄园经济逐渐过渡到使用雇佣劳动的资本主义农场经济。1850年,普鲁士政府颁布《调整地主和农民关系法》,将农民所负的一部分封建义务无偿废除,另一部分由农民向地主赎免。实施这项法令的结果,普鲁士容克贵族获得了巨额赎金和大量土地。他们利用这些资金和土地将旧日的庄园扩大和改造为使用雇佣劳动的资本主义农场,并开始采用农业机器和化学肥料,兼营面粉加工、酿酒等工场,此后农业生产率开始稳步提高。而大多数农民则逐步转变为雇农和城市工厂的工人。

随着1871年德国统一的完成和德意志帝国的建立,德国创造了统一的国内市场。普法战争的胜利使德国从法国获得了50亿法郎的赔款,这笔巨款为德国的工业发展注入了资金。同时,法国割让的阿尔萨斯和洛林地区拥有丰富的铁矿资源,和鲁尔地区的煤矿联结在一起,构成了德国重要的工业基地。这些有利条件给德国的工业发展提供了新的动力。1900年,德国的钢产量增长到

667万吨，超过英国和法国两国产量的总和，煤产量增加到将近1.5亿吨，铁路线长度增加到将近5万公里。德国的化学工业成为当时世界上最现代化的产业，为农业和工业生产出大量的化肥、硫酸、氯化物、苯胺染料等产品。德国的机器制造、造船、电气等工业部门也都有突飞猛进的发展。在这30年内，德国的对外贸易翻了一番。到20世纪初，德国的工业产值已经占全世界的16%，超过英国，仅次于美国，跃居世界第二位。

从19世纪下半叶到第一次世界大战前德国工业飞跃发展的原因除了上面提到各种因素外，还应该特别指出以下几点。首先，德国的工业化开始较晚，因而可以直接采用最现代化的机器设备和最先进的技术来装备工厂，比起英国那些一个多世纪以前建立的设备老旧的工厂，德国的工厂显然具有技术上的优势。其次，与其他国家的银行相比，德国银行在德国工业化的过程中发挥了一种更为直接的作用。德累斯顿银行、德意志银行以及其他大型投资银行为了确保接受其贷款的公司能够妥善经营，因而大批购买这些工业公司的股票，特别是采煤、电气、铁路等重工业公司的股票。德国银行通过这种途径渗入工业企业，从而形成了金融资本。它们赚取了巨额利润，同时付给股东高额股息。德国银行还积极支持德国工业建立卡特尔的趋势，这些卡特尔通过控制生产和价格来保证重工业的稳定盈利。最后，值得特别一提的是，与当时欧洲其他国家的大学相比，德国的大学不仅数量众多而且教学质量也高出一筹。这些大学既是科学研究的中心，同时其教学内容又比较注重应用学科。而此时的英国大学在采纳应用性较强的课程方面进展缓慢，以致英国的雇主看不起专业学术训练，认为后者还是不如工作经验中用。

从19世纪开始，西欧其他国家也零星出现了一些工业化地区。机器棉纺织厂开始在意大利北部的皮蒙特和伦巴第、西班牙的加泰罗尼亚、奥匈帝国的波希米亚和维也纳附近地区发展起来。

但是，由于自然资源开发不足和资金筹集困难，以及国家采取不鼓励甚至限制工商业发展的政策，这些国家的工业化进程十分缓慢。19世纪50年代以后，各国的工业生产有了较为迅速的发展。意大利北部地区的纺织工业在10至20年内增长了数倍，冶金和机器制造业等新兴工业部门也开始建立。由米兰、都灵和热那亚港市形成的三角地带发展成为意大利纺织业、机械工程和造船业的中心。到1859年，意大利的铁路线长度已经达到1700多公里。1870年意大利的统一和资产阶级政府的建立为工业化的进一步发展扫清了障碍。政府采取了发展工商业的政策，投资扩建铁路系统，鼓励发展丝绸业和棉纺织业。从1895年到1914年，意大利的出口总额几乎增加了三倍。但在很长一段时期里，意大利南部仍然是传统的农业和小型手工制造业占据主要地位，几乎没有什么大规模的工业。西班牙的经济发展同样受到这种二元经济结构的制约，加泰罗尼亚和巴斯克地区的大工业同广阔的卡斯蒂利亚平原的农业经济形成鲜明的对照。由于落后的农业难以为工业发展积累足够的资金，西班牙的工业发展只能大部分依靠外国投资的支持。奥匈帝国的经济发展也是由于这种二元结构的牵制因而滞后于英、德等西欧大国。意大利和奥地利经过多年的发展才逐步进入工业化国家的行列，而西班牙则长期落后于其他西欧国家。

综观西欧各国工业革命的发展进程，我们可以看到，现代工业的产生和发展必须具备一系列必要的经济技术、社会政治以及精神条件。经济技术条件包括：一定数量的资本（私人的、公有的、外国的）、自由劳动力、原材料、制成品市场、新能源的发现和利用，以及现代工业技术，后者又以现代科学的发展和教育的普及为前提。社会政治和精神条件包括：国家的统一和相对稳定的国内社会政治秩序，健全有力的法律制度、国家对正常市场秩序的维护、对工商业发展的鼓励和对幼稚民族产业的保护、对公民人身和财产权利的保护、基本的社会经济保障制度，以及促进经济发展的经济动机（比如个人利益）、精神动机和价值取向（比如新教伦理、企业家精神、爱国主义）等等。这是所有国家进行工业革命时必须遵循的普遍规律，违背这些规律就会阻碍甚至破坏工业革命的进程。

然而，西欧各国由于工业革命的启动时机、经济发展阶段和历史传统各不相同，因此其实现工业化的道路和模式也就各具特色，尤其是欧洲大陆上一些后起的工业化国家与最早实现工业化的英国之间存在着相当大的差别。英国是世界上第一个进行工业革命的国家，大多数技术发明和随之而来的制度建设都属历史首创，比如铁路建设、工厂制度、工业城市管理、社会保障体系等等，没有任何历史经验可资借鉴，因而带有某种自发性和盲目性，政府干预无从插手，因而往往滞后于社会发展。另一方面，鉴于中世纪封建国家对经济发展的阻碍和限制，新生的工业资产阶级厌恶政府对其经济活动的干涉，因而拥护自由放任、自由竞争、自由贸易和契约自由的经济自由主义。这种经济自由主义的理论代表就是英国古典政治经济学的创始人亚当·斯密（1723—1790年）。此后，经济自由主义在相当长的一段时期内成了英国的传统。但是，当西欧大陆上的其他国家开始工业革命的时候，英国的工业革命已经进行了好几十年，足以为后起的国家提供可以效仿的成功榜样，以及前车之鉴。西欧大陆国家历来就存在着强大政府的传统，新兴的工业企业在创建初期也希望得到国家的资助，而英国的经验又为政府比较自觉地对经济发展进行积极干预提示了方向，因而西欧大陆国家的政府大多数都采取了促进工商业发展的政策，并取得了显著的成效，从而使这些大陆国家的工业化进程加快了步伐。例如，英国的铁路仅仅依靠私人投资就完成了主要干线的建设工作，相反，西欧大陆各国的铁路干线几乎都是在政府投资或赞助下才得以建成通车的。

与英国标榜的国际自由贸易不同，西欧大陆国家为了保护幼稚的国内产业以便与英国竞争，大都建立了关税壁垒。普鲁士早在 1818 年就开始实行保护主义，1834 年又成立了全德关税同盟。德国著名经济学家弗里德里希·李斯特（1789—1846 年）坚决主张，在德国新兴工业还没有能力同其他国家尤其是英国竞争以前，政府必须实行保护性关税政策，全德关税同盟就是在他的提议下建立起来的。事实上，英国为了保护国内毛纺织品免受亚洲进口的丝织品和棉布的冲击，早在 1700 年就已建立起保护关税制度。到 1846 年其他国家纷纷建立或准备建立保护关税制度时，英国反倒真正实行起国际自由贸易原则来了。这并不是因为英国忠于它的自由主义原则，而是因为到这时英国已经基本上完成了第一次工业革命，英国的商品已经处于其他国家无法与之竞争的优势地位，自由贸易的结果不仅不会造成对英国商品的威胁，反而只会使英国商品倾销于全世界。因此，英国和大陆欧洲在自由贸易与保护主义上面的差别与其说是原则上的分歧，不如说是经济发展水平不同的反映。

在工业革命的早期，工人阶级的生活非常悲惨。周期性的经济危机使许多失业者沦为乞丐、小偷或妓女。英国工业革命的起步比西欧其他国家要早得多，但在很长时期里英国却没有建立任何真正的社会保障制度，政府所关心的只是保护私有财产和维护社会秩序。仅有的济贫措施大部分由教区或民间慈善机构执行，那不过是杯水车薪而已，而当时所谓的济贫院其生活条件之可怕绝对不亚于监狱。这种令人绝望的贫困往往引起无产阶级的反抗，导致激烈的阶级冲突。19 世纪 80 年代，由奥托·冯·俾斯麦（1815—1898 年）为首的德国政府率先推出了社会保险计划，此后西欧各国包括英国在内纷纷效法，由此开创了现代福利国家的先河。世界上第一个由政府制定和推行的社会保障制度创立于具有国家主义传统的德国，而不是自由主义的英国，这种反差是意味深长的。

四、对工业社会的理论分析

随着工业革命的进行，思想家们对新生的工业化社会进行了理论上的探讨和分析，其中既有对其合理性的理想化论证，也有对其弊病的激进式批评。与那些资产阶级利益的赤裸裸的辩护士不同，鼓吹经济自由主义的古典政治经济学家具有更多的科学理论兴趣。亚当·斯密是英国古典政治经济学的创始人和主要代表。早期的英国经济学家威廉·配第（1623—1687年）和法国的重农学派都曾对亚当·斯密的经济学理论的形成产生过重大影响。经济自由主义的著名格言"自由放任"就源自法语，原意是"让他们自己去做"，正是法国的重农主义者首先使用它作为经济活动的原则。

亚当·斯密划时代的经济学著作《国民财富的性质和原因的研究》出版于1776年，当时英国的工业革命刚刚开始不久，资本主义工业社会尚未充分发展，封建主义残余依然存在，因此他既是封建主义的批判者又是自由资本主义的先知。亚当·斯密的著书宗旨是论述如何通过消除经济发展的障碍来增加国民财富。他抨击16世纪以来重商主义的大多数信条，尤其是那些涉及过时的国家管制和垄断的措施。他不赞成政府计划，即使是一个开明的政府，而宁愿把政府的职能限制在巩固国防、维持国内治安、制定合理的法律和建立公正的法庭的范围内，私人民事纠纷都应当由法庭判决或裁定。发明革新和创办企业也应该依靠私人的首创性而不应指望国家。他竭力论证自由市场和自由贸易的合理性和优越性，认为只有这样才能让支配着生产和交换的"自然规律"自动发挥作用。比如供求规律的作用机制是这样的：如果某一种特定商品出现短缺，其价格必然上涨，因而会刺激生产者生产更多的这种商品，同时还会吸引新的生产者进入这个行业；如果该商品的生产过剩，其价格势必下跌，资本和劳动就会退出并逐渐转移到需求更大的其他行业中去。他还论证了劳动的专业化和分工可以使单位时间内生产的商品增加，由此引起单个商品的成本降低和价格下降，从而使更多的人有能力购买和使用这种商品。他认为这个原理同样适用于国际贸易：某个国家或某种气候能够以比其他国家更低的成本生产一种商品，因而可以专业化生产这种商品并和其他国家交换，那么所有的国家都将获得更多和更便宜的商品。

在亚当·斯密看来，推动一切生产和交换活动的动机是参与者的个人利益。他说，我们能吃上肉靠的并不是屠户的好意，而是他对其个人收入的关心。如果有人讥讽说这是一个自私自利的体系，这位格拉斯哥大学的道德哲学教授会说，这个体系至少比较现实，它描述了人们实际上是如何行事的，而且它最终将为人们带来最大的自由和富裕，因而也是符合道德的。亚当·斯密坚信，千百万人的个人利益相互作用的结果，好像通过一只"看不见的手"，最终将导致所有人的最高福祉。这是一幅自由市场经济的理想图画，但是亚当·斯密低估了市场调节可能带来的贫富分化和周期性经济危机，以及随之而来的破产、失业、阶级斗争和社会动荡，那时政府这只看得见的手就不得不违背自由主义原则而出来做点什么了。

亚当·斯密的后继者包括托马斯·马尔萨斯（1766—1834年）、大卫·李嘉图（1772—1823年）以及詹姆斯·穆勒（1773—1836年）等人。他们对亚当·斯密的经济学思想作了一定的补充和完善，从而形成了比较完整的经济自由主义理论。同时他们也提出了自己的一些独到见解，推动了古典政治经济学的发展，但也不免得出一些过于武断的结论。

他们的基本理论可以概括为以下要点：自由市场是一个独立

于政府和政治之外的经济关系的世界，它由一些"自然规律"所调节，比如供求规律、报酬递减规律等等。每个人都能比别人更清楚地了解自身的利益，因此任何人都应当根据自己理解的个人利益从事经济活动。这样，所有的个人利益相加起来就构成了全体人类的普遍福利和自由。政府职能应当仅限于保护个人的生命和财产安全、提供合理的法律和可靠的法庭，以及保证私人合同、债务和义务的履行，而不应当干涉经济活动，"管的最少的政府就是最好的政府"。除了经济活动以外，其他个人事务，甚至教育和慈善事业等也应该作为发挥个人首创性的领域而留给私人去处理。任何有组织的特殊利益对社会都是有害的，不仅行会和垄断组织应该取消，工会、罢工和集体谈判也都在禁止之列，一切价格、工资和劳动时间都应该由当事的个人通过自由协商达成契约，国家法律或工会集体不得干涉。自由竞争和自由贸易是保证优胜劣汰和维持低廉价格的法宝，因此应当适用于任何地方，一切妨碍国际贸易自由的保护性关税都必须废除。经过古典经济学家的阐述和发挥，自然规律、利己主义、自由放任、契约自由、自由竞争和自由贸易成了经济自由主义的重要原则，在相当长的一段时期里对英国的经济政策和发展模式发生了极大的影响。

　　除了经济自由主义的一般原则之外，这些经济学家还触及到当时某些重大的社会经济问题，发挥了一些独到的见解。托马斯·马尔萨斯是英国的一个牧师，于1798年匿名发表了他那引起长期争论的小册子《人口论》，1803年又将其扩充为一部著作并署真名出版。该书的主要观点是：人口按照几何级数增长，而生活资料则按照算术级数增长，因此人口增长总是倾向于超过生活资料的增长。人口过剩必然导致劳动者的失业、贫困和痛苦。一般情况下，只有残酷的战争、饥馑和瘟疫才能暂时抑制人口的过快增长。若要避免这些灾难，惟一的希望就是年轻的男女通过晚婚来限制人口过快增长。不过，马尔萨斯对这种办法并不抱过分乐观的期望，他认为强烈的性欲总会使大多数人早婚并且生一大堆孩子。

马尔萨斯在世的时候正好是英国工业革命的早期，从当时的情况看，人口增长速度确实很快。从1780年到1851年，不列颠人口从大约900万增长到将近2100万，而同时期不列颠的国民生产总值（GNP）按不变价格计算大约增长了四倍。由于增加的人口吃掉了经济增长的一大块份额，因而这一时期中的人均消费量仅仅增加了75％。即使如此，马尔萨斯人口论的两个前提仍然不能成立，人口既没有按照几何级数增长，生活资料也不是仅仅按照算术级数增长。如果从长期的观点观察这个问题，我们可以清楚地看出：许多工业化国家的经济增长不断加速，而人口增长率却呈现下降趋势，到20世纪后半叶某些国家或地区甚至出现零增长或负增长。其原因包括：随着城市化的发展，农村传统的低投入育儿方式逐渐消亡，城市儿童的抚养和教育费用大幅度提高，社会保障制度不断完善，养儿防老模式逐渐过时，再加上避孕措施的普及和改进，终于使经济增长决定性地超过了人口增长的速度，走出了马尔萨斯阴郁地预言的怪圈。不过，对于包括中国在内的许多发展中国家来说，过快的人口增长仍然蚕食着来之不易的经济增长率，使发展中国家的人均收入提高缓慢。在中国曾发生的对马尔萨斯人口论和马寅初的新人口论的过火批判，使我们的经济起飞背上了沉重的人口负担。尽管马尔萨斯的理论有这样那样的错误，但是我们仍然可以把它作为一口长鸣的警钟，提醒我们时刻警惕人口增长过速的危险，尽快将传统的低投入高回报的养儿防老模式转变为现代的高投入低回报的优生优育模式，使经济发展和人口增长形成真正的良性循环。

大卫·李嘉图是英国一位富有的股票经纪人和杰出的古典经济学家，他于1817年出版了他的名著《政治经济学及赋税原理》，在许多方面发展了亚当·斯密和马尔萨斯的经济学理论。他将马尔萨斯的人口思想发挥成"工资铁律"，其内容是：只要让工资听任供求规律调节，工资总是趋向于仅够维持工人及其家属的生存的水平，如果工资暂时上升到生存水平以上，人口就会增加，不久对职业的竞争又会使工资下降到原来的水平。在经济学说史上，亚当·斯密是最先提出劳动价值论的人。他认为，任何劳动不论消耗在什么部门，不论是工业还是农业，都是价值的源泉。李嘉图进一步指出，劳动时间是价值的惟一基础，商品价值的大小由其中包含的劳动量所决定。他的这一学说成为马克思主义的思想来源之一。在劳动价值论的基础上，李嘉图提出了他的分配理论：劳动者在生产中创造的价值是包括工资、利润、地租在内的一切所得的惟一源泉，工资、利润和地租之间存在着此消彼长的关系。在这三者关系中，他特别强调地租的增加会使利润减少，由此导致资本家积累的减少，最终影响社会生产力的发展。由此可见，地主的利益不仅同资本家的利益相矛盾，而且同整个社会的利益相矛盾，地主阶级是社会生产力发展的障碍。李嘉图虽然看到了资本主义社会中三大阶级的矛盾，但是他的斗争矛头主要是指向地主阶级的。

詹姆斯·穆勒是英国的经济学家和功利主义哲学家，他在经济学上的贡献主要是发展了李嘉图的地租理论。他曾经激烈地抨击大土地贵族，尖刻地指责他们既不工作也不冒风险，连睡觉的时候财富都在增加，他们有什么权利得到土地自然增值带来的财富？詹姆斯·穆勒强烈主张，对于社会原因带来的土地自然增值，比如在某块土地附近建立新工厂所引起的地价上涨，国家必须课以重税。这一主张后来演变为自由党纲领的一部分，并且影响到20世纪初英国政府的政策。

除了这些为自由资本主义的合理性和优越性辩护的古典经济学家之外，随着西欧大陆工业化国家的崛起和英国自由放任经济政策的弊端的显露，出现了一些反对经济自由主义的思想家。德国经济学家李斯特在美国居留期间受到亨利·克雷（1777—1852

年）的"政治经济学的美国体系"的启发，于1840年出版了他的经济学著作《政治经济学的民族体系》，由此建立了经济学的历史学派或制度学派。他在这本书中指出，英国的政治经济学仅仅适用于英国，它并不是超时空的抽象真理，而是在一个特定历史阶段里的一个特定国家发展出来的一套观念。他谴责国际自由贸易学说是英国发明的一种理论，其目的是使英国成为世界工业中心，同时使其他国家像印度人那样永远处于原料和食物供应者的地位。他极力主张，任何一个国家如果要想成为独立强大的文明国家并且发展自身的民族文化，就必须拥有自己的现代化城市、民族资本和民族工业，为此必须建立起高额保护关税制度，至少在新生的民族工业还没有能力同其他国家竞争以前必须暂时这样做。李斯特反对自由放任原则，强调政府在工业化过程中的重要作用。他认为政府应该对工业发展进行计划和调节，从而使生产和消费保持平衡。他把现代工业的发展看做是一个国家至关重要的事业，因为制造业是一个民族摆脱贫困、增进人民幸福的主要手段。作为一个强烈的民族主义者，李斯特感到一个贫穷软弱的农业国是难以保卫自己的政治独立的，落后就要挨打，因此促进工业发展就是保卫国家。但是他的民族主义野心并不以保卫国家为满足，而进一步主张德国有义务在国际事务中领先，去开化野蛮和黑暗的国家。这些思想使他成为德国扩张主义和帝国主义的最早鼓吹者之一。

英国著名的功利主义哲学家和经济学家约翰·斯图亚特·穆勒（詹姆斯·穆勒之子，1806—1873年）目睹古典自由主义理想的破灭和自由放任政策带来的不幸的社会后果，逐渐转变成政府干涉和社会改革的强有力的支持者。他虽然承认生产领域中存在着一些不可改变的自然规律，但却反对亚当·斯密迷信"看不见的手"可以导致普遍幸福的肤浅的乐观主义，坚持认为财富的分配可以由社会按照最大多数成员的利益加以调节，比如国家可以通过征收遗产税和利用土地自然增值的收入来重新分配财富。与他的父亲不同，小穆勒不相信自由主义者所主张的生存竞争和相互倾轧就是人类最理想的生活状态，而认为这不过是工业发展过程中某些阶段上的病态症状。出于对社会公正的关注和对有产者漠视工人阶级疾苦的反感，他积极支持工会运动和争取妇女权利的正义事业。他不仅同意通过法律缩短工作日的主张，而且在1848 年出版的《政治经济学原理》一书中呼吁国家采取措施帮助工人建立生产者合作社，以便使每个工人能够享受自己的劳动果实。作为一个强烈的个人主义者，小穆勒对自由资本主义弊病的谴责和对社会改革的支持主要是出于道德上的动机，和社会主义有着原则上的区别。

除了经济学家之外，一些文学家、思想家和社会活动家也从各自的立场出发对工业社会提出了批评。浪漫主义诗人威廉·布雷克（1757—1827 年）把早期的工厂讥讽为"撒旦的磨坊"，并为伦敦穷人的苦难生活提出抗议。威廉·华兹华斯（1770—1850 年）则为土地河流的污染和农村田园生活的毁灭而惋惜。希望回到工业化以前的社会的人不仅仅是浪漫主义者，一些可以被称为反工业主义者或反物质主义者的作家也有类似的怀旧情结，他们甚至采取了比社会主义者还要激进的立场。社会主义者并不一般地反对工业化和财富，他们所谴责的只是资本主义的生产和分配方式。而这些反工业主义者或反物质主义者则对大工业和财富本身的价值提出了更带根本性的质疑，他们指责工业化带来的经济萧条和失业，抨击资产阶级对利润的疯狂追逐，憎恶资本主义社会用"现金关系"代替了人与人的关系，甚至厌恶超出维持生存所必需的任何工作。他们美化过去的小生产、小城市和乡土生活，但却忘记了工业化之前的贫困、疾病、愚昧和无望，试图逆生产力发展的历史潮流而动，因而很难得到当时大多数人们的认可和追随。所以，他们的思想只能成为旧日的挽歌和无奈的叹惜，至多只是个别人的生活风格。不过，当历史发展到 21 世纪的当代社会，在我们充分意识到我们居住的小小星球的资源的有限性之后，对现代工业无限扩张可能带来的恶果的类似担忧也许会获得新的意义。

17　1871年4月2日巴黎公社战士与凡尔赛军队在涅伊桥的战斗

第 二 章

西欧的社会主义运动

　　资本主义发展初期工人群众所遭受的贫困和压迫的确是难以
忍受的，任何有正义感的人如果目睹当时无产阶级的悲惨处境都
很难不得出社会主义和激进的革命结论。欧洲1848年革命和
1871年巴黎公社即是当时的阶级矛盾和社会矛盾激化所导致的
结果。作为现代西欧的主流思潮之一，社会主义思想和运动是对
自由主义思潮和资本主义制度的反抗，从它产生直到现在一直深
刻地影响着西欧现代文明的社会模式和发展方向。西欧各国政府
从19世纪80年代开始推行的社会保险和劳工立法就是在工人运
动和社会主义运动的强大压力下被迫实行的让步政策，也是政府
为了避免革命再次发生所采取的改良主义措施。此后西欧的社会
主义运动虽然几经反复，但最终逐渐走上了民主社会主义的改良
道路，其社会根源即在于此。

一、无产阶级的形成和初期斗争

　　工业革命在英国和其他西欧各国创造出大机器生产和现代工
厂制度，从而产生了资本主义社会的两个对立的阶级：工业资产
阶级和工业无产阶级。

　　由于采用机械化生产，新兴的工厂需要的主要是非技术工人，

原来技术熟练的手工纺纱工和织布工被机器所排挤，他们要么挣扎在最悲惨的贫困之中，要么只好降低身份去工厂从事非技术性工作。早期的工厂付给非技术工人的工资非常之低，以致一个男工很难养活妻子和儿女。另一方面，机械化生产使操作工艺变得非常简单，所以工厂宁愿雇用妇女或6岁以上的儿童，他们不仅能忍受更低的工资待遇，而且操作纱锭比男工更为熟练。1788年，英国142个纱厂共雇用男工2.6万人、女工3.1万人，而童工竟达到2.5万人。工厂和矿山的工作日长达12小时至16小时，有时甚至更长。与原来的家庭手工作坊和农庄比较起来，工厂的劳动单调压抑，而矿山的劳动更加繁重和危险，工人还必须服从严格的生产纪律。除了失业的时候，工人几乎没有什么节假日。由于经济周期性的上下波动，失业是常有的事情，而一天没有工作就意味着一天没有饭吃。在工业革命早期，工厂和矿山的工人几乎没有任何自己的组织，他们只是一群没有任何共同联系和传统纽带、临时集合起来的群体，每个人都单独和雇主签订劳动工资合同，因此很难争得于己有利的劳动条件。工人居住在城市的贫民窟，那里的房子简陋拥挤，被煤烟熏得漆黑，常常是几代人挤在一个房间里。狭窄的街道里跑着一群群衣衫褴褛的孩子，他们往往有名无姓，甚至只有绰号。18世纪末，英国有数百万人挣扎在饥饿的边缘，他们时而有工作，时而失业，很多人沦为乞丐、盗贼和娼妓。据统计，将近30%的英国人依靠某种济贫措施维持生活，在英格兰和威尔士有100多万人被归类为乞丐。在法国，由于税收制度的混乱，很多穷人以走私为生，失业的妇女为了生存则只好卖淫，直到疾病或死亡结束她们的皮肉生涯为止。当时法国约有40%的人口生活在贫困中，而其中只有不到5%的人可以获得慈善机构的救济。英国的济贫院以其劳动和卫生条件之恶劣而著称，从1750年到1755年，进入伦敦济贫院的2300多名儿童中除了少数获得释放以外，最后只有168名儿童活了下来。

　　面对因贫困而心怀不满的无产阶级，有产者不断强化保护私有财产的法律和政治措施。早在工业革命开始之前，英国哲学家约翰·洛克（1632—1704 年）就曾说过："人们联合成为国家并将他们自己置于政府之下的……重大而首要的目的，就是保护他们的财产。"[①] 依据这个理论，代表富有的土地贵族利益的英国国会于 1723 年未经讨论就通过了一项法律，增加了 50 项侵犯财产的独立罪名，并规定对这些罪行可以适用死刑。据统计，从 1688 年到 1810 年，国会共增加了将近 200 种可以判处死刑的罪名，其中 63 种是在工业革命开始以后的 1760 年到 1810 年期间通过的。大约在 18 世纪中期，两个年轻男子由于进入他人地界偷猎而被逮捕，他们的妻子前往地主家里哭诉求情，那个地主被感动得流了眼泪，答应两个女人一定把她们的丈夫还给她们，最后地主遵守诺言果然将两具偷猎者的尸体交还给她们。英国法律规定，如果家庭佣人偷窃他们主人的财物，或者工人盗窃雇主的财产，他们就可能被判处死刑，不过更常见的是被判处黥刑或带枷示众。最令人震惊的是，处罚儿童居然适用与成人一样的刑罚：一个年仅 7 岁的女孩只因偷了一件小裙子竟然被残忍地绞死。当时英国实际被执行死刑的人并不太多，大约每年只有 200 个左右，因为当时的统治者相信杀一儆百的道理。

　　可怕的贫困和残暴的压迫不能不激起无产者的强烈反抗和斗争。由于工人群众起初没有认识到剥夺他们工作的不是机器本身而是严酷的早期资本主义制度，因此他们最初的斗争采取了捣毁机器、破坏工厂的形式。传说一个名叫内德·卢德的英国工人是破坏机器的首倡者，因而英国工业革命时期的这场捣毁机器的运动被称为"卢德运动"。1769 年，英国国会为了维护资产阶级的利

---

　　① 转译自约翰·梅里曼（John Merriman）：《欧洲现代史》第 1 卷，第 393 页，纽约，伦敦，W. W. 诺顿公司，1996 年。

益，颁布法令用严刑重罚惩治破坏机器和厂房的工人。但是，由于新发明的机器不断剥夺工人的工作，再加上经济危机间歇性地造成工人的失业，破坏机器的斗争愈演愈烈。仅在1779年，兰开夏郡就有8万多工人加入斗争的行列。而在1811年到1812年期间，卢德运动发展到非常大的规模，诺丁汉的失业织工们愤怒地捣毁了1000多台织袜机。为了对付卢德运动，英国政府动员了全部警察和军队，并于1813年颁布了严厉的《捣毁机器惩治法》，用死刑惩罚破坏机器的工人。此后，西欧工人阶级逐渐转向有组织的政治斗争等新的斗争形式。

从19世纪早期开始，西欧许多国家的工人不仅对恶劣的工作和生活条件提出强烈的抗议，而且逐渐意识到他们自己是一个分享共同命运、具有共同利益的阶级。在工人们中间慢慢发展起一种劳动本身具有重要性和尊严的价值观念，许多工人甚至得出结论：只有工人才是财富的真正创造者，而资本家则是工人的剥削者。工人阶级获得阶级意识的进程最早发生在19世纪早期的英国，19世纪30年代波及到法国，40年代扩展到德意志各邦，以后又逐渐扩散到其他国家。这种阶级意识加强了工人阶级的团结，推动了工人阶级组织的形成。

从1799年到1800年间，英国国会曾通过《防止工人非法组合法令》，禁止工人建立任何组织。但是，英国一直存在着技术工人和手工工匠的"联谊会"，1803年，这种联谊会的数目达到将近1万个，到1815年联谊会已经拥有100多万会员。法国和德国也存在着与此类似的"互助会"等组织。这些组织积极参与和推动了各种要求经济和政治改革的斗争。1819年8月16日，英国的工人、市民和资产阶级共同在曼彻斯特的圣彼得广场上举行8万多人参加的群众大会，要求改革选举制度、取消维持小麦高价的《谷物法》和禁止工人集会结社的法令。结果遭到军队开枪镇压，参加集会的群众死亡11人，受伤400多人，其中113人是妇女。

这次血案被称为"彼得卢大屠杀",但被杀者不是滑铁卢的拿破仑军队,而是本国手无寸铁的劳苦人民。此后,国会急忙发布《六项法令》,禁止集会游行,取消出版自由,实行住宅搜查。但是,人民不顾政府的高压政策,又于 1820 年 4 月在格拉斯哥发动了有 6 万工人参加的政治性大罢工。迫于工人斗争的压力,也为了消解秘密的革命工会的影响,国会于 1824 年撤销了《防止工人非法组合法令》,从此工会组织以合法的方式蓬勃发展起来。工会通过各种形式的斗争保护会员在工资和劳动条件等方面的经济利益,同时积极参加要求成年男子普选权的政治运动和其他重大的社会改革运动。1825 年,英国爆发第一次经济危机,受尽失业和饥饿折磨的工人群众掀起了新的经济和政治斗争。1831 年到 1832 年,受到法国 1830 年革命的鼓舞,英国资产阶级激进派联合工人继续提出政治改革的要求,技术工人和手工工匠领导工人举行大规模的群众集会和示威,终于在 1832 年迫使众议院和贵族院通过了《国会改革法案》。该法案扩大了工业资产阶级的选举权,增加了新兴工业城市在国会里的议席数量。同一时期,在罗伯特·欧文(1771—1858 年)的影响下,工联主义运动获得了相当大的发展。一方面,一些工人组织起合作商店和生产合作社;另一方面,工人群众通过公众集会、请愿和示威游行要求工厂制度改革,迫使国会在 30 年代通过了一些限制童工和女工劳动时间的法令。1834年 2 月,根据欧文的倡议,英国成立了第一个全国性的工会联合会——"全国总联合会",从而进一步推动了各地工会组织的发展。

19 世纪 30 年代和 40 年代,法国、英国和德国先后爆发了里昂工人起义、宪章运动和西里西亚织工起义。这些斗争标志着无产阶级开始作为独立的政治力量登上历史舞台。

法国 1830 年的七月革命推翻了复辟的波旁王朝,建立起金融贵族掌权的"七月王朝"。但是,工人们发觉他们虽然"摆脱了世袭贵族的束缚,却遭受百万之富的暴君的统治"。于是,他们开始进行反对资产阶级剥削和压迫的斗争。里昂是法国的丝织业中心，那里的数万名丝织工人在厂主和包买商的残酷剥削下，每天工作15至18小时，所得工资却只够买1磅面包。1831年10月，6000名织工迫使厂商同意增加工资，但后来厂商出尔反尔拒不执行协议，工人被激怒了。11月21日，工人们举行罢工，在示威游行时遭到军警袭击，他们立刻拿起武器奋起还击，起义爆发了。工人们在"不能劳动而生，毋宁战斗而死"的旗帜下，经过三天英勇战斗，攻占了市政厅，拘捕了省长，占领了里昂城。在《里昂工人宣言书》里，工人们提出"里昂应当有我们自己选出的政权代表"的政治要求。但由于缺乏斗争经验，工人们释放了省长并让他和其他旧官吏继续任职，工人们只成立了一个工人委员会，对市政府进行监督。获得了喘息机会的资产阶级政府从巴黎调来了6万军队和50门大炮，于12月3日血腥地镇压了这次起义。1834年4月9日，里昂工人为了反对政府颁布的禁止工人集会结社的法令和营救被捕的罢工领袖，发动了第二次起义。在起义过程中，他们进一步提出争取建立民主共和国的政治要求。起义工人同军警浴血奋战了6天，终因敌我力量对比过分悬殊，起义又一次被镇压下去。这两次里昂起义是西欧历史上最早的工人起义，它们表明工人阶级与资产阶级的矛盾开始上升为现代西欧社会的主要阶级矛盾，无产阶级在进行经济斗争的同时已经开始提出自己的政治要求。

30年代中期，英国爆发了席卷全国的宪章运动，这是世界上第一次群众性的和政治性的无产阶级革命运动。1836年，一个名叫威廉·洛维特（1800—1877年）的木工建立了"伦敦工人协会"。翌年6月，洛维特和一个伦敦裁缝弗朗西斯·普雷斯(1771—1854年)以伦敦工人协会的名义起草了一份争取男子普选权、要求政治民主化的文件，其中提出了6项主张：所有年满21岁的成年男子都有选举权；取消众议院议员的财产资格限制，使每个选民都有被选举权；给议员支付薪水，使没有财产的人也有条件离职当议员；众议院每年改选一次；设立平等的选区以保证按人数比例选举代表的平等权利；选举采取秘密投票方式。1838年5月，这个文件以法案形式正式公布，称为《人民宪章》，"宪章运动"由此得名。《人民宪章》公布后，立刻得到广大工人群众的热烈支持，英国各地纷纷召开群众大会、举行火炬游行。1839年2月，宪章派在伦敦召开了第一次代表大会，来自全国的工会代表、群众团体和激进组织的代表通过了一份征集签名的请愿书，要求国会进行改革，接受《人民宪章》。到1839年5月，各地群众在请愿书上签名的已经超过125万人。参加宪章运动的大多数人采取了和平请愿的合法方式，主张用"道义力量"达到改革的目的。另一部分被称为"暴力派"的北方失业工人则主张如果国会不让步，就举行总罢工甚至武装起义。在宪章派向国会递交请愿书以后，英国统治当局采取了公开镇压的措施。他们动员大批军警，禁止一切集会，逮捕宪章派领导人。7月12日，众议院否决了请愿书。工人群众奋起抗争，全国各地纷纷举行示威游行。伯明翰工人勇敢地发动了起义，击退警察的进攻，从7月15日到17日占领了整个城市，至此形成了宪章运动的第一次高潮。但在政府镇压下起义失败，整个运动进入低潮。

　　1840年7月，宪章派在曼彻斯特召开新的代表大会，成立了"全国宪章派协会"。到1842年它已建立起400多个地方组织，拥有会员5万多人。在新的经济危机和农业歉收的影响下，宪章运动再一次高涨起来。1842年5月，宪章派向国会递交了第二次请愿书，这次签名人数高达331.77万之多，约占当时大不列颠全部成年男子的半数左右。这次请愿书除了坚持《人民宪章》原有的要求之外，还进一步提出了废除新济贫法、限制工作日、提高工资，以及消灭资产阶级和地主对机器、土地、交通工具的独占等要求。然而，由于害怕政治民主可能威胁到财产权利和现存的经济制度，众议院以287票对49票的绝对多数再次否决了请愿书。宪章派号召举行总罢工以示抗议，曼彻斯特、兰开夏、约克郡、斯塔福德郡和威尔士等地的工人群起响应，致使许多城市陷于瘫痪，从而形成宪章运动的第二次高潮。此时，宪章派内部的资产阶级激进派害怕工人的革命斗争会威胁到他们自己的利益，纷纷倒向政府一边。9月，政府动用大批军警进行武装镇压，逮捕了1500多名宪章运动的领导人和积极分子，封闭了所有进步报刊。这样，在统治阶级的坚决反对和武力镇压以及资产阶级激进派的倒戈的夹攻之下，宪章运动逐渐陷入了低潮。不过，迫于工人斗争的压力，国会还是做出了一些让步。它于1846年废除了《谷物法》，并且颁布了对工人阶级有利的1842年矿山法令和1847年的十小时工作日法令。

1848年，宪章运动在巴黎二月革命胜利的鼓舞下出现了第三次高潮。宪章派准备了第三次请愿书，签名者达到197万人。4月3日，宪章派召开第三次代表大会，决定4月10日在伦敦举行大规模群众集会和示威游行，护送并递交请愿书。同时，一些主张暴力斗争的工人开始收集武器并进行训练。面对即将来临的工人运动风暴，老威灵顿公爵（1769—1852年）当着7万警察的面发誓要维护社会秩序，政府部署了大批军警准备进行武力镇压。在利物浦等地，群众和军警发生了冲突。在伦敦，革命委员会制定了起义计划，同时组织工人准备好镐头以便挖掘路面修筑街垒。4月10日早晨，当成千上万的游行队伍簇拥着由3辆马车装载的重达584磅的请愿书向国会进发的时候，宪章派领导人迫于政府的武力威胁，劝说组织起来的工人解散回家，改由他们自己把请愿书送交国会。然而，政府却在5月13日悍然下令解散宪章派组织，并且逮捕了准备举行武装起义的革命委员会成员。随后，众议院第三次否决了宪章派的请愿书。持续10年之久的宪章运动失败了。直到1867年，英国才开始进一步扩大选举权，而人民宪章的所有要求（除了众议院每年改选一次的要求）从 1838 年提出到 1918 年全部实现经历了整整 80 年的漫长时间。

正当英国的宪章运动处于第二次高潮过后的低潮时期，德国西里西亚的纺织工人勇敢地发动了 1844 年的起义。西里西亚是当时德意志境内的工业中心之一，那里的纺织工不仅饱受工厂主和包买商的剥削，而且为了取得外出做工的权利，还要向地主缴纳一种特别的纺织捐。40 年代初，当地的厂主为了和英国商品竞争，极力压低工人工资，以致纺织工人只能在死亡线上挣扎。甚至官方的报告也承认，在起义前不久，西里西亚 3.6 万名织工中，直接死于饥饿的就有 6000 人。织工们自己编写了一首歌曲《血腥的屠杀》，歌词悲愤地控诉剥削者们"榨尽穷人的血汗"，"剥掉穷人最后一件衬衫"。1844 年 6 月 4 日，工人们唱着这首歌通过大工厂主茨文兹格尔的住宅，声讨资本家对工人的剥削，结果遭到了毒打和逮捕。工人们忍无可忍，当天就愤怒地捣毁了茨文兹格尔的住宅。次日，3000 多名工人举行起义，捣毁了几家工厂，烧掉了资本家的账簿和财产契约，并同军队展开了英勇的战斗。6 月 6 日，普鲁士政府调来大批军队镇压了起义，83 名起义者被判重刑，数百名工人受到鞭笞或被强制劳动。这次起义虽然还带有自发的性质，但是工人们已经把斗争的矛头直接指向了剥削制度和私有制社会，并在斗争中表现出德国无产阶级的革命觉悟和战斗精神。

西欧无产阶级在其初期的斗争中已经初步意识到自己的阶级地位并提出了独立的政治和经济要求，同时也显示出改造社会的伟大革命力量。无产阶级的崛起推动了欧洲社会主义思潮和运动的发展，并且为马克思主义的诞生奠定了阶级基础。

二、早期社会主义思想与实践

欧洲的社会主义思想可以说是源远流长。早在 1516 年，正当圈地运动在英国展开的时候，一位英国律师兼政治家托马斯·莫尔爵士（1478—1535年）写下了一部讥讽当时社会生活的著名作品《乌托邦》。书中描述了一个想象中的岛屿，岛上所有的居民都在一个和平、公正与和谐的社会中生活，与圈地运动的不公正形成强烈的对照。后来的乌托邦社会主义（或译空想社会主义）一词即来源于此。

19世纪初期，随着资本主义工业社会的建立，欧洲产生了批判资本主义弊病、憧憬理想社会制度的空想社会主义。正当自由主义者陶醉于工业革命带来的成就时，空想社会主义者却对工人群众悲惨的生活状况寄予真挚的同情。他们反对资本主义社会里贪得无厌的利己主义，设想一种人人平等、和睦相处、互助合作的社会。同时，他们也是乐观主义者，相信科学和技术的进步可以解决人类的物质生活问题，使人类能够建立起新的社会政治制度。欧洲空想社会主义的杰出代表是法国的圣西门、傅立叶和英国的欧文。

昂利·德·圣西门伯爵（1760—1825年）是一位法国贵族，青年时代深受启蒙思想的影响，参加过北美独立战争，在法国大革命中自愿放弃了爵位。晚年，他撰写了许多讨论社会问题和社会改造的著作，主要有《日内瓦书信集》、《工业家问答》、《新基督教》等。圣西门在1802年就敏锐地指出法国革命不仅是资产阶级同封建贵族的斗争，而且是无产者同有产者之间的斗争。但他并不认为一切有产者都是无用的人。他以寓言的方式设想，如果法国所有的贵族、教士、官吏都在一次海难中死去，这种损失对于社会来说是微不足道的；但是，假如法国失去了所有最博学的知识分子、有才干的银行家、工厂主、商人、技术工人和农业生产者，其后果将是灾难性的。他把这些有用的阶级统称为"工业家"，而把他所设想的新社会称为"工业制度"。在这个新社会里，工业生产将按照计划进行，因而能够保证整个社会的需要得到满足；社会上人人平等，人人参加劳动，每个人都应当按照自己的劳动能力为社会做贡献，对人的管理终将转变为对物的管理。作为启蒙主义的信徒，他相信人类社会是不断进步的，并且断言科学将会解决人类的物质生活问题，但他认为社会发展依赖于理性的进步，而不是阶级斗争的推动。他虽然尖锐地批判资本主义制度，并对劳动群众的贫困深表同情，但他却把改造社会的希望寄托在银行家、工厂主和商人身上。他主张通过宣传他的新基督教，以和平的方式说服资本家把私有财产交出来，变为社会公有，甚至幻想由开明君主来实现他的理想社会。由于找不到实现理想社会的正确道路和力量，所以除了建议和修建苏伊士运河是由圣西门的一些信徒所为之外，圣西门派在实践中很难再有更大的作为。

夏尔·傅立叶(1772—1837 年)出身于法国一个商人家庭，他说自己在很小的年纪就已经发现所谓销售的艺术只不过是说谎和欺骗。在他父亲的坚持下，他年轻时曾到里昂经商，但很快就失败了。此后，傅立叶将余生用于设计一种理想的社会组织，以便改善人类的社会生活条件。他的主要著作包括《关于四种运动和普遍命运的理论》、《家庭农业协作论》、《新的工业世界和社会事业》。傅立叶将人类迄于当时为止的全部历史分为蒙昧、宗法、野蛮、文明四个时期。他对当时资本主义的文明社会进行了较深入的批判，揭露了资本主义生产的无政府状态、恶性竞争和商业欺诈行为，控诉了造成劳动者贫穷和失业的资本主义制度。他预言，在历史发展的下一个阶段，合作与和谐的原则将把人们从资产阶级个人主义的压抑之下解放出来。为了实现合作与和谐的理想，傅立叶设计了一种社会组织，他称之为"法朗吉"。他认为，人类可以分为 810 种不同的人格类型，如果从每一种类型里都选出一男一女，那么由此组成的最小社会单位——法朗吉——就有 1620人。在法朗吉里，实现了工农业结合，消灭了城乡对立；每个人都根据自己的自然倾向从事某种劳动，由于免费教育的普及，脑体劳动的差别也归于消失；那里实行男女平等，男女之间的情欲被引导到促进社会生产的渠道中去；由于人人都能获得物质上的充分满足，财富的差异是否存在将变得不再重要。因此，傅立叶没有提出消灭资产阶级私有制的要求，他主张资本家以股东的身份与劳动者共同建立法朗吉。法朗吉的总收入应当分成两部分，一部分用于满足社会需要，另一部分在扣除生产费用之后分成三份作为报酬分配给不同的社会成员：3/12分给才能，4/12分给资本，5/12分给劳动。傅立叶与圣西门一样，幻想通过宣传劝导就可以说服资本家实行他的社会改革方案。他每天中午坐在自己的公寓房间里等待工商巨头前来资助第一个法朗吉的建设，然而直到1837年逝世，傅立叶也没有等来一个慷慨解囊的富翁。然而，傅立叶的信徒们确曾在美国建立起几个法朗吉，其中最著名的是位于马萨诸塞州的布鲁克农场，由一群文人经营管理，不过它只勉强存在了5年（1842—1847年）即告失败。

罗伯特·欧文出身于英国一个工匠家庭，幼年做过商店学徒，后来成为一位成功的纺织工业家。19世纪初，出于对工人生活状况的深切同情，欧文将他设在苏格兰拉纳克郡的新拉纳克纺纱厂改造成为一个模范企业。在那里，他提高了工人的工资，实行10小时工作日，禁止雇用不足12岁的童工，取消罚款制度，改善劳动卫生条件，并发给工人医疗金和养老补助金。他还在他建立的"合作村"里为工人建造坚固清洁的住房，为工人的子弟设立免费的学校，开办合作商店为工人家庭提供便宜的生活必需品。从20年代开始，欧文逐渐形成他的批判的空想社会主义思想。他尖锐地批判了资本主义社会的私有制、自由竞争、阶级对立、宗教和婚姻制度，认为劳动人民的贫困是资本主义社会的必然产物。他指出，由于资本家对利润的攫取，工人所得的工资不足以购买他们自己生产的全部产品，结果导致生产过剩、周期性的经济危机和工人失业。但是，欧文反对通过阶级斗争的途径来解决这些社会问题，而是企图通过建立合作式的示范社区和平地改造资本主义社会。他心目中的理想社会是一种社会主义自治公社的自由联盟，那里的人们对财产实行共同占有，人人参加劳动，按能力进行分工，按需要分配产品。为了实现他的理想，欧文于1825年在美国印第安纳州创办了"新和谐"共产主义试验村，但它仅仅存在了5年左右就不幸失败了。此后，欧文积极参加工联主义运动和社会改革运动，为英国的工人运动做出了贡献。

值得一提的是，还有一位在法国很有影响的空想共产主义者艾蒂埃纳·卡贝（1788—1856年），他试图用和平的和教育的办法来实现共产主义。卡贝于1840年撰写了一部家喻户晓的幻想小说《伊加利亚旅行记》，书中描写了一座想象中的城市，那里有宽阔的街道和清洁的住房，经济活动按照统一的组织进行，人们在和谐的社会中生活。卡贝将这个理想社会描绘得非常美妙，希望资产阶级能够因此而接受合作的社会主义原则。卡贝在40年代出版的一份宣传社会主义的报纸最初有4500个订户，后来订户增长了将近二十倍。许多受到失业威胁的工人成为卡贝的追随者，其中一些人跟随卡贝前往北美，在得克萨斯州和衣阿华州建立了几个乌托邦聚居地。

另一位著名的空想共产主义者是德国的威廉·魏特林（1808—1871年）。在其1842年发表的主要著作《和谐与自由的保证》一书中，他无情地揭露和批判了资本主义制度，指出私有财产是一切罪恶的根源，他设想在和谐与自由的理想社会里，将实行共有共享和人人平等的制度。他的学说一度成为工人秘密革命组织"正义者同盟"的指导思想，但他的思想具有浓厚的平均主义色彩，其斗争策略则是依靠盲目信徒的宗派密谋行动。

除了空想社会主义（以及后来由马克思创立的科学社会主义）以外，西欧还产生了其他一些社会主义流派，基督教社会主义是其中最温和的一种，它的创始人是法国天主教教士罗贝尔·

德·拉梅耐（1782—1854年）。拉梅耐试图用基督教的思想来解决工业社会的问题，主张通过改良实现社会正义。最初接受这一学说的人主要是法国和英国一些信奉天主教和新教的知识分子。到1891年，被称为"工人的教皇"的利奥十三世发表了著名的《新事物》教皇通谕。虽然这部通谕承认私有财产是人们天生的权利，而且激烈反对马克思主义的阶级斗争学说，但它同时也强烈抨击无限制地追求利润的倾向。它呼吁资本家把工人们作为人和基督徒来对待，而不要把他们看成赚钱的工具。它还提出一些具体建议，要求制定工厂法，组织工会和限制工作日。这一通谕在自由派天主教徒中极大地推动了基督教社会主义的发展。在第一次世界大战前，欧洲各国的天主教政党在促进社会立法的过程中发挥了积极的作用。

社会主义运动从早期开始就与妇女解放运动有着天然的联系。傅立叶曾提出人类进步需要妇女的解放，欧文也主张妇女的平等权利。1832年，法国一些信奉圣西门学说的妇女创办了一份名为《妇女论坛》的报纸，声明只刊登妇女写的文章。这份报纸宣布："工人的解放必将伴随着妇女的解放。"几位女撰稿人还成立了一个协会，从事贫困妇女的教育工作。她们自豪地说："男人们没有做到的事应该由我们来做。"虽然两年后这份报纸停止出版，但这些女社会主义者在1836年至1838年期间又承办了另一份具有共和主义倾向的报纸，为争取妇女的政治权利和公民权利继续斗争。例如，她们汇编了一些对妇女不公正的法庭判决，呼吁社会的关注和声援。当时一位名叫弗洛拉·特利斯唐（1801—1844年）的法国妇女就是由于反对性别歧视而转向了社会主义。在特利斯唐的秘鲁籍父亲去世后，法国政府没收了她父亲的财产并且宣布她本人没有合法身份，理由是法国政府拒不承认她父母在西班牙缔结的婚姻。此后，特利斯唐只能靠做各种临时工来餬口。当她与虐待她的丈夫分手的时候，法律判决她丈夫获得孩子的监护权，后来由于她丈夫又虐待孩子，她才赢得了监护权。此后，特利斯唐愤而参加了反对歧视妇女的不平等的法律和婚姻制度的运动。同时，出于对妇女工资只有男工一半的制度的愤慨，她把争取女权的运动与社会主义结合了起来。她通过激昂的演说和雄辩的文章宣传妇女解放的道理，指出只有当妇女获得了平等的待遇，工人阶级才能摆脱贫穷不利的地位。与仅仅停留于想象乌托邦社会的早期社会主义者不同，特利斯唐呼吁成立工人联合会并由联合会在全法国建立"工人宫"，在那里工人可以接受教育，受工伤的工人还可以得到照料。特利斯唐的思想反映了共和主义和社会主义的融合，以及19世纪30年代末期以后社会主义运动逐渐从乌托邦空想向社会实践转变的趋势。

七月王朝时期，小资产阶级的社会主义在法国比较活跃，其代表人物是路易·勃朗和皮埃尔—约瑟夫·蒲鲁东。路易·勃朗（1811—1882年）是法国著名的新闻记者、历史学家和政治活动家。1839年，他出版了《劳动组织》一书，书中尖锐地批判了资本主义制度，提出了他的社会改革方案。他认为，政府应当为科学家提供资助，以便科学家能够运用他们的天才为人类创造更好的生活条件。同时，国家必须保证工人的工作权利，即使在经济衰退时期也要保证就业，面对激烈的竞争也要付给工人像样的工资。国家还应当向工人提供信用贷款，协助他们建立"生产者协会"和"社会工厂"，从而逐步排挤私人资本企业，把全社会的生产集中在国家手中，和平地进入社会主义。

皮埃尔—约瑟夫·蒲鲁东（1809—1865年）出身于法国东部的自耕农家庭，当过排字工人和小印刷厂主。1840年，他出版了一本题为《什么是财产？》的小册子，其中提出了一个著名的命题："财产就是盗窃"。他把财产定义为雇主从工人的劳动中无偿获得的利润，因此他猛烈抨击厂主和商人对工人阶级的剥削。蒲鲁东主张生产者组织自己的"交换银行"，发放无息信贷，成立生产者自治的合作组织，以为这样就可以免除资产阶级对工人的剥削。
1846年，蒲鲁东的《贫困的哲学》出版，他在书中鼓吹无政府主
义，认为国家的存在是造成资本主义剥削工人的主要原因之一，因
此为了创造一个更美好的世界就必须废除国家。同时，他怀疑一
切政治组织和政治运动，认为任何政治运动都只不过是用一批统
治者换掉另一批统治者。根据这一理由，蒲鲁东反对无产阶级革
命和共产主义运动，甚至反对建立工会组织和开展罢工运动。马
克思在《哲学的贫困》一书中对蒲鲁东的理论进行了严厉的批判，
指出蒲鲁东的社会主义是在资本主义猛烈冲击下濒于破产的小生
产者的思想体系。

　　早期社会主义思想家尽管有这样那样的缺陷和局限，但是他
们在批判资本主义弊病的基本倾向上却是一致的。在改造资本主
义和建立理想社会的问题上，他们从实现社会公平的角度提出了
一些激进的改革措施和社会主义的原则。然而，从后来的历史发
展来看，他们当初设想的某些原则确实包含了过多的空想成分，忽
视了提高社会生产效率的重要性，因而在相当长的历史阶段内是
很难实现的。比如，他们一般都笼统地反对竞争，甚至认为竞争
是万恶之源，却没有看到竞争在引起两极分化的同时也带来了价
格的降低、技术的改进和生产的发展，最终将会提高整个社会生
产的水平。此外，早期社会主义运动在争取工人阶级平等的社会
权利的同时，也为争取广大工人和劳动群众平等的政治权利和公
民权利进行了勇敢的斗争，从而将社会主义和民主主义结合起来，
推动了西欧社会改革和政治改革的进程。

三、马克思主义的诞生

　　19世纪40年代，科学社会主义即马克思主义在西欧诞生了。
从它诞生之日起直到20世纪末，经典马克思主义及其后继学说对

欧洲历史和世界历史都产生了巨大的影响。

卡尔·马克思（1818—1883年）是科学社会主义的创始人。1818年5月5日，马克思出生于普鲁士莱茵兰的特里尔城。马克思的父亲是一位皈依基督教的犹太律师，一心要马克思继承父业做一名律师，因而把他送到波恩大学学习法律。但是，马克思不久就厌恶法律，一年后转到柏林大学改学哲学和历史。在柏林，马克思参加了激进的青年黑格尔派。这派人企图从保守的黑格尔哲学中推出无神论和革命的结论，他们批判与封建制度相联系的基督教，主张进行资产阶级改革。1841年，马克思在耶拿大学获得哲学博士学位。他原来准备到波恩大学任教，但是由于官方不能容忍他的激进观点，他不得不放弃成为一名大学教授的志愿，转而从事新闻工作。1842年10月，马克思担任在科隆出版的自由资产阶级反对派报纸《莱茵报》的主编，利用报纸宣传革命民主主义思想，维护劳动人民的利益，批判普鲁士专制制度。在这一时期中，马克思开始接触并仔细研究现实的社会问题和经济问题，同时研读法国社会主义者的著作。1843年10月底，马克思前往巴黎，投入到那里火热的政治斗争和思想斗争中，同时深入研究了西欧各现代文明国家的历史，特别是法国革命的历史，并且着手系统地研究政治经济学。1844年2月，马克思和黑格尔左派分子阿诺德·卢格（1802—1880年）合办了另一份激进派杂志《德法年鉴》，但只出版了一期就被迫停刊。正是在这个时期中，马克思完成了从唯心主义向唯物主义的转变，以及从革命民主主义向共产主义的转变。1845年2月初，马克思被法国政府驱逐出境，移居比利时的布鲁塞尔。1848年至1849年间，因为参加普鲁士的革命运动和主编鼓动革命的《新莱茵报》，马克思以"煽动叛乱"的罪名在科隆法庭受审，虽然陪审团最后宣布他无罪，但还是被普鲁士政府驱逐出德国。1849年6月马克思到达巴黎，同年8月又被迫流亡伦敦。此后，马克思一直侨居伦敦，直到1883年去世。

在马克思革命斗争的一生中，除了参与和领导国际工人阶级的组织工作和革命运动之外，他还撰写了大量的哲学、政治经济学、科学社会主义理论著作和时事政治评论，其中最为重要的有：《1844年经济学哲学手稿》（1844年）、《关于费尔巴哈的提纲》（1845年）、《德意志意识形态》（1846年）、《哲学的贫困》（1847年）、《共产党宣言》（1848年）、《1848年至1850年的法兰西阶级斗争》（1850年）、《路易·波拿巴的雾月十八日》（1852年）、《政治经济学批判》（1859年）、《资本论》（1867年）、《法兰西内战》（1871年）、《哥达纲领批判》（1875年）、《民族学笔记》（1881年）。

科学社会主义的另一位创始人是马克思的终生挚友弗里德里希·恩格斯（1820—1895年）。恩格斯于1820年11月28日出生于普鲁士莱茵兰巴门市的一个纺织厂主家庭。他的父亲是一个保守专断的基督教徒，在恩格斯还没有从中学毕业时就把他送到巴门和不来梅的商业营业所去当办事员。1841年，恩格斯到柏林炮兵队服役，以旁听生的资格到柏林大学听课，并参加了青年黑格尔派的活动。1842年10月服役期满后，恩格斯于11月下半月前往英国曼彻斯特，在他父亲与别人合办的"欧门—恩格斯"纺纱厂里做职员。赴英途中，他曾访问设在科隆的《莱茵报》编辑部，与马克思初次会面。曼彻斯特是英国纺织工业的中心，也是宪章运动的重要阵地之一。在这一时期，恩格斯不仅认真研究了政治经济学和空想社会主义的大量文献，而且实地考察了工人阶级贫穷困苦的生活状况，深刻认识到资本主义社会的阶级矛盾，同时结识了宪章派和其他工人团体的领袖，热情关注并积极参加欧文领导的社会主义运动和宪章派组织的工人运动。正是在英国居住期间，通过亲身参加革命实践，恩格斯得出了和马克思完全相同的结论，从而独立完成了从唯心主义向唯物主义的转变，从革命民主主义向共产主义的转变。1844年8月，在离开曼彻斯特回国途中，恩格斯特意绕道巴黎再次会见了马克思，从此开始了两位国际共产主义运动领袖的毕生友谊与合作。1848年，恩格斯和马克思一起回到普鲁士参加革命运动。革命失败后直到去世，恩格斯主要居住在英国，在指导国际工人运动的同时，从事马克思主义理论的研究和写作工作。除了与马克思合著的《德意志意识形态》、《共产党宣言》等著作之外，恩格斯的其他重要著作有：《政治经济学批判大纲》（1844年）、《英国工人阶级状况》（1845年）、《德国农民战争》（1850年）、《德国的革命和反革命》（1852年）、《论住宅问题》（1873年）、《反杜林论》（1878年）、《社会主义从空想到科学的发展》（1880年）、《家庭、私有制和国家的起源》（1884年）、《自然辩证法》（1873—1886年）、《路德维希·费尔巴哈和德国古典哲学的终结》（1886年）。

马克思主义产生于19世纪40年代的西欧绝不是偶然的。当时正值西欧主要的资本主义国家进行第一次工业革命的时期，使用大机器生产的工厂大量地建立起来，工人阶级的队伍也随之迅速壮大。然而，自由资本主义初期资本家对工人的残酷剥削和野蛮压迫，以及周期性的经济危机，造成了工人阶级的相对贫困化和绝对贫困化，同时西欧各国的社会保障制度远远没有建立起来，因此无产阶级和资产阶级之间的矛盾在这一时期中特别尖锐。当时，无产阶级反对资产阶级的斗争已经从捣毁机器发展到集体罢工、政治示威和武装起义，英国、法国和德国先后爆发了宪章运动、里昂工人起义和西里西亚织工起义。正是这样一种急风暴雨式的激烈的阶级斗争的历史大背景塑造了马克思主义的激进的革命性质，也正是出于对现代无产阶级的阶级利益和社会要求的理解，年轻的马克思和恩格斯才实现了从革命的民主主义向共产主义的转变。

马克思主义不仅是对当时工人运动的经验的总结，而且也是对人类优秀文化遗产进行批判继承和革命改造的结果。德国古典哲学、英国古典政治经济学和英法空想社会主义是马克思主义的三个来源。

　　乔治·威廉·弗里德里希·黑格尔是近代德国伟大的辩证法哲学家，他在哲学史上第一次系统地阐述了辩证发展的思想。在他看来，世界上的一切有限事物都处在不断的运动、变化和发展的过程中，事物的内在矛盾是其发展的动力和源泉，事物的发展经历着由量变到质变、由肯定到否定再到否定之否定的上升过程。马克思和恩格斯认为，这种辩证法思想是黑格尔哲学中的合理内核，也是德国古典哲学的优秀成果。但是，黑格尔的辩证法是唯心主义的，他把现实世界说成是某种永恒的"绝对精神"的体现，认为发展的不是自然和社会本身，而是所谓的绝对精神，这等于把一切都头脚倒置了。另一方面，由于其保守的政治立场和唯心主义体系的需要，黑格尔为他的哲学体系和历史发展设置了一个终结，因而他的辩证法也是很不彻底的。路德维希·费尔巴哈是第一个站在唯物主义立场对黑格尔的唯心主义提出批评的哲学家。在自然观方面，他坚持物质第一性的原理，否认在物质以外独立存在的精神，指出黑格尔的绝对精神不过是上帝的别名而已。他认为，思维是从存在中产生的，而存在却不是从思维中产生的；存在是主语，思维是宾词；从而对物质和精神的关系作了唯物主义的解释。马克思和恩格斯肯定了费尔巴哈的历史功绩，认为这是他的哲学中的基本内核。但是，费尔巴哈在批判黑格尔哲学的同时却抛弃了其中的辩证法，因而他的唯物主义仍然停留在机械的、形而上学的水平上，而在解释社会现象时又回到了唯心主义的立场。马克思和恩格斯批判了黑格尔的唯心主义体系以及费尔巴哈的形而上学和历史唯心主义，批判地吸收和改造了两者之中的合理部分，从而创立了历史唯物主义和辩证唯物主义哲学，为无产阶级提供了认识世界和改造世界的革命世界观和方法论。

　　英国古典政治经济学的主要代表是亚当·斯密和大卫·李嘉

图，他们的重要功绩是奠定了劳动价值论的基础。亚当·斯密最先提出一般劳动是价值的源泉，李嘉图进一步指出商品价值的大小由其中包含的劳动时间所决定。但是，他们并没有看到体现在商品中的劳动的二重性，因此他们的劳动价值论很不彻底。特别是亚当·斯密把资本家和工人看成是商品价值的共同创造者，从而掩盖了资产阶级剥削无产阶级的真相。他们还竭力为资本主义制度辩护，把它说成是一种符合自然规律的永恒不变的生产方式。马克思和恩格斯批判了他们的错误观点，同时吸收了他们的劳动价值论的合理成分，并且严密论证和发展了这一理论，从而创立了马克思主义的政治经济学。

以圣西门、傅立叶和欧文为代表的空想社会主义者对资本主义制度进行了无情的揭露和尖锐的批判，对工人阶级和劳动群众的贫困和苦难寄予了深切的同情，指出私有财产制度是产生无数罪恶和灾难的原因。他们真诚地希望建立一个没有阶级对立的和谐的社会，分别提出了人人参加劳动、实行按劳分配或按需分配、废除私人经营和雇佣劳动、实行男女平等、工农业结合、取消城乡对立和脑体劳动差别等社会主义原则。但是，他们既没有揭示出雇佣劳动制的本质和资本主义发展的规律，也没有找到实现理想社会的正确道路和现实力量。他们把私有制的产生和资本主义制度的存在看成是人类理性迷误的结果，主观地编造了一些不切实际的社会改革方案，幻想不通过无产阶级和人民群众的斗争，仅仅诉诸统治阶级和富人的善心而达到改革社会的目的。马克思和恩格斯指出，空想社会主义者对资本主义的揭露和批判提供过启发工人觉悟的宝贵材料，他们对未来社会的描绘也有合理的成分，但他们的理论是建立在唯心史观的基础上的，他们离开无产阶级反对资产阶级的斗争去实现社会主义的企图只能是一厢情愿的空想。马克思和恩格斯批判地吸收了他们学说中的有价值的内容，同时以历史唯物主义的立场、观点和方法对资本主义社会的经济关系和阶级矛盾进行了深刻的分析，从而创立了科学社会主义的理论。

此外，19世纪自然科学基础理论的突破性进展，尤其是动植物细胞学说、能量守恒与转化定律和生物进化论三大发现，对马克思主义的形成也发挥了重要的作用。近代自然科学滥觞于15世纪后半叶，起初各门科学都处于搜集材料和分门别类地孤立研究的阶段，因而形而上学的世界观占据着统治地位。虽然在18世纪中叶以后，伊曼努尔·康德和皮埃尔－西蒙·拉普拉斯（1749—1827年）提出的关于宇宙形成和发展的星云假说对形而上学世界观进行了第一次冲击，但是并没有从根本上动摇其统治地位，这种情况一直延续到19世纪上半叶。从19世纪中叶以后，自然科学开始进入整理材料的阶段，此时逐渐出现了系统研究整个自然界内部的相互关系和发展变化的综合性科学理论。

19世纪40年代，经过各国许多科学家对不同形式的能的相互关系的大量实验研究，终于由德国医生尤利乌斯·罗伯特·迈尔（1814—1878年）、英国物理学家詹姆斯·普雷斯科特·焦耳（1818—1889年）和德国物理学家赫尔曼·路德维希·斐迪南·赫尔姆霍茨（1821—1894年）等人发现了能量守恒和转化定律，并对其作出了数学表达。这一定律明确地表述了一切形式的能，包括机械能、化学能、热能、电能、磁能等等，都是等价的，并且可以在一定条件下相互转化，但能量的总和恒保持不变。

1838年，德国植物学家马提阿斯·雅科布·施莱登（1804—1881年）公布了他的细胞学说：细胞是组成一切植物结构的最基本的活的单位，也是一切植物赖以发展的根本实体。翌年，德国科学家泰奥多尔·施旺（1810—1882年）将植物细胞学说推广到动物界。他指出，各种有机体的基本部分尽管各不相同，但都有一个普遍的发育原则，即细胞的形成。他们论证了一切植物细胞和动物细胞的结构和起源的相同性。细胞学说的重大意义在于，它证明了一切多细胞生物的构造和发育原理的一致性，因而成为生物进化学说的理论基础之一。

杰出的英国科学家查理·罗伯特·达尔文（1809—1882年）是近代生物进化论的集大成者，他在1859年出版的名著《物种起源》里系统地论述了他的生物进化论。其主要内容是：动植物的物种不是固定的，而是不断变化的，地球上现存的生物——植物、动物和人——都是由过去的动植物物种经过长期的生存竞争、自然选择和变异的积累（通过遗传）而形成的。虽然从现代生物科学的角度来看，达尔文的进化论存在着这样那样的缺陷，但在当时它对科学和哲学的发展确实具有重大的意义。毫不夸张地说，生物进化论是对上帝创世说的宗教迷信以及否认发展变化的形而上学世界观的致命打击，也是科学自然观的巨大胜利。

总之，三大发现的问世终于为自然界的主要过程提供了唯物主义的说明，揭示了世界的多样性统一于物质性，以及物质世界由低级到高级的发展规律。马克思和恩格斯在创立辩证唯物主义和历史唯物主义的过程中，曾经广泛地研究和参考了包括三大发现在内的自然科学最新成果，并且运用这些成果论证了马克思主义关于物质世界的普遍联系和发展变化等基本原理。

马克思主义学说由三个部分组成：马克思主义哲学、马克思主义政治经济学和科学社会主义。马克思主义哲学包括辩证唯物主义和历史唯物主义两个方面。辩证唯物主义坚持物质第一性的原则，认为世界的多样性统一于物质性，运动是物质的存在方式，精神现象是物质发展到一定阶段上的产物，意识的内容是对物质世界的反映；整个世界处于普遍联系和相互依存之中，处于生成和灭亡的不断运动变化之中，物质世界在其上升过程中不断地从低级阶段向高级阶段发展，对立统一、量变质变、否定之否定是世界存在和发展的普遍规律。历史唯物主义首先肯定了人们的社会存在决定人们的意识，物质生活的生产方式制约着整个社会生活、政治生活和精神生活的过程。人们在社会生产中发生一定的、必然的、不以他们的意志为转移的关系，即同他们的物质生产力的一定发展阶段相适合的生产关系。这些生产关系的总和构成社会的经济结构，在这个经济基础之上竖立着法律的和政治的上层建筑并有一定的社会意识形态与之相适应。当社会的物质生产力发展到一定阶段，便同现存的生产关系发生矛盾，于是这些生产关系便由生产力发展的形式变成生产力进一步发展的桎梏，那时社会革命的时代就到来了。随着经济基础的变更，全部庞大的上层建筑也或慢或快地发生变革。作为物质财富生产者的人民群众是历史的创造者，阶级斗争是阶级社会历史发展的推动力。历史上的阶级斗争随着生产方式的不同而变化，古代是奴隶主和奴隶之间的斗争，中世纪是领主和农奴之间的斗争，现代则发展为资产阶级和无产阶级之间的斗争。

马克思和恩格斯在创立马克思主义政治经济学时，深入地剖析了资本主义社会的商品经济制度，揭示出隐藏在商品关系后面的人与人的关系，在劳动价值论的基础上创立了剩余价值学说。依据马克思主义的劳动价值论，商品具有使用价值和价值二重性，使用价值是由具体劳动创造的，而价值则是由一般的人类劳动即抽象劳动所创造的。一种商品的价值量由生产该商品的社会必要劳动时间所决定。在资本主义经济制度下，工人的劳动力变成了商品，它也具有使用价值和价值这种二重性，但是劳动力商品不同于其他商品的特殊之处在于，它的使用价值本身具有成为价值源泉的独特属性：劳动力的使用就是劳动，而劳动则创造价值。资本家按照劳动力的价值购买劳动力，劳动力的价值同样是由生产劳动力所需要的社会必要劳动时间（即工人及其家属的生活费用的价值）所决定的。资本家使用劳动力所创造出来的全部价值之中，只有一部分作为工资付给了工人，其余的部分则构成剩余价值，它被资本家无偿地占有了。剩余价值学说是马克思主义政治经济学的基石，它揭穿了资本主义剥削的秘密，发现了无产阶级受剥削受压迫的经济根源。同时，马克思主义政治经济学还详细阐述了资本主义生产方式的全过程和运行机制，说明了生产、分配、交换和消费等各个环节的相互关系，对经济科学的发展也做出了重大的贡献。

马克思在《1844年经济学哲学手稿》等早期著作中曾经发展过一种以"异化"概念为核心的理论。依据这一理论，在资本主义私有制统治下，人同他的劳动产品相异化，同劳动本身相异化，同人的类本质相异化，最后导致人同人相异化，而共产主义则是人通过废除私有财产而克服异化之后向社会的人和人的本质的全面复归。实质上，这是用哲学语言表达出来的对生产资料私有制和雇佣劳动制的批判，以及对共产主义合理性的论证。不久以后，在发现唯物史观和剩余价值学说的基础上，马克思和恩格斯用历史唯物主义的语言进一步指出，先进的生产方式和社会制度终究会取代落后的生产方式和社会制度，这是人类社会发展的普遍规律。正如新生的资本主义制度战胜了封建制度一样，随着社会化生产力的发展，资本主义生产关系也必将成为生产力发展的桎梏，最终被更先进的社会主义制度所取代。那时，资本主义私有制的丧钟将敲响，剥夺者将被剥夺，而无产阶级的历史使命就是成为资本主义制度的掘墓人。他们坚信，只有通过无产阶级革命，建立无产阶级专政，才能推翻资本主义制度并最终粉碎资产阶级的反抗，实现社会主义。社会主义将消灭阶级，从而最终导致国家消亡，取而代之的是由自由平等的生产者的联合体所构成的社会。马克思和恩格斯把他们自己的学说称为科学社会主义，从而同空想社会主义区别开来。

1847年底，马克思和恩格斯接受共产主义者同盟的委托为同盟起草纲领，由此产生了国际无产阶级的第一个战斗纲领——《共产党宣言》。1848年2月，《共产党宣言》正式发表，这成为马克思主义诞生的标志。马克思和恩格斯在《共产党宣言》里以鲜明的语言第一次系统而完整地阐明了科学社会主义的理论体系，宣布了无产阶级的奋斗目标，指出了无产阶级政党的性质、任务和策略。最后，他们满怀信心地向全世界宣告："让统治阶级在共产主义革命面前发抖吧。无产者在这个革命中失去的只是锁链。他们获得的将是整个世界。全世界无产者，联合起来！"①

四、1848 年欧洲革命

1848 年至 1849 年，革命的烽火几乎席卷了整个西欧，欧洲大陆上的大多数旧政府都在这场革命的猛烈冲击下垮了台。这场革命的起因在于，一方面，随着西欧资本主义的发展，工业资产阶级越来越强烈地要求实行民主改革，实现民族独立和国家统一；另一方面，工人阶级、破产手工业者、失去土地的农民对统治阶级的政治压迫和经济剥削越来越感到难以忍受，要求消灭剥削制度，实行激烈的社会改革。1845 年至 1846 年，西欧普遍发生了农业歉收，1847 年又发生了工商业危机，经济危机加剧了西欧的社会危机，终于导致了 1848 年革命的爆发。

革命前，法国的七月王朝是由金融贵族统治的政权。当时在全国 3600 万居民中，仅有 20 万人拥有选举权，广大工人、农民、小资产阶级以及部分工业资产阶级都被剥夺了选举权。银行家、股票投机商、铁路大王、煤铁矿主、森林和大土地所有者与高级官吏相勾结，把持着议会和行政权力，执行有利于他们自己的内政外交政策。除了这些既得利益者之外，资产阶级、小资产阶级、无产阶级和广大劳动群众都对金融贵族的统治表示不满，要求实行

---

① 马克思、恩格斯:《共产党宣言》，《马克思恩格斯选集》第 1 卷，人民出版社 1972 年第 1 版，第 285—286 页。

不同程度的改革。以奥迪隆·巴罗（1791—1873年）为首的大资
产阶级"王朝反对派"主张在现存的君主立宪政体内实行温和的
选举改革，以阿尔方斯·德·拉马丁（1790—1869年）为代表的
资产阶级共和主义者的"国民报派"则要求建立共和国和扩大选
举权，而以亚历山大—奥古斯特·赖德律—洛兰（1807—1874
年）为首的小资产阶级民主主义者的"改革报派"除了主张建立
共和国和实行普选权之外，还要求进行社会改革。面对社会各阶
层日益高涨的改革呼声，国王路易·菲利普和他的首相弗朗索瓦
·基佐（1787—1874年）顽固而愚蠢地拒绝任何微小的改革，从
而进一步激化了国内的社会矛盾。1845年至1846年的马铃薯病
虫害造成了普遍的农业歉收和严重的饥荒，市场上粮食短缺，物
价飞涨。1847年的经济危机又导致了大批工厂倒闭，工业生产直
线下降，工资水平下降56％，失业人口剧增，有的地区失业工人
达工人总数2/3以上。严重的经济危机加剧了社会动荡，饥饿的
工人和劳动群众忍无可忍，纷纷举行罢工、示威游行和饥饿暴动，
革命形势一触即发。

　　资产阶级改革派利用这一形势，从1847年7月开始，以宴会
为名在法国各地举行群众性政治集会，宣传选举改革。他们准备
于1848年2月22日在巴黎举行最大的一次宴会，然后进行游行
示威。但是，2月21日基佐内阁下令禁止任何此类集会。在政府
禁令的威胁面前，资产阶级和小资产阶级改革派怯懦地退却了，但
是巴黎的工人、学生和人民群众却勇敢地采取了革命行动。22日，
他们穿过巴黎市中心的街道，高呼"改革万岁，打倒基佐"的口
号，举行了盛大的游行示威。次日，群众冒着大雨举行集会。政
府叫来了巴黎国民自卫军，但是由中产阶级分子组成的国民自卫
军拒绝用武力驱散示威群众。路易·菲利普被迫宣布罢免基佐，并
许诺实行选举改革。然而为时已晚，巴黎群众拒绝接受政府的让
步。当天晚上，他们高呼"打倒路易·菲利普"、"建立共和"的

口号，通宵举行游行。惊惶失措的政府军队开枪向示威群众射击，40多人被当场打死。愤怒的群众将尸体装在用火炬照亮的大车上，在巴黎街道上继续游行。工人们砍倒了4000多棵街树，筑起了1500多座街垒，发动了武装起义。各民主俱乐部成为起义的领导者，当即下达了总进攻的命令。24日清晨，起义者几乎控制了所有的兵营和战略据点，并且乘胜攻占了土伊勒里宫。路易·菲利普眼看大势已去，仓皇携眷逃往英国。君主立宪派仍然企图挽救君主制，拥立路易·菲利普的孙子巴黎伯爵为新的国王，但是拥护共和制的起义群众冲进国民议会大厅，武装驱散了立法会议，巴黎伯爵和他的母亲惊慌逃窜。七月王朝被强大的人民起义推翻了，二月革命取得了胜利。

　　2月24日晚，临时政府宣布成立。在组成临时政府的11名成员中，有资产阶级共和派7人，小资产阶级民主派2人，还有2名工人代表，一个是路易·勃朗，另一个是工人阿尔伯（原名为亚历山大·马丁）。临时政府是共同推翻七月王朝的各阶级之间妥协的产物，在其中占主导地位的是资产阶级共和主义者，拉马丁是实际上的政府首脑。资产阶级由于惧怕工人阶级继续推进革命，迟迟不愿宣布成立共和国。至25日中午，在工人区从事慈善事业的医生弗朗索瓦·拉斯拜尔（1794—1878年）带领工人代表来到市政厅，限令临时政府在两小时内宣布成立共和国，否则他将带领20万人回来。当时街垒尚未拆除，工人手里还握着武器。在这种形势下，临时政府不得不在当天宣布法兰西为统一的不可分割的共和国，这就是历史上的法兰西第二共和国。临时政府还宣布，实行成年男子普选权，同时在法国各殖民地废除奴隶制度。

　　就其性质来说，二月革命是一次资产阶级民主革命，它所建立的是工业家执掌政权的资产阶级共和国。然而，无产阶级并不满足于已有的政治改革，他们要求进一步推行社会改革，建立起一个真正的"民主的社会共和国"。2月26日和28日，工人们两次举行游行示威，提出了"消灭人剥削人"的口号，要求临时政府颁布保障劳动权的法令，成立劳动部。路易·勃朗催促临时政府设立由政府支持的集体生产组织"社会工场"。然而，在3月1日临时政府仅仅批准成立了一个"劳动委员会"，会址设在卢森堡宫，由路易·勃朗和阿尔伯分任正副主席。这个委员会既没有经费也没有政治权力，资产阶级却借此机会把两名工人代表赶出了临时政府。同时，临时政府下令在巴黎、里昂、马赛和卢昂等地开办"国家工场"，收容大批失业工人、小职员和破产手工业者。从3月2日国家工场开始组织到6月中旬，各地已有12万人登记进入国家工场，而在巴黎，进入国家工场和不能进入国家工场的失业人数则达到将近20万。然而，临时政府仅仅把国家工场当做一种政治上的暂时让步，除了铺路、筑墙等劳动外，它从来没有给国家工场指派过任何更有意义的工作，因为它害怕国家工场会成为私人企业的竞争对手，或者破坏现存的经济制度。政府派去负责国家工场的人也承认，他的任务就是败坏社会主义的声誉。国家工场的工人每个工作日的报酬是2法郎，非工作日只给1法郎。临时政府借口维持国家工场和养活"游手好闲的"工人，在原有的4种直接税上每1法郎增加45生丁的附加税，而这些增加的税收负担主要落在了农民和手工业者的身上。政府用这种手段离间了工人同农民和小资产者之间的关系，使无产阶级在未来的斗争中陷于孤军奋战的不利境地。在制宪议会选举之前，资产阶级临时政府还组织了2.4万人的别动队，并且以工人武装进行"共产主义骚动"的谣言为借口将10万国民自卫军调进了巴黎。

4月23日，在资产阶级取得了一切优势的情况下，临时政府举行了制宪议会（国民议会）的选举，资产阶级共和派获得了胜利。在入选的880名议员中，资产阶级共和派占550名，君主派（正统派和奥尔良派）占212名，小资产阶级民主派为100名，工人代表则只有18名。5月4日，国民议会开幕，同时宣布解散临时政府。5月10日，国民议会选出一个五人执行委员会作为新的政府机构，其中4名成员是以拉马丁为首的资产阶级共和派右翼分子，只有赖德律－洛兰一人属于小资产阶级民主派，而路易·勃朗和阿尔伯都被排斥于政府之外。执行委员会成立伊始就推行反人民的政策。它否决了路易·勃朗提出的设立劳动部的提案，通过了禁止集会请愿的决议，在对外政策上拒绝支持当时在德国和波兰发生的革命运动。

执行委员会的反人民政策激起了工人的愤慨。5月15日，巴黎15万工人举行了声势浩大的示威游行。工人代表冲进国民议会，拉斯拜尔和卡贝向国民议会宣读了革命俱乐部通过的请愿书，要求为失业者提供工作，对富豪征收重税，允许工人代表参加政府，成立劳动部，援助波兰革命。当这些要求全部遭到拒绝时，示威群众闯进会议厅，一个工人代表"以被欺骗的人民的名义"宣布解散国民议会，同时推举奥古斯特·布朗基（1805—1881年）、路易·勃朗、阿尔伯等6人组成了革命政府。资产阶级立即派出别动队和国民自卫军进行镇压，驱散了示威群众，逮捕了布朗基、阿尔伯、卡贝和拉斯拜尔等革命领袖。接着，执行委员会下令解散卢森堡宫劳动委员会，封闭革命俱乐部，禁止群众示威游行，同时任命屠杀阿尔及利亚人民的刽子手路易·卡芬雅克将军（1802—1857年）为军政部长，并把大批军队调进巴黎。6月22日，执行委员会悍然宣布关闭国家工场，18岁到25岁的未婚男工一律编入军队，其他工人将被送到外省去做苦工。

工人阶级被逼得走投无路，若不甘愿饿死就只有起来战斗。6月22日当天，几乎全体工人都走上巴黎街头举行示威，高呼"我们不离开国家工场"、"打倒国民议会"、"拿起武器来"等口号。23日清晨，起义者在巴黎东部和圣安东郊区的工人住宅区迅速构筑起街垒，街垒上飘扬着红旗，上面写着"全部企业社会化"，"打倒人剥削人的制度"，"民主的社会共和国万岁"。巴黎工人发表宣

言，要求解散国民议会，逮捕执行委员会成员，军队撤出巴黎，给
人民以起草宪法的权利，保证劳动权等等。同时，起义群众拟定
了胜利后即将成立的民主的社会共和国的政府成员名单，其中包
括布朗基、拉斯拜尔、卡贝、路易·勃朗和蒲鲁东等人。

6月23日，无产阶级武装反对资产阶级的战斗打响了。4万
多名起义者凭借街垒面对数倍于己的敌人进行了前赴后继的抵
抗，男人倒下了，妇女冲上去。指挥街垒战的大多是革命俱乐部
的积极分子，被恩格斯誉为"第一个街垒战指挥者"的"人权协
会"行动委员会主席若阿山·勒内·泰奥菲尔·凯尔索西(1798—
1874)拟定了一个军事计划，以工人住宅区为根据地，由起义者
组成4个纵队，集中力量进攻市政厅。24日，起义者继续控制着
巴黎东区，并向市政厅进军。执行委员会慌忙宣布辞职，将全部
权力交给了卡芬雅克。卡芬雅克调集了25万正规军、别动队和国
民自卫军，动用大炮和燃烧弹，向起义者坚守的街垒、居民区和
公用建筑猛烈进攻。但是，起义者仍然英勇不屈，许多街垒都坚
持战斗到最后一个人。经过4天浴血奋战，直到26日，起义者的
最后根据地圣安东郊区陷落了。由于敌我力量过于悬殊，又没有
农民和城市小资产阶级的支持,巴黎无产阶级的起义最终失败了。

六月起义是1789年法国革命以来第一次侵犯人剥削人的资
产阶级秩序的革命，因此引起了包括保王派和共和派在内的全体
资产阶级的恐惧和仇恨。起义失败后，资产阶级对起义工人进行
了残酷的屠杀和迫害。据比较保守的估计，共有1万多人被杀害，
1.1万人被投入监狱，4000多人被流放到阿尔及利亚和其他殖民
地。资产阶级共和国毫不犹豫地用专政代替了民主。马克思在总
结法国六月起义的经验教训时指出，无产阶级要获得解放，就必
须推翻资产阶级的统治，建立工人阶级专政。

六月起义的失败成为1848年法国革命的转折点,从此资产阶
级日益走向公开的反革命。卡芬雅克被任命为国家首脑，他组成

了清一色的资产阶级共和派右翼政府。卡芬雅克政府下令解散巴黎和外省的国家工场，取缔政治团体，封闭革命报刊，正式征收45生丁的附加税。1848年11月，国民议会通过了一部既标榜言论、出版、结社自由，又处处限制这些自由的自相矛盾的宪法。根据这部宪法，1848年12月法国举行了总统选举。主要由于农民以及大资产阶级和小资产阶级的支持，政治投机家、拿破仑一世的侄子路易·拿破仑·波拿巴（1808—1873年），以超过540万张选票的绝对多数击败了资产阶级共和派和其他党派的所有候选人，当选为法兰西总统。此后，路易·波拿巴首先联合奥尔良派和正统派组成的秩序党掌握了行政权，解散了右翼共和党控制的国民议会，在1849年5月新的立法议会选举中彻底打垮了资产阶级共和派。然后，他又依靠秩序党击败了小资产阶级民主派。立法议会通过了1850年5月31日的新选举法，取消了1848年革命争得的成年男子普选权，重新规定了选民的居住年限和财产资格限制，从而剥夺了1000万选民中300万人的选举权。最后，路易·波拿巴使用各种手段从秩序党手里逐渐夺取了行政权和军权，并于1851年12月1日深夜，调集7万以上的兵力，突然发动政变，占领了整个巴黎，用武力解散了立法议会，逮捕了秩序党和反对派的议员，并且在巴黎和全国镇压一切反对者。一年以后，1852年12月2日，这个资产阶级冒险家在军阀、银行家和大资产阶级的拥戴下，自封为法兰西皇帝，称拿破仑三世。从此，法兰西第二帝国取代了第二共和国。

分散落后的小邦封建专制统治、1846年的马铃薯歉收和1847年的经济危机同样推动了德意志境内革命形势的形成。1848年，当巴黎二月革命的消息传来的时候，首先在毗邻法国的德国西南部各邦爆发了革命斗争。自由派和激进派要求政府废除农民对贵族的封建义务，制定宪法，实行集会和出版自由，扩大选举权。在资产阶级自由派、城市工人、农民和其他各阶层群众的请愿、示威和起义斗争的强大压力下，巴登、巴伐利亚、汉诺威和萨克森等邦国的旧政府纷纷倒台，政权相继转移到主要由自由派组成的新内阁手里。

不久，普鲁士首都柏林成了德国革命的中心。3月初，柏林示威群众向政府提出推行政治改革和实现民族统一的要求。普鲁士政府准备进行镇压，命令柏林卫戍部队进入战时状态。3月13日晚间，集会的群众同军警发生了武装冲突。15日传来了维也纳革命和克雷门斯·冯·梅特涅（1773—1859年）被推翻的消息，柏林群众的革命情绪空前高涨。16日，革命群众同军警发生战斗，军队开枪射击，打死打伤人民群众170多人。3月18日早上，为了缓和群众的斗争情绪，国王弗里德里希·威廉四世（1840—1861年在位）被迫同意召开联合议会，取消书报检查制度。资产阶级自由派准备妥协，但是人民却没有满足，他们要求撤走军队。于是，威廉四世调动军队1.4万名和74门大炮向聚集在王宫广场上的群众进攻，杀死250多人。像巴黎一样，军队开枪射击平民的暴行激怒了群众，局势立即失去了控制。以工人和学生为主力的革命群众不顾自由派的劝阻，马上拿起武器，筑起街垒，发动了武装起义。入夜时分，柏林城内火光冲天，炮声隆隆，枪弹横飞，起义人民同政府军进行了激战，有的士兵同情起义群众，甚至拒绝向群众开枪。3月19日，国王被迫命令军队撤往波茨坦。三月革命胜利了。19日清晨，街垒战士们抬着牺牲的战友涌向王宫，迫使国王和王后在阳台上向死难者脱帽致哀。3月21日，威廉四世发表《告我国人民和德意志宣言》，宣誓效忠于三色旗，答应承担统一德国的事业。3月29日，他又任命资产阶级自由派领袖鲁道夫·康普豪森（1803—1890年）组阁。4月2日，康普豪森召开联合议会，通过了实行两级选举制的议会选举法，5月22日又召开了普鲁士国民议会。

三月革命的风暴不仅横扫德国各大城市，而且迅速波及到广大的农村地区。在黑森林地区，贫苦农民破坏禁止他们使用王家和贵族森林的法律，随意闯进林区打猎或放牧。有些农民还攻击贵族地主的庄园，销毁土地登记簿和什一税册，赶走收租征税的官员，强迫贵族地主签署放弃封建特权的正式文件。然而，资产阶级自由派站在贵族地主一边，利用议会多数否决了立即取消强制劳役的提案，规定农民必须交付大量赎金才能免除封建义务。

软弱的德国资产阶级不敢采取革命的方法消灭封建制度，实现全德意志的统一。1848年3月3日他们在海德堡召开各邦自由派会议，提出由各邦选派代表组成全德国民议会，制定一部统一的帝国宪法，推举一个邦的国王来做全德意志的皇帝，建立一个君主立宪制的统一的德国。3月31日，首先在法兰克福召开了全德预备国会。5月18日，全德国民议会在法兰克福市圣保罗教堂正式开幕。在由各邦选派的570名议员中，绝大多数是拥护君主立宪制的自由派资产阶级和贵族。他们中间有一派主张建立由奥地利皇帝领导的德意志帝国，称为"大德意志派"；另一派主张建立一个由普鲁士领导的、不包括奥地利在内的德意志帝国，称为"小德意志派"。占少数的小资产阶级民主派则主张建立联邦制的共和国。以工人阶级为主的革命民主派贯彻马克思和恩格斯制定的革命纲领，主张推翻普鲁士王朝和奥地利帝国，建立一个统一的不可分割的德意志民主共和国。以自由派为主体的法兰克福议会自称是德意志民族的惟一合法代表，并且试图建立德国新的统一的中央政权。6月29日，法兰克福议会选举奥地利的约翰大公（1782—1859年）为德意志帝国摄政王，同时组成了帝国政府。然而，这个所谓的中央政权既没有任何权力，也没有军队来贯彻它的意志，而且由于它拒绝工人和农民的改革要求因而又失去了群众的支持。它惟一的希望寄托于普鲁士国王或奥地利皇帝的援助，然而两国君主根本不把它放在眼里，因此它很难有所作为。

1848年革命爆发后，马克思和恩格斯立刻投身于革命斗争的洪流。3月初，他们到达巴黎，组成了以马克思为主席的共产主义者同盟新的中央委员会，同时制定了德国无产阶级在资产阶级民主革命中的纲领《共产党在德国的要求》。他们组织了300多名共产主义者同盟盟员和德国工人返回德国参加革命运动。4月初，马克思和恩格斯也回到普鲁士的第二大城市科隆，并于6月1日出版了马克思任主编的革命民主派机关报《新莱茵报》。他们以报纸为阵地，宣传无产阶级在民主革命中的主张，指导德国工人阶级的革命斗争。依据对德国形势的分析，马克思和恩格斯认为当时德国革命的性质是资产阶级民主革命，但它有可能成为无产阶级革命的序幕。因此，他们在《共产党在德国的要求》中首先提出"全德国宣布成为统一的、不可分割的共和国"，紧接着提出了一系列政治和经济上的民主革命的要求，如没收各邦君主的领地和其他封建地产，无偿废除一切封建义务，年满21岁的德国公民都有选举权和被选举权，发给人民代表薪金，实行政教分离，免费诉讼，普及免费国民教育，武装全体人民等等。为了给无产阶级社会主义革命创造条件，他们还制定了把没收的封建地产以及矿山、运河、银行、邮局、交通运输工具收归国有，建立国家工厂，限制继承权，实行高额累进税等过渡性措施。马克思和恩格斯认为，资产阶级民主革命中的临时政权必须对内实行"人民专制"，对外实行国际主义的政策。共产党人必须组织无产阶级，并把农民、小资产阶级和革命知识分子团结在无产阶级的周围，集中力量反对反革命的封建势力和资产阶级中的反革命分子，这样才能保证德国资产阶级民主革命的彻底胜利，并把资产阶级革命转变为无产阶级革命。马克思和恩格斯在1848年德国革命中制定的纲领和策略奠定了马克思主义关于资产阶级民主革命转变为无产阶级社会主义革命的理论基础。

　　三月革命后，普鲁士和其他各邦的民主运动和工人运动蓬勃开展起来，在柏林和其他大城市涌现出许多革命俱乐部和工人协会，出版了各种民主派和工人阶级的报纸。为了争取自己的政治经济权利，革命人民不断举行群众大会和示威游行，甚至组织武装起义。同时，各邦的反革命势力开始抬头，对革命群众的示威游行和武装起义进行镇压。6月14日，柏林的工人和手工业者冲击了军械库，随后遭到政府军的镇压。6月22日，康普豪森的自由派内阁辞职，国王组成了以其亲信大臣为首的内阁。为了支持什列斯维希和霍尔斯坦两公国人民反对丹麦国王统治的起义以及抗议法兰克福议会的投降政策，9月16日到18日人民群众在法兰克福举行了集会和起义，9月22日巴登共和党人也发动了武装起义，但是两次起义都被政府残酷镇压下去。在奥地利封建势力镇压维也纳十月起义得手的鼓舞下，普鲁士封建反动势力发动了政变。11月2日，国王任命弗里德里希·威廉·勃兰登堡伯爵（1792—1850年）组织新内阁，资产阶级自由派完全被排除在外。接着，反动政府下令解散国民自卫军，并于12月5日公布国王的命令，正式解散普鲁士议会。至此，封建专制统治在普鲁士恢复了。

当反革命势力在普鲁士和奥地利已经取得决定性胜利的时候，法兰克福议会经过旷日持久的讨论，终于在1849年3月28日通过了统一的德意志帝国宪法并于4月予以公布。这部宪法规定成立统一的德意志帝国，帝国元首是世袭的皇帝，他不对议会负责，拥有对外代表德国宣战、媾和和统帅武装力量的权力，同时选举普鲁士国王威廉四世为"德意志人的皇帝"。帝国议会是最高立法机关，分为上下两院。加入德意志帝国的各邦有自己的国王、议会和内阁，仍然保留内政上的自主权。宪法规定了德意志人民的基本权利，宣布全体公民在法律面前平等，实行言论、出版、集会、结社和宗教信仰自由，保障私有财产权利。应当承认，这在当时的德国是一部非常自由的宪法。但是，法兰克福议会除了乞求各邦承认之外，没有任何强制手段真正实施这部自由主义的宪法。正如一个普鲁士贵族恶毒谩骂的那样：这些议员先生们既没有金钱和土地，也没有权力和人民，更没有一兵一卒，他们只不过是一群乞丐！到4月底，虽然许多小邦已宣布承认帝国宪法，但是奥地利和普鲁士等大邦却拒绝承认它的效力。当法兰克福议会代表团将帝国宪法和皇冠献给威廉四世时，他轻蔑地拒绝了帝国宪法和这个"来自街沟的皇冠"，把它称为"面包匠和屠户送来的散发着革命臭味的狗颈圈"。

各大邦拒绝承认帝国宪法的倒行逆施激起了德国人民的强烈不满，德国西南部和莱茵省爆发了维护帝国宪法的群众运动和武装起义。5月3日，萨克森首府德累斯顿的人民首先发动了起义，与政府军和普鲁士军队进行街垒战，国王被迫出逃，以自由派为主的临时政府宣告成立。5月9日以后，莱茵省的爱北斐特、杜塞尔多夫和佐林根等城市的人民群众也举行了起义，并在街垒战中击退普鲁士军队的进攻。5月初，巴伐利亚境内的普法尔茨的人民召开群众大会，成立了省保卫委员会，要求巴伐利亚政府承认帝国宪法，否则拒绝纳税。政府军和普鲁士军队前来镇压，由此激起了人民起义，普军被迫撤退。5月17日，普法尔茨临时政府成立，并宣布脱离巴伐利亚。5月11日，巴登的军队站在人民一边发动了维护帝国宪法的起义，大公逃跑，自由派组成了临时政府。面对此起彼伏的护宪起义，德国各邦的反革命政府派军队进行了残酷的镇压，在敌人优势兵力的进攻之下，各邦的起义先后遭到失败。法兰克福议会也逐渐瓦解，5月18日，自由派的两个领导人宣布放弃帝国宪法，随后大批自由派议员离开了圣保罗教堂。5月30日，剩下的100多名议员将议会迁到斯图加特，但在6月还是被政府军驱散了。至此，德国资产阶级自由派企图通过自由主义和宪政的道路统一德国的幻想最终破灭了。

对于这场护宪斗争，马克思和恩格斯一直采取了热情支持和积极参与的态度，并力图把它引上革命的道路。他们在城乡劳动人民中间开展鼓动工作，组织工人参加革命武装，努力促使领导起义的小资产阶级民主派采取坚决的行动。恩格斯以奥古斯特·维利希（1810—1878年）志愿部队副官的身份亲自参加了巴登—普法尔茨起义的整个战役，直到7月，他才随这支革命军队撤退到瑞士。在护宪起义遭到镇压的同时，普鲁士政府下令封闭了《新莱茵报》，马克思被迫离开德国前往巴黎。5月19日，《新莱茵报》最后一期用红色印刷，马克思以编辑部的名义发表了《致科伦工人》一文，该文最后说："无论何时何地，他们的最后一句话始终将是：工人阶级的解放！"[①]

1848年革命之前，奥地利帝国处于哈布斯堡王朝的封建专制统治之下。贵族地主享有政治特权和经济特权，农民被迫向地主缴纳劳役地租或代役租，同时还要向教会和国家缴纳什一税和各种捐税，生活贫困不堪。奥地利帝国境内的匈牙利人、捷克人、斯洛伐克人、意大利人等则饱受民族压迫之苦。帝国宰相梅特涅的残暴统治使得国内的阶级矛盾和民族矛盾更加尖锐。随着资本主义经济的逐渐发展，落后的封建制度和反动的民族压迫政策日益成为资本主义发展的严重障碍。奥地利各民族人民强烈要求推翻哈布斯堡王朝的封建统治，实行宪政改革，废除封建制度，建立各民族的独立国家。1847年的经济危机使奥地利国内的革命形势迅速形成，法国和南德各邦革命的消息则加快了维也纳革命的爆发。

1848年3月13日，维也纳的学生、工人和市民高呼着"打倒梅特涅，宪政万岁"的口号举行了反政府的示威游行。梅特涅调来军队进行镇压，开枪打死了几名示威者。愤怒的群众迅速筑起街垒，发动了武装起义。郊区的工人也拿起武器，开进城里参加

---

① 马克思：《致科伦工人》，《马克思恩格斯全集》第6卷，人民出版社1961年第1版，第619页。

战斗。傍晚，胜利的起义军代表来到王宫，限令奥地利皇帝斐迪南一世（1835—1848年在位）在晚上9时罢免梅特涅。顽固不化的梅特涅仍然声称要制止"无秩序"状态，代表们回答说："这不是无秩序，这是革命。"为了防止革命进一步发展，奥皇于14日罢免了梅特涅。这个在欧洲复辟时代不可一世的反动政客不得不男扮女装，乘坐一辆出租马车，穿过大街上庆祝胜利的游行人群，仓皇逃往英国伦敦。梅特涅虽然下台了，但是群众的愿望仍然没有实现，他们要求颁布宪法，实行出版自由，建立国民自卫军。3月15日，起义群众包围了皇宫，要求进行立宪改革。政府不得不做出让步，答应准备立宪，同意组建国民自卫军和大学生军团，成立了类似巴黎的公共工程工场，为工人提供临时工作。

然而，反动统治者并不甘心轻易让步。4月初，政府颁布了出版法，恢复了书报检查制度。4月25日公布了有利于皇室和贵族的帝国宪法，规定奥地利帝国议会由上下两院组成，同时赋予皇帝以军政大权，他甚至有权否决议会通过的法律。5月11日，根据宪法颁布了选举法，规定参议院由皇室亲王和皇帝任命的终身议员以及大地主选出的议员组成，众议院议员通过间接选举产生，但对选举资格规定了高额财产限制，广大工人、零工和仆役都被剥夺了选举权。

帝国宪法和选举法引起了广大群众的强烈不满，大学生委员会提出请愿书，要求降低选举资格。5月14日，政府又下令解散国民自卫军和大学生军团代表联合组成的中央政治委员会。人民群众的愤怒爆发了。5月15日晚，工人、学生和国民自卫军举行强大的示威游行，要求政府取消这道命令。示威者高呼"打倒贵族的宪法！立法议会万岁"的口号，示威一直持续到第二天。迫于群众运动的强大压力，政府只好再次让步，取消解散国民自卫军中央政治委员会的命令，修改选举法，取消选举资格限制，决定召开一院制的国民议会，议员由各省的全体成年男子选举产生。

斐迪南一世害怕像法国革命中的路易十六那样成为被革命工人和学生关在皇宫里的囚徒,于 5 月 17 日携眷秘密离开维也纳,逃到了驻有皇室军队的因斯布鲁克。反动派并没有就此罢休,5 月 26 日政府下令关闭大学,同时命令解散国民自卫军内的大学生军团。然而,维也纳人民立刻筑起街垒,准备继续战斗。政府无奈,只得取消解散大学生军团的命令。7 月 22 日,奥地利帝国议会在维也纳开幕。经过各派代表的激烈争论,8 月 29 日议会通过废除农民对领主的封建义务的决议,但是劳役地租或代役租必须赎买。9 月 7 日颁布法令,规定农民赎金的 1/3 由国家负担。农民的封建义务终于被废除,这是 1848 年革命的成果。

维也纳三月革命爆发后,奥地利帝国境内的意大利人、捷克人、匈牙利人相继起来反抗奥地利的民族压迫,争取民族独立。奥地利反动派对他们实行了残酷的镇压,1848 年 6 月首先绞杀了布拉格起义,8 月重新侵占了意大利的伦巴第和威尼斯,9 月进兵匈牙利。10 月 3 日奥地利正式对匈牙利宣战,陆军大臣下令增调维也纳掷弹兵去镇压匈牙利革命。为了支援匈牙利的民族革命,维也纳人民于 10 月 6 日发动了武装起义。国民自卫军、工人和大学生军团的学生包围了火车站,拆毁铁轨,阻止掷弹兵营出发。同时,起义人民筑起街垒,夺取武器库,包围陆军部,同政府军展开了激烈的巷战。当天晚上,起义的人民战胜了政府军,处死了陆军大臣,帝国议会倒向起义者一边。奥地利皇帝再次出逃,政府军撤出维也纳,政权落到起义者手里。

然而,不甘失败的奥地利反革命势力集结 7 万大军,包围了维也纳,从 10 月 12 日开始攻城。在维也纳城内,起义者没有集中统一的领导,国民自卫军犹豫动摇,帝国议会希望同反革命将军们和谈,还希望皇帝能做和谈的中间人。当时只有大学生军团和广大工人群众坚决战斗,保卫维也纳。本应援助维也纳起义的匈牙利革命政府却行动迟缓,最终派出的部队也被反革命军队所击退。10 月 25 日，反动军队开始炮击维也纳城，28 日攻入市区，工人和学生在街垒上英勇战斗了数天，直到 11 月 1 日维也纳陷落。起义被镇压后，反动派开始在维也纳实行白色恐怖。皇帝颁布了军事管制法，重新实行书报检查，政治俱乐部被封闭，25 名起义领导人被枪毙，4000 多人被逮捕，国民自卫军也被解除了武装。1849 年 3 月 4 日，政府解散了帝国议会，不久又废除了宪法。奥地利重新恢复到封建专制统治和民族压迫的反动局面。意大利、匈牙利和捷克人民争取国家统一和民族独立的革命斗争也在国际反革命势力的残酷镇压下相继失败了。

轰轰烈烈的 1848 年革命虽然在反革命势力的残酷镇压下最后还是遭到了失败，但它作为欧洲历史上规模最大范围最广的一次革命仍然具有重大的历史意义。就其性质来说，这场革命是一次资产阶级民主革命，它铲除了欧洲各国一大批腐朽的政权，宣告了维也纳会议所确立的反动秩序的彻底破产，在一些国家里打击和破坏了封建大土地所有制和农奴制度，促进了欧洲各国资本主义的发展，同时它也推动了西欧各国的政治民主化改革以及民族独立和国家统一的进程。造成革命失败的原因除了资产阶级和小资产阶级的妥协和软弱之外，国际反动势力的干涉和 50 年代开始的经济高涨也起了重要作用。在 1848 年革命中，各国无产阶级还不够成熟，但是无产阶级在这次革命特别是六月起义中取得的斗争经验和阶级觉悟为以后的工人运动和社会主义运动准备了条件。刚刚诞生的马克思主义在 1848 年革命中经受了检验，扩大了影响，从此在欧洲各先进国家中传播开来。马克思和恩格斯总结了这次革命的经验，进一步丰富和发展了无产阶级革命、无产阶级专政、无产阶级政党、工农联盟和不断革命的理论。1852 年，马克思对他的阶级斗争和无产阶级专政学说做了经典的表述："(1) 阶级的存在仅仅同生产发展的一定历史阶段相联系；(2) 阶级斗争必然要导致无产阶级专政；(3) 这个专政不过是达到消灭一切阶级和进入无阶级社会的过渡……"①

五、1871 年巴黎公社

在法兰西第二帝国时期（1852—1870 年），统治法国的是以路易·波拿巴为代表的金融贵族和大工业资产阶级。路易·波拿巴对内实行反动的军事独裁，对外推行侵略扩张政策，从而激化了法国社会的阶级矛盾和法国与其他国家的民族矛盾。1866 年的经济危机开始以后，巴黎和其他大城市的工人和各界人民举行多次大规模的罢工和示威游行，反对第二帝国的专制统治。马克思和恩格斯领导的第一国际在法国设立了巴黎支部，支部的领导者路易·欧仁·瓦尔兰（1839—1871 年）等人面对第二帝国政府的审判和迫害仍然坚持斗争，同时制定了发动群众进行革命的计划。

在 1866 年普鲁士和奥地利战争期间，路易·波拿巴要求普鲁士割让莱茵兰的领土给法国并要求普鲁士同意法国吞并比利时和卢森堡，但是很快遭到普鲁士宰相俾斯麦的拒绝。1868 年，当西班牙王位出现空缺时，普鲁士霍亨索伦王室的一个王子成为西班牙王位的候选人之一。路易·波拿巴不愿看到法国的左邻右舍都成为普鲁士的势力范围，因此他威胁普鲁士，如果后者不撤回霍亨索伦家族的候选人，法国将不惜与普鲁士一战。为此，法国大使于 1870 年 7 月会见了普鲁士国王威廉一世（1861—1888 年在位），要求后者向法国道歉并保证不再提起普鲁士候选人。国王礼貌地拒绝了大使的要求，同时给俾斯麦发了一封措辞温和的电报，讲清事情经过。野心勃勃的俾斯麦一直打算通过战争自上而下地建立一个由普鲁士领导的统一的德意志帝国，而且早已垂涎于法

① 马克思：《马克思致约·魏德迈》（1852 年 3 月 5 日），《马克思恩格斯选集》第 4 卷，人民出版社 1972 年第 1 版，第 332—333 页。

国矿产丰富的阿尔萨斯和洛林地区。因此,当普鲁士军队已经做好战争准备之后,他就利用这个机会擅自修改国王的电报,在法国外交官的要求里加进侮辱德国的内容,同时将国王的反应修改成比实际强硬得多的答复。俾斯麦的战争煽动立刻发生了作用,普鲁士公众舆论对法国的要求极其愤慨,法国方面也被普鲁士的强硬答复所激怒。1870 年 7 月 19 日,法国正式向普鲁士宣战,普法战争爆发了。

战争一开始就对法国不利,老奸巨猾的俾斯麦运用外交手腕争取到德意志几个邦国的支持,同时却使奥地利、俄罗斯、意大利和英国保持中立,致使法国完全处于孤军作战的地位。法国虽然拥有性能优良的步枪和新近发明的机关枪,但是法国军队行动迟缓、部署混乱,而普鲁士军队却迅速前出到法国东北部并立即开始进攻。8 月中旬,一部分法军被围困在北部要塞梅斯,当另一支法军前去解围时又被切断了后路。8 月 31 日,由路易·波拿巴率领的法军主力愚蠢地撤退到靠近比利时边境的要塞色当,随即被普军包围。9 月 1 日色当一战,法军大败,路易·波拿巴成了普军的俘虏。几天以后,普鲁士允许他流亡英国。

战争引起革命。色当战役的失败暴露了第二帝国的腐败无能,消息传来,法国群情激愤,9 月 4 日巴黎爆发了革命。广大工人和市民起来推翻了帝制,恢复了共和国,但是政权被资产阶级政客所篡夺,他们组成了一个临时政府。临时政府自称为"国防政府",但实际上是彻头彻尾的卖国政府。它所做的第一件事就是派阿道夫·梯也尔(1797—1877 年)到欧洲各君主国家去游说,请求他们出面为法国和普鲁士进行调解,并且允诺各国,法国可以取消共和制,恢复君主制。9 月中旬,国防政府又派外交部长茹尔·法夫尔(1809—1880 年)秘密会见俾斯麦,进行议和谈判。

由于国防政府推行卖国投降政策,普鲁士军队长驱直入,侵占了法国 1/3 以上的领土,并从 9 月 19 日起包围了巴黎。但是,法国的工人阶级和广大人民并没有被普鲁士的野蛮侵略所吓倒，他们纷纷拿起武器抗击敌人。到 9 月底，巴黎的国民自卫军新组建了 194 个营，使这支以工人为主的武装总兵力达到约 30 万人，它成为保卫巴黎和后来实现巴黎公社革命的主力军。1870 年 10 月 27 日，由阿西尔·巴赞元帅（1811—1888 年）带领的 17 万法军在梅斯可耻地向普鲁士军队投降了。1871 年 1 月 18 日，胜利的侵略者在凡尔赛的镜宫宣告德意志帝国成立。10 天以后，梯也尔和俾斯麦于 1 月 28 日分别代表法德两国签订了停战协定，法国的阿尔萨斯全部和洛林大部领土被国防政府出卖给了新成立的德意志帝国。2 月 8 日，法国选出了一个以君主派为主的国民议会，它正式任命梯也尔为临时政府的首脑。梯也尔上台后不仅变本加厉地进行卖国勾当，而且千方百计地反对巴黎的工人阶级。他取消了国民自卫军微薄的薪饷，拒绝了巴黎人民延期交纳房租的合理要求，下令封闭了许多革命报刊，同时国民议会选择凡尔赛作为临时首都。这些措施引起了巴黎人民的怀疑和愤怒。2 月中旬，国民自卫军草拟了自己的组织章程，选出了国民自卫军中央委员会，并于 3 月 15 日正式宣布成立。中央委员会号召巴黎军民提高警惕，加强团结，建立一个"民主社会共和国"。实际上，国民自卫军中央委员会是一个同资产阶级政府相对峙的工人阶级的权力机构，正是它发动了产生巴黎公社的武装起义。

1871 年 3 月 15 日，梯也尔从凡尔赛来到巴黎，阴谋解除巴黎工人阶级的武装。3 月 18 日凌晨，梯也尔派遣一小股部队偷偷爬上蒙马特高地，企图夺取存放在那里的国民自卫军的大炮。几名国民自卫军哨兵当场牺牲，大炮落入敌军手里。然而，在黎明时分当敌军向山下运炮的时候被附近居民发觉，国民自卫军闻讯赶来，许多群众也前来助战。反动军队被越聚越多的人群团团围住，带队军官再三下令向群众开枪，遭到士兵的拒绝。这支部队很快就陷于瘫痪瓦解状态，两名反动将军被国民自卫军推到墙根执行枪决。梯也尔夺取大炮的阴谋破产了。

　　夜袭蒙马特意味着梯也尔首先挑起了内战，国民自卫军中央委员会立刻决定用武装起义进行回击。3月18日，中央委员会发布了夺取政权的宣言："巴黎的无产者，目睹统治阶级的失职和叛卖行为，已经了解到：由他们自己亲手掌握公共事务的领导以挽救时局的时刻已经到来……他们已经了解到：夺取政府权力以掌握自己的命运，是他们必须立即履行的职责和绝对的权利。"在中央委员会的号召下，工人武装展开了有计划的进攻。午后，艾米尔—维克多·杜瓦尔（1841—1871年）和瓦尔兰等人分别率领国民自卫军各营队向市中心挺进，很快占领了陆军部、警察局和其他政府机关。下午3时，梯也尔从外交部侧门溜出，仓皇逃往凡尔赛。下午5时，政府军开始向凡尔赛撤退，巴黎的反动官僚和大资产阶级也纷纷逃出巴黎。晚上10时许，国民自卫军占领了市政厅，升起了无产阶级革命的红旗，至此国民自卫军控制了巴黎全城。随后国民自卫军中央委员会在市政厅举行会议，它实际上已经成为无产阶级的革命政府。政权破天荒第一次掌握在工人阶级的手里。

　　国民自卫军中央委员会经过积极筹备，于3月26日在巴黎举行了公社的选举。巴黎的广大工人和其他劳动群众第一次享受到真正的民主权利，踊跃参加了选举。选举采取代表人数与居民人数成正比的原则，从而保证了人口众多的工人区选出的代表占显著优势。公社委员会由巴黎各区普选出来的城市代表组成，当选的公社委员共有86人，其中由资产阶级控制的选区选出的21个资产阶级分子不久退出。缺席当选为公社委员的布朗基当时正在外省被梯也尔反动政府所囚禁，所以公社委员会实际上由64人组成。其中大多数自然都是工人，或者是公认的工人阶级的代表。著名的领导人有瓦尔兰、列奥·弗兰克尔（1844—1896年）、居斯塔夫·弗路朗斯（1838—1871年）、杜瓦尔、拉乌尔·乔治·阿道夫·里戈（1846—1871 年）、夏尔·泰奥菲尔·费雷（1845—1871 年）等等。公社选举后，国民自卫军中央委员会立即发表声明，把权力移交给公社。

革命是人民的节日。3 月 28 日，巴黎公社——人类历史上第一个无产阶级专政的新型国家，在市政厅广场上隆重宣告成立。巴黎人民和国民自卫军聚集在广场上，热烈欢庆这个具有世界历史意义的节日。主席台上，一位公社委员以人民的名义宣布："公社成立了！"20 万人齐声高呼："公社万岁！"

新生的巴黎公社摧毁了旧的资产阶级国家机器，以非凡的革命首创精神创立和捍卫了无产阶级专政。公社的第一道法令就是废除旧国家的主要支柱常备军，而代之以人民的武装——国民自卫军。公社取消了旧的法院和警察机构，组建起新的法院和公安机关，成立了治安委员会。公社放弃了资产阶级的立法、行政、司法"三权分立"的政体形式，改由立法和行政统一的公社委员会行使最高国家权力。公社委员会下面分设了 10 个工作委员会，即执行、财政、军事、司法、治安、粮食、劳动与交换、对外关系、社会服务和教育委员会。各委员会通常由 5 至 8 人组成，公社委员兼任各委员会委员，实行集体领导。各种法令都由公社或根据公社的委托制订，经公社代表或某一委员会签署后公布实施。公社用无产阶级的民主集中制代替了资产阶级的官僚体制。为了防止国家工作人员由人民的公仆变成骑在人民头上的老爷，公社采取了两项重要措施。第一，公社对公职人员实行选举制和撤换制，为群众信任者当选，不称职者可以随时撤换。第二，取消高薪制，任何公职人员的年薪都不得超过 6000 法郎，即不得超过一个熟练工人的工资水平。

在社会改造方面，公社发布了处理逃亡业主的法令，规定接管 3 月 18 日革命以后逃亡的业主的企业，交由工人协作社负责管理并组织生产。即使原业主回来，这些企业也不再发还，只付给他们一定的赎金。公社还公布了一系列法令，如废除面包房的夜工制，严禁克扣工人的工资，把逃亡的富人住宅拨给一般居民使用，当铺必须把不满20法郎的典当品无偿退还原主。

在文化教育方面，公社颁布了"政教分离"法令，把僧侣逐出学校，坚决反对迷信，禁止在学校中进行宗教活动，规定以真正的科学教材教育学生。公社同时决定废除宗教预算，停止发放教会津贴，没收某些宗教团体的动产和不动产。公社宣布实行免费义务教育，创办职业学校，并计划设立幼儿园和托儿所。公社为了促进艺术的发展，成立了艺术家协会，公社委员、国际歌歌词作者、诗人欧仁·鲍狄埃（1816—1887年）就是艺术家协会委员会的委员之一。此外，公社还开展了整理博物馆、举办艺术展览会等活动。不过，由于受蒲鲁东主义的"国家完全不干涉艺术事业"、"出版机关应当中立"等观点的影响，公社没有对戏剧、文学、艺术和报刊进行过多的干涉和管理。

4月12日，公社通过了拆毁旺多姆纪念柱的法令。巴黎旺多姆广场上的"凯旋柱"是当年法国皇帝拿破仑一世为纪念他的侵略战功而树立起来的，因此是军国主义的象征。公社拆毁这个纪念柱并把这个广场改名为国际广场，这充分体现了"全世界无产者，联合起来"的国际主义精神。在巴黎公社的斗争中，有许多外国革命家把公社的事业当成他们自己的事业，积极参加革命的领导工作，奋不顾身地英勇战斗，直至流血牺牲。巴黎公社也得到了德国、英国、意大利、美国和其他各国劳动人民的广泛而热烈的支持。

毫无疑问，巴黎公社是工人阶级的政权，在公社委员会中工人阶级占据领导地位。但在当时的历史条件下，科学社会主义并没有成为公社的主导思想，公社内部也没有一个按照马克思主义的理论和风格建立起来的革命政党。公社里的两个派别，即多数派和少数派都不是马克思主义者。多数派以布朗基派为主联合新雅各宾派组成，少数派是国际工人协会会员，他们多半是蒲鲁东主义者。多数派主张建立强有力的中央集权制的共和国。少数派则想使公社保持城市自治机关的性质，主张未来的法国应是一个自治的城市和乡村公社的联邦。大体上说，多数派在公社里主要领导军事和镇压反革命等工作，少数派主要负责经济工作。布朗基派历来主张暴力夺取政权，在革命后不应立即进行选举，而要首先对敌人实行专政和恐怖。但是，他们轻视理论的作用，只依靠少数人搞密谋活动，而不是依靠广大群众进行革命。他们想要建立的"巴黎专政"也不是无产阶级专政，而只是少数革命家的专政。新雅各宾派不赞成社会主义，他们只会重复法国资产阶级革命时期"自由、平等、博爱"的口号，对改造资本主义经济制度的任何主张都极为仇视，尤其反对剥夺资产阶级的财产。蒲鲁东派是一种典型的小资产阶级社会主义。在巴黎公社期间，右派蒲鲁东主义者完全堕落为资产阶级政府的帮凶。左派蒲鲁东主义者主张革命，认为推翻资产阶级的统治是进行社会改造的前提。但他们不主张用无产阶级专政代替资产阶级专政。左派蒲鲁东主义者的领导人是瓦尔兰，他于1870年当选为第一国际巴黎总支部的主席，在反对国防政府卖国行径的斗争中，曾先后担任国民自卫军营长和中央委员会委员。3月18日起义后，他被选入公社委员会，担任财政委员会委员，主管公社的财政和经济工作，后来又担任军事委员会委员，最后为保卫公社壮烈牺牲。

马克思当时虽然流亡在伦敦，但他满腔热情地关注、支持并投入了这一伟大的革命斗争。当时伦敦和巴黎之间的联系极为困难，马克思想方设法通过一切可能的途径使国际总委员会和巴黎取得了联系。总委员会曾派代表前往巴黎，参加公社的活动，经常向伦敦报告巴黎事变的进程。马克思和公社委员瓦尔兰、弗兰克尔等人一直保持通信联系，为他们提供指导意见。弗兰克尔还曾于5月7日至12日亲自前往伦敦会见马克思。马克思劝告公社应该派代表到全国各大城市去，发动那里的工人群众参加共同的斗争；劝告公社要特别警惕梯也尔和俾斯麦的勾结，加强巴黎北部的防务，防止凡尔赛分子通过普军驻扎区袭击巴黎。马克思还将俾斯麦和法夫尔在法兰克福进行秘密勾结的详情通知了公社，并要求他们把梯也尔及其政府成员所犯罪行的全部文件送到伦敦去，立即予以公布，以便牵制公社的敌人，等等。遗憾的是，公社并没有全部采纳和及时执行马克思的正确建议，以致犯了许多本来可以避免的错误。但是，在公社创立和存在的整个过程中，巴黎的工人阶级和广大革命群众发挥了巨大的作用。他们建立的各种革命的工人俱乐部、妇女俱乐部和职工会等组织不仅成为公社联系群众的纽带，而且也是对公社及其领导人的活动进行民主监督的工具。巴黎每天有 1.5 万人至 2 万人参加各种俱乐部的会议，经常向公社领导人提出批评和建议，使领导者能够在许多问题上纠正错误，采取正确的措施。

正当巴黎人民将社会革命推向深入的时候，盘踞在凡尔赛的梯也尔抓紧纠集反革命武装，并从 4 月开始向巴黎进犯。面对凡尔赛的军事进攻，巴黎的无产阶级英勇战斗，给敌人以沉重的打击。但由于指挥不统一，战略上有错误，战斗逐渐转入劣势。此时，巴黎城内的反革命势力呼应凡尔赛的军事进攻，进行猖狂的破坏和颠覆活动。他们窃取军事情报，纵火烧毁工厂，一些反动报刊大造反革命舆论，法兰西银行成了反革命活动的重要据点。同时，凡尔赛军队残暴地杀害被俘的公社战士，优秀的公社领导人杜瓦尔和弗路朗斯没有经过任何法律审判就被枪杀了。

为了回击敌人的野蛮暴行，公社于 4 月 5 日颁布了《人质法令》，规定只要敌人再杀死一个公社士兵，公社就处决一个或两个反革命分子。公社先后逮捕了大约 260 个反革命分子，封闭了 30 家反革命报馆。5 月 1 日，公社决定正式成立拥有广泛权力的公安委员会，其主要职责是统一军事指挥和镇压反革命。但是，巴黎公社对反革命的镇压不够坚决,《人质法令》虽然公布了,却迟迟未予执行。直到 5 月 24 日,当凡尔赛军队已经攻入巴黎,在人民群众的强烈要求下,才陆续枪决了巴黎大主教等一批人质。

5 月 8 日,凡尔赛军队攻占了巴黎西南方向的一个重要据点伊西炮台。为了加强反革命军事力量,彻底扼杀巴黎公社,凡尔赛政府竟然于 5 月 10 日与德国签订了卖国的《法兰克福和约》,其中规定法国政府向德国支付 50 亿法郎的巨额赔款。作为交换条件,德国不仅准许凡尔赛扩军,而且释放了 10 万名第二帝国的俘虏,以加强凡尔赛的军事力量,俾斯麦甚至许诺凡尔赛军队可以通过德军阵地,从北面进攻巴黎。

5 月中旬,战争形势对公社越来越不利,但是公社毫不妥协,坚决与反革命军队血战到底。巴黎工人和国民自卫军战士英勇战斗,父子和兄弟前仆后继,妇女和儿童也直接参加战斗,坚守每个街垒和阵地,直到流尽最后一滴血。塞纳河上的公社炮艇"长剑号"被敌人打坏了,但船员们宁死不屈,他们高呼着"公社万岁"的口号,与炮艇一起沉没。公社战士们表现了无产阶级顶天立地的英雄气概和视死如归的牺牲精神。

5 月 20 日,凡尔赛军队向公社发起了更疯狂的进攻。由于城内反革命奸细的策应,敌军于 21 日从巴黎西南方的圣克卢门冲进了市区。公社战士与敌人展开了激烈的巷战,历史上有名的"五月流血周"(从 21 日到 28 日)开始了。

5 月 22 日,公社在《告巴黎人民和国民自卫军书》中号召:"拿起武器来吧!公民们!拿起武器来吧!你们知道,目前的问题是:我们如果不胜利,就要落到凡尔赛反动派和教权派的魔掌中,这些坏蛋一心要把法国出卖给普鲁士人,而要强使我们为他们的叛国行为偿付代价!"巴黎的工人阶级和广大人民积极响应号召,勇敢地投入到保卫公社的战斗中去。巴黎的街道和广场到处都筑起了街垒,每一条街、每一座建筑物、每一幢房屋都成为打击敌人的阵地，男子、妇女和儿童都参加了这场阶级对阶级的搏斗。

23 日，公社最重要的阵地蒙马特高地失守。24 日，敌人攻占了市政厅。25 日，公社发出最后的公告，号召人民同敌人展开殊死的战斗。27 日，大约 200 名公社战士退到了巴黎东郊的拉雪兹神甫公墓。在这里，他们同 5000 名凡尔赛军队战斗到深夜，最后一批战士在墓地的一堵墙边，为捍卫公社全部壮烈牺牲。5 月 28 日，公社的最后据点陷落，巴黎公社失败了。

占领巴黎后，凡尔赛匪徒使用了极其残暴的手段对巴黎工人阶级进行报复。一个凡尔赛政府官员冷酷地说："在巴黎，每个人都是有罪的。"最新资料表明，至少有 2.5 万名公社社员惨遭屠杀，其中包括公社的杰出领导人瓦尔兰和里戈，而且由于许多被处决者的尸体已被战火所焚毁，所以实际的死亡人数远高于这个数字。另有 3.8 万人被捕，7500 人被放逐。在敌人的法庭上，公社委员费雷无所畏惧地说："我是巴黎公社的委员，现在处在战胜者的手掌中，他们要我的头颅，让他们拿去吧！我永远也不想用卑鄙的行为来拯救自己的生命。我曾经自由地生存，也将自由地死去。"

巴黎公社是在国内外反革命势力的共同镇压下失败的。对于信奉马克思主义的革命者来说，巴黎公社失败的根本原因在于，当时马克思主义还没有在工人运动中取得统治地位，还没有一个以马克思主义为指导思想的无产阶级政党。此外，巴黎公社没有充分认识到工农联盟对于无产阶级革命胜利的重要意义，因此未能及早发动和领导外省的农民运动，争取农民群众对公社的支持，以致巴黎工人阶级陷于孤立无援的境地。从战略上说，巴黎公社也犯了一系列致命的错误。例如，在 3 月 18 日革命后，国民自卫军中央委员会没有趁梯也尔反动军队土崩瓦解的时机，直捣凡尔赛反革命大本营，一举消灭反革命势力，从而使敌人获得了喘息时间，反扑过来。又如，公社对反革命的镇压也不够坚决，使得隐藏在巴黎的反革命分子能够里应外合，将凡尔赛军队引进巴黎。对于反对革命的保守势力来说,巴黎公社是一次恐怖的平民暴动,这场暴动更加坚定了他们反对任何以武装暴力进行社会政治改革的运动的决心。对于天主教会来说,法国被普鲁士打败和巴黎公社事件的发生都是因为宗教心淡薄和反对教会的结果,为了补救时弊,天主教会在公社发轫的蒙马特高地上建起了著名的圣心教堂。

马克思在总结公社的经验时说过:巴黎公社虽然失败了,但是,"工人的巴黎及其公社将永远作为新社会的光辉先驱受人敬仰。它的英烈们已永远铭记在工人阶级的伟大心坎里。那些杀害它的刽子手们已经被历史永远钉在耻辱柱上,不论他们的教士们怎样祷告也不能把他们解脱。"①

六、第一次世界大战前的社会主义运动

自从科学社会主义创立以后,欧洲的社会主义运动进入了一个新阶段。1846 年初,马克思和恩格斯在布鲁塞尔成立了共产主义通讯委员会,其成员主要是具有初步共产主义思想的知识分子。此后,该组织逐步扩展到英国、法国和德国的一些城市。马克思和恩格斯通过该组织宣传科学社会主义,促进科学社会主义和工人运动的结合。

早在 1836 年,流亡国外的德国工人和手工业工人就在巴黎成立了一个秘密革命组织——正义者同盟。1845 年后,同盟的活动中心转移到伦敦,并成为国际性的工人组织。同盟早期受魏特林的平均共产主义、"真正的社会主义"、蒲鲁东主义和布朗基主义的影响,主张以少数人的密谋活动建立共产主义社会,它的口号是"四海之内皆兄弟"。1846 年,马克思和恩格斯在批判魏特林主

---

① 马克思:《法兰西内战》,《马克思恩格斯选集》第 2 卷,人民出版社 1972 年第 1 版,第 399 页。

义和"真正的社会主义"的同时展开了宣传科学社会主义的活动，
这对正义者同盟的发展产生了深刻的影响。同年 5 月底、6 月初，
正义者同盟伦敦领导人接受马克思和恩格斯的建议，在伦敦成立
了共产主义通讯委员会，从而开始了两个组织的融合。这意味着
以马克思为代表的共产主义理论运动和以正义者同盟为代表的纯
粹工人运动开始建立了组织联系。

　　1847 年 1 月，正义者同盟中央正式邀请马克思和恩格斯加入
同盟并帮助改组同盟，马克思和恩格斯欣然接受了邀请。1847 年
6 月，正义者同盟改组大会在伦敦秘密举行，大会决定改组后的同
盟改名为共产主义者同盟。会议通过了符合科学社会主义原则的
决议，第一次用"全世界无产者，联合起来"的战斗口号取代了
"四海之内皆兄弟"的旧口号，宣布同盟为之奋斗的最终目标是建
立共产主义社会。共产主义者同盟是历史上第一个建立在科学社
会主义基础上的国际无产阶级的革命政党。1847 年 11 月底到 12
月初，同盟在伦敦召开了第二次代表大会，通过了同盟的章程。章
程第一条明确规定，同盟的目的是推翻资产阶级政权，建立无产
阶级统治，消灭旧的以阶级对立为基础的资产阶级社会和建立没
有阶级、没有私有制的新社会。大会委托马克思和恩格斯为同盟
起草一个周详的理论和实践的党纲。马克思和恩格斯接受委托，于
1847 年 12 月至 1848 年 1 月由马克思执笔写成了作为同盟纲领
的《共产党宣言》，并于 1848 年 2 月在伦敦以小册子形式首次出
版。《宣言》是科学社会主义的第一个纲领性文献，它的发表标志
着共产主义者同盟的基本建成。同盟的主要创始人是马克思、恩
格斯、卡尔·沙佩尔（1813—1870 年）、约瑟夫·莫尔（1813—1849
年）、亨利希·鲍威尔和威廉·沃尔夫（1809—1864 年）。

　　《共产党宣言》刚刚发表，震撼欧洲的 1848 年民族民主革命
就爆发了。巴黎二月革命后，共产主义者同盟于 1848 年 3 月 11 日
在巴黎成立了以马克思和沙佩尔为首的新的中央委员会。马克思

和恩格斯为同盟中央起草了《共产党在德国的要求》，这是共产党人在民主革命中的第一个行动纲领，其首要目标是在德国彻底消灭封建主义，同时为社会主义创造条件。根据同盟中央的决定，包括马克思、恩格斯、沃尔夫等领导人在内的300多名同盟盟员和革命者带着《要求》和《宣言》于3月底、4月初陆续返回德国参加革命斗争。从1848年6月至1849年5月，由马克思在科隆创办并任主编的《新莱茵报》实际上发挥了同盟中央和无产阶级司令部的作用。该报在近一年的革命斗争中，贯彻同盟的纲领，传达同盟的指示，宣传民主主义和共产主义思想，对德国和欧洲的革命产生了重要影响，成为德国以至欧洲民主派的机关报。在德国革命中，同盟盟员不仅联合民主派，而且努力建立和发展工人阶级的独立组织。他们到达科隆后，立刻参加科隆的民主团体和工人团体的活动，安德列阿斯·哥特沙克（1815—1849年）、莫尔、马克思、沙佩尔等人曾先后担任科隆工人联合会的领导职务。他们积极领导这些团体中的无产阶级分子，促使小资产阶级分子采取更坚决的行动，揭露资产阶级的动摇和政府的卖国政策。同时，同盟盟员还战斗在议会斗争和武装斗争的最前列。威廉·沃尔夫曾担任法兰克福全德国民议会的议员，利用议会讲坛揭露和抨击资产阶级自由派的软弱和无所作为。1849年5月以巴登—普法尔茨为中心的护宪起义爆发后，同盟盟员积极支持和参加了由小资产阶级领导的护宪运动。恩格斯加入了由盟员维利希指挥的志愿部队并担任副官，他不仅参与了作战计划的制定，而且身先士卒，亲身参加了四次战斗。莫尔不顾个人安危，为招募骑乘炮手两次深入普鲁士军队。6月29日，他不幸在一次战斗中中弹被俘，不久壮烈牺牲。1849年7月，巴登—普法尔茨起义失败，它标志着1848年德国革命和整个欧洲革命的最终结束。

　　马克思于1849年8月底抵达伦敦后，和前伦敦中央委员会的一些委员共同建立了新的同盟中央委员会，并在德国、比利时、瑞士、法国和英国各地改组和重建了同盟支部。1850 年 3 月 6 日,由马克思主编的《新莱茵报·政治经济评论》在汉堡出版,它作为《新莱茵报》的续刊实际上是共产主义者同盟中央的理论和政治性的机关刊物。马克思的《1848 年至 1850 年的法兰西阶级斗争》和恩格斯的《德国农民战争》都是首先在该刊上连载的。同年 11 月 29 日,该刊出版了第 5~6 期合刊后,因受德国警察当局的迫害及资金缺乏而被迫停刊。这一年的夏季,马克思认真研究了近 10 年来的经济史,从经济发展中找到了政治变动的根本原因:正是 1847 年的世界贸易危机产生了二月革命和三月革命,同样,1848 年中期开始到来而在 1849 年和 1850 年达到顶峰的工业繁荣乃是 1848 年革命失败和已经到来的政治反动的真正原因。因此,马克思和恩格斯纠正了自己不久前关于革命高潮很快就会重新到来的乐观看法,指出欧洲的经济繁荣时代到来了,因而在最近的将来不可能发生新的革命。然而,在伦敦的德国小资产阶级流亡者和同盟内部的维利希、沙佩尔等人在革命狂热情绪和“左”倾冒险主义的支配下,无视革命失败后欧洲各国的现实政治形势,用主观意志代替客观条件,认定德国革命的高潮即将到来,而且革命将是社会主义性质的,因而企图主观制造革命。1850 年 7 月底、8 月初,以马克思、恩格斯为代表的一方同以维利希、沙佩尔为另一方的两派围绕革命策略问题进行了激烈的斗争,同盟中央委员会也从伦敦迁往科隆。12 月 1 日,科隆中央宣布将维利希-沙佩尔集团开除出盟,同盟至此完全分裂。

与此同时,欧洲反动派对革命者和共产党人的镇压使形势进一步恶化。1851 年 5 月,一大批同盟盟员遭到普鲁士警察当局的逮捕,科隆中央委员会成员除一人外几乎全部入狱。1852 年 10 月 4 日至 11 月 12 日,普鲁士政府以“进行叛国性密谋”的罪名将 11 名盟员送交法庭审讯。法庭根据一些难以成立的证据和证词判处其中 7 名被告 3 年至 6 年徒刑。这就是普鲁士政府制造的“科隆共产党人案件"。马克思撰写了《揭露科伦共产党人案件》一书，对普鲁士警察国家的反动本质和迫害共产党人的卑劣阴谋进行了彻底揭露。然而，由于维利希－沙佩尔集团的分裂活动以及科隆中央委员会遭到严重破坏，共产主义者同盟在德国的活动已陷于停顿，而马克思领导的伦敦区部同欧洲大陆各国的联系也被切断，因而同盟实际上已经不复存在。1852 年 11 月 17 日，根据马克思的建议，共产主义者同盟宣告解散。在其全盛时期，同盟在欧美 8 个国家建有组织，成员最多达到 400 多人。同盟解散以后，欧洲的社会主义运动进入了低潮。但是，同盟的盟员并没有放弃革命的信念，许多盟员后来都积极参加了国际工人协会的创建工作。

19 世纪 50 年代和 60 年代，西欧的自由资本主义经历了大发展的黄金时代，英国、法国、德国等国的工业、农业、交通运输业和国际贸易都获得了史无前例的增长。欧洲的产业工人在 50 年代末激增到 800 万，成长为真正的大工业无产阶级。但是，经济繁荣后面隐藏着危机。1857 年，第一次席卷欧美的世界性经济危机爆发了。经济危机使工人和劳动人民的处境恶化，加剧了无产阶级和资产阶级的矛盾，于是欧洲工人运动从零星斗争逐步走向新的高涨。1859 年 7 月，伦敦建筑工人为争取 9 小时工作日举行大罢工，打破了欧洲工人运动长期沉寂的局面，促进了英国工会组织的发展。许多行业先后建立了工会联合会（简称工联），1860 年 7 月又成立了全国性的伦敦工会联合会理事会。在法国，1864 年一系列罢工斗争的胜利迫使路易·波拿巴政府取消了禁止工人罢工和结社的法令。在德国，1863 年 5 月成立了第一个全国性的工人组织全德工人联合会。比利时、瑞士、西班牙等国的工人运动也有所发展。与此同时，欧美各国人民反对封建主义和民族压迫的民族民主运动也掀起了新的高潮。意大利和德国争取民族独立和国家统一的斗争、美国的南北战争以及波兰人民反抗沙俄压迫的斗争都在不同程度上推动了工人运动的发展。为了在斗争中相互支持，欧洲工人阶级日益迫切地感到建立一个工人阶级的国际组织的必要性。

1863年1月，波兰人民发动了反对沙皇俄国压迫的民族起义。1864年9月28日，英、法以及居住在英国的德、意、波、爱尔兰等国的工人代表和一些小资产阶级民主派人士在伦敦圣马丁教堂举行大会，声援波兰的民族起义。与会代表谴责了各国政府的残暴行为，号召各国工人联合起来，为反对资本主义并肩战斗。勒·吕贝代表法国工人在会上发言，介绍了根据英、法两国工人关于建立国际工人组织的倡议起草的计划。大会通过了法国工人的计划，决定立即建立国际性工人组织，并选出了由主席乔治·奥哲尔（1820—1877年）、副主席约翰·乔治·埃卡留斯（1818—1889年）、总书记威廉·朗达尔·克里默（1838—1908年）等30多人组成的临时中央委员会（10月18日起改称中央委员会）。马克思被选为临时中央委员会委员和德国通讯书记。10月5日又成立一个包括马克思在内的9人起草委员会（即小委员会），负责起草国际组织的成立宣言和临时章程。10月11日，临时中央委员会决定将国际组织正式定名为国际工人协会，简称国际（第二国际成立后，始称第一国际）。11月1日，国际中央委员会一致通过了经马克思修改和重新起草的《国际工人协会成立宣言》和《国际工人协会临时章程》。这两个文件阐述了科学社会主义的一些基本原理，规定协会的宗旨是争取工人阶级的保护、发展和彻底解放，协会则是追求这一共同目标的各国工人团体进行联络与合作的中心，其领导机关是中央委员会（1866年9月改称总委员会），小委员会成为中央委员会的执行机关。

第一国际成立以后，召开过多次代表大会和总委员会会议，就各国人民革命斗争的许多重大问题进行讨论并作出决议，积极开展和推动反对资本主义制度和各国统治阶级的斗争。首先，国际采用各种形式支援和协调各国工人的罢工斗争。它通过发表呼吁书和公开信、组织群众集会来揭露资本家的剥削本质和阴谋诡计，抗议反动当局对罢工工人的镇压；同时通过各国支部采取国际联合行动，阻止资本家从别国输入工人顶替罢工者，并向各国工人募捐，给予罢工斗争以经济上的支援。其次，国际直接参与了60年代中期英国的选举法改革运动，中央委员会根据马克思的建议提出应给予全体成年男子以普选权的口号，为争取工人和人民群众的民主权利而斗争。再次，国际积极开展了反对各国统治阶级的殖民政策和侵略战争的斗争，支持波兰和爱尔兰等国人民的民族解放运动。美国南北战争期间，国际声援了奴隶解放运动和黑人的正义斗争。1870年7月普法战争爆发后，总委员会立即发表宣言，为各国工人指明了对待这场战争的正确方针。最后，国际最重要的革命活动就是对巴黎公社的支持和指导。

由于马克思主义的传播及其对蒲鲁东主义的批判，使得法国越来越多的蒲鲁东派和布朗基派的成员逐渐接受了科学社会主义和国际的影响，并加入了国际工人协会。在巴黎公社革命前夕，仅巴黎一地就有国际支部32个，1870年4月国际巴黎支部联合会正式成立。在巴黎公社革命的过程中，国际巴黎支部积极活动，使公社的政策措施浸透了国际的革命精神。领导3月18日起义的国民自卫军中央委员里有16名是国际会员，公社委员中有36名是国际会员。公社革命爆发后，国际总委员会和马克思、恩格斯密切关注公社革命的进程，采取各种措施支持巴黎无产阶级的英勇斗争，国际还派出总委员会的代表到巴黎负责国际巴黎支部联合会与总委员会的联系工作。在公社革命期间，国际总委员会共召开14次会议，几乎每次会议都研究巴黎的革命形势。马克思、恩格斯通过各种渠道与公社领导人弗兰克尔、瓦尔兰等人建立了通讯联系，对公社的政治、经济、军事策略提出过许多宝贵的建议。国际总委员会号召各国支部动员群众声援巴黎公社，各国支部纷纷响应，掀起了支援公社革命的运动。德国、英国、瑞士、西班牙、意大利、奥地利、比利时、匈牙利和美国都组织了声援巴黎公社的群众集会和游行。巴黎公社失败后，国际总委员会和马克思、恩格斯为援救公社社员做了大量工作，协助公社战士逃离法国，为公社流亡者争得在英国和瑞士等国的避难权，通过募捐等办法帮助流亡者解决经济困难和寻找职业。国际对巴黎公社的支持处处体现出无产阶级国际主义的伟大精神。

在推进反对资本主义的斗争同时，国际内部还开展了反对蒲鲁东主义、工联主义和巴枯宁主义的斗争。蒲鲁东主义是一种小资产阶级的社会主义思潮，在50和60年代的法国和意大利等国曾有广泛的影响。60年代中期到70年代初期，马克思及其拥护者同蒲鲁东主义者在国际的几次代表大会上经过数次交锋，对其进行了理论上的清算。1871年巴黎公社失败后，蒲鲁东主义在工人运动中逐渐失去了影响力。工联主义是50—60年代在英国工会联合会中形成的改良主义思潮，主张在资本主义制度范围内争取工人的经济利益，改善工人的劳动条件，其口号是"做一天公平的工作，得一天公平的工资"，通过同资本家和政府进行和平谈判的手段，争取签订劳资协议，颁布劳动立法，达到劳资两利，放弃推翻资本主义制度的根本目标。英国工联是创建国际工人协会的重要力量，它作为熟练工人的全国性组织也是国际的强大支柱，对支援各国工人的罢工斗争做出过积极的贡献。但是，由于在一系列问题尤其是政治问题上的不同意见，工联领袖与总委员会发生了严重分歧。巴黎公社失败后，奥哲尔等人以巴黎公社的"恐怖行动"为理由，拒绝在马克思起草的总委员会宣言《法兰西内战》上签名，公开声明退出了总委员会和国际。

米哈伊尔·亚历山大罗维奇·巴枯宁（1814—1876年）出身于俄国贵族家庭，1840年留学柏林，1844年后结识蒲鲁东和马克思。他积极参加1848年欧洲革命，革命失败后因参与领导德累斯顿起义被德国政府逮捕并判处死刑，后被引渡给沙皇政府，遭拘禁并流放西伯利亚，其间多次向沙皇写忏悔信乞求特赦。1861 年，他从西伯利亚流放地出逃，经日本和美国到达伦敦，1864 年参加国际。巴枯宁继承和发展了蒲鲁东的无政府主义思想，主张个人的绝对自由和平等，反对一切国家和政治权威，否认一切政治斗争，反对无产阶级革命和无产阶级专政的国家，鼓吹通过全民暴动来摧毁一切国家，通过废除继承权将私有制改变成"集产制"，从而建立各阶级平等、从上到下全面自治的无政府状态的理想社会。马克思、恩格斯和国际总委员会对巴枯宁的无政府主义思想和宗派分裂活动进行了思想上和组织上的长期斗争，在 1872 年 9 月的海牙代表大会上将巴枯宁及其追随者开除出国际。

巴黎公社失败后，欧洲各国政府对国际加紧迫害，巴枯宁派又在国际内部进行分裂活动，致使国际难以正常开展工作。鉴于这种不利形势，海牙代表大会接受马克思、恩格斯等人的建议，决定将国际总委员会的驻地从伦敦迁往纽约。然而，由于新的总委员会远离欧洲，因而不可能对整个国际工人运动进行直接有效的指导，各国支部与总委员会的联系渐趋中断。1876 年 7 月 15 日，国际在美国的费城召开了最后一次代表大会，会议通过宣言，正式宣告第一国际解散。第一国际解散的根本原因在于，国际这种高度集权的组织形式已经不能适应巴黎公社革命以后国际工人运动面临的新形势和新任务。各国无产阶级需要根据本国的具体情况，建立更高形式的工人联合组织，即各国独立的无产阶级政党，制定适合本国实际情况的斗争策略进行新的革命斗争。在其存在的 12 年里，第一国际传播了科学社会主义思想，支援了欧美各国无产阶级的革命斗争，为各国无产阶级建立自己的独立政党培养了干部。

早在 1863 年 5 月 23 日，德国莱比锡、柏林、汉堡等 11 个城市的工人代表就在莱比锡成立了德国第一个全国性的工人组织全德工人联合会，拉萨尔被推选为联合会的主席。斐迪南·拉萨尔

（1825—1864 年）曾参加过 1848 年德国革命，60 年代初开始在德
国工人中进行鼓动，其功绩是在德国工人运动沉寂了 15 年之后又
唤醒了这个运动。然而，他想通过争取普选权和借普鲁士国家之
助兴办工人生产合作社以实现社会主义的改良主义思想与马克思
主义之间存在着尖锐的分歧，实践上他推行了一条与普鲁士王朝
结盟的策略路线，支持俾斯麦通过王朝战争统一德国和对外侵略
扩张的政策。在马克思、恩格斯的帮助下，以威廉·李卜克内西
（1826—1900 年）、奥古斯特·倍倍尔（1840—1913 年）、威廉·
白拉克（1842—1880 年）等人为首的德国社会民主派同拉萨尔分
子进行了斗争，并深入工人群众宣传马克思主义的革命主张。1869
年 8 月 7 日，在他们的领导下，全德社会民主派在德国爱森纳赫
城召开代表大会。出席大会的组织有德意志工人协会联合会、从
全德工人联合会里脱离出来的团体、第一国际佐林根支部、巴门—
爱北斐特支部、莱比锡支部和柏林支部等。大会决定联合成立德
国社会民主工党（又称爱森纳赫派），并通过了倍倍尔起草的党纲
（爱森纳赫纲领）。德国社会民主工党成立以后，基本上执行了马
克思主义的路线，拥护第一国际的基本原则。在德国统一的问题
上反对拉萨尔派，它主张通过自下而上的革命实现德国的统一。普
法战争和巴黎公社期间，它坚持无产阶级国际主义，反对本国政
府侵略法国，积极支持巴黎公社革命。在国内，它参加议会选举，
建立工会，组织罢工，坚定地为工人阶级的政治经济利益而斗争，
推动了工人运动的发展。

　　1871 年，俾斯麦用"铁血政策"最终完成了德国的统一，建
立了以普鲁士为首的德意志帝国。德国利用从法国手里夺取的阿
尔萨斯—洛林的矿藏和 50 亿法郎的巨额赔款，迅速发展成为欧洲
最先进的工业国家之一。随着工人阶级队伍的壮大和工人运动的
发展，德国工人运动的统一问题提上了日程。1875 年 5 月，德国
社会民主工党（爱森纳赫派）和全德工人联合会（拉萨尔派）在

哥达城召开合并大会，宣布两派合并建立统一的德国社会主义工人党（1890年改称德国社会民主党），大会通过了妥协性的《纲领草案》，即哥达纲领。马克思和恩格斯对威廉·李卜克内西的无原则让步行为和哥达纲领中的拉萨尔主义观点进行了严厉的批判，马克思为此撰写了著名的《哥达纲领批判》。该书明确指出，在资本主义社会和共产主义社会之间有一个从前者变为后者的革命转变时期，与此相适应也有一个政治上的过渡时期，这个时期的国家只能是无产阶级的革命专政。这部著作还第一次提出了共产主义社会分为两个发展阶段——按劳分配的低级阶段和按需分配的高级阶段——的理论。不过，该书在当时并没有公开发表。无论如何，两派统一壮大了德国无产阶级政党的组织，促进了工人运动的发展。

德国社会主义工人党的发展使统治阶级惶恐不安。1878年10月，德国宰相俾斯麦以谋刺德皇威廉一世的事件为借口，向德国议会提出一项"反对社会民主党企图危害治安法令"（简称"非常法"）并获议会通过。最初规定其有效期为两年半，以后一再延长，直至1890年春。根据这个法令，任何团体、报刊和其他印刷品或集会，如果是"社会民主党的、社会主义或共产主义的"，都一概禁止。非常法公布后不久，大批社会民主党人被逮捕和放逐，工会被解散，党和工会的刊物、社会主义的出版物遭到封闭和查禁，有社会主义思想的工人被解雇，社会民主党被置于非法地位。面对如此严峻的局面，在马克思和恩格斯的帮助下，倍倍尔和威廉·李卜克内西很快从动摇和惊惶失措中振作起来，领导社会民主党继续前进。1880年8月，德国社会民主党在瑞士维登举行秘密代表大会，会议决定删去哥达纲领中"力求用一切合法手段"的词句，改为"用一切手段"来达到革命的目的，同时确定以《社会民主党人报》作为党的中央机关刊物，在德国各地秘密散发。大会结束以后，党运用一切非法与合法的手段机智勇敢地继续开展社会主义工人运动。当时党的存在和活动虽然遭到禁止，但是党员和工人却仍然享有选举权。因此，党充分利用选举权和议会讲坛进行合法斗争，扩大社会主义的影响。随着党在群众中的威望日益提高，它在议会选举中获得的选票和议席迅速增加，1881年获得31.2万张票，13席；1884年增至54.999万张票，24席；1890年达到142.73万张票，35席。党还广泛发动罢工斗争，于1889年5月领导了鲁尔地区10万人参加的大罢工，争取8小时工作日。为了遏止社会民主党的发展势头、削弱工人阶级的革命锋芒，精明的俾斯麦政府实行了"鞭子加甜面包"的两手政策。从1881年至1889年间，政府颁布了一系列救助工人伤残老病的社会保险立法。这些立法措施一方面是工人阶级英勇斗争的成果，另一方面也是统治阶级企图以改良替代革命的手段。这种不可谓不厉害的手段却没能挽救俾斯麦及其非常法的失败命运。1890年1月，议会的大多数议员否决了俾斯麦继续延长非常法的提案。德皇威廉二世（1888—1918年在位）早已不满俾斯麦的政策，便乘机于3月迫令俾斯麦辞职了。

在德国社会民主党不断发展壮大的同时，西欧其他各国的社会主义者和工人阶级也开始了建立独立政党的活动。法国工人运动经历了巴黎公社失败后的黑暗时期之后，逐渐恢复元气，重新活跃起来。到70年代末，工会和工人文化团体纷纷成立，罢工运动在巴黎和其他城市中开展起来。茹尔·盖德（1845—1922年）和保尔·拉法格（1842—1911年）开始宣传马克思主义，为建立社会主义政党积极活动。1876年和1878年，法国各种工人团体在巴黎和里昂先后召开过两次全国工人代表大会。1879年10月，在盖德和拉法格领导下，法国工人在马赛召开第三次全国社会主义工人代表大会。大会通过决议，拥护社会主义原则和生产资料社会化，指出无产阶级应当进行政治斗争，同时决定成立法国工人党。1880年11月14日，法国工人党在哈佛尔举行全国代表大会，通过了盖德和拉法格在马克思、恩格斯指导下起草的党纲,即哈佛尔纲领。这一纲领基本上贯彻了科学社会主义的原则。纲领的理论性导言部分指出,工人阶级必须从政治上和经济上剥夺资本家阶级,把一切生产资料全部归还给社会。法国工人党成立以后,一些小资产阶级活动家参加了党,形成了以保尔·布鲁斯(1844—1912 年)和贝努瓦·马隆(1841—1893 年)为首的"可能派"。他们反对进行无产阶级革命,主张工人阶级的活动应限于资本主义制度下可能办到的范围之内,认为只要工人阶级在市议会中争取到多数席位,就可以和平地在全国实现社会主义。当时基本上执行马克思主义路线的盖德派对可能派进行了坚决的斗争,在 1882 年的圣亚田代表大会上两派分裂,盖德派毅然退出大会,在卢昂召开了自己的代表大会,并保留了法国工人党的名称和哈佛尔纲领。可能派则取消了党纲中的革命要求,改称社会主义革命工人党,副称社会主义工人联合会。法国工人党在 80 至 90 年代支持和领导了几次工人大罢工,推动了工人运动的高涨,也提高了工人党的威望。1893 年,法国各派社会主义者在议会选举中共获得 60 万张选票,50 名社会主义者和以社会主义纲领参加竞选的激进派当选为议员,其中包括工人党议员 12 名。各派社会主义者(社会主义工人联合会、工人党、独立社会党等)议员建立了统一的社会主义议会党团"社会主义联盟"。

80 年代以前,工联主义在英国的工人运动中占据主导地位,但从 80 年代起开始出现了新的社会主义政治组织。1881 年 6 月 8 日,以亨利·迈尔斯·海德曼(1842—1921 年)为首的一些受马克思主义和社会主义影响的知识分子在伦敦成立了英国民主联盟,1884 年 8 月改组为社会民主联盟。联盟的纲领提出了将土地、铁路、银行及一切生产资料收归社会所有的社会主义要求,但反对工人阶级的革命斗争,认为资本主义可以在经济危机中自动崩溃,那时工人就可以轻而易举地掌握生产资料了。而且,联盟不愿到工人和工会中开展工作,推行关门主义和宗派主义的方针。由于对联盟的改良主义和宗派主义不满,以威廉·莫里斯(1834—1896年)和爱德华·比宾斯·艾威林(1851—1898年)夫妇为代表的左翼退出联盟,另组社会主义同盟。1884年,以西德尼·詹姆斯·韦伯(1859—1947年)夫妇为首的自由知识分子在伦敦建立了一个社会主义改良团体费边社,其成员包括著名的现实主义剧作家乔治·萧伯纳(1856—1950年)。费边社的纲领也要求变革所有制关系,但它放弃阶级斗争,主张通过渐进的改良从资本主义过渡到社会主义。1893年,社会民主联盟的一部分盟员和费边社地方支部的成员创立了英国工人阶级的政党独立工党,其党纲把实现生产资料集体所有制作为斗争的最终目标,争取8小时工作日则作为最近的斗争任务。但是它拒绝马克思主义,反对阶级斗争,实际上仍然是改良主义的工人党。随着英国工会和罢工运动的发展,1900年召开了有独立工党、费边社、社会民主联盟和工会的代表参加的工人代表大会,会上成立了工人代表委员会,1906年该委员会改名为工党。工党的成立标志着英国旧两党制格局的瓦解和第三党的出现。不过,工党仍然否定革命的必要性,规定党的首要任务是把工人的候选人选入国会,以便在国会里保护工人的眼前利益。

从70年代中到80年代末,比利时、荷兰、丹麦、瑞典、挪威、奥地利、意大利、西班牙和瑞士等西欧国家都先后建立了社会主义的工人政党,采纳或制定了社会主义的党纲,促进了各国社会主义工人运动的高涨。

各国工人政党的建立、马克思主义的广泛传播和工人运动的发展促使各国工人及其政党产生了一个共同的要求:加强国际工人的团结,成立新的国际工人组织。最初,恩格斯认为在时机不成熟的时候不可草率从事。然而,在1886年和1888年两次国际工人代表会议上,法国可能派和英国工联决定由可能派筹备召开

1889年国际工人代表大会，建立新国际，以便攫取国际工人运动的领导权。这时马克思已经去世，为了与可能派召集的国际大会相抗衡，恩格斯敦促法国的盖德派发起召开一个国际社会主义工人代表大会，同时批评了德国社会民主党以及比利时、荷兰的工人政党对可能派的妥协态度，指导法、德两党领导人筹建马克思主义的国际。

1889年7月14日，时值法国大革命100周年纪念日，国际社会主义工人代表大会在巴黎隆重举行。出席大会的有德国、法国、英国、美国、荷兰、比利时、俄罗斯、波兰、意大利、瑞士、奥地利、西班牙、挪威、芬兰、丹麦等22个国家的393名代表，其中有威廉·李卜克内西、倍倍尔、爱德华·伯恩施坦（1850—1932年）、克拉拉·蔡特金（1857—1933年）、盖德、拉法格、格奥尔基·瓦连廷诺维奇·普列汉诺夫（1856—1918年）、维克多·阿德勒（1852—1918年）等。恩格斯因忙于《资本论》第3卷的整理工作未能出席大会。大会通过了倍倍尔提出的国际劳工立法决议草案，决议指出工人阶级必须利用一切手段促使各国政府制定劳工立法，实行8小时工作制和劳动保护制等等。大会还通过了工人阶级经济斗争和政治斗争的任务的决议，强调仅仅通过劳工的经济组织（工联和工会）进行经济斗争是不够的，还必须加强社会主义政党，开展反对资本主义统治的政治斗争，工人阶级应充分利用自己的选举权以便夺取政权，剥夺资本家阶级的生产资料并把它变为公有财产，这样劳动和人类才能得到解放。大会决议谴责了军国主义，指出常备军是资产阶级对内压迫和对外侵略的工具，要求以全民武装代替常备军，以和平与民主代替侵略。为纪念美国工人1886年5月1日的罢工斗争，大会根据法国和美国代表的建议通过了关于"五一国际劳动节"的决议，要求各国工人每年5月1日组织大规模示威游行。这样，巴黎大会制定了基本上是马克思主义的纲领，但没有作出宣告新的国际组织成立的决议，而是在事实上形成了一个以国际代表大会为表现形式的无产阶级国际组织。20 世纪初叶，人们才把它称为第二国际，而 1889 年的巴黎代表大会也就被看做第二国际的成立大会。同一天，法国可能派主持的国际工人代表大会也在巴黎召开，除了法国代表之外只有 9 个国家的少数代表参加，因而未能建立起国际组织。新成立的第二国际在组织形式上与第一国际有显著的区别，它没有实行第一国际那种较严格的集中制，既没有集权的国际性组织机构也没有共同的机关刊物和组织章程，而只是各国社会主义政党和工人团体的松散联合组织，其宗旨是加强各国无产阶级的国际联系，协调各国党和工人组织的策略和行动。1900 年成立了社会主义国际局，但它也只是各国党的通讯和统计中心，对各国党没有组织上的约束力。

第二国际成立后，在恩格斯的指导下，其前期活动基本上执行了马克思主义的革命路线，积极开展了反对资本主义和军国主义的经济斗争和政治斗争，并且取得了相当大的成果。在经济方面，工人阶级的不懈斗争迫使资产阶级政府开始实行广泛的劳工立法，到 19 世纪末、20 世纪初，西欧许多国家的工人享受到各种社会保险。在政治方面，社会主义者在议会选举中获得的选票越来越多，工人政党被选进议会的代表也显著增加。在工人运动方面，更多的工人加入工会或成立合作社，各国总工会也纷纷建立，罢工的规模不断扩大。在反对军国主义和帝国主义战争方面，第二国际各届代表大会曾多次讨论并作出决议，号召各国党在议会中拒绝军事拨款、要求裁减军备，提出取消常备军、武装人民、建立国际仲裁法庭、反对秘密外交等要求，并揭露和谴责了殖民主义，提出了民族自决权问题。各国党组织工人群众开展了各种形式的反战斗争。然而，议会斗争的胜利使得第二国际内部的右倾思想开始抬头，以为通过争取选票和议会多数就可以和平地实现社会主义，反对进行暴力革命和建立无产阶级专政。恩格斯晚年集中主要精力反对这种机会主义倾向。1891 年，他不顾德国社会民主党领袖们的反对，公开发表了马克思的遗著《哥达纲领批判》，写下了《卡·马克思"法兰西内战"一书导言》和《1891 年社会民主党纲领草案批判》等文章，揭露右倾机会主义的实质和危害，阐明无产阶级进行暴力革命和建立无产阶级专政的必要性。他还亲自出席 1893 年的第二国际苏黎世代表大会，发言警告在无产阶级的阶级斗争中不应对议会主义和政治改革有过高估计。但是，1895 年恩格斯逝世后，机会主义逐渐在第二国际中占了上风。这种右倾机会主义的理论表现就是伯恩施坦修正主义。

　　爱德华·伯恩施坦 1850 年出生于柏林一个犹太工人家庭，1872 年加入德国社会民主工党。1878 年非常法颁布后，他曾参加右倾机会主义的"苏黎世三人团"，受到恩格斯批评后承认了错误。1881 年到 1890 年，他担任党的机关报《社会民主党人报》的编辑，在宣传马克思主义方面做过不少工作，成为当时德国党的理论权威之一。此后，他受费边派的影响，对马克思主义的基本原理产生了怀疑。1896 年至 1898 年，伯恩施坦在卡尔·考茨基（1854—1938 年）主编的德国社会民主党理论刊物《新时代》杂志上以《社会主义问题》为总标题发表了 6 篇文章。他在文中宣称马克思主义有空想成分，并且认为由于时代发生了变化，马克思主义已经过时，必须加以修正。修正主义一词即由此而来。1899 年 1 月，伯恩施坦的《社会主义的前提和社会民主党人的任务》一书出版，对马克思主义的哲学、政治经济学和科学社会主义学说进行了全面的修正。在哲学方面，他用进化论取代革命的辩证法，认为社会只有逐步的、缓慢的进化，飞跃是不可能的。还认为社会主义的胜利并不取决于内在的经济必然性，给社会主义提供唯物主义的论证既是不可能的也是不必要的。在政治经济学方面，他根据熟练工人实际工资的增加否认工人阶级的贫困化，认为资本主义制度比过去设想的寿命长、弹性大，卡特尔和托拉斯有可能避免经济危机，因此资本主义必然崩溃的理论是没有根据的。在科学社会主义方面，他反对阶级斗争理论，认为普选制和议会民主的发展在原则上意味着阶级统治的消灭，现代军事技术的发展也使无产阶级的暴力革命成为不可能，社会民主党只要力争获得议会多数，就可以通过逐步改良使资本主义和平长入社会主义。他进而反对无产阶级专政，认为阶级专政产生于过去依靠政治特权进行统治的时代，属于一种较低级的文明，代议制民主和现代法治出现以后再提阶级专政则是一种政治上的返祖现象。最后，他提出了修正主义的著名公式"最终目的是微不足道的，运动就是一切"。从而将社会主义的最终目标束之高阁，把工人运动限制在争取眼前利益的经济斗争以及在资本主义制度下争取工人民主权利的改良主义范围之内。

伯恩施坦修正主义的出现，得到当时第二国际各国社会民主党内机会主义者的广泛支持，对后来西欧社会党最终放弃无产阶级革命和无产阶级专政、走上改良主义的道路产生了深远的影响。1899年6月，法国独立社会党人联合会领袖之一艾蒂埃纳·亚历山大·米勒兰（1859—1943年）未经党的同意参加法国资产阶级政府并任工商部长。列宁称这一事件为"实践的伯恩施坦主义"。在1900年9月的第二国际巴黎代表大会上，针对米勒兰入阁事件，大会围绕夺取政权和对待资产阶级政府的态度问题展开了激烈的辩论。以让·饶勒斯（1859—1914年）为首的入阁派声称米勒兰入阁是社会党发展和强大的标志，并且是在政治上剥夺资产阶级的开始。而以盖德为首的反入阁派则坚决反对社会党人参加资产阶级政府。最后大会还是通过了标榜中派的考茨基起草的折衷调和的"橡皮性决议"，认为社会主义者参加资产阶级政府不是一个原则问题，而是策略问题，国际代表大会对此不发表意见。

进入20世纪以后，随着资本主义过渡到帝国主义阶段，帝国主义列强之间的矛盾以及宗主国与殖民地之间的矛盾不断加深，为了重新瓜分殖民地,帝国主义列强疯狂进行扩军备战。帝国主义战争的危险日益临近,同时也为无产阶级革命提供了难得的历史机遇。此时,德国的伯恩施坦修正主义者、俄国的孟什维克和英国的工党等构成了第二国际的右派,他们放弃了无产阶级国际主义原则,支持帝国主义的战争政策和殖民地政策,使得各帝国主义国家的政府敢于发动大战而无后顾之忧。以考茨基为首的中派起初采取调和的态度,但最终倒向了右派。而仍然坚持无产阶级革命立场的左派只是少数人,其中包括卡尔·李卜克内西(威廉·李卜克内西之子,1871—1919 年)、罗莎·卢森堡(1871—1919 年)、蔡特金、格奥尔基·米哈伊洛维奇·季米特洛夫(1882—1949 年)等。他们基本上坚持了马克思主义和国际主义,批判修正主义,反对帝国主义、军国主义和殖民主义。然而他们对右派的斗争不够坚决,在很多问题上迁就了右派,致使第二国际虽然作出多次反对帝国主义战争和利用战争加速无产阶级革命的宣言和决议,但是并没有采取有力的行动去制止战争。随着第一次世界大战的爆发,第二国际的 27 个政党中有 24 个党的领导集团背离了无产阶级革命和国际主义的立场,蜕变为社会沙文主义者,在"保卫祖国"的口号下支持本国资产阶级政府参加帝国主义战争。从而导致第二国际的活动停止,组织陷于瘫痪。只有以弗拉基米尔·伊里奇·列宁(1870—1924 年)为首的俄国布尔什维克党坚决批判了伯恩施坦修正主义,坚定地把帝国主义战争转变为无产阶级革命,取得了十月社会主义革命的胜利。为了与第二国际的社会民主党区别开来,1918 年 3 月俄国社会民主工党(布尔什维克)第七次代表大会根据列宁的建议,将党的名称改为俄国共产党(布尔什维克),简称俄共(布)。

第一次世界大战结束后,原来参加第二国际的 26 个国家的社会民主党右派和中派于 1919 年 2 月在瑞士伯尔尼举行代表会议,做出恢复第二国际的决议,恢复后的第二国际通称伯尔尼国际。其

中 13 个国家的中派政党和集团于 1921 年 2 月退出，另组第二半
国际（又称维也纳国际）。1923 年 5 月第二国际和第二半国际合
并，组成社会主义工人国际。原第二国际的各国社会民主党左派
则纷纷仿效俄共（布）的榜样组建了独立的共产党。1919 年 3 月，
在俄共（布）的倡议和领导下，来自世界 30 个国家的共产党和左
派社会主义组织在莫斯科举行代表大会。会上，列宁作了《关于
资产阶级民主和无产阶级专政》的报告，强调通过暴力革命推翻
资产阶级统治和建立无产阶级专政的必要性。大会宣布成立共产
国际（第三国际），并通过了《共产国际宣言》、《共产国际行动纲
领》等决议，组成了共产国际执行委员会和执行局，作为共产国
际的领导机关。此后，欧洲的社会主义运动分裂为以社会主义工
人国际为代表的社会民主主义和以共产国际为代表的共产主义两
大派别。前者反对暴力革命和无产阶级专政，主张通过和平与民
主的方式逐渐过渡到社会主义，而后者则主张通过无产阶级暴力
革命和无产阶级专政建立社会主义并最终过渡到共产主义。

THE RHODES COLOSSUS
STRIDING FROM CAPE TOWN TO CAIRO

18 英国殖民主义者塞西尔·罗得斯的梦想:
从好望角到开罗的大英帝国非洲殖民地

第 三 章

走向帝国主义时代的西欧

　　英国工业革命的成功和法国大革命理想的传播使得自由主义在19世纪的西欧占据了统治地位,然而随着早期资本主义的弊端逐渐暴露、阶级矛盾的不断激化以及工人运动的兴起,自由资本主义陷入了越来越严重的经济和政治危机之中。在民主共和派和社会主义者争取民主改革和社会改革的激烈斗争的压力下,西欧各国于19世纪后期纷纷采取了民主改革和社会立法措施,试图通过扩大人民的民主权利和加强国家干预来挽救资本主义制度,这在相当程度上缓和了国内的阶级矛盾和社会矛盾,促使西欧各国逐渐走上了相对和平的发展道路。然而,随着垄断资本和民族主义的崛起,自由资本主义逐渐被垄断资本主义和帝国主义所取代,西方帝国主义列强开始了争夺殖民地的疯狂角逐。广大落后国家和民族迅速沦为帝国主义的殖民地、半殖民地和保护国,人类文明史上第一次由少数帝国主义国家支配了全世界大部分国家和人民。同时,帝国主义列强之间为了重新瓜分世界和争夺世界霸权展开了你死我活的斗争,终于将欧洲和整个世界拖入了世界大战的灾难之中,人类文明面临着前所未有的巨大威胁。

一、资本主义的社会改革

19世纪后半期，西欧工业革命的发展为资产阶级创造了巨大的财富，而工人阶级却很少能分享到经济增长所带来的实惠，生活的相对贫困化和经济上无保障的状态使工人们感到越来越难以忍受。从1873年开始一直持续到90年代的长期经济萧条在西欧所有国家中都加剧了阶级关系的紧张状态，酝酿着社会和政治的危机。当时，不仅社会主义者和工联主义者对资本主义社会采取了激进的批评态度，甚至连一些属于资产阶级或小资产阶级的社会改革家、慈善家、学者和政府官员也开始对工人阶级悲惨的生活状况进行调查研究，撰写调查报告，特别是在英国、法国、德国和比利时，文学家的作品中所描写的黑漆漆的工业城市里那些简陋阴暗的贫民窟引起了社会舆论的广泛关注。在英国，工人阶级的生活状况被称为"问题中的问题"。天主教会承认，第二次工业革命进一步加剧了这一社会问题的严重性，因而基督教社会主义者提出，教会应当为工人阶级提供帮助以争取工人群众回到信仰的道路上来。当时西欧许多人士都提出批评，认为国家没有采取有效的社会改革措施来改善工人的生活条件。

面对工人阶级日益强大的力量和社会主义运动不断增长的威胁，一些企业主开始作出妥协。他们鼓励工人成立储蓄协会，少数企业主还创立了保险基金和养老金计划，甚至提供基本的公司住房（特别是在矿区），企图用这些父爱式的策略争取工人们的忠诚。然而直到19世纪80年代，事态发展证明少数企业家的慈善之举远远没有变成普遍趋势。因此，一些社会改革家、左翼政治家和大多数工人群众开始要求国家采取干涉措施，以便保障工人阶级的劳动权利和经济利益。

此时，恰恰是国家主义的德意志，而不是共和主义的法兰西或自由主义的不列颠，率先由国家发起实行了劳工立法和社会保险制度。老谋深算的俾斯麦之所以采取这种调和让步的改良主义措施，当然不可能出于一个上层容克贵族对工人阶级的同情，而是别有一番良苦用心。首先，他企图借此消磨工人阶级的斗争意志，把工人群众从社会民主党一边拉过来，从而连根铲除社会主义革命的隐患。其次，为了实现其军国主义计划和侵略战争政策，他需要大量忠实的帝国士兵，心甘情愿地为大德意志帝国的领土扩张事业充当炮灰。最后，他还企图通过拉拢工人阶级来压制自由资产阶级对政治改革的要求。1881年，俾斯麦在德意志帝国国会面对同样目瞪口呆的左右两派议员公开宣称："救世良方不能仅仅从镇压社会主义者的过激行为中去寻找，还必须同时在劳工阶级的福利方面取得一种积极的进步。"① 他宣布，国家将实行一项劳工保险计划，为遭受工伤和罹患疾病的工人提供补偿，同时还将建立退休基金。

此后，德国陆续通过了《疾病保险法》（1883年）、《意外事故法》（1884年）、《老年和丧失劳动能力保险法》（1889年）等一系列社会劳工立法。实施这些保险的资金由雇主、工人和国家共同筹集、合理分担。这些保险措施保证，所有的工人在因患病而导致收入低于某一标准时可以获得最高13周的经济补偿，工人受工伤或因此丧失劳动力可以得到伤残补助，年过70岁的工人可以拿到养老金。到世纪之交，许多工人获得了医疗保险，死亡时还可以指望有一个像样的葬礼。截止到1913年，共计1450万德国工人获得了各种社会保险。这些法律的实施在相当程度上缓解了工人及其家庭因伤老病残而引起的急遽贫困化，减轻了工人在经济上的不安全感和无保障感，甚至使部分工人对容克国家产生了感恩戴德的心理。德国的这种社会现象可以部分地说明为什么俄国

---

① 约翰·梅里曼：《欧洲现代史》第2卷，第912页。

十月革命能够取得胜利，而德国由斯巴达克同盟领导的革命却未能得到更多工人群众的支持而最终失败了。俾斯麦的社会立法计划证实了一句荷兰谚语："要想让一个人成为保守主义者，你就必须给他某种值得保守的东西。"相反，一无所有者必然倾向于革命，因为只有革命才能改善他的生活处境。

比起德国来，英国和法国的社会改革却姗姗来迟。在具有强大的自由主义传统的英国，反对国家干预经济自发运行的传统观念在19世纪中叶开始发生变化。甚至一些保守派分子也相信某种社会改革在所难免，即使仅仅为了防止社会主义思想在贫困工人中继续蔓延，做一些改革也是必要的。当时的英国工人，能够一家人生活在拥挤肮脏的城市贫民窟里已经算是很幸运了，而那些长期失业的工人、病残体弱者、老年人、孤儿、单身母亲等，根据1834年重新颁布的《英国济贫法》的规定，却不得不进入臭名昭著的济贫院。在那里，家庭被拆散，人人必须穿上统一的号服，集体做操，上教堂，甚至要在规定的时间内保持沉默，而这些措施仅仅是为了训练他们遵守纪律！虽然社会舆论已对这种济贫院表示了强烈的反对，那个所谓的《济贫法》却仍然存在到1929年。

英国最初的社会改革仅限于建立一些最低限度的健康标准，改善儿童教育，以及通过一些限制童工和女工的劳动时间、禁止童工在矿井下劳动的法令。1875年的《工厂法令》将大工厂的每周工作时间减少为56小时。同年的《技术工人住宅法令》规定了住宅的卫生标准，并赋予国家强制拆毁低于最低标准的贫民窟的权力。然而，这些法令却很少认真执行过。直到世纪之交，在新成立的工党的积极推动下，保守党和自由党才在不同程度上同意，政府有权并有义务通过行政和法律手段干预社会生活。1897年，《工人补偿法》规定雇主有责任负担工人的工伤事故费用，不久这项法律的适用范围又扩展到农业工人。此后，自由党政府又同意为付不起饭费的贫困家庭儿童提供免费午餐；并且于1908年通过了《养老金法令》，为年龄超过 70 岁而每周收入低于 10 先令的工人提供补助。同时，国家明令禁止在缝纫业和其他行业采用"血汗工作制"，并成立了一个委员会负责监督工资标准和调查血汗工厂。政府的职业介绍机构开始免费帮助健康的工人寻找适合其技能的工作。最后，1911 年通过的《国家保险法案》规定，为英国的劳动人口设立疾病保险和医疗监督机制，并为 200 万以上经常失业的工人提供失业保险。保险基金通过雇员工资扣除、雇主支付和国家资助来筹集。该法案最大的益处是为更多的工人及其家庭提供了直接的医疗服务。然而，约有 1/3 的英国穷人仍然没有得到任何经济帮助。

在一战前的法兰西第三共和国，由于社会党和激进派的强大压力，国民议会终于通过了一系列劳工法律。其内容包括：创立一种罢工仲裁制度，禁止女工上夜班（1892 年），规定雇主对工伤的法律责任（1898 年），将女工和童工的工作日降低为 10 小时（1904 年），确定每周一天的法定休息日和进厂做工人的最低年龄，赋予国家监督工厂的劳动和卫生条件的权力（然而在很多地区却没有人去执行这种检查），还通过了一种工人补偿法律，规定付给老年工人不多的养老补助金，并为工人家庭提供有限的医疗服务。19 世纪末，由于教会的影响在法国不断减弱，政府已将照顾贫穷母亲的大部分责任从私人慈善团体手中接管过来，开始为她们提供最基本的帮助。这反映出国家对出生率下降所引起的未来兵源减少的担忧。一个法国政治家在 1891 年指出，由于听任穷人家的幼儿死去，法国每年都损失一大批士兵。国家对未婚母亲的资助确实降低了幼儿的死亡率和遗弃婴儿的数量。

除了这三个主要国家之外，西欧其他一些工业国家也都开始仿效德国的做法，陆续采取了社会保险和劳工立法的改良主义措施。这样，到第一次世界大战前夕，西欧多数资本主义国家终于为工人阶级和其他劳动人民提供了最起码的温饱生活的保障，从而缓和了国内的阶级矛盾，逐渐走出了自由资本主义时期那种阶级冲突剧烈和社会危机四伏的最危险的阶段。此后西欧一些国家虽然发生过几次革命危机，但终因未能获得大多数居民的支持而难成气候。应当承认，社会改革的实施是西欧现代文明发展过程中的一个重要的转折点，正是这种釜底抽薪的改良主义手段挽救了西欧岌岌可危的资本主义制度，使它没有陷于无产阶级革命的灭顶之灾，同时也在不触动生产资料私有制的基础上，将残酷剥削加野蛮压迫的早期资本主义社会逐步改变为相对温和的现代福利国家。

二、资产阶级民主的发展

西方的民主制度发轫于古代的希腊和罗马，其后是中世纪长期黑暗的封建专制统治。然而，随着商业及手工业的发展和文艺复兴时期的到来，意大利北部出现了一系列以工商业城市为中心的小型共和国，同时在西欧其他一些地区也陆续出现了一些自由城市，这可以说是近代资产阶级民主制度的萌芽。16世纪，尼德兰首先爆发资产阶级革命并成立了独立的荷兰联省共和国，因而成为建立近代民主制度的最初尝试。此后，西方世界相继爆发了17世纪的英国革命和18世纪的美国独立战争、法国大革命，这三大国以及其他西欧国家通过不同的道路逐步建立起各具特色的资产阶级民主制度模式。然而，西方近现代资产阶级民主制度从建立到逐步完善却经历了一个长期曲折的发展过程。

从基本政治制度上讲，西方近现代民主政治体制可以分为君主立宪制和民主共和制；若从国家权力重心上讲，还可以分为议会制和总统制；若从执政党数量上讲，又可以分为两党制和多党制。

英国是君主立宪制和议会制的典型代表，也是议会制的发源地，因此英国议会向有"议会之母"的美誉。早在 13 世纪，英国就出现了由贵族、僧侣、骑士和市民参加的议会（孟福尔议会），这是古希腊罗马以后世界上最早出现的代议制机构。14 世纪，英国议会分裂为由僧侣和贵族组成的上院（贵族院）以及由骑士和市民代表组成的下院（平民院或众议院）。17 世纪资产阶级革命时期，英国资产阶级以议会为阵地与国王进行斗争，通过内战确立了议会的权力和地位，使它成为英国的最高立法机构和最高权力机构。虽然在革命过程中英国曾经出现过一个短暂的共和国，但是经过 1688 年的光荣革命之后，最终建立了国王和议会妥协的君主立宪制。从此，英国的政治实权逐渐从国王转到了议会手里。议会通过一系列法案（1689 年的《权力法案》，1701 年的《王位继承法》）对王权进行了严格的限制：未经议会同意，国王不得征收赋税也不得征集和维持军队，法官的更换不再由国王决定而改由议会决定，议会定罪的人国王不得赦免，国王所作的任何决定必须经枢密院成员即政府大臣同意和签署，国王也不得制定独立于议会的外交政策，甚至王位的继承也受到议会法律的约束，规定国王不能是天主教徒并不得与罗马天主教徒结婚。革命前，英国的行政权力掌握在枢密院手里，但由于枢密院人数众多，国王经常在王宫内的小房间（cabinet）里召集外交委员会的少数重要成员讨论决定重大政务。因此，17 世纪后期这个决策小圈子开始被称为"内阁"，它逐渐取代枢密院成为实际上的最高行政机关，它由国王主持并对国王负责。这就是内阁制度的起源。光荣革命之后，内阁改由下院多数党组成，并开始转向对议会负责。1714 年继承英国王位的乔治一世（1714 年至 1727 年在位）是德意志的汉诺威选侯，他由于不会讲英语因而从 1718 年以后就不再参加内阁会议，内阁只须会后把情况通报他即可。同时，乔治一世指定下院多数党领袖罗伯特·沃波尔（1676—1745 年）主持内阁。从此，国王不参加内阁会议、下院多数党领袖主持内阁便成为惯例。作为内阁首脑的议会多数党领袖实际上就是首相，但首相的名称直到1783年威廉·皮特（小）（1759—1806年）入主内阁时才正式确定下来。虽然从理论上说国王仍然是一切权力的源泉，但是英国的内政、外交、财政、军事等重要的国家权力已经或逐步改由议会和内阁行使，国王仅保留象征性的国家元首地位，其活动也逐渐限于礼仪方面。至此，英国最终形成了国王"统而不治"和议会权力至上的君主立宪制政体。

　　然而，18世纪和19世纪初期的英国政治制度还远远不是现代意义上的民主制和普选制。上院议员全部都是世袭的大土地贵族，而下院议员虽然是由选举产生的，但由于选民的高额财产资格限制，能够当选议员的人都是富商巨贾或购买土地的新贵。1832年以前，英国有选举权的人仅占成年人总数的5%，只有少数几个选区的选民人数超过几千人，有几个选区的选民甚至不到15人。此外，选区划分极不合理，一些人烟稀少的农村选区的代表（土地贵族）堂而皇之地坐在议会里，而新兴的大工业城市如曼彻斯特和伯明翰在议会中却居然没有一席之地，为了维护自身的利益，城市资产阶级只能通过拉拢其他选区的议员或贵族来曲折地表达他们的要求。英国当时还存在着一些腐败选区，如臭名昭著的"老塞勒姆"选区，那里根本没有居民却在下院中占有两个席位，最可笑的是顿威奇选区，它从12世纪起就已经沉入了海平面以下。

　　这种状况首先引起新兴工业资产阶级的极大不满，他们不愿再忍受政治上无权的地位。在18世纪末法国大革命的鼓舞下，资产阶级激进派组织起来，提出了废除腐败选区、给新兴工业城市以选举权以及实行普选制的要求，激进主义思想家托马斯·潘恩（1737—1809年）在《人权论》中甚至提出人民主权和建立共和国的主张。面对激进主义的抗议行动，议会和政府颁布各种议案和法令，停止人身保护法的效力，禁止集会和结社。但是，政府的压制并不能阻止要求政治改革的浪潮，资产阶级激进派和新出现的工人运动相互呼应，一再掀起抗议的高潮，政府的镇压政策酿成了 1819 年的"彼得卢大屠杀"。当法国 1830 年革命的消息传来时，要求选举改革的运动又一次席卷了全英国。激进派起草了 5000 多份改革请愿书并在征集签名后送交议会，城市资产阶级、工人和市民在伦敦等地举行大规模的群众集会和示威，政府的镇压导致 12 人死亡，英国再一次面临着政治动乱和革命危机。在这种形势下，辉格党首相查尔斯·格雷（1764—1845 年）感到，如果想避免革命惟有实行选举改革，于是提出了改革法案，国王、威灵顿公爵和多数托利党议员最后也被迫接受了这一方案。1832 年，经过两度否决之后，贵族院终于通过了由辉格党人提出又经众议院同意的《国会改革法案》。

1832 年法案首先取消了许多腐败选区，重新划分了各选区的议员人数，增加了新兴工业城市在国会里的议席数量。同时，降低了选民的财产资格限制，规定凡拥有年价值 10 镑以上房产或地产的人都有选民资格，从而扩大了中产阶级的选举权。改革后的选民人数几乎增加了一倍，大约 1/5 的成年男子获得了选举权。然而，该法案却没有赋予妇女、工人阶级和其他劳动人民以选举权，下层人民的不满引发了全国规模的宪章运动。即使如此，这次改革仍不失为英国现代民主发展史上的一个转折点，从此以后，虽有保守派的不断阻挠，但选举权利的逐渐扩大已成为英国政治体制改革不可逆转的方向。1867 年的改革法案进一步降低了选民财产资格，使大量的城市工人获得了选举权。1884 年的选举改革统一了全国城市与农村的选民资格标准，又使得许多农村工人获得了选举权。1918 年，英国再一次降低选民的居住年限和财产资格限制，从而初步实现了普选制原则，使年满 21 岁的男性公民和 30 岁以上有大学学历的妇女基本上都获得了选举权。至此，宪章运动在 80 年前提出的 6 项要求中的 5 项（众议院每年改选一次除外）终于成为现实：无记名投票（1872年）、按人口比例设置平等选区（1885年）、废除众议员财产资格限制（1885年）、给议员支付薪水（1911年）、成年男子普选权（1918年），众议院也由7年改选一次缩短为5年改选一次。毫无疑问，英国民主制度的这种进步首先是工人阶级、资产阶级激进派和广大人民群众不懈斗争的成果，没有革命斗争和群众运动的有力推动这些改革是不可想象的；但同时也应承认，贵族阶级和资产阶级保守派在革命的威胁下理智地选择妥协让步和改良政策也是使英国的民主政治改革逐步走上和平渐进道路的重要因素之一。

随着选举权的不断扩大，英国的政党制度也获得了长足的进展。英国是世界上最早出现资产阶级政党并最先实行两党制的国家。早在斯图亚特王朝复辟期间的1679年，议会内部在詹姆斯公爵是否有王位继承权的问题上发生激烈争执，赞成他有继承权的议员们被对方骂为托利（爱尔兰匪徒），反对他有继承权的人则被对方骂做辉格（苏格兰强盗）。以后两派逐渐以此自称，形成了议会中的两个政治派别。托利党代表大土地贵族的利益，维护国王的特权。辉格党则代表新兴资产阶级和新贵族的利益，主张提高议会权力、限制王权。光荣革命以后，两党轮流组阁执政。然而在19世纪30年代以前，两党还不是现代意义上的政党，它们既没有明确的政治纲领和固定的组织，活动也仅限于议会内部。19世纪30年代以后，随着工业革命的进展和社会阶级结构的变化，以土地贵族、金融贵族和大商人为主的保守派势力在托利党的基础上组成了保守党，而以热衷于自由贸易的工业资产阶级为主的改革派势力则在辉格党的基础上组成了自由党，两党继续轮流执政。特别是1832年的选举改革之后，两党将自己的活动扩大到了议会之外，争取广大选民的支持以获得议会多数，同时建立起中央机构和遍及全国的地方组织，成为全国性的现代政党。到了19世纪末20世纪初，自由资本主义发展为垄断资本主义，保守党逐渐转变为代表垄断资产阶级的政党，而自由党则不可避免地衰落了。此时，由于工人运动的发展壮大和工党的崛起，从 1924 年起，工党取代自由党开始与保守党轮流执政。

经过多次改革和长期演化，英国的国家权力逐渐从上院转移到下院，继而又从下院转移到政府内阁，内阁由在下院中占据多数席位的执政党组成，因此执政党成了英国真正执掌实权的力量。不过，由于执政党是由两党通过下院大选竞争决出的，选民对执政党有最终的选择权，公众还可以利用言论自由的权利通过新闻媒体对政府和执政党提出批评和不同意见。同时，竞选失败的一方组成议会中的反对党，可以通过批评、质询和不信任投票对执政党政府进行监督和制衡，有力地防止了执政党的专横和权力的滥用。因此，反对党的合法存在和监督制衡作用被誉为"19 世纪对政府艺术的最大贡献"。英国的经验证明，在宪法范围内两党通过合法竞选轮流执政的体制有利于实现权力的和平交替，也有利于调节各阶级和社会集团之间的利益矛盾，通过不断纠正各政党的政策偏差和极端性倾向，保证社会发展沿着比较健全的道路前进，从而避免由于社会矛盾长期积累所导致的剧烈的社会动荡。300 多年来，英国政坛一直呈现出两大党轮流执政的局面，不同时期内虽也存在着一些小党，如社会自由民主党、社会民主党和共产党，但很难改变英国两党政治的大局。与法国、荷兰和瑞士等国的多党制相比，英国与美国并列成为两党制政治体制的典型。

从历史上看，英国是一个具有悠久的妥协精神和渐进改良传统的国家，这一点在其争取建立民主制度的资产阶级革命中明显地表现出来。英国革命后的主要政治机构和政治形式，如国王、议会、上院、下院，几乎都是从革命前的封建制度中继承而来，并且一直保留至今，而真正发生变化的是其阶级内容、政治功能和权力重心的倾斜方向。在英国，每当一种新兴的阶级力量崛起时，最初都会发生一些激烈程度不同的外部冲突甚至革命，然而经过一段时间的磨合与反复之后，总会找到某种双方可以接受的妥协方式和改良主义解决办法，旧的形式逐渐容纳了新的内容并开始为新的内容服务。资产阶级革命如此，而当无产阶级起来争取政治权力的时候也是如此。英国解决政治问题的这一传统使得英国在建立和不断改善民主制度的过程中走出了一条具有民族特色的道路。

在西欧各国中，与英国仅仅一水之隔的法国在建立近现代民主制度方面却与英国形成了鲜明的对照。由于革命前法国君主政体的专制主义高度发展，遂使得近代资产阶级民主制度难以在旧制度的框架内建立起来，因而法国资产阶级革命不得不用暴力打碎旧的封建专制制度。从 1789 年 7 月 14 日人民暴动攻陷巴士底狱开始，直到 1875 年法兰西第三共和国最终确立民主共和制，86 年间法国经历了三次君主立宪制、两次帝制和三次共和制的拉锯式反复，其中充满了革命、复辟、政变和战争以及屠杀、暴力和阴谋。可以说，法国统治阶级的顽固僵化和人民的激进反抗铸成了法国在建立近现代民主制度过程中的极端主义和剧烈反复的特点。

1789 年 8 月 26 日，法国制宪议会通过并公布了《人权与公民权宣言》。这是西方民主政治史上最重要的文件之一，其中表述了后来成为宪法原则的一系列原理，它的第一条就宣布："人们生来自由并具有平等的权利，而且始终如此。"宣言渗透着强烈的反对封建等级特权和绝对专制统治的精神，高扬个人自由，宣称公民在法律面前人人平等，所有人"都可以平等地获得一切荣誉、地位和职业，……除了由他们的德行和才能造成的差别之外不承认其他任何差别"。自由、财产、安全和反抗压迫是人的自然权利，私有财产神圣不可侵犯，任何人不得因其自由言论和宗教信仰遭受迫害，不经法律程序任何人不受逮捕，最高权力属于人民。然而令人民失望的是，1791 年国民议会制定的法国第一部宪法却规定法国实行立宪君主制，国王仍然保留外交和军事大权并拥有对议会立法实行搁置否决的权力；同时规定只有缴纳相当于三天工资的直接税的"积极公民"才可以在第一级选举中享有投票权，而更富有的公民才有权被选为第二级选举的选举人，投票选举立法机构的代表。这实际上等于用财产所有权代替了贵族头衔作为获得政治权利的标准，因而不可避免地引起了共和派和广大"消极公民"的强烈不满。

1792 年，面对外国武装干涉和国内封建势力的双重威胁，法国人民奋起抵抗，发动了第二次革命高潮，成功地挽救了革命。同年 8 月 10 日，国民议会在人民的压力下宣布废黜并监禁国王。胜利的人民选举了新的国民大会，大会于 9 月 21 日一致投票废除君主立宪制，宣布法国为共和国，是为法兰西第一共和国。1793 年1 月 17 日，路易十六被国民大会以叛国通敌罪判处死刑，21 日在革命广场（今协和广场）被送上了断头台。1793 年，雅各宾派政府颁布了新宪法，这是历史上最民主的一部宪法。该宪法确立了议会共和制，规定实行三权分立；最高立法机构是一院制的立法会议，议员由年满 21 岁的男子普选产生；最高行政机构是执行委员会，成员由各省的选民会议选出。公民除享有《人权与公民权宣言》赋予的权利之外，还享有广泛的社会权利，其中包括劳动权、受教育权、获得社会救济权以及反抗侵犯人权的政府的起义权。由于外敌入侵和国内反革命暴乱的危急形势迫使雅各宾派施行恐怖统治，因而该宪法未能实施。

1794 年 7 月发生了反革命的热月政变，雅各宾派政府被推翻。由大资产阶级制定的 1795 年宪法取消了普选权和一院制，实行间接选举制，立法权属于两院制的立法会议，行政权属于督政府。只有缴纳直接税并受过教育的男子才能成为在第一级选举中有选举权的公民，第二级选举人必须年满 25 岁并有相当于 200 天工资的财产收入，而被选举人的资格则是拥有一座农庄或者年收入超过 100 个工作日的其他产业。因此，政府完全被有产者所控制。1799 年 11 月 18 日，拿破仑·波拿巴（1769—1821 年）发动政变夺取政权，成为法国第一执政，集立法权和行政权于一身，建立了军人专政。1804 年拿破仑称帝（1804 年至 1814 年在位），第一帝国取代了第一共和国。拿破仑时代对民主发展史的最大贡献就是 1804 年颁布的《法国民法典》，史称《拿破仑法典》。这部长达 2000 多条的法典是在拿破仑亲自参与重要讨论的情况下由许多法律专家制定的，实现了法国历代政府企图制定一部全国统一的法典的宿愿。这部法典确认了法国革命的一些伟大成就，但同时作出一些限制：如保证个人自由、工作自由和宗教信仰自由，但同时禁止工人组织工会和罢工；宣布在法律面前人人平等，同时又通过大量的条款保障私有财产尤其是地产的神圣不可侵犯。

1814 年和 1815 年拿破仑的两次军事失败终于导致了波旁王朝的复辟，路易十八在欧洲封建联军的支持下重新获得了政权。1830 年巴黎发生了"七月革命"，随后建立起七月王朝，直到 1848 年被革命推翻。这一时期，法国的政体基本上属于君主立宪制。宪法和议会仍然存在，贵族院成员由国王指定并终身任职，众议院虽由选举产生，但选举人受到年龄、性别和财产资格的限制。行政权当然属于国王，他还拥有部分立法权，大臣仅对国王负责而不对议会负责。宪法规定的思想、言论、集会、结社等自由也受到各种限制，到后来干脆恢复了书报检查制度，甚至连"共和主义"的名称也遭到禁止。法国革命的民主成果几乎丧失殆尽。共和派和人民群众的普遍不满最终引发了席卷法国和整个欧洲的 1848 年革命。

1848 年革命在法国和欧洲民主发展史上具有重大的意义和深远的影响。它不仅在法国推翻了七月王朝，建立起法兰西第二共和国，而且使西欧数十顶王冠落地，极大地动摇了西欧各国的封建专制统治。这次革命虽然是资产阶级民主革命的继续，但是无产阶级已经登上了政治舞台,提出了具有社会主义性质的要求。法兰西第二共和国最重大的成就是真正实行了普选制,所有年满21岁的男子在一个地方居住半年以上都有选举权。新宪法规定:议会和总统都由普选产生;立法权属于一院制议会,议会还享有宣战、媾和和批准条约的权力;行政权属于总统,总统既是国家元首又是政府首脑,有权任命总理和内阁成员。

1848年12月,路易·拿破仑·波拿巴在农民和资产阶级的支持下当选共和国总统。他通过种种卑劣手段加强总统的权力,并于1851年12月发动军事政变,解散了议会。1852年12月,路易·波拿巴正式称帝(拿破仑三世),第二帝国取代了第二共和国。第二帝国实行专制统治,皇帝掌握军政大权,内阁只对他个人负责,议会由皇帝任命的元老院和选举产生的立法团组成。1848年革命争得的成年男子普选权重新受到财产资格限制,选民必须选举政府指定的官方候选人,言论、出版、集会、结社也受到政府的控制。50年代后期,路易·波拿巴有意实行开明专制,标榜第二帝国是"自由帝国",因而政府对自由民主的控制有所放松。共和派抓住机会迅速增加了力量,并在60年代末成为议会中的多数派。1870年普法战争爆发,法国军队战败,路易·波拿巴在色当被俘。巴黎工人群众和市民举行暴动,推翻了第二帝国,资产阶级共和派取得了政权,宣布成立法兰西第三共和国,并组成了"国防政府"。国防政府与德国签订了割地赔款的条约,这一卖国行径激起了巴黎人民的极大愤慨。1871年3月18日,巴黎人民发动武装起义,夺取政权,建立了实行无产阶级民主的巴黎公社。但不久即被资产阶级反动派镇压下去。公社失败后,共和派在人民的支持下同保皇派进行了长期较量,终于在1875年由国民议会通过了新宪法,确立了共和政体。

法兰西第三共和国最终结束了大革命以来复辟与反复辟的斗争,封建势力逐渐土崩瓦解,民主思想已经深入人心,民主共和政治体制取得了最后的胜利。1875 年的宪法彻底取消了选举人的财产和教育程度的资格限制，恢复了成年男子普选权。第三共和国实行多党议会制，国家的最高权力属于议会，议会由众议院和参议院组成。众议院由普选产生，拥有立法权和对政府的监督权。参议院则由间接选举产生，有权否决众议院的决议，因而对众议院有极大的牵制作用。总统是国家元首，由间接选举产生，任期7 年，可以连选连任。总统享有相当大的权力，有权任命内阁和军政要员，有权提出法案和解散众议院。行政权力由内阁行使，它可以任命官吏，指挥军队，起草预算和法律。总统虽然不向议会负责，但他只能选择一个被众议院接受的内阁，因此内阁必须对议会负责，如果失去众议院多数党的支持，内阁就必须辞职。与英、美的两党制不同，法国的政党众多而分散，因而从来没有一个党团能单独构成众议院的多数，所谓议会多数党只是许多政团组成的临时联盟，这些在议会中拥有多数席位的政党联盟组成内阁执政。由于这些政党或政团之间的联盟关系通常都是暂时的而且很脆弱，所以内阁危机经常发生，几乎每一届内阁都是短命的。第三共和国时期的法国政党主要包括保皇党、共和党和社会党三大阵营，保皇党后来改称保守党，共和党又分裂为比较温和的进步党和较为激进的激进党，社会党也包括左派集团的好几个政党。19 世纪 70 年代末以后，代表贵族和大资产阶级的保守党日渐式微。而代表小资产阶级和一部分工人的共和党在议会中稳居多数，长期执政，进一步推动民主化改革，实行言论、出版、集会、结社自由，推行义务教育，保障工会自由，其左翼的激进党受社会主义的影响提出了实行累进所得税的主张。代表工人阶级的各种社会党和工人党成为法国政坛上崛起的新生力量，也提出了自己的政治和社会改革纲领，其政治影响逐步扩大。第三共和国前后存在了将近 70 年，直到 1940 年 6 月法国向纳粹德国投降，第三共和国寿终正寝。

　　纵观法国建立近现代民主制度的全过程可以看出，法国的民主是在革命与反动、复辟与反复辟的激烈冲突和不断交替中螺旋式地向前发展的，封建统治阶级的顽固和人民的激进使得社会各阶级力量之间难以妥协，因而法国争取民主的进程典型地表现出不妥协的暴力革命的特点。法国资产阶级民主革命的这种特点也深刻地影响了马克思主义和后来俄国与中国的社会主义革命。直到 1871 年以后，法国民主制度和社会制度的改革才开始采取一种较为和平的改良主义渐进方式。

　　法国大革命对西欧其他国家产生了巨大的冲击和深远的影响。法国的民主共和理想和自由、平等、博爱的口号首先强烈地吸引了各国的进步知识分子，此后拿破仑的入侵和占领直接改造了毗邻国家和地区的社会政治制度，同时激发了西欧各国的民族主义运动。在法国占领军的支持下，西班牙、荷兰、比利时、瑞士、意大利以及德意志的西部和南部大都废除了专制制度，取消了封建特权，解放了农奴，同时建立起法国式的政治制度（共和国或立宪君主国）并采纳《拿破仑法典》，实行权利平等、信仰自由和自由贸易的原则。

　　拿破仑失败后，封建制度在整个西欧大陆全面复辟，然而法国革命带来的自由民主的火种已经播撒在西欧大地，终于在 1848 年革命时期蔓延为燎原之势。法国、德国、意大利和奥地利等国人民通过英勇的街垒战斗为民主革命开辟了道路，使各国自由派和民主派得以进行建立议会、颁布宪法和争取普选权的尝试。虽然这次革命最终在所有国家中都被镇压下去，但是民主思想已经深入人心，民主运动已成为不可阻挡的历史潮流，最终导致民主制度在西欧各国逐步建立起来。到 20 世纪初，西欧所有国家都建立起议会，选举权也逐步扩大为成年男子普选权。

　　1871 年，统一的德意志帝国成立后，德国也开始实行成年男子普选制，帝国国会通过全国普选产生，它与联邦议院并立存在，议会除了立法职能之外没有任何权力。政府不对议会负责，帝国首相掌握行政大权，制定和执行政策。帝国皇帝主要掌握军事指挥权。这样，德意志帝国形成一种特殊的联邦制君主立宪政体，与真正的民主制度尚有距离。直到 1919 年的魏玛共和国时期，德国才成为现代意义上的民主共和国，其宪法规定了普遍、直接、秘密的选举原则，赋予妇女以选举权并实行比例代表制。

在 1871 年普法战争时期，意大利王国乘法军从罗马撤退的机会攻占罗马，最终完成了意大利王国的统一。统一后的意大利王国实行君主立宪制，但 1882 年以前的选举法仍然规定了相当高的纳税额作为选民的资格限制。1882 年改革后，大大降低了纳税额和教育程度的限制，选民人数增加了三倍多，达到 200 多万人，1919 年进一步扩大为成年男子普选权。

奥地利帝国（1867 年后成为奥匈帝国）从梅特涅时代起一直是民主革命和民族解放运动的镇压者。然而，在 19 世纪末和 20 世纪初也不得不采纳有限制的普选权来装点门面。帝国西部的奥地利地区在 1896 年实行了 24 岁以上男性公民的普选权，但只能选举 400 多名议员中的 70 名，而东部的匈牙利地区直到 1907 年才开始实行成年男子普选制。

西欧其他小国，如比利时、荷兰、瑞士、西班牙、斯堪的纳维亚各国等，也逐步发展出自己的民主制度，其中最具特色的是瑞士联邦的民主制度。瑞士联邦由实行自由宪法的各州组成，联邦的最高权力由联邦议会行使，联邦议会由普选产生的国民院和代表各州的联邦院组成。联邦政府是由 7 名委员组成的联邦委员会，它是联邦议会的执行机构。瑞士民主制度最大的特色是公民投票制度。早在 16 世纪瑞士就开创了公民投票的先例。1831 年，瑞士的圣加仑州运用公民投票批准普通立法。1874 年的宪法进一步规定，公民有权对法律进行公民投票。此后，公民投票被西方各国广泛采纳，用于对国家政治制度、批准或修改宪法和法律、加入国际组织等重大问题进行全民表决。直到当代，瑞士的公民投票总次数仍然高居全世界榜首。小国寡民的先天优势使这种直接民主的形式在瑞士大行其道，它削弱了议会和政党的传统权力，使普通公民得以分享立法权力和行政权力，保证公民对政府的政策具有更大的影响力，也使政府的政策能够获得更充分的合法性和更广泛的支持。

总之，西欧近现代民主制度从资产阶级革命到20世纪初期的发展趋势，在政治制度上是从专制君主制转变为君主立宪制或民主共和制，在选举制度上是从严格限制选举权逐步演变为普选权，在政党制度上是从保守党（或保王党）与自由党（或共和党）的斗争转换为保守党（或共和党）与社会主义政党的对峙，在斗争手段上则是从前期的暴力革命转变为19世纪70年代以后相对和平的议会竞争。诚然，资产阶级民主制度不可避免地存在着这样那样的局限性，但历史发展的总趋势是朝着扩大人民的民主权利和政治参与的方向进展的，这也是工人阶级及其政党和广大人民群众不懈斗争的成果。

三、金融资本主义的发展与古典自由主义的衰落

从19世纪70年代初普法战争和巴黎公社革命结束到第一次世界大战爆发前夕，西欧资本主义处于一个长期和平发展的时期。在这一时期中，第二次工业革命推动科学技术和生产力飞速发展，西欧各国的工业生产规模急剧扩大，由此引起资本主义生产的社会组织形式发生了重大变化。随着生产力的发展，在优胜劣汰的竞争机制的作用下，少数采用新技术的企业逐渐挤垮或吞并大量技术落后的企业，导致了生产和资本的集中。生产和资本集中到一定程度自然会产生垄断。那些在竞争中生存下来的少数规模较

大的企业为了限制竞争、保证高额利润，便相互达成协议，共同商定生产规模和商品价格，划分销售市场，从而形成垄断组织。垄断组织的形式主要有卡特尔（生产同类商品的独立企业之间达成的确定产量、规定价格、划分市场的协定）、辛迪加（保持生产方面独立性的企业之间组成的共同采购原料和销售商品的联合组织）、托拉斯（由生产同类商品或与之有关的企业合并组成的、统一经营全部生产、销售和财务活动的大型垄断组织）、康采恩（由工业、贸易、运输、银行、保险等不同经济部门的许多企业联合组成的、共同依赖某一大金融资本集团的垄断组织）。

19世纪70年代，欧美各国就出现了最初的垄断组织。19世纪后期和20世纪初期的几次大规模经济危机造成众多中小企业破产，有力地促进了垄断组织的发展。以前在工业资本主义时期流行的小型合伙公司和合股公司退居次要地位，卡特尔、托拉斯等大型垄断组织在各大国的国民经济中逐渐占据了主导地位，自由资本主义逐步发展成为垄断资本主义。第一批卡特尔于1870年左右首先在德国建立，1900年增至300家，1911年剧增到550至600家。德意志铁业协会几乎独占了生铁的生产，克虏伯公司垄断了军火生产，电气工业掌握在电气总公司和西门子康采恩手中，在其他工业和交通运输等部门中也基本如此。1900年前后，德国共有300万家小企业，但是几千家大企业却支配着40％以上的工人、75％以上的蒸汽马力、80％以上的电能。少数垄断巨头控制了德国80％以上的工业生产。同时期的法国，由于大量小企业的存在阻碍了新装备和新技术的采用，因而法国工业发展相对缓慢，但工业生产和资本也开始集中，在一些行业尤其是重工业中出现了垄断组织。1876年首先在龙格维尔出现了联合冶金辛迪加，后来它兼并了14个企业。另外，德·温台尔和施奈尔家族控制了采矿、钢铁和军火生产，圣哥班公司控制了化肥企业。1914年，法国的10家大公司掌握了全国煤产量的50％左右。英国的垄断组织也是从 70 年代开始出现,到 1902 年英国已有 57 家托拉斯和其他形式的垄断组织。在军火和造船工业中出现了著名的阿姆斯特朗－惠特沃斯公司和维克斯－马克西姆公司,在冶金工业中出现了纳德福特公司等大型冶金联合企业,普特兰水泥联合公司控制了 80% 的水泥生产,盐业联合公司控制了 91% 的食盐生产。

在工业垄断组织不断发展的同时,银行资本也加快了集中的步伐。英国在 1875 年有 120 家银行,1900 年减少为 98 家,到 1913年骤减为 61 家,其中 5 家大银行的存款占全国银行存款总额的40%。1907 至 1908 年,德国 47% 的存款集中于 9 家大银行手中,此外还有相当数量的小银行依附于这 9 家银行,变成它们的分行。20 世纪初,法国的 4 家大银行则集中了全国存款的 70%。随着银行资本的日益集中,出现了银行资本与工业资本融合的现象,从而形成了金融资本和金融寡头。资金雄厚的投资银行、保险公司和控股公司通过占有大部分有表决权的股票或提供贷款的方式控制了越来越多的工业企业和公司。不事生产的金融家战胜了旧式的工业资本家,新兴的金融资本主义取代工业资本主义获得了统治地位。20 世纪初,德国柏林的 6 大银行控制了 751 个企业,德国的国民经济基本上掌握在 300 个财阀的手中。在法国,200 个金融巨头控制着国家的经济命脉。同时,这些金融寡头还利用自己的经济势力左右国家的内政和外交政策,操纵国家的政治生活。

工业资本主义时期,商品输出是西欧工业化国家与其他国家经济往来所采取的主要形式。但是,进入金融资本主义时期以后,资本输出具有了更加重要的意义。这时,国内有利可图的投资场所已变得狭小,而落后国家却因工资低廉、原料便宜而利润率较高。为了获得高额利润,资本家便通过投资或贷款的方式将剩余资本大量输出到殖民地、半殖民地和比较落后的资本主义国家。资本输出在 19 世纪晚期已经出现,到 20 世纪初期获得了大规模的发展。1910 年前后,德国的资本输出约为 250 亿马克。若折合为马克，法国约为 350 亿马克左右，英国则高达 700 亿马克。西欧各大国资本输出的主要对象是俄国、澳洲、非洲、美洲、中国、日本等国家和地区。

为了争夺销售市场、原料产地和投资场所，欧美各大国的垄断集团展开了从经济上瓜分世界的活动。19 世纪 80 年代开始出现分割世界市场的国际卡特尔组织，到 1897 年，仅德国参加的国际卡特尔就有 40 个。1907 年，美国通用电气公司和德国电气总公司签订了市场分割协定，前者取得北美洲市场，后者占有欧洲市场。德国所参加的这种国际卡特尔组织到 1910 年已经增加到 100 个。然而，无论是国内的垄断组织还是国际垄断组织都没有也不可能消灭竞争，相反，它们只是使竞争在更大的范围和规模上重新展开而已。垄断组织的国际联合与世界市场的分割协定只不过是依据实力达成的暂时妥协，一旦各垄断组织和各国的经济实力发生变化，重新瓜分世界的激烈斗争必将再次来临。

各国垄断集团为了保障其在世界各地的重大经济利益和安全利益，必然要争夺和占领对其利益攸关的殖民地，从而导致各大国从领土上分割世界的斗争。西欧各国开辟海外殖民地已有几百年的历史，但从 19 世纪 80 年代以后，列强又掀起了夺取殖民地的高潮，分割世界领土的斗争达到了极其广泛和激烈的程度。到 19 世纪末，以英、法为主的资本主义列强已经把世界瓜分完毕。然而，由于各国经济政治发展的不平衡，那些后起的资本主义强国，特别是德国，其经济、政治、军事实力迅速赶上或超过了英、法两国，因此强烈要求按照新的实力对比重新瓜分世界。作为解决争端的最后手段，战争由此成为帝国主义时代难以避免的灾难。

从第一次工业革命开始到 1870 年左右，是西欧自由资本主义的鼎盛时期。自由放任、自由竞争、自由市场、自由贸易和契约自由的经济自由主义受到以英国为首的西欧多数国家的推崇，任何干扰这些"自然规律"自动发挥作用的国家干预、关税壁垒、政府特权、市场垄断、工人罢工和集体谈判都被视为经济发展的障碍。人们相信，只要扫清各种人为的障碍，遵循自由主义所阐发的供求规律等"自然规律"办事，就可以实现经济繁荣和普遍的社会幸福。然而，现实生活的发展却使英国倡导的这种纯粹自由市场经济制度遇到了难以对付的挑战。不断到来的周期性经济危机造成了工商业的剧烈振荡和巨大损失。失业和贫困迫使工人组织工会和举行罢工，激烈的阶级冲突和无产阶级革命使整个资本主义社会面临崩溃的危险。那些后起的工业化国家从一开始就要面对英国廉价工业品的大量倾销和致命竞争，为了国家生存和民族经济的发展，政府资助和保护关税成为必要。所有这些因素使得经济自由主义的理想在欧洲大陆一直就没有完全实现过。特别是在 1870 年以后，西欧各国几乎都对自由主义政策做出了重大的修改和调整，相继采取了政府干预经济、贸易保护主义、社会保险和劳工立法等措施。古典自由主义不可避免地衰落了。导致西欧古典自由主义衰落的主要原因包括垄断资本主义的不断发展、社会主义的强大压力和民族主义的迅速崛起。这三种力量的发展都推动了西欧各国政府干预的加强，政府干预逐渐成为与市场调节交叉运用的社会经济政策之一，"看得见的手"和"看不见的手"开始相互为用。

在这一时期中，西欧各国政府的组织规模和社会职能急剧膨胀。1841 年，在西欧强国里中央集权程度最低的英国政府仅仅雇用了 4 万名男公务员和 3000 名女公务员，到 1911 年，为国家工作的男女公务员分别剧增到 27.1 万人和 5 万人。英国的内阁还增加了在其领导下的政府各部的数目并扩大了政府的权力。各国政府不仅管理着国家的政治、经济、军事和文化事务，而且取代教会和牧师负责公民或国民的出生、婚姻和死亡登记等事务。为了保护国内工业和农业免受来自外国的竞争，西欧大陆各国政府都开始实行更加严厉的贸易保护主义。奥地利在 1874 年制定了保护关税,意大利和法国也在 1887 年 1892 年相继实施保护关税政策。普鲁士很早就开始实行保护关税政策,德国统一后于 1879 年重新制定了严格的保护关税措施,到 1902 年德国对进口的重工业产品和食品规定了高达 25% 的税率。政府除了推行保护关税政策之外,还为国民经济的各个部门提供了大量资助。德国和意大利主要出于军事目的,由国家出资建设铁路、电报和电话线路,或者将这些产业国有化。法国的烟草和火柴制造业则由国家接管,使之成为国家垄断企业和国库收入的来源。法国和意大利政府还拨给丝绸工业和农牧业大量的津贴。西欧各国军事官僚机构的膨胀使得政府开支不断增长,其中用于维持技术先进的庞大军队和推行海外殖民地扩张政策的费用增长得尤其迅猛。德国 1914 年的防务总支出猛增到 1870 年的十倍,占当年国家预算的一半,成为当时世界上军费支出最高的国家。法国 1914 年的军费增长到 1870 年的 2.5 倍,占全部预算开支的 38%。英国 1914 年的陆海军支出则达到 1870 年的三倍多。欧洲其他国家也大幅度地增加了军费。19 世纪末到 20 世纪初的军国主义极大地加强了欧洲各国政府的权力和对社会的控制。

在 19 世纪 50 至 60 年代,自由主义在许多西欧国家的政治舞台上占据重要地位。自由主义者们依靠有财产资格限制的投票权维护资产阶级的利益,他们害怕成年男子普选权和政治民主会给社会主义者和工会激进分子打开大门。然而从 19 世纪 60 年代末到 20 世纪初,西欧大多数国家终于被迫将选举权扩展到所有成年男子,随后各种不同倾向的大型群众性政党纷纷建立起来。广泛发行的新闻出版物、喧闹的竞选活动、人山人海的群众集会、口哨呼啸的公众演说标志着西欧国家群众性政治生活时代的到来。70 年代以后,处于中间派地位的各国自由主义政党面临着来自左右两个方面强大的政治运动的威胁。属于左翼的是社会主义、工联主义和无政府主义的政党,属于右翼的则是咄咄逼人的民族主义政党。民族主义者们此时认为，仅仅依靠自由放任的经济政策和代议制政府不足以建立强大的民族国家，因而抛弃了老式的自由主义信条，走上军国主义和殖民地扩张的道路。进入 20 世纪后，右翼民族主义政党逐渐发展成为欧洲各大国的主导政治力量之一，深刻而强烈地影响了各国的国内政策和国际关系。在左右两翼的夹击之下，各国自由主义政党在议会里的席位急剧减少，其政治影响力普遍下降。即使在自由主义的堡垒英国，主张自由主义政策的自由党也在 1886 年发生分裂并由此衰落，此后代表金融资产阶级利益的保守党长期执政。后者主张建立强有力的中央集权政府，强调国家干预经济，实行保护关税政策，反对自由贸易，对外推行明目张胆的殖民扩张和侵略政策。即使是 1906 年重新掌权的自由党也不得不在国内政策上抛弃自由放任的过时信条，采取社会立法措施对工人的就业、工资、健康和劳动时间等问题进行政府干预，以便换取工党和工人群众的支持。

总之，随着西欧历史发展到金融资本主义的时代，古典自由主义无论在经济方面还是在政治方面都无可挽回地衰落了。然而，衰落并不等于消亡，自由市场经济的微观基础（建立在生产资料私有制之上的自由企业制度）和个人自由的主要权利还是被保留下来，自由主义仍然在西欧各国的经济和政治生活中发挥着重要作用，只是其作用范围和表现形式受到了限制和修正，从而成为西欧资本主义社会中与政府干预和社会福利相反相成、并行不悖的两手政策之一。

四、民族主义的兴起

西欧的民族主义是从近代才开始发展起来的。在漫长的中世纪里，西欧所有的基督教徒都属于天主教会，所有受过教育的人都使用拉丁语，西欧各国的教会和国王至少在名义上都必须服从罗马教皇最高权力的统治,而普通民众则将忠诚与义务首先奉献给教会和自己生活的地区。因此,生活在中世纪的欧洲人难以产生忠于国家的民族意识。然而,从中世纪后期开始,特别是文艺复兴时期,法语、德语、英语、西班牙语和意大利语等方言日益成为文学表达的语言媒介,人文学者们用自己国家的方言进行文学创作,从而逐渐形成各国的统一民族语言和具有民族特点的文化。一些国家的教会也摆脱了罗马教皇的控制。15世纪前后,西欧一些王国开始建立起中央集权的政府,形成了独立的民族君主国,初步奠定了现代英国、法国、西班牙、葡萄牙和丹麦等民族国家的基础。这些新的发展为民族主义的兴起准备了历史条件。

到西欧资产阶级革命特别是18世纪末的法国革命之后,西欧的民族主义才发展为现代的形态,成为影响欧洲历史乃至世界历史的最强大的力量之一。现代民族主义是以现代民族国家为基础发展起来的一种政治运动和意识形态。相同的种族、语言、宗教、文化以及经济和政治的纽带都可以是组成一个民族国家的重要联系因素,但是由于各国的具体情况千差万别,并非所有这些要素都是组成民族国家的必要条件。一般说来,现代民族国家是由居住于共同的地域、分享共同的利益和命运、拥有共同的政府和完整的主权、具有共同的语言文化、历史传统和民族意识的人们组成的独立的稳定的共同体。在其发展的初期,欧洲的现代民族主义是一种渴望摆脱外国压迫、争取民族独立和自由、追求国家统一和强盛的积极力量。但是从19世纪末开始,欧洲各强国的民族主义逐渐演变成沙文主义和军国主义,最终发展为民族主义的极端形式——对外侵略和压迫的帝国主义。

现代民族主义在法国革命和拿破仑统治时期获得了第一次强烈的表现。当时的革命领袖们为了保卫革命成果和法兰西祖国,抵抗欧洲各国封建反动政权的围攻,不得不动员法国的全体公民为革命的祖国而战。那些热爱自由、忠于革命理想并充满强烈的爱国主义精神的士兵们听从祖国的召唤，高唱着《马赛曲》，高呼"民族万岁"的口号，前赴后继地决死战斗，为祖国奉献生命是他们衷心的愿望和最高的荣誉。正是这种忠于祖国的民族主义精神造就了法国革命军队战无不胜的奇迹。法国革命还通过其他一些方式促进了民族主义的发展。它将法语确定为中央的或国家的语言，要求所有法国公民都使用法语，从而取代了各地的方言。它还建立了公立小学网，从小教授孩子们说法语，同时向他们灌输对祖国的热爱。法国革命也促进了报纸、小册子和期刊的出版，它们以通俗的语言向人民大众传播爱国主义思想。最后，法国革命创立了国旗、国歌和国家节日，它们成为民族主义的仪式和象征。这些措施最终使忠于国家的民族主义压倒了人们对宗教和地区所承担的传统义务。

　　法国革命所引发的这种民族主义的强烈意识逐步扩展到欧洲的其他国家，同时各国的民族主义也是对法国侵略和统治的一种反抗。另一方面，工业革命的进展又为民族主义注入了新的动力。德国和意大利等后起的工业化国家迫切要求实现国家统一和民族独立，以便建立统一的国内市场，发展强大的民族经济，有力地参与激烈的国际竞争。拿破仑帝国覆灭后，欧洲各地爆发了一系列民族独立运动。希腊人于 1821 年发动起义，并于 1829 年从土耳其人统治下赢得了独立。比利时人也于 1830 年进行了成功的反抗，宣布脱离荷兰而独立。德国和意大利的民族主义者在法国革命的民族主义原则的激励之下，也开始为争取国家统一而斗争。

　　1848 年革命失败后，意大利仍然分裂为许多小国，其中大多数国家都废除了革命时期颁布的宪法，恢复了专制制度的统治。同时，奥地利依然统治着伦巴第和威尼西亚并且驻军于托斯卡纳等国，帮助教皇镇压 1848 年革命的法国军队也驻扎在罗马不肯撤走。地处西北的撒丁尼亚王国是此时意大利惟一保存了 1848 年自由主义宪法的君主立宪制的独立国家。从 1852 年起，以卡米洛·

迪·加富尔伯爵（1810—1861年）为首的自由派内阁采取鼓励工商业发展的政策，使撒丁尼亚发展成意大利半岛上最先进的资本主义强国。为了实现民族独立和国家统一，加富尔等人主张在欧洲其他国家的援助下，由撒丁尼亚王国通过王朝战争的手段，驱逐奥地利势力，自上而下地完成国家统一。以朱塞佩·马志尼（1805—1872年）为首的民主派则主张通过自下而上的革命道路完成国家统一，建立民主的意大利共和国。从1859年4月到6月，在法国军队、撒丁尼亚军队和意大利民族英雄朱塞佩·加里波第（1807—1882年）率领的志愿军的联合进攻下，奥地利军队被逐出伦巴第。作为法国出兵的代价，撒丁尼亚将萨伏依和尼斯两省割让给法国。到1860年3月为止，在意大利中部各地起义胜利的形势下，托斯卡纳、帕尔马、摩德纳等公国和教皇国北部的罗曼纳地区继伦巴第之后也合并于撒丁尼亚王国。1860年4月，西西里岛爆发了人民起义，加里波第率领由1000人组成的"红衫军"于5月在西西里岛登陆并很快攻占首府巴勒莫，进而解放了西西里全岛。8月，加里波第乘胜挥师北上，于10月解放了整个那不勒斯。至此，两西西里王国全境摆脱了波旁家族的弗朗西斯二世的统治。10月底，南意大利通过公民投票正式并入撒丁尼亚。1861年3月，意大利王国正式宣布成立，撒丁尼亚国王维克多·伊曼努尔二世（1849年至1878年在位）登上了意大利王国的王位。意大利王国建立后，掌权的自由派实行了一系列改革措施。他们取消了各地的关税壁垒，建立起统一的民族市场，颁布了统一的度量衡制度和货币制度，为意大利资本主义的快速发展扫清了道路。1866年6月，意大利在普奥战争中加入普鲁士一方作战，胜利后意大利收回了威尼西亚。60年代，加里波第曾几次率军进攻罗马均未成功。1870年普法战争爆发后，驻扎罗马的法国军队被迫撤退，意大利政府军和加里波第志愿军乘机于9月20日攻占了罗马。10月，根据公民投票的结果，罗马教皇国被合并于意大利王国，教皇被剥夺了世俗权力而退居梵蒂冈。1871 年 7 月，罗马成为意大利王国的首都。至此，意大利终于完成了统一，成为西欧独立的民族国家之一。

1848 年革命失败后的德意志各国，包括普鲁士在内，大都实行了君主立宪政体，容许资产阶级享有一定程度的政治权利。在普鲁士，资产阶级的代表在议会下院中获得了相当数量的席位，议会被赋予表决法案、批准预算的权力。随着 50 年代、60 年代德意志资本主义经济的迅速发展，资产阶级迫切要求实现国家的统一，以便对内结束政治割据和市场分裂造成的不利于大工业发展的局面，对外依靠强大的国家保护其海外市场，参加夺取殖民地和争霸世界的国际斗争。然而，由于自身的软弱和对无产阶级革命运动的恐惧，德意志资产阶级既不可能依靠自己的力量也不敢通过发动群众运动来实现德国的统一，因此他们中的大多数人将统一的希望寄托于普鲁士容克地主阶级统治集团。另一方面，马克思和恩格斯号召德意志无产阶级和人民群众用革命手段推翻以普鲁士王朝为首的德意志各邦的君主统治，自下而上地建立统一的德意志民主共和国。但是，由于当时德意志无产阶级在政治上、思想上和组织上的不成熟，以及拉萨尔与德国政府的妥协，马克思和恩格斯的革命主张难以实现。因此在当时的形势下，只有普鲁士容克地主阶级可以凭借其强大的军事力量通过王朝战争自上而下地实现德意志的统一，此时的普鲁士统治集团也已经决心使用武力完成全德的统一。为了推行武力统一的方针，普鲁士政府从 1860 年开始大力实施军事改革。是年，陆军部长阿尔布莱希特·冯·龙（1803—1879 年）向议会提出军队改革法案，建议扩充普鲁士军官团和常备军，延长士兵服役年限，同时要求议会批准拨款 1000 万塔勒作为改革经费。由于不愿看到军事改革将会加强容克阶级的反动力量并妨碍政治进一步民主化，代表资产阶级自由派的进步党占多数的普鲁士议会接连几次否决了军事改革的拨款提案。国王威廉一世为了克服议会的反对，于 1862 年任命意志坚强的保守派容克贵族俾斯麦伯爵作为普鲁士首相。

俾斯麦毫不掩饰他对自由主义的轻蔑，他曾说："普鲁士在德意志的地位并非取决于它的自由主义，而将取决于它的实力。……当代重大问题不是用演讲和多数派决议所能解决的——1848 年和 1849 年的大错就在这里——而必须用铁和血来解决。"因此，他上台伊始就对自由派采取了强硬态度。他不顾进步党和议会的反对，擅自动用国家的大量资金推行军事改革计划。为了压制公众舆论，他下令取缔新闻出版自由，拒绝批准选举产生的进步党市长，禁止在市议会中讨论政治问题。同时，俾斯麦还与全德工人联合会主席拉萨尔进行秘密交易，他以德国统一后实行普选制为条件换来拉萨尔对统一战争的支持。这样，俾斯麦轻易获得了国内相对安定的政治局面，于是他有恃无恐地通过铁血政策一步一步地实现了德国的统一。第一步，俾斯麦为了反对丹麦国王正式合并德意志北部的什列斯维希和霍尔斯坦两公国（当时属丹麦国王管辖但未合并于丹麦）的企图，于 1864 年联合奥地利发动了对丹麦的战争。孤立无援的丹麦战败后，不得不把霍尔斯坦出让给奥地利，而把什列斯维希让给了普鲁士。第二步，精明的俾斯麦在争取到俄国和法国的中立以及意大利的同盟之后，向奥地利提出将霍尔斯坦让给普鲁士的要求，遭到奥地利的断然拒绝。俾斯麦以此为借口于 1866 年 6 月发动了普奥战争。7 月 3 日，双方在东波希米亚的萨多瓦展开大决战，使用撞针式后膛枪的普鲁士军队以优势兵力对抗仍使用老式枪的奥地利军队，结果普军取得了决定性的胜利。8 月 23 日，双方在布拉格签订了和约。和约规定解散包括奥地利在内的原德意志邦联，普鲁士吞并霍尔斯坦、汉诺威、拿骚、黑森和法兰克福，奥地利承认普鲁士领导的由美茵河以北 22 个邦和 3 个自由市组成的北德意志联邦（1867 年正式成立）。北德意志联邦成立后，立刻清除了联邦内部各种不利于工商业发展的障碍和限制，建立起统一的货币和度量衡制度，为全德资本主义的顺利发展创造了良好的条件。北德统一为资产阶级带来的经济实惠缓和了他们的政治态度，普鲁士议会以压倒的多数追认了俾斯麦政府前几年的一切财政支出，一些自由主义者脱离进步党另外组成支持俾斯麦的民族自由党。俾斯麦运用政治铁腕终于将经济自由主义纳入了保守的民族主义政治的轨道。最后一步，在俾斯麦的阴谋挑动下，普法战争于 1870 年爆发。1871 年 1 月 28 日法国最终战败投降，割地赔款。而德意志帝国却于同年 1 月 18 日在凡尔赛金碧辉煌的镜宫大厅里正式宣告成立。威廉一世成为德国皇帝，俾斯麦任帝国宰相。帝国的版图囊括了刚刚合并过来的巴伐利亚、符腾堡和巴登等南德意志诸邦，再加上法国的阿尔萨斯和洛林大部。到此为止，德国的统一终于完成。统一后的德国成为横跨中欧大陆的强大的民族国家，改变了欧洲的力量均势。进入 20 世纪以后，它逐步发展成世界大战的危险的策源地。

在德国和意大利，民族主义成为促进统一的强大力量，相反，在奥地利—匈牙利的哈布斯堡帝国它却是一种危险的分裂因素。与多民族的沙俄帝国和奥斯曼帝国相似，19 世纪后期的奥匈帝国境内居住着 12 个操不同语言的主要民族和其他一些少数民族。使用德语的奥地利人在帝国中占据统治地位，其次是匈牙利的马扎尔人，其他各民族则基本上处于无权的地位。受到欧洲民族主义运动的鼓舞，觉醒的捷克人、斯洛伐克人、波兰人、罗马尼亚人、塞尔维亚人、克罗地亚人、斯洛文尼亚人和意大利人等被压迫民族展开了争取平等的政治权利和民族独立的斗争。然而，哈布斯堡王室在一些民族的上层贵族阶级的支持下，依靠庞大的军队、秘密警察和官僚机构，对境内各民族的反抗运动进行残酷的镇压和政治欺骗，使奥匈帝国成为名副其实的各民族的牢狱。奥匈帝国反动的高压政策与巴尔干地区好战的民族主义之间的激烈冲突终于导致了第一次世界大战的爆发和哈布斯堡王朝的覆灭。

19 世纪末叶，西欧各大国的民族主义已经从一种历史进步力量逐步演变为推行军国主义和帝国主义的反动势力。右翼民族主义者们狂热地鼓吹种族优越论和民族沙文主义，他们断言自己的民族是优等民族，有权支配"劣等"民族，以此作为对内实行种族迫害、对外实行殖民侵略和民族压迫的根据。19 世纪 70 年代以后，欧洲各国一再掀起反犹主义的浪潮，德国的民族主义报刊把犹太人说成是所有社会经济灾难的祸首。作为对欧洲反犹主义浪潮的回应，犹太复国主义运动开始兴起，第一次世界犹太复国主义者代表大会于 1897 年在巴塞尔召开。世纪之交，坚持国际主义立场的工联主义者和社会主义政党加强了活动，罢工风潮席卷西欧各国。对左翼社会主义工人运动的恐惧促使保守的中产阶级投入右翼民族主义阵营。面对经济危机的威胁和大公司的竞争的小资产阶级听信右派的蛊惑宣传，以为他们的困境都是由"犹太资本家"造成的，因此也转而支持右翼民族主义政党。形形色色的民族主义协会和同盟在各国建立起来，他们对政府施加压力，要求增加军费开支，采取更具侵略性的国际行动和外交政策。代表军火商、造船商和依赖国际市场的工业家等各种利益集团的游说者以及军方代表（特别是德国和英国海军）也都对政府的决策者施加强大的影响。各种体育协会、步枪俱乐部、地理协会和殖民协会也在民间鼓动好战的民族主义和帝国主义。

从 19 世纪 80 年代开始，欧洲列强为了夺取殖民地、扩张势力范围展开了激烈的竞争。宣扬弱肉强食的社会达尔文主义者为这种殖民主义政策推波助澜，他们通过论证某些民族优越于其他民族来为欧洲列强征服非洲和亚洲的"落后"民族提供"科学"依据。好战的民族主义、各国之间的经济竞争、对殖民地和世界霸权的争夺共同导致了一个充满战争危险和血腥屠杀的帝国主义时代的来临。

五、欧洲帝国主义

一般来说，帝国主义主要表现为一个国家凭借其先进技术和军事优势侵占、统治和剥削其他落后的国家和地区的土地、资源和人口。这种一般意义上的帝国主义古已有之，古罗马帝国和16世纪以来的殖民主义都具有类似特征。然而，现代的帝国主义主要是指19世纪80年代以后，欧洲资本主义列强（还有美国和日本）对世界上许多落后国家和地区的侵占、统治和掠夺。现代帝国主义是欧洲老牌殖民主义的继承者，但是在其经济、政治根源上它又具有新的时代特征。首先，现代帝国主义发生在第二次工业革命蓬勃展开的时期，生产力的高速发展需要新的原料来源，70年代到90年代的经济萧条和以邻为壑的高额保护关税使各工业国迫切需要为其大量剩余产品寻找新的倾销市场，垄断组织和金融资本集团为了获取高额利润也急于为剩余资本找到新的投资场所，人们相信只有夺取更多的殖民地才能解决这些紧迫的经济问题。除了经济竞争之外，列强为了保护各自的经济利益和军事安全也展开了争夺世界战略要地的殊死斗争。最后，在现代帝国主义形成过程中还有一个不可忽视的因素，即新的殖民地以及殖民战争为欧洲列强国内的过剩人口找到了出路：大批失业工人和政治危险分子移居海外减轻了国内的政治危机，甚至那些不法之徒也在殖民军队中找到了自己的位置。殖民地成了欧洲帝国主义国家转嫁国内经济、政治危机的社会安全阀。一个英国资本家和殖民主义者塞西尔·罗得斯（1853—1902年）曾直言不讳地说："如果你想避免国内战争，你就必须变成帝国主义者。"[1]

作为工业革命的发源地，英国一直是世界上工业最发达的国

---

[1] 约翰·梅里曼：《欧洲现代史》第2卷，第987页。

家，直到 19 世纪 70 年代，它的煤、铁、布匹等产品的产量仍然超过法、德、美三国的总和。70 年代以后，英国的工业生产虽然继续增长，但与后起的工业化国家相比却落后了。美国和德国于 80 年代和 20 世纪初相继赶上并超过了英国，英国工业总产值在世界工业总产值中的比重由 1870 年的 32％降低到 1913 年的 14％，退居世界第三位，丧失了在世界工业中的垄断地位。引起英国工业发展相对缓慢的原因首先在于英国企业的设备陈旧过时，而资本家为了获取超额利润宁愿把大量资本输出到殖民地却不愿用于设备更新；其次由于欧洲大陆国家实行保护关税措施以及其他国家的竞争造成了英国产品的销售市场日益缩小。由此产生的结果是英国工业品出口和对外贸易收入的减少。即便如此，英国的国际收支仍然保持高额的顺差，这主要得益于英国拥有广大的殖民地和大量的资本输出。作为老牌的殖民帝国，英国捷足先登，早已占据了大片殖民地。1860 年，它占有的殖民地总面积已达 650 多万平方公里，殖民地人口有 1.4 亿。70 年代以后，为了弥补失去世界工业垄断地位的损失，英国加快了争夺海外殖民地的步伐。1880 年，英国的殖民地总面积扩大到近 2000 万平方公里，人口增至 2.6 亿以上。到 1914 年，英国占有的殖民地领土面积猛增到 3300 多万平方公里，比其本土面积大一百多倍，殖民地人口将近 4 亿，等于本国人口的九倍。这个有史以来最庞大的不列颠帝国的领土遍及世界各个角落，加拿大、澳大利亚、新西兰、印度、缅甸、香港、南非、苏丹以及许多岛屿都被置于米字旗下，英国成为名副其实的"日不落帝国"。罗得斯曾狂妄地宣称："如果我能做到，我要吞并那些行星。"[①]他本人于 80 年代建立的德·比埃尔公司就是在掠夺南非的钻石和黄金的过程中发展起来的。依靠对殖民地和其他国家进行大规模的资本输出，英国从海外攫

---

① 约翰·梅里曼：《欧洲现代史》第 2 卷，第 977 页。

取了巨额利润。1850 年英国向国外的投资为 2 亿英镑，1875 年增至 14 亿英镑，到 1914 年则达到 40 亿英镑，比法、德两国资本输出的总和还要多。英国成为当时世界上最大的资本输出国，伦敦则成为世界金融的中心。英国的大银行不仅支配着本国和殖民地的金融市场，而且影响着全世界的金融市场。资本输出为英国带来了巨额利润，1899 年英国对外投资的收入达到 9000 万至 1 亿英镑，而当年英国对外贸易和殖民地贸易的全部利润才有 1800 万英镑，到 1912 年英国对外投资收入增长到 1.76 亿英镑。英国无可争辩地成为世界上最大的殖民帝国主义国家。

从 19 世纪 70 年代到 1914 年，法国的工业生产也有相当大的发展。钢铁产量、铁路长度都增加了数倍，汽车产量占世界第二位，飞机生产也发展起来。但是，由于法国工业中的小型企业比重过大、农村里小农户大量存在、普法战争后割地赔款等原因，特别是借贷资本的高度发展削弱了工商业投资，因而造成法国工业生产的发展速度和集中程度均落后于美国、德国甚至英国等工业化国家。19 世纪中叶以前，法国的工业生产总量仅次于英国，居世界第二位，但不久即被美、德所超过，退居第四位。然而，法国金融资本的发展却大大超过了工业资本。在这一时期中，法国的银行营业总额增加了九倍多。银行资本的集中过程也比其他国家发展得更早更迅速。1914 年，法国的银行资产总额为 110 亿法郎，而 5 家最大的银行就占有其中的 80 亿。但是，法国的资产阶级宁愿将资本的大部分投在借贷领域而不是工业生产领域。1892 年，法国出售的债券和其他有价证券共有 770 亿法郎，而投入工商业的资本却只有 66 亿法郎。同时，法国投向国外的资本又大大超过投入国内的资本，其资本输出总额逐年上升并获得丰厚的利润。1869 年，法国的资本输出总额为 100 亿法郎，1890 年增长到 300 亿法郎，1914 年激增到 600 亿法郎。而国内投资在 19 世纪末却只有对外投资的 1/3。据统计，1909 年至 1913 年法国资本输出的年利息收入高达 18 亿法郎左右。按资本输出总额来说,法国是当时世界上仅次于英国的资本输出大国。不过,法国的资本输出与英国相比有着明显的差别。英国主要以生产资本的形式输往其殖民地,法国则主要通过借贷资本即政府贷款的形式借给其他国家。到 1914 年,法国借给沙皇俄国的贷款已高达 120 多亿法郎。这种带有政治性质的贷款终于促成了法国与俄国的军事同盟(1893 年),使法国摆脱了普法战争以来在外交上的孤立处境,为它同德国争夺欧洲大陆霸权的斗争增加了筹码。法国也是老牌殖民主义国家,在 19 世纪 80 年代以后欧洲列强疯狂扩大殖民地的竞争中更是不甘落后。曾两度担任总理的温和派共和党人茹尔·费里(1832—1893 年)说过:“对于富强的国家来说,殖民地是最有利可图的投资对象之一。”在非洲,除了原有的阿尔及利亚等殖民地以外,法国又侵占了包括法属刚果、法属赤道非洲、马达加斯加岛、法属西非和摩洛哥在内的大片新殖民地。在亚洲,法国占领了越南、老挝和柬埔寨,强租中国的广州湾。仅在 1884 年至 1900 年间,法国就夺取了 900 万平方公里的土地。到 1914 年,法国已拥有 1100 万平方公里的殖民地领土,相当于它本土面积的二十倍,比德、美、日三国的殖民地总和还要多,建立起一个仅次于英国和俄国的第三大殖民帝国。

与英国和法国相比,德国在列强争夺殖民地的竞赛中属于后来者。德国实现统一以后,工业生产获得了惊人的发展。从 1870 年到 1900 年,德国的钢产量由 17 万吨增长到 667 万吨,煤产量由 3400 万吨增长到近 1.5 亿吨,铁路线长度由 1.9 万公里增长到近 5 万公里。机器制造业、造船业、军事工业以及新兴的电气工业、化学工业和光学工业都有急剧的发展。资本输出虽然不及英国和法国,但也开始得到加强,1914 年德国输出的资本达到 270 亿马克。从 20 世纪初开始,德国的工业生产总值已超过英国,跃居世界第二位,成为仅次于美国的工业强国。随着资本主义工业

的飞速发展，德国资产阶级也开始强烈要求拓展海外市场、原料
供应地和投资场所，参与列强瓜分世界的竞争。1882年，德国工
业家和银行家建立了德意志殖民协会，极力鼓吹进行殖民侵略和
对外扩张。俾斯麦起初并不热衷于夺取殖民地，他的对外政策的
重点是与法国争夺欧洲大陆的霸权，即所谓"大陆政策"。然而，
他后来还是被说服，加入了列强抢占殖民地的行列。1884年，德
国首先夺取了盛产钻石的西南非洲（纳米比亚），接着侵占了多哥
和喀麦隆。同年，德意志殖民协会派遣卡尔·彼得斯（1856—1918
年）到东非坦噶尼喀地区，诱迫当地酋长签订了接受德国保护的
十二项条约，建立起德国的殖民统治。1890年，英国承认坦噶尼
喀是德国的殖民地。1884年到1885年，德国又攫取了南太平洋地
区的新几内亚东北部和马绍尔群岛。然而，德国的殖民扩张仍然
处处受到英、法等老牌殖民帝国的排挤，由于其海军力量薄弱，俾
斯麦也不愿与英国发生尖锐的冲突，因而难以有更大的作为。1890
年，早已对俾斯麦的大陆政策不满的威廉二世迫使俾斯麦辞职后，
立即着手推行野心勃勃的"世界政策"。这一政策的中心内容就是
向海外扩展殖民地，掌握制海权并争霸世界，从而使德国走上重
新瓜分世界和准备世界战争的冒险道路。威廉二世的外交部长、后
来的帝国宰相伯恩哈德·冯·比洛（1849—1929年）公开宣称：
"让别的国家分割大陆和海洋而我们德国满足于蓝色的天空的时
代已经过去了。我们也要求日光下的地盘。"从90年代开始，德
国出现了形形色色的军国主义和沙文主义团体，1891年成立的泛
德意志协会是其中最大的一个。它们狂热地宣扬"日耳曼人是优
等民族"的种族主义谬论，毫不掩饰地叫嚣德国"领土太小"，
"缺乏空间"，要同盎格鲁—萨克逊帝国决一雌雄，为德国的殖民
扩张和侵略战争政策制造舆论。1905年，德国总参谋长阿尔弗雷
德·冯·史里芬（1833—1913年）主持制定了所谓的"史里芬计
划"，其主要战略是，在未来的世界大战中德国先在西线集中兵力

以速决战击败法国，然后挥师东进打垮俄国。为了争夺海上霸权，国会于 1898 年通过扩大海军的法案，与英国展开了建造军舰的疯狂竞赛。20 世纪初，国会又通过一系列新的军事法案，扩充陆军人数，扩建海军舰队，积极扩军备战。同时，为了瓜分中国和侵略亚洲，威廉二世抛出了荒谬的"黄祸论"，并以此为由加紧向亚洲和太平洋地区侵略扩张。1897 年，德国侵占我国的胶州湾，并进一步攫取在山东建筑胶济铁路和开采矿山的权利。1899 年，德国利用英布战争的时机，占领了太平洋上的加罗林群岛、马里亚纳群岛和萨摩亚群岛的一部分。1903 年，德国与土耳其正式签订条约，取得了巴格达铁路（由博斯普鲁斯海峡经巴格达到波斯湾）的建筑权，使小亚细亚、美索不达米亚和波斯湾成为德国的势力范围，进而威胁英国在印度和埃及的统治。1905 年和 1911 年，为了同法国争夺北非的摩洛哥，德国两次挑起摩洛哥危机，把欧洲推向战争的边缘。德国与奥地利的结盟以及同英、法、俄的争夺最终导致了第一次世界大战的爆发。

除了英国、法国和德国以外，西欧一些较小的资本主义国家也参加了瓜分非洲和亚洲殖民地的活动。意大利于 1889 年侵占了厄立特里亚和意属索马里，以后又夺取了利比亚。但是，当意大利军队在 1896 年企图征服阿比西尼亚（埃塞俄比亚）的时候，却被使用法国步枪并有俄国顾问协助的阿比西尼亚军队打得惨败，6000 名意大利士兵被击毙，还有数千人被俘。这是非洲人打败欧洲军队并成功地捍卫了民族独立的一个光辉范例。80 年代初，比利时、法国、葡萄牙、英国、德国和美国为了争夺刚果展开了激烈的斗争，最后在 1885 年柏林会议上列强同意由比利时国王利奥波德二世（1865—1909 年在位）以个人名义领有刚果自由邦（今扎伊尔），1908 年它成为比利时王国的殖民地（比属刚果）。此外，西班牙相继攫取了西属几内亚（莫尼河区）、里奥德奥罗以及西属摩洛哥。葡萄牙则夺取了葡属几内亚、莫桑比克和安哥拉，同时占据着太平洋上的帝汶岛东北部和中国的澳门。荷兰长期以来一直占领着东印度群岛（今印度尼西亚）的大部分领土。到1914年第一次世界大战前，整个非洲大陆只有埃塞俄比亚和利比里亚仍然保持着政治上的独立，其余的国家和地区都已被帝国主义各国瓜分完毕。

　　1500年，欧洲各国仅仅占据全球陆地面积的7％；到第一次工业革命期间的1800年，西方列强控制了全球陆地（包括欧洲在南北美洲的前殖民地）的35％。然而，随着帝国主义时代的来临，特别是在19世纪末20世纪初瓜分世界的狂潮之后，1914年列强所控制的领土已经达到全球陆地的84％，殖民地人口总数将近5亿。至此，全世界几乎所有的土地和民族都被置于欧洲帝国主义工业强国（以及美国和日本）的统治、压迫和剥削之下，殖民地和半殖民地的资源和财富源源不断地流向帝国主义宗主国，而给殖民地和半殖民地人民留下的却是贫穷和屈辱。这必然导致被压迫民族和人民的民族意识的普遍觉醒和对外来民族压迫的强烈反抗。此外，各帝国主义国家和国家集团为了重新瓜分世界和争夺世界霸权也展开了激烈的斗争。进入20世纪以后，正是这些矛盾和斗争的激化使欧洲乃至整个世界卷入了人类历史上空前惨烈的战争旋涡。

19　达尔文像

第 四 章

19 世纪的西欧文化

19 世纪是西欧精神文明飞跃发展和异彩纷呈的时代，与封建专制时代相比，这一时代较为宽松自由的文化环境为学术研究和艺术发展提供了更为有利的条件。自然科学已经成为提高社会生产力、破除迷信与僵化思想、推动历史前进的革命性力量。哲学、社会科学和文学艺术从整体上说无疑产生于当时的社会生活，但各种学说和流派对社会和时代的具体关系却不能归结为照相式的简单反映，相反，前者与后者往往处于复杂多样的辩证矛盾之中。某些学科和流派，如经济学、社会学和现实主义文学艺术，在一定程度上认识和反映了当时的社会生活；而另外一些学科或流派则明显地表现出对社会的逃避或反抗；有些甚至直接参与了历史的创造，马克思主义就是其中最为典型的例子。这一时代西欧精神文明发展的新特点还有，不同学科之间的相互借鉴和交叉影响的趋势日益加强，学科内部的竞争所导致的创新和流派更迭的速度也开始加快，而电影的出现则预示着 20 世纪大众艺术时代的到来。

一、自然科学的新发现

19 世纪是工业革命高歌猛进的时代，也是自然科学迅速发展的时代。随着实用性生产技术的不断革新，以实验为基础的理论自然科学也获得了长足的进步。在第二次工业革命中，自然科学的重大突破日益成为技术革命的先导，科学理论对生产技术发挥着越来越重要的指导作用，特别是在超出日常经验的领域中，科学研究的超前作用就更加明显，19世纪电学和电磁学的发展即是明证。

在18世纪，科学界普遍认为电和磁这两种现象之间没有什么关系。但是，丹麦物理学家汉斯·克里斯蒂安·奥斯特（1777—1851年）受当时强调自然界的联系和发展的德国自然哲学的影响，相信电和磁之间一定存在着某种关系。经过多次实验，他终于在1820年4月发现电流通过导线时引起附近的磁针偏转。同年秋季，法国物理学家安培重复了奥斯特的实验，在此基础上提出了判定电流作用下磁针转动方向的右手定则。年底，安培进一步将这一发现推广于电流与电流之间的相互作用，提出了著名的安培定律，即：两个电流之间的作用力与距离的平方成反比，这一定律奠定了电动力学的基础。安培还规定了电流的方向（即从正极流向负极，但实际上应是从负极流向正极），而目前仍在沿用的电流大小的度量单位也是以安培的姓氏命名的。不久以后，德国物理学家乔治·西蒙·欧姆（1787—1854年）利用电流的磁效应设计了一个原始的电流计，经过反复实验之后，终于归纳出"通过导体的电流与电势差成正比，与电阻成反比"的规律，这就是电工学里著名的欧姆定律。与安培相似，欧姆的姓氏成了电阻大小的计量单位。

电磁学的进一步发展和应用研究应归功于伟大的英国物理学家和实验科学家法拉第。他于1821年成功地使一根小磁针围绕通电导线不停地转动，实际上这就是电动机的原型。法拉第并不以此为满足，他相信除了电流的磁效应之外还必然存在着磁的电流效应。于是，经过不断实验，他终于在1831年又发现如果将磁铁接近或离开线圈就会在线圈中产生感生电流。根据这一现象，他很快就制作了一个模型发电机。虽然最初的电动机和发电机还仅仅是实验室里的简单装置，但它们是即将到来的电器时代的第一道曙光。法拉第依据自己创造的"场"和"力线"概念形象地解释电磁相互作用，并且确立了电磁感应定律。他指出，在带电体和磁体周围存在着一种由电磁本身产生的连续介质——场，电磁相互作用即由场来传递，这种看不见摸不着的场可以直观地通过电力线和磁力线的演示实验来显示。1851年，法拉第在《论磁力线》一文中完整地表述了电磁感应定律：当导线垂直地切割磁力线时，导线中就会产生电流，电流的大小与其所切割的磁力线的数量成正比。法拉第还天才地预言了电磁波的存在和光的电磁本性，从而成为麦克斯韦电磁理论的先驱。

詹姆斯·克勒克·麦克斯韦（1831—1879年）是一位精通数学的英国物理学家，他曾正确地提出土星的光环是由带状的小天体群构成，并在分子运动理论上做出过重要贡献。1855年，他发挥自己的数学才能首次为法拉第的力线概念赋予了数学形式。1862年至1865年，他进一步对电磁场理论作出了完整的数学表述。他认为电和磁不能孤立存在，它们总是不可分离地结合在一起，变化的电场必然激发磁场，变化的磁场又激发电场，两者共同构成统一的电磁场。电磁场以横波的形式在空间里传播，形成电磁波。此后，麦克斯韦推算出了电磁波的传播速度，据此彻底否定了"超距作用"的错误观念。同时他发现电磁波的速度与光速相当接近，于是他大胆地提出了光的电磁理论，断定光的本质是一种波长极短的电磁波，从而在理论上统一了光学和电磁学。1873年，麦克斯韦的名著《电学和磁学论》出版，这部经典著作全面总结了电磁学的成果，以完善的数学形式建立了电磁场的基本方程，即麦克斯韦方程组。麦克斯韦去世后，德国物理学家赫兹在19世纪80年代后期通过实验不仅证明了电磁波的存在，而且大致计算出电磁波的波长，同时证明电磁波具有与光完全类似的特性，其传播速度与光速具有相同的量级。赫兹的实验实际验证了麦克斯韦的理论，也为人类利用无线电波铺平了道路。不久以后，意大利物理学家马可尼就根据赫兹的理论第一次实现了无线电波通讯。

　　自从牛顿和克里斯蒂安·惠更斯（1629—1695年）分别提出光的微粒说和波动说之后，两种光学理论长期争论不休。在18世纪，微粒说在物理光学领域中占据主导地位。然而到了19世纪，英国医生托马斯·扬（1773—1829年）和法国物理学家奥古斯丹·让·菲涅尔（1788—1827年）重新提出了光的波动说。他们以光的干涉现象证实光的波动性，同时说明了光波衍射的规律，并对偏振和双折射现象做出了新解释，特别指出光是一种横波而不是纵波，其他一些物理学家还对光速做出了初步的测定。19世纪物理光学的另一个突出成就是对光谱的研究。根据光的波动说，人们认识到太阳光经棱镜分解出来的不同色光是由不同波长的光形成的，这些不同波长的光排列成连续的光谱。19世纪中叶，德国物理学家古斯塔夫·罗伯特·基尔霍夫（1824—1887年）与化学家罗伯特·威廉·本生（1811—1899年）一同创立了光谱化学分析法，基尔霍夫进而发现每一种单纯的物质都有自己的特征光谱和特征谱线，并通过对太阳光谱中暗线的分析推测出太阳中存在的一些元素。从此，光谱分析方法使人们可以对遥远的恒星宇宙的物质构成进行科学研究，进而证明整个宇宙在物质构成方面有着惊人的统一性。同时，这一方法也为鉴别和发现化学元素提供了锐利的武器，一些新的化学元素就是通过光谱分析发现的。与19世纪光学的发展同步，法国发明家路易·达盖尔（1789—1851年）与约瑟夫·涅普斯（1765—1833年）合作进行照相术的研究工作，涅普斯去世后，达盖尔终于在1839年成功地制造了第一架实用照相机。此后，照相术成为科学研究、工业生产、日常生活和艺术创作的重要手段而获得了广泛地应用。

虽然在18世纪末和19世纪初已经有人开始质疑热质说（认为热是一种物质实体的学说）的正确性，热力学的奠基人尼古拉·莱奥纳尔·萨蒂·卡诺（1796—1832年）甚至提出了能量守恒的初步猜想，但是直到19世纪40年代能量守恒和转化原理确立之后，热之唯动说才真正取代了热质说。1840年，德国医生迈尔在行医实践中通过思考动物热的问题萌发了能量的各种形式可以转化的想法，他以哲学思辨式的语言提出能量是不可灭但可转化的实体的观点，并且以一个简单的实验粗略地求出了热功相互转化的当量关系。几乎与迈尔同时，英国物理学家焦耳首先测定了电能转化为热能的定量关系（焦耳定律），然后通过一系列越来越精确的实验，测定了机械功转化为热量的热功当量的数值。在焦耳实验结果的基础上，德国物理学家赫尔姆霍茨于1847年发表了著名论文"论力的守恒"，系统严密地阐述了能量守恒与转化原理。他首先以数学形式说明了孤立系统中机械能的守恒，然后将能量的概念进一步推广到热力学、电磁学、天文学和生理学领域，明确地论证了一切形式的能，包括机械能、化学能、热能、电能、磁能等等，都是等价的，并且可以在一定条件下相互转化，但能量的总和恒保持不变。由于能量守恒和转化原理主要是通过热功当量的测定而确立起来的，因而也被称为热力学第一定律。这一原理深刻地揭示了自然界的内在统一性、普遍联系和发展变化，成为马克思主义哲学的自然科学根据之一。

卡诺在1824年曾通过设想一台理想热机来说明：所有热机之所以能够做功都是因为热从高温热源流向了低温热源；但他相信热机工作过程中热量并没有损失。后来，曾创立绝对温标的英国物理学家威廉·汤姆森（即开尔文勋爵，1824—1907年）指出卡诺关于热机做功并不消耗热的看法是错误的，他在1851年提出了热力学第二定律：从单一热源吸取热量使之完全变为有用功而不产生其他影响是不可能的，也就是说一切"永动机"都是不可能的。与此同时，德国物理学家鲁道夫·尤利乌斯·伊曼努尔·克劳修斯（1822—1888年）也在1850年以另一种形式表达了热力学第二定律：热量不可能自动地从较冷的物体转移到较热的物体，若要实现这一过程就必须消耗功。1865年，他进一步发现一个孤立系统的热含量与其绝对温度之比总是会增大，他把这个比值命名为"熵"，因而热力学第二定律也被称为熵增定律。实际上，熵就是能量可以转化为有用功的量度，熵越大则能量转化为有用功的可能性就越小。克劳修斯将熵的概念推广到整个宇宙，进而把热力学第二定律重新表述为：宇宙的熵趋向于最大值。如果热力学第二定律是真的，那么宇宙必然逐渐趋向于一种热平衡状态，一切运动变化和生命形式都将消失，宇宙将在热平衡中归于寂静和死亡。这就是"宇宙热寂说"为我们描述的未来前景，它与进化论所揭示的从低级向高级的上升演化趋势恰成鲜明对照。然而，当代一些新兴的自然科学理论正在试图打破宇宙热寂说的悲观看法。

早在17世纪，人们就已发现了气体的压强与体积成反比的规律；18世纪又发现一定质量的气体在一定压强下，其体积的增加与温度的升高成正比的规律。为了解释这些经验定律的微观基础，19世纪的一些科学家相继提出了分子运动论，并将概率统计的方法引入分子运动理论，把气体的压强和温度分别设想为大量气体分子的碰撞次数和平均动能的统计效应，从而成功地解释了上述宏观气体定律。奥地利物理学家路德维希·玻尔兹曼（1844—1906年）还根据气体分子运动论为热力学第二定律作出了一个微观解释：所谓熵就是热力学系统中分子排列的混乱无序的程度，大量分子随机排列的最大可能结果就是越来越无序，也就是熵的增加。

19世纪化学最重大的成果首推原子论。在古希腊哲学原子论的启发下，伟大的英国化学家约翰·道尔顿（1766—1844年）依据新的化学研究成果（元素概念、化学反应方程式、化合反应的定比定律等），于1808年提出了科学的化学原子论。其主要内容是：化学元素由不可再分的微小物质粒子即原子组成；化合物则由几种原子化合而成的分子组成；不同元素的原子的重量不同；只有以整数比例的元素的原子相结合时，才会发生化合；原子在化学反应中只是重新排列，不会创生或消失。原子论发表之后，经过多人的改进最终确立了科学的原子—分子论，奠定了现代化学的基础。此后，化学研究走上了顺利发展的道路，随着大量新元素的发现和原子量的精确测定，使人们开始注意元素性质与原子量的变化关系。经过长期的排列、对照和比较研究，俄国化学家德米特里·伊万诺维奇·门捷列夫（1834—1907年）终于发现元素性质与元素的原子量之间存在着周期性的变化规律，1869年他发表了第一张元素周期表。元素周期律的基本内容是：元素按照原子量的大小排列后，其性质（如原子价的大小）呈现出明显的周期性；原子量的大小决定元素的特性。在其元素周期表中，门捷列夫除了列出当时已知的63种元素之外，还空出了一些没有发现的元素的位置并预言了它们的原子量；同时他根据某一元素在周期表中的相关位置推测出它的正确原子量，以此修正实际测量上的误差。1871年，门捷列夫又发表了经过修正的第二张元素周期表。不久以后，当人们吃惊地发现镓、钪、锗等新元素的性质与门捷列夫的预言完全一致时，周期律的科学性最终得到了国际科学界的承认。

18世纪的化学家们虽然对有机物进行了初步的分析，但有机化学作为一门实验科学的形成则是19世纪的事情。20年代，德国化学家弗里德里希·维勒（1800—1882年）首次人工合成了草酸和尿素，从而打破了当时流行的活力论在无机界和有机界之间人为划下的界限。同时，另一位德国化学家李比希（1803—1873年）留学法国归来后，开始与维勒合作从事有机化肥的研究。李比希在长期的研究工作中发展了有机化学的定量分析方法，他用这种方法研究有机物的元素结构，确定了许多有机物的化学式。他在化学研究方面的杰出成果不仅推动了德国化学工业的迅速发展，而且还首先发起了用化学肥料代替天然肥料的农业革命。这些开创性的工作使他成为当之无愧的有机化学之父。

天文学在19世纪的最大成就是海王星的发现和天体物理学的创立。19世纪上半叶，随着望远镜的改进，三位天文学家在各自的天文观测中发现了微小的恒星周年视差，从而彻底证实了300多年前哥白尼提出的日心地动学说，同时也为测定恒星与地球的距离提供了方法。在天王星于18世纪后期被偶然发现数十年之后，天文学家们发觉它的实际运动越来越偏离根据天体力学计算出来的正常轨道。当时的天文学界对天王星的反常运动提出了两种解释：要么是万有引力定律不能普遍适用，要么在天王星之外还存在着一颗未知的行星，它的摄动引起了天王星运行轨道的偏离。为了证实后一种假设的正确性，一位英国青年天文学家约翰·库奇·亚当斯（1819—1892年）在1845年计算出了那个可能存在的新行星的轨道。不幸的是皇家天文台和剑桥大学天文台都没有认真对待这位年轻人的求助，错失了观测证实新行星的机会。与此同时，另一位法国天文学家于尔班·让·约瑟夫·勒维烈（1811—1877年）也在进行这项工作，他在1846年8月31日用数学方法推算出新行星的大小、轨道和位置，其结论与亚当斯基本一致。勒维烈将说明计算结果的论文寄给了柏林天文台的天文学家约翰·哥特弗里德·加勒（1812—1910年），加勒在收到论文的当天（9月23日）晚上和次日晚上立刻进行了观测并做了详细记录。结果，他在勒维烈所说的位置附近惊喜地发现了一颗星图上所没有的新星，而且这颗新星每天移动的幅度几乎完全符合勒维烈的预言！就这样，又一颗新的行星被发现了，它被命名为海王星。令人无比惊叹的是，它并不是得自偶然的观测，而是天文学家精确数学计算的结果。1915年，天文学家又预言了海王星外的另一颗行星，这颗行星在1930年被发现，命名为冥王星。19世纪天体物理学的创立依赖于分光学和光度学的发展以及照相术的进步，通过综合运用当时这些先进的科学方法，使科学家们有可能研究恒星的温度分布、物质构成和演化规律。基尔霍夫首先根据太阳光谱指出，金属在太阳大气中呈气体状态，因而断定太阳的温度非常高，而太阳黑子是太阳上温度较低的部分。19世纪60年代，意大利天文学家皮特罗·安哲罗·塞奇（1818—1878年）和英国天文学家威廉·哈金斯（1824—1910年）分别对大量恒星的光谱进行了研究，发现恒星的化学组成既有许多相同的元素又不完全相同。哈金斯还利用恒星光谱的微小位移推算出恒星在视方向上的运动速度，这是天体物理学早期的一项重大成就。

从18世纪开始，关于地球演化和生物进化的思想已经萌芽，法国博物学家让·巴蒂斯特·拉马克（1744—1829年）曾提出一种用进废退和获得性遗传的物种进化理论。但是直至19世纪初期，反对进化观点的灾变论仍然普遍流行。20年代，在地质学中的火成论和拉马克的进化学说的影响下，英国地质学家查尔斯·赖尔（1797—1875年）通过实地考察得出了地质形态在多种自然力作用下缓慢变化的思想，从1830年开始出版他的著作《地质学原理》，从而建立起地质渐变的理论体系。正是这本书对达尔文创立生物进化论发生了深刻的影响。从1831年到1836年，查理·罗伯特·达尔文（1809—1882年）以博物学者的身份参加了英国海军"贝格尔号"考察船长达5年的环球科学考察航行。他在航行途中一边研读赖尔的《地质学原理》，一边仔细观察和记录沿途所见的自然现象。在不断变换的自然环境中，他惊异于物种的异常丰富性和多样性，也目睹了物种的分布随着地域的改变而变化的规律性。赖尔的方法论和他本人的实地考察，使他产生了生物逐渐进化的想法。回到英国以后不久，他偶然读到马尔萨斯的

《人口论》，其中关于人类为争夺生活资料而进行斗争的观点使他联想到生物世界一定也存在着类似的生存竞争。有趣的是，马尔萨斯错误的社会学观点却引发了达尔文正确的生物学思想。此后，达尔文又通过研究家养物种的人工选择问题加深了对物种变异和自然选择的理解。1859 年，达尔文的划时代巨著《论通过自然选择的物种起源或生存斗争中的适者生存》（简称《物种起源》）正式出版。该书引用大量证据说明了生物物种的遗传和变异，生存竞争和适者生存，以及在自然选择作用下的物种进化规律。值得一提的是，另一位英国青年博物学家阿尔弗雷德·拉塞尔·华莱士（1823—1913 年）也在当时得出了与达尔文极为相似的生物进化理论。至于人类的起源，达尔文在其 1871 年出版的《人类的起源及性的选择》一书中谨慎地指出："人是与某些较低级的古老物种一起从同一个祖先进化而来的，人类的这些近亲现在已经灭绝了。"虽然达尔文的进化论遭到了来自保守势力尤其是宗教方面的猛烈抨击，但是生物进化的思想终于逐步深入人心。尽管从现代科学的观点来看达尔文的进化论尚有许多不够准确的地方并且随着科学的进步不断受到修正，但是正如牛顿及其经典物理学一样，谁也不能否认达尔文作为 19 世纪最伟大的生物学家和进化论的创始人的光辉业绩。马克思主义的创始人也曾高度评价达尔文的成就，认为继康德和拉普拉斯提出太阳系起源的星云假说之后，地质渐变说和生物进化论的发展进化观念进一步打破并逐渐取代了形而上学的自然观。

　　科学家们早在 17 世纪就发现了植物细胞，19 世纪初期又进一步发现了植物细胞里面的细胞核以及动物细胞，但是对于细胞的基本结构和功能及其在生物体中的作用尚未搞清楚。1838 年，德国植物学家施莱登提出了植物细胞学说，认为任何植物体都是由细胞组成的，而细胞核是细胞的母体，细胞本身不仅具有独立的生命，而且作为植物体的一部分维持着整个植物体的生命。受施莱登的植物细胞学说的启发，德国动物学家施旺发现细胞核在动物体内也普遍存在，于是将细胞学说进一步推广到动物界。他在 1839 年指出，一切动物组织同样由细胞组成，而且植物细胞和动物细胞的内部结构均由细胞膜、细胞质和细胞核构成。施旺由此建立起生物学中统一的细胞学说。他们两人还正确地指出生物组织的发育是通过细胞的增殖实现的，此后其他的生物学家进一步认识到新细胞是原有细胞核分裂的结果。恩格斯称细胞学说是 19 世纪的三大发现之一，并将其作为辩证自然观的基础。细胞学说的建立也为现代医学开辟了道路，细胞病理学就是直接在其基础上创立的。

虽然达尔文进化论已经提出了遗传的问题，但对遗传的机制则研究不够，因而成为其理论的弱点。当时有两个人的工作在一定程度上弥补了这一缺陷，一个是奥地利的修道士格莱戈尔·约翰·孟德尔（1822—1884 年），另一个是德国生物学家奥古斯特·魏斯曼（1834—1914 年）。孟德尔从 1854 年开始从事植物杂交试验的遗传学研究工作，并于 1865 年总结自己多年的研究成果，得出了几个重要的遗传学规律（后人称之为孟德尔定律），这些成果使他成为遗传学实际上的奠基人。孟德尔指出，植物种子里存在着稳定的遗传因子，它们控制着物种的性状；每一性状都由来自父本和母本的一对遗传因子所控制，它们只有一方作为显性性状表现出来，另一方则作为隐性性状不表现出来，但是后者会在下一代以 1/4 的比例重新表现出来。这就是遗传学中著名的"分离定律"。遗憾的是，孟德尔的重大成果公布后却没有引起人们的注意，直到 1900 年才被重新发现。与孟德尔不同，魏斯曼是从种质遗传的角度对达尔文的进化论进行修正的。他首先从生殖细胞与躯体细胞的差异出发提出了种质与体质的区别，认为体质可以受生活环境的影响而改变并随着个体的死亡而消亡，但是种质却代代相传永不改变，正是它决定了物种的遗传特性。他用割掉尾巴的老鼠生出来的小老鼠仍然长有完整的尾巴的实验结果证明，体质的改变不会影响种质的遗传特征，因而获得性遗传的理论是不正确的。魏斯曼进一步推测种质必定有其化学实体，它就存在于细胞核中的线状染色体里面。他还正确地预言了生殖细胞在发育过程中必然会经历一个染色体的减数分裂过程。魏斯曼的种质连续遗传说与达尔文的自然选择说相结合发展出了一种新达尔文主义，但是它也引起了新的问题：如果种质不可变，变异又如何解释呢？这个问题是由后来的突变理论解决的。

　　在19世纪的自然科学中与人们关系最为密切甚至生死攸关的新学科莫过于微生物学了，微生物学的创立不仅为人类展示出植物界和动物界之外的微生物世界，而且为许多恶性传染病的防治指出了正确的途径。微生物学的创立者当推伟大的法国化学家和生物学家路易·巴斯德（1822—1895年）。18世纪，人们已经通过显微镜观察发现了微小的生物和细菌。进入19世纪以后，施旺曾提出发酵作用是由酵母中的微小细胞引起的，建议用加热杀死小细胞的办法防止有机物腐败，但这些看法并没有广泛为人所知。50年代，巴斯德曾帮助法国里尔地区的酿酒商解决啤酒和葡萄酒变酸的问题，从而使他在微生物研究领域中初露头角。通过对酒样的显微镜观察，巴斯德发现在未变酸的酒里有一种圆球状的酵母菌，正是它使制酒原料发酵成为酒精，而在变酸的酒里则存在着另一种杆状的酵母菌（乳酸杆菌），它才是使酒发酸的祸首。这一研究不仅证实了发酵过程是一种生物学过程，而且还发现了解决酒变酸问题的线索。巴斯德经过多次实验后终于发明了著名的巴斯德灭菌法：将酒（牛奶或其他液体）加热到摄氏65度左右并保持这一温度30分钟，其中的乳酸杆菌就可以被杀死，然后密封保存，酒就不会变酸。这一简便易行的方法很快获得推广，酿酒商们获得了巨大的经济效益，外科医生也将其用于外科手术，极大地降低了由于细菌感染引起的术后死亡率。此后，巴斯德相继发现了侵害丝蚕的寄生虫和传播家畜炭疽病的炭疽病菌，挽救了法国的丝绸业和畜牧业。巴斯德还通过各种无可置疑的实验驳倒了当时流行的"生命自然发生说"（认为小生命可以从肮脏的自然环境中自然产生出来），证明一切生命只能来自生命。虽然从 16 世纪开始中国人就已经开始接种人痘以预防天花，而且英国医生爱德华·詹纳（1749—1823 年）还在 18 世纪末发明了接种牛痘预防天花的方法，但是当时谁也不知道接种预防的原理。巴斯德在对鸡霍乱的研究中发现，经过几代培养繁殖的有毒病菌，其毒性将大大减弱，用这种低毒病菌给鸡接种即可使鸡获得对鸡霍乱的免疫能力。这样，巴斯德以其微生物理论揭示了人工接种免疫学的基本原理：接种什么病菌，就可以防治该病菌引起的疾病。此后，他相继制成了炭疽病疫苗和狂犬病疫苗，治愈了来自世界各地的大批病人。免疫学的建立给全人类带来了巨大的福音，长期肆虐的多种烈性传染病被制服，使欧洲人的平均寿命得到了极大的提高。巴斯德不仅是一位卓越的科学家，而且也是一位品德高尚的人，他为了让自己的科学成果更好地为人类服务，放弃了能给他带来巨大财富的巴斯德消毒法的专利权。这位伟大的科学家是真正应当得到全人类最大的赞扬和感谢的人。

19 世纪自然科学和创造发明的大发展为工业革命提供了理论前提和技术支持，科学技术与生产力的其他要素相结合迅速转化为空前巨大的经济力量，造成了欧洲在经济、政治、军事、文化等各方面对世界其他地区的长期优势，为一次大战以前欧洲的世界霸权奠定了坚实的物质基础。

二、哲学和社会科学的进展

自然科学的空前成功对哲学和社会科学产生了强烈的冲击。在法国，实证主义哲学家和社会学家奥古斯特·孔德（1798—1857

年）仿效自然科学的榜样，认为社会本身也可以用科学的方法进行实证研究。孔德最重要的著作是从 1830 年到 1842 年陆续出版的 6 卷本《实证哲学教程》。孔德实证主义的哲学立场是：关于世界的知识皆起源于经验的观察，并且仅限于可以观察到的现象，物自体的本性是不可知的。因此，他批评形而上学使想象超越了观察，因而是一种没有根据的思辨。他的这些观点对 20 世纪的逻辑实证主义产生了极大的影响。孔德也是社会学的奠基人之一，他有时把社会学叫做社会物理学。在他看来，社会学应当分为社会静力学和社会动力学，前者研究社会组织，后者研究社会发展。社会学的工作就是积累有用的经验知识，以便把握社会发展的法则。他提出，社会的发展在精神方面必然经历三个阶段：最初是以神学方式解释自然和社会现象的神学阶段，其次是用形而上学解释世界的形而上学阶段，最后则是以科学方式解释世界的科学阶段或实证阶段。这是一切社会的发展都要遵循的一个法则。

在德国，德国古典哲学的集大成者黑格尔去世后，首先对其哲学的保守倾向发起冲击的是青年黑格尔派，其中第一个从唯物主义立场批判他的是费尔巴哈，然而对人类思想和历史影响最大的却是马克思。马克思不仅批判了黑格尔哲学的唯心主义，而且将其合理内核辩证法重新置于唯物主义的基础上，创立了唯物辩证法和历史唯物主义的学说，使之成为无产阶级革命的思想武器。

在德国古典哲学尚未衰落时，另一位德国哲学家阿图尔·叔本华（1788—1860 年）独辟蹊径，开创了现代西欧哲学中的唯意志主义学派。叔本华在其 1818 年出版的代表作《作为意志和表象的世界》（1844 年再版）中系统地阐述了他的唯意志主义哲学思想，其中心假设是：意志是世界上一切现象内部的基本实在，它相当于康德的物自体。然而，与康德断言物自体不可知的观点不同，叔本华认为人可以通过对自己的意志的内在体验直接认识这个物自体。其他一切现象都属于表象的世界，而每一种现象都以意志作为其内在的实在。这个意志是渗透于一切生命和无生命世界中的统一的宇宙意志，不过，由于各种事物表现宇宙意志的程度有所不同，因而形成一个意志的等级世界，类似一个从低级到高级的万物有灵论的世界。由于受到佛教的影响，叔本华认为既然意志是万物的本质和动力，我们的生活也被意志所支配，那么生活中就不可避免地充满了斗争、冲突和不满足，因而全部人生就是一个受苦受难的无尽过程，只有美学经验可以暂时平息我们内部的意志冲动。为了完全解脱意志冲动的折磨，惟一彻底的办法就是通过一种内在的觉悟，认识到一切竞争和斗争的结果最终还是一无所获，因而永久地摒弃欲望和生存意志，采取一种听天由命的态度，这样才可能永脱苦海，成为悲天悯人的圣人。

唯意志主义出现在德国和整个西欧资本主义的上升时期，叔本华悲观的虚无主义自然难以获得热烈的反响，然而一个咄咄逼人的德国青年哲学家在读过《作为意志和表象的世界》之后，却向着相反的方向大大发展了意志哲学，并超过叔本华，成为影响最大的唯意志主义哲学家。这个人就是弗里德里希·威廉·尼采（1844—1900 年）。尼采早年是一位古典语言学家，曾在瑞士的巴塞尔大学任教授。1872 年出版其第一本著作《悲剧的诞生》，此后陆续出版了一系列著作，如《快乐的科学》、《查拉图斯特拉如是说》、《善恶的彼岸》、《论道德的谱系》、《偶像的黄昏》以及《权力意志》等等。在尼采看来，西方文明已经陷入了宗教、哲学、伦理和文化上的严重危机。因为"上帝死了"，基督教的传统宗教信仰和道德以及旧的形而上学思维方式都在逐渐消亡，过去的宗教和哲学对人生和世界的解释已经不再令人信服，传统的生活方式和价值观念也都面临着考验，而由此产生的文化真空却是现代科学所无力填补的，因此这种危机严重威胁着西方文明的健康。但是，尼采并不赞成叔本华否定生活意义的悲观主义和虚无主义，他觉得后者毋宁是这种危机的表现，因此他强烈地要求一种重新肯定生命意义的积极解决办法。最初，尼采试图从古希腊文化和德国作曲家瓦格纳的音乐中寻找文化更新的线索和灵感，后来则明确提出要重新估价一切价值，从而在抨击旧价值和旧道德的过程中发现新的生活准则。在认识论方面，尼采否认有一种独立于我们之外的绝对的自在世界的存在，因而也否认对这种自在世界的绝对的认识和绝对真理。在他看来，我们对周围世界和社会生活的认识都随着我们对它们的兴趣、利益和实践关系的不同而不同，因而一切认识都有其特定的观点和视角。根据这种见解，尼采试图发展一种视角主义的或自然主义的认识论。关于世界的本质，尼采认为它既不是基督教的上帝也不是形而上学的灵魂或物自体，"这世界就是权力意志——此外别无其他，而且你自己也是这种权力意志——此外别无其他。"而能够最充分地体现这种权力意志的则是超越于平庸大众之上的高等人类，尼采称之为超人。超人克服了道德强加给人的一切过于人性的弱点，使权力意志和创造性潜能发挥到极致，他们具有坚强的意志、强烈的权力冲动、勇气和冒险精神、战争和征服的本能、狡诈和残忍无情，他们对多数劣等人毫无同情之心，因而他们是优越的贵族和天生的统治者。庸庸碌碌的民众、妇女、奴隶、工人、穷人则被尼采诬蔑为低等的畜群，他们除了充当少数伟人实现英雄业绩的手段之外，没有任何要求平等和幸福的权利。依据这种善恶颠倒的思路，尼采进行了他所谓的价值重估，他企图用古希腊酒神狄奥尼索斯高扬非理性的疯狂和放纵的价值标准以及鼓励强者的主人道德取代奴隶式的基督教道德、民主主义和社会主义，因为在他看来所有这些主张的实质都是压抑强者保护弱者，毁灭原始的权力意志，实行它们的结果只能导致人类萎靡不振和文明的衰弱退化。然而我们不禁要问：尼采的做法究竟是在挽救文明还是在倡导野蛮？如果把尼采的超人学说解释成鼓励人们奋发有为或充分发挥艺术创造潜能，也许多少还有一点积极意义；但是我们不能不看到，他那些露骨地反人性、反道德、反人民和反民主的疯狂言论是现代文明人所无法接受的，虽然他不是一个鼓吹德意志民族主义的国家主义者（因为他是极端的个人主义者），但他的思想后来在客观上确实被德国纳粹分子用做毁灭人类文明的理论依据。

功利主义是在 19 世纪的英国影响最大的哲学和伦理学思潮之一，其早期代表人物是英国哲学家和经济学家杰里米·边沁（1748—1832 年）。边沁早在 18 世纪后期就已经提出所谓"最大幸福"的功利主义伦理和政治原则：一切立法行为或政府措施的目标都必须是追求"最大多数人的最大幸福"。通过在社会活动中运用这一原理，边沁参与推进了整个英国法律体系尤其是刑法的改进，其中包括证据法的修改和取消债务监禁的条款。边沁还参与了英国议会代表制的改革以及建立文官选拔考试制度的工作。在伦理学上，边沁倾向于认为个人利益是惟一现实的利益，社会利益只是一种抽象，不过是个人利益的总和。在经济学方面，他提倡自由放任主义经济学说。边沁的同时代人、英国哲学家詹姆斯·穆勒除了参与边沁领导的推动政治和法律改革的活动之外，其一生中的重要成就之一是运用他的联想主义教育理论把他的儿子约翰·斯图亚特·穆勒培养成为英国 19 世纪最著名的经验主义哲学家、逻辑学家、经济学家和功利主义社会改革家。

约翰·斯图亚特·穆勒继承并发展了其父和边沁的功利主义学说，将功利主义原理从伦理学扩展到政治经济学、逻辑学和形而上学等领域，并且将其贯彻在他的社会政治活动和争取妇女权利的运动中。小穆勒的主要著作有：《逻辑的体系，演绎和归纳》、《政治经济学》、《论自由》、《功利主义》、《妇女的从属地位》等等。在伦理学上，小穆勒仍然坚持功利主义的传统观点，即人们的行为动机是追求快乐的最大化。他把功利主义的伦理原则表述为：一个行为在伦理上是正确的，当且仅当它可以比任何其他行为产生更大的快乐和更小的痛苦。然而与传统观点不同的是，小穆勒认为人们的目的并非都是自私的，而且快乐不仅有量的差别还有质的差别。比如，人们的道德情感的性质就不同于低级的快乐，而人类总体的幸福也是值得人们追求的快乐之一。这种经过修正的功利主义在一定程度上避免了传统功利主义的利己主义倾向。在逻辑学和科学方法论上，小穆勒指出，演绎逻辑不是检验方法而只是保持论述一致性的方法，科学的公理只能来自经验的归纳，但是由于简单枚举的经验归纳总是不完全的，因而永远不能得到确定无疑的结论。他还发展和完善了一些帮助人们找到某种现象的必要条件、充分条件和充分必要条件的归纳逻辑方法，如契合法、差异法、共变法、剩余法等，这些方法再加上实验和观察就能帮助人们发现某些自然现象的原因。小穆勒的这些归纳方法在当时的经验自然科学尤其是化学中确实是行之有效的，然而对于社会科学研究来说则显得难以胜任，后来的社会科学家们逐渐用更有效的统计学方法取代了小穆勒的方法。在社会政治和经济制度方面，小穆勒依然将功利主义原则作为考察的标准：无论是政府还是经济制度、法律制度，它们是否有利于增进人类福利？是否还有比现存制度更好的选择？小穆勒认为，自由市场经济虽然具有许多优点，但是生产资料的私有制所带来的缺陷（如许多人的贫穷）却表明，我们应当建立一种更好的生产资料公有制或社会主义制度。同时，小穆勒认为自由作为一种社会制度具有功利的效用，因为它鼓励个性的发展，带来知识、技术和道德的创新，从而可以增进人类的总体福利。他一方面支持民主代议制政府，另一方面又强调完善保护公民权利的法律制度，防止出现公众舆论或多数人对少数个人的暴政。小穆勒积极参与了争取妇女选举权以及妇女受教育和从事社会职业的平等权利的运动，反对男子为了自身的利益垄断选举权的做法，他认为妇女的选举权是改进人类道德的必要步骤。小穆勒的哲学思想对罗素和20世纪的逻辑实证主义发生了重大影响，其伦理学仍然是当今重要的伦理理论之一，而其社会学说则深刻地影响了英国的费边主义者和其他温和的左翼分子。

比小穆勒稍晚的另一位较重要的英国哲学家和社会学家是赫伯特·斯宾塞（1820—1903 年），他的主要思想体现在其 10 卷本的《综合哲学体系》一书里，从中可以看出 19 世纪科学实证思潮的深刻烙印。在认识论上，他认为我们关于宇宙的惟一可靠的知识只存在于科学之中，甚至以此为由反对人文学科的研究，主张科学应当成为学校教育的主要课程。在达尔文出版《物种起源》以前，他就持有一种类似拉马克的进化论观点，强调生物物种的变化主要依靠对环境的直接适应和获得性遗传。然而，斯宾塞的独特之处是将达尔文的生物进化论通过类比运用于人类社会领域，从而创立了社会达尔文主义，不过斯宾塞是一个道德乐观主义者，他认为道德本身就是进化的产物，社会进化的方向是逐步达到个人之间的动态均衡以及人类道德状态的改善。与他相反，另外一些社会达尔文主义者却断定，人类社会同自然界一样存在着生存竞争，在人与人的竞争中，优胜的强者得以生存而弱者则被淘汰，从而推动社会不断进步。不难看出，这种社会达尔文主义与尼采的超人哲学有异曲同工之处，二者可以分别被用来为帝国主义者的殖民政策和种族主义者的种族灭绝罪行提供似是而非的"科学"和哲学依据。

大多数 19 世纪的哲学家都从自然科学或人文学科中吸取灵感，然而有一位丹麦哲学怪人索伦·艾比·克尔凯郭尔（1813—1855 年）却从其基督教信仰和深刻的生存体验中开展出一种独特的哲学思想，这使他成为存在主义的奠基人之一。虽然克尔凯郭尔自认为他的使命是将基督教精神重新引进基督教世界，但他关心的主要问题则是对人的存在的分析，因为在他看来基督教首先是一种存在方式，而当代基督教世界最大的不幸就在于人们忘记了存在意味着什么。克尔凯郭尔所说的存在专指人的生存，他认为人的存在是一种未完成的过程，在这个过程中，个人必须通过自由选择来实现自我，这是每个人必须承担的责任。他进一步指出，个人实现自我的完整过程必须经过生活之路的三个阶段，即审美阶段、伦理阶段和宗教阶段，但是由于人的发展是自由的而不是自动的，因而具体的个人也许会固定于某个阶段而不能跃上更高的存在境界。审美阶段的生活是一种仅仅追求直接欲望的当下满足的生活，虽然有些人可以通过艺术形式反思地享受生活，但它由于缺乏严肃的承诺，仍然属于一种低级的生存境界。这种缺陷导致个人放弃审美的生活和暂时的欲求，而进入伦理的生存阶段，伦理生活的目标是通过对持久有效的伦理理想的承诺而实现一个统一的自我。然而，一旦觉悟到真正的理想是超越性的，因而很难真正实现它们，个人就从伦理生活的阶段进入了宗教的生存阶段。然而为了进入宗教的生存境界，个人不能依赖理性的指导，因为在理性看来上帝道成肉身为耶稣基督是荒谬而无法理解的，所以基督教的信仰只有通过启示或信仰的跳跃才能达到。在克尔凯郭尔看来，人的存在不能还原为知性的思想，信仰的跳跃是一种自由选择的行动，它不是知性反思的结果，而是由存在的激情（他称之为个人的内在性或主观性）所产生的一个决定。因此，他着重分析了各种各样的情绪和激情，其中最为重要的是焦虑，因为焦虑反映出人的自由。此外，绝望和负罪感等否定性的情绪也很重要，因为它们揭示出审美生活的空虚和伦理生活难以令人满意的缺陷，从而驱使个人进入宗教生活。从人的有限性和不完全性出发，克尔凯郭尔还激烈地批评了黑格尔的绝对唯心主义，嘲笑了黑格尔通过建立一个无所不包的体系达到完全性、确定性和终极真理的僭妄企图。不能否认，克尔凯郭尔的哲学自有其深刻而独特的性质，然而他对于人的存在、自由选择和存在情绪的分析以及反理性主义的倾向等，无疑启发了20世纪的存在主义者，甚至在某些方面可以看做是后现代主义的先驱。

从 19 世纪 60 年代到第一次世界大战前,德国出现了一股重新研究和发展康德哲学的思潮,形成了所谓的新康德主义,其代表口号是"回到康德去",其中比较有影响的派别是马堡学派和弗赖堡学派(或西南学派)。马堡学派的创始人是赫尔曼·柯亨(1842—1918 年),他从自然科学方法论的角度发展了康德的先验唯心主义。柯亨取消了康德哲学中的感性与知性的二元论,认为空间和时间并非如康德所说是感性的先天形式,而是"纯粹思想"的建构方法。所谓纯粹思想是他自己提出的先天原则体系,这些先天原则可以随着科学的进步而发生改变。另一方面,柯亨提出了伦理社会主义,主张社会主义是一种道德理想,先验的道德律要求所有的社会制度必须成为民主的制度,而所有的个人都应成为共同立法者,以便表达统一的意志和愿望。这种观点在第二国际中获得了一些人的赞赏。偏重人文学科的弗赖堡学派的创始人是威廉·文德尔班(1848—1915 年),他提出了一个流传很广但却有争议的观点:自然科学追求的是建立普遍规律,因而可以称为立法性(普遍性)的知识;而历史科学寻求的却是描述独一无二的个别历史事件,因此应当称为个别性的知识。弗赖堡学派的另一位代表人物亨利·希·李凯尔特(1863—1936 年)承袭了文德尔班的这种观点,并进一步提出历史科学或文化科学的任务是发现具体历史事件所表现出来的该文化中被普遍接受的价值观念,因为正是这些文化价值或理想决定了某一事件的历史意义。新康德主义的这些见解对当时的自然科学、社会科学和哲学都发生了一定的影响。

还有一位值得一提的奥地利物理学家和科学哲学家恩斯特·马赫(1838—1916 年),他不仅在力学、声学和光学等物理学科上有很高造诣,比如发现马赫数,而且创立了心理物理学。他的理论曾对爱因斯坦的工作发生过相当影响,但作为经验批判主义的创始人,他的哲学观点存在着主观唯心主义的偏向。马赫最著名的科学哲学著作是 1883 年出版的《力学科学》，在该书中他通过考察力学的发展历史和方法程序揭示了力学的逻辑结构。他认为，力学的基础建立在感觉之上，因而世界在某种意义上可以说是由色、声、味等感觉要素构成的（这一观点后来被列宁指责为唯心主义）。力学的性质是归纳而不是论证，它没有任何先天的成分。力学的作用就是以最经济的方式将运动的杂多事实简化为几条规则，以便满足思维经济原则的要求。推而广之，任何科学都必须被看做是描述性的而不是解释性的，时间、空间和因果性等都是作业假说；科学理论中的那些实体，比如原子，不过是为了科学预言的方便而提出的假设，如果断定它们代表着某种实在，那就会陷入毫无意义的形而上学。马赫这种反形而上学的思想直接影响了维也纳学派的创立者们，以致他被看做逻辑实证主义的先驱者之一。

最后应当提到两位跨世纪的重要的社会学家，一位是法国社会学家艾米尔·杜尔克姆（1858—1917 年），另一位是德国社会学家马克斯·韦伯（1864—1920 年）。杜尔克姆深受孔德的实证主义社会学传统的影响，认为社会学的任务是研究各种社会事实之间的关系，这些社会事实与变动不居的个人心理状态不同，而是一些具有客观性和普遍性的现象，比如法律、宗教等，它们规定了整个社会共同体的特征，并且具有一种对个人的外在强制作用。早年，杜尔克姆曾在《论社会劳动分工》中讨论了社会分工对于社会整合的意义，他指出简单社会的团结是靠各个成员之间的同质性即共同价值观来维系的一种机械性的团结，然而复杂社会的分工和专业化的结果破坏了这种同质性，但同时又为社会团结创造了一种新的基础，这就是分工所带来的社会成员之间日益增长的相互依赖性，从而产生了复杂社会所特有的一种有机性的团结。与当时盛行的强调社会起源与发展的进化论和历史性方法不同，杜尔克姆更加注重对社会结构及其相互依赖的功能性研究，这一思路一直影响到 20 世纪的功能主义和结构主义等人类学和社会学各流派。此后，杜尔克姆对自杀现象做了饶有趣味的研究。他不满足于对自杀现象的动机所作的心理学解释，提出了一种对各个社会高低不同的自杀率的社会学解释，即影响自杀率高低的主要因素是社会成员之间的联系和整合的强度。比如，天主教信仰比新教的个人主义信仰具有更强的社会整合功能，结婚的人其社会联系的强度也大于单身的人，战争时期的社会团结高于和平时期，农村的社会联系强度超过漠不相关的城市等等，正是这一差别造成了前一类情况下的自杀率低于后一类情况的结果。在其学术生涯的后期，杜尔克姆提出了一种集体表象理论，认为集体表象是可以被个人意识内在化的某一社会共同体的共同价值取向。神话和其他宗教就是许多个人用以表象其所属社会的一种共同的观念体系，宗教的类型由该社会的结构所决定，而宗教的基本功能则是维持和加强社会的凝聚力。

马克斯·韦伯是德国著名的社会学家，他的主要贡献体现在其对促使资本主义诞生的文化因素的研究以及对不同文化类型的比较研究中。在其名著《新教伦理与资本主义精神》和《经济与社会》等书中，韦伯提出，近代西方文化通过其世界观的"祛魅化"过程逐步实现了政治和经济生活的理性化，这是一种具有普遍性意义的变化。在韦伯看来，这种理性是一种注重目的-手段的工具理性，合乎理性的行为意味着为了达到具体目的必须选择最有效的手段，同时意味着在行动之前必须对自己的选择和行动的后果做出判断。与此相反，价值理性或信仰伦理的目标则是一些抽象原则和终极目标，具有精神魅力的领袖人物就是创造和追求这类终极价值而不顾后果和代价的政治家，而一般的职业政客却仅仅按照责任伦理的要求追求有限目的和具体后果。关于促进资本主义产生的文化因素，韦伯相信崇尚勤劳致富、禁欲节俭、将经济成功当做教徒的天职和获得上帝恩宠的证明的新教伦理鼓励了私人企业家精神并加速了资本积累，这种新教伦理加上理性化的经营方式最终导致了近代资本主义的诞生。然而他预言理性主义恶性发展的结果必然是价值源泉的枯竭以及意义和自由的丧失，个人最终将被日益膨胀的官僚机构禁闭在一个可怕的铁笼之中。在方法论方面，韦伯接受了新康德主义在自然科学与社会科学之间所作的区分，他认为鉴于人的社会行为是有目的和有意义的，因而社会科学的方法必须把对行为主体的理想和价值观念的理解包括进去，同时也不排除对因果关系的分析。通过对历史上和现实中存在的不同文化的分析，韦伯概括出了包括新教伦理、儒家伦理、佛教伦理等在内的几种文化"理想类型"，并得出了儒家文化本身不能产生近代资本主义或与资本主义发展不相容的结论。然而，现代东亚资本主义经济的腾飞和巨大成功向韦伯的传统理论提出了强有力的挑战。

19世纪自然科学的成功不仅为其自身赢得了巨大的声望，而且使这个时代的哲学和社会学说处于实证科学的强有力的影响之下，实证主义哲学和社会学的创立以及科学理性对哲学的渗透都是时代精神的明显体现。然而另一方面，德国古典哲学的人文传统也塑造了欧洲大陆重视社会历史的学术特点，如果考虑到英国逻辑学和经验主义哲学的发展，20世纪英美分析哲学和欧陆人文哲学的分野已初露端倪。在理性和科学大行其道的同时，以唯意志主义和存在主义为代表的非理性主义思潮异军突起，它们注定要对20世纪的思想发展和历史进程发生重要的影响。

三、文学:从浪漫主义到批判现实主义

当19世纪到来的时候,肇始于启蒙时代后期的欧洲浪漫主义文学方兴未艾。与18世纪大多数启蒙主义者不同,让·雅克·卢梭一直对理性万能的观念持怀疑态度, 他认为科学和艺术的发展

会带来道德的败坏，专制政体违反自然，因而他在世界观、社会历史观、教育观、文学观等方面都崇尚自然，强调情感高于理性，提出"回归自然"的口号。卢梭的文学作品中充满了对大自然的亲切感受和对人类内心情感的细腻描述，这些特点深刻地影响了后来的感伤主义和浪漫主义文学，卢梭因此在文学史上被称为浪漫主义运动之父。

法国大革命后期的恐怖统治、拿破仑的侵略战争、复辟时期的反动以及工业革命所带来的贫富分化无情地打碎了人们对理性的幻想；另一方面，个性获得了解放的知识分子需要一种自由表达个人情感和主观感受的方式，在这双重背景下欧洲浪漫主义文学应运而生。早期浪漫主义文学在题材上偏好于表现蛮荒的大自然、原始人或中世纪的生活、神话或宗教的神秘事物、情节曲折的传奇故事、人间的不幸、爱情的创伤、多愁善感的忧郁情绪等，具有逃避令人不快的现实的消极倾向。后期浪漫主义则表现出一种更加积极的入世态度，其代表作家注重对现实社会生活的剖析和揭露，高扬人道主义的理想，同情下层人民的苦难，无情地鞭挞资本主义社会中的罪恶与不公正。在艺术形式和表现手法方面，浪漫主义文学力图突破新古典主义刻板僵死的形式规则和各种清规戒律的限制，充分发挥艺术家的想象力和创造性灵感，自由运用更加生动的语言和大胆的隐喻象征手法，追求一种与古典式的秩序美截然不同的奇异美。

德国文学中的浪漫主义倾向早在狂飙突进运动时期的歌德和席勒的作品中已初露端倪，但德国浪漫主义文学正式产生于以奥古斯特·威廉·冯·施莱格尔（1767—1845年）和弗里德里希·冯·施莱格尔（1772—1829年）兄弟为代表的耶拿派。两人写作了大量的美学论文，同时创作了一些诗歌、剧本和小说，奥古斯特还将莎士比亚的许多带有浪漫色彩的戏剧（《罗密欧与朱丽叶》、《仲夏夜之梦》等）翻译成德文。在其论文中，弗里德里希强调浪漫主义文学的主观性，宣称浪漫主义文学的本质特征就是无限的创造性，文学创作应当是一个永不停顿的进步过程，因而作家必须不断地否定自己以前的作品。正是弗里德里希首先将形容词"浪漫的"与德国具有浪漫倾向的文学联系起来并给出了它的定义，同时他利用德语的"小说"（Roman）一词与"浪漫的"（romantisch）一词在语义上的联系，把当时一般人认为低于抒情诗和戏剧的小说提升为最高级的综合文学形式。奥古斯特则着意歌颂中世纪基督教骑士战胜威胁欧洲的异教军队的武功，称德国中世纪史诗《尼伯龙根之歌》为北方的《伊利亚特》，他和诺瓦利斯一起将中世纪德国的生活美化为一个逝去的浪漫的黄金时代。

诺瓦利斯（1772—1801年）是早期德国浪漫主义诗歌的中心人物，在他身上，哲学沉思和诗歌天才融为一体，他认为哲学与诗歌的分裂只是表面的而且对双方都不利。他的诗歌里充满神秘主义的宗教情绪和浪漫主义的爱情幻想，其散文诗《夜之颂歌》的灵感直接得自他15岁的未婚妻之死，在诗中，他充分运用想象和象征的艺术手法把生命和死亡颠倒过来，热切地拥抱死亡，将它看做走向超越世界中的永生和爱情的通道，使其对人生存在有限性的痛苦意识通过在超越世界里永恒爱情的实现而获得补偿。在其未完成的小说《亨利希·冯·奥弗特丁根》里，诺瓦利斯表达了一种信念：诗人的使命就是终生追求一朵神秘的"蓝花"，途中经历的梦境、童话、神话、自然象征主义、诗歌艺术等等都象征着诗人的自我意识不断觉醒的各个阶段。代表忧郁和感伤的蓝花后来成为一切浪漫主义的象征。

海德堡派作家克雷门斯·布伦塔诺（1778—1842年）则表现出德国浪漫主义文学的另一种倾向，他和阿奇姆·冯·阿尔尼姆（1781—1831年）共同编辑整理了一套包括700多首德国民歌、童谣和传统诗歌的总集，标题为《男孩的神奇号角》。布伦塔诺自己也创作了一些童话和神话故事，最著名的是《高克尔和兴克尔》。这反映出他对普通人民的同情和对纯朴的民间艺术的向往。德国浪漫主义在儿童文学上的另一重要贡献是雅可布·格林（1785—1863年）和威廉·格林（1786—1859年）兄弟收集编写的《儿童和家庭童话故事集》（即《格林童话》），其中包括许多深受各国儿童喜爱的童话和民间故事，如《青蛙王子》、《白雪公主和七个小矮人》、《小红帽》等等。

德国著名诗人亨利希·海涅（1797—1856年）是德国文学从浪漫主义向现实主义转变的关键人物，其早期作品《歌集》具有浓郁的浪漫主义色彩，散文集《游记》则对封建贵族的统治和资产阶级的市侩习气发出了辛辣的嘲讽。在《浪漫派》和《论德国宗教和哲学的历史》中，他从理论上总结了浪漫主义文学运动，并为现实主义文学开辟了道路。在结识了法国批判现实主义作家巴尔扎克等人和无产阶级革命导师马克思之后，海涅的思想发生了重大转变，文学创作开始具有明显的现实主义风格。他的政治讽刺长诗《德国：一个冬天的童话》揭露了德国的黑暗现实，表达了革命的理想，号召人民行动起来，建立自由幸福的人间乐园。

19世纪初期的英国浪漫主义诗歌的显著特点是对英国工业化社会的逃避或批判。英国浪漫主义诗歌的开创者是号称"湖畔派"诗人的威廉·华兹华斯（1770—1850年）和塞缪尔·泰勒·柯勒律治（1772—1834年）。两人共同出版了《抒情歌谣集》，华兹华斯在该集第二版序言中提出了浪漫主义诗歌的美学观点，他们试图用诗歌超越沉闷乏味的日常生活，唤起人们对具有新奇美感的超自然奇迹和浪漫人物的向往。其中，柯勒律治的杰作《老水手吟》通过一位水手讲述的历险故事和对超自然事物的大量描写，象征性地表现了作者的心灵历程。华兹华斯的诗作充满了对大自然和牧童、农夫的田园生活的赞美，以及对普通人民的单纯感情的自然同情，风格清新隽永又略带忧伤。他的代表作有《远足》、《前奏》、《不朽颂》、《孤独的割麦人》、《寄高原女郎》、《我孤独地漫游就像一朵云》等，前两篇是带有自传性质的长篇哲理诗。就其对当时的社会现实的态度来说，华兹华斯和柯勒律治的诗歌显然具有逃避现实的倾向，因而被归为消极的浪漫主义。相反，以乔治·戈登·拜伦（1788—1824年）、珀西·比希·雪莱（1792—1822年）和约翰·济慈（1795—1821年）为代表的积极浪漫主义诗人却在其诗作中倾注了火热的激情，表达出诗人对光明理想的热烈憧憬和对黑暗现实的愤怒鞭挞。

拜伦是英国最才华横溢的浪漫主义诗人。作为一个叛逆的贵族，他在其生活和诗作中造就了一类充满矛盾的拜伦式英雄：既孤傲冷峻又不乏温情，既享受贵族的地位与财富又反抗社会的不公正，时而热血沸腾时而忧郁颓唐，生活上纵情声色放荡不羁，政治上又真诚地献身于民族解放的正义事业。他曾游历地中海各国，积累了丰富的生活素材，创作出他的成名作《哈罗德公子的朝圣之旅》以及充满异国情调的《异教徒》、《海盗》和《围攻科林斯》等诗篇。拜伦从1819年开始写作长篇诗体小说《唐璜》，数年之中从未停笔，直到他去世仍然没有完成。这篇杰作成了诗人自己的情绪和生活感受的诗化记录，同时也表达了他对当时欧洲社会的人物和事件的评价与嘲讽。拜伦不仅通过诗歌抨击社会生活中的罪恶，而且亲身参加了意大利烧炭党人反抗奥地利占领的民族解放斗争。烧炭党运动失利后，他又应希腊起义者的邀请前去参加争取希腊独立的斗争，不幸在参加战斗前病逝于军中。就艺术成就来说，拜伦的诗歌虽然在内容上不及雪莱的深刻，但其最好的诗篇却显示出他应用韵律的非凡才能以及自由流畅和充满动感的独特风格。

雪莱是英国浪漫派诗歌的另一重镇，在政治上他比拜伦更加激进，在其一生中蔑视社会礼俗和正统基督教，激烈抨击当时的世俗政权的暴政，同情工人阶级和劳动人民的革命斗争，向往古希腊伯里克利时代的雅典民主政治，认为它是当代文明应当努力实现的理想。雪莱的诗歌充满哲理和政治寓言，他曾创作歌颂法国大革命的诗篇《梅波女皇》和《伊斯兰起义》。1819年，当英国政府镇压曼彻斯特工人集会的"彼得卢大屠杀"的消息传来时，雪莱悲愤已极，立即写下了《无政府的面具》加以声讨。不久，他又创作了不朽的抒情诗剧《解放了的普罗米修斯》，在他的笔下，希腊神话中为人间偷盗圣火的普罗米修斯象征着反抗国王和暴政的英雄，他鼓舞人民为实现自由和幸福的理想而英勇战斗。雪莱另外一些最著名的抒情诗包括《云》、《云雀颂》、《西风颂》等。与拜伦一样，雪莱也不幸英年早逝，死于一次地中海航行的风暴之中。

还有一位早逝的英国浪漫派诗人济慈，他童年丧父，少年丧母，还要看护患有肺结核的弟弟，经济上一直处于拮据状态，终于在26岁死于肺结核。坎坷的经历自然使济慈对剥削制度的不公正有所认识，然而济慈却没有在怨天尤人中消沉，而是将他短暂的生命和出众的天才献给了诗歌艺术。他的诗篇充满神奇的想象和扑朔迷离的美感，其中一些取材于希腊神话和中世纪传说，如《亥伯龙》、《圣艾格尼丝前夜》等，后者描述一个少女在圣艾格尼丝前夜通过某种宗教仪式梦见了她未来的丈夫。他的寓言故事诗《女妖》叙述一个青年邂逅了一位化作美妇人的幻影并与其共同生活，然而在婚礼上却发现这位美妇人原来是一个蛇妖，她的一切财富和物品都是虚幻的，并且同她一起在一刹那间消失了。济慈的抒情颂诗《忧郁》、《希腊古瓮》、《心灵》、《夜莺》、《秋天》等都是英国抒情诗中最精美的杰作，诗人以如画的诗句咏叹人生的短暂和世事的无常，讴歌了永恒的爱情和艺术超越时空的完美。

除了诗歌之外，浪漫主义文学的另一朵奇葩是小说。虽然英国曾出现过以写作历史小说和传奇小说著称的沃尔特·司各特

（1771—1832 年），然而最有成就的浪漫主义小说家却是法国人。法国浪漫主义文学运动的先驱者包括弗朗索瓦·勒内·德·夏多布里昂（1768—1848 年）等人，但维克多·雨果（1802—1885 年）是法国 19 世纪最伟大的浪漫主义小说家、剧作家和诗人，也是法国浪漫主义文学运动当之无愧的领袖人物。雨果的抒情诗极具个性，富于沉思而略带忧郁，其语言色彩绚丽，韵律和节奏具有音乐美。他的剧本《欧纳尼》等成为浪漫主义戏剧的经典之作，后来被意大利音乐家威尔第改编成著名的歌剧。在雨果看来，诗人和小说家对社会负有重要的责任，他应当通过自己对社会生活的思考和预见来指导人民，而不是仅仅沉溺于表现自己对自然美或个人不幸的感受。雨果的著名长篇小说《巴黎圣母院》、《悲惨世界》、《笑面人》、《九三年》等深刻地体现了这种不同于逃避现实的消极浪漫主义的美学观点。在这些小说中，雨果以波澜壮阔的戏剧情节和全景式的宽广视野展示出法国社会生活中贫穷与富有、正义与不公、善良与邪恶、真诚与虚伪、美与丑的斗争，充分表达了作家对当时社会的不公正的愤怒谴责和对广大受苦受难的下层民众的人道主义同情；同时塑造了一大群性格鲜明的人物形象，如意志坚强又充满正义感的苦役犯冉阿让、忠于法律而天良未泯的沙威警长、美丽热情的吉卜赛姑娘爱斯米拉达、外貌丑陋而内心善良的敲钟人卡西莫多、相貌英俊但放荡成性的贵族军官菲比斯、道貌岸然而伪善阴险的副主教克洛德·弗罗洛，他们已被列为法国文学史画廊中鲜明的典型形象。《悲惨世界》在初版时就被译成 10 种外国语言，成为彪炳世界文学史的名著。

法国浪漫主义作家还有诗人阿尔弗雷德·德·缪塞（1810—1857 年），小说家乔治·桑（1804—1876 年）、大仲马（1802—1870 年）和普洛斯拜尔·梅里美（1803—1870 年）等人。法国著名女作家乔治·桑不仅在生活中坚持女性的独立自主，而且在其小说中呼吁妇女应有与男子一样的自由恋爱的权利。大仲马是众所周知的浪漫主义作家,他一生中异常多产,共写了将近 300 部作品,其中包括一些剧本,但广为流传的是《基督山伯爵》、《三个火枪手》和《黑郁金香》等长篇传奇小说。一些批评家指责他经常为了情节安排而随意篡改历史事实,而且肆无忌惮地剽窃其他作家的作品,然而由于他编撰的故事情节曲折惊险、引人入胜且极富戏剧性,因而仍然赢得了广大读者的喜爱。梅里美是法国浪漫主义的一位风格独特的作家,他的作品充满了独一无二的异国情调,并且塑造了许多具有鲜明个性的人物,实在堪称文学史上的精湛之作。他的中篇小说《高龙巴》和《卡门》一反常规,分别塑造了两个文学史上罕见的女子形象。前者叙述了科西嘉岛上的一场惊心动魄的家族复仇故事,外柔内刚的少女高龙巴千方百计地激起离乡多年的哥哥的复仇心,最终实现了她的复仇愿望。后者则生动地描绘了一个大胆泼辣的吉卜赛姑娘,为了维护自己追求爱情的自由宁愿付出生命的代价,她身上具有的那种放荡不羁、难以驾驭的野性美吸引着一代又一代的读者。法国杰出作曲家比才将小说改编为歌剧《卡门》,其别具一格的音乐风格更增添了原作的魅力,这一珠联璧合的杰作成为歌剧舞台上经久不衰的经典。

无论是消极遁世的还是积极干预生活的浪漫主义作家,他们大都对现实社会生活怀着一种厌恶感,有时甚至直接对其发出道德谴责,他们对想象世界或理想王国的憧憬在某种意义上可以说是对不完美的现实生活的一种补偿。这正是浪漫主义文学吸引人的魅力之所在,然而浪漫主义的致命弱点在于它缺乏现实性,这一弱点使它要么沦为无力的道德说教,要么只能带来如同吸食毒品那样的短暂迷醉或虚幻的满足。批判现实主义作为 19 世纪与浪漫主义相对的另一主流文学思潮,其产生当然自有它的经济、政治、社会和历史的根源。然而从审美发展的角度来看,浪漫主义后期的一些文学家和知识分子已经不再满足于虚无缥缈的想象世界和肤浅的道德谴责,他们具有较为浓厚的新生资产阶级的市民趣味,更加关注资本主义社会的现世生活,由此产生了批判现实主义的审美标准和创作主张。批判现实主义拒绝主观的臆想和理想化的拔高,强调以客观的态度如实地观察和描绘当代现实生活,除了细节的真实之外,还要真实地再现典型环境中的典型人物。在批判现实主义最优秀的作品中,作家们真实地再现了资产阶级的新生活,塑造出一系列具有典型意义的各阶层人物群像,同时相当深刻地揭示了当时的社会矛盾,无情地暴露出资本主义社会中的丑恶现象。然而,批判现实主义并不能也不可能完全排斥作家的主观性和倾向性,在强调作者不做直接议论和道德说教的前提下,尽量让事实说话,将作者的主观倾向和批判的锋芒隐藏在对人物和事件的客观描述中。如果说浪漫主义不会因其主观性的张扬而失去其客观基础,那么与此相对应,批判现实主义则以客观性面具下的主观性、隐蔽的抒情和冷静的批判作为自身的特色。

西欧的批判现实主义文学最早产生在法国,不久英国也涌现出一批杰出的批判现实主义作家,相比之下,德国虽有少数批判现实主义作家,但其成就远远比不上英法两国。难得的是,北欧国家的批判现实主义文学异军突起,取得了举世瞩目的成果。

法国批判现实主义文学的奠基人是著名小说家和文艺批评家司汤达(原名马利·昂利·贝尔,1783—1842 年)。年轻时他曾追随拿破仑转战欧洲,亲身参加过拿破仑指挥的多次战役,他的作品具有一定的自传性质,其中明显地表现出对拿破仑的崇拜和对封建贵族的憎恶。司汤达率先实现了从浪漫主义向批判现实主义的转变,其小说的主题和情节富于浪漫主义的戏剧性,但在表现手法上却已经具有了显著的现实主义特征。他注重人物的心理描写,塑造了一些出身于社会下层、企图凭借个人奋斗跻身于上层社会的青年野心家,讲述了他们最终被王政复辟时期的封建制度所摧残的悲剧命运。其最为著名的小说是《红与黑》、《巴马修道院》、《阿尔芒斯》和未完成的《吕西安·娄凡》(即《红与白》)等,其中《红与黑》被誉为法国第一部成熟的批判现实主义作品，主人公于连的形象成为法国批判现实主义文学中小资产阶级野心家的一类典型。司汤达在其文艺理论著作《拉辛与莎士比亚》中批评古典主义，提出了具有现实主义精神的文学原则。他还在《论爱情》中讨论了爱情对各种气质的影响。

　　欧诺雷·德·巴尔扎克（1799—1850 年）是法国最伟大的批判现实主义文学家，早年曾尝试写情感小说，但均不成功。从 30 岁发表第一部成功的历史小说《朱安党人》起，巴尔扎克在 20 年中以超人的精力和废寝忘食的工作创作了 91 部小说和其他著作，成为文学史上最多产的小说家之一。据说，他写作《高老头》只用了三天时间。他的小说以现实主义的客观态度忠实地描述了日常生活中的大量细节，同时又通过戏剧化的情节塑造了许多感情强烈而略带偏激和夸张的典型人物。巴尔扎克的终生杰作《人间喜剧》展示了一幅从拿破仑时代直至 1848 年革命以后法国社会生活的广阔历史画卷，揭示出在资本主义社会充满铜臭的金钱统治下，爱情被扭曲，亲情遭嘲笑，贵族阶级无可奈何的没落和腐朽，新生资产阶级的贪婪和庸俗，以及小资产阶级的嫉妒和反抗。《人间喜剧》系列长篇中最优秀的小说包括《欧也妮·葛朗台》、《高老头》、《幻灭》和《高利贷者》等，许多人物在不同小说中多次出现，更增加了故事的连续性和真实感。在文艺理论方面，巴尔扎克强调了现实主义文学的认识功能，主张小说家必须面向当代生活，在反映社会现象的同时还要发掘产生这些现象的原因，因而《人间喜剧》最初名为《社会研究》，后来他将其中描绘法国各类生活场景的作品统称为风俗研究。

　　继巴尔扎克之后，法国另一位杰出的批判现实主义作家是居斯塔夫·福楼拜（1821—1880 年）。福楼拜的天性倾向于抒情和感伤的浪漫主义，这在其青年时代的作品中有所表现，然而在转向批判现实主义之后，他创造了一种严谨写实的现实主义文学风格。

其成名之作《包法利夫人》堪称批判现实主义小说的经典，书中通过对生活场景的客观描述和人物心理的细致入微的刻画，深刻地揭示了自欺的浪漫爱情与中产阶级虚伪道德的冲突，以及没落的贵族和新兴资产阶级的矛盾。此后，他相继创作了《萨朗波》、《情感教育》、《圣安东尼的诱惑》、《三故事》等长短篇小说。在创作方法上，福楼拜强调观察的客观性以及描述景物、人物和事件的准确性，主张让事实说话，反对主观议论，对景物的描写都要事先经过实地调查。这种过分注重客观性的做法对自然主义文学发生了重大影响。在作品的形式和写作技巧方面，福楼拜深受唯美主义"为艺术而艺术"的观点的影响，刻意追求艺术的纯粹性和形式的完美，几乎达到吹毛求疵的程度。为了以一种精雕细琢的完美形式艺术地再现出生活的真实，他苦心孤诣地构思小说的结构、情节和语言，甚至会一连数小时对一句话的节奏和音乐感反复推敲，直至最终找到一个恰当的词汇为止。

法国批判现实主义的著名作家还有小仲马（1824—1895年）和基·德·莫泊桑（1850—1893年）。著名剧作家小仲马是大仲马的私生子，他以《茶花女》、《金钱问题》和《私生子》等剧本而闻名于世。在这些剧本中，他运用现实主义的手法对法国资产阶级的家庭、婚姻、道德和其他社会问题做了细致的描绘，暴露了所谓上流社会里的通奸和金钱丑闻等罪恶。莫泊桑是19世纪法国最杰出的短篇小说作家，一生创作了300多篇中短篇小说和6部长篇小说。作品内容主要涉及农民生活、普法战争以及资产阶级的生活方式，创作方法上注重对现实生活的客观描写，其风格于单纯直率中透露出嘲讽，后期作品带有越来越浓重的悲观失望情绪。短篇小说《羊脂球》、《菲菲小姐》、《米龙老爹》、《项链》等都是优秀之作，其中表达了对劳动人民不幸遭遇的同情，对资产阶级的自私、伪善和怯懦的嘲讽。长篇小说《俊友》通过不学无术、卖身求荣的新闻记者杜洛阿的形象暴露了法国上层社会的丑恶,《温泉》则描写了银行家利用温泉骗钱,并收买新闻界和学术界的腐败行为。然而,在莫泊桑的小说中时常出现对两性关系的生理性描写,这使他在一定程度上接近于自然主义流派。

英国的批判现实主义文学诞生于19世纪30年代末,其代表人物首推小说家查尔斯·狄更斯(1812—1870年)。狄更斯出身贫寒,父亲经常因负债而入狱,他本人从12岁就开始进厂做工,后来当过律师事务所的誊写员和专门报道议会辩论的新闻记者。这些经历使他深知下层人民特别是贫苦儿童生活的艰辛,并且有机会直接了解资本主义司法制度和议会民主的弊端。他的早期作品《匹克威克外传》讽刺了英国当时的虚假民主,《奥利弗·退斯特》、《尼古拉斯·尼克尔贝》则真实地揭露了英国济贫院虐待贫苦儿童的罪恶。从美国旅行归来,狄更斯发表了《美国札记》和小说《马丁·朱述尔维特》,辛辣地嘲讽了美国社会的自私、伪善和贪婪的金融投机行为。狄更斯成熟时期的作品包括自传性小说《大卫·科波菲尔》、暴露政治腐败和司法不公正的《荒凉山庄》和《小多丽特》、控诉资本主义社会残酷的实利主义的《艰难时世》,以及《远大前程》、《双城记》等。在同情下层人民的同时,狄更斯也透露出对群众暴力革命的盲目性和破坏性的不满,而主张以人道主义的精神通过改良手段变革社会。极富幽默感的笔调和他塑造的千姿百态的人物形象使狄更斯被公认为英国最伟大的小说家。

另外两位英国批判现实主义作家是威廉·梅克皮斯·萨克雷(1811—1863年)和托马斯·哈代(1840—1928年)。萨克雷的小说以描写上流社会生活为主,其最为著名的作品是《名利场》。在该书中,他通过对形形色色势利者的丑恶心理和虚伪行为的生动刻画,辛辣地嘲讽了英国社会中的金钱统治和贵族资产阶级的门第等级观念。哈代的作品,如《远离尘嚣》、《还乡》、《德伯家的苔丝》等,通过女主人公的爱情、婚姻生活表现了在英国农村资本主义化的过程中社会风俗和道德观念的变化，对劳动人民和下层妇女的悲惨遭遇寄予深切的同情，同时也透露出个人往往受社会环境和内在冲动控制和摆布的浓厚宿命论思想。此外，19世纪英国文坛上还涌现出一批优秀的批判现实主义女作家，如勃朗特三姐妹，即《简·爱》的作者夏洛蒂·勃朗特（1816—1855年）、《呼啸山庄》的作者艾米丽·勃朗特（1818—1848年）以及她们的妹妹安妮·勃朗特（1820—1849年）；还有反映工人和农民生活的乔治·爱略特（1819—1880年）和伊丽莎白·克莱格霍恩·盖斯凯尔（1810—1865年）等人。除了批判现实主义以外，19世纪末的英国文坛上还出现了以奥斯卡·王尔德（1854—1900年）为首的唯美主义文学，罗伯特·路易斯·史蒂文森（1850—1894年）的冒险小说，以及亚瑟·柯南·道尔（1859—1930年）的侦探小说等文学流派。

北欧文学在19世纪取得了举世瞩目的成就，丹麦童话作家汉斯·克里斯蒂安·安徒生（1805—1875年）和挪威剧作家亨利克·约翰·易卜生（1828—1906年）都是享誉世界的杰出文学家。安徒生早年曾创作过诗歌、剧本和长篇小说，但为他赢得世界性声誉的则是他的童话故事。他一生创作了168篇童话，其中最著名的有《丑小鸭》、《皇帝的新衣》、《卖火柴的小女孩》、《海的女儿》、《拇指姑娘》等。他的童话情节生动、想象奇丽，同情和讽刺爱憎分明，具有深厚的人道主义精神和讽喻现实的象征意义，因而深受各国少年儿童和成年人的喜爱。

挪威伟大的批判现实主义剧作家易卜生被称为现代戏剧之父，社会问题剧即由他所开创。他曾在挪威的两个剧院任编导10多年，一生写出剧本26部。早期剧本多以挪威历史和民间传说为题材，如《奥斯特拉特的英格夫人》即描述了中世纪挪威解放的历史。中年以后易卜生长期侨居国外，创作了具有象征意义的悲剧《布兰德》和幻想讽刺剧《比尔·金特》，以及《社会栋梁》、

《玩偶之家》、《群鬼》、《人民公敌》等问题剧，对资产阶级的伪善和资本主义社会中个人精神空虚、丧失自我等现象给予暴露和剖析，并提出了道德、法律、市政和妇女地位等一系列社会问题。《玩偶之家》深刻触及婚姻家庭和妇女权利的问题，女主人公娜拉最终发现自己在家庭中的地位只是一个温顺的玩偶而不是具有自身权利的人，于是她抛弃丈夫和"家庭职责"愤然出走，到外面的世界去学会如何做一个人。晚期作品如《野鸭》、《罗士莫庄》、《海达·加布勒》、《约翰·加布里埃尔·博克曼》、《死者复活》等，更多地注重人物心理的描写，表现出悲观情绪和神秘色彩，但也提出牺牲爱情是不可饶恕的罪恶、其代价是精神的死亡这样的重大主题。作为现代戏剧之父，易卜生逐渐抛弃了描写古代生活的传统诗剧模式，将当代的社会问题和观念推上舞台，强调人物的刻画而不是精心编造的情节，创作出描绘个人心理冲突的现实主义散文戏剧，以及充满象征意味的新型戏剧。易卜生的创作对现代欧洲的现实主义和象征主义戏剧的发展都有重大的影响。

萧伯纳（1856—1950年）就是一位受易卜生影响的爱尔兰作家。因其戏剧创作上的成就，他曾获诺贝尔文学奖。在《华伦夫人的职业》、《魔鬼的门徒》、《人与超人》、《巴巴拉上校》和《真相毕露》等著名剧本中，萧伯纳讽刺和揭露了资本主义现实社会的伪善和罪恶，小说《业余社会主义者》触及到工人阶级被剥削的社会问题。他同情社会主义，是费边社的创始成员之一，起草过费边社宣言，主张通过渐进改良的道路实现社会主义。

与批判现实主义同时，法国文坛上出现了一种受实证主义、生物学和实验医学影响的小说流派——自然主义，作家龚古尔兄弟可以说是自然主义文学的先驱，而其领袖人物则是艾米尔·左拉（1840—1902年），在他周围形成了一个由6人组成的自然主义文学团体"梅塘集团"。左拉曾在其《实验小说论》中阐述过自然主义的创作原则，他认为个人的行为和命运是由社会经济环境和生理规律所决定和控制的,而人的自由意志则是软弱和无能为力的,作家的任务除了客观真实地描述生活细节和历史背景之外,应当着重研究社会环境和生理因素对人的影响。在这种思想的指导下,左拉用 22 年时间创作出包括 20 部长篇的实验小说系列《卢贡·马卡尔家族》,其中重要的有《小酒店》、《娜娜》、《萌芽》、《金钱》、《崩溃》等。在该书中,左拉通过马卡尔家族各个成员的不同遭遇,以自然主义的笔法描绘了第二帝国时代法国的社会生活,既宣扬了资本主义的创业精神,也揭露出资产阶级的荒淫无耻。晚年,左拉通过系列小说《三个城市》和《四福音书》表达了他的基督教社会主义思想,企图通过改良主义措施减轻下层人民的苦难。

除了浪漫主义、批判现实主义和自然主义之外,法国文学思潮还有以泰奥菲尔·高蒂埃(1811—1872 年)为代表的唯美主义,和以夏尔·皮埃尔·波德莱尔(1821—1867 年)、保罗·魏尔伦(1844—1896 年)和斯蒂芬·马拉美(1842—1898 年)为代表的早期象征主义。高蒂埃特别重视文学作品在形式上的完美,曾提出"为艺术而艺术"的唯美主义口号。波德莱尔一生中除了翻译介绍美国作家埃德加·艾伦·坡的作品之外,只创作过一部诗集《恶之花》。在诗集中,他以纯粹而精美的形式和充满暗示与象征的手法描绘了反常和病态的美,表现了社会的罪恶面和人性的堕落及其复杂的情感状态。魏尔伦最突出的贡献在于充分发挥了诗歌的音乐美,提倡诗的语言应当具有音乐的朦胧感,因而提出不要色彩要色晕、不要格言要嘲讽、不要直白要暗示和联想的主张。著名诗人马拉美是象征主义文学的领袖人物,他提出了一种"纯诗理论",认为诗的境界具有超越经验的独立存在,做诗就是运用咒语去创造绝对世界的魔术活动。他的诗常常运用大量的形象和不正规的句法,围绕一个中心观念、象征或隐喻安排从属的形象,以便说明和展开中心观念。《牧神的午后》、《天鹅》等诗篇明显地表现出他的独特创作手法。由于他强调诗的神秘性和暗示性，以致他的诗大多晦涩难懂。19世纪80—90年代，象征主义文学运动在他的倡导下逐渐成为国际性的文艺思潮，深刻地影响了20世纪的文学发展。

最后应当一提的是，在自然科学的影响下新生的科学幻想小说突破了传统的文学样式。法国作家儒勒·凡尔纳（1828—1905年）创作了一系列充满科学知识和科学预言的探险小说，《八十天环游地球》和《海底两万里》等科幻小说都成为当时的畅销书。此后科学幻想小说也发展为世界文学领域中的一大体裁类型。

19世纪文学的最大成就当推浪漫主义和批判现实主义两大主流，它们不仅为人类文化留下了宝贵的遗产，而且从两个不同的方面丰富了文学创作的方法和艺术表现的手段。此外，象征主义等新生流派也对文学创新做出了大胆的尝试，为20世纪现代主义文学的崛起开辟了道路。

四、绘画、雕塑和建筑：从新古典主义到后印象派

19世纪初期的法国画坛由新古典主义占据主导地位，其特点是借助古希腊罗马时期的英雄主义精神表达资产阶级革命的时代主题，风格上以庄重肃穆取代了洛可可艺术的浮华繁琐，其美学理想是追求古希腊艺术所代表的超越时代和民族的理想美。然而到拿破仑一世当政时期，新古典主义的代表人物雅克·路易·大卫（1748—1825年）成了为拿破仑歌功颂德的御用画家。他的学生让·奥古斯特·多米尼克·安格尔（1780—1867年）则一直坚持新古典主义的美学理想，在其以妇女肖像画为主的作品中体现出细腻、柔和、典雅的线条和造型风格，其代表作品有《爱蒙夫人像》、《泉》、《土耳其浴》等。

　　与此同时，作为新古典主义对立面的浪漫主义思潮在绘画领域中的影响逐步扩大，产生了许多优秀的画家和艺术杰作。浪漫主义画家强调发挥艺术家的想象力和创造性，其作品表现出鲜明的个性和强烈的感情，表现手法上注重热烈丰富的色彩和画面构图的运动感，创作题材取自中世纪传说、文学名著和现实生活。法国浪漫主义的杰出画家有泰奥多尔·籍里柯（1791—1824 年）和欧仁·德拉克洛瓦（1798—1863 年）。籍里柯是浪漫主义画派的先驱者，他的作品大多表现当代现实题材。其杰作《梅杜萨之筏》描绘了"梅杜萨号"海轮遇难沉没后，落水的人们在木筏上挣扎求救的悲惨情景，揭露了当时波旁王朝复辟政府的任人唯亲和腐败无能。该画展出后，因其政治含义和大胆创新的表现手法而遭到保守派的攻击，然而它标志着浪漫主义与新古典主义之争的转折点。籍里柯的作品还有《指挥冲锋的骑兵军官》、《负伤的胸甲兵》、《埃普瑟姆的赛马会》和《奴隶市场》等。

　　德拉克洛瓦是法国最伟大的浪漫主义画家。他的许多作品取材于历史故事和文学著作，但他同时以其创作表现当代的现实斗争，其中最为著名的两幅油画是《希阿岛的屠杀》和《自由领导人民》，他通过这些画作热情地讴歌了为争取自由而战的人民的英雄气概。其他重要画作还有《十字军攻占君士坦丁堡》、《但丁和维吉尔在地狱里》、《阿尔及利亚的妇女》、《浮士德》版画插图等。在艺术手法上，德拉克洛瓦受到提香、伦勃朗、鲁本斯的影响和籍里柯的启发，彻底摆脱了官方学院派的新古典主义的束缚。他作画的特点是构图大胆，色彩绚烂，为渲染情感和戏剧性效果而特别注意人物动态的描绘，他对补色的运用和对阴影里色彩的观察预示了后来印象派的发展。德拉克洛瓦从 1823 年到 1824 年的《日记》是一位艺术家生活和创作的宝贵记录。

　　到 19 世纪中叶，法国画坛上又出现了许多属于现实主义范畴的画家和画派，其代表人物有让·巴蒂斯特·卡米耶·柯罗

（1796—1875 年）、让·弗朗索瓦·米叶（1814—1875 年）和其他巴比松派画家，以及欧诺雷·杜米埃（1808—1879 年）和居斯塔夫·库尔贝（1819—1877 年）等。

柯罗是使法国的风景画从新古典主义过渡到浪漫主义和现实主义的承上启下的人物。他曾三次游学意大利并遍游法国各地，通过深入观察大自然创作出许多具有写实风格的风景画。后期他又发展出一种富有诗意的朦胧含蓄的风景画风格，画中的树木和人物被包裹在一层银灰色的薄雾中，显示出一种轻柔与和谐的浪漫主义美感，因而被称为画坛的抒情诗人。《枫丹白露森林》、《荷马与牧羊人》、《狄安娜沐浴》、《纳尔尼的桥》、《清晨：仙女们的舞蹈》、《莫特枫丹的回忆》和《风中的风景》是其代表作。他在历史画和人物画方面也有很高造诣。柯罗曾长期居住在巴黎东南郊枫丹白露森林里的巴比松村，对巴比松画派的形成有重大影响。

19 世纪中叶前后，一批反对学院派的古典主义教条、富有创新精神的画家聚居在巴比松村，按照柯罗所倡导的"面向自然，对景写生"的原则从事农村风景画和乡村生活画的创作，他们因此被称为巴比松画派。其代表人物除了米叶以外，还有泰奥多尔·卢梭（1812—1867）、夏尔·弗朗索瓦·杜比尼（1817—1878）等人。米叶出身于农民家庭且一生坚持农业劳动，后来长期定居在巴比松村。他终生心甘情愿地用自己的画笔描绘他对农民生活的亲身感受，因而被称为伟大的农民画家。油画《晚祷钟》、《种土豆》、《牧羊女》、《扶锄的人》、《夏天，收获荞麦》、《阅读课》等以同情和虔敬的态度描绘农民的生活和劳动，而《拾穗者》在当时甚至被认为是"反对贫困的起诉书"。卢梭等人坚持对自然进行直接观察，清晰地描绘农村自然风光，从而使法国的现实主义风景画进入了一个空前繁荣的时期，巴比松画派的技法也启发了后来的印象派画家。

法国杰出的现实主义画家杜米埃出身于手工艺人家庭，少年时曾做过学徒，青年时代开始学画。他终身生活贫困，因而对劳动人民抱有深厚的同情，并通过其作品和行动积极投身于法国1830年、1848年和后来的巴黎公社等革命斗争，曾因以漫画《高康大》讽刺国王路易·菲利普而被判刑入狱6个月。杜米埃一生中创作了大量的政治讽刺画、石版画和讽刺性的雕塑，通过抓住对象的典型特征，尖锐地讽刺和揭露了资产阶级政府的反动统治、法律的腐败和社会上的不公正现象。其油画创作多以被压迫人民的贫困生活和革命斗争为题材，技法上注重运用光与影的强烈对比和遒劲的线条，突出表现人物形象和画面重心。杜米埃的著名版画有《出版自由》、《立法肚子》、《拉法耶特的葬礼》等，油画及其他画作有《法庭》组画、《共和国》、《起义》、《街垒中的家庭》、《流亡者》和《三等车厢》等。

　　库尔贝是法国现实主义绘画最伟大的代表人物。在政治上，他积极参加1848年革命和巴黎公社革命运动，被选为公社委员和艺术家协会主席，曾指挥拆除旺多姆广场上的拿破仑"凯旋柱"。公社失败后被捕入狱，但在狱中仍然坚持描绘公社难友，后来被迫流亡瑞士。在艺术上，他坚决反对因袭传统和粉饰现实的官方艺术，曾嘲弄地说："拿一个天使给我看，我就可以画出来。"在巴黎的一次私人画展上，库尔贝在入口处的横幅上公开写下了以描绘真实生活为宗旨的现实主义创作主张。他的有些作品直接描绘了普通工人和农民的劳动生活，如《碎石工》和《筛谷的妇女》，其他著名作品还有《奥南的葬礼》、《开会归来》、《浴女》、《画室》和《蒲鲁东及其子女》等，其中一些揭露了有产阶级和教士的伪善和冷酷，嘲讽了新古典主义虚矫的理想化画风。技法上，他拒绝和谐的构图和柔和的色彩，喜欢运用粗犷有力的笔触表达他所看到的真实。

　　19世纪后半叶，印象派作为一个新的画派在法国兴起，它继承巴比松画派的传统，主要采取在户外阳光下直接描绘对象的方法，探索光与色的表现效果，因而也被称为外光派。印象派画家顺应当时法国社会的世俗化潮流，反对采用官方学院派的传统宗教和历史题材，主张绘画应当反映现代生活，因而他们的作品内容大多是农村和都市风光以及普通人的日常生活。然而，与现实主义不同，印象派画家并不重视刻画对象的实体，而是试图描绘映照在物体上的光线给画家自身带来的主观印象。印象派的创始人之一克洛德·莫奈（1840—1926 年）曾说过："努力忘掉你眼前的物体——一棵树，一座房子，一片田野，或是不论什么东西。仅仅设想这里是一小块方形的蓝色，这里是一块长方形的粉红色，这里是一长条黄色，然后按照它显现给你的样子即准确的颜色和形状描绘它，直到它符合你自己对眼前景色的朴素印象为止。"1874 年他们举行第一次画展，一个批评家路易·勒鲁瓦借用莫奈的油画《日出印象》的标题将他们轻蔑地称为"印象主义者"，印象派的名称即由此产生。这些画家们不仅没有介意，反而欣然采纳了这一名称，从 1874 年到 1886 年的 8 次画展中就有两次径直以印象派画展命名。印象派的代表画家除了莫奈以外，还有爱德华·马奈（1832—1883 年）、卡米耶·毕沙罗（1830—1903 年）、埃德加·德加（1834—1917 年）、阿尔弗雷德·西斯莱（1839—1899 年）和奥古斯特·雷诺阿（1841—1919 年）等人。

虽然马奈没有参加过印象派的画展，但他被公认为印象派的创始人。他率先抛弃了传统的光与影的三维空间画法，以便在平面背景上施展微妙的色块。他的两幅著名油画《奥林匹亚》和《草地上的午餐》展出后，由于前者画了一个裸体妓女，而后者描绘了一个裸体女子与几个衣冠楚楚的绅士共享野餐，被当时的保守派认为是异端而引起反对的轩然大波，但其独创性却得到自然主义文学家左拉的高度评价。马奈热衷于描绘现代都市生活中的普通人，他常常到火车站去作画，画中人物往往是商店顾客、酒吧女招待、拾破烂的人、流浪汉和吉卜赛人。他曾参加巴黎公社的革命运动,并创作了《屠杀公社社员》、《内战》等石版画。他的静物画、风景画、肖像画和生活场景画中有不少是印象派中最杰出的代表作品,其中包括《枪决马克西米连》、《左拉像》、《疯狂牧羊人歌舞餐厅的酒吧》等。

莫奈也是印象派的创始人之一,他几乎一直坚持在户外作画,其技法最能代表印象派的特点。他喜欢表现阳光在物体上映照和流动的变幻,长期探索如何用非连续的色块描绘光线投射在各种物体表面所产生的整体视觉效果,经常在不同时间和不同光线下对同一个对象连续作画,以其独特的笔触捕捉转瞬即逝的视觉感受。其作品除了著名的《日出印象》之外,还有《划船的池塘》、《干草堆》、《卢昂大教堂》、《圣阿德莱斯的露台》、《阿尔让特伊的铁路桥》,以及堪称杰作的《睡莲》系列组画等。莫奈虽然在当时受到批评,然而现在已被公认为所有风景画家中最伟大的风景画家之一。

毕沙罗早年曾跟随柯罗学画,后来与莫奈一起从事过"光与色的实验",他一生忠实于印象派的绘画原则,并且是惟一从头至尾参加了8次印象派画展的画家。其作品大多描绘农村和城市景色,如《推独轮车的农妇》、《收获苹果》、《巴黎歌剧院大街》、《巴黎法兰西剧院广场》、《卢昂大桥》等。结识修拉后,其画风转向点彩派。德加出身于富豪家庭,他的画作主要表现巴黎上层社会的生活,他追踪富人们出入剧院、赛马场、咖啡馆、歌舞餐厅和交易所,观察他们吃喝、吸烟、谈话和追求女人。德加最喜欢的绘画题材是演艺界的女性,他善于从不同寻常的角度描绘聚光灯下的芭蕾舞女的舞姿和动态,此外他有时也表现女帽商、洗衣女工等普通妇女。德加的作品有《赛马》、《舞台上的芭蕾舞女》、《芭蕾舞女的化妆室》、《熨衣妇》、《苦艾酒》、《股票交易所》等。西斯莱的作品大多以巴黎附近的农村风景为题材,他特别喜欢表现阳光下的河流与树林,用静穆的蓝色、绿色、褐色与微妙的光线营造出一种宁静沉思的情调和气氛。其主要作品有《圣马丁运河》、《布日瓦尔的塞纳河》、《麦田：阿尔让特伊附近的山坡》、《塞纳河岸上的村庄》和《洪水中的小船》等。雷诺阿最善于表现女子和儿童轻灵的美感以及明朗的阳光和空气的流动，在技法上也有许多创新，比如直接运用不加调和的单纯色彩作画，这些技法已成为印象派色彩艺术的典型特点。其代表作有《莎邦蒂耶夫人和她的女儿们》、《包厢》、《红磨坊街的舞会》、《游艇上的午餐》和《浴女》等。

到 19 世纪末叶，从印象派中发展出两个派生的画派，一个是"新印象派"，另一个是"后印象派"。新印象派出现于 80 年代后期的法国，其代表人物有乔治·修拉（1859—1891 年）、保罗·西涅克（1863—1935 年）等人。他们依据当时一些科学家发现的光学和色彩学理论，将早期印象派的光色表现技法推到极端，主张不在调色板上调和颜色，直接以原色斑点间断地点在画布上，使观众在一定距离外通过视网膜的调和作用形成连续色彩的视觉印象，因此新印象派也被称为"点彩派"。其画面具有较明显的装饰风格，但却失去了印象派原有的运笔用色的生动性。修拉的代表作有《大碗岛上的星期日下午》、《阿斯涅尔的洗浴》、《库尔伯瓦的塞纳河》、《格兰康的日落》、《马戏团》等，西涅克的作品有《马赛港》、《海风》、《卡西的防波堤》、《多沙的海岸》和《圣特罗佩的松树》等。

后印象派在技法上接受了印象派的用色方法，但不满足于后者仅仅注重光的效果的倾向，转而重视色彩的对比关系和体积感，作品具有较强的主观性和装饰性。其代表画家有法国著名画家保罗·塞尚（1839—1906 年）、保罗·高更（1848—1903 年）以及荷兰大画家文森特·凡·高（1853—1890 年）。他们的画风和技法影响了 20 世纪初期的野兽派、表现派和立体派。后印象派的创始人塞尚于 70 年代初加入印象派画家的行列，但不满印象派单纯注重光色的瞬间印象而忽视物体的体积和本色的缺点，因而开始探索不同的表现手法。他作画的特点是注重物体的质感而不是光感，运用色彩的配合而不是明暗对比来表现物体的体积，提高地平线以便增强形体感和空间纵深的印象。塞尚长期隐居在法国南部的普罗旺斯地区从事静物、风景和肖像的创作，直到晚年才赢得声望，去世后被称为现代绘画之父。其著名作品有《缢死者之屋》、《玩纸牌者》、《穿红背心的男孩》、《浴女》和《自画像》以及其他风景画和静物画。

另一位后印象派画家的代表高更曾多次前往布列塔尼进行写生和创作，他深受当地的风物、民间版画以及东方绘画的影响，逐渐形成自己的画风。出于对现代资产阶级文明的物质主义的厌恶和对原始纯朴生活的向往，高更于 1891 年到南太平洋的塔西提岛居住，创作了大量描绘岛上风土人情的画作。其作品常常运用明快的线条和鲜艳单纯的色块描绘出简化的自然形体和人物，具有浓厚的象征色彩和强烈的装饰趣味，同时也表现了画家对土著生活的理想化倾向。其著名作品有《失去童贞》、《两个塔西提妇女》、《海边》、《你妒嫉吗？》、《从何处来？是何人？到何处去？》等。

19 世纪的英国画坛上先后出现了浪漫主义画派、风景画派、拉斐尔前派和古典主义等流派，其中成就最大的是风景画派。英国的风景画艺术在 19 世纪上半叶进入了全盛时期，涌现出一大批杰出的画家和佳作，最为著名的当推约瑟夫·麦罗德·威廉·透纳（1775—1851 年）和约翰·康斯特布尔（1776—1837 年）。透纳早年受荷兰海洋风景画和浪漫主义的影响，自从去意大利旅行之后，他开始追求光线和大气的表现，并显出某种抽象的倾向，从而逐渐形成了自己的画风。他的独特风格不仅使英国的风景画艺术从欧洲传统古典形式中解放出来，而且对后来的法国印象派产生了极大的影响。其代表作品有《海难》、《暴风雪》、《议会大厦失火》、《战舰》、《意大利的纳米湖》、《雨、蒸汽和速度》、《贩奴船》等。康斯特布尔也是英国著名的风景画家，他长期在野外写生，经常在不同的条件下反复描绘同一个景色，特别是萨莱斯伯雷教堂。他喜欢表现瞬息万变的大自然，爱用较少调和的明快色彩和松散自由的笔触描绘出飘动的云雾和变化的光线。虽然他的风景画成就在英国很少得到承认，然而法国的德拉克洛瓦却从其明快的色彩中获益匪浅，巴比松画派也深受其直接观察方法的启发，而后来的印象派则推崇其对光线效果的表现。康斯特布尔的代表作品有《干草车》、《萨莱斯伯雷教堂》、《韦斯默海湾》、《滑铁卢大桥之开放》等。

德国 19 世纪最著名的画家是阿道夫·冯·门采尔（1815—1905 年），以及跨世纪的杰出女画家凯瑟·珂勒惠支（1867—1945年）。门采尔生活在德国民族主义崛起和工人运动发展的时期，基本上靠自学走上艺术创作的道路，在油画和版画方面均取得很高成就。他早期曾创作大量的爱国主义历史画作品，其中著名的《腓特烈大帝组画》真实地再现了普鲁士历史上的一些重大事件。由于深受德国 1848 年革命的感染，他创作了《三月死难烈士的葬礼》，悼念为民主革命捐躯的志士。1871 年德国统一后，资本主义经济获得迅速发展，工人运动也进一步成长壮大。此时，门采尔深入钢铁工厂体验产业工人的劳动生活，创作出杰作《轧铁工厂》和一系列素描和速写，该画被誉为欧洲艺术中最早描绘无产阶级劳动的画幅之一。门采尔的著名油画还有《起居室和艺术家的妹妹》、《威廉一世在哥尼斯堡的加冕礼》、《巴黎的周日》、《威廉一世国王出征》、《在脚手架上工作的砌砖工》、《维罗纳的市场》等。

珂勒惠支是德国杰出的现实主义女画家，她痛恨战争、贫困和剥削，一生致力于通过版画和雕塑表现德国工人和农民的苦难生活和革命斗争。她根据 1844 年西里西亚织工起义创作的石版和铜版组画《织工起义》以及反映 16 世纪德国农民起义的《农民战

争》组画曾引起很大反响。进入 20 世纪以后，她的创作主题转到
反对军国主义和帝国主义战争、反对饥饿和失业、声援俄国革命
上来，创作了《战争》、《无产阶级》、《失业》、《饥饿》、《死亡与
母亲》、《纪念李卜克内西》、《团结就是力量》、《我们保卫苏联》等
作品。她的版画特点是线条雄劲，黑白对比强烈，人物形象坚实
有力。她的作品经鲁迅介绍到中国，具有广泛的影响。中国左联
五烈士被国民党反动派杀害时，她曾和世界著名进步文艺家联名
提出抗议。可以说，珂勒惠支的绘画艺术一直和德国及全世界的
现实生活和革命运动息息相关。

　　西欧其他国家的绘画艺术在 19 世纪中叶以后也显现出新的
生机，现实主义和印象派成为画坛主流。荷兰、比利时、瑞士、奥
地利、瑞典和挪威等国家都涌现了一批较为出色的画家，创作了
许多各具特色的历史画、现实生活画、静物画和风景画，其中最
为著名的则是享誉世界的荷兰后印象派画家文森特·凡·高。
凡·高一生备尝艰辛和坎坷，早年曾做过画店店员、小学教师和
矿区传教士，这段经历为他后来的许多作品提供了灵感。他走上
绘画道路主要是依靠自学，起初他受荷兰画家的影响同时模仿米
叶的画风，创作出《教会的修士们》、《吃土豆的人》和《农妇》等
作品。1886 年到巴黎后他结识了印象派画家毕沙罗和高更，此后
其画风转向印象派并带有东方色彩，19 世纪 80 年代后期他在法
国南部普罗旺斯创作的许多绘画都明显地反映出这些特点，尤其
在《纪念莫夫》（莫夫是凡·高的叔父和良师益友）一画中最为明
显。然而，他不久就发觉印象派的技法不能完全表达自身的感受，
于是他开始发展出自己独特的后印象派风格。他运用强烈的色彩、
奔放的笔触、大胆的线条和堆砌的颜料来描绘事物，表达其主观
的强烈感受和内心的汹涌激情，创作出许多不朽的杰作，如《向
日葵》、《一双鞋》、《夜间的咖啡馆》、《收获》、《麦田和收割者》、
《繁星灿烂的夜晚》、《囚徒放风》，以及多幅充满深刻内省的《自

画像》。虽然饱受物质贫困和精神疾患的折磨和刺激，凡·高仍然以非凡的勤奋和顽强的毅力创作出大量令人震惊的杰作。他生活和斗争的历程反映在他与弟弟的长期通信中，这些宝贵的书信后来以《通信全集》为题出版。在 37 岁时，凡·高因精神病以自杀结束了自己短暂的艺术生涯。凡·高后期的绘画标志着欧洲现代绘画艺术中的一个革命性的转变，对 20 世纪初期的法国野兽派和德国表现主义绘画产生了强烈的影响。

在 19 世纪的西欧建筑艺术领域中，新古典主义和浪漫主义风格占据着主导地位，直到世纪末兴起的新艺术派建筑开始出现，这种局面才得以改变。早在 18 世纪中叶，新古典主义就已作为对后期巴罗克风格的反抗而出现在欧洲建筑艺坛，如果说巴罗克风格是封建专制时代的象征，那么新古典主义就代表着启蒙主义和理性的时代，它反对巴罗克建筑的稀奇古怪的过分矫饰，认为那是不真实的，而新古典主义的目标则是从古希腊和罗马的建筑样式中寻找一种单纯静穆的真实风格。欧洲人对意大利、希腊和小亚细亚的古代建筑遗址的考古发掘和研究工作到 18 世纪末叶已经取得了很大的进展，其中最有代表性的成就是古罗马庞贝城的发掘和对古希腊神庙的详细研究。在此基础上，一系列附有精确测绘图的古代建筑专著以及新古典主义的建筑理论著作相继出版，积极倡导回到古典建筑的理性主义和庄严单纯的风格。于是，一股复兴古希腊和古罗马建筑的浪潮在欧洲和美洲兴起，逐步形成了新古典主义的建筑风格。其一般特征是：庄严宏伟的规模，严格的几何结构布局，简单的几何形状，希腊式或罗马式的细部形制，圆柱和拱门的普遍运用，宽敞的内部空间，空白的墙壁，以及体积与质地的对比等。法国新古典主义最著名的建筑有：拿破仑一世下令设计修建的巴黎马德莱纳教堂和星形广场上庄严宏伟的凯旋门，前者由皮埃尔—亚历山大·维农设计，采用古希腊科林斯式庙宇的柱廊结构，后者则是仿照古罗马的君士坦丁单拱形凯旋门而建造,由让—弗朗索瓦—泰莱兹·夏尔格兰(1739—1811年)和让—阿尔芒·雷蒙共同设计。英国的新古典主义建筑包括:威廉·威尔金斯设计的剑桥唐宁学院,它完全仿照雅典卫城上的厄瑞克修姆神庙建造;罗伯特·斯默克设计的考文特花园剧场成为伦敦第一个古希腊多立克式建筑,他后来还设计了著名的伦敦大英博物馆;托马斯·汉密尔顿设计的皇家中学,它位于被称为"北方的雅典"的爱丁堡;以及约翰·纳什(1752—1835年)设计的伦敦摄政王公园和摄政王大街等。此外,法国的巴黎歌剧院、比利时的布鲁塞尔法院和德国的腓特烈大帝纪念堂等也都属于新古典主义建筑的范畴。

　　与浪漫主义文学艺术运动相呼应,浪漫主义建筑也倾向于采用中世纪的哥特式建筑风格,其突出特征是城堡式的防卫城垛和高耸的塔楼。浪漫主义的哥特式建筑早期代表作是由英国建筑家詹姆斯·怀亚特(1746—1813年)设计建造的位于威尔特郡的方特希尔修道院,但其建筑实体已大部被毁,现在仅存一幅完整的绘画。英国最著名的哥特式建筑是由查尔斯·巴利(1795—1860年)设计的伦敦威斯敏斯特宫(英国国会大厦),两座巍峨的塔楼——圣斯蒂芬塔楼和维多利亚塔楼耸立其上,著名的大本钟就安装于前者顶部,它已成为伦敦的标志。威斯敏斯特宫建成后,被欧洲其他国家的许多公共建筑作为模仿的范本。在法国、德国、奥地利、荷兰、丹麦、瑞典、意大利等西欧国家,哥特式建筑都有不同程度的复兴,其中最有代表性的建筑有高大雄伟的科隆大教堂和维也纳的沃蒂夫教堂,前者在70多年中历经几代建筑家的努力和王室的财政支持,终于在德国统一数年后建成,它是德国民族主义崛起的见证。

　　工业革命为19世纪的建筑业带来了新的建筑材料和建筑方法,因而也必然引起新的建筑艺术风格的出现。早在19世纪初,英国一些建筑家就已开始用铸铁作为建筑物的梁架和廊柱了。19

世纪中叶，为了准备 1851 年在伦敦举行的大型博览会，约瑟夫·帕克斯顿（1801—1865 年）设计建造了一座富丽堂皇的"水晶宫"作为展览馆，水晶宫采用铸铁、锻铁、玻璃和木料等新型材料和波浪式的建筑结构，并且在标准化建材的大量生产和构件的快速组装方面做出了革命性的创新，其宽阔的空间和富于韵律感的建筑风格成为包括一系列巴黎博览会在内的许多世界博览会建筑的杰出范例。此后，传统的砖瓦木石建筑逐渐被钢筋水泥和钢铁建筑所取代，建材和建筑技术的进步使得各种公共建筑和民用建筑逐步向高大的方向发展，铁塔和铁桥也到处涌现。由法国著名建筑工程师亚历山大—居斯塔夫·埃菲尔（1832—1923 年）特意为 1889 年巴黎博览会设计建造的埃菲尔铁塔甚至高达 300 米，登上铁塔极顶俯瞰巴黎，纵横交错的街道和鳞次栉比的楼房看上去如同儿童摆弄的积木。埃菲尔由此被人们称为"铁的魔术师"，而这史无前例的巍巍铁塔不仅成为巴黎的标志性建筑之一，而且堪称工业革命的纪念碑。在这种新式建筑的基础上，19 世纪末和 20 世纪初的西欧出现了一种新艺术派的建筑风格，其特点是大量使用钢铁、水泥和玻璃作为建筑材料，采用五花八门的奇异形状、结构和装饰，具有建筑家独特的个性风格。新艺术派的代表性建筑有：巴黎的蒙马特教堂和萨玛丽黛娜百货商店、维也纳的卡尔广场火车站和邮政储蓄银行、格拉斯哥的艺术学校、阿姆斯特丹的交易所，以及一些别出心裁的住宅建筑。新艺术派的大胆探索和艺术尝试为 20 世纪的现代主义建筑运动开了先河。

19 世纪雕塑艺术的成就主要表现在公共建筑上的大型浮雕、公众场所的纪念性人像雕塑以及独立的艺术雕塑等方面。最为著名的浮雕作品是巴黎凯旋门右边的巨型高浮雕《马赛曲》，由法国伟大的浪漫主义雕塑家弗朗索瓦·吕德（1784—1855 年）创作。在这幅杰作中，吕德抛弃了学院派雕塑的形式主义风格，用浪漫主义的手法表现了 1792 年大革命期间马赛志愿军高唱战歌奔赴巴黎保卫祖国的英雄形象，其充满动感和激情的风格成为此后半个世纪公共建筑浮雕创作的典范。吕德的其他雕塑作品还有《戏龟的那不勒斯渔童》、《纳伊元帅》和《不朽的拿破仑》。吕德的学生让—巴蒂斯特·卡尔波（1827—1875 年）也是法国著名的雕塑家，他在罗马学习期间受到文艺复兴时代艺术家的影响。回国后为巴黎歌剧院创作了高浮雕《舞蹈》，整个作品结构紧凑、气氛热烈，人物体态活泼、感情奔放，但当时竟然被人攻击为不道德。其作品还有《犹高利诺和他的儿子们》、《法兰西照亮世界的寓言》、《花神》和《世界的四部》等，其雕塑风格对罗丹发生过重大影响。

纪念性人像雕塑首先在 19 世纪的英国获得了突出的发展，这些雕像大多采用青铜为材料，树立在城市的广场或其他公共场所。英国海军将军纳尔逊去世后不久，他的雕像即在利物浦和伯明翰树立起来。此后，英国的许多政治家、将军、企业家和慈善家的纪念性雕像也纷纷树立街头，而且其建造资金几乎都是通过公众捐款的形式获得的。不久，欧洲其他国家也相继起而仿效，整个欧洲的各大城市到处都出现了名人雕像，从而形成了欧洲特有的一道风景线。

除了传统的人物雕像之外，动物雕像也在 19 世纪的雕塑创作中占有一席之地。法国著名雕塑家、罗丹的老师安托万—路易·巴利（1796—1875 年）主要从事动物雕塑的创作，特别善于表现大型猛兽进行搏斗和吞食猎物的紧张动态和勇猛气势。其著名作品有《捕蛇的雄狮》、《吞食鳄鱼的老虎》、《咬死角马的巨蟒》，以及人像雕塑《和平的寓言》等。

19 世纪下半叶最伟大的雕塑家无疑是法国的奥古斯特·罗丹（1840—1917 年）。罗丹早年曾追随名师学习绘画和雕塑，并从事过装饰雕刻的工作。70 年代他游学意大利，在米凯朗基罗作品的启发下确立了现实主义的创作风格，突出体现在其早期的成名之作《青铜时代》中。后来受到杜米埃雕塑风格的影响，其创作

更加大胆洒脱，不拘泥于最后的雕琢，常常让作品停留在一种尚
待完成的状态，甚至有意创作似乎残缺不全的片断。这种手法极
大地拓宽了形象构图的思路，并使其作品与周围环境融为一体。罗
丹的著名作品还包括《雨果》、《巴尔扎克》、《萧伯纳》、《莫扎
特》、《加莱义民》群像等。包含186件雕塑设计的《地狱之门》更
是其旷世杰作，可惜未能完成，仅制成了《思想者》、《吻》、《亚
当》和《夏娃》等部分作品。富于哲理的《思想者》坐像直要反
衬出周围世界的庸俗，若把《吻》用侧后的灯光加以照明，则会
奇妙地显示出情侣热恋的气氛。他还在其语录体著作《艺术论》中
阐述了自己的艺术观点。罗丹的创作对欧洲现代雕塑的发展具有
极大的影响，他的几个学生和助手，如阿里斯蒂德·马约尔
（1861—1944年）、艾米尔—安托万·布德尔（1861—1929年）和
夏尔·德斯皮奥（1874—1946年），均成为20世纪初很有建树的
雕塑家，野兽派的代表马蒂斯和西班牙大画家毕加索早期也曾是
罗丹艺术风格的追随者。

五、浪漫主义音乐和电影艺术的诞生

在19世纪的西欧乐坛上，浪漫主义取代古典主义占据了主导
地位。无论从审美态度还是从音乐风格上看，浪漫主义音乐都有
一些不同于古典主义音乐的显著特征。它特别注重表达艺术家个
人的主观感受和内心情感，在音乐创作和演奏上反对古典主义时
期的形式主义倾向，强调艺术家的内在冲动和即时灵感的作用，听
众的反应也更多地诉诸感情而不是理智，作曲者最具个人性的思
想和情感被看做是他要传达的终极艺术信息。除了这种明显的个
人主义之外，民族主义是浪漫主义音乐的另一个显著特点。如果
说18世纪的西欧音乐带有一种普遍性的风格的话，那么19世纪
的浪漫主义音乐则具有各民族自身的不同特色，许多作曲家甚至

有意识地表现自己民族的独特风格。在创作主题方面，浪漫主义作曲家如同浪漫主义文学家一样偏爱神话传说的、中世纪的、异国情调的或民族主义的题材，这一点在声乐作品中尤其明显。仅就西欧来说，在整个 19 世纪中德国和奥地利成了浪漫主义音乐的中心，优秀音乐家如群星灿烂，其作品囊括了交响乐、奏鸣曲、协奏曲、重奏曲、室内乐等器乐以及独唱歌曲、合唱曲、歌剧等声乐的几乎所有音乐种类。同一时期，意大利音乐几乎全部是歌剧，法国音乐以歌剧为主兼有其他乐种；相比之下，英国和其他国家的音乐成就则显得较为逊色。

德国乃至世界最伟大的音乐家路德维希·范·贝多芬(1770—1827 年)在欧洲音乐史上是一位继往开来的人物，他一方面将古典主义音乐推向顶峰，另一方面又开了浪漫主义音乐的先河。贝多芬出生于德国波恩的一个音乐世家，从 5 岁起跟随父亲学习音乐，后来又就学于德国音乐家奈弗，11 岁已经成为一名职业音乐家。1787 年他在维也纳短期逗留期间曾得到莫扎特的指导，1792 年定居维也纳后，继续在海顿、萨里埃利、阿尔布莱希茨伯格等人门下学习。贝多芬从十几岁就开始进行音乐创作，然而正当其事业蒸蒸日上的时候，他的听觉却从 1798 年起开始衰退，1819 年后双耳全部失聪。这对普通人已经是一种难以忍受的不幸，而对于一个完全生活在音响世界中的艺术家来说简直是致命的灾难，然而他仍然以超人的毅力和英雄式的坚韧意志顽强地进行创作，为人类奉献出充满崇高、悲壮、热情和优美的音乐艺术。贝多芬的早期作品仍然保留着莫扎特和海顿的痕迹，带有古典主义的色彩，但不久以后他的乐曲开始表现出更多的感情因素，时而温柔、时而猛烈的情感在贝多芬的钢琴奏鸣曲中成为主导因素。奈弗曾认为感情是构成音乐艺术价值的惟一条件，而在贝多芬手里音乐则成了名副其实的感情艺术，在其献给爱情的《月光奏鸣曲》以及《悲怆奏鸣曲》、《热情奏鸣曲》等钢琴奏鸣曲中都已经明显地表现出浪漫主义的倾向。交响乐是贝多芬作品中最为辉煌的部分，他一生共创作了10部交响乐，除了众所周知的9部编号乐曲之外还有一部被称为《战争交响乐》的未编号的交响乐作品。其中较重要的是第三（《英雄》）、第五（《命运》）、第六（《田园》）和第九（《合唱》）交响乐。《英雄交响乐》是贝多芬音乐艺术成熟的里程碑，它以前所未有的激越旋律歌颂了资产阶级革命的英雄和共和理想，该曲最初题献给拿破仑，但得知后者称帝的消息之后，贝多芬愤怒地划掉原来的题词，改为"纪念一个伟大的人"，即他心目中的革命英雄。《命运交响乐》用震撼人心的悲壮音符奏出了一曲人的意志最终战胜痛苦命运的凯歌。《田园交响乐》则以优美如画的乐章描绘了令人心旷神怡的田园景色和乡村农民热烈的歌舞场面，表达了音乐家对大自然和纯朴生活的由衷赞美。《合唱交响乐》是音乐史上最早加入合唱的交响乐作品，其最后乐章以席勒的《欢乐颂》作为歌词，通过气势磅礴的多声部男女声合唱，歌颂了资产阶级革命的自由、平等、博爱的崇高理想。贝多芬的著名作品还包括：一系列协奏曲、重奏曲、奏鸣曲等器乐曲，《庄严弥撒曲》、《合唱幻想曲》和一些歌曲等声乐作品，以及歌剧《菲德里奥》、芭蕾舞剧《普罗米修斯》和其他戏剧乐曲等等。贝多芬的伟大人格和英勇奋斗的一生堪称真正艺术家的楷模，他非同凡响的作品是世界音乐艺术宝库中难得的瑰宝，对近现代西方音乐的发展产生了巨大的影响。

　　另一位兼具古典主义和浪漫主义风格的作曲家是奥地利的弗朗茨·舒伯特（1797—1828年），他在短暂的一生中创作了近千部作品，它们大多采取古典的形式，但其丰富的旋律和细腻的抒情风格却无疑是浪漫主义的。舒伯特的作品包括一些室内乐、钢琴曲、歌剧、宗教乐曲以及9部交响曲，其中第八（《未完成》）和第九（《伟大》）交响曲最为人所称道，然而成就最大的则是其600多首富于浪漫气息的艺术歌曲，他因此被誉为世界上最优秀的艺术歌曲作家。舒伯特的歌词主要采用歌德和席勒的诗歌,同时他也为海涅、缪勒、莎士比亚、司各特等人的诗歌谱曲。他擅长于将钢琴伴奏和人声完美地结合起来,以便创造出最佳的情调和气氛。其最为著名的歌曲有《纺车前的格雷琴》、《魔王》、《野玫瑰》、《鳟鱼》、《流浪者》、《希尔维娅》,以及声乐套曲《美丽的磨坊女》、《冬日旅行》和《天鹅之歌》系列曲等。

德国作曲家卡尔·马利亚·冯·韦伯(1786—1826 年)是德国浪漫主义歌剧的创始人。从童年时代起,他就跟随父亲的剧团到处旅行演出,受到民间音乐和舞台艺术的熏陶。他从 12 岁开始发表音乐作品,而在 14 岁和 17 岁时,他创作的歌剧《森林少女》和《彼得·施莫尔》相继上演。此后,他历任宫廷乐长和歌剧院指挥,并于 1816 年起担任德累斯顿的德国歌剧院院长,同时致力于民族歌剧的创作。1821 年,他的著名歌剧《自由射手》在柏林上演,立即赢得了巨大的成功,被看做是德国第一部浪漫主义的歌剧。该剧的剧情取材于德国民间传说:一位猎人把自己的灵魂出卖给魔鬼,换取了魔法子弹,从而在射击比赛中获胜并且赢得了心爱的姑娘的芳心。该剧一举奠定了 19 世纪德国歌剧的基础,使德国歌剧从一度占主导地位的意大利和法国歌剧的影响下解放出来,韦伯也因此成了一位民族英雄。韦伯还创作了歌剧《犹兰蒂》和《奥伯龙》,以及一些合唱曲、交响乐、协奏曲、室内乐和钢琴曲等。韦伯的音乐艺术强烈地影响了德国早期浪漫主义作曲家门德尔松和舒曼,以及稍后的瓦格纳,后者进一步发展了韦伯的"主导动机"技巧。

菲利克斯·门德尔松(1809—1847 年)出生于汉堡一个有教养的犹太银行家家庭,自幼学习钢琴演奏,9 岁首次登台演出,11 岁开始作曲,17 岁即创作出他的成名作品《仲夏夜之梦序曲》。出于对巴赫音乐的推崇,他不顾当时音乐权威的反对,于 1829 年成功地指挥了巴赫的《马太受难曲》的首场演出,重新引起了人们对巴赫音乐的兴趣，使其作品成为音乐会的保留节目。此后，门德尔松多次前往奥地利、意大利、法国和英国等西欧国家从事音乐会的演奏和指挥，为他带来了巨大的荣誉。1842 年，他在莱比锡创建了德国第一所音乐学院。在繁忙的演出活动和建校工作的同时，他仍然不停地进行音乐创作，终于积劳成疾，在 38 岁的年华溘然长逝。其作品同时具有古典主义的完美形式和浪漫主义的抒情风格，曲调优美，节奏轻快，结构清晰工整，细节精制考究，然而平稳的生活和顺利的艺术生涯也使得他的音乐中缺乏深刻的情感表达。重要作品还有交响乐《意大利》、《苏格兰》等，序曲《芬格尔的岩洞》，钢琴曲集《无词之歌》，重唱或合唱歌曲《抬起你的眼睛》、《帮助我，主啊》等等。

罗伯特·舒曼（1810—1856 年）是德国浪漫主义作曲家和音乐评论家，早年爱好浪漫主义文学并在莱比锡大学攻读法律，同时随维克学钢琴，后来娶维克之女克拉拉（钢琴家兼作曲家）为妻。然而不幸的是，他在试用一种机械装置加快钢琴技巧的进步时却永久地损害了双手。从此，他不得不放弃钢琴家的前程，集中全力从事作曲和音乐评论工作。1834 年，舒曼创办《音乐新刊》并任主编 10 多年。他通过音乐评论极力推崇巴赫、贝多芬、舒伯特等真诚严肃的作曲家，抨击当时音乐界华而不实、玩世不恭的习气，同时努力提高国民的音乐品味。门德尔松成立莱比锡音乐学院之后，舒曼曾在该校任教，两年后由于精神分裂症加重辞去了教职和主编职务。1854 年舒曼精神失常并试图自杀，后来死于精神病院。舒曼的重要作品有钢琴曲《狂欢节》、《幻想曲》，声乐套曲《女人的爱情与生活》和《诗人之恋》，《莱茵河上的星期日》、《月光下》、《两个掷弹兵》等数百首富有魅力的艺术歌曲，以及许多室内乐和管弦乐。他的音乐风格既有健康向上、积极乐观的一面，又有内向自省、梦幻浪漫的一面，这与他的精神分裂倾向不无关系。舒曼还创作了四首交响曲，第一交响曲《春天》旋律优美，节奏活泼，充满了欢乐和热情的乐观主义精神；第四交响曲将三四个主题贯穿于整个乐曲之中，在演奏过程中，通过主题相互联系起来的四个乐章不间歇地一气呵成，这种手法为一种新的音乐体裁——交响诗奠定了基础。不久以后，交响诗经由匈牙利作曲家李斯特发展成形。

德国作曲家、指挥家和文学家理查德·瓦格纳（1813—1883年）从童年起即对文学和音乐感兴趣，但他学习钢琴和小提琴演奏的努力并不成功，后来受韦伯的歌剧《自由射手》的感染而转向指挥和歌剧创作。瓦格纳第一部成功的歌剧是《黎恩济》，此后陆续写出《漂泊的荷兰人》、《汤豪瑟》、《罗恩格林》，并开始创作其长篇诗剧《尼伯龙根的指环》。1848年他积极参加德国资产阶级革命，失败后流亡瑞士的苏黎世。流亡期间，他完成了《尼伯龙根的指环》的写作并开始为之谱曲，同时撰写了《歌剧与戏剧》和《未来的艺术》等音乐论著。他主张歌剧（他称之为音乐剧）的题材应取材于神话，艺术手法上必须将音乐、诗歌、舞蹈、美术等门类综合成为一个有机的整体，应把交响乐式的发展作为戏剧表现的主要手段。同时，他在哲学思想上接受了叔本华的悲观主义唯意志论，并在其歌剧《特利斯坦与伊索尔德》中反映出来。19世纪60年代德国宣布政治特赦，瓦格纳从此又可以回国和自由旅行了。此后直到去世，他又创作了《纽伦堡的歌唱大师》、《节日剧场》和《帕西发尔》等歌剧。1872年，瓦格纳在巴伐利亚的拜罗伊特市建立剧场，专门演出自己创作的歌剧，《尼伯龙根的指环》谱曲完成后于1876年在该剧场首次上演。瓦格纳的早期歌剧尚留有意大利和法国歌剧的痕迹，但其成熟期的作品已经与之迥然不同，具有浓厚的德国浪漫主义歌剧风格。他的歌剧脚本完全是自编的，大多取材于挪威或条顿民族的神话传说或历史，不过他常常根据自己的艺术构思自由地加以改写。他在艺术手法方面也做了大胆的革新，破除了道白与歌咏之间的界限，创造出"说

歌”的表达形式；发展并确立了“主导动机”的表现手法，即用
某种旋律、和声或节奏作为象征某一特定人物、事物、思想或情
景的音乐主题，每当这一人物或情景出现时，象征他（或它）的
音乐主题也反复出现或以变化的方式出现，他通过这种手法成功
地将歌剧中的戏剧因素与音乐因素紧密地结合起来。无论在音乐
方面还是在思想方面，瓦格纳都对当时及后世发生了相当大的影
响，尼采、波德莱尔、马拉美等人都曾热衷于瓦格纳的艺术和思
想，不过这种影响在某些方面是消极的甚至是罪恶的，比如他的
极端民族主义和反犹太主义倾向就是如此。

在 19 世纪后半叶，德国和奥地利还涌现出一些较有成就的音
乐家，如安东·布鲁克纳（1824—1896 年）、约翰·施特劳斯
（1825—1899 年）、约翰内斯·勃拉姆斯（1833—1897 年）、古斯
塔夫·马勒（1860—1911 年）和理查德·施特劳斯（1864—1949
年）等。布鲁克纳是瓦格纳的忠实追随者和虔诚的天主教徒，主
要从事交响乐和宗教音乐的创作，作品具有浓厚的宗教沉思和冥
想的色彩。约翰·施特劳斯秉承其父老约翰·施特劳斯圆舞曲的
家传，创作了 400 余首圆舞曲，因而被誉为“圆舞曲之王”。其中
最为流行的有《蓝色的多瑙河》、《维也纳森林的故事》、《春之
声》等，旋律华丽优美，脍炙人口，另作有轻歌剧《蝙蝠》、《吉
卜赛男爵》等 16 部。勃拉姆斯是浪漫主义音乐家中仍然坚持德国
古典传统的人，他以创作抽象的无标题音乐著称。其作品吸收了
巴赫、贝多芬、舒伯特、舒曼等人的创作原则和技巧，成功地将
古典的形式和浪漫的抒情风格调和起来，这部分地得益于他对
16、17、18 世纪音乐遗产的研究与编辑工作。他的重要作品包括
4 部交响乐、4 部协奏曲、管弦乐《匈牙利舞曲》和《海顿主题变
奏曲》、室内乐、钢琴曲，以及《夜莺》、《真实的爱情》等 250 多
首民歌和艺术歌曲。马勒是后期浪漫主义作曲家的代表人物之一，
他的成就主要体现在其 10 部交响乐中。他经常在交响乐中加入声

乐，结构庞大，配器独特，常出现不协和和弦，为20世纪的多调式音乐指出了道路。在其大型管弦乐曲《大地之歌》中，马勒还加入了根据中国唐诗写成的套曲。理查德·施特劳斯是德国浪漫主义的最后一位音乐家，他将瓦格纳和李斯特的音乐思想推到了极致，其风格华丽丰富、流畅细腻、兴奋激昂。作品主要有交响诗《唐璜》、《堂吉诃德》，表现尼采超人哲学的《查拉图斯特拉如是说》和《英雄的生涯》，以及歌剧《莎乐美》和《蔷薇骑士》等。由于思想上与纳粹主义的接近，他在希特勒统治时期曾被任命为国家音乐总监，这是他一生中不光彩的一页。

　　19世纪的意大利和法国在歌剧领域中取得了辉煌的成就，其体裁与德国歌剧（如瓦格纳的音乐剧）风格迥异，主要有抒情歌剧和大歌剧两类，前者又可分为轻歌剧和喜歌剧两种。轻歌剧一般比较短小，特点是轻松幽默，常有讽刺意味；而喜歌剧是抒情歌剧的主要形式，其情节大都比轻歌剧来得严肃，常带有感伤的情调，场面和管弦乐队的规模也都较大，演唱强调抒情成分，但不如大歌剧那样壮观和庄严。大歌剧产生于19世纪20年代末的法国，内容多采用严肃的历史题材，着重表现激烈的行动和极端的感情冲突，情节往往只是推向激动人心的时刻的辅助手段，剧中一般不用道白，主要运用独唱、重唱、合唱、管弦乐以及大规模的芭蕾舞场面等，音乐效果讲求辉煌华丽。法国音乐家达尼埃尔·奥柏（1782—1871年）于1828年创作的《波尔蒂契的聋哑女》是第一部较成熟的大歌剧，内容取自1647年那不勒斯的一场革命，当它于1830年在布鲁塞尔上演时，其逼真的场面和激动人心的效果竟然直接引发了比利时的民族起义，结果比利时成功地脱离荷兰获得了独立。

　　乔阿契诺·罗西尼（1792—1868年）是意大利伟大的歌剧作曲家。一生创作了39部歌剧，其早期作品《塞维勒的理发师》取材于博马舍的剧本，剧情机智幽默，音乐生动诙谐，被公认为是意大利喜歌剧的不朽杰作。他后来随意大利歌剧团到欧洲各地演出，寓居巴黎期间他于 1829 年以席勒同名剧本为题材创作了典型的大歌剧《威廉·退尔》，该剧在巴黎歌剧院连演 500 场，获得空前成功。然而，罗西尼的后半生除了合唱曲《庄严弥撒》、《圣母哀悼曲》和少量钢琴曲、歌曲外，再没有创作过其他任何重要作品。朱塞佩·威尔第（1813—1901 年）是 19 世纪意大利最重要的歌剧作曲家。早期作品《纳布科》、《伦巴第人》等反映了意大利人民反抗异族压迫的民族主义精神。1848 年意大利革命期间，曾应革命家马志尼的委托谱写成革命歌曲《号角在响》，直接鼓舞了人民的革命斗争。50 年代是威尔第创作最辉煌的时期，《弄臣》、《茶花女》、《行吟诗人》、《蒙面舞会》等是其代表作，刻画人物性格更见细致深刻，同时揭露了一些社会问题并对被侮辱被损害的人们寄予同情。在晚期他又创作了《阿依达》、《奥赛罗》和《法尔斯塔夫》等重要作品，对传统歌剧唱法进行了革新的尝试，其声乐风格在美声唱法的基础上融入了朗诵调的因素。作为热烈的民族主义者，威尔第曾特意创作《安魂弥撒》，用以纪念意大利爱国诗人孟佐尼，他本人逝世时受到民族英雄式葬礼的礼遇。

除了他们之外，意大利在 19 世纪还涌现了一批著名的歌剧作曲家和音乐家。如创作了歌剧《拉美摩尔的露契亚》、《帕斯夸莱先生》的加埃塔诺·唐尼采蒂（1797—1848 年）；以发展了富于抒情美感的美声唱法著称的文钦佐·贝里尼（1801—1835 年），其重要作品有《海盗》、《诺尔玛》、《梦游女》、《清教徒》等。还有杰出的小提琴演奏家兼作曲家尼科罗·帕格尼尼（1782—1840 年），他首创左手拨弦和快速半音滑奏等新的演奏手法，并且发展了泛音的作用，显著地扩大了小提琴的表现力，同时创作了多首小提琴协奏曲和随想曲。另一位杰出的歌剧作曲家是贾科莫·普契尼（1858—1924 年），其重要歌剧作品有《曼侬·莱斯戈》、《艺术家的生涯》、《托斯卡》、《蝴蝶夫人》和取材于一个中国公主的传说故事的《图兰朵》。最后值得一提的是跨世纪的歌剧作曲家皮特罗·玛斯卡尼（1863—1945 年），其代表作《乡村骑士》取材于维尔加的同名短篇小说，音乐风格强烈粗犷，被公认为第一部意大利真实主义歌剧。

埃克托·柏辽兹（1803—1869 年）是法国 19 世纪上半叶杰出的浪漫主义作曲家。无论在音乐上还是在政治上，他都具有突出的叛逆精神，当 1830 年推翻复辟的波旁王朝的七月革命发生时，他立即将《马赛曲》改编成合唱和乐队曲以鼓舞人民。他一反抽象音乐的传统，坚持标题音乐的创作，并为其作品附上解释性的文字说明，因为按照他的浪漫主义信念，音乐必须描述一缕诗意的思想或一串感情状态。其第一部标题交响曲《幻想交响曲》的副标题是"一位艺术家的生活片断"，文字说明交代出该交响乐描述的是一位害相思病的年轻音乐家的感觉、情感、想象和梦幻，他的心上人化作一曲旋律（"固定乐思"）时隐时现地出现在各个乐章。其他交响曲《罗密欧与朱丽叶》、《哈罗尔德在意大利》以及传奇剧《浮士德的沉沦》等也都表现出宏大新颖的配器效果。他不仅运用固定乐思（即主导动机）来明确表达情节和统一整个乐曲，而且用戏剧化的处理方法丰富了交响音乐的表现力。柏辽兹的重要作品还有乐队序曲《罗马狂欢节》，歌剧《贝文努托·切里尼》、《特洛伊人》和《安魂弥撒》，以及宗教剧《基督的童年》等。他还著有《管弦乐法》一书论述运用乐器和配器的方法。

乔治·比才（1838—1875 年）可以说是法国 19 世纪最杰出的浪漫主义歌剧作曲家。他 9 岁即进巴黎音乐学院学作曲，17 岁已创作出优秀作品《C 大调交响曲》。比才最大的成就在歌剧领域，正是他使法国歌剧摆脱了意大利歌剧的影响。他一生共写了 10 部歌剧，其中最为出色的是根据梅里美的同名小说改编的歌剧《卡门》，剧中人物的音乐形象具有鲜明的个性，比梅里美的小说更胜一筹，音乐多采用舞曲，旋律精美绝伦，节奏铿锵有力，配器绚烂多彩，具有强烈的戏剧性和浓郁的西班牙风格，自问世以来它已成为所有歌剧中最受欢迎的经典杰作之一。比才的其他重要作品还有：管弦组曲《阿莱城的姑娘》、歌剧《采珍珠者》、《波尔特的美丽姑娘》以及管弦乐《小组曲》等。

　　法国较为著名的作曲家还有：曾任巴黎音乐学院教授和院长的昂布鲁瓦兹·托马（1811—1896年），其代表作有抒情歌剧《迷娘》、《哈姆雷特》；以创作宗教音乐和抒情歌剧著称的夏尔·弗朗索瓦·古诺（1818—1893年），所作《教皇进行曲》后来成为梵蒂冈国歌，而其抒情歌剧《浮士德》、《罗密欧与朱丽叶》等启发了比才的歌剧创作；以风格柔丽婉约著称的茹尔·马斯耐（1842—1912年），其作品包括抒情歌剧《曼侬》、《维特》，交响组曲《阿尔萨斯的景色》；法国"民族音乐协会"的创办人之一卡米耶·圣—桑（1835—1921年），他以恪守古典传统、反对现代主义倾向著称，其主要作品有歌剧、交响诗、交响曲、钢琴协奏曲、小提琴协奏曲多部，小提琴与乐队曲《引子与回旋随想曲》以及管弦乐组曲《动物狂欢节》等；还有伊曼努埃勒·夏布里埃（1841—1894年），代表作有管弦乐《西班牙狂想曲》和《欢乐进行曲》，钢琴曲《阿伐奈拉》和《如画》，两架钢琴的《浪漫圆舞曲》以及歌剧和声乐曲等。

　　克洛德·德彪西（1862—1918年）是法国跨世纪的大音乐家，也是印象派音乐的创始人，但他本人并不愿意接受这一称号。他毕业于巴黎音乐学院，具有深厚的传统音乐素养，并曾受过瓦格纳的影响，但他不愿屈从传统或模仿他人而希望另辟蹊径。在印象派画家和象征主义诗人的启发下，他通过吸收包括东方在内的各民族音乐的特点，逐步创造出自己的独特风格。如果说浪漫主义有时是在用音乐讲故事，那么德彪西的印象主义则更多地是在用音乐作画。他憧憬超脱现实的唯美境界，其作品主要以诗、画及自然景物为题材，有时也涉及神话人物，但极少触及社会现实。

在音乐表现手法上，他常运用色彩性和声与配器、全音音阶和泛音效果等，用来营造一种朦胧、飘忽、空幻、幽静的意境。他的第一部印象主义音乐作品《牧神的午后前奏曲》是从象征主义诗人马拉美的同名诗作改编而成的，以自由变化的节奏和飘移不定的不谐和音演绎出诗歌中梦幻的意境。稍后创作的《夜曲》由三首夜曲组成，标题分别为"云"、"节日"和"海妖"，"云"以朦胧变化的音符描绘了空中飘浮变化的云朵，"节日"表现载歌载舞的游行队伍通过时的热烈气氛和场面，"海妖"则展现出一片银色月光下静谧的大海，无言的女声哼唱象征着海妖的神秘歌声从远方传来。这是德彪西最富于想象力的作品之一，它具有印象派音乐的全部特征。交响组曲《大海》是德彪西另一部描绘大海的力作，它以三幅素描式的音乐画卷展现出一个充满色彩和光影变化的大海，因而成为音乐史上的不朽杰作。德彪西的著名作品还有根据比利时象征主义诗人和剧作家莫里斯·梅特林克（1862—1949年）的同名剧本改编的歌剧《佩雷亚与梅丽桑德》，钢琴曲《阿拉伯风格》、《版画集》、《意象集》、《前奏曲集》等。

19世纪末叶，随着第二次工业革命中电能的普遍运用和摄影技术的进步，人类艺术史上一个最为神奇而富于魅力的新门类诞生了，这就是被称为文艺"第八女神"的电影。1887年，美国发明家托马斯·爱迪生（1847—1931年）和他的助手狄克逊率先发明了一种活动电影摄影机，它能在一条50英尺长的胶片上拍摄600多幅连续画面，记录下持续一分钟左右的活动影像，这就是现代电影摄影机的雏形。1891年，两人又发明了供单人观看记录在胶片上的活动影像的活动电影视镜，两三年后取得专利并开始出售。在爱迪生等人的发明的启发下，法国发明家路易·卢米埃尔（1864—1948年）和他的哥哥奥古斯特·卢米埃尔（1862—1954年）改进了电影机械的设计和制造技术，研制成功了一种集摄影机和放映机于一体的活动电影机，并于1895年初获得了专利权。

1895 年 12 月 28 日，卢米埃尔兄弟在巴黎的"大咖啡馆"首次公开售票放映他们自己拍摄的《工厂的大门》、《婴儿的午餐》、《水浇园丁》、《火车进站》等短片，立刻引起了轰动，此后这一天就被看做电影艺术正式诞生的日子。

电影放映的原理是利用人类视觉具有保留印象的特性，将许多间断的不活动照片以一定速度（一般是每秒 24 幅）连续投射到银幕上，从而在观众的视觉上形成活动的影像。现代电影是一门综合艺术，它吸取了文学、戏剧、音乐、舞蹈、绘画和摄影等多门艺术的精华，成为在银幕上反映、再现和创造生活的独特艺术形式，电影可以分为故事影片、戏剧影片、歌舞影片、纪录影片、新闻影片、科学幻想影片、教育影片、美术影片等许多种类。然而在 19 世纪末叶，刚刚诞生的电影还仅仅是类似哑剧那样的无声的黑白短片，我们今天所看到的有声有色的电影是经过世界各国好几代电影导演和艺术家们不断探索和创新的艺术结晶。

卢米埃尔兄弟在电影创作的美学思想上坚持再现生活的原则，采用现场实景拍摄的手法，拍摄的短片大多属于日常生活的真实记录。这种表现方法虽然具有保持真实性的优点，但同时也不可避免地带有自然主义的局限。此时，一位法国著名魔术师乔治·梅里爱（1861—1938 年）受卢米埃尔兄弟电影的感染，设法买到了一架放映机，并于 1897 年成立"明星电影公司"，开始了创作电影的艺术生涯。他在巴黎附近建造了一个摄影场，运用剧本、演员、服装、化妆、布景、机关装置以及场和幕的划分等戏剧手法，试图在银幕上复制出舞台戏剧式的影片，1899 年拍摄的第一部多场景影片《德雷福斯事件》就是这一尝试的最初成果。出于制造"奇迹"的多年职业习惯，梅里爱运用自己摸索出来的特技摄影技巧在银幕上制造出魔术般的效果，比如使一个东西突然出现或消失，或者完全变成别的东西，《贵妇人的失踪》等短片是其最初尝试。1902 年，他成功地摄制了由凡尔纳的小说改编的科学幻想影片《月球旅行》，创造了一个光怪陆离的幻想世界。此后，他又拍摄了《格利佛游记》、《浮士德》、《海底两万里》、《灰姑娘》、《仙女卡拉波斯》等一系列类似的人工布景影片。但是，梅里爱过分强调电影的舞台戏剧性，以致他的影片几乎无一例外地是从假设的舞台正面观众的视角拍摄的，长此以往则不可避免地引起了观众的厌倦。然而无论如何，电影这门崭新的艺术已经站住了脚跟，并且开始展现出独特的艺术魅力。进入 20 世纪以后，各国电影艺术家们通过不懈的努力，综合运用自然实景拍摄和人工摄影棚拍摄两种方式，并逐步发展出一系列电影本身特有的故事叙述和艺术表现手法，创造出越来越辉煌的艺术奇迹，终于使电影走出了模仿其他艺术形式的初期阶段，成为人类艺术殿堂里的一颗璀璨的明珠。

20 1944年6月6日英美盟军在诺曼底海滩登陆，舰队运来大批
军队和武器装备投入开辟欧洲第二战场的战斗

第 五 章

两次世界大战期间的西欧

　　两次世界大战是欧洲乃至世界近现代文明史上最黑暗的时期,曾在世界上泛滥一时的法西斯主义严重摧残了人类文明成果,使欧洲和世界几乎倒退回野蛮时代。然而,人类进步力量终于赢得了第二次世界大战的最后胜利,摧毁了反人类、反文明的法西斯势力,挽救了人类文明。同时,两次大战导致近代以来的欧洲世界霸权逐渐衰落,波及全球的争取国家独立和民族解放的历史潮流最终冲垮了几百年的殖民体系。

一、战争危机的来临

　　从 1815 年拿破仑战争结束直到 1914 年,在将近 100 年的时间里欧洲虽然爆发过普奥战争、普法战争和俄土战争等少数国家之间的局部战争,却从未发生过席卷欧洲并波及全世界的大规模战争。然而,随着欧洲民族主义的兴起和帝国主义争夺殖民地和世界霸权的斗争愈演愈烈,特别是欧洲各资本主义强国经济和军事实力发展的不平衡所造成的力量均势的破坏,将欧洲抛入了一个危机四伏的战争年代,列强为了争夺霸权和寻求安全而结成的对立的军事同盟体系最终将地区冲突演变成世界大战。

　　从 19 世纪末到 20 世纪初,美国、德国、意大利和日本等后起的帝国主义国家迅速崛起。其中德国不仅在经济上发展成为全球仅次于美国而在欧洲首屈一指的工业生产大国，而且在军事上也成为欧洲大陆最强大的国家。1914 年德国的钢铁产量超过了英国和法国的总和，它在化学和电气等新兴工业部门中处于世界领先的地位。德国 1914 年的军费达到 32 亿马克以上，成为当时全世界军事支出最多的国家。它的陆军人数虽然不及俄国，但在军事效能上却超过欧洲任何一个国家。为了夺取海上的优势，德国也建立起一支有能力向英国挑战的海军力量。然而，德国占据的海外殖民地却同它的经济和军事实力极不相称，因此它积极推行按实力重新瓜分世界的战争政策。应当承认，德国的崛起打破了欧洲力量的均势，这是引起 20 世纪两次世界大战的主要原因。同时也要指出，其他列强也都各有自己的扩张野心，这些相互交叉的目标不可避免地导致各国间激烈的冲突。

德国在非洲的目标是企图建立一个从东非到西南非洲斜贯非洲大陆的"赤道非洲帝国"，这必然与英国制定的从开普敦到开罗纵贯非洲的"二 C"计划相撞。同时，德国还在争夺摩洛哥和西非的问题上与法国发生严重冲突。在中近东，德国修建巴格达铁路进而控制土耳其奥斯曼帝国的计划直接威胁到英国在印度的统治。在欧洲大陆上，德国并不满足于得到阿尔萨斯和洛林，它还想夺取法国境内的铁矿，并企图进一步削弱法国，独霸欧洲大陆。

普法战争后，法国一直伺机向德国复仇，企图恢复法国在欧洲大陆的霸主地位，收复阿尔萨斯和洛林，并想进一步夺取德国的萨尔煤矿。由于摩洛哥拥有丰富的矿藏并具有重要的战略意义，因此法国不顾其他强国在摩洛哥的利益，强行将其纳入法国的殖民帝国，与德国发生了危险的冲突。同时，法国与英国在暹罗和尼罗河流域也有矛盾。只是为了对抗来自德国的共同威胁，英、法两国才通过相互承认各自对埃及（英）和摩洛哥（法）的统治而缓和了矛盾，走上结盟的道路。

奥匈帝国最为关注的是巴尔干地区,这不仅因为它垂涎于南方斯拉夫人居住的土地,而且由于巴尔干的民族主义会直接威胁到帝国内部斯拉夫人少数民族居住地区的政治稳定。奥匈帝国还希望开辟一条通过巴尔干到达爱琴海的公路,以确保它的出海通道。但是,这样做肯定会与俄国和英国发生冲突。此外,奥匈帝国与意大利也存在着领土争端。为了自身的安全,奥匈帝国与德国结成了越来越紧密的同盟。

地处东欧的俄国为了获得从黑海进入地中海的通道,长期以来一直企图控制博斯普鲁斯海峡和达达尼尔海峡。此外,它向南企图将波斯划入它的势力范围,向东侵占中国东北和外蒙古。最后,在泛斯拉夫主义的口号下,它通过对土耳其的战争,将自己的势力扩展到巴尔干地区,同时将自己装扮成所有东欧斯拉夫人的领导者和保护者,甚至包括那些在奥匈帝国境内居住的斯拉夫人。俄国的扩张野心对奥匈帝国在巴尔干的利益、德国在土耳其的利益以及英国在波斯、阿富汗和印度等地的利益构成了直接的威胁。俄国与奥匈帝国在巴尔干半岛的冲突则是世界大战爆发的直接起因。

英国对欧洲其他强国一直怀有戒心,它与德国、法国和俄国都有矛盾。英国为了维护自己的殖民帝国和海上霸主的地位,竭力在欧洲大陆国家之间保持均势,以免它们中间任何一个国家能够强大到有足够的力量向它挑战。英国首相亨利·约翰·坦普尔·帕默斯顿(1784—1865年)早就说过:"我们没有永久的盟友和永久的敌人,我们只有经常的、永久的利益,我们应当以这种利益为指针。"在20世纪初以前,英国拒绝加入欧洲大陆上的任何军事集团,他们称这种政策为"光荣的孤立"。后来,当英国发现德国已经成为欧洲大陆最强大的国家和英国最危险的敌人时,它终于放弃了"光荣的孤立"政策,采取了与法、俄联盟的策略。

意大利则把扩张的矛头指向土耳其的北非属地的黎波里塔尼

亚和昔兰尼加（后来合称利比亚），以及奥匈帝国境内意大利人居住的地区。

在欧洲列强争夺殖民地的斗争中，土耳其统治下的巴尔干地区由于其重要的战略地位而成为各国矛盾的焦点。1875年，黑塞哥维那、波斯尼亚和保加利亚人民发动了反抗土耳其统治的起义。翌年，俄国支持塞尔维亚和门的内哥罗对土耳其宣战。但是，由于塞尔维亚军队很快被土耳其打败，俄国于1877年4月发动了俄土战争。在取得几次战役的胜利后，俄国于1878年1月兵临君士坦丁堡城下。英国和奥匈帝国立即对俄国提出警告，英国舰队开到君士坦丁堡附近，迫使俄国停止了进攻。3月，俄国和土耳其签订了《圣斯蒂凡诺和约》，和约规定：建立保加利亚自治公国，承认塞尔维亚、门的内哥罗和罗马尼亚的独立，波斯尼亚和黑塞哥维那获得自治但仍留在奥斯曼帝国内，土耳其还割让了几块土地给俄国。俄国在巴尔干地区的扩张引起英国、奥地利和德国的强烈不满，三国要求召开各大国参加的国际会议，修改《圣斯蒂凡诺和约》。1878年7月各国在柏林签订了新的条约，规定除基本保留原俄土条约中的一些条款之外，俄国必须归还土耳其一大片已占领土，而波斯尼亚和黑塞哥维那则交由奥匈帝国占领和管理。列强的联合干涉迫使俄国失去了已经到手的大片土地，从此俄德关系和俄奥关系急剧恶化，1873年缔结的德、奥、俄"三皇同盟"已经名存实亡了。

为了对抗俄国在巴尔干的扩张并加强反对法国的力量，德国和奥匈帝国于1879年10月缔结了秘密军事同盟条约，规定如果一方遭到俄国或俄国支持的另一国的进攻，双方应以全部兵力互相支援，并且不得单独媾和。1882年5月，同法国争夺突尼斯失败的意大利也加入了同盟，不过由于与奥匈帝国的矛盾，意大利只是一个动摇的同盟者。德、意、奥三国同盟的正式形成是走向未来的世界大战的第一步。

三国同盟的建立使法国和俄国感到极大的威胁。面对日益强大的德国，法国迫切需要同盟者的援助。同时，俄国由于与德国和奥匈不断交恶，也需要别国的支持。法国自 1888 年起连续给俄国数笔巨额贷款，帮助俄国发展工业和扩充军备，两国之间也开展了频繁的军政互访，因而俄法关系迅速密切起来。这些亲善的举动最终导致了 1893 年法俄军事同盟的建立。双方互相承诺：一旦法国遭到德国或意大利的攻击，俄国应竭尽全力支持法国；反之，如果俄国受到德国或奥匈帝国的进攻，法国也应以全部兵力支援俄国；同时双方特别强调，一旦对德开战，应迅速迫使德国在东西两线同时作战。到 20 世纪初期，英国终于放弃了"光荣的孤立"的政策，于 1904 年与法国达成了英法协约：法国承认英国在埃及的统治，英国也认可法国对摩洛哥的占领。1907 年，英国又与俄国订立了英俄协约，将伊朗北部划归俄国的势力范围，中部为"缓冲区"，南部则成为英国的势力范围，同时俄国承认阿富汗也属于英国的势力范围之内。虽然这两个协约的主要内容是调整缔约各方在争夺殖民地上的矛盾，但实质上等于三国建立了非正式的同盟关系，因此成为走向世界大战的重要步骤。

至此，欧洲最终形成了德、意、奥三国同盟与英、法、俄三国协约两大联盟体系对抗的危险格局。每当发生重大国际争端时，两大集团的成员即使对争端持怀疑态度，也不得不支持直接参与争端的盟国。否则，它们担心自己的同盟会瓦解，从而使本国陷入孤立无援的状态而遭受危险。所以，每次局部争端往往会扩大为全面的危机，而两大联盟的所有成员国不论愿意与否都将被卷入其中。正是这种可诅咒的联盟体系给国际关系带来了种种灾难性的后果，通过一种无法阻止的连锁反应使局部战争迅速扩展为集团对抗和世界战争。

地中海位于欧、亚、非三洲之间，是联结大西洋和印度洋的最近海道，直布罗陀海峡、黑海海峡（包括博斯普鲁斯海峡、马尔马拉海和达达尼尔海峡)和苏伊士运河是控制这条海道的咽喉。地中海周围的土耳其、巴尔干半岛、利比亚和摩洛哥等由于其战略地位的重要，必然成为欧洲列强和两大军事联盟重新瓜分世界斗争的焦点。另一方面，巴尔干半岛是多民族聚居的地区，土耳其和奥匈帝国的长期压迫和奴役促使这里的民族主义情绪异常强烈，各种民族矛盾错综复杂，这些民族矛盾同列强的争夺纠缠在一起，使这一地区成为欧洲各种矛盾的集合点。正是从 1905 年到 1913 年在这一地区接连发生的一系列局部战争和国际危机终于导致了第一次世界大战的爆发。

　　1904 年底，法国借口帮助摩洛哥进行改革，企图将摩洛哥变成法国的保护国。翌年，对摩洛哥早有野心的德国为了自身利益，假意提出要"维护"摩洛哥的主权和独立，要求召开国际会议解决摩洛哥问题，同时不惜以战争相威胁，从而造成了第一次摩洛哥危机。英国主张给予法国以海军援助，但由于俄国正忙于日俄战争而无力给法国提供陆军支援，所以法国暂时不能同德国开战。1906 年 1 月，在西班牙召开了国际会议，会上大多数国家都支持法国，德国陷于孤立。会议声称承认摩洛哥"独立"，但是摩洛哥的财政由国际监督，它的警察组织和治安工作则由法国和西班牙分别管理。这实际上使法国可以在维持治安的借口下加强对摩洛哥的控制。这次危机加强了英法协约，两国开始了陆海军参谋部之间的秘密军事会谈，着手制定在未来对德作战中两国军队相互配合的计划。

　　两年后，德、奥同俄国之间又发生了波斯尼亚危机。1908 年，土耳其爆发了资产阶级革命，俄国和奥匈帝国都想乘机浑水摸鱼。9 月，两国缔结了一项秘密协定：俄国同意奥匈帝国吞并名义上仍属于土耳其的波斯尼亚和黑塞哥维那两省，奥匈则支持俄国使黑海海峡单方面向俄国舰队开放的要求。10 月 6 日，奥匈帝国宣布正式合并波、黑两省，然而俄国的要求却因未能获得柏林条约各签字国的同意而落了空。奥匈帝国吞并两省的行为立即引起塞尔维亚王国的愤怒抗议，因为两省的大部分居民是塞尔维亚人和克罗地亚人，他们同属于南方斯拉夫人。自从1878年获得独立以来，塞尔维亚一直想建立一个把所有与它同文同种的南斯拉夫人统一起来的大塞尔维亚王国。这就意味着不仅要合并波斯尼亚和黑塞哥维那两省，而且还要解放奥匈帝国南部克罗地亚人和斯洛文尼亚人居住的领土。奥匈帝国的扩张直接破坏了大塞尔维亚计划，于是塞尔维亚和门的内哥罗开始部署军队，并请求俄国援助。此时，因自己的要求落空而恼羞成怒的俄国转过头来支持塞尔维亚对奥匈开战。奥匈帝国立即宣布动员令，向边境集结军队。德国为了支持奥匈帝国，于1909年3月向俄国发出威胁性照会，要求俄、塞等国承认奥匈合并波、黑的既成事实，否则德国将参加奥匈一方同俄国作战。在战争一触即发之际，俄国由于尚未做好战争准备，又得不到英法的支持，只好暂时退让，被迫承认了奥匈对波、黑的吞并。

事隔5年，在原本就没有解决的摩洛哥问题上又发生了第二次危机。1911年4月，摩洛哥首都非斯爆发反帝人民起义。法国以恢复秩序和保护侨民为名，派兵占领了非斯。德国不能容忍法国独占摩洛哥，于7月1日派炮舰"豹号"驶进摩洛哥的阿加迪尔港，巡洋舰"柏林号"也随之出现在摩洛哥海面。德国企图威胁法国交出摩洛哥的一部分领土，或者让出整个法属刚果。法国拒绝了德国的要求，于是德法战争重又迫在眉睫。英国不容德国在直布罗陀海峡入口附近插足，因而决定支持法国并宣称不惜与德国一战。德国无奈，只得降低要求与法国谈判。11月德法达成协议，德国承认摩洛哥为法国的保护国，法国则把法属刚果的一部分割让给德国作为补偿。第二次摩洛哥危机进一步加强了英法协约，同时也加剧了英德对立。正当法、德、英等国纠缠于摩洛哥问题时，意大利于1911年9月乘机发动了意土战争，侵入土耳其的北非属地的黎波里塔尼亚。到 1912 年 10 月，土耳其战败求和，将的黎波里塔尼亚和昔兰尼加割给了意大利。

土耳其的失败鼓舞了巴尔干人民反抗土耳其的斗争。1912 年3 月至 8 月保加利亚、塞尔维亚、希腊和门的内哥罗先后签订了反土防奥的同盟条约，组成了四国巴尔干同盟。俄国为了扩大自己在巴尔干的势力并夺取黑海海峡，竭力支持巴尔干同盟与奥匈对抗。德国和奥匈帝国为了维护自身的利益则支持土耳其，阻挠巴尔干地区的民族独立运动。1912 年 10 月，巴尔干同盟相继对土耳其宣战，第一次巴尔干战争爆发。巴尔干四国军队很快就击溃了土耳其军队，占领了土耳其在欧洲的大部分领土，阿尔巴尼亚宣布独立。11 月，土耳其被迫求和。然而，由于支持土耳其的德奥与支持巴尔干同盟的俄法之间的争斗，致使和谈破裂。1913 年 2月，巴尔干同盟再度向土耳其开战，3 月攻陷亚得里亚那堡，土耳其再次求和。5 月，双方签订和约，规定土耳其除了保留君士坦丁堡附近地区以外，其余欧洲领土和爱琴海上的岛屿全部交给巴尔干同盟。阿尔巴尼亚虽然获得了独立，但却被置于六国监督之下，实际上沦为奥、意互相争夺的势力范围。战胜土耳其之后，巴尔干同盟各国却因分配战果发生了矛盾。1913 年 6 月初，塞尔维亚、希腊、罗马尼亚组成了反保同盟，准备与保加利亚作战。奥匈帝国乘机支持保加利亚发动先发制人的战争，于 6 月 29 日向塞、希宣战。不久，门的内哥罗和土耳其也投入了反保战争。由此展开了第二次巴尔干战争。一个多月后，保加利亚战败求和。8 月，双方签订和约。保加利亚被迫割让大片土地给塞尔维亚等国，土耳其又夺回了亚得里亚那堡。第二次巴尔干战争加剧了巴尔干各国之间的对立，为欧洲列强插手巴尔干事务打开了大门。

通过两次巴尔干战争，巴尔干各国摆脱了土耳其的封建统治和民族压迫，也推动了仍然处于奥匈帝国统治下的被压迫民族，特别是波斯尼亚和黑塞哥维那的斯拉夫人的民族独立运动，他们要求与塞尔维亚合并建立一个大塞尔维亚国家。然而，奥匈帝国不仅坚决反对塞尔维亚的扩大，还蓄意消灭塞尔维亚国家。俄国则把塞尔维亚作为争霸巴尔干地区的桥头堡。因此，塞尔维亚与奥匈帝国的局部冲突必然会引起俄国与奥匈的大国冲突，同时由于错综复杂的联盟体系，俄、奥冲突最终将导致三国同盟和三国协约的恶斗和世界大战的爆发。这样，由于帝国主义列强的介入，巴尔干各民族争取民族解放和独立的斗争被卷入了列强争霸的旋涡，此时的巴尔干已经成为帝国主义矛盾的焦点和欧洲名副其实的火药桶。

巴尔干战争以后，欧洲列强不断增加军费，加快了扩军备战和战争部署的步伐。1913年，德国通过了扩军法案，把陆军人数增加到87万，同时还训练了大批后备役军官，使其可以在战争爆发后迅速扩建新的部队。德国海军也加速扩充，从1912年起，除了每年建造2艘新式巨型"无畏舰"之外，又追加经费，在5年内再多造3艘。1913年，法国也通过新的军事法案，将兵役期限由2年增至3年，服役年龄由原来的21至45岁改为20至48岁，从而使陆军人数增加到1914年的76万。俄国利用法国提供的大量贷款加速扩军，使其陆军人数在1914年达到144万之众，成为欧洲陆军人数最多的国家。英国则将其扩军的重点放在海军。它按照"海军两强标准"与德国展开了海军竞赛，德国每造1艘军舰，英国就添造2艘。到1914年大战爆发时，英国共拥有大小军舰688艘，几乎是德国舰只总数的两倍。同时，两大军事联盟各自加紧巩固同盟内部的关系，频繁召开军事会议，讨论和制订作战计划，协调军事部署和行动步调，迅速完成了战争准备。

至此，欧洲各处已经布满干柴，各国剑拔弩张，一场世界规模的惨烈厮杀迫在眉睫，随后发生的"萨拉热窝事件"终于点燃了第一次世界大战的熊熊战火。

二、第一次世界大战

　　1914年6月28日，奥匈帝国皇储弗朗西斯·斐迪南（1863—1914年）大公偕妻子前往波斯尼亚首府萨拉热窝检阅帝国军队，并指挥一场以塞尔维亚为假想敌人的军事演习。斐迪南的野心是企图扩大奥匈帝国的版图，强化其在南部斯拉夫地区的统治，阻碍和扼杀塞尔维亚的民族主义运动。这激起了塞尔维亚民族主义者的愤怒，他们把这次军事演习看做是对塞尔维亚的挑衅，认为只要刺杀了斐迪南，奥匈帝国的野心就不能得逞。于是，在塞尔维亚民族主义秘密团体"黑手社"的组织下，一个波斯尼亚的塞族青年学生加弗里洛·普林西普（1895—1918年）在萨拉热窝街头刺杀了斐迪南。这一事件成了第一次世界大战的导火线。

　　由此，两大帝国主义军事集团之间积蓄已久的猜疑和仇恨终于演变成一场席卷欧洲和全世界的世界大战。首先，奥匈帝国决定对塞尔维亚发动战争，但为了防备沙俄的干涉，奥皇弗朗西斯·约瑟夫（1848年至1916年在位）寻求德皇威廉二世的支持。德皇立即表示全力支持奥匈帝国对塞尔维亚采取军事行动，并保证如果俄国干涉，德国将履行同盟条约的义务与奥匈共同对俄作战。实际上，德国人当时并不想挑起全面战争，他们之所以表明这种态度，是因为他们认为俄国当时尚未做好战争准备，未必真敢为了保护塞尔维亚而出面反对德国和奥地利。然而，俄国外交大臣谢尔盖·德米特里耶维奇·萨佐诺夫（1861—1927年）很快就对奥地利和德国提出了严厉的警告：如果奥匈帝国对塞尔维亚采取军事行动，俄国就不惜与奥匈帝国交战。当时正在圣彼得堡访问的法国总统雷蒙·普恩加莱（1860—1934年）立即表示支持塞尔维亚和俄国的强硬立场。而英国则玩弄狡猾的外交伎俩，一面向德国表示要尽一切力量防止战争的发生，同时暗中怂恿俄国进攻德国，这种两面手法既给俄国壮了胆，又给德国造成英国不会立即卷入战争的错觉。

7月23日，正当法国总统离开俄国返回法国的途中，奥匈帝国向塞尔维亚提出了条件苛刻的最后通牒。最后通牒要求塞尔维亚对事件进行解释和道歉，禁止出版反奥报刊和进行反奥宣传，取缔反奥的秘密爱国组织，清除由奥方指名的塞政府和军队中的反奥官员，允许奥方派员共同追捕和审判萨拉热窝事件的"凶手"和组织策划者，同时限定塞尔维亚在48小时内给予答复。尽管塞尔维亚在25日按期作了答复并接受了除最后一项以外的全部要求，奥方仍然宣称没有得到满意的答复，断绝了与塞尔维亚的外交关系，并于7月28日向塞尔维亚宣战。

为了对抗奥匈和德国，沙皇尼古拉二世（1894年至1917年在位）于7月30日宣布全国总动员，这就意味着战争。第二天，德国向俄国发出了最后通牒，要求后者在12小时内停止总动员，但遭到俄国拒绝。8月1日，德国对俄国宣战。同日，德国又向法国发出最后通牒，要求法国明确答复在德俄战争中是否保持中立。法国虽然将边境部队后撤10公里以避免与德军接触，却不能接受最后通牒，当天即秘密下令总动员。8月3日，德国向法国宣战。

德国著名的"史里芬计划"选定了取道比利时攻击法国的方案。8月2日，德国向比利时提交最后通牒，要求让德军借道比利时进攻法国，但遭到中立的比利时的坚决拒绝。8月3日，德军侵入比利时。英国历来不能容忍任何强大的大陆国家统治英吉利海峡对面的低地国家，因而英国内阁于8月4日向柏林发出了最后通牒，要求柏林尊重比利时的中立地位，并要求它在午夜之前给予满意的答复，但德国不予理睬。午夜12点刚过，英国宣布英、德处于战争状态。8月6日，奥匈帝国向俄国宣战。

一场以欧洲为主要战场的帝国主义之间的厮杀就这样开始了，其他许多国家很快也卷入了这场可怕的战争。8月7日，门的内哥罗人加入塞尔维亚对奥地利作战。8月23日，日本向德国宣战，部分原因是他们与英国的联盟关系，但其主要目的是想攫取德国在远东的属地。8月1日土耳其和德国结成联盟，并于10月开始炮轰俄国在黑海的港口。当时，意大利虽然名义上仍旧是三国同盟的成员，但一开始却宣告了中立。意大利宣称德国所进行的战争并不是防御性的，因而它不受相互支援义务的约束。意大利的中立保持到1915年5月，直到它暗中接受了协约国许诺的奥地利和土耳其领土之后，才站在后者一边参加了战争。起初，几乎所有国家的人们都相信这是一次短暂而又能很快取得胜利的战争，但是不久他们就发现自己卷入了一场持久的、残酷的战争之中。

大战爆发时，双方的力量对比情况是：德国拥有一支庞大的装备较好的陆军，协约国集团在人力和资源后备以及海军方面占有明显的优势。英法舰队可以对德奥实行海上封锁，断绝它们的海外联系。德奥集团所能支配的只有本国的资源和用战争手段夺取的被占领国家的资源，而协约国则有广阔的殖民地及中立国的资源可以利用，有利于长期作战。协约国中较薄弱的是俄国，它的波罗的海和黑海的出口，可能被德国和土耳其封锁，从而使它断绝同其盟国的联系。

德国为避免东西两线作战，它准备采取先发制人和各个击破的速决战。根据史里芬计划，德军主力应首先集中在西线北段，在席卷比利时和卢森堡后，对法军发起迅猛的、势不可挡的进攻，将其歼灭在巴黎以东地区，从而在30天内迫使法国投降；然后挥师东进，会合奥军，以同样的速决方式全歼动作迟缓的俄军；预计整个战争将在3至4个月内以德奥的全线胜利而结束。但这个计划只不过是德国的主观臆想，只有在法军不堪一击、俄军动作缓慢、英国不会立即参战的情况下才有可能实现。

战争伊始，德军总参谋长赫尔穆特·冯·毛奇（小毛奇，

1848—1916年）立即将史里芬计划付诸实施。8月2日，德军首先对卢森堡不宣而战。3日深夜，德军侵入比利时，却出乎意料地遭到英勇的比利时人的顽强抵抗，直到16日，比利时东部的重要工业城市列日才在德军的狂轰滥炸之后失守。这是德军速决战计划的首次受挫。从8月21日起，德军主力沿着卢森堡、那慕尔、布鲁塞尔、安特卫普一线，分兵五路向比利时南部和法国北部推进。德军与英法联军经过数次交战，先后占领了比利时的沙勒罗瓦、蒙斯、那慕尔以及法国的苏瓦松、拉昂和兰斯。9月2日，德军渡过马恩河，推进到离巴黎只有35英里的尚蒂伊，巴黎的情况非常危急。3日黎明前，法国政府仓皇将首都迁到濒临大西洋的波尔多。同时，由于意大利暗中同意保持中立，因而使法国得以把部署在东南部的军队迅速北调，集结于塞纳河南岸，一面加强巴黎地区的防卫，一面寻找战机，准备反攻。

这时，由于德军司令部未能在快速前进的诸部队之间保持良好的联络和协调的行动，因而使它们的薄弱点暴露在法军面前。在这次战争中初试锋芒的飞机显示了巨大的优越性：法国的侦察机发现一支孤军突进的德国部队正在后撤，其侧翼暴露在法军面前。法军总司令约瑟夫·雅克·塞泽尔·霞飞元帅（1852—1931年）立即抓住这个机会，准备组织反攻，他迅速集结了一切可能得到的兵员，有些部队甚至是利用临时征集的巴黎出租汽车运达前线的。9月5日拂晓，英法联军在巴黎、凡尔登一线发起反攻，德军主力在马恩河一带遭到沉重打击。9月10日，德军被迫退至埃纳河流域。在马恩河战役中，双方共投入兵力200万人左右，法军伤亡14万，德军伤亡21万。英法联军在马恩河战役中的胜利挽救了巴黎，使德军的速决战计划再次受挫，小毛奇也因马恩河战役失利而被撤职。接着，双方展开了持续两个半月的被称为"奔向海岸"的战斗，意图是争夺法国北部海岸线。战役结果，德军占领了比利时的大部分国土以及法国东北部的重要工矿地区。不过，德军企图切断英法交通线的计划未能实现，其西线战略进攻到 1914 年 12 月已基本停止，战争进入相持阶段。双方各自挖掘堑壕，修筑掩体，固守对峙，运动战转入了艰苦的阵地战和消耗战。

正当德军入侵比利时之时，为了减轻西线上法国人的压力，俄军于 1914 年 8 月中旬在东线发动了进攻，一开始便以两倍于德军的优势兵力攻入了东普鲁士。德国被迫从西线战场抽调兵力增援东线，同时任命保罗·冯·兴登堡将军（1847—1934 年）和埃里希·鲁登道夫将军（1865—1937 年）指挥东线作战。兴登堡采取集中兵力、各个击破的战术，于 8 月 26 至 29 日围歼了俄军一个集团军。9 月 11 日，德军又攻下俄军另一集团军司令部所在地，并将俄军赶出东普鲁士。随后，德军乘胜进入了俄属波兰领土。

在西南战线，俄军很快就击败了奥军，于 1914 年 9 月攻占了奥匈帝国东北部加里西亚地区的伦堡要塞。9 月下旬，俄军抵达喀尔巴阡山麓，直接威胁匈牙利平原和德国的上西里西亚，迫使德军不得不分兵支援奥匈帝国。

与此同时，在巴尔干战线上，奥匈帝国从 7 月 28 日对塞尔维亚宣战后，集中两个集团军的兵力侵入塞尔维亚。然而，塞尔维亚方面进行的是正义的民族战争，塞军虽然装备很差但却士气高昂。他们英勇抗战，给予奥匈侵略军很大打击，首都贝尔格莱德失而复得。截止 1914 年底，奥匈帝国在巴尔干战场上损兵 28 万多人，被迫停止了进攻。

同盟国在陆战中能够采取主动，但协约国却在海战中占优势。英国舰队从战争一开始就在北海对德国海军保持决定性的优势，切断了德国与海外的联系。1914 年底，协约国几乎完全掌握了海上的控制权。

战争第一年，由于德军西线进攻受挫以及德俄东线战场的迅速开辟，德军被迫陷入了两线作战的不利局面。至此，史里芬计划彻底破产了，德国曾寄予极大希望的速决战，终于变成了它最害怕的旷日持久的战争。

1915年，当西线战局呈僵持状态后，德军新任总参谋长埃里希·冯·法尔肯汉将军(1861—1922年)决定改变史里芬计划，把战略重点转向东方，力图首先击败俄国人。从1月到4月，俄军在喀尔巴阡山击败奥匈军队，迫使德军前来增援其盟友。5月初，德奥联军在加里西亚的果尔利策地区发动了强大攻势，突破了俄军战线，把俄军向东驱赶了100多英里。此后，德奥军队乘胜推进。8月，德奥军队已经占领了几乎全部俄属波兰并进入俄国领土，攻陷了布列斯特—立托夫斯克。大战开始以来，俄军已损失兵力200多万人，遭到惨重失败。但到9月底德军占领维尔纳市之后，攻势停顿下来，俄军设法在里加湾至罗马尼亚边界一线稳住了阵脚，双方转入了深沟高垒的阵地战。

土耳其是连接黑海和地中海的极其重要的黑海海峡的主人。1914年11月2日，土耳其站在同盟国一边参战后，达达尼尔海峡便对协约国关闭，从而切断了俄国与其西方盟国之间的主要交通线，使大量急需物资无法通过黑海运到俄国。为了打通黑海海峡，由13艘战舰组成的英国舰队于1915年3月闯入达达尼尔海峡并猛烈炮击土耳其的海岸堡垒。但是，当英国军舰驶近海岸时撞上了土耳其布设的水雷，3艘战舰被击沉，英国舰队不得不撤退下来。4月，协约国派遣地面部队在加利波利海滩登陆，试图从陆路攻取达达尼尔海峡，但遇到土耳其军队的猛烈抵抗。到1915年底，协约国付出了40多万人的惨重代价却进展甚微。土耳其人牢牢坚守着海滩上的高地，迫使协约国最后不得不面对事实，于1916年1月撤出了战斗。

协约国进攻达达尼尔海峡的失利和俄国对德奥的惨败，促使保加利亚于1915年10月加入同盟国。不久，德国、奥匈和保加利亚军队以压倒优势的兵力向小小的塞尔维亚发动猛攻。英勇的塞尔维亚人孤军奋战，终因寡不敌众而退守希腊的科孚岛，整个国家尽陷敌手。塞尔维亚的失陷使同盟国各国的领土连成一片。但是塞尔维亚人并没有投降，其政府一直坚守在科孚岛直至战争结束，其军队则被派往马其顿前线继续战斗。

意大利在表面上曾是同盟国的盟友，但从战争一开始他们就保持中立。绝大多数意大利人都赞成这一方针，尤其是因为奥地利占据了被意大利民族主义者称为"未收复领土"的阿尔卑斯山蒂罗尔地区和亚得里亚海北岸的伊斯特利亚半岛。协约国于1915年4月与意大利秘密签订了《伦敦条约》，同意将这些"未收复领土"以及战胜土耳其后的另外一些领土分给意大利。这一诱饵促使意大利决定加入协约国，它答应在30天内参战，作为对协约国在领土方面许下的诺言的回报。意大利于1915年5月对奥宣战，但直到1916年8月才对德宣战。

1916年，同盟国在军事上的好运已达到顶点。它们的军队侵占了比利时、法国北部、波兰和塞尔维亚，控制了从汉堡到波斯湾的整个中欧和中东的广大领土。而协约国对达达尼尔海峡的远征却以失败告终，意大利对奥地利的多次进攻也没有取得多大成果。然而，尽管同盟国取得了这些胜利，它们仍然难以赢得整个战争的胜利。

此时，双方统帅都在为旷日持久的堑壕战而大伤脑筋，他们渴望恢复运动战以便尽快决出胜负，但谁也不知道如何才能打破僵局。各种新式进攻性武器不断被用于战争中，但仍然无法突破用机关枪装备起来的守方战线。1915年4月，德军违反海牙国际公约，第一次使用毒气攻击英军战地，此后交战双方开始大规模使用毒气，但毒气并没有产生奇迹。1916年9月，英军在索姆河战役中首次将坦克投入战斗，这种在战争史上划时代的新式武器是最有可能结束堑壕战的利器，然而在一战结束之前坦克尚未发展为完善的进攻性武器。

　　1916 年是第一次世界大战的关键性的一年。在这一年里，为了突破对方的战线，德军发动了凡尔登战役，英法则发动了索姆河战役，这两次战役都是带有决战性质的重大战役，尤其是凡尔登战役可以称为整个战局的转折点。1915 年底，德军统帅法尔肯汉将军向皇帝提交了一份备忘录，建议全力进攻法军战线的枢纽凡尔登要塞。他断定，法国最高指挥部将不得不动用一切后备军来守卫凡尔登，这样一来，法国将流尽鲜血，它的抗战决心也将随之被摧毁。

　　1916 年 2 月 21 日，凡尔登战役爆发。德国人在短短 8 英里的战线上集中了 1220 门大炮轰击凡尔登周围的堡垒，仅第一天就发射各类炮弹 200 多万发，同时施放燃烧物和毒气，在凡尔登附近造成了寸草不留的死亡地带。正如德国人所预料的那样，法国人提出了"不让他们通过"的战斗口号，决心不惜任何代价死守凡尔登。士兵们拼死抵抗，成千上万的人死于雨点般从天而降的炮弹之下，机关枪永不停歇地嚎叫着，钢筋水泥的堡垒内外到处进行着刺刀飞舞的肉搏战。2 月 25 日，昂利·菲利普·贝当（1856—1951 年）将军受命担任凡尔登地区法军司令官。他在指挥战斗的同时，迅速组织汽车和运输队冒着枪林弹雨夜以继日地抢运增援部队和军火物资，终于使凡尔登地区转危为安，贝当将军也一举成为法国的民族英雄。进入 7 月以后，德国人的进攻终于被阻止了。从 10 月到 12 月，法军开始反攻，夺回了一度落入德军手里的两座堡垒和其他失去的阵地。德军攻占凡尔登的计划失败了，德国总参谋长法尔肯汉被撤职。在这次战役中，法军总共伤亡 54 万人，德军伤亡 43 万人。

　　在凡尔登战役激烈进行的同时，英法联军发动了索姆河战役，由英军担任主攻。经过一周的炮轰之后，7 月 1 日进攻开始。战斗的激烈程度一点也不亚于凡尔登战役，冲锋的英军官兵一片一片地倒在德军的机关枪扫射之下，整个战场变成了尸山血海。英军第一天就伤亡了 6 万人，其中包括一半以上的参战军官。这种互相残杀一直持续了 5 个月。进入 11 月以后，由于下雨和泥泞，战争才停止下来。英法的进攻仅仅向前推进了几英里，英军却损失了 42 万人，法军损失了 20 万人，德军也损失了 65 万人。

战争开始以后，协约国利用其海上优势在全球各个海域围追堵截德国海军。虽然德国远东舰队在从太平洋返回德国途中，曾于 1914 年 11 月在智利海面击败了英国的一支小型舰队，但在同年 12 月 8 日就被另一支英国舰队拦截在阿根廷海面。德军 5 艘军舰中有 4 艘被英军击沉，最后 1 艘在英军的穷追猛打之下被德国人自己炸毁。印度洋上的 2 艘德国军舰有 1 艘被击沉，剩下的 1 艘逃进非洲一条内河躲了起来。地中海的 2 艘德国巡洋舰在英法舰队的逼迫下则躲进了土耳其海域。德国海军在公海上的失败注定了其海外殖民帝国的灭亡。日本、澳大利亚和新西兰分别攻占了德国在太平洋上的殖民地，日本人还在英国军队的协助下把德国人从中国山东省驱逐出去，抢占了青岛和胶州湾。英国、法国和南非军队占领了德国在非洲的大部分殖民地。强大的英国主力舰队则掌握着北海的制海权，对德国实行了严密的海上封锁。为了打破英国海军的封锁，1916 年 5 月 31 日，德国莱因哈德·希尔（1863—1928 年）海军大将率领由 101 艘军舰组成的德国公海舰队乘大雾驶出基尔海军基地，在日德兰半岛附近海面与英国海军大将约翰·拉什沃思·杰利科（1859—1935 年）率领的由 151 艘军舰组成的英国主力舰队遭遇。两天之内，双方展开了一场恶战。结果英国损失 14 艘军舰，伤亡 6000 余人，德国损失 11 艘军舰，伤亡 2500 余人。然而，实力雄厚的英国舰队仍然牢牢掌握着北海的制海权，此后德国海面舰队再也不敢向英国海军挑战。在地中海，法国和意大利舰队也对奥地利和土耳其实行了海上封锁。从战略上说，协约国的海上优势不仅可以封锁敌对的同盟国，而且可以使自己充分利用海外资源坚持长期战争，同时还有利于争取中立国家的支持。然而，同盟国也如法炮制，从波罗的海和黑海两面对俄国实行封锁，这成为俄国失败和提前退出战争的重要原因之一。同时，德国为了反击协约国的封锁，从 1915 年 2 月开始在英国四周和法国沿海实行潜艇战，尤其是 1917 年 2 月 1 日以后，德国宣布实行"无限制潜艇战"，凡是进入"战争海域"的一切船只都将受到德国潜艇的袭击。整个战争期间，德国潜艇共击沉协约国商船 6000 多艘，总吨位 1500 万吨，凡自英国开出的船只，每 4 艘中便有 1 艘被击沉，德国仅损失潜艇 216 艘。德国企图利用这种战术迫使英国投降，然而协约国在战争中迅速发展了反潜战术，从而越来越有效地保护商船航行。德国不仅没有切断英国的海上交通，反而最终导致美国参加协约国方面对德宣战。

在战争初期，空军作为一个新的军种已经诞生并开始发挥作用。起初，由于飞机性能较差，仅被用来侦察、拍照、绘制地图或为炮兵指示射击目标。此时，飞艇被大量用于轰炸敌人的目标，但飞艇目标大速度慢，极易被敌方枪炮击中，因而逐渐被飞机所取代。随着战争的进行和技术的改进，各国逐步研制出各种侦察机、战斗机和轰炸机，飞机质量也不断提高。在凡尔登战役中，飞机第一次正式参加战斗。此后，双方频繁出动飞机争夺制空权并配合地面部队进攻，飞机上的机枪扫射和轰炸对打击地面敌人发挥了重要作用。

德国人在凡尔登战役中的失败和俄国将军阿列克谢·阿列克谢耶维奇·布鲁西洛夫（1853—1926 年）率兵进攻奥地利所获得的意想不到的成功，促使罗马尼亚于 1916 年 8 月 28 日站在协约国一边参战。为教训罗马尼亚并警告其他中立国，德国、奥地利和保加利亚军队以压倒优势的兵力突然袭击了罗马尼亚，使他们丢失了 2/3 的国土。罗马尼亚卷入战争后，希腊成为巴尔干半岛上惟一的中立国家，协约国为争取希腊参战，对它采取了各种软硬兼施的办法。1917 年 6 月 27 日，希腊终于站在协约国一边参战，从而为 1918 年进攻马其顿、迫使保加利亚退出战争铺平了道路。

1917 年，在凡尔登战役中战功卓著的法国将军罗贝尔·尼韦尔（1856—1924 年）接替了谨慎的霞飞将军。尼韦尔极力鼓吹一种他认为能以极少的伤亡来赢得胜利的新型闪电战。虽然法国和英国的许多军事将领对此都持反对意见，但尼韦尔的进攻型战略最终还是被接受了。当时，德国也由领导东线部队的兴登堡和鲁登道夫取代了法尔肯汉。经历了前一年在凡尔登战役和索姆河战役中的毁灭性打击后，他们决定在西线继续采取守势，而在海上展开无限制的潜艇战。为了巩固和加强西线的防御，兴登堡将其部队撤回到一个新的设防阵地，即"兴登堡防线"，这条防线更直、更短，筑有更多的防御工事。这一撤退彻底打破了尼韦尔的进攻计划，但他仍坚持实行这些计划，于是遭到了一次次还击。不久，贝当将军取代了尼韦尔。由于战争的持续和环境的恶劣，士兵们的不满情绪日益增长，贝当将军不得不设法处理法国军队中普遍发生的叛变事件，并尽力排解士兵们的不满。

到这时，欧洲各民族已然经历了历史上最残酷的 4 年战争，厌战和失败主义情绪不仅在战壕里出现，而且也在两大阵营的平民百姓中蔓延。这些情绪在俄国表现得最为强烈和普遍，最终导致了俄国的两次大革命，它们不仅加快了战争结束的进程，而且深刻地影响了战后数十年世界历史的发展方向。

1917 年，俄国相继爆发了二月革命和十月革命。前者结束了沙皇专制统治，成立了临时政府；后者推翻了临时政府，确立了苏维埃政权。二月革命（公历 3 月 12 日）胜利后，临时政府和苏维埃之间为了争夺政权展开了斗争。临时政府从一开始就愚蠢地拒绝考虑绝大多数俄国人所需要的两样东西——和平和土地。与此相反，布尔什维克的领袖列宁发表了著名的《四月提纲》，提出了立即实现和平、将土地分给农民和全部政权归苏维埃的要求。随着战争的继续进行，群众的不满情绪越来越大，列宁的要求也就越得人心。11月7日（俄历10月25日），布尔什维克军队攻占了彼得格勒，临时政府被推翻，伟大的十月社会主义革命取得了胜利。革命胜利后的第二天，第二次全俄苏维埃代表大会立即通过了《和平法令》，向一切交战国提议谈判。11月25日，利昂·托洛茨基（原名列夫·达维多维奇·布朗斯坦，1879—1940）又在电台上向所有交战国发表讲话，呼吁各国立即缔结停战协定。协约国不愿在布尔什维克提出的"不割地、不赔款"的口号基础上接受和平，但同盟国为了避免两线作战则表示愿意谈判。12月5日，它们同布尔什维克签订了停战协定。1918年3月3日，列宁接受了苛刻的《布列斯特—立托夫斯克和约》（一战结束后宣布废除），与德国单独媾和。就这样，俄国退出了第一次世界大战。

然而，一直保持中立的美国却在此时介入了战争。战争刚开始的时候，美国总统托马斯·伍德罗·威尔逊（1856—1924年）呼吁他的同胞严守中立，这一呼吁得到了美国人的普遍赞成，美国也因同时向交战双方出售军火和粮食而大获其利。然而到1917年，德国的无限制潜艇战使美国商船和人员遭受到重大伤亡，这成为促使美国参战的一个最重要的直接原因。1917年4月2日，美国国会召集了一次特别会议，威尔逊总统向议员们宣读了他的"战争咨文"。此后，参、众两院相继批准了对德宣战书，总统随即于4月6日签署了战争决议。为了"使世界的民主得到保障"，美国终于向德国宣战。美国参加协约国集团对德作战不仅极大地加强了协约国阵营的力量，而且带动了一系列国家加入协约国方面参战，其中包括中国、巴西、暹罗（泰国）、利比里亚、印度、澳大利亚、加拿大、南非和一些小国，使协约国集团扩大到27个国家，形成了对同盟国的绝对优势。美国参战后，除去大大增加了对协约国的财政贷款和军火供应以外，还直接派遣大批军舰和陆军部队前往欧洲参加战斗,这对最后击败德国起了重要作用。美国的参战使这场原本是欧洲的战争终于演变成了名副其实的世界大战,并且迅速决定了战争双方的胜负。

威尔逊总统在 1918 年 1 月 8 日对国会两院联席会议发表演说时,具体、详细地陈述了其著名的《十四点和平纲领》。这是一个充满理想主义色彩的文件,其主要内容是:缔结公开的盟约,废止秘密外交;海上航行自由;降低关税壁垒,实行自由贸易;裁减军备;恢复各国被占领土并公正地调整各国边界;公正处理殖民地问题;运用民族自决的原则处理中欧和东欧各从属少数民族的问题;建立国际联盟;等等。

从 1918 年 3 月到 7 月,德军在西线发动了 5 次大规模的春季攻势。这几次攻势在 5 月份达到了最高潮,德军再一次推进到马恩河一线,他们的巨型"贝尔塔大炮"已经开始轰击巴黎。然而,对精疲力尽的德国人来说,这毕竟是强弩之末了。美国的参战使协约国不仅在军需品方面,而且在人力方面都占据了决定性的优势,德国人的进攻最终被英法美联军所遏止。早在德军攻势开始后不久,协约国就成立了联军统一指挥部,法国的斐迪南·福煦(1851—1929)元帅被任命为联军总司令。从 7 月开始,联军接二连三地发起强大的反攻。10 月初,英军突破兴登堡防线,联军全线胜利推进。德军遭到毁灭性的打击,败退到比利时边界附近。

德国的盟国处境更加困难。1917 年春天,英军攻陷巴格达,并在一年之后向北挺进。与此同时,英国人于 1917 年夺取了耶路撒冷,并于第二年长驱直入叙利亚北部,占领了大马士革。1918 年 9 月 15 日,协约国军队在马其顿突破保加利亚的防线,迫使保加利亚于 30 日签订了停战协定,在同盟国中第一个退出了战争。9 月 18 日,英军和起义的阿拉伯人在巴勒斯坦对土耳其人发起进攻并迫使其向北退却,10 月 30 日土耳其投降。10 月 24 日,意大利军队也向摇摇欲坠的奥匈军队发动了进攻,奥军作战失败并且丢掉了的里雅斯特港。奥匈帝国皇帝查尔斯一世（1916—1918年在位）无心再战，于11月3日签署了停战条约。

德军的惨败促使新任德国宰相马克斯·冯·巴登亲王（1867—1929年）于1918年10月4日向威尔逊总统请求停战，并同意在十四点建议的基础上举行和平谈判。然而，战争仍在继续进行。10月30日，德军最高统帅部命令其公海舰队出海与英国舰队决战。水兵们拒绝进行这种毫无获胜希望的战斗，基尔港的水兵于11月3日发动起义并立刻扩展到整个舰队，德国革命开始。革命迅速向全国蔓延，许多地区的政权都转入工人和士兵代表苏维埃的手中。11月8日，慕尼黑起义后工兵代表苏维埃宣布建立巴伐利亚共和国。11月9日，首都柏林发生起义，柏林军队转向了无产阶级，社会民主党左派即斯巴达克派领袖卡尔·李卜克内西当天宣布成立"社会主义共和国"。然而，由于斯巴达克派尚不能控制局势，社会民主党右派领袖菲利普·谢德曼（1865—1939年）宣布成立"德意志共和国"，夺取了革命的领导权。巴登亲王宣布德皇退位，他自己也辞去了宰相职务，将政权转交给另一个社会民主党右派领袖弗里德里希·艾伯特（1871—1925年）所领导的临时政府。11月10日，德皇威廉二世匆匆逃亡到荷兰避难，霍亨索伦王朝覆灭。11月11日，在巴黎以北贡比涅森林的一列火车上，联军司令福煦元帅和德国临时政府的两名代表签订了停战协定。第一次世界大战最终以协约国的胜利和同盟国的失败而结束。

第一次世界大战是人类历史上的一场空前浩劫，总共历时4年零3个月，遍布6大洲的31个主权国家参战，15亿人口卷入战争，占当时世界人口的3/4。交战双方共动员了6500万士兵，其中约有850万人阵亡，2200万人伤残。此外另有1260万人死于同战争有关的其他原因。据估计，整个战争的经济损失高达3380亿美元。战争的结果，反动的沙俄帝国、奥匈帝国、奥斯曼帝国和德意志帝国被推翻，英国、法国和意大利也被大大削弱。一战以后，经济衰退、政治危机和对殖民地控制的日益削弱导致西欧的世界霸权开始衰落。与此相对照，社会主义革命首先在俄国取得了胜利，波兰、匈牙利、捷克斯洛伐克、南斯拉夫等几个民族国家也在战后相继赢得或恢复了独立，由此开辟了无产阶级革命和民族解放运动的新时代。

三、凡尔赛体系和大萧条

第一次世界大战结束后，协约国便开始积极筹备召开和平会议，以商讨对同盟国的处置方案。1919 年 1 月到 6 月，和平会议在巴黎近郊的凡尔赛宫正式举行。27 个战胜国和一些新成立国家的代表参加了大会，中国北洋政府派遣外交总长陆征祥率团出席。战败国和苏俄则被排除在外。法国总理乔治·克里孟梭（1841—1929 年）任大会主席。不过，在巴黎和会期间全体大会很少召开，它只不过是大国幕后决定的表决机器而已。真正具有决定权和否决权的是由美国总统威尔逊、英国首相大卫·劳合·乔治（1863—1945 年）、法国总理克里孟梭、意大利首相维多里奥·伊曼努埃勒·奥兰多（1860—1952 年）和日本前首相西园寺公望以及五国外交部长组成的"最高会议"，不久最高会议又缩减成由美国总统、英国首相、法国总理和意大利首相组成的四人会议，最后由于其他国家拒绝满足意大利的全部要求，奥兰多首相愤然退出会议，四人会议变成了三人会议。《凡尔赛和约》的最后基调几乎全部是由这三巨头决定的。威尔逊总统曾把他的十四点纲领看成是维护永久和平的纲领，所以各国人民期望能将该纲领作为《凡尔赛和约》的范本。然而，各战胜国列强都怀着重新瓜分世界的野心，到头来美国总统的著名纲领中只有四点得以实现，其他条款都化作了可望而不可及的空中楼阁。

　　1919 年 4 月下旬，在没有德国参加的情况下，战胜国列强拟定了极其苛刻的对德和约草案。然后，将德国外交部长召到凡尔赛接受和约文本，并以"对德国军事占领"相威胁，迫使成立不久的德国魏玛共和国政府屈膝接受胜利者的判决。1919 年 6 月 28 日，时值刺杀斐迪南大公 5 周年之际，在 1871 年普法战争胜利后德意志帝国宣告成立的凡尔赛镜宫，德国新任外交部长和司法部长当着协约国代表的面签订了对德和约，史称《凡尔赛和约》。

　　《凡尔赛和约》的内容主要涉及德国问题，其中包括德国领土、德国军备、德国赔款、德国殖民地等问题。关于德国西部领土，和约规定：阿尔萨斯和洛林归还法国，欧本和马尔梅迪地区划归比利时，北什列斯维希交给丹麦。萨尔盆地的煤矿由法国开采 15 年，行政暂时由国际联盟代管，15 年后通过公民投票决定其最后归属。莱茵河东岸定为非军事区，不得设防，西岸划分为 3 个占领区，分别由协约国占领 5—15 年。德国东部上西里西亚的一部划归新独立的捷克斯洛伐克。上西里西亚另一部、西普鲁士大部、东普鲁士一部和波森（波兹南）全部都划给了波兰。几乎全是德国人的但泽港成为国际联盟保护下的自由市，其外交和关税事务则归波兰管辖。德国东普鲁士北部的梅梅尔归国际联盟监管，1923 年交给立陶宛。德国的东普鲁士与本土分离，相互联系不得不通过狭长的"波兰走廊"。德国的自身领土总计丧失了 1/8，人口减少了 1/10。德国的殖民地则全部由英、法、比、日等战胜国以"委任统治地"形式加以瓜分。特别令中国人民无法忍受的是，协约国列强无视作为战胜国之一的中国的独立和主权，竟然在《凡尔赛和约》中规定将德国在山东的一切殖民权益移交给日本。这一帝国主义行径激怒了中国人民，成为 1919 年"五四运动"的导火线；北洋政府代表迫于国内反帝爱国浪潮的压力，没有在和约上签字。和约还规定解除德国的武装：除了少数几艘轻型舰艇外，德国不得拥有潜水艇和其他海上舰只；禁止德国拥有飞机和坦克；

德国废除普遍义务兵役制,其军队人数不得超过 10 万名志愿官兵,并且撤销其参谋本部。为了确保德国不能对法国和比利时发动新的攻击,禁止它在莱茵河流域设置军事工事和保留部队。最后,协约国根据和约的"战争罪行条款",要求德国及其盟国要对其侵略战争中给协约国造成的损失和破坏作出赔偿,德国赔偿的数额由"赔款委员会"于 1921 年确定为 1320 亿金马克,30 年内付清。德国还必须负担驻德协约国占领军的全部费用。

巴黎和会还根据威尔逊总统的建议讨论了建立国际联盟的问题,其目的是维护国际新秩序,防止再次发生世界大战。1919 年 4 月 28 日,全体大会通过了列强起草的 26 条《国际联盟盟约》,并将其列为对德国和其他战败国和约的第一部分。国联盟约宣布,国联的宗旨是促进国际合作,维护国际和平与安全;各国政府都必须遵守国际法和条约规定的义务,用和平手段而不是战争手段来解决相互之间的争端;对于侵略者,国联将给予经济和军事制裁。然而,盟约没有对侵略行为下一个明确的定义,也没有规定经济和军事制裁的具体措施。国联的总部设在瑞士的日内瓦。国联的主要机构是国联大会、理事会和秘书处。国联大会由全体会员国组成,但国联的核心权力机构是由九国组成的理事会。英、法、美、意、日五大战胜国为常任理事国,四个非常任理事国每年选换一次。大会和理事会的一切决议只有经过全体成员的同意才能生效。秘书处负责处理日常事务。1920 年 1 月,国际联盟正式成立,英、法、意、日、中等 44 个国家参加。然而,由于国内强大的孤立主义势力的影响,美国参议院否决了美国参加国联的提案,并宣布不承认《凡尔赛和约》。最终结果,美国没有参加国联,德国和苏俄也被排除在外。因此,国际联盟蜕变为英、法维持凡尔赛体系的工具,而没有起到维护世界和平的真正作用。只有在双方都是小国的国际争端中,国联可以发挥一点防止战争危险的有限作用。只要有一个或几个大国参与国际争端,国联就立刻变得无能为力了。1931 年日本侵略中国东北，1936 年意大利征服埃塞俄比亚，以及 1938 年德国吞并捷克斯洛伐克苏台德地区，面对这些重大国际危机而无所作为最终使国际联盟彻底威信扫地。

《凡尔赛和约》签订之后，战胜国分别与其他同盟国相继签订了和约。由于这些条约都是在巴黎郊区的不同地点签订的，所以均以这些地区的名称命名。其中包括 1919 年 9 月 10 日签订的对奥地利的《圣日耳曼条约》，1919 年 11 月 27 日签订的对保加利亚的《纳伊条约》，1920 年 6 月 4 日签订的对匈牙利的《特里亚农条约》和 1920 年 8 月 20 日签订的对土耳其的《色佛尔条约》。这些条约分别规定了各战败国割地、赔款和限制军队人数的条款。条约规定，奥地利除了割地赔款以外，还必须与匈牙利分立，并且不得与德国合并。领土损失最为惨重的是土耳其，80% 的领土被各国瓜分。软弱无能的奥斯曼帝国苏丹同意接受该条约，但是土耳其人民却拒绝承认这个奴役性的条约。以穆斯塔法·凯末尔·阿塔图克（1881—1938）为首的民族主义者于 1920 年 4 月在安卡拉召开大国民议会，成立了土耳其国民政府。此后，凯末尔率领国民军英勇战斗，很快收复了大片国土。1922 年 11 月，大国民议会通过法令，废黜苏丹，结束了延续 600 年之久的奥斯曼专制王朝。1923 年 7 月 24 日，协约国与土耳其在瑞士的洛桑签订了一个新条约，同意土耳其人保有他们已经获得的领土，并从伊斯坦布尔撤出协约国军队。同年 10 月 29 日，土耳其共和国正式宣告成立。

《凡尔赛和约》和这几个条约以及国际联盟盟约一起构成了一个条约体系，建立了一次大战后欧洲、西亚和非洲的国际新秩序，史称"凡尔赛体系"。这是历史上第一个世界性的帝国主义国际和平体系，但是它所带来的只是一种武力强制下的没有安全的和平。一方面，它通过委任统治制度使英法等列强"合法地"占领、掠夺、奴役战败国殖民地和其他殖民地国家和人民，因而必然激起殖民地、半殖民地国家和人民的强烈反抗和民族解放运动的高涨。另一方面，战胜国对战败国的惩罚过于苛刻，这种几近无限的榨取和掠夺使德国等战败国的经济不堪重负，再加上全球性经济危机的冲击，使得后者的经济濒临崩溃，人民在失业、饥饿和绝望中挣扎，从而激起了战败国对凡尔赛体系的愤怒和向战胜国复仇的情绪，为法西斯主义的崛起制造了肥沃的土壤。此外，凡尔赛体系没有能够妥善地解决各国之间存在的民族问题和边界纠纷，使之成为新的国际争端的温床。各战胜国之间也由于分赃不均而矛盾重重，尤其是日本和意大利对其所得利益并不满足，积极寻找机会夺取新的殖民地和势力范围。国际联盟的软弱无力又使惟一可能制止战争的手段归于无效，因而这些矛盾的激化终将不可避免地导致新的战争危机的来临。

战争引起革命。一次大战给交战各国带来了政治、经济和社会危机，俄国十月革命的成功为各国无产阶级政党树立了仿效的榜样。1918 年 11 月 9 日，主要由斯巴达克派（左派）和独立社会民主党（中派）发动的德国革命推翻了霍亨索伦王朝，但是政权却落入了社会民主党（右派）的手里。11 月 10 日，社会民主党和独立社会民主党共同组成了临时联合政府，称为人民全权代表委员会，艾伯特任主席。斯巴达克派在提出全部政权归苏维埃的要求被拒绝后，没有参加政府。11 月 11 日，斯巴达克派决定成立斯巴达克同盟，并出版了机关报《红旗报》。在此基础上，斯巴达克同盟与"不来梅左派"联合，于 12 月 30 日正式建立德国共产党，选出了由李卜克内西、卢森堡、皮克等人组成的中央委员会，党纲明确宣布当前的任务是通过无产阶级暴力革命建立无产阶级专政。1919 年 1 月 5 日，在德国共产党、独立社会民主党等政党的领导下，发动柏林工人举行大规模示威游行，并成立了革命委员会。6 日，柏林 50 万工人群众涌上街头，一部分武装工人占领了火车站、警察局、电报局等战略要地，艾伯特等人被围困在总理府，政府军大多数处于动摇状态，少数倒向起义工人一边。当天，革命委员会宣布艾伯特政府已经垮台，由革命委员会接管政府的全部职能。然而，由于革命的主观条件尚不成熟，新成立的德国共产党没有掌握群众的多数，革命委员会也没有制订具体的行动计划，工人阶级尚未做好武装夺取政权的准备，也没有能够建立坚强的工农联盟，加上独立社会民主党暗中派人与政府谈判，因而导致起义群众失去领导，陷于不知所措的境地。获得了喘息机会的艾伯特政府积极调集政府军和反动武装力量，于8日中断了谈判，并下令向起义工人发动进攻。11日，反动军队夺回了警察局等战略要地，对工人群众进行了残酷镇压，100多人被杀，700多人被捕。接着，德共总部和《红旗报》社被占领，李卜克内西和卢森堡于15日被捕并在送往监狱途中被杀害。柏林工人的一月起义在武力镇压下失败了。然而，德国工人阶级和德国共产党等革命组织继续进行斗争，从1919年2月到5月，工人群众在鲁尔区、萨克森等地和爱尔福特、哥达、柏林等许多城市发动了罢工和起义，其中最为突出的是巴伐利亚苏维埃共和国的建立。然而，在艾伯特政府优势兵力的进攻下，虽然共产党人率领刚刚组建的红军英勇作战，但终因敌我力量悬殊而失败。巴伐利亚苏维埃共和国的失败标志着德国十一月革命的结束。

十一月革命虽然失败了，但是它推动了德国历史的发展，促使德国的政治体制从半专制的君主立宪政体转变为资产阶级议会制的共和国。1919年1月19日，艾伯特政府组织了国民会议的选举。选举结果，当选的国民会议成员主要是社会民主党人、独立社会民主党人和各种资产阶级政党的代表，工农代表为数极少。2月6日，国民会议在德国中部的小城魏玛开会，并于11日选举艾伯特为第一任共和国总统，谢德曼被任命为总理，组成了有社会民主党和中央党参加的魏玛联合政府。7月31日，国民会议通过了魏玛宪法，并宣布从8月1日起生效。宪法规定德国实行议会制共和政体，国会由两院组成，国会是最高立法机关，政府向国会负责；总统是国家元首，由全体公民直接选举，享有统帅军队、任免总理等权力；公民在政治和经济上享有相当广泛的自由、平等和民主权利，同时保障私有财产不受侵犯。应当承认，这是一部比较民主的资产阶级宪法，客观上也是十一月革命的成果。它的制订和实施标志着德国历史进入了魏玛共和国时期。

第一次世界大战结束时，几乎所有欧洲国家的经济都遭受了破坏，生产下降，债台高筑，财政紧张。法国和德国受到的战争破坏最为严重，法国1919年的工业产量比战前下降了2/5，农产品产量只及战前的2/3；德国1918年的工业生产比1913年下降2/5，粮食产量下降1/2；英国和意大利的工农业生产在1920年的经济危机中也大幅度下降。西欧各国的对外贸易额锐减并出现巨额逆差，为了偿还战争贷款或赔款，各国政府大量印发纸币，从而引发了恶性通货膨胀和物价飞涨，更加令人头疼的是大量失业所带来的严重社会问题。经济和社会问题使西欧各国的政局极度动荡不稳，政府更迭频繁。随着工人运动的高涨，包括英共（1920年）、法共（1920年）、意共（1921年）在内的西欧各国共产党相继成立。英国在1924年1月组成了第一届工党政府，自由党从此逐渐退出政治舞台。法国也于1924年6月组成了左翼联盟政府。然而，意大利以及后来的德国却在战后的危机和混乱中产生了极右的法西斯政党，并最终建立了专制独裁的法西斯政权。

德国赔款问题是20年代国际关系中的一个重要斗争焦点。根据巴黎和会"赔款委员会"1921年的决定，德国总共应当赔偿1320亿金马克，分30年付清；如果德国拒绝偿付，协约国可以出兵占领德国的鲁尔地区。当时德国的财政金融状况极度虚弱和混乱，在支付了最初的赔款后，德国政府即要求延期偿付全部赔款。于是，坚持要求德国履行协议的法国和比利时于1923年1月11日出兵占领了鲁尔地区，挑起了鲁尔危机。德国政府采取了消极抵抗的政策，宣布停止偿付所有赔款和实物，并下令被占领区停工歇业。德国工业陷于瘫痪，通货膨胀率急剧上升，仅1至3月食品价格就上涨3—4倍，失业人数骤增，工人的每周工资只能维持两天的生活。极端困苦的生活推动德国工农群众急剧激进化，引发了1923年席卷全国的罢工浪潮和德共领导的汉堡等地的工人起义。法西斯势力也乘机作乱，希特勒于同年11月在慕尼黑发动了"啤酒馆暴动"。最后，在英美的压力下，法比同意在一年内撤军，英、法、意、比、日等德国债权国于1924年7月通过了"道威斯计划"，修改了德国赔款方案，并由英美向德国提供贷款。1925年2月，艾伯特总统去世，前帝国元帅兴登堡当选为德国总统。1926年9月10日，德国被接纳为国际联盟成员国，并成为理事会的5大常任理事国之一（由于美国最终没有参加国联，因而不能担任常任理事国）。1930年1月，在德国的要求下，债权国又通过了重新拟定的"扬格计划"，进一步减轻德国的赔款总数，延长付款年限；同时，协约国答应从莱茵区撤兵。然而，扬格计划未及实施，德国就卷入了世界经济大危机，德国赔款一减再减、一拖再拖，到1932年7月的《洛桑协定》，规定德国只要分数次赔偿30亿马克即可了账。结果6个月后，希特勒上台执政，干脆一笔勾销了德国的赔偿义务。

从1924年到1929年，西欧资本主义国家内部呈现出一个短暂的相对稳定的局面，经济开始复苏和增长，政治相对稳定，科学技术获得了较快的发展。在欧洲国际舞台上，各国都以保障自身安全、抑制邻国势力为目标展开外交活动。从20年代初开始，法国为了巩固既得利益、维护凡尔赛体系，就同比利时和波兰签订了具有军事性质的协议或同盟条约；同时分别与"小协约国"集团（捷克斯洛伐克、南斯拉夫、罗马尼亚）缔结了友好同盟条约，企图以此抗衡英国并包围德国。英国暗中利用德国和意大利牵制法国，破坏法国在欧洲大陆的霸权地位，并且拉拢匈牙利和保加利亚抗衡"小协约国"。意大利则确立了对阿尔巴尼亚的保护制度，削弱南斯拉夫在亚得里亚海的地位，同时与罗马尼亚和匈牙利签订友好条约，分化和打击"小协约国"。德国也企图利用英美同法国的矛盾，依靠英美制约法国。1925年10月，英、法、德、意、比、波、捷七国在瑞士小城洛加诺举行会议，经讨价还价后签订了最后议定书和7个条约，总称《洛加诺公约》，其中主要文件是《德、比、法、英、意相互保证条约》，即《莱茵保安公约》。该公约规定，德、法、比三国相互保证不破坏《凡尔赛和约》所规定的德法之间和德比之间的领土现状，不违反有关莱茵军事区的规定，三国保证通过和平方式解决一切争端；英国和意大利作为保证国，承担援助被侵略国的义务。但是，公约没有对德国的东部边界作出保证。1926年9月14日，在德国参加国联后，《洛加诺公约》正式生效。《洛加诺公约》虽然基本上维持了凡尔赛体系，但是却使德国恢复了在国际社会中的地位，而法国的安全地位则受到了削弱。一次大战后，国际上对于裁军问题没有取得任何实质性进展，只是在1928年8月27日，根据法国外长阿里斯蒂德·白里安（1862—1932年）和美国国务卿弗兰克·比林斯·凯洛格（1856—1937年）的建议，经过各国之间的谈判后，美、英、法、德、日、意等15国在巴黎签署了《关于废弃战争作为国家政策工具的一般条约》，通称《白里安—凯洛格非战公约》。后来，加入该公约的国家达到63个。公约的全部内容只有三条：一，各缔约国谴责用战争来解决国际争端，废弃以战争作为执行国家政策的工具；二，各缔约国只能用和平方法处理或解决彼此之间的争端或冲突；三，各方以各自的宪法程序批准该公约。然而在签署条约时，英、法、美、日等大国却提出了"自卫行动不受条约约束"的保留条件，以致该公约在实际上化为乌有。不过，该公约毕竟为各国放弃战争政策和使用和平手段解决国际争端的原则奠定了法律基础，成为二战后审判德、日两国主要战犯的法律依据之一。

　　然而，20年代后期的稳定和繁荣好景不长，1929年从美国开始的大萧条的经济风暴很快席卷了西欧和除苏联以外的整个世界，它的冲击力不仅破坏了各国的经济繁荣和政治稳定，也严重地威胁到在凡尔赛体系下勉强维持的脆弱的国际和平，最终导致了第二次世界大战的爆发。因此，大萧条成为两次大战之间的分界线。

　　第一次世界大战结束后美国的地位相对来说有了较大的提高，这时，它已成为世界上最富有的国家，当时欧洲国家已经在战场上打得伤了元气，美国人却趁机夺取了它们的市场，打进了它们的投资场所，并大大发展了自己的工业和农业。同时，美国在世界经济中越来越重要的作用使得纽约取代伦敦成为世界的金融中心，在美国与欧洲及整个世界的经济紧密联系的情况下，美国经济发展的任何突然改变都会产生世界性的连锁反应。

　　1929年初，美国经济已经开始衰退，呈现出经济危机的迹象，但被一路疯狂上涨的股票行情所掩盖。10月下旬，纽约华尔街的股票交易市场突然崩溃，股票价格全面暴跌。在第一个月内，股票价格就下跌了2/5，除了少数几次短暂的回升外，这种不断的下跌持续了3年。1932年最低谷时的纽约股票指数仅仅相当于1929年最高峰时的1/3，股票价格由平均每股365美元跌到81美元。股市的崩溃将许多破产的股票经纪人从华尔街的办公室抛向街头，成千上万的小额投资人手中的股票在一夜之间变得分文不值。股市危机很快波及到商业部门和工农业生产部门，引发了美国全面的经济危机。紧接着，美国的经济危机迅速波及极端依赖美国资本和贷款的德国，此后又危及严重依赖世界市场的英国，然后逐步蔓延到世界上除苏联以外的大部分国家，形成了现代世界经济史上范围最广、持续时间最长、破坏性最大的经济危机。

　　经济危机造成各国工业生产水平和贸易额直线下降,工业品和农产品价格大幅下跌,以及失业人数急剧增长。1932 年,美国的工业生产总指数比 1928 年下降 46.8%,德国下降 45.3%,法国下降 26.8%,英国下降 10.8%。美、英、法、德四国约有29 万家企业破产。各国农业也同样遭到了这次萧条的严重打击。战争期间,欧洲粮食价格的上涨引起了生产过剩。战后粮价持续下降,而经济危机则大大加快了粮价下跌的速度,1934年的粮价水平仅为 1913 年的 61%。各国被迫削减农业生产,美国政府甚至收购并屠宰了数百万头猪、羊和数千万头牛作为肥料处理掉。

　　为了进一步挽回狂跌的物价和保护国内市场,各国在已经建立的关税壁垒之上进一步提高进口关税。美国国会于 1930 年 5 月通过一项法令,将进口商品税率平均提高了 40%左右。结果引发了各国的抗议和 30 年代的关税战,以致许多国家纷纷采取报复性措施,各国进口税率比 1929 年提高了 60%—100%。法国实行了进口限额制度,德国采取了以货易货的外贸制度,甚至连具有悠久的自由放任传统的英国政府也彻底抛弃了自由贸易政策,开始实行保护关税政策。危机期间,资本主义世界贸易总额减少了 2/3,贸易实物量减少了 1/4 以上。与此同时,资本主义货币信贷体系也陷于灾难。美国银行和金融机构不得不收回它们在国外的短期贷款。奥地利最大的银行于 1931 年 5 月宣布它已失去清偿能力,这立刻导致数家与其有信贷关系的德国银行破产,从而在整个欧洲大陆引起一片恐慌。为避免因储户挤兑导致更多的银行破产,德国所有的银行都被命令放假,柏林证券交易所也关闭了两个月。在危机高潮期间,美国 32 个州的银行全部倒闭或停业,有1 万多家银行相继破产。面对欧洲各银行抛售英镑换取黄金的狂潮,英国于 1931 年 9 月宣布放弃金本位制,英镑贬值,从而刺激了出口,并在一定程度上恢复了国内市场。4 个月之内,15 个国家起而仿效，美国也于 1933 年 4 月宣布放弃金本位制。于是，依靠国际金本位制维系的资本主义世界货币制度开始崩溃。

这些经济上的灾难带来了种种严重的社会问题。其中最严重、最棘手的是大规模的失业问题。企业倒闭和生产萎缩导致失业人数急剧增长，最高峰时资本主义各国全失业人数达到 3000 万以上，半失业人数达到 1000 万至 1500 万，各国的失业率高达 25％至 50％，甚至更高。1933 年 3 月，美国的失业人数据保守估计为 1400 多万，相当于全部劳动力的 1/4；在英国，失业人数将近 300 万，在全部劳动力中所占比例与美国大致相同；德国的情况最糟，失业人数达 800 万，约占工人总数的 43.8％；法国失业人数略少，但也比危机前有所增加。失业和政府削减开支导致工人实际工资大幅度下降，工人群众的生活陷入悲惨甚至绝望的状况。一幅拍自当时英国街头的照片显示，一位失业者背后挂着一块牌子，上写"我通晓三种行业，会讲三种语言，奋斗了三年，有三个孩子，失业三个月，但我只要一个工作"。失业者的悲惨处境与无奈心情由此可见一斑。

为了对付经济危机，各国政府纷纷采取措施，积极调整经济政策，加强对经济生活的干预。各国不仅建立高额关税壁垒，实行货币贬值，而且大幅度削减政府开支，减少失业保险补助，降低工人工资，限制信贷，加征新税，降低生产，维持物价。然而，这种以紧缩为主的应付危机的传统手段并没有阻止经济形势的继续恶化。面对这种局面，资产阶级右派企图通过扩大和加强垄断组织来度过危机，而左派社会主义者则呼吁实行重要产业国有化和提高失业补助。资产阶级经济学家也纷纷著书立说，为国家和政府出谋划策。在这次危机期间，以英国经济学家约翰·梅纳德·凯恩斯（1883—1946 年）为代表的国家干预经济的学说得到了迅速的发展和传播。根据凯恩斯的反危机理论，经济危机是由社会上对生产资料和消费品的有效需求不足引起的，消费者的消费不足和资本家的投资减少则是造成有效需求不足的主要原因。因此凯恩斯认为，传统的紧缩政策只会使原已不足的需求更加减少，从而延长经济危机；因此要消除经济危机应当采取相反的措施，通过国家干预手段，增加政府开支，实行赤字预算和通货膨胀，增加投资，扩大公共工程，以便减少失业，刺激和鼓励消费，从而增加有效需求。应当承认，虽然凯恩斯的反危机措施不能从根本上解决需求和供给之间的矛盾，但它对缓解经济危机确实有一定作用。然而，起初英国、法国和美国政府在自由放任主义的影响下并没有重视凯恩斯的经济理论，只是在危机发展到最为严重的 1932 年底和 1933 年初，美国的新任总统富兰克林·德拉诺·罗斯福（1882—1945 年）才率先采纳了与凯恩斯相近的美国"芝加哥学派"的经济理论，大规模地推行"新政"，终于使美国逐渐走出了大萧条的阴影。此后，各国政府纷纷效法，甚至连标榜自由放任主义的英国政府也开始积极干预经济活动，增加失业补助，提高工资，扩大并资助住宅建设。这样，在危机持续 5 年之后各国经济终于缓慢复苏，但是直到第二次世界大战前夕各国开始疯狂扩军备战时，经济危机才真正被克服。1929 年到 1933 年的大萧条是西方经济思想和经济政策发展史上的一个重要转折点，从此以后西方在很长一段时期中运用凯恩斯的经济理论，极大地加强了国家对经济生活的干预、调节和控制，取得了一定的成效。

这次空前的经济危机对两次大战之间欧洲各国的国内政治和国际关系的发展也产生了深远的影响。危机带来的灾难激起了西欧各国劳动人民对资本主义的强烈不满，工人罢工、群众示威和农民运动重新高涨起来，殖民地半殖民地国家的人民也掀起了反对帝国主义转嫁危机的斗争高潮。危机的发展导致英国的工党政府倒台，法国也改由保守派政府执政。更加危险的是，经济萧条使独裁主义学说赢得了许多欧洲人的信奉，起源于意大利的法西斯主义在许多国家迅速蔓延，法西斯组织在各国相继出现，如法国的"火十字团"、奥地利的"护国团"、西班牙的"长枪党"和捷克斯洛伐克的"苏台德德意志人党"，甚至连一向厌恶极端主义的英国和崇尚自由民主的美国也出现了一些宣传法西斯主义的组织。在这次危机中受益最大的是德国纳粹党，正是在危机进行的过程中纳粹党恶性膨胀为德国最强大的政党，也正是在危机末期的1933年初希特勒在德国攫取了政权，建立起法西斯主义的专制统治。

经济危机还进一步激化了各资本主义列强之间的矛盾，关税战、资源战和金融战导致资本主义世界不断分化和重组。资源相对贫乏、金融力量较弱的德、意、日逐渐相互靠拢，形成了法西斯集团。而垄断了国际市场、资源相对雄厚的英、美、法为了与法西斯国家竞争，于1936年秋签订了《三国货币稳定协定》和《三国黄金协定》。这样，两大经济集团的形成为日后两大军事集团的形成铺平了道路。同时，为了减少国内失业和在世界上争夺"生存空间"，各国逐渐放弃了在战后为裁减军备所做的种种尝试，开始实行大规模的重整军备的计划。因为军火生产不仅提供了想象中的国家安全，而且还提供了实在的就业机会。希特勒正是通过实行庞大的重整军备计划，才迅速解决了他所面临的前所未有的失业问题，使其国家成功地摆脱经济萧条。此后，20年代达成的国际和解逐渐遭到破坏，一个又一个的危机最终导致了第二次世界大战的爆发。

1929年至1933年的大萧条是现代世界经济史上破坏性最大的一次危机。只有在大萧条所带来的巨大灾难的背景下，才能充分理解法西斯主义尤其是德国纳粹党的崛起和第二次世界大战产生的经济根源。

四、法西斯主义的崛起

给欧洲和全世界带来战争、破坏、死亡和恐怖的法西斯主义最初产生于意大利。早在 1914 年 10 月，一些未来主义者、工团主义者和民族主义者就组织了"法西斯"，鼓动意大利转向协约国一边参战。但是在西欧帝国主义列强中，贫穷的意大利实力最为薄弱，因而经常受到其他强国的排挤。在大战期间，意大利总共动员了 550 多万名士兵，伤亡高达 215 万人，财产损失 650 亿里拉，国家所欠外债增加到 190 亿里拉。然而在巴黎和会上，作为战胜国之一的意大利仅仅分得南蒂罗尔地区和的里雅斯特港，甚至连英法在 1915 年暗中许诺战后割让给它的土地都没有全部兑现。外交上的失败引起意大利民族主义者的极大不满和强烈的屈辱感，他们认为意大利多年来追求强权与建立帝国的梦想之所以一再化为泡影，都是由于意大利统治者的怯懦无能所致，因而出现了一股蔑视现政权的风气，旧统治阶级的成员公然被人瞧不起。

战后，随着军事订货的减少，意大利工业生产大幅下降。1920年，意大利又爆发了延续两年的经济危机，煤、铁、电的产量进一步下降，破产企业从 1919 年的 500 家增加到 1923 年的 5700 家，农业生产也陷于萎缩状态。经济危机还引起通货膨胀，里拉贬值，生活费用猛涨，投机倒把盛行。劳动力市场本来已供过于求，数百万复员士兵又加入了失业者的行列。经济危机导致了阶级矛盾的尖锐化，全国爆发了反对物价飞涨、要求提高工资的大规模的罢工。1920 年，意大利革命运动发展到高峰，全年罢工 1881 次，罢工人数达到 230 余万。有些地区的工人建立起工厂委员会，全国各地工人展开了夺取工厂的斗争，大工业的半数以上的企业被工人所掌握。同时，农村的广大农民群众组织了"红色同盟"，展开了夺取土地的斗争。1921 年 1 月 21 日，以安东尼奥·葛兰西

(1891—1937 年）和帕尔米罗·陶里亚蒂（1893—1964）为首的社会民主党左派同中派和右派决裂后，正式宣布建立意大利共产党，并参加共产国际。经济和社会危机引起意大利政局不稳，内阁频繁更迭。1918 年至 1922 年间，4 年更换了 5 届政府，最短命的政府仅仅维持了 7 个半月就垮了台。一些鼓吹国家主义和沙文主义的极右派组织也乘机大肆活动，甚至强占亚得里亚沿海的独立港市阜姆，宣布成立阜姆共和国，气焰十分嚣张。在这种社会动荡不安的背景下，意大利法西斯组织得以滋生和发展。其中最具代表性的是贝尼托·墨索里尼（1883—1945 年）领导的米兰的法西斯组织。

墨索里尼于 1883 年出生于意大利北部罗曼纳地区一个信仰社会主义的铁匠家庭。少年时期，他是学校里的小霸王，性格粗暴孤僻，动辄便拳脚相加或拔刀相向，他曾刺伤过一个女友，而且他没有一个亲密的朋友，并且以此为荣。青年时期，他曾阅读马克思和尼采的著作，后者鼓吹的大胆叛逆和权力意志的思想激发了他的野心。17 岁时，他因逃避兵役离开意大利前往瑞士，并加入社会党。后因宣传社会主义和煽动罢工，被瑞士政府驱逐出境。1904 年他回到意大利后，成为一名政治记者，并于 1909 年创办《阶级斗争报》。1912 年，他当上了社会党机关报《前进报》的编辑。此时墨索里尼的思想是各种相互矛盾的激进主义思想的大杂烩。1914 年第一次世界大战爆发后，他改变了原先的反战立场，主张站在协约国一边参战，因而被开除出社会党。在丢掉《前进报》编辑职务之后，墨索里尼在米兰创办了《意大利人民报》，他通过这份报纸进行狂热的战争煽动。1915 年意大利参战后，墨索里尼应征入伍。1917 年受伤退役后，他重返米兰继续主编《人民报》，鼓吹建立有利于意大利的战后和平。1919 年 3 月，他最终建立起自己的法西斯组织"法西斯战斗团"。

"法西斯主义"一词有两个来源，其一是拉丁字 fasces，意为中间插着一柄锋刃向外的战斧的束棒,象征着古罗马国家的权力;其二是意大利字 fascio,意为联合或团体。因此,法西斯被看做国家主义和极权主义的象征,它成了墨索里尼反对软弱的议会政治和布尔什维克革命的武器。1919 年,墨索里尼为意大利法西斯制定了一份蛊惑人心的激进纲领,其中提出召开立宪会议,实行普选权,对军事工业实行国有化,提高工人工资,实行法定 8 小时工作制,农村按耕者有其田的原则进行土改,没收教会土地,对资本和遗产课以重税,战争利润的 85% 充公,承认国际联盟以及反对一切帝国主义。然而,1920 年 5 月,另一个较为保守的纲领取代了先前的纲领,新纲领有意删去了所有关于经济改革的要求。尽管意大利法西斯组织将自己装扮成工农的救世主,但是它仍然没有获得多数人的认可和支持。在 1919 年 11 月的议会选举中,法西斯候选人全部落选。直到 1920 年,经济危机和工人运动的失败为法西斯运动带来了转机。在经济危机的打击下,一批怀有民族沙文主义情绪的中小资产阶级分子和对社会不满又找不到正确出路的工人加入了法西斯组织,使法西斯和亲法西斯组织的成员扩充到 40 余万人。在 1921 年 5 月的大选中,法西斯组织获得了 35 个议席,墨索里尼进入了议会。同年 11 月 6 日,以墨索里尼为领袖的国家法西斯党在罗马正式成立。法西斯党将法西斯束棒定为党徽,以黑衫作为制服,因而该党又被称为黑衫党。此后,大批军官和退伍士兵加入该党,以他们为骨干建立了法西斯武装战斗队——黑衫队。

此时的法西斯党已经是一个拥有大量金钱、自己的报纸、众多的党徒和准军事组织的强大政治运动,在他们自己的地盘上,他们的话就是法律。墨索里尼公开叫嚷要实行法西斯一党独裁,打倒一切其他政党,"把自由主义观念、强弩之末的民主主义以及布尔什维克的洪水猛兽般的乌托邦精神一齐扫荡"。他把意大利的衰落归罪于民主政治和传统政党的腐败无能,指使法西斯暴徒到处殴打、枪杀政治活动家。他指责社会主义者和新成立的共产党是制造动乱的祸首，使用暴力手段迫害甚至杀害社会党、工会和共产党的成员，袭击社会党总部、共产党机关和工会组织，捣毁《前进报》编辑部，破坏工人罢工，驱散群众游行，保护大地主和大资产阶级的利益。墨索里尼摇身一变居然成了法律和秩序的维护者，由此赢得了有产阶级的青睐与支持，因为他们觉得可以依靠危险性较小的法西斯主义对付可怕的布尔什维克革命。而在墨索里尼的眼里，法西斯主义只不过是一种通过暴力对抗来赢得和保持政治权力的手段，至于是否要保持纲领和行动的前后一致并不重要。

到 1922 年秋季，法西斯党已经在米兰、伦巴第等城市和省份掌握了政权，墨索里尼认为夺取全国政权的时机已经成熟。10 月 24 日，法西斯党在那不勒斯召开大会，会上墨索里尼叫嚷："要么允许我们掌权，要么我们就向罗马进军夺取政权。"会后 5 万名全副武装的黑衫队员向罗马进军。首相要求国王维克多·伊曼努尔三世（1900—1946 年在位）宣布戒严令并允许使用军队镇压法西斯以恢复秩序。优柔寡断的国王刚刚宣布紧急状态，很快又改变了主意。28 日，黑衫队开进首都，首相被迫辞职。10 月 29 日，国王任命墨索里尼为首相并责成他组阁。就这样，墨索里尼的国家法西斯党不发一枪一弹便夺取了意大利的中央政权。

墨索里尼初任首相时，由于法西斯党在议会中的席位不多，他只好暂时组成一个多党联合政府，14 名阁员中只有 4 名法西斯党成员。为了赢得时间以建立法西斯独裁统治，墨索里尼向议会保证恢复国家的正常秩序，以此换取了为期 12 个月的绝对执政大权。1923 年 1 月 11 日，首先建立了 30 人组成的"法西斯最高委员会"，作为全国最高统治机构，墨索里尼自任主席。1924 年 4 月，按照新选举法举行了议会大选，在法西斯分子的暴力恫吓和阴谋利诱之下，法西斯党获得了 65% 的选票，赢得了 375 席。法西斯党的肮脏手法引起了其他政党的不满，一位社会党领袖在议会上愤怒揭露法西斯分子的丑行，结果惨遭暗杀。反对党议员组成反对法西斯的"阿文廷联盟"，但是在国王、封建贵族和垄断寡头的支持下，墨索里尼于1925年1月宣布决心用武力镇压反法西斯的活动。不久，法西斯党便改组了内阁，把非法西斯阁员全部清除出去，从而确立了法西斯独裁统治。

在法西斯主义者看来，"国家高于一切，国家就是一切，国家领导一切"；公民没有权利和自由，只有工作和遵守秩序的义务，任何人都不允许反对国家和政府。根据这一原则，法西斯党在全国大力推行政治、经济、文化和社会生活的全面法西斯化改造。1925年颁布出版法，取消言论和新闻自由，只允许亲法西斯的报刊存在，并将一半新闻记者解职。1926年11月又颁布非常法和国家保卫法，进一步剥夺了公民的自由和政治权利，解散除法西斯党之外的一切政党团体，取消反对派议员的议员资格，同时加强了对反对派人士的镇压措施。从1925年到1929年，通过颁布一系列的法律和法令，废除了政府部长对议会负责的制度以及议会罢免首相的权力，地方市长和市议会也从原来由地方选举改为由上级任命，这样，从中央到地方建立起只对首相一人负责的行政体制。同时法律规定，首相和法西斯最高委员会主席应当由同一人担任，为墨索里尼的独裁统治提供了法律依据。法西斯党还组建了国家安全志愿民兵，建立了法西斯的青少年组织和工会，用来控制工人群众和毒化青少年。1929年，法西斯政府与梵蒂冈达成相互承认的协议，取得了教皇的支持。至此，墨索里尼的法西斯革命大功告成，终于在意大利建立起严厉的一党专制的独裁政体。墨索里尼从此可以放手推行野心勃勃的对外扩张和侵略政策，梦想建立一个新的罗马帝国。

德国法西斯主义也是从一战结束后开始兴起的，然而取得政权却比意大利法西斯要晚。法西斯最终在德国取胜是由许多不同原因造成的，其中最主要的有：首先，德国战败的屈辱和《凡尔赛和约》强加给德国的过度惩罚所引起的强烈不满和复仇心理；其次，军国主义传统和民族沙文主义对外扩张、称霸世界的野心；再次，大萧条带来的严重失业和社会下层人民的绝望情绪；最后，大资产阶级和其他有产者对布尔什维克革命的恐惧。

在一次大战前和战争中，德国一直处于半专制的封建王朝统治之下，政治上缺乏民主传统，战后刚刚建立的魏玛共和国根基十分脆弱，难以树立起民主政治的威信。魏玛政府经手签订的《凡尔赛和约》给德国带来了丧权辱国的羞耻和割地赔款的沉重负担，以致德国经济几乎陷于崩溃。1919年秋季，在那些令人沮丧的日子里，一个前德军下士奉陆军政治部之命调查慕尼黑的一个小政治团体"德国工人党"，不久他当上了这个仅有7个人的小团体的头目并把它改造成日后令人生畏的"民族社会主义德国工人党"（旧译"国家社会主义德国工人党"），简称纳粹党，此人即是阿道夫·希特勒（1889—1945年）。

希特勒于1889年出生在毗邻巴伐利亚的奥地利小城布劳瑙，父亲是当地海关的职员。希特勒受过一般的初等教育，但是由于脾气暴躁、刚愎傲慢，很难适应学校的教育和纪律。1905年他退学之后前往维也纳，希望考入维也纳美术学院学习绘画或建筑，但两次尝试都被拒绝。贫困潦倒的希特勒只好以打零工和沿街兜售自己画的明信片为生。在此期间，他形成了一些激烈的政治偏见，他认为这个世界对他太残酷，因而他仇恨周围几乎所有的人，特别是犹太人，由于他把犹太教与马克思主义联在一起，所以他也仇视马克思主义。1913年，他离开维也纳前往德国巴伐利亚首府慕尼黑。第一次世界大战爆发时，希特勒虽为奥地利公民，却报名参加了巴伐利亚军队。他曾在西线作战并负伤，由于在战争中表现勇敢而赢得了铁十字勋章。德国的战败投降深深地刺痛了他，他认定德国的失败是由于马克思主义者和犹太人的暗中破坏所致。

　　战后，希特勒当上了纳粹党的领袖，并于1920年2月发布了该党的《二十五点纲领》。这份以民族复兴为号召的纲领拼命鼓吹民族复仇主义和对外扩张，要求一切德意志人在民族自决的基础上联合为一个大德意志国家，同时要求获得更多的领土和殖民地来养活德国人民和迁移过剩人口。为了拉拢小资产阶级群众，纲领中还包含了一些反对垄断资本、维护小工商业者利益的内容，并提出要进行适合德国需要的土地改革。然而这些要求从来没有兑现过，在纳粹党掌权前夕，希特勒完全抛弃了这些半社会主义的口号，投入了垄断资产阶级的怀抱。希特勒还亲自为纳粹党设计了将给整个欧洲带来恐怖的红底白圆心、内嵌一个黑卐字的党旗。希特勒进一步改造了党的组织，取消了委员会领导制，确立了领袖原则，并自任党的元首（即领袖），纳粹党从此成为希特勒一人控制的独裁主义政党。

　　1923年的鲁尔危机引起德国国内局势的动荡，希特勒联合前陆军元帅鲁登道夫乘机于11月9日在慕尼黑发动了"啤酒馆暴动"，企图先在慕尼黑夺取政权，然后进军柏林。忠于政府的军队很快镇压了纳粹暴动，希特勒被判处5年徒刑。在狱中，希特勒口授了《我的奋斗》一书。在书中他发泄了对民主政体、共产主义和犹太人的仇恨，一口咬定德国在战争中的失败是因为犹太人和共产党从背后捅了一刀，因此应当把那些犹太人送进毒气室以便使德国的种族纯净化。他竭力鼓吹德国应当重新武装，向劣等的斯拉夫种族夺取生存空间，建立起大德意志帝国。该书集法西斯主义之大成，出版后成了纳粹党徒的教科书。1924年，希特勒提前出狱。他总结啤酒馆暴动失败的教训，决定争取统治集团的支持，走合法夺取政权的道路；同时扩大纳粹党的群众基础，完善纳粹党的组织。他重新划分了党的内部机构并加强了地方基层组织，建立起遍布全国的纳粹党系统；同时重整武斗组织冲锋队

（又名褐衫队），并组建了更加精锐的党卫队，用来保卫纳粹头目的生命安全。纳粹党大张旗鼓地宣传民族沙文主义和小资产阶级社会主义，在破产的中小资产阶级、退伍军人和流氓无产者中间发展组织。同时希特勒开始积极同垄断资本家拉关系，私下向他们透露纳粹党打算对外扩张和镇压共产党的真实底牌，并把纳粹党纲领中反对垄断资本的内容悄悄删掉。然而，在西欧资本主义相对稳定的时期，纳粹党的势力仍然难以迅速扩展。1928 年，纳粹党员人数才不过 10 万，在同年的国会选举中，纳粹党在全国 3000 多万张选票中只获得 81 万票，在国会 600 多个席位中只得到区区 12 席。

1929 年的大萧条给希特勒帮了大忙。在世界经济危机的冲击下，德国工业生产大幅下降，银行纷纷破产，国家黄金储备骤减，对外贸易一落千丈。最为可怕的是工人大量失业，1932 年初全失业人数达到 800 万，占全国工人总数的 43.8%，半失业工人有 22.6%，许多人甚至得不到最微薄的失业补助金。随着工厂倒闭的增加，大量中小业主遭到破产的命运，广大中小农户也被迫出卖土地。全靠工资为生的政府职员和知识分子在货币贬值的打击下，仅有的一点积蓄也化为乌有。教师、医生、工程师和文艺界人士的失业人数也高达 10 万人之多，高等学校每年 2.6 万毕业生中只有 1 万人能找到工作。当时魏玛政府实行的增税、裁员、减薪和降低救济金的紧缩政策无异于给工人阶级和小资产阶级的困境雪上加霜，引起了德国中下层民众对政府的强烈不满。德国统治阶级也对魏玛政府的软弱无能日益不满，他们希望出现一个能够对内平息革命、对外打破凡尔赛体系的束缚、为德国开疆拓土的强有力的政府。

这对纳粹党来说真是千载难逢的绝好机会，希特勒立刻开动了纳粹党的全部宣传机器，在全国各地展开了强大的宣传攻势，竭尽其所能取悦所有阶层的人。纳粹党用工作和面包的诺言引诱工人，用保护中小企业的提案拉拢中小业主，用取缔土地投机、发放土地经营贷款的空头支票吸引农民，还利用各种吸引人的活动将大学生和青年收罗到"民族社会主义德国学生联盟"等纳粹青年组织中去。同时，纳粹党利用全体民众痛恨《凡尔赛和约》的情绪和盼望民族复兴的要求，猛烈抨击《凡尔赛和约》，向所有德国人保证要砸碎凡尔赛体系的枷锁，鼓吹民族复仇主义和扩大生存空间的扩张主义。他们也没忘记煽动反犹主义情绪，犹太人不但被污蔑为从事剥削的资本家，而且被认为是唯物主义的共产主义者。在一幅当时德国街头的宣传画上，希特勒照片下面用大字写道："希特勒是我们最后的希望。"于是，被大萧条推入绝境的广大中下层民众在纳粹党的蛊惑下，把希特勒看成他们的救星，蜂拥加入纳粹党的组织。到 1933 年，纳粹党员猛烈膨胀到 100 万人，其中属于小资产阶级的官吏、职员、独立劳动者和农民占了 2/3，工人占不到 1/3。希特勒在拉拢中下层民众的同时，又加紧与垄断资产阶级的勾结。他乘坐轿车跑遍了整个德国，同工业界巨头进行私下会谈，并向数百名垄断资本家发表演说。他一再向资本家保证，决不会触犯私有财产和企业家的权力，攻击社会主义苏联和民主制度，主张建立独裁统治和扩军备战。从此，面对布尔什维克革命日益增长的危险而感到惊恐不安的垄断资本家们用源源不断的金钱给予纳粹党以有力的支持。希特勒还以取消冲锋队为条件，争取到国防军的支持。此外，纳粹党也加强了同其他右翼资产阶级政党的联系，进一步巩固了自身的政治地位。这一切煞费苦心的努力没有白费，在 1930 年 9 月的国会选举中，纳粹党获得 640 多万张选票和 107 个议席，成为国会中仅次于社会民主党的第二大党。虽然希特勒在 1932 年春季的总统选举中输给了兴登堡，但在同年 7 月举行的国会选举中纳粹党大获全胜，共获 1374.5 万张选票和 230 个议席，一跃成为国会第一大党。

然而，纳粹党并没有取得国会中的多数，其他政党和政治力量也得不到国会多数的支持，因为纳粹党不愿支持任何不以希特勒为首的内阁。1932 年 11 月，一些反动的工业家、银行家和容克贵族上书兴登堡总统，要求任命希特勒为总理。1933 年 1 月 30 日，在垄断资产阶级和国防军的支持下，兴登堡正式任命希特勒为政府总理，由代表垄断资本利益的贵族弗朗茨·冯·巴本（1879—1969 年）任副总理。当时，由于纳粹党在国会中未占绝对多数，内阁的 12 名成员中只有 4 名纳粹党人。于是，希特勒提出"一体化"的口号，谋求建立一党专政的中央集权政权。希特勒充分利用了群众支持纳粹运动的高涨情绪，说服兴登堡总统解散国会，并下令于 3 月 5 日举行新的国会选举。为了减少共产党在国会中的票数，保证纳粹党取得多数，纳粹分子于 2 月 27 日一手制造了"国会纵火案"，然后贼喊捉贼，嫁祸于德国共产党。纳粹党以此为借口开始大肆迫害共产党，德共主席恩斯特·台尔曼（1886—1944 年）等 1 万多人被捕入狱，共产党被迫转入地下。具有讽刺意味的是，在新的国会选举中纳粹党依然没有获得绝对多数。恼羞成怒的纳粹政府立刻宣布取缔共产党和其他所有政党，而且禁止组织新的政党。从此纳粹党成为德国惟一的合法政党，国会也由清一色的纳粹党人组成。新国会通过了"授权法"，将立法和行政权力统统授予希特勒，资产阶级议会民主制名存实亡了。不久，纳粹政府取消了各邦议会，将各邦政府改作中央政府的下级行政机构，以中央集权制取代了联邦制。为了获得垄断资产阶级和国防军的支持，希特勒利用党卫队清洗了冲锋队，此后党卫队和盖世太保（秘密警察）成为纳粹党实行独裁恐怖统治的主要支柱。1934 年 8 月 2 日，兴登堡总统去世，希特勒独裁统治的最后障碍消除了。在垄断资产阶级和国防军的支持下，希特勒修改了宪法，取消了总统职务，自任国家元首和总理，正式确立了独裁统治体制。魏玛共和国的国旗落地，取而代之的是纳粹党党旗，新的德国被称为第三帝国。从此，德国历史进入了最黑暗的时期。

在纳粹统治下的德国，宪法中对人身自由、言论自由、通信自由、新闻自由和集会结社自由等公民权利的保障一律被取消,对报刊、广播、戏剧、电影、文学、音乐、美术和教育等意识形态领域实行了严格的控制。报刊新闻和社论都必须经过纳粹党宣传部审定,宣传和教育的重点内容是纳粹的种族主义谬论和军国主义的侵略扩张叫嚣,学校成了战争后备军的军事训练所。纳粹党在学术界也大搞法西斯文化专制,对 45％的官方学术机构进行了改组和整顿,大批不合纳粹胃口的优秀人才被清洗、逮捕、抄家、杀害或驱逐出境。一切进步的思想文化,不论是人道主义的、社会主义的还是马克思主义的,都遭到绝对禁止。纳粹党徒甚至在柏林洪堡大学对面的广场上举行大规模的焚书活动,2 万多册马克思主义著作和各国优秀文化著作被付之一炬,充分暴露了法西斯主义敌视人类精神文化的丑恶面目。

纳粹党将反动荒谬的种族主义作为其理论的中心支柱。希特勒反复鼓吹种族斗争是人类发展的主要动力,宣扬雅利安人是优等种族,是人类文明的创造者和维护者,因而有权统治世界,征服和利用劣等种族,尤其是犹太人和斯拉夫人。纳粹党执政后,便开始有组织地大规模迫害犹太人,掀起一次又一次的排犹高潮。从1933 年到第二次大战前,纳粹政府多次颁布法令,禁止犹太人经商,也不许他们担任国家公职、参军或充当教师,甚至规定犹太人不得成为德国公民,不得与德意志人通婚,致使无数犹太人逃亡国外。同时,纳粹党徒不断袭击和虐待犹太人,焚烧犹太教堂,捣毁和关闭犹太人商店,强迫犹太人清扫街道。第二次大战爆发后,德国开始在占领区设立犹太人隔离区和死亡集中营,虐待和迫害犹太人,并灭绝人性地使用毒气室和焚尸炉成批屠杀无辜的犹太人,连妇女和儿童都不放过。据统计,在纳粹党执政期间,约有 600 万犹太人惨遭杀害。这是纳粹集团犯下的反人类和种族灭绝的滔天罪行,是对人类文明最野蛮的践踏。

为了克服经济危机并满足扩军备战的需要，纳粹党执政后立即着手加强国家对经济的控制，迅速把国民经济纳入军事化的轨道。1933年到1935年，德国政府按照战争的需要进行了经济体制改革，大力发展国家垄断资本主义，加强对包括私人企业在内的全部国民经济的控制。政府和垄断资本家合作先后设立了"德国经济总会"和"军事经济全权总办"，负责控制全国经济和动员经济资源，将工业和农业全部纳入了国家管制和为战争服务的范围。随着国民经济军事化的推进，德国的军需生产迅速增长。从1933年到1939年，军需生产增长了11.5倍，而消费资料的生产和生产资料的生产仅增长了43%和2.1倍，同期内的军费支出在预算总支出中的比重也从24%上升到58%。到第二次世界大战前夕，德国的工业产量已经超过英法，再次居资本主义世界第二位，而德国的军火产量竟然高达英美两国总产量的两倍多。

战争复仇和侵略扩张是纳粹党的既定目标，因此纳粹党上台伊始就加快了扩军备战的步伐。1935年，鲁登道夫在总结第一次世界大战经验的基础上，出版了《总体战》一书，比较系统地提出了总体战理论。该书认为未来战争不是军队单独的活动，而是交战各国动员全部经济资源和全民参与的总体战争，因此德国必须确立民众精神上的一致，在各方面做好战争准备。纳粹党执政后便把总体战略确定为基本国策。鉴于不利的国际地理环境极易使德国陷入多线作战的困境，德国军方最终制定了集中大量坦克和优势兵力在主要打击方向上实施突然袭击以求速战速决的"闪击战"战术原则，以此来取代一次大战中那种消耗性的、无效果的阵地战。为了推行既定的战争扩张政策，纳粹德国一步一步地公然撕毁了《凡尔赛和约》规定的德国军备限制条款，开始进行重新武装。1935年，德国宣布恢复普遍义务兵役制，要求和平时期总兵力达到50万人，翌年的扩军计划又要求增加到83万人，战时将扩大到462万人。同时德国宣布重建空军，1933年初德国总

共只有 250 架飞机，到 1939 年秋仅第一线的飞机就猛增到 4093
架。海军舰艇的总吨位也从 1935 年的 11 万吨增加到 1939 年的
35 万吨。这样，希特勒的上台和德国的毁约扩军使德国再次成为
新的世界大战的危险策源地之一。

此时，各国的法西斯政权逐渐羽翼丰满，开始了战争冒险。日
本帝国主义首先于 1931 年 9 月 18 日侵占了中国东北并建立伪满
洲国。在遭到国际联盟软弱的谴责后，日本于 1933 年宣布退出国
联。1937 年 7 月 7 日和 8 月 13 日，日本分别在北平附近的卢沟桥
和上海发动了全面的侵华战争，中国军队奋起抵抗，揭开了中国
人民全面抗战的序幕。

墨索里尼很早就开始鼓吹军国主义和侵略战争有益论，他认
为不同民族之间永远没有利益的真正协调一致，国际主义是人类
进步的一个反常产物；斗争是万物之源，战争可以使人精神振奋，
民族振兴，一个民族若不扩张，终将衰亡。为了实现多年的扩张
野心，并将意属索马里和厄立特里亚连接起来，意大利于 1935 年
10 月 3 日向独立的埃塞俄比亚（当时名为阿比西尼亚）发动了进
攻。埃塞俄比亚军民在皇帝海尔·塞拉西一世（1930 年至 1974 年
在位）的领导下进行了悲壮的抗战，直到 1936 年 5 月 5 日，意大
利军队才攻陷首都亚的斯亚贝巴，海尔·塞拉西流亡英国，埃塞
俄比亚亡国。

德国与日本一样，也在 1933 年宣布退出国联，以便摆脱国际
组织和国际会议的束缚，为今后的侵略取得行动自由。1936 年 3
月 7 日，在德国开始大规模扩军后不久，希特勒命令德军 3 万余
人进驻莱茵非军事区，并宣布德国不再受《凡尔赛和约》和《洛
加诺公约》的约束，在莱茵区恢复不受限制的完整主权。面对希
特勒的挑战，国联和英法的反应仅仅是无力的谴责和抗议，根本
没有采取任何强制性措施。希特勒更加肆无忌惮，他逐渐增派部
队，巩固了已占的阵地，从而为日后的西线进攻获得了前进基地。

1936 年 2 月，由共产党、社会党、共和党左翼等组织组成的人民阵线在西班牙国会选举中获得了重大的胜利，成立了共和政府，并开始实行一系列有利于劳动人民的政治、经济和社会改革。以弗朗西斯科·佛朗哥（1892—1975 年）等反动军官为首的右翼反共和势力决心用武力推翻合法的共和政府，他们策动西属摩洛哥、加纳利群岛和西班牙本土的驻军于 1936 年 7 月 18 日至 20 日发动叛乱，并在西班牙南部和北部登陆，企图扼杀共和国。于是，西班牙内战爆发。为了协助西班牙法西斯势力扑灭人民革命并从陆地上包围法国，德意两国的法西斯政府从 1936 年 7 月 28 日开始公开武装干涉西班牙内战。整个战争期间，共有 25 万意大利官兵和 5 万德国官兵进入西班牙参战，两国还向叛军提供了大量的武器和弹药。然而，英法政府却对西班牙内战采取了不干涉政策，拒绝向西班牙合法政府提供任何军事援助。只有苏联政府向西班牙共和政府提供了贷款和军用物资，并派出军事顾问和指挥人员协助共和军作战。在共产国际的号召下，世界各国进步人士组成了国际纵队，来自 53 个国家的 3 万多名志愿者与西班牙共和国军队并肩作战，数千名国际主义战士牺牲在西班牙的土地上。共和军英勇奋战了 2 年零 8 个月，终于在德意法西斯干涉军和佛朗哥叛军的联合进攻下被击败。1939 年 3 月 28 日，马德里陷落，西班牙人民的反法西斯民族革命战争失败了，佛朗哥在西班牙建立起一个亲德意的法西斯专制政权。

德国和意大利同属法西斯国家，又都对《凡尔赛和约》极度不满并抱有侵略扩张的野心，因此，它们之间虽然有一些矛盾，但共同的意识形态和互相支持的需要使它们比较容易接近。对西班牙佛朗哥政权的共同支持进一步推动它们协调了双方的立场和利益，加强了相互支持与合作。1936 年 10 月 25 日，双方签订了秘密的《德意议定书》，形成了"柏林—罗马轴心"。不久，德日两国也于同年 11 月 25 日签署了《德日反共产国际协定》。一年后，意大利于 1937 年 11 月 6 日正式加入该协定，从而形成了"柏林——罗马——东京轴心"。同年 12 月，意大利也步德日的后尘，退出了国际联盟。法西斯国家实现了初步联合之后，便开始进一步扩大侵略战争。

1937 年 5 月，内维尔·张伯伦（1869—1940 年）出任英国首相，开始全面推行对法西斯国家的绥靖政策。他认为可以通过妥协退让和牺牲中东欧小国的利益换取德国放弃进一步的侵略行动，并企图把德国侵略的祸水引向苏联，以确保自身的安全。在英国和意大利的默许之下，从 1937 年底到 1938 年初，希特勒唆使奥地利国内的纳粹分子不断游行示威、制造骚乱，同时对奥地利政府进行武力威胁。软弱的奥地利政府总理被迫辞职，由奥地利纳粹党的头目阿图尔·冯·赛斯—英夸特（1892—1946 年）出任临时政府总理。在希特勒授意下，赛斯—英夸特以奥地利政府的名义请求德国出兵帮助维持社会秩序。1938 年 3 月 12 日晨，德军越过边境，兵不血刃地占领了整个奥地利。13 日，两国政府签署了德奥合并的文件，奥地利被吞并，成为德国的"东方省"，赛斯—英夸特任省长。对于希特勒吞并奥地利的行径，英法采取了退让妥协的态度，美国则坚持孤立主义的中立立场，4 月初，英、法、美分别承认了既成事实，并以驻维也纳领事馆取代了各国原来的驻奥使馆。

德国顺利占领奥地利之后，大受鼓舞的希特勒立即把侵略的矛头指向了捷克斯洛伐克。捷克斯洛伐克境内有 320 万德意志人，约占总人口的 23%，主要聚居在德捷边境的苏台德地区，希特勒把占领这一地区作为进攻整个捷克斯洛伐克的第一步。他故技重演，通过苏台德地区的亲纳粹组织"苏台德德意志人党"的分裂活动和陈兵边境的武力威吓，企图里应外合地威逼捷政府屈服。然而，捷政府却出乎意料地决心抵抗并宣布全国总动员。遗憾的是，满脑子绥靖思想的英法领导人害怕捷德开战会引发欧洲战争，因

而企图用出卖捷克斯洛伐克的办法来换取英法的安全。于是,1938年 9 月 29 日,在没有捷政府代表参加的情况下,英、法、德、意四国首脑张伯伦、爱德华·达拉第(1884—1970 年)、希特勒和墨索里尼在德国南部城市慕尼黑开会,讨论决定捷克斯洛伐克的命运。会上墨索里尼拿出一份由德国起草的协定草案,英法立刻表示赞同。9 月 30 日凌晨,四国首脑签署了臭名昭著的《慕尼黑协定》,将捷克斯洛伐克的苏台德地区和与奥地利毗邻的南部地区割让给德国。协定签订后,张伯伦和达拉第向捷政府代表宣读了协定的内容,并交给他们一张地图,责令立即执行。万般无奈的捷政府只好接受了大国强加的协定。喜出望外的张伯伦手里挥舞着上有希特勒签名的形同废纸的《英德宣言》,声称从此欧洲一代人的和平有了保证。但是,后来的事态发展证明,《慕尼黑协定》不仅没有带来和平,反而纵容了希特勒,加速了世界大战的爆发。占领苏台德区几个月以后,德军于 1939 年 3 月大举侵入捷克斯洛伐克,占领了布拉格,捷克斯洛伐克全境陷于纳粹德国之手。1939年 4 月 7 日,不甘落后的意大利也出动军队侵入阿尔巴尼亚,并于 10 日占领了阿尔巴尼亚全境。从此,意大利国王自称是“意大利和阿尔巴尼亚国王兼埃塞俄比亚皇帝”。

面对日益临近的战争危机,各国政府在积极扩充军备的同时,在外交上展开了争取政治和军事结盟的紧张活动。1939 年 5 月,德国和意大利在柏林正式签订了《德意友好同盟条约》,结成了实际上的军事同盟关系。英法两国也于 1939 年 3 月以互换照会的形式达成了战时相互支援的协议,并开始举行参谋长联席会议以便制定两国对德作战的共同战略,还商定建立战时盟国最高司令部和联合参谋部。不久,英法两国政府决定,一旦波兰的独立受到威胁,英法将立即给予波兰以全力支持。随后,英法两国又对希腊、罗马尼亚、荷兰、比利时、土耳其等国提供了安全保证。

为了对抗国际法西斯的战争威胁,苏联早在 1933 年至 1935

年间即同美国等一系列资本主义国家建立了外交关系,并于1934
年加入国际联盟且担任常任理事国,以推进国际反法西斯统一战
线的建立。然而在1939年大战爆发前,英、法、苏三国之间的政
治谈判和军事谈判因各种矛盾而迟迟不能达成协议。在这种情况
下,苏联为了挫败英法祸水东引的阴谋,于1939年8月23日在
大战爆发前的最后关头与德国签订了《苏德互不侵犯条约》及
"秘密附属议定书"。双方在保证互不侵略对方的前提下,还划分
了两国在东欧的势力范围。这一条约的签订,一方面为苏联赢得
了近两年的战争准备时间,另一方面也使德国暂时避免了东西两
线作战的危险,为其入侵波兰和发动世界大战制造了有利条件。

　　此时的欧洲已经是战云密布,一场有史以来最为野蛮残酷的
战争灾难即将降临到欧洲和全世界人民的头上。

五、第二次世界大战

　　1939年9月1日凌晨,德军以150万大军、2500辆坦克和
2000架飞机的优势兵力分南北两路大举入侵波兰。英、法获悉这
一消息后,先后向德国发出警告,要求德国停止进攻,撤出一切
军队,德国对此置之不理。9月3日中午,张伯伦发表声明,英国
处于对德作战状态,并遗憾地承认他争取和平的长期奋斗终于失
败。法国也在当天晚上宣布履行对波兰承担的义务。不久,英联
邦的成员国印度、澳大利亚、新西兰、南非、加拿大也先后对德
宣战。至此,第二次世界大战全面爆发。

　　在波兰战争中,德国人第一次显示了新式"闪电战"的致命
威力。由于波兰几乎全是平原地带,它无法抵挡德军的空中轰炸
和地面装甲部队的突击。虽然华沙军民展开了英勇的华沙保卫战,
但到9月27日该城终于陷落。9月底,所有波兰军队相继被围歼。
波兰政府领导人逃往罗马尼亚,然后再从那里逃往法国。一个月

之内，欧洲最大的国家之一就完全从地图上消失了。

当纳粹的铁蹄践踏波兰时，英国和法国却无能为力地站在一边。他们不能进入德国人已严密封锁的波罗的海，他们的空军也无法飞越德国领空，他们的陆军则遇到了希特勒自1936年占领莱茵区后精心修筑的防御工事的阻挡。法军于9月9日在西线发动了一次有限进攻之后，很快就停顿下来，双方进入"奇怪的战争"的僵持状态。

1939年9月17日，苏联政府照会各国，宣布苏联中立，同时开始调整西部疆界。到1940年8月，苏联通过战争和威胁手段，先后占领了波兰东部、爱沙尼亚、拉脱维亚、立陶宛、芬兰南部和罗马尼亚一部分领土，从而把西部边界向西推进了150—400公里，建立起从波罗的海直到黑海的"东方战线"缓冲带。苏联的这些行动引起了各国的不满，致使国际联盟大会决定开除苏联。

1940年春季，西线奇怪的战争变成了闪电战。4月9日，德国军队突然采取行动，在4小时内就占领了丹麦。几天前，德国海军在空降兵的配合下，向挪威重要海港发动了突然袭击。在挪威前国防部长维德库恩·吉斯林（1887—1945年）等挪威内奸的配合下，德军很快占领了首都奥斯陆和其他港口。6月10日，德军在击退英法联军后占领了挪威全境，并扶植吉斯林成立了挪奸卖国政府。5月初，德国在西线集中了包括坦克和摩托化部队在内的136个师、3000多辆坦克和4500架飞机的兵力，分三路向荷、比、卢和法国展开进攻。根据德国修改后重新制定的"曼斯坦因计划"，德军C集团军群从正面佯攻马奇诺防线，牵制法军；B集团军群向荷兰和比利时北部展开进攻；而德军主力A集团军群则避开英法军队主力，出其不意地经由卢森堡和比利时的阿登森林地区进攻色当。5月10日，在向荷、比、卢三国发出最后通牒后，德军B集团军群立即向荷兰和比利时北部发起了闪电攻势。5月14日，德军攻占鹿特丹要塞，15日荷兰无条件投降，女王和大臣

乘英国军舰逃往伦敦。比利时军队在英法联军的配合下坚守了数
天，但当英法军队撤离比利时向色当反攻时，比利时的防线遂告
崩溃，德军于 5 月 17 日占领了比利时首都布鲁塞尔。5 月 28 日，
比利时国王宣布投降。在德军 A 集团军群大军压境的情况下，只
有 30 万人口的卢森堡不战而降。德军在装甲部队的引导下，蜿蜒
穿过崎岖的山路，于 5 月 12 日傍晚轻易攻占了色当。翌日，德军
强渡马斯河。英法联军急忙调集部队向色当反攻，但未获成功。结
果，德军从马斯河西岸出发迅速向西挺进，于 21 日抵达英吉利海
峡，分隔了英法联军并将英法 40 个师的部队三面合围在敦刻尔克
地带。从 5 月 26 日到 6 月 4 日，英国和法国动员了几乎所有的船
舶，从军舰、商船到游艇和木帆船，展开了大规模的撤军行动。最
后撤出 33.82 万人，仅留守的 4 万名法军被俘。英法虽然损失了
大量装备和物资，但却保存了部队的有生力量，因而这次撤退被
誉为敦刻尔克奇迹。

　　德国对北欧和西欧各国的侵略宣告张伯伦的绥靖政策彻底破
产，许多保守党人转而支持温斯顿·丘吉尔（1874—1965 年）的
对德强硬路线。1940 年 5 月 10 日，德国进攻西线的消息传来，张
伯伦被迫辞职，丘吉尔正式出任首相，组成了由保守党、工党和
自由党人参加的联合政府，决心与德国战斗到底。5 月 13 日，丘
吉尔满怀信心地在下院发表演说："我没有别的，我只有热血、辛
劳、眼泪和汗水贡献给大家"；"我们的政策就是用上帝所能给予
我们的全部能力和力量在海上、陆地上和空中作战"；"不惜一切
代价去争取胜利"；"我们决不投降!"从此，丘吉尔带领他的同胞
们走上了不妥协的反法西斯道路。

　　1940 年 6 月 5 日，德军开始进行"法兰西战役"的第二阶段。
A、B 两路德军从东南和西南向巴黎迂回，并包抄了马奇诺防线的
后路。此时，意大利趁火打劫，于 6 月 10 日向法国宣战，以 32 个
师对法国 6 个师的优势兵力向法国南部边界进攻却未获得任何进

展,不过意大利的参战或多或少加快了法国的崩溃。6月10日,法国政府撤出巴黎迁往图尔,14日又迁往波尔多。11日,法国政府宣布巴黎为不设防城市,14日德军未经战斗便占领了巴黎。同一天,德国C集团军群在A集团军群的配合下,突破马奇诺防线并围歼法军近50万人。16日晚,法国总理保罗·雷诺(1878—1966年)辞职,由当年凡尔登战役的英雄、如今的主降派贝当元帅接任总理职务。翌日,贝当发表广播演说,要求全国停止战斗并向德国请求停战。6月22日,在一战结束时德国签署停战协定的贡比涅森林里的同一列火车上,法国政府代表签署了对德投降书,法兰西第三共和国覆亡。根据法德停战条款:法国必须释放所有德国战俘,解散法国军队,交出一切武器弹药,法国军舰和飞机必须在德意控制下解除武装,阿尔萨斯和洛林划归德国,法国北部和西部约3/5的领土由德国占领,德国占领军的给养费由法国政府承担,南部残留地区由法国政府管辖。7月1日,贝当政府迁都维希,史称“维希法国”。

　　然而,就在贝当政府请求向德国投降的当天,法国陆军部副部长夏尔·戴高乐(1890—1970年)将军飞往英国伦敦,开始筹建“自由法国”运动。戴高乐毕业于圣西尔军校和法国军事学院,曾经参加过第一次世界大战。1932年至1937年在法国最高国防委员会秘书处工作时,极力提倡坦克战思想,但未能引起法国军界的重视。面对德国法西斯主义侵略势力的崛起,他一贯主张坚决抵抗侵略,维护民族独立,并指责慕尼黑协定是投降行为。在法兰西战役中,他曾率领第四装甲师重创德军,因功被提升为准将。戴高乐将军抵达英国的第二天,即在电台上发表“告法国人民书”,号召法国人民参加“自由法国”(后来改称“战斗法国”)运动,继续同德国占领军战斗。在贝当政府投降后,他宣布成立“法兰西民族委员会”,行使领导职能,并同国内占领区地下抵抗组织及海外军民建立了联系,为抗击法西斯而斗争。1940年6月

28日，英国政府正式宣布承认"自由法国"，两国之间建立了实际上的反法西斯同盟。

德国在征服西欧之后本想进攻苏联，这就需要拉拢英国，以便维持西线的和平。希特勒多次向英国表示和谈的意图，都被丘吉尔严词拒绝。恼羞成怒的希特勒终于决定首先对英国作战。1940年7月16日，希特勒命令制定入侵英国的"海狮作战计划"。海狮计划的主要内容是，德国军队在海空军的支援下强渡英吉利海峡，在必要时全部占领英国。但是德国在海军和渡海装备方面存在着巨大的困难，于是希特勒寄希望于通过猛烈的空袭逼迫英国求和，而无需进行渡海作战的冒险。从1940年8月开始的德国对英空袭发展成为重大的不列颠战役，该战役一直延续到第二年的5月。

从8月11日起，成千架德军飞机开始猛烈袭击英国空军机场和雷达站，企图夺取制空权。在这一大规模的空战中，纳粹德国空军的飞机数量远远超过了英国皇家空军，德军的轰炸严重破坏了英国南部的军用机场和雷达站，几乎摧毁了南部整个通讯系统。但是英军顽强应战，曾取得以34架飞机的损失击落敌机72架的重大胜利。此后，英军逐渐改变了被动挨打的局面，开始转入有限的进攻。从9月7日起，不列颠战役进入第二阶段。德军开始对伦敦和主要工业城市实施恐怖袭击，企图摧毁英国军民的抵抗意志。德国空军虽然拥有2比1的数量优势，但德国空军元帅赫尔曼·戈林（1893—1946年）却不断地变换轰炸目标，致使一些城市虽遭轰炸，但死亡人数却很低，工业生产也没有受到严重影响，英国人民的士气反而更加高涨。9月15日，伦敦的空战达到高潮，德机昼夜空袭，英军严密防守、英勇奋战，当天击落德军飞机60架，英军却仅损失26架。因此这一天被英国定为"不列颠战役日"，以后每年的这一天英国人民都要庆祝。在整个不列颠战役中，英军以915架飞机和414名飞行员的代价击毁了1733架德国飞机,击毙和俘获 6000 名德国飞行员,成功地击退了纳粹德国空军的进犯,胜利地捍卫了英国的领土和领空,使希特勒的海狮计划始终未能实施。

此时,意大利趁英国困守英伦三岛之际,于 1940 年 7 月初至9 月中旬进攻英国在东非和北非的殖民地,先后攻入或占领了苏丹、肯尼亚、英属索马里和埃及等地。英军在埃塞俄比亚游击队和其他国家人民的支援下,于 1941 年 1 月开始在东非对意反攻。先后占领厄立特里亚首都和意属索马里首都,并收复英属索马里和埃塞俄比亚。1941 年 4 月,埃塞俄比亚复国。同时,英军在北非进攻意军获胜,意军损失惨重,退入利比亚。希特勒为了援助意大利,派遣由号称“沙漠之狐”的埃尔温·隆美尔(1891—1944年)指挥的非洲兵团进入利比亚。德意军队于 1941 年 3 月 31 日发起攻势,重新占领了意军丧失的阿盖拉等据点,但在英军于 11月开始的反击下被迫后撤。1942 年 1 月,双方在阿盖拉地区再次陷入僵持状态。

希特勒以战逼和英国的图谋没有得逞,于是准备挥戈东向,妄图侵占苏联,实现征服整个欧洲大陆的野心。为了加强自身的力量,希特勒先后将匈牙利、罗马尼亚、保加利亚和斯洛伐克拉入法西斯侵略集团。1940 年 9 月 27 日,法西斯轴心国又在柏林签订了主要针对英美的《德意日三国同盟条约》,进一步强化了军事勾结。美国为了加强英国的抗战能力,于 1940 年 8 月同英国签订了《共同防御西半球协定》,罗斯福总统还于 1941 年 3 月促使国会批准了《租借法案》,授权总统向反法西斯国家提供武器、粮食和军用物资。这标志着英美两国结成了事实上的反法西斯联盟。德国此时积极扩军、准备侵苏战争,到 1941 年 6 月,武装力量总人数达到 723 万多人,坦克 5600 多辆,飞机竟达 1 万余架。为了加强南北侧翼,德军进入罗、保境内,并进攻南斯拉夫和希腊,同时在芬兰登陆,促使芬兰加入对苏作战。

　　1941 年 6 月 22 日凌晨，德军以 550 万人的兵力、4300 辆坦克和近 4000 架飞机，分为北方、中央、南方 3 个集团军群，从波罗的海到喀尔巴阡山的整个东部战线，以不宣而战的突然袭击方式向苏联发起了全面进攻。德军首先出动空军猛烈轰炸苏联西部的机场、城市、交通枢纽和军事基地，然后陆军以坦克和摩托化兵团为先导，实施长距离大纵深的钳形突击，最后对苏联军队实行围歼。由于苏军的临战准备不足并对德军的主攻方面判断失误，加上苏军在边境上的力量配置处于劣势，致使德军长驱直入，占领苏联大片领土，北线进抵列宁格勒城下，南线兵临罗斯托夫。到 11 月 15 日，中线德军先头部队甚至推进到距离莫斯科仅有 20 公里处，已经能够看到克里姆林宫尖顶上的红星，但在苏联军民舍生忘死的猛烈抵抗下，德军再也没能前进一步。在苏德战争最初阶段，苏军损失十分惨重，伤亡和被俘达数百万人，德军推进 850 至 1200 公里，占领了苏联工业化程度最高、人口最稠密的地区。

　　然而，英雄的苏联人民没有被来势汹汹的法西斯德国所吓倒。战争爆发后，苏联党和政府立即采取一系列紧急措施，领导苏联军民投入了反法西斯的卫国战争。1940 年 6 月 23 日，苏联成立苏军总统师部，30 日又成立国防委员会，8 月 8 日，总统师部改名最高统师部，斯大林亲任苏联武装力量最高统师和国防委员会主席。在德军围攻莫斯科最危急的时刻，约瑟夫·斯大林（1879—1953 年）和苏联主要军政领导人坚守在莫斯科，并照常在 11 月 7 日举行十月革命庆祝大会和阅兵式，极大地鼓舞了全国军民的抗敌士气。1941 年 12 月 5 日，苏军开始向德军发起猛烈反攻，粉碎了包围莫斯科的德军突击集团，进而将德军向西击退 100 至 250 公里，重创德军 38 个师，解除了德军对莫斯科的直接威胁。从 1942 年 1 月 8 日到 4 月 20 日，苏军在胜利的基础上又将战线向西推进了 80 至 250 公里，击溃德军 16 个师，取得了莫斯科保卫战的重大胜利。

在纳粹德国进攻苏联的同时，法西斯日本也在亚洲发动了太平洋战争。1941年12月7日早晨6点，日本舰载飞机突然袭击了珍珠港的美国太平洋舰队和空军基地，使美国在太平洋的海空力量遭受重大损失。日本在袭击后1小时才正式向英美宣战。同日，美国和英国也对日宣战。此后，荷兰、加拿大、澳大利亚、新西兰等近20个国家相继对日宣战。12月11日，德意对美宣战。随后，美国和一些中美洲国家相继对德意宣战。苏德战争和太平洋战争的爆发最终使二次大战从欧洲战争发展成了名副其实的世界大战。继1941年8月14日英美两国总统发表《大西洋宪章》之后，美、英、苏、中、加、澳、印等26个反法西斯国家的代表于1942年1月1日在华盛顿共同签署了《联合国家宣言》，宣告各国政府将相互合作，共同对抗德意日三国同盟及其仆从国，此后又有21个国家陆续加入。该宣言的签署标志着世界反法西斯联盟的最终形成，并为战后建立联合国奠定了基础。

1942年，德国、意大利和日本在各个战场上步步进逼，反法西斯国家则处于最艰苦的防御阶段。然而，随着反法西斯国家在1942年的斯大林格勒战役、阿拉曼战役和中途岛海战中取得胜利，战争的形势出现了根本性的转折。

这三大战役中最先发生的是美日之间的中途岛海战。1942年6月3日至5日，处于劣势的美国海军以机智灵活的战术，利用日军的错误，抓住战机，一举击沉了日本4艘航空母舰和1艘重型巡洋舰，重伤另外1艘重型巡洋舰和2艘驱逐舰，同时使日军损失332架飞机和2000多名官兵。而美军只损失1艘航空母舰、1艘驱逐舰、147架飞机和307人。此后，日军在太平洋战场上逐渐由战略进攻转为战略防御，而美军则开始转入战略进攻。

莫斯科会战后，德军已经没有能力发动全面进攻，于是改为集中兵力重点进攻斯大林格勒和高加索地区。1942年6月28日，德军在库尔斯克到罗斯托夫一线发动进攻，很快攻入顿河河曲和高加索地区。7月中旬，德军渡过顿河向斯大林格勒进攻，斯大林格勒会战开始。从7月17日起，苏军展开了艰苦卓绝的斯大林格勒保卫战。红军士兵节节阻击德军的进攻，给敌人以重创，最后在市区展开了每个街区、每栋楼房和每层楼面的激烈巷战，终于守住了英雄的城市。从1942年11月19日到1943年2月2日，苏军在格奥尔基·康斯坦丁诺维奇·朱可夫（1896—1974年）将军的指挥下，调集优势的生力军对德军进行大反攻，围歼了斯大林格勒附近的德军主力，俘虏德军指挥官弗里德里希·冯·鲍罗斯（1890—1957年）元帅及其部下9万多人。在斯大林格勒会战中，德军共有150万人被歼灭，损失数千架飞机和坦克以及上万门火炮。从此，德军丧失了战争的主动权，转入战略防御并开始节节败退。斯大林格勒战役不仅是苏德战场的转折点，也是整个第二次世界大战的转折点。

斯大林格勒战役将近结束时，苏军于1943年1月打破了德军对列宁格勒506天的包围和封锁，通过反攻迫使德军向西退却。1943年7月，苏德在库尔斯克进行会战。12日，两军投入1200辆坦克和自行火炮，展开了大战以来最激烈的坦克大战，最后苏军取得了胜利。以后，苏军乘胜追击，相继解放了162座城市，向西推进400至500公里，11月6日解放了基辅。

在北非战场上，隆美尔在得到增援后从1942年1月开始向英军反击，到6月底打到阿拉曼附近。8月4日，丘吉尔亲临开罗，重新部署并加强了北非英军作战部队。1942年10月23日，英军以伯纳德·劳·蒙哥马利（1887—1976年）将军指挥的第八集团军为主力，发起了阿拉曼战役。英军从南北两面突破德意军队的防线，迫使敌军撤退，英军尾随追击，占领了的黎波里等一系列城市，并于1943年2月抵达突尼斯边境。从此，北非德意军队完全丧失了进攻能力。与此同时，英美盟军在美国将军德怀特·大卫·艾森豪威尔（1890—1969年）指挥下，于1942年11月8日在西北非的卡萨布兰卡、奥兰和阿尔及尔登陆。西北非是法国殖民地，维希法国守军对盟军登陆稍加抵抗后即停战投降，使盟军顺利占领了摩洛哥和阿尔及利亚，并进入突尼斯境内。希特勒以法军投降为借口，于 11 月 10 日下令德意军队进驻法国南部地区。1943 年 1 月，英美主张在北非成立自由法国政府，戴高乐则要求英美承认他领导的法兰西民族解放委员会为法国合法政府，最后英美强行安插另一个法国将军与戴高乐共同担任该委员会的主席。1943 年 3 月下旬，英美军队从东西两面夹击突尼斯的德意军队，25 万无船可乘的德意军队于 5 月 13 日全部向英美盟军投降，至此北非战争结束。

从 1943 年春夏开始，世界反法西斯战争的形势全面好转，各个战场上的反法西斯力量相继展开了反攻。1943 年 7 月 10 日，英美盟军在西西里岛登陆，首次将战争引向了法西斯国家本土。尽管德国军队奋力作战，但意大利军队士气沮丧，只进行了象征性的抵抗。不久，首府巴勒莫和墨西拿相继失陷，8 月 17 日全岛被盟军占领。7 月 24 日，意大利法西斯最高委员会要求国王结束墨索里尼的独裁统治。为了保住王位，国王于第二天解除了墨索里尼的首相职务并把他关进了监狱，同时指定皮特罗·巴多格里奥（1871—1956 年）元帅组阁。9 月 3 日，巴多格里奥经国王批准与盟军签订了停战协定。与此同时，英美军队分别在意大利南部登陆。9 月 8 日，当美、英、意三方停战协定公布后，德军立即攻占罗马并占领了意大利中部和北部地区。意大利国王和巴多格里奥政府退入南部盟军占领区。10 月 13 日，意大利正式退出轴心国集团，并宣布对德作战。从此，法西斯轴心国集团开始瓦解。

1944 年，苏军已经取得了对德军的战略优势，于是发起了名为"十大打击"的战略反攻战役。到 1944 年底，苏军已经光复了战前的几乎全部领土，同时协助各国反法西斯武装力量解放了部分东欧国家，罗马尼亚、保加利亚和芬兰相继退出轴心国集团并对德宣战。

为了开辟欧洲西线的第二战场,英美盟军动员了9000余艘各类舰艇、1万多架飞机和近300万兵力。1944年6月6日清晨,经过充分准备的英美盟军在盟军最高司令官艾森豪威尔将军的指挥下,在法国西部的诺曼底海滩打响了规模空前的"D—日"登陆战役。在强大的海空军和空降兵的配合下,数十万陆军成功地夺取了滩头阵地,并建立起宽100公里、纵深30—50公里的登陆场。德军由于判断错误,将防御重点放在距离英国最近的加莱,因而难以抵挡英美的强大攻势。为了阻止盟军进攻,德军从6月12日开始向英国发射了近3000枚V—1飞弹和4300枚超音速V—2火箭,尽管给伦敦造成一定损失,但却难以挽回败局。歼灭海岸德国守军后,登陆盟军于7月25日开始向法国内地攻击前进。到8月25日,盟军几乎占领了整个法国西北部地区。

8月15日,另一支盟军部队在法国南部戛纳以西登陆。在抵抗战士的配合下,盟军于8月底攻占了马赛和土伦,并继续向北推进。9月12日,两支登陆大军在蒙巴尔会师,尔后继续东进,解放了整个法国和比利时,进逼荷兰边境。

德军占领时期,法国人民组织了各种地下抗德团体,坚持对敌斗争。1941年夏季,法国共产党和其他党派团体联合成立了"法国独立斗争民族阵线委员会"(简称"民族阵线")。1943年5月,民族阵线等本土抵抗组织又成立了全国抵抗运动委员会,拥护戴高乐将军为法国抵抗运动的领袖。1944年3月,本土游击队和地下军改组为内地军。随着盟军的节节胜利,戴高乐将军领导的"战斗法国"军队也与英美军队一起进入法国。8月19日,以法共为首的巴黎解放委员会发动巴黎民众举行武装起义,经过几天的战斗,重创德国守军。8月22日,一支"战斗法国"的装甲部队率先抵达巴黎,德国守军投降。25日,戴高乐以胜利者的身份重返巴黎。8月28日,戴高乐签署了解散内地军的法令。30日,以法兰西民族解放委员会为基础成立了法国临时政府，吸收人民共和党、共产党和社会党人参加。美、英、苏等8国于10月下旬先后承认该政府。

1944年冬季，英美盟军已经逼近德国本土，为了扭转败局，希特勒困兽犹斗，进行最后一次垂死挣扎，于12月20日发动了阿登地区反击战，企图迅速占领比利时的安特卫普港。德军突破盟军正面防线，推进70多公里，盟军被打了个措手不及。从1945年1月3日开始，盟军转入反攻，到1月底即将德军全部赶回出发阵地，歼敌8万多人，彻底粉碎了德军的反扑。

在意大利战场上，1944年5月，英美盟军对德军的古斯塔夫防线发动全面进攻，三天后在多处突破防线。数月前在敌后登陆的盟军部队乘机进攻，25日与正面部队会师。6月4日，盟军占领罗马。在盟军的攻势面前，德军一退再退，直至比萨和佛罗伦萨之间的波河南岸一线。9月12日，一支德国突击队突然把墨索里尼从一个山顶上的监狱中救出，希特勒在柏林任命墨索里尼为"意大利社会共和国"傀儡政府首脑。但是好景不长，1945年4月9日，盟军再次发动全线进攻，在波河一带歼敌3万人。几乎同时，意大利游击队在瑞士边境附近捕获并处死了墨索里尼和他的情妇，将他们和其他法西斯分子的尸体一起倒挂在米兰街头示众。4月29日，驻意大利德军代表签署了无条件投降书，整个地中海战事也以盟军的胜利而告终。

早在1943年11月下旬至12月初，反法西斯同盟国曾举行过美、英、中三国首脑会议（开罗会议）和美、英、苏三国首脑会议（德黑兰会议），以便协调反法西斯大国的作战行动，并商讨战后世界的安排。1945年2月，美、英、苏三国首脑在克里米亚举行战时第二次会议，即雅尔塔会议。会议决定，战后由美、英、法、苏四国分区占领德国，德国必须给予战胜国以战争赔偿。会议讨论了波兰战后的疆界和波兰政府的组成，同意以波兰工人党和其他反法西斯民主人士组成的波兰临时政府为主体,同时容纳波兰资产阶级流亡政府的领袖参加政府,以后将举行全民自由选举。关于对日作战问题,美国以满足苏联在远东的部分要求为代价,换取苏联参加对日作战,以便减少美军的伤亡。令中国人民难以接受的是,在没有中国代表参加的情况下,三大国就作出了战后必须维持外蒙古事实上独立的现状的决定。1945 年 8 月 14 日,国民党政府在美国政府的要求下,并出于抢占东北地区的用心,同苏联签订了《中苏友好同盟条约》,接受了这一条款和其他条款。会议还讨论了托管制和成立联合国等问题。

1945 年 4 月 25 日,50 个国家的 282 名正式代表在旧金山召开了联合国制宪会议。6 月 25 日,会议一致通过了《联合国宪章》,规定联合国的宗旨是“维护国际和平与安全”,“发展国际间以尊重人民平等权利及自决原则为根据的友好关系”,“各会员国主权平等”,不得“侵害任何会员国或国家的领土完整或政治独立”等等。联合国将设立 6 个主要机构,即大会、安全理事会、经济及社会理事会、托管理事会、国际法院和秘书处,美、英、苏、中、法五国为安理会常任理事国,重大政治问题应由大会和安理会讨论决定。鉴于旧的国际联盟未能在 1939 年制止战争爆发,联合国宪章将维护国际和平与安全的重要职能赋予了安理会。规定安理会有权调查国与国之间的任何纠纷,提出解决办法的建议,如果必要,它有权采取外交或经济制裁措施反对侵略者,直至动用维护和平的武装部队。6 月 26 日,大会举行了宪章签字仪式,从 10 月 24 日起宪章正式生效。1946 年 1 月 10 日,联合国正式开始工作。

1945 年,德国本土早已处于日益增多的盟军飞机的猛烈轰炸之下,盟军飞机投在德国的炸弹相当于德国飞机于 1940 年投在英国的炸弹的 315 倍。德国大部分城市都在不同程度上被摧毁,大约有 5 万名柏林居民死于盟军的空袭。在每一条战线上,盟军越来越经常地发现他们所面对的敌人有很多是未经训练的男孩和老人。种种迹象表明，第三帝国的末日即将来临。

此时，东西两线盟军开始进入德国本土作战。1945 年 1 月 12 日，苏军在 1200 公里的东线正面对德军发起全线进攻。几个月内，苏军相继占领了东普鲁士和西里西亚，攻克了但泽、哥尼斯堡、布达佩斯和维也纳，并协同波兰军队解放了华沙。西线美英法加盟军也于 2 月 8 日至 3 月 23 日首先肃清了莱茵河西岸的德军，然后立即分两路强渡莱茵河，并于 4 月 1 日围歼德军 32 万人。4 月 2 日，西线盟军分三路向东推进。4 月 16 日，苏军在东线发动最后冲击，突破德军三道防线，25 日完成对柏林的包围。同一天，南路苏军与美军一部在易北河会师，终于使东西两个战场连接起来。

1945 年 4 月 26 日，合围柏林的苏军发起了攻克柏林的最后战斗。27 日，苏军冲入市中心，在一片废墟和遍地瓦砾中与德军展开激烈的巷战。29 日，苏军开始强攻德国国会大厦，经过逐层的激烈争夺，30 日下午终于把红旗插上了大厦屋顶。4 月 30 日当天，希特勒眼看大势已去，在总理府地下避弹室自杀。5 月 2 日，柏林德军向苏军投降。5 月 8 日，德军最高统帅部代表在柏林近郊正式签署向苏美英法四国无条件投降的文件。欧洲战争最终以反法西斯国家的彻底胜利而告结束。

德国投降后，苏、美、英三国首脑于 7 月 17 日在柏林西南的波茨坦举行战时第三次会议，参加者除斯大林外，美国方面是新任总统哈里·S. 杜鲁门（1884—1972 年），英国方面最初是丘吉尔，后改为新任首相克莱门特·理查德·艾德礼（1883—1967 年）。会议讨论了盟军占领德国的基本原则，决定解除德国全部武装，成立国际法庭审判并惩罚战犯，摧毁纳粹组织和德国军事工业，实行政治生活民主化，消除经济过分集中现象。会议还讨论了波兰疆界、德国赔款、对意、罗、保、匈、芬等国的政策问题。会议发表了《中美英三国促令日本投降之波茨坦公告》。

这时，只剩下日本一个法西斯国家在负隅顽抗。自从中途岛海战胜利后，美英澳中盟国军队在亚洲和太平洋战场上已经攻占了大部分太平洋岛屿，解放了菲律宾、缅甸等国家。进入 1945 年，盟军和亚洲各国人民展开了对日寇的最后战斗。从 2 月起，美军相继攻占硫黄岛和冲绳岛，美国飞机对日本本土实施了更大规模的战略轰炸，并在日本周围布雷，实行海上封锁。1945 年 8 月 6 日和 9 日，美国在广岛和长崎分别投下了两枚原子弹，严重打击了日本的士气，加速了日本的投降。1945 年 8 月 8 日，苏联政府对日宣战。苏军以摧枯拉朽之势横扫日本关东军，在中国军民和朝鲜人民革命军的配合下，至 8 月底彻底肃清了中国东北、朝鲜三八线以北、库页岛南部和千岛群岛的日军。中国共产党领导的军队和国民党的军队也对日本发起了反攻。同时，朝鲜、越南、马来亚、印度尼西亚各国军民相继发动反攻和起义，建立独立的国家和地方政府。穷途末路的日本已经陷入四面楚歌的境地，8 月 15 日，日本天皇向全国广播无条件投降诏书，17 日又发布停止一切战斗行动的敕谕。9 月 2 日上午，日本政府代表在东京湾美国军舰"密苏里号"上向美、英、中、苏等同盟国正式签署了投降书。至此，反法西斯的第二次世界大战胜利结束。噩梦终于过去了。

历时整整 6 年的第二次世界大战是人类历史上一场规模最大也最为残酷的战争，其规模和损失均超过第一次大战数倍。全世界有 61 个国家和 80% 的人口卷入战争，军队和平民伤亡在 9000 万以上，军费消耗约为 1 万多亿美元，经济损失超过 4 万亿美元。世界人民付出了惨重的代价才赢得这场战争的胜利。

两次世界大战给西欧和全世界造成历史上空前的巨大灾难，也留下了深刻的历史教训。两次大战是多重危机积累的总爆发，认清其深刻的经济、政治与社会根源，才不致重蹈前车之鉴。如果让军国主义、法西斯主义以及任何意图称霸世界的霸权主义得逞，就会造成文明的巨大浩劫，而和平与发展才是推动现代文明进展的福音。第二次世界大战的胜利粉碎了法西斯政权,战后的非法西斯化和非军国主义化运动改造了前法西斯国家的政治、经济和文化结构,促使这些国家走上了和平民主发展的道路。这场大战还打破了近代以来欧洲列强主宰世界的国际旧秩序,导致了东欧和亚洲一系列社会主义国家的建立,并为世界范围的民族解放运动的蓬勃兴起开辟了道路。战后,美苏两国从战时的合作转变为对峙,形成了数十年的两极争霸格局。然而,随着中国的改革和发展、西欧的联合、日本和东亚诸国的经济腾飞以及第三世界的崛起,世界出现了多极化的新趋势。因而,尽管局部战争和动荡依然存在,只要世界人民进行坚持不懈的努力,和平与发展就有可能成为时代的主旋律。

21 1968年巴黎学生和工人发起"五月风暴"造反运动

第 六 章

当代西欧的社会变迁及其问题

　　西欧各国在战后普遍进行了政治和经济方面的改革，促进了政治、经济和社会的发展。除了短暂的中间派政府之外，西欧各国在大部分时期内都是由右翼保守党派和左翼社会党（包括工党）轮流执政，前者大多采取新保守主义的措施，后者则推行社会改良主义政策。这种左右交替的政局有利于西欧各国对国有化与私有化、国家干预与市场机制、社会公正与生产效率的矛盾进行及时适度的调整，从而避免了社会的极端振荡，在动态平衡中获得了相对平稳的发展。战后席卷亚非拉的民族解放运动终于摧毁了西欧的殖民主义体系，亚非拉民族国家的兴起和殖民主义时代的结束堪称人类文明史上的沧桑巨变。随着第三次产业革命的进展，一种新的信息文明正在兴起，欧洲联盟的建立也为西欧的发展带来了新的机遇，然而各种全球问题却向西欧和全世界提出了新的挑战。冷战的结束并不是历史的终结，人类文明总要继续发展下去，维护世界和平、保护生态环境就是全人类必须承担的共同责任。

一、西欧的政治演变与社会改革

　　第二次世界大战的胜利结束终于使西欧从法西斯主义的铁蹄

下解放出来，然而残酷的战争严重地削弱了西欧各国的政治经济力量，在迅速崛起的美国和苏联面前，西欧以往的世界霸权无可挽回地衰落了，面对美苏冷战的国际新局势和艰难的战后恢复任务，西欧各国不得不仰赖美国的支持和援助，同时通过国内不同程度的改革和调整寻求走出困境的出路。

苏联和美英法等西方国家在战争中曾是反法西斯的盟国，然而在战争后期双方已经开始出现猜疑和摩擦，胜利后不久双方的裂痕很快就发展成相互敌视和冷战的局面。冷战的最初起因源自三个因素，即美英苏对伊朗石油资源的争夺，苏联对土耳其的领土要求和控制黑海海峡的企图，以及美英苏对希腊内战双方的不同态度，这三个因素造成了苏联与英美战时同盟关系的破裂以及双方关系的紧张和对抗。与此同时，斯大林于1946年2月在国内的一次演讲中告诫苏联人民，垄断资本主义是现代战争的根源，要警惕新的战争危险。这次演讲引起了西方世界的普遍关注，英国前首相丘吉尔于同年3月5日在美国的富尔顿镇发表了著名的《富尔顿演说》，提出英国应与美国建立特殊的联盟关系，以便共同对付来自以苏联为首的"铁幕"后面的国家的威胁。1947年初，美国金融家兼总统顾问伯纳德·巴鲁克（1870—1965年）在一次国会辩论中首次使用了"冷战"一词。从此，由于社会制度和意识形态的不同以及国家利益的冲突，以美苏为首的两大集团之间的冷战正式拉开了帷幕并且持续了半个世纪之久。在当时冷战的背景下，美国政府认为，帮助欧洲遏制苏联和共产主义的最好办法不是子弹而是面包和选票，因而国务卿乔治·卡特莱特·马歇尔（1880—1959年）于1947年6月提出了"欧洲复兴计划"，即援助欧洲的"马歇尔计划"，并于1948年2月开始实施。苏联由于担心美国可能会借援助干涉东欧的内政，因而退出了该项计划，同年与波、匈、保、捷、罗等国签订了一系列贸易协定，组成苏联和东欧自己的经济体系，西方称之为"莫洛托夫计划"。马歇尔计划的实施在遏制苏联和共产主义的同时，确实对西欧的经济复兴和西欧国家的逐步联合发挥了重要的作用。据1951年的统计报告，该计划实施后西欧各国的工业生产平均比以前上升了30%左右，其中西德竟上升了将近240%。随着冷战的加剧，1948年爆发了第一次柏林危机，结果导致东、西德的正式分裂。1949年4月4日，美、英、法、意、加、荷、比、卢、挪、丹、冰、葡12国外长在华盛顿签署了针对苏联和东欧的《北大西洋公约》，8月24日各缔约国按照本国宪法程序完成了批准手续，作为美国与西欧的军事同盟的北大西洋公约组织遂正式建立起来。此后，希腊、土耳其、西德和西班牙先后加入北约，使其成员国增加到16个。面对西方的联合与进逼，苏联方面也不甘示弱，鉴于共产国际已经在1943年6月解散，各国党经过讨论和协商，在1947年9月建立了由苏、波、南、保、罗、匈、捷以及法国和意大利的共产党和工人党组成的"共产党情报局"，此后又于1949年1月成立了苏、波、捷、匈、罗、保6国的"经济互助委员会"，不久阿尔巴尼亚和东德也陆续加入。最后，"经互会"8国于1955年5月在华沙缔结了《友好合作互助条约》，建立起针对北约的军事同盟华沙条约组织。至此，欧洲最终形成了北约和华约两大军事集团对峙的局面，这一两极对立的背景深刻地影响了冷战时期欧洲的政治经济和国际关系的发展。

战后恢复时期，西欧各国普遍进行了内政和外交的改革与调整，50年代以后，各国基本上完成战后恢复工作，走上了稳步发展的道路。战后初期，以艾德礼为首的英国工党内阁首先在经济方面进行了相当激进的改革，内容主要是实行国有化、建立福利国家和推行政府干预经济的政策，取得了很大的成功。在选举制度上，英国早在1928年就已确认21岁以上的男女公民都有选举权，1948年又废除了一切重复投票权，最终实现了所有公民"一人一票"的平等选举权，使民主制度获得了进一步的完善。在外交方面，工党积极推行"三环外交"，即英美的特殊联盟关系，英联邦和英帝国，联合的欧洲。在战后新的国际关系格局中，英国政府特别重视英美之间的联盟关系，积极配合美国在西德和西柏林的行动，响应美国的马歇尔计划，协助美国建立北大西洋公约组织，对抗苏联和东欧国家。在殖民地问题上，工党政府面对英帝国衰落和民族解放运动的现实，采取了能守则守、不能守则退的方针，逐步从埃及、印度、巴勒斯坦等地撤军，承认缅甸、锡兰独立，实现印巴分治，放弃了对巴勒斯坦的托管权，从而加快了两次大战之间已经开始的大英帝国的非殖民化进程。1950年1月6日，工党政府不顾美国的异议，在西方国家中率先承认中华人民共和国政府，并表示愿意支持恢复中国在联合国的合法席位，此后还曾劝说美国避免将朝鲜战争扩大成一场全球战争。50年代初上台的保守党政府基本上承袭了工党政府的国内政策，使英国经济开始呈现初步繁荣的局面。在外交方面，虽然英国在印度支那和联邦德国问题上发挥了重大作用，但是在1956年，当埃及宣布收回苏伊士运河时，英国与法国却悍然出兵入侵埃及，激起了国内外人民的强烈反对，结果在美苏两国的压力下武装入侵行动以失败告终。

60年代以后，英国政坛长期呈现工党和保守党轮流执政的局面。总的来说，工党政府比较偏向于凯恩斯主义的政府干预经济和扩大社会福利的经济政策以及逐步从殖民地撤退的外交策略；而保守党则更多地采取弗里德曼的货币主义紧缩政策和对外强硬态度，不过双方政策也存在一定的连续性和交叉性。在号称"铁娘子"的保守党首相玛格丽特·撒切尔（1925— ）执政期间的1982年，阿根廷出兵攻占英国属地马尔维纳斯群岛中的两个岛屿，强硬果断的撒切尔立即下令组成特混舰队远征南大西洋，马岛战争于是爆发。经过一个多月的激烈战斗，双方虽互有伤亡，但英国最终取得了胜利，收复了马岛，撒切尔也因此赢得了民族英雄的美名并且稳定了保守党的执政地位。对于美苏两国,撒切尔政府采取了加强与美国的合作和同盟关系、反对苏联入侵阿富汗和插手中东等扩张主义行径的政策。在其执政中后期,她转变强硬态度,开始采取促进欧洲合作与联合的政策,并于1984年同中国正式签署了英国归还香港的联合声明。1997年7月1日,英国政府和中国政府终于实现了香港政权的顺利交接。在内政方面,一个长期困扰英国政府的难题是北爱尔兰问题。爱尔兰曾长期处于英国统治之下,经过爱尔兰人民争取民族独立和自身宗教信仰(天主教)权利的不断斗争甚至武装起义,英国政府终于同意爱尔兰岛南部的26个郡于1922年成立享有自治权的爱尔兰自由邦,而北部的6个郡则仍然留在英国之内,与英国本土的其他岛屿共同组成大不列颠及北爱尔兰联合王国。1937年,爱尔兰自由邦进一步宣布成立独立的爱尔兰共和国,并在二次世界大战结束后完全脱离英联邦。然而,北爱尔兰问题不但没有解决,反而变得越来越复杂。北爱尔兰人口中有1/3是信仰天主教的爱尔兰人,另外2/3则是信奉新教的不列颠移民,前者处于受压抑的不利地位因而强烈要求独立,而后者则坚决反对,双方矛盾愈演愈烈。60年代以后,北爱尔兰天主教徒建立起自己的政治组织和准军事组织,展开了大规模的示威活动并与新教徒发生流血冲突。英军的镇压更加激化了矛盾,导致爱尔兰共和军不断在北爱尔兰和不列颠进行恐怖活动,这些暴力冲突已使数千人丧生。从80年代开始,英国政府开始采取更加灵活务实的政策,努力缓和北爱尔兰的对抗局势,促进停火与和解。然而,停火不断宣布又不断遭到破坏,因此这一难题的解决仍需时日。1997年,工党在选举中取胜,组成了以托尼·布莱尔(1953—)为首相的工党内阁。布莱尔政府淡化了工党一向主张的国家对某些经济部门的控制和公有化的传统政策,同时实行抑制通货膨胀、防止犯罪和推进英国与欧洲经济一体化的措施,在对外政策上则积极参与北约对前南斯拉夫各国的干涉行动。

战后初期，法国曾先后由以戴高乐为首的临时政府，以及社会党、共产党与人民共和党三党联合政府短暂执政。1946 年，制宪议会制定了新宪法草案，10 月该草案经公民投票通过，从而宣告了法兰西第四共和国的诞生。第四共和国实行多党议会制，国民议会是国家权力的中心，掌握着制定法律、批准条约、与参议院共同选举总统、授权总理组阁和倒阁、审批政府的施政纲领等大权。总统虽然是国家元首，但权力十分有限。公民的政治、经济和社会权利也进一步扩大，宪法不仅确认了妇女于 1945 年已经获得的选举权，而且赋予公民以社会保障、贫困救济和罢工等权利。然而，由于国民议会的权力过大以及法国党派林立且分合无常，因而造成政府软弱无力和内阁更迭频繁。第四共和国存在的 12 年中内阁竟更换了 20 多届，其中寿命最短的只有 1 天，而最长的也不过 1 年多。第四共和国时期，法国政府在左翼力量的影响下积极推行国有化和经济计划的改革政策，工农业和整个经济均获得了比较平稳的发展。然而在外交方面，法国的对外政策却屡遭挫折。首先在对德政策上，由于法国从普法战争以来曾 3 次遭受德国的侵略，因而对德国的东山再起最为警惕。法国政府极力主张分割德国和共管鲁尔，同时由法国占领萨尔地区并管理莱茵河左岸。然而，美英以同意法国合并萨尔地区和马歇尔计划的经济援助为条件，换取了法国在德国问题上的让步。法国政府终于同意 3 个西占区合并以及德意志联邦共和国的建立，并几经周折于 1954 年签订和批准了《巴黎条约》，允许西德和意大利加入北约，取得重新武装的权利。在殖民地问题上，法国在战后企图重新建立和维护其殖民帝国。为了恢复在印度支那的殖民统治，法国政府挑起了历时 7 年多的印度支那战争，然而在付出了极其惨重的代价之后还是输掉了这场战争，不得不于 1954 年撤出印度支那。印支战争刚刚结束，1954 年 11 月阿尔及利亚又爆发了反抗法国殖民统治的起义，法国当局不断增兵加紧镇压，然而阿尔及利亚人民武装却迅速壮大、越战越勇。在战争期间，法国政府承认了摩洛哥和突尼斯的独立，并在伙同英国入侵埃及的冒险中失败。到1958年初，法国已在阿尔及利亚投入50多万重兵但仍然不能取胜。5月13日，驻阿尔及利亚的法国殖民军发动武装叛乱，要求在法国建立强有力的政府，以便把战争进行到底。叛乱迅速蔓延到法国境内，政府被迫辞职。于是，法国总统科蒂呼吁议会授权戴高乐组阁。6月1日，戴高乐出任第四共和国的最后一任总理。

戴高乐上台伊始，立刻着手进行新宪法的起草工作。新宪法草案于9月28日经全民投票通过，这标志着法兰西第五共和国的诞生。11月，通过选举产生了新的国民议会，由戴高乐派组成的保卫新共和联盟成为议会中的第一大党。12月，戴高乐当选为法兰西第五共和国第一任总统，并于1959年1月宣誓就职。第五共和国的宪法对传统的议会制进行了相当彻底的改革，主要体现在削弱议会的作用以及加强总统和政府的行政权力之上。新宪法规定，总统由选举团间接选举产生（1962年改为由全体选民直接选举），任期7年，总统既是国家元首又是三军统帅，有权任命总理、部长和其他高级军政官员，同时享有签署法令、解散议会、宣布紧急状态（但此时不能解散议会）的权力。立法权仍然属于国民议会和参议院，但其倒阁权受到了重大限制，国民议会只有在以绝大多数票通过对政府的弹劾案时才可以倒阁。法国的政体从此变为介于总统制和议会制之间的半总统制。此后，在戴高乐执政的10多年间，仅仅更换过3位总理和6届内阁，政坛出现了前所未有的稳定局面。法国的工农业生产和对外贸易也获得了令人瞩目的成就，并从此摘掉了债务国的帽子，再次成为债权国。为了解决阿尔及利亚问题，戴高乐采取现实主义的态度，于1959年9月宣布给予阿人民以自决权，并从1960年6月开始同阿民族解放阵线进行秘密谈判。在此期间，戴高乐坚决粉碎了法国右翼军人在阿策动的两次叛乱，终于在1962年3月18日与阿方签订了埃维昂协议，承认阿尔及利亚的主权和独立，法军也撤回本国。同年7月，经过阿全民公决后，阿尔及利亚民主人民共和国正式成立。阿尔及利亚问题的政治解决使法国从二次大战以来第一次获得了和平。在对外关系上，戴高乐政府执行了一条与美国相抗衡的独立自主的外交路线。60年代，法国政府采取了一系列令美国恼火的政策，如发展自己的核武器，退出北约一体化军事指挥机构（但仍为北约成员国），积极推进法德和解与联盟，加强西欧大陆国家的团结，拒绝英国加入欧共体，改善与苏联和东欧国家的关系，并于1964年1月顶回美国的压力同中华人民共和国建立了外交关系。

60年代后期，法国国内的经济失调、通货膨胀和失业增加等因素造成了社会矛盾的尖锐化。同时，许多大学生受到存在主义、法兰克福学派和毛泽东思想的影响，对大学严厉刻板的教育和管理制度极为不满，他们还反对美国介入越南战争，反对社会不平等和政治权力，甚至反对使人异化的现代技术。这种反抗情绪酝酿已久，终于导致了1968年"五月风暴"的爆发，进而演变成一场全面的社会危机和政治危机。1968年5月初，一个名为丹尼尔·科恩—本迪特（1945—　）的激进学生领袖被巴黎大学开除，学生和年轻教职员立即发起抗议行动并占领了大学的建筑物。于是警察闯入大学逮捕学生并使用暴力镇压，造成数名学生死亡和数百人受伤。学生们被警察的暴行激怒了，抗议运动迅速蔓延开来，并获得了广大工人群众的有力支持。工人们举行了1936年以来规模最大的总罢工，并且走上街头抗议警察暴行，要求增加工资、改善工作条件和参与管理的权利。面对声势浩大的学生和工人的造反运动，戴高乐一方面在取得军方支持后宣布解散国民议会、更换内阁并准备新的议会选举，另一方面利用中产阶级和保守的农民对于动乱的敌视态度组织了支持政府的反示威，同时答应给工人提高工资，从而使学生运动陷入孤立的境地。到 6 月中旬，巴黎事态才逐渐平息下来。戴高乐派虽然在新的议会选举中取胜，但在 1969 年 4 月 27 日举行的关于政区改革和参议院改组的公民投票中却遭到了失败，戴高乐于第二天宣布辞去总统职务并从政治生活中引退。此后继任总统的是戴高乐派的乔治·蓬皮杜（1911—1974 年）和中间派独立共和党人吉斯卡尔·德斯坦（1926—　），他们基本上延续了戴高乐的政策。不过，蓬皮杜在外交上采取了一些灵活政策，缓和了与美国的紧张关系，同意接纳英国加入欧共体。而德斯坦则在经济方面实行了紧缩通货的政策，此举虽然稳定了法郎的地位并促进了外贸的发展，但是在石油危机和西方经济不景气的影响下法国出现了持续萧条的局面，经济增长率的滑坡和失业率的上升最终使右翼保守势力和德斯坦政府失去了民众的支持。

1981 年 5 月，法国社会党领袖弗朗索瓦·密特朗（1916—1996 年）在总统选举中获胜，组成了有法国共产党参加的左翼联合政府。法共退出政府后，在 1986 年的国民议会选举中，属于右翼的保卫共和联盟和法国民主联盟成为议会多数派，组成了以雅克·希拉克（1932—　）为总理的右翼政府，从而形成左翼总统和右翼总理共处的政治局面。密特朗上台后，宣布其施政目标是实现"法国式的社会主义"，具体措施则是对几个大型垄断企业集团和大银行等金融机构实行国有化，同时进行提高社会福利、改善低收入居民生活的社会改革。然而，密特朗扩大政府开支、增加财政赤字的膨胀计划并没有带来预期中的经济大幅度增长，反而促使右翼政府开始采取出售国有银行和企业、甚至出售国有电视台的私有化措施。1988 年，密特朗虽以微弱多数赢得总统连任，但却不再大事渲染其国有化的法国式社会主义。1995 年，希拉克竞选总统取得胜利。面对庞大的财政赤字和居高不下的失业率，右翼政府宣布大幅度削减健康、退休等社会福利开支，结果引发了持续一个多月的罢工浪潮，迫使政府不得不采取让步措施。

　　战后，苏、美、英、法对德国实行了分区占领，并共同组成盟国管制委员会。从1945年11月到1946年10月，欧洲国际军事法庭在德国纽伦堡审判了包括戈林在内的纳粹德国的主要战犯，除3人获得赦免外，其他战犯均被判处绞刑或徒刑，同时宣布德国纳粹党、秘密警察和党卫队等为犯罪组织。这是人类历史上第一次对发动侵略战争的罪魁祸首进行的正义审判。此后，苏联和美英法在各自的占领区内实行了铲除法西斯主义社会基础的非军国主义化和民主化改造，但是双方对德政策的分歧和冷战的发展最终导致了德国的分裂。为了遏制苏联，美国开始实行扶植西德的政策。它首先说服法国同意西方三国占领区合并，继而在西占区单方面实行币制改革，发行"B"记新马克。苏联为了对抗西方分裂德国的行为，也在苏占区发行"D"记新马克，并于1948年6月24日封锁柏林，全面切断了西占区与柏林的水陆交通和货运，从而引发了第一次柏林危机，形成战后第一次美苏冷战的高潮。在柏林封锁期间，美国对西柏林实施了大规模的物资空运，同时加紧德国西占区的《占领法》和《基本法》的起草和批准工作。1949年5月12日，苏联宣布撤销柏林封锁，柏林危机结束。不久，西德于5月23日通过了相当于临时宪法的《德意志联邦共和国基本法》，9月20日德意志联邦共和国宣告成立，首都设在波恩，组成了以基督教民主联盟领袖康拉德·阿登纳（1876—1967年）为总理的第一届联邦政府。同年5月30日，德国东部也通过了宪法，10月7日成立了德意志民主共和国。从此，德国事实上分裂为两个国家，这对战后欧洲和整个国际局势产生了深刻的影响。

　　联邦德国在战后初期曾有10多个注册的政党，但在以后的政治发展过程中，一些政党（如德国共产党和新法西斯主义的国家民主党）被取缔，而另一些政党或分化瓦解或无所作为，真正能够左右西德政局的只有基督教民主联盟、社会民主党和自由民主党三大政党。基民盟的成员主要是大资产阶级、官僚、教会人士和基督教徒，而社民党的社会基础则主要是中小资产阶级、知识分子和劳动群众。20世纪后半叶，虽然其他党派也曾参与联合政府，然而大部分时期都是由基民盟和社民党轮流执政。在基民盟执政期间，西德政府采纳"社会市场经济"的理论，对国民经济实行改造和转轨，从而顺利地实现了经济复兴，并使西德经济从50年代初进入了高速增长的时期，创造了西德的经济奇迹。在同一时期内，阿登纳政府奉行与西方联盟对抗苏联的强硬外交路线，参加北大西洋公约组织，允许在西德部署导弹与核武器，虽然在1959年与苏联建立了外交关系，但坚持拒不承认民主德国。在美苏对抗的冷战背景下，苏联曾在1958年和1961年以最后通牒的形式对西方提出限期从西柏林撤军并使之成为自由市的要求，从而挑起了第二次和第三次柏林危机。一时间，美苏处于剑拔弩张的紧张对峙状态，柏林因而陷入临战前的混乱局面，大批东德和东欧公民包括许多专家和技术人员涌进西柏林并逃往西方世界。为了阻止事态进一步恶化，民主德国和苏联从1961年8月中旬沿着东西柏林的分界线修筑起一道高达4米多、全长165公里的"柏林墙"，将西柏林与民主德国完全隔绝开来，进出东西柏林必须办理出入境手续并经过边境站的检查。

这种紧张对抗的局面直到1969年社会民主党领袖维利·勃兰特（1913—1992年）出任总理时才开始出现缓和的迹象，由于认识到东西方对抗将长期保持均势、谁也无法立刻消灭对方的现实，勃兰特采取了推进缓和的"新东方政策"。社民党政府通过实行这一政策，逐步改善了西德与苏联和东欧国家的关系，实现了两个德国关系的正常化。1971年，苏美英法四大国签署了解决西柏林问题的《四方协定》。1972年，两个德国也签订了双边《基础条约》，双方于1973年9月同时加入了联合国。这些举措在相当程度上缓和了两德之间和欧洲的紧张局势，但是联邦德国一直没有放弃谋求统一的立场。1972年，联邦德国还同中国建立了外交关系，使两国关系进入了一个新阶段。然而，经过多年的高速增长之后，西德经济的发展速度逐渐减慢，在石油危机的冲击下，西德经济于80年代初发生了严重的滞胀现象。社民党政府的赤字财政、高税收和高福利政策因而遭到强有力的反对，终于导致社民党政府垮台，取而代之的是以基民盟主席赫尔穆特·科尔（1930— ）为总理的新政府。

科尔于1982年上台后立即着手解决经济问题，他通过紧缩财政的政策降低了通货膨胀率，同时减少税收以刺激投资，帮助失业工人重新就业。数年后，经济形势开始好转，通货膨胀率和失业率明显降低，对外贸易出现连年顺差，国民经济保持了低速、稳定、持续的增长势头。正是西德的经济优势为东德并入西德从而实现两德统一提供了坚实的物质基础。1989年中期，在苏联推行米哈伊尔·戈尔巴乔夫（1931— ）的"新思维"政策和东欧各国形势相继发生剧变的形势下，民主德国政局也开始发生急剧动荡和戏剧性的变化。大批公民通过第三国逃往联邦德国，国内的反政府示威游行迭起，许多党和国家的领导人被迫辞职或被开除出党，党政机构不断变动。1989年11月9日，政府被迫宣布开放柏林墙和两德边界，10日晚间人们开始动手拆毁柏林墙。12月初，人民议院通过宪法修正案，删除了民主德国受工人阶级及其马列主义政党领导的内容，不久德国统一社会党改名为民主社会主义党。1990年3月，民主德国举行首次多党制的议会选举，受联邦德国基民盟大力支持的民主德国基督教民主联盟和以其为首的三党联盟在选举中获胜，随即组成以基民盟主席德梅齐埃为总理的新政府，民主社会主义党丧失了执政党的地位。在民主德国剧变的有利形势下，联邦德国总理科尔在1989年11月28日向议会提出了统一德国的10点计划。此后西德政府进行了频繁的外交活动，在获得了美英法的支持后，和西方大国一起对苏联展开了逼迫和利诱的外交攻势，终于得到戈尔巴乔夫政府的最后让步。1990年9月，苏美英法四大国和两德外长签署了《最终解决德国问题的条约》，苏联同意从民德撤军，统一的德国可自主决定联盟的归属，从德国统一之日起，四大战胜国终止对柏林和整个德国的权利和职责，恢复德国在外交和内政方面的完全主权。10月3日，两德按照民主德国并入联邦德国的方式实现了统一，统一后的德国仍称为德意志联邦共和国，首都定在柏林，货币采用西德马克，其军事联盟关系仍然属于北约组织。柏林墙的拆毁和德国的统一象征着持续近半个世纪的冷战终告结束。

　　1990年12月，统一后的德国举行首次大选，基民盟和自由民主党获胜，全德联邦议院选举科尔出任统一的德国的总理。科尔将政府的主要任务确定为使全体德国人民均享有同等的生活条件，计划动用巨资改造和振兴东部经济。这项野心勃勃的计划引起了税收增加、国债增长、通货膨胀等问题，加上1992年开始的经济衰退，引发了人们的普遍不满，同时国内的新法西斯主义也有所抬头，排外事件不断发生，造成了对科尔政府的支持率急剧下降。1998年，基民盟在选举中失败，执政16年的科尔政府下台，不久科尔又陷入了神秘的政治捐款丑闻之中。获胜的社会民主党组成了以杰哈德·施罗德（1944—　）为总理的联合政府并开始上台执政，施罗德标榜其政治理念是新中间派或第三条道路。引人注目的是，1980年成立的德国绿党在这次选举中赢得了6.7%的选票，其领导人尤什卡·费舍（1948—　）进入联合政府担任副总理兼外交部长，另一位绿党成员出任卫生部长。绿党的纲领着重于维护和平、保护环境、争取人权和妇女权利以及促进社会福利等，它提出的施政措施包括保护生态环境的税收计划，停止向破坏环境的重工业发放政府津贴，同时呼吁改革社会福利制度，使之有利于父母和妇女。

　　战后不久,意大利通过全民公决于1946年6月宣告成立意大利共和国。当时意大利政坛上的主要政党是得到梵蒂冈和教会支持的天主教民主党以及属于左翼的社会党和共产党。最初意大利曾组成以天民党为首、吸收社会党和共产党参加的联合政府,但是在美国的压力下从1947年以后共产党就被排挤出政府,此后天民党在意大利长期执政。意大利从1950年开始进行了土地改革,使广大农民分得了土地,从而提高了农民的生产积极性。同时意大利获得了20亿美元的外援,终于使受到战争严重破坏的经济得以恢复,于1950年达到了战前的水平,此后便进入经济高速发展的时期。在1973年开始的全球石油危机的影响下,意大利经济也陷入了低谷,80年代初出现了经济停滞、失业率升高和通货膨胀严重的滞胀局面。1983年,社会党首次获得了组阁的机会,该党政府提出了以生产资料社会化和工人自治取代国家垄断资本主义和官僚统治的改革纲领,但是主张通过渐进的改良主义方法来达到改革的目的。社会党政府采取了压缩公共开支、削减社会福利、加征固定财产税、出售亏损国营企业等措施来稳定经济,取得了一定的成效,通货膨胀率有所降低,工农业生产也开始回升。但是在1987年的政治危机中,天民党再次在选举中获胜并重新执政。虽然天民党在意大利长期执政,但是政治危机仍然不断发生,内阁更替极为频繁。同时,由于黑手党与政府腐败官员相互勾结,造成意大利官场和社会上贪污受贿和营私舞弊风行,加上黑手党和红色旅等恐怖组织的绑架暗杀活动十分猖獗,因而形成意大利政局多变和社会长期动荡的局面,对意大利的经济和社会发展产生了不利的影响。

　　战后西欧政治的一个重要发展是民主社会主义的广泛传播,这与社会党国际的重建和活动是分不开的。社会党国际的前身是战前的社会主义工人国际,1940年5月希特勒法西斯军队侵占比利时的时候,查封了设在布鲁塞尔的社会主义工人国际总部。战

争结束后，在英国工党的积极倡导下，从 1945 年开始各国社会党
召开了一系列代表会议，逐步建立起国际社会党的常设机构，并
于 1951 年 6 月在西德的法兰克福召开了国际社会党第一次代表
大会。出席这次会议的有 34 个政党的代表，他们代表着 970 万党
员和 4000 多万选民。会上正式宣告了社会党国际的成立，并通过
了国际的基本纲领《民主社会主义的目标和任务》（通称《法兰克
福声明》）。此后，民主社会主义成为各国社会党的意识形态和奋
斗目标。由于各国社会民主党积极参加了反法西斯战争，战后又
提出了复兴国民经济和提高社会福利的社会改革方案，因而赢得
了大量选民的拥护，各国社会党纷纷上台执政或参政。除了实力
强大的英国工党、法国社会党、德国社会民主党和意大利社会党
在国内轮流执政之外，瑞典社会民主党和奥地利社会党也都长期
处于执政地位，而从 20 世纪 70 年代中期开始欧洲南部各国的民
主社会主义也勃然兴起，目前社会党在西欧已经发展成为举足轻
重的政治力量之一。

　　战后以来，瑞典社会民主党除了在一两个短暂的时期在野之
外，一直执掌着国家政权，并通过改良主义的合法手段努力在瑞
典建立一个以自由、平等、民主、团结和劳动为特征的民主社会
主义社会。瑞典民主社会主义的实践经历了从"福利社会主义"经
"职能社会主义"到"基金社会主义"的三个阶段。社民党的政策
也从在国家资助下建立"从摇篮到墓地"的社会保险和家庭福利，
转向通过立法和政策对私有财产权的部分职能进行限制和规范以
便使之符合整个社会的利益，进而发展到建立雇员投资基金以便
对私人所有制进行更为根本的改造。在民主社会主义的理论指导
下，瑞典没有强制实行全盘国有化，而是采取了国有、集体和私
有多种经济成分并存的混合经济体制。80 年代中期，瑞典工业中
的私有成分仍然占 85％的份额，国有经济仅占 13％，而在农业中
合作社却占有相当重要的地位，80％的肉类和 99％的牛奶均由它

们提供。在社民党执政期间，瑞典的经济获得了平稳的增长，人均收入已经进入世界前列，成为世界上生活水平最高的国家之一。然而，瑞典的民主社会主义并没有从根本上改变资本主义的权力结构，此外国家福利政策还造成了国家债务负担加重、财政赤字增加和工人生产积极性下降等弊端，因而需要继续探索改革之路。与瑞典社民党相似，奥地利社会党也在战后长期执政。该党在政治上反对任何形式的专政，在经济上则主张对以利润和竞争为基础的资本主义经济制度进行合理化改造，以便减少危机并使之服务于共同富裕的事业。社会党通过增加福利开支建立和扩大了各种社会福利制度，同时采取各种措施加强劳资协调工作，因而奥地利国内的劳资矛盾较少，失业率较低，罢工次数和持续时间都远远低于其他资本主义国家。70年代中期，欧洲南部的政治局势发生了急剧的变化，希腊、葡萄牙和西班牙的军人独裁政权相继垮台，泛希腊社会主义运动、葡萄牙社会党和西班牙工人社会党先后在本国上台执政，各党政府在发展经济的同时也开始了政治的民主化改造和民主社会主义的建设工作。

在第二次世界大战前，西欧各国的共产党基本上是在以苏联共产党为首的共产国际的统一指挥下开展革命斗争的。战争期间共产国际解散后，各国党曾经一度获得了自主发展的机会，以致战争中和战后共产党的力量空前壮大，许多党在选举中取得重大胜利，法国、芬兰、意大利等国共产党的领导人进入政府担任了部长等职务。然而，共产党情报局的建立再一次将各国党的活动纳入了苏联的控制之下。1956年苏共二十大以后，"非斯大林化"运动的展开和共产党情报局的解散重新为各国党摆脱苏联模式的束缚、探索独立自主的发展道路创造了客观条件。1968年，苏联出兵用武力扼杀捷克斯洛伐克的"布拉格之春"改革，引起了欧洲共产党第一次对苏联的行径提出联合抗议，这一行动成为欧洲共产主义独立自主路线形成的标志。"欧洲共产主义"一词是由一位意大利记者在 1975 年 6 月首先在报纸上提出的，翌年 6 月，法共总书记乔治·马歇（1920—　）和意共总书记恩利科·贝林格（1922—1984 年）在巴黎郊外的一次党员和群众大会上发表演说，贝林格在演说中第一次使用了这一提法，此后"欧洲共产主义"就成了区别于苏联模式的西方共产党的政治路线的专用名称。1977 年 3 月，贝林格、马歇和西班牙共产党总书记圣地亚哥·卡里略（1915—　）在马德里举行会晤，会后三党发表了被称为"欧洲共产主义宣言"的联合声明，首次提出了欧洲共产主义的基本主张，以后经过各国党的发展充实形成了更为系统的新路线。鉴于战后西欧各国民主制度的进一步完善（比如西欧各国妇女普遍获得了选举权，选举人的年龄也于 70 年代下降到 18 岁）和民主思想的深入人心，西欧的共产党继社会党之后也修改了暴力革命和无产阶级专政的思想，这些都体现在欧洲共产主义的新路线之中。其主要内容有：各党有权自主制定自己的方针政策和选择符合本国国情的走向社会主义的独特道路，反对在国际共运中确立统一的领导中心和惟一的总路线；通过和平的民主的道路走向社会主义，同时不排除在反动派实行独裁统治或武装政变的情况下使用武力捍卫民主与自由；放弃无产阶级专政的概念，认为通过民主建立的新政权应当是工人阶级和劳动者领导的政权，采用议会民主和多党制；超越传统的工农联盟的局限，实行广泛的社会联盟，认为共产党应当以工人阶级为核心，尽量争取同其他劳动群众、其他社会主义政党以及一切民主力量和进步力量、包括各种中间力量甚至宗教力量联合起来，最大限度地孤立反动集团。这就是欧洲共产党提出的介于苏联和社会民主党之间的通向社会主义的第三条道路，它与社会民主党提出的介于资本主义与共产主义之间的第三条道路还存在一定的区别。然而在 80 年代末至 90 年代初的苏东剧变的冲击下，原来信奉欧洲共产主义的许多共产党对共产主义失去了信心，逐渐与社会民主党殊途同归，走上了民主社会主义的道路。

苏联和东欧剧变之后西欧政坛出现了一些最新发展趋势。首先是北约实现了东扩，地处东欧的前华约国家捷克、匈牙利、波兰相继加入了北约组织，俄罗斯则在北约的步步进逼之下节节后退。其次是南斯拉夫解体后，前南斯拉夫各国之间和各国之内战乱不断，北约一步步介入前南各国的战争，尤其引人注目是1999年3月至6月北约空军对南斯拉夫的轰炸，俄罗斯由于自身实力的下降和对西方援助的依赖因而对此无能为力。最后，西欧政治经济领域中一个具有重大历史意义的发展是，1993年11月1日，马斯特里赫特条约正式生效，由原欧共体12国组成的欧洲联盟正式宣告成立，以后其成员国数目不断增加，并加快了实现西欧经济和政治统一的步伐。

二、西欧殖民帝国的覆灭

在第一次世界大战前的殖民主义鼎盛时期，以西欧工业强国为主的帝国主义列强统治和控制了全世界4/5以上的土地和民族，建立起遍布全球的庞大的殖民帝国。然而在一战结束后，德意志殖民帝国已不复存在，其殖民地全部被英、法、比、日等国所瓜分，英法的力量也在战争中受到严重削弱。同时在殖民地和半殖民地的被压迫民族和人民中间出现了民族意识的普遍觉醒，他们积极开展了争取民族解放和国家独立的斗争，从而引起了西欧殖民帝国的危机。

在亚洲中部，阿富汗军民在国王的领导下于1919年5月重创英国占领军，同年8月迫使英国承认阿富汗在内政和外交上的完全独立。阿富汗成为一战后第一个赢得民族独立的东方国家。地处西亚的伊拉克也在1921年宣布独立，摆脱了英国的委任统治。在土耳其，协约国强迫奥斯曼帝国苏丹签订的《色佛尔条约》，使土耳其实际上沦为英法等国的半殖民地。为了挽救民族危亡，以凯末尔为首的民族主义者在安卡拉成立了土耳其大国民议会政府，经过英勇战斗收复了大片国土，并于1922年11月宣布废除苏丹制度，实行政教分离。1923年7月24日，土耳其与协约国重新签订了《洛桑条约》，基本上维护了领土完整和国家主权，协约国被迫承认土耳其的民族独立并于同年10月从伊斯坦布尔撤军。1923年10月29日，土耳其共和国正式宣告成立，首都定于安卡拉，凯末尔当选为第一任总统。至此，土耳其的资产阶级民族民主革命取得了胜利，西欧帝国主义对土耳其的占领和统治结束了。在印度，以莫汉达斯·卡拉姆昌德·甘地（1869—1948年）为首的国民大会党领导了争取民族自治和独立的斗争。甘地根据印度的传统和当时的实际形势，提出了通过非暴力不合作运动争取民族独立的策略和目标，根据这一主张，国大党在1921年和1930年发动了两次群众性的大规模非暴力不合作运动。在这些斗争中，尽管包括甘地本人在内的许多国大党领导人被捕入狱，大批群众被枪杀，但是这场声势浩大的争取民族解放的运动仍然给予英国在印度的殖民统治以强有力的冲击，为战后的印度独立打下了坚实的思想基础、组织基础和群众基础，甘地也因其对民族解放的卓越贡献而被印度人民誉为"圣雄"。在中国、朝鲜和越南，都曾出现过由民族资产阶级政党领导的民族独立运动，然而随着工人阶级及其政党走上历史舞台，它们就开始承担起反对日本、法国等殖民主义统治的重任，为民族解放和世界反法西斯战争的胜利做出了重大的贡献。此外，印度尼西亚、伊朗、叙利亚等亚洲国家的人民也发动了多次反抗荷兰、英国和法国殖民统治的起义。

在非洲，原来曾是奥斯曼帝国属地的埃及在1882年被英国占领，一次大战爆发后正式成为英国的保护国。为了反对英国的殖民统治，埃及民族资产阶级组织了华夫脱党，领导埃及人民进行了多次示威游行、罢工罢课甚至武装起义，终于迫使英国政府于

1922年2月有条件地允许埃及独立。同年3月16日，埃及获得了独立，4月公布了宪法，但英国仍然通过《英埃同盟条约》控制着埃及并在埃及驻军。在法属和西属摩洛哥，曾经爆发过里夫人民抗击法、西殖民军进攻的民族战争，并在1921年9月成立了独立的里夫国家。虽然这次斗争在1926年被法、西联合军队所镇压，但却极大地鼓舞了摩洛哥人民争取民族独立的斗志。在这一时期中，北非和西非许多国家的民族资产阶级都建立了民族主义的政党组织，中非的比属刚果、法属刚果和葡属安哥拉也先后爆发了反帝武装起义，震撼了殖民主义的统治。拉丁美洲大多数国家早在19世纪初就取得了民族独立，但许多国家的政权掌握在军事独裁者手中，其经济和政治则受到美国的控制，同时德、意、西法西斯主义也在拉美国家蔓延开来，因而许多拉美国家的人民展开了反帝、反独裁、反法西斯的民族民主运动。

　　如果说二次大战前殖民地人民的斗争只是涓涓细流的话，那么二次大战结束后广大亚非拉人民的民族解放运动则汇成了波澜壮阔的历史巨流，终于冲垮了数百年的殖民主义体系。反法西斯战争胜利后，德、意、日沦为战败国，丧失了所有殖民地，英、法的实力也大大削弱，其殖民统治已变得力不从心，而社会主义和民族主义的力量则日益发展壮大，这为殖民地半殖民地国家人民的民族解放斗争创造了有利的条件。

　　战后的民族解放运动首先在亚洲形成了高潮，许多国家相继摆脱了殖民主义统治，走上了民族独立的道路。在东亚，中国人民取得了抗日战争的伟大胜利，光复了曾沦为日寇殖民地的大片国土，经过数年人民解放战争后中国大陆于1949年10月1日建立了中华人民共和国，走上了社会主义的道路。二战结束后，朝鲜也从日寇统治下解放出来，但却分裂为南北两个国家，南朝鲜于1948年8月建立大韩民国，北朝鲜则建立了社会主义的朝鲜民主主义人民共和国。1945年日本投降后，越南人民在印度支那共产党领导下举行全国起义，从日寇手里夺取了政权。9月2日，胡志明（1890—1969年）在河内群众庆祝大会上宣读了《独立宣言》，宣布越南民主共和国成立。不久，老挝和柬埔寨也先后宣布独立。然而，法国拒不承认越南的独立，并派出军队跟随英国接受日军投降的部队进驻西贡，企图恢复对印度支那的殖民统治。1946年1月越南进行全国普选，3月召开了国民大会并正式成立了以胡志明为首的共和国政府。同年，越南与法国签订协定，法国承认越南为自由国家，越南则承认越南是法兰西联邦的成员。然而，当英军和中国国民党军队从越南撤出后，法国却向越南调进了大批部队，并且重新占领了老挝和柬埔寨。1946年12月，法国公然撕毁协定，向河内发起了猛烈进攻，越南人民的抗法战争从此全面展开。不久，老挝和柬埔寨也分别成立了抗战救国政府和组织，印支三国人民结成了抗法统一战线。在中国顾问团的帮助下，越南人民军在1950年和1954年进行了著名的"边界战役"和"奠边府战役"，歼灭了大量法军，并活捉了法军司令官。奠边府大捷使法国主战派受到沉重打击，终于促使法国国民议会通过了停止"肮脏战争"的决议。1954年7月21日，参加日内瓦会议的中、苏、美、英、法、朝、越、老、柬等国终于达成协议，在印支三国停止敌对行动，越南分为南北两部分，印支三国将分别举行全国的自由选举。然而，美国却拒绝在日内瓦最后宣言上签字，企图取代法国控制印支三国，它积极扶植亲美傀儡政权和伪军，甚至直接派兵参加印支战争。在中苏等国的援助下，印支三国人民经过将近20年艰苦卓绝的抗美救国战争，终于在1975年解放了所有国土，分别获得了民族独立和国家统一。

在印度，国大党在战时曾以支持英国的反法西斯战争为条件要求英国答应印度独立，但遭到殖民当局的拒绝。国大党于是在1940年和1942年分别发动了不合作运动和要求英国退出印度的运动，为此甘地、贾瓦哈拉尔·尼赫鲁（1889—1964年）等国大党领导人被捕,甘地在狱中多次绝食抗议,数年后才陆续获释。印度另一个民族主义政党是穆斯林联盟,其领导人是穆罕默德·阿里·真纳(1876—1948年),他早年曾参加国大党,主张穆斯林与印度教徒团结合作,共同进行争取独立的斗争,但后来随着两教和两党矛盾的加深,真纳转而主张穆斯林和印度教徒各自建立独立的国家。战后,印度民族主义运动出现了新的高潮,1946年发生孟买港印度水兵的起义和工人大罢工,以及特仑甘纳等地大规模的农民起义,极大地动摇了英国在印度的殖民统治。面对日益严重的殖民地危机,英国工党政府自知已衰落的英国难以继续用武力维持传统的殖民统治,于是决定向印度移交政权,在维护英联邦的前提下尽可能地保留其殖民利益。1947年6月英国公布了蒙巴顿政权移交方案,7月英国议会正式通过《印度独立法案》,宣布将在印度境内成立印度和巴基斯坦两个独立的自治领。1947年8月14日,巴基斯坦宣告成立,真纳任总督。15日,印度宣告独立,尼赫鲁任总理。数年后,印度于1950年1月26日宣布成立共和国。巴基斯坦也于1956年3月23日颁布宪法,宣布成立巴基斯坦伊斯兰共和国。印巴的独立结束了英国长达190年的殖民统治,对广大殖民地人民的民族独立运动的发展产生了深远的影响。

二战期间,日本取代荷兰在印度尼西亚建立了殖民统治。1945年8月15日日本宣布无条件投降后,在印尼共产党等爱国政治组织和进步力量的敦促下,民族资产阶级的代表人物艾哈迈德·苏加诺(1897—1970年)等人于8月17日签署了《独立宣言》,宣告印度尼西亚共和国成立,群情振奋的印尼人民立即发动了夺取日军武器、解放城镇的八月革命。次日,由政界领袖组成的"独立筹备委员会"通过了共和国宪法并选举苏加诺为第一任总统。然而在同年9月,英军以接受日军投降的名义在爪哇和苏门答腊登陆,荷兰殖民者也尾随而至,企图用武力恢复其殖民统治。印尼

人民奋起抗战，经过数年的艰苦战斗，在联合国的调停和美国的
压力下,迫使荷兰政府同意停战并释放被捕的苏加诺等民族领袖。
1949 年 11 月，荷兰同印尼签订了《圆桌会议协定》，同意向印尼
联邦共和国移交政权，但联邦共和国仍留在以荷兰女王为最高元
首的荷兰—印尼联盟之内，荷兰仍在印尼享有外交、国防、经济
和文化等方面的特权，并继续占领西伊里安。同年 12 月 19 日，印
尼联邦共和国成立，苏加诺任总统。12 月 27 日，在阿姆斯特丹和
雅加达同时举行移交主权仪式，从此结束了荷兰对印尼长达 300
多年的直接统治。1950 年 8 月 15 日，苏加诺总统宣布成立统一的
印度尼西亚共和国，取代以前的联邦共和国。此后，印尼陆续废
除了《圆桌会议协定》并收回了西伊里安，印尼获得了完全的主
权，荷兰殖民势力彻底退出了印尼。同一时期，亚洲其他一些前
殖民地国家，如菲律宾、缅甸、锡兰（现名斯里兰卡）、马来亚、
叙利亚、黎巴嫩、约旦等，也相继获得了独立。60 至 70 年代，民
族独立的浪潮席卷亚洲，科威特、阿拉伯也门、民主也门、巴林、
卡塔尔、阿联酋、阿曼、马尔代夫、新加坡、文莱等国家都获得
了独立。1987 年，中国政府与葡萄牙政府签署了葡方归还澳门的
协议，1999 年 12 月 20 日凌晨，两国政府实现了澳门政权的顺利
交接，结束了葡萄牙对澳门 400 多年的殖民统治。

　　在非洲北部，英军在二战中击败了意大利和德国军队，攻占
了前意大利殖民地利比亚。1951 年，根据联合国的决议，利比亚
有史以来第一次获得了独立。在埃及，以加麦尔·阿卜杜勒·纳
赛尔（1918—1970 年）为首的民族主义团体"自由军官组织"于
1952 年 7 月推翻国王，夺取了政权，并于 1953 年 6 月 18 日宣布
废除君主制，正式成立埃及共和国。此后，新政府在 1956 年 6 月
迫使英国军队全部撤出苏伊士运河区，恢复了埃及在运河区的主
权，将苏伊士运河公司收归国有。然而，不甘失败的英法殖民主
义者在以色列的配合下，于 1956 年 10 月至 11 月公然对埃及发动

了武装入侵，企图重新占领运河区。但在埃及军民的英勇抗击和美苏中以及联合国的压力下，英法于 11 月被迫宣布停火并于 12 月撤军。埃及人民收回运河区主权的斗争取得了完全的胜利，极大地鼓舞了亚非拉尤其是阿拉伯人民的反帝反殖斗争。在埃及七月革命胜利的有利条件下，英国驻苏丹总督于 1955 年 12 月被迫辞职，苏丹于 1956 年 1 月 1 日正式宣布独立。法国的保护国突尼斯和法、西保护国摩洛哥人民也在战后开展了反对殖民统治的民族解放运动并发展为武装斗争，迫使法国和西班牙于 1956 年分别承认突尼斯和摩洛哥的独立。阿尔及利亚的民族解放战争是战后非洲规模最大的一场反对殖民主义的武装斗争，从 1954 年 11 月 1 日起义开始一直延续了 7 年多。法军最多时投入了 80 万军队，对阿尔及利亚民族解放阵线的根据地进行疯狂的围剿和扫荡，但是在国际进步力量的援助下民族解放军越战越勇，终于迫使法国政府承认阿尔及利亚的独立和主权。1962 年 7 月 3 日，阿尔及利亚正式宣告独立，25 日定国名为阿尔及利亚民主人民共和国，11 月 1 日为国庆日。

在撒哈拉以南的黑非洲，前英属殖民地加纳通过非暴力抗议的方式，首先迫使英国同意加纳于 1957 年 3 月在英联邦内独立，1960 年 7 月 1 日加纳正式宣布成立共和国。加纳独立之后不久，法属殖民地几内亚通过公民投票于 1958 年 10 月 2 日宣告独立并成立共和国。进入 60 年代以后，整个非洲的民族独立运动已成燎原之势，1960 年就有 17 个国家宣布独立，因而这一年被称为"非洲年"，此后又有 15 个国家相继独立。这一方面是各国人民争取民族解放斗争的成果，另一方面也是战后英法西葡比等老牌殖民帝国衰落的结果。比如，法国在 1946 年曾试图以法兰西联盟的形式，通过给予其殖民地一定的自治地位来维持殖民统治，但殖民地人民对此并不满足。于是，1958 年的法国第五共和国宪法又宣布建立法兰西共同体来取代法兰西联盟，规定加入共同体的海外领地享有自治共和国的地位。然而，大多数法属殖民地纷纷要求彻底独立，法国不得不修改宪法，同意在 1960 年让法属非洲各国独立。达荷美（现名贝宁）、尼日尔、上沃尔特（现名布基纳法索）、象牙海岸（现名科特迪瓦）、塞内加尔、马里、毛里塔尼亚、乍得、中非、刚果（布）、加蓬、喀麦隆、多哥、马达加斯加等法属非洲殖民地和托管地都先后获得了民族独立。70 年代，法属海外领地科摩罗、法属索马里也宣布独立，后者改称吉布提。西班牙在非洲的殖民地西属几内亚也在 1968 年 10 月宣布独立并改名为赤道几内亚。

60 年代，大批英属非洲殖民地通过和平争取或武装斗争的方式相继获得独立，其中包括索马里、尼日利亚、塞拉利昂、坦噶尼喀、乌干达、肯尼亚、桑给巴尔、赞比亚、尼亚萨兰（现名马拉维）、冈比亚、贝专纳（现名博茨瓦纳）、巴苏陀兰（现名莱索托）、毛里求斯、斯威士兰等。1964 年，独立后的坦噶尼喀和桑给巴尔合并组成坦桑尼亚联合共和国。70 年代，塞舌尔群岛也摆脱英国的殖民统治，成为独立的共和国。为了维系英国同其前殖民地和附属国之间的联系，英国议会早在 1931 年就通过法案，批准成立了英联邦，以便取代日趋衰落的大英帝国。英联邦主要由已获得独立的前英国殖民地国家组成，同时也包括一些尚未独立的殖民地、保护国和托管地。其最早的成员国包括英国、加拿大、澳大利亚、新西兰、爱尔兰（后退出）和南非等，二战后，刚获得独立的印度、巴基斯坦和锡兰也加入了英联邦。50 年代以后，又有许多新独立的前英国殖民地国家陆续加入了英联邦，到目前为止，英联邦的成员国已增加到 54 个。

比利时在非洲的殖民地有刚果（利）以及托管地卢旺达和布隆迪。1960 年初，在刚果（利）人民要求独立的强烈呼声下，比利时政府被迫同意移交政权。同年 6 月 30 日，刚果（利）共和国宣告成立。然而，独立后的刚果（利）成了比英法美新老殖民主义者武装干涉和军事争夺的战场，数十万人死于战乱，直到 1965年 11 月国民军司令蒙博托接管政权后局势才暂告稳定。蒙博托宣布成立第二共和国，改名刚果（金），后又改名扎伊尔。1972 年 7月，根据联合国结束托管的决议，卢旺达和布隆迪也获得了独立。从 60 年代初开始，葡属非洲各殖民地人民为争取民族独立展开了英勇的武装斗争，1974 年上台的葡萄牙新政府终于同意通过政治方式解决殖民地问题。1974 年到 1975 年，葡萄牙先后承认几内亚比绍、佛得角群岛、莫桑比克、圣多美和普林西比、安哥拉等国家独立，继而移交政权并撤出了军队。从 60 至 70 年代，南罗得西亚的黑人民族主义者通过武装斗争沉重打击了白人种族主义者的统治，而后在 1980 年的大选中获胜，宣布成立津巴布韦共和国。西南非洲（纳米比亚）的黑人民族主义者也通过游击战争并在国际社会的支持下，于 1990 年 3 月宣布纳米比亚独立，摆脱了南非白人种族主义政权的统治。

1959 年古巴革命的胜利极大地鼓舞了拉丁美洲的民族独立运动，从 60 年代开始，拉丁美洲各国人民普遍开展了反帝反独裁斗争，牙买加、圭亚那、格林纳达、多米尼加、荷属圭亚那（现名苏里南）等许多属于英法荷美殖民地的加勒比海岛国也纷纷获得独立或展开了争取独立的斗争。在大洋洲，处于联合国托管下的前德、日殖民地以及其他殖民地，如西萨摩亚、汤加、斐济、巴布亚新几内亚、所罗门群岛等众多岛国，也于 60 至 80 年代相继获得了独立。

至此，延续数百年的西欧殖民帝国和整个殖民主义体系终于土崩瓦解了，代之而起的是一个新生的亚非拉民族独立国家的体系。毫不夸张地说，西欧世界霸权的覆灭和亚非拉民族国家的兴起是人类文明史上天翻地覆的巨变，它标志着殖民主义时代的结束。目前，新兴的亚非拉民族国家与其他发展中国家共同组成的第三世界已经成为国际舞台上一支重要的政治力量，它们正在为维护国家主权、发展民族经济、争取建立国际经济新秩序进行不懈的努力。

三、西欧的经济发展与福利国家

战后的西欧经济处于万业凋敝、百废待兴的状态，各国政府纷纷提出符合本国国情的经济复兴计划和经济改革措施，同时马歇尔计划的援助也加快了西欧经济复兴的步伐。从1948年马歇尔计划开始实施到1952年该计划结束，西欧各国的国民生产总值平均增长了25％，工业生产的增幅更大，比如钢产量平均增加了70％。在短短的几年内西欧经济迅速达到并超过了战前的水平，从50年代初开始，西欧经济进入了一个高速增长的时期，直到1973年世界性的石油危机爆发，增长速度才放慢下来。

在西欧各国中，联邦德国（西德）堪称战后经济高速增长的典型。西德的工业生产，从1948年到1951年翻了一番，到1960年又翻一番，而到1973年再翻一番，在25年内共增长将近9倍，年均增长率达到9％以上。国内生产总值也在这25年里增长了4倍多。这一时期，西德的经济增长速度大大超过美、英、法三国，仅低于日本。工业的高速发展极大地促进了西德的外贸出口，连年的国际收支顺差增加了黄金外汇储备，使西德的综合国力空前增强，成为西欧最大的经济强国，因而被誉为经济奇迹。促使西德出现经济奇迹的原因有很多，首先是战后西德由基民盟长期执政，造成了一个稳定的政治和社会环境，同时能保持政策的连续性。更为重要的是，以路德维希·艾哈德（1897—1977年）为代表的新自由主义经济学家根据"社会市场经济"理论对西德的经济体制进行了改革，建立起一种既允许市场规律发挥作用又能根据社会政策对其进行控制和调节的高效有序的经济体制，同时辅之以健全的社会保障制度。在这种体制下，政府一方面鼓励资本

家去追求利润，另一方面又通过税收和再分配政策将其部分利润
用于社会福利支出。实践证明，这种体制较好地将自由企业的活
力与企业对社会福利的责任结合起来，既可以促进生产的发展同
时又能实现社会公平与安定。此外，战后西德的工业是在废墟上
建立起来的，因而有利于直接采纳最新的现代化设备和技术，再
辅之以具有敬业精神的高素质劳动力，保证了西德可以生产出具
有竞争力的高质量产品。最后，非军事化的立国方针使西德免除
了沉重的军备支出，因而可以集中国家财力加快经济建设的步伐。

　　战后西欧经济的另一个发展趋势是凯恩斯主义盛行和国家干
预的加强。早在二战前，西欧国家就已经开始对经济实行政府干
预并且建立了个别的国有企业，战后的经济恢复更加凸显出政府
干预的必要性。各国政府深感仅靠单一的私人经济无力进行大规
模的经济重建和技术改造，因而提出通过对部分重要经济部门实
行国有化而建立起"混合经济"体制，运用国家财政预算甚至国
家经济计划来调节和指导经济的运行。于是，西欧各国纷纷对银
行、铁路、航空、电力、电讯、邮政、煤炭、煤气、钢铁等基础
行业的大型企业实行国有化。到 20 世纪 70 年代后期，西欧各国
的国有化企业在国内生产总值、全部就业和全部投资三项指标中
已占有相当大的比例，其中西德为 12％、10.5％、12.7％，英国
为 11.1％、8.1％、20％，法国达到 13.5％、10.5％、30％，意
大利则高达 24.7％、25.4％、47.1％。西欧各国都拥有一批大型
国有企业，如英国石油公司、法国雷诺汽车公司和西德大众汽车
公司等。同时各国政府根据凯恩斯的经济理论，普遍推行了国家
干预经济的方针。国有化的中央银行与国家财政系统、国家信贷
机构一起构成了国家干预经济的主体，它们通过执行政府的货币
金融政策和财政收支政策发挥着干预和调节社会经济活动的重要
职能，如通过提高或降低利率来抑制或鼓励投资，增加财政支出
和赤字预算以刺激经济需求等等。法国政府甚至在 1946 年成立了

一个政府机构，制定出发展经济的"莫内计划"，为煤炭、电力、钢铁、水泥、农机、运输6个主要工业部门制定了为期4年的生产指标，并计划大量进口机械和原料，同时由政府投资兴建大型电力工程。国有化和国家干预经济的政策在战后初期对各国的经济恢复和稳定发展发挥了积极的作用；然而经过一段时期的运行之后，国有经济的低效率和巨额亏损逐渐成为政府财政的沉重负担，从而导致了70年代末和80年代初各国对国有化政策的反省和调整以及货币主义的兴起。

早在19世纪末叶，西欧各国就已开始建立各种社会保障制度，二战结束后，在进一步完善这些制度的基础上终于建立起现代福利国家。所谓"福利国家"就是在政府的主持下，通过各种社会立法、政府津贴和社会保险为其居民提供"从摇篮到墓地"的生活保障。战后西欧各国普遍实行了给失业者发放补助和为退休者提供养老金的制度，政府还通过健康保险计划为患病者提供医疗费用，大多数国家实行了免费教育或将教育收费保持在较低的水平。到1957年，各国花费在社会福利方面的资金超过1930年的四倍，其资金主要来自高额累进所得税的收入和政府的财政拨款。即使在人均福利开支较低的英国，工党政府也在战后初期建立起一系列社会保障制度，如免费医疗保健、孕妇和新生儿补助，儿童的免费中等教育和免费午餐，工伤、职业病和失业补助，老年人和寡妇的养老金和补助金等等。不过，建设福利国家最为成功的典型当然是北欧的瑞典。

1932年，当瑞典社会民主党第一次上台执政时就提出了建立"人民之家"的口号，他们依据凯恩斯主义和新福利经济学的理论，制定了一系列"从摇篮到墓地"的消除失业和改善社会福利的政策，并认为建立人民的普遍福利就是社会主义。当时，社民党提出的福利政策包括：建立各种社会保险制度，以便提供失业救济金、养老金、病休金和儿童津贴；由政府提供各种免费或低费社会服务，如教育、医疗、托儿等。二战后，社民党继续推行因战争而中断的社会福利政策，并对之加以补充和完善。从40年代后期到50年代末，瑞典议会相继通过了各种社会保障法案。根据1946年的基本退休金法案，所有67岁（后改为65岁）以上的公民均可按月领取退休金，数额为退休前15个收入最高年份的平均收入的60%，资金来源为劳动者交纳的保障税（后改为企业负担），1959年进一步规定将退休金与过去的工资、技能、收入等级挂钩。1955年，瑞典开始实施全民医疗保险，规定凡有正式收入的成年人只要按月交纳收入的12.8%作为医疗保险税，即可享受免费医疗服务；对于患病、护理婴儿或病孩的人给予90%的津贴，有不满12岁孩子的家庭每年可以领取两个月的特别家长津贴。高等学校普遍实行免费教育，并且提供奖学金和无息学生贷款。失业者可以得到纳税后平均工资92%的救济金。政府大规模兴建住宅，以津贴的方式提供给居民。此外，国家还兴办养老院，提供家庭服务等各种社会服务。60年代末，瑞典社民党不再满足于单纯的"福利社会主义"，因而提出了对私有财产权进行限制和规范的"职能社会主义"理论，主张在政治方面以社民党和工会的力量抗衡大资产阶级以便保持权力均衡，在经济方面对构成生产资料所有制的各个职能部分，逐步有限地实行社会化。具体做法是，在保留生产资料私有权的前提下，通过议会立法和政府的经济政策限制所有者的部分所有权，使其经营活动符合整个社会的利益。这样既可以保留资本家为发财而积极创新和努力经营的冲动与活力，又可以消除资本家滥用私有权力而造成的社会弊端和冲突，同时保障工人群众的基本权利并满足其改善生活的要求。70年代后期，社民党进一步提出了"基金社会主义"的设想，主张将企业利润的一部分由资本家手中转为工人的集体财产即雇员投资基金，然后继续用于生产性投资，使其成为与资方资本相抗衡的经济力量，以便对私人所有制进行更为根本的改造。建立雇员投资基金的法案在 1983 年底经议会通过，从 1984 年 1 月 1 日开始生效。不过，随着福利国家政策的长期推行，瑞典的经济也出现了一些弊端，如巨额公共开支加重了财政负担，引起巨额财政赤字和通货膨胀；劳动者的生产积极性下降，带来生产效率的降低；沉重的税收负担造成企业投资不足和设备更新缓慢，进而造成整个国民经济增长迟缓等等。尽管如此，瑞典仍然不失为中间道路的开拓者和当代民主社会主义与福利国家的成功典范。

战后 20 多年，特别是 60 年代，随着"绿色革命"在全世界的普遍开展，西欧的农业也发生了巨大的变化，新的种植和养殖技术以及新的经营方式带来了农业生产的极大增长，改变了西欧农村乃至整个社会的面貌。商业化的大型农业使大多数国家有能力生产足够的食物以满足本国的需要，从战争结束到 1962 年，西欧的农业生产率平均提高了 30％。联邦德国的农业生产率在 1950 年到 1964 年间增长了 2.5 倍，而法国一个农民生产的食物在 1950 年能够养活 7 个人，到 1962 年已经能养活 40 个人。促成这场农业革命的因素有很多，首先是农业机械化的不断扩展，特别是拖拉机的普遍使用极大地提高了农业的劳动生产率。其次是杀虫剂和化学肥料的广泛施用减少了病虫害并增加了产量（但也引起了长期的生态问题），作物品种的改良、畜牧业技术的进步（特别是人工授精）以及灌溉系统的建立都有助于提高农业生产率。再次，在政府的鼓励下，许多效率低下的小农场通过出售和兼并被大农场合并过去，从而使得农场规模不断扩大，生产效率不断提高。最后，在私人无力解决的大规模基础建设方面，比如修建大型灌溉工程、农村的电气化和大规模植树造林等，政府则投入财力物力协助建设。这场农业革命的发展并不平衡，英国、荷兰、比利时、西德、丹麦、法国北部等西欧北部较富裕的地区取得了最大的成效，到 70 年代和 80 年代，许多国家生产的农产品已经超出了本国需要，因而成为农产品的出口国。农业生产率的提高不仅引起了西欧人口的增长,而且改变了人口的分布和地区构成,大批的农村人口流向城市寻找新的机会。在意大利,农业人口从战后的 40％降低到 1966 年的 24％;而在最早实现农业机械化的英国,70 年代初只有不到 4％的人口从事农业劳动。西欧各国的农业生产在国民生产总值中所占的份额也在持续下降。

从战后到 70 年代初是西欧经济高速增长的黄金时代,然而随着震惊世界的第四次中东战争的爆发,一场席卷西方世界的严重经济危机终于发生了。1973 年,阿拉伯国家为收复失地向以色列发起了军事进攻,以色列则成功地予以反击。在这种情况下,阿拉伯产油国家在石油输出国组织的协调下一方面大幅度提高石油价格,将每桶原油价格由 3.01 美元提高到 11.56 美元;另一方面对支持以色列的西方国家实行分等级的石油禁运,从而造成了世界性的石油危机,触发了西方的全面经济危机。由于西欧国家的大部分能源依靠进口石油,所以这次石油危机对西欧经济造成了极大的冲击,法、德、意三国的石油消费开支急剧上升了四倍左右,西欧工业国家依靠廉价石油支撑的经济增长的历史从此结束。从 1973 年第四季度开始,这场经济危机由英国迅速蔓延到整个西欧和美、日等全世界的资本主义国家。在危机期间,整个西方的工业生产下降了 8.1％,钢产量下降 14.5％,小汽车减产 18.6％,而英、法、西德、意四个西欧国家的工业生产下降幅度均高于世界平均值,分别达到 11.2％、16.3％、12.3％、19.3％。工业生产的下降导致了企业破产、股票行情狂跌、失业人数剧增。1974年 12 月 12 日,英国股票市场的价格指数竟比 1972 年 5 月的最高点下跌了 72％,超过了 30 年代大萧条时代的跌幅。1975 年底,发达资本主义国家的失业人数比 1973 年上升了 2.24 倍。最为奇怪的是,战前的经济危机大都伴随着物价的暴跌,然而这次危机却产生了物价的普遍上涨和通货膨胀的急剧恶化。50 至 60 年代,西欧消费品物价年均上涨率最高的法国为 3.4％,而最低的西德仅为 1.9％，但在 1975 年，西欧物价年均上涨率已接近 10％，而英国竟高达 24.2％。

这场经济危机结束了西欧国家战后经济持续增长的历史，此后各国经济发展速度普遍缓慢下来，从 70 年代中期开始各国经济进入了一个长期低速增长的时期。至 90 年代初为止，西欧各国的国内生产总值年均增长率仅为 1.5％，此后的经济增长甚至变得更为缓慢。这一时期西欧和整个资本主义世界经济发展的突出特点是持续的生产停滞和持续的通货膨胀并存，同时伴随着外贸增长缓慢和居高不下的失业率，战后这种特有的罕见的经济现象被称为"滞胀"。滞胀在西欧各国表现得最为严重，这有其深刻的经济和社会原因：西欧国有经济成分比重较大，这些企业生产效率普遍偏低，亏损也比较严重；社会福利制度开支很大，加重了政府的财政负担；随着经济增长速度减慢和政府财力的下降，政府只好采取增税、举债和增加货币供应量等措施来维持平衡，这样势必导致愈益严重的通货膨胀。为了对付危机后出现的经济滞胀的困难局面，英国的保守党内阁下决心摒弃了战后盛行多年的凯恩斯主义经济学，转而采纳米尔顿·弗里德曼（1912—　）的货币主义政策，开始实行紧缩公共开支、削减社会福利、减少税收、鼓励投资、增强国际竞争力等措施，以便取得抑制通货膨胀和增加生产的效果。甚至连工党政府也不得不实行那种不得人心的限制工资增长率的措施。撒切尔夫人上台后，实施了一系列的经济和社会改革措施。首先，逐步实行非国有化，除了一些经营不善的国有公司仍然予以保留之外，将英国航空公司、国家货运公司等盈利的国有企业的股份与资产上市出售，以减轻政府负担。其次，改变凯恩斯式的赤字预算和通货膨胀政策，将国家干预经济的重点放在紧缩银根、控制货币供应量之上，以此来抑制通货膨胀。再次，撒切尔夫人认为，社会应当有一架梯子以便人们通过自己的努力去改善生活，同时社会还应当预备一张安全网用来防止人们跌入贫困的深渊。基于这种认识，她反对国家包揽一切，主张减轻政府的福利负担，鼓励企业、社团和个人承担更多的社会保障义务。主要措施是废除工党制定的养老金与收入挂钩的做法，恢复以前的国民基本养老金制度；减免税收，鼓励个人参加行业养老金计划并自行积蓄养老金；削减用于医疗、住房、教育、社会服务等其他社会保障的总支出。最后，撒切尔政府提出用征收人头税的新税法取代原来按财产多少征税的旧税制，这种劫贫济富的税制改革遭到了大规模的群众抗议并且动摇了保守党的执政地位。与此同时，法国社会党也收缩了国有化的计划，以希拉克为总理的右翼政府甚至在左翼总统的眼皮底下采取了出售部分国有企业的私有化措施。西德的科尔政府也推行了紧缩财政以降低通货膨胀率、减少税收以刺激投资、帮助失业工人重新就业以及鼓励外贸出口的政策。西欧各国普遍推行紧缩的货币主义政策之后，经济形势开始逐步好转，通货膨胀率和失业率明显降低，国民经济恢复了低速增长的势头。尽管各国的保守派政府在一定程度上改变了西欧的社会福利政策，但是他们终究不可能使西欧的经济和社会制度倒退回原始资本主义或完全的自由放任主义。西欧今后的社会变更只能在国有化与私有化、国家干预和市场机制、社会福利与生产效率之间左右摇摆式推进，从而保持一种较为中庸的动态平衡。

战后西欧资本主义发展的另一个显著特点是国内垄断组织的迅速扩大和国际垄断组织的普遍建立。半个多世纪以来，西欧的垄断资本获得了迅速发展，生产进一步向大公司集中，大型垄断组织的经济实力空前增长，它们在整个国民经济中占据着巨大的份额。比如西德的拜尔公司，其营业额从60年代初的32.6亿马克猛增到1983年的408亿马克。一家比利时大公司竟同时控制了其国内银行存款的50％到80％、保险业务的60％、钢铁生产的40％、煤炭生产的30％以及电力生产的25％。这些巨型垄断组织拥有数十家甚至数百家分支企业，营业范围遍及各行各业。在国内垄断组织发展的同时，西欧还出现了许多超越国界的国际性垄断集团，其中包括跨国公司和多国公司，前者是由一国资本所有、从事跨国经营的垄断组织，而后者则是多国资本所有的垄断组织。这些跨国公司和多国公司的分支机构和业务联系遍布于世界各国，极大地促进了全球经济的一体化进程。比如荷兰飞利浦电器公司和德国西门子公司都是西欧著名的大型跨国公司或多国公司。在1999财务年度，前者的销售额高达315亿欧元，共有雇员23万多人，分支机构遍布世界60多个国家；而后者的销售额则超过685亿欧元，在世界上42个国家中拥有500家制造和组装工厂，子公司和附属机构遍布全球190多个国家和地区。跨国公司的发展使经济活动超越了传统的国界，有助于消除民族之间的隔阂与宿怨，有力地推动了地区性经济和政治合作组织的发展。

20世纪后半叶，西欧各国的一个最大的成就是欧洲共同体和欧洲联盟的建立。战后初期，面对不断加剧的冷战和来自美苏两霸的压力，西欧各国深切地感到必须捐弃前嫌、加强联合与合作，才能更快地发展经济和更有效地保障自身安全。1951年4月，在法国外长舒曼的倡议下，法国、西德、意大利、荷兰、比利时和卢森堡6国共同签署了《欧洲煤钢联营条约》，翌年8月在卢森堡成立了欧洲煤钢共同体。1957年3月，6国又签订了《建立欧洲经济共同体条约》和《建立欧洲原子能共同体条约》，翌年1月1日，"欧洲原子能共同体"和"欧洲经济共同体"宣告成立。1965年4月，六国进一步签订《布鲁塞尔条约》，将上述3个机构联合组成欧洲共同体。此后，欧共体不断扩大，英国（1973年）、爱尔兰（1973年）、丹麦（1973年）、希腊（1981年）、西班牙（1986年）和葡萄牙（1986年）相继加入，成员国总数达到12个。欧洲共同体的最高决策机构是由成员国的国家或政府首脑组成的欧洲理事会，他们每年至少举行两次会议，以商讨制定欧共体未来政治和经济发展的重大指导方针，协调各国的政策，解决内部和对外的分歧，其秘书处设在布鲁塞尔。欧共体的常设管理机构为欧洲委员会，也设在布鲁塞尔，其职能是负责提出立法建议，保证条约的实施，执行共同体的政策，管理国际贸易关系。欧共体的民意代表机构是欧洲议会，从70年代开始，欧洲议会由共同体的全体公民直接投票选举产生。此外，欧共体还设有欧洲法院，以便提供必要的司法保障，保证各国对条约的解释和执行以及共同体的一切活动都在合乎法律的范围内进行。欧共体成立后，各成员国进行了卓有成效的合作，共同体的整体经济实力迅速壮大。1968年7月，欧共体各国建立起关税同盟，内部取消了关税和贸易限额，对外实行共同关税率；1962年开始实施共同的农业政策，1971年对农产品贸易实施补贴；1979年3月，创建了欧洲货币体系，用欧洲货币单位作为各国之间进行货币兑换、信贷和结算的基本单位。1985年，法国进一步提出欧洲联合发展尖端技术的"尤里卡计划"，标志着欧洲技术共同体设想的正式诞生。西欧的联合产生了巨大的经济效益，1992年欧盟成立之前，欧共体12国的国内生产总值已经超过5.2万亿欧洲货币单位，比美国高出4000多亿；到欧盟成立后的1999年，整个欧盟15国的国内生产总值已达到7.8万亿欧元以上，是日本的两倍多。在政治合作方面，欧共体不断协调对外政策，强调欧洲越来越需要用一个声音说话，同时努力推进政治一体化的进程。

　　1991年12月，欧共体12国首脑在荷兰小城马斯特里赫特签署了建立欧洲联盟的条约，该条约自1993年11月1日起正式生效，由原欧共体12国组成的欧洲联盟正式宣告成立。1995年，奥地利、芬兰和瑞典也加入了欧盟，使其成员国达到15个。目前欧盟正准备向东欧和南欧扩展。新成立的欧盟在经济和政治方面的一体化程度都大大超过了原欧共体，并已开始逐步实现西欧经济和政治的一体化。欧盟成立后，立即着手取消成员国之间的边界限制，从而使欧盟各国形成一个统一的大市场，盟内各国之间实现了商品、人员、资金和劳务的自由流通。欧盟还建立了欧洲货币联盟代替以前的欧洲货币体系，以便用单一的欧洲中央银行和单一的欧洲货币取代各国原有的国家银行和货币。1999 年 1 月 1日，作为欧洲单一货币的欧元正式启动，这标志着欧洲经济一体化的重大进展。在政治上，欧盟加紧推动司法和其他国内事务方面的一体化进程，并且着手制定共同的外交和安全政策。然而，由于复杂的主权让度问题和西欧语言文化的多元性，欧盟在政治与文化的一体化方面遇到的困难比较多，其全面彻底的一体化尚需一个较长的过程。但是，欧盟的建立是西欧历史上一个具有重大意义的进展，在西欧盛行了 200 多年的近代民族主义日渐消退，经过拿破仑战争、普法战争和两次世界大战之后，西欧终于看到各民族国家撤除边关、消解宿怨、和平合作的理想正在成为现实。

四、第三次产业革命

在第一次世界大战之前曾发生过两次工业革命，然而两次世界大战打断了现代产业革命的进程，直到二战结束后的 50 年代中期，在世界范围内又开始了一场以电子计算机和信息技术、原子能和空间技术以及海洋工程和生物工程技术为代表的新的产业革命。有些学者把这次产业革命看做是前两次工业革命的单纯延续，因而仍旧将它归结为传统工业的范畴，称其为第三次工业革命。然而，如果从产业性质、社会结构和人类文明发展的宏观角度来看，战后经济生活中发生的深刻变革显然具有与传统工业极为不同的性质和特点，它不仅带来了生产技术的根本变革，同时也导致了社会结构和文明性质的深刻变化。因而，这场仍在进行中的产业革命有理由被看做是继农业革命和工业革命之后而且与二者并列的第三次产业革命——信息产业革命，由此产生的新社会形态则可以被看做是有别于农业社会和工业社会的信息社会，如果以产业重心的变迁作为划分人类文明史的标准的话，这个正在出现的人类文明新类型则可以称为信息文明，从而与传统的农业文明和工业文明相区别。不过在这样划分的同时，要避免简单化地将现代社会理解为只存在单一的信息产业，因为除了信息产业之外，在第三次产业革命中还发展出核能、空间、海洋、生物等许多其他产业，而且传统的农业和工业生产也仍然存在并且依旧是人类生存的基础，只不过它们在现代经济生活中的比重已经大大下降，它们的生产方式、管理方式和经营方式也日益被信息革命所改变。第三次产业革命及其影响是世界范围的，西欧则是其重心之一。

从第二次工业革命开始，自然科学革命就已经成为技术革命的先导，而在第三次产业革命中，科学理论的突破对生产技术的变革发挥了更为重要的指导作用。20世纪初的物理学革命为第三次产业革命做了最初的理论准备，爱因斯坦的相对论和普朗克等人创立的量子力学改变了牛顿力学的物质观、时空观和运动观。30年代发展起来的原子物理学揭示了原子核裂变的奥秘，为人类利用原子能开辟了道路。二战后建立的高能物理学进一步研究了构成原子核的众多基本粒子的结构和转化规律，推动了核技术的发展。在开创当代信息技术的各种因素中，战后初期发展起来的系统论、信息论和控制论发挥了重要的理论先导作用。加拿大生物学家路德维希·冯·贝塔朗菲(1901—1972年)于1945年发表了《关于一般系统论》的论文，正式提出系统论是一门研究系统的原则、规律和模式并对其进行数学描述的科学，1968年他又编著了《一般系统论的基础、发展和运用》一书，全面阐述了系统论的思想。1948年，美国数学家克洛德·申农(1916—　　)发表了《通讯的数学理论》一文，从理论上阐明了信源、信宿、信道、编码等有关通讯的基本问题，并分析了信息的特征、度量、变换和传递问题，从而初步确立了作为研究信息的传输、处理和储存的科学的信息论的基本理论。控制论则是研究系统的控制和调节的一般规律的科学,美国数学家诺伯特·维纳(1894—1964年)于1948年出版了其名著《控制论》,书中论述了以信息和反馈机制构成的各种系统的自动控制规律,因而他被认为是控制论的创始人。除此之外,数理逻辑和计算理论的发展、电子元件和电路技术的改进也都为电子计算机的诞生创造了理论和技术前提。从社会物质条件方面来说,战后资本主义国家的政府和垄断组织的巨大经济实力为新产业革命提供了强大的财力支持,而西方各国大力发展教育事业和吸引外国科技人才的政策又给科技进步做了充分的人才准备。最后,战争和战后的长期军备竞赛加快了科学研究和技术革新的步伐,原子弹、火箭和电子计算机都是首先在二战中制造成功或开始研制的。

电子计算机又称电脑,是一种能按照指令对信息进行存储和处理、具有数字运算和逻辑判断功能的自动机器。它是人脑的延伸,可以代替人的部分脑力劳动,其运算速度远远超过人脑的运算速度。电子计算机的出现极大地解放了人类的智力,因而成为第三次产业革命的主要标志。1943年6月,为了满足战争中对炮击火力表和各种弹道进行快速计算的要求,美国宾夕法尼亚大学电机工程教授约翰·威廉·莫希莱(1907—1980年)提出了研制电子计算机的方案,得到了军方的支持,经过两年多的努力终于在1945年底研制成功世界上第一台全电子通用计算机,并于1946年2月举行了公开的演示。这台被命名为"电子数字积分计算机"的笨重机器使用了1.8万只电子管,每秒钟可以完成5000次加法运算,比当时最好的机电式计算机的速度快了一千倍。1946年,美国数学家约翰·冯·诺伊曼(1903—1957年)进一步提出了"离散变量自动电子计算机"的设计思想,主张采用二进制代替十进制,并且将程序存储起来以便实现全部运算的电子自动控制。1949年6月,英国剑桥大学根据冯·诺伊曼的设计思想研制成功"电子延迟存储自动计算机",这是世界上第一台存储程序电子计算机,其运算速度达到每秒几万次。40年代末至50年代初晶体管出现后,美国于1959年研制成功第一台大型通用晶体管计算机,不仅将运算速度提高到每秒几十万次,而且缩小了体积,降低了成本和功耗,因而被称为第二代电子计算机。1964年4月7日,美国IBM公司宣布制成通用的集成电路计算机,这标志着第三代电子计算机的诞生。该机运用美国工程师杰克·基尔比(1923—)于1958年发明的集成电路技术,进一步缩小了体积,降低了成本和功耗,提高了运算速度。1970年前后又出现了第四代电子计算机,即大规模集成电路电子计算机,这种集成电路可以在几毫米的半导体芯片上用微米或亚微米级的刻蚀技术集成几千个微电子元件,它标志着微电子技术时代的来临。70年代后期到90年代初期又相继出现了集成有几十万和几百万电子元件的超大规模集成电路,在此基础上计算机开始向微型机和巨型机两个方向发展。1974年,美国英特尔公司生产出第一块商用微处理器芯片,微型计算机由此出现在市场上。1975年,巨型计算机首先在美国研制成功并投入使用,其运算速度为每秒1.5亿次。1981年10月,日本提出了研制第五代电子计算机的设想,这是一种使用超大规模集成电路制成的人工智能计算机,它能模拟人的智能,具有模式识别、机器推理和自然语言理解等功能。1989年4月日本电器公司研制成每秒运算220亿次的超级计算机,同年6月美国一家公司又将计算机的运算速度提高到每秒270亿次。目前,美国最快的巨型计算机已经达到每秒运算数万亿次,各国还在进行光学计算机、神经网络计算机和模糊计算机的研制工作。

随着计算机硬件的不断发展,对各种计算机软件的需求也变得越来越迫切。虽然一些计算机语言和软件早已出现,但是目前应用最广的要数美国微软的操作系统和应用软件了,微软公司及其创始人比尔·盖茨(1955—)的创业经历也成了电脑时代新的传奇故事。1975 年从哈佛大学辍学后，盖茨和他的高中好友保罗·艾伦一起创立了微软公司。1980 年，微软公司首先研制成用于 IBM 个人电脑的 DOS 操作系统，此后又研制出基于 WINDOWS 界面的操作系统，并且不断升级换代，目前的 WINDOWS 系统已经升级为 2000 版。据统计，现在全世界近 90% 的个人电脑都在使用微软的操作系统，微软公司也在 20 多年内发展成为当今世界上规模最大和实力最雄厚的软件王国。其他与 WINDOWS 不同的操作系统也争奇斗妍、各显其能，如 UNIX、LINUX 和苹果计算机的操作系统等皆各有其独特的优越性。各种应用软件更是层出不穷，迅速扩展了计算机的用途和功能，使它逐步变成了人们在工作和生活中不可或缺的万能机器。为了保障战争时计算机运行的安全性，加快国防科学研究情报的交换速度，美国国防部于 1969 年建立起一个计算机网络系统。此后，为了满足其他领域的科学和学术研究的需要，美国国家科学基金会创建了一个新的互联网络系统，将许多已有的计算机网络进一步连接起来，从而使其规模和容量获得了极大的扩展。90 年代以后，互联网不仅突破了军用和科研的范围，进入民用和社会普及的阶段，而且打破了国家的地域界限，实现了全世界计算机互联网的相互连接，使身处任何国家和地区的普通人只要能接入互联网即可共享全世界的信息资源。90 年代中期，世界各地已有数百万台电脑与互联网连接，而且联网的计算机数量正在以成倍的速度增加。这个飞速发展的全球信息网为各行各业的生产、销售和服务厂商提供了无限商机，网上广告和网上交易推动电子商务蓬勃发展起来，各国政府和各大公司都明白，谁掌握了网络商务的主动权谁就掌握了未来。互联网的发展也为广大公众和消费者带来了方便和实惠，目前网上购物、网上炒股、网上订购机票和旅馆、网上通讯、网上新闻、网上图书馆、网上娱乐，甚至网上交友和网上谈情说爱，都已成为时尚，它们已经而且必将深刻地改变社会的生产方式和交换方式以及人们的生活方式和交往方式。可以毫不夸张地说，电子计算机和互联网的发展前途是不可限量的。

在第三次产业革命中，核能技术和空间技术也占有重要地位。1942 年 12 月，美国建成世界上第一座原子反应堆。1945 年 7 月 16 日，在美国新墨西哥州的沙漠里，第一颗原子弹试爆成功，其释放的能量相当于 2 万吨 TNT 炸药的能量。这标志着人类利用原子能时代的开始。此后，苏联也建成了自己的原子反应堆并于 1949 年 8 月试爆了第一颗原子弹。接着，美国和苏联在 1952 年 11 月和 1953 年 8 月分别爆炸了各自的氢弹。在西欧，英国于 1952 年和 1957 年、法国于 1960 年和 1968 年各自成功地试验了原子弹和氢弹。中国也在 1964 年 10 月 16 日和 1967 年 6 月 17 日试爆成功自己的第一颗原子弹和氢弹。原子武器的发展第一次使人类面临核灾难和彻底毁灭的危险前景，迫使人类必须重新考虑科学技术的伦理问题，学会在核武器时代如何和平共处。1954 年 6 月，苏联建成了世界上第一座核电站，开创了和平利用原子能的新时代。此后，西欧、美国和世界上其他国家也开始建立自己的核电站。为了发展核武器的运载工具，美苏都加紧研制中远程和洲际导弹。1957 年 8 月苏联首先发射成功 SS—6 洲际弹道导弹，1959 年美国的"宇宙神"洲际弹道导弹也研制成功。

导弹技术的突破为空间技术的发展创造了条件。1957 年 10 月，苏联成功地发射了世界上第一颗人造地球卫星，1958 年 1 月美国的人造卫星也发射成功。1961 年 4 月 12 日，苏联又发射了第一艘载人宇宙飞船"东方 1 号"，宇航员加加林绕地球一周后安全返回地面，这一创举开辟了人类遨游宇宙的太空时代。1969 年 7 月 16 日，美国的"阿波罗 11 号"宇宙飞船离开地球飞向月球，在 7 月 20 日美国东部夏令时间晚上 10 点 56 分 20 秒，宇航员尼尔·阿姆斯特朗迈出了登上月球的第一步，当时他激动地说："这对一个人来说是一小步，对人类来说则是一个巨大的飞跃。"他和埃德温·奥尔德林在月球上逗留了 21 个半小时,进行了科学考察和采集标本等工作,留下了美国国旗和一些科学仪器,然后于 7 月 24 日平安返回地球,完成了人类探索宇宙的又一壮举。1970 年 12 月,苏联发射的金星 7 号探测器在金星上软着陆。1977 年 8 月和 9 月,美国发射的旅行者 1 号和 2 号相继飞掠过木星、土星、天王星和海王星,发回了各种相关图像和探测数据。空间技术的发展不仅为人类打开了通向宇宙的道路,而且为人类进一步认识和服务于地球提供了新的手段。1964 年 8 月,美国成功地发射了第一颗地球同步静止轨道通讯卫星,开创了卫星通讯的时代。70 年代以后,用于通讯、气象、侦察、导航和资源探测的各种民用和军用卫星陆续升空,将人类对于我们赖以生存的地球的认识和利用提高到一个新的水平。与美苏相比,西欧空间技术的发展显得较为逊色,然而 1965 年 11 月法国用自己制造的"钻石"火箭将一颗卫星送入轨道,西欧著名的"阿丽阿娜"火箭也于 1979 年 12 月首次发射成功,此后它为西欧各国发射了各种航天器。70 年代,美苏还相继发射了可以在宇宙中进行科研工作的空间实验站,并且实现了空间站与飞船的对接。1981 年 4 月 12 日,美国第一架航天飞机"哥伦比亚号"顺利升空,绕地球 36 周后安全着陆。2001 年 4 月 28 日,一位美国商人丹尼斯·蒂托在两名俄罗斯宇航员的陪同下,乘坐俄罗斯的"联盟号"飞船飞往国际空间站,在太空旅游一周后于 5 月 6 日安全返回地面,从而成为全球第一位太空观光客,实现了普通人遨游宇宙的梦想。目前,太空旅游事业方兴未艾。此外,美国正在加紧研究新型的空天飞机,这种飞机兼具航天、航空两种性能,它不需借助火箭即可起飞,能够自由往返于大气层内外,一旦研制成功将进一步推进人类空间探索事业的发展。

第三次产业革命中的另一项极具发展潜力的高新技术是生物和遗传工程技术。遗传工程也称基因工程,它是生物工程中的核心技术。1953年，美国生物学家詹姆斯·杜威·沃森(1928—　)和英国生物学家弗朗西斯·克里克（1916—　）首先提出了DNA的双螺旋结构模型。DNA就是脱氧核糖核酸，它是一种起遗传作用的高分子化合物，其每一片断都存储着特定的遗传密码，决定一种特殊的蛋白质的合成，这种DNA片断就称为基因。如果将某种生物的DNA分离出来并把它组合到另一种生物的遗传物质上去，就可以改变生物的遗传特性，从而获得符合人类需要的生物新品种。1974年，美国分子生物学家斯坦利·科恩（1922—　）及其同事成功地进行了DNA重组的试验，他们将重组的DNA植入快速繁殖的大肠杆菌中，生产出了具有某种特性的生物制品。此后，这种技术被用于生产胰岛素、生长激素和干扰素等生物产品，进入了工业生产的阶段。目前，人们可以通过生物技术将微生物、植物、动物甚至人的基因进行人为的转移，制造出一些自然界原来没有的转基因物种，像转基因大豆食品等已经出现在餐桌上，不久转基因小麦、转基因马铃薯以及转基因牛、转基因猪、转基因鸡、转基因鱼等都将面市。在生物学和医学上的另一项成果是试管婴儿试验的成功。1978年7月世界上第一个体外受精的试管女婴路易丝·布朗在英国诞生，1984年1月一个美国妇女又顺利生出第一个异体胚胎移植的男婴。此后，试管婴儿相继在许多国家出现，各国也普遍建立了精子储存库。20世纪末最为惊人的生物技术进展莫过于克隆羊的成功和人类基因图的发表了。1997年2月，英国爱丁堡附近的罗斯林研究所的伊恩·威尔默特在《自然》杂志上宣布，他和同事们经过277次试验，终于成功地用一只成年母绵羊的乳腺细胞核克隆（无性繁殖）出一只羊羔——多丽。这只没有父亲的克隆羊的出世立即引起了有关克隆技术的伦理学争论，美国总统比尔·克林顿（1946—　）甚至宣布了一项禁令，禁止使用联邦资金从事克隆人的研究。从1990年开始，以美国国家人类基因组研究所为首组织了美国、英国、法国、德国、日本、中国等国的许多遗传学研究机构开展了一项名为"人类基因组工程"的浩大研究工程,整个工程共有1100多名科学家参与,耗资10多亿美元。到2000年6月26日,科学家们已绘制出一幅包含人类基因组中大部分DNA序列的工作草图,预计在未来几年内将完成包括约32亿个碱基对的全部人类基因组的测序工作,如果把人类基因组的全部数据印成书,其篇幅将超过200本厚厚的16开电话簿。人类基因组的完全解读将为基因疗法的实施开辟道路,因为像乳腺癌、子宫癌、结肠癌以及一些遗传疾病的发生大都与基因缺陷或基因突变有关,通过调控、修复或置换基因有可能治愈这些以前无法治愈的疾病,从而为患者带来了新的福音。不过,基因研究的进展也同样带来了一系列社会伦理学问题,比如利用基因技术会不会生产出人类无法控制的超级怪物或超级病菌和病毒?面对这些新的困惑,西方一些国家中已经出现了怀疑甚至抵制基因技术的声浪。

在第三次产业革命中,除了上述四大高新技术之外,还出现了其他一些新技术,比如激光、光导纤维、新能源、新材料和海洋工程等。激光作为一种新型光源具有单色性、方向性和高能量的特点,可以通过激光器人工获得。50年代,美苏物理学家先后阐发了激光发射器原理,1960年,美国物理学家西奥多·哈罗德·梅曼(1927—　)利用受激辐射放大电磁波的原理制成了第一台红宝石固体激光器。此后,激光很快在各行各业获得了广泛的应用,比如激光加工、激光医疗、激光育种、激光杀虫、激光测量、激光通讯和激光全息照相等。光导纤维是能传输光线的玻璃纤维,用高纯度石英玻璃管在高温下拉制而成,其光波传播速度可达每秒30万公里,每根光纤可传输上万路电话或数千路电视节目。1966年,美国华裔科学家高琨(1933—　)从理论上提出,通过清除光纤中的有害物质并将光纤制成双层结构即可大幅度提高其传光能力,从而可将其用于激光通讯。1970年,美国一家玻

璃公司研制成功第一根光损耗为每公里 20 分贝的光导纤维,揭开
了光纤通讯的序幕。1977 年 5 月,美国电话公司在芝加哥建立了
第一条光纤通讯线路。在信息量、抗干扰和传输速度等方面,光
纤通讯具有远远超过电缆通讯的优越性,因而 80 年代以后在全世
界范围内获得了普遍推广。70 年代世界性的能源危机发生后,各
国纷纷开展新能源的开发和利用以及节能技术的研究,在加强对
煤炭的液化和气化以及石油的综合利用的研究之外,人们开始大
力开发和利用太阳能、地热能、海洋能、生物能、风能等可再生
性的能源。70 年代以来,西方各国还广泛开展了对具有特殊性能
的新材料的研制工作,各国注册的新材料已达数十万种并且不断
增加,其中较为重要的有:可用于制造切削刀具和连续铸钢的耐
热、耐磨、耐腐蚀的高强度精密结构陶瓷,可用作廉价太阳能电
池光电转换材料的非晶态硅,可用于制造飞机和火箭外壳的纤维
增强树脂复合材料(碳纤维、芳纶等),以及各种类型的转变温度
较高的超导材料等等。最后,从 60 年代开始,世界各国均兴起了
一个综合开发和利用海洋的热潮,新兴的海洋工程包括了海底石
油、天然气和其他矿藏的开采,海洋能源的利用,海水资源的提
取,水产资源的开发,海洋空间的利用,海洋环境的保护等等。在
20 世纪后期的数十年间,各国在开采海底有色金属(如锰结核
矿)、建立海洋潮汐和温差发电厂、建设海上城市和发展海洋养殖
业方面取得了可观的成就,尤其在海洋石油和天然气的勘探和开
采方面,各国都竞相投入资金和人力加大研究和建设力度,甚至
由此引发了各国对海洋油气资源的争夺。

　　第三次产业革命的核心技术是电子计算机和信息技术,它们
的发展使工农业生产、信息服务业和生活娱乐等领域都发生了革
命性的变化。早期的计算机由于体积庞大和价格昂贵,主要用于
政府机构和军事科研单位的工作,比如美国曾用计算机进行全国
人口普查和总统选举资料的统计处理,后来又将其用于飞机、火

箭、卫星、飞船的设计和制造，阿波罗计划就使用了 1.2 万台计算机。在工业生产方面，电子计算机直接促进了生产自动化的发展，逐步实现了机床、生产线、车间和整个工厂的自动化生产。1952年，美国麻省理工学院运用电子计算机和自动控制技术研制出第一台三坐标数控铣床，可以在无人操作的情况下加工出复杂的曲面零件，提高了生产效率。60 年代到 80 年代，英国和日本分别建成全自动化的生产线、车间和整个工厂。1962 年，美国麻省理工学院又研制成功世界上第一个机器人，这个取名为"罗伯特"的机器人是一只由计算机控制的机械手。70 年代末期以后，机器人的研制和应用迅速发展起来，各国不断研制出第一代操纵型机器人、第二代自动型机器人，目前正在研制第三代智能型机器人。机器人能代替人在高温、严寒、剧毒、高空、深水等危险恶劣环境中工作，同时还能节省生产费用和提高工作效率。到 80 年代末，世界上已有机器人 40 万个左右，其中日本占有一半以上。

70 年代以后，随着微型化的第三代和第四代计算机的出现及其价格的急剧下降，计算机的应用进入了社会化和个人化的普及阶段。在工农业和交通通讯方面，除了生产的自动控制之外，计算机还被用于工程和产品设计、生产调度和指挥、长期气象分析和预报、城市交通管理、程控电话交换等等。在社会管理、文化教育和咨询服务方面，通过建立和使用各种数据信息库，实现了管理和服务行业的计算机化。比如美国政府建立了全国驾驶员注册数据库和社会安全号码数据库，通过它们可以对全国每一个驾驶员或个人进行登记、管理和控制。各个银行和保险公司也都有全部客户账户的数据库，营业员或客户本人可以通过计算机联网进行金融业务的交易活动。1983 年，美国创办了第一所电脑大学，学生可以通过电脑与学校的数据库连接，在任何时间选学任何课程。计算机多媒体技术出现以后，世界各国都开始从事多媒体远程教学的试验和推广工作。各国还陆续实现了图书馆资料检索的计算机化，并且开始出版各种电子版图书。在日常生活和娱乐方面，自动程序控制的电冰箱、空调机、洗衣机、洗碗机、微波炉，数字化的影音设备如数字式摄像机、照相机、VCD 机、DVD 机，以及电视机、组合音响、电子游戏机等其他家用电器的普及，实现了家庭劳动和生活的革命性变革，极大地减轻了人们的家务劳动，增加了人们的休闲时间，提高了人们的生活质量。最后，国际计算机互联网的建成与投入使用，使人们最深切地感受到信息社会的来临。通过互联网人们不仅可以进行电子通信、接受服务、共享信息、休闲娱乐，而且可以不去办公室而在家里工作或经营自己的网络企业，计算机和互联网已成为在信息时代创业和谋生的新手段。

第三次产业革命使劳动工具、劳动对象和劳动者本身都发生了深刻的革命性变化，以至于整个社会生产力的提高主要依赖于科学技术的发展，因而科学技术在当代已经成为名副其实的第一生产力。在两次大战之间，西方国家的工业生产年均增长率为 1.7%，而在 1950 年至 1972 年间猛增到 6.1%。在造成工业增长的各种因素中，科技进步因素在 70 年代已占 50%—70%，到 80 年代则达到 80%。90 年代，在整个西方世界经济增长趋缓的形势下，惟有美国经济实现了较高的增长速度，其主要原因就是美国的高科技产业发展迅速。战后，欧美农业劳动生产率的提高也同样得益于科技进步和绿色革命的推广。

随着第三次产业革命的发展，整个产业结构、社会结构和国际经济结构都发生了重大变化。首先，作为直接物质生产部门的第一产业（农、林、牧、渔）和第二产业（采矿、制造、建筑）的产值和就业人数在整个国民经济中所占的比重相对下降，而作为非物质生产部门的第三产业的产值和就业人数却急剧上升。第三产业除了传统的服务业、商业、金融业、运输业、通讯业、新闻业和文化教育以外，最重要的是包括软件工程、数据库编制、网络经济等在内的新兴信息行业。1956年，美国从事脑力劳动和服务业的"白领"职员人数第一次超过从事体力劳动的"蓝领"工人。从1970年到1979年，美国的农业人口从占总人口的5%下降到3%，从事制造业的人口从30%下降到13%，而服务业和信息业的从业人口则从15%上升到72%。1980年，美国的服务业总产值第一次超过物质产品的总产值。西欧的英国、法国和亚洲的日本，其第一产业在国民经济中的比重分别为2%、2%、3%，第二产业为38%、38%、40%，第三产业则为60%、60%、57%。即使在制造业内部，传统的劳动密集型的钢铁、机械、化工、纺织等"夕阳工业"也逐渐衰落，而那些与信息产业相关的技术密集型的"朝阳工业"，如计算机硬件、机器人、原子能、宇航、通讯设备、新能源和新材料等则正在迅速崛起，成为今后工业生产的主干。其次，科技革命发展的新特点引起了各国产业布局的变化。过去的工业区往往集中在煤铁资源较为丰富的地方，而新兴产业则按照科技资源（科技人才和科研机构）集中的原则选择发展基地。60年代在美国加利福尼亚州北部兴起的电子工业基地"硅谷"就坐落在斯坦福大学附近，这里集中了成千上万家电脑和半导体生产厂商以及软件和网络公司，其产值在美国同类工业产值中占有相当大的比重。日本在东京附近建立了筑波科学城，有46所科研和教育机构集中在这里。在西欧，英国、法国、德国和意大利也分别设立了本国的科学技术园区，作为电子工业基地和发展高科技的中心。最后，在高额利润的导向下，发达国家将那些能耗大、费原料和污染严重的劳动密集型产业纷纷转移到发展中国家，本国则将投资重点放在高新技术产业方面，从而使电脑和软件等知识密集型产业得到迅速发展。在国际经济结构和国际分工方面，由于发达国家不断在高新技术领域中突飞猛进，而发展中国家则在过时的低技术产业上亦步亦趋，因此可能造成国际经济秩序的失衡和穷国与富国差距的进一步拉大。

　　面对第三次产业革命的汹涌浪潮，各国政府纷纷制定本国的科技发展战略，调整科技政策，加大投资力度。美国政府向来把发展高新科学技术看成是保持科技领先、经济增长和军事优势的关键环节，其用于科技发展的投资数额一直居世界首位。美国1950年的科研和发展经费为52亿美元，1960年为135亿美元，1970年增长为261亿美元，此后该项经费持续增加，甚至超过英、法、日、德四国的总和。西欧曾经是世界上科学技术最先进的地区，然而战争的破坏使世界科技中心转移到了美国。然而，西欧各国并不甘心，为了改变高科技相对落后于美、日的局面，法国政府于80年代中期带头提出建立一个技术欧洲的主张，建议欧共体和其他欧洲国家在大型电子计算机、人工智能、高功率激光、新型材料和空间技术等领域进行合作研究。1985年7月，欧共体12国与奥地利、芬兰、瑞典、挪威、瑞士在巴黎举行部长级会议，宣布欧洲联合发展尖端技术的"尤里卡计划"诞生。5年之后，尤里卡计划的成员国已经增加到19个，设立研究项目500多个，总投资约800亿法郎。在发展科技的同时，各国越来越重视教育问题，国际科教界普遍承认教育的现代化是经济现代化和人的现代化的关键。1965年，在联合国教科文组织任职的法国学者保罗·朗格正式提出一份报告，阐述了在当今世界终身教育的重要意义。70年代，美国和西欧等国家相继通过立法手段，保障公民以各种形式接受终身教育的权利。面对方兴未艾的第三次产业革命所带来的挑战和机遇，各国政府和人民必须明白，集中力量发展科技与教育是一个民族富国强兵、立于不败之地的惟一出路。

五、全球问题及其前景

　　冷战结束后，世界大战的危险暂时消失了，然而，地区性的冲突却有增无减。在全世界范围内，欧洲、美洲、非洲、亚洲都存在着矛盾和冲突的热点地区，欧洲的近邻中东地区更是局部战争和宗教冲突不断。仅就欧洲本身来说，前南斯拉夫的解体和前苏联的解体都带来了不同种族和宗教信仰集团之间的冲突，前南斯拉夫不仅已分裂为几个小国，而且在现存南联盟的科索沃省也频频发生塞尔维亚族和阿尔巴尼亚族的冲突。其他如西班牙的巴斯克分离主义运动与政府的冲突、意大利和法国部分地区少数人具有的分离主义倾向、北爱尔兰天主教徒和新教徒之间的冲突均未显示出彻底解决的迹象。

与此相联系，国际和国内的恐怖主义活动仍然很活跃，甚至呈现一定程度的上升趋势。属于天主教的北爱尔兰共和军不仅在北爱尔兰袭击英国政府军和新教徒，而且时常在英格兰进行武装袭击活动，北爱尔兰的新教徒也组织了准军事组织袭击天主教徒。20世纪70年代和80年代，西方国家的极端主义政治组织曾经频繁实施炸弹袭击、抢劫银行、绑架暗杀和劫持飞机等恐怖主义活动。在意大利，从1969年至1982年，各种恐怖主义组织至少杀死了1119人，其中最极端的事件是极左派组织"红色旅"于1978年绑架和杀害意大利总理莫罗，以及法西斯极右派组织于1980年对波伦亚火车站的炸弹袭击。德国和法国也时常发生类似事件。此外，其他极端主义组织也经常在欧洲发动恐怖袭击活动。如1972年慕尼黑奥运会期间发生的杀害以色列人的事件，1989年美国客机在苏格兰上空爆炸的事件，以及1995年巴黎地铁的炸弹爆炸事件。在1998年和2000年，又相继发生了美国两个驻外大使馆和一艘驱逐舰被炸的事件。特别值得注意的是90年代以来西欧新纳粹主义逐渐抬头，他们所发动的排外事件也不断发生。自从东欧剧变和西欧经济不景气以来，大量的外国移民涌进西欧各国，进一步加剧了西欧的失业和其他社会经济问题。面对日益严重的移民问题，西欧各国政府开始采取更加严厉的限制移民人数和遣返非法移民的立法和行政措施，对政治避难、婚姻入籍和侨居国出生入籍制订了更加严格的条件。西欧的极右派民族主义政党，如法国的民族阵线、奥地利的自由党和德国的共和党，开始在各国政坛上扩大影响。那些直接反对外来劳工的新纳粹分子和光头党徒甚至发动了好几起纵火烧毁外来劳工房屋、杀死外来劳工的恶性暴力事件。所有这些地区性冲突和恐怖主义活动对欧洲以致全世界的和平、安全和经济发展必然产生不利的影响，在彻底解决各种错综复杂的利益矛盾和领土冲突以前，这些灾难性的事件是难以避免的。

当今世界在经济领域中的一个带有全球性的问题是南北关系问题。尽管战后许多发展中国家已经在政治上获得了独立，但在经济上仍然处于发达国家经济殖民主义的剥削和控制之下。西方国家的政府和实力雄厚的跨国公司竭力将发展中国家纳入其全球经济体系，通过资本输出、国际贸易、技术转让等手段与发展中国家进行不平等的经济交往，给发展中国家的经济造成了严重的困难。发达国家依仗着经济优势和先进技术，每年从发展中国家赚取数千亿美元的利润，并在国际贸易中保持着巨额顺差。除了亚洲某些经济增长较快的地区之外，大多数发展中国家都陷入了经济增长缓慢和严重的债务危机之中，1988 年发展中国家的外债达到 1.2 万亿美元以上，每年必须支付的巨额外债利息成为发展中国家的沉重负担。为了改变这种不合理的国际经济秩序，争取建立新的更加公正的国际经济秩序，自 20 世纪 60 年代中期以来发展中国家开始采取联合行动，要求与发达国家开展南北对话。1964 年，联合国召开了第一届贸易和发展会议，会议结束时 77 个发展中国家和地区发表了《七十七国联合宣言》，成立了七十七国集团。1974 年 4 月，应发展中国家的要求，联合国召开了研究原料和发展问题的第六届特别会议，会议通过了七十七国集团起草的《关于建立新的国际经济秩序的宣言》和《行动纲领》。《宣言》提出，必须在所有国家的主权、平等、公正、互相依靠、共同利益与合作的基础上建立起一种新的国际经济秩序，这种新秩序将纠正现存秩序的不平等和非正义，使发达国家和发展中国家之间日益扩大的鸿沟有可能消除。《行动纲领》进一步制订了建立国际经济新秩序的具体措施，如各国都有权对其自然资源和国内经济活动行使永久主权，保证和稳定初级产品的出口价格，反对发达国家推行贸易保护主义，加强发展中国家在经济、贸易、财政和技术方面的合作，改革现存的国际货币制度，改变发展中国家和发达国家在商品交换方面的不合理关系等。同年12月，第29届联合国大会通过了《各国经济权利和义务宪章》。此后，联合国大会又通过了一些相关决议，发展中国家与发达国家也逐步展开了南北对话，然而距离建立公正合理的国际经济新秩序尚有很大差距。在南北对话与合作方面，西欧国家采取了与美国和日本不尽相同的政策，它们既想保持其既得利益，又想在一定程度上改善南北关系，以便在争夺第三世界市场、资源和投资场所方面居于有利地位，因而主张推行同发展中国家进行对话与合作的政策。早在60年代，欧洲共同体就曾经与22个黑非洲国家签订了《雅温得协定》和《阿鲁沙协定》，建立起联系国制度。该制度规定双方逐步取消关税，欧共体国家享有在联系国投资、使用其资源和劳动力的权利，同时向联系国提供经济援助，联系国也可以享受欧共体国家的贸易优惠待遇。1975年，欧共体又在多哥首都洛美同非洲、加勒比和太平洋地区的46个发展中国家签订了为期5年的经济贸易协定。洛美协定规定，欧共体在不要求互惠的条件下，允许46国的全部工业品和94％的农产品不限量地免税进入欧洲共同市场；欧共体提供一笔基金，用来补偿上述国家由原料价格下跌或自然灾害造成的损失；欧共体在5年内向上述国家提供39.9亿欧洲货币单位的经济援助，并增加了其中赠予的比重。以后洛美协定不断续签。洛美协定是南北对话与合作的一个较好的先例，它在一定程度上有助于改善南北不平等的经济关系，为发达国家和发展中国家双方都带来了相当的经济利益。

目前在世界上最受关注的全球问题是人口爆炸、自然资源减少和环境污染等问题，因为它们对全体人类在这个资源有限的行星上的生存造成了直接的威胁。联合国经济社会事务局人口处的统计资料显示，从基督纪元开始到 1500 年，世界总人口从大约 3 亿缓慢增长到 5 亿，其间人口时而增加时而减少。第一次工业革命开始以后，世界人口增长速度逐渐加快，1804 年达到了 10 亿；经过 123 年，到 1927 年世界人口达到 20 亿；又经过 33 年，到 1960 年达到 30 亿，此后，世界人口进入了有史以来增长最快的时期（最高年均 2.0%），仅用 14 年时间就在 1974 年达到 40 亿，接着又在 13 年后的 1987 年达到 50 亿，最后在 12 年后的 1999 年突破了 60 亿大关。换言之，世界人口在 20 世纪的 100 年中竟然翻了两番。据联合国估计，2013 年世界人口将达到 70 亿，2028 年将会达到 80 亿，此后人口增长的速度才会逐渐缓慢下来。如果分地区来看，战后亚洲、非洲和拉丁美洲的人口增长最为迅速，从 1950 年到 1998 年分别增长了 156%、239%、202%，而同时期内欧洲仅增长了 33%，北美增长了 77%，在一些西欧国家甚至已趋近人口的零增长状态。各地区人口占世界总人口的比重也是亚非拉大幅上升，而欧美却明显下降。从人口年龄构成上看，发达国家老年人口比例过高当然会带来劳动力紧张和社会负担加重的后果，而发展中国家少年人口增长过快则造成供养人口比例过大，引起粮食、住房、就业、教育、医疗的普遍紧张，甚至会吃掉所有的经济增长。当你眼看着互联网上的联合国世界人口时钟以每秒 2—3 人的速度跳跃增加时，会不由自主地产生一种惊心动魄的恐怖感。如果世界各国不能采取有力的措施加以控制，那么人口的持续高速增长必然引起全球土地、淡水和能源等自然资源的普遍短缺甚至枯竭的灾难性后果。面对日益严重的人口压力，越来越多的国家开始推行计划生育和控制人口的政策，给这一问题的解决带来了希望。

土地是人类赖以生存的根基，然而世界上可利用的土地资源正在不断减少。世界耕地面积约有15亿公顷左右，仅占世界土地总面积的11％。由于沙漠化、盐渍化、水土流失以及人类的过度使用，现在每年仍有大约500万到700万公顷的耕地流失掉。随着土地的侵蚀和人口的增加，世界人均耕地面积必然不断减少。即使新开垦的土地与流失的土地可以相互抵消，世界耕地总面积基本上保持不变，但由于人口的大幅度增加人均耕地面积仍然在不断减少。1950年世界人均耕地约为8.9亩，1960年减少为7.5亩，1974年减到5.6亩，1987年进一步减为4.5亩，1999年已减为3.75亩，到2028年世界人口达到80亿时人均耕地将仅有2.8亩。而在许多发展中国家，由于人口多土地少，其人均耕地更是远远少于世界平均数。尽管人们运用各种科学方法提高粮食产量，目前世界上仍然有8.4亿人（约占世界人口1/7）处于经常挨饿或长期营养不良的状态。

水是生命之源，但是由于人口增长、工业发展和过度的城市化，世界上普遍出现了淡水资源的短缺。地球本是一个水量丰富的行星，然而全球总储水量中仅有6％是淡水，而淡水的99％存在于冰川和地下，人类可以利用的淡水只有淡水总资源的0.4％。随着工农业的发展和人口的增加，对淡水的需求量急剧上升。1950年世界用水量约为13亿立方米，到2000年增加到50多亿立方米，几乎增长了四倍，工业和农业用水增长的速度则达到数十倍。其中发达国家的用水量远远高于发展中国家，如美国的人均生活用水为加纳的七十多倍。如果按照目前每年4％—5％的速度增长，到22世纪末地球上的大部分江河将有可能干涸。我国的黄河断流现象和北方大城市的严重水荒已经成为无法回避的现实。

能源是工业生产的动力，前两次工业革命，特别是第二次工业革命，正是依靠廉价的化石能源才获得了高速发展。1973年的

能源危机第一次向全世界敲响了能源有限性的警钟，当时石油和
天然气的消费在世界能源消费结构中占有 60% 多的份额，无论人
们能够发现多少新的油气资源，其储存量终究是有限的，早晚会
有用尽的一天。人类只有在节约现有能源的同时加紧开发可以再
生的新能源，才能摆脱危机。据统计，一个欧洲人每天的耗油量
相当于 150 个印度人一天的耗油量，而不足世界人口 5% 的美国
却消耗了世界石油的将近 40%。因而在节约能源和解决能源危机
方面，发达国家应负起主要的责任。令人鼓舞的是，第三次产业
革命已经给人类带来了新的希望，如太阳能的更为有效的利用、电
动汽车的开发和完善都是极有前途的事业。

　　所有全球问题中最为严重的莫过于生态环境危机了。首先引
起人们注意的是大气污染问题。早在 30 年代至 50 年代，欧美就
发生过因空气污染致人患病和死亡的事件，其中包括 1930 年比利
时的马斯河谷烟雾事件，1948 年美国的多诺拉烟雾事件，1952 年
英国伦敦的烟雾事件，以及 1955 年美国洛杉矶光化学烟雾事件
等，其原因大都是工业或汽车排放的废气导致居民中毒患病或死
亡。更有甚者，现代工业和交通排出的大量废气不仅直接毒害人
们的健康，而且造成了一种类似稀硫酸或稀硝酸的酸雨，它能使
树木脱叶枯萎、鱼类和野生动物死亡，甚至引起人的癌症。50 年
代初，瑞典、比利时、荷兰等国的气象学家最先发现酸雨，60 至
70 年代世界各地都发现了酸雨，在北美和欧洲约有 35% 的森林已
经受害，水源也受到污染。影响大气层的另外两个环境问题是温
室效应和臭氧层变薄的问题。由于人们大量燃烧煤炭、石油和天
然气以及森林的破坏，使得大气中的二氧化碳、氧化氮、甲烷等
温室气体的浓度急剧增加，导致近 100 年来全球平均气温升高了
0.3—0.6 摄氏度，加重了本来已存在的温室效应。如果不减少温
室气体的排放量，21 世纪内全球气温有可能上升 1.5—4.5 摄氏
度，这将导致气候带分别向南北两极移动数百公里，两极冰雪的

融化和海水的热膨胀会引起海平面上升，使一些岛屿和大陆沿海低地被淹没，纽约、东京、上海等沿海名城将不复存在。有些地区的气候会变得异常干旱酷热，另一些地区则会暴雨成灾。自 60年代以来，由于大量生产和使用空调、冰箱以及塑料制品，以致向大气中排放的氯氟烃大量增加，因而造成地球上空平流层里的臭氧层开始遭到破坏，1984 年南极一个监测站发现该站上空的臭氧总量只有 60 年代初的 60%。臭氧层的作用类似一个自然过滤器，它可以吸收和阻挡对生命有害的太阳紫外辐射，如果平流层里的臭氧含量减少，将会使到达地面的紫外辐射强度增加，结果引起人类皮肤癌和白内障，并妨害某些重要农作物的生长。

除了大气污染和破坏以外，其他一些人为的环境污染问题也令人触目惊心。最早的严重环境污染事件是 50 年代至 60 年代发生在日本熊本县水俣镇的水俣病事件和发生在富山县的骨痛病事件。前者是因附近工厂将含汞废料排入海水使鱼中毒，人和猫吃了毒鱼后中毒患病或死亡；后者则是当地工厂将含镉废水排入河里，人吃了用河水灌溉的稻谷导致镉中毒而引起骨痛甚至死亡。1984 年 12 月，一家美国公司设在印度的农药厂发生剧毒原料泄漏事故，其毒雾随风扩散到居民区后造成 3000 人死亡和 20 万人伤残，其中 5 万人双目失明，大批牲畜也中毒死亡，水源遭到污染。从 1945 年以来，各大国进行的大量核试验使大气层中的放射性物质含量大大增加，普遍影响到全世界人们的健康，核废料的处理也成为令全世界头疼的问题。70 年代能源危机之后，核电站得到迅速发展，虽然能源危机得以缓解，然而却发生了几起惊人的核泄漏事故。一起是 1979 年 3 月美国三里岛核电站的一座反应堆发生辐射溢出事故，另一起就是 1986 年 4 月前苏联的切尔诺贝利核电站的反应堆发生的爆炸事故。后者造成大量放射性物质泄漏，直接导致 31 人死亡，数年后查明有 1700 多人因辐射致癌，西欧和世界许多地方都能检测出这次泄漏的放射性物质。其他较小的环境污染问题同样也令人担忧,比如海上石油钻探和油轮漏油、各种农药的有毒残余、大量难以降解的合成材料、过度的噪音公害、大规模的沙暴等等,都会污染环境,给人类和动植物造成不同程度的损害。

最后,环境危机还表现在森林被大面积地破坏和生物物种的急剧减少等方面。地球原有的森林面积约为 76 亿公顷,覆盖率高达 66%。到 20 世纪 70 年代末,森林面积已减少到 26 亿公顷,80 年代中期世界森林覆盖率已降到 22%左右。除了森林火灾造成的损失外,人类的过度砍伐是森林面积减少的主要原因。几十年来,素有"地球之肺"美誉的热带雨林已被毁坏了近一半,日本公司还与巴西合作大规模采伐亚马逊原始森林,使这个人类最大的森林资源面临着毁灭的危险。热带雨林的消失将会带来土地沙漠化和气候异常的灾难性后果。在森林资源的使用上,欧、美、日等发达国家的木材消耗占世界消耗总量的 90%,而为此付出毁坏森林的代价的却大多是亚非拉的发展中国家和地区。生态环境的破坏和污染以及无节制的渔猎进一步造成了地球上生物物种的急剧减少。全球原有生物物种 500 万至 3000 万,长期以来物种的灭绝速度和形成速度基本持平。但是进入 20 世纪以后,平均每年灭绝一个物种,到 80 年代,每天灭绝一个物种,最近有报道指出,物种灭绝已经达到令人震惊的每小时灭绝一种的速度。据估计,今后数十年内将有 1/4 的物种灭绝,另有 5%—15%濒临灭绝。人类和大自然是互相依存的,大批动植物的消亡会严重破坏生态平衡,反过来对人类产生极为不利的影响。

面对日益恶化的生态环境危机,人们开始普遍关注如何保护人类和所有动植物的共同生存环境的问题。1962 年,美国女作家雷切尔·卡森(1907—1964 年)出版了《寂静的春天》一书,提出杀虫剂污染造成的生态破坏,由此引起了一场对使用农药的争论,这场争论唤起了欧美各国公众对环境污染问题的危机意识。

1968 年 4 月,一个专门讨论世界现状和未来的国际性民间学术团体罗马俱乐部成立,并于 1972 年发表了《增长的极限》的研究报告,罗列出几个将会导致人类困境的全球问题:人口过度增长,粮食供应紧张,环境污染和资源耗竭,报告中的悲观预言在西方国家引起了强烈的反响。同年,受联合国委托,英国经济学家巴巴拉·玛丽·沃德(1914—1981 年)和美国微生物学家勒内·杜博斯(1901—1982 年)主编的《只有一个地球——对一个小小行星的关怀和维护》一书出版,奠定了环境科学的基础。此后,环境科学迅速发展起来,形成了许多分支学科,如环境法学、环境伦理学、环境经济学、环境工程学、环境医学、环境化学和环境生物学等。各种有利于环境保护的技术和产品也纷纷发明和制造出来。随着生态意识的深入人心,西方社会开始掀起了一场防止生态灾难、保护人类生存环境的群众性运动。人们走上街头,要求政府采取有力措施治理和控制环境污染。科学家、学者和各界知名人士纷纷发表文章,揭露污染环境的公害事件,谴责掠夺自然、破坏生态的行为。各国政府在生态环境问题和民间环保运动的压力下,也开始建立与环境保护有关的机构并且颁布了相关法律。自发的环保志愿者小组在西方到处出现,展开了有组织的绿色和平行动。1971 年,一个反对核试验、环境污染和捕杀海洋生物的国际性环保组织——绿色和平组织成立,总部设在新西兰的奥克兰港,它的成员经常驾驶“彩虹勇士号”轮船到世界各地去英勇地阻止核试验和猎杀海洋生物的活动,目前该组织已在全世界 45 个国家和地区设立了分部。在日益发展壮大的环保运动的基础上,世界上第一个绿党组织——澳大利亚的塔斯马尼亚联合会于 1972 年 3 月宣布成立,同年 5 月世界上第一个全国性绿党——新西兰的价值党也正式成立。该党成立后立即参加了当年的新西兰大选,提出了自己的激进竞选纲领,内容包括零经济增长、零人口增长和允许堕胎等法律改革方案。此后,各种绿党和绿色组织如雨后春笋般在欧美各国涌现出来,如 1972 年在联邦德国成立的环境保护——全国自发组织联合会以及 1980 年 1 月成立的德国绿党等等。目前德国绿党已经成为与传统的右翼和左翼政党并列的第三派政治势力,其代表在联邦议院占有相当的席位并在社民党组织的联合政府里担任重要职务。目前,欧美几乎所有的国家里都有一个以上绿党组织,其代表逐步被选入地方和全国的议会,欧洲议会里也有不少绿党的代表。同时绿党还成立了跨国的联合组织,1984 年西欧绿党在比利时召开了第一次代表大会,目前欧洲绿党联盟已有来自各国的 31 个成员党,另有 7 个党正在申请加入。在西方乃至全世界,绿党已成为一支正在崛起的新生社会政治力量,它们那些具有明显后现代价值取向的激进思想将越来越有力地冲击现代工业社会的传统观念和传统生活方式,并且有可能改变由左右两翼轮流执政的传统政治格局。

　　随着时间的推移,越来越多的国家开始认识到,保护生态环境是全球性的系统工程,需要进行广泛的国际合作才能取得真正的效果。于是,各种双边和多边的国际环保协定纷纷签订,以便更有效地保护互相毗邻的共同自然环境,如《美加大湖协定》、《美墨海洋污染协定》和控制地中海污染的协定等等。联合国在国际环保工作中发挥了巨大的作用,从建立时起它就将自然保护问题列入了其工作范围之内,经常召开涉及自然保护的国际科学技术会议。1961 年,经社理事会通过一项决议,提出建立禁猎区和自然保护区网的要求。1972 年 6 月和 1982 年 5 月,联合国在斯德哥尔摩和内罗毕先后主持召开了两次环境与发展国际会议,分别通过了《斯德哥尔摩宣言》和《内罗毕宣言》,呼吁各国政府和人民为了全人类和子孙后代的利益,在科研和环境管理方面加强国际合作,共同努力维护地球的生态环境。1972 年联合国大会通过决议,把每年 6 月 5 日定为“世界环境日”,号召世界各国人民紧急行动起来,爱护地球,保护环境。1973 年 1 月,联合国成立了环境规划署，加强了国际环境立法的工作。1987年9月，在联合国主持下各国达成了旨在保护臭氧层的《蒙特利尔议定书》，此后联合国还成立专门机构，举行各种会议，研究挽救臭氧层、阻止温室效应和全球变暖的问题。1992年6月，联合国在里约热内卢召开了规模空前的第三次环境与发展国际大会，118个国家的领导人出席了大会，180多个国家和地区派代表团参加。会议通过了《里约环境与发展宣言》（又称《地球宪章》）等文件，签署了《气候变化框架公约》和《保护生物多样性公约》，并作出了发达国家每年应拿出占国民生产总值0.7%的资金来帮助发展中国家治理环境的决定。

　　无论今后世界会发生怎样的变化，人类总要继续生存下去，人类文明和世界历史总要继续发展，因而作为万物灵长的人类就必须抓住机遇、迎接挑战，切实地承担起维护世界和平、保护地球生态环境的沉重责任，使蛮荒的宇宙中这只目前所知惟一的生命之舟能够永远成为人类和所有生物的共同家园。

22　爱因斯坦像

第 七 章

20 世纪的西欧科学与哲学

　　20 世纪是现代自然科学突飞猛进的时代，人类已经将科学研究的触角伸向了宏观宇宙、微观粒子、地球结构和生命机制。在创立相对论、量子力学、宇宙大爆炸理论、地球板块构造学说，发现各种基本粒子和生物遗传机制，以及研制各种抗生素药物等方面，西欧的科学家们都做出了卓越的贡献。当代西方哲学的两大主流，即主要依据数学、逻辑学和自然科学的分析哲学以及关注人的存在和自由的人文哲学，都起源于西欧，它们深刻地反映出20 世纪科学革命的影响和两次世界大战给西欧文明带来的灾难和危机。西方马克思主义对当代资本主义社会的独到剖析体现出左派知识分子深切的社会责任感和清醒的批判意识，而后现代主义则对西方传统哲学和文化发起了更加激进的攻击，其解构的锋芒甚至指向了微观社会权力、现代性本身、人类中心论和西方中心论。西欧的社会科学家们在心理学、人类学、经济学和历史学等领域也都有所开拓，在人类深层心理、社会结构与功能、总体历史以及经济自由主义和国家干预主义等方面均提出了一系列前所未有的新观念。

一、自然科学的新成果

到 19 世纪末,以牛顿力学为主干的经典物理学已达到了几乎完美无缺的程度,科学家们相信,只要能建立起相应的力学模型就可以解释一切物理现象。然而,就在 20 世纪刚刚来临的 1900 年 4 月,英国物理学家开尔文勋爵即在一次讲演中指出,经典物理学晴朗的天空上出现了两朵乌云,这是经典物理学难以解释的现象。事实上,当时的物理学领域中已经出现了许多经典物理学所不能解释的实验结果。这些新的实验结果使物理学陷入了危机,并最终引发了一场深刻的物理学革命,由此诞生了相对论和量子力学。

在 19 世纪末,人们普遍认为,正如声音是在某些物质媒介中传播的声波振荡一样,电磁波也是电磁振荡在某种物质媒介中的传播,而这种媒介就是笛卡儿所设想的看不见、摸不着、但充满整个宇宙的"以太"。为了探测以太的存在和它相对于地球的漂移运动,美国物理学家艾伯特·亚伯拉罕·迈克尔逊(1852—1931 年)设计了一个精密的实验,让光线在平行和垂直于地球运动的方向上等距离地往返传播,如果地球是相对于静止的以太而运动的,那么平行于地球运动方向的光线传播所用的时间就会与垂直传播的时间之间有一个微小的差异。然而,迈克尔逊在 1881 年的第一次实验中没有发现任何时间差异,似乎地球是相对于以太静止的。1887 年,即牛顿的《自然哲学的数学原理》出版 200 周年,迈克尔逊与美国化学家爱德华·威廉斯·莫雷(1838—1923 年)合作进行了更精密的重复实验,得到的仍然是零结果。这个结果引起了物理学界的震惊,牛顿经典物理学大厦的基础开始动摇了。为了在保全经典物理学的同时解释这种零结果,爱尔兰物理学家乔治·弗朗西斯·菲茨杰拉德(1851—1901 年)于 1889 年提出了物体在以太风中收缩的假说,即在运动方向上,物体的长度会缩短，收缩的程度恰好弥补了因地球相对于以太运动所引起的两束光线传播的时间差异，因而无法探测出以太漂移的现象。1992年，荷兰物理学家亨德里克·安东·洛伦兹（1853—1928年）也独立地提出了收缩假说并给出了著名的"洛伦兹变换"，该变换使相对于以太运动或静止的两种坐标系均能满足同样形式的麦克斯韦方程。洛伦兹的工作虽然在表面上保住了经典物理学的形式，但是修正了许多传统的物理学概念，比如运动粒子的质量不再是不变的，光速是一切速度的上限等。至此，物理学革命的时机已经成熟，而这场革命的先锋和主将正是伟大的物理学家艾伯特·爱因斯坦（1879—1955年）。

爱因斯坦于1879年出生在德国南部小城乌尔姆的一个犹太人家庭，1900年毕业于瑞士苏黎世的联邦工业大学，1901年取得瑞士国籍并在伯尔尼专利局当技术员，1908年开始在大学任教，以后在瑞士、德国和美国的多所大学和科研机构担任教授并从事科研工作。1933年，希特勒在德国上台后，爱因斯坦迁居美国并于1940年加入美国国籍。早在1895年左右，16岁的爱因斯坦就开始思考电动力学的问题。在伯尔尼期间，爱因斯坦曾与几个朋友组织了一个学习小组，经常在一个名为奥林匹亚的小咖啡馆聚会讨论哲学和科学的前沿问题，他们戏称自己的小组为"奥林匹亚科学院"。当时马赫对绝对时空观的批判给予爱因斯坦以深刻的影响，促使他重新检讨牛顿力学的时空观念。1905年，爱因斯坦在德国《物理学年鉴》上发表了5篇论文，除了一篇关于分子维度的论文为他赢得了苏黎世大学的博士学位之外，其他4篇论文都具有重大的科学意义，由此揭开了物理学革命的序幕。第一篇论文从数学上解决了布朗运动的问题，第二篇论文则以量子理论解释了光电效应的现象。第三篇论文《论运动物体的电动力学》标志着科学史上一个具有划时代意义的重大突破，在这篇论文中爱因斯坦第一次提出了举世闻名的狭义相对论，从根本上改造了经典力学的绝对时空观，创立了全新的时间和空间理论。这样，以太概念成了无用的假设，以太漂移问题也就不存在了，而迈克尔逊—莫雷实验的零结果就是正确的。为了破除传统的绝对时空观，爱因斯坦首先指出了同时性的相对性，即两个事件是否同时发生取决于观察者的运动状态，对于一个参照系里的观察者是同时的两个事件，对于另一个参照系里的观察者则可能不是同时的，因而同时性是相对的而不是绝对的。宇宙中惟一绝对的东西只有光速，光速在所有的惯性参照系中保持不变，并且是物体运动的速度极限。由此出发，爱因斯坦否定了牛顿力学所设想的与任何运动状态无关的绝对空间和绝对时间框架，提出了相对论的空间和时间观念。其要点是：空间、时间和质量的量度依赖于物体运动的状态，处于高速运动中（特别是接近光速时）的物体，其运动方向上的尺子会缩短，运动中的时钟将变慢，物体本身的质量将会增加，三者变化的幅度符合洛伦兹变换。到目前为止，时钟变慢的相对论效应已经在高速飞行的精确实验中获得了证实，而质量增加的效应也在现代粒子加速器的实验中得到验证。不仅如此，爱因斯坦还抛弃了牛顿力学中互不相关的三维空间和一维时间，代之以相互紧密联系的四维空-时连续统。在第四篇论文中，爱因斯坦依据狭义相对论做出了关于质量与能量相当性的推论，提出了著名的质能关系公式 $E=mc^2$，此处的 E 是能量，m 是质量，c 是真空中的光速。质能关系式清楚地表明，质量和能量具有同一性，它们可以在一定的条件下相互转化，很小的质量全部转化后可以释放出极其巨大的能量。爱因斯坦的质能关系式为放射性元素释放的能量和太阳能量的计算提供了数学手段，也为制造原子弹和氢弹提供了理论依据。

然而，狭义相对论只涉及惯性参照系，而没有考虑到加速运动，为了克服双生子佯谬等难题，解决变速运动中的相对论效应问题，就必须将相对论推广到非惯性系之中去。1916 年初，爱因斯坦发表了《广义相对论的基础》一文，建立了广义相对论的基本理论。实质上，广义相对论也就是现代的引力理论。爱因斯坦成功地将相对性原理推广到引力场中，指出引力场即相当于一个非惯性系，一个物体正处于引力场中与它正在被加速是没有分别的，这就是等效原理。这样，原来牛顿力学中的惯性质量和引力质量的相等就不再是偶然的或武断的，而成为等效原理的一个自然推论，从而在相对论中获得了新的理论解释。同时，广义相对论认为，由于有物质存在，空间和时间会发生弯曲，因此现实的空间并不是平坦的欧几里得空间，而是弯曲的黎曼空间，空间的曲率取决于物质的质量及其分布状况。引力场实际上就是一个弯曲的空—时，其曲率表现出引力场的强度。这样，爱因斯坦就在广义相对论中用弯曲的四维空—时取代了狭义相对论中平坦的四维空—时。广义相对论进一步揭示了四维空—时同物质的统一关系，在更深的层次上否定了牛顿力学中脱离物理实在而独立存在的空虚空间的概念，指出不是物理客体存在于空间之中，而是这些客体本身具有空间的广延。为了在实验上对广义相对论做出验证，爱因斯坦提出了三个理论预言和推论。第一是水星近日点的进动，爱因斯坦用太阳引力使空间弯曲的理论精确地解释了水星近日点进动中每 100 年 43 秒的弧度偏差。第二是引力红移，即在强引力场中光谱应当向红端移动，20 年代的天文观测结果证实了这一点。第三是光线在引力场中偏转，1919 年 5 月 29 日科学家们在西非普林西比岛和巴西索布腊尔拍摄的日全食照片最终证实，星光在太阳附近的确发生了爱因斯坦所预言的偏转。英国皇家学会会长汤姆森在公布观测结果的会上盛赞，爱因斯坦的相对论是人类思想史上最伟大的成就之一。从此，相对论获得了举世公认，相对论的时空观彻底取代了牛顿的绝对时空观，实现了人类时空观念发展史上的一次伟大变革。不仅如此，相对论对物理学的所有分支发生了普遍的影响，以前的一切物理学理论都必须依照相对论重新修改，只是在低速运动和小尺度空间的范围内，由于相对论效应微小得可以忽略不计，因而仍然可以近似地使用牛顿力学和欧几里得几何学。

19世纪末到20世纪初，X射线、放射性和电子的发现打破了道尔顿原子论关于原子不可再分的观念，原子物理学逐步揭示出原子内部的复杂结构，从而导致了继相对论之后的另一个革命性理论即量子力学的产生。早在19世纪30年代，法拉第就已发现真空中放电会产生辉光现象。此后，物理学家们进一步发现，真空管内通电时其阴极会发出一种具有能量并受磁场影响的射线，因而它被称为阴极射线。1895年11月，德国物理学家威廉·康拉德·伦琴（1845—1923年）在做阴极射线实验时，意外地发现了一种具有极强穿透力的新射线，它可以穿透皮肉透视骨骼，使照相底片感光，因而在医学上有很大用途。这一发现的公布引起了轰动，但物理学家对它的本性一时还搞不清楚，因此给它取名"X射线"。1901年，伦琴由于发现X射线而成为世界上第一个荣获诺贝尔物理学奖的人。1896年2月，法国物理学家昂利·贝克勒尔（1852—1908年）受伦琴实验的启发，发现铀的化合物同样可以穿透黑纸使照相底片感光，而且不必依赖任何外界条件，他最后确定这种新射线是从铀原子本身发出的。1898年4月，波兰女科学家居里夫人（1867—1934年）发现钍也像铀一样具有放射性，于是她和她的丈夫、法国实验物理学家皮埃尔·居里（1859—1906年）一起对放射性物质进行了系统的研究，"放射性"一词就是居里夫人首先使用的。同年7月和12月，居里夫妇相继发现了另外两种新的放射性物质，一种是放射性比铀强四百倍的重元素钋，另一种是重元素镭，其放射性竟然比铀强二百多万倍。由于其出色的研究成果，居里夫人于1903年和1911年两次荣获诺贝尔奖，第一次是与丈夫和贝克勒尔分享物理学奖，第二次是她单独获得化学奖。继居里夫妇之后，科学家们又于1899年发现了放射性元素锕，并且发现放射性是几乎所有比铅和铋重的金属元素的共同属性。与此同时，英国物理学家约瑟夫·约翰·汤姆森（1856—1940 年）在 1897 年对阴极射线进行了实验研究，证明阴极射线是一种带负电的粒子流，从而否定了它是一种以太波的假说。翌年，汤姆森进一步测出阴极射线的粒子质量为氢离子的千分之一，并指出它是组成一切化学原子的共同成分，取名为"微粒"或"电子"。从此，物理学研究开始深入原子内部奇妙的微观世界。

在 20 世纪初，另一个经典物理学无法解决的难题导致了量子论的产生，这个难题就是古典热力学的黑体辐射问题。当时，由经典理论推导出来的关于黑体辐射的光谱能量分布的瑞利—金斯定律，仅在长波部分与实验结果基本符合，而在短波部分则与实验结果严重背离，因而被称为"紫外灾难"。1900 年，德国物理学家马克斯·普朗克（1858—1947 年）提出了一个新的能量分布公式，不过这只是依据长波和短波部分的实验结果而做出的经验公式，尚缺乏合理的理论解释。同年 12 月 14 日，普朗克向德国物理学会报告了他的一个大胆的理论假说：物体在发射和吸收能量时，能量的数值不是连续变化的，而是以一个能量单元的整数倍的形式跳跃地变化的。这种不可再分的最小的能量单元被他称为"能量子"或"量子"。这个假说很好地解释了他提出的关于黑体辐射的能量分布公式，量子论也由此诞生了。

然而，由于量子论引进了"非连续性"的概念，与传统的"自然界无跳跃"的信念发生了矛盾，因而大多数物理学家起初都不愿意接受这个新理论。惟有爱因斯坦首先意识到量子概念的普遍意义，并很快将其运用到光电效应的领域，建立起光量子理论。当时人们已经发现，金属在光的照射下可以发射出电子，但是光的强度只能影响到发射出来的电子的数量，而不能增加单个电子的发射能量，经典物理学无法解释这种现象。爱因斯坦在 1905 年发表的一篇论文里将普朗克的量子理论加以推广，提出光也是由具有特定能量的光量子组成，正是这些光量子激发了金属内部的电子，一个光量子可以从金属原子中激发出一个具有特定能量的电子，随着光线的增强（光量子增加），被激发出来的电子数目也相应增加，但是单个电子的能量却并不增加。这样，爱因斯坦完满地解释了光电效应的现象，也因此获得了 1921 年的诺贝尔物理学奖。光量子理论的提出使延续数百年的关于光的本性的争论进入了一个新的阶段，爱因斯坦同时肯定了微粒说和波动说对于描述光的行为的意义，认为它们各自反映了光的本性的一个侧面，光时而表现出粒子性，时而又表现出波动性，这就是现代物理学意义上的光的波粒二象性。

　　放射性和电子的发现促使人们进一步研究原子的内部结构，当时曾出现过一些不同的原子结构模型，如布丁模型和土星环模型等，但这些理论模型大都与实验观测不符。1911 年，新西兰出生的英国物理学家欧内斯特·卢瑟福（1871—1937 年）提出了原子的有核模型，指出原子的质量主要集中在核上，电子绕核旋转，其所带的负电正好与核所带的正电相等，因而原子表现为电中性。翌年，实验证实了有核模型所提出的理论预言，但是卢瑟福原子模型仍存在着不稳定的缺陷。1913 年，丹麦物理学家尼尔斯·玻尔（1885—1962 年）把这一模型和量子论结合起来，提出了一种量子化的原子结构理论：电子只在一些特定的圆形轨道上绕核运行；电子运行时并不发射能量，因而是稳定的；只有当电子从较高能量的轨道跃迁到较低能量的轨道时才发出辐射，反之则吸收辐射能。这个理论不仅解决了卢瑟福模型的稳定性问题，而且在处理简单的氢原子结构时，完全符合光谱分析所得的实验结果。然而，玻尔的量子化原子结构理论只能说明氢原子这样的简单情况，对于多电子的原子光谱便无法解释了，量子论遇到了困难。

　　1923 年，法国物理学家路易—维克多·德布罗意（1892—

1987 年）另辟蹊径，提出了物质波理论，将量子论推进到新的阶段。德布罗意受爱因斯坦光量子理论的启发，觉得可以将其推广到包括电子在内的一切物质粒子。当年 9 月到 10 月，他在 3 篇论文中提出了电子也是一种波的假说，并且预言电子束穿过小孔时会发生衍射现象，该现象在几年后被实验观测所证实，物质波理论由此得以确立。沿着这一思路，奥地利物理学家埃尔温·薛定谔（1887—1961 年）于 1926 年提出用一系列的波代替玻尔原子模型中的电子，并且推导出符合实验数据的波动方程，从而创立了波动力学。与此同时，德国物理学家维尔纳·海森堡（1901—1976 年）于 1925 年创立了解决量子波动理论的矩阵方法，用光谱线频率和强度等可观测的量取代了玻尔理论中不可观测的电子轨道和运行周期等概念。同年 9 月，海森堡的老师马克斯·玻恩（1882—1970 年）和另一位物理学家帕斯奎尔·约丹（1902—1980 年）合作，将海森堡的思想发展成为系统的矩阵力学理论。起初，波动力学和矩阵力学的创始人都认为对方的理论有缺陷，然而到 1926年薛定谔发现这两种理论在数学上是完全等价的，此后两大理论统称为量子力学。1930 年，英国理论物理学家保罗·狄拉克（1902—1984 年）出版了一本名为《量子力学》的书，他在该书中提出了一种十分抽象的数学理论，将波动力学和矩阵力学都统一在一种逻辑一贯的数学形式之中。

　　量子力学建立后，双方就其物理意义又发生了争论。薛定谔认为，波动方程中的波是一种物质波，而粒子性只是波的某种密集状态，即"波包"。玻恩则认为，电子的粒子性更为基本，它的波函数则表征电子在某时某地出现的几率。1927 年，海森堡提出了微观领域中的测不准原理，即任何一个粒子的位置和动量不可能同时准确地测量，若准确地测量一个，另一个就完全测不准。玻尔将这种测不准关系归因为经典物理学概念的局限性，因此他在此基础上提出了"互补原理"，认为在量子领域中总是存在着互相排斥的两套经典特征，正是它们的互补构成了量子力学的基本特征。然而，爱因斯坦却不以为然，他始终认为统计性的量子力学是不完备的。爱因斯坦和玻尔之间的争论直到他们去世时仍然没有得出最终结论。不仅如此，量子力学革命所带来的猛烈冲击已经越出了科学界，在哲学界也引起了广泛的讨论，一些古老的哲学概念，例如主观性和客观性、必然性和偶然性、决定论和非决定论等等，都重新受到人们的批判审查，无论结论是什么，科学的进展无疑正在深刻地改变着人们的世界观和认识世界的方法论。

随着现代实验手段的不断改进，原子物理学逐步深入到原子内部的微观世界，发现了越来越多的基本粒子，进一步揭示了微观世界的物质结构和规律。卢瑟福在其早期研究中已经发现放射性物质所发出的射线分为带正电的 α 射线、带负电的 β 射线和不受磁场影响的 γ 射线。1910 年，卢瑟福用 α 粒子轰击原子，发现了原子核的存在，从而建立起原子的有核模型。1914 年，他又用阴极射线轰击氢，结果打掉了氢原子的电子，剩下的部分变成了带正电的阳离子，被他命名为质子，但它实际上是氢的原子核。1919 年，卢瑟福用经过加速的高能 α 粒子轰击氮原子，结果从氮原子核中打出了质子，使氮原子嬗变成了氧原子。这是人类第一次真正把一种元素变成了另一种元素，实现了古代炼金术的梦想。1932 年，卢瑟福的学生詹姆斯·查德威克（1891—1974 年）在他自己和其他物理学家的实验基础上发现了具有电中性的中子，并且用云室方法测出了中子的质量。于是，海森堡立即提出原子核是由质子和中子组成的，两者统称为核子，这种质子—中子模型很好地说明了原子量和原子序数的问题。1934 年，居里夫人的女婿弗雷德里克·约里奥（1900—1958 年）和女儿伊莱娜·居里（1897—1956 年）用 α 粒子轰击铝，产生出一种自然界中不存在的放射性元素——磷的同位素，首次实现了人工产生放射性元素。同年，意大利物理学家恩利科·费米（1901—1954 年）改用中子去逐个轰击各种元素的原子，获得了几十种不同元素的放射性同位素，同时他还发现经过减速的慢中子可以激发更加强烈的核反应。1938年，德国化学家奥托·哈恩（1879—1968年）发现用中子轰击铀核会产生一些比铀轻很多的元素，这与以前发现的原子嬗变现象极为不同。奥地利女物理学家丽瑟·迈特纳（1878—1968年）提出了一个大胆的解释：铀核在俘获一个中子后会裂变为两个大致相等的部分，由于裂变过程中会发生质量亏损，根据爱因斯坦的质能关系式，核裂变应该释放出大量的能量，这一设想很快便得到了实验证实。费米得知核裂变的消息后，立即提出了链式反应的概念，即当中子轰击铀核使其分裂时必定产生新的多余中子，这些新的中子将继续轰击其他铀核使之分裂，这种反应就像链条一样快速进行下去，从而在短时间内释放出无比巨大的能量。不久，实验完全证实了链式反应的可能性。至此，人类利用核能的条件已经成熟，它同时给人类带来了福祉和毁灭的威胁。

在海森堡提出原子核由质子和中子组成的理论之后，许多科学家纷纷进一步探索原子核内部的结构，各自提出了原子核的液滴模型、壳层模型以及综合模型。然而，人们仍然没有弄清核内质子和中子的相互作用的情况，因为当时已发现的引力和电磁力都不能解释质子和中子之间的相互作用。1935年，日本物理学家汤川秀树（1907—1981年）提出，电磁相互作用的本质在于电磁场之间相互交换场量子γ粒子，而原子核内质子和中子之间的相互作用也是通过类似方式进行的，不过在这里所交换的是一种新的粒子，这种新的粒子被称为介子。1938年，美国物理学家卡尔·大卫·安德森（1905—1991年）首先在宇宙线中发现介子（μ介子）的存在。1947年，英国物理学家塞西尔·弗兰克·鲍威尔（1903—1969年）终于在宇宙线中发现了汤川秀树所预言的介子，它被命名为π介子。人们在此后的研究中发现，以π介子传递方式产生的相互作用具有强度极大、与电荷无关、作用距离和时间极短的特点,因而这种相互作用被称为强相互作用。1933 年,费米在研究原子核的 β 衰变时,发现了另一种性质不同的相互作用,后来被称为弱相互作用。1956 年,华裔美国物理学家李政道(1926—)和杨振宁(1922—)提出了弱相互作用下的宇称不守恒定律,不久后另一位华裔美国物理学家吴健雄(1912—)女士以实验证实了这一理论,从而深化了人类对微观世界的认识。目前,我们已知宇宙中存在着引力、电磁力、强作用和弱作用四种相互作用力,一些科学家不满足于这种分离状况,一直在努力探索这四种力之间的统一性。爱因斯坦去世前曾尽全力从事统一场论的研究,希望能把引力和电磁力统一起来,但是终因时机不成熟而没有成功。60 年代后期,美国物理学家谢尔登·李·格拉肖(1932—)、斯蒂文·温伯格(1933—)和巴基斯坦物理学家阿卜杜斯·萨拉姆(1926—)先后提出了弱相互作用和电磁力的统一模型,取得了一定的成功,三人因此同获 1979 年的诺贝尔物理学奖。

直到 20 世纪 30 年代,人们发现的基本粒子只有电子、质子、中子和光子,但是不久以后科学家们就在宇宙线和高能加速器中发现了一大批基本粒子。其中最早发现的是狄拉克曾经预言过的正电子,它是美国物理学家安德森于 1932 年在研究宇宙线时观察到的。不久人们又发现,当正电子和负电子相遇时会发生湮灭,然后转化为两个光子。后来人们逐渐发现,几乎所有的粒子都有其反粒子,换言之,物质和反物质具有一种基本的对称性。50 年代以后,由于高能加速器的诞生,人们相继发现了中微子和许多寿命较短的共振态粒子。到目前为止,比较稳定、寿命较长的基本粒子已有数十个,而不太稳定、寿命较短的基本粒子则有数百个之多,而且随着大型和超大型高能加速器的发展,几乎每年都有新的基本粒子被发现。基本粒子的增加向科学家们提出了研究基本粒子结构的课题。1964 年,美国物理学家默里·盖尔曼(1929—)

正式提出基本粒子结构的"夸克模型",用三种不同类型的夸克(上夸克、下夸克、旁夸克)及其反夸克的组合来说明强子(静止质量比较大的基本粒子)的生成、湮灭和转化。70年代以来,为了说明新的实验事实,人们又增加了"粲夸克"、"底夸克"、"顶夸克"等新的夸克。虽然夸克模型在解释实验事实上取得了相当的成功,但人们在高能物理实验中却从未发现过单个的自由夸克,于是有人提出了夸克禁闭假说,认为由于夸克间的结合力随着距离的增大而急剧增加趋向无穷,所以夸克可能永远被禁闭在强子之中。当然,这不会是科学的最后结论,人类对于微观世界的认识仍然在不断深化。

20世纪初的物理学革命也促进了化学的变革,X射线和电子的发现、元素嬗变的实现、原子结构的阐明和量子力学的建立从根本上改变了19世纪化学的一些基本概念,突破了原子不可分、元素不能改变的传统观念,为原来仅仅是经验规律的元素周期律提供了理论上的解释。20世纪初化学家们发现,决定元素在周期表中排列次序(即原子序数)的是原子核所带的电荷数(也是原子核内的质子数)。于是,一些化学家开始按照原子序数制作新的元素周期表,现代形式的元素周期表是根据瑞士化学家阿尔弗雷德·维尔纳(1866—1919年)于1905年提出的设想绘制的。随着化学分离提纯方法的进步,新的元素不断被发现,到30年代已经排到第92号元素铀,远远超过了门捷列夫周期表中的66个元素,1940年又发现了93号元素镎和94号元素钚,到1996年为止,已知元素已经达到112个之多,其中90多个是天然元素,其余都是人工制造的元素。1913年玻尔提出的原子结构理论和1925年沃尔夫冈·泡利(1900—1958年)提出的"不相容原理"进一步阐明了元素的性质为什么是原子序数的周期函数。量子力学建立后,电子云(电子在核外空间出现的几率)的概念取代了玻尔的电子轨道概念,成为量子化学的理论基础。对于放射性元素的研究使人们发现了同位素和同量异序元素，中子的发现又使化学家们认识到各种同位素的原子核是由相同数目的质子和不同数目的中子组成的，元素的化学性质主要由质子数决定，而原子量则是质子数和中子数之和。电子的发现和量子力学的建立也促使人们用电子在原子和分子中的分布和运动规律来说明物质的性质和化学变化，到 30 年代已经建立起价键理论和分子轨道理论，为各种化合物的形成机制提供了新的解释。各种新的实验方法，如 X 射线衍射法、电子衍射法、中子衍射法和分子光谱法等也被用于晶体结构和分子结构的研究，取得了可观的成果。此外，高分子化学、生物化学和植物化学的最新研究成果极大地推动了新材料合成工业、医疗事业和农业生产的发展。

20 世纪的科学不仅揭开了微观世界的奥秘，同时也将人类的视野扩展到浩瀚的宇宙空间，光学望远镜的改进扩大了可见光的观测距离，而射电望远镜的发明则冲破了地球和银河系的光学屏障，将人类的观测范围扩大到距离地球 100 多亿光年的天体与河外星系。天体物理学的发展导致了现代宇宙学的诞生，在大尺度天文观测和相对论的基础上，人们开始描绘出宇宙的整体特征，最终建立起大爆炸宇宙模型。1917 年，美国在威尔逊山天文台建造了当时最大的反射望远镜（2.5 米口径）。1924 年，美国天文学家埃德温·鲍威尔·哈勃（1889—1953 年）用它观察仙女座大星云，第一次发现它实际上是由许多恒星组成的河外星系，而不是银河系内弥散状的星际物质，哈勃还用光度方法计算了它的距离，得知它位于 70 万光年之外。此后，哈勃继续观测河外星系，积累了许多河外星系的距离数据，并将人类的视野扩展到 5 亿光年。同一时期，美国另一位天文学家维斯托·梅尔文·斯莱弗（1875—1969 年）在观测中发现，几乎所有河外星系的光谱都有红移现象，根据多普勒效应，这就意味着它们正在远离地球而去，其中退移最快的室女座星云的速度竟达到每秒 1000 公里。1929 年，哈勃根据斯莱弗和自己的工作结果，提出了著名的哈勃定律，即星系的红移量与它们的距离成正比，这一定律获得了以后观测的证实。哈勃定律所指出的河外星系的系统性红移，如果按照多普勒效应解释，则表明宇宙整体处于四处逃散或全面膨胀的状态。

在相对论诞生以前，牛顿宇宙学认为空间和时间都是无限的，但是空间的无限性却带来了夜黑佯谬等一些无法解释的问题。因此，爱因斯坦在1917年根据广义相对论建立了一个有限无边的静态宇宙模型。20年代，苏联物理学家亚历山大·亚历山大罗维奇·弗里德曼（1888—1925年）和比利时天文学家乔治·勒梅特（1894—1966年）等人也根据相对论相继构造出膨胀或收缩的宇宙模型。起初这些理论并没有引起人们的重视，直到1929年哈勃定律公布后，相对论宇宙学预言的宇宙大尺度膨胀现象终于获得了证实。于是，人们由此推测宇宙在早期应当处于一种密集的状态，而且宇宙应当有年龄。经过一番周折之后，天文学家们利用美国于1948年在帕洛马山天文台安装的口径为5米的光学望远镜，终于通过观测和计算估计出宇宙的年龄大约为100多亿年。40年代，俄裔美籍物理学家乔治·伽莫夫（1904—1968年）等人提出了热大爆炸宇宙模型。根据这一理论，宇宙起源于一次巨大的爆炸，在此后的连续膨胀过程中温度和密度逐步降低，所有的天体和化学元素都是在膨胀过程中逐步生成的。大爆炸宇宙论给出了一个重要的预言，即在宇宙膨胀过程中，当各种元素形成并与原初辐射脱离耦合后，宇宙背景中仍然会保持一种黑体辐射。随着二战后射电望远镜和射电天文学的迅速兴起，人们终于在1964年观测到了大爆炸模型所预言的宇宙背景——黑体辐射，从而使大爆炸模型成为宇宙学界公认的标准模型。与此同时，射电天文学还通过观测发现了类星体、脉冲星和星际分子，为天文学提出了更多的新课题。更为重要的是1969年在"人马座"上发现了甲醛分子，说明在宇宙空间存在着生命发生的适宜条件，这无疑对生命起源的研究具有重大意义。2001 年 1 月，一些美国天文学家公布了一项最新观测结果：距地球 57 光年的"天龙星座"CM 星系的中心有两颗直径略大于地球的行星，它们环绕另外两颗恒星运行，其运行轨道贴近恒星，因此可能有液态水存在，这意味着在它们上面有可能进化出生命。如果科学家们未来能够证明在地球之外确实有适合生命存在的其他行星，那么我们在宇宙中就不再孤独。

在 19 世纪后期，主张地壳构造固定论的槽台说在地质学领域中占据着统治地位。槽台说基本上只承认地壳在垂直方向上的运动（地槽运动），却否认水平方向的运动（地台不动）。然而，人们长久以来就一直注意到大西洋两边的非洲与南美海岸线轮廓之间具有惊人的相似性，而在被大洋分隔的非洲、南美和澳大利亚却存在着相似的地层构造和肺鱼、鸵鸟等相近的动植物物种。为了解释这些现象，大陆固定论者曾提出陆桥说等假设，认为隔洋大陆上的生物亲缘关系是由远古时代生物经过大陆桥迁徙而形成的。然而，它却无法解释隔洋大陆之间在岩相和地质构造方面的相似性和连续性，而且人们也找不到任何据说现已沉入海底的陆桥的痕迹。1912 年 1 月，德国地质学家阿尔弗雷德·洛塔·魏格纳（1880—1930 年）在法兰克福地质学会上的报告中第一次提出了大陆漂移说，并于 1915 年出版了《海陆的起源》一书。魏格纳认为，在地质历史上距今 3 亿年的古生代，地球上只有一块泛大陆；大约 2 亿年前，太阳和月亮的引潮力以及地球自转产生的离心力使浮在平坦的大洋壳上的大陆壳分裂成几块，花岗岩层开始在玄武岩层上做水平漂移；到了约 300 万年前，各个大陆终于漂移到今天我们看到的位置。魏格纳从古生物学、地质学和古气候学方面给出了大量的证据，比如大西洋两岸的生物亲缘关系以及岩石和地层构造的相似性，两极地区曾有过热带沙漠，而赤道地区存在着冰川的痕迹等等。然而，魏格纳学说中的一个致命缺陷是没有提出一种关于漂移动力的令人信服的说明。

　　大陆漂移说经过一段时间的消沉之后，随着古地磁学和海洋地质学研究的深入在 60 年代又重新活跃起来。对于岩石内磁极方向的研究表明，地球的磁极在不断地变迁，而且北美和欧洲各有一条形状相同但方向不同的磁极迁移曲线，这种双重曲线只能被解释为大陆漂移的结果。海洋地质学的研究发现，海底并不是平坦的，而且海底的岩石比陆地的岩石要年轻得多。于是，美国地质学家哈里·哈蒙德·赫斯（1906—1969 年）等人在 1962 年提出了海底扩张理论，认为在大洋中脊有一条裂谷，地幔中的熔岩从中溢出，到达顶部后向两侧分流，熔岩冷却后形成新的海底，同时推动原来的海底向两边扩张，带动大陆和海底一起随着地幔流体而漂移。海底扩张说不仅支持了魏格纳的大陆漂移理论，而且将漂移的载体从海底深入到地幔对流层，从而解决了漂移的动力机制问题。在此基础上，加拿大地质学家约翰·图佐·威尔逊（1908—1993 年）于 1965 年首先提出了"板块"概念，并和赫斯以及英国的地质学家们一起提出了板块构造学说。该学说指出，地球表面的整个地壳由几大块坚硬的板块构成，地球内部温度和密度的不均匀分布造成地幔内的熔岩产生热对流，在热对流的带动下各大板块之间发生挤压、拉开或滑过的相对运动，从而产生海底扩张和大陆漂移的运动。几年后，地质学家们开始根据各种探测资料将地壳划分为一些板块，目前已查明的有欧亚、非洲、北美、南美、印度—澳大利亚、太平洋和南极七大板块以及其他一些小板块。板块漂移学说虽然不断有所修正，但它目前仍能很好地解释地壳构造变迁史，为洋中脊、深海沟和山脉的形成以及某些地震和火山爆发等地质现象提供了合理的说明。

　　在生物学方面，1866 年孟德尔发表了《植物的杂交实验》一文，首次阐明了生物的遗传规律，但是并未引起人们的注意。到了 1900 年，荷兰植物学家雨果·德·弗里斯（1848—1935 年）以及德国和奥地利的两位植物学家在各自的研究中不约而同地重新发现了孟德尔学说的重要意义，英国生物学家威廉·贝特森（1861—1926 年）将孟德尔的论文译成英文并在 1906 年第一次提出了"遗传学"一词，此后遗传学研究在西方形成了新的热潮。根据孟德尔的学说，决定物种遗传性状的是遗传因子，那么遗传因子究竟存在于细胞里的什么地方呢？早在 1879 年德国生物学家瓦尔特·弗莱明（1843—1915 年）就已发现，细胞核中存在着一些染色体，这些染色体的数目在细胞分裂过程中增加一倍，分裂后的两个子细胞各分得与母细胞相同数目的染色体。孟德尔被重新发现后，美国生物学家沃尔特·斯坦博勒·萨顿（1877—1916年）于 1904 年证实了染色体与遗传因子的平行性，并且发现染色体总是成对地存在，比如果蝇的染色体是 4 对，人的染色体是 23 对。然而，如此少的染色体怎么能决定众多的遗传特征呢？看来染色体本身并不是遗传因子，但遗传因子一定存在于染色体内，于是萨顿推测每条染色体内可能带有多个遗传因子。1911 年，生物学界改用"基因"一词代替了孟德尔的遗传因子概念。为了更深入地研究染色体和基因的问题，美国生物学家托马斯·亨特·摩尔根（1866—1945 年）从 1909 年开始用果蝇做遗传学的实验，并且在实验结果的基础上建立了完整的基因遗传学说。摩尔根学说指出，基因是一种有机化学实体，它是决定遗传性状的基本单位；染色体是基因的物质载体，基因在染色体上直线排列成基因连锁群；不同染色体上的基因可以自由组合或互换，但同一染色体上的基因却不能自由组合，而必须遵守连锁遗传法则；在某些条件（如辐射、高温）下，基因能够发生突变并保持其变异后的特性。摩尔根的实验还证明了性别是由染色体决定的，并且做出了果蝇染色体的连锁图，确定了每一特定性状的基因在染色体上的位置。摩尔根的研究将孟德尔的性状遗传学推进到细胞遗传学的新阶段，摩尔根本人也因此而获得了 1933 年的诺贝尔生理学和医学奖。不过，摩尔根的遗传学以及德·弗里斯的突变论等理论，由于强调新性状的产生起因于基因突变，因而完全否定了外界环境的影响和自然选择的作用。20年代以后发展起来的进化遗传学和进化生态学，用实验和数学模型方法证明了自然选择在保存和淘汰突变结果方面所发挥的巨大作用，促进了突变论与选择论、遗传学与进化论的结合，为现代综合进化论的形成奠定了基础。

摩尔根的基因学说建立后，许多生物化学家开始研究什么是基因的物质基础。早在1869年，瑞士细胞学家约翰·弗里德里希·米歇尔（1844—1895年）已经发现了核酸。从1909年到1929年，俄裔美国化学家菲伯斯·列文（1869—1940年）进一步查明核酸分为两种，一种是核糖核酸（RNA），另一种是脱氧核糖核酸（DNA）。在1944年和1952年，美国细菌学家奥斯瓦尔德·西奥多·艾弗里（1877—1955年）和生物学家阿尔弗雷德·戴·赫希（1908—　）先后以实验证明了DNA正是遗传信息的载体。于是，科学家们立即着手研究DNA的化学结构，并希望弄清它如何支配着蛋白质的合成。随着生物大分子化学的进展，科学家们在50年代初成功地拍摄出DNA的X射线衍射图。在此基础上，美国生物学家沃森和英国生物学家克里克于1953年4月公布了DNA双螺旋分子结构模型：DNA分子由两条核苷酸链相互盘绕组成一个双螺旋，构成核苷酸的4种含氮碱基以一定的配对关系，将两条链子横向连接起来，核苷酸链的碱基排列顺序构成遗传密码，决定某种细胞特有的蛋白质的合成，从而决定生命的遗传特征。DNA双螺旋模型的提出意味着分子生物学的诞生。此后，曾提出大爆炸宇宙模型的物理学家伽莫夫于1954年提出了一种三联体密码假说：以DNA的4种碱基作为基本的密码符号，每次用3个碱基进行组合（三联体），最后即可得到组成蛋白质的全部20种氨基酸。1961年，克里克证实了三联体密码假说，并在此基础上指出，DNA通过信使RNA将遗传信息由细胞核传送到细胞质，然后在细胞质中决定蛋白质的合成。60年代，科学家们破译了由DNA碱基排列顺序构成的64种可能的遗传密码，并且编写出了遗传密码表。遗传密码的破译导致了遗传工程的出现，目前科学家们已经可以将不同生物体内的DNA分离出来，经过重新组合搭配后再放回原来的生物体中或植入另一种生物体内，以便改变生物的遗传特性或者创造新的优良生物品种。从1990年开始，美国、英国、法国、德国、日本和中国的许多遗传学研究机构共同合作，组织了1100多位科学家开展"人类基因组工程"的研究，到2000年6月26日，科学家们已绘制出一幅包含人类基因组中大部分DNA序列的工作草图，预计在未来几年内将完成包括约32亿个碱基对的全部人类基因组的测序工作。彻底搞清人类基因组的结构和功能将为基因疗法的实施开辟道路，进而征服癌症、心脏病及老年痴呆症等多种顽症，从而为患者带来了新的希望。遗传学和生物工程将是21世纪最有前途的朝阳学科，只要人类能够善用它们所带来的神奇成果，它们就会为人类创造出前所未有的巨大福利。

最后，我们来浏览一下20世纪最为辉煌的医学成就。随着当代物理学、化学、生物学等学科的发展，对于各种疾病的诊断和治疗方法都获得了极大的进步。对病因的分析研究已经深入到细胞和生物大分子的水平。各种高效低毒的药物和先进的治疗手段不断问世，使得许多以前无法治疗的疾病尤其是恶性传染病得到了有效的控制。X射线发现后不久即被用于诊断骨折、尿道结石和体内异物，后来还被用来进行胸部透视和体内造影透视以及狼疮和上皮癌的治疗。放射性元素及其同位素发现后也被用来治疗多种疾病，如镭就曾被用来治疗癌症。从20世纪初开始，各种化学药品就不断被合成出来并用于临床治疗，如有机砷制剂606和914被用来治疗梅毒，奎宁成为治疗疟疾的良药。1932年德国细菌学家杰哈德·多马克（1895—1964年）发现的磺胺类化学制剂成为第一类高效杀菌药物，而1928年由英国细菌学家亚历山大·弗莱明（1881—1955年）首先发现并于1943年人体试用成功的青霉素则成为当之无愧的细菌克星。此后，链霉素、氯霉素、金霉素等各种抗生素被不断研制出来，曾经造成千百万人死亡的多种恶性传染病从此被人类制服。20世纪初，预防和治疗伤寒、霍乱、白喉、破伤风和结核病的各种新疫苗也研制出来并投入使用，目前预防感冒和肝炎等病毒传染病的疫苗也已经实验成功，进入了大规模接种的阶段。内分泌学产生于20世纪，人们相继研究和提取了肾上腺素、甲状腺素、胰岛素、脑垂体激素和雌雄性激素等一系列的人体激素。中国科学家还在1965年首次用化学方法人工合成了结晶牛胰岛素，目前人们已经能运用生物工程技术生产出胰岛素、生长激素和干扰素等多种产品，为治疗内分泌功能紊乱和其他疾病开辟了新的途径。20世纪上半叶，对于人类的不同血型，如A、B、O、AB型以及M、N、MN型的研究和区分，使人们得以避免以前输血中经常发生的凝血死亡等事故，挽救了大量的生命，而Rh型的发现则使人们有可能避免胎儿溶血死亡的悲剧。各种器官的移植试验也不断取得成功，角膜移植已经成为常见的手术，许多国家还建立起眼库，目前器官移植手术已经扩展到越来越复杂的大型器官。在世纪之交，人类基因工程为我们展现出更加广阔的医学发展远景。总之，由于20世纪医学的巨大进步，人的平均寿命已经大大地延长了，医学的发展使我们有理由乐观地相信，人类的未来生活会更加美好。

二、哲学的新视野

西欧哲学发展到20世纪明显地分为两大主流思潮，一个是以自然科学和逻辑与语言分析为主要灵感来源的分析哲学，另一个是以人的存在和自由为主题的人文哲学。一般来说，分析哲学比较重视科学理性和经验证实，而人文哲学则倾向于意志自由和非理性主义。

当 20 世纪的曙光即将来临的时候，法国著名生命哲学家昂利·路易·柏格森（1859—1941 年）就明确标出了这种二元对立。在《时间与自由意志》（1890 年）、《物质与记忆》（1896 年）和《形而上学导言》（1903 年）等著作中，柏格森首先将机械论的时间与生命的真正时间对立起来，认为机械论把时间看做一系列分离的数量单位，如瞬间、分、秒等，它们是没有质的差别的、可逆的、可以计量的，这种科学的时间有如钟表走时，是对空间的模拟；而真正的时间则是一种绵延，它是能动的、不可逆的、不可分割的和不可计量的质的时间，这种时间实际上是一种自我意识中的心理过程，生命和精神通过记忆使过去存活到现在并且渗透到现在之中。柏格森断言，只有直觉才能够在具体中把握过去、现在与未来的这种融合以及绵延本身的流动，而理智的分析则只会将时间固定化，把进化、生成和真正的绵延看成是一连串分离的状态，正如它把空间的物体看做是彼此外在的分离固定的东西一样。因此，理智永远无法把握生命的本质，而非理性的直觉通过把自己置身于对象之内却可以实现与生命的交融，从而使对生命的认识和生命本身达到统一。透过其对直觉和理智的一褒一贬，我们可以明显地看出柏格森的非理性主义取向。在《创造进化论》（1907 年）中，柏格森提出了另一种二元对立，即世界分为两种根本异质的部分，一方面是充满自由创造冲动的生命，另一方面是无生命的惰性物质，整个宇宙就是向上喷发的生命冲动和向下降落的物质这两种反向运动的矛盾冲突。广延的物质服从必然性，而绵延的生命则在自由的创造中实现进化，这种创造性进化不是量的增加或减少，而是质的飞跃，它不仅不屈服于必然性，甚至没有预定的明确目标，它凭借着自身的巨大活力、冲动奋力在物质障碍中开辟道路，争取实现更大的行动自由。植物、动物和人形成了不同的生命进化阶梯,其中人的进化具有最大的可能性,因为人的意志和行动是完全自由的。柏格森的思想对20世纪上半叶的哲学、政治学、文学、艺术产生了广泛的影响,不仅在法、德的存在主义哲学中,而且在英、美的怀特海和詹姆斯等人的哲学中都有柏格森思想的明显印记,波普尔关于开放社会的思想也来源于柏格森对开放社会和封闭社会的区分,文学家普鲁斯特和萧伯纳、印象派画家莫奈和音乐家德彪西也都在不同程度上受到他的启发。

现代西欧的人文主义思潮在方法论上极大地受益于德国著名哲学家艾德蒙德·胡塞尔(1859—1938年)的现象学方法。作为现象学的开山鼻祖,胡塞尔首先接受了他的老师弗朗茨·布伦塔诺(1838—1917年)的意向性理论,该理论认为意识总是对于某物的意识,意识现象不同于物理现象的关键就在于,后者是一种安于自身的存在,而前者则具有一种指向对象的性质,与对象无联系的、封闭于自身的意识是不存在的。然而,胡塞尔在《逻辑研究》(1900—1901年)中批判了其老师的心理主义倾向,因为如果从经验心理学方面去理解意识现象,结果必然陷入怀疑论的相对主义,而胡塞尔的雄心恰恰是要将哲学建立为具有自明性和必然性的严密科学。为了实现自己的哲学抱负,在《关于纯粹现象学和现象学哲学的观念》(1913年)等书中胡塞尔提出了现象学的还原方法,其中包括先验的还原和本质的还原,通过运用这两种方法,胡塞尔从事实领域进入本质领域,并且从朴素意识达到了纯粹意识的先验领域。虽然胡塞尔的先验现象学被一些人看做是向先验唯心主义的回归,但是有一点却不同于康德的批判的先验唯心主义,即胡塞尔认为任何物体乃至整个世界不过就是它们向意识显现的全部现象的总体,在现象之后或之外不存在另一个物自体,因而避免了康德将世界二重化为现象和物自体的困境。胡塞尔的另一个很有影响的观点是将自我区分为心理学的自我和先验的自我,并且指出作为一切意向性行为源泉的先验自我是通过时间构成的。我们内部最深层的时间性既不同于外在世界的客观时间,也不同于我们各种经验(知觉、判断、记忆等)的内在时间流,它是使我们的各种经验得以恢复和整合的基础,胡塞尔称之为"内在时间的意识"。这是一种具有三个维度的流动,既向后保持直接的过去,又向前延伸到未来,中间则是活着的现在。晚年,胡塞尔在《欧洲科学的危机和先验现象学》(1936 年)等书中提出了"生活世界"的概念,认为欧洲社会中存在着哲学危机和科学危机以及由此造成的人性危机,其表现就是人的存在的意义的失落,摆脱危机和拯救欧洲文明的关键则在于回到人的存在和生活的世界,因为这才是一切科学抽象的基础和本源。胡塞尔的哲学研究不仅开启了现象学-存在主义运动,而且对结构主义和精神分析乃至认知科学和人工智能的研究也发生了积极的影响。马克斯·舍勒(1874—1928 年)即是在胡塞尔的影响下,将现象学方法广泛应用于认识论、伦理学、人类学和宗教哲学的研究的。

存在主义的思想来源十分庞杂,除了克尔凯郭尔对人的存在的分析、胡塞尔的现象学方法之外,还包括狄尔泰的理解概念、尼采的超人思想和柏格森的生命哲学以及哲学史上笛卡儿、康德、黑格尔等人的思想。存在主义的正式产生是在第一次世界大战后的德国,不久即传播到法国,第二次世界大战后逐渐发展成一种世界性的哲学和文学运动。不难看出,存在主义的产生和传播同两次世界大战给欧洲人带来的恐惧、焦虑和绝望的精神氛围有着明显的关系。存在主义的主要代表人物是德国哲学家马丁·海德格尔(1889—1976 年)和卡尔·雅斯贝斯(1883—1969 年),以及法国哲学家和文学家让·保罗·萨特(1905—1980 年)、加布里埃尔·马塞尔(1889—1973 年)、莫里斯·梅洛—庞蒂(1908—1961年)、阿尔贝·加缪(1913—1960 年)和西蒙娜·德·波伏瓦(1908—1986 年)等人。虽然存在主义哲学家们的思想各不相同,但是他们都关注存在的意义，试图揭示人在世界中的存在，强调人的存在的特殊性和个体性，指出人所面对的多种可能性以及由此而来的选择和责任等等。

海德格尔的早期名著《存在与时间》(1927年)可以说奠定了存在主义的基础，在该书中他首先提出了"存在的意义"问题。他批评柏拉图以来的传统本体论由于将这一问题换成"存在是什么"而误入歧途，转而研究"在者"，即现成的实体，因此反而遗忘了"存在"。为了拨乱反正，海德格尔将本体论的问题改变成"存在如何成为存在"，也就是从研究作为名词的在者回到研究作为动词的存在，因为存在具有对在者的优先地位，或者说存在是在者的基础，为此海德格尔把自己的本体论称为先于其他本体论的基础本体论。海德格尔进一步指出，为了揭示存在的意义，必须首先分析被他称为"此在"的人的存在，因为作为一种特殊的在者的人不是一种现成的实体，而且人具有一种对于存在的前本体论的理解，正是这种理解使得众多的实体作为一个工具的世界显现出来。海德格尔认为，人的存在的日常状态是存在于世界之中，而且是存在于许多他人之中，这就是"在世"和"共在"。这种在世和共在使人经常处于本真的个性被周围世界和公众淹没的沉沦状态之中，只有烦躁、焦虑和畏惧等否定性的情绪才能把人从沉沦和随波逐流的非本真状态中拉回来，而良心则呼唤人去实现其最固有的本真的自己。海德格尔特别强调，人的存在的一种基本结构就是可能性，由于人的存在不是已经被决定的现成的东西，因而人总是生活在种种可能性之中，而死亡则是人的存在的最固有的可能性。作为此在的终结的死亡并不是仅仅存在于遥远的未来，实际上它持续地贯穿于人的存在的全过程之中，这是因为既然死亡是人不可超越的宿命，那么它的未来阴影就必然会反过来影响到人的现在，时时刻刻威胁着人的存在。一旦觉悟到由死亡规定的自身存在的暂时性和有限性，人就会达到一种面对死

亡的最高的本真存在，因而从日常庸碌空虚的无意义生活中解放
出来，通过最大的努力和"坚决的行动"去实现自己的本真存在。
通过对可能性和死亡的分析，海德格尔进而揭示了人的存在的三
维时间性和历史性的结构：人在先于自己的可能性中是未来，在
沉沦的现实中是现在，在其已经是的被抛掷的存在中则是过去；正
是由于这种时间性，人才成为历史性的，不过人的历史性不是指
人处于世界历史的客观过程之中，而是指人由于其内在的时间性
因而可以继承过去、承受现在并面向未来。正是在这种作为本源
的质的、有限的、人的主观时间性和历史性的基础上，才能构造
出量的、无限的、客观的世界时间和世界历史。不过，海德格尔
的最终目的并不是探讨人的存在，而是要发现一般存在的意义，然
而在其早期著作中始终没有对此问题给出明确的答案。希特勒上
台后，海德格尔有过亲附纳粹的不光彩言行，他幻想通过纳粹统
治使西方文明从对存在的遗忘中返回到古希腊的开端，从而实现
西方文化的复兴。晚年的海德格尔在其后期著作中，明显地离弃
了在现代西方哲学中占据主导地位的主观主义，并且对人道主义
提出了批评。他开始谈论"虚无"、"神秘"等人类无法理解和把
握的东西，并从环境和社会规范人的角度来看待人的存在，比如
他曾说到希腊的神庙规定了希腊人和他们的世界，他还说到不是
人在说话，而是语言在向我们说话。他以无可奈何的态度批评西
方的现代技术，憧憬着荷尔德林诗歌中所描述的前现代的田园生
活，通过对天、地、人、神四位一体的表述，隐晦地透露出一种
以非形而上学和非技术的方式经历存在的生活方式。这些神秘的
思想无疑为后现代主义提供了新的灵感。

　　萨特早期存在主义哲学的主题是个人自由和由此而来的责
任。在二战期间发表的名著《存在与虚无》（1943年）中，萨特首
先通过对一些特殊的意识现象如"自欺"（其表现之一是将人自身
看做已被固定了的某物——某种特定性格或社会角色）进行的现

象学分析，发现了使意识区别于物质的那种超越性。然后，他借用黑格尔的"自在存在"和"自为存在"分别作为二者的名称，前者是指非意识的物质存在物以及人的既成"事实性"，后者则是指人的意识活动，由于意识活动是一种本身空无的非实体的存在，所以萨特也将它称为"虚无"。不过，意识虽然自身是虚无，但它作为意向性总是要趋向于自身之外的世界，这样萨特就避免了笛卡儿那种将物质和意识看成两个分离的实体的二元论。萨特进一步指出，正是由于意识活动的这种虚无性使否定得以出现在世界上，我们可以想象并创造一个不同于现存世界的新的世界，也可以超越既成的自我而重塑一个新的自我。因此，人虽然永远处于各种处境之中并且被外部世界和自身历史的各种限制所妨碍，但是人永远可以面对这些限制而采取否定它们的态度，并且可以克服障碍或改变它们，因为人有一种摆脱现存世界或既成自我的自由，用萨特的术语来说就是，自为存在永远是其所不是，不是其所是。萨特由此断言，人的自由就意味着人永远自己决定自己、自己创造自己，他被注定了必须在各种可能性中进行选择、做出计划、采取行动并且承担由此而来的沉重责任。这种思想成为萨特在第二次世界大战中的行动指南，如果说海德格尔的坚决行动把他引向了纳粹阵营，那么萨特的自由选择和承担责任则激励他英勇地投身到抗击纳粹德国的抵抗运动中去，《存在与虚无》甚至被人称为反附敌宣言。可见萨特的自由不能被看做什么也不是的空洞自由，因为在他看来，人作为自为的存在虽然是虚无和自由，但是人又在保持自身超越性的同时总想成为一种充实的存在（即成为某种人），这就促使人追求自在和自为的统一，而自在和自为的最高统一如果借用宗教概念作比喻就是"上帝"，因此成为上帝就成了人的终极计划，不过这永远是一种可望而不可及的最高理想。除了自在存在和自为存在之外，萨特还详细讨论了现象学本体论的另一个重要范畴"为他存在"。他认为，对我们自身的存在具有重要构成作用的为他存在这一维是通过意识到他人对我们的注视而产生的，比如，当我们在做某种见不得人的事情又碰巧被他人看到时所产生的羞耻意识，最明显地揭示出我们的为他存在。在萨特看来，这类被他人当做客体的处境必然产生对我的主体自由的限制，因此主体之间为了争夺主体性而进行的永无休止的斗争是人际关系败坏的存在根源，这种主体之间难以共存的关系甚至在爱情中也无法避免。根据这种观点，萨特在其著名戏剧《禁闭》中提出了一个颇遭非议的命题"他人就是地狱"，然而萨特也正是由此指出了他人对我们的存在的规定和限制，这后一点恰好成为萨特后期转向社会历史哲学的契机。在其后期巨著《辩证理性批判》（1960 年）中，萨特更加强调社会领域中人们的共在和创造历史的集团实践，同时试图用其存在主义原则补充和修正马克思主义，以关于人的存在计划和统摄理解方法的存在主义思想，为历史唯物主义对社会历史的宏观概括提供一个微观基础。作为存在主义文学家，萨特的一个最大的长处在于他能够将晦涩难懂的哲理生动地体现于文学作品之中，他一生写作了大量的小说、戏剧、杂文和评论，成功地将存在主义思想普及到社会。另一方面，一贯主张"介入文学"的萨特在晚年奋不顾身地介入政治活动，积极支持和参加 1968 年法国学生发起的"五月风暴"抗议活动，并且始终站在西欧左派运动的最前线。

除了海德格尔和萨特之外，其他的存在主义哲学家和文学家的思想也各有特色。雅斯贝斯早期主张哲学应当关心人的生存和处境，为人的自由而呼吁，并写出了系统阐述存在主义哲学的著作《哲学》（1931 年）。第二次世界大战后，他转而主张发展一种世界哲学，以便通过自由精神、开放的心态和不受限制的交流建立起和平的世界秩序。作为天主教存在主义哲学家和剧作家，马塞尔在其作品中强调人的自由和尊严，并且着重探讨了人与人以及人与上帝交流的可能性和方式。加缪在哲学随笔《西西弗的神话》(1943年)和小说《局外人》(1942年)等书中，突出描绘了人在荒谬的世界中的孤独和异化以及罪恶和死亡等问题，他还是法国荒诞派戏剧的代表作家之一。梅洛—庞蒂是法国现象学的主要代表，在其《知觉现象学》(1945年)等著作中以现象学方法探讨了知觉现象的原始结构和身心关系等问题，认为知觉作为一种前反思的身体性存在是原始的认知主体，一切其他形式的知识都由它派生而来。二战后，他日益关注社会政治问题，并一度采取接近马克思主义的立场。波伏瓦是萨特的终生伴侣，写了许多存在主义的文学作品，在其哲学论文《模棱两可的伦理学》(1947年)中，她依据萨特的自由概念批评了被称为"严肃精神"的绝对道德观念和价值观。而在其杰作《第二性》(1949年)中，她提出了一个著名观点：女人不是天生的，而是在社会条件中生成的。该书已经成为世界女权主义运动的经典著作。

近现代解释学的开创者是19世纪的德国哲学家弗里德里希·施莱尔马赫(1768—1834年)和威廉·狄尔泰(1833—1911年)，而当代的哲学解释学则是在海德格尔的启发下发展起来的，德国哲学家汉斯—乔治·伽达默尔(1900—　　)堪称该学派的领袖人物。在其名著《真理与方法》(1960年)中，伽达默尔认为自然科学关于真理和方法的概念不能在人文和社会科学中作为理解的模式，由于艺术的创造原则和评价标准与科学截然不同，因而科学的思维方式无法理解和处理诸如审美经验和人的权利等艺术和伦理问题。他进而指出，在人的理解活动中有一种前理解的结构，这种从历史传统和现实生活中得来的前判断或先入之见甚至偏见是使理解成为可能的条件。不过伽达默尔所说的传统不是一种历史知识的对象，而是我们存在本身的一个维度，语言则是传统栖息的场所。这样，伽达默尔就将解释学的问题从消除误解和歧义，转向促进理解者和被理解者之间的开放性对话与视野的不断扩展和融合。当代解释学的代表人物还有法国哲学家保罗·利科（1913—　　）等人。利科特别强调在人们对意义的追问中行动和话语是不可分割的，他否认任何可以用来对意义进行检验或证实的形而上学或认识论基础，而存在的解释学应当通过象征符号和鲜活的隐喻超越理性的限制，为人的可能性提出创造性的想象。因此利科拒绝任何形式的基础主义，甚至包括现象学本身，同时也拒绝怀疑论和虚无主义，最终走向一种相互依存的辩证法。目前，解释学的影响已经远远超出了哲学范围，波及到文学批评、法学理论和神学等领域，成为当代极具活力的哲学思潮之一。

正如胡塞尔开创了现象学-存在主义运动一样，德国数学家和哲学家哥特洛布·弗雷格（1848—1925 年）在奠定现代数理逻辑基础的同时，启发了 20 世纪的分析哲学运动。在《概念演算》（1879 年）一书中，弗雷格创造了量词和变项的概念，并通过设计一套形式语言建立了第一个现代意义上的数理逻辑体系。此后，弗雷格在《算术基础》（1884 年）中给"数"的概念制定了一个逻辑上正确的定义，并且证明算术以致一般纯数学是演绎逻辑的延伸。弗雷格还对专有名词的内涵性意义和外延性意义作了饶有趣味的区分，他指出表达不同内涵的两个专有名词可以指称同一个外延对象（如晨星和昏星），而某些表达了一定内涵的专有名词却可能根本没有相应的外延对象（如金山）。弗雷格的开创性工作带来了 20 世纪现代逻辑的空前繁荣，他对逻辑和语言分析的重视也为哲学研究开辟了新的领域，而他对严密性和清晰性的追求则为此后的分析哲学运动灌注了一种科学精神。

英国著名哲学家和逻辑学家伯特兰·罗素（1872—1970 年）是分析哲学的创始人之一。在其漫长的一生中，他的哲学思想经历了一系列的变化，从新黑格尔主义到先验唯心主义，又到柏拉图式的新实在论，此后又转变为经验主义。他的学术研究兴趣也极为广泛，逻辑学、数学、认识论、哲学史、伦理学、教育和宗教等都在他的视野之内。在政治方面，他是著名的自由主义者与和平主义者，曾多次大胆抗议英国和美国的非正义战争政策，甚至因此被政府关入监狱。他一生中最有影响的研究成果是他和阿尔弗雷德·诺思·怀特海（1861—1947 年）合著的《数学原理》（1910—1913 年）一书，以及他的"类型论"、"摹状词理论"和"逻辑原子主义"等逻辑和哲学理论。在《数学原理》中，他和怀特海详细地阐明了某些纯数学原理如何从逻辑原则中演绎地推导出来。在用集合论解决自然数数列问题的过程中，罗素遇到了数学和逻辑学中的悖论（集合论悖论和语义悖论），他发现这些悖论均来源于自我指示的恶性循环，即把关于项的规定反过来用于包括许多项的类本身。为了解决这些悖论，罗素建构了一种类型论，指出一个包括许多项的类型本身不是该类型中的一项，而应当是另一种更高类型中的一项，比如包括许多猫的猫类本身不是一只猫。在《论指称》（1905 年）等著作中，罗素提出了摹状词理论，主张不用名字而用其特有的某种性质来指称一个人或一个东西，这样就能避免将不存在的东西（如金山、虚无）误解为是存在的，因此也就澄清了从柏拉图的《泰阿泰德篇》以来关于存在的哲学思想的混乱。在《我们关于外部世界的知识》（1914 年）、《逻辑原子主义哲学》（1918 年）、《心的分析》（1921 年）和《物的分析》（1927 年）等著作中，罗素阐述了他的逻辑原子主义哲学，认为人类的全部知识都建立在直接的感觉资料的基础之上，所谓的物质实体不过是感觉资料的逻辑构成。罗素把这些不可再分的最简单的感觉经验称为原子事实或逻辑原子，它们是既非物理的也非心理的中性的事实，只要通过一定的逻辑形式和逻辑演算规则将关于原子事实的陈述结合起来，就可以构成我们关于整个世界的全部知识。罗素的逻辑原子主义是逻辑经验主义或分析哲学的早期形式，它明显地具有马赫和威廉·詹姆斯（1842—1910 年）的中性一元论的特征，并且影响了维特根斯坦和逻辑实证主义者，不过罗素不同意后者完全拒绝研究情感、价值、伦理和政治问题的褊狭态度。分析哲学的另一个创始人是罗素在剑桥大学的同事乔治·爱德华·摩尔（1873—1958 年），他是一位比罗素更为彻底的新实在论者，一生都在为常识辩护，并且开创了分析哲学中的日常语言（自然语言）分析学派。罗素的逻辑原子主义和摩尔的日常语言分析分别影响了维特根斯坦的前期和后期的不同哲学倾向。

著名的奥地利哲学家路德维希·维特根斯坦（1889—1951 年）是分析哲学中影响最大的哲学家之一，他的早期哲学著作《逻辑哲学论》（1921 年）成为维也纳学派的重要经典，而其后期名著《哲学研究》（1953 年）等著作则深刻地影响了日常语言分析学派的发展进程。《逻辑哲学论》的主旨是要指出传统哲学的错误在于对我们的语言逻辑的误解。在该书中维特根斯坦首先断言，任何有意义的语句要么是一个由简单名字（相应于简单对象）连接起来的原子语句，要么是一个由原子语句构成的真值函项复合语句。通过分析可以发现每个原子语句都具有一种精确的逻辑结构，这种结构就是对应于一种可能事态的逻辑图像，该事态必然具有与描述它的原子语句完全相同的形式结构。推而广之，世界从根本上说是由相应于真实的原子语句的许多事实构成，因而整个事实世界本身也必然具有一种精确的逻辑结构。与此相反，一切既不是原子语句也不是真值函项语句的其他语句严格说来都是没有意义的，因而所有伦理学、美学、哲学甚至逻辑学的命题都属于无意义的语句之列，连他自己在《逻辑哲学论》中陈述的那些命题也是如此，惟一有意义的命题就是自然科学的命题。因此维特根斯坦宣称，任何真正理解了该书主旨的人最后都要抛弃书中的命题以及一般的哲学，正如登上高处以后丢掉梯子一样，只有这样他才能正确地看世界。既然我们不能对人类生活中其他重要的事情做出有意义的陈述，那么它们就是神秘的东西，而"一个人对于不能言说的事情就必须保持沉默"。这就是《逻辑哲学论》最后的结论。

　　维特根斯坦在其后期著作《哲学研究》中却激烈地批判了他在《逻辑哲学论》中表述的早期思想，放弃了逻辑原子主义关于一个命题具有惟一的确定意义的绝对主义，同时也放弃了关于人工语言的精确性的理想，转而主张语言的意义取决于它们出现的具体语境和实际用法，同一个句子可以由于语气和用法不同而表达完全不同的意思。由此，维特根斯坦提出了"语言游戏"说，即每一种语言表达式都与一系列其他的语言表达和超语言的行为以及某种外界环境联系和交织在一起，这种复杂的语境包括了说话者本人和对话伙伴过去、现在和未来的话语和行为，以及过去、当前和可能未来的具体情景，因而它实际上就是我们在整个自然和文化领域中学习和使用语言的全部社会活动，维特根斯坦称之为"生活形式"。语言游戏可以有许多种，它们遵守各种不同的用法规则（即"深层语法"规则），这些约定的规则不是固定不变的，而是不断变化的。因此维特根斯坦认为，我们必须抛弃关于语言与世界关系的形而上学的先验图像，回到日常语言的丰富多样的用法上来。他指出，哲学的任务是进行治疗，而不是提出一种学说。由于各种哲学困难主要产生于对语言的误解和寻找一般的共同本质的错误倾向，因而通过对日常语言用法的揭示就可以达到完全消解哲学问题的目标。比如本质概念其实是由语言产生的一个幻影，像"游戏"和"数"所指称的许多同类对象之中并不存在某种共同的本质，而仅仅存在一系列交叉搭接的相似关系或亲属关系，维特根斯坦将这种关系比喻为"家族相似"，即一个大家族的各个成员之间没有一种共同的特点，实际存在的只是某些成员在这一点上相似，另外一些成员在那一点上相似。因此按照维特根斯坦的看法，我们必须放弃追求共同特点和普遍性质的本质哲学，而满足于日常语言的无限多样性和丰富性，即使经验自然科学的表达式也不能避免这种开放性。此外，维特根斯坦还在私人语言和公共语言、身心关系、逻辑与数学的关系等问题上提出了一些引起争论的独到见解。

维也纳学派是 1922 年在奥地利首都维也纳形成的一个著名哲学派别，他们所主张的逻辑实证主义（后来改称逻辑经验主义）属于广义的现代分析哲学运动。其成员包括汉斯·哈恩、菲利普·弗朗克、奥托·纽拉特（1882—1945 年）、莫里茨·石里克（1882—1936 年）、鲁道夫·卡尔纳普（1891—1970 年）、赫伯特·费格尔（1902—1988 年）、库尔特·哥德尔（1906—1978 年）等科学家、哲学家和逻辑学家，其他一些哲学家如卡尔·雷蒙德·波普尔（1902—1994 年）、阿尔弗雷德·朱尔斯·艾耶尔（1910—1989 年）、汉斯·莱欣巴赫（1891—1953 年）、阿尔弗雷德·塔尔斯基（1901—1983 年）、卡尔·古斯塔夫·亨培尔（1905—1997 年）、威拉德·范·奥曼·奎因（1908— ）等人虽然不是维也纳学派的正式成员，但其学说与后者有着极为相近的哲学倾向，并与维也纳学派保持着密切的联系。所谓逻辑实证主义是相对于孔德等人的第一代实证主义和马赫等人的第二代实证主义而言，这种新的实证主义在拒斥形而上学、强调经验检验标准方面与老实证主义是一脉相承的，所不同的是他们企图通过对语言进行逻辑分析来克服形而上学。逻辑实证主义最初的哲学立场是：一切有意义的命题只有两类，一类是逻辑和数学的纯形式命题即分析命题，它们仅从逻辑上就能获得证明；另一类则是关于经验和事实的科学命题即综合命题，它们之所以有意义是因为可以在经验中获得证实。因此，那些逻辑不能证明而经验也无法证实的形而上学、伦理学、美学和宗教的命题都是无意义的假命题。卡尔纳普指出，某些陈述之所以没有意义是因为它们或者包含着非经验的无意义的词（如绝对、神、虚无、世界的原因、外部世界的实在性等），或者违反了句法规则（如凯撒是一个质数），因而有神论和无神论、实在论和唯我论等所有的形而上学、艺术和宗教的命题都属于无意义的命题之列。然而，波普尔在分析自然科学理论的检验程序时发现，这种经验上的可证实性原则不仅排除了形而上学的陈述，而且由于其过分狭隘也将导致全部自然科学知识的毁灭，因为大部分自然科学的命题都是全称命题，因而是永远不能完全证实的。为了克服可证实性原则的缺陷，波普尔提出了著名的证伪原则，即经验陈述与形而上学命题的区别不在于可证实性，而在于前者原则上可以被经验所证伪，那些获得经验验证的科学理论就在于它们能够经受住迄今为止一切证伪的尝试。但是，进一步的研究表明证伪原则同样会遇到困难，因为关于存在的命题是不能证伪的，比如为了证伪"存在着某种尚未观察到的行星"的假设就必须查遍整个宇宙，而且事实上还存在着许多既不能证实又不能证伪的经验命题或科学假设，如果坚持证伪原则就会将所有这些命题或假设从经验科学知识中排除出去。于是，卡尔纳普建议用可验证性来代替可证实性和可证伪性，并且建立了一套严密的句法规则，从而将经验上有意义的陈述说成是属于那种按照精确的句法规则建立起来且可以被验证的语言的陈述。然而，自然科学中仍然存在一些不能直接通过经验验证的抽象概念和理论，为了解决这个困难，卡尔纳普又为自然科学的理论提供了一种最宽泛的经验主义意义标准，即一个不能还原为可观察的东西的科学概念或陈述，如果能从中推论出一些可以观察的未来事件的预言，从而可以在未来获得间接验证，那么它就仍然属于经验上有意义的科学概念或陈述。卡尔纳普相信，这样就可以把经验科学的概念与思辨形而上学的假概念清楚地区分开来了，然而对经验意义标准的不断扩展实际上已使科学和形而上学的界限变得越来越模糊了。

维也纳学派于30年代后期解体，此后它的一些思想继续在英美分析哲学运动中传播和发展。二战后在英国牛津大学形成的语言哲学学派部分地承袭了维也纳学派的思路，以对日常语言的实际用法的分析解决或消解哲学问题，其主要代表人物有约翰·威兹德姆（1904—1993年）、吉尔伯特·赖尔（1900—1976年）、约翰·兰肖·奥斯汀（1911—1960年）和彼得·弗雷德里克·斯特劳森（1919—　　）等。当代分析哲学对逻辑和语言分析的重视也产生了许多积极的成果，比如符号学和语言学的发展，包括语义学、句法学和语用学的建立，以及数理逻辑和归纳逻辑的深入研究等等。二战后的美国在这方面的成果尤其显著，比如诺姆·乔姆斯基（1928—　　）的转换生成语法，以及理查德·蒙塔古（1930—1971年）建立的可同时用于形式化逻辑语言和自然语言的普遍语法等。目前美国除了成果卓著的老一代分析哲学家如奎因之外，还有一批像希拉里·普特南（1926—　　）和索尔·艾伦·克里普克（1940—　　）那样的哲学新秀，他们突破逻辑经验主义，或在分析哲学中渗入实用主义，推进了逻辑学和语言哲学的研究，取得了可观的成果。此外，在当代分析哲学运动中，一直存在着一个被称为科学哲学的分支或学科，其代表人物有莱欣巴赫、波普尔、托马斯·库恩（1922—1996年）、伊姆雷·拉卡托斯（1922—1974年）、保罗·费耶阿本德（1924—1994年）等等。科学哲学的研究范围涉及自然科学的方法和范式、证实和证伪的标准、科学发现的逻辑、科学的进化与革命、科学的概念和命题系统、科学规律的本质、科学的哲学基础以及科学发展史等几乎所有与科学有关的领域，并且开拓了与社会发展密切相关的"科学技术和社会"（STS）的研究领域，在短短的几十年间发展到很高的学术水平，取得了丰硕的研究成果。

　　几乎在维也纳学派创立的同时，西欧出现了一个属于西方马克思主义的社会批判理论运动，由于其发源地是1923年在德国法兰克福大学成立的社会研究所，所以被称为法兰克福学派。其主要成员包括哲学家马克斯·霍克海默（1895—1973年）、泰奥多尔·阿多尔诺（1903—1969年）、赫伯特·马尔库塞（1898—1979

年)、文学批评家沃尔特·本杰明(1892—1940年)和心理分析学家埃里希·弗洛姆(1900—1980年),此外,于尔根·哈贝马斯(1929—　)则是该学派第二代的杰出代表。法兰克福学派的思想来源主要是马克思主义、精神分析学和马克斯·韦伯的社会学理论,他们运用马克思、科尔施和乔治·卢卡奇(1885—1971年)的物化和异化概念,首次对当代发达资本主义社会的官僚机构、技术统治和大众传播媒体进行了批判性的考察,试图揭示出当代资本主义社会隐蔽的压迫和剥削机制。根据他们的社会批判理论,生活在西方发达工业社会的个人在官僚机构和商业组织控制的大众传媒的操纵和误导下,在虚假社会意识形态的控制下,不仅产生了灵智和审美生活水平的普遍下降,而且丧失了自由和批判的意识,他们甚至意识不到自己实际上的被操纵和不自由。在这种无所不在的商业文化笼罩之下,精神文化和人的价值遭受漠视,个人成了市场力量的牺牲者,而物质财富却成了最高的善。社会批判理论的功能就是要探索、分析和揭示这种现象,以便提高整个社会的批判意识,从而通过人的解放实现一种个人可以真正自主和自由合作的理想社会。作为法兰克福学派的第一代理论家,霍克海默在其早期文章中提出,应当通过一种"跨学科的历史唯物主义"将各种社会科学的成果整合起来,同时赋予后者一种批判的视角。他进一步指出,传统的社会科学理论仅仅是描述现存社会,而批判理论的基本目标则是人的解放。在霍克海默和阿多尔诺合著的《启蒙的辩证法》(1941年)一书中,他们认为当代社会的官僚体制和市场统治是启蒙运动所建立的工具理性片面发展的结果,这种丧失目的的理性化过程从工具式地支配自然走向了对人的支配和人的异化。阿多尔诺在《否定的辩证法》(1966年)和《审美理论》(1970年)等书中提出,为了克服这种支配自然和他人的工具理性,我们必须发现一种非工具性和非支配性的人与自然及他人的关系。他在"自主的艺术"等模仿自然的审美经验中发现了这种关系，认为这种经验可以使人意识到社会矛盾，在既定秩序上打开缺口，否定物化和异化的现实。沿着这一思路，他通过对通俗文化和"文化工业"的分析，发展出一种广泛的文化批评理论。

马尔库塞早期受马克思、黑格尔和海德格尔的影响较大，二战后则主要通过把马克思主义和弗洛伊德学说结合起来阐述他的社会批判理论。在《爱欲与文明》（1955年）中，他认为人的存在是建立在爱欲基础之上的，同时这些本能冲动又依赖于劳动并且被劳动所塑造，但是现代文明压抑人类的基本本能，因而是一种敌视人的自由和快乐的文明。我们必须在一种合理的经济组织中尽量减少"过度压抑"，实行爱欲与劳动的结合，这样才可能实现人的解放和自由与快乐的理想社会。马尔库塞在《单维度的人》（1964年）等书中，还进一步分析了当前社会中阻碍自由合理的社会实现的其他原因，如社会整体的不合理、制造和操纵人们的虚假需要以及对自然界的敌视态度等等，这些思想对青年学生和环保主义者都产生了重大的影响。作为法兰克福学派第二代的著名思想家，哈贝马斯早期集中探讨社会科学的基础和方法论问题，此后他重新改造了法兰克福学派的社会批判理论，发展出一种全面的交往行为理论。在两卷本的《交往行为理论》（1982年）一书中，哈贝马斯对现代社会提出了批判，指出现代社会由于单维度的理性化，使得市场和官僚体制等制度破坏并瓦解了交往的生活世界，但他不同意借口工具理性的偏颇而全面否定启蒙理性和现代性的价值，这使他的立场带有非激进的改良主义色彩。由此出发，他试图建立起一种与片面的工具理性不同的、具有解放作用的合理性交往理论和话语伦理学，从而为道德、法律、政治领域中非支配性的人际交往关系提供一套康德的绝对命令式的普遍规则和规范，以便克服异化、实现人人平等自由的民主理想。整体来说，法兰克福学派属于西欧的左派阵营，但是他们既不赞成共产党的立场也不同意社会民主党的态度，他们认为后者的改良主义也不足以超越现代社会。此外，他们并不将改造社会的希望寄托在无产阶级身上，理由是无产阶级已经受到现代资本主义社会的物化和异化的影响而丧失了批判的阶级意识。与无产阶级相对照，青年学生似乎具有更多的革命性，60 年代后期波及大多数西方资本主义国家的学生造反运动确曾受到法兰克福学派等激进思潮的极大影响，马尔库塞甚至被视为激进学生运动的精神领袖。

从 50 年代开始，一个名为结构主义的哲学思潮在法国兴起，它一反存在主义等注重主体和历史的学说，强调结构在语言、知识和实在中的重要性，其研究范围涉及语言学、人类学、哲学、符号学、文艺批评、心理分析、政治学甚至数学等广泛的学科领域。结构主义的思想渊源于瑞士语言学家斐迪南·德·索绪尔（1857—1913 年）。作为结构语言学的创始人，索绪尔认为任何一种语言本身都是由一套语言要素和规则构成的客观系统，一个语言系统就是由某个特定语言社会共同使用的符号库。在这个符号库里的每个语言符号都有声音形象（语音，能指）和概念（语义，所指）两种要素。在不同的语言中，能指和所指的联系是不同的，因而是任意的；但在同一语言中，能指和所指的关系则建立在该语言社会的约定之上，因而不受说话主体的个人倾向或外在对象的影响。就某一特定语言来说，每个能指的意义产生于它与其他能指的差异，推广而言，任何符号的意义都取决于它在整个语言系统中的特定位置。整个语言符号系统则处于一系列语音的、语法的和句法的规则的支配之下，从而形成一种自主的结构组织，以此来保证语言的交流功能。这种结构语言学的特点在于重视语言的静态或共时的研究，而忽略语言的历史或历时的研究。

既然语言是社会符号总体系统中最为重要的一种符号系统，那么结构语言学的理论就可以被用来作为理解社会系统本身的一个范式，从而成为其他社会科学和人文学科的研究方法。在索绪尔之后，率先将结构方法运用于社会科学研究的是法国社会人类学家克洛德·列维—斯特劳斯（1908—　）。在《亲属关系的基本结构》（1949 年）、《野性的思维》（1962 年）和《结构人类学》（2 卷，1958、1973 年）等书中，列维—斯特劳斯断言社会本身是按照某种重要的交流或交换形式（如信息、知识、神话或人本身的交流或交换）组织起来的，借助于语言分析我们可以揭示出该社会的种种亲属关系和结构，搞清组成社会结构的各个成员的不同性质和身份，同时结构主义方法还可以揭示出各种社会习俗和图腾制度的意义。瑞士心理学家和认识论哲学家让·皮亚杰（1896—1980 年）不仅对儿童心理学和发生认识论做出了开创性的工作，而且还写了一本专著《结构主义》（1968 年）。在该书中，他将结构定义为具有整体性、转换性和自身调节性的一种自足的封闭系统，其各个组成部分受一系列内在规则的支配，结构又分为表层结构和深层结构，而结构主义的任务就是透过表层结构去发现决定它的深层结构。法国结构主义马克思主义哲学家路易·阿尔都塞（1918—1990 年）试图运用结构主义方法研究马克思的思想发展。在《保卫马克思》（1965 年）和《读〈资本论〉》（1968 年）等书中，阿尔都塞首先区分了意识形态（人与其生活的社会条件之间的一种想象的关系）和科学，认为马克思的思想发展在19 世纪 40 年代中期经历了一个"认识论的断裂"，马克思在断裂前的早期思想仍然属于黑格尔和费尔巴哈式的前科学的人道主义意识形态，而其断裂后的思想尤其是《资本论》中的成熟思想则是一种全新的科学。他认为马克思在《资本论》里运用了一种结构的因果性方法，即整体结构与其组成部分之间相互支持和相互依存，来说明资本主义经济和社会的基本结构。法国精神分析学家雅克·拉康（1901—1981 年）则在结构主义语言学方法的基础上改造了弗洛伊德的理论，认为无意识与其说是一堆生物本能和内驱力，不如说是一个语言能指系统，语言的结构形成了主体的无意识结构，因为正是隐喻、转喻、浓缩和替换等语言的动力机制，将社会的象征符号引进了主体的结构。法国结构主义者、文学理论家罗兰·巴特（1915—1980年）也运用结构主义和符号学的方法分析和批判了当代西方社会中的文学文本、大众传媒以及服装、建筑物等许多非语言的文化现象。结构主义在60年代达到鼎盛，其影响超出法国、波及到西方世界各国，甚至在富于分析哲学传统的英、美也有其反响，比如在乔姆斯基的语言学理论和心智哲学中就可以看到结构主义方法的明显痕迹。另一方面，由于结构主义极端的反主体性、反人道主义和反历史主义倾向，因而引发了现象学、存在主义、马克思主义以及经验主义的激烈反驳，这些热烈的争论催生了此后的后结构主义和后现代主义思潮。

　　"后现代主义"一词早在30年代就已出现，最初用来指一种反对现代主义传统的文学和文艺批评运动以及反对现代功能主义的建筑风格。1979年法国哲学家让—弗朗索瓦·利欧塔（1924—1998年）出版了《后现代知识状况》一书，将后现代主义概念正式引入哲学领域，用来指称一种"对现代性的元叙述进行解构"的哲学倾向。此后，后现代主义发展成为一种蔓延整个西方世界的广泛的文化思潮，涉及到哲学、文学艺术、语言学、历史学、社会学、伦理学、政治学、经济学、生态学、建筑学、大众传播学等几乎所有文化领域。就哲学来说，后现代主义的思想渊源可以追溯到尼采、海德格尔和维特根斯坦等人，同时也源自索绪尔等结构主义者对主体的拒斥，许多后现代主义者最初也是后结构主义者，不过他们将后者对主体的拒斥和反对扩展到更加广泛的主题之上。因而最初的后现代主义可以用一系列的"反……"来界定，比如反认识论、反符合论真理观、反科学主义、反本质主义、反基础主义、反实在论、反先验论、反逻各斯中心主义、反话语中心主义、反文化一元论、反西方中心论、反人类中心论、反自主的理性主体、反元叙述、反宏伟叙述、反权威主义、反二元对立的等级结构、反在场的形而上学（即传统哲学所主张的一种完整的、惟一的、封闭的说明体系），等等。这些后现代主义者对其所反对的现代主义学说进行了无情的解构和破坏，因而他们的种种倾向可以归类为解构性的或破坏性的后现代主义，但是他们自己却拒绝将他们的立场看做相对主义、怀疑主义或虚无主义。解构性的后现代主义的主要代表人物包括利欧塔、吉列·德勒兹（1925—　　）、理查德·罗蒂（1931—　　）和扎尼·瓦蒂莫（1936—　　）等欧洲大陆和美国的一大批哲学家，但其重镇当推法国哲学家米歇尔·福科（1926—1984年）和雅克·德里达（1930—　　）。

福科早期曾在马克思主义和现象学的影响下研究心理学，但是很快就转向了精神病学和思想史的研究，先后出版了《疯狂史》（1961年）和《临床医学》（1963年）等书。此后，在《词与物》（1966年）和《知识考古学》（1969年）中，福科认为现代的知识形式产生于历史上无人称的话语实践的框架之中，各种思想体系是独立于个别思想家的信仰和意图而形成的。他指出，现代知识型出现于18世纪末，人们在有关主体和人的本性的现代概念基础上建立起各种"人的科学"，用来研究和规范个人行为和社会运作的方式。依据这种知识考古学，福科反对预先给定的自我或人性概念，从而取消了自康德以来在西方文化里一直占据主导地位的主体和人道主义的中心地位。在《监控与惩罚》（1975年）和《性史》（1976—1984年）等书中，福科运用系谱学方法研究了知识与权力的关系，指出现代的社会监控权力系统是与人的科学一起产生的，心理学和医学等现代科学知识被用做控制和训诫个人的技巧，目的是将人们转变成符合某种社会规范和标准的所谓"正常的人或主体"。通过与古希腊和古罗马时代的对比，福科指出现代社会秩序中的自我并不是惟一可能的自我形象，任何企图控制和规范他人的社会权力都会遇到某些个人的反抗，他们可能拒绝按照社会规范所要求的形象来塑造自我，而在现存的思维和行为的社会规范之外创造别样的自我。福科将这种逃离现存社会、进行自我创造的行为称做"自由"，他认为哲学的功能就是批判地审视现存社会和我们自己，指出现存生活方式的偶然性和暂时性，从而改变旧的生活方式并且重新创造新的可能性。

德里达可以说是 20 世纪末期西方后现代主义思潮的领袖人物。在其哲学生涯的开端，德里达就从抨击胡塞尔的现象学入手对西方哲学传统发起了挑战，他指出被胡塞尔当做西方思想典型范式的几何学起源于一种超时间的完美知识的理想，然而这种理想既不可能在时间中实现，也不可能在生活经验中获得其基础。此后，德里达在《言语与现象》（1967 年）和《书写与差异》（1967 年）等书中提出了著名的"解构"概念，对整个西方形而上学传统进行了无情的分解、消解、拆除和颠覆。在德里达看来，从柏拉图直到当代的所有建立在压迫性的二元对立（非此即彼）原则基础上的固定的等级结构，都在应当被解构之列，逻各斯、话语、在场、本质、实体、理性、永恒、绝对精神、固定结构等概念在哲学中的主导地位和特权都应当被剥夺；他进而通过运用"分延"、"增补逻辑"（亦此亦彼）等新概念恢复与它们相对的从属概念（如书写、不在场等）的应有地位，从而彻底颠覆表现为逻各斯中心主义或在场的形而上学的传统哲学。不仅如此，德里达进一步认为没有任何一种思想与实在之间存在着确定的关系或意义，因此对绝对真理甚至真理本身的追求也是不可能的。这一点表现出解构性的后现代主义所带有的相对主义和虚无主义倾向，然而不能因此而否定后现代主义对于破除思想僵化所具有的作用和意义。如果我们将眼光扩大到西欧之外，注意到正在美国发展的以小约翰·科布（1925—　）和大卫·格里芬（1939—　）为代表的建设性后现代主义学派，它与当代女权主义和环境保护主义的思想交叉关系，以及它对多元文化和非破坏性的后现代科学技术的提倡，就能深切地感受到后现代主义运动中所蕴含的进步意义和积极的社会作用。总之，像后现代主义这种如此彻底的文化反传统潮流在当代西方出现是耐人寻味的，它一方面反映出核战争的威胁和环境破坏的全球性危机所引发的对现代性的批判反思，另一方面也反映了生存于金钱和权力圈外的知识分子反抗现代社会权力无孔不入的控制、要求更加平等的社会和文化权利的民主意识的进一步深化。

三、社会科学的新趋势

从 19 世纪开始，西欧的一些生理学家就在实验科学精神的影响下开创了心理学实验的方法，著名的德国哲学家和心理学家威廉·冯特（1832—1920 年）在 19 世纪 70 年代正式创立了实验心理学。

进入 20 世纪以后，心理学领域呈现出一种异彩纷呈、硕果累累的繁荣局面。其中对西方当代文明影响最大的当推由奥地利伟大的心理学家西格蒙德·弗洛伊德（1856—1939 年）所创立的精神分析学派。弗洛伊德通过对歇斯底里症等变态心理、人的梦境以及日常心理活动的研究，发明了以自由联想法为核心的精神分析方法，并运用这一方法逐渐发掘出潜藏于人类心灵内部的深层心理因素。弗洛伊德在《梦的解析》（1900 年）、《日常生活的心理分析》（1904 年）等著作中指出，人类的精神生活分为三个层面，即潜意识（或下意识、无意识）、前意识和意识。意识位于人的心理的最高层面，它是人的整个心理活动的管理者和指挥者，正是在它的控制和协调下人的精神生活才能正常进行。意识下面则是前意识，它由于与目前的实际生活没有关系因而暂时处于意识领域之外，但它或者曾经属于意识领域或者可以较容易地直接进入意识领域。潜意识则是人的心理中最原始的冲动，它通常被意识压制在心理的最深处，但它总是千方百计地试图以梦境、过失、反常行为或伪装成前意识的曲折方式突破压抑和审查，从而进入意识领域而获得自我表现和满足。弗洛伊德坚持认为，潜意识的非理性冲动不仅是变态心理形成的根本原因，而且是包括常态心理在内的一切心理活动的基础。

后来，他在《自我与原我》（1923 年）等书中又提出了与此相应的另外一种人类心理的三分法，即原我（或"伊德"）、自我和超我。所谓"原我"是指一种无意识的本能力量，它只服从快乐原则，不顾条件、后果、道德和社会要求一味地追求自我满足。"自我"则根据现实原则限制、调整、修改、指导原我，以便在现实许可的条件下部分地满足原我的要求。"超我"是由童年时期父母权威的内在化所形成的，成人后则以良心的形式表现出来，它的作用是监视、检查原我的冲动，并强迫自我去压制那些社会道德所不容许的冲动，因此儿童的早期经验对其后来的个性发展具有十分重要的作用。弗洛伊德所说的本能最初主要是指性本能，后来又称之为"里比多"或原欲，此后他将本能的范围扩展到生本能和死本能两种。在《少女杜拉的故事》（1905 年）、《性学三论》（1905 年）等书中，他认为幼儿的性欲发展通常经历一个"俄狄浦斯情结"时期，此时的幼儿会产生一种恋母憎父或恋父憎母的倾向；此外他将原欲看做是个人和人类种族借以生存、发展和繁衍的心理根源和原动力。在《图腾与禁忌》（1913 年）、《幻想的未来》（1927 年）、《文明及其不满》（1930 年）等书中，弗洛伊德探讨了宗教、道德和社会制度的起源，认为早期人类社会中的图腾禁忌制度是为了克服俄狄浦斯情结所带来的罪恶感而产生的，除了社会需要的原因之外，一般的宗教、道德和社会结构主要是由人们的罪恶感和赎罪心理所造成的。弗洛伊德进而断言，历史事件和人类文明的发展都不过是原我、自我和超我三者之间冲突斗争的反映。文学和艺术作品则是艺术家潜意识的本能冲动升华的产物，在艺术作品中受压抑的愿望经过变形后获得了满足和宣泄。

　　弗洛伊德理论中最易引起误解和招人反感的是其泛性论。精神分析学派建立不久，其内部就因此而产生了分歧，弗洛伊德的学生和早期追随者阿尔弗雷德·阿德勒（1870—1973年）和卡尔·古斯塔夫·容格（1875—1961年）先后与他分道扬镳。阿德勒不满弗洛伊德过分夸大性欲在整个人类心理生活中的决定性作用的观点，转而研究生活环境和教育对儿童心理的影响，同时提出了以超越自卑情结为核心的个体心理学。容格则将原欲概念扩展为一种普遍的心理冲动或一般的生命力，而不像弗洛伊德那样将其局限在性欲方面。在容格看来，弗洛伊德的性压抑学说不足以解释个人同整个文化的关系问题，因此他把弗洛伊德的无意识概念从个人心理扩大成为一种集体无意识，它是在人类生物进化和文化历史发展过程中由历代祖先们经历过的普遍经验所形成的心理积淀物，这种人类共有的集体无意识在梦境、幻想和神话之中获得了象征和表现。总之，弗洛伊德的心理学说虽然有一定的局限性，但仍然不愧为动力心理学和深层心理学的开创性成果，它不仅深刻地影响了当代西方的哲学、社会科学和文学艺术，为现代非理性主义思潮提供了心理学的依据，而且直接对西方社会的性解放和其他反传统运动发生了推波助澜的作用。

　　在20世纪西欧的社会学和人类学领域中，除了上面提到的列维—斯特劳斯的结构人类学之外，还有在两次世界大战之间发展起来的英国功能主义人类学派，其代表人物为英国人类学家布罗尼斯拉夫·卡斯帕·马林诺夫斯基（1884—1942年）和阿尔弗雷德·雷金纳德·拉德克利夫—布朗（1881—1955年）。1914年，马林诺夫斯基曾跟随一支人类学考察队到新几内亚和美拉尼西亚进行人类学实地调查，而拉德克利夫—布朗则前往安达曼岛考察。返回英国以后，两人分别以《西太平洋的探险队》（1922年）和《安达曼岛人》（1922年）为名同时发表了对当地土著居民的社会和文化的调查结果，在这两部著作中他们首先提出了功能主义的人类学思想，从而创立了功能主义人类学派。与人类学和社会学中的进化学派、历史学派和传播学派的理论不同，功能主义学派主张无论是工具和日常用具还是社会制度、风俗习惯和思想观念，一切文化现象都具有满足人类实际生活需要的功能，而且每一项功能都与其他功能相互联系和相互作用，构成人类文化整体中不可分割的部分。不过，该学派的两位代表人物的学术思想又有所不同，马林诺夫斯基注重对人类生物需要的研究，而拉德克利夫—布朗则偏重社会结构的研究，因而后者的理论也被称为结构—功能论。此后，马林诺夫斯基和拉德克利夫—布朗继续发展和完善了功能主义的理论，前者写出了《野蛮社会的犯罪和习俗》（1926年）、《西北美拉尼西亚野蛮人的性生活》（1929年）、《科学的文化理论》（1944年）、《自由和文明》（1944年），后者则写出了《原始社会的结构和功能》（1952年）等著作。他们的功能主义思想及其实地调查方法对西方人类学、社会学和民族学都发生了重大影响。

在经济学领域，20世纪30年代发生了一场从经济自由主义转向国家干预主义的"凯恩斯革命"，其代表人物就是英国著名经济学家约翰·梅纳德·凯恩斯（1883—1946年）。30年代席卷资本主义世界的经济危机表明，传统经济自由主义关于通过市场调节可以达到充分就业，仅仅依靠市场这只看不见的手就能自动实现经济均衡发展的理论是有问题的。为了解救经济危机，凯恩斯在其主要著作《就业、利息和货币通论》中以有效需求原理对失业和生产过剩形成的原因作出了新的解释，同时提出了消除失业和生产过剩的政策建议。他认为，社会就业量取决于包括消费需求和投资需求在内的有效需求的大小，这两种需求又受到边际消费倾向递减、资本边际效率递减和流动偏好三个基本心理规律的制约，由此引起消费需求和投资需求的不足，而有效需求的不足则必然导致充分就业的目标难以实现。根据这一分析，凯恩斯建议政府应当积极采取调节经济的措施，运用财政政策和货币政策刺激消费、增加投资，以便弥补消费需求和投资需求的不足，从而达到消除失业和生产过剩的目的。为了论证政府干预经济的必要性和有效性，凯恩斯还提出了投资的乘数原理，即投资量的增加会引起国民收入总量的成倍增长。

凯恩斯的宏观经济学理论对于资本主义世界缓解经济危机、促进二战后数十年间的经济增长的确发挥了重大作用，许多资本主义国家的政府都以其作为制定经济政策的依据。然而60年代后期以来，资本主义各国的经济发生了经典凯恩斯主义难以解释的通货膨胀与失业同时存在等多种并发症，由此引起了对凯恩斯经济学的补充、发展和修正的趋势，形成了以英国新剑桥学派和美国新古典综合派为代表的现代凯恩斯主义。虽然前者反对后者所奉行的赤字财政和通货膨胀等政策，但两者在强调必须依靠政府调节和管理来弥补市场机制的不足方面却有着共同的立场。从这一点来说，它们仍然属于国家干预主义思潮的范畴；然而50年代以后在美国兴起的货币学派则重新转向了经济自由主义。

以美国经济学家米尔顿·弗里德曼为代表的货币主义者认为，自由市场经济本身是趋向于稳定的，国家对经济的财政调节有弊无利，通货膨胀就是由政府庞大的财政赤字造成的货币流通量过大所引起的，因而要制止通货膨胀必须紧缩政府开支，减少货币流通量。货币主义强调，货币供给总量的变动对物价水平和国民收入的变动具有重要的作用，因而正确的政策应当是根据经济增长率的比例有限制地稳定增加货币供应量，才能使经济获得稳定的发展。此外，属于经济自由主义思潮的还有以埃德温·坎南（1861—1935年）和弗里德里希·冯·哈耶克（1899—1992年）为代表的伦敦学派（新自由主义），其理论不仅反对政府对私人经济的干预，而且将社会主义说成是侵犯个人自由和民主的奴役制。70年代以后在美国兴起的以罗伯特·蒙德尔（1932—　）和阿瑟·伯特·拉弗（1941—　）等人为代表的供应学派以及合理预期学派也都属于经济自由主义阵营。后者反对任何形式的国家干预政策，认为市场经济的自发调节是稳定经济的惟一有效方式。而前者则反对凯恩斯主义刺激需求的政策，认为当前资本主义世界的经济问题不是需求不足而是政府税率过高和供给不足，因而应当大幅度降低税率以便刺激投资，从而达到增加供给和财政收入的效果。这一主张成为80年代初美国里根政府制定经济政策的主要依据。

除了较为典型的经济自由主义和国家干预主义之外，当代西方还存在着一些介于两者之间的经济学派。比如以联邦德国的瓦尔特·欧根（1891—1950年）和路德维希·艾哈德为首的弗赖堡学派（也被称做新自由主义），他们主张社会市场经济，即以自由市场经济为主，国家对市场运行进行适当调节并为低收入家庭提供帮助。另外还有约瑟夫·阿洛伊斯·熊彼特（1883—1950年）的创新理论，沃尔特·惠特曼·罗斯托（1916—　）的经济成长阶段论，以及主张混合经济、福利国家和民主社会主义的瑞典学派，鼓吹改良主义的新制度学派和属于新左派的激进经济学派等等。

在历史学领域，20世纪初的西欧曾出现过德国历史哲学家奥斯瓦尔德·斯宾格勒（1880—1936年）。他在其主要著作《西方的没落》一书（1918—1922年）中提出了一种比较文化形态学，认为包括西方文化在内的每一种文化都是一个有机体，必然经历青春、生长、成熟和衰落几个阶段。他虽然声称反对西欧中心论，但仍然断言世界历史上出现过的八种文化中的七个（埃及、巴比伦、印度、中国、古典、阿拉伯、墨西哥）都已经死亡，而只有西方文化是世界上惟一还有生命的优越文化。由于西方文化具有一种所谓"浮士德精神"的对外扩张冲动，因而西方文化将经过血腥的战争和革命，最终由德意志民族运用恺撒主义的强权结束战国时期的对峙局面，建立起一个统一的世界帝国。

　　继斯宾格勒之后，英国历史学家和历史哲学家阿诺德·约瑟夫·汤因比（1889—1975 年）提出了自己的文明形态史观。在其名著《历史研究》等书（1934—1961 年）中，他认为在人类 6000 年的历史中共出现了 26 个文明形态，其中包括西方基督教文明、中国文明、印度文明、阿拉伯文明、东正教文明在内的 21 个文明获得了发展，其余的 5 个属于停滞的文明，如果再加上几个流产的文明，那么文明的总数则有 30 多个。与斯宾格勒相似，汤因比也相信每一种文明都要经历起源、生长、衰落和解体的过程，然而这种周期性的兴衰并不意味着历史的重演，其中存在着一种逐步的改进或某种进步。他认为，人类各代文明的产生在于对物质环境或社会环境所提出的挑战进行了成功的应战，反之，缺乏足够的挑战或过分严酷的挑战都会使人们要么丧失创造文明的动力要么被压垮。那些能够率先提出应战的只是具有普罗米修斯式的创造性的少数人，他们将成为一个成长中的社会的领导集团，而缺乏创造力的广大群众则只有通过模仿跟随他们前进。然而，一旦某个文明由于制度的僵化或领袖的自负导致自决能力和创造力的丧失，就会无法应付进一步的挑战，失去影响群众的魅力的领袖便只好依靠武力来维持其统治地位，由此引起群众的离心离德，此时文明就会面临内外无产者的反抗和入侵，最终导致文明的衰落和解体。汤因比断言宗教是文明的基础与核心，因而要实现人类统一的理想就先要求得宗教上的统一，他甚至预言中国古代的智慧如墨家的兼爱思想有可能使中国在未来人类的统一过程中发挥主导作用。不过，即使我们承认汤因比的文明理论中有许多深刻的洞见和精彩的猜测，但他的理论毕竟是一种思辨的历史哲学，而不是科学的历史研究。

　　以前，西方传统史学一直集中于政治史领域，主要研究政变、战争、外交等政治军事事件的历史，因而忽视了社会、经济和文化等长期发挥作用的基础因素。从 20 世纪初期起，随着唯物史观的影响日益扩大，以及经济学、社会学、心理学、文化人类学等社会科学的发展，西方史学界逐渐产生了一股强劲的反叛传统史学的思潮。其中最为重要的学派有法国的年鉴学派、西方马克思主义历史学派和数量历史学派。

1929年，法国著名历史学家吕西安·费弗尔（1878—1956年）和马克·布洛克（1886—1944年）创办了《经济和社会史年鉴》杂志（1946年改名为《经济、社会和文明史年鉴》），年鉴学派由此得名。他们反对传统史学专注于政治史和大人物的狭隘学风，提倡一种总体历史学，主张关心人民的全部生活，综合研究过去的地理环境、人口组成、社会结构、经济生活、科学艺术、宗教信仰乃至心态等物质文化和精神文化的所有方面，力图完整地再现一定历史阶段中的社会总图景。费弗尔的《十六世纪的无信仰问题：拉伯雷的宗教》（1942年）和布洛克的《封建社会》（1939—1940年）等书已成为西方新史学的代表作。

二战结束后，年鉴学派的第二代历史学家费尔南·布罗代尔（1902—1985年）继承了年鉴学派早期对历史进行多学科综合考察的思路，进一步从时间和空间方面发掘历史上的社会生活的多层次结构。在其不朽的名著《菲利普二世时代的地中海和地中海世界》（1949年）中，布罗代尔全面研究了16世纪下半叶地中海地区的地理、经济、社会、政治、军事、外交和文化各方面的历史现象，并在此基础上将历史分解为三个不同的层面以及与之相应的三种时间节奏：第一种是涉及人与其自然人文环境之间关系的几乎静止的地理时间，第二种是涉及各种人类群体（阶级、民族、国家、文明）的经济和社会生活的缓慢变化的社会时间，最后一种才是涉及历史人物和政治事件的迅速变化的个人时间。他认为传统史学所注重的政治事件史只是短时段内的转瞬即逝的泡沫，而真正在历史上起决定作用的则是那些在长时段里稳定发挥影响的地理环境和社会结构等非个人的巨大力量。在《十五至十八世纪的物质文明、经济和资本主义》（1967—1979 年）中，布罗代尔展现了封建社会向资本主义社会转变时期的人口增长、衣食起居、科学技术、文化知识、商业运输等人类物质生活变化的广阔历史图景，指出人口增长和生存斗争是这一时期历史发展的最终原因。继前两代史学家的总体历史和心态史研究之后，年鉴学派的第三代更加注重跨学科和数量化的历史研究，同时恢复了政治史的研究。

除了年鉴学派之外，英国、法国和意大利等国的马克思主义历史学派也取得了丰硕的成果，尤其在英国工业化和工人阶级、法国大革命和巴黎公社、法西斯主义和反法西斯运动，以及工人运动和社会主义运动等历史课题方面都不断有论著问世。随着电子计算机的出现，运用计算机和数量方法处理历史数据的新经济史、新社会史和新政治史学派首先在美国建立起来，并逐渐扩展到西方其他国家和全世界。

20 世纪西欧科学的发展历史昭示我们，作为推动历史进步的革命性力量的自然科学和社会科学在解决当代人类所面临的生存、发展和其他问题时确实发挥着不可替代的巨大的积极作用。然而在发展和应用科学的同时，我们仍要保持哲学反思和批判精神所特有的那一份清醒和冷静，这样我们就有能力引导人类文明沿着和平、公正、健全及可持续发展的道路走向一个更加光明的未来。

23　毕加索的油画《亚威农的少女》

第 八 章

20 世纪的西欧文学与艺术

20 世纪的西欧文学艺术可以说是流派纷呈、名家辈出。一方面，现实主义仍然保持着旺盛的生命力，在文学、绘画和电影等领域中不断有新的流派和优秀作品涌现出来；另一方面，现代主义和后现代主义则对西方传统美学和艺术成规发起了猛烈的攻击，先锋派艺术家们在文学、绘画、雕塑、建筑、音乐和影视等各个领域中均进行了广泛的实验和大胆的革新，创作了许多具有强烈时代感和新颖原创性的杰出作品，极大地拓展了文学艺术的题材和内容，也丰富了艺术表现的手法和技巧，确实取得了令人瞩目的成就。然而，这种激进的反传统倾向也不可避免地带有一定程度的虚无主义和形式主义的色彩，有些流派和艺术家甚至流于片面追求新奇和怪异的极端。

一、文学思潮:现实主义、现代主义 和后现代主义

进入 20 世纪以后，现实主义虽然在西欧文学中已经不再占据主流地位，但是仍然涌现出一批著名作家和作品，同时现实主义文学也在现代主义的冲击下，不断吸收新的表现手法和技巧以表现新的时代精神，从而出现了现实主义与现代主义交叉融合的趋势。

　　20 世纪法国的现实主义著名作家有阿纳托尔·法朗士
（1844—1924 年）、罗曼·罗兰（1866—1944 年）、昂利·巴比塞
（1873—1935 年）、弗朗索瓦·莫里亚克（1885—1970 年）、路
易·阿拉贡（1897—1982 年）等人。法朗士是 19 世纪末到 20 世
纪初法国杰出的小说家、诗人、文艺批评家和诺贝尔文学奖获得
者，其早期小说《波纳尔之罪》和《黛伊丝》表达了他对资本主
义的法律制度和天主教会的不满，长篇小说《当代史话》描绘了
法国的社会生活，批判了资产阶级的统治。他的后期小说《企鹅
岛》、《诸神渴了》、《天使的反叛》等讽刺了资产阶级的文明。法
朗士在政治上属于左派，他曾积极支持俄国 1905 年革命和十月革
命，并在晚年参加了法国共产党。罗曼·罗兰也是跨世纪的法国
小说家、剧作家、音乐学家和诺贝尔奖得主，创作了《群狼》、
《丹东》、《七月十四日》和《罗伯斯庇尔》等革命戏剧，歌颂法国
大革命的英雄主义精神，同时表达了他的人道主义博爱信念。他
曾任索崩大学音乐史教授，著有西洋歌剧史和音乐史多种，并陆
续发表了《米凯朗基罗传》、《贝多芬传》和《托尔斯泰传》等艺
术家传记。他的著名长篇小说《约翰·克利斯朵夫》描写了一个
音乐家通过艰苦的个人奋斗反抗资本主义社会的故事，充分表达
出他对物欲横流的鄙俗社会氛围的厌恶以及对艺术的崇高使命的
赞美。晚年他创作了长篇小说《欢悦的灵魂》，描写知识分子通过
曲折的道路走向社会主义的心路历程。在政治上，罗兰从和平主
义的立场出发反对帝国主义战争，第一次世界大战爆发时他写了
反战檄文《超出混战之上》；十月革命后，他热烈支持无产阶级革
命，并同高尔基建立了友谊。除了罗兰之外，其他一些作家也表
达了激烈的反战立场。巴比塞根据自己在战场上的亲身经历创作
的长篇小说《战火》和《光明》，不仅控诉了帝国主义战争的罪恶，
而且揭示了士兵群众的革命情绪和觉醒过程。
　　另一位诺贝尔文学奖获得者莫里亚克继承了巴尔扎克小说的

真实性和典型性的现实主义传统，然而他更加注重人物内心世界的开掘，往往采用内心独白和生活场景主观化的手法揭示和烘托人物的微妙感受和深层意识活动，因而他的创作倾向被人称为心理现实主义。莫里亚克的主要作品有小说《与麻风病人接吻》、《爱的荒漠》、《蝮蛇结》以及少量的戏剧。在这些作品中，他揭露了资本主义社会里追求金钱、财富和肉欲所导致的罪恶和毁灭，暴露出资产阶级婚姻和家庭关系的丑恶面：婚姻是男女双方的仇视和决斗，家庭变成奴役的锁链，性爱则由于充满占有欲的嫉妒和支配对方的企图最终演变成悲剧。阿拉贡早年曾是超现实主义的代表作家之一，1927 年他加入法共以后开始走上现实主义的创作道路。在其以《现实世界》为总标题的系列小说中，阿拉贡全面深入地描绘了两次世界大战前后法国社会的广阔图景。在二战中的抵抗运动期间，他通过《断肠集》、《爱尔莎的眼睛》和《法兰西晨号》等作品愤怒控诉了法西斯的侵略暴行，鼓舞了人民战胜敌人的斗志。20 世纪后期，虽然面临着现代主义和后现代主义的有力冲击，但法国的现实主义文学并没有绝迹，80 年代以后以自传、传记、回忆录和历史小说为代表的"纪实性文学"，可以说是现实主义文学传统的延续。

在 20 世纪的英国文坛上，除了老一辈剧作家萧伯纳之外，还有相当多的一批现实主义文学家。诺贝尔奖得主、小说家约翰·高尔斯华绥（1867—1933 年）在其成熟期创作了史诗般的巨著《福尔赛世家》和《现代喜剧》等，以一系列有产者人物群像暴露和嘲讽了英国资产阶级的伪善及其传统的瓦解和崩溃，对资本主义社会中的失败者、反叛者和艺术家却寄予了同情和赞赏。爱德华·摩根·福斯特（1879—1970 年）是一位富于自由主义和人道主义精神的小说家。在其最著名的小说《通往印度之路》中，福斯特揭露了英国在对印度的殖民统治中表现出来的偏见和不公正，引起后殖民主义批评家的关注。在文学理论著作《小说面面观》里，福斯特提出了小说既大于现实又小于现实的新颖论点，同时还提出了"平面人物"和"浑圆人物"的著名观点，认为小说家只有将两种人物适当搭配和结合才能全面地再现现实生活。戴维·赫伯特·劳伦斯（1885—1930年）则是一位颇有争议的作家，其创作思想在某种程度上受到弗洛伊德主义的影响，在他的重要作品《儿子与情人》、《恋爱中的女人》和《查特莱夫人的情人》中多有直率的性爱描写，故曾因"伤风败俗"而遭查禁。然而他的作品毕竟不能同末流的色情小说相提并论，劳伦斯的主题是通过对本能性欲的礼赞抨击所谓上流社会的虚伪道德，以美好的性爱来对抗机器工业对人性的扼杀。此外还有小说家威廉·萨默塞特·毛姆（1874—1965年）和格雷厄姆·格林（1904—1991年）等。前者的作品包括基于自身早年经历的长篇小说《人性的枷锁》，以及一些具有浓郁的异国情调的游记；后者则有意识地将自己的作品分为"消遣文学"（如充满悬念的间谍小说）和"严肃文学"两类，其代表作是两种文体结合的小说《人性的因素》。

德国在20世纪成就最大的现实主义作家首推亨利希·曼（1871—1950年）、托马斯·曼（1875—1955年）兄弟，后者曾获诺贝尔文学奖。亨利希·曼是一位杰出的进步作家，他一贯反对军国主义和法西斯主义，抗议帝国主义的侵略和战争政策，曾在纳粹的迫害下流亡国外。1949年，他被选为民主德国艺术科学院主席，但未及回国即病逝于美国洛杉矶。亨利希·曼的代表作品有小说《垃圾教授》、《帝国》三部曲和《亨利四世》等。他在《帝国》中广泛揭露了帝国主义时期的德国社会生活，第一部《臣仆》以尖锐的嘲讽笔调暴露了赫斯林等德国资产阶级分子争做帝国统治阶级忠顺奴仆的丑恶嘴脸，后两部《穷人》和《首脑》则分别刻画了德国无产阶级和将德国拖进战争的统治集团的不同形象。托马斯·曼是亨利希的弟弟，早年曾受哲学家叔本华、尼采和音乐家瓦格纳的影响，由于其杰出的文学成就而被誉为20世纪世界小说艺术大师之一，其重要作品有长篇小说《布登勃洛克一家》、《魔山》和《浮士德博士》等。《布登勃洛克一家》是托马斯·曼的成名作，该书形象地描绘了德国从自由资本主义走向垄断资本主义的历史过程，通过一个资产阶级家庭无可挽回的衰落揭露了资本主义社会弱肉强食的丛林法则，塑造了这个家庭四代人和德国上层社会的生动群像，构成了一幅德国社会生活的真实画卷。全书结构严谨、语言生动幽默，在传统现实主义的基础上融入其他现代主义的艺术手法，成为德国批判现实主义的代表作，堪称"当代文学的经典作品之一"（诺贝尔文学奖授奖证书语）。《魔山》则是一部具有深刻人生哲学内涵的哲理小说，书中通过描述在瑞士阿尔卑斯山一所肺病疗养院里代表当时各种思潮的各色资产阶级人物的思想冲突，表达了托马斯·曼对一战前后影响欧洲的人道主义、强权暴力主义、现世享乐主义等社会思潮的分析思考，反映了一代知识分子面对风云莫测的时局和众说纷纭的哲学思潮的踌躇和彷徨，因而被称为体现出"整个欧洲精神生活的精髓"的时代小说。在此后创作的《马里奥和魔术师》、《约瑟和他的兄弟们》、《浮士德博士》等小说及其他作品中，托马斯·曼激烈地抨击了法西斯主义和非理性主义思潮，沉痛地反思了德意志民族被希特勒纳粹党拖进战争灾难的教训，同时也清算了叔本华、尼采和瓦格纳对自己早年思想的影响。他的有些著作因此遭到法西斯分子的查禁和焚毁，作者本人也被迫长期流亡国外，然而他一生坚持人道主义立场，逝世前还诚恳告诫两个德国的人民要维护道德与秩序、正义与和平，而不要互相辱骂、野蛮欺诈和残忍仇恨。这一时期德国的现实主义作家还有赫尔曼·黑塞（1877—1962年）、伯恩哈德·凯勒曼（1879—1951年）和埃里希·马利亚·雷马克（1898—1970年）等人，这些作家大都坚持人道主义与和平主义的立场，在不同程度上揭露和批判了德国军国主义和法西斯主义的侵略政策和战争罪行，同时也严肃地思考着知识分子的命运和出路问题。其中较为突出的是雷马克的长篇小说《西线无战事》，该书尖锐地揭露了帝国主义战争的无意义和残酷性，控诉了遭受战争摧残的青年一代的悲惨命运，出版后立刻轰动世界，成为欧洲最著名的反战小说。此外，西欧其他国家也出现了各具特色的现实主义流派，如二战前西班牙的社会小说和葡萄牙的新现实主义，二战后意大利的新现实主义、西班牙的社会现实主义和结构现实主义等，北欧各国也涌现出一些现实主义的优秀作家和作品。

　　20世纪上半叶，两次世界大战所带来的空前灾难和现代资本主义社会的严重异化，导致了人们对西方传统理性主义的怀疑和信仰危机，叔本华的唯意志论、尼采的权力意志论、柏格森的生命哲学、弗洛伊德的潜意识学说以及海德格尔、萨特等人的存在主义哲学等非理性主义思潮在西欧广泛传播。在这种背景下，西欧文坛上出现了许多反传统的文学流派，其中包括未来主义、达达主义、超现实主义、后期象征主义、表现主义、意识流小说和存在主义文学等，文学史家一般将这些有别于现实主义的流派统称为现代主义文学。我们曾经谈到，19世纪至20世纪的现实主义文学在反映真实生活方面取得过巨大的成就，但由于片面强调真实地再现客观世界因而忽视了生活中同样真实的另一半即主观世界，有时甚至由于刻意模仿外部现实而流于琐碎和表面。有感于此，现代主义文学反其道而行之，深入挖掘人的意识和潜意识活动，提倡对人的主观世界的真实展示，高扬文学自身应有的表现功能。在内容上，现代主义文学关注人性和人的生存状况，尖锐批判现代社会的荒谬性及其对人性的扭曲和异化，注重表现人的内心生活和心理真实，很大地拓展了文学表现的领域。在艺术手法上，现代主义大量运用神话、象征、隐喻、暗示、时空颠倒、内心独白、意识流和自动写作等创新技巧，丰富了文学语言和艺术表现形式。然而，在暴露丑恶的同时，某些作品也流露出对丑恶和怪异的过分偏爱，甚至提出"以丑为美"的过激主张；一些作家在刻意追求形式上的标新立异的同时，其作品也陷于混乱、晦涩和玩弄形式的末流。

未来主义在 20 世纪初最先打出反传统的旗号，主张彻底摈弃一切传统文化和艺术遗产，标榜要创造"属于未来"的全新艺术。意大利诗人菲利普·托马佐·马里内蒂（1876—1944 年）是未来主义的创始人和理论家，他于 1909 年 2 月 20 日在法国《费加罗报》发表《未来主义的创立和宣言》，宣告了未来主义的诞生。此后数年内未来主义从文学迅速波及到绘画、音乐、戏剧、雕塑、建筑、电影等诸多领域，甚至成为欧洲风靡一时的生活方式和社会时尚。未来主义文学热衷于反映工业化的新时代，歌颂现代大都市、机器文明、速度和竞争，崇拜暴力、战争和超人，攻击国家、教会、家庭和道德，既富有对旧世界的反叛力量，也带有无政府主义和法西斯主义的色彩，马里内蒂后来甚至堕落为墨索里尼的帮凶。在艺术方法上，未来主义提出了一套标新立异的主张，比如"消灭形容词"、"消灭副词"、"消灭标点符号"、"毁弃句法"，抛弃传统诗歌的韵律和修饰，提倡运用绝对自由的类比，把数学符号、音乐符号引进文学作品，突出音响、重量和气味等感性现象的作用，提倡"自由不羁的想象"，大刀阔斧地革新诗歌语言。马里内蒂还创造了未来主义的"合成戏剧"，其代表作《他们来了》没有完整的情节，没有传统的戏剧冲突，只有一些稀奇古怪的人物和桌椅，以及三四句混乱的台词，借助舞台灯光渲染出神秘莫测的幻象和焦虑不安的气氛。除了马里内蒂之外，西欧未来主义的代表作家还有意大利进步诗人阿尔多·帕拉泽斯基（1885—1974 年）、创立自由诗的吉安·皮特罗·卢齐尼（1867—1914 年）以及法国诗人纪尧姆·阿波利奈尔（1880—1918 年）等人，后者借鉴立体主义绘画的技法，创立了"立体未来主义"诗歌形式。虽然未来主义文学运动不免偏激和形式主义的流弊，以致20年代末以后即趋于沉寂,但其大胆创新的试验确曾给予整个欧洲文学以强有力的冲击,推动了各种现代主义文学流派的发展。

与未来主义在意大利流行的同时,意大利还出现了一位戏剧怪才路易吉·皮兰德娄(1867—1936年)。他那些带有象征意味的怪诞剧,以离奇的情节和夸张的手法,运用主人公大段的独白将零散的情节贯穿起来,表现了现代人的异化和自我的分裂。其名剧《六个寻找作者的剧中人》率先采用"戏中戏"的手法,让6个自称被作者抛弃的角色闯入某剧团的排演场,要求导演把他们的戏排出来。皮兰德娄由于对戏剧和舞台表演大胆而出色的创新,荣获1934年的诺贝尔文学奖。

在第一次世界大战期间的1916年,以罗马尼亚作家特利斯唐·查拉(1896—1963年)为首的一批欧洲知识分子在瑞士发起了一个自称为达达主义的反叛传统的运动,他们声称反对一切文学传统和现有的价值观念,不仅反对宗教、政治、伦理和家庭,而且反对理智、科学和逻辑,声称惟有自发性和自由才是高于一切的真正的生活。这种全面的虚无主义使它在文学方面成果甚微,不过它却直接孕育了超现实主义的文学运动,后者的早期代表人物大都是从达达主义阵营中分裂出来的。到20年代中期达达主义已经销声匿迹,连查拉本人也加入了超现实主义的行列。

超现实主义这一术语是由阿波利奈尔在1917年首先发明的,1919年法国作家安德烈·布勒东(1896—1966年)和菲利普·苏波(1897—1990年)合著了第一部超现实主义作品《磁场》,1924年11月布勒东起草并发表了《超现实主义宣言》,这标志着超现实主义文学运动的正式诞生。布勒东是超现实主义的创始人和理论家,最初属于该派的还有苏波、阿拉贡和保罗·艾吕雅(1895—1952年)等法国作家,此后超现实主义逐步发展为一种国际性的文艺思潮,其影响波及到诗歌、小说、戏剧、绘画、雕塑、建筑、电影等众多领域。该派的活动延续了半个世纪之久,直到1969年

超现实主义团体才正式宣布解散。超现实主义者将追求人的精神
解放和思想自由作为最高目标，因而极力抨击现实主义文学，指
责后者只知道描绘现存事物的表面和细节真实，却忽视了人的内
心真实，只告诉我们发生了什么，却不告诉我们可能发生什么或
将要发生什么。在弗洛伊德理论的启发下，超现实主义者强调表
现摆脱理智控制的潜意识世界和梦幻世界，因为在他们看来这是
一种更高、更真实的现实即"超现实"；同时他们企图使梦幻世界
和外在现实世界融合起来。为了真实地表现超现实世界，超现实
主义者不仅特别重视梦幻、欲望、疯狂和想象在解放精神潜能、把
握内心真实方面的作用，而且还创造了所谓"自动写作"的新奇
手法，即在创作时排除一切道德考虑和审美选择，摆脱理性、逻
辑、文明和传统的束缚，彻底放任精神的自动性，从而如实地记
录下不加掩饰和歪曲的感受、联想、意象、幻觉等潜意识的真正
活动。布勒东的中篇小说《娜嘉》就是自动写作的代表作品之一，
该书通过作者与一位在巴黎街头流浪的神秘女子的邂逅和交往揭
示出一个超现实主义的世界，书中没有连贯的情节和完整的形象，
充满了作者的零碎记忆和思想跳跃，以及语言和意象的自由组合，
集中体现了自动写作的艺术特色。在文学体裁方面，超现实主义
者特别偏爱诗歌，认为诗歌不仅是对理性的反抗和潜意识思想的
自由表达，甚至是解放人类的重要手段。他们断言每个人都可以
成为诗人，生活中的一切都可以具有诗意，即使他们创作的小说
和剧本也都属于诗歌的范畴。布勒东在 30 年代后期还首先提出了
黑色幽默的概念，发表了《黑色幽默文选》，此后黑色幽默作为一
种荒诞、冷酷、恐怖、亵渎的玩笑手法风靡了欧美的文坛。超现
实主义对现代资本主义的批判和反抗倾向导致了他们激进的政治
立场，阿拉贡和布勒东等人曾在 1927 年加入法共，但是为了维护
个人生活和艺术探索的自由，后者不久即脱离了法共。超现实主
义的代表作品还有布勒东的《可溶解的鱼》、《连接的容器》，阿拉

贡的《放纵》、《梦幻之潮》、《巴黎的农民》，艾吕雅的《不死之死》、《痛苦之都》等。

象征主义形成于 19 世纪末的法国，在 20 世纪 20 至 40 年代发展成为国际性的后期象征主义文学流派。后期象征主义者继承并拓展了早期象征主义的审美理想和表现手法，主张通过一连串具体事物或境遇（所谓"客观对应物"）象征出作者的抽象思想和情感，或者通过隐晦的意象迫使读者穿透严酷的现实世界看到一个完美的超验的理念世界。他们认为诗正是逃避现实世界进入理念世界的媒介，其诗作往往不加解释地使用各种意象和象征来暗示思想、情感和理念，而其语言则具有音乐般的暗示性和朦胧美。后期象征主义的代表作家包括保罗·瓦莱里（1871—1945 年）、威廉·巴特勒·叶芝（1865—1939 年）、托马斯·斯特恩斯·艾略特（1888—1965 年）等人。瓦莱里被誉为 20 世纪法国最伟大的诗人，早年他曾醉心于探索脱离现实生活的理念世界，但后来他醒悟到心灵不能一味地内向，情感不能永远被压抑，而必须重新回到感官世界和现实中来。在其著名长诗《海滨墓园》里，他运用大海、白帆、阳光、海风、墓地等意象象征性地表达了对生与死、无限与永恒的沉思。在《年轻的命运女神》和《幻美集》等诗篇中，他通过各种形式探讨了心灵与肉体之间的关系，提出感官的刺激必须受心灵的控制和引导，两者的结合将成为创造性的源泉。瓦莱里诗歌的艺术特色是不对象征符号作任何解释，大量使用隐晦的意象和隐喻，其用意不在于描述而在于暗示，诗风含蓄隽永，充满音乐的美感。叶芝是一位杰出的爱尔兰诗人和剧作家，曾获诺贝尔文学奖。其诗作在象征主义的基础上融入了强烈的爱尔兰民族主义和神秘主义的色彩，其中最为著名的有《驶向拜占庭》、《1916 年复活节》、《丽达与天鹅》、《疯狂的珍尼》等。这些诗作的主题或表达了诗人对物质文明的厌恶和对传统道德的蔑视，或赞美生活的自然快乐，或讴歌爱尔兰人民的反抗。叶芝还创作了一

些散文和剧本，后者大多以象征的手法表现爱尔兰的英雄传说和
神秘思想。

　　英国诗人和批评家艾略特是后期象征主义最杰出的代表，也
是 20 世纪最重要的现代主义作家之一，由于"他对当代诗歌做出
的卓越贡献及所起的先锋作用"而荣获 1948 年诺贝尔文学奖。在
《普鲁弗洛克的情歌》等早期诗作中，艾略特以反讽和独白的手法
勾画出上流社会的男女在信仰和爱情幻灭后，彷徨无告或荒淫堕
落的复杂矛盾心理。艾略特的代表作《荒原》被批评界称为"现
代文学的经典文本"，认为它集中反映了时代精神，即一战后西方
青年的一切理想信仰均已破灭的精神状态。在这部象征主义的杰
作中，艾略特将现代西方社会比喻为败落的沙漠荒原，在那里大
地干枯，战争肆虐，幽灵般的芸芸众生丧失信仰，道德沦丧，沉
溺情欲，恐惧绝望，濒临死亡，惟有戒绝情欲、舍己为人、皈依
宗教才能超越精神的荒原，获得拯救。诗中充满了断壁残垣、坟
墓白骨、荒漠枯树、破碎的偶像等阴森的意象，以此象征丧失生
活意义的西方现代社会腐败颓废的现实，而其象征意象的模糊性、
暗示性和多义性，使读者可以从精神分析学或结构主义等多重角
度对其进行不同的解读。艾略特后期的重要诗作是长篇组诗《四
个四重奏》，该诗表达了诗人晚年对时间的哲学冥想，其中充满怀
恋过去、不满现在、向往未来的情愫，不仅将时间的三维融为一
体，而且透露出荣衰轮回的历史循环论思想，同时宣扬了基督教
的谦卑和奉献精神。艾略特的其他重要作品还有诗集《空心人》、
《灰色星期三》，剧本《教堂谋杀案》、《鸡尾酒会》等。在《传统
与才能》、《诗歌的功能与批评的功能》等文学理论文章中，艾略
特提出了"非个人化"和"客观对应物"的著名论断。他强调诗
歌不应放纵个人感情，而应表现全人类的普遍的情感和理念；指
出表现感情的惟一途径就是寻找一种客观对应物，以便象征地暗
示出某种情感和意念；此外他在传统与创新、文学创作的历史感

与时代精神以及批评的客观性等问题上也不乏独到见解。除了上述三位作家以外，奥地利诗人莱纳·马利亚·里尔克（1875—1926年）和比利时诗人兼剧作家梅特林克等人也是后期象征主义的代表，前者的主要诗作是《杜伊诺哀歌》和《致奥菲厄斯的十四行诗》，后者则创作了《佩雷亚与梅丽桑德》和《青鸟》等著名剧本。

表现主义最初是一个绘画派别，后来波及到文学领域，在20世纪初期形成了以德语文学为中心、蔓延到欧美各国的文学运动，成为一个具有广泛影响的现代主义文学流派。其代表作家有奥古斯特·斯特林堡（1849—1912年）、弗朗茨·卡夫卡（1883—1924年）和贝托尔特·布莱希特（1898—1956年）等。表现主义作家不同意现实主义和自然主义再现客观真实的要求，而强调直接表现人的主观感受和心灵体验，提出"艺术是表现而不是再现"的主张。他们往往用怪诞、变形和扭曲的形象表达对当代资本主义社会中的异化生活的感受和抗议，深刻地揭露和抨击资产阶级国家官僚机器的腐败、僵化、野蛮和非人性，对被侮辱与被损害的下层人民和小人物则充满了同情。瑞典剧作家斯特林堡是从现实主义和自然主义转变到表现主义和超现实主义的，其充满神秘气息和象征意味的"梦幻剧"《到大马士革去》被看做是最早的表现主义戏剧，剧中以内心独白和梦幻的手法表现了人物的内心发展历程。而其晚期的室内剧《鬼魂奏鸣曲》则大胆安排死尸、鬼魂和人一起登场，以神秘怪诞的情节和形象揭露西方社会中难以沟通的人际关系。奥地利小说家卡夫卡被公认为西方现代派文学的奠基人之一，也是表现主义文学最杰出的代表作家。他一生处于父亲暴君般的专横压迫之下，他甚至说"在自己的家庭里，我比陌生人还要陌生"，由此形成忧郁懦弱、孤独内向、毫无自信的病态性格。他曾勉为其难地在一家工伤事故保险公司任职，因三次订婚三次失败而终身未娶，40岁出头便因肺结核恶化而去世。卡夫卡写作从来不是为了发表和成名，而是作为工作之余寄托忧思和排遣苦闷的手段，惟其如此他的作品才成为一种深刻真诚的内心流露，取得了震撼人心的艺术效果。其最著名的代表作品是小说《变形记》，书中的主人公格里高尔·萨姆沙是一家公司的推销员，在生活的重压下，他一天早上醒来发现自己变成了一只丑陋的大甲虫。他因此而丢掉了工作并遭到家人的厌恶，由于不能挣钱又给家庭带来麻烦，他终于被愤怒的父亲砸过来的苹果击中后不治身亡，全家人如释重负，准备开始新的生活。该书通过整体的荒诞和细节的真实，深刻地暴露了当代资本主义社会中人的异化和人与人之间包括家庭内部的残酷的利害关系，对小职员等无助的小人物寄予了无限的同情。在长篇小说《诉讼》和《城堡》中，卡夫卡以梦魇般的扑朔迷离的叙述方式，揭露了资本主义社会司法机构践踏公正和草菅人命的罪恶以及官僚机器的冷酷无人性，描绘出普通人只能听凭其任意摆布的可怜命运。

布莱希特是享誉世界的德国诗人、剧作家、著名导演和戏剧理论家，由于其进步的反战思想，1918 年 11 月革命时被推选为奥格斯堡工兵苏维埃代表，20 年代后期他明确转向马克思主义，但一直没有参加共产党。1933 年纳粹党上台后他被迫流亡国外，战后回到德国并从 1949 年起定居东柏林直至逝世。布莱希特一生创作了 1500 首诗歌和近 50 部戏剧。其早期的戏剧创作，如《夜半鼓声》、《在城市的丛林中》和《人就是人》等，明显地具有表现主义的风格。此后，他融会其他流派的各种戏剧理论因素，提出了独创的“叙事剧”理论和“间离效果”（即“陌生化效果”）艺术手法，从而创立了与前苏联导演斯坦尼斯拉夫斯基的“体验型”戏剧相对峙的“表现型”戏剧理论。他主张演员应与角色保持一定的距离，演员不仅是角色的表演者而且是角色的裁判，同时观众也应与角色（演员）保持距离，以一种旁观者的批判态度对待舞台上表演的事件。这样就可以把平常的事物表现为陌生的，使观众用新的眼光审视它们，以理性的态度判断剧情的是非曲直，从而认识到改变现实的可能性。布莱希特一生创作的戏剧按题材可以分为教育剧、寓意剧和历史剧三类，其中较为著名的有《母亲》（根据高尔基同名小说改编）、《大胆妈妈和她的孩子们》、《四川好人》、《伽利略传》和《公社的日子》等。《大胆妈妈和她的孩子们》通过一个随军女商贩的故事说明了想在战争中捞取好处的人必将走向毁灭，具有明显的反战主题。《四川好人》则通过一个中国四川的贫穷妓女行善而不得好报的故事，向观众提出了一个普遍的社会伦理学问题：这个世界为什么给罪恶以奖赏，而等待着好人的却是无情的惩罚？合理的答案应该是什么呢，是这个世界需要改变还是人需要改变？《伽利略传》是一出历史哲理剧，作者运用"开场诗"将15场戏串联起来，叙述并点评了伽利略的生平事迹。该剧不仅赞扬了伽利略钻研和坚持日心说的科学真理的执著和勇气，同时也暴露出他苟且偷生、屈服于教会淫威的软弱，明确提出了真理与权力冲突的时代主题和科学家的社会责任等问题。这些剧作成功地通过历史题材和寓意手法产生出一种距离感和陌生化效果，借助历史的评判照明当代问题，使观众从当局者迷的状态中清醒过来，严肃地思索我们现在面临的困惑。

在20世纪小说革新的浪潮中，法国作家安德烈·纪德（1869—1951年）和马塞尔·普鲁斯特（1871—1922年）堪称新思路的开拓者。纪德明确反对巴尔扎克式传统小说再现客观生活的功能，将小说变成对自我的探询，写出了鼓吹摆脱传统习俗、享受人生欢乐的抒情诗篇《地粮》以及长篇小说《伪币制造者》等"纯小说"作品，并于1947年获得诺贝尔文学奖。普鲁斯特则由于在小说艺术上的革新，被公认为意识流小说的先驱。在柏格森的生命绵延和心理时间学说的影响下，普鲁斯特指出传统现实主义的最不真实之处在于切断了意识中过去、现在、未来三者之间的延续性，他认为惟一的真实存在于主观意识不可分割的波动之中。在其著名长篇小说《追忆逝水年华》中，普鲁斯特以叙述者

"我"追忆逝去的青春年华为线索，展开了一幅 19 世纪末到 20 世纪初法国上层社会生活的图景，勾画出贵族和资产阶级逐步融合的过程，分析了不同阶级和阶层的价值观和风俗习惯，嘲讽了庸俗无聊的人生百态，同时也表达了他的艺术创作思想。在艺术手法上，他摒弃了传统小说的结构、完整的情节和典型人物的性格塑造，大量运用倒叙、预叙、叠叙等时间倒错的手段，通过感觉触发的回忆和联想展现了主人公真实而复杂的内心世界，让消逝的生活和现时的感受重叠交叉，使潜藏在梦幻和下意识中的自我流淌出来，从而开了意识流小说的先河。

"意识流"一词是由美国心理学家詹姆斯最先开始使用的，他把意识比喻为不可切割的流动的河水。此后，这一概念被借用于文学创作，在 20 世纪 20 和 30 年代，意识流小说成为流行于西欧和北美的一种现代主义文学流派。意识流小说无意于描绘客观世界，而是着重表现人的内心意识的流动，特别是潜意识的活动，因而必然打破传统小说的叙事模式，转而运用心理逻辑去组织故事。在创作技巧上，这类小说大量运用内心独白、自由联想和象征隐喻的手法，从语言风格到标点符号各方面均有许多创新。代表作家除了普鲁斯特之外，还有爱尔兰著名小说家和诗人詹姆斯·乔伊斯（1882—1941 年）、英国女作家弗吉尼亚·伍尔夫（1882—1941 年）以及美国作家威廉·福克纳（1897—1962 年）等人。乔伊斯是举世公认的 20 世纪最重要的小说家之一，作为现代意识流小说的经典作家，其作品被认为是欧美现代主义小说的最高峰。乔伊斯早期深受易卜生的影响，其短篇小说集《都柏林人》通过描写都柏林下层市民的日常琐事，揭示出现代西方社会在道德、精神和整个社会生活领域中消沉麻木、无所作为的瘫痪状态，结构与风格上仍保留着现实主义和自然主义的特点。在自传体小说《青年艺术家的肖像》中，乔伊斯开始着意运用象征主义技巧和意识流的写作手法，努力排除小说的叙述者，转而依靠主人公的内心独白来表现他在成长过程中与家庭、祖国、宗教等社会力量的冲突，以及他最后在艺术创作中找到逃脱一切世俗羁绊的理想归宿的心路历程。为了真实地再现人物的意识流动，乔伊斯运用不同的语言风格，刻意模仿人物性格发展各阶段的不同感受方式、思想特色和说话口气，同时综合运用自然主义的描写和象征的手法，进一步增强了小说的艺术表现力。乔伊斯最重要的代表作当推长篇小说《尤利西斯》，书中通过三个人物（青年艺术家、性无能的广告经纪人和他的妻子）在都柏林一天的生活，展现了处于天主教和大英帝国主宰下颓废堕落、濒于崩溃的爱尔兰社会的种种问题和深重危机。作者有意借用希腊史诗中献特洛伊木马计的英雄奥德修斯的辉煌业绩，反衬出当代西方"反英雄"的衰竭和无能、精神上的虚无主义和肉体上的纵欲主义，深刻地象征着现代西方文明的衰落。《尤利西斯》被誉为 20 世纪的文学经典，同时也是意识流小说的登峰造极之作。在描写广告经纪人的妻子潜意识中的种种活动时，全章 40 多页竟然没有一个标点符号，只有作者自己指认的 8 个长句堆砌在一起。这些由内心独白、梦幻想象、跳跃的联想和蒙太奇剪接组成的文字丰富细腻地展现了女主人公潜意识的自由流动，由于其描绘性经验和性幻想的逼真和坦率，甚至导致该书一度被视为淫秽而遭查禁。乔伊斯晚年的小说《芬内根的守灵》通篇记述一个人一夜间的梦幻和狂想，其中对意识流技巧和 18 种语言（甚至包括中文）的混用构筑了一座无人能完全解读的天书，评论家认为这部书预示着现代主义的死亡和后现代主义的诞生。不过，虽然这种极端的语言实验超过了合理的限度，但意识流的创作方法却被现代派作家广泛采用，成为现代小说的基本创作方法之一。比如，女作家伍尔夫独创性地运用第三人称的间接内心独白，成功地表现了人物的意识活动和内心世界，创作出《墙上的斑点》和《到灯塔去》等意识流小说。

　　30 年代末产生于法国的存在主义文学直接源自存在主义哲

学，二战后迅速在欧美流行起来，成为一个席卷西方世界的重要文学思潮。存在主义文学的基本主题在于揭示世界的荒谬和人生的痛苦，关注人的生存状况，主张存在先于本质和人是自我造就的，强调面对种种处境时个人所具有的选择的自由以及随之而来的责任。其代表作家主要有法国的萨特、加缪和波伏瓦等人。萨特是法国存在主义最重要的哲学家和文学家，除了其哲学著作之外，他的全部文学作品都可以看做是对其哲学观念的形象阐释。在其成名小说《厌恶》一书中，萨特通过主人公洛根丁在无聊生活中的顿悟，描绘了当人意识到自己的存在时的恶心的感受。在短篇小说集《墙》中，萨特则展示了主人公们不敢正视自己的存在和逃避自由的怯懦，嘲笑了资产阶级愚蠢的自以为是，指出他们将资本主义社会中公认的价值准则当作天经地义的存在理由不过是一种可笑的自欺。二战后，萨特发表了四卷本长篇小说《自由之路》，该书通过主人公玛第厄的生活展示了二战前法国知识分子在荒谬的世俗社会面前坚持抽象的个人自由，虽然不满现状但却无能为力的状况；而战争却无情地打破了和平、进步、理性、权利、民主和祖国等一切旧有的价值，玛第厄终于明白了人永远不能单独获得拯救，于是他冲破了世俗的羁绊，从优柔寡断和无所作为中振作起来，孤身一人在一个小村庄的教堂钟楼上开枪抵抗，通过英雄主义的行动实现了存在主义的自由原则。除小说外，萨特还创作了许多戏剧并提出了"处境剧"的理论，主张通过戏剧表现人在种种处境中的选择和自由。二战期间创作并上演的剧作《苍蝇》，以借古讽今的手法唤醒法国人民的自由意识，鼓舞他们义无反顾地与法西斯占领者做斗争，他借剧中人之口发出了反抗的呐喊：一旦自由在人的灵魂里爆发，神对他也无能为力了。在独幕剧《禁闭》中，萨特通过在虚拟的地狱中三个死人的纠葛，指出了人际关系中不可避免的冲突，其中一句著名的台词"他人就是地狱"曾招来多方责难，但萨特同时也肯定了他人对自我存在和自我认识的重要性，后来他进一步强调了活人是可以通过新行动来改变旧行动的，因而人也有砸碎地狱的自由。在其后期剧作《肮脏的手》和《魔鬼与上帝》中，萨特严肃地探讨了道德与政治、目的与手段、理想的纯洁性和斗争策略的关系问题，展示了追求有效性的政治现实主义与坚持原则的纯洁性的理想主义之间的冲突。在他看来，与小资产阶级的抽象人道主义相反，如果想要有效地改造世界，政治家有时就不得不弄脏双手，因为事实上没有一个人能够清白地掌权。在《什么是文学?》等文论著作中，萨特提出了"写作便是揭露，揭露带来变革"的"介入文学"理论，并且身体力行，通过戏剧、政论、杂文和实际政治行动抨击法国的殖民战争以及美国和前苏联的侵略战争，同时利用自己的社会影响积极支持60年代末席卷西方的左派学生造反运动。除了文学作品外，萨特还写下了自传《词语》、论文集《处境》以及《圣热内：戏子与殉道者》、《家庭中的白痴—居斯塔夫·福楼拜》等研究专著。1964年，萨特被授予诺贝尔文学奖，但他却出于"一向谢绝来自官方的荣誉"的理由而拒绝接受。

加缪是另一位获得诺贝尔文学奖的存在主义文学家兼剧作家。在其成名小说《局外人》中，加缪描绘了身处荒谬世界中的主人公冷漠的局外人式的生活态度；在《鼠疫》中则塑造了一位富于人道主义精神、敢于同鼠疫即法西斯主义顽强斗争的英雄人物；而在哲学随笔《西西弗的神话》中则表达了在认识到世界的荒谬性和失败的不可避免性的同时仍然不懈地努力抗争的存在主义思想。不过，加缪对革命暴力一直心存芥蒂，在其戏剧《正义者》中他声称革命行动必须与人道主义相一致，而在政治随笔《反抗的人》中进一步反对"血腥的"革命，由此引起了维护革命的左派甚至包括其友人萨特的猛烈批评。波伏瓦也创作了一批表达存在主义思想和自身经历的文学作品，其中较为著名的有《女宾》、《他人的血》、《人总是要死的》和《年华的力量》等。法国存在主义最大的优势在于其作家并不局限于写作令人望而生畏的哲学著作,他们大都创作了大量的文学作品向公众解释其晦涩的哲理,因而很快便在法国社会和西方世界掀起了一股追求存在主义的时髦风气,社会上甚至出现了存在主义流行歌曲、存在主义时装、存在主义发式和存在主义狂游等等,使存在主义运动远远超出了哲学和文学的狭小圈子,演变成为一股世界性的社会思潮。不过,随着其代表作家的相继去世,存在主义文学运动逐渐失去了势头,同时整个现代主义文学在西方文坛的主导地位也被后现代主义文学所取代。

后现代主义是 50 年代以后随着第三次产业革命的发展和信息社会的来临而出现在西方各国的一股重要文化潮流,它反映了当代西方人在丧失信仰和放弃绝对价值观后,反叛启蒙时代以来的现代性原则,否定一切权威,崇尚自由和多元文化的社会心理。后现代主义文学的哲学基础主要来自海德格尔后期思想、哲学解释学和以德里达为代表的解构主义,后者反对逻各斯中心主义和传统形而上学的二元对立模式,主张解构文学作品的独立文本和完整结构,颠覆以读者如实理解作者为模式的传统阅读方式,强调充分发挥读者的主观创造性,有意通过误读给文本附加上自己的理解和新意义,从而使阅读成为寻求快感的游戏。“后现代主义”一词最早出现于菲德里柯·德·奥尼斯 1934 年编选的《1882—1923 年西班牙及拉美诗选》一书,用以指称现代主义文学运动内部发生的一种逆动。50 年代以后,在西欧出现了属于后现代主义的荒诞派戏剧和新小说派,而在美国和拉丁美洲则出现了垮掉的一代、黑色幽默和魔幻现实主义等后现代主义文学流派。到70 和 80 年代,后现代主义已经扩展为包括哲学、文学、艺术、大众文化各个领域的一种广泛的文化思潮,直至现在仍然盛行不衰。就其创作宗旨而言,后现代主义不仅反对现实主义反映客观世界的传统,而且放弃了现代主义以人为中心的人物塑造原则,具有独立个性和完整人格的主体被分解成支离破碎的感觉，尊严高贵的人变成了渺小猥琐的反英雄，对人类命运和人生意义的严肃思考被嘲讽一切人也嘲讽自己的戏谑态度所取代。在叙事结构上，后现代主义消解了完整的故事情节，以幻想虚构的境遇、荒诞不经的内容和逻辑混乱的片断表现毫无意义和价值的世界与人生。在艺术手法上，后现代主义取消了作品的中心意义和逻辑一贯性，通过文本中的前后矛盾和断裂、情节的随意变更和组合、精神分裂式的表述和极度夸张的修辞手段，发泄作者对现实生活的漠视、不满和反抗，同时体现出作者玩世不恭的人生态度和不受任何约束的创作自由。

　　荒诞派戏剧是 50 年代初诞生在法国，而后流行于欧美各国的重要戏剧流派之一，其名称来自戏剧评论家马丁·艾斯林于 1961 年出版的《荒诞派戏剧》一书，最为重要的代表作家是欧仁·尤内斯库（1912—1994 年）和塞缪尔·贝克特（1906—1989 年）。荒诞派戏剧多方接受了现代主义戏剧的影响，它承袭了存在主义的"荒谬"观念并将其推向极致，以极其荒诞的形式表现荒诞的世界和荒诞的人生。荒诞派一反传统戏剧的表现方式，在其作品中既没有明确的主题和连贯的情节，也没有个性鲜明的人物，而只是试图以离奇怪诞的舞台形象将人生的荒诞状态直观地表现出来，因而大量运用直喻、象征、变形等戏剧语言暗示世界的荒诞和人际关系的难以沟通，促使观众领悟到人生的深刻哲理。尤内斯库是罗马尼亚和法国混血的法国剧作家，他创立了一整套反对现实主义等传统戏剧的"反戏剧"理论，认为戏剧只提出见证而无须说教，主张戏剧应当表现无法解决的思想危机和现实危机，在戏剧手法上主张对情节进行分解和变形，为人物设计的语言也不再表达事物的意义，以便营造出漫画般的极端滑稽的效果。其第一部剧本《秃头歌女》是荒诞派戏剧的开山之作，该剧通过两对夫妇不断重复一连串空洞的手势和文不对题的外语日常俗语，夸张地表现了当代资本主义社会中人际关系的隔阂和现实生活的无聊荒谬。尤内斯库的著名剧作还有《上课》、《椅子》、《阿梅迪》、《犀牛》等。《阿梅迪》描绘了一对无爱的夫妇孤独痛苦的生活，他们长年与一具象征着已经死亡的爱情的尸体相伴生活在一套公寓里，随着剧情的进展这具尸体逐渐膨胀成令人作呕的巨型僵尸。《犀牛》则通过几乎所有的人都变成了犀牛的荒诞情节，斥责了导致法西斯主义迅速蔓延的集体狂热。尤内斯库娴熟运用的直喻和象征手法的确可以产生震撼人心的艺术效果，引发观众对现实生活的荒诞性作出深刻反省。

贝克特是爱尔兰出生的法国小说家和剧作家，一生写下了多部小说和戏剧，其中最为著名的剧作是《等待戈多》、《残局》、《克拉普的最后一盘录音带》和《美好的日子》等，这些作品奠定了贝克特作为荒诞派戏剧最杰出的代表的地位，并为他赢得了1969年度的诺贝尔文学奖。《等待戈多》中的两个衣衫褴褛的流浪汉在一条路上等待一个名叫戈多的陌生人，他们怀着"戈多明天准来"的希望天天以无意义的闲聊和滑稽的动作消磨时间，然而除了两个不相关的人来而复去之外，戈多始终没有出现，而他们只得永远盲目地等待下去，结尾时一个流浪汉解下裤带企图上吊自杀，却因裤子掉下而使悲壮严肃的行为变成笑柄。该剧和贝克特的其他几部戏剧都表达了同一主题，即人类在这个荒诞的世界上既无力改变一切又难以相互沟通的尴尬处境。在艺术形式上，贝克特经常运用成对的人物来表现人与人之间的隔绝与孤独感，还以重复的手法突出生活的单调重复和没有意义。贝克特的另一个重要特色在于简化，他将剧中人物、活动范围和语言尽量简化，以至在《呼吸》一剧中取消了任何人物、情节、动作和对话，全剧仅持续 35 秒，内容只是一个婴儿的哭声，用以表达出生即是痛苦的主题。除此之外，荒诞派戏剧的作家作品还有法国剧作家阿瑟·阿达莫夫（1908—1970 年）的《入侵》、《塔拉纳教授》和

《弹子球机器》，让·热内（1910—1986年）的《女仆》、《阳台》和《黑人》，以及英国剧作家哈罗德·品特（1930— ）的《房间》、《生日宴会》、《管理员》和《回家》等。

几乎与荒诞派戏剧同时，在50年代的法国文坛上还出现了新小说派，60年代以后它成为风行于欧美和日本的重要小说流派之一。法国新小说派的代表作家主要有阿兰·罗伯—格里耶（1922— ）、娜塔丽·萨洛特（1902—1999）、克洛德·西蒙（1913— ）、米歇尔·布托尔（1926— ）等人，他们在小说革新方面的探索和实验虽然各不相同，但其共同特点在于对巴尔扎克式传统小说模式的拒绝，因而被称为"反小说"。他们在创作中反对虚构故事情节，取消典型人物的塑造，其作品时空颠倒跳跃，叙述角度多变，形成了新颖的小说风格。罗伯—格里耶在《未来小说之路》等论文中提出摒弃小说的社会意义和以人物为中心的人道主义，倡导如实地再现被解构为碎片的人和物的存在。在其代表作《橡皮》中，他通过一名侦探一天内的活动展现出琐碎的街头生活场景，书中反复写到侦探进文具店购买橡皮，不厌其烦地重复描述橡皮的外观细节，而侦破案件的重要内容却被淡化掉了。《窥视者》则叙述了一位旅行推销员奸杀少女的过程，作者以主人公的视觉角度展示了一个小岛上的真实景物和生活，而将主人公不可能看到的情节和内容抹去。而《在迷宫里》的主人公士兵则不知道自己是谁，其他人物也同样身份不明，连小说的叙述者也不断变换。罗伯—格里耶借鉴电影注重表现动作和物体的手法写小说，而他写作的电影小说也获得影视界的认同，依据他的电影剧本《去年在马里安巴》拍摄的同名电影曾在威尼斯电影节上获奖。

在新小说的实验中，萨洛特比罗伯—格里耶走得更远，她彻底摧毁了故事情节并解构了人物形象，其作品中充满了内心独白、自由联想和"潜对话"，用来表现人的潜意识以及意识中的波动和变化。她有关新小说的主张集中体现在其论文集《怀疑的时代》之中。萨洛特发表于 30 年代末的小说《向性》借用植物生理学的这一术语，来比喻人在外界刺激下内心深处发生的类似条件反射的原始朦胧的心理活动。小说《陌生人的肖像》叙述了父亲对女儿的不满如何由于女儿找到了有钱的丈夫而消解，表现了人的意识在条件变化的情况下的反应和波动。而《金果》则完全没有故事、人物和中心叙述者，充斥全书的只有无尽无休的话语。西蒙早期曾创作过几部现实主义的作品，但从 50 年代后期突然转向新小说的实验创作，代表作主要有《风》、《草》、《弗兰德之路》等。前两部作品以飓风和小草象征在强大的自然力面前人的渺小和荏弱无力，具有悲观的宿命论色彩；而在《弗兰德之路》中，作者通过参加二战的士兵的零星回忆和朦胧幻象反映出战争给人带来的灾难和厄运。在艺术手法上，西蒙偏好冗长的句子，一句话有时长达一两页，甚至不用标点符号；此外他还用绘画的笔法营造出具有共时性和多面性的"文学画"的艺术效果。虽然文学界曾有一些争议，但西蒙仍然被授予 1985 年度的诺贝尔文学奖。在新小说的革新运动中，布托尔的成就则主要体现在其作品的精心布局，以及用第二人称的叙述者"您"和"你"取代了传统小说的"我"或"他"，其代表作品有《变》、《刻度》等。

综上所述，西欧 20 世纪的文学主流可以大致概括为现实主义、现代主义和后现代主义三大流派。现实主义虽然已经失去了昔日的主导地位，但仍然保持着顽强的生命力，不断有新作家和新作品问世；现代主义和后现代主义则以反传统和标新立异为号召，对文学的形式和内容均进行了大胆的探索和革新，除了一些难免的偏误以外确实取得了令人瞩目的成就，尤其是后现代主义文学至今方兴未艾。此外，西欧当代还有许多无法归入上述流派的著名作家，也以其富于独创性的作品丰富了人类文明的宝库，由于篇幅所限就不在此——介绍了。

二、绘画、雕塑和建筑：从现代主义到后现代主义

欧洲艺术的写实传统起源于古希腊亚里士多德的"艺术模仿自然"说，这种传统一直延续到 19 世纪中后期。然而，随着照相机的研制成功和摄影术的不断完善，以前由绘画承担的如实记录客观物象的传统功能已基本被摄影所取代，因此从 19 世纪末的后印象派开始，新时代的艺术家们不再满足于再现自然的写实艺术，转而着重发展美术在表现艺术家的主观感受和创造艺术美方面的功能。在美学思想和艺术实践的这一变革过程中，西方的艺术家们也重新评价并吸收借鉴了东方艺术强调表现的特色，进而开创了野兽派、立体主义、表现主义、未来主义、达达主义、超现实主义和抽象主义等属于现代主义的众多艺术流派。

野兽派是 20 世纪初在西欧出现的第一个现代主义艺术流派。1905 年在巴黎举办的秋季沙龙上，以法国画家兼雕塑家昂利·马蒂斯（1869—1954 年）为首，包括莫里斯·德·弗拉芒克（1876—1958 年）、安德烈·德兰（1880—1954 年）、阿尔贝·马尔凯（1875—1947 年）、拉乌尔·杜飞（1877—1953 年）和乔治·卢奥（1871—1958 年）等在内的一批年轻画家展出了他们的一组色彩粗野、风格狂放的画作，而在展室中央却放置了一件类似意大利文艺复兴时期雕塑家多纳泰罗的传统风格的人头像。这一情景被评论家路易·沃塞尔称为"一群野兽中间的多纳泰罗"，野兽派即由此得名。野兽派继印象派之后进一步与写实艺术及其传统艺术手法（如透视法）分道扬镳，其画风受到塞尚、高更和凡·高等人的影响，同时吸收了日本浮世绘等东方艺术的表现手法。他们运用直接从颜料管里挤出来的鲜亮色彩随意涂抹，画面构图简练，线条粗放自由，造型高度概括，强调整体而忽略细部，以写意的

风格表达出一种强烈的感情效果。马蒂斯是野兽派的领袖人物，其代表作有《风景》、《敞开的窗户，科利乌尔》、《马蒂斯夫人》、《自画像》、《生活的欢乐》、《红色的和谐》、《舞蹈》等。他画的风景常使用近乎原色的红、绿、蓝、黄等鲜艳色彩，笔触自由而流畅，营造出一种绚烂单纯的气氛和健康明朗的乐观情调，富于华丽的装饰美。他的人物肖像则对形体进行大刀阔斧的取舍，以鲜明的色彩勾勒出人像的轮廓线，在《马蒂斯夫人》中甚至用大胆的绿色垂直穿过鼻子，分出两边的黄色和玫瑰红色块，以线条和色块构成一种非写实的抽象结构。马蒂斯在其创作后期还进行过包括立体主义在内的各种绘画实验和探索，同时创作了一些别具一格的雕塑作品。野兽派其他画家的代表作有：马尔凯的《画室》和《西布雷》，后者以简练有限的笔触和色块抓住了风景的基本要素；杜飞的《夏日》则以鲜明的色彩描绘出充满阳光的户外风光；弗拉芒克的《乡间野餐》，画中两个人物被置于漩涡般的色彩斑点之中，犹如在颜料的森林中野餐；此外还有德兰的《伦敦桥》和《海港景色与白马》等。野兽派作为一个艺术运动到1908年就不复存在了，它的成员纷纷转而探索其他的创作方向。然而，野兽派的意义在于开创了西方现代主义美术中的色彩革命，他们使未加调和的色彩成为具有强烈表现力的艺术语言，并将风景、人物和静物的形体加以抽象化，这些革命性的创新直接影响了包括表现主义在内的许多现代主义艺术流派。

继野兽派的色彩革命之后不久，另一个更加激进的反传统流派立体主义在绘画和雕塑领域中发动了形体革命。立体派的创立者和领袖人物是20世纪西方最伟大的造型艺术家帕布洛·毕加索（1881—1973年）和法国画家乔治·勃拉克（1882—1963年）。毕加索出生于西班牙的一个美术教师家庭，他曾在巴塞罗那和马德里接受过严格的造型训练，1900年到巴黎后又在卢浮宫等博物馆内研究了各派艺术家的作品。在创立立体主义之前，毕加索的绘画经历过蓝色时期和玫瑰红时期,《老吉他手》、《熨衣妇》和《节俭的饮食》等蓝色时期的作品表达出他对穷人饥寒交迫的不幸境遇的切身感受和深深的同情,而《杂耍之家》等玫瑰红时期的作品则以浪漫的风格表现了杂技艺人的流浪生活。不久以后,在塞尚的作品和非洲雕塑的影响之下,毕加索的画风骤变,于1907年创作了第一幅立体主义油画《亚威农的少女》(该标题是毕加索的一个朋友后来加上的,亚威农是巴塞罗那的一条妓院林立的街道)。该画描绘了一组具有几何图形特征的女性裸体,其形体、比例和空间关系都经过很大的变形,头部的造型有的类似于西班牙中世纪的加泰隆壁画,有的则是模仿非洲的面具,但没有一个人物符合西方传统理想美的标准,即均衡、和谐、完美与典雅。毕加索在创作该画时曾斩钉截铁地说:"让优美绝灭吧!"这句著名格言可以说是向西方传统美学原则挑战的宣言,而这幅画则被誉为"现代艺术的分水岭"。此后,毕加索和勃拉克密切合作,开创了分析的立体主义阶段,创作出一系列典型的立体主义作品,如毕加索的油画《弹曼陀林的少女》、《卡恩韦勒尔》和《手风琴师》,勃拉克的《列斯塔格的房子》、《小提琴和调色板》、《葡萄牙人》等。这些作品的艺术特点在于将一切物体、人物、风景都变成几何图形,在对图形的处理上一改传统绘画中从单一视点观察和表现三度空间对象的透视法则,有意识地将完整的形体分解成由不同视点观察到的许多块面,然后在二度平面的画面上将这些不同的侧面重新组合起来;另一方面,对形体的强调也导致了对色彩的忽略,因而这些作品常使用单一的灰色与褐色。从美学追求来说,分析的立体主义意在表现几何图形美和机械美的现代趣味。到1911年前后,毕加索和勃拉克的创作转向了综合的立体主义阶段。为了使艺术更加接近平凡的生活真实,他们开始直接利用报纸、糊墙纸、布头、麻绳、金属、玻璃、沙粒、印刷字母等各种实物在画面上进行拼贴,贴好后再用颜料等绘画手段加以适

当处理；同时他们重新开始注意色彩，加强作品的肌理和质感的
表现。这一阶段的代表作有毕加索的《静物和藤椅》(使用了贴纸、
麻绳、油彩)、《吉他》(金属片和金属线)和勃拉克的《单簧管》
(报纸、糊墙纸)等。从1912年到1914年，立体主义开始在欧洲
广泛传播，在绘画和雕塑领域产生了一大批有成就的艺术家，仅
就画家来说就有朱安·格里斯(1887—1927年)、费尔南·莱热
(1881—1955年)、罗贝尔·德劳内(1885—1941年)、阿尔贝·
格莱茨(1881—1953年)、弗朗西斯·毕卡比亚(1879—1953
年)、马塞尔·杜尚(1887—1968年)等。第一次世界大战爆发后，
毕加索和勃拉克因争论而分手，立体主义也逐渐失去了活力，不
过它所创立的艺术手法却逐步渗透于达达主义、未来主义、超现
实主义和表现主义等后起的艺术流派之中。这里应当指出的是，立
体主义的两位创始人虽然在后来又断断续续地创作出一些立体主
义的杰作，如毕加索的《三个乐师》和勃拉克的《咖啡酒吧》等，
但他们并没有局限于立体派的风格。尤其是毕加索，他一生孜孜
不倦地从事新的艺术探索并且不断改变画风，曾一度回到古典主
义和写实的风格，后来又转向超现实主义，同时他在雕塑和陶艺
方面也卓有成就。西班牙内战时期，毕加索创作了油画《格尔尼
卡》，以残缺的牛头和变形的人物等形象表达他对西班牙反动派和
德意法西斯战争罪行的抗议。1944年，毕加索加入法国共产党。二
战后，他为1949年的世界和平大会创作了《和平鸽》宣传画，此
画成为世界人民保卫和平的象征。作为一位充满创新精神和永不
满足的伟大艺术家，毕加索多方面的成就是不能归属为任何单一
流派的。

　　如果说源自法国的野兽派和立体派革新了绘画语言，那么以
德国为中心的表现主义则发动了现代绘画中的精神革命。第一次
世界大战前的德国充满了社会矛盾，垄断资产阶级的腐朽、专制
王权的横暴、军国主义的泛滥和战争威胁的迫近，在社会上造成

了令人压抑的氛围，敏感的人文知识分子和艺术家们面对黑暗的现实产生了愤懑、悲观和绝望的情绪，他们强烈感到需要一种能够表现人们的精神痛苦和内心需要的艺术。另一方面，德国艺术家们不满希腊、罗马和意大利文艺复兴以来的古典拉丁传统，而对北欧和德意志文化中的哥特式风格和强烈表现人类内在感情的民族艺术传统却情有独钟。这与两个民族精神气质上的差别也不无关系：拉丁民族一般倾向于一种外向型的乐观的享乐主义，而德意志民族则普遍具有一种严肃和忧郁的内向型性格。就表现主义运动的理论渊源来说，它深受哲学家泰奥多尔·李普斯（1851—1914 年）和威廉·沃林格（1881—1965 年）的"移情说"的影响，他们反对艺术模仿自然，认为真正的艺术应当满足各时代人们的心理需要。依照他们的美学理论，观赏者对艺术作品的认同或移情是审美享受和评价的基础，色彩、线条、形状或空间都暗示着某种特定的情绪，如欢乐、忧郁、鼓舞、压抑等。在艺术风格上，表现主义曾受到包括凡·高等在内的许多著名画家和画派的启发，但其最重要的先驱者是伟大的挪威画家爱德华·蒙克（1863—1944 年），他的绘画主要表现孤独、病痛、恐惧和死亡等主题，在其油画名作《呼嚎》和《红葡萄藤》里获得了令人震撼的效果。表现主义运动包括从 1905 年至 1914 年一战爆发前的桥社、青骑士派和狂飙社，以及一战结束后出现的新客观派等流派；纳粹上台后大多数表现主义画家被宣布为颓废画家而遭到迫害，表现主义运动遂告消亡。

桥社成立于 1905 年，其发起者和主要成员有德国画家恩斯特·路德维希·凯尔希纳（1880—1938 年）、埃里希·海克尔（1883—1970 年）、弗里茨·布莱尔（1880—1966 年）和卡尔·施密特—罗特鲁夫（1884—1976 年），此外埃米尔·诺尔德（1867—1956 年）、奥托·缪勒（1874—1930 年）和马克斯·佩希斯坦（1881—1955 年）也先后加入了桥社。凯尔希纳的表现主义绘画作

品主要有《持日本伞的女子》、《街景》和《市场与红塔》,画面上
的人物和建筑造型简练,具有野兽派的鲜明色彩和立体主义的几
何图形美,同时富于德国的哥特式风格。《街景》通过城市街道上
匆匆的人群和游荡的妓女,表现了都市生活的纷乱压抑和人的孤
独空虚。海克尔的作品大多表现对受苦受难的弱者的同情,如
《疲劳》、《疯人院》即属此类。而《桌边二男子》常被人们看做是
陀斯妥耶夫斯基的小说《卡拉马佐夫兄弟》的文学插图,通过画
面上的基督受难像和受威胁的人的痛苦表情烘托出一种苦难悲怆
的气氛,即使他的许多富于诗意的风景画也同样含有忧郁的情调。
施密特—罗特鲁夫是表现主义画家中最大胆的色彩专家,他常常
使用鲜艳的深红、蓝、黄和绿等纯色产生不和谐的效果,以表现
人的精神痛苦和人与人、人与环境的紧张关系。另一方面,他借
鉴黑人艺术中极富表现力的块状结构,创造出形象清晰的抽象图
案,比如油画《月儿初升》就是一例。此外,诺尔德的油画《围
着金牛犊的舞蹈》和《最后的晚餐》,缪勒的充满诗意的油画《围
着火堆的吉卜赛人》和《浴者》,以及佩希斯坦的《印第安人和妇
女》、《帛琉三联画》等,都是各具特色的表现主义绘画作品。在
版画和木刻方面表现主义也取得了相当的成就,凯尔希纳的《维
尔德头像》、施密特—罗特鲁夫的《两个头像》、诺尔德的《先
知》、佩希斯坦的《两个裸女》等木刻作品,堪称这方面的代表作。
　　青骑士派是在 1911 年以著名的旅德俄国画家瓦西里·康定
斯基（1866—1944 年）和德国画家弗朗茨·马克（1880—1916
年）主办的《青骑士》杂志编辑部为中心形成的表现主义流派。康
定斯基出生于俄罗斯,早年曾在莫斯科学习法律和政治经济学,30
岁移居慕尼黑后开始学习绘画并于数年后创立"青骑士社",1914
年绕道回国并在十月革命后担任莫斯科人民教育委员,1921 年接
受德国魏玛包浩斯学院的聘约担任该院教授,1933 年包浩斯被封
闭之后前往法国定居并于 1939 年取得法国国籍。康定斯基的艺术

思想主要体现在《论艺术里的精神》和《点和线到面》两部美学论著中,他提出艺术家首先要领悟到自己的内在需要,然后力求以视觉的符号去表达这种需要,因此艺术家应当摆脱客观的物质世界的束缚,用内在的眼睛去看世界,并且用抽象的点、线、面等几何图形和色彩表现事物内在的声音和人类精神的自由。这种"按内在需要的原则进行抽象"的观点奠定了西方现代抽象主义艺术的理论基础,同时促使青骑士派的表现主义绘画渐趋抽象化。康定斯基的早期作品曾受到印象派、新印象派、野兽派的影响,如《月升》和《蓝色的山,84 号》里的人物和风景仍然保留着明晰的具象特征。而在 1910 年创作的油画《构图 2 号》中的骑士和其他人物形象则已经变成近乎抽象的色块和线条图案,同年的一幅水彩画走得更远,画面上除了色彩和线条的相互穿插之外,所有客观描绘和引起联想的成分均已消失,因而被认为是康定斯基的第一幅全抽象绘画。此后,康定斯基虽然继续创作出《黑色的弓形,154 号》等抽象画作,但他此时还没有彻底抛弃客观物象,又创作了《即兴 30 号(大炮),161 号》和季节系列画《秋》、《冬》等表现主义作品,前者以大炮的形象表现战争临近的压抑感,而后者则用浓烈的色彩和飞旋交错的线面暗示出季节的某些特征。除油画和水彩画之外,康定斯基也制作了许多版画,同时他还作过诗,甚至写过一些剧本,不过已出版的至今仅有《黄色的声调》和《紫色》两部。青骑士派的另一重要人物马克在其短暂的一生中热衷于通过绘画和雕塑表现动物的美感。他在 1911 年创作的油画《青色的马群》完全是具象的,其特点是强烈的色彩和平面性。但几年后创作的《马厩》则开始在不完整的马形上增加了几何图形的抽象成分,而《战斗的形》已经变成完全的抽象表现主义绘画,其中的黑色与红色曲线平面图案表现出光明与黑暗的对立和激烈交战,呈现出一种疯狂的暴力气氛。此外,青骑士派画家还有德国的奥古斯特·马可(1887—1914 年)和另一位旅德俄国画家阿

列克谢·冯·雅弗林斯基（1864—1941年），后者并非青骑士社的
正式成员，但与该社关系密切。马可擅长表现城市风光和田园牧
歌式的风景，代表作有油画《大动物园》、《林荫下的女子》、《有
牛和骆驼的风景》和一系列突尼斯水彩风景画，通过人物、动物
和几何形状的严谨安排加上富丽的色彩营造出一种浪漫的情调。
雅弗林斯基是从塞尚和马蒂斯走向表现主义的，其画风融合了写
实主义和现代艺术的双重特色，同时具有俄国农民画和俄罗斯—
拜占庭圣像的风格。他的绘画题材主要是人物肖像和人的头部，通
过粗犷的轮廓线和厚重的色块表达灵魂深处的激情，代表作有油
画《公主》、《自画像》和《落日》等。

　　德国表现主义的另一个重要阵地是一战前在柏林创立的《狂
飙》杂志社及同名画廊，它们不断刊登和展出桥社、青骑士社等
表现主义及其他现代主义流派的绘画和雕塑作品。《狂飙》杂志的
肖像专栏画家是一个被称为表现主义鬼才的奥地利画家奥斯卡·
柯柯施卡（1886—1980年），他既画油画也做石版画、铜版画和舞
台布景。其绘画题材有肖像、风景、静物、政治讽刺和文学插图，
著名作品有油画《风中新娘》、《自画像》、《伊斯坦布尔》等。他
擅长以强烈的动感和旋转的笔触表现内在的精神世界与奇异的幻
想，后来转而注重捕捉色彩亮丽的外在视觉印象。在一战结束后
的1923年，德国出现了表现主义的最后一个派别，即新客观派。
战争的残酷和革命的失败使艺术家们在悲观失望之余转向了愤世
嫉俗的犬儒主义，他们同时使用写实手法和抽象语言对战争的后
果、腐败的社会和市民的庸俗进行猛烈的抨击和辛辣的讽刺。新
客观派的主要代表人物是德国画家乔治·格罗斯（1893—1959
年）、奥托·迪克斯（1891—1969年）和马克斯·贝克曼（1884—
1950年），他们在政治上都不同程度地倾向于左派，同情无产阶
级，反对帝国主义战争。格罗斯是德国著名的讽刺画家，其代表
作有《大都市》、《小谋杀者》、《现役合格》、《共和党的机器人》、

《统治阶级的嘴脸》和《小市民的镜子》等，这些画作有的讽刺了资产阶级的虚假民主，有的揭示了战争的灾难性后果，有的则暴露出大都市腐朽堕落的夜生活和小市民的庸俗嘴脸。迪克斯是工人家庭出身的画家，在一战中的经历使他对战争给人类带来的灾难深恶痛绝，在其代表作《堑壕战》中描绘了战争令人震惊的恐怖气氛，其他作品还有《艺术家的双亲》和《大都市三联画》等。贝克曼的代表作《夜》以极具震撼力的手法，表现了战争末期一群失败的战争狂人对无辜百姓的劫掠和野蛮残杀，以及被残杀者的恐怖、绝望和无助，贝克曼的作品还有《启程》和《捉迷藏》等。

　　在第一次世界大战前后，西欧产生过三个由文学界发起而后波及到美术领域的运动，即未来主义、达达主义和超现实主义。未来主义的创始人马里内蒂于1909年发表了《未来主义的创立和宣言》，提出要彻底摈弃一切传统文化和艺术遗产，从而创造"属于未来"的全新艺术。在马里内蒂的影响和鼓动下，翁贝托·波丘尼（1882—1916年）、卡洛·卡拉（1881—1966年）、贾科莫·巴拉（1871—1958年）、吉诺·塞维里尼（1883—1966年）和路易吉·鲁索洛（1885—1947年）等意大利画家和雕塑家于1910年2月和4月先后发表了由波丘尼起草的《未来主义画家宣言》和《未来主义画家技法宣言》，1912年2月他们又在巴黎举办了第一次未来主义美术展览，此后又相继组织了两次展览。未来主义画派响应马里内蒂激进的反传统纲领，反对"和谐"与"高雅"的传统鉴赏趣味，提出蔑视模仿、推崇创造的口号，主张艺术应当表现现代生活的节奏和韵律。因此，他们的绘画和雕塑的主题主要取自现代大都市的生活，他们颂赞工业、机械、运动、速度、力量甚至暴力和战争，由此导致未来主义的右翼陷入极端民族主义和法西斯主义的泥坑。一战爆发后，未来派的成员纷纷参战，随着波丘尼在前线战死，未来主义运动也渐趋消沉。在艺术手法上，未来派并未能如其所标榜的那样完全舍弃模仿，他们的许多技法得自新印象派和立体主义的启发，真正可以称得上是创新的手法主要是利用视觉形象的同时并列来表现运动和速度的感受。比如巴拉的油画《系着皮带的狗》和水彩画《雨燕的飞行》，画面上奔跑中的狗不只有四条腿，而是有几十条腿，飞行中的燕子也有多个连续的影像，这种手法后来成为动画电影的常用套路。巴拉的另一幅油画《路灯——光的研究》是未来主义最早的作品之一，他用互补色的 V 形笔触画出路灯放射的光线，造成光的辐射的幻觉。波丘尼是未来主义的核心人物，他在其绘画作品《画廊里的动乱》、《城市的兴起》中利用立体派和点彩派的多种技法表现了骚乱的场面、人物和奔马的激烈运动和速度，以表现他所谓的"劳动、光线和运动的伟大综合"，而在《笑》里他通过鲜艳的色彩表现了夜总会里欢快放荡的夜生活场景。其他未来主义画家的代表作有卡拉的油画《骑士与马》、《无政府主义僧侣的葬礼》、拼贴画《爱国主义的仪式》，塞维里尼的油画《塔巴林舞会动态的象形文字》、《红色的火车通道》、《光的球形膨胀》、《大炮在行动》，以及鲁索洛的《雾的坚固性》等。

　　达达主义从 1916 年在瑞士苏黎世诞生之日起就是一个包括文学、音乐和美术的综合运动。当时，一群厌恶战争的欧洲青年艺术家经常在苏黎世的伏尔泰酒馆举行自由组合诗歌、噪声音乐和恶作剧戏剧的表演会，同时出版杂志并开办画廊，刊登支持达达派的文章和画稿，展出欧洲各国现代派画家的作品。此后，达达主义的美术运动渐次波及到法国巴黎、德国柏林、汉诺威和科隆等地，成为一种国际性的运动。而美国纽约则是一个例外，那里的达达运动在苏黎世达达派出现之前一年就已萌生。在反传统方面，达达主义比欧洲其他先锋派更加激进和极端，其基本纲领是怀疑一切、否定一切，它不仅反对古典主义的传统艺术，而且厌烦任何为人们所认可的艺术形态，包括同样是反传统的立体主义、表现主义、未来主义等现代艺术流派，甚至宣称真正的达达主义者对达达本身也是反对的。由此可见，达达派具有强烈的无政府主义和虚无主义色彩。达达主义在美术方面的代表人物有出生于斯特拉斯堡的画家兼雕塑家让（汉斯）·阿尔普（1887—1966年）、法国画家马塞尔·杜尚和毕卡比亚、德国画家库尔特·施维特斯（1887—1948年），德裔法国画家马克斯·恩斯特（1891—1976年）等人。阿尔普竭力推崇艺术创作的偶然性，据说他曾把自己不满意的画作撕成碎片随意扔在地上，结果却在落下的碎片的排列中突然看到了问题的解决办法，他由此开创了达达式的拼贴作品，比如剪纸《按偶然法则安排的矩形》和纸版油画《山、桌、锚、肚脐》等。阿尔普还创作了一些别具一格的浮雕和圆雕作品。

杜尚是美国达达派的组织者，后来成为国际达达主义美术运动的领袖人物。在一战期间，杜尚和毕卡比亚从欧洲来到纽约，与美国的一些先锋派艺术家合作开办了“291”画廊并在1915年出版了《291》杂志。这本杂志宣扬的“反艺术”观点比稍后出现的苏黎世达达派的思想有过之而无不及，该杂志社实际上就是纽约的达达社团。在此之前，杜尚曾创作过属于立体派和未来派风格的《下棋者的肖像》和《下楼梯的裸女》第1号和第2号，后者通过一串立体主义的并列图像表现了人物下楼梯的动感。从1912年开始，杜尚不断尝试用新的手段和材料进行创作，他曾用手指取代画笔绘制了《从处女到新娘》和《新娘》等油画，画中的人物看上去是一些类似生理解剖图的机器系统。以后，他采用各种现成物品制作艺术品，比如《瓶架》、《旋转的饰板》和用旧自行车轮安置在凳子上做成的《自行车》等。不过，杜尚最惊世骇俗的反艺术作品当推《泉》、《带胡须的蒙娜丽莎》和《新娘甚至被光棍们剥光了衣服》（亦称《大玻璃》）。所谓《泉》实际上是一个现成的白色瓷质小便器，《带胡须的蒙娜丽莎》是在达·芬奇的《蒙娜丽莎》复制品上画上小胡子和山羊胡，并且加上了暗示其淫荡的标题。而《大玻璃》则是在大块玻璃板里夹着一些象征新娘和光棍汉的机械形象，这些形象是用细铅丝、涂色金属箔、灰尘、油彩和清漆制作出来的，移动时造成的玻璃裂缝被精心整修后加以保留，作为作品本身的表现因素。杜尚在创作这些恶作剧式的作品时，其本意只是对传统艺术和现存社会秩序提出挑战，没承想后来的新达达主义等流派却把这种挑战当成一种新的美学范式来加以模仿。除阿尔普和杜尚以外，其他达达派艺术家也创作了一些著名作品，如毕卡比亚的油画《爱的展示》和拼贴《羽毛》，施维特斯的拼贴《奥卡拉》和《默茨构成》以及类似雕塑的《默茨建筑》（一种连续的洞穴似的结构体布满全屋，甚至延伸到窗外），恩斯特的照相粘贴《这里的一切东西都在浮动》和油画《西里伯岛的大象》等。有组织的达达运动持续时间不长，到1924年，达达派最终分裂，超现实主义代之而起，然而达达主义的激进实践却为日后的西方现代艺术甚至后现代艺术指示了方向。

　　一般来说，超现实主义的美术运动是在超现实主义文学运动的启发和推动下产生的，法国作家布勒东于1924年起草并发表了《超现实主义宣言》，翌年一批艺术家在巴黎皮埃尔画廊举办了首届超现实主义的美术展览。不过在该宣言发表的前一年，恩斯特已经画出了超现实主义风格的油画《人们将莫知其然》。如前所述，超现实主义的思想主要来源于弗洛伊德关于人类潜意识和梦幻的理论，为了表现超现实的潜意识和梦幻世界，超现实主义文学家创造了"自动写作法"，通过发挥摆脱理性控制的精神自动性如实地记录下作家不加掩饰的联想、想象、幻觉、梦境等潜意识的真正活动。同样，超现实主义的艺术家们也发明了一些与"自动写作法"类似的艺术手法，比如恩斯特创造的"摹拓法"或"摩擦法"的素描技法，就是把纸张铺在不同质地的材料如木板上，然后用铅笔在纸上摩擦，这样拓画出来的带有偶然性的形象再由画家重新加以理解，从而唤起意想不到的联想，最后自由地拼凑到素描或油画中，恩斯特采用这种技法的代表作是油画《森林》和

《部落》。超现实主义美术从诞生之日起便分为两支：一支是以西班牙画家若安·米罗（1893—1984年）、法国画家安德烈·马松（1896—1987年）、智利画家马塔·埃肖伦（1911—　）等人为代表的有机超现实主义或绝对超现实主义。他们一般依据不受意识控制的思想指令进行创作，其画作中的有机生物形象往往近于抽象。另一支是以西班牙画家萨尔瓦多·达利（1904—1989年）、比利时画家勒内·马格利特（1898—1967年）和保罗·德尔沃（1897—1978年）、法国画家皮埃尔·罗伊（1880—1950年）和伊夫·唐居伊（1900—1955年）等人为代表的自然主义的超现实主义。他们都曾深受法国原始派画家昂利·卢梭（1844—1910年）、意大利形而上派画家乔吉欧·德·契里柯（1888—1978年）和俄国画家马克·夏加尔（1887—1985年）等人充满童稚和梦幻的画风的影响，其画作中的人物和物体具有写实式的细节，但往往经过奇异的变形和怪诞的组合，渲染出一种迷人的幻想和梦境的气氛。此外，原来属于其他流派的代表人物如毕加索、毕卡比亚、阿尔普等人也正式或非正式地加入了超现实主义的阵营。超现实主义最著名的代表作品当推达利的油画《记忆的持续》，画面上那只挂在树枝上的、像面饼一样软塌塌的钟表已经成为超现实主义梦幻世界的象征。除此之外，在持续将近半个世纪之久的超现实主义运动中，该派艺术家们创作出大批令人惊恐震撼、困惑不解或心驰神往的如梦如幻的油画作品，其中包括达利的《性感的幽灵》、《西班牙内战的预兆》、《怪物的发明》、《服用迷幻剂的斗牛士》，恩斯特的《雨后欧罗巴》、《超现实主义和绘画》、《沉默之眼》，米罗的《哈里昆的狂欢》、《犬吠月》、《蓝色之二》，马松的《鱼之战》、《迷宫》、《画家与时间》，马塔的《神秘主义的灾难》、《守夜者所见》，马格里特的《错误的镜子》、《宏伟的幻想》、《比利牛斯的城堡》、《收听室》，德尔沃的《进入城市》、《熟睡的维纳斯》、《夜之美女》，唐居伊的《风暴》、《爸爸、妈妈被伤害了！》、

《弧线的增殖》，以及罗伊的《楼梯上的危险》等。

　　抽象主义不是一个画派或团体，它是许多画派和画家共同具有的一种美学取向，其基本观点是不再将绘画和雕塑看做对自然的模仿，而是看做自身独立存在的视觉艺术。如前所述，奠定抽象主义绘画理论基础的是表现主义画家康定斯基，他在 1910 年就已创作出最初的抽象主义绘画。一战期间回俄国后，康定斯基在以卡西米尔·马列维奇（1878—1935 年）为代表的至上主义（绝对几何抽象）的影响下转向较为彻底的抽象主义，画风也从抒情的自由抽象逐渐转向几何抽象，同时试图将自由抽象与几何抽象结合起来。其后期的抽象主义代表作有油画《白线，232 号》、《几个圆形，323 号》、《红色的紧张》、《温和的冲动》等。除了康定斯基之外，罗贝尔·德劳内、弗朗茨·马克以及捷克画家弗朗蒂塞克·库普卡（1871—1957 年）等人也创作了一些抽象主义的作品。抽象主义的另一个重要绘画流派是荷兰的风格派（新造型主义），其代表画家是荷兰人皮特·蒙德里安（1872—1944 年）和特奥·凡·杜斯伯格（1883—1931 年）。凡·杜斯伯格曾说过："使形式脱离自然的约束，保留下来的就是风格。"他们在 1917 年开始出版的杂志即取名为《风格》，翌年又发表了风格派宣言，不过在此之前好几年蒙德里安已经开始创作抽象主义的作品了。蒙德里安早期的画风从自然主义直到立体主义经历过许多变化，其早年作品如油画《风车风景》、《红树》仍然是具象的，从 1912 年创作《开花的苹果树》开始，蒙德里安的画风明显地转向了抽象主义。他认为，艺术应当以一种净化的即抽象的美学形式来表现自然的纯洁性、必然性和规律性。为此，他把直线、方块和矩形以及简化的色彩如红、黄、蓝三原色和中性的黑、白、灰作为新的造型手段，像数学那样在艺术作品中表达宇宙的基本特征和抽象关系。因此，有人将风格派称为"按外在需要的原则进行抽象"的自然抽象主义。蒙德里安典型的抽象主义作品之一是油画《作曲》，画面由水平和垂直的粗黑直线分割成几块大小不等的矩形，每个矩形里平涂上红、黄、蓝三原色和黑色与灰色，似乎象征着宇宙均衡稳定的结构。蒙德里安的其他画作还有油画《棋盘，明亮的色彩》、《椭圆中的色方块》、《百老汇爵士乐》等。凡·杜斯伯格是风格派最热情的宣传者和实践者，在其油画《打牌者》和《建筑物的色彩研究》中都运用了直线和矩形的构图。后来他放弃了蒙德里安僵硬的垂直—水平公式，开始使用具有动势和不稳定性的斜线构图，其代表作品是斯特拉斯堡的奥伯蒂咖啡馆内的壁画。引进斜线这种异端导致了蒙德里安与凡·杜斯伯格的分裂，后者在1926年发表了《元素主义宣言》，公开独树一帜。风格派和其他抽象主义的艺术家，如蒙德里安、凡·杜斯伯格、康定斯基等都曾进入德国魏玛的包浩斯学院执教，因此抽象主义成了包浩斯的绘画和建筑的主导思想。此后，西方的抽象主义艺术流派不断涌现，比如20年代出现并延续到二战以后的巴黎画派以及40年代中期崛起于美国的抽象表现主义等，造就了二战后抽象主义艺术在欧洲和美国的统治地位。直到60年代，随着波普艺术的出现和新写实艺术的卷土重来，这种局面才发生了改变。

从50年代中期以后，流行于欧洲和美国的各种现代主义艺术已经失去了原创的冲动，逐渐沦为对前辈的模仿、空洞的抽象和玩弄技巧的形式主义，出于反拨的需要，西方的艺术潮流开始从抽象转向具象、从极端的自我主观性逐渐转向相对的客观性。随着第三次产业革命的发展和信息社会的来临，由19世纪末叶的后印象派发轫的现代主义艺术最终失去了在西方的统治地位，而异军突起的后现代主义艺术则逐步变成了西方艺坛的主流。如果说现代主义的显著特征在于摒弃写实性，追求艺术的表现性、象征性和抽象性，强调艺术家的自我、个性和主观世界，倡导脱离现实和大众的精英艺术，那么后现代主义则重新提倡回到物体，打破艺术与生活之间的界限，以大众能够接受的通俗易懂的艺术形象描绘现实世界，进而声称"生活和行动本身就是艺术"，人们的日常生活环境即是最广阔的画廊。同时后现代主义主张放弃自我中心主义，最大限度地消除作者的个性和主观感情，转而对外在世界采取一种冷漠的客观态度。

以杜尚为代表的达达主义被西方评论家看做后现代主义艺术的滥觞，然而第一个真正的后现代主义艺术流派当推 50 年代中期诞生于英国的波普艺术。波普艺术家反对现代派的那种阳春白雪式的精英艺术，抵制抽象唯美主义的形式，取消艺术家的个性表现，主张从当代消费社会的日常生活中发现艺术表现的题材和形式，其特点是通俗化、大众化、商业化，其作品往往采用流行广告或其他现成影像构成赏心悦目的形象，甚至带有色情意味。公认的第一件波普艺术品是英国画家理查德·汉密尔顿（1922— ）于 1956 年创作的一幅小型拼贴画《是什么使得今日的家庭如此不同，如此吸引人?》，画面上展示了一个现代家庭的室内场景，天花板用月球表面的照片粘贴而成，墙壁上挂着古典肖像和现代广告画，房间里摆放着电视机和录音机，楼梯上有一个女工正用吸尘器清洁地面，沙发上坐着一个性感的裸体女人，房间中央站立着一个健美运动员一样的强壮男人，手拿一只巨大的棒棒糖，上面贴着"POP"的字样。这幅波普艺术的代表作无疑是现代西方消费社会最好的通俗象征。此后，波普艺术在美国大行其道，代表作品有安迪·沃霍尔（1928— ）的《玛丽莲·梦露》，汤姆·韦塞尔曼（1931— ）的《浴缸拼贴画》、《伟大的美国裸女》、《吸烟者》等。

另一个后现代主义的艺术流派是法国的新现实主义，其发起人是法国艺术评论家皮埃尔·雷斯塔尼和艺术家伊夫·克莱因（1928—1962 年），他们于 1960 年发表宣言并在巴黎举办了第一次展览。新现实主义声称要忠实地记录社会学的现实，发现当代工业和城市日常生活的新意义，并且毫无个性地把主题呈现出来。

其手法则是通过一定的人体行为或物体媒介制作一些别出心裁的艺术品，其中最骇人听闻的尝试莫过于克莱因的一系列充满创意的实验了。克莱因曾在巴黎举行过一次空无一物的艺术展览，还利用下雨和火焰等自然元素作画。最为轰动的是克莱因于1960年举办的一次公开的"绘画仪式"，在乐队现场演奏他自己谱写的《单调交响乐》（一个单音持续10分钟，而后是10分钟的沉默）的同时，当着大厅里数十名观众的面，他在几个裸体女人身上涂满象征精神绝对自由的纯蔚蓝色油彩，然后让她们在画布上互相拖拉、翻滚、蠕动，从而在画布上留下蓝色的印迹。他将这样创作的油画命名为《人体测量》，并把作画过程拍摄成纪录片。实际上，这种新现实主义是一种新达达主义，而克莱因的人体绘画则是一种行动艺术或人体表演。在他之后，许多欧美艺术家起而效尤，进行了多种多样耸人听闻以至惨不忍睹的人体表演活动，这些即兴表演具有明显的后现代主义的玩世不恭和游戏的性质，安迪·沃霍尔甚至用电影来推广这类活动，可谓盛极一时。

此外，其他后现代主义艺术流派还有：把各种工业零件和其他实物组合在一起的集合艺术；通过各种几何图形的巧妙安排在视觉上产生凹凸、波动、颤抖等错觉的光效应艺术；用各种机械装置产生活动效果的机动艺术；用巨大的塑料布将各种物体、女人、建筑物甚至山谷、海岸包扎捆绑起来的捆包艺术；将整幢建筑物及其室内环境用各种声、光、电装置布置成一个巨大的艺术殿堂的环境艺术；在非剧院的场所里表演者以其姿态和动作表演偶发事件的偶发艺术；直接对大自然进行加工和修饰从而创造出规模宏大的自然—人工景观的地景艺术；尽量将个人的主观判断减到最低限度并将对象简约为最低限度的基本几何形状的最低限度艺术；强调产生艺术品的构思和概念比有形的艺术品本身更为重要的概念艺术；以不带任何主观感情的纯客观态度对客观景物作照相式的精确逼真描绘的照相写实主义等等，五花八门，不一而足。特别值得一提的是，随着电脑等高科技的出现，电脑绘画和电脑多媒体艺术应运而生，并在三维动画、电影特技和交互式电脑游戏中得到广泛应用，现在人们甚至能通过电脑和传感器的结合，创造出一个观众可以"进入"其中活动的虚拟现实世界。鉴于二战以后美国已经取代西欧成为西方艺术的中心，加上文化的迅速传播和全面交流所导致的艺术活动国际化，许多后现代主义艺术流派或诞生于美国或主要流行于美国，因而其内容已经超出了西欧文明的范围，所以在此只能点到为止，不再做展开论述。

除了上述现代主义和后现代主义绘画艺术流派之外，西欧还存在一些较小的流派，如英国的漩涡画派、法国的斑点主义、丹麦—比利时—荷兰的哥布阿集团、德国的新表现主义、意大利的超前卫派等等，同时还有一些不归属于任何流派的杰出艺术家，限于篇幅不能在此一一介绍了。从总体上说，西方20世纪的绘画艺术处于一个广泛实验的阶段，既开拓了许多令人惊奇的新领域，也创造了许多前所未有的新手法，不过其中某些流派给人的印象却是思路新奇有余，作品成就不足。然而应当特别指出的是，以电脑为工具的多媒体艺术无疑是一个前途无量的新型艺术，我们完全有理由期望它创造出人类艺术史上前所未有的辉煌成就。

19世纪末和20世纪初，具有写实传统的人物雕塑仍然在欧洲占据着主导地位，然而在罗丹之后的法国雕塑家马约尔、布德尔、德斯皮奥，意大利雕塑家梅达多·罗索（1858—1928年）以及德国雕塑家威廉·兰布鲁克（1881—1919年）等人已经开始偏离学院派的写实传统，探索新的雕塑表现形式。罗索后来被未来主义者看做先驱人物，而兰布鲁克则成为德国表现主义雕塑的开创者，不过他们基本上还属于从传统雕塑走向现代主义雕塑的过渡性人物。率先突破传统雕塑模式的带头人当推马蒂斯、德兰和毕加索。马蒂斯曾批评罗丹的雕塑过分注意细节而忽视了整体，而他自己则对细节加以简化，运用富于韵律的S形曲线进行造型，通过夸张来表现情绪,其代表作品有《斜倚的裸体》、《蛇形人》和《胸前十字架》等。德兰在1907年创作的《蹲着的人》是原始立体主义雕塑的最早实例之一,而毕加索在同一年制作的原始主义木雕也开始抛弃了自然主义的写实手法。在传统雕塑向现代雕塑转变的最初阶段已经可以看出,各种原始艺术、东方艺术和非洲部落艺术对欧洲的现代雕塑艺术产生了强烈的影响。另一个对欧洲现代雕塑的形成做出巨大贡献的雕塑家是旅居法国的罗马尼亚艺术家康斯坦丁·布朗库西(1876—1957年),他曾给罗丹做过不到一年的助手,但很快就意识到"大树底下不长草",因而离开罗丹另辟蹊径。布朗库西虽然具有深厚的写实功底,但他追求的目标却是在充分发挥想象力的基础上通过变形手法创造出新的美感。他的第一个独创性的雕塑作品是《祈祷者》,这个女性人体雕像呈有力的跪姿,其身体被拉长,左手被精简掉,整个雕塑只求大的体面关系,不做造型的细致处理。布朗库西的其他代表作还有表现世间男女相爱的普遍感情的石刻《吻》,简化成卵形的石雕《新生》和《世界之初》,变形为弯曲的长脖子上耸立着一个瞪大眼睛的头像的《波嘉尼小姐》,抽象成一个拉长的惊叹号的《空间之鸟》,以及木雕《无尽柱》和《王中王》等。布朗库西的风格特点是运用夸张和概括的手法,创造出简化以至抽象的几何形体,不重形似而重在表现内在的精神气质,这对立体主义和抽象主义雕塑均产生了重大影响。

毕加索开创立体主义绘画之后,又创作了《费尔南·奥利维尔头像》、《苦艾酒杯》等雕塑作品,不久后即转向了超现实主义。勃拉克也制作了泥塑《人物》等一些小型的立体主义雕塑。此后,一些立体主义雕塑家继承并推进了他们开创的事业。旅法俄国雕塑家亚历山大·阿基本科(1887—1964年)在1912年首先在雕塑中引进了凹陷结构或负空间概念,即在人体雕塑的体量上打开透空,使雕塑人物变成了被实体的外轮廓所包围限定的一定空间形状。这一革命性的创新最终将传统的"雕塑是空间所环绕的实体"的概念颠倒过来，对现代主义的雕塑产生了深远的影响。这样，他的雕塑不再是传统的组合体量和块感的作品，而成为组合空间的新式构成，这类代表作品有青铜雕塑《行走的女人》、《坐着的女人》等。阿基本科还把拼贴技术运用到新式的雕塑构成上，并且使用了木材、铁皮、油布和玻璃等多种材料，《梅德拉诺》就是这种构成的早期尝试。其他立体主义的雕塑家和作品还有：马塞尔·杜尚的兄长雷蒙·杜尚—维龙（1876—1918年）的《波德莱尔》、《马》、《戈赛教授》，旅法立陶宛人雅克·利普希茨（1891—1973年）的《持吉他的士兵》、《生活的欢乐》、《人像》、《扼住秃鹫的普罗米修斯》、《母与子》，法国人昂利·劳伦斯（1885—1954年）的《安菲翁》、《海妖》等。

未来主义雕塑的领袖人物当然是翁贝托·波丘尼，他在1912年发表了《未来主义雕塑技法宣言》，猛烈地攻击了所有的学院派传统习惯，甚至连裸体雕塑也在被抨击之列。他提倡用雕塑表现运动的风格，主张雕塑即环境，认为雕塑家有权将人或物体加以变形或打开，并将其纳入环境之中，而且主张运用任何一种材料进行创作。他的早期雕塑作品有青铜雕塑《母亲》和《空间中的瓶》，后者将瓶子解体、展开，并和环境中的基座融为一体。波丘尼最著名的作品是铜雕《空间中连续的形》，这是一个正在昂首阔步地前进的人物，其身后飘起的织物明显地表现出连续运动的效果，堪与古希腊萨莫色拉斯的胜利女神雕像相媲美。未来主义的雕塑甚至比该派的绘画更为重要，它预示了俄国构成主义雕塑、达达主义和超现实主义的装配以及后现代主义的环境艺术等流派的发展。

达达主义的雕塑在前面已有所提及，像杜尚用现成物品制作的《瓶架》、《旋转的饰板》和《自行车》，以及施维特斯用石膏和其他材料在室内制作的《默茨建筑》等，都可以看做达达派的雕塑作品。而阿尔普则特别偏爱不同于机械或几何图形的有机生命的形象，他创造了一种用切割的薄木板组合而成的浮雕，并用这种富于不规则曲线的浮雕和圆雕形式暗示有机生物的形态，他将这种近乎抽象的作品称为"具体"。阿尔普的木板浮雕作品有《特利斯唐·查拉肖像》、《榔头花》、《躯干、肚脐》、《漂白的马掌和两个鞋跟》，圆雕作品有《根据机遇法则安排的物体》、《头和三个恼人的物体》、《人类的具体化》、《水生物》、《牧云》等。

达达主义失去势头以后，许多艺术家转入了超现实主义的阵营。比如，阿尔普的上述雕塑中有许多已属于超现实主义的范畴，恩斯特也创作了《俄狄浦斯2》、《鸟头》、《月亮芦笋》等作品。毕加索则创作了焊铁铸铜雕塑《花园中的妇女》、青铜雕塑《勇士胸像》和《头骨》以及著名的拾来物品雕塑《公牛头》，后者是用一个旧自行车座加上车把组成的。超现实主义雕塑流派中有两位最重要的人物，一个是西班牙雕塑家朱里奥·冈萨雷斯（1876—1942年），另一个是伟大的瑞士雕塑家兼画家阿尔贝托·贾科梅蒂（1901—1966年）。冈萨雷斯的特殊贡献是将直接焊铁的手法引进了现代雕塑，开创了直接金属雕塑的新品种，毕加索的许多焊铁雕塑即得益于他的启发。他的超现实主义雕塑作品有焊铁雕塑《唐·吉诃德》、《梳发女子》、《蒙特塞拉》和青铜雕塑《仙人掌1》等，这些作品大多由完全透空的线条构成。贾科梅蒂是超现实主义雕塑最重要的代表，一生中创作了大量或抽象或具象的杰出雕塑作品，如早期的超现实主义抽象铜雕《匙形女人》、《男人和女人》、《女子和她的断喉》和空间雕塑《早晨四点的大厦》，后者通过一个铁丝笼里的鬼魅般的形象深刻地表现了现代人的孤寂感。贾科梅蒂后期放弃了超现实主义，但仍然创作了许多含有深意的具象雕塑，如石膏人像《不可见的物体》（《手捧虚空》）、表现痛苦呼嚷的铜雕《杆子上的男人头颅》、形销骨立的人像《行走的人》和同样骨瘦如柴的《狗》等。贾科梅蒂曾表白，他做画和做雕塑的宗旨就是为了抨击现实、保护自我、抗拒死亡和争得自由。此外，英国 20 世纪最重要的雕塑家亨利·摩尔（1898—1986年）也曾一度介入超现实主义运动，他自称其雕塑所追求的理想不是仅仅引起感官愉悦的美，而是要表现精神上的生命力。他早年曾创作带有哥伦布发现美洲前的墨西哥风格的石雕《斜倚的人物》，此后创作了许多抽象或具象的雕塑。在一些作品中他自觉地将实体和空虚贯通穿插造成两者之间的紧张关系，这方面的代表作是铜雕《内部和外部的斜倚人物》，其他作品还有石雕《圣母子》、《国王和王后》、《倒下的战士》等。除了以上各种流派之外，属于现代主义范畴的还有构成主义等抽象雕塑以及一些具象雕塑流派。

后现代主义雕塑虽然是从达达等现代主义流派发展而来的，但从使用的材料到创作手法上看，都与现代主义有了很大的差别。除了传统的石膏、青铜、木头和石料以外，后现代主义雕塑家大量使用钢、铁、铝、树脂、塑料、玻璃、绳子、头发、日光灯、聚酯泡沫、玻璃纤维、混凝土、日常用品和垃圾废品等材料，通过加工、组合、装配和堆积制造成雕塑作品。如以法国雕塑家巴尔达希尼·塞扎尔（1921— ）和英国波普雕塑家爱德华多·包洛奇（1924— ）为代表的废品雕塑，他们将废弃的机器零件装配成人或动物的形象或用水压机把废汽车压成大方块。又如以美国女雕塑家路易丝·内维尔森（1900—1988年）为代表的集合装配艺术则把旧家具和工艺品的断片装进大木箱，然后把木箱堆积成大屏风一类的东西。法国新现实主义艺术家费尔南德斯·阿尔曼（1928— ）也加入了集合装配艺术的行列，他把旧军刀、玻璃眼睛、洋娃娃的断手、香烟盒和旧水壶等东西堆积或装箱，还将一排倒置的颜料管装进透明的聚酯女人体模型里并使颜料流到她的下腹部（《我所迷恋的色彩》），他又用许多齿轮或雷诺汽车的零件集合排列起来（《雷诺》）。阿尔曼认为，这些东西只有在脱离了原来的日常用途之后才能显现出平时被忽略的造型美，从而成为真正的艺术品。

活动雕塑虽然出现较早，但其玩具般的特征也具有明显的后现代主义精神。这一流派的代表人物是美国雕塑家亚历山大·考尔德（1898—1976 年），他创作了各种各样手动、机动和风动的活动雕塑。其风动的活动雕塑大都用钢丝串上涂有三原色和黑色的金属片，然后悬吊在空中，让它随风飘动起舞，如《孔雀》、《螺旋》等。最低限度艺术（或称基本结构、极少主义艺术）也是属于后现代主义的雕塑流派之一，其代表人物有英国雕塑家安东尼·卡罗（1924—　）、美国雕塑家托尼·史密斯（1912—1980 年）和唐纳德·贾德（1928—　）等人。最低限度雕塑主要用一些简化到最低限度的基本几何形体或几个单一形体的连续排列创造出大尺度的雕塑作品，安置在室内或室外的空间之中，与周围的环境和建筑溶为一体。最低限度雕塑的创作直接启发了场所雕塑和环境艺术，一些美国雕塑家开始在美术馆的室内进行环境雕塑，用木材、砖石、金属、塑料和布料做成各种几何形状装配在地板上，形成特殊的雕塑作品。更进一步，艺术家们把雕塑的场所转移到室外广阔的自然环境中，在原始大自然中制造出规模宏伟的地景艺术作品，罗伯特·史密森（1938—1973 年）在美国犹他州的大盐湖里建成的《螺旋形防波堤》即是其代表作之一。照相写实主义在雕塑领域中也是富有成果的，由于现代科技的进展，艺术家们可以用聚酯和玻璃纤维塑造等身人像，经过染色加工后再穿上衣服，其逼真的效果完全可以乱真。该派的代表作品为美国雕塑家杜安·汉森（1925—　）表现越南战争、体育运动和日常生活人物的系列雕塑，如《战争》、《游客》和《推购物车的妇女》等。

在 19 世纪和 20 世纪之交，工业革命带来的建筑材料和建筑技术的进步，在西欧和北美引起了一场以比利时和法国的新艺术派、美国的芝加哥学派和德国的德意志制造联盟为核心的建筑革新运动。这场运动的主要贡献在于提出了"形式服从于功能"和"装饰是罪恶"的功能主义建筑原则,同时成功地采用了钢铁结构、钢筋混凝土框架和玻璃墙面等全新的建筑材料,从而为20世纪的现代主义建筑运动铺平了道路。20世纪初期西欧的现代主义建筑流派主要有源自绘画和雕塑的表现主义、未来主义和风格派。表现主义建筑擅长表现个人的主观感受和幻想,其代表作品有德国建筑师汉斯·波尔齐希(1869—1936年)建造的柏林大剧院和埃里希·门德尔松(1887—1953年)设计的爱因斯坦天文台及肖肯百货大楼。柏林大剧院内部采用钟乳石结构覆盖庞大的圆形天花板和墙面,透过其拱形空洞的灯光在剧场内部渲染出幻境般的效果。门德尔松的天文台运用流线型线条表现动感,而百货大楼则使用连续的水平玻璃构成建筑物的弧形立面。未来主义建筑艺术的代表人物是意大利建筑师安东尼奥·圣埃利亚(1888—1916年),他在1914年起草了《未来主义建筑宣言》,主张科学地运用最新的材料建造新时代的建筑,以满足现代人的需要。他绘制了大量的未来城市规划图,图中以带有电梯塔的高层建筑和建筑下面的立体车道体现出现代大都市的活力和运动感,然而他的构思却没能付诸实施。风格派建筑艺术是在蒙德里安等人注重基本几何形状的风格派绘画的影响下创立的,其设计原则是依据创造内部空间的功能需要与和谐的要求安排体面,主要采用黑白相间的矩形和正方形等不加装饰的几何形体构造平面的屋顶、墙面、阳台和门窗,其垂直与水平的体面相互穿插,形成内外渗透的空间结合体。风格派建筑的代表作是格里特·托马斯·里特维尔德(1888—1964年)设计的位于荷兰乌特勒支的施罗德住宅。风格派成为不久之后诞生的国际风格建筑的重要先驱。

国际风格是20世纪典型的现代主义建筑思潮,从1919年包浩斯学院成立直到60年代左右,国际风格一直是欧美现代建筑的主流。国际风格这一术语得自 1932 年在纽约现代艺术博物馆举行的国际现代建筑艺术展览。在此前的 1928 年各国建筑师曾召开国际现代建筑会议，会议宣言指出现代建筑要与时俱进，反映时代的物质技术进步和文化精神面貌，几年后的《雅典宪章》进一步提出了现代城市规划纲领。国际风格建筑的特点是：大同小异的国际统一风格；强调形式服从使用功能；采用结构钢、钢筋混凝土、玻璃幕墙等新材料；取消承重墙的新结构使得门窗和室内空间可以自由安排；抛弃表面的虚假装饰，通过调整比例和虚实安排来创造建筑的美感；注重建筑的经济性以便建造大量廉价的标准单元住宅等等。这最后一个特点反映了现代派建筑师们对于社会问题的关注，他们真诚地相信，只要能为普通百姓建造足够的廉价住宅，一切社会问题都会迎刃而解。瑞士出生的法国现代派建筑大师勒·柯布西埃（1887—1965 年）在其《走向新建筑》一书中甚至说："建筑或是革命，革命是可以避免的。"国际风格的现代建筑艺术包括许多流派，其中最重要的有包浩斯学派、功能主义、结构主义和新粗野主义等。此外还有一些另类的现代主义建筑派别，比如人情化建筑、有机建筑等，它们不但不属于国际风格，甚至是对后者的一种挑战。

包浩斯学派是以德国的包浩斯学院为中心发展起来的现代建筑派别，该学院的创始人和第一任校长瓦尔特·格罗皮乌斯（1889—1969 年）是德国著名的建筑家。早在包浩斯成立之前，格罗皮乌斯就已经在法古斯制鞋厂和德意志制造联盟展览会的模范工厂的建造中，发明了包裹整个墙面的玻璃幕墙。在包浩斯任职期间，格罗皮乌斯的最大成就乃是在德绍建造的包浩斯新校舍，它是一个包括教室、办公室、车间、图书馆和教员、学生宿舍在内的建筑物综合体。校舍大量使用了钢结构、混凝土和玻璃幕墙，其外表的方盒子形体、垂直与水平的穿插以及按功能有效组织起来的内部空间等特色使它成为国际风格的典范。移居美国以后，格罗皮乌斯建造了哈佛研究生中心，并成为中低造价的高层板式公寓住宅的创始人之一。柯布西埃虽然不是功能主义思想和国际风格的创始人，但他是两者的集大成者和卓越的理论家与宣传家。他在其著作中鲜明地提出了"房屋是居住的机器"的口号，主张房屋要有机器一样的功能，要能像机器一样成批生产；他强调设计要反映功能，反对无谓的装饰，提出由内而外、外部是内部的结果的设计原则。他为现代建筑归纳出五个特点：底层支柱和独立骨架；屋顶花园；自由平面（非承重内墙自由分隔内部空间）；自由立面（灵活可变的非承重外墙）；横向带形窗。柯布西埃的代表作品有早期创作的巴黎附近的萨伏依别墅、巴黎大学的瑞士学生宿舍、国际联盟总部设计方案，以及后期创作的马赛公寓、法国孚日山区的朗香教堂、印度昌迪加尔的政府办公楼、议会和高等法院等等。此外，国际风格的建筑流派还有：以德国建筑家米斯·范·德·罗（1886—1969 年）为代表的结构主义，他的代表作有巴塞罗那国际博览会的德国馆、捷克斯洛伐克的吐根哈特住宅、纽约西格拉姆大厦和柏林国家美术馆等；由英国建筑师彼得·史密森（1923—　　）和艾丽森·史密森（1928—　　）夫妇创立的新粗野主义，他们为了满足二战后恢复时期对大量廉价住房的社会需要，以快速的工业化施工方法建造了一些粗糙的混凝土建筑，其代表作是英国的亨斯坦顿中学和罗宾胡德花园住宅区。

另外，以美国现代主义建筑大师弗兰克·劳埃德·赖特（1867—1959 年）为代表的有机建筑派，以及以芬兰著名建筑师阿尔瓦·阿尔托（1898—1976 年）为首的人情化建筑派，虽然也属于现代主义的范畴，但他们的某些建筑作品却对国际风格的单一形式提出了挑战。赖特认为，房屋构成一个由内向外的有机整体，它应当从属于有机的自然界。因此赖特较早地冲破了盒子式建筑的藩篱，创造了以芝加哥的罗比住宅为代表的早期草原式住宅和后期建于匹兹堡的瀑布别墅，以及位于纽约的螺旋形古根海姆博物馆。阿尔托则提出建筑不仅要满足人们的物质需要，还应满足人们的心理要求。因此他的建筑更多地采用给人以温暖感的木材等当地材料，特别强调乡土特色和自然的美感，且多为低层分散的建筑，以便与人的尺度和周围自然环境协调起来。其代表作有赫尔辛基文化馆、珊纳特塞罗市政厅等。有机建筑和人情化建筑可以说是对冰冷划一的国际风格的反抗，预示了60年代以后出现的追求形式和材料的多样性的后现代主义建筑潮流。

　　1959年，国际现代建筑会议在召开了最后一次会议之后宣布解散，这标志着现代主义建筑开始衰落。而1972年美国当局炸毁圣路易斯城伊戈居住区的高层建筑群的举动，被认为宣告了现代建筑的死亡，代之而起的则是后现代建筑。意味深长的是，这些板式高层建筑当初是按照国际现代建筑协会的理想模式设计建造并且曾获美国建筑师学会奖，然而由于该处不断发生犯罪和暴力行为导致了居民的离弃。除了这种大量性住宅，受到批评的还有现代式办公大楼，而这两者正是现代建筑运动的两大支柱，到此时却被后现代主义建筑师和理论家看做是粗野的、煞风景的和异化的，并被指责为过于藐视个人的需要。就后现代建筑一词的起源来说，最初是1945年约瑟夫·赫德纳特在一篇文章中采用了《后现代住宅》的标题。到1975年，英国建筑理论家查尔斯·詹克斯开始就后现代建筑撰写文章，最先发表的是《后现代建筑的兴起》，此后又出版了《后现代建筑语言》一书。詹克斯在这些出版物中将后现代主义定义为双重代码（双重准则），即后现代建筑是现代技术与传统样式、精英文化与大众文化的结合，概言之，后现代主义在一定程度上讲是现代主义的继续和超越。后现代主义建筑流派最为重要的特征之一是多元论，它一反过去的现代主义和国际风格只承认一个主要趋势的一元论观点，提倡多元化建筑，容许各种学派和不同风格自由发展。它反对单纯性和统一性，提倡复杂性和矛盾性，主张兼收并蓄、矛盾共存，认为任何历史的、当代的、地方的和异域的手法都可以混杂运用。同时它尽量在空间创造中体现出人情味和审美情趣，努力满足后现代信息社会中人际交流和休闲观赏的需要。在建筑技术方面，后现代建筑也取得了许多重要进展，发明了钢铁制造的三维结构网架、悬索加树脂膜制成的篷式屋顶、树脂膜充气结构建筑等，同时在建筑物里大量装备电梯、空调、音响等新设备，并运用太阳能、风能和水能等新型能源技术，以达到节省传统能源的目的。

最典型的后现代主义建筑流派是以美国建筑师罗伯特·文丘里（1925—　）为首的灰色派。文丘里在 1966 年出版的《建筑的复杂性与矛盾性》一书中阐述了后现代建筑的主要原则，即反对现代建筑的排他性的创作风格，主张传统与当代矛盾共处，多元文化兼容并蓄，建筑物要雅俗共赏并具有个性、人情味和乡土气息，他声称"黑白都要，或是灰的"，因而被称为灰色派。文丘里的代表作是他在费城为其母亲建造的栗树山庄，这座有意建成半新不旧的大房子让人感到家庭的温暖和生活的自在。他设计的波士顿古柏里广场方案改变了传统广场的概念，这里安置了供人休息的台阶，可以漫步的平台，树阴下的桌子和长椅，从而创造出一个供人聚会休闲的优美环境。除了灰色派之外，源自美国的后现代建筑流派还有继承了现代派建筑又有所创新的白色派和银色派，以及新陈代谢派和后现代古典主义。白色派追求几何形体构图的洁白、纯净和对比，银色派以建造透明反光的玻璃摩天大厦著称，新陈代谢派（后来主要流行于日本）则建造了插挂式住宅并提出了海上城市和仿生建筑等设想。后现代古典主义的代表作是美国建筑师查尔斯·摩尔（1925—　）设计建造的新奥尔良市意大利喷泉广场，它将古罗马和意大利文艺复兴的建筑样式改造成既富有古典风格和民族传统、又符合当代审美情趣的新形式，使整个广场成为一个令人愉快的多功能公共场所。另一个明显体现出传统与当代双重代码和矛盾共存的后现代建筑，是英国建筑师詹姆斯·斯特林（1926—1992 年）设计的德国斯图加特新州立美术馆，他把古典式的砌筑石板附着于当代的钢框架之上，用古代废墟似的破洞做成玩笑式的车库通气孔，还将一系列传统的神圣因素与后现代的玩世不恭特征古怪地拼凑在一起，使之成为一种精神分裂式文化的隐喻。最后值得一提的是，后现代主义建筑中有一种非常富于人性的创作思潮，即共享空间论，它要求在公共建筑内部创造一个有利于人际感情交流的空间。这种思潮的突出体现是美国建筑师波特曼在其旅馆建筑中创造的中庭，在这些高达数十米的中庭里安装了透明电梯和天桥，设有休息岛和酒吧，布置了垂直绿化、喷水池、抽象雕塑和彩色灯光，为人们提供了一个休息和交往的优雅环境。共享空间论在剧院建筑中的代表作是德国建筑师汉斯·夏隆（1893—1972 年）设计的柏林爱乐音乐厅，他创造性地将听众的座位围绕着乐池安排成逐渐升高的台阶形，这种设计既符合声学上的要求，又最大限度地满足了听众与乐队亲密交流的需要。其他后现代主义的重要建筑作品（其中有些被一些人认为是晚期现代主义建筑）还有：展翅欲飞的环球航空公司纽约肯尼迪国际机场候机大楼、呈巨大球体的蒙特利尔国际博览会的美国馆、形似风帆或贝壳的悉尼歌剧院、位于巴黎的开敞式建筑蓬皮杜国家艺术与文化中心、香港汇丰银行大厦以及一些别具一格的住宅建筑等。我们可以乐观地预期，随着后现代建筑艺术的发展，人们一定能建造出既光怪陆离又舒适宜人的住宅和公共建筑，将人们的生活环境改造成健康温馨的绿色家园。

三、当代音乐及影视艺术的蓬勃发展

诞生于 19 世纪末叶的印象主义音乐实际上已经开了现代主义音乐的先河，进入 20 世纪以后，以民族主义、未来主义、微分音乐派、表现主义、新古典主义等流派为代表的现代主义音乐成

为欧美乐坛的主流。二战前，欧美就已经出现了突破传统乐音体
系的微分音音乐和噪声音乐等先锋派的实验。二战后，特别是50、
60年代以来，序列音乐、电子音乐、偶然音乐、简约派等流派大
多具有更为激进的反传统性质，只有新浪漫主义在一定程度上选
择了返回传统的取向，然而它仍然采用了许多新的音乐语言和手
法。不难看出，这些音乐流派与当代文学艺术其他领域中的后现
代主义遥相呼应，虽然音乐评论家很少为它们贴上后现代主义的
标签，但是它们也不可避免地带有明显的后现代主义特征。除了
占据乐坛主流地位的严肃音乐之外，在欧美还出现了通俗歌曲、流
行舞曲、乡村音乐、爵士乐、摇滚乐、迪斯科以及广播、电影和
电视音乐等各种流行音乐，丰富了20世纪的音乐文化。与19世
纪的传统音乐相比，20世纪的音乐发生了激烈的变革。在内容和
题材方面，出现了许多表现自然科学、抽象概念或幻想世界的作
品，有些甚至晦涩难懂，让人不知所云。而在形式和表现手法上
则发生了几乎是翻天覆地的变化，比如取消流畅的旋律，频繁使
用不协和和弦，创作无调性乐曲，使用十二音音乐语言，节奏自
由多变，还出现了微分音音乐、噪音音乐、电子音乐、偶然音乐
和新人声音乐等新的音乐品种，极端的例子甚至发展到无声音乐。
可以说，当代音乐创作已经破除了任何框框和规则，乐音、噪音、
自然界的声音、人的说话声、电子仪器发出的声音，甚至没有声
音的"声音"都可以成为构成音乐的素材，而且任何安排声音的
方式如表格、文字提示、数学公式、化学分子式、投掷硬币、股
票行情甚至昆虫的活动都可以用来作为音乐创作和演奏的依据。
这种剧烈变化的起因，一方面是由于20世纪的战争和社会动荡引
起人们对现实的不满，因而要求创造新的音乐以表现人们的恐怖、
压抑、绝望和反抗情绪；另一方面则是由于二战后随着第三次产
业革命的发展和信息社会的来临，高新技术推动了音乐创作和演
奏技术的革新，激发了音乐家们探索音乐表现的新的可能性的热

情，不过在实验过程中也难免出现了一些过分追求标新立异的形式主义倾向。

欧洲的民族主义音乐（或民族乐派）起源于 19 世纪民族主义运动高涨时期，但它一直延续到 20 世纪上半叶，影响范围包括西欧、东欧、美国和拉丁美洲许多国家。该派最重要的作曲家当推匈牙利的贝拉·巴托克（1881—1945 年）、英国的拉尔夫·沃恩·威廉斯（1872—1958 年）和美国的查尔斯·爱德华·艾夫斯（1874—1954 年），此外西欧著名的民族乐派作曲家还有丹麦的卡尔·奥古斯特·尼尔森（1865—1931 年）、芬兰的让·西贝柳斯（1865—1957 年）和西班牙的曼努埃尔·德·法利亚（1876—1946 年）等人。民族乐派的作曲家强调音乐要反映民族精神和民族文化传统，他们大都选取本民族的神话、历史或现实事件作为音乐题材，有意识地采集和运用民间音乐的旋律和节奏，结合现代音乐手法，创作出许多具有民族风格和时代气息的优秀乐曲。其中有代表性的作品有巴托克的《弦乐四重奏》、《匈牙利民歌》和芭蕾舞剧《木雕王子》，沃恩·威廉斯的《伦敦交响曲》、《田园交响曲》，艾夫斯的《新英格兰的三个地方》、《第四交响曲》，尼尔森的 6 部交响曲（其中的《第一交响曲》是音乐史上第一部起讫于不同调上的交响曲，后来被称为渐进调性），西贝柳斯的交响诗《芬兰颂》，法利亚的歌剧《人生朝露》和芭蕾舞剧《魔法师之恋》等。值得指出的是，艾夫斯虽然是美国人，但他却是西方最早进行新音乐实验的作曲家之一，他成功地试验了多调性、复节奏、四分音、和弦音簇、多层次织体等现代音乐技法，对后来的作曲家发生了广泛的影响。

兴起于意大利的未来主义文学艺术运动反映在音乐领域中就是未来主义的音乐。最先在音乐上提出未来主义主张的是意大利作曲家弗朗西斯科·巴利拉·普拉泰拉（1880—1955 年），他在 1910 年到 1912 年间发表过三篇未来主义音乐宣言，提倡无调性、

微分音和节奏的不规则等，并且创作过《未来派音乐》等作品。然
而，未来主义音乐的主要代表人物却是意大利画家兼作曲家路易
吉·鲁索洛，他在1913年发表了另一篇未来主义音乐宣言《噪音
艺术》。为了实现未来主义表现现代机械文明的宗旨，鲁索洛鼓吹
应当把机器产生的噪音和日常生活中的其他噪音作为音乐作品的
基本音响材料，从而突破传统乐音的狭窄框架，探讨噪音无限变
化的可能性。应当承认，噪音具有特殊的表现力，而且在西方音
乐中一直作为陪衬性效果而存在，但是鲁索洛的意图则是要让噪
音成为整个音乐作品的基础。他在其著作中把噪音分为六类，如
爆炸声、吹哨声、流水声、呼啸声、敲击声、动物和人的喊叫声
等。为了表现这些噪音，他发明了噪音发生器，并为这些发生器
作曲，如《汽车与飞机的集会》等。虽然他的噪音音乐演出没有
获得听众的认可，但却给后来的先锋派作曲家带来了启发。法国
作曲家埃德加·瓦雷兹（1883—1965年）即是在噪音音乐的影响
下开始试验新的音响效果的。瓦雷兹也同未来主义者一样，认为
随着科学的新时代的到来，音乐应当从平均率的音阶和乐器的限
制中解放出来。他把音乐看做是有组织的声音，而不再是单纯由
乐音组成，同时将乐器的音质作为音乐构思的起点，而不是从和
声、旋律或曲式出发。瓦雷兹最为成功的实验是在打击乐领域中，
他创作出《美洲》、《赤道》和《电离》等器乐曲，其中的《电
离》使用了40件打击乐器和两个警报器，是西方第一部著名的纯
打击乐曲。这些实验性的作品使他成为二战后具有后现代风格的
音乐的先行者，在50年代他还创作了《沙漠》和《电子音诗》等
电子音乐作品。

　　20世纪初的另一个音乐实验潮流是微分音音乐。所谓微分音
就是小于半音的音程，用微分音程创作的曲子则被称为微分音音
乐。这种音乐并非现代西方所首创，古希腊、印度和中国的音乐
中早已出现过小于半音的微分音程，但在20世纪初叶西方各国的

作曲家重新试验用微分音进行创作，比如艾夫斯就曾写过《四分之一音弦乐合奏曲》。不过，20世纪微分音音乐的代表人物是捷克作曲家阿洛伊斯·哈巴（1893—1973）。他在1910年运用四分之一音写出了第一部弦乐四重奏，此后创作了大量四分之一音和六分之一音的微分音作品，其中包括钢琴曲、弦乐曲、大小提琴曲和歌剧，其著名歌剧作品有采用四分之一音的《母亲》和六分之一音的《愿您的国降临》。为了演出《母亲》，捷克和德国的乐器公司专门定制了四分之一音的钢琴、风琴、单簧管和小号。哈巴于1924年在布拉格音乐学院创立了微分音音乐系，以此为中心形成了一个微分音乐派。与此同时，其他一些作曲家提出了各式各样的微分音体系并且创作过一些作品。最初的微分音乐器往往是音乐家自己设计制作的，而当代的微分音作品则大多是运用电子音乐实验室的设备创作出来的。

表现主义音乐是西欧现代音乐中的一个重要流派，也是流行于德、奥的表现主义文学艺术运动在音乐领域中的代表，它出现于一战前，而后一直延续到二战后的50年代初。正如绘画上的表现主义与印象主义相对立一样，表现主义音乐同样也反对印象主义音乐仅仅描绘对外界大自然的印象的倾向，转而主张表现艺术家内心的主观感受和情绪体验。表现主义音乐的创始人、奥地利作曲家阿诺德·勋伯格（1874—1951年）曾说过："作曲家力求达到的惟一的、最大的目标就是表现他自己。"面对当时尖锐的民族矛盾和社会矛盾以及世界大战的危险，表现主义音乐家们将自己的苦闷、恐惧和绝望情绪用极端和异常的音乐语言表现出来，其作品中的主人公往往是饱受欺压和侮辱的小人物，其音乐表现手法也经常采取尖锐的不协和和弦、急剧跳动的旋律、不对称的节拍和不清晰的结构，并且开创或发展了无调性和十二音体系的非传统作曲技法。在勋伯格看来，美和真是两个不可能统一的极端，既然现实是黑暗和可怕的，那么表现现实的艺术也就不可能是美好的。表现主义音乐的代表人物除了勋伯格之外，还有他的学生、奥地利作曲家阿尔班·贝尔格（1885—1935年）和安东·冯·韦伯恩（1883—1945年），以他们师生三人为核心加上一些年轻的作曲家形成了新维也纳乐派。勋伯格是20世纪影响最大的现代音乐家之一，他由于家境贫寒主要依靠自学成才，其早期作品曾受晚期浪漫主义的影响，但他最大的成就是创立了无调性音乐并将十二音作曲法发展成一个完整的体系。所谓"无调性"即是否定传统调性音乐中用来确定调性的七个自然音与五个变化音之间的区别，赋予十二个音级同等重要的地位，从而摒弃了作为调性中心的主音的应用。不过，勋伯格本人并不喜欢"无调性"的名称，而宁可用"泛调性"一词（即所有调性的综合而不是没有任何调性）。勋伯格的无调性音乐创作开始于1907年前后，其代表作有《五首管弦乐小品》、独唱剧《期待》、念唱套曲《月光下的彼埃罗》和独幕音乐剧《幸运之手》等，他在这些作品中创造了音色旋律、念唱音调以及用舞台灯光随音乐一起变化等表现手法。到1921年前后，勋伯格进一步将无调性发展成为十二音作曲法，虽然使用十二音作曲并不是他的首创，但他是将十二音发展成创作大型乐曲的系统结构方法的第一人。十二音体系的基本方法是用半音阶的十二个音组成一定的音列，以此作为乐曲的旋律与和弦的基础，并以该音列的原形、转位、逆行和逆行转位四种形式组成一首乐曲。由于四种音列形式各有12个不同的音高位置，因此可以组成48种不同的音列，这些音列可以排列成一张12×12的完整的方格表，用来协助创作和分析作品。勋伯格完全用十二音体系写成的第一首乐曲是《钢琴组曲》，此后又相继创作出《钢琴曲五首》、《乐队变奏曲》、朗诵与男声合唱《华沙幸存者》等代表作。

贝尔格虽然也采用无调性和十二音体系的作曲方法，但他将这两种方法同传统的调性音乐和自然音阶结合起来，用以抒发人的感情，从而成为最富于浪漫主义色彩的表现主义音乐家，其作品也具有较强的艺术感染力。贝尔格的代表作有表现小人物悲剧命运的歌剧《沃采克》、《露露》和弦乐四重奏《抒情组曲》，以及为纪念他所宠爱的一个女孩所作的十分著名的《小提琴协奏曲》等。韦伯恩除了早期写过一两首有调性的作品外，此后再也没有创作过有调性的乐曲，因而是最彻底的无调性作曲家。他把勋伯格创立的音乐语言向着更加抽象和更加简化的方向发展，在其作品中摒弃了传统的和声，频繁转换不同的乐器，突出乐器音色的变化，使音色具有旋律的意义。他常把孤立的基本音乐要素按照音列和节奏拼接起来，压缩在极其短暂的时间幅度之内，如最短的《五首管弦乐小品》中的第四首只有 6 个多小节，演奏时间仅仅 19 秒钟。韦伯恩的代表作品还有《小乐队交响曲》、合唱与乐队《康塔塔》等。由于其作品的抽象性、简约性以及纳粹政权的封杀，他生前一直默默无闻、知音难觅，但他超前的音乐风格却开启了点彩派音乐并预示了整体序列音乐的发展，因此他也和瓦雷兹一样成为二战后具有后现代风格的音乐的重要先驱。

新古典主义是 20 世纪上半叶在西方乐坛上与表现主义并列的重要流派。一战后，一批音乐家面对战争的破坏和残酷的社会现实，不再满足于晚期浪漫主义音乐浮夸造作的感情表现，也厌倦了印象主义音乐那种脱离现实的美妙幻想和华丽描绘。因此，他们开始转向与浪漫主义对立的古典音乐，力图复兴古典主义或更早的巴洛克时期和文艺复兴时期的音乐风格，结合现代作曲技法，开创了一种冷静、简朴、理智的音乐潮流。意大利作曲家费鲁奇奥·本韦努托·布索尼（1866—1924 年）于 1920 年发表了一封公开信《新的古典主义》，率先打出了新古典主义的旗号，不久之后，俄罗斯作曲家伊戈尔·费奥多罗维奇·斯特拉文斯基（1882—1971 年）于 1924 年提出了"回到巴赫"的口号，获得了音乐界的普遍响应。虽然布索尼的《对位幻想曲》和莫里斯·拉威尔（1875—

1937年，瑞士血统的法国作曲家）的《悼念库普兰》等乐曲最先预示了新古典主义的风格，但斯特拉文斯基于1920年创作的舞剧《普契涅拉》却被公认为第一部新古典主义作品，它的出现标志着新古典主义音乐流派的正式诞生。除了斯特拉文斯基之外，与新古典主义有联系的作曲家还有德国的保罗·欣德米特（1895—1963年）、意大利的阿尔弗雷多·卡塞拉（1883—1947年）和吉安·弗朗西斯科·马利皮耶罗（1882—1973年）等人。新古典主义音乐在形式方面的特征主要表现在：一方面复兴浪漫主义以前的曲式，以自然音阶为基础，采用明确的调性，提倡复调音乐，织体清晰，节奏匀称，配器透明；另一方面又采用二重调性、多调性、复节奏、复杂的和声、多变的音色和不协和的音响效果等现代技法。斯特拉文斯基的早期创作属于民族主义音乐范畴，以三部舞剧《火鸟》、《彼得鲁什卡》和《春之祭》为代表。这三部舞剧都是为当时在巴黎演出的佳吉列夫俄罗斯舞蹈团创作的，前两部内容取自俄罗斯民间神话和古代故事，最后一部则是描写俄国古代未开化民族在春天祭献大地的仪式，其最大的创新在于把节奏从小节线中解放出来，以便使节奏多样化和复杂化。结果在《春之祭》的首演式上，观众由于无法接受如此粗野和狂暴的音乐而发生了骚乱，但一年后公演时却受到了欢迎，今天它已经作为原始主义的代表作被列为音乐会的保留曲目。从1920年开始直到1951年，是斯特拉文斯基从事新古典主义音乐创作的时期。这一时期的代表作除了《普契涅拉》之外，还有清唱歌剧《俄狄浦斯王》、舞剧《阿波罗》、《C大调交响曲》、《敦巴顿橡树园协奏曲》和歌剧《浪子生涯》等。晚年他出人意外地转向十二音音乐，开始创作整体序列音乐作品，如舞剧《阿冈》、钢琴与乐队曲《乐章》及合唱《安魂圣歌》等。

欣德米特曾尝试过各种风格的音乐创作，比如表现主义、未来主义、爵士乐、实用音乐和新即物主义等。他从1924年前后转向新古典主义，主要从巴洛克时期的音乐中吸取素材，代表作有《室内乐队曲》第 2—7 号和《乐队协奏曲》等。他的独特风格主要体现在不协和的对位与和声，以及自成一家的调式体系上。30 年代以后，欣德米特进入各种风格综合的成熟时期，创作了以宗教改革时期德国画家马蒂斯的事迹为蓝本的著名歌剧《画家马蒂斯》，后来又将其改编成同名交响曲，其音乐的素材来自古老的民歌、宗教改革时期的战争歌曲以及教堂的圣咏。欣德米特的作品还有舞剧《至尊的见证》、《小提琴协奏曲》、歌剧和交响曲《世界的和谐》，以及较为抽象的钢琴曲《调性游戏》等。卡塞拉曾到法国学习音乐，回国后致力于把现代音乐的最新成果注入意大利音乐，同时决心恢复意大利的古典主义音乐传统。他的成名作是早期的《意大利狂想曲》，20 至 30 年代创作了《帕蒂塔》、《罗马协奏曲》和《斯卡拉蒂风格曲》等乐曲，表现出意大利古老器乐曲的清晰、率直和明快的特点。马利皮耶罗在其创作中则采用巴洛克时期的技法代替德国交响乐中主题发展与再现的手法，代表作有乐队曲《沉默的休止》、歌剧《奥尔菲欧的传说》和《威尼斯的秘密》，以及描绘大海、静止与死亡等题材的交响曲等。

　　二战结束后，西方乐坛日益趋向多元化，各种风格和流派异彩纷呈，出现了一系列更加激进的反传统音乐流派，其中许多流派带有明显的后现代主义特征。在这些新的音乐实验中，最早引起世人瞩目的是序列音乐。序列音乐源自勋伯格的十二音体系，不过十二音体系仅仅是把不同音高的音编排成序列以形成乐曲，而 50、60 年代出现的序列音乐则是将音高、音色、时值、力度、节奏各不相同的音编排成特定的序列，然后在全曲中不断反复这些序列及其各种变化形式，最终形成作品。为了与十二音音乐相区别，这种全面的序列音乐也被称为整体序列音乐。早在二战前，贝尔格和韦伯恩等人已经开始尝试将序列原则扩展到音色、节奏和时值方面，但是第一首真正的整体序列音乐作品当推法国作曲家奥利维埃·梅西昂（1908—1992年）于1949年创作的钢琴曲《时值与力度的模式》。在该曲中，梅西昂将各有其固定排列的音高、时值、力度和发声法的三个音列并置起来，构成整首作品。虽然梅西昂对序列音乐有开创之功，但他的大部分作品并不属于单纯的序列音乐。他的音乐题材主要涉及宗教、爱情和大自然，他一生中记录了几千种鸟叫的声音，并将鸟语、人声、古希腊的韵律、印度的节奏、东方的打击乐、宗教圣咏、他自己的人工调式（梅西昂音阶）和序列音乐以及其他音乐家的风格融合成一种恢宏雄浑的综合效果。梅西昂的代表作有表现爱情、欢乐和死亡的《图朗加利拉交响曲》，运用鸟鸣的钢琴与乐队曲《异国鸟》和钢琴曲《百鸟图》，以及表达其天主教信仰的管乐与打击乐曲《我信肉身复活》，合唱与管弦乐曲《基督的变形》等。

整体序列音乐最重要的代表人物是法国作曲家、钢琴家、指挥家皮埃尔·布莱兹（1925— ）。他起初学习数学，后来师从梅西昂学习音乐，其作品往往将严密的数学构思与自由狂乱的感情表现结合在一起，以致被称为"音乐科学家"。布莱兹的整体序列音乐作品包括两架钢琴曲《结构I》和《结构II》、女声和乐队曲《无主的锤子》、《重重褶皱》等。其中《结构I》的序列编排在音高、时值、力度和节拍各方面均有严密的组织；《无主的锤子》是他最著名的作品，它那奇特的旋律、节奏、音色、配器和音响效果使其成为当代的经典作品；而《重重褶皱》则将序列原则与偶然音乐的手法结合起来。从80年代起，布莱兹转向计算机音乐的研究，领导巴黎的"音乐与音响协调研究所"，并创作出电子音乐作品《答复》。除了梅西昂和布莱兹之外，德国作曲家卡尔海因茨·施托克豪森（1928— ）、意大利作曲家路易吉·诺诺（1924— ）和斯特拉文斯基等人也都创作过一些序列音乐作品。应当承认，序列音乐提出了一种新的作曲方法并且开拓了音乐表现的新的可能性，然而由于它过分严格的形式化倾向也限制了作曲家创造力的自由发挥，从而失去了对听众的吸引力，导致它在70年代以后逐渐衰落。

电子音乐兴起于40年代末、50年代初，它是作曲家利用由电子手段产生或处理的音响进行创作的各类音乐的总称，但不包括用电吉他、电子风琴、电子钢琴或其他电子琴等电声乐器演奏的音乐。最初的电子音乐可以说是未来主义的噪音音乐实验和其他音响效果实验的继续，但它的空前繁荣归根结底还是二战后高新技术迅速发展的结果和后现代信息社会的反映。电子音乐的发展大致经历了三个阶段：录音带音乐阶段、合成器音乐阶段和计算机音乐阶段。

录音带音乐按其音响的不同来源还可以区分为具体音乐和电子音响音乐两类。具体音乐是用录音机将自然界或人类日常生活中的具体声音如风雨声、机器声、人声和动物吼叫声收录下来，再经过重叠、变速、倒放、剪接和回声等一系列的加工处理后组成作品。最先发明具体音乐的人是法国作曲家皮埃尔·舍费尔（1910—　），他曾在巴黎法国广播电台任工程师和科研部主任，并在此创建了世界上第一个大型电子音乐实验室。1948年，他创作了第一首具体音乐作品《火车练习曲》，该曲由车轮的摩擦声、喷汽声和汽笛的鸣叫声录制、拼接而成。他的另外一首广泛流行的具体音乐作品是《平底锅练习曲》，其中录制了锅盖旋转、口琴、咳嗽、巴厘音乐、和尚念经等多种声音。舍费尔创建的电子音乐实验室吸引了许多著名音乐家前来工作，如布莱兹、梅西昂和施托克豪森等人。

1951年，德国作曲家赫伯特·艾默特（1897—1972年）在西德的科隆广播电台建立了另一个电子音乐实验室。在这里工作的作曲家们虽然也利用录音带制作电子音乐，但他们不像具体音乐的作者那样采用自然界和日常生活中的现成音响，而是运用振荡器等电子设备发出的音响作为原材料，经过加工处理后录制成音乐作品，这就是电子音响音乐。此后，意大利、英国、比利时特别是美国纷纷建立起各自的电子音乐实验室，同时涌现出一批电子音乐作曲家，如前面已提到的瓦雷兹以及意大利的卢西亚诺·贝里奥（1925—　）、美国的弗拉基米尔·乌萨切夫斯基（1911—1990）和米尔顿·巴比特（1916—　）等人。特别值得一提的是，德国作曲家施托克豪森被公认为电子音乐的权威人物。他曾在科隆电台电子音乐实验室担任艺术指导，其最初的电子音响音乐作品是《练习曲 I》和《练习曲 II》，曲中首先使用了由振荡器产生的、没有泛音的正弦音作为音响材料，乐曲的音高、时值、音色、力度等则是按照序列音乐的原则安排的。接着，他又创作出以加工过的童声录音和电子音响相结合的《青年之歌》。这部作品不仅标志着具体音乐与电子音响音乐的合流，而且是"空间音乐"的开山之作，演出时通过听众周围的 5 个扬声器使声音从一个扬声器转移到另一个扬声器，从而造成声音在空间中运动的感觉。施托克豪森不仅创作电子音乐和空间音乐，而且尝试过二战后几乎所有的先锋音乐流派，如序列音乐、偶然音乐、直觉音乐、世界音乐、混合媒体等，重要作品还有整体序列音乐《对位》、偶然音乐《钢琴曲 XI》、纯电子音乐《国歌》、空间音乐《音组》和《正方》、直觉音乐《锡兰》和《来自七天》、世界音乐《远方的音乐》、配有哑剧表演的混合媒体音乐《崇拜》等。其中《远方的音乐》使用了日本、巴厘、西班牙、匈牙利、非洲、拉美等世界不同地区的音乐素材。而著名的直觉音乐《来自七天》甚至没有乐谱，只有一点文字提示，包括他自己在内的 4 名演奏者不吃东西独居 4 天后凑到一处，全凭各人的直觉和相互的默契使用一些古怪的乐器和物品即兴拼凑出一首新的乐曲。这些大胆的探索和丰富多彩的创新作品使施托克豪森成为后现代最有建树的音乐家之一。

　　1955 年，美国发明了 RCA 电子合成器，4 年后改进为 RCA

Mark II 合成器。1964年前后,美国和意大利等国又发明了电压控制合成器。这是一种制作电子音乐的独立系统,具有音响发生、音响处理和音响控制的全部功能,它不仅极大地简化了电子音乐的创作过程,而且扩展了电子音响的范围和功能,同时还可以用来进行即兴作曲和现场演奏。从此,电子音乐进入了合成器音乐的阶段。1967年,美国作曲家莫顿·苏博特尼克(1933—　)创作了合成器音乐的代表作《月亮上的银苹果》。

随着计算机技术的迅速发展,计算机逐渐被用于电子音乐的创作之中,电子音乐从此步入了计算机音乐的阶段。"计算机音乐"是指利用多媒体计算机发出的音响材料经过计算机处理和加工创作出来的电子音乐作品。多媒体计算机具有比合成器更大的优越性,它不仅可以逼真地模拟传统乐器的声音,而且拥有创造出前所未有的任何声音的无限可能性。多媒体计算机还可以直接演奏编制好的任何乐曲,从而取消了演奏者。先进的计算机音乐是通过数字合成方式作曲的,因此要求作曲家必须学会某种计算机语言和特定的计算机程序,成为既懂计算机又懂音乐的双重专家。法国的让—克洛德·里塞(1938—　)就是这样一位少有的精通计算机的作曲家,他是当代计算机音乐的开拓者之一,其代表作是1969年创作的《突变I》。据说到80年代全世界就已有500所以上电子音乐实验室,尤以美国数量最多,从事电子音乐创作的作曲家也达到2000多名。电子音乐不仅出现在音乐会、录音带和音乐光盘上,而且广泛渗透到广播、电视、电影等大众传播媒体之中,它已成为当代社会生活和文化生活的重要组成部分。有人据此认为,音乐发展的历史到目前为止经历了三个阶段,即声乐时期、器乐时期和电子音乐时期。这种观点确有一定道理,不难看出,电子音乐是我们这个高新技术时代的独特创造,它的音响特征、创作方式、传播方式和欣赏方式都具有明显的后现代信息社会的性质。虽然电子音乐不会完全代替人声和传统器乐,但它肯定会大大丰富人类的音乐文化宝库，为我们开拓出一个更新奇、更美妙、更具时代感的音响世界。

偶然音乐是作曲家有意运用偶然和不确定原则进行创作或故意放弃对作品演奏的控制而产生的音乐作品。音乐史上历来就有作曲家在一定程度上放弃对其作品的控制的先例，如民间音乐和爵士乐中的即兴演奏，而巴洛克时期的康塔塔也允许演奏家自由加花处理。在20世纪20至30年代，美国作曲家艾夫斯和亨利·狄克逊·考埃尔（1897—1965年）也曾使用过偶然手法，让演奏者自行安排作曲家规定的音乐片断。然而，偶然音乐作为一个流派却产生在二战后的50年代，其代表人物是美国作曲家约翰·凯奇（1912—1992年）。凯奇是个极不安分的音乐实验家，早年曾创作打击乐作品《基本结构》，并为自己设计改装的"加料钢琴"创作了《饮酒歌》和《奏鸣曲与间奏曲》等作品。所谓加料钢琴即在传统钢琴的弦上或各弦之间附加上螺丝钉、铁夹子、毛毡、塑料或橡皮等各种不同的物体，从而改变其音响和音色。40年代末到50年代初，凯奇钻研了佛教禅学（他的教师为日本佛教学者铃木大拙）和东方哲学，其中包括中国的《易经》，此后即开始采用偶然方法进行作曲。1951年，他根据《易经》创作了第一部偶然音乐作品《易乐》（《变易的音乐》）。具体方法是依照《易经》中的64卦制订出64个音乐图式，然后采取投掷三个硬币的方法，按照它们的正反面查出相应的卦形及其音乐图式，由此确定某个音的音高、时值和图式，最后组合成整个乐曲。实质上，这是将原来由作曲家构思决定的音乐成分交给了偶然的机遇，于是作曲变成了掷骰子游戏，因此有人也把偶然音乐称为机遇音乐或骰子音乐。凯奇的另一部偶然音乐作品是同年创作的《幻想的风景第4号》，演奏时在舞台上摆了12台收音机，每台由两个人分别负责电台转换和音量控制，作曲家事先不知道将会出现什么声音，完全听任当时电台播放什么节目而定。凯奇还采用不确定原则创作了一些偶然音乐作品，允许不确定数目的演奏者使用不确定种类和数量的乐器，乃至不确定的声音和时值等等。比如1958年创作的《方塔娜混合曲》，它的乐谱是一些任意重叠起来的绘有曲线、黑点和坐标的透明纸，作为对演奏者的粗略提示。目前该曲已有三个不同版本的唱片，内容包括叽里咕噜的噪音、各种风格的说唱和刺耳的话筒反馈声等音响效果。凯奇试验的另外一种偶然音乐是"即兴混合媒体"音乐，比如钢琴曲《水的音乐》，钢琴家在演奏过程中会在台上从罐子里倒水，在水里吹口哨，摆弄收音机和扑克牌等。偶然音乐中最极端的例子是他在1952年创作的《4分33秒》，这是一首"无声音乐"作品，作曲家对乐曲的控制仅限于规定各乐章的时间长度；钢琴家上台后并不演奏，只是在三个乐章开始时做出关上琴盖的动作，而在这4分33秒内音乐厅里可能发生的一切音响都成为这首作品的内容。除了凯奇之外，欧美其他一些作曲家也追随凯奇创作偶然音乐作品，如施托克豪森、布莱兹和美国作曲家莫顿·费尔德曼（1926—1987年）等人。20世纪60年代以后，演奏上的偶然手法在西方得到普遍采用，演奏者可以在作曲家规定的范围内随意选择取舍各段落或安排其先后次序，以致一部作品可以有多种不同版本。记谱法也发生了许多变化，出现了新的记谱符号以及图表式乐谱和文字式乐谱等。偶然音乐看似怪诞，实质上却体现了该派作曲家的一种后现代美学思想，即生活就是音乐。他们认为，应当打破生活和音乐的界限，因为我们所做的每件事都是音乐；还应当把音乐从人为的体系中解放出来，排除创作中的客观性和确定性，这样才能充分表现世界和生活的可能性、偶然性、开放性和多元性。

简约派音乐是与后现代美术流派最低限度艺术相对应的后现代音乐流派。简约派音乐的特点是将音乐素材和表现手法严格限制在基本听觉的最低限度内，如某个单音或和弦、某种固定不变的节奏，并且不断加以重复。该派的代表作有美国作曲家史蒂夫·赖克（1936—　）的《四架管风琴》和《供十八名乐师演奏的音乐》，乐曲在持续不变的节奏背景下不断奏出同样或稍加变化的和弦。简约派音乐的极端例子是拉蒙特·扬（1935—　）的《1960年作品第7号》，全曲只有持续很长时间的两个音 B 和 #F。此外，在 20 世纪的西方乐坛上还有一些较小的流派和不宜纳入特定流派的杰出作曲家，如德国的实用音乐、新即物主义（新客观派），法国的六人团、阿格伊乐派、青年法兰西，还有随机音乐、拼贴音乐、环境音乐、唯音音乐和新浪漫主义等流派，以及瑞士血统的法国作曲家莫里斯·拉威尔（1875—1937 年）、法国作曲家埃里克·阿尔弗雷德·莱斯利·萨蒂（1866—1925 年）、英国作曲家本杰明·布里顿（1913—1976 年）、德国作曲家汉斯·维尔纳·亨策（1926—　）等人。

　　除了上述现代和后现代的严肃音乐和实验音乐之外，20 世纪的西方还存在着另一个巨大的音乐潮流，这就是在民间广泛传播的流行音乐，范围包括通俗歌曲、流行舞曲、轻歌剧、歌舞剧、广播、电影、电视音乐等，其中影响最大的音乐类型当推产生于美国的乡村音乐、拉格泰姆、布鲁斯、爵士乐和迪斯科。拉格泰姆是一种黑人钢琴舞蹈音乐，其特点是在进行曲般的平稳低音伴奏下用右手奏出强烈的切分旋律。布鲁斯是源自美国黑人灵歌的一种歌曲形式，以独特的布鲁斯音阶（使用降三度音和降七度音）和滑音唱法及演奏法著称，风格忧郁柔和。爵士乐就是在拉格泰姆和布鲁斯的基础上发展形成的一种通俗音乐，爵士（Jazz）一词的原意具有喧闹、欢乐、热烈、放纵乃至性欲的含义，爵士乐就是一种节奏强烈、喧闹狂热的音乐，它可以让人们在狂热亢奋的气氛中从苦闷的现实生活中解脱出来。爵士乐队一般由节奏组和旋律组构成，节奏组包括鼓、钢琴、低音提琴或低音吉他，旋律组主要由小号、长号、单簧管和萨克斯管组成。由于早期的爵士音乐家大都没有受过教育，不能使用乐谱，因而爵士乐往往采取集体即兴演奏的形式。1917年，美国新奥尔良城的爵士乐队录制了第一批唱片，爵士乐一词也在当年第一次出现在报刊上。此后，在早期爵士乐的基础上逐渐发展出30、40年代的摇摆乐和50年代以后的摇滚乐。爵士乐虽然发源于美国，但不久即迅速风靡整个西方乃至全世界，成为欧美流行音乐的主流。1962年前后，在英国出现了由4个利物浦市青年工人组成的"甲壳虫"摇滚乐队，他们自编自唱自己伴奏的歌曲和怪异的行为举止触及到性和毒品等许多敏感的青少年社会问题，他们追求的民权、和平、反战、反暴力的理想也通过摇滚乐的形式生动地表达出来，赢得了西方世界各国青年的崇拜和效仿。同时，许多欧美专业作曲家在爵士乐等流行音乐的影响下也创作了类似风格的乐曲，如斯特拉文斯基的《十一件乐器的拉格泰姆》、萨蒂的《邮船上的拉格泰姆》、拉威尔的《小提琴奏鸣曲》（内含一个布鲁斯乐章）、法国六人团作曲家达律斯·米约（1892—1974年）创作的爵士乐风格的管弦乐曲《创世纪》、美国作曲家乔治·格什温（1898—1937年）为钢琴与爵士乐队创作的《蓝色狂想曲》等。美国作曲家冈瑟·舒勒（1925—　）在50年代末打出了第三潮流音乐的旗号，明确提出将当代专业音乐的创作手法与各民族的流行音乐形式结合起来，代表了当代西方严肃音乐与流行音乐逐步合流的动向，其代表作有歌剧《天谴》和乐队曲《保尔·克利主题的七首练习曲》等。

　　20世纪在音乐创作和演奏上也是一个广泛实验的时期，西方音乐家们竞相标新立异、出奇制胜。他们不断试验新的乐器和发声手段，如发明制造新乐器（微分音钢琴、锥形锣），使用非西方的乐器，敲击任何可以发声的物品（锅、盘、玻璃罐、铁皮、汽车零件），最为成功的是各种电声乐器、合成器和多媒体电子计算机。音乐家们也不懈地追求新的创作手法和演奏演唱技法，如运用噪音、微分音、十二音和音簇（考埃尔发明，指用拳头、前臂或木条在钢琴上同时奏出的一群紧相毗邻的不谐和音）进行创作；

在演奏中使用加料钢琴,在管乐器和弦乐器上使用特殊的弓法、手法、吹法,在打击乐器上使用不同寻常的槌子和敲击法;在演唱中运用说话、耳语、尖叫、哭笑、咳嗽、喘气等新人声表现手法。这些激进的音乐实验一方面极大地扩展了音乐表现的范围和手段,另一方面也对传统的音乐美学提出了前所未有的挑战。人们不禁要重新思考这些问题:音乐是否只能由乐音组成?音乐是否一定要表现人的感情?音乐是否必须是美的?以及音乐的社会作用是什么?等等。

关于电影。从 1895 年电影诞生之日起,初期的电影基本上属于无声的黑白短片。随着 20 世纪的来临,电影在技术和艺术各方面都进入了一个突飞猛进的发展时期。电影的种类从黑白默片发展到有声电影、彩色电影、宽银幕电影、环幕电影、球幕电影、立体电影、全息电影、互动式电影和计算机电影等;电影技术和技巧也发展出蒙太奇、叠印、移动摄影、分镜头、特写镜头、远景镜头、摇镜头、特技镜头、主观镜头、客观镜头、淡入淡出、遮挡、闪回、跳切、定格、时空交错等手法;在题材方面则出现了故事片、喜剧片、戏曲片、歌舞片、音乐片、历史片、传记片、政论片、战争片、灾难片、恐怖片、侦探片、警匪片、武打片、西部片、女性片、青春片、体育片、纪录片、科幻片、科教片、美术片、旅游片、广告片等众多的电影样式。20 世纪的西欧影坛上还涌现出许多电影流派,包括布赖顿学派、万森学派、瑞典学派、未来主义、印象派、表现主义、纯电影、抽象派、超现实主义、纪录片学派、诗意现实主义、新现实主义、新浪潮电影、真实电影、自由电影运动、客观纪实派、新德国电影、荒诞派电影、政治电影、战斗电影等。可以说,电影艺术在 20 世纪已经发展成为一个种类繁多、表现力丰富、能够反映异常广泛的社会生活的艺术门类。

继卢米埃尔和梅里爱之后,英国的布赖顿学派在 20 世纪初期对电影艺术的发展作出了几个开创性的贡献。该派的代表人物是出生在布赖顿的两位摄影师詹姆斯·威廉森（1855—1933年）和乔治·艾伯特·史密斯（1864—1959年），另外还有罗伯特·威廉·保罗（1869—1943年）等人。他们坚持电影是"真正生活的片断"的原则，其题材常取自普通人的日常生活和不幸命运，而且擅长拍摄新闻片和外景影片。梅里爱在1898年摄制《魔窟》时已经使用了叠印手法，而威廉森在同一年又独立应用叠印法拍摄了《科西嘉兄弟》，并把这一方法注册了自己的专利。翌年，威廉森在《亨莱的赛船》中运用简单的蒙太奇手法将7、8个分开拍摄的片断合乎逻辑地接合在一起。此后，他又在诬蔑义和团战争的影片《中国教会被袭记》中，用蒙太奇手法拍摄了追逐和救援的场面，从而为美国的西部片开了先河。史密斯则在1900年拍摄的影片《祖母的放大镜》和《望远镜中所见的景象》中首次使用了大特写镜头，并将特写镜头与远景镜头交错运用于同一个场面，开创了电影的分镜头原则。同一年，保罗在影片《皮卡狄利马戏团的摩托车表演》中第一次有意识地采用了移动摄影法。布赖顿学派的其他摄影师还拍摄了追逐片《邮车被劫记》、社会问题片《煤矿爆炸惨剧》和科教片《看不见的世界》等。

　　不过，到布赖顿学派为止，电影一直停留在手工业生产阶段，而电影的工业化生产时代则开始于法国的百代公司。19世纪末，法国万森城一个肉铺老板的儿子夏尔·百代（1863—1957年）创立了百代兄弟公司，公司最初经营留声机和电影放映机的生意，后来由于获得大企业的投资转而涉足电影业。夏尔·百代以非凡的企业家精神，通过收买梅里爱的摄影场和创建新的制片厂，使电影从最初的手工生产转变为工业生产。他的影片经纪人跑遍了世界各地，并设立了遍布全球的分公司系统，最后他建立起一个囊括胶片和电影机械制造业、电影制片业、电影发行业和电影放映业的巨大的影业托拉斯，几乎控制了全世界的电影生产，同时也获得了巨额的利润。百代提出"电影是明天的报纸、学校和戏剧"的口号,为了实现这一目标,公司聘请电影艺术家斐迪南·齐卡(1864—1947年)担任导演和制片总监。在齐卡的直接导演和监督下,百代公司在20世纪初生产了大量为群众喜闻乐见的各类影片,他还聘用和团结了一批有才华的导演和演员,由此形成了万森学派。齐卡摄制的著名影片包括社会问题片《一个犯罪的故事》和《酗酒的牺牲者》、宗教片《基督受难》、新闻片《麦庆利总统的被刺》和《马提尼克岛上的灾难》等,公司的其他导演还拍摄了《威廉·退尔》、《罢工》、《恋爱的故事》、《十美争夫》等影片。从20世纪初期直到一战开始,万森成了世界电影的首都,百代公司生产的影片支配着全世界流行的电影样式,从而在电影史上形成了"百代时期"。百代公司的另外两项重大革新是采纳著名文学作品作为电影剧本和聘请著名戏剧演员充当电影演员。为了摆脱当时电影的题材危机,百代公司与文学家协会合作,成立了"作家与文学家电影协会",并获得了将大部分法国戏剧拍成电影的独占权。但是最早进行这方面实践的是法国一家小制片公司"艺术影片公司",该公司约请了当时法国最有名的作家创作剧本,并且雇用了法兰西喜剧院的著名演员充当电影演员,于1908年拍摄了《吉斯公爵的被刺》,上演后获得巨大的成功。百代当即购买了艺术影片公司的影片专映权,并且由百代公司的导演阿尔贝·卡普拉尼(1870—1931年)拍摄了许多根据文学名著改编的艺术电影,其中最为成功的影片包括《小酒店》、《巴黎的秘密》和《悲惨世界》等。一时间,"在著名的戏剧中用著名的演员"成了拍摄艺术电影的公式,各国电影界争相效仿。意大利拍摄出《庞贝城的末日》,丹麦拍摄了《茶花女》,美国拍摄了《尼禄火烧罗马》和莎士比亚的戏剧,而明星制度则成为日后好莱坞征服世界的法宝。

1914年第一次世界大战的爆发标志着欧洲电影的衰落和美

国电影霸权的建立，美国加利福尼亚州的好莱坞取代了法国的万森成了世界电影的中心。在这里，著名导演大卫·沃克·格里菲斯（1875—1948年）综合各家各派的发明，创造了交替蒙太奇手法、以镜头为单位的剪辑方法和叙事电影的新模式，拍摄出《一个国家的诞生》、《被摧残的花朵》和《党同伐异》等艺术杰作，甚至在《走向东方》中尝试用染色方法制作彩色电影。他的这些创新使电影艺术真正摆脱了戏剧的束缚，成为一门具有自身独特魅力的艺术。与此同时，英国电影艺术大师查尔斯·卓别林（1889—1977年）也在这里开始了他漫长的电影生涯。他以滑稽、感伤和略带苦涩的喜剧风格表演或导演了《流浪汉》、《城市之光》、《摩登时代》、《大独裁者》和《舞台生涯》等优秀影片，他那头带圆礼帽、留着短髭须、上穿紧身衣、下套肥裤子、足登大号破皮鞋、手拿短手杖的善良滑稽的绅士流浪汉形象，已经成为世界电影史上独一无二的艺术典型。

一战期间和战后，随着文学艺术上的先锋派的兴起，各种先锋派电影也出现在西欧的影坛上。最早出现的先锋派电影是意大利的未来主义，其代表作是1916年安东·朱利奥·勃拉盖格利亚拍摄的《邪恶的诱惑》。一战后，为了挽救欧洲电影的衰落、对抗美国电影的霸权，法国电影理论家和编剧路易·德吕克（1890—1924年）及其友人在20世纪20年代初创立了印象派电影。德吕克在其主办的《电影》杂志中提出了"愿法国电影成为真正的电影，成为真正法国的电影"的口号。1920年，一位与印象派绘画有渊源关系的法国电影人波瓦里埃摄制了影片《思想家》，这是第一部法国先锋派电影。此后，德吕克导演了《流浪女》和《狂热》，阿贝尔·冈斯（1889—1981年）摄制了《车轮》和《拿破仑传》，马塞尔·莱尔比埃（1888—1979年）摄制了《海上的人》和《黄金国》，让·爱浦斯坦（1899—1953年）摄制了《红色的旅店》和《忠实的心》，热尔曼·杜拉克（1882—1942年）摄制了

《微笑的布德夫人》等影片。这些印象派电影强调表现主观主义的印象，并努力赋予其画面以唯美主义的诗意，譬如某些画面宛如莫奈的朦胧油画，另一些画面则以波动的水面表现德彪西的乐曲。

与法国印象派电影产生的同时，德国兴起了表现主义电影。表现主义电影采取了从主观出发观察世界的美学原则，通过奇异的人工布景和古怪的人物化妆来表现幻想、疯狂和恐怖的心理状态以及经过变形或变态的世界。该派最有代表性的影片是由卡尔·迈尔（1892—1944 年）编剧、罗伯特·维内（1881—1938 年）导演的《卡里加里博士》，片中通过描述某精神病院院长卡里加里博士对年轻病人的迫害，以及博士本人被揭穿后也被当做疯子关进疯人院的故事，表达了对权威的反抗和对战争的残酷性的控诉。表现主义的重要作品还有弗里茨·朗格（1890—1976 年）的《三生记》、保罗·威格纳（1874—1948 年）的《泥人哥连》和保罗·莱尼（1885—1929 年）的《蜡人馆》等。在同一时期中的其他先锋派电影流派还有受达达主义影响的法国纯电影和受抽象主义绘画影响的德国抽象派电影，纯电影的代表作是立体派画家莱热拍摄的《机器的舞蹈》和达达主义画家毕卡比亚编剧、萨蒂作曲、勒内·克莱尔（1898—1981 年）导演的《幕间休息》，抽象派的代表作主要是以抽象几何图形或线条组成的动画片《对角线交响曲》、《平行线交响曲》和《第二十号节奏》等。

继达达主义之后，法国先锋派电影走上了超现实主义的道路，热衷于表现超越现实和理智的本能、幻觉、梦境和潜意识世界。杜拉克于 1926 年拍摄的《贝壳与僧侣》是第一部超现实主义的影片，片中以怪诞的手法表现了一个僧侣因性欲得不到满足而产生的种种胡思乱想。另外两部超现实主义的著名影片是由路易·布努埃尔（1900—1983 年）与画家达利合作编剧并由前者导演的《一条安达鲁狗》和《黄金时代》，后一影片通过种种象征形象表现了青年人的欲望受到宗教偏见和资产阶级教育的束缚而难以满足，传达出当时青年知识分子的盲目愤怒和无力的反抗。1930年以后，一些出身于先锋派的电影人转向纪录片的拍摄，其中最有成就的当推荷兰的杰出纪录片导演约里斯·伊文思（1898—1989年）。在从影初期，他曾拍摄过两部极其优美的风光纪录片《桥》和《雨》，此后又拍摄了反映荷兰人民围海造田的宏伟业绩的影片《新地》、纪录苏联人民建设钢铁工厂的《英雄之歌》和表现比利时煤矿工人生活的《布利纳其矿区》，以及反映西班牙内战的《西班牙的土地》和表现中国人民抗日战争的《四万万人民》等具有进步倾向的优秀纪录影片。

在有声电影出现之前，电影史上最大的成就无疑是蒙太奇技法的成熟。蒙太奇的基本方法是先将影片的内容分为不同的镜头进行拍摄，然后再按照全片的构思顺序将其剪辑、接合起来，利用各镜头之间的相邻关系产生连贯、对比、跳跃、呼应、悬念、暗示和联想等效果，最终组合成前后相继的场景、跌宕起伏的情节乃至叙述完整的影片整体，从而清晰地揭示出画面的思想内涵，鲜明有力地表达出编导者的思想和艺术倾向。早在电影草创之初，路易·卢米埃尔就在1895年的《消防队员》中开创了原始的蒙太奇手法，不久布赖顿学派的威廉森和史密斯进一步将其发展为初期的蒙太奇，此后格里菲斯在综合各家成果的基础上基本建立起现代电影的剪辑技术和蒙太奇方法。然而在上世纪20年代中期，真正把蒙太奇手法的原则和方法加以系统化并使之形成一个完整的理论体系的功劳，应当归于苏联的电影艺术家列夫·库里肖夫（1899—1970年）、谢尔盖·米哈伊洛维奇·爱森斯坦（1898—1948年）和弗谢沃洛德·伊拉里奥诺维奇·普多夫金（1893—1953年），"蒙太奇"这一术语也是他们首先从法语音译过来并加以推广的。因导演现实主义默片杰作《母亲》而闻名世界的普多夫金曾说过："电影艺术的基础是蒙太奇。"这意味着在他们眼里蒙太奇已经从一种电影技巧上升到电影美学的高度。1925年由爱森斯坦导演的影片《战舰波将金号》是一部重现俄国1905年革命的历史片，这部影片不仅是成熟地运用蒙太奇手法的苏联早期电影的杰作，而且被公认为世界电影史上的经典作品。随着有声电影的出现，画面与声音、声音与声音之间的组合关系也变成了蒙太奇方法的组成部分，最终使蒙太奇的理论和方法臻于完善。

电影发明初期，卢米埃尔、梅里爱和其他一些人曾经采取钢琴伴奏和在银幕后面说话的办法使电影带有声音，此后又有人设法用留声机唱片为影片配音，但由于其效果令人失望而最终被放弃了。直到20世纪20年代，真空三极管和电子放大器的发明导致了电磁录音和音响放大技术的出现，这才为有声电影的产生创造了切实可行的技术前提。历史上第一部配有对白和歌唱的有声电影，是美国华纳兄弟公司利用通用电气公司—西方电气公司集团发明的"维他风"有声电影机摄制的歌剧片《爵士歌王》，该片于1927年10月23日在美国首映时获得了空前的成功，人们争先恐后地涌向电影院观看这部音乐片，他们对唱词和歌手嘴唇动作的完全一致感到十分惊奇。此后不久，华纳公司又摄制了新片《歌痴》，取得了更高的票房收入。好莱坞的其他公司看到这种辉煌的成就，纷纷起而效仿，利用各种有声电影机拍摄有声电影。出人意料的是，新生的有声电影却遭到卓别林、勒内·克莱尔、爱森斯坦和普多夫金等无声电影艺术大师们的反对和贬斥。然而，有声电影的革新潮流是任何人都无法阻挡的。1929年，第一部"百分之百有声"的影片《纽约之光》问世。同年，美国和德国等国家的电影公司已经拍摄出数百部有声电影。此后，人们发明了将声音制成声带，然后把声音和画面印制在同一卷胶片上面的技术。不久，为了使摄影和录音互不干扰，人们又把音响与画面的制作分开，甚至将台词、音乐伴奏和音响效果也分为三条录音带，最后通过剪辑和叠印的办法再将画面和所有的声音效果合并印到电影的胶片上去。自从声音进入了电影，语言和对白就成为电影的重要表现手段，从而为塑造人物性格、发掘人物心理活动以及通过戏剧冲突展开故事情节创造了更为有利的条件，音乐和音响效果则进一步增加了电影的艺术魅力。

英国的第一部有声影片《讹诈》是由著名的悬念大师阿尔弗雷德·希区柯克（1899—1980 年）于 1929 年导演制作的，这是一部具有精湛的摄影、蒙太奇和音响技术的侦探故事。以后希区柯克又在英国相继导演过《三十九级台阶》和《牙买加旅店》等影片，1940 年他应邀前往好莱坞拍片并定居美国，摄制出《蝴蝶梦》、《春闺疑云》、《美人计》、《电话谋杀案》、《爱德华大夫》等著名影片。然而，30 年代英国影坛上真正的重大事件是纪录片学派的诞生。1929 年，约翰·格里尔逊（1898—1972 年）导演的带有异国情调的纪录影片《飘网渔船》大获成功，于是一些热衷于电影的年轻人以他为核心形成了纪录片学派。该派在形成之初受到先锋派的"交响乐式"蒙太奇手法、苏联电影理论和伊文思等人的创作经验的影响，一度偏重于构图、蒙太奇、新颖的造型等技巧因素，并且过分沉溺于异国情调，因而相对忽视了反映现实的主题。1932 年，美国纪录片导演罗伯特·J. 弗莱赫蒂（1884—1951 年）在英国拍摄了一部反映英国工厂概况的纪录片《工业的英国》。该片促使纪录片学派从专注于美学形式转向了现实生活的主题，从而拍摄出许多具有人情味的纪录影片。例如，反映邮递员辛苦工作的《夜邮》，描写矿工生活的《煤矿工人》，还有《丰富的粮食》、《住房问题》、《国民的健康》和《英国风貌》等。二战期间，纪录片学派的电影家们团结一致，为战争宣传服务，相继摄制了《伦敦能坚持下去》、《今夜的轰炸目标》、《伦敦大火记》、《沙漠的战斗》等战争纪录片，对赢得反法西斯战争的胜利做出了贡献。

20 世纪 30 年代初期，法国的电影也开始逐渐关注现实问题，出现了克莱尔摄制的《百万法郎》、《自由属于我们》、《最后的亿万富翁》，让·雷诺阿（1894—1979年）摄制的《娼妇》，让·维戈（1905—1934年）摄制的《零分的操行》和《驳船阿塔朗特号》等触及社会现实的影片。1935年，法国电影家雅克·费戴尔（1888—1948年）、让·雷诺阿、马塞尔·卡尔内（1909—1996年）、朱利安·杜威维埃（1896—1967年）等人组成了诗意的现实主义学派。该派的影片继承了法国自然主义和批判现实主义的传统，注重表现下层人民的生活，同时力求运用优美的形式表现主题内容。该派的优秀影片包括费戴尔的《大赌博》和《米摩莎公寓》，雷诺阿的《托尼》、《大幻灭》和《游戏规则》，杜威维埃的《同心协力》和《逃犯贝贝》，以及卡尔内的《雾码头》、《太阳升起》和《天国的子女们》等。这些影片既富有时代感又具有法国的民族特色，实现了先锋派提出的复兴法国电影的梦想。

在二战进行期间，意大利《电影》杂志的一批反法西斯影评家提出了"新现实主义"的电影理论。翁贝托·巴巴罗（1902—1959年）在1943年起草的"新现实主义宣言"里指出，意大利电影必须摆脱陈词滥调和浮夸的作风。与抵抗运动联系密切的朱塞佩·德·桑蒂斯（1917——）则要求创造一种现实主义的、大众的和民族的意大利电影。在这种理论的感召下，一些意大利电影家形成了一个具有民主和进步倾向的电影流派，即新现实主义电影。1945年，意大利编剧兼导演罗贝托·罗西里尼（1906—1977年）摄制了著名影片《罗马，不设防的城市》，影片是根据一位抵抗运动领导人口述的斗争事迹在事件发生的真实地点拍摄的，以其真实性和现代感重现了反法西斯斗争的情景，从而确立了意大利新现实主义电影在世界影坛上的重要地位。翌年，罗西里尼又摄制了控诉战争苦难、表达人民内心呼声的史诗般的影片《游击队》。拍摄时他拒绝使用摄影棚、服装、化妆、演员甚至剧本，片中的游击队员、修道士、美国兵、平民妇女和擦鞋儿童都是从兵营、修道院和街头直接拍摄下来的，这些纪实手法充分体现出新现实主义的艺术特点。新现实主义的其他代表作品还有维多里奥·德·西卡（1902—1974年）导演的《偷自行车的人》和《温别尔托·D》，德·桑蒂斯导演的《艰辛的米》和《罗马十一时》，鲁契诺·维斯康蒂（1906—1976年）导演的《沉沦》和《大地在波动》等影片。这些影片往往取材于真人真事或报纸新闻，以现实主义的手法表现了法西斯统治给意大利带来的灾难和人民的抵抗运动，描绘了普通人民的失业和贫困，揭露了资本主义的某些社会问题。随着50年代初期战后经济的恢复，新现实主义逐步嬗变为玫瑰色新现实主义和内心新现实主义等流派。

1956年以后，法国涌现出一批20多岁的年轻电影工作者，他们往往通过拍摄一两部优秀影片而一跃成为著名导演，于是以这些年轻导演为主体形成了一个被称为新浪潮电影的流派。此时，欧洲已经渡过了战后的经济困难，开始步入富裕的消费社会，随着失业问题被精神危机所取代，电影的注意力也自然而然地发生了转移。在这种时代背景下，新浪潮派的年轻人开始反对老一代导演落后于时代的风格和题材以及过分追求商业上的成功的偏向，他们以存在主义哲学和弗洛伊德理论为思想基础，提倡表现人的自我、自由和主观存在，着意描绘一个混乱荒谬的社会和战后成长起来的年轻人肆无忌惮的放纵生活。在电影艺术手法上，他们创造了第一人称的叙述角度以及新颖的电影语言和时空结构，经常使用跟拍、切换、跳接、闪回等镜头技巧，甚至让影片的叙述者或导演亲自介入、大发议论，从而破坏观众对剧中人的认同状态，促使观众产生一种相对于电影的"间离效果"。大体说来，新浪潮电影可以分为两个支派，即《电影手册》派和左岸派。《电影手册》派是以《电影手册》杂志为中心形成的一个青年电影工作者团体，主要成员包括弗朗索瓦·特吕弗（1932—1984年）、克洛德·夏布罗尔（1930—　　）和让—吕克·戈达尔（1933—　　）等人。他们的重要作品有特吕弗的自传性质的影片《四百下》和

《柔软的皮肤》，夏布罗尔的《轻浮女人》和《不忠实的妻子》，以及戈达尔的《精疲力尽》、《放纵的生活》、《卡宾枪手》、《狂人彼埃罗》和《中国姑娘》等。特别是戈达尔，其自我标榜的存在主义和马列主义的激进思想及其在电影艺术上的不断革新与探索，使他成为 20 世纪西方当代影坛上最具创新精神的导演之一。有些评论家认为，正是戈达尔在他的影片里完成了从临摹现实的传统叙事电影向作为探讨现实的工具和同观众交流的媒介的现代电影的过渡。左岸派是一个较为松散的流派，由于该派电影家都居住在巴黎塞纳河的左岸而得名。他们中间有些人原本是作家，比如阿兰·罗伯—格里耶就是法国新小说派的代表作家，后来相继介入电影的编导和制作，因而该派电影又有作家电影之称。左岸派电影家们在艺术上的某些共同特点使他们和《电影手册》派区别开来，比如他们提出了一种双重现实的观点，即眼前面对的现实和头脑中的现实。依据这种观点，他们在其影片中通过跳接和闪回将客观发生的事件与主人公的回忆、梦境、幻觉等交叉混合起来，同时大量运用意识流的手法，制造出一种主观时空与客观时空混淆错乱、扑朔迷离的效果。左岸派的成员主要有阿兰·雷乃（1922—　　）、克里斯·马克（1921—　　）、阿兰·罗伯—格里耶、马格丽特·杜拉（1914—　　）等人，他们中的领袖人物是雷乃。1959年，雷乃导演了一部反映广岛遭受原子弹灾祸的历史和一对异国情人的恋爱的著名影片《广岛之恋》，这部由马格丽特·杜拉编剧的故事片成为左岸派的代表作。此后，雷乃又导演了罗伯—格里耶编剧的影片《去年在马里安巴》和科幻片《我爱你，我爱你》等著名影片。左岸派的其他作品还有马克的进步影片《美丽的五月》和《远离越南》、罗伯—格里耶导演的《不朽的女人》和《横跨欧洲的特别快车》、杜拉导演的《她说，要摧毁》、《印度之歌》和《卡车》等。

除了上述电影流派之外，20 世纪的西欧影坛上还先后出现过注重自然景色的瑞典学派，意大利的豪华历史片，以直接记录真实生活中的事件著称的法国真实电影，表现战后"愤怒的青年"的反叛精神的英国自由电影运动，强调以纯客观的态度呈现事件真相的意大利客观纪实派，具有人道主义和批判精神的西德的新德国电影，运用荒诞派戏剧手法的荒诞派电影，表现重大政治事件和社会问题的政治电影，反映法国1968年"五月风暴"以来的左派政治见解的战斗电影等流派。值得指出的是，50年代以后出现的某些流派与后现代主义文学运动有着直接的联系，比如左岸派电影与属于后现代主义的新小说派之间就存在着密切的关系，而荒诞派电影与荒诞派戏剧之间则具有更为直接的联系。从电影美学、电影技法、电影风格和电影题材等方面来看，西欧影坛上还出现过强调用蒙太奇手法对现实进行加工和改造的蒙太奇派，强调如实记录和再现现实生活的场面调度派，将绘画的构图和光影处理手法引入电影的绘画风格电影，以表现富有诗意的自然美和人性美见长的诗电影，淡化戏剧性情节而采用散文式结构表现社会生活和人物形象的散文电影，探索人物心理状态和潜意识活动的心理分析电影，以非理性的意识流动和自由联想来组接画面构筑情节的意识流电影，表现犯罪堕落和恐怖的黑色电影，以及表现色情等违禁题材的地下电影等等。

随着20世纪科学技术的迅速发展，电影技术也取得了突飞猛进的进步，尤其在二战结束后，彩色电影、宽银幕电影、立体电影、环幕电影和球幕电影相继发明出来并不断完善，使电影不仅变得有声有色，而且从二维平面扩展到三维空间。在电子计算机和信息技术进入广泛应用阶段后，电影技师和艺术家们进一步创造出交互式电影、计算机电影、四维电影和全息电影。所谓交互式电影是指电影制作者首先拍摄出几种不同的情节线索和故事结局，在放映时由观众按照自己的思路和爱好选择其中一种情节和结局，从而为观众提供了主动参与电影创作并与影片进行相互作用的机会。计算机电影则是利用电子计算机进行创作和加工而制作出来的影片，它可以包括用计算机对真人拍摄的影像进行特技加工的影片和完全利用计算机绘制和加工影像的三维动画影片。四维电影指的是在特别设计建造的电影院中放映三维立体电影时，随着画面放映内容的要求利用各种机械装置产生座椅的振动、刮风、下雨、气味乃至动物叮咬等多重仿真效果的电影，这种特殊的电影可以使观众产生一种身临其境般刺激震撼的逼真感受。全息电影则是一种目前最为先进的电影技术，它是通过利用光波的干涉现象来记录和重现影像的方法摄制而成的电影，因此不仅记录了物光的波长和强度，而且还记录下物光的相位等全部信息。放映全息电影时，需采用激光对全息片进行投射，观众不戴任何特殊眼镜即可看到完全立体的影像，即使用一只眼睛也能看到立体影像。不难想象，当代电影技术将会进一步加快其升级换代的步伐，这位文艺"第八女神"也必将为人类艺术宝库增添更加瑰丽的艺术珍宝。

最后值得一提的是，20世纪大众传播事业的重大成就当推以无线电广播和电视广播为代表的大众传播媒介的兴起。自从1906年美国物理学家费森登发明无线电广播以后，无线电广播事业就逐渐扩展到世界各个角落，新闻、音乐、广告和广播剧等形式的节目成为大众获取信息和日常娱乐的重要内容。20年代后期，英国发明家约翰·洛吉·贝尔德（1888—1946年）和美国发明家弗拉基米尔·科西马·兹沃里金（1889—1982年）分别发明了机械电视系统和电子图像显示管，1936年11月2日，英国广播公司建成了世界上第一座公共电视台并开始正式播放电视节目。从此，以荧屏为传播媒介的电视艺术宣告诞生，这门新型综合艺术被称为继文学、戏剧、绘画、雕塑、建筑、音乐、舞蹈、电影之后的"第九艺术"。二战结束后，电视技术和电视艺术获得了迅猛发展，今天彩色电视机已经普及到千家万户。电视为人们带来的新闻、知识和娱乐在时效和数量方面已经超过了任何一种传播媒介和娱乐手段，它不仅成为无线电广播和电影的强劲竞争对手，而且发展成左右人们观念和公众舆论的重要力量。可以预期，在 21 世纪电视仍然会继续发挥其不可替代的重要作用。

值得我们加以关注的是，当前西欧精神文明的发展中有两个最重要的趋势：一个是随着第三次产业革命的发展和信息社会的来临，以电脑为代表的高新技术将越来越多地渗透进文学艺术领域，从而给艺术品的创作和欣赏过程带来深刻的变革。另一个则是方兴未艾的后现代主义已经成为弥漫整个西方世界精神文明所有领域的广泛的文化思潮，它必将在今后的世界中发挥越来越重要的作用，进而深刻地影响西欧文明乃至整个人类文明的未来走向。

主要参考书目

一、外文

Will Durant, The Story of Civilization (voluminous works), Simon Schuster, 1935—1968.

C. K. Ogen (General Editor), The History of Civilization (voluminous works), 1996.

Edward Mcnell Buns, Western Civilizations: Their History and Their Culture, New York, 1980.

Perry M. Rogers, Aspects of Western Civilization, The Ohio State University Press, 1997.

Franklin Baumer, Main Currents of Western Thought, Yale University, 1978.

Charles Freeman, Egypt, Greece, and Rome—Civilization of Ancient Mediterranean, Oxford University Press, 1996.

Carrell Moulton (Editor in Chief), Ancient Greece and Rome, (4 Vols), New York, 1998.

Jacob Burkhard, The Greeks and Greek Civilization, Harper Collins Publishers, 1998.

Dorothy Mills, The Book of The Ancient Greeks, New York, 1925.

A. Bonnard, Greek Civilization from the Iliad to the Parthenon, London, 1958.

V. Ehrenberg, The Greek State, London, 1969.

G. Glotz, The Greek City and Its Institutions, London, 1929.

C. M. Bowra, The Greek Experience, the New American Library, 1957.

W. Jager, Padeia: The Ideals of Greek Culture, Vol. 1 Archaic

Greece, The Mind of Athens, Oxford, 1980.

M. Rostovtzeff, A History of the Ancient World, Vol. 1 The Orient and Greece, Oxford, 1925.

Edith Hamilton, The Greek Way to Western Civilization, The New American Library, 1963.

Gordon Spencer Shrinpton, History and Memory in Ancient Greece, Montreal: McGill Queen's University Press, 1997.

W. K. C. Guthrie, A History of Greek Philosophy (6 Vols), Cambridge, 1971－1978.

M. P. Nilson, A History of Greek Religion, New York, 1964.

Benjamin Farrinton, Greek Science (2 Vols), London, 1949.

Marshall Clagett, Greek Science in Antiquity, New York, 1963.

E. H. Ackenecht, A Short History of Medicine, New York, 1968.

John Boardman, Greek Art, New York, 1964.

H. J. Rose, A Handbook of Greek Literature, New York, 1960.

Harry Elmer Barns, An Intellectual and Cultural History of the Western, Volume One, From Earliest Times Through the Middle Ages, New York, 1965.

H. J. Rose, Religion in Greece and Rome, New York, 1959.

Edited by Peter Green, Hellenistic and Culture, University of California Press, 1993.

Craig C. Hill, Hellenists and Hebrews, Minnsapolis Fortress Press, 1992.

W. W. Tarn, Hellenistic Civilization, New York, 1952.

J. B. Bury and others, The Hellenistic Age, New York, 1959.

Moses Hadas, Hellenistic Culture, New York, 1959.

Theodor Mommsen, A History of Rome, London and New York, 1992.

E. V. Arnold, Roman Stoicism, New York, 1911.

Tenney Frank, Economic History of Rome, Baltimore, 1927.

Edith Hamilton, The Roman Way, New York, 1932.

Harold Mattingly, Christianity in the Roman Empire, New York, 1967.

Mortimer Wheeler, The Art of

Rome, New York, 1964.

Edward Gibbon, Barbarism and the Fall of Rome, New York, 1966.

Solomon Katz, The Decline of Rome, Ithaca, 1955.

Edited by Alexander Callander Murray, After Rome's Fall-Narrators and Sources of Early Medieval History, University of Toronto Press, 1998.

John H. Mundy, Europe in the High Middle Ages 1150 — 1309, London and New York, 1973.

Rosamond Mckitterick (Editor in Chief), The New Cambridge Medieval History (5 Vols), Cambridge University Press, 1995 —1999.

Roland H. Bainton, A Short History of Christianity and Its Impact on Western Civilization, New York, 1966.

John Foster, Church History, London, 1991.

David Knowles, The Evolution of Medieval Thought, New York, 1962.

F. B. Artz, The Mind of the Middle Ages, New York, 1954.

Henry Ospen Taylor, The Medieval Mind, Harvard University Press, 1949.

H. O. Taylor, The classical Heritage of the Middle ages, New York, 1925.

F. C. Copleston, Medieval Philosophy, New York, 1961.

C. H. Haskin, Studies in Medieval Culture, New York, 1929.

F. J. C. Hearnshaw, The Social and Political Ideas of Some Great Medieval Thinkers, New York, 1923.

A. C. McGiffert, History of Christian Thought, New York, 1932.

Hastings Rashdall, The Universities of Europe in the Middle Ages (2 Vols), New York, 1936.

Erwin Panofsky, Gothic Architecture and Scholasticism, Cleveland, 1957.

John Merriman, A History of Modern Europe, New York, London, W. W. Norton &. Company, 1996.

R. R. Palmer &. Joel Colton, A History of the Modern World, Eighth Edition, New York,

McGraw-Hill, Inc., 1995.

John P. McKay, Bennett D. Hill & John Buckler, A History of Western Society, Fourth Edition, Boston, Houghton Mifflin Company, 1991.

Phyllis Deane, The First Industrial Revolution, London, Cambridge University Press, 1965.

Akos Paulinyi, Industrielle Revolution Vom Ursprung der modernen Technik, Hamburg, Rowohlt Taschenbuch Verlag GmbH, 1989.

Harry W. Laidler, History of Socialism, New York, Thomas Y. Crowell Company, 1968.

Geoffrey Bruun & Victor S. Mamatey, The World in the Twentieth Century, Fourth Edition, Boston, D. C. Heath and Company, 1962.

William Harmon & C. Hugh Holman, A Handbook to Literature, Eighth Edition, New Jersey, Prentice-Hall Inc., 2000.

Lesley Henderson & Sarah M. Hall, Reference Guide to World Literature, Second Edition, New York, London, St. James Press, 1995.

Homer Ulrich, Music: A Design for Listening, Second Edition, New York, Harcourt, Brace & World, Inc., 1962.

二、中文

《马克思恩格斯选集》(四卷),人民出版社 1972 年第 1 版及 1973 年版。

《马克思恩格斯全集》第 6 卷,人民出版社 1961 年第 1 版。

爱德华·麦克诺尔·伯恩斯、菲利普·李·拉尔夫:《世界文明史》(四卷),商务印书馆 1987 年 1 月至 1988 年 3 月第 1 版。

周一良、吴于廑主编:《世界通史》,人民出版社 1972 年 11 月。

周一良等:《世界通史资料选辑》(上古和中古部分二册),商务印书馆 1974 年。

赫·乔·韦尔斯:《世界史纲》,上海人民出版社 1986 年。

吴于廑、齐世荣主编:《世界史》,高等教育出版社 1994 年 12 月第 1 版。

汤因比:《历史研究》(三册),上海人民出版社 1986 年。

奥斯瓦尔德·斯宾格勒:《西方

的没落》，商务印书馆 1963 年 1 月第 1 版。

L. 桑戴克：《世界文化史》（上下卷），上海文化出版社，1989 年。

沈之兴、张幼香主编：《西方文化史》，中山大学出版社 1997 年。

诺贝特·埃利亚斯：《文明的进程》第二卷，三联书店 1999 年。

W. C. 丹皮尔：《科学史及其与哲学和宗教的关系》，商务印书馆 1975 年。

S. F. 梅森：《自然科学史》，上海译文出版社 1980 年。

吴国盛：《科学的历程》（上下卷），湖南科学技术出版社 1995 年。

基佐：《法国文明史》（四卷），商务印书馆 1993 年至 1998 年。

杜美：《德国文化史》，北京大学出版社 1990 年。

罗芃、冯棠、孟华：《法国文化史》，北京大学出版社 1997 年。

罗素：《西方的智慧》，世界知识出版社 1992 年。

杨周翰、吴达元、赵萝蕤主编：《欧洲文学史》（上下卷），人民文学出版社 1998 年。

朱伯雄主编：《世界美术史》，山东美术出版社 1988 年。

乔治·霍兰·萨拜因：《政治学说史》，商务印书馆 1986 年。

杨豫：《西方史学史》，江西人民出版社 1993 年。

朱龙华：《世界历史·上古部分》，北京大学出版社 1991 年。

谟瑞斯·伯腊：《古典希腊》，纽约时代公司 1979 年。

伊迪丝·汉密尔顿：《希腊方式——通向西方文明的源流》，浙江人民出版社 1998 年。

希罗多德：《历史》，商务印书馆 1985 年。

修昔底德：《伯罗奔尼撒战争史》，商务印书馆 1997 年。

顾准：《希腊城邦制度》，中国社会科学出版社 1980 年。

L. 罗斑：《希腊思想和科学精神的起源》，商务印书馆 1965 年。

E. 策勒尔：《古希腊哲学史纲》，山东人民出版社 1992 年。

汪子嵩、范明生、陈村富、姚介厚：《希腊哲学史》（第一、二卷），人民出版社 1988 年、1993 年。

赵敦华：《西方哲学通史·第一卷——古代中世纪部分》，北京大学出版社 1996 年。

王晓朝：《希腊宗教概论》，上海人民出版社 1997 年。

古塞拉·里克特：《希腊艺术手册》，中国美术学院出版社 1992 年。

李雅书、杨其乐:《古代罗马史》,北京师范大学出版社 1997 年。

摩塞司·哈达斯:《罗马帝国》,纽约时代公司 1979 年。

孟德斯鸠:《罗马盛衰原因论》,商务印书馆 1997 年。

爱德华·吉本:《罗马帝国衰亡史》(上下册),商务印书馆 1997 年。

塔西佗:《历史》,商务印书馆 1997 年。

阿庇安:《罗马史》(上下卷),商务印书馆 1997 年。

朱龙华:《罗马文化与古典精神》,浙江人民出版社 1997 年。

周枏:《罗马法原论》(上下卷),商务印书馆 1996 年。

C. 沃伦·霍莱斯特:《欧洲中世纪简史》,商务印书馆 1988 年。

汤普逊:《中世纪经济社会史》(上下卷),商务印书馆 1997 年。

詹姆斯·W. 汤普逊:《中世纪晚期欧洲经济社会史》,商务印书馆 1996 年。

杨真:《基督教史纲》(上下卷),三联书店 1979 年。

G. F. 穆尔:《基督教简史》,商务印书馆 1996 年。

张治江、李芳园主编:《基督教文化》,长春出版社 1992 年。

王晓朝:《基督教与帝国文化》,东方出版社 1997 年。

张绥:《中世纪"上帝"的文化——中世纪基督教教会史》,浙江人民出版社 1987 年 7 月。

李秋零、田薇:《神光沐浴下的文化再生——文明在中世纪的艰难脚步》,华夏出版社 2000 年。

赵敦华:《基督教哲学 1500 年》,人民出版社 1994 年。

范明生:《晚期希腊哲学和基督教神学》,上海人民出版社 1993 年。

扎波罗夫:《十字军东征》,三联书店 1959 年。

维尔纳·克勒尔:《圣经:一部历史》,三联书店 1998 年。

杨昌东:《基督教在中古欧洲的贡献》,社会科学文献出版社 2000 年。

托马斯·L. 汉金斯:《科学与启蒙运动》,复旦大学出版社 2000 年。

加林:《意大利人文主义》,三联书店 1998 年 2 月。

古雷加:《德国古典哲学新论》,中国社会科学出版社 1993 年。

托马斯·马丁·林赛:《宗教改革史》(上册),商务印书馆 1992 年。

威利斯顿·沃尔克:《基督教会史》,中国社会科学出版社 1991 年。

约·阿·克雷维列夫:《宗教

史》（上卷），中国社会科学出版社1981年。

张绥：《基督教会史》，三联书店1992年。

唐逸主编：《基督教史》，中国社会科学出版社1993年。

安长春：《基督教笼罩下的西欧》，中央编译出版社1995年。

柴惠庭：《英国清教》，上海社会科学出版社1994年。

威廉·马丁等：《瑞士史》，辽宁人民出版社1989年。

萨尔沃·马斯泰罗内：《欧洲政治思想史——从十五世纪到二十世纪》，社会科学文献出版社1992年。

阿·库·穆霍帕德希亚：《西方政治思想概述》，求实出版社1984年。

阿萨·勃里格斯：《英国社会史》，中国人民大学出版社1991年。

刘绍贤主编：《欧美政治思想史》，浙江人民出版社1987年。

陈耀彬、杜志清：《西方社会历史观》，河北教育出版社1990年。

洪波：《法国政治制度变迁》，中国社会科学出版社1993年。

丛日云：《西方政治文化传统》，大连出版社1996年。

刘新成：《英国都铎王朝议会研究》，首都师范大学出版社1995年。

程汉大：《英国政治制度史》，中国社会科学出版社1995年。

叶·阿·科斯明斯基等主编：《十七世纪英国资产阶级革命·上》，商务印书馆1990年。

王觉非主编：《近代英国史》，南京大学出版社1997年。

王荣堂：《英国近代史纲》，辽宁大学出版社1988年。

郭华榕等主编：《欧洲的分与合》，京华出版社1999年。

王荣堂、姜德昌主编：《简明世界近代史，上》，吉林人民出版社1980年。

管敬绪等主编：《世界近代史》，南京大学出版社1991年。

丁建弘、孙仁宗主编：《世界史手册》，浙江人民出版社1988年。

张敏吉主编：《外国历史大事典》，河北教育出版社1989年10月。

光仁洪主编：《世界近代史词典》，上海辞书出版社1998年。

I. 柏林：《启蒙的时代》，光明日报出版社1989年。

S. 汉姆普西耳：《理性的时代》，光明日报出版社1989年。

刘世铃主编：《新编欧洲哲学史》，江苏人民出版社1990年。

王宏主编：《西欧哲学史稿》，吉林人民出版社1986年。

陈修斋、杨祖陶：《欧洲哲学史稿》，湖北人民出版社1983年。

杨恩寰：《西方美学思想史》，辽宁大学出版社1988年。

李醒尘：《西方美学史教程》，北京大学出版社1994年。

巴萨拉，乔治：《技术发展简史》，复旦大学出版社2000年2月第1版。

李建珊、刘洪涛等：《世界科技文化史》，华中理工大学出版社1999年。

关上续编著：《科学技术史简编》，黑龙江科学技术出版社1984年。

王德胜：《科学史》，沈阳出版社1992年。

王鸿生编著：《世界科学技术史》，中国人民大学出版社1996年。

中央美术学院美术史系外国美术史教研室编著：《外国美术简史》，高等教育出版社1990年。

朱铭编著：《外国美术史》，山东教育出版社1986年。

保罗·朗多尔米：《西方音乐史》，人民音乐出版社1989年。

钱仁康编著：《欧洲音乐史话》，上海音乐出版社1989年。

王忠祥等主编：《外国文学教程》（上），湖南教育出版社1985年。

石璞：《欧美文学史》（下），四川人民出版社1980年。

梯利：《西方哲学史》（下），商务印书馆1989年。

全增嘏主编：《西方哲学史》，上海人民出版社1985年。

苗力田、李毓章主编：《西方哲学史新编》，人民出版社1990年。

陈佛松：《世界文化史》，华中理工大学出版社1990年。

庄锡昌：《世界文化史通论》，浙江人民出版社1989年。

刘放桐：《现代西方哲学》，人民出版社1988年。

L. S. 斯塔夫里阿诺斯：《全球通史——1500年以前的世界》，上海社会科学院出版社1988年第1版。

L. S. 斯塔夫里阿诺斯：《全球通史——1500年以后的世界》，上海社会科学院出版社1992年第1版。

C. E. 布莱克、E. C. 赫尔姆赖克：《二十世纪欧洲史》，人民出版社1984年第1版。

王荣堂、姜德昌：《新编世界近代史》，吉林人民出版社1980年第1版。

刘祚昌、光仁洪、韩承文：《世界史》近代史上，人民出版社1984年第1版。

刘祚昌、光仁洪、韩承文、艾周昌：《世界史》近代史下，人民出版社1984年第1版。

王斯德:《世界现代史》,高等教育出版社 1988 年第 1 版。

袁征、林家恒:《世界现代史》,上海社会科学院出版社 1988 年 9 月第 1 版。

徐天新、梁志明、谭圣安、李玉:《当代世界史》,人民出版社 1989 年第 1 版。

徐耀新、文晓明:《新编国际共运史》,江苏人民出版社 1988 年第 1 版。

韩佳辰:《国际共产主义运动史大事记》第一卷,上海,知识出版社 1986 年第 1 版。

黄安淼:《国际共产主义运动史大事记》第二卷,上海,知识出版社 1987 年第 1 版。

应克复、金太军、胡传胜:《西方民主史》,中国社会科学出版社 1997 年第 1 版。

刘文龙、袁传伟:《世界文化史·近代卷》,浙江人民出版社 1999 年第 1 版。

顾云深:《世界文化史·现当代卷》,浙江人民出版社 1999 年第 1 版。

金重远:《战后世界史》,复旦大学出版社 1995 年第 1 版。

徐觉哉:《社会主义流派史》,上海人民出版社 1999 年第 1 版。

王治河:《扑朔迷离的游戏——后现代哲学思潮研究》,社会科学文献出版社 1993 年第 1 版。

加德纳·墨菲,约瑟夫·柯瓦奇:《近代心理学历史导引》,商务印书馆 1980 年第 1 版。

李明滨:《二十世纪欧美文学简史》,北京大学出版社 2000 年第 1 版。

蒋承勇:《世界文学史纲》,复旦大学出版社 2000 年第 1 版。

H. H. 阿纳森:《西方现代艺术史》,天津人民美术出版社 1986 年第 1 版。

特里温·科普勒斯顿:《西方现代艺术》,安徽美术出版社 1990 年第 1 版。

邵大箴:《西方现代美术思潮》,四川美术出版社 1990 年第 1 版。

葛鹏仁:《西方现代艺术·后现代艺术》,吉林美术出版社 2000 年第 1 版。

查尔斯·詹克斯:《什么是后现代主义?》,天津科学技术出版社 1988 年第 1 版。

帕瑞克·纽金斯:《世界建筑艺术史》,安徽科学技术出版社 1990 年第 1 版。

钟子林:《西方现代音乐概述》,人民音乐出版社 1991 年第 1 版。

腾鹏:《西方音乐史》,敦煌文艺出版社 1994 年第 1 版。

乔治·萨杜尔:《世界电影史》，中国电影出版社1982年第1版。

乌利希·格雷戈尔:《世界电影史（1960年以来）》，中国电影出版社1987年第1版。

邵牧君:《西方电影史概论》，中国电影出版社1982年第1版。

英汉人名对照表

A

Abaelardrus, Peterus　阿伯拉尔

Adamov, Arthur　阿达莫夫，阿瑟

Adams, John Couch　亚当斯，约
翰·库奇

Adenauer, Konrad　阿登纳，康拉
德

Adler, Alfred　阿德勒，阿尔弗雷
德

Adler, Viktor　阿德勒，维克多

Adorno, Theodor　阿多尔诺，泰奥
多尔

Aenesidemus　艾那西德谟

Aeschulus　埃斯库罗斯

Agrippa　阿格里帕

Alaric　阿拉里克

Albert (Alexandre Martin)　阿尔
伯 (亚历山大·马丁)

Albetrus Magnus　大阿尔伯特

Alcibiades　阿尔基比亚德

Alexander　亚历山大

Alexander Ⅵ　亚历山大六世

Alfred the Great　阿尔弗烈德大帝

Allen, Paul　艾伦，保罗

Althusser, Louis　阿尔都塞，路易

Ambrose　安布罗斯

Amerigo Vespucci　亚美利哥·维
斯普奇

Ammonnius　阿曼纽斯

Ampere, Andre　安培，安德烈

Anaxagoras　阿那克萨戈拉

Anaximander　阿那克西曼德

Anaximenes　阿那克西美尼

Andersen, Hans Christian　安徒
生，汉斯·克里斯蒂安

Anderson, Carl David　安德森，卡
尔·大卫

Andronicus　安德罗尼柯

Anesidemus　艾奈西德姆

Anselmus　安瑟尔谟

Apollinaire, Guillaume　阿波利奈

B

Brromini, F. 波罗米尼，弗

Bruckner, Anton 布鲁克纳，安东

Brueghel, Pieter 勃吕盖尔，彼得

Brunelleschi 布鲁涅列斯奇

Bruno, Giordano 布鲁诺，齐尔丹诺

Brusilov, Aleksey Alekseyevich 布鲁西洛夫，阿列克谢·阿列克谢耶维奇

Bulow, Bernhard von 比洛，伯恩哈德·冯

Buns, E. M. 伯恩斯

Bunsen, Robert Wilhelm 本生，罗伯特·威廉

Bunuel, Luis 布努埃尔，路易

Buridam, Jean 布里丹

Busoni, Ferruccio Benvenuto 布索尼，费鲁奇奥·本韦努托

Butor, Michel 布托尔，米歇尔

Byron, George Gordon 拜伦，乔治·戈登

C

Cabet, Etienne 卡贝，艾蒂埃纳

Caesar, Gaius Julius 恺撒

Cage, John 凯奇，约翰

Calder, Alexander 考尔德，亚历山大

Callimachus 卡利马科斯

Callipus 卡利普斯

Callithenes 加利色尼

Calvin, Jean 加尔文，约翰

Campanella, Tommaso 康帕内拉

Camphausen, Ludolf 康普豪森，鲁道夫

Camus, Albert 加缪，阿尔贝

Cannan, Edwin 坎南，埃德温

Capellani, Albert 卡普拉尼，阿尔贝

Capito, C. Ateius 卡彼托

Carnap, Rudolf 卡尔纳普，鲁道夫

Carne, Marcel 卡尔内，马塞尔

Carneades 卡尔内亚德

Carnot, Nicolas Leonard Sadi 卡诺，尼古拉·莱奥纳尔·萨蒂

Caro, Anthony 卡罗，安东尼

Carpeaux, Jean-Baptiste 卡尔波，让—巴蒂斯特

Carpio, Lope Felix de Veya 卡尔皮奥，洛卜·费力克斯·德·维加

Carra, Carlo 卡拉，卡洛

Carrillo, Santiago 卡里略，圣地亚哥

Carson, Rachel 卡森，雷切尔

Cartwright, Edmund 卡特莱特，埃德蒙

Casella, Alfredo 卡塞拉，阿尔弗雷多

Cassiodorus，Marcus Aurelius　卡
西奥多鲁斯

Cato，Marcus Porcius　老加图

Cavaignac，Louis　卡芬雅克，路易

Cavour，Camillo di　加富尔，卡米
洛·迪

Cellini，B.　切利尼

Celsus，A.C.　塞尔苏斯

Cervantes Saavedra，Miguel de　塞
万提斯·萨阿维德拉，米盖尔·
德

Cesar，Baldaccini　塞扎尔，巴尔达
希尼

Cezanne，Paul　塞尚，保罗

Chabrier，Emmanuel　夏布里埃，
伊曼努埃勒

Chabrol，Claude　夏布罗尔，克洛
德

Chadwick，James　查德威克，詹姆
斯

Chagall，Marc　夏加尔，马克

Chalgrin，Jean-Francois-Therese
夏尔格兰，让—弗朗索瓦—泰莱
兹

Chamberlain，Neville　张伯伦，内
维尔

Chaplin，Charles　卓别林，查尔斯

Charles I　查尔斯一世

Chateaubriand，Francois Rene de
夏多布里昂，弗朗索瓦·勒内·
德

Chirac，Jacques　希拉克，雅克

Chirico，Giorgio de　契里柯，乔吉
欧·德

Chomsky，Noam　乔姆斯基，诺姆

Chrisipus　克律西普

Churchill，Winston　丘吉尔，温斯
顿

Cicero，Marcus Tullius　西塞罗

Cimabue　奇马布埃

Cimon　客蒙

Clair，Rene　克莱尔，勒内

Claudius　克劳狄乌斯

Clausius，Rudolf Julius Emanuel
克劳修斯，鲁道夫·尤利乌斯·
伊曼努尔

Clay，Henry　克雷，亨利

Cleanthes　克莱安塞

Cleisthenes　克利斯提尼

Clemenceau，Georges　克里孟梭，
乔治

Clement　克莱门特

Cleon　克莱翁

Cleopatra　克娄奥帕特拉

Clinton，Bill　克林顿，比尔

Cobb，John Jr.　科布，约翰（小）

Cohen，Hermann　柯亨，赫尔曼

Cohen，Stanley　科恩，斯坦利

Cohn-Bendit，Daniel　科恩—本迪
特，丹尼尔

Coleridge，Samuel Taylor　柯勒律
治，塞缪尔·泰勒

D

Degas，Edgar　德加，埃德加

Delacroix，Eugene　德拉克洛瓦，欧仁

Delaunay，Robert　德劳内，罗贝尔

Deleuze，Gilles　德勒兹，吉列

Deluc，Louis　德吕克，路易

Delvaux，Paul　德尔沃，保罗

Democritus　德谟克利特

Demosthenes　德谟斯梯尼

Derain，Andre　德兰，安德烈

Derrida，Jacques　德里达，雅克

Descartes，Rene　笛卡尔，勒内

Despiau，Charles　德斯皮奥，夏尔

Desprez，Josquin　德思普瑞兹，约斯勘

d'Estaing，Giscard　德斯坦，吉斯卡尔

Dickens，Charles　狄更斯，查尔斯

Diels，H.　第尔斯

Dilthey，Wilhelm　狄尔泰，威廉

Dimitrov，Georgi Mikhailovich　季米特洛夫，格奥尔基·米哈伊洛维奇

Diogenes　第欧根尼

Dionysius，Areogpagite　狄奥尼修斯

Dioscorridos，Pedanios　第奥斯可里特

Dirac，Paul　狄拉克，保罗

Dix，Otto　迪克斯，奥托

Domagk，Gerhard　多马克，杰哈德

Dominic　多米尼克

Donatello　多纳泰洛

Donatus　多那图斯

Doneau，Hugus　多诺

Donizetti，Gaetano　唐尼采蒂，加埃塔诺

Doyle，Arthur Conan　道尔，亚瑟·柯南

Drake，Edwin　德雷克，埃德温

Dubos，Rene　杜博斯，勒内

Duchamp，Marcel　杜尚，马塞尔

Duchamp-Villon，Raymond　杜尚一维龙，雷蒙

Dufay　杜费

Dufy，Raoul　杜飞，拉乌尔

Dumas，Alexandre (Dumas fils)　仲马，亚历山大（小仲马）

Dumas，Alexandre (Dumas pere)　仲马，亚历山大（大仲马）

Duns Scotus，Johannes　邓斯·司各脱

Duras，Marguerite　杜拉，马格丽特

Durer，Albrecht　丢勒，阿尔布莱希特

Durkheim，Emile　杜尔克姆，艾米尔

Duval，Emile-Victor　杜瓦尔，艾米尔一维克多

Duvivier，Julien　杜威维埃，朱利安

E

Ebert，Friedrich 艾伯特，弗里德
里希

Eccarius，Johann Georg 埃卡留
斯，约翰·乔治

Edison，Thomas 爱迪生，托马斯

Einhard 艾因哈德

Eiffel，Alexandre-Gustave 埃菲
尔，亚历山大—居斯塔夫

Eimert，Herbert 艾默特，赫伯特

Einstein，Albert 爱因斯坦，艾伯
特

Eisenhower，Dwight David 艾森
豪威尔，德怀特·大卫

Eisenstein，Sergei Mikhailovich
爱森斯坦，谢尔盖·米哈伊洛维
奇

Eliot，George 爱略特，乔治

Eliot，Thomas Stearns 艾略特，托
马斯·斯特恩斯

Eluard，Paul 艾吕雅，保罗

Emmanuel II，Victor 伊曼努尔二
世，维克多

Emmanuel III，Victor 伊曼努尔三
世，维克多

Empedocles 恩培多克勒

Engels，Friedrich 恩格斯，弗里德
里希

Enius，Ouintus 埃尼乌斯

Eparminodas 伊巴密浓达

Epictetus 爱比克泰德

Epicurus 伊壁鸠鲁

Epstein，Jean 爱浦斯坦，让

Erasistratus 埃拉西斯特拉塔

Erasmus，Desiderius 爱拉斯谟，
德西得利乌斯

Erastosthenes 埃拉托色尼

Eratosthenes 伊拉土斯森尼

Erhard，Ludwig 艾哈德，路德维
希

Eriugena，John Scotus 爱留根纳

Ernst，Max 恩斯特，马克斯

Eucken，Walter 欧根，瓦尔特

Euclid 欧几里得

Eudemus 欧德谟斯

Eudoxus 欧多克索

Euripides 欧里庇德斯

Eyck，Hubert van 艾克，胡伯特·
凡

Eyck，Jan van 艾克，杨·凡

F

Falkenhayn，Erich von 法尔肯汉，
埃里希·冯

Falla, Manuel de　法利亚，曼努埃尔·德

Faraday, Michael　法拉第，迈克尔

Favre, Jules　法夫尔，茹尔

Febvre, Lucien　费弗尔，吕西安

Feigl, Herbert　费格尔，赫伯特

Feldman, Morton　费尔德曼，莫顿

Ferdinand I　斐迪南一世

Ferdinand, Francis　斐迪南，弗朗西斯

Fermi, Enrico　费米，恩利科

Fernel, Jean　费尔内，让

Ferre, Charles Theophile　费雷，夏尔·泰奥菲尔

Ferry, Jules　费里，茹尔

Fessenden, Reginald Aubrey　费森登，雷金纳德·奥布里

Feuerbach, Ludwig　费尔巴哈，路德维希

Feyder, Jacques　费戴尔，雅克

Feyerabend, Paul　费耶阿本德，保罗

Fibonarcci, Leonardo　菲伯纳西

Fichte, Johann Gottlieb　费希特，约翰·哥特里布

Ficino, Marsilio　费奇诺，马尔西略

Fischer, Joschka　费舍，尤什卡

Fitch, John　菲奇，约翰

FitzGerald, George Francis　菲茨杰拉德，乔治·弗朗西斯

Flaherty, Robert J.　弗莱赫蒂，罗伯特·J.

Flaubert, Gustave　福楼拜，居斯塔夫

Fleming, Alexander　弗莱明，亚历山大

Flemming, Walther　弗莱明，瓦尔特

Flourens, Gustave　弗路朗斯，居斯塔夫

Foch, Ferdinand　福煦，斐迪南

Ford, Henry　福特，亨利

Forster, Edward Morgan　福斯特，爱德华·摩根

Foucault, Michel　福科，米歇尔

Fourier, Charles　傅立叶，夏尔

France, Anatole　法朗士，阿纳托尔

Francis of Assisi　弗兰西斯

Franco, Francisco　佛朗哥，弗朗西斯科

Frank, Philip　弗朗克，菲利普

Frankel, Leo　弗兰克尔，列奥

Franklin, Benjamin　富兰克林，本杰明

Frege, Gottlob　弗雷格，哥特洛布

Fresnel, Augustin Jean　菲涅尔，奥古斯丹·让

Freud, Sigmund　弗洛伊德，西格蒙德

Friedman, Milton　弗里德曼，米

尔顿

Friedmann, Aleksandr Aleksandro-
vich 弗里德曼,亚历山大·亚历
山大罗维奇

Fromm, Erich 弗洛姆,埃里希

Frontinus,Sextus Julius 弗朗提努

Fulton, Robert 富尔顿,罗伯特

G

Gabrieli, Andrea 伽布力里,安德
拉

Gadamer, Hans-Georg 伽达默尔,
汉斯—乔治

Gaius 盖尤斯

Galen, Clandis 伽仑

Galilei, Galileo 伽利略,伽里雷奥

Galle, Johann Gottfried 加勒,约
翰·哥特弗里德

Galsworthy, John 高尔斯华绥,约
翰

Gama, Vasco da 伽马,达

Gamow, George 伽莫夫,乔治

Gance, Abel 冈斯,阿贝尔

Gandhi, Mohandas Karamchand
甘地,莫汉达斯·卡拉姆昌德

Garibaldi, Giuseppe 加里波第,朱
塞佩

Gaskell, Elizabeth Cleghorn 盖斯
凯尔,伊丽莎白·克莱格霍恩

Gates, Bill 盖茨,比尔

Gauguin, Paul 高更,保罗

Gaunilon 高尼罗

Gautier, Theophile 高蒂埃,泰奥
菲尔

Gell-Mann, Murray 盖尔曼,默里

Genet, Jean 热内,让

George I 乔治一世

George, David Lloyd 乔治,大卫
·劳合

Gericault, Theodore 籍里柯,泰奥
多尔

Germain Dulac 热尔曼·杜拉克

Gershwin, George 格什温,乔治

Gesualdo, Carlo 杰苏阿托,卡罗

Giacometti, Alberto 贾科梅蒂,阿
尔贝托

Gibbon, Edward 吉本

Gide, Andre 纪德,安德烈

Giorgione, Giorgio 焦耳焦内,乔
治

Giotto 焦托

Glashow, Sheldon Lee 格拉肖,谢
尔登·李

Gleizes, Albert 格莱茨,阿尔贝

Godard, Jean-Luc 戈达尔,让—吕
克

Godel, Kurt 哥德尔,库尔特

Goethe, Johann Wolfgang 歌德,
约翰·沃尔夫冈

H

Hargreaves, James　哈格里夫斯，詹姆斯

Harvey, William　哈维，威廉

Haydn, Joseph　海顿，约瑟夫

Hayek, Friedrich von　哈耶克，弗里德里希·冯

Heath, T.L.　希思

Hecataeus　赫卡泰厄斯

Heckel, Erich　海克尔，埃里希

Hegel, Georg Wilhelm Friedrich　黑格尔，乔治·威廉·弗里德里希

Heidegger, Martin　海德格尔，马丁

Heine, Heinrich　海涅，亨利希

Heisenberg, Werner　海森堡，维尔纳

Hellannicus　赫兰尼库斯

Helmholtz, Hermann Ludwig Ferdinand　赫尔姆霍茨，赫尔曼·路德维希·斐迪南

Helmont, van　荷尔蒙特，范

Hempel, Carl Gustav　亨培尔，卡尔·古斯塔夫

Henry of Huntington　亨廷顿的亨利

Henze, Hans Werner　亨策，汉斯·维尔纳

Heracritus　赫拉克利特

Herodotus　希罗多德

Heron　赫伦

Herophilus　赫罗菲拉

Hershey, Alfred Day　赫希，阿尔弗雷德·戴

Hertz, Heinrich　赫兹，亨利希

Hess, Harry Hammond　赫斯，哈里·哈蒙德

Hesse, Hermann　黑塞，赫尔曼

Hindemith, Paul　欣德米特，保罗

Hindenburg, Paul von　兴登堡，保罗·冯

Hipparchus　希帕库斯

Hippocrates of Chios　开奥斯的希波克拉底

Hippocrates of Cos　科斯的希波克拉底

Hippodamus　希波达摩

Hitchcock, Alfred　希区柯克,阿尔弗雷德

Hitler, Adolf　希特勒，阿道夫

Ho Chi Minh　胡志明

Hobbes, Thomas　霍布斯，托马斯

Holbein, Hans　贺尔拜因，汉斯

Hollister, C. Warren　霍莱斯特

Horatius, Qintus　贺拉斯

Horkheimer, Max　霍克海默,马克斯

Hubble, Edwin Powell　哈勃,埃德温·鲍威尔

Hudnut, Joseph　赫德纳特，约瑟夫

Huggins, William　哈金斯，威廉

Julianus　朱利安

Jung, Carl Gustav　容格，卡尔·古斯塔夫

Justin　查士丁

Justinianus　查士丁尼

K

Kafka, Franz　卡夫卡，弗朗茨

Kandinsky, Vasily　康定斯基，瓦西里

Kant, Immanuel　康德，伊曼努尔

Kautsky, Karl　考茨基，卡尔

Kay, John　凯伊，约翰

Keats, John　济慈，约翰

Keller, Werner　克勒尔，维尔纳

Kellermann, Bernhard　凯勒曼，伯恩哈德

Kellogg, Frank Billings　凯洛格，弗兰克·比林斯

Kepler, John　开普勒，约翰

Kersausie, Joachim Rene Theophile　凯尔索西，若阿山·勒内·泰奥菲尔

Keynes, John Maynard　凯恩斯，约翰·梅纳德

Kierkegaard, Soren Aabye　克尔凯郭尔，索伦·艾比

Kilby, Jack　基尔比，杰克

Kirchhoff, Gustav Robert　基尔霍夫，古斯塔夫·罗伯特

Kirchner, Ernst Ludwig　凯尔希纳，恩斯特·路德维希

Klein, Yves　克莱因，伊夫

Kleist, Ewald Georg von　克莱斯特

Kohl, Helmut　科尔，赫尔穆特

Kokoschka, Oskar　柯柯施卡，奥斯卡

Kollwitz, Kathe　柯勒惠支，凯瑟

Kranz, W.　克兰茨

Kripke, Saul Aaron　克里普克，索尔·艾伦

Krupp　克虏伯

Kuhn, Thomas　库恩，托马斯

Kuleshov, Lev　库里肖夫，列夫

Kupka, Frantisek　库普卡，弗朗蒂塞克

L

Labeo, M. Antistius　拉贝奥

Lacan, Jacques　拉康，雅克

Lafargue, Paul　拉法格，保尔

Laffer, Arthur Bert　拉弗，阿瑟·伯特

Lakatos, Imre　拉卡托斯，伊姆雷

Lamarck, Jean Baptiste　拉马克，让·巴蒂斯特

Lamartine，Alphonse de　拉马丁，
阿尔方斯·德

Lambert，von Hersfeld　兰伯特

Lamennais，Robert de　拉梅耐，罗
贝尔·德

Landini，Francesco　兰第尼，弗朗
西斯科

Lang，Fritz　朗格，弗里茨

Laplace，Pierre-Simon　拉普拉斯，
皮埃尔—西蒙

Lassalle，Ferdinand　拉萨尔，斐迪
南

Lasso，Orlando di　拉索，奥兰多·
德

Lassus　拉苏思

Laurens，Henri　劳伦斯，昂利

Lavoisier，A. L.　拉瓦锡

Lawrence，David Herbert　劳伦
斯，戴维·赫伯特

Ledru-Rollin，　Alexandre-Auguste
赖德律—洛兰，亚历山大—奥古
斯特

Leeuwenhoek，Anthony van　列文
虎克

Leger，Fernand　莱热，费尔南

Lehmbruck，Wilhelm　兰布鲁克，
威廉

Leibniz，Gottfried Wilhelm von
莱布尼茨

Lemaitre，Georges　勒梅特，乔治

Leni，Paul　莱尼，保罗

Lenin，Vladimir Ilyich Ulyanov
列宁，弗拉基米尔·伊里奇·乌
里扬诺夫

Leo XIII，Pope　利奥十三世教皇

Leon　莱昂

Leopold II　利奥波德二世

Lessing，Gotthold Ephraim　莱辛

Levene，Phoebus　列文，菲伯斯

Leverrier，Urbain Jean Joseph　勒
维烈，于尔班·让·约瑟夫

Levi-Strauss，Claude　列维—斯特
劳斯，克洛德

L'Herbier，Marcel　莱尔比埃，马
塞尔

Liebig，Justus　李比希，尤斯图斯

Liebknecht，Karl August Ferdinand
李卜克内西，卡尔·奥古斯特·
斐迪南

Liebknecht，Wilhelm　李卜克内
西，威廉

Lieutprand of Cremona　克雷莫那的
留特普朗德

Lipchitz，Jacques　利普希茨，雅克

Lipps，Theodor　李普斯，泰奥多尔

List，Friedrich　李斯特，弗里德里
希

Livius，Tius　李维

Locke，John　洛克，约翰

Longinus　朗吉努斯

Lorentz，Hendrik Antoon　洛伦
兹，亨德里克·安东

Lovett，William 洛维特，威廉

Loyola，Ignacio de 罗耀拉，伊纳爵

Lubez，Le 吕贝，勒

Lucian 琉善

Lucini，Gian Pietro 卢齐尼，吉安·皮特罗

Lucretius 卢克莱修

Ludd，Ned 卢德，内德

Ludendorff，Erich 鲁登道夫，埃里希

Lukacs，Georg 卢卡奇，乔治

Lumiere，Auguste 卢米埃尔，奥古斯特

Lumiere，Louis 卢米埃尔，路易

Luther，Martin 路德，马丁

Luxemburg，Rosa 卢森堡，罗莎

Lycortas 吕科尔塔

Lycurgus 莱喀古

Lyell，Charles 赖尔，查尔斯

Lyotard，Jean-Francois 利欧塔，让—弗朗索瓦

M

Mach，Ernst 马赫，恩斯特

Machaut，Guillaumede 麦肖，古劳麦德

Machiavelli，Niccolo 马基雅维利，尼可洛

Macke，August 马可，奥古斯特

Maeterlinck，Maurice 梅特林克，莫里斯

Magellan，Ferdinand 麦哲伦，费迪南多

Magritte，Rene 马格利特，勒内

Mahler，Gustav 马勒，古斯塔夫

Maillol，Aristide 马约尔，阿里斯蒂德

Maiman，Theodore Harold 梅曼，西奥多·哈罗德

Maimonides 迈蒙尼德

Malevich，Kasimir 马列维奇，卡

西米尔

Malherbe，Francois de 马雷伯，弗朗索瓦·德

Malinowski，Bronislaw Kaspar 马林诺夫斯基，布罗尼斯拉夫·卡斯帕

Malipiero，Gian Francesco 马利皮耶罗，吉安·弗朗西斯科

Mallarme，Stephane 马拉美，斯蒂芬

Malon，Benoit 马隆，贝努瓦

Malpigni，M. 马尔比基

Malthus，Thomas 马尔萨斯，托马斯

Manet，Edouard 马奈，爱德华

Manetho 曼尼绍

Mann，Heinrich 曼，亨利希

Mann，Thomas 曼，托马斯

Marc，Franz 马克，弗朗茨

Marcel，Gabriel 马塞尔，加布里埃尔

Marchais，Georges 马歇，乔治

Marco Polo 马可·波罗

Marconi，Guglielmo 马可尼，哥格里尔摩

Marcuse，Herbert 马尔库塞，赫伯特

Marenzio，Luca 马伦吉奥，卢卡

Marinetti，Filippo Tommaso 马里内蒂，菲利普·托马佐

Marker，Chris 马克，克里斯

Marquet，Albert 马尔凯，阿尔贝

Marshall，George Catlett 马歇尔，乔治·卡特莱特

Marx，Karl 马克思，卡尔

Masaccio 马萨乔

Mascagni，Pietro 玛斯卡尼，皮特罗

Massenet，Jules 马斯耐，茹尔

Masson，Andre 马松，安德烈

Matisse，Henri 马蒂斯，昂利

Matta Echaurren，Sebastian Antonio 马塔·埃肖伦，塞巴斯蒂安·安东尼奥

Mauchly，John William 莫希莱，约翰·威廉

Maugham，William Somerset 毛姆，威廉·萨默塞特

Maupassant，Guy de 莫泊桑，基·德

Mauriac，Francois 莫里亚克，弗朗索瓦

Maxwell，James Clerk 麦克斯韦，詹姆斯·克勒克

Mayer，Carl 迈尔，卡尔

Mayer，Julius Robert 迈尔，尤利乌斯·罗伯特

Mazzini，Giuseppe 马志尼，朱塞佩

Megasthenes 麦加斯色尼

Meitner，Lise 迈特纳，丽瑟

Melies，Georges 梅里爱，乔治

Menander 米南特

Mendel，Gregor Johann 孟德尔，格莱戈尔·约翰

Mendeleyev，Dmitri Ivanovich 门捷列夫，德米特里·伊万诺维奇

Mendelsohn，Erich 门德尔松，埃里希

Mendelssohn，Felix 门德尔松，菲利克斯

Menzel，Adolf von 门采尔，阿道夫·冯

Merimee，Prosper 梅里美，普洛斯拜尔

Merleau-Ponty，Maurice 梅洛—庞蒂，莫里斯

Messiaen，Olivier 梅西昂，奥利维埃

Metternich，Klemens von 梅特

涅，克雷门斯·冯

Michelangelo Buonarroti　米凯朗
基罗

Michelson，Albert Abraham　迈克
尔逊，艾伯特·亚伯拉罕

Mies van der Rohe，Ludwig　米
斯·范·德·罗，路德维希

Miescher，Johann Friedrich　米歇
尔，约翰·弗里德里希

Milhaud，Darius　米约，达律斯

Mill，James　穆勒，詹姆斯

Mill，John Stuart　穆勒，约翰·斯
图亚特

Millerand，Etienne Alexandre　米
勒兰，艾蒂埃纳·亚历山大

Millet，Jean Francois　米叶，让·
弗朗索瓦

Milton，John　弥尔顿，约翰

Minos　米诺斯（克里特王）

Miro，Joan　米罗，若安

Mitterrand，Francois　密特朗，弗
朗索瓦

Modestinus，Herennias　莫德斯体
努斯

Moliere　莫里哀

Moll，Joseph　莫尔，约瑟夫

Moltke，Helmuth von　毛奇，赫尔
穆特·冯（小）

Mondrian，Piet　蒙德里安，皮特

Monet，Claude　莫奈，克洛德

Montague，Richard　蒙塔古，理

查德

Montaigne，Michel Eyquem de　蒙
田，米歇尔·埃康·德

Montesquieu，Baron　孟德斯鸠

Montgomery，Bernard Law　蒙哥
马利，伯纳德·劳

Moore，Charles　摩尔，查尔斯

Moore，George Edward　摩尔，乔
治·爱德华

Moore，Henry　摩尔，亨利

Morales　莫拉来斯

More，Thomas　莫尔，托马斯

Morgan，Thomas Hunt　摩尔根，
托马斯·亨特

Morley，Edward Williams　莫雷，
爱德华·威廉斯

Morris，William　莫里斯，威廉

Morse，Samuel　莫尔斯，塞缪尔

Mozart，Wolfgang Amadeus　莫扎
特，沃尔夫冈·阿马德乌斯

Muller，Otto　缪勒，奥托

Munch，Edvard　蒙克，爱德华

Munzer，Thomas　闵采尔，托马斯

Musonius　穆索尼乌斯

Musschenbrook　马森布罗克

Musset，Alfred de　缪塞，阿尔弗
雷德·德

Mussolini，Benito　墨索里尼，贝尼
托

Myron　米农

N

Naevius, Cnaeus 尼维乌斯

Nash, John 纳什，约翰

Nasser, Gamal Abdel 纳赛尔，加
麦尔·阿卜杜勒

Nausiphanes 瑙西芬尼

Nehru, Jawaharlal 尼赫鲁，贾瓦
哈拉尔

Neumann, John von 诺伊曼，约
翰·冯

Neurath, Otto 纽拉特，奥托

Nevelson, Louise 内维尔森，路易
丝

Newcomen, Thomas 纽可门，托
马斯

Newton, Isaac 牛顿，艾萨克

Nicholas II 尼古拉二世（俄国沙
皇）

Nielsen, Carl August 尼尔森，卡
尔·奥古斯特

Niepce, Joseph 涅普斯，约瑟夫

Nietzsche, Friedrich Wilhelm 尼
采，弗里德里希·威廉

Nithard 尼泰德

Nivelle, Robert 尼韦尔，罗贝尔

Nolde, Emil 诺尔德，埃米尔

Nono, Luigi 诺诺，路易吉

North, Dudley 诺芝，达德利

Novalis 诺瓦利斯

O

Ockeghem 奥克海姆

Ockham, William 奥卡姆，威廉

Octavian 屋大维

Odger, George 奥哲尔，乔治

Oersted, Hans Christian 奥斯特，
汉斯·克里斯蒂安

Ohm, Georg Simon 欧姆，乔治·
西蒙

Onis, Federico de 奥尼斯，菲德里

柯·德

Oresme, Nicole 奥雷斯姆

Origen 奥立金

Orlando, Vittorio Emmanuele 奥
兰多，维多里奥·伊曼努埃勒

Otto, Nikolaus 奥托，尼古劳斯

Ovid 奥维德

Owen, Robert 欧文，罗伯特

P

Paganini, Niccolo 帕格尼尼，尼

科罗

Paine, Thomas　潘恩，托马斯

Palazzeschi, Aldo　帕拉泽斯基，阿尔多

Palestrina, Giovanni Pierluigi da　帕勒斯特瑞那，吉奥范尼

Palmerston, Henry John Temple　帕默斯顿，亨利·约翰·坦普尔

Panaetius　帕奈提乌

Paolozzi, Eduardo　包洛奇，爱德华多

Papen, Franz von　巴本，弗朗茨·冯

Papinianus, Aemilius　帕披尼亚努斯

Paracelsus (Hohenheim)　巴拉塞尔苏斯（霍恩海姆）

Parmenides　巴门尼德

Parmigianino　帕米基亚尼诺

Pasteur, Louis　巴斯德，路易

Pathe, Charles　百代，夏尔

Paul　保罗

Paul the Deaconr　保罗（伦巴特教士）

Paul, Robert William　保罗，罗伯特·威廉

Pauli, Wolfgang　泡利，沃尔夫冈

Paulus, Friedrich von　鲍罗斯，弗里德里希·冯

Paulus, Juius　保路斯

Paxton, Joseph　帕克斯顿，约瑟夫

Pechstein, Max　佩希斯坦，马克斯

Peisistratus　庇西特拉图

Pericles　伯里克利

Perkin, William Henry　珀金，威廉·亨利

Petain, Henri Philippe　贝当，昂利·菲利普

Peters, Karl　彼得斯，卡尔

Petrarca, Francesco　彼特拉克，弗朗西斯科

Petronnius, Caius　彼特隆纽斯

Petty, William　配第，威廉

Pherecydes　斐瑞居德

Phidias　菲迪亚斯

Philip　腓力

Philippe, Louis　菲利普，路易

Philo Judaeus　犹大的斐洛

Philo of Larrissa　拉里萨的费洛

Philolaus　菲罗劳斯

Philoxenus　菲罗克塞诺斯

Piaget, Jean　皮亚杰，让

Picabia, Francis　毕卡比亚，弗朗西斯

Picasso, Pablo　毕加索，帕布洛

Pico, Giovani Francesco　皮科，乔万尼·弗朗西斯科

Pictor, Fabius　皮克托，费边

Pinter, Harold　品特，哈罗德

Pirandello, Luigi　皮兰德娄，路易吉

Pissarro, Camille　毕沙罗，卡米耶

Pitt, William, the Younger　皮特，

威廉（小）

Place，Francis　普雷斯，弗朗西斯

Planck，Max　普朗克，马克斯

Plato　柏拉图

Plautus，Titus Marcus　普劳图斯

Plekhanov， Georgy Valentinovich
　普列汉诺夫，格奥尔基·瓦连廷
　诺维奇

Pletone　普莱托内

Pliny，Elder　老普林尼

Plotinus　普罗提诺

Plutarck　普鲁塔克

Poelzig，Hans　波尔齐希，汉斯

Poincare，Raymond　普恩加莱，雷
　蒙

Pollaiulo，A.　波拉尤罗

Polybius　波里比阿

Polygnotus　波力克诺塔

Polykleitus　波力克莱塔

Pompidou，Georges　蓬皮杜，乔治

Pomponazzi，Pietro　彭波那齐，皮
　耶特罗

Popper，Karl Raimund　波普尔，卡
　尔·雷蒙德

Porphyrius　波菲利

Posidonius　波西多尼

Pottier，Eugene　鲍狄埃，欧仁

Powell，Cecil Frank　鲍威尔，塞西
　尔·弗兰克

Pratella，Francesco Balilla　普拉泰
　拉，弗朗西斯科·巴利拉

Praxiteles　波拉克西特列

Priestley，Joseph　普列斯特利，约
　瑟夫

Princip，Gavrilo　普林西普，加弗
　里洛

Proclus　普罗克洛

Prodicus　普罗迪科

Protagoras　普罗泰戈拉

Proudhon，Pierre-Joseph　蒲鲁东，
　皮埃尔—约瑟夫

Proust，Marcel　普鲁斯特，马塞尔

Psappha　萨福

Ptolemaecos，Claudius　托勒密

Puccini，Giacomo　普契尼，贾科莫

Pudovkin，Vsevolod Ilarionovich
　普多夫金，弗谢沃洛德·伊拉里
　奥诺维奇

Putnam，Hilary　普特南，希拉里

Pyrrhon　皮罗

Pythargoras　毕泰戈拉

Q

Quesnay，Francois　魁奈，弗朗索
　瓦

Quicciardini，Francesco　葵卡狄
　尼，弗朗西斯科

Quine, Willard van Orman 奎因,
威拉德·范·奥曼

Quisling, Vidkun 吉斯林,维德库

恩

Quitillianus, Marcus Fabius 昆体
良

R

Rabelais, Francois 拉伯雷,弗朗
索瓦

Radcliffe-Brown, Alfred Reginald
拉德克利夫—布朗,阿尔弗雷
德·雷金纳德

Ralph, P. L. 拉尔夫

Rank, L. 兰克

Raphael 拉斐尔

Raspail, Francois 拉斯拜尔,弗朗
索瓦

Ravel, Maurice 拉威尔,莫里斯

Raymond, Jean-Armand 雷蒙,让
—阿尔芒

Reich, Steve 赖克,史蒂夫

Reichenbach, Hans 莱欣巴赫,汉
斯

Remarque, Erich Maria 雷马克,
埃里希·马利亚

Rembrandt van Rijn 伦勃朗·
凡·兰

Renoir, Auguste 雷诺阿,奥古斯
特

Renoir, Jean 雷诺阿,让

Resnais, Alain 雷乃,阿兰

Restany, Pierre 雷斯塔尼,皮埃尔

Reuchlin, John 赖希林,约翰

Reynaud, Paul 雷诺,保罗

Rhodes, Cecil 罗得斯,塞西尔

Ricardo, David 李嘉图,大卫

Rickert, Heinrich 李凯尔特,亨利
希

Ricoeur, Paul 利科,保罗

Rietveld, Gerrit Thomas 里特维
尔德,格里特·托马斯

Rigault, Raoul Georges Adolphe
里戈,拉乌尔·乔治·阿道夫

Rilke, Rainer Maria 里尔克,莱
纳·马利亚

Risset, Jean-Claude 里塞,让—克
洛德

Robbe-Grillet, Alain 罗伯—格里
耶,阿兰

Rodin, Auguste 罗丹,奥古斯特

Rolland, Romain 罗兰,罗曼

Rommel, Erwin 隆美尔,埃尔温

Rontgen, Wilhelm Konrad 伦琴,
威廉·康拉德

Roon, Albrecht von 龙,阿尔布莱
希特·冯

Roosevelt, Franklin Delano 罗斯
福,富兰克林·德拉诺

Rorty, Richard 罗蒂,理查德

Roscelin　洛色林

Rossellini, Roberto　罗西里尼，罗贝托

Rossini, Gioacchino　罗西尼，乔阿契诺

Rosso, Medardo　罗索，梅达多

Rostow, Walt Whitman　罗斯托，沃尔特·惠特曼

Rouault, Georges　卢奥，乔治

Rousseau, Henri　卢梭，昂利

Rousseau, Jean-Jacques　卢梭，让—雅克

Rousseau, Theodore　卢梭，泰奥多尔

Roy, Pierre　罗伊，皮埃尔

Rubens, Peter Paul　鲁本斯，彼得·保罗

Rude, Francois　吕德，弗朗索瓦

Ruge, Arnold　卢格，阿诺德

Russell, Bertrand　罗素，伯特兰

Russolo, Luigi　鲁索洛，路易吉

Rusticiano　卢蒂西亚诺

Rutherford, Ernest　卢瑟福，欧内斯特

Ryle, Gilbert　赖尔，吉尔伯特

S

Saint-Saens, Camille　圣—桑，卡米耶

Saint-Simon, Henri de　圣西门，昂利·德

Salam, Abdus　萨拉姆，阿卜杜斯

Sallust, Gaius Crispus　萨鲁斯特

Sand, George　桑，乔治

Sant'Elia, Antonio　圣埃利亚，安东尼奥

Santis, Giuseppe de　桑蒂斯，朱塞佩·德

Sarraute, Nathalie　萨洛特，娜塔丽

Sartre, Jean-Paul　萨特，让—保罗

Satie, Erik Alfred Leslie　萨蒂，埃里克·阿尔弗雷德·莱斯利

Saussure, Ferdinand de　索绪尔，斐迪南·德

Savery, Thomas　萨维里，托马斯

Savigny, F. K.　萨维尼

Sazonov, Sergei Dmitrievich　萨佐诺夫，谢尔盖·德米特里耶维奇

Schaeffer, Pierre　舍费尔，皮埃尔

Schapper, Karl　沙佩尔，卡尔

Scharoun, Hans　夏隆，汉斯

Scheer, Reinhard　希尔，莱因哈德

Scheidemann, Philip　谢德曼，菲利普

Scheler, Max　舍勒，马克斯

Schelling, Friedrich Wilhelm Joseph　谢林，弗里德里希·威廉·约瑟夫

雷德

Slipher，Vesto Melvin　斯莱弗，维斯托·梅尔文

Smirke，Robert　斯默克，罗伯特

Smith，Adam　斯密，亚当

Smith，George Albert　史密斯，乔治·艾伯特

Smith，Tony　史密斯，托尼

Smithson，Alison　史密森，艾丽森

Smithson，Peter　史密森，彼得

Smithson，Robert　史密森，罗伯特

Socrates　苏格拉底

Solon　梭伦

Sophocles　索福克勒斯

Soupault，Philippe　苏波，菲利普

Spencer，Herbert　斯宾塞，赫伯特

Spengler，Oswald　斯宾格勒，奥斯瓦尔德

Spinoza，Baruch　斯宾诺莎，巴鲁赫

Stafford，William　斯塔福德，威廉

Stalin，Joseph Vissarionovich Dzhugashvili　斯大林，约瑟夫·维萨里昂诺维奇·朱加施维里

Stendhal（Marie Henri Beyle）司汤达（马利·昂利·贝尔）

Stephenson，George　斯蒂芬森，乔治

Stevenson，Robert Louis　史蒂文森，罗伯特·路易斯

Stirling，James　斯特林，詹姆斯

Stockhausen，Karlheinz　施托克豪森，卡尔海因茨

Strabo　斯特拉波

Strauss，David Friedrich　斯特劳斯，大卫·弗里德里希

Strauss，Johann　施特劳斯，约翰

Strauss，Richard　施特劳斯，理查德

Stravinsky，Igor Feodorovich　斯特拉文斯基，伊戈尔·费奥多罗维奇

Strawson，Peter Frederick　斯特劳森，彼得·弗雷德里克

Strindberg，August　斯特林堡，奥古斯特

Stuart，James　斯图亚特，詹姆斯

Subotnick，Morton　苏博特尼克，莫顿

Suetonius，Tranquillus　苏托尼厄斯

Sukarno，Achmed　苏加诺，艾哈迈德

Sutton，Walter Stanborough　萨顿，沃尔特·斯坦博勒

T

Tacitus，Publicus Cornelius　塔西陀

Tanguy，Yves　唐居伊，伊夫

Tarski，Alfred　塔尔斯基，阿尔弗雷德

Tasso，Torquato　塔索，托夸多

Tatian　塔提安

Terentius，Publius　泰伦提乌斯

Tertullian　德尔图良

Thackery，William Makepeace　萨克雷，威廉·梅克皮斯

Thaelmann，Ernst　台尔曼，恩斯特

Thales　泰勒斯

Thatcher，Margaret　撒切尔，玛格丽特

Theocritua　狄奥克里塔

Theophrastus　塞奥弗斯特

Theopompus　提奥庞培斯

Theresia，Maria　特利萨，玛利亚

Theudius　修底乌斯

Thiers，Adolphe　梯也尔，阿道夫

Thomas，Ambroise　托马，昂布鲁瓦兹

Thompson，James Westfalt　汤普逊，詹姆斯·韦斯特费尔特

Thomson，Joseph John　汤姆森，约瑟夫·约翰

Thomson，William　汤姆森，威廉

Thucydides　修昔底德

Tieck，Ludwig　蒂克

Timon　蒂孟

Tintoretto，J. R.　廷托莱托

Tiziano Vacelli　提香

Togliatti，Palmiro　陶里亚蒂,帕尔米罗

Toynbee，Arnold Joseph　汤因比，阿诺德·约瑟夫

Tristan，Flora　特利斯唐，弗洛拉

Trotsky，Leon（Lev Davidovich Bronstein）　托洛茨基，利昂（列夫·达维多维奇·布朗斯坦）

Truffaut，Francois　特吕弗，弗朗索瓦

Truman，Harry S.　杜鲁门，哈里·S.

Tullius，Servius　图里乌斯，塞维

Turgot，Anna Robert Jacques　杜尔哥

Turner，Joseph Mallord William　透纳，约瑟夫·麦罗德·威廉

Twain，Mark　吐温，马克

Tzara，Tristan　查拉，特利斯唐

U

Ulpianus，Domitius　乌尔披亚努斯

Ussachevsky，Vladimir　乌萨切夫斯基，弗拉基米尔

V

Valentinus　瓦伦提诺

Valery，Paul　瓦莱里，保罗

Valla，Lorenzo　瓦拉，洛伦佐

van Doesburg，Theo　凡·杜斯伯格，特奥

van Dyck，Antony　凡·代克，安东尼

van Gogh，Vincent　凡·高，文森特

Varese，Edgard　瓦雷兹，埃德加

Varlin，Louis Eugene　瓦尔兰，路易·欧仁

Varro，M. T.　瓦罗

Vattimo，Gianni　瓦蒂莫，扎尼

Vaughan Williams，Ralph　沃恩·威廉斯，拉尔夫

Venturi，Robert　文丘里，罗伯特

Verdi，Giuseppe　威尔第，朱塞佩

Verlaine，Paul　魏尔伦，保罗

Verne，Jules　凡尔纳，儒勒

Veronese，P.　维罗奈塞

Vesalius，Andreas　维萨里

Vietelly　维特力

Vignon，Pierre-Alexandre　维农，皮埃尔—亚历山大

Vigo，Jean　维戈，让

Villani，Giovanni　维拉尼，乔万尼

Virgil　维吉尔

Visconti，Luchino　维斯康蒂,鲁契诺

Vitruvius，Marcus Pollio　维特鲁维

Vlaminck，Maurice de　弗拉芒克，莫里斯·德

Voltaire　伏尔泰

Von Ihering，Rodolf　耶林

Von Savigny，F. K.　萨维尼

Vries，Hugo de　弗里斯,雨果·德

W

Wagner，Richard　瓦格纳，理查德

Wallace，Alfred Russel　华莱士，阿尔弗雷德·拉塞尔

Walpole，Robert　沃波尔，罗伯特

Ward，Barbara Mary　沃德，巴巴拉·玛丽

Warhol，Andy　沃霍尔，安迪

Watson，James　沃森，詹姆斯

Watt, James 瓦特, 詹姆斯

Webb, Sidney James 韦伯, 西德尼·詹姆斯

Weber, Karl Maria von 韦伯, 卡尔·马利亚·冯

Weber, Max 韦伯, 马克斯

Webern, Anton von 韦伯恩, 安东·冯

Wegener, Alfred Lothar 魏格纳, 阿尔弗雷德·洛塔

Wegener, Paul 威格纳, 保罗

Weinberg, Steven 温伯格, 斯蒂文

Weismann, August 魏斯曼, 奥古斯特

Weitling, Wilhelm 魏特林, 威廉

Wellington, Duke of 威灵顿公爵

Werner, Alfred 维尔纳, 阿尔弗雷德

Wesselmann, Tom 韦塞尔曼, 汤姆

Whitehead, Alfred North 怀特海, 阿尔弗雷德·诺思

Whitney, Eli 惠特尼, 埃利

Wiene, Robert 维内, 罗伯特

Wiener, Norbert 维纳, 诺伯特

Wilde, Oscar 王尔德, 奥斯卡

Wilhelm I 威廉一世

Wilhelm II 威廉二世

Wilhelm IV, Friedrich 威廉四世, 弗里德里希

Wilkins, William 威尔金斯, 威廉

Willaert, Adrian 维拉尔特, 阿德里昂

Williamson, James 威廉森, 詹姆斯

Willich, August 维利希, 奥古斯特

Wilmut, Ian 威尔默特, 伊恩

Wilson, John Tuzo 威尔逊, 约翰·图佐

Wilson, Thomas Woodrow 威尔逊, 托马斯·伍德罗

Windelband, Wilhelm 文德尔班, 威廉

Wisdom, John 威兹德姆, 约翰

Wittgenstein, Ludwig 维特根斯坦, 路德维希

Wohler, Friedrich 维勒, 弗里德里希

Wolff, Wilhelm 沃尔夫, 威廉

Woolf, Virginia 伍尔夫, 弗吉尼亚

Wordsworth, William 华兹华斯, 威廉

Worringer, Wilhelm 沃林格, 威廉

Wright, Frank Lloyd 赖特, 弗兰克·劳埃德

Wright, Orville 莱特, 奥维尔

Wright, Wilbur 莱特, 威尔伯

Wundt, Wilhelm 冯特, 威廉

Wyatt, James 怀亚特, 詹姆斯

Wycliffe, John 威克利夫

X

Xenophanes　塞诺芬尼

Xerxes　薛西斯

Y

Yeats，William Butler　叶芝，威
　廉·巴特勒

Young，La Monte　扬，拉蒙特

Young，Thomas　扬，托马斯

Yukawa Hideki　汤川秀树

Z

Zecca，Ferdinand　齐卡，斐迪南

Zeller，Eduad　策勒尔

Zeno　芝诺（爱利亚学派）

Zeno　芝诺（斯多亚学派）

Zeppelin，Ferdinand von　策佩林，
　斐迪南·冯

Zetkin，Klara　蔡特金，克拉拉

Zhukov，Georgi Konstantinovich
　朱可夫，格奥尔基·康斯坦丁诺
　维奇

Zola，Emile　左拉，艾米尔

Zwingli，Ulrich　茨温格利

Zworykin，Vladimir Kosma　兹沃
　里金，弗拉基米尔·科西马